KB213326

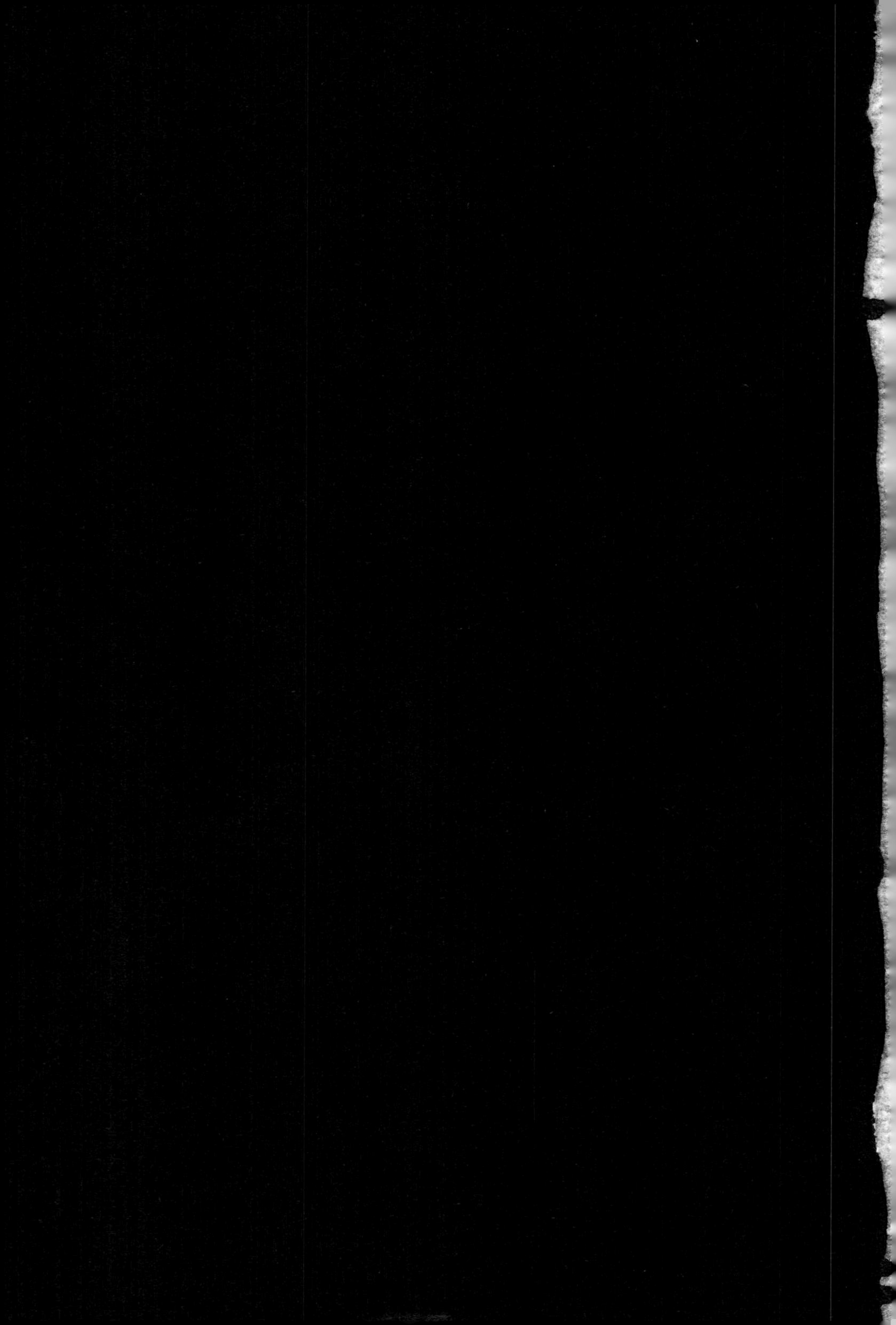

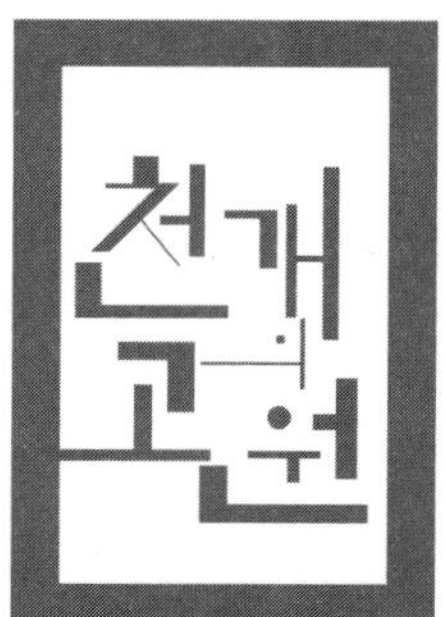
천개의 고원

질 들뢰즈/펠릭스 가타리

〈천 개의 고원〉

자본주의와 분열증 2

Mille Plateaux: capitalisme et schizophrénie 2

par Gilles Deleuze et Félix Guattari

김재인 옮김

새물결

옮긴이 김재인
서울대학교 미학과를 졸업하고 철학과 박사과정을 수료했다. 논문으로 「니체의 '영원 회귀' 사상 연구」, 「그러나 모든 고귀한 것은 어려울 뿐만 아니라 드물다」 등이 있다. 옮긴 책으로는 질 들뢰즈의 『베르그송주의』(문학과지성사, 1996), 리처드 커니의 『현대 사상가들과의 대화』(한나래, 1998, 공역), 로저 스크루턴의 『크산티페의 국가』(민음사, 1999)와 『프뤼네의 향연』(민음사, 1999), 베르나르 피에트르의 『시간에 관한 철학과 과학』(한길사, 근간), 카트린느 클레망의 『마르틴과 한나』(문학동네, 근간), 로날드 헤이먼의 『니체』(궁리, 근간) 등이 있다.

천 개의 고원

지은이 질 들뢰즈 · 펠릭스 가타리 | 옮긴이 김재인
펴낸이 조형준 | 펴낸곳 (주)새물결
1판 1쇄 2001년 6월 30일 | 1판 12쇄 2024년 11월 15일
편집 김경미 홍원만 | 조판 조상구 | 인쇄 대덕문화사
등록 서울 제15-55호(1989.11.9) | 주소 서울시 은평구 연서로 37가길 6, 2층
전화 (편집부) 02-3141-8696
E-mail saemulgyul@gmail.com, efa_korea@daum.net
ISBN 97889-88336-68-2

역자 서문

연애에 관하여 —
『천 개의 고원』을 잘 읽기 위하여

결국 중요한 것은 정말 아무 것도 없었다. 우리는 파괴되었다.
하지만 아주 정직하게 말하자면,
나는 우리가 서로를 파괴했다고 생각한 적은 없다.
— 피츠제럴드

천 개의 면을 가진 보석

『천 개의 고원』은 천 개의 면을 가진 보석이다. 이처럼 풍요롭고 흥미롭고 실험적이고 독자적인 책은 드물다. 누구든 이 책에서 자신에게 적합한 면을 찾아 즐길 수 있다. 물론 모든 부분이 쉽게 읽히는 것은 아니다. 그렇다고 낙담할 필요는 없다. 저자들은 애초에 책의 출입구를 여러 곳에 열어놓았으니. 우선 자신이 발견한 입구로 들어가라. 난해한 부분들에 조금씩 도전해 보라. 가슴이 팍 트일 것이다. 자기 고원을 찾게 될 것이다. 환희를 경험할 수 있을 것이다.

책을 여는 순간 독자는 이런 조언을 만난다. "이 책은 장이 아니라 '고원'으로 이루어져 있다. (……) 결론을 제외하고 각 고원들은 어느 정도 독립적으로 읽을 수 있다." 그러니까 여느 철학 서적과는 달리 이 책은 순서를 지키지 않고 읽어도 되도록 만들어져 있다. 니체의 책을 제외한다면 이런 구성을 갖는 책은 희소하다. 나아가 책을 의미 상자인 『성서』처럼 떠받들 것이 아니라 도구 상자처럼, 더 정확히 말해 무기로 사용하라고 저자들은 말한다. 일부러 아무렇게나 책을 읽으라는 말은 아니다. 더 많은 도구-무기를 끄집어내는 것도 책을 잘 읽는 일일 테니.

그러나 막상 책장을 펼치면 전통적인 독서에 익숙한 독자일수록 저자들의 불친절함과 책의 난해함에 혀를 내두르게 될 것이다. 지식의 양과 질과 통로가 모두 부족한 한국의 독자는 더 당혹스러울 것이다. 무슨 말인지도 잘 모르겠는데 알아볼 방도마저 여의치 않다니! 역자 또한 책을 번역하는 내내 그런 느낌을 떨치지 못했다. 더욱이 번역은 읽기 중에서 가장 고통스런 읽기이다. 번역은 단순한 사용이 아니라 새로운 제작이기 때문이다. 도를 지나친 해석을 개입시키면 외려 일을 망친다! 게다가 이 책이 갖고 있는 천 개의 면을 모두 정확하게 옮기려는 의욕은 어려움을 한층 가중시켰다. 독자는 천 개의 면 중 몇 개, 또는 최소한 한 개만 취해도 된다. 하지만 역자는 다르다. 모든 면을 충실하게 옮겨놓아야 독자가 자신의 면을 찾을 수 있으니. 역자에게는 천 배의 성실성이 요구되는 법이다.

어떤 순서로 책을 읽을 것인가

니체 말처럼 사람은 자기 체험만큼만 읽을 수 있다. 읽기에 대한 어떤 조언도 뒤늦거나 사후적일 수밖에 없다. 그래도 우리가 자꾸 읽고 쓰는 것은, 그것 또한 엄밀한 의미에서 실천이기 때문이다. 읽기란 규조토와 니트로글리세린의 만남이다.

언제라도 마찬가지겠지만, 특히 이 책을 읽을 때는 환원주의에 빠지지 않도록 주의해야 한다. 자신이 알고 있는 부분만 알아보고 기존의 작은 자기 지식에 연결시키는 나쁜 습관! 저자들은 철학, 과학, 예술의 역사를 가로지르며 글을 펼치기 때문에 다른 논의가 등장하는 것은 당연하다. 가끔 그것은 존경과 사랑의 표시이기도 하다. 삶이 존경과 사랑을 주체할 수 없을 때 거기서는 항상 창조를 감지할 수 있다. 또 그래야만 새 삶을 살 수 있다.

서론인 제1편 「리좀」은 책 전체의 압축이다. 독자가 모든 구절을 다 이해하려 하지만 않는다면 빠르게 읽어갈 수 있겠지만, 의욕을 부리기 시작하면 결코 쉽지 않으리라. 차라리 가볍게 눈에 들어오는 대목부터 읽고, 되풀이해서 읽을 마음으로 읽는다면 오히려 수월할 것이다. 리좀은 나무에 대비된다. 나무는 세상의 예정된 질서이다. 그것은 발견의 대상이며 세상을 초월적으로 지배하는 원리이다. 한편 리좀은 스스로 질서를 만들어가며 무한한 연결접속을 창조해낼 수 있는 내재적 원리이다. 네트가 바로 리좀이다. 그러나 나무마저도 리좀의 경직된 형태이다. 원래부터 리좀이 아닌 것은 없으며, 리좀마저도 나무로 굳어갈 수 있다. 중요한 것은 운동의 성격이지 형태 자체가 아니다.

저자들의 오르가논(논리학)인 제3편 「도덕의 지질학」은 가장 난해하면서도 중요하다. 책의 백미이자 서양 철학사의 백미. 여기서는 진정한 생성의 논리학이 전개된다. 따라서 지식욕에 불타는 독자라면 한번 도전해볼 만하다. 하지만 일반 독자는 이런 대목은 일단 건너뛰는 것이 좋다. 잠이 오지 않을 때 명상하듯 펼쳐 되뇌기 바란다. 여러 가지 지층들, 가령 밑지층, 웃지층, 곁지층, 겉지층, 사이층 간의 복잡한 관계를 이해하는 것이 무엇보다 중요하며 나아가 표현과 내용, 형식과 실체의 조합을 이해하는 것이 중요하다. 논리학은 원래 어렵지만 어려운 맛에 보는 것이 논리학이기도 한 것이다. 부디 건투하시길.

제14편 「홈 패인 것과 매끈한 것」은 기술, 음악, 수학, 물리학, 미학 등 서로 어울리지 않는 것처럼 보이는 분야들이 짧은 공간에서 서로 해후한다. 이들 분야를 가로지르는 홈 패인 것과 매끈한 것의 구분은 상당히 일관되면서도 시사적이다. 넓은 유리판이 있다. 하나는 매끈한 판이고 다른 하나는 홈이 패인 판이다. 그 위에 물이 쏟아졌다. 어떤 일이 벌어질 것인지는 쉽게 예측할 수 있다. 홈이 패인 판에서 물은 홈을 따라 흐를 뿐이겠지만, 매끈한 판에서는 아무 규칙 없이, 스스로의 운동이 규칙을 만들면서 사방으로 질주할 것이다. 독자는 위의 각 영역에서 어떤 것이 매끈한 판에 해당되고 어떤 것이 홈이 패인 판에 해당되는지 발견할 수 있다. 그러나 경고의 말을 잊어서는 안 된다. "우리를 구원하기 위해서 하나의 매끈한 공간만으로도 충분하다고는 절대로 믿지 말아라." 중요한 것은 어떤 판이 매끈하냐 홈이 패였느냐가 아니라 어떤 판을 살아가는 운동 방식 자체이기 때문이다.

각 편의 내용을 요약하는 일은 하지 않겠다. 단지 제2, 6, 8, 10, 12, 13, 14편 정도가 쉽게 읽히고, 나머지는 좀 까다로울 것이라는 점만 미리 말하고 싶다. 물론 독자마다 쉽고 어려운 부분이 서로 다르겠지만, 어떤 부분이 되었건 너무 의욕에 차 모든 것을 다 이해하려 들기 시작하면 어려움에 빠질 것이다. 부디 가볍게 접근하기 바란다. 저자들의 사상은 부분이 전체를 함축하고 전체가 부분을 펼치는 프랙탈 성격을 지니고 있다. 그러니 일단 하나의 길이 열리면 전체에 접근하는 것이 어렵지만은 않을 것이다.

도움이 될까 해서 몇 가지 부록을 첨부했다. 1) 이탈리아어 번역본(*Mille piani: Capitalismo e schizofrenia,* tr. by Giorgio Passerone,

Rome: Bibliotheca Biographia, 1987, 2 vols.)에 저자들이 직접 쓴 서문을 맨 앞에 붙였다(독역본에 수록된 것을 옮겼다). 2) 일본어 역자가 일역본 뒤에 쓴 「해설 : 방법에 대한 주해」(김항 옮김)를 책 뒤에 붙였다. 책의 얼개가 궁금한 독자의 일독을 권한다. 3) 끝에 붙인 주요 용어 대조표는 단순한 대조만이 아니라 저자들의 주요 모티프가 드러날 수 있도록 배치했다. 4) 한편 각주를 통해 붙인 용어 해설을 먼저 읽는 것도 도움이 될 것이다.

이 책에는 낯선 개념뿐 아니라 번역어가 많이 나온다. 낯선 번역어를 쓴 데는 그만한 이유가 있다. 관행을 좇기보다는 본뜻에 가까워지려는 목적이었다. 잘못된 점이 있다면 따뜻한 질정을 바란다.

연애에 관하여

"사람이 진정 사랑하면서 섹스를 할 때에는 언제나 자기 혼자서, 그리고 한 명의 타인 또는 타인들과 함께 기관 없는 몸체를 이루게 된다."

번역을 마무리(마무리는 끝이 아니다)하면서 "생성은 언제나 중간에 있다"는 말이 뼈저렸다. 중요한 것은 우리가 사랑하지 않을 수 없다는 것, 죽음의 바다는 사방에 펼쳐 있고 우리는 얼마라도 더 살려 애쓰지 않을 수 없다는 것, 그래서 실존을 긍정하지 않을 수 없다는 것이다. 사랑도 노력도 긍정도 모두 실천이다. 게다가 자살마저도 무위마저도 실천이다. 무식마저도 실천이다. 무서운 진실!

무식은 아무 것도 낳지 않는 파괴만을 실천한다. 냉혹하게 무식을 직시해 보면 거기에는 검은 구멍이 있다. 거기서 가장 먼 곳에 '기쁜 지식'이 있다. 천 개의 고원이 있다.

당신에게 드릴 테니, 부디 기쁘게만 살아라.

감사의 말

역자는 마치 영화나 오페라의 감독 같았다. 협동 생산물의 표면에 이름을 찍는. 그러나 좋은 감독이었는지는 자꾸 의심이 간다. 음으로 받은 도움(이런 것을 가령 '경미하다' 고 해야 할지도 모르겠지만)도 크지만, 꼭 언급해야 할 도움이 있기에 이를 따로 적는다.

우선 번역진이 있다. 역자의 느림과 지식을 보완해준 이들이야말로 종종 망각되거나 드러나지 않는 실제적인 생성의 힘이다. 윤경희 씨(제7편)와 조형준 씨(제6, 9, 10, 14, 15편)가 흔쾌히 건네준 번역 원고는 역자의 작업에 힘이 되었다. 권기홍 씨는 번역 초기에 제1, 2편 번역을 촘촘히 영어 대조했고 개념에 대해 많은 의견을 주었다. 제1, 2, 3, 4, 5편은 이충민 씨의 꼼꼼한 불어 대조 덕을 톡톡히 봤다. 처음 네 편, 특히 제3편은 김항 씨의 일어 대조로 많이 정확해질 수 있었다. 서미현 씨는 제1편부터 제6편, 또 제8편을 보면서 많은 자극을 주었다. '토요모임' 은 맛수미의 『자본주의와 분열증 가이드북』 및 제1, 3, 8편을 읽으면서 의견을 나눴다. 제11, 12, 13편은 조형준 씨가 옮겼다. 제11편은 이충민 씨가 원문 대조했고 제12편은 역자가 시간이 허락하는 한에서 손보았다. 결과적으로 제11, 12, 13편은 조형준 씨가, 나머지는 역자가 책임 번역한 셈이다. 강동호 씨는 전체를 읽고 우리말 교열을 해주었다. 책 전체에 고름을 부여하는 것은 역자의 일이었지만 책 전체를 돌보기에는 역량과 시간의 한계가 있었다. 그래서 결국 각자의 몫을 각자가 지게 된 것이다. 진행이 매끄럽지 못한 점도 있었지만 아무튼 관여한 모든 분들께 감사드린다. 역서가 원저의 격에 미치지 못함은 물론이고 많은 오해를 남기는 것이 부끄럽고 미안할 따름이다.

한글과컴퓨터 사의 '한글97' 과 '한글 워디안' , 특히 그 안의 '표준 국어대사전' 은 번역의 충실한 동반자였다. 브리태니커 백과사전 CD와 두산동아 엔사이버 백과사전도 작고 풍성한 지식 창고였다. 특히 홈페이지를 찾아준 리좀-네티즌들, 그리고 인터넷과 컴퓨터에 감사를! 고정된 특성보다 운동의 방향이 무엇보다 중요할 터. 역자는 인터넷-컴퓨터가 긍정적으로 작동하는 것을 체험했다. 이 책이 그 증거이다.

수년간 들뢰즈를 비롯한 현대 철학, 우리 삶의 존재론을 함께 공부하고 만들어 온 '토요모임 N-1' , 이들의 공부와 삶이 일치하고 또 번창할 수 있기를.

김태동 형, 진태원 형, 엑시 언니는 중요한 대목에서 힘을 주었다.

이정우 선생은 『안티-오이디푸스』와 『의미의 논리』 세미나를 통해 '토요모임' 을 만드는 계기를 마련해주었다. 김상환 선생은 『철학이란 무엇인가?』, 『스피노자와 표현의 문제』, 『차이와 반복』을 함께 읽어주었고 『자허-마조흐론』을 읽을 기회를 마련해주었다. 김진석 선생은 『베르그송주의』를 읽고 번역할 계기를 마련해주었고 초기에 들뢰즈에 대한 관심을 촉진시켜 주었다. 세 분 선생님의 음덕이 이 책의 번역을 이끌었다.

끝으로 이 책의 산파인 조형준 형과 홍미옥 사장님, 그리고 편집부의 조상구, 문경미, 홍원만 씨께도 특별히 감사드린다.

시간의 선을 따라 더 많은 것을 버릴 줄 알게 되었다는 느낌이 들 때가 있다. 그렇게 기쁨의 선을 만나고 싶다.

<일러두기>

1. 이 책은 Gilles Deleuze & Félix Guattari의 *Mille Plateaux : Capitalisme et schizophrénie 2*(Les Éditions de Minuit, 1980)를 번역한 것이다.

2. 번역의 정확성을 기하고자 참고한 외국어 번역본은 다음과 같다.

· 독역본: *Tausend Plateaus : Kapitalismus und Schizophrenie*(Gabriele Ricke und Ronald Voullié 옮김, Merve Verlag, 1992)

· 영역본: *A Thousand Plateaus : Capitalism and Schizophrenia*(Brian Massumi 옮김, University of Minnesota Press, 1987)

· 일역본: 『千のプラトー. 資本主義と分裂症』(宇野邦一, 小澤秋廣, 田中敏彦, 豊崎光一, 宮林寛, 守中高明 옮김, 河出書房新社, 1994)

3. 저자들은 강조를 위해서 또는 외국어를 표기하기 위해 이탤릭체를 썼는데 번역에서는 모두 고딕체로 옮겼다. 대문자 표기는 < >로 묶었다. 본문의 << >> 표시는 대체로 " "로 옮겼다. 원서의 문단 나누기를 대부분 그대로 따랐지만, 명백히 문단이 나누어지는 몇 곳에서는 문단을 나누었다. 하이픈으로 이은 말들은 맥락에 맞게 그대로 살리기도 하고 풀어주기도 했다.

4. 본문과 각주에서 [ ]로 묶은 부분은 모두 역자의 개입이다. 의미가 여럿이거나 정확성을 기하고 싶을 때는 '생성(=되기)' 와 같이 표기했다. 의미를 분명히 하기 위해 < >로 묶어 표시한 부분도 간혹 있다.

5. 문학 작품이나 잡지, 음악 작품이나 영화, 미술 작품 등의 경우 모두 『 』으로 표시했다.

6. 외래어 인명 표기나 지명 등의 표기는 모두 『브리태니커 백과사전』을 따랐다.

5. 역자의 홈페이지는 http://armdown.net이고 이메일 주소는 armdown@orgio.net이다.

차 례

천 개의 고원

이탈리아어 판 서문

세월이 흐르면 책은 늙거나 아니면 반대로 제2의 청춘을 살기도 한다. 곰팡이가 슬거나 구운 지 오래된 빵처럼 말라비틀어지는가 하면 면모를 일신하고 다시 각이 날카로워져 새로운 차원을 전면에 드러내기도 한다. 이러한 객관적 운명에 저자들은 아무런 영향도 미칠 수 없다. 하지만 이러한 이중의 운명을 겪는 책이 시간의 흐름 속에서 계속 움직이면서 어떤 가치를 부여받게 될지(주관적 운명)는 숙고해볼 수 있을 것이다. 비록 이 모든 작업은 책이 씌어지는 그 때에 이루어지지만 말이다.

이 책『천 개의 고원』(1980)은『안티-오이디푸스』(1972)의 속편이다. 하지만 두 책은 객관적으로는 완전히 다른 운명을 겪었다. 분명 상황 때문에 그럴 수밖에 없었다.『안티-오이디푸스』가 아직 68 운동의 영향력이 느껴지던 격동기에 씌어졌다면 아무래도『천 개의 고원』은 물결이 잠잠해지고, 이래도 그만 저래도 그만이라는 분위기가 지배적이던 시기에 나왔던 것이다.『천 개의 고원』은 우리 두 사람이 쓴 책

가운데 가장 반응이 미지근했다. 하지만 그래도 이 책을 특별하게 생각하는 것은 무슨 어머니가 천덕꾸러기 자식을 특별히 더 사랑하는 것과는 전혀 무관하다. 『안티-오이디푸스』는 큰 성공을 거두었지만 이러한 성공은 한층 더 큰 좌절로 이어졌다. 『안티-오이디푸스』에서 우리는 오이디푸스와 "엄마-아빠"가 정신분석, 정신의학, 심지어는 반(反)정신의학, 문학 비평, 그리고 사유에 관해 만들어질 수 있는 일반적인 이미지 속에서 얼마나 심각한 폐해를 초래하는지를 보여주려고 했다. 우리는 오이디푸스를 박살낼 것을 꿈꾸었다. 하지만 이러한 과제는 우리가 감당하기에는 너무나 컸다. 68에 대한 반동은 아직도 오이디푸스가 얼마나 강고하게 가족 안에 남아 있는지를, 그리고 정신분석과 문학과 온갖 사유 속에 유년기의 슬픔이 하나의 체제를 이루고 있음을 보여주었다. 그래서 오이디푸스는 우리에게는 아주 무거운 짐으로 남게 되었다. 하지만 『천 개의 고원』은 우리에게, 최소한 우리에게는 외견상의 실패와는 달리 일보 전진을 가져다주었으며 미지의 영역, 오이디푸스로서는 도저히 건드릴 수 없는 영역을 발견할 수 있도록 해주었다. 『안티-오이디푸스』에서는 자세히 파고 들어가지 못하고 그저 멀리서 바라다보고 만 영역들을 말이다.

『안티-오이디푸스』에서 핵심적으로 다루었던 세 가지 주제는 아래와 같다.

1) 무의식은 극장이 아니라 공장처럼 기능한다(따라서 재현이 아니라 생산이 문제이다).

2) 세계와 세계사 속에는 사방에서 환각과 소설이 넘쳐나고 있는데, 이것들은 전혀 가족에 속하는 것이 아니다(우리는 인종, 부족, 대륙, 문화, 사회적 지위 등을 끊임없이 망상한다).

3) 보편사는 존재하지만 이것은 우발성의 역사이다(역사의 대상인 흐름들이 원시적 코드를 넘어, 전제군주적 덧코드화를 넘어, 자본주의적 탈

코드화를 넘어 독립적인 흐름들의 연합을 가능하게 해주듯이 말이다).

『안티-오이디푸스』에는 칸트적 색채가 강하게 남아 있는데, 아마 이 책을 무의식 차원에서의 순수이성비판이라고 할 수도 있을 것이다. 따라서 무의식에 고유한 종합을 규정하는 것이 중요했다. 즉 역사는 이러한 종합을 실현하는 흐름들이고, 오이디푸스란 모든 역사적 생산을 기만하고 있는 "피할 도리가 없는 환상"이라는 것을 폭로하는 것이 중요했다.

『천 개의 고원』은 이와 달리 칸트 이후의(나아가 단호한 반헤겔적) 시도들에 기반하고 있다. 이러한 계획은 "구성주의적"이다. 따라서 다양체 이론이 그 자체로서 아주 중요하다. 그래서 우리는 다양하다는 것이 어떻게 실사(實辭)의 상태로 넘어가는지를 집중적으로 살펴보았다. 반면에 『안티-오이디푸스』에서는 아직도 다양체를 종합 속에서만 그리고 무의식이라는 조건 속에서만 고찰했었다. 『천 개의 고원』에 들어 있는 늑대 인간에 대한 주해(「늑대는 한 마리인가 여러 마리인가」)에서 우리는 정신분석과 고별하면서 다양체가 의식과 무의식, 자연과 역사, 영혼과 육체의 분리를 어떻게 뛰어넘을 수 있는가를 보여주려고 했다. 다양체들은 현실이며, 어떠한 통일도 전제하지 않으며, 결코 총체성으로 들어가지 않으며 절대 주체로 되돌아가지도 않는다. 총체화, 전체화, 통일화는 다양체 속에서 생산되고 출현하는 과정들일 뿐이다. 다양체들의 주요 특징은 독자성이라는 다양체의 요소들, 되기의 방식인 다양체의 관계들, <이것임>(즉 주체 없는 개체화)이라는 다양체의 사건들, 매끈한 공간과 시간이라는 다양체의 시-공간, 다양체의 현실화 모델인 (나무형 모델과 반대되는) 리좀, 고원들을 형성하는 다양체의 조성판(연속적인 강렬함의 지대들), 그리고 고원을 가로지르고 영토들과 탈영토화의 단계들을 형성하는 벡터들에 따라서도 달라진다.

이러한 우발성의 보편사는 아주 다양한 방식으로 변주될 수 있다.

하지만 각각의 개별적인 경우마다 언제나 다음과 같은 질문이 떠오른다. 이러한 만남은 어디서 또 어떻게 생겨났는가? 『안티-오이디푸스』에서처럼 원시-야만-문명이라는 전통적인 순서를 제시하는 대신 이 책에서는 동시에 존재할 수 있는 모든 형성물들을 살펴보려고 한다. 즉 이제는 찾아보기 힘들지만 주변부에서 줄지어 "최후"의 목표를 위해 분투하고 있는 원시적 집단. 이와 달리 중앙 집중화 과정 속에 들어가 있는 하나의 집합(국가 장치)을 형성하고 있는 전제적 공동체. 오직 국가에 맞설 때만 존재할 수 있는 유목민의 전쟁 기계(국가는 처음에는 자신 안에 속하지 않는 전쟁 기계를 내부로 포섭한다). 국가 장치나 전쟁 장치 속에서 완성되는 주체화 과정. 자본주의 그리고 이에 상응하는 국가들 속에서의 이러한 과정의 통합. 혁명적 행동 방식의 양식들. 각각의 개별적인 경우 서로 비교할 수 있는 영토, 대지 그리고 탈영토화라는 요인들.

리토르넬로를 보면 어떻게 이 세 가지 요인들이 자유롭게, 즉 미학적으로 함께 어울릴 수 있는지를 볼 수 있을 것이다. 이 리토르넬로는 소규모 영토에서 울려나오는 가곡으로 구성되는가 아니면 새의 노래로 구성되는가, 사납게 울부짖고 미친 듯이 노여워하는 대지의 거대한 노래로 구성되는가 아니면 대기의 강력한 화음과 우주의 목소리들로 구성되는가? 우리는 이 『천 개의 고원』이 이처럼 서로 다른 고원에 속한 노래들이 전부 합쳐 만들어내는 리토르넬로가 되기를 바란다. 왜냐하면 철학 또한 자그마한 가곡부터 가장 힘있는 노래에 이르기까지 그저 우주적인 서창의 일종일 뿐이기 때문이다. 미네르바의 부엉이는 (헤겔의 말을 빌리자면) 외치면서 노래한다. 그리고 철학에서 가장 중요한 것은 외침, 즉 개념들을 에둘러 가서 진짜 노래가 될 수 있는 외침들이다.

머리말

이 책은 『자본주의와 분열증』의 속편이자 완결편으로서 첫째 권은 『안티-오이디푸스』였다.

이 책은 장(章)이 아니라 "고원"으로 이루어져 있다. 우리는 뒤에서 그 이유를 (그리고 각 고원에 날짜가 붙은 이유를) 설명하려고 한다. 맨 마지막에 읽어야만 하는 결론을 제외하고 각 고원들은 어느 정도 독립적으로 읽을 수 있다.

다음 글들은 이미 출간된 적이 있다. 『리좀』(Ed. de Minuit, 1976). 「늑대는 한 마리인가 여러 마리인가?」(잡지 『미뉘*Minuit*』, 5호). 「기관 없는 몸체는 어떻게 만들어지는가?」(『미뉘』, 10호). 이 글들은 수정되어 여기에 다시 실렸다.

1 서 론

리좀

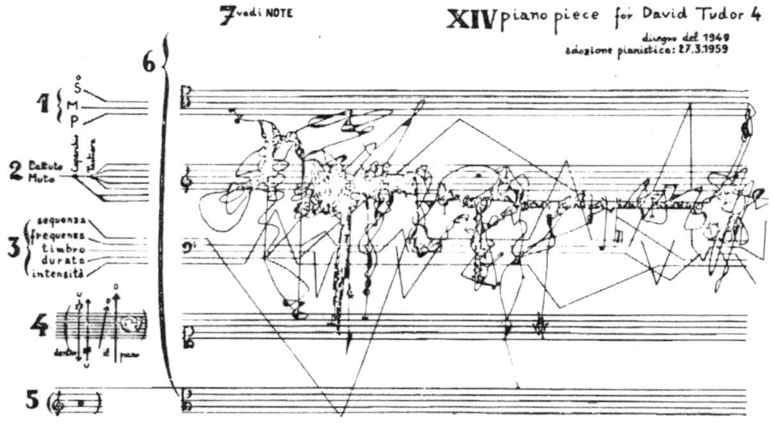

SYLVANO BUSSOTI

실바노 부소티*

우리는 둘이서 『안티-오이디푸스』를 썼다. 우리들 각자는 여럿이었기 때문에, 이미 많은 사람들이 있었던 셈이다. 우리는 가장 가까운 곳에 있는 것에서부터 가장 먼 곳에 있는 것까지 손에 닿는 것이면 무엇이든지 이용했다. 알아보지 못하게 하려고 우리는 교묘한 가명들을 분배해 놓았다. 그렇다면 왜 우리 이름은 남겨뒀는가? 관례상, 그저 관례상. 바로 우리를 알아보지 못하게 하려고. 우리 자신이 아니라 우리가 행동하고 느끼고 사유하게끔 하는 것을 지각할 수 없게 하려고. 게다가 모든 사람들이 말하는 식으로 말하는 것은 기분 좋은 일이니까. <해가 뜬다>고들 말하지만, 그건 사람들의 어법일 뿐이라는 걸 누구나 알고 있으니까. 더 이상 <나>라고 말하지 않는 지점에 이르기 위해서가 아니라 <나>라고 말하든 말하지 않든 더 이상 아무 상관이 없는 지점에 이르기 위해서. 이제 우리는 더 이상 우리 자신이 아니다. 사람들은 각자 자기 것을 찾아낼 수 있을 것이다. 우리는 도움을 받았고 빨려들어갔고 다양화되었다.

책에는 대상도 주체도 없다. 책은 갖가지 형식을 부여받은 질료들과 매우 다양한 날짜와 속도들로 이루어져 있다. 책이 어떤 주체의 것

* [Sylvano Bussotti(1931～). 이탈리아 음악가로 존 케이지(John Cage)의 영향을 받아 12음 기법을 작곡했다. 그는 그의 음악을 직접 지휘하고 그림을 그렸으며 연극도 연출했다. "Memia", "Begristall", "Notte tempo" 등의 작품이 있다]

이라고 말하는 순간, 우리는 이 질료의 구실과 이 질료의 관계들의 외부성을 무시하게 된다. 지질학적 운동을 설명하기 위해 사람들은 선한 신을 꾸며낸다. 다른 모든 것들처럼 책에도 분절선, 분할선, 지층, 영토성 등이 있다. 하지만 책에는 도주선, 탈영토화 운동, 지각 변동(=탈지층화) 운동들도 있다. 이 선들을 좇는 흐름이 갖는 서로 다른 속도들 때문에, 책은 상대적으로 느려지고 엉겨 붙거나 아니면 반대로 가속되거나 단절된다. 이 모든 것들, 즉 선들과 측정 가능한 속도들이 하나의 **배치물**[1]을 구성한다. 책은 그러한 배치물이며, 그렇기에 특정한 누군가의 것이 될 수 없다. 책은 하나의 다양체[2]이다. 그러나 다양하다는 것(le multiple)이 어떤 것에 귀속되기를 그친다는 것, 즉 독립적인 실사(實辭)의 지위로 격상된다는 것이 무슨 뜻인지를 우리는 아직 알지 못한다. 기계적 배치물은 지층들을 향하고 있다. 이 지층들은 기계적 배치물을 일종의 유기체로, 또는 기표작용을 하는[3] 하나의 총체성으로, 또는 하나의 주체에 귀속될 수 있는 규정으로 만들어버린다. 하지만

1 [불어 agencement은 배열, 배치, 치장, 조립, 설비, 설치를 의미한다. 영어로는 assemblage로, 독일어로는 Gefüge로 번역되었다. 일본어 번역에서는 그냥 '어레인지먼트'로 옮기고 있다. 흔히 '배치'로 옮겨지나 우리말에서 '배치'는 동사적 용법밖에는 없기 때문에 실사로 단독으로 쓰기가 꺼려져 '배치물'이라고 옮겼다. 다만 동사적 의미가 강할 때에는 '배치'로 옮겼다. '배치물'의 '물'은 개별 사물이라는 의미로 이해되기보다는 총체적으로 '것'이라는 의미로 이해되어야 한다]

2 ['다양체'는 multiplicité의 번역으로, 간혹 '다양성'으로 옮겼다. 다양체에 관해서는 특히 제2편과 제10편을 참조하기 바란다. 한편 형용사형인 multiple은 '다양' 또는 '여럿' 등으로 번역했다]

3 [형용사 signifiant(e)을 '기표작용적'이라고 옮겼다. 한편 signification은 대부분 '기표작용'이라고 옮겼다. 통상적으로 '의미작용' 정도로 옮기고 있지만, 1) 저자들은 의미작용 일반을 가리키기보다는 기표/기의에 입각한 구조주의 이후의 의미작용에 한정해서 이 말을 사용하며, 2) '기호작용'이라고 옮기기에는 '기호'라는 말의 의미가 너무 넓기 때문에, 구조주의 맥락에서만 사용되는 기표(signifiant)라는 말을 살려 '기표작용'이라고 옮겼다. 한편 signifiance는 화행론, 정신분석, 텍스트론 등 더 넓은 맥락에서 얘기되는 의미작용이며, 그래서 '의미생성'이라고 옮겼다]

기계적 배치물은 기관 없는 몸체[4]로도 향하고 있다. 기관 없는 몸체는 끊임없이 유기체를 해체하고, 탈기표작용적 입자들, 즉 순수한 강렬함[5]들을 끊임없이 통과시켜 순환시키며, 스스로에게 여러 주체들을 끊임없이 귀속시켜 강도의 흔적으로 하나의 이름만을 남긴다. 책의 기관 없는 몸체는 무엇일까? 여러 가지가 있다. 고려되고 있는 선(線)들의 본성에 따라, 선들의 농도나 고유 밀도에 따라, 선들을 선별해내는 "고른 판"[6]에 선들이 수렴할 가능성에 따라 여러 기관 없는 몸체들이 있다. 다른 모든 곳에서와 마찬가지로 여기에서도 본질적인 것은 측정 단위이다. **글을 양화하라.** 책이 얘기하는 바와 책이 만들어지는 방식 사이에는 차이가 없다. 하물며 책에는 대상도 없다. 하나의 배치물로서 책은 다른 배치물들과 연결접속되어 있고 다른 기관 없는 몸체들과 관계 맺고 있을 뿐이다. 기의든 기표든 책이 말하고자 하는 바를 묻지 말아야 하며, 책 속에서 이해해야 할 그 어떤 것도 찾지 말아야 한다. 오히려 이런 것들을 물어봐야 한다. 책이 무엇과 더불어 기능하는지, 책이 무엇과 연결접속되었을 때 강렬함을 통과시키거나 가로막는지, 책이 어떤 다양체들 속에 자신의 다양체를 집어넣어 변형시키는지, 책이 자

4 [원어는 corps sans organes이고, 약자인 CsO는 그대로 두었다. '기관 없는 몸체'의 의미에 대해서는 제6편 참조. corps는 문맥에 따라 '몸체'나 '물체'로 옮겼다]

5 [intensité를 '강렬함'으로 옮겼고, 필요한 경우 '강도(=degré d'intensité)'로도 옮겼다. extension(외연)에 대해서는 '내포'라는 의미도 가지며, 어원대로 긴장(tens)의 집중(in)을 의미하기도 한다]

6 ['고른판'의 원어는 plan de consistance이다. 우선 plan은 '판'으로 옮겼다. 이 말은 통상 '구도', '지반', '평면', '계획' 등으로 옮기곤 했다. 영어로는 plane(또는 아주 간혹 plan)으로 독일어로는 Ebene로 옮긴다. plan의 두 가지 용법에 관해서는 제10편을 참조하기 바란다. 한편 consistance는 '고름'이라고 옮겼다. 이 말은 '균일', '일관(성)', '수미일관' 정도의 뜻을 갖고 있다. 저자들은 이 말을 논리적인 의미보다는 물리적인 의미로 사용한다. 끝으로 plan de consistance을 옮길 때는 '어떤 것이 지지하고 설 수 있는 일관되고 균일한 판'이라는 의미를 살려 '고른판'이라고 옮겼다. 일본어로는 '존립 평면(存立平面)'이라고 옮기고 있다. 고른판은 만물의 존재 기반이 되는 내재성의 판 자체이다]

신의 기관 없는 몸체를 어떤 기관 없는 몸체들에 수렴시키는지. 하나의 책은 바깥을 통해서만, 바깥에서만 존재한다. 이처럼 책이 그 자체로 작은 기계라면, 이 문학 기계는 전쟁 기계, 사랑 기계, 혁명 기계 등과, 그리고 이 모든 기계들을 낳는 추상적인 기계와 어떤 측정 가능한 관계를 맺고 있는가? 사람들은 우리가 너무 자주 문학자들을 원용한다고 비난했다. 하지만 글을 쓸 때의 유일한 문제는 문학 기계가 기능하기 위해서는 그것이 어떤 다른 기계와 이어질 수 있고 또 이어져야 하는지를 아는 일이다. 클라이스트와 미친 전쟁 기계, 카프카와 전대미문의 관료주의 기계 …… (그리고 설사 우리가 문학을 통해서 동물이나 식물이 되었다 해도 그것은 분명 문학적인 방식을 통해서가 아니다. 우리가 동물이 되는 것은 우선 목소리를 통해서가 아닌가?). 문학은 하나의 배치물이다. 그것은 이데올로기와 아무 상관도 없다. 이데올로기는 있지도 않고 있어본 적도 없다.

우리가 말하고 있는 건 다름 아니라 다양체, 선, 지층과 절편성, 도주선과 강렬함, 기계적 배치물과 그 상이한 유형들, 기관 없는 몸체와 그것의 구성 및 선별, 고른판, 그 각 경우에 있어서의 측정 단위들이다. 지층 측정기들, 파괴 측정기들, 밀도의 CsO 단위들, 수렴의 CsO 단위들 — 이것들은 글을 양화할 뿐 아니라 글을 언제나 어떤 다른 것의 척도로 정의한다. 글은 기표작용(signifier)과는 아무 상관도 없다. 글은 비록 미래의 나라들일지언정 어떤 곳의 땅을 측량하고 지도를 제작하는 것과 관련되어 있다.

책의 첫번째 유형은 뿌리-책이다. 나무는 이미 세계의 이미지이다. 또는 뿌리는 세계-나무의 이미지이다. 그것은 유기적이고 의미를 만들며 주체의 산물인(이런 것들이 책의 지층들이다), 아름다운 내부성으로서의 고전적인 책이다. 예술이 자연을 모방하듯이 책은 세계를 모방한다. 책만이 가진 기법들을 통해서. 이 기법들은 자연이 할 수 없거나 더 이상 할 수 없게 된 것들을 훌륭히 해낸다. 책의 법칙은 반사의 법칙이다. 즉 <하나>[7]가 둘이 되는 것이다. 책의 법칙은 어떻게 자연 속에 존재할 수 있는 것일까? 그것이 세계와 책, 자연과 예술 사이의 나눔을 주재하니 말이다. 하나가 둘이 된다. 이 공식을 만날 때마다, 설사 그것이 모택동에 의해 전략적으로 언표된 것이고 세상에서 가장 "변증법적으로" 파악된 것이라 할지라도 우리는 가장 고전적이고 가장 반성되고 최고로 늙고 더없이 피로한 사유 앞에 있는 것이다. 자연은 그런 짓을 하지 않는다. 자연에서 뿌리 자체는 축처럼 곧게 뻗어 있지만 이분법적으로 분기(分岐)하는 것이 아니라 측면으로 원 모양으로 수없이 갈라져 나간다. 정신은 자연보다 늦게 온다. 심지어 자연적 실재로서의 책조차도 축을 따라 곧게 뻗어 있고, 주위에는 잎사귀들이 나 있다. 그러나 정신적 실재로서의 책은, 그것이 <나무>의 이미지로 이해되건 <뿌리>의 이미지로 이해되건, 둘이 되는 하나(一者) 그리고 넷이 되는 둘 …… 이라는 법칙을 끊임없이 펼쳐간다. 이항 논리는 뿌리-나무의 정신적 실재이다. 언어학 같은 "선진적인" 학문 분야조차도 이 뿌리-나무를 기본적인 이미지로 갖고 있는데, 이 이미지는 언어학을 고전적인 사유에 병합시킨다(점 S에서 시작해서 이분법적으로 진행되는 촘스키의 통합체적 나무가 그러하다).[8] 이 사유 체계는 결코 다양체를 이해한 적이 없었다. 정신의 방법을 따라 둘에 도달하려면 강력한 근본적 통일성을 가정해야 한다. 그리고 대상의 측면을 보자면, 우리가 자연의 방법을 따라 하나에서 셋, 넷, 다섯으로 직접 갈 수 있다는 것은 의심할 여지가 없다. 그러나 이는 언제나 곁뿌리들을 받쳐 주는 주축뿌리 같은 강력한 근본적 통일성이 있다는 조건 아래에서만 그러하다. 하지만 이것이 사태를 크게 호전시키는 것은 아니다. 계속 이어지는

7 ["하나"는 철학에서 "일자(一者)"라 불리는 것에 대응된다]

8 [통합체적 나무(arbre syntagmatique). 여기서 점 S란 Sentence의 S를 가리킨다]

원들 사이의 일대일 대응 관계가 이분법의 이항 논리를 대체한 것일 뿐이다. 주축뿌리가 이분법적 뿌리보다 다양체를 더 잘 이해하도록 해주는 것은 아니다. 주축뿌리가 대상 안에서 작동한다면 이분법적 뿌리는 주체 안에서 작동한다. 이항 논리와 일대일 대응 관계는 여전히 정신분석(슈레버에 대한 프로이트의 해석에서 나타나는 망상의 나무), 언어학, 구조주의, 나아가 정보이론까지도 지배하고 있다.

어린뿌리 체계 또는 수염뿌리[9] 체계는 책의 두번째 모습인데, 우리 현대인은 곧잘 그것을 내세운다. 이번에 본뿌리는 퇴화하거나 그 끄트머리가 망가진다. 본뿌리 위에 직접적인 다양체 및 무성하게 발육하는 곁뿌리라는 다양체가 접목된다. 이번에는 본뿌리의 퇴화가 자연적 실재인 것 같지만 그래도 뿌리의 통일성은 과거나 미래로서, 가능성으로서 여전히 존속하고 있다. 그리고 우리는 물어보아야 한다. 그 <반성된 정신적 실재>가 더 포괄적인 비밀스런 통일성 또는 더 광범위한 총체성을 요구함으로써 이러한 사태를 보상하는 건 아닌지. 버로스의 **잘라 붙이기**(cut-up) 기법을 보자.[10] 한 텍스트를 다른 텍스트에 포개 쓰기(pliage; fold-in). 이렇게 하면 다양한 뿌리들과 심지어 잡뿌리까지도 생겨난다(꺾꽂이처럼). 그러나 이 작업은 해당되는 텍스트들의 차원을 보완하는 차원을 상정하고 있다. 포개 쓰기가 함축하는 이 보완적 차원 속에서 통일성은 정신적 노동을 계속해 나간다. 아무리 파편적인 작품이라도 <전집>이나 <걸작>으로 제시될 수 있는 것은 바로 이런

9 [어린뿌리는 어린 시절의 원뿌리(주축뿌리)이며, 이것이 초기에 성장을 멈추고 퇴화하면 줄기 밑둥에서 원뿌리와 곁뿌리의 구분 없이 수염처럼 더부룩하게 뿌리가 나는데 이것이 수염뿌리이다. 뒤에서는 시각적으로 이해를 돕기 위해 어린뿌리를 수염뿌리로 옮겼다]

10 [잘라 붙이기 기법은 버로스의 소설 기법의 하나로, 원래 뜻은 '정상적인 서술을 여러 조각으로 잘라서 재배치하기'이다. 그렇게 하면 '무의미화(절단) + 새로운 의미(재구성)'이 된다]

의미에서이다. 계열들을 증식시키거나 다양체를 커지게 하기 위해 사용하는 대부분의 현대적 방법들은 어떤 방향에서는, 예컨대 선형적(線形的)인 방향에서는 완전히 타당하다. 한편 총체화의 통일성은 다른 차원에서, 원환이나 순환의 차원에서 훨씬 더 확고하게 확증된다. 다양체를 구조 안에서 파악하는 사람들은 언제나 다양체의 증대를 조합의 법칙으로 환원시켜 상쇄시키고 만다. 여기서 통일성을 유산시키는 자들은 정말이지 **천사를 만드는 자들**[11]이다. 왜냐하면 그들은 진정 천사가 지닐 만한 우월한 통일성을 긍정하고 있기 때문이다. 조이스의 언어들은 정당하게도 "다양한 뿌리를 두고 있다"고들 하는데, 적절한 말이다. 조이스의 언어가 단어들, 나아가 언어 자체의 선형적 통일성을 부숴버리는 것은, 그것이 문장이나 텍스트, 또는 지식의 순환적 통일성을 만들어낼 때뿐이다. 니체의 아포리즘이 지식의 선형적 통일성을 부숴버리는 것은, 사유 속에 <미지(未知)>로서 현존하는 영원 회귀의 순환적 통일성을 만들어낼 때뿐이다. 바꿔 말하면 수염뿌리 체계는 이원론, 주체와 객체의 상보성, 자연적 실재와 정신적 실재의 상보성과 진정으로 결별하지 않는다. 즉 통일성은 객체 안에서 끊임없이 방해받고 훼방당하지만 새로운 유형의 통일성이 또다시 주체 안에서 승리를 거두고 만다. 세계는 중심축을 잃어버렸다. 주체는 더 이상 이분법을 행할 수조차 없다. 하지만 주체는 언제나 대상의 차원을 보완하는 어떤 차원 속에서 양가성 또는 중층결정[12]이라는 보다 높은 통일성에 도달한다. 세계는 카오스가 되었지만 책은 여전히 세계의 이미지로 남는다. 뿌리

11 [doctores angelici는 일상적인 의미로는 낙태 전문 시술자, 탁아소 경영자 또는 양자(養子)를 살해하는 자를 뜻한다. 그러나 여기서는 '좋은 일을 하는 자'라는 역설적 의미로 사용되었다]

12 [이 용어들은 정신분석에서 사용되는 말인데, 저자들은 특히 후자를 거의 '덧코드화'라는 의미로 사용하고 있는 것 같다]

-코스모스 대신 곁뿌리-카오스모스라는 이미지로. 파편화된 만큼 더 더욱 총체적인 책이라는 이상야릇한 신비화. 세계의 이미지로서의 책이라, 이 얼마나 무미건조한 생각인가. 사실상 <다양체 만세>라고 말하는 것으로는 충분치 않다. 물론 이렇게 외치는 것도 어려운 일이지만. 유려한 인쇄, 어휘, 심지어 능숙한 문장조차도 사람들이 그러한 외침을 듣도록 만드는 데는 충분치 않다. 다양, 그것을 만들어야만 한다. 하지만 언제나 상위 차원을 덧붙임으로써가 아니라 오히려 반대로 가장 단순하게, 냉정하게, 이미 우리에게 익숙한 차원들의 층위에서, 언제나 n－1에서(하나가 다양의 일부가 되려면 언제나 이렇게 빼기를 해야 한다). 다양체를 만들어내야 한다면 유일(l'unique)을 빼고서 n－1에서 써라. 그런 체계를 리좀이라고 부를 수 있을 것이다. 땅밑 줄기의 다른 말인 리좀은 뿌리나 수염뿌리와 완전히 다르다. 구근(球根)이나 덩이줄기는 리좀이다. 뿌리나 수염뿌리를 갖고 있는 식물들도 아주 다른 각도에서 보면 리좀처럼 보일 수 있다. 즉 식물학이 특성상 완전히 리좀 형태로 되어 있다는 것을 아는 것이 중요하다. 심지어 동물조차도 떼거리 형태로 보면 리좀이다. 쥐들은 리좀이다. 쥐가 사는 굴도 서식하고 식량을 조달하고 이동하고 은신 출몰하는 등 모든 기능을 볼 때 리좀이다. 지면을 따라 모든 방향으로 갈라지는 확장에서 구근과 덩이줄기로의 응고에 이르기까지, 리좀은 매우 잡다한 모습을 띠고 있다. 쥐들이 서로 겹치면서 미끄러질 때도 있다. 리좀에는 감자, 개밀(chiendent), 잡초처럼 가장 좋은 것과 가장 나쁜 것이 있다. 동물이자 식물이어서, 개밀은 왕바랭이(crab-grass)이다.[13] 하지만 우리가 리좀의 개략적인 몇몇 특성들을 말해주지 않는다면 아무도 납득하지 못할 듯하다.

13 [crab은 동물(게)이고 grass는 식물(풀)이다]

원리 1과 원리 2. 연결접속의 원리와 다질성(多質性)의 원리 : 리좀의 어떤 지점이건 다른 어떤 지점과도 연결접속될 수 있고 또 연결접속되어야만 한다. 그것은 하나의 점, 하나의 질서를 고정시키는 나무나 뿌리와는 전혀 다르다. 촘스키 식의 언어학적 나무는 여전히 한 점 S에서 시작해서 이분법을 통해 진행되어 간다. 반대로 리좀의 특질들은 굳이 언어학적 특질에 가둘 필요는 없다. 리좀에서는 온갖 기호계적 사슬들이 생물학적, 정치적, 경제적 사슬 등 매우 잡다한 코드화 양태들에 연결접속되어 다양한 기호 체제뿐 아니라 사태들의 위상까지도 좌지우지한다. 실제로 언표행위라는 집단적 배치물은 기계적 배치물 속에서 곧바로 기능한다. 기호 체제와 기호들의 대상 사이에 근본적인 절단을 수립할 수는 없는 것이다. 언어학이 명시적인 것에 머물면서 언어에 관해 아무 것도 전제하지 않을 때에도 우리는 여전히 특정한 배치물의 양태들과 특정한 사회 권력 유형들을 함축하는 담론 영역 내부에 머물러 있다. 촘스키 문법의 핵심, 모든 문장들을 지배하는 정언(定言)적 상징 S는 통사론적 표지이기 이전에 먼저 권력의 표지이다. 문법적으로 올바른 문장들을 구성하라, 각각의 언표를 명사구와 동사구로 나누어라(최초의 이분법)……. 우리는 그러한 언어학적 모델을 너무 추상적이라고 비판하지 않는다. 오히려 충분히 추상적이지 않다고, 언어를 언표의 의미론적, 화행론[14]적 내용과 연결접속시키고 언표행위라는 집단적 배치물과 연결접속시키고 사회적 장의 모든 미시정치와 연결접속시키는 추상적인 기계에 이르지 못했다고 비판한다. 리좀은 기호계적

14 [흔히 '화용론(話用論)'이라 옮기는 pragmatique를 '실천'의 측면를 강조하여 '화행론(話行論)'이라 옮겼다. 오스틴(J. L. Austin) 이후 발전한 언어 연구 경향으로, 언어의 의미를 '언어 행위 실천'에서 찾으려고 한다. 들뢰즈와 가타리는 현실 언어 행위의 의미를 이루는 기본 단위를 '명령어/질서어(mot d'ordre)'로 본다. 이는 기존의 언어학과 언어 철학이 가장 급진적으로 나아간 형태이다. 자세한 내용은 제4편을 참조]

사슬, 권력 기구, 예술이나 학문이나 사회 투쟁과 관계된 사건들에 끊임없이 연결접속한다. 기호계적 사슬은 덩이줄기와도 같아서 언어 행위는 물론이고 지각, 모방, 몸짓, 사유와 같은 매우 잡다한 행위들을 한 덩어리로 모은다. 그 자체로 존재하는 랑그란 없다. 언어의 보편성도 없다. 다만 방언, 사투리, 속어, 전문어들끼리의 경합이 있을 뿐이다. 등질적인 언어 공동체가 없듯이 이상적 발화자-청취자도 없다. 바인라이히의 공식을 따르면 언어란 "본질적으로 다질적인 실재"[15]이다. 모국어란 없다. 단지 정치적 다양체 내에서 권력을 장악한 지배적인 언어가 있을 뿐이다. 언어는 소교구, 주교구, 수도 부근에서 안정된다. 구근을 이루는 셈이다. 그것은 땅밑 줄기들과 땅밑의 흐름들을 통해 하천이 흐르는 계곡이나 철길을 따라 전개되며 기름 자국처럼 번져나간다.[16] 언어는 언제나 내적인 구성요소로 분해될 수 있다. 이는 뿌리에 대한 탐색과 근본적으로 다르지 않다. 나무에는 항상 계보적인 무언가가 있다. 그것은 민중의 방법이 아니다. 반대로 리좀 유형의 방법은 언어를 다른 차원들과 다른 영역들로 탈중심화시켜야만 그것을 분석해낼 수 있다. 언어는 제 기능이 무기력해진 경우에만 자기 안에 폐쇄된다.

원리 3. 다양체의 원리 : 다양은 사실상 실사로서, 다양체로서 다뤄져야 한다. 그래야만 주체나 객체, 자연적 실재나 정신적 실재, 이미지

15 [영역자 주 : U. Weinreich, W. Labov, and M. Herzog, "Empirical Foundations for a Theory of Language", in W. Lehmann and Y. Malkeiel, eds., *Directions for Historical Linguistics*(1968), p. 125; cited by Françoise Robert, "Aspects sociaux du changement dans une grammaire générative", *Languages*, no. 32, December 1973, p. 90. 여기에는 소쉬르가 랑그를 등질적인 것으로 본 것에 대한 비판이 담겨 있다]

16 Bertil Malmberg, *Les nouvelles tendances de la linguistique*, Paris : P.U.F.(카스티야 방언의 예), pp. 97이하[원본 : *Nya vägar inom sprakforskningen*, Stockholm, 1964. 영역본 : *New Trands in Linguistics*, tr. by Edward Carners, Stockholm : Lund, 1964, pp. 65~67] 참조.

와 세계로서의 <하나>와 더 이상 관계 맺지 않게 된다. 리좀 모양의 다양체들은 나무 모양을 한 가짜 다양체들의 정체를 폭로한다. 여기에는 대상 안에서 주축 역할을 하는 통일성도 없고 주체 안에서 나뉘는 통일성도 없다. 대상 안에서 유산되거나 주체 안으로 "회귀하는" 통일성도 없다. 다양체는 주체도 객체도 없다. 다양체가 가질 수 있는 것은 규정, 크기, 차원들뿐이다. 그리고 그것들은 다양체의 본성이 변할 때에만 증가할 수 있다(따라서 조합의 법칙들은 다양체와 함께 증가한다). 리좀이나 다양체로서의 꼭두각시 줄은 예술가나 공연자의 의지, 하나라고 가정된 의지가 아니라 신경 섬유의 다양체에 연결접속되어 있다. 이 신경 섬유들은 처음 차원에 연결접속된 다른 차원들에 따라 새로이 다른 꼭두각시를 만든다. "꼭두각시를 움직이는 실이나 막대기를 망상조직이라 부르자. (……) 물론 **망상조직이라는 다양체는** 텍스트 안으로 망상조직을 투영하는 배우라는 인물 속에 있다는 반대 의견이 있을 수도 있다. 좋다, 그렇다고 치자. 하지만 배우의 신경 섬유들도 망상조직을 형성한다. 그리고 신경 섬유들은 회색 덩어리(=뇌)와 격자를 가로질러 미분화된 그 무엇에까지 잠겨든다. (……) 그 작동(=놀이)은 (……) 신화 속의 운명의 여신들 같은 직조공들의 순수한 활동에 거의 근접한다."[17] 다양체는 연결접속들을 늘림에 따라 반드시 본성상의 변화를 겪게 되는데, 배치물이란 이러한 다양체 안에서 차원들이 이런 식으로 불어난 것이다. 리좀에는 구조, 나무, 뿌리와 달리 지정된 점이나 위치가 없다. 선들만이 있을 뿐이다. 글렌 굴드(Glenn Gould)가 연주에 가속을 붙일 때 그는 단지 달인의 솜씨를 발휘하기만 하는 것이 아니라 음악상의 점들을 선들로 변형시키고 악곡 전체를 증식시키는 것이다. 수는 어떤 원소들이 특정한 차원 안에서 차지하고 있는 자리에 따라

17 Ernst Jünger, *Approches drogues et ivresse*, Paris : Table ronde 1974, p. 304, § 218. [독어 원본 : *Annäherungen. Drogen und Rausch*, Stuttgart 1970, § 218. (강조는 들뢰즈와 가타리)]

원소들을 측정하는 보편적 개념이기를 멈추고, 해당되는 그 차원들에 따라 변하는 하나의 다양체가 되었다(어떤 영역은 그 영역에 속해 있는 복소수보다 우선적이다). 우리에게 측정 단위들은 없다. 다만 측정의 다양체들 또는 측정의 변이체들만 있을 뿐이다. 통일성(=단위)이라는 개념이 나타나는 것은 하나의 다양체 안에서 기표가 권력을 장악하거나 아니면 그에 상응하는 주체화 과정이 생겨날 때뿐이다. 이런 식으로 주축-통일성과 <하나>가 생겨난다. 주축-통일성은 객체적 요소들이나 점들 사이에서 일련의 일대일 대응 관계들 전체의 기초를 이루고, <하나>는 주체 안에서의 분화라는 이항 논리의 법칙에 따라 나누어진다. 통일성은 언제나 특정 체계의 차원을 보완하는 텅 빈 차원 속에서 작동한다(덧코드화).[18] 그러나 정확히 말해 리좀이나 다양체는 자신을 덧코드화하게 놔두지 않는다. 이들의 선들의 수, 다시 말해 선들에 갖다 붙여진 수들의 다양체 위에 존재하는 보완적 차원이란 있을 수 없다. 모든 다양체는 자신의 모든 차원들을 채우고 차지한다는 의미에서 판판하다. 따라서 우리는 다양체들의 **고른판**에 대해 말할 것이다. 비록 이 "판" 위에서 이루어지는 연결접속들의 수에 따라 판의 차원 수가 커지기는 할 테지만. 다양체들은 <바깥>, 즉 추상적인 선, 도주선(ligne de fuite) 또는 탈영토화의 선에 의거해 정의되며, 다양체들은 이 선에 따라 다른 다양체들과 연결접속하면서 본성상의 변화를 겪는다. 고른판(격자판)은 모든 다양체들의 바깥이다. 도주선은 다음과 같은 특징을 갖는다. 첫째, 다양체가 실제로 채우고 있는 유한한 차원들의 수가 실재한다. 둘째, 다양체가 이 선에 따라 변형되지 않는다면, 그 어떤 보완

18 [surcodage를 이미 코드화되어 있는 것에 덧씌우는 코드화라는 의미에서 "덧코드화"로 옮긴다. 이 말은 영어, 독어, 일어 번역에서 각각 overcoding, Übercodierung, 초코드화(超コード化)라고 옮기고 있다. 이 개념은 이미 존재하는 코드 체계 바깥에서 다시 코드를 부여하는 작용을 가리킨다. 예컨대 광석을 물리적 성질에 따라 분류한 후(코드화) 보석과 그렇지 않은 것으로 다시 분류할 수 있다(덧코드화)]

적인 차원도 존재 불가능하다. 셋째, 이 차원들이 어떤 차원이건 간에 이 모든 다양체들은 단일한 고른판 또는 외부성의 판 위에서 판판하게 만들 수 있고 또 만들어야 한다. 책의 이상은 이러한 외부성의 판 위에, 단 한 페이지 위에, 단일한 모래사장 위에, 체험된 사건, 역사적 결정물, 사유된 개념, 개인, 집단, 사회 구성체[19] 등 모든 것을 펼쳐놓는 일일 것이다. 클라이스트는 이런 유형의 글쓰기, 즉 변용태[20]들의 부서진 사슬을 발명했는데, 그것은 항상 바깥과 관계되어 있으며 침전이나 변형 같은 다양한 속도들을 갖고 있다. 열린 고리들. 또한 그의 텍스트들은 실체나 주체의 내부성을 통해 구성된 고전주의나 낭만주의의 책들과 모든 점에서 대립한다. 국가 장치로서의 책에 대항하는 전쟁 기계로서의 책. n차원에 있는 판판한 다양체들은 탈기표작용적이며 탈주체적이다. 그것들은 부정관사로, 또는 차라리 부분관사로 표현된다(그것은 개밀이다, 리좀이다……[21]).

19 ['사회 구성체' 또는 '사회 대형(隊形)'은 여러 힘들이 모여 이루어진 사회를 가리킨다. 『안티-오이디푸스』의 용어로 하면 '사회체(socius)'에 가깝다]

20 ['변용태(變容態)'(라틴어 : affectus, 불어 : affect)는 기쁨과 슬픔, 사랑과 증오 같은 것들을 가리킨다. 특히 그것은 인간의 것일 경우 '정서'나 '감정'이라는 말로 그리고 좀더 일반적으로 '감응'으로 옮길 수 있다. 대체로 '변용태'라는 말로 통일해서 옮기되, 문맥에 따라 '변용태(=감정)'와 같은 식으로 구체적인 뜻을 보충해서 옮기기도 했다. 이와 관련해서 들뢰즈가 쓴 『스피노자. 실천 철학*Spinoza. Philosophie pratique*』(Minuit, 1981년 수정 증보판, 국역판은 『스피노자의 철학』[박기순 옮김, 민음사, 1999])의 해당 항목을 참고할 것. 스피노자에 따르면 변용(affection, 라틴어 : affectio)과 변용태는 다르다. 일반적으로 변용은 몸체와 관련되며 변용태는 마음과 관련된다고 생각되지만, 진짜 차이는 다른 데 있다. 즉 '변용'은 변용된 몸체의 상태를 가리키며 변용시키는 몸체의 존재도 함축하는 반면, '변용태'는 변용을 주고받는 몸체들의 상호 변이를 고려하기 때문에 한 상태에서 다른 상태로의 몸체의 이행을 가리킨다. 변용태란 역량/힘(potentia, puissance)의 증대(→기쁨) 또는 감소(→슬픔)와 관련된다. 따라서 변용을 주고받을 수 있는 힘의 크기가 동일한 경우에도 외부의 힘의 크기에 따라 변용시키는 힘의 크기가 달라진다. 변용태(=정서)가 그것을 생겨나게 하는 관념과 다시 만날 때 기쁨은 사랑이 되고 슬픔은 증오가 된다]

21 [원문은 "c'est *du* chiendent, *du* rhizome……"이다. 부분관사는 불어에서 양 또는 수로 헤아릴 수 있는 것의 얼마의 수량을 전제할 때 사용된다. (약간의) 빵은 *du* pain, (약간의)

원리 4. 탈기표작용적인 단절의 원리 : 이것은 구조들을 분리시키는 절단, 하나의 구조를 가로지르며 너무 많은 의미를 만들어내는 절단에 대항한다. 하나의 리좀은 어떤 곳에서든 끊어지거나 깨질 수 있으며, 자신의 특정한 선들을 따라 혹은 다른 새로운 선들을 따라 복구된다. 개미떼를 죽여도 계속 나오는 이유는 그놈들이 가장 큰 부분이 파괴되더라도 끊임없이 복구될 수 있는 동물 리좀을 형성하기 때문이다. 모든 리좀은 분할선들을 포함하는데, 이 선들에 따라 리좀은 지층화되고 영토화되고 조직되고 의미화되고 귀속된다. 하지만 모든 리좀은 또한 탈영토화의 선들도 포함하고 있는데, 이 선들을 따라 리좀은 끊임없이 도주한다. 분할선들이 하나의 도주선 속에서 폭발할 때마다 리좀 안에는 단절이 있게 된다. 하지만 도주선은 리좀의 일부이다. 분할선과 도주선은 끊임없이 서로를 참조한다. 바로 이런 이유로 해서 우리는 이원론이나 이분법을 설정할 수 없는 것이다. <좋음>과 <나쁨>이라는 조악한 형식으로라도 말이다. 우리는 끊어도 보고 도주선도 그려본다. 하지만 우리는 항상 위험에 처해 있다. 선 위에서 전체를 다시 지층화하는 조직들, 기표에 권력을 다시 부여하는 대형(隊形)들, 주체를 다시 구성하는 귀속 작용들, 즉 오이디푸스의 부활에서 파시스트적인 응고물에 이르기까지 당신이 원하는 모든 것들에 직면할 집단들과 개인들은, 단지 결정화만을 요구하는 미시-파시즘을 간직하고 있다.[22] 그렇다, 개밀 역시도 리좀이다. <좋음>과 <나쁨>은 능동적이고 일시적인 선별의 소산일 뿐이며, 이 선별은 항상 갱신되어야 한다.

돈은 *de l'argent*, (약간의) 과일은 *des fruits*로 쓴다]

22 [결정화(結晶化)된 상태는 『1948년』의 감시 카메라 안에 있는 윈스턴과도 같다. 결정화는 모든 것의 노출을 함축한다. 예컨대 전자 주민 카드에 개개인의 정보가 입력되면 개개인들은 결정화된다. 파시즘은 언제나 안전과 편리를 등에 업고 스며든다. 미시-파시즘 문제는 제9편을 참조]

탈영토화의 여러 운동과 재영토화의 여러 과정은 끊임없이 가지를 뻗고 또 서로를 받아들이고 있다. 어떻게 이들 사이에 상호 관련이 없다고 할 수 있겠는가? 서양란은 말벌의 이미지를 만들고 말벌을 본뜨면서 탈영토화되지만, 말벌은 이 이미지 위에서 재영토화된다.[23] 한편 말벌은 서양란의 생식 장치의 한 부분이 됨으로써 탈영토화되기도 하지만, 서양란에 꽃가루를 옮김으로써 서양란을 재영토화한다. 말벌과 서양란은 서로 이질적인 한에서 리좀을 형성한다. 서양란이 말벌을 모방하는 방식은 기표작용적인 방식이라고 말할 수도 있다. 즉 말벌의 이미지를 재생산함으로써(미메시스, 의태, 속임수 등) 말벌을 모방한다고. 하지만 그것은 지층들의 층위에서만 참이다. 즉 두 지층 사이에는 평행 관계(parallélisme)가 있기 때문에 한 층에 있는 식물 조직이 다른 층에 있는 동물 조직을 모방할 수 있는 것이다. 동시에 아주 다른 어떤 것이 문제가 되고 있다. 즉 이제는 모방이 전혀 문제되지 않고 코드의 포획, 코드의 잉여 가치, 원자가의 증가, 진정한 생성(=되기), 서양란의 말벌-되기, 말벌의 서양란-되기가 문제되는데, 이때 이러한 생성들 각각은 한쪽 항을 탈영토화하고 다른쪽 항을 재영토화한다. 또 이 두 생성은 서로 연쇄되어 있고 연계되는데, 탈영토화를 항상 더 멀리 밀어붙이는 모든 강렬함들의 순환에 따라 그렇게 한다. 모방이나 유사성은 없다. 다만 기표작용적인 그 어떤 것에도 귀속되거나 종속될 수 없는 공통의 리좀으로 이루어진 도주선이 있고, 그것을 향한 두 이질적인 계열의 폭발이 있을 뿐이다. 레미 쇼뱅은 이 점을 다음과 같이 정확하게 말하고 있다. "서로 아무런 관계도 없는 두 존재의 **비평행적 진화**."[24] 좀더 일반적으로 말해 진화의 도식은 나무나 혈통 같은 오래된 모델을

23 ['본뜸' 또는 '사본'은 뒤에 나올 '지도'와 구분된다]

24 Rémy Chauvin, in *Entretiens sur la sexualité*, ed. Max Aron, Robert Courrier, and Etienne Wolff, Paris : Plon, 1969, p. 205.

포기해야만 할는지도 모른다. 어떤 조건들에서 바이러스는 생식 세포들에 접속되어 스스로 복잡한 종(種)의 세포 유전자로 바뀔 수도 있다. 더 나아가 바이러스는 애초의 숙주에서 가져온 "유전 정보"들을 고스란히 간직한 채 전혀 다른 종의 세포들 속으로 달아나고 옮겨갈 수도 있다(비비와 특정 종의 집고양이의 DNA들이 이중 결합된 C형 바이러스에 대한 벤베니스트와 토다로의 최근 연구 조사들). 진화의 도식은 덜 분화된 것에서 더 분화된 것으로 나아가는 나무 모양의 혈통 모델을 따르지 않을 것이다. 그것은 이질적인 것 안에서 즉각 작동하며, 이미 분화되어 있는 한 선에서 다른 선 위로 도약하는 리좀을 따라갈 것이다.[25) 여기서 다시 비비와 고양이의 비평행적 진화를 예로 들어보자. 이 때 분명 비비는 고양이의 모델이 아니고, 고양이는 비비의 복사물이 아니다(고양이에게 비비-되기는 고양이가 비비"인 척한다"는 것을 의미하지는 않는다). 우리는 우리의 바이러스와 더불어 리좀이 된다. 또는 오히려 우리의 바이러스가 우리가 다른 짐승들과 더불어 리좀이 될 수 있게 해준다. 자콥이 말하듯이, 바이러스나 다른 절차를 통해 유전 물질이 이동하는 것과 서로 다른 종에서 유래한 세포들이 융합한 결과는 "고대와 중세에는 소중한 것이었던 반인륜적 연애"[26)]와 유사하다. 분화된 선들

25 벤베니스트(R. E. Benveniste)와 토다로(G. J. Todaro)의 작업에 대해서는 Yves Christen, "Le rôle des virus dans l'évolution", *La Recherche*, n° 54, mars 1975를 참조할 것. "세포 내에서 통합-추출이 있는 후에 바이러스들은 실수로 잘못 절단된 숙주의 DNA 조각들을 날라서 새로운 세포들로 옮겨갈 수 있다. 사실 이것이 유전 공학이라고 부르는 것의 기초이다. 이로부터 어떤 유기체에 고유한 유전 정보는 바이러스들 덕분에 다른 유기체로 옮겨질 수 있다는 결론이 나온다. 극단적인 상황에 관심이 있다면 (유전) 정보는 보다 진화된 종에서 덜 진화된 종 또는 선조(先祖)를 낳는 종으로 옮겨갈 수도 있다고 상상해 볼 수도 있다. 따라서 이 메커니즘은 진화론이 고전적인 방식으로 사용한 메커니즘과 상반된 방향으로 나아갈 수도 있다. 이런 식의 정보 이동이 대단히 중요한 것이라면 어떤 경우에는 그물 모양의 도식(분화를 한 후에도 가지들 간에 소통을 하는)이 오늘날 진화를 설명하기 위해 사용되는 덤불 모양이나 나무 모양의 도식을 대체하게 될지도 모른다"(p. 271).

을 횡단시키면 계통수들이 뒤섞인다. 항상 분자나 분자보다 작은 입자를 찾아 결탁하라. 우리는 유전병이나 가문의 병보다는 오히려 다형(多形)적이고 리좀적인 독감 때문에 진화하거나 죽는다. 리좀은 하나의 반(反)계보이다.

책과 세계에 대해서도 마찬가지 얘기를 할 수 있다. 뿌리 깊은 믿음과는 반대로, 책은 세계의 이미지가 아니다. 책은 세계와 더불어 리좀이 된다. 책과 세계의 비평행적 진화가 있다. 책은 세계의 탈영토화를 확실하게 해주지만 세계는 책을 재영토화하며, (그게 가능하다면, 그리고 그럴 능력이 있다면) 다시 책은 스스로 세계 안에서 탈영토화된다. 의태는 완전히 다른 본성을 가진 현상들을 서술하기에는 아주 나쁜 개념인데, 왜냐하면 이항 논리에 의존하고 있기 때문이다. 악어는 나무둥치를 복제하지 않으며, 마찬가지로 카멜레온도 자기 주위의 색깔을 복제하지 않는다. 핑크 팬더는 아무 것도 모방하지 않으며 아무 것도 복제하지 않고 분홍 위에 분홍으로, 자기 색깔로 세상을 그린다. 이것이 핑크 팬더의 세계-되기인데, 그것은 핑크 팬더 자신이 지각할 수 없고 기표작용을 하지 않게 되는 방식으로, 자신의 단절을 행하고 스스로 자신의 도주선을 내고 자신의 "비평행적 진화"를 끝까지 밀고 나간다. 식물들의 지혜. 식물들은 뿌리를 갖고 있을지라도 언제나 어떤 바깥을 가지며, 거기서 식물들은 항상 다른 어떤 것, 예컨대 바람, 동물, 사람과 더불어 리좀 관계를 이룬다(또 어떤 점에서는 동물들 자신도 리좀을 이루고 인간들도 리좀을 이루고……). "식물이 우리 안으로 의기양양하게 침입할 때의 도취." 항상 단절을 통해 리좀을 따라가라, 도주선을 늘이고 연장시키고 연계하라, 그것을 변주(變奏)시켜라, n차원에서 방

26 François Jacob, *La logique du vivant*, Paris : Gallimard, pp. 312, 333[독역본 : *Die Logik des Lebenden*, übers. von Jutta und Klaus Scherrer, Frankfurt, 1972, S. 331. 영역본 : *The Logic of Life*, trans. Betty E. Spillmann, New York : Pantheon 1973, pp. 291~292, 311].

향이 꺾인, 아마도 가장 추상적이면서 가장 꼬여 있는 선을 생산할 때까지. 탈영토화된 흐름들을 결합시켜라. 식물들을 따라라. 우선 잇단 독자성[27]들 주변에 생기는 수렴원들을 따라 최초의 선의 한계를 정하는 것이 좋을 것이다. 다음으로 최초의 선의 한계 바깥, 다른 방향에 위치한 새로운 점들과 함께 이 선의 내부에서 새로운 수렴원들이 만들어지는지를 보라. 글을 써라, 리좀을 형성하라, 탈영토화를 통해 너의 영토를 넓혀라, 도주선이 하나의 추상적인 기계가 되어 고른판 전체를 덮을 때까지 늘려라. "우선 너의 오랜 친구인 식물에게 가서, 빗물이 파놓은 물길을 주의 깊게 관찰하라. 비가 씨앗들을 멀리까지 운반해 갔음에 틀림없다. 그 물길들을 따라가 보면 너는 흐름이 펼쳐지는 방향을 알게 될 것이다. 그 다음에 그 방향을 따라 너의 식물에서 가장 멀리 떨어진 곳에서 발견되는 식물을 찾아라. 거기 두 식물 사이에서 자라는 모든 악마의 잡초들(devil's weed plants)이 네 것이다. 나중에 이 마지막 식물들이 자기 씨를 퍼트릴 것이기에 너는 이 식물들 각각에서 시작해서 물길을 따라가며 너의 영토를 넓힐 수 있을 것이다."[28] 음악은 "변형되는 다양체들"만큼이나 많은 도주선들을 끊임없이 흘려보내 왔다. 결국 자신을 구조화하거나 나무 형태로 만드는 음악 고유의 코드들을 뒤엎어버리게 되더라도 말이다. 따라서 음악 형식은 단절되고 증식한다는 점에서도 잡초나 리좀에 비견될 수 있다.[29]

27 [원어는 singularité. 주로 '독자성(獨子性)'으로 옮기고, 꼭 필요한 경우에만 '특이성', '단독성' 등의 말로 옮겼다. 정확히 수학적인 맥락이 아닌 곳에서는 '특이성(특이점)'이라는 번역어는 어울리지 않는다. 또한 키에르케고르의 분위기를 많이 풍기는 '단독성' 또한 저자들이 염두에 둔 것과는 거리가 있다. 독자성(獨子性)은 독자성(獨自性)과 발음의 동일성과 의미의 유사성을 유지하면서도 단독성의 의미도 담았다]

28 Carlos Castaneda, *L'herbe du diable et la petite fumée*, Paris : Ed. du Soleil noir, p. 160[독역본 : *Die Lehren des Don Juan*, übers. von Céline und Heiner Bastian, Frankfurt, 1986, S. 100. 영어 원본 : *The Teachings of Don Juan*, Berkeley : University of California Press, 1971, p. 88. 국역본 : 『돈 후안의 가르침』, 청하].

원리 5와 원리 6. 지도 제작(=製圖)과 전사(轉寫)의 원리 : 리좀은 어떠한 구조적 모델이나 발생적[30] 모델에도 의존하지 않는다. 리좀은 발생축이나 심층 구조 같은 관념을 알지 못한다. 발생축은 대상 안에서 일련의 단계들을 조직해가는 통일성으로서의 주축이다. 심층 구조는 오히려 직접적 구성요소들로 분해할 수 있는 기저 시퀀스(suite de base)와도 같은 것인 반면, 생산물의 통일성은 변형을 낳는 주관적인 다른 차원으로 넘어간다. 우리는 이처럼 나무나 뿌리(주축뿌리이건 수염뿌리이건)라는 재현 모델에서 벗어나지 못하고 있다(예컨대 촘스키의 "나무"는 기저 시퀀스와 연관되어 있으며 이항 논리에 따라 그것의 발생 과정을 나타내고 있다). 이는 낡아빠진 사유의 변주이다. 우리는 발생축이나 심층 구조에 대해 이렇게 말하겠다. 그것은 무엇보다도 무한히 복제(=재생산)될 수 있는 **본뜨기**의 원리라고. 모든 나무의 논리는 본뜨기의 논리이자 복제(=재생산)의 논리이다. 정신분석과 마찬가지로 언어학의 대상은 무의식인데, 무의식은 그 자체로 재현적이며 코드화된 콤플렉스로 결정(結晶)화되고 발생축 위에서 재분배되거나 통합체적 구조 안에서 분배된다. 언어학은 사태를 기술하거나 상호 주관적 관계들 사이에서 다시 균형을 잡거나 무의식을, 이미 거기에 존재하고 있으며 기억과 언어의 어두운 구석에 숨어 있는 무의식을 탐색하는 것을 목표로 삼는다. 언어학은 덧코드화 구조나 지지축에서 출발해서 이미 주어진

29 Pierre Boulez, *Par volonté et par hasard*, Paris : Ed. du Seuil, p. 14. "당신이 그것을 어떤 땅에 심으면 그것은 갑자기 잡초처럼 증식하기 시작한다." 그리고 음악적 증식에 관해서는 p. 89의 여러 곳을 참조. "떠다니는 음악, 거기서는 바로 음표 자체 때문에 연주자가 박자를 정확히 맞출 수 없다"[독역본 : *Wille und Zufall. Gespräche mit Célestin Deliège und Hans Mayer*, übers. von Josef Häusler und Hans Mayer, Stuttgart und Stuttgart-Zürich, 1977. 각각 S. 15, S. 78에서. 영어본 : *Conversations with Célestin Deliège*, London : Eulenberg Books, 1976. 각각 p. 15, p. 69에서].

30 [촘스키의 grammaire générative(generative grammar)는 흔히 '생성 문법'이라고 옮기지만 본 번역에서는 문맥에 적합하게 '발생적'이라는 말로 옮겼다]

어떤 것을 본뜬다. 나무는 사본들을 분절하고 위계화한다. 사본들은 나무의 잎사귀들과 같다.

리좀은 그와는 완전히 다른 어떤 것이다. 그것은 사본이 아니라 지도이다. 지도를 만들어라. 그러나 사본은 만들지 말아라. 서양란은 말벌의 사본을 재생산하지 않는다. 서양란은 리좀 속에서 말벌과 더불어 지도가 된다. 지도가 사본과 대립한다면, 그것은 지도가 온몸을 던져 실재에 관한 실험 활동을 지향하고 있기 때문이다. 지도는 자기 폐쇄적인 무의식을 복제하지 않는다. 지도는 무의식을 구성해 낸다. 지도는 장(場)들의 연결접속에 공헌하고, 기관 없는 몸체들의 봉쇄-해제에 공헌하며, 그것들을 고른판 위로 최대한 열어놓는 데 공헌한다. 지도는 그 자체로 리좀에 속한다. 지도는 열려 있다. 지도는 모든 차원들 안에서 연결접속될 수 있다. 지도는 분해될 수 있고, 뒤집을 수 있으며, 끝없이 변형될 수 있다. 지도는 찢을 수 있고, 뒤집을 수 있고, 온갖 몽타주를 허용하며, 개인이나 집단이나 사회 구성체에 의해 작성될 수 있다. 지도는 벽에 그릴 수도 있고, 예술 작품처럼 착상해낼 수도 있으며, 정치 행위나 명상처럼 구성해낼 수도 있다. 언제나 많은 입구를 가지고 있다는 점은 아마도 리좀의 가장 중요한 특징 중의 하나일 것이다. 이런 의미에서 쥐 굴은 동물 리좀이다. 쥐 굴에서는 이동 통로로서의 도주선과 저장이나 서식을 위한 지층들이 때때로 분명하게 구분된다(사향쥐를 참고할 것). 지도는 다양한 입구를 갖고 있는 반면, 사본은 항상 "동일한 것으로" 회귀한다. 지도가 언어수행(performance)의 문제인 반면, 사본은 항상 이른바 "언어능력(competence)"을 참조한다. 정신분석과 분열분석을 비교해보라. 정신분석은 각각의 욕망과 언표를 발생축이나 덧코드화하는 구조에 맞춰 재단해내고, 축 위의 각 단계들과 구조 속의 구성인자들을 무한히 단조로운 사본으로 만든다. 분열분석은 복사된 숙명이라는 관념을 완전히 거부한다. 그 관념에 신적이건 신비적이건 역사적이건 경제적이건 구조적이건 유전적이건 통합체적이건 그 어떤 이름을 붙이건 간에 말이다(우리는 멜라니 클라인의 오류를 잘 알고 있다. 클라인은 자신의 어린 환자들 중 하나인 꼬마 리처드가 만들었던 지도의 문제를 이해하지 못하고 이미 만들어진 사본들, 즉 오이디푸스, 좋은 아빠와 나쁜 아빠, 나쁜 엄마와 좋은 엄마를 끄집어내는 데 만족했다. 반면에 아이는 정신분석이 전혀 알지 못하는 그 무엇을 수행하려고 필사적으로 노력한다[31]). 충동들과 부분 대상들은 발생축 위의 단계들도 아니고 심층 구조 속의 위치들도 아니다. 충동들과 부분 대상들은 입구들과 출구들, 막다른 골목들 등 문제들에 대한 정치적 선택지이다. 아이는 정치적으로, 즉 자기 욕망의 온 힘을 다해 이것들을 살아가는 것이다.

하지만 우리는 지금 지도와 사본을 좋은 쪽과 나쁜 쪽으로 대립시키면서 단순한 이원론을 복원시키고 있는 것은 아닐까? 복사될 수 있다는 것은 지도의 고유한 특징이 아닐까? 뿌리를 교차시키고 때로는 뿌리와 뒤섞인다는 것은 리좀의 고유한 특징이 아닐까? 하나의 지도는 이미 자신의 고유한 사본들인 잉여 현상들을 포함하고 있지 않은가? 하나의 다양체는 통합과 총체화, 군중화, 모방 기제, 의미화하는 권력의 장악, 주체의 귀속 작용 등이 뿌리내리고 있는 자신의 지층들을 갖고 있는 것은 아닐까? 도주선마저도 우발적으로 갈라져 가면서 대형들을 해체하거나 바꿔 놓지만, 결국 스스로가 그런 대형들을 재생산하게

31 Mélanie Klein, *Psychanalyse d'un enfant*, Tchou[독어본 : Melanie Klein, *Der Fall Richard. Das vollsätndige Protokoll einer Kinderanalyse, durchgeführt von Melanie Klein*, München, 1975. 영어본 : *Narrative of a Child Analysis*, London : Hogarth Press, 1961]. 리처드의 행동들 속에서 전쟁 지도들의 역할을 참고할 것. ["The Interpretation of Utterances", in *Language, Sexuality and Subversion*, trans. Paul Foss and Meaghan Morris, Sydney : Feral Publications, 1978, pp. 141~157에서 들뢰즈와 가타리는 클레르 파르네(Claire Parnet), 앙드레 스칼라(André Scala)와 함께 클라인의 리처드와 프로이트의 꼬마 한스를 분석했다]

되는 것이 아닐까? 하지만 그 역 또한 참이며, 따라서 문제는 방법이다. 언제나 사본을 지도로 바꿔 놓아야 한다. 그리고 이 조작은 앞에 열거한 조작과 전혀 대칭을 이루지 않는다. 왜냐하면 아주 엄밀하게 보자면, 하나의 사본이 지도를 복제한다는 말은 정확하지 않기 때문이다. 사본은 오히려 사진이나 X선 사진과 같다. 그것은 착색 등의 다른 강제적인 공정, 인공적인 수단을 써서 자기가 복제하려는 놈을 선별하거나 고립시키는 일부터 시작한다. 모델을 창조하고 끌어다 쓰는 것은 언제나 <모방하는 자>이다. 사본은 이미 지도를 이미지로 번역해버렸다. 사본은 이미 리좀을 뿌리나 곁뿌리로 변형시켜버렸다. 사본은 자신의 의미생성의 축들과 주체화의 축들을 따라 다양체들을 조직하고 안정화하고 중성화했다. 사본은 리좀을 낳았고 구조화했다. 또한 사본은 자신이 다른 어떤 것을 복제하고 있다고 믿지만 실상은 자기 자신을 복제하고 있을 뿐이다. 사본이 그토록 위험한 것은 바로 이런 까닭이다. 사본은 잉여들을 집어넣고, 그것들을 전달하고 번식시킨다. 사본이 지도나 리좀에서 복제하는 것은 막다른 골목들, 봉쇄들, 주축의 배아들 또는 구조화의 점들이다. 정신분석과 언어학을 보자. 정신분석은 무의식의 사본이나 사진만을, 언어학은 언어의 사본이나 사진만을 만들어냈을 뿐이며, 그와 더불어 예상되는 모든 배반들이 함께 한다(정신분석이 언어학의 운명에 자신의 운명을 건 것은 놀라운 일이 아니다). 아동 정신분석의 전형적인 예로서, 일찍이 꼬마 한스에게 일어났던 일을 살펴보자. 꼬마가 자신의 수치와 죄를 욕망할 때까지, 꼬마에게 수치와 죄, 즉 공포증이 뿌리내릴 때까지 사람들은 끊임없이 꼬마의 리좀을 부숴버리고, 꼬마의 지도를 더럽혔으며, 지도를 빼앗아 제자리에 다시 갖다 놓고, 모든 출구를 봉쇄했다(사람들은 꼬마를 건물의 리좀과 차단시켰으며, 다음에는 거리의 리좀과 차단시켰다. 사람들은 꼬마를 부모의 침대에 뿌리내리게 했고, 꼬마의 몸 위로 곁뿌리를 내리게 했으며, 프로이트 교수에게 맡겨 가워버렸다). 분명 프로이트는 꼬마 한스가 지도를 만들고 있다는 것을 고려하고 있었지만, 단지 그것을 가족사진에 맞춰 넣으려고 그랬던 것이다. 그리고 멜라니 클라인이 꼬마 리처드의 지정학적 지도를 가지고 무슨 짓을 했는지를 보라. 그녀는 이 지도를 사진으로 찍고 사본을 만들었다. 포즈를 취해보렴. 아님 발생적 단계든 구조적 운명이든 축을 따라 나가보렴. 너의 리좀을 부술 거야. 살려두고 말할 수 있게 해줄까? 단, 모든 출구를 봉쇄해놓고 말야. 리좀이 차단되어 나무처럼 되면 모든 것은 끝장이고 이제 욕망으로부터는 아무 것도 생기지 않는다. 욕망이 움직이고 생산하는 것은 언제나 리좀을 통해서니까. 욕망이 나무를 타고 올라가면 반드시 내적인 추락들이 생겨, 욕망을 좌절시키고 죽음으로 몰고 간다. 하지만 리좀은 외부적이고 생산적인 발아를 통해 욕망에게 작동한다.

바로 이런 이유 때문에 거꾸로이긴 하지만 대칭적이지는 않은 다른 조작을 시도해보는 일, 즉 사본을 지도에 다시 연결시키려고 시도해보는 일이 그토록 중요하다. 사본들을 지도에 다시 연결시켜 주어라, 뿌리들이나 나무들을 리좀과 관계시켜라. 꼬마 한스의 사례에서 무의식을 연구하겠다면 아이가 가족의 집을 가지고서, 그러나 또한 건물, 길 등 도주선을 가지고서 어떻게 리좀을 구성하려 하는지를 보여주어야 한다. 또한 아이가 가족 안에 뿌리를 내리고 아버지 밑에서 사진을 찍고 어머니의 침대 위에서 복사됨으로써 이 선들이 어떻게 봉쇄되는지를 보여주어야 한다. 나아가 프로이트 교수가 아이에게 끼어들어 변용태(=감정)들이 주체화되도록, 기표가 권력을 장악하도록 하는 방식을 보여주어야 한다. 아이는 동물-되기가 수치스럽고 죄스럽다고 믿게 되었지만, 우리는 아이가 동물이 됨으로써만 달아날 수 있다는 것을 보여주어야 한다(꼬마 한스에게 말-되기는 진정한 정치적 선택이었다). 하지만 항상 꼬마는 막다른 골목들을 다시 지도 위에 설정하고, 가능한 도주선들을 향해 막다른 골목들을 열어 젖혀야만 했다. 이는 집단의 지도를 만들 때도 마찬가지이다. 대중화, 관료주의, 리더십, 파쇼화 등의 현상이 리좀의 어떤 지점에서 형성되는지, 그럼에도 불구하고 어떤 선들이 살아남아 있는지, 어떤 선들이 땅속에서 희미하게나마 계속해서 리좀을 형성하는지를 보여주어야 한다. 들리니의 방법은 다음과 같다. 자폐아의 몸짓과 움직임에 대한 지도를 만들 것, 한 아이나 여러 아이를 위해 여러 장의 지도들을 조합할 것…….[32] 지도나 리좀이 본질적으로 다양한 입구들을 갖고 있다는 것이 사실이라면, 그리고 충분히 조심한다면 우리는 심지어는 사본들의 길이나 뿌리-나무들의 길을 통해서도 거기에 들어갈 수 있다고 생각할 수 있을 것이다(그래도 우리는 여전히 마니교적인 이원론을 비판할 것이다). 예를 들어 우리는 종종 막다른 골목에 들어설 수밖에 없고, 의미를 만들어내는 권력들과 주체적인 변용들을 거쳐 갈 수밖에 없고, 편집증적 구성체나 그보다 더 나쁜 오이디푸스적 구성체에, 즉 다른 변형 조작들을 가능케 하는 굳어진 영토들에 기댈 수밖에 없을 것이다. 심지어 정신분석이 자기도 모르는 사이에 받침점 역할을 하게 될 수도 있다. 반대로 다른 경우에 우리는 직접 도주선에 기대게 될 것이다. 지층들이 파열하도록 해주고 뿌리를 끊고 새로운 연결접속들을 작동시키는 도주선 말이다. 따라서 가변적인 탈영토화 계수들을 가진, 사본-지도들이나 뿌리-리좀들 같은 서로 아주 다른 배치물들이 있게 된다. 리좀 안에는 나무 구조나 뿌리 구조가 있다. 하지만 역으로 나무의 가지나 뿌리의 갈래가 리좀으로 발아할 수도 있다. 우리는 보편소(普遍素)를 함축하는 이론적 분석이 아니라 다양체들 또는 강렬함의 집합들을 구성하는 화행론을 가지고서 이런 것들을 식별해내야 한다. 나무의 심장부에서, 뿌리의 공동(空洞)에서, 가지

32 Fernand Deligny, "Voix et voir", *Cahiers de l'immuable*, *Recherche*, vol 1, n° 8, avril 1975[독역본 : *Ein Floß in den Bergen*, übers. von Clemens-Carl Haerle, Berlin, 1980].

의 겨드랑이에서 새로운 리좀이 형성될 수 있다. 또는 뿌리-나무의 극미한 요소, 즉 수염뿌리에서. 회계, 관료제는 사본들에 의해 진행된다. 하지만 그것들은 카프카의 소설에서처럼 싹이 터서 리좀 줄기를 뻗기 시작할 수도 있다. 하나의 강렬한 특질이 스스로를 위해 일하기 시작하고, 환각적 지각, 공감각, 도착(倒錯)적 변이, 이미지들의 유희가 부각되어 기표의 헤게모니가 다시 의문시된다. 꼬마의 몸짓, 의태, 놀이의 기호계들은 자유를 되찾고, "사본"으로부터, 교사의 언어가 갖는 지배적 능력으로부터 벗어난다. 극미한 사건이 국지적 권력의 평형 상태를 전복시키는 것이다. 이처럼 촘스키의 통합체 모델 위에 구성된 발생적 나무는 모든 방향(sens)으로 열릴 수 있으며, 나름대로 리좀을 형성할 수 있을 것이다.[33] <리좀 모양이 된다는 것>은 줄기들이 새롭고 낯선 용도로 사용되어도 상관없으니, 뿌리를 닮은 줄기들, 더 정확히 말하면 나무 몸통으로 뚫고 들어가면서 뿌리들과 연결접속되는 굵고 가는 줄기들을 생산하는 것을 의미한다. 나무라면 진절머리가 난다. 우리는 더 이상 나무들, 뿌리들, 곁뿌리들을 믿지 말아야 한다. 우리는 너무 오래 참았다. 생물학에서 언어학에 이르기까지 모든 나무 형태의 문화는 그것들 위에 기초하고 있다. 땅밑줄기와 공기뿌리와 헛뿌리와 리좀 말고는 그 어떤 것도 아름답지도 사랑스럽지도 정치적이지도 않다. 결코 뿌리 박혀 있지 않은 도시, 줄기-수로들을 갖고 있는 리좀-도시 암스테르담을 보라. 유용성과 극히 커다란 광기가 상업적 전쟁 기계와 관계 맺으며 연결접속되어 있다.

사유는 결코 나무 형태가 아니며, 뇌는 결코 뿌리내리거나 가지뻗

33 촘스키적 나무에 '화행론적 성질들'을 도입하려는 Mac Cawley, Sadock, Wunderlich의 시도들에 대해서는 Dieter Wunderlich, "Pragmatique, situation d'énonciation et Deixis", in *Langages*, n° 26, juin 1972, pp. 50 sq.[독어 원본 : "Pragmatik, Sprechsituation, Deixis", in *Zeitschrift für Literaturwissenschaft und Linguistik*, Jg. 1, H. 1/2, Frankfurt 1971, S. 153~190] 참조.

고 있는 물질이 아니다. 부당하게도 "수상돌기[化石樹]"라 불리는 것은 뉴런들을 연속적인 조직 내에서 서로 연결접속하게 해주지는 않는다. 세포 사이의 불연속성, 축삭(軸索)들의 역할, 시냅스들의 기능 작용, 시냅스 내의 미세한 균열의 존재, 이 균열을 각각의 메시지가 건너뜀, 이런 것들로 인해 뇌는 하나의 다양체가 된다. 다시 말해 불확실한 확률 체계, 불확실한 신경 체계를 자신의 고른판 또는 글리아(=신경교[膠]) 속에 담가 둔 하나의 다양체가 된다. 많은 사람들의 머리 속에는 나무가 심겨 있지만 뇌 자체는 나무라기보다는 풀이다. "축삭과 수상돌기는 나무딸기 둘레의 메꽃처럼 서로 감겨 있으며, 각각의 가시에는 시냅스가 달려 있다."[34] 기억에 대해서도 마찬가지 얘기를 할 수 있다……. 신경학자와 정신 생리학자는 긴 기억과 짧은 기억(1분 정도의)을 구분한다. 그런데 둘의 차이는 양적인 것만은 아니다. 짧은 기억은 리좀 유형, 도표 유형인 데 반해, 긴 기억은 나무 유형이며 중심화되어 있다(각인, 엔그람,[35] 사본 또는 사진). 짧은 기억은 결코 인접성이나 직접성의 법칙에 따라 대상에 대응하지 않는다. 짧은 기억은 거리를 두고 작용할 수 있으며, 오랜 시간이 지난 후에 오거나 돌아올 수 있다. 하지만 이런 일은 항상 불연속, 단절, 다양체를 전제한다. 더구나 이 두 종류의 기억은 동일한 사물을 포착하는 서로 구별되는 두 가지 시간 양태가 아니다. 그 두 기억이 파악하는 것은 동일한 사물도 동일한 회상도 동일한 관념도 아니다. 짧은 <관념>의 찬란함이여. 우리가 비록 긴 개념들로 이루어진 긴 기억을 가지고서 읽고 또 다시 읽는다고 해도 글을 쓸 때는 짧은 기억을 가지고서, 따라서 짧은 관념들을 가지고서 쓴다.

34 Steven Rose, *Le cerveau conscient*, Paris : Ed. du Seuil, p. 97. 기억에 대해서는 pp. 250 sq.[영어 원본 : *The Conscious Brain*, New York : Knopf, 1975, p. 76. 기억에 대해서는 pp. 185~219].

35 [머릿속에 남은 경험의 흔적. 기억 심상. 기억의 흔적]

짧은 기억은 망각을 과정으로서 포함하고 있다. 짧은 기억은 순간과 뒤섞이는 것이 아니라 집단적이고 시간적이고 신경적인 리좀과 뒤섞인다. 긴 기억(가족, 인종, 사회 또는 문명)은 복사하고 번역한다. 하지만 긴 기억이 번역하는 것은 자기 안에서, 거리를 두고, 뜻하지 않게, "비시대적으로",[36] 그러나 결코 동시적이지는 않게 계속해서 작용한다.

나무나 뿌리, 그것은 우월한 통일성, 즉 중심이나 절편의 통일성에서 출발해 끊임없이 <여럿>의 흉내를 내는 사유라는 슬픈 이미지를 떠올리게 한다. 뿌리-가지들의 집합을 고려한다면, 나무의 몸통은 밑에서 위까지 걸쳐 있는 부분 집합들 중 하나에 대해 **대립 절편**의 역할을 한다. 그런 절편은 "연결의 쌍극자"일 텐데 그것은 단일한 중심에서 방출되는 빛들이 형성하는 "통일성-쌍극자들"과는 다르다.[37] 그러나 수염뿌리 체계 속에서처럼 연결들은 그 자체로 증식할 수 있으며,

36 [여기서 '비시대적'이라는 용어는 imtempestivement(니체의 Unzeitgemäße)을 옮긴 말이다. 흔히 '반시대적'이라고 옮기며, '시대에 어울리지 않는', '시류를 타지 않는'이란 뜻을 갖는다]

37 Julien Pacotte, *Le réseau arborescent, schème primordial de la pensée*, Hermann, 1936 참조. 이 책은 나무 모양의 형식에 대한 다양한 도식들을 분석하고 발전시키는데, 이 형식은 단순한 형식주의로서 제시된 것이 아니라 '형식적 사유의 실제적 기초'로서 제시되고 있다. 이 책은 고전적 사유의 끝까지 간다. 이 책은 모든 '하나-둘(Un-Deux)'의 형식들, 즉 쌍극자의 이론을 모아놓고 있다. 밑둥-뿌리들-가지들의 집합은 다음과 같은 도식을 만들어낸다.

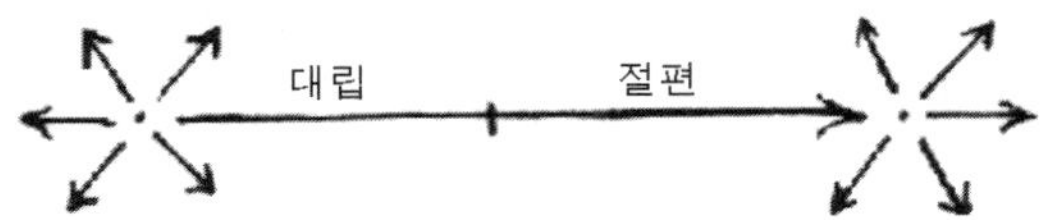

좀더 최근에 미셸 세르는 아주 상이한 과학 분야들 안에서 나무 형태가 어떻게 여러 가지 모습으로 나타나고, 어떤 시퀀스들을 취하고 있는지를 분석하고 있다. '그물망(=망상조직)'에서 시작해서 어떻게 나무가 형성되는가(*La traduction*, Paris : Ed. de Minuit 1974, pp. 27 sq. ; Feux et signaux de brume, Paris : Grasset, 1975, pp. 35 sq.).

이 때 우리는 결코 <하나-둘>로부터 그리고 그저 허울뿐인 다양체들로부터 벗어나지 못한다. 재생, 재생산, 회귀, 히드라와 메두사[38]는 우리를 더 먼 곳으로 벗어나게 해주지 못한다. 나무 체계는 위계적인 체계로서 의미생성과 주체화의 중심을 포함하고 있다. 그것은 조직화된 기억 같은 중앙 자동장치를 갖고 있다. 이런 까닭에 나무 체계 모델 안에 있는 하나의 요소는 상위의 통일성으로부터만 정보를 받아들이며, 미리 설정된 연결들을 통해서만 주체의 직무를 받아들인다. 이런 현상은 정보이론과 컴퓨터 공학의 현안 문제들 속에서도 나타나는데, 이런 영역에서도 여전히 가장 오래된 사유 방식이 유지되고 있는 셈이다. 기억이나 중심 기관에 권력이 부여되는 한은 말이다. "명령 체계에 대한 나무 형태의 이미지"(중심화된 체계와 위계적 구조)를 비판하고 있는 한 아름다운 글에서 피에르 로장스틸과 장 프티토는 다음과 같이 언급하고 있다. "위계적 구조의 우위를 인정하면 결국 나무 형태의 구조가 특권을 갖게 된다. (……) 나무 형태는 위상학적 설명을 허용한다. (……) 위계적 체계 내에서 개체는 단 한 명의 활동적인 이웃, 즉 자신의 상급자만을 인정한다. (……) 전달 수로들은 미리 확정되어 있다. 나무 조직은 개체에 선행하며, 개체는 나무 조직 안의 특정한 자리에 통합된다"(의미생성과 주체화). 저자들은 이에 관하여 다음과 같은 것을 환기시킨다. 우리가 하나의 다양체에 이르게 되었다고 믿는다 할지라도 이 다양체는 거짓일 수가 있는데, 우리가 수염뿌리 유형이라고 부르는 것이 그것이다. 왜냐하면 위계적이지 않은 척 제시되고 언표될지라도 사실 그것은 전적으로 위계적인 해답만을 인정하기 때문이다. 이렇게 해서 "한 사회에서 임의의 두 사람이 꼭 한 명의 공통된 친구를 갖고 있다면, 다른 모든 사람들의 친구인 한 사람이 존재한다"라는 저 유

38 [히드라와 메두사는 여럿인 것처럼 보이지만 실제로는 하나일 뿐인 괴물들을 가리킨다]

명한 우정의 정리(定理)가 생긴다(로장스틸과 프티토가 묻고 있듯이, 누가 그 공통된 친구인가? "이런 식으로 두 사람이 사귈 때 보편적인 친구는 누구인가? 선생인가 고해 신부인가 의사인가? 그러나 이런 관념들은 애초의 공리들에서 놀랄 만큼 멀리 떨어져 있다." 그는 인류의 친구인가? 아니면 고전적 사유에서 나타났던 지혜의-친구[philo-sophe : 철학자]인가? 비록 그가 <나는 아무 것도 모른다,> <나는 아무 것도 아니다>라고 말하면서 자기 자신의 부재 또는 주체성을 통해서만 가치를 갖게 되는 실패한 통일성일지라도 말이다). 이 점과 관련해 저자들은 이를 독재의 정리라고 부른다. 이것이야말로 뿌리-나무의 원리이며, 또는 수염뿌리 형태의 해답, 결과이며, <권력>의 구조라는 것이다.[39]

로장스틸과 프티토는 이 중심화된 체계에 중심 없는 체계, 유한한 자동장치들의 그물망을 대립시킨다. 여기서 소통은 임의의 두 이웃 사이에서 일어나고 줄기들과 수로들은 미리 존재하지 않으며, 개체들은 모두 서로 대체될 수 있고 특정 순간의 상태에 따라서만 정의된다. 그래서 국지적 작용들은 상호 조정되고 전체적인 최종 결과는 중앙의 심급과 독립해서 동조(同調)한다. 강렬한 상태들의 변환이 위상학을 대체하며, "정보의 유통을 정하는 그래프는 보기에 따라서는 위계적인 그래프의 반대물이다. …… 그래프가 나무가 되어야 할 하등의 이유도 없다"(우리는 그런 그래프를 지도라고 부른 바 있다). 전쟁 기계나 <화기 부대>의 문제는 다음과 같다. n명의 개인들이 일제히 발포하도록 하기 위해서 꼭 장군이 필요한가? 유한한 수의 상태들과 그에 상응하는 속

39 Pierre Rosenstiehl et Jean Petitot, "Automate asocial et systèmes acentrés", in *Communications*, n° 22, 1974, pp. 45～62. 우정의 정리에 대해서는 Herbert S. Wilf, *The Friendship Theorem in Combinatorial Mathematics*, Welsh Academic Press를 참조할 것. 또 집단적 비결정에 대해 말하고 있는 같은 유형의 정리에 대해서는 K. J. Arrow, *Choix collectif et préférences individuelles*, Paris : Calmann-Lévy[영어 원본 : *Social Choice and Individual Values*, New York : Wiley, 1963]를 참조할 것.

도의 신호들을 포함하는 중심 없는 다양체에서는 전쟁 리좀이나 게릴라 논리의 관점에서 <장군>을 갖지 않는 해결책을 찾을 수 있다. 중앙의 명령(=질서)의 사본이나 복사물은 없는 것이다. 저자들은 심지어 기계적 배치물이나 기계 사회인 그러한 다양체는 중심화하고 통일화하는 모든 자동장치를 "반사회적인 침입자"로 거부한다는 것까지도 증명한다.[40] 따라서 n은 언제나 n－1이다. 중심과 중심 없음의 대립은 중심 있는 사물과 중심 없는 사물의 대립이 아니라 각각의 사물에 적용되는 계산 양식간의 대립이라고 로장스틸과 프티토는 강조한다. 나무는 리좀에 상응할 수 있으며 또는 역으로 갑자기 리좀으로 발아할 수 있다. 하나의 동일한 사물이 두 개의 계산 양식이나 두 개의 조절 유형을 인정한다는 것은 일반적으로 참이지만, 그럴 때에도 각 경우마다 매번 특수하게 상태가 바뀌게 된다. 정신분석의 예를 다시 보자. 정신분석은 무의식을 나무 구조에, 위계적 그래프에, 요약해서 설명하는 기억에, 남근이나 남근-나무 같은 중심 기관에 복속시킨다. 이론뿐만 아니라 진단과 치료 등 실천에서도 그렇다. 정신분석은 이러한 방법을 바꿀 수가 없다. 정신분석은 무의식이라는 독재적 개념 위에 자신의 고유한

40 로장스틸과 프티토의 앞의 글. 중심 없는 체계의 주요한 특징은 국지적인 주도권들이 중앙의 심급과는 독립적으로 조정된다는 점, 즉 그물망(다양체) 전체 속에서 곳곳에서 계산이 행해진다는 점이다. "이런 이유로 인해 사람들에 대한 지도함(=분류용 지도 색인표, 데이터베이스, 파일 박스)이 만들어질 수 있는 유일한 장소는 그들 자신의 집이다. 왜냐하면 그곳이 사람들에 대한 자료를 기술하고 업데이트할 수 있는 유일한 곳이기 때문이다. 즉, 사회는 사람들에 대해 가능한 유일한 지도함이다. 자연히 탈중심화된 사회는 중심화하는 자동장치를 사회의 침입자로 거부한다"(p. 62). "화기 부대의 정리(定理)"에 관해서는 pp. 51～57을 참조. 심지어는 게릴라의 형식적 기술을 습득하려는 꿈을 꾸는 장군들이 "수많은 독립적인 가벼운 세포들에 기반해" 이론적으로 최소치의 중앙 권력과 "위계적 연계"만을 담고 있는 "동조 모듈들의" **다양체들**에 호소하는 사태가 일어나기까지 한다. Guy Brossollet, *Essai sur la non-bataille*, Paris : Belin, 1975[독역본 : "Das Ende der Schlacht", übers. von W. Sczepan, in Emil Spanocchi, Guy Brossollet, *Verteidigung ohne Schlacht*, München, 1976]를 참조할 것.

독재 권력을 정초하고 있는 것이다. 그런 까닭에 정신분석의 실천에 허용된 폭은 아주 한정되어 있다. 정신분석의 대상에서도 그렇지만 정신분석에는 항상 장군이, 우두머리가 있다(프로이트 장군). 그와는 반대로 분열분석은 무의식을 중심 없는 체계로, 다시 말해 유한한 자동장치들의 기계적 그물망(리좀)으로 여기며, 따라서 완전히 다른 무의식 상태에 도달한다. 언어학에 대해서도 같은 식으로 얘기할 수 있다. 로장스틸과 프티토는 "언어 사회에서도 중심 없는 조직"이 가능하다고 정당하게 고려하고 있다. 욕망을 다루든 언표를 다루든 무의식을 나무 모델에 따라 축소시키고 해석하고 기표작용하게 만드는 일이 중요한 게 아니다. 문제는 무의식을 생산하는 일이며, 그와 더불어 새로운 언표, 다른 욕망을 생산하는 일이다. 리좀은 이러한 무의식의 생산 그 자체이다.

참 이상한 일이다. 나무가 왜 그토록 서양의 현실과 모든 사유를 지배해 왔는가? 식물학에서 생물학, 해부학 그리고 인식 형이상학, 신학, 존재론, 모든 철학……에 이르기까지. 뿌리-기초, 바닥(Grund), 뿌리(roots) 및 토대(fundations). 서양은 숲과 벌채와 특권적 관계를 맺고 있다. 숲을 정복해서 생겨난 밭에는 종자식물을 심었다. 종을 기반으로 하며 나무 유형을 한 혈통 재배의 대상을 말이다. 한편 휴경지에서는 목축을 했는데, 이 때도 혈통을 선별하여 동물 나무 형태를 만들었다. 동양은 다른 모습을 하고 있다.[41] 동양은 숲과 밭보다는 스텝과 정원(그렇지 않은 경우에는, 사막과 오아시스)과 관계되어 있다. 동양은 개

41 [여기서 말하는 동양은 오리엔트(Orient)인데 그것은 서양(Occident)에 대립되는 개념이다. 오리엔트는 원래 서(남)아시아를 가리켰는데, 우리가 보기에 그곳은 극동 아시아(중국 문화권)나 인도와는 상당히 다르다. 그것이 서양, 더 구체적으로는 서유럽과 다르다고 해서 '동양'이라는 이름으로 묶일 수 있는지, 묶여도 되는지는 대단히 의심스럽다. 하지만 저자들은 글 서두에서 말한 것처럼 다들 알면서 그냥 하는 얘기로 이 표현을 쓴 것 같다]

체를 조각내면서 나아가는 덩이줄기 문화를 갖고 있다. 동양은 닫힌 공간들로 한정되거나 유목민들의 스텝으로 떠밀린 목축을 멀리하고 제외시켰다. 서양은 선택된 혈통에 기반을 두고 많은 다양한 개체들을 가진 농업. 동양은 "분지군(分枝群)"[42]의 광대한 음계에 관련되며 소수의 개체들에 기반을 둔 원예. 동양, 특히 오세아니아는 모든 점에서 서양의 나무 모델에 대립하는 리좀 모델 같은 것을 갖고 있는 것이 아닐까? 심지어 오드리쿠르는 서양에 친숙한 초월성의 도덕이나 철학이 동양의 내재성의 도덕이나 철학과 대립하는 이유까지도 여기에 있다고 본다. 씨를 뿌리고 낫으로 베는 신(神)과 꽂아 놓고 땅을 파는 신 사이에 대립이 있는 것이다(파종 대 꽂아 놓기).[43] 초월성, 그것은 진정 유럽의 질병이다. 음악도 같지 않고, 땅도 전혀 다른 음악을 갖고 있다. 또 성(性)도 전혀 같지 않다. 종자식물은 설사 암수 한몸이더라도 생식(=재생산) 모델에 성을 종속시킨다. 그와는 반대로 리좀은 생식뿐만 아니라 생식 능력과 관련해서 보더라도 성의 해방이다. 우리 유럽인은 나무가 몸 안에 심겨 있어서 성(sexes)도 경직시키고 지층화했다. 우리 유럽인은 리좀이나 풀을 잃어버렸다. 헨리 밀러는 이렇게 말하고 있다. "중국은 인간이란 양배추 밭의 잡초이다. (……) 잡초는 인간의 노력을 헛되게 하는 복수의 여신이다. (……) 우리가 식물, 짐승, 별에서 상상할 수 있는 모든 존재 중에서 잡초가 가장 만족스런 삶을 영위해 간다.

42 [clone. 영양계. 분지군. 개체가 무성적(無性的)으로 증식·발생한 식물군. 곧 잎·가지 따위를 가리킨다]

43 종자식물들로 하는 서양의 농사와 덩이줄기로 하는 동양의 원예에 대해, 씨 뿌리기와 꽂아 놓기의 대립에 대해, 동물 사육에 관련된 차이들에 대해서는 Haudricourt, "Domestication des animaux, culture des plantes et traitement d'autrui"(*L'Homme*, vol. 2, n° 1, 1962, 1~4월호, pp. 40~50) 및 "L'origine des clones et des clans"(*L'Homme*, vol. 2, n° 1, 1964, 1~4월호, pp. 93~104)를 참고할 것. 옥수수와 쌀도 예외가 아니었다. 그것들은 "덩이줄기 경작자들에 의해 늦게야 채택된" 곡물이었으며, 그에 상응하는 방식으로 취급되었다. 쌀은 "토란이 자라는 도랑에 있는 잡초처럼 보였을" 법하다.

그렇다, 잡초는 백합도 전함도 산상수훈도 낳지 않는다. (……) 결국 잡초가 승리자가 되는 것이다. 결국 사물들은 중국과 같은 상태로 되돌아간다. 이런 상태를 역사가들은 통상 암흑시대라고 불렀다. 풀은 유일한 출구이다. (……) 잡초는 일구지 않은 황폐한 공간에 있으며 그곳을 채울 뿐이다. 그것은 사이에서, 다른 것들 가운데서 자란다. 백합은 아름답고 양배추는 먹을거리이고 양귀비는 미치게 만든다. 그러나 잡초는 무성하게 자란다. (……) 이것이 교훈이다."[44] 밀러는 어떤 중국에 대해 말하고 있는가? 옛날 중국, 아니면 현재 중국? 상상의 중국? 아니면 움직이는 지도의 한 부분을 이루는 또 다른 어떤 중국?

미국에도 별도의 자리를 마련해주어야만 할 것이다. 물론 미국에 나무에 의한 지배나 뿌리에 대한 추구가 없었던 것은 아니다. 이 점은 문학을 보더라도 알 수 있다. 그들은 민족 정체성, 심지어 유럽의 선조와 계보를 탐색하고 있다(커루악은 자신의 선조를 찾아 다시 길을 떠난다). 하지만 과거와 현재의 중요한 모든 것은 여전히 미국적인 리좀에 의해 진행되고 있다. 비트족, 언더그라운드, 지하의 것들, 밴드와 갱들, 바깥과 직접 연결접속되어 있는 측면의 잇단 돌출들. 미국인이 아무리 나무를 추구하려 해도 미국 책과 유럽 책은 다르다. 책에 대한 생각의 차이가 있다. "풀잎." 또한 미국에는 여러 방향이 있다. 나무 형태의 추구와 구세계로의 회귀가 일어나는 곳은 동부이다. 하지만 서부는 리좀적이다. 거기에는 선조 없는 인디언들, 끊임없이 달아나는 한계, 이동하고 교체되는 경계선이 있는 것이다. 서부에는 미국식 "지도"가 있는데, 거기서는 나무조차 리좀을 형성한다. 미국은 방위를 뒤집었다. 마치 지구가 바로 미국에서 둥글어졌다는 듯이, 미국은 자신의 동양을 서부에 갖다 놓았던 것이다. 미국의 서부는 동부의 가장자리이다(오드

44 Henry Miller, *Hamlet*, Corrêa, pp. 48～49[영어 원본 : in Henry Miller and Michael Franenkel, *Hamlet*, New York : Carrefour, 1939, pp. 105～106].

리쿠르가 믿었듯이, 서양과 동양을 중개한 것은 인도가 아니다. 중개자는, 역전의 축이 되고 역전의 기제가 되는 미국인 것이다).[45] 미국의 여가수 패티 스미스는 미국인 치과의사의 바이블을 노래한다. 뿌리를 찾지 마세요, 수로를 따라가요…….

두 종류 또는 심지어 세 종류(또는 그 이상)의 관료주의가 있는 게 아닐까? 서구 관료주의의 특징은 이런 것들이다. 농지와 토지대장으로부터의 기원, 뿌리와 밭, 나무와 나무의 경계 역할, 정복자 윌리엄의 대대적인 조사 작업, 봉건제도, 프랑스 왕들의 정치 행태, 사유지에 기반한 국가 세우기, 전쟁과 소송과 결혼을 통한 땅의 거래. 프랑스 왕들은 백합[46]을 선호했다. 백합은 비탈에 매달려 있을 만큼 깊은 뿌리를 가진 식물이기 때문이다. 동양에도 그와 같은 것이 있는가? 물론이다. 동양을 리좀과 내재성으로 설명하는 것은 너무 안일한 일이다. 하지만 동양에서 국가는 이미 설립되어 있고, 나무 형태로 되어 있고, 뿌리를 내리고 있는 계급들에 대응하는 나무 도식에 따라서 행동하지 않는다. 그것은 수로(水路)의 관료주의이다. 예를 들면 "빈약한 재산"을 가진 저 유명한 수력 권력 같은 경우에, 국가는 수로를 만드는 계급과 수로

45 Leslie Fiedler, *Le retour du Peau-Rouge*, Paris : Ed. du Seuil[영어 원본 : *The Return of the Vanishing American,* New York : Stein and Day, 1968]. 이 책에는 지리와 그것이 미국의 신화와 문학에서 행한 역할, 그리고 방향의 역전에 대한 멋진 분석이 있다. 동부에는 전형적인 미국식 코드에 대한 추구가, 또 유럽을 갖고 행하는 재코드화의 추구가 있다(헨리 제임스, 엘리엇, 파운드 등). 남부에는 노예제라는 덧코드화가 있었고, 남북 전쟁 기간에는 노예제와 플랜테이션 농장의 몰락이 있었다(포크너, 코드웰). 북에서 찾아온 자본주의적 탈코드화도 있었다(도스 파소스, 드라이저). 하지만 서부의 역할은 도주선과 같은 것이었는데, 거기에서는 여행, 환각, 광기, 인디언, 지각적 · 정신적 실험, 변경의 이동, 리좀이 결합되었던 것이다(켄 키지와 그의 '안개 기계', 비트족 세대 등). 미국의 위대한 작가들은 각자 나름의 스타일로 지도를 그렸다. 우리 유럽인과는 반대로 그들은 미국을 가로지르는 현실적 사회 운동들과 직접 연결접속되는 지도를 만들었다. 예를 들어 피츠제럴드는 모든 작품에서 지리적 방향들에 표시를 붙였다.

46 [lys. lis의 옛말로 백합. 백합은 프랑스 왕가를 상징하는 꽃]

화되는 계급을 낳는다(이 점이 비트포겔의 논제들 중 결코 반박되지 않는 부분이다[47]). 여기서 전제군주는 강물처럼 행동하지 결코 여전히 하나의 점(나무-점이나 뿌리)인 샘처럼 행동하지는 않는다. 그는 나무 아래 앉아 있기보다는 여러 물들과 결혼한다. 또한 부처의 나무는 그 자체가 리좀이 된다. 모택동의 강물 대 루이의 나무. 여기서도 미국은 중개자로 작용하지 않았을까? 왜냐하면 미국은 내적으로는 (인디언, 나아가 농부들을) 근절하고 절멸시킴으로써 또 동시에 외적으로는 계속해서 돌발적인 이민을 받아들임으로써 작동하기 때문이다. 자본의 흐름은 여기서 거대한 수로와 권력을 양화하고, 이 때 직접적인 "몫(quanta)"이 생겨 돈-흐름이 지나갈 때 각자는 나름의 방식으로 그것을 챙긴다(이로부터 한 순간 억만장자가 되었다가 다시 가난의 나락으로 떨어지는 가난뱅이의 현실-신화가 나온다). 이렇게 미국에서는 모든 것이 모인다. 미국은 나무면서 수로이고 뿌리면서 리좀이다. 보편적 자본주의나 자본주의 그 자체란 없다. 자본주의는 모든 종류의 구성체들의 교차점에 있으며 언제나 본성상 새로운 자본주의이며, 동양적인 얼굴과 서양적인 얼굴을 발명하고 그 둘을 개조해감으로써 최악의 자본주의를 만들어 간다.

동시에 우리는 이런 식으로 지리적인 배분을 함으로써 잘못된 길을 걷고 있는 셈이다. 막다른 골목, 그것은 아무래도 좋다. 만일 리좀 역시 더 가혹한, 자기 고유의 독재와 위계를 가지고 있다는 것을 증명해야 한다면 그건 아주 좋다. 이원론, 여기와 저기의 존재론적 이원론, 좋음과 나쁨이라는 가치론적 이원론, 미국적인 혼합 또는 종합이란 존재하지 않기 때문이다. 리좀에는 나무의 마디가 있고 뿌리에는 리좀의 발아가 있다. 게다가 리좀에 고유한 독재적인 구성체들이, 내재성의 구

47 [Karl A. Wittfogel, *Oriental Despotism*, New Haven, Conn. : Yale University Press, 1957. 독역본 : *Die orientalische Despotie*, übers. von Frits Kool, Frankfurt-Berlin-Wien, 1977]

성체들과 수로화의 구성체들이 있다. 공기뿌리와 땅밑줄기 같은 나무의 초월적 체계 속에는 무정부주의적 왜곡이 있다. 중요한 점은, 뿌리-나무와 수로-리좀이 대립되는 두 모델이 아니라는 점이다. 전자는 자신의 고유한 도주를 이뤄내면서도 초월적 모델로서 그리고 초월적 사본으로서 작동한다. 반면 후자는 자신의 고유한 위계를 구성하고 독재적 수로를 생겨나게 하면서도 그러한 모델을 전복시키고 지도를 스케치하는 내재적 과정으로서 작동한다. 땅 위의 어떤 장소인지, 역사 속의 어떤 순간인지, 정신 속의 어떤 범주인지 따위는 중요하지 않다. 중요한 것은 끊임없이 건립되고 파산하는 모델, 끊임없이 확장되고 파괴되고 재건되는 과정이다. 이는 또 다른 새로운 이원론이 아니다. 글의 문제는 다음과 같다. 어떤 것을 정확하게 그려내기 위해서는 비(比)정확한(anexacte) 표현들이 반드시 필요하다. 필히 그것을 거쳐야만 하기 때문도 아니고 근사치를 통해서만 진행할 수 있기 때문도 아니다. 비정확함은 결코 하나의 근사치가 아니다. 반대로 그것은 일어나는 일이 지나가는 정확한 통로이다. 우리가 어떤 이원론을 원용한다면, 그것은 다른 이원론을 거부하기 위해서일 뿐이다. 우리가 모델들의 이원론을 사용한다면, 그것은 모든 모델을 거부하는 과정에 도달하기 위해서일 뿐이다. 우리가 결코 만들려고 하지는 않았지만 거쳐 가게 되는 저 이원론들을 해체하는 두뇌라는 교정자가 매번 필요하다. 모든 이원론을 통과함으로써 우리 모두가 추구하던 <다원론 = 일원론>이라는 마법적인 공식에 도달해야 한다. 우리의 적인, 그러나 반드시 필요한 적인, 우리가 끊임없이 옮겨놓는 가구(家具)인 이원론을 통과함으로써.

리좀의 주요한 특성들을 요약해 보자. 나무나 나무뿌리와 달리 리좀은 자신의 어떤 지점에서든 다른 지점과 연결접속한다. 하지만 리좀의 특질들 각각이 반드시 자신과 동일한 본성을 가진 특질들과 연결접속되는 것은 아니다. 리좀은 아주 상이한 기호 체제들 심지어는 비-기호들의 상태들을 작동시킨다. 리좀은 <하나>로도 <여럿>으로도 환원될 수 없다. 리좀은 둘이 되는 <하나>도 아니며 심지어는 곧바로 셋, 넷, 다섯 등이 되는 <하나>도 아니다. 리좀은 <하나>로부터 파생되어 나오는 여럿도 아니고 <하나>가 더해지는 여럿(n+1)도 아니다. 리좀은 단위들로 이루어져 있지 않고, 차원들 또는 차라리 움직이는 방향들로 이루어져 있다. 리좀은 시작도 끝도 갖지 않고 언제나 중간[48]을 가지며, 중간을 통해 자라고 넘쳐난다. 리좀은 n차원에서, 주체도 대상도 없이 고른판 위에서 펼쳐질 수 있는 선형적 다양체들을 구성하는데, 그 다양체들로부터는 언제나 <하나>가 빼내진다(n−1). 그러한 다양체는 자신의 차원들을 바꿀 때마다 본성이 변하고 변신한다. 리좀은 선들로만 이루어져 있다. 반대로 구조는 점들과 위치들의 집합, 그리고 이 점들 사이의 이항 관계들과 이 위치들 사이의 일대일 대응 관계들의 집합에 의해 정의된다. 분할선들, 성층 작용의 선들이 여러 차원을 이루고 있을 뿐만 아니라 최고 차원인 도주선 또는 탈영토화 선도 있다. 다양체는 이 선을 따라, 이 선을 따라가며 본성이 변하면서 변신한다. 우리는 그런 선들이나 윤곽선들을 나무 유형의 계통들과 혼동하지 말아야 한다. 나무 유형의 계통들은 연결된다 해도 단지 점들과 위치들 사이에서만 자리가 정해질 수 있기 때문이다. 나무와는 달리 리좀은 복제 대상이 아니다. 즉 그것은 이미지-나무로서의 외적 복제의 대상도 아니고, 나무-구조로서의 내적 복제의 대상도 아니다. 리좀은 일종의 반(反)계보이다. 그것은 짧은 기억 또는 반기억이다. 리좀은 변이, 팽창, 정복, 포획, 꺾꽂이를 통해 나아간다. 문자 표기법, 데생, 사진과는 달리, 또한 사본과도 달리 리좀은 생산되고 구성되어야 하며, 항상 분해

48 [불어의 milieu에는 몇 가지 뜻이 있다 : '주위 환경', '(물리 · 화학에서 말하는 것과 같이) 매질(媒質)', '……계(界)', '(시간 · 공간의) 중간' 등. 들뢰즈, 가타리가 쓰는 milieu는 이들 모두를 결합시킨 뜻을 갖고 있다]

될 수 있고 연결접속될 수 있고 역전될 수 있고 수정될 수 있는 지도와 관련되어 있으며, 다양한 출입구들과 관련되어 있으며, 나름의 도주선들을 갖고 있다. 지도로 바꾸어야 하는 것은 바로 사본이지, 역으로 지도를 사본으로 바꾸어야 하는 게 아니다. 위계적인 방식으로 소통하며 미리 연결되어 있으며 중앙 집중화되어 있는 체계(설사 여러 중심을 갖고 있다고 해도)와는 달리, 리좀은 중앙 집중화되어 있지 않고, 위계도 없으며, 기표작용을 하지도 않고, <장군>도 없고, 조직화하는 기억이나 중앙 자동장치도 없으며, 오로지 상태들이 순환하고 있을 뿐인 하나의 체계이다. 리좀 안에서 중요한 것은 성(性)과의 관계이며, 또한 동물, 식물, 세계, 정치, 책, 자연물 및 인공물과의 관계, 즉 나무 형태의 관계와는 완전히 다른 모든 관계이다. 말하자면 모든 종류의 "생성(=되기)"이 중요한 것이다.

고원은 중간에 있지 시작이나 끝에 있지 않다. 리좀은 고원들로 이루어져 있다. 그레고리 베이트슨은 다음과 같은 아주 특별한 것을 가리키기 위해 "고원"이라는 말을 사용한다. 자기 자신 위에서 진동하고, 정점이나 외부 목적을 향하지 않으면서 자기 자신을 전개하는, 강렬함들이 연속되는 지역. 베이트슨은 발리 섬의 문화를 예로 드는데, 이 섬에서는 아이와 어머니 사이의 성적 놀이나 사람들 사이의 다툼은 이런 기묘하고도 강렬한 안정을 유지하면서 진행된다. "강렬함이 연속되는 일종의 고원이 오르가슴을 대체한다." 또 그것은 전쟁이나 정점을 대체한다. 표현과 행위를 그것이 지닌 가치 자체에 따라 내재적인 판에서 평가하는 대신에 외부의 목적이나 초월적 목적에 관련시키는 것은 서양적 정신의 유감스런 특질이다.[49] 예를 들어 장(章)으로 이루어진

49 Gregory Bateson, *Ver une écologie de l'esprit*, t. I, Paris : Ed. du Seuil, pp. 125~126[영어 원본 : *Steps to an Ecology of Mind*, New York : Ballantine Books, 1972, p. 113. 독역본 : *Ökologie des Geistes*, übers. von H. G. Holl, Frankfurt, 1985, S. 160~176]. 우리는 "고원"

책은 정점과 종결 지점을 갖는다. 그렇다면 뇌처럼 미세한 균열들을 가로질러 서로 소통하는 책, 고원들로 이루어져 있는 책에서는 무슨 일이 일어날까? 표면적인 땅밑줄기를 통해 서로 연결접속되어 리좀을 형성하고 확장해 가는 모든 다양체를 우리는 "고원"이라고 부른다. 우리는 이 책을 일종의 리좀으로 기록했다. 우리는 이 책을 고원들로 구성했다. 우리는 이 책이 순환적 형식을 갖도록 했지만, 그것은 웃자고 그랬던 것이다. 매일 아침 일어나서 우리는 각자 어떤 고원들을 선택할 것인지를 자문하고, 여기 다섯 줄, 저기 열 줄을 쓰곤 했다. 우리는 환각을 경험했으며, 작은 개미떼 대열 같은 선들이 한 고원을 단념하고는 다른 고원을 얻기 위해서 나아가는 것을 보았다. 우리는 수렴원들을 만들었다. 각각의 고원은 어느 지점부터든 읽을 수 있으며 다른 어떤 고원과도 관계 맺을 수 있다. 다양을 만들려면 그것을 실제로 만들어낼 방법이 필요하다. 솜씨 좋은 인쇄술도, 합성어나 신조어 같은 기민한 어휘 구사도, 대담한 문장 구성도 그것을 대신할 수 없다. 사실 이것들은 대개 이미지-책을 생산하려는 속임수, 다른 차원 속에 담겨 유지되고 있는 통일성을 산종(散種)하거나 해체하기 위해 사용되는 속임수일 뿐이다. 테크노나르시즘.[50] 창조적인 인쇄술, 어휘, 구문이 제 값을 발휘하는 것은 그것이 숨어 있는 통일성의 표현의 형식[51]이 아니라 실제로 다양체의 한 차원이 되는 때뿐이다. 이런 식으로 성공한 사례는 드물다.[52] 우리는 우리에게 어울리는 적합한 방식을 알지 못했다.

이라는 말이 구근(球根), 덩이줄기, 리좀에 대한 고전적인 연구에서 채용되었다는 점에 주목할 것이다. 이에 관해 M. H. Baillon, *Dictionnaire de botanique*, Paris : Hachette, 1876~1892의 'Bulbe(구근)' 항목을 참고할 것.

50 [Technonarcissisme. 기교를 부려 자기 만족에 빠지기는 했지만, 결국 다양체를 만들어내지는 못하는 기만적 행태를 일컫는 것 같다]

51 [표현의 형식에 관해서는 제3편을 참고할 것]

52 Joëlle de la Casinière, *Absolument nécessaire. The Emergency Book*, Paris : Ed. de Minuit 1973

우리는 단지 몇 단어를 골랐고, 그 단어들이 나름대로 고원으로 기능했을 뿐이다. 리좀학 = 분열분석 = 지층분석 = 화행론 = 미시정치. 이 단어들은 개념들이다. 하지만 개념들은 선들, 즉 다양체들의 이런저런 차원(지층들, 분자적 사슬들, 도주선들이나 단절선들, 수렴원들 등)에 부착되어 있는 수 체계들이다. 우리는 결코 과학의 지위를 바라지 않는다. 우리는 이데올로기뿐 아니라 과학성도 알지 못하며 다만 배치물들을 알고 있을 뿐이다. 언표행위라는 집단적 배치물들이 있는 것처럼 욕망이라는 기계적 배치물들이 있을 뿐이다. 의미생성도 없고 주체화도 없다. n에서 써라(모든 개별적 언표행위는 여전히 지배적인 기표작용에 갇혀 있으며, 모든 기표작용의 욕망은 지배받고 있는 주체에 속한다). 하나의 배치물은 다양체가 됨으로써 기호적 흐름들, 물질적 흐름들, 사회적 흐름들에 반드시 동시에 작용한다(이론적이거나 과학적인 집적물 속에서 이러한 다양체를 재구성해 내는 것과는 별개로). 실재의 영역인 세계, 재현의 영역인 책, 그리고 주체성의 영역인 저자라는 삼분법은 더 이상 존재하지 않는다. 차라리 하나의 배치물은 이 각각의 질서 층위에서 특정한 다양체들을 취하여 서로 연결접속시킨다. 그래서 어떤 책의 속편은 다음 책이 아니고, 어떤 책의 대상은 세계 속에 있지 않으며, 어떤 책의 주체는 한 명 또는 여러 명의 저자가 아니다. 요컨대 우리가 보기에 바깥의 이름으로 글이 씌어진 일은 결코 없다. 바깥은 이미지도 기표작용도 주체성도 갖고 있지 않다. 바깥을 가진 배치물로서의 책, 세계의 이미지로서의 책과 대립되는 책. 더 이상 주축뿌리 형태나 수염뿌리 형태의 이분법이 아닌, 하나의 리좀-책. 뿌리를 내리지 말고 뿌리를 심지 말라. 비록 그 오래된 술책에 다시 빠지지 않기란 어려운 일이지만. "말하자면, 나에게 닥친 모든 것은 뿌리로부터 오는 것이 아니라 먼저

은 진정으로 유목민적인 책이다. 같은 방향에서 Montfaucon Research Center의 연구 조사를 참고할 것.

그 중간의 어떤 지점에서 온다. 그렇다면 그것들을 붙잡도록 애써라, 그리고 먼저 줄기의 중간에서 자라기 시작한 풀을 붙잡아 거기에 붙어 몸을 지탱하도록 애써라."[53] 그것이 왜 그토록 어려운가? 그것은 이미 지각적 기호계의 물음 중의 하나였다. 위에서 아래로 또는 아래에서 위로 지각하거나 왼쪽에서 오른쪽으로 또는 오른쪽에서 왼쪽으로 지각할 때는 그렇지 않은데, 사물들을 중간에서 지각하는 것은 쉽지 않다. 실험해 보라, 그러면 모든 것이 변한다는 것을 알게 될 것이다. 사물들이나 말들 속에서 풀을 보기란 쉽지 않다(니체도 다음과 같이 말했다. 아포리즘은 "반추"되어야만 하며, 고원은 거기에 서식하는 하늘의 구름과도 같은 암소들과 분리될 수 없다).[54]

사람들은 역사를 쓴다. 하지만 사람들은 언제나 정주민의 관점에서, 국가라는 단일 장치의 이름으로, 아니면 적어도 있을 법한 국가 장치의 이름으로 역사를 썼다. 심지어는 유목민에 대해 말할 때조차도 그런 식이었다. 여기에는 역사의 반대물인 유목론이 빠져 있다. 하지만 드물지만 위대한 성공이 있었는데, 예컨대 소년 십자군에 관한 것이 그것이다. 마르셀 슈봅의 이 책은 이야기들을 가변적 차원을 가진 많은 고원들로 다양화한다. 안드르제예브스키의 책 『낙원의 문』은 마침표 없는 단 하나의 문장으로 이루어져 있다. 아이들의 흐름, 제자리걸음을 하고 길게 늘어서고 서둘러 가는 행진의 흐름, 행렬의 맨 앞의 늙은 수도사에게 아이들이 와서 털어놓는 모든 고백의 기호적 흐름, 욕망과 성의 흐름, 사랑을 찾아 떠나온 각각의 아이들, 또 방돔 백작의 사후에 드러난, 그의 남색이라는 검은 욕망에 직접 간접으로 이끌렸던 각각

53 Kafka, *Journal*, Grasset, p. 4[독어 원본 : Franz Kafka, *Tagebücher 1910～1923*, Frankfurt, 1967, S. 9. 영역본 : *The Diaries of Franz Kafka*, ed. Max Brod, trans. Joseph Kresh, New York : Schocken, 1948, p. 12].

54 [Friedrich Nietzsche, *Zur Genealogie der Moral*, Vorrede 8 참조]

의 아이들, 이 모든 것들은 수렴원들을 가지고 있었다. 여기서 중요한 것은 흐름이 "하나냐 여럿이냐"가 아니다. 그런 건 아무래도 좋다. 언표행위라는 집단적 배치물, 욕망이라는 기계적 배치물이 서로 섞여 존재하며, 그것들은 갖가지 방식으로 서로 얽혀 다양체로 존재하는 경이로운 바깥에 가지를 뻗는다. 나아가 좀더 최근에는 4차 십자군에 대한 아르망 파라시의 책 『와해』가 있는데, 거기서 문장들은 떨어져 있고 흩어져 있으나 서로 떠밀리고 공존한다. 또한 활판으로 인쇄된 글자들은 십자군이 망상에 빠져 들어감에 따라 춤추기 시작한다.[55] 이것이야말로 유목민적이고 리좀적인 글의 모델이다. 그러한 글은 전쟁 기계와 도주선들을 받아들이며, 지층들, 절편성들, 정주성, 국가 장치를 거부한다. 하지만 왜 아직도 모델이 필요한가? 그러한 책은 여전히 십자군의 "이미지"가 아닐까? 여기에는 여전히 어떤 통일성이 보존되고 있는 게 아닐까? — 슈봅의 경우에는 주축적 통일성이, 파라시의 경우엔 유산된 통일성이, 가장 아름다운 작품인 『낙원의 문』의 경우에는 죽은 백작이라는 통일성이. 십자군의 그것보다 더 깊은 유목이, 진짜 유목민들의 유목이, 또는 심지어 더 이상 움직이지도 않고 더 이상 아무 것도 모방하지 않는 자들의 유목이 있어야만 하는 것일까? 그것들은 단지 배치할 뿐이다. 복제해야 할 세계가 아닌 바깥, 다질적인 것 안에서 배치물을 만들어낼 수 있을 정도로 충분한 바깥을 책이 어떻게 발견할 수 있을까? 책은 문화적인 것인 까닭에, 필연적으로 사본이다. 그것은

55 Marcel Schwob, *La croisade des enfants*, 1896[영역본 : *The Children's Crusade*, trans. Henry Copley, Boston : Small, Maynard, 1898. 독역본 : *Der Kinderkreuzzug*, 1914]. Jersy Andrzejewski, *les Portes du paradis*, Paris : Gallimard, 1959[원본 폴란드어. 독역본 : *Die Pforten des Paradieses*, München, 1963]. Armand Farrachi, *La dislocation*, Paris : Stock, 1974. 바로 이 슈봅의 책을 들어 폴 알판데리(Paul Alphandéry)는 어떤 경우에는 문학도 역사를 갱신하고 역사에 "진정한 탐구 방향"을 제시해줄 수 있다고 말했다(*La crétienté et l'ideé de croisade*, t. II, Paris : Albin Michel, p. 116).

이미 자기 자신의 사본이며, 같은 저자가 쓴 이전 책의 사본이며, 아무리 차이가 날지라도 다른 책들의 사본이며, 공인된 개념들과 단어들의 끝없는 전사이며, 현재·과거·미래의 세계에 대한 전사이다. 하지만 반문화적인 책은 너무 무거운 문화라도 자신을 가로질러가게 할 수 있다. 하지만 반문화적인 책이 그것을 능동적으로 사용할 수도 있다. 기억이 아니라 망각, 발전을 향한 진보가 아니라 저개발, 정주성이 아니라 유목, 사본이 아니라 지도로. 즉 **리좀학 = 대중분석**이다. 설사 사람들이 그런 책을 읽는 대신 따로 할 일이 있더라도, 설사 대학 문화나 유사과학성의 블록이 여전히 너무 괴롭고 무겁게 남아 있더라도. 어쨌든 과학을 그냥 내버려둔다면 과학은 완전히 미쳐버릴 것이다. 수학을 보라. 수학은 하나의 과학이 아니라 굉장한 은어이며 유목민적인 것이다. 이론적 영역에서조차, 아니 무엇보다도 이론적 영역에서, 아무리 임시적이고 화행론적인 발판일지라도 개념들의 복사나 아무 것도 변화시키지 않는 개념들의 절단과 진보보다는 낫다. 기표작용을 하는 절단이 아니라, 지각할 수 없는 단절을 행하라. 유목민들은 국가 장치에 대항해서 전쟁 기계를 발명했다. 역사가 유목을 이해한 적은 없으며 책이 바깥을 이해한 적도 없다. 오랜 역사가 흘러가는 동안 국가는 책의 모델이었고 사유의 모델이었다. 로고스, 철학자-왕, 이데아의 초월성, 개념의 내부성, 정신들의 공화국, 이성의 법정, 사유의 공무원, 입법자이자 주체인 인간. 세계 질서의 내부화된 이미지로서의 국가, 인간을 뿌리내리게 했다는 국가의 오만 방자함. 그러나 전쟁 기계와 바깥의 관계는 또 다른 "모델"이 아니다. 그것은 하나의 배치물이다. 사유 자체를 유목민이 되게 하고, 책으로 하여금 모든 움직이는 기계의 한 부품이, 리좀의 줄기가 되게 하는 배치물이다(괴테 대 클라이스트와 카프카).

n에서, n-1에서 써라, 슬로건을 통해 써라. 뿌리 말고 리좀을 만

들어라! 절대로 심지 말아라! 씨 뿌리지 말고, 꺾어 꽂아라! 하나도 여럿도 되지 말아라, 다양체가 되어라! 선을 만들되, 절대로 점을 만들지 말아라! 속도가 점을 선으로 변형시킬 것이다![56] 빨리빨리, 비록 제자리에서라도! 행운선, 허리선, 도주선.[57] 당신들 안에 있는 <장군>을 깨우지 마라! 올바른 관념들이 아니라, 단지 하나의 관념을(고다르). 짧은 관념들을 가져라! 사진이나 그림이 아니라 지도를 만들어라. 핑크 팬더가 되라, 그리고 당신들의 사랑이 여전히 말벌과 서양란, 고양이와 비비만 같아라! 유장한 강물 얘기도 있지 않는가.

강물은 감자를 심지 않네
목화도 심지 않네
심는 사람은 잊혀지지만
유장한 강물은 유유히 흘러갈 뿐.[58]

리좀은 시작하지도 않고 끝나지도 않는다. 리좀은 언제나 중간에 있으며 사물들 사이에 있고 사이-존재이고 간주곡이다. 나무는 혈통 관계이지만 리좀은 결연 관계이며 오직 결연 관계일 뿐이다. 나무는 "~이다(être)"라는 동사를 부과하지만, 리좀은 "그리고 …… 그리고 …… 그

56 선형성의 출현과 속도에 따른 지각의 혼란에 대해서는 Paul Virilio, "Véhiculaire", in *Nomades et vagabonds*, ed. Jacques Bergue, Paris : Union Générale d'Editions, 10/18, 1975, p. 43[독역본 : "Fahrzeug", in *Fahren fahren fahren*……, übers. von U. Faulff, Berlin, 1978, S. 22]을 참고할 것.

57 [앞의 두 구절은 고다르의 영화 『미치광이 피에로*Pierrot le fou*』에서 안나 카리나와 장 폴 벨몽도가 부르는 노래의 후렴구이다. ligne de chance, ligne de hanche, ligne de fuite. 여기서 행운선은 카리나의 손금의 운명선을 허리선은 그녀의 허리선(바디라인)을 가리킨다]

58 [저자들은 영어로 적어놓고 있다. He don't plant tatos / Don't plant cotton / Them that plants them is soon forgotten / But old man river he just keeps rollin alone. 영어본에는 "'tatos'와 'rollin'"으로 표기되어 있음]

리고 …… "라는 접속사를 조직으로 갖는다. 이 접속사 안에는 <이다>라는 동사를 뒤흔들고 뿌리뽑기에 충분한 힘이 있다. 어디로 가는가? 어디에서 출발하는가? 어디를 향해 가려 하는가? 이런 물음은 정말 쓸데없는 물음이다. 백지 상태(tabula rasa)를 상정하는 것, 0에서 출발하거나 다시 시작하는 것, 시작이나 기초를 찾는 것, 이 모든 것들은 여행 또는 운동에 대한 (방법적, 교육학적, 통과제의적, 상징적인……) 거짓 개념을 함축한다. 하지만 클라이스트, 렌츠, 뷔히너는 여행하고 움직이는 다른 방법을 갖고 있었는데, 그것은 중간에서 떠나고 중간을 통과하고 들어가고 나오되 시작하고 끝내지 않는 것이다.[59] 나아가 미국 문학은, 그리고 이미 영국 문학은 이 리좀적 방향(sens)을 명백히 드러냈으며, 사물들 사이를 움직이고, **그리고**의 논리를 세우고, 존재론을 뒤집고, 기초를 부숴 버리고, 시작과 끝을 무화시키는 법을 알고 있었다. 영미문학은 화행론을 행하는 법을 알고 있었다. 중간은 결코 하나의 평균치가 아니다. 반대로 중간은 사물들이 속도를 내는 장소이다. 사물들 사이는 하나에서 다른 하나로 가거나 그 반대로 가는 위치를 정할 수 있는 관계가 아니다. 그것은 하나와 다른 하나를 휩쓸어 가는 수직 방향, 횡단 운동을 가리킨다. 그것은 출발점도 끝도 없는 시냇물이며, 양 쪽 둑을 갉아내고 중간에서 속도를 낸다.

59 독일 낭만주의에서 운동에 대한 서술은 Jean-Cristophe Bailly, *La légende disperse. Anthologie du romantisme allemand*, Paris : Union Gnrale d'Editions, 10/18, 1976의 서문, pp. 18 sq.을 참조할 것.

늑대는 한 마리인가 여러 마리인가?

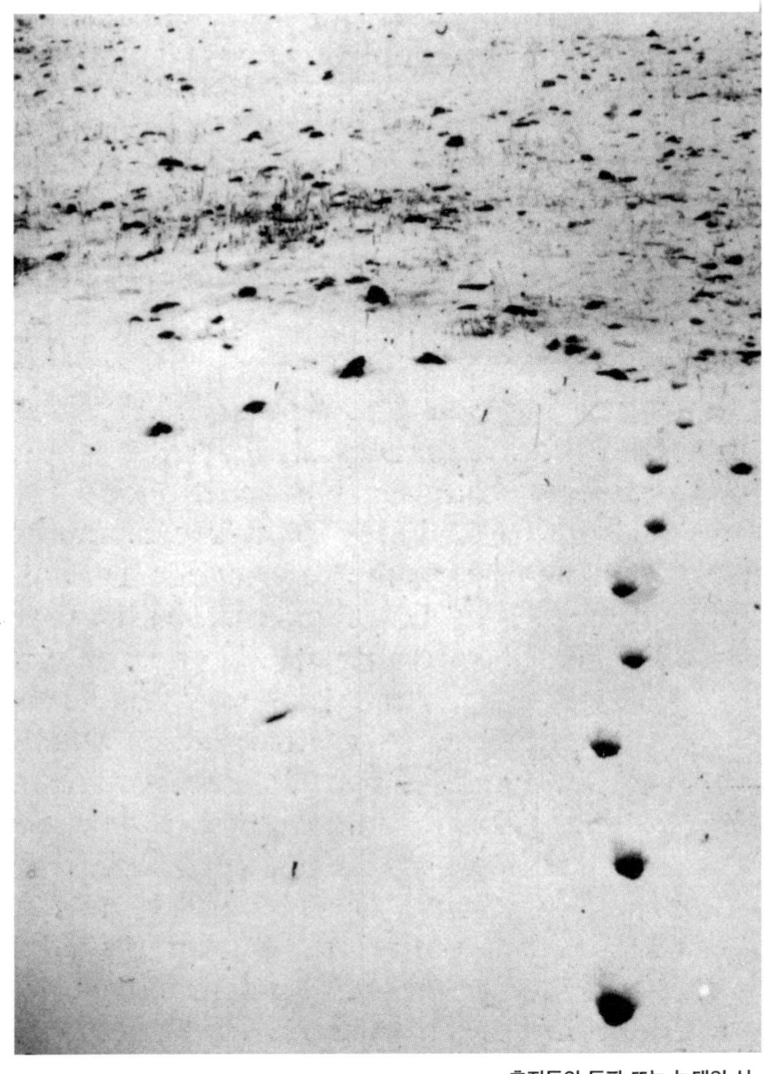

흔적들의 들판 또는 늑대의 선

그날 늑대 인간은 아주 피로해진 채로 진료 소파에서 내려섰다. 그는 이미 알고 있었다. 진실에 막 다다르려고 하면 슬쩍 지나가 버리고, 그 빈틈을 연상으로 채우는 데 프로이트가 천재적이라는 사실을. 그는 프로이트가 늑대에 대해, 특히 항문에 대해 아무 것도 아는 게 없다는 사실을 알고 있었다. 프로이트가 유일하게 이해하고 있던 것은 개와 개꼬리뿐이었다. 하지만 그걸로는 충분치 않다. 그걸로는 한참 모자랄 게다. 늑대인간은 알고 있었다. 프로이트는 곧 치료되었다고 선언하겠지만, 치료되기는커녕 루트, 라캉, 르클레르에 의해 영원히 계속 치료받게 될 것이라는 사실을. 요컨대 그는 자신이 본래 이름보다 더 고유한, <늑대 인간>이라는 진정한 고유명을 획득해 가는 중이라는 사실을 알고 있었다.[1] 그는 늑대라는 속(屬)을 이루는 다양체를 순간적으로 포착함으로써 최고의 독자성(singularité)을 획득했던 것이다. 그러나 그는 이 새롭고 진정한 이름이 왜곡되고, 잘못 씌어지고, 아버지의 성(姓)으로 뒤바뀌리라는 것 또한 알고 있었다.[2]

1 [이 글에는 이름을 가리키는 말이 셋 나온다. 우선 지금 문장에 나오는 '고유명(nom propre)'이 있다. 이것은 '고유 명사' 또는 흔히 우리가 '이름'이라고 부르는 것에 해당한다. 그 다음으로 '가족명(nom, nom de famille)', 즉 '성(姓)'이 있고, 끝으로 서양인들이 세례명이라 부르는, 태어난 다음에 붙이는 '개인명', 즉 '이름(prénom)'이 있다. 그런데 서양인들이 보통 가족명을 이름이라고 여기는 관행에 따라 본 번역에서는 가족명을 '이름'으로, 개인명을 '이름(prénom)'으로 옮기고, '이름'이라고 옮기면 더 나았을 'nom propre'를 '고유명'으로 옮겼다]

하지만 프로이트는 곧 나름대로 경이로운 몇 구절을 쓰게 될 것이었다. 즉 신경증과 정신병의 차이를 다루고 있는 1915년의 논문 「무의식에 관하여」에서 전적으로 임상적인 몇 구절을. 여기에서 프로이트는 히스테리 환자나 강박증 환자란 양말을 질에, 흉터를 거세에 몽땅 겹쳐 놓을 수 있는 사람들이라고 말한다. 틀림없이 그들은 어떤 대상을 전체로, 또 언젠가 잃어버린 것으로 파악한다. 하지만 피부를 털구멍들, 작은 점들, 작은 흉터들이나 작은 구멍들로 이루어진 다양체로 에로틱

2 ['늑대 인간'은 1910년 2월부터 1914년 7월까지 프로이트가 치료했던 어느 돈 많은 젊은 러시아인을 가리킨다('늑대 인간'은 영어로는 Wolf-Man, 불어로는 homme aux loups, 독어로는 Wolfsmann으로 표기된다. 늑대의 복수성을 표기하기 위해 Wolves-Man라고 하는 것이 적합했을 것이다). 프로이트는 '치료가 끝난 후'인 1914~15년의 겨울에 「유아기 신경증의 병력"Aus der Geschichte einer infantilen Neurose"」(in *Gesammelte Werke*, London 1946, 12권, S. 29~157 참조 : 일명 「늑대 인간」)을 집필했으나, 제1차 세계대전의 발발로 1918년에야 발표했다(그 후로도 이 글은 계속 수정 보완되었다). 프로이트는 1923년 글 말미에 이런 내용을 첨가했다. "나는 그가 다 나았다고 생각하고 그와 헤어졌다. 그것은 예기치 못했던 대전쟁이 일어나기 몇 주 전이었다. 전황이 변하여 중부 유럽의 군대가 남부 러시아에 진격할 때까지 나는 그를 다시 보지 못했다. 그때 그는 빈에 왔다. ······ 몇 달에 걸친 작업 끝에 이제까지는 극복하지 못했던 감정 전이의 일부를 성공적으로 다루었다. 그 후에 환자는 정상이라고 느꼈고, 전쟁통에 집과 재산과 가족을 모두 잃었는데도 유별나지 않게 행동했다." 두번째 치료 기간은 1919년 11월에서 1920년 2월까지였다. 프로이트는 「끝이 있는 분석과 끝나지 않는 분석"Die Endliche und die Unendliche Analyse"」(1937)의 첫머리에서 이 환자에 대해 "두번째 치료를 받은 후에 환자는 계속 빈에 살았는데, 가끔 재발된 것을 빼고는 건강을 유지했다"고 쓰고 있다. 다시 발병했을 때 늑대 인간은 프로이트의 제안에 따라 제자 루트 마크-브룬스빅(Ruth Mack-Brunswick) 박사에게서 치료를 받았다. 1926년 10월에서 1927년 2월까지 행해진 치료 과정에 대한 기록은 「프로이트의 '유아기 신경증의 병력'에 대한 부록"A Supplement to Freud's 'History of an Infantile Neurosis'"」(1928)으로 남아 있다(그녀는 나중에 1940년 9월까지의 환자의 병력에 대한 기록을 덧붙였다). 이후 가디너(Muriel Gardiner)가 제2차 세계대전 동안 환자가 겪은 외적 어려움과 그에 대한 반응을 기록해서 『늑대 인간과의 만남*Meetings with the Wolf Man*』(1952)으로 출판한다. 이후에 가디너가 편집한 『늑대 인간과 프로이트*The Wolf Man and Sigmund Freud*』(1971)에 늑대 인간 자신의 자서전이 실렸으며, 프로이트가 쓴 환자 병력 원본도 실려 있다. 그리고 브룬스빅과 가디너가 나중에 보고한 것들과 가디너가 첨부한 새로운 자료와 주석도 실려 있다]

하게 이해한다거나 양말을 그물코들로 이루어진 다양체로 에로틱하게 이해하는 일은 신경증 환자에게는 일어나지 않는 반면, 정신병자에게는 일어날 수 있다. "우리가 짐작하기에는, 여러 개의 작은 구멍들이 신경증 환자를 훼방놓기 때문에 그것들을 여성 생식기의 대체물로 사용할 수 없는 것 같다."[3] 양말을 질과 비교하는 건 좋다. 사람들은 늘 그렇게 하니까. 하지만 그물코들의 순전한 집합과 질(膣)들로 가득 찬 들판을 비교하는 건 아주 미친 짓임에 틀림없다고 프로이트는 말한다. 여기에는 신경증과 정신병의 스타일 상의 차이를 단적으로 보여주는 대단히 중요한 임상적인 발견이 있다. 예컨대 살바도르 달리가 망상들을 재생산(=복제)하려고 애쓰면서 그는 코뿔소의 <그> 뿔(LA corne)에 대해 장황하게 말하기는 했다. 하지만 신경증 환자의 담론을 벗어나진 못했다. 하지만 그가 닭살 돋은 피부와 작은 코뿔소 뿔들로 가득 찬 들판을 비교하기 시작할 때 우리는 분위기가 바뀌면서 광기 안에 들어와 있다는 것을 느끼게 된다. 그럴진대 아직도 비교가 중요한 것일까? 중요한 것은 오히려 자신의 요소들을 바꾸는 순수 다양체 또는 생성하는 순수 다양체이다. 미시적 층위에서 작은 물집들은 뿔이 "되고" 뿔들은 작은 자지가 "된다."

프로이트는 무의식의 가장 위대한 기술, 즉 분자적 다양체의 기술을 발견하자마자 부단히 그램분자적 통일체로 돌아가며,[4] 끊임없이 자신

3 Sigmund Freud, *Métapsychologie*, Gallimard, p. 153[독어 원본 : *Das Unbewußte*, in *Gesammelte Werke*, 앞의 책 10권, S. 299. 영역본 : *Papers on Metapsychology*, vol. 14, Standard Edition, trans. James Strachey (London : Hogarth Press, 1957), p. 200. 프로이트는 "die Vielheit der Grübchen"(여러 개의 작은 구멍들)이라는 표현을 쓰고 있는데 저자들은 "la multiplicité des petites cavités"(직역하면, 작은 구멍들의 다양체)라고 옮기고 있다].

4 [여기서 분자적(moléculaire)인 것과 그램분자적(molaire)인 것이 대별되고 있다. 그램분자 또는 몰(mole)은 화학 용어로 물질의 분자량을 그램으로 표시한 수를 말한다. 분자, 원자, 이온 등 동질의 입자가 아보가드로의 수만큼 존재할 때 이것을 1몰이라고 한다. 아보가드로의 수는 0°C, 1기압의 기체 $1Cm^3$ 중의 분자 수(=2.69×10^{19}), 또는 1그램분자

의 익숙한 주제들인 유일무이한 <아버지>, <자지>, <질>, <거세>[5] 등으로 되돌아간다(프로이트는 막 리좀을 발견하려는 찰나에 항상 뿌리들로 돌아갈 뿐이다). 1915년의 논문에서 보이는 환원 기법은 매우 흥미롭다. 그의 말에 따르면 신경증 환자는 사물들의 표상들에 의거해 비교나 동일시를 수행하는 반면 정신병자는 오직 단어들의 표상(예컨대 <구멍>이라는 단어)만을 갖고 있을 뿐이다. "대체물을 선택하는 기준은 지칭된 대상들 사이의 유사성이 아니라 언어 표현의 동일성이다."[6] 이처럼 사물 속에는 통일성이 없지만 적어도 단어 속에는 통일성과 동일성이 존재한다. 우리는 여기서 명사들은 **외연적인**(extensif) 용법 속에서 사용되고 있는 것을 주목해야 한다. 다시 말해 그것들이 포섭하고 있는 집합에 통일성을 부여해주는 보통 명사로서 기능하고 있는 것이다. 이 경우 고유명은 단지 보통 명사의 극단적인 경우에 해당할 뿐이다. 이때 고유명은 이미 길들여진 다양체를 자기 안에 포함하고 있으며 또한 그 다양체를 유일한 것이라고 설정된 존재나 대상에 결부시키고 있다. 따라서 여기서는 단어들에서건 사물들에서건, **강렬함**으로서의 고유명과 고유명이 순간적으로 파악하는 다양체 사이의 관계가 위태롭게 된다. 프로이트에게는, 사물이 폭발하여 동일성을 잃어버려도 단어는 여전히 사물의 동일성을 복원해주거나 새로운 동일성을 만들어 준다. 프로이트는 사물들 안에는 이미 존재하지 않는 통일성을 다시 세우기 위해 단어에 기댄다. 우리는 여기서 뒤이어 올 모험의 탄생을, 즉 <기표>의 탄생을, 탈기표작용적 고유명들을 대체하는 엉큼한 전제(專制)적

중의 분자 수(=6.023×10^{23})를 말한다. 정의상 '몰'이라는 말이 더 정확하겠지만, 발음상 moléculaire와 molaire의 구분을 '분자적'과 '그램분자적'으로 옮기는 것이 낫다고 보아 이렇게 옮겼다]

5 [원문은 *le* père, *le* pénis, *le* vagin, *la* castration으로 되어 있다. 여기서 정관사는 '유일무이함'을 나타낸다]

6 [독어 원본, 같은 곳. 영역판, 앞의 책, p. 201]

심급을 목도하는 것이 아닐까? 잃어버린 것이라고 천명된 대상의 음울한 통일체로 다양체들을 대체하는 심급을.

우리는 늑대로부터 멀리 있지 않다. 늑대 인간은 정신병적 에피소드라고 불리는 두번째 에피소드에서 자신의 코 표피에 있는 작은 털구멍이나 작은 흉터의 변이 또는 움직이는 궤적을 부단히 지켜보고 있으니까. 한편 프로이트가 신경증이라고 선고한 첫번째 에피소드에서 늑대 인간은 나무 위에 예닐곱 마리의 늑대가 있는 꿈을 꾸었다고 말하고는 다섯 마리의 늑대를 그렸다. 정말이지 늑대가 무리 지어 다닌다는 것을 모르는 사람이 어디 있겠는가? 프로이트만 모를 뿐이다. 삼척동자도 아는 것을 프로이트는 모르고 있다. 프로이트는 세심한 척하면서 묻는다. 왜 하필 다섯, 여섯 또는 일곱 마리 늑대가 꿈에 나타났을까? 프로이트는 이 경우는 신경증에 해당한다고 단정해버렸기 때문에 다른 환원 기법을 채택한다. 단어 표상의 층위에서 일어나는 언어적 포섭이 아니라 사물 표상의 층위에서 일어나는 자유 연상을. 하지만 결과는 똑같다. 왜냐하면 그는 언제나 사람이나 잃어버렸다고 상정된 대상의 통일성이나 동일성으로 돌아가기 때문이다. 따라서 늑대들의 다양체는 제거되어야 할 것이 되어버렸다. 프로이트는 설상가상으로 늑대 인간의 꿈에서 동화 『늑대와 일곱 마리 아기 염소』(이 중 여섯 마리만이 잡아먹힌다)를 연상하기까지 한다. 여기서 우리는 자신의 환원 기법의 완벽함에 들떠 있는 프로이트를 목격하게 된다. 우리는 문자 그대로 늑대들에게서 다양체가 제거되고 이야기와는 전혀 상관없는 아기 염소가 나타나는 것을 보게 된다. 아기 염소에 불과한 일곱 마리 늑대. 일곱번째 염소(늑대 인간 자신)가 시계 속에 숨기 때문에 여섯 마리 늑대. 아마도 부모가 사랑을 나누는 장면을 본 것이 5시였을 것이기 때문에 그리고 로마 숫자 V는 에로틱하게 벌려진 여자의 다리를 연상시키기 때문에 다섯 마리 늑대. 아마도 부모가 세 번 사랑을 나누었을 것이기 때문에 세 마리 늑대. 부모가 짐승들의 방식으로 섹스하고 있었기 때문에, 아니면 예전에 아이가 두 마리 개가 교접하는 것을 본 적이 있기 때문에 두 마리 늑대. 그리고는 너무 뻔하지만 늑대는 아버지이기 때문에 한 마리 늑대. 끝으로 거세하는 자이자 거세된 자인 그는 꼬리를 잃어버렸기 때문에 영 마리 늑대. 누굴 놀리는 건가? 늑대들은 도망쳐서 자신의 무리를 찾아갈 기회를 결코 갖지 못했다. 애초부터 동물은 부모들 간의 교미를 표상하기 위해서만, 아니면 거꾸로 그런 교미에 의해 표상되기 위해서만 사용되도록 결정되어 있었다. 분명 프로이트는 늑대가 행사한 매력에 대해서, 늑대의 소리 없는 외침, 늑대가 되려는 외침이 뜻하는 바에 대해서는 아무 것도 모르고 있다. 늑대는 꿈꾸는 아이를 가만히 뚫어지게 바라본다. 그러나 꿈이 사태를 거꾸로 만든다고 말하고, 아이 쪽이 섹스하는 개나 부모를 보고 있다고 해석하면 마음이 놓일 게다. 프로이트가 아는 것은, 오이디푸스화된 늑대와 개, 거세하는 자이자 거세된 자인 아빠-늑대, 개집 속의 개, 정신분석가의 멍멍 짖는 소리, 이런 것들뿐이다.

프래니는 늑대에 관한 방송을 듣고 있다. 나는 그녀에게 묻는다. 너는 한 마리 늑대가 되고 싶니? 경멸 섞인 대답. 이런 바보! 한 마리 늑대가 될 순 없잖아. 늑대는 항상 여덟 마리 아니면 열 마리, 여섯 마리 아니면 일곱 마리야. 혼자서 한번에 여섯이나 일곱 마리 늑대가 될 수는 없지만 무리 속에서 다른 대여섯 마리 늑대와 함께 있는 한 마리 늑대는 될 수 있다. 늑대-되기에서 중요한 건 집단의 설정이다. 특히 무리 또는 여러-늑대(=늑대-다양체)와 관련한 주체 자신의 위치 설정, 무리에 들어가거나 들어가지 않는 방식, 무리에 대해 취하는 거리, 다양체(=늑대 무리)에 결부되거나 결부되지 않는 방식이 중요하다. 프래니는 자기 대답이 너무 가혹하다고 생각했는지 꿈 이야기를 해준다. "사막이 있어. 그렇다고 내가 사막 안에 있다는 의미는 아냐. 사막이 광대하게 펼쳐져 있는 광경을 생각해봐. 하지만 비극적이거나 아무도 살지 않는 사막이 아냐. 단지 그 황토색 때문에, 이글거리면서도 그늘 한 점 만들어주지 않는 햇빛 때문에 사막인 거야. 그 안에는 벌떼와 축구 선수 떼와 투아레그족[7] 같이 우글거리는 무리가 있어. 나는 무리의 가장자리에, 주변에 있어. 그래도 나는 무리에 속해 있어. 나는 내 몸의 한 끄트머리로, 손이나 발로 거기에 매달려 있어. 나는 알아. 내가 있을 수 있는 유일한 장소는 주변이야. 만약 그 소동의 중심으로 끌려 들어가면 죽고 말 거야. 또 무리에서 빠져나와도 난 분명히 죽을 거야. 내 위치에 머물기란 쉽지 않아. 버티기도 무척 어려워. 얘네들은 부단히 계속 움직이고 있어서 어떻게 움직일지 예측하기도 힘들고 일정한 리듬에 따라 움직이지도 않으니까. 제자리에서 맴돌기도 하고 북쪽으로 가다가 갑자기 동쪽으로 가기도 해. 무리 안에 있는 각 녀석들은 절대로 서로 똑같은 자리에 머물지 않아. 그러니 나 역시도 부단히 움직이고 있는 셈이지. 이런 모든 것은 고도의 긴장을 요구해. 하지만 그러고 있으면 눈이 핑핑 돌 정도로 격한 행복감을 느껴." 이것은 빼어난 분열증적 꿈이다. 충분히 무리 속에 있으면서 동시에 완전히 바깥에, 아주 먼 곳에 존재하기. 버지니아 울프류의 가장자리에 있기, 또는 산책하기 ("나는 이것이다, 나는 저것이다라고 다시는 말하지 않으리").[8]

무의식에서 서식의 문제는 다음과 같다. 분열자의 털구멍과 약물중독자의 혈관을 거쳐가는 모든 것, 즉 북적거림, 우글거림, 생동함, 강렬함, 인종, 부족. 공포를 미시 다양체의 현상들과 연결시킬 줄 알았던 것은 장 레이(Jean Ray)가 아니었던가? 그의 이야기를 보면, 하얀 피부는 많은 물집과 돌기로 들떠 일어나 있고 매일 아침 면도해야만 하는

7 [투아레그 족(Tuareg)은 베르베르어를 쓰는 사하라 사막의 유목민 중의 하나이다]

8 [Virginia Woolf, *Mrs. Dalloway*, New York : Harcourt, Brace and World, 1925, p. 11. 울프(Woolf)와 늑대(wolf)의 발음의 유사성을 참조하라]

주름지고 밉살스러운 아주 작은 검은 머리통들이 털구멍에서 자라 나온다.[9] 또 공중에 떠 있는 "소인국 릴리퍼트의 환영들"은 어떠한가? 분열자 하나, 분열자 둘, 분열자 셋 — "내 털구멍 하나하나 속에 아기가 자라고 있어" — "나는 털구멍이 아니라 정맥 속에 작은 쇠막대기가 엄청나게 있어" — "장뇌로 빚은 술 말고는 아무 것도 주사하지 말아 줘. 그렇지 않으면 내 털구멍 하나하나마다 젖가슴이 자라 나와." 프로이트는 무의식의 관점에서 무리(=떼) 현상에 접근하려고 했지만 무의식 자체가 이미 무리라는 것을 직시하지도 또 알지도 못했다. 그는 근시요 귀머거리였다. 그는 무리를 한 사람이라고 여겼다. 반면 분열자들은 예리한 눈과 귀를 가지고 있다. 그들은 무리의 웅성거림과 들썩거림을 아빠의 목소리로 여기지 않는다. 한번은 융이 뼈다귀들과 두개골들이 나오는 꿈을 꾼 적이 있다. 뼈와 두개골은 결코 외따로 있을 수 없다. 해골 더미는 다양체이다. 그러나 프로이트는 그 꿈이 어떤 이의 죽음을 의미한다고 억지를 부렸다. "융은 놀라서 단 하나의 두개골이 아니라 여러 개의 두개골이었다고 지적했다. 하지만 프로이트는 계속해서……"[10]

털구멍, 검은 점, 작은 흉터, 또는 그물코의 다양체. 젖가슴, 아기, 막대기의 다양체. 벌떼, 축구 선수 또는 투아레그족의 다양체. 늑대, 재칼의 다양체 ……. 이 모든 것들은 환원되지 않고, 우리를 무의식 형성체들의 어떤 지위로 데려다 준다. 여기에 관련되는 요소들을 규정해보자. 우선 충만한 몸체 — 즉 기관 없는 몸체 — 노릇을 하는 어떤 것이 있다. 그것은 프래니의 꿈에서는 사막이며 늑대 인간의 꿈에

9 [Jean Ray, *L'Herne*, N° 38, Paris 1980 참조]

10 E. A. Bennet, *Ce que Jung a vraiment dit*, Stock, p. 80[영역본 : *What Jung really said*, New York : Schocken, 1967, p. 74. 독역본 : *C. G. Jung. Einblicke in Leben und Werk*, übers. von M. Borbelz, Zürich und Stuttgart, 1963, S. 105ff].

서는 늑대들이 올라앉아 있던 잎이 진 나무이다. 그것은 봉투나 테로서의 피부이고 뒤집을 수 있는 표면으로서의 양말이다. 그것은 집일 수도 있고 어떤 방일 수도 있고 또 다른 여러 가지일 수도 있다. 사람이 진정 사랑하면서 섹스를 할 때에는 언제나 자기 혼자서, 그리고 한 명의 타인 또는 타인들과 함께 기관 없는 몸체를 이루게 된다. 기관 없는 몸체는 기관들이 제거된 텅 빈 몸체가 아니다. 기관 없는 몸체 위에서 기관들 노릇을 하는 것들(늑대, 늑대 눈, 늑대 턱?)은 무리 현상에 따라, 브라운 운동을 하면서 분자적 다양체의 형태로 분배된다. 사막은 무언가로 우글거리고 있다. 따라서 기관 없는 몸체는 기관들에 대립한다기보다는 유기체를 이루는 기관들의 조직화에 대립한다. 기관 없는 몸체는 죽은 몸체가 아니라 살아 있는 몸체이며, 유기체와 조직화를 제거했다는 점에서 더욱더 생동하고 북적댄다. 이(虱)들은 바닷가 모래사장 위로 뛰어든다. 이들은 피부를 주거지로 삼는다. 기관 없는 충만한 몸체는 다양체들로 북적대는 몸체이다. 그리고 무의식의 문제는 확실히 생식과는 아무 관련도 없으며 오히려 서식, 개체군과 관련된다.[11] 그것은 땅이라는 충만한 몸체 위에서 일어나는 세계적 개체군의 문제이지 유기체적인 가족의 생식 문제는 아니다. "나는 종족과 부족과 인종의 유래들을 고안하는 것을 아주 좋아한다. …… 나는 나의 부족들에서 돌아온다. 지금까지 나는 더도 덜도 아닌 열다섯 개 부족의 양자였다. 동시에 그 부족들은 내 양자가 되었는데, 그 까닭은 내가 거기서 태어났더라면 사랑했을 그 이상으로 그 하나하나를 사랑하기 때문이다." 사람들은 우리에게 묻는다. 그렇지만 정신분열자도 아버지와 어머니가 있지 않습니까? 유감스럽지만 아니다. 부모 따위는 없다. 정신분열자는 단지 사막과 그곳에 거주하는 부족들을, 충만한 몸체와 거기

11 [개체군(population)은 생물학의 용어로 특정 지역에 서식하는 자, 거주하는 자의 무리를 가리키며, 특히 그것이 사람을 가리킬 때에는 인구(人口)라고 번역된다]

에 달라붙어 있는 다양체들을 갖고 있을 뿐이다.

둘째로, 이리하여 이 다양체들과 그 요소들의 본성이 나온다. 즉 **리좀**. 다양체의 꿈이 갖는 본질적 특성 중의 하나는 그 각각의 요소가 끊임없이 변화하면서 다른 요소들과의 거리를 변경시킨다는 점이다. 늑대 인간의 코 위에서 요소들은 피부 위의 털구멍들, 털구멍 안의 작은 흉터들, 흉터 조직 안의 작은 홈들로 각각 다르게 규정되면서 끊임없이 춤추고 커지고 작아진다. 그런데 끊임없이 변동되는 이 거리들은 서로 나누어질 수 있는 외연양(quantités extensives)이 아니다. 오히려 그 거리들은 그때그때마다 나누어질 수 없고 "상대적으로는 나누어질 수 없으며", 다시 말해 어떤 문턱의 이쪽저쪽으로 나누어지지 않으며, 거리가 늘어나거나 줄어들 때면 반드시 **그 요소들의 본성이 바뀌게 된다**. 벌떼는 줄무늬 셔츠를 입은 축구 선수들의 난투, 또는 투아레그족 무리로 바뀐다. 또는, 늑대 떼거리는 자신들의 가장자리를 달리는 모글리의 지도하에 델즈 무리에 대항하는 벌떼와 합류한다(아, 물론 키플링은 늑대 울음과 그 울음의 리비도적 의미를 프로이트보다 더 잘 이해하고 있었다. 나아가 늑대 인간의 경우에도 늑대 이야기에 뒤이어 말벌이나 나비 이야기가 나온다. 우리는 늑대에서 말벌로 옮겨간다). 하지만 끊임없이 변화하는 저 나누어지지 않는 거리, 그 요소들이 매번 본성을 바꾸지 않고는 나누어지거나 변화되지 않는 저 거리란 무엇을 의미하는가? 이미 그것은 이런 다양체의 요소들이 갖고 있는 내포적(intensif) 성격이자 그 요소들의 관계가 갖고 있는 내포적 성격이 아닐까? 이는 마치 속도와 온도가 속도들이나 온도들의 집적으로 이루어져 있는 것이 아니라 매번 본성상의 변화를 표시해주는 다른 속도들과 온도들 안에 감싸여 있거나 다른 속도들과 온도들을 감싸고 있는 것과 마찬가지이다. 바로 이런 이유로 인해 이런 종류의 다양체를 측정하는 원리는 등질적 환경이 아니라 오히려 다양체 내에서 작용하는 힘들 속에, 다양체를 점유하는 물리 현상들 속에 있으며, 정확히 말해 내부에서 다양체를 구성하며 또 그때마다 가변적이고 질적으로 판이한 흐름들로 나뉘는 리비도 속에 있다. 프로이트 자신도 늑대 인간 속에 공존하는 리비도적 "흐름들"의 다양체를 알고 있었다. 그런 만큼 그가 무의식의 다양체들을 취급한 방식은 더더욱 놀랍다. 그는 항상 <하나>로 환원시켰다. 프로이트의 방식에 따르면 작은 흉터들, 작은 구멍들은 커다란 흉터 또는 거세라고 불리는 큰 구멍이 작게 나뉜 것이고 늑대들은 도처에서 발견되는 하나의 동일한 <아버지>의 대체물이 되는 것이다(좀 더 나아가 보면, 루트 마크-브룬스빅이 말하는 것처럼, 늑대들은 "모든 아버지와 의사이다." 하지만 늑대 인간은 이렇게 생각한다. "그럼 내 엉덩이는 늑대가 아니라는 거야?").

그와는 반대로 해야만 했다. 강렬함 속에서 파악해야만 했다. <늑대>, 그것은 무리이다. 말하자면 그것은 영으로부터 가까워지고 멀어지는 — 매 순간 각각의 거리들은 분해할 수 없다 — 어떤 순간에 특정한 형태로 포착된 다양체이다. 영, 그것은 늑대 인간의 기관 없는 몸체이다. 무의식이 부정(否定)을 알지 못한다면, 이는 무의식에는 부정적인 것이 전혀 없으며 영점에 가까워지거나 멀어지는 무한한(=부정[不定]의) 움직임만이 있기 때문이다.[12] 여기서 영점은 결코 결핍을 표현하는 것이 아니라 받침대와 앞잡이(suppôt)로서의 충만한 몸체의 긍정성을 표현한다("단지 강렬함의 부재를 의미하기 위해서도 흐름의 쇄도는 필수적"이니까). 늑대들은 늑대 인간의 기관 없는 몸체 위에 있는 하나

12 [수학적인 용어를 쓰면 부정/긍정의 쌍은 음/양이 된다. 예컨대 온도계의 눈금에서 영하 5도라고 할 때 그것은 음을 가리킨다. 하지만 그것은 무엇인가가 결여되어 있다거나 없다는 것을 뜻하는 것이 결코 아니다. 그것은 단지 기준점 0으로부터 가까워지고 멀어지는 거리를 나타낼 뿐이다. 그런 의미에서 물리적 절대온도 0°K(섭씨 영하 273도에 해당)를 기준으로 놓고 생각하면 더 좋을지도 모른다. 왜냐하면 절대 온도에는 마이너스가 없기 때문이다]

의 강렬함, 한 떼의 강렬함, 강렬함의 한 문턱을 가리킨다. 한 치과 의사가 늑대 인간에게 이렇게 말했다. "당신은 너무 이를 악물기 때문에 아마 이빨이 모두 빠질 게요. 당신은 턱 힘이 너무 세요." — 그리고 잇몸도 작은 돌기들과 작은 구멍들로 뒤덮이면서 짓무르고 곪게 될 것이다.[13] 높은 강렬함으로서의 턱, 낮은 강렬함으로서의 이빨, 영에 가까워짐을 나타내는 짓무른 잇몸. 이런 영역에서 하나의 다양체를 순간적으로 파악한 결과로서의 늑대란 표상물이나 대체물이 아니다. 그것은 하나의 <나는 느낀다>이다. 나는 늑대가 된다고, 늑대들 언저리에서 늑대들 중의 한 마리 늑대가 된다고 느낀다. 또 나는 프로이트가 들은 유일한 외침, 고뇌의 외침을 느낀다. 도와줘, 난 늑대가 되기 싫어(또는 반대로 도와줘, 난 늑대가 되다 말긴 싫어)라는 외침을. 이것은 표상이 아니다. 이것은 자기가 늑대라고 믿는 것, 자기를 늑대로 표상하는 것이 아니다. 늑대, 늑대들, 그것은 강렬함이요 속도이며 온도이고 분해될 수는 없으나 끊임없이 변하는 거리이다. 그것은 득실거림이요 북적거림이다. 항문 기계가 늑대 기계와 아무 상관없다는 것을, 또는 그 둘은 오이디푸스적 장치를 통해서만, <아버지>라는 너무나 인간적인 형상을 통해서만 연관된다는 말 따위를 누가 믿겠는가? 결국 항문 역시 하나의 강렬함을 표현하는 것인데 말이다. 여기서 항문은 요소들의 본성이 바뀔 때에만 분해될 수 있는 거리가 영에 근접하고 있음을 표현한다. 항문들로 가득 차 있는 들판, 그것은 늑대 무리와 마찬가지이다. 또한 아이가 주변부에서 늑대들에 결부되는 것은 바로 자신의 항문을 통

13 Ruth Mack Brunswick, "En supplément à l'Histoire d'une névrose infantile de Freud", *Revue française de Psychanalyse*, 1936, n° 4[영역본 : R. M. Brunswick, "A Supplement to Freud's History of an Infantile Neurosis", in *The Wolf-Man*, ed. Muriel Gardiner, New York : Basic Books, 1971, p. 74. 독어 원본 : R. M. Brunswick, *Ein Nachtrag zu Freuds "Geschichte einer infantilen Neurose"*, Internationale Zeitschrift für Psychoanalyse Bd. 15, 1929, H. 1, S. 5~6].

해서가 아니던가? 턱에서 항문으로의 하강. 턱을 통해 그리고 항문을 통해 늑대들에 결부되기. 턱은 늑대의 턱이 아니다. 그렇게 단순하지는 않다. 턱과 늑대는 거리가 달라짐에 따라서, 서로 다른 속도들로, 다른 다양체들과 함께, 문턱들의 극한에서 눈과 늑대, 항문과 늑대로 변형되는 하나의 다양체를 형성한다. 도주선 또는 탈영토화의 선, 늑대-되기, 탈영토화된 강렬함들의 비인간-되기, 이것이 바로 다양체이다. 늑대가 되고 구멍이 되는 것은 복잡하게 얽힌 상이한 선들을 따라 탈영토화하는 것이다. 구멍은 늑대와 마찬가지로 부정적이지 않다. 거세, 결핍, 대체물, 이것은 무의식의 형성체인 다양체에 대해 전혀 이해하지 못하는 의식 과잉인 백치가 말하는 이야기일 뿐이다. 한 마리 늑대, 또한 하나의 구멍 역시도 무의식의 입자들이며, 분자적 다양체의 요소들인 입자들, 입자들의 생산, 입자들의 궤적에 다름 아니다. 강렬하면서도 운동하는 입자들이 구멍들을 지나간다고 말하는 것으로는 충분하지 않다. 왜냐하면 구멍도 자기를 통과해 가는 것 못지 않게 입자이기 때문이다. 물리학자들은 말하지 않는가, 구멍들은 입자의 부재가 아니라 빛보다 빨리 지나가는 입자들이라고. 날아가는 항문들, 빠르게 움직이는 질(膣)들. 거세는 존재하지 않는다.

다양체에 관한 이야기로 돌아가자. 왜냐하면 이런 실사가 창조된 것은 매우 중요한 순간이었기 때문이다. 그것은 여럿과 하나라는 추상적인 대립에서 벗어나기 위해, 변증법에서 벗어나기 위해, 순수한 상태에서 여럿(=다양)을 사고하기 위해, 여럿을 상실된 <통일성>이나 <총체성>의 수량적 파편이나 반대로 미래에 올 <통일성>이나 <총체성>의 유기적 요소로 만드는 것을 그만두기 위해, 오히려 여러 유형의 다양체를 구분하기 위해서였다. 그렇게 우리는 수학자이자 물리학자인 리만에게서 불연속적 다양체와 연속적 다양체 사이의 구분을 발견한다(후자의 경우 그것을 측정하는 원리는 오직 내부에서 작동하는 힘들 속에서만 발견된다). 나아가 마이농과 러셀에게서는 크기나 가분성의 다양체와 거리의 다양체 사이의 구분이 있는데, 전자는 연장적(extensif)이며 후자는 내포적인 것(l'intensif)에 가깝다. 한편 베르그송에게는 수적 다양체 또는 연장된 다양체와 질적이고 지속하는 다양체 사이의 구분이 있다. 우리는 나무 유형의 다양체와 리좀 유형의 다양체를 구별하면서 거의 동일한 일을 한 셈이다. 거대-다양체와 미시-다양체. 한쪽에는 연장적이고 나눌 수 있고 그램분자적인 다양체가 있다. 이 다양체는 통합될 수 있고 총체화될 수 있고 조직화될 수 있으며, 의식적이거나 전의식적이다. 다른쪽에는 무의식적이고 리비도적이며 분자적이고 강렬한(=내포적) 다양체가 있다. 이 다양체는 나누어질 때마다 본성이 바뀌는 입자들로 이루어져 있고, 또 변할 때마다 다른 다양체 속으로 쇄도해 들어가는 거리들로 이루어져 있다. 문턱에서, 또는 문턱 저편에서, 또는 문턱 이편에서 서로 소통하고 넘나들면서 끊임없이 구성되고 해체되는 거리들로. 이 후자의 다양체의 요소들은 입자이며 그것의 관계는 거리이고 그것의 운동은 브라운 운동이며 그것의 양은 강렬함들, 강렬함의 차이들이다.

이 모든 것은 논리적 기초를 이룰 뿐이다. 엘리아스 카네티는 때로는 대립하고 때로는 서로 뒤섞이는 두 유형의 다양체를, 즉 군중의 다양체와 무리의 다양체를 구분한다. 카네티가 말하는 군중의 특성 중에서 우리는 거대한 양, 구성원들의 가분성과 평등함, 중앙 집중, 집단 전체의 사회성, 일방적인 위계적 방향, 영토성이나 영토화의 조직, 기호들의 방출을 주목해야 한다.[14] 무리의 특성 중에서 우리는 그 수의 적음 또는 제한됨, 흩어짐, 분해될 수 없으나 가변적인 거리들, 질적 변환, 잔류자나 횡단자로서의 불평등, 고정된 총체화나 위계화의 불가능성,

14 [기호들의 방출(émission)에 관해서는 들뢰즈, 『프루스트와 기호들』(P.U.F., 1976 제3 개정 증보판; 서동욱, 이충민 옮김, 민음사, 1997) 제1부를 참조할 것]

방향들의 브라운 운동적 다양체, 탈영토화의 선들, 입자들의 투사를 주목해야 한다.[15] 물론 무리가 군중보다 더 평등하거나 덜 위계적인 것은 아니다. 하지만 똑같지는 않다. 무리나 패거리의 우두머리는 한 수 한 수에 승부를 걸며, 한 수마다 새로 판돈을 내야 한다. 반면 집단이나 군중의 우두머리는 획득한 것들을 확고히 하고 자본화한다. 무리는 자신의 세력권 안에서조차 자기 자신의 일부인 도주선 또는 탈영토화의 선 위에서 구성되며, 무리는 그것에 높은 긍정적 가치를 부여한다. 반면 군중은 그런 선들을 통합할 때면 언제나 이 선들을 절편으로 만들고 봉쇄하고 부정적 기호를 달아준다. 카네티는 무리 속에서 각자는 타자들과 함께 있을 때에도 혼자라는 점에 주목한다(예컨대 사냥하는 늑대들이 그렇다). 각자는 패거리에 참여하면서도 자신의 일을 영위한다. "무리의 변화하는 성좌 속에서 [……] 개체는 언제나 다시금 자신이 **가장자리**에 있음을 깨닫게 될 것이다. 그는 안쪽에 있다가 이내 다시 가장자리에 있게 될 것이고, 가장자리에 있다가 이내 다시 안쪽에 있게 될 것이다. 무리가 불을 중심으로 둥글게 둘러쌀 때 각자는 좌우로 이웃을 가질 수는 있을 것이다. 하지만 등 뒤쪽에는 아무도 없다. 등은 황야로 적나라하게 노출되어 있는 것이다."[16] 여기서도 분열자의 처지가 인정되고 있다. 주변부에 존재하기, 한 손 또는 한 발로 매달려 있기 ……. 이는 군중 속에 있는 주체의 편집증적 처지와 대비된다. 이 경우 언제나 개체는 집단에, 집단은 우두머리에, 우두머리는 집단에 동일화된다. 안전하게 군중 속에 묻어 있기, 중앙에 가까이 있기, 특별 근

15 Elias Canetti, *Masse et puissance*, Gallimard, pp. 27~29, 97 sq.[독어 원본 : *Masse und Macht*, Frankfurt 1980, S. 25~28 und 101ff. 원본은 1960년 함부르크에서 출간되었다. 영역본 : *Crowds and Power*, trans. Carol Stewart (New York : Viking Press, 1963), pp. 29~30, 93ff]. 위에서 언급한 차이들 중 몇몇은 카네티가 구별한 것이다.

16 [카네티의 책, 독어본 101쪽 및 영역본 93쪽. 독어 원본에는 맨 앞의 '가장자리'라는 말이 강조되어 있는데 불어본에는 강조되어 있지 않다. 본 번역에서는 독어본을 따랐다]

무 중이 아니면 가장자리에 머물러 있지 않기. 패거리나 그들의 교제 유형이 집단이나 호인의 친교보다 진화적으로 미개한 상태를 나타낸다고 (예컨대 콘라드 로렌츠처럼) 생각할 이유가 어디에 있는가? 단지 인간 패거리가 존재할 뿐만 아니라, 특히 세련된 인간 패거리가 존재하기도 한다. "사교성"은 무리에 더 가깝다는 점에서 "사회성"과 구별된다. 보통의 사회인은 상류 사교계의 고유한 지위와 위계, 힘 관계, 매우 특별한 야망과 기획을 모르기 때문에 상류 사교계에 대해 시샘 어린 잘못된 상을 갖고 있다. 상류 사교계의 관계는 보통의 사회적 관계를 포함하지도 않고 거기에 부합하지도 않는다. 심지어 "허식"(모든 패거리에는 이것이 있다)조차도 미시-다양체에 속하는 것이어서 일반적인 사회 예절이나 관습과는 구별된다.

하지만 문제는 <하나>와 <여럿>의 이원론보다 나을 게 없는 이러한 이원론에 따라 두 유형의 다양체를, 그램분자적 기계와 분자적 기계를 대립시키는 일이 아니다. 동일한 **배치물**을 형성하는, 동일한 **배치물** 속에서 작동하는 다양체들의 다양체만이 있을 뿐이다. 즉 군중 속에 있는 무리와 무리 속에 있는 군중. 나무는 리좀 형태의 선들을 갖는 반면 리좀은 나무 형태의 점들을 갖는다. 거대한 입자 가속기 없이 어떻게 미친 입자들을 생산할 수 있는가? 탈영토화의 선이 어떻게 영토성의 회로 바깥에 배정될 수 있겠는가? 거대한 연장(=펼쳐짐) 속에서가 아니라면, 이러한 연장의 거대한 격변 속에서가 아니라면, 새로운 강렬함의 작은 시냇물이 어떻게 갑자기 흘러갈 수 있는가? 새로운 소리를 만들어내기 위해서 무슨 일인들 못하겠는가? 동물-되기, 분자-되기, 비인간-되기는 그램분자적 연장이나 과도한 인간적 집중을 통과해 가거나 아니면 적어도 그것들을 예비한다. 카프카에게서 거대한 편집증적인 관료주의 기계의 건립과 개-되기, 벌레-되기의 작은 분열 기계의 설치를 분리할 수는 없을 것이다. 늑대 인간에게서 꿈속의 늑대-되기와 그의 강박증에서 나타나는 종교적 · 군사적 조직화를 분리할 수는 없을 것이다. 어떤 군인은 늑대가 되고 어떤 군인은 개가 된다. 두 가지 다양체 또는 두 가지 기계가 있는 것이 아니다. 전체를 생산하고 분배하는 하나의 동일한 기계적 배치물, 다시 말해 "복합체(=콤플렉스)"에 대응하는 언표들의 집합이 있을 뿐이다. 이 모든 것에 대해서 정신분석은 우리에게 무슨 할 말이 있는가? 오이디푸스, 오로지 오이디푸스. 왜냐하면 정신분석은 아무 말도, 그 누구의 말도 듣지 않기 때문이다. 정신분석은 모든 것을, 즉 군중과 무리를, 그램분자적 기계와 분자적 기계를, 모든 종류의 다양체를 으깨어 납작하게 만든다. 이른바 정신병적 에피소드 시기에 나타난 늑대 인간의 두번째 꿈을 보자. 길에 벽이 하나 있고 벽에는 닫힌 문 하나가 있다. 왼쪽에는 빈 옷장이 있다. 환자는 옷장 앞에 있고 벽을 돌아가려고 하는 것 같은, 작은 흉터가 있는 키 큰 여자가 있다. 벽 뒤에는 문 쪽으로 몰려드는 늑대들이 있다. 브룬스빅 여사 자신이 이것을 오해할 수는 없었다. 브룬스빅 여사는 키 큰 여자가 자기라는 것은 알아차리고, 늑대들은 볼셰비키들, 즉 옷장을 비워버리고 늑대 인간의 재산을 몰수한 혁명 군중임을 알았다. 준(準)안정 상태에서 늑대들은 거대한 사회 기계 쪽으로 옮겨갔다. 하지만 정신분석은 이런 점들에 대해 프로이트가 이미 말했던 다음과 같은 주장 말고는 아무 것도 말할 것이 없었다 — 즉 모든 것은 여전히 아빠에게로 되돌아간다는 주장(사실 그의 아버지는 러시아 자유주의 세력의 지도자 중의 하나였다. 하지만 그것은 전혀 중요하지 않다. 혁명은 "환자의 죄책감을 덜어주었다"고 말하는 것으로 충분하다). 실제로 사람들은 리비도의 투자와 역투자는 군중의 동요, 무리의 움직임, 집단적 기호, 욕망의 입자들과 아무 관계도 없다고 믿어왔다.

따라서 그램분자적 다양체나 군중 기계를 전의식에 귀속시키는 것으로는 충분하지 않다. 이때 무의식에 다른 종류의 기계나 다양체를 마련해 놓고 있다 해도 말이다. 왜냐하면 어떤 경우든 무의식에 속하는 것은, 전자가 후자를 조건짓고 후자가 전자를 예비하거나 아니면 비켜가거나 다시 회귀하는 방식으로 되어 있는, 이 둘의 배치물이기 때문이다. 리비도는 모든 것에 젖어든다. 그러니 다음의 세 가지 모두를 동시에 고려하자. 첫째, 사회 기계나 조직화된 군중이 분자적 무의식을 갖게 되는 방식. 그런데 이 분자적 무의식은 사회 기계나 조직화된 군중을 분해하려는 경향을 지닐 뿐만 아니라 그것들을 실행하고 조직화하는 현실적 성분들의 특징도 된다. 둘째, 군중 속의 특정한 개인 스스로가 무리의 무의식을 갖게 되는 방식. 그런데 이 무리는 그 개인이 속한 군중 속의 무리들과 반드시 닮아야 할 필요는 없다. 끝으로, 한 개인이나 군중이 자신의 무의식 속에서 다른 군중 또는 다른 개인의 군중들과 무리들을 겪게 되는 방식. 누군가를 사랑한다는 것은 무엇을 뜻할까?[17] 언제나 군중 속에서 한 사람을 포착해내고 그가 속해 있는 집단에서 그를 가려낸다는 것. 그것이 아무리 작은 집단이더라도, 가족이든 다른 뭐든 간에. 나아가 그 사람에게 고유한 무리들을 찾아내고 그가 자기 안에 가두어놓고 있는, 아마 완전히 다른 본성을 가졌을 그의 다양체들을 찾아낸다는 것. 그것들을 내 것에 결합시키고 내 것들 속으로 그것들을 관통하게 만들고 또한 그 사람의 것을 관통해간다는 것. 천상의 혼례, 다양체들의 다양체들. 모든 사랑은 앞으로 형성될 기관 없는 몸체 위에서 탈개인화를 실행하는 것일 뿐이다. 또한 바로 이 탈개인화의 가장 높은 지점에서 비로소 누군가가 **명명**될 수 있으며, 자신의 이름이나 성(姓)을 얻고, 자신에게 속하며 자신이 속해 있는 다양체들을 순간적으로 포착하는 가운데 가장 강렬한 식별 가능성을 획득한다. 얼굴 위에 있는 주근깨의 무리, 여자 목소리로 이야기하는 소년 무

17 [아래에 나오는 '사랑의 기호들'에 관해서는 들뢰즈가 쓴 『프루스트와 기호들』의 제1부 제1장을 참고할 것]

리, 샤를뤼스 씨에게서 들리는 소녀들의 재잘거림, 누군가의 목구멍 속에 있는 늑대 떼, 사람들이 골몰하고 있는 항문이나 입이나 눈 안에 있는 항문 다양체. 각자는 자신 안에 있는 그토록 많은 몸체들을 지나간다. 알베르틴은 나름의 숫자, 조직, 코드, 위계를 갖고 있는 소녀들의 집단에서 천천히 분리되어 나온다. 한 무의식 전체가 이 집단과 이 제한된 군중에 젖어든다. 뿐만 아니라 알베르틴은 자신의 고유한 다양체들을 갖고 있다. 화자는 그녀를 고립시킨 후에 그녀의 몸과 거짓말에서 그 다양체들을 발견하게 된다. 사랑의 종말이 그녀를 식별 불가능하게 만들 때까지 화자의 작업은 계속된다.

무엇보다도 어떤 사람이 참여하거나 속해 있는 외적인 군중과 집단을 그가 자기 안에 감싸고 있는 내적인 집합과 구분하는 것으로 충분하다고 믿어서는 안 된다. 늘 상대적이고 변하며 역전될 수 있는 외부와 내부의 구분이 중요한 것이 아니다. 오히려 공존하며 서로 침투하고 자리를 바꾸는 다양체들의 유형을 구분하는 것이 중요하다. 즉 특정한 순간에 <나는 너를 (또는 다른 무엇을) 사랑한다>라는 언표를 생산하는 배치물을 형성하기 위해 개입하는 기계들, 톱니바퀴들, 모터들, 요소들의 유형을 구분해야 한다. 다시 한번 카프카를 보자. 그에게 펠리체는 어떤 사회 기계와 분리할 수 없으며 또한 인터폰 기계(펠리체는 이 기계를 만든 회사를 대표한다)와도 분리할 수 없다. 상업과 관료제에 매혹된 카프카의 눈에 어떻게 그녀가 그러한 조직과 무관한 것으로 보일 수 있었겠는가? 그러나 동시에 펠리체의 이빨, 커다란 육식 동물의 이빨은 그녀를 다른 선들을 따라 달아나도록 만든다. 개-되기, 재칼-되기 등의 분자적 다양체들을 향해. 펠리체는 그녀 자신과 카프카의 현대 사회 기계들(이 두 사람의 기계들은 동일하지 않다)의 기호와 분리될 수 없다. 또한 입자들, 작은 분자적 기계들, 모든 이상한 생성, 도착적 글쓰기 장치를 통해 카프카가 가게 될 그리고 그녀에게 가게 할 도정과 분리될 수 없다.

개인적인 언표는 존재하지 않는다. 언표를 생산하는 기계적 배치물들이 존재할 뿐이다. 우리는 그 배치물이 근본적으로 리비도적이며 무의식적이라고 말한다. 그것은 바로 사람 안에 있는 무의식이다.[18] 우리는 잠시 거기에서 여러 종류의 요소들(또는 다양체들)을 보도록 하겠다. 그램분자적이고 조직화된 인간 기계들, 사회 기계들, 기술 기계들. 분자적 기계들 및 그 기계들의 비인간-되기의 입자들. 오이디푸스적 장치들(물론 오이디푸스적 언표들이 존재하기 때문이다, 그것도 많이). 다양한 외양과 기능을 지닌, 오이디푸스에 대항하는 장치들. 우리는 나중에 이것을 검토할 것이다. 더 이상 기계들을 하나하나 구분할 수도 없을 것이다. 단지 서로 침투하며 특정 순간에 하나의 동일한 기계적 배치물을 형성하고 리비도의 얼굴 없는 형상을 형성하는 다양체들의 유형에 대해 말할 수 있을 뿐이다. 우리들 각각은 그런 배치물에 사로잡혀 있다. 그래서 우리 자신의 이름으로 말하고 있다고 믿을 때에도 배치물의 언표를 재생산한다. 또는 배치물의 언표를 생산할 때에도 우리 자신의 이름으로 말하고 있다. 이 언표들은 얼마나 기묘한가. 그것들은 진정 광인의 담론이다. 우리는 카프카를 이야기했지만 또한 늑대인간도 이야기할 수 있다. 프로이트가 강박 신경증에 배정한 종교-군사적 기계. 프로이트가 히스테리 기질에 배정한 무리의 항문 기계 또는 늑대-되기, 말벌-되기, 나비-되기의 항문 기계. 프로이트가 유일한 모터로 삼은, 모든 곳에서 발견되는 부동의 모터로서의 오이디푸스적 장치. 오이디푸스에 대항하는 장치(누이와의 근친상간, 분열적-근친상간,

18 [원문은 C'est lui, l'inconscient en personne이다. 여기서 personne이 중의적으로 쓰였다고 볼 수 있다. 불어에서 personne은 '아무도 아니다(nobody)'라는 뜻을 지니기도 하고 '사람(persona)'이라는 뜻을 지니기도 한다. 배치물인 무의식은 사람 안에 있으면서 동시에 그 어떤 특정인 안에도 없다]

"하층민"과의 정사, 항문애, 동성애?). 이 모든 것들에서 프로이트는 단지 오이디푸스의 대체물, 퇴행, 파생물만을 본다. 실로 프로이트는 아무것도 보지 못하고 이해하지 못한다. 그는 리비도적 배치물을, 거기에서 작동하고 있는 모든 기계 장치를, 모든 다양한 사랑을 전혀 알지 못하는 것이다.

물론 오이디푸스적 언표들은 존재한다. 예를 들어 카프카의 단편 「재칼과 아랍인」을 다음과 같이 읽기는 쉽다. 언제나 그렇게 읽을 수 있고, 그렇게 읽으면 아무 위험도 없고, 항상 일은 잘 돌아갈 것이다. 아무 것도 이해하지는 못하겠지만. 아랍인들은 분명히 아버지와, 재칼들은 어머니와 관계되어 있다. 아버지와 어머니 사이에 녹슨 가위를 통해 재현되는 온갖 거세 이야기가 있다. 하지만 이런 점도 있다. 아랍인들은 조직화되고 무장했으며 연장적이고 사막 전체에 퍼져 있는 군중인 반면 재칼들은 도주선 또는 탈영토화의 선을 따라 사막 안으로 끊임없이 빠져 들어가는 강렬한 무리이다("이들은 미쳤어요, 진짜로 미쳤어요"). 그들 둘 사이에, 가장자리에, 북방인, 재칼-인간이 있다. 그런데 커다란 가위는 재칼-입자들을 군중에서 떼어내면서 그들의 미친 질주에 속도를 더하고 동시에 그들을 군중에게 데려가고 길들이고 채찍질하고 유인하기 위해서 그들을 안내하거나 풀어주는 아랍의 기호가 아닐까? 먹이라는 오이디푸스적 장치, 죽은 낙타. 그리고 썩은 고기라는 오이디푸스에 대항하는 장치, 먹기 위해 짐승을 죽이기, 또는 썩은 고기를 처리하기 위해 먹어치우기. 재칼들은 문제를 적절히 제기한다. 그것은 거세의 문제가 아니라 "청결(propreté)"의 문제이며, 욕망-사막을 시험하는 문제다. 어느 쪽이 이길까? 군중의 영토성이냐 무리의 탈영토화냐? 리비도는 극이 상연되는 기관 없는 몸체에 다름 아닌 사막 전체를 적시고 있는데.

개인적 언표는 존재하지 않는다. 그런 것은 전혀 없다. 모든 언표는 기계적 배치물, 다시 말해 언표행위를 하는 집단적 행위자의 산물이다("집단적 행위자"란 말은 사람들이나 사회가 아니라 다양체를 의미한다). 고유명은 개인을 지칭하지 않는다. 반대로 한 개인이 자신의 진정한 고유명을 얻는 것은, 가장 엄격한 몰개성화가 실행되고 난 후에 개인을 관통해서 지나가는 다양체들에 개인이 열릴 때이다. 고유명은 다양체에 대한 순간적 파악이다. 고유명은 강렬함의 장을 통해 이해되는 순수 부정사(不定詞)의 주어이다. 프루스트는 이름(prénom)에 대해 이렇게 말한다. <질베르트>를 발음할 때면, 나는 내 입 안에 그녀를 완전히 벌거벗은 채로 머금고 있다는 인상을 가졌다. 늑대 인간은 탈개인화되고 다양화된 개인의 생성, 부정법, 강렬함을 가리키는 친밀한 이름, 진정한 고유명이다. 그러면 정신분석은 다양화를 무엇이라고 이해하고 있는가? 낙타가 하늘에서 키득거리는 천 마리 낙타가 되는 사막의 시간. 지표면 위에 천 개의 구멍이 생겨나는 저녁 시간. 거세, 거세라고 정신분석의 허수아비는 외쳐대지만 그는 늑대들이 있는 곳에서 단지 하나의 구멍만을, 하나의 아버지만을, 하나의 개만을 보았으며 야생의 다양체들이 있는 곳에서 길들여진 한 개인만을 보았을 뿐이다. 정신분석이 비난받는 것은 오이디푸스적 언표들만을 골라냈기 때문만은 아니다. 왜냐하면 이 언표들 역시도 어느 정도까지는 기계적 배치물에 속하는 것이어서, 오류를 [그것이 왜 잘못되었는지] 보여주는 계산처럼 이 배치물에게 교정 지침으로 사용될 수 있기 때문이다. 정신분석이 비난받는 것은 환자에게 개인적이고 개별적인 언표들을 갖게 될 것이고, 마침내는 자기 이름으로 말하게 될 것이라는 믿음을 심어주기 위해 오이디푸스적 언표행위를 사용하기 때문이다. 모든 것은 처음부터 함정에 빠져 있었다. 늑대 인간은 결코 말할 수가 없을 것이다. 그가 아무리 늑대들에 대해 말한다 해도, 그가 늑대처럼 외쳐댄다 해도 소용없을 것이다. 프로이트는 듣지도 않고 자기 개를 쳐다보며 "그건 아빠야"

라고 대답할 것이다. 그것이 지속되는 동안에는 프로이트는 신경증이라고 말하고 그것이 파열되면 정신병이라고 말할 것이다.[19] 그런 공로를 인정받아 늑대 인간은 정신분석계의 훈장을 받게 될 것이고 상이용사가 받는 연금 수당까지도 받게 될 것이다. 늑대 인간은 자기 자신 안에서 특정한 언표들을 생산하는 기계적 배치물을 사람들이 해명해 줄 때에만 자기 이름으로 말할 수 있게 될 것이다. 하지만 정신분석에서는 그런 건 문제가 되지 않는다. 주체에게 자신의 가장 개인적인 언표를 말하라고 설득하는 바로 그 순간에도 정신분석가는 그에게서 모든 언표행위의 조건을 빼앗고 있는 것이다. 입 다물게 하고, 말을 방해할 것, 특히 사람들이 말할 때 아무 말도 못 들은 것처럼 행동할 것, 이것이 저 유명한 정신분석의 중립성이다. 늑대 인간은 <예닐곱 마리의 늑대가 있어!>라고 계속 소리친다. 하지만 프로이트는 <뭐라고? 아기 염소들이라고? 거 참 흥미롭군. 아기 염소들은 빼도록 하지. 이제 늑대 한 마리만 남지. 그러니까 그건 네 아빠야……>라고 대답한다. 그렇기 때문에 늑대 인간은 그토록 피로를 느끼는 것이다. 늑대 인간은 목구멍 속에 모든 늑대들을 간직한 채, 자기 코 위에 모든 작은 구멍들을 간직한 채, 자기의 기관 없는 몸체에 저 모든 리비도적 가치들을 간직한 채 누워 있다. 전쟁이 다가올 것이고 늑대들은 볼셰비키가 될 것이고 <인간>은 그가 말해야만 했던 모든 것들 때문에 숨이 막힌 채로 있게 될 것이다. 그는 다시 예의바르고 고상하고 체념적이며 "정직하고 착실하게" 되었다고, 요컨대 치유되었다고, 우리에게는 단지 그렇게만 알려질 것이다. 늑대 인간은 정신분석이 참된 동물학적 시각을 결여하고 있다는 것을 상기시킴으로써 복수할 것이다. "젊은이에게는 자연에 대한 사랑과 자연 과학, 특히 동물학에 대한 이해보다 더 소중한

19 [그것(ça)은 독일어의 Es, 라틴어의 id에 해당하는 정신분석 용어인데, 저자들은 오히려 이 말을 정신분석을 비판하기 위해 사용하고 있다]

것은 있을 수 없다."[20]

20 Roland Jaccard, *L'homme aux loups*, Paris : Ed. Universitaires, 1973, p. 113에서 인용된 편지.

도덕의 지질학
(지구는 자신을 누구라고 생각하는가?)

이중 분절

챌린저 교수, 코난 도일의 작품으로 잘 알려진, 고통 기계로 지구를 울부짖게 하는 그 챌린저 교수가 원숭이인 양 내키는 대로 지질학과 생물학의 여러 텍스트를 이것저것 뒤섞으면서 강연을 했다.[1] 교수의 설명에 따르면 지구는, <탈영토화되고>, <빙원이고>, <거대 분자>인 지구는 하나의 기관 없는 몸체이다. 이 기관 없는 몸체를 가로질러 가는 것들은 형식을 부여받지 않은 불안정한 질료들, 모든 방향으로 가는 흐름들, 자유로운 강렬함들 또는 유목민과 같은 독자성들, 순간적으로 나타났다 사라지는 미친 입자들이다. 하지만 지금 문제는 그게 아니다. 그와 동시에 지구 위에서는 매우 중요하고 불가피하며 어떤 점에서는 유익하지만 다른 많은 점에서는 유감스러운 어떤 현상이 일어나고 있으니, 바로 성층 작용(=지층화)이 그것이다. 지층들은 층(層)이자 띠(帶)이다. 지층의 본질은 질료에 형식을 부여하고, 공명과 잉여의 시스템들 속에 강렬함들을 가둬두거나 독자성들을 붙들어 매고, 지구라는 몸체 위에서 크고 작은 분자들을 구성하고, 이 분자들을 그램분자적인 집합체 속에 들어가게 하는 것이다. 지층들은 포획이며, 자신의 영역을 지나가는 모든 것을 부여잡으려고 애쓰는 "검은 구멍(=블랙홀)" 또는 폐색 작용과도 같다.[2] 지층들은 지구 위에서 코드화와 영토화를

1 [챌린저 교수는 코난 도일의 『잃어버린 세계*The Lost World*』(1912)의 주인공이다]

2 Roland Omnès, *L'univers et ses métamorphoses*, Paris : Hermann, 1973, p. 164. "임계 반경

통해 작동한다. 동시에 지층들은 코드와 영토성에 따라 작동한다. 지층들은 신의 심판이다. 성층 작용 일반은 신의 심판의 전 체계이다(그러나 지구 또는 기관 없는 몸체는 끊임없이 그 심판을 벗어버리고 달아나고 탈지층화되고 탈코드화되고 탈영토화된다).

챌린저는 여기서, 이것은 어떤 지질학 개론서에 있는 구절인데 이해하려면 시간이 걸릴 테니 일단 잘 암기해 놓으라고 하면서 한 구절을 인용했다. "성층 작용의 표면은 두 층 사이에 있는 보다 밀집된 고른판이다." 층들이 바로 지층 그 자체이다. 층들은 적어도 두 층으로 되어 있는데, 한 층은 다른 층의 **밑지층** 노릇을 한다. 성층 작용의 표면은 지층과는 구별되는 기계적 배치물이다. 배치물은 두 층 사이에, 두 지층 사이에 있다. 따라서 배치물은 지층들 쪽을 향하는 얼굴을 갖고 있지만(이런 의미에서 그것은 **사이층이다**) 다른쪽, 즉 기관 없는 몸체나 고른판 쪽을 향하는 얼굴도 갖고 있다(이것이 **웃지층**이다).[3] 사실상 기관 없는 몸체 그 자체가 고른판을 형성하며, 고른판은 지층들이 형성되는 층위에서 밀집되거나 조밀해진다.

신은 <가재> 또는 이중 집게, **이중 구속**[4]이다. 지층은 적어도 둘로

아래로 붕괴한 별은 검은 구멍(폐색 행성)이라고 불리는 것이 된다. 이 표현은 그러한 대상으로 보내진 어떤 것도 거기서 돌아 나오지 못한다는 것을 뜻한다. 그것은 어떤 빛도 방사하거나 반사하지 않기 때문에 완전히 검다."

3 [아래의 도식을 통해 이 지층들 간의 관계를 살펴보자. 한편으로 지층과 지층 사이에 있다는 의미에서 '사이층'이며, 다른 한편으로 기관 없는 몸체나 고른판 위에/이후에 형성된다는 의미에서 '웃지층'이다. 여기서 지층들 사이의 관계는 수평적이며 지층과 고른판과의 관계는 수직적이다. 성층 작용의 표면은 수평적 측면과 수직적 측면을 갖는다. 굵은 선이 성층 작용의 표면에 해당한다. 이 사태를 지구에 대입하면, 성층 작용은 지구 위에서 일어나면서(웃지층) 동시에 갖가지 구체적인 층들 사이에서 일어난다(사이층)]

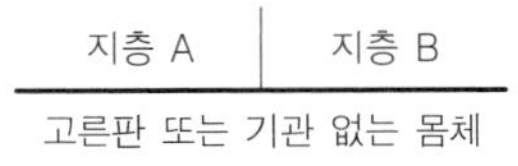

지층 A	지층 B

고른판 또는 기관 없는 몸체

4 [원래 이중 구속(double-bind)이란 정신 의학에서 어린애들이 두 개의 모순된 명령이나

되어 있을 뿐 아니라 각각의 지층은 또 다른 방식으로 이중적이다(지층 자체가 여러 층을 갖고 있다). 각각의 지층은 실제로 **이중 분절** 현상들을 보여준다. B-A, BA, 두 번 분절하라.[5] 그렇다고 해서 지층들이 말을 한다거나 언어로 되어 있다는 말은 아니다. 이중 분절은 너무나도 다양해서 우리는 일반 모델에서 출발할 수 없으며, 단지 상대적으로 단순한 경우에서 출발할 수 있을 뿐이다. 첫번째 분절은 불안정한 입자-흐름들로부터 준-안정적인 분자 단위들 또는 유사 분자 단위들(**실체**)을 골라내거나 뽑아내며, 여기에 연결들과 이어짐들이라는 통계학적 질서(**형식**)를 부여한다.[6] 다른 한편 두번째 분절은 밀집되고 안정된 기능적 구조들(**형식**)을 세우며, 그와 동시에 이 구조들이 현실화되는 그램분자적 합성물들(**실체**)을 구성한다. 이처럼 지질학적 지층에서 첫번째 분절은 "퇴적작용(=침전작용)"이다. 그것은 통계학적인 질서에 따라 사암(砂岩), 편암(片巖), 그리고 플리시[7]의 순서로 되풀이되는 퇴적물 통일체들을 쌓는다. 두번째 분절은 "습곡작용"이다. 그것은 안정된 기능적

요구를 받는 경우(일종의 딜레마)를 가리키는 말이지만, 저자들은 이런 용법을 따르고 있지 않다]

5 [일본어 번역은 다음과 같이 되어 있다. "B-A, BA라고 두 번, 확실히 분절을 알 수 있도록, 끊어서 말해봐라."]

6 ['불안정한 입자-흐름'은 딱히 입자나 파동이라고 할 수 없는, 세계를 이루는 기초인데 그것의 다른 이름이 질료 또는 물질(matières, hyle)이다. 실체는 질료로 형성(=형식화)된, 다시 말해 질료와 형상이 결합되어 이루어진 거의 안정적인 단위들이다. 형상 또는 형식은 실체에 부과되어 있는 질서이다. 『안티-오이디푸스』에서 '기계'를 설명하는 대목(1장 5절)이 여기에 대응한다. "기계는 **절단의 체계**로 정의된다. …… 모든 기계는 무엇보다도 연속된 물질적 흐름(**질료**)과 관계된다. …… 연합된 각각의 흐름은 관념적인(idéel=형상적인) 것으로 여겨져야 한다. …… 사실상 질료는 물질이 관념 안에 소유하고 있는 순수 연속성을 가리킨다. …… 절단은 연속성에 대립되기는커녕 연속성의 조건이 되며, 그것이 절단하는 것을 관념적 연속성으로서 내포하거나 규정하고 있다."(43~44쪽)]

7 [사암 : 차돌 따위 여러 가지 돌의 부스러진 모래가 물 속에 가라앉아서 단단하게 된 바위. 편암 : 석영, 운모 등의 박층(薄層)을 이룬 잎사귀 모양을 한 변성암의 하나. 플리시 : 해저 탁류에 의해 옮겨진 암석 파편들로 이루어진 퇴적물]

구조를 세우며 침전물이 퇴적암이 되게 해준다.

앞에서 살펴본 대로 이 두 개의 분절이 하나는 실체에 관한 것이고 다른 하나는 형식에 관한 것이 아니라는 점은 분명하다.[8] 실체는 형식을 부여받은 질료 이외에 다른 것이 아니다. 형식은 코드 및 코드화 양식과 탈코드화 양식을 내포한다. 형식을 부여받은 질료인 실체는 영토성 및 영토화의 정도와 탈영토화의 정도에 관련된다. 그러나 정확하게 말해서 각각의 분절마다 코드와 영토성이 둘 다 있으며, 그 각각의 분절 나름대로 형식과 실체를 갖고 있다. 지금 우리가 말할 수 있는 것은, 각각의 분절에 상이한 유형의 절편성이나 다양체가 대응한다는 점뿐이다. 그 중 한 유형은 유연하고 좀더 분자적이며 겨우 질서화되어 있을 뿐인 반면, 다른 유형은 좀더 경직되어 있으며 그램분자적이고 조직화되어 있다. 사실 첫번째 분절이 체계적인 상호 작용을 결여하고 있는 것은 아니다. 그렇지만 중심 잡기, 통일화, 총체화, 통합(=적분), 위계 세우기, 목적 설정 따위의 현상 — 이것들이 덧코드화를 형성한다 — 이 발생하는 것은 무엇보다도 두번째 분절의 층위에서이다. 두 분절은 각각 자신의 절편들 사이에 이항 관계를 설정한다. 하지만 한 분절의 절편들과 다른 분절의 절편들 사이에는 훨씬 더 복잡한 법칙을 따르는 일대일 대응 관계가 있다. <구조>라는 말은 일반적으로 이 두 가지 관계들의 집합을 가리키는 것이겠지만, 구조가 지구의 마지막 말이라고 믿는 것은 환상이다. 게다가 이 두 분절이 언제나 분자적인 것과 그램분자적인 것이라는 구별을 따라 구분된다는 것도 확실한 얘기가 아니다.

여기서 이야기는 에너지론, 물리-화학, 지질학적 지층들을 한걸음에 뛰어 넘는다. 이야기는 유기체 지층들로, 아니 유기체에도 커다란

8 [미리 말하자면, 첫번째 분절은 내용의 형식과 실체, 두번째 분절은 표현의 형식과 실체에 해당한다]

성층 작용이 있다는 사실로 이행한다. 유기체의 문제, 즉 어떻게 물체로 유기체를 "만드는가"? 이것은 다시 한번 분절의 문제요 분절적 관계의 문제이다. 도곤 족은 챌린저 교수가 속속들이 알고 있는 부족인데, 그들은 이런 식으로 문제를 설정한다. 대장장이가 다루는 물체가 유기체가 되는 것은 그 물체에 성층 작용을 하는 기계나 기계적 배치물의 효과에 의해서이다 하는 식으로. "충격을 가해 메와 모루가 팔꿈치와 무릎 부위에서 대장장이의 팔과 다리를 분질렀다. 그 전까지 그에게는 팔꿈치와 무릎이 없었다. 그는 고유한 관절을 가진 새로운 형태의 인간이 되었다. 이러한 모습이야말로 나중에 지구상에 널리 퍼져 노동을 하도록 정해진 인간의 모습이었다. (……) 그의 팔은 노동을 하기 위해 접히게 된 것이다."[9] 하지만 분절 관계를 뼈의 문제로 환원하는 것은 물론 말하는 방식 중의 하나에 지나지 않는다. 유기체의 집합은 여러 형태의 이중 분절 속에서, 그것도 실로 다양한 층위에서 고찰해야만 한다. 우선 형태 발생의 층위를 보자. 한편으로 분자 유형의 실재들은 서로 우연적 관계를 맺고, 군집이나 통계학적 집합을 이루며, 여기서 하나의 질서(단백질 섬유, 섬유의 시퀀스[=정보배열] 또는 절편성)가 결정된다. 다른 한편으로 이 집합 자체는 안정된 구조를 이룬다. 이 구조는 입체 합성물을 뽑아내고 기관과 기능과 조절 장치를 형성하고 그램분자적 메커니즘을 조직화하며, 심지어는 중심들을 배분하여 군집들을 조감(survoler)하고 메커니즘을 감시하며 도구를 사용하고 수선하며 집합물을 "덧코드화"하게 한다(밀집 구조 안에 섬유를 포개기, 두번째 절편성).[10] 침전작용과 습곡작용, 섬유와 포갬.

9 Griaule, *Dieu d'eau*, Paris : Fayard, pp. 38～41[독역본 : *Schwarze Genesis. Ein afrikanischer Schöpfungsbericht*, übers. von Janheinz Jahn, Freiburg-Basel-Wien, 1970, S. 45～46. 국역본 : 『물의 신』, 변지현 옮김, 영림카디널, 2001. 이 구절에서 '관절'로 번역된 말은 '분절(articulation)'과 같은 말].

10 일반적인 형태 발생의 두 양상에 대해서는 Raymond Ruyer, *La genèse des formes*, Paris

하지만 다른 층위에서 보자면 단백질의 구성을 관장하는 세포 화학 역시 이중 분절을 통해 나아간다. 이 이중 분절은 분자 내부에서 일어나며, 큰 분자와 작은 분자 사이에서, 잇단 개정을 통한 절편성과 중합(重合)[11]을 통한 절편성 사이에서 일어난다. "우선 환경(=배양액)에서 선별된 요소들이 일련의 변형을 거치며 조합된다. (……) 이 모든 활동은 수백 가지의 반응을 일으키지만 결국은 제한된 수의, 기껏해야 수십 개 정도의 작은 화합물을 산출해낼 뿐이다. 세포 화학의 두번째 단계에서는 작은 분자들이 큰 분자들을 생산하기 위해 조립된다. 거대 분자들의 특징을 이루는 사슬들은 바로 이렇게 끝과 끝이 연결된 단위 분자들의 중합을 통해서 형성된 것이다. (……) 따라서 세포 화학의 두 단계는 그 기능, 산물, 본성이 서로 다르다. 첫번째 단계는 화학적 모형들을 찍어내고 두번째 단계는 그것들을 조립한다. 첫번째 단계에서 형성되는 화합물들은 일시적이다. 이 화합물들은 유기물 합성 과정에서 매개물이 되기 때문이다. 두번째 단계는 안정된 산물들을 구축한다. 첫번째 단계는 일련의 상이한 반응들을 통해 작동하며 두번째 단계는 같은 반응을 반복함으로써 작동한다."[12] 그러나 세포 화학 역시 또 다른 층위에 의존하고 있다. 이 세번째 층위에 유전 코드가 있다. 유전 코드 역시 두 유형의 상호 독립적인 분자들 사이를 통과하는 이중 절편

: Flammarion, 1958, pp. 54 sq. 및 Pierre Vendryès, *Vie et probabilité*, Paris : Albin Michel, 1945을 참조할 것. 방드레스는 분절적 관계 및 분절된 체계의 역할을 자세히 분석하고 있다. 단백질의 두 구조적 양상에 대해서는 Jacques Monod, *Le hasard et la nécessité*, Paris : Ed. du Seuil, pp. 105~109[독역본 : *Zufall und Notwendigkeit*, übers. von F. Griese, München, 1983, S. 64ff. 영역본 : *Chance and Necessity*, trans. Austryn Wainhouse, New York : Vintage, 1972, pp. 90~95]를 참조할 것.

11 [중합이란 같은 화합물의 분자 두 개 이상이 결합하여 분자량이 큰 다른 화합물이 되는 것을 뜻한다]

12 François Jacob, *La logique du vivant*, Paris : Gallimard, 1970, pp. 289~290[독역본 : S. 287~288. 영역본 : pp. 269~270].

성 또는 이중 분절과 분리될 수 없다. 한편에는 단백질 단위의 시퀀스가 있고 다른 한편에는 핵산 단위의 시퀀스가 있는데, 여기에는 이항 관계를 갖는 같은 유형의 단위들과 일대일 대응 관계를 갖는 상이한 유형의 단위들이 있는 것이다. 따라서 항상 두 가지 분절, 두 가지 절편성, 두 종류의 다양체가 있으며 그 각각이 형식과 실체를 작동시킨다. 하지만 이 두 가지 분절은 동일한 지층의 내부에서조차 일정한 방식으로 일어나지는 않는다.

청중들은 상당히 기분이 상해서 챌린저 교수의 발표에 많은 오해, 모순, 그리고 남용마저 들어 있다고 규탄했다. 비록 챌린저 교수는 "친구"라고 부르면서 권위자들에 기대려 했지만 말이다. 심지어 도곤 족조차도 권위자라고 했으니……. 사태는 점점 더 나빠져 갔다. 교수는 자기가 남들의 등뒤에서 아이를 만들어냈다고 냉소적으로 우쭐댔다. 하지만 그것은 대개 지진아, 종양, 하찮고 어리석은 통속물에 지나지 않았다. 게다가 교수는 지질학자도 생물학자도 아니었으며 더군다나 언어학자나 민속학자나 정신분석가도 아니었다. 그의 전공이 무엇이었는지는 오래 전에 잊혀졌다. 사실상 챌린저 교수는 이중적이고 두 번 분절된 사람이었는데, 그것이 사태를 용이하게 만든 건 아니었으며, 사람들은 어느 챌린저를 상대하고 있는지 결코 알지 못했다. 그(?)는 하나의 분과를 발명해 냈다고 주장하면서 리좀학, 지층-분석, 분열분석, 유목론, 미시정치, 화행론, 다양체학 등 여러 이름으로 불렀지만 아무도 그 분과의 목표, 방법, 근거를 분명하게 알 수는 없었다. 챌린저의 애제자인 젊은 알래스카 교수는 엄숙한 척 다음과 같이 설명하면서 챌린저 교수를 방어하고자 했다. 즉 어떤 지층에서 하나의 분절이 다른 분절로 이행한다는 것은 어렵지 않게 입증된다. 왜냐하면 유전학과 지질학에서 항상 탈수라는 이행이 일어나니까. 언어학에서조차 "타액 손실"이라고 불리는 현상이 중요하다고 평가되고 있지 않은가. 챌린저는 화가 치밀었다. 그는 자칭 자기 친구라고 하면서 덴마크의 스피노자주의자 지질학자 옐름슬레우를 인용했다. 그는 햄릿의 후예인 음울한 군주였으며 언어에도 몰두하고 있었지만 그건 단지 언어에서 "성층 작용"을 추출해 내기 위한 것일 뿐이었다. 옐름슬레우는 **질료**, **내용**과 **표현**, **형식**과 **실체** 개념으로 온전한 격자판을 구성할 수 있었다. 옐름슬레우에 따르면, 그런 것들이 "지층들"이었다. 이 격자판은 이미 내용-형식의 이원성을 부순다는 이점을 가지고 있었는데, 왜냐하면 표현의 형식뿐 아니라 내용의 형식도 존재하기 때문이다. 옐름슬레우의 적들은 여기에서 기의와 기표라는 이미 신용을 잃어버린 개념들에 다시 세례를 줄 방편만을 보았지만, 그따위 일은 중요한 게 아니었다. 또 옐름슬레우 자신이 뭐라고 했건 간에 그 격자판은 언어학과는 다른 범위, 다른 기원을 갖고 있었다(이중 분절에 대해서도 같은 말을 해야만 한다. 분명 언어가 어떤 특수성을 가지고 있다 해도, 그 특수성은 이중 분절도 아니고 옐름슬레우의 격자판도 아니다. 왜냐하면 이중 분절이나 격자판은 지층이 지닌 일반적 성격이기 때문이다).

질료라고 불리는 것은 고른판 또는 <기관 없는 몸체>이다. 즉 형식을 부여받지 않았고 [유기적으로] 조직화되지 않았으며 지층화되지 않은, 또는 탈지층화된 몸체이다. 또한 그런 몸체 위를 흘러가는 모든 것, 다시 말해 분자나 원자 아래의 입자들, 순수한 강렬함들, 물리학과 생물학의 대상이 되기 이전의 자유로운 독자성들이다. **내용**이라고 불리는 것은 형식을 부여받은 질료이며, 따라서 이제 실체와 형식이라는 두 가지 관점에서 그것을 고려해야 한다. 즉 어떤 특정한 질료가 "선택"되는가라는 문제에서는 실체의 관점에서, 그리고 그것이 어떤 특정한 질서를 가지면서 선택되는가라는 문제에서는 형식의 관점에서 고려되어야만 한다(**내용의 실체**와 **내용의 형식**). **표현**이라고 불리는 것은 기능(=함수)적 구조일 텐데, 이것도 역시 두 가지 관점에서 고려해야 한다. 즉 그러한 구조가 갖는 고유한 형식의 조직화라는 관점에서, 그리고 이에 의해 여러 합성물이 형성되는 한에서는 실체라는 관점에서(표현의 형식과 표현의 실체). 하나의 지층에는 상대적으로 불변한다는 조건 하에 표현 가능한 것의 차원 또는 표현의 차원이 항상 존재한다. 예컨대 핵산의 시퀀스는 유기체의 화합물, 기관, 기능을 결정하는 상대적으로 불변하는 표현과 분리될 수 없다.[13] 표현한다는 것은 언제나 신의 영광을 노래하는 것이다. 모든 지층은 신의 심판이기 때문에 동물과 식물, 서양란과 말벌뿐 아니라 바위나 심지어 강 그리고 지구에서 지층화된 모든 것이 노래를 부르고 자신을 표현한다. 따라서 첫번째 분절은 내용과 관련되어 있고 두번째 분절은 표현과 관련되어 있다는 것을 알 수 있다. 두 분절의 구분은 형식과 실체 사이에서 일어나는 것이 아니라 내용과 표현 사이에서 일어난다. 표현은 내용 못지않게 실체를 갖고 있으며 내용은 표현 못지않게 형식을 갖고 있기 때문이다. 이중 분절이 때로는 분자와 그램분자에 대응하고 때로는 대응하지 않는다면 그것은 내용과 표현이 때로는 그런 식으로 배분되고 때로는 다르게 배분되기 때문이다. 내용과 표현 사이에는 대응 관계도 일치 관계도 없으며 다만 서로 동형성을 전제할 뿐이다. 내용과 표현 사이의 구분은 항상 실재적이지만, 그 구분은 여러 측면에서 이루어진다. 하지만 내용과 표현이라는 두 항이 이중 분절에 앞서 미리 존재한다고 말해서는 안 된다. 바로 이중 분절이 각 지층에서 자신의 노선을 그려둔 도면에 따라 두 항을 분배하고 두 항의 실재적 구분을 구성한다(반면 형식과 실체 사이에는 실재적 구분이 아닌 정신적 구분 또는 양상[=양태]적 구분만

13 François Jacob, "Le modèle linguistique en biologie", *Critique* N° 322(mars 1974), p. 202. "유전 물질은 두 가지 역할을 한다. 한편으로 그것은 다음 세대에 전달되기 위해 재생산(=복제)되어야 하며 다른 한편으로 그것은 유기체의 구조와 기능을 결정하기 위해 표현되어야 한다."

이 존재한다. 실체는 형식을 부여받은 질료에 지나지 않기 때문에 형식 없이는 실체를 지각할 수 없다. 비록 어떤 경우에는 실체 없이 형식을 지각하는 것은 가능할지라도 말이다).

내용과 표현의 구분이 실재적이긴 하지만, 그렇게 구분될 때조차 그것들은 상대적이다("첫번째" 분절과 "두번째" 분절 또한 완전히 상대적이다). 표현은 불변성이라는 측면을 가질 수 있지만 내용 못지않게 변수이기도 하다. 내용과 표현은 성층 작용 함수의 두 변수이다. 내용과 표현은 매 층위마다 달라지지만 서로 옮겨가기도 하고 동일한 지층 안에서도 무한히 다양화되고 나뉜다. 사실상 모든 분절은 이중적이기 때문에, 내용의 분절과 표현의 분절이 따로 있는 것이 아니다. 내용의 분절은 내용 안에서 그것의 상관물인 표현을 구성하기 때문에 그 자체로 이중적이며, 표현의 분절은 표현 안에서 그것의 상관물인 내용을 구성하기 때문에 그 자체로 이중적이다. 이런 이유로 내용과 표현 사이, 표현과 내용 사이에는 매개 상태들, 층위들, 평형 상태들, 교환들이 존재하며 지층화된 체계는 이것들을 통과해 간다. 요컨대 다른 것들과 관련해 표현의 역할을 하는 내용의 형식들과 내용의 실체들이 있고, 또 역으로 다른 것들과 관련해서 내용의 역할을 하는 표현의 형식들과 표현의 실체들이 있다. 따라서 이런 새로운 구분은 각각의 분절에서 형식과 실체를 구분한 결과와 일치하지 않으며, 오히려 각각의 분절이 어떻게 이미 또는 여전히 이중적인지를 보여준다 하겠다. 우리는 이 점을 유기체 지층에서 볼 수 있다. 내용인 단백질은 두 가지 형식을 갖는데, 그 중 한 형식(접힌 섬유)은 다른 형식과 관련해서 함수적으로 표현 노릇을 한다. 마찬가지로 표현인 핵산의 경우, 이중 분절 때문에 몇몇 형식적·실체적 요소들은 다른 요소들과 관련해서 내용 노릇을 한다. 어떤 사슬이 다른 사슬을 복제하면 원래 사슬의 절반치가 다른 사슬의 내용이 된다. 또한 재구성된 사슬 역시도 "메신저"가 나르는 내용이 된다. 하나의 지층에는 도처에 이중 집게, 이중 구속, 가재가 있으며 도처에 모든 방향에 때로는 표현을 가로지르고 때로는 내용을 가로지르는 다양한 이중 분절이 있다. 이런 모든 점에 관해서 옐름슬레우의 경고를 잊지 말아야 한다. "표현의 면(plan)과 내용의 면이라는 항들조차 일상 용법을 따라 선택한 것이며 완전히 자의적이다. 그것들은 함수적인 정의에 그친다. 따라서 한쪽 측면을 **표현**이라고 부르고 다른쪽 측면을 **내용**이라고 부르는 것이 정당할 뿐 그 반대로 부르면 안 된다고 주장하는 것은 불가능하다. 내용과 표현은 서로 연계되어서만 정의될 수 있을 뿐이며, 어느 쪽도 그 이상 정확하게 정의될 수는 없다. 떼어놓고 본다면 내용과 표현은 대립적으로 또는 상관적인 방식으로만 정의될 수 있으며, 그것은 마치 동일한 함수의 서로 대립되는 기능소들과도 같다."[14] 여기서 우리는 실재적 구분, 상호 전제, 일반화된 상대주의라는 모든 자원들을 조합해야만 한다.

우리는 한 지층에서 변화하는 것과 변화하지 않는 것이 무엇인지를 물어보아야 한다. 무엇이 한 지층에 통일성과 다양성을 부여하는가? 질료, 고른판(또는 안고른판[plan d'inconsistance])이라는 순수 질료는 지층들 바깥에 있는데 말이다. 하지만 한 지층 안에서 분자들은 동일하지 않더라도 밑지층에서 차용한 분자적 재료는 동일할 수 있다. 모든 지층에 걸쳐 실체는 동일하지 않더라도 실체의 요소들은 동일할 수 있다. 형식들은 동일하지 않으면서도 형식적 관계들 또는 연결들은 동일할 수 있다. 생화학에서 유기체 지층의 **조성의 통일성**은 재료나 에너지

14 Louis Hjelmslev, *Proléomènes à une théorie du langage*, Ed. de Minuit, p. 85[독역본 : *Prolegomena zu einer Sprachtheorie*, übers. von R. Keller, U. Scharf u. G. Stötzel, München, 1974, S. 62. 영역본 : *Prolegomena to a Theory of Language*, trans. Francis J. Whitfield, Madison : University of Wisconsin Press, 1969, p. 60].

의 층위에서, 실체적 요소나 기(基)[15]의 층위에서, 연결이나 반응의 층위에서 규정된다. 하지만 이것은 동일한 분자도 동일한 실체도 동일한 형식도 아니다. 우리는 조프루아 생-틸레르에게 찬가를 바쳐야 하지 않을까? 조프루아는 이미 19세기에 성층 작용이라는 웅장한 개념을 세울 줄 알았으니. 물질은 계속해서 더 나누어질 수 있어 크기가 작아지는 입자, 공간으로 방사되면서 "자기를 전개하는" 유연한 흐름 또는 유체로 되어 있다고 조프루아는 말한다. 연소는 고른판 위로 이렇게 도망치는 과정 또는 무한히 나누어지는 과정이다. 충전은 지층들로 이루어지며, 연소의 반대 과정이다. 충전 과정을 통해 비슷한 입자들이 모여 원자나 분자가 되고 비슷한 분자들이 모여 더 큰 분자가 되며 가장 큰 분자들이 모여 그램분자적 집합체가 된다. 이는 이중 집게 또는 이중 분절로서의 "유유상종의 인력"이다. 이렇듯 유기체 지층은 특수한 생체 질료를 갖고 있지는 않다. 질료는 모든 지층을 통해 동일하기 때문이다. 하지만 유기체 지층은 특수한 조성의 통일성을 상정하며, 하나의 동일한 <추상적인 동물>을 갖고 있고, 하나의 동일한 추상적인 기계를 갖고 있다. 유기체 지층을 이루는 분자적 재료들은 동일하고, 기관을 해부해 보면 똑같은 요소나 성분들이 발견되며, 접속의 형식도 동일하다. 하지만 조성된 기관들 또는 실체들, 분자들과 마찬가지로 유기체의 형식들도 서로 다르다. 조프루아가 단백질과 핵산의 기(基)보다는 해부학의 대상이 되는 요소들을 실체적 단위로 선택했다는 점은 그다지 중요하지 않다. 어쨌거나 이미 그는 분자들이 놀이한다는 주장을 내세웠던 것이다. 중요한 것은 지층의 통일성과 다양성이라는 원리이다. 즉, 형식들은 일치하지 않으나 동형적이며, 조성된 실체들은 다르나 그 요소들 또는 성분들은 동일하다.

15 [화학 반응에서 다른 화합물로 변화할 때 마치 한 원자처럼 작용하는 원자단]

바로 이 지점에서 퀴비에(Cuvier)와의 대화, 아니 차라리 격렬한 논쟁이 끼어들었다. 마지막 청중을 붙들어 놓기 위해서 챌린저 교수는 죽은 자들이 인형극 식으로 인식론적인 대화를 벌이는 희한한 광경을 상상해냈다. 조프루아는 <괴물들>을 불러오고 퀴비에는 모든 <화석들>을 정연하게 배열하고 바에르(Baer)는 <태아들>이 든 플라스크를 흔들고 비알통(Vialleton)은 <네발동물>의 <띠>를 두르고 페리에(Perrier)는 <입>과 <뇌>의 극적인 싸움을 흉내 내고 있었는데……. **조프루아** : 유기체 지층에서 한 형태가 다른 형태로 옮겨갈 때에는 항상 "접어 넣기(pliage)"를 통해 갈 수 있다는 점이 동형성의 존재를 증명해 줍니다. 아무리 다른 두 형식 사이를 이행할 때에도 마찬가지지요. 예를 들어 척추동물에서 두족류(頭足類)[16]로 가는 경우에는 척추동물의 등뼈 양 끝 부분을 갖다 붙여서 머리를 발쪽으로 가져가고 골반을 목덜미 쪽으로 가져가면 되는 것입니다……. — **퀴비에**(화가 나서) : 틀렸어, 그건 사실이 아냐. 당신은 코끼리에서 말미잘로 이행하지 못해. 내가 해봐서 알아. 환원될 수 없는 축, 유형, 분류학상의 문(門)이 있을 뿐이지. 기관들 간의 유사성과 형태들 간의 유비(=相似性)가 있을 뿐 그 이상은 아냐. 당신은 사기꾼이고 형이상학자야. — **비알통**(퀴비에와 바에르의 제자) : 그리고 접어 넣기가 좋은 결과를 가져온다 해도 누가 그걸 견뎌 낼 수 있겠어요? 조프루아가 해부학적 요소들만을 고려하는 건 우연이 아닙니다. 그 어떤 근육도 그 어떤 인대도 그 어떤 띠도 남아나지 못할 테니까요. **조프루아** : 난 동형성이 있다고 말했지 일치가 있다고 말하지는 않았소. 요는 "발전 또는 완성의 정도"를 끼워 넣고 생각해야 한다는 겁니다. 재료들이 이런 저런 집합물을 구성하게 해주는 정도에 도달하는 것은 지층 내 어디서나 일어나는 일은 아닙니다. 해부학적

16 [낙지, 오징어 따위]

요소들은 분자의 충돌이나 환경의 영향 또는 이웃들의 압력에 의해 이곳 저곳에서 멈추거나 억류될 수도 있기 때문에 동일한 기관을 만들어 내지 않을 수도 있습니다. 그래서 형식적 관계나 연결이 아주 상이한 형식과 배합 속에서 이루어지도록 결정되는 것이지요. 그러나 지층 전반에 걸쳐 실현되고 있는 것은 동일한 <추상적인 동물>입니다. 다만 그 <추상적인 동물>은 정도가 달라지고 양태가 바뀔 뿐이며, 매번 주변의 것들과 환경이 허용하는 만큼 온전한 모습을 유지합니다(여기서 말하는 것은 아직 진화의 문제가 아닙니다. 접어 넣기와 정도는 후손이나 유래를 내포하고 있지 않으며 단지 동일한 추상이 자율적으로 실현되도록 할 뿐이지요). 바로 여기서 조프루아는 <괴물들>을 내놓는다. 인간 괴물들은 특정한 발전 정도에서 멈춘 태아들이며, 그 안에 있는 인간은 비인간적인 형식들과 실체들을 위한 외피에 불과하다. 그렇다, 샴쌍둥이[17]는 갑각류이다. — **바에르**(퀴비에의 지지자이며 다윈과 동시대인인데, 조프루아의 적대자였지만 다윈에 대해서는 유보적이었다) : 그건 사실이 아니오. 당신은 발전의 정도와 형태의 유형을 혼동하면 안 됩니다. 동일한 유형이 여러 정도를 갖기도 하고 동일한 정도가 여러 유형 속에서 발견되기도 합니다. 하지만 정도를 가지고 유형을 만들 수는 없습니다. — **비알통**(바에르의 제자인데, 한술 더 떠서 다윈과 조프루아 두 사람에게 동시에 반대했다) : 더 나아가 태아만이 행하고 견뎌낼 수 있는 것들이 있지요. 태아는 바로 유형 덕분에 그것들을 행하고 견뎌낼 수 있는 것이지 발전의 정도에 따라 한 유형에서 다른 유형으로 옮겨갈 수 있기 때문에 그런 것이 아닙니다. <거북>에게 찬미를 보냅시다. 거북의 목은 몇몇 원시 척추동물의 변동(glissement)을 요구했고 거북의 앞다리는 새의 앞다리와 비교할 때 180도의 변동을 요구했습니다. 당

17 [기형적으로 몸의 일부가 붙어서 태어난 일란성 쌍둥이]

신은 배 발생에서 계통 발생을 이끌어낼 수 없습니다. 접어 넣기는 한 유형에서 다른 유형으로 이행하는 것을 허용하지 않지요. 반대로 접힘(=습곡)의 형태들의 환원 불가능성을 증명해주는 것이 바로 유형들인 것입니다……(이렇게 비알통은 동일한 주장을 하기 위해 서로 결합된 두 종류의 논증을 편다. 한편으로는 어떤 동물도 제 실체의 도움을 받아서는 행할 수 없는 것들이 있다고 말하고 또 한편으로는 배아만이 제 형태의 도움을 받아서 행할 수 있는 것들이 있다고 말하면서. 그것은 두 개의 강력한 논증이다[18]).

우리는 어디에 있는지 알 수 없게 되었다. 이 재기 어린 임기응변식 문답 속에는 그토록 많은 것들이 걸려 있었다. 그토록 많은 구분들이 끊임없이 증식하고 있었다. 그토록 많은 계산 규칙이 있었다. 왜냐하면 인식론은 결백한 것이 아니기 때문이다. 섬세하고 매우 온순한 조프루아와 진지하고 격렬한 퀴비에는 나폴레옹 주위에서 전투를 벌인다. 퀴비에는 완고한 전문가였던 반면 조프루아는 항상 전문 분야를 바꿀 준비가 되어 있는 사람이었다. 퀴비에는 조프루아를 증오했으며, 조프루아의 가벼운 공식들과 유머(그래 <암탉>은 이빨을 갖고 있어, <가재>는 뼈에 피부가 있어 등등)를 견뎌낼 수가 없었다. 퀴비에는 <권력>과 <땅>을 가진 사람이었고, 그것을 조프루아에게 느끼게 하려고 했다. 반면 조프루아는 이미 빠른 속도로 움직이는 유목민적 인간을 예고하고 있었다. 퀴비에는 유클리드 공간에서 숙고했지만 조프루아는 위상학적으

18 다음 책들을 참조할 것. Geoffroy Saint-Hilaire, *Principes de philosophie zoologique*, Paris : Picton et Didier, 1830에서는 퀴비에와의 논쟁의 발췌가 인용되어 있다. *Notions synntétiques, histotiques et physiologiques de philosophie naturelle*, Paris : Denain, 1838에서 조프루아는 연소, 충전, 인력에 대한 분자적 개념을 설명한다. Karl Ernest Baer, *Über Entwicklungsgeschichte der Thiere*, Königsberg : Beiden Gehrüdern Bornträger, 1828~88 및 “Biographie de Cuvier”(Annales des sciences naturelles, 1908). Vialleton, *Membres et ceintures des vertébrés tétrapodes*, Paris : Doin, 1924.

로 사유했다. 오늘날 대뇌 피질의 습곡과 그것의 역설들을 떠올려 보자. 지층들은 위상학적이다. 그리고 조프루아는 접어 넣기의 명수요 위대한 예술가였다. 그래서 그는 이미 비정상적인 소통을 하는 어떤 동물 리좀의 전조를, 즉 <괴물들>을 갖고 있었다. 반면 퀴비에는 불연속적인 사진들과 화석 사본의 견지에서 반응했다. 하지만 우리는 이제 어디에 있는지 알 수 없게 되었다. 왜냐하면 구분들이 모든 방향으로 불어나고 있기 때문이다.

우리는 아직 다윈, 진화론, 신(新)진화론을 고려조차 하지 않았다. 하지만 바로 여기서 결정적인 현상이 생겨났다. 우리의 인형극 극장은 점점 더 뭉게뭉게 피어났다. 다시 말해 집단적·미분적이 되었다. 우리는 한 지층 위에서 나타나는 다양성을 설명하기 위해 불확실한 관계들을 맺고 있는 두 요인들, 즉 발전 또는 완성의 정도와 형태의 유형을 원용했는데, 이제 그것들은 깊은 변형을 겪고 있었다. 이중의 경향을 따라, 형태의 유형은 점점 더 개체군, 무리, 군체(群體), 집단성 또는 다양체로부터 고려되어야만 하고, 발전의 정도는 속도, 율(率), 계수, 미분적 관계의 견지에서 고려되어야만 한다. 이중적인 깊어짐. 이것은 다윈주의의 근본적인 성과물이며, 지층 위에서 환경과 개체의 새로운 짝짓기가 이루어질 수 있음을 함축한다.[19] 한편 어떤 환경 가운데 원소

19 이 오랜 역사 속에서 페리에에게 비록 결정적인 자리는 아니지만 따로 한 자리를 내줄 수 있다. 그는 조성의 통일성이라는 문제로 돌아가서 다윈과 특히 라마르크(Lamarck)의 도움으로 조프루아의 업적을 갱신했다. 사실 페리에의 모든 작업은 두 개의 주제를 향해 있다. 동물 군체 또는 동물 다양체가 그 하나이고 다른 하나는 이단적인 정도와 이단적인 접어 넣기("급속 발생")를 속도를 통해 설명해야 한다는 것이다. 예를 들어 척추동물의 뇌는 어떻게 <환형동물>의 입을 대신할 수 있는가 하는 "입과 뇌의 싸움" 문제. *Les colonies aninales et la formation des organismes*, Paris : G. Masson, 1881 및 "L'origine des embranchements du règne animal"(in *Scientia*, mai-juin, 1918)를 참조할 것. 페리에는 *Philosophie zoologique avant Darwin*, Paris : Alcan, 1884를 썼는데, 거기에는 조프루아와 퀴비에에 대한 멋진 장들이 있다.

적인 개체군 심지어는 분자적인 개체군을 상정해보자. 이때 형태들은 이 개체군에 앞서 존재하지 않는다. 그것들은 오히려 통계학적 결과물이다. 개체군이 더 다양한 형태를 취할수록, 다양한 개체군이 다른 본성을 가진 여러 다양체들로 더 나누어질수록, 개체군의 요소들이 상이한 형식을 부여받은 합성물들이나 질료들 안으로 더 들어갈수록, 개체군은 환경 안에서 더 잘 분배되고 환경을 더 많이 분할한다. 이런 의미에서 배 발생과 계통 발생의 관계는 역전된다. 태아는 더 이상 닫힌 환경 속에 절대적 형태가 미리 갖추어져 있음을 증명하지 않는다. 반대로 열린 환경에서는 어떤 형태도 미리 갖추어져 있지 않기 때문에, 개체군의 계통 발생이 상대적으로 자유롭게 형태를 이용한다. 배 발생의 경우에는 "발전 도상에 있는 것이 비둘기이건 늑대이건 간에, 우리는 그것의 부모를 가리키면서 그리고 과정의 끝을 예견하면서 말할 수 있다. …… 그러나 여기서는 푯말 자체가 움직이고 있다. 고정된 점들은 언어상의 편리함 때문에 있는 것뿐이다. 우주적 진화의 규모에서는 이렇게 눈금을 찍어가기란 불가능하다. …… 땅 위에서 생명은 그 경계가 종종 유동적이고 구멍도 뚫려 있으며, 상대적으로 독립적인 동물상과 식물상의 합으로 나타난다. 지리학의 영역이 받아들일 수 있는 것은 일종의 카오스, 아니 더 좋게 말하면 생태학적 질서의 외부적 조화, 개체군 사이의 일시적 평형뿐이다."[20]

다른 한편, 같은 시간 같은 조건하에서 정도는 미리 존재하는 발전이나 완성의 정도가 아니라 오히려 상대적이고 전반적인 평형을 가리킨다. 정도라는 개념이 유효한 것은 그것이 환경 속에서 특정한 요소들과 특정한 다양체에 이득을 줄 때, 환경 안에서 그러한 변주가 일어

20 Canguilhem et collab. "Du développement à l'évolution au XIXe siècle", in *Thalès*, 1960, p. 34. [동물/식물상(相) 또는 동물/식물군(群)은 어떤 지역이나 환경에 분포하는 동물/식물의 모든 종류를 가리킨다]

날 때이다. 이런 의미에서 정도는 더 이상 성장하는 완성, 부분들의 분화나 복합(=복잡화)에서 측정되는 것이 아니라 선별 압력, 촉매 작용, 번식 속도, 증가율, 진화율, 돌연변이율 등과 같은 미분적인 관계와 계수에서 측정된다. 따라서 상대적인 진보가 일어난다면 그것은 복합보다는 양과 형식을 단순함으로써, 성분과 종합의 습득에 의해서보다는 그것들의 상실에 의해 일어날 수 있다(중요한 것은 속도이며, 속도는 미분적 차이[différentielle]이다). 어떤 것이 만들어지고 형태를 가지려면 개체군이 있어야 하고, 진보가 일어나고 속도를 얻으려면 뭔가를 잃어버려야 한다. 다윈주의의 두 가지 근본적인 성과를 가지고 우리는 다양체의 과학을 향해 나아간다. 즉 유형을 개체군으로 대체하고, 정도를 미분율 또는 미분적 관계로 대체하는 것.[21] 그것은 유목민의 성과이다. 개체군의 유동적 경계 또는 다양체들의 변주, 미분적 계수 또는 관계들의 변주가 여기 있다. 현대의 생화학 또는 모노가 말하듯 "분자적 다윈주의"는 전반적이고 통계적인 한 개체의 층위에서, 하나의 단순한 표본의 층위에서, 분자적 개체군과 미생물학적 비율의 결정적 중요성을 확언하고 있다(예컨대 사슬 속에 있는 무수한 시퀀스 및 이 시퀀스 속에 있는 절편 하나의 우연한 변이).

챌린저는 단언했다. 나는 지금 삼천포로 빠졌지만 무엇이 여담이고 무엇이 본론인지 나도 알 수 없소. 이제 문제는 동일한 지층, 즉 유기체 지층의 통일성과 다양성에 관해 몇 가지 결론을 끌어내는 것이었다.

우선 하나의 지층은 분자적 재료들, 실체적 요소들, 형식적 관계들이나 형식적 특질들 등 조성의 통일성을 갖고 있다. 이로써 그 지층은 하나의 지층이라고 얘기할 수 있다. 재료는 고른판의 형식화되지 않은

21 George Gaylord Simpson, *L'évolution et sa signification*, Payot[영어 원본 : *The Meaning of Evolution*, New Haven, Conn. : Yale University Press, 1950].

질료가 아니라 이미 지층화되어 있으며 "밑지층들"로부터 온 것이다. 그렇지만 물론 밑지층을 단순한 기층(基層)으로 봐서는 안 된다.[22] 특히 밑지층의 조직이 [지층보다] 덜 복잡하고 열등한 것도 아니니 모든 우스꽝스런 우주적 진화론을 경계해야 한다. 밑지층에서 공급받은 재료는 분명 지층 내의 합성물보다 단순하다. 그러나 밑지층에서 그 합성물이 속해 있던 조직의 층위는 지층 그 자체의 조직의 층위보다 열등한 것은 아니다. 재료들과 실체적 요소들의 차이라면 그것들이 서로 다른 방식으로 조직된다는 것, 조직 자체도 변화한다는 것이지 덜 조직되고 더 조직된다는 차이가 아니다. 공급된 재료는 해당 지층의 요소와 합성물의 **외부 환경**을 이루고 있다. 하지만 그 재료는 지층에 대해 외부적이지 않다. 모든 요소와 합성물이 지층의 내부를 이루듯이 재료는 지층의 외부를 이루고 있으며, 양자 모두는 지층에 속해 있다. 후자는 공급되고 채취된 재료로서, 그리고 전자는 재료와 더불어 형식화된 것으로서. 나아가 이 외부와 내부는 상대적이다. 이 둘은 상호 교환에 의해서만, 따라서 서로를 관계 맺어주는 지층을 통해서만 존재할 수 있다. 예컨대 결정체(結晶體) 지층을 보자. 결정체가 만들어지기 직전까지도 부정형의 환경(=매질)은 씨앗(=결정핵)의 외부에 있다. 하지만 결정체는 부정형의 재료 덩어리를 내부로 끌어들여 일체화하지 않으면 만들어지지 않는다. 역으로 결정체 씨앗의 내부는 시스템의 외부성으로 옮겨가야 한다. 이 시스템 속에서 부정형의 환경이 결정화될 수 있는 것이다(다른 조직을 취하려는 특성). 그야말로 결정핵 자체가 바깥에서 온다고까지 말할 수 있다. 한마디로 외부와 내부는 똑같이 지층에 내재해 있는 것이다. 유기체 지층에 대해서도 같은 얘기를 할 수 있다.

22 [이 문장에서 쓰인 '기층(基層)'이라는 말의 원어는 substrat이며, 철학사에서는 '기체(基體)'라고 번역되어 왔다. 전통 형이상학에서 변화 전후에 변화하지 않고 남아 있는 것, 아래 놓인 것을 가리키는 말로 쓰였다]

즉 밑지층에서 공급받은 재료는 이른바 전(前)생명 상태의 수프를 이루고 있는 외부 환경이고, 촉매는 씨앗의 역할을 맡아 여러 요소들과 내부의 실체적 합성물들을 형성한다. 이 요소들과 합성물들은 원시 수프 속에서 재료들을 자기 것으로 삼기도 하고, 자신을 스스로 복제하여 외부가 되기도 한다. 여기서도 여전히 내부와 외부는 유기체 지층의 내부에 있으면서 서로를 교환하고 있다. 그 둘 사이에 경계, 막(膜)이 있다. 이 막이 여러 교환 작용들, 조직의 변형, 지층 내부에 무엇이 어떻게 분포될 것인가를 조절하며, 지층 위에서 일어나는 여러 형식적 관계들이나 특질들 전체를 규정하는 것이다(설령 이 경계가 각 지층에 따라 아주 다양한 상황에 처하고 다양한 구실을 한다 해도 말이다. 예컨대 결정체의 경계와 세포의 막을 보라). 따라서 외부의 분자적 재료들, 내부의 실체적 요소들, 형식적 관계를 나르는 경계 또는 막 등 조성의 통일성을 이루는 이들 집합을 어떤 지층의 중심층, 중심 고리라고 부를 수 있다. 지층 안에 감싸여 있으며 지층의 통일성을 구성하는 하나의 동일한 추상적인 기계가 있는 것이다. 그것은 고른판의 <평면태(Planomène)>와 반대되는 <통합태(l'Oecumène)>이다.

하지만 지층의 통일적 중심층을 따로 떼어낼 수 있다거나 지층 자체가 퇴행함으로써 이 중심층에 도달할 수 있다고 믿는 것은 잘못이다. 우선, 지층은 애당초 필연적으로 층에서 층으로 나아갔다. 그것은 이미 여러 층을 갖추고 있었다. 그것은 중심에서 주변으로 나아갔는데, 그와 동시에 주변은 중심에 반작용을 일으켜 이미 새로운 주변을 위해 새로운 중심을 형성하고 있었다. 흐름들은 끊임없이 사방으로 퍼져나가고 또 되돌아오고 있었다. 매개 상태들의 돌출과 증가가 있었고, 이 과정은 중심 고리가 원래 갖고 있던 국지적인 조건들의 일부이다(집중의 차이들, 동일성의 문턱 이하 허용범위 내에 있는 변주들). 이 매개 상태들은 환경이나 재료의 새로운 모습들뿐 아니라 요소나 합성물의 새로운 모습들도 나타내고 있었다. 사실상 이것들은 외부 환경과 내부 요소 사이를, 실체적 요소들과 그 합성물들 사이를, 합성물들과 실체들 사이를, 그리고 형식화된 여러 실체들(내용의 실체들과 표현의 실체들) 사이를 매개하고 있었다. 이 매개물들과 중첩들, 이 돌출들, 이 층위들을 **겉지층**(épistrates)이라고 부르도록 하자. 앞에서 살펴본 두 가지 예에서, 결정체 지층은 외부 환경 즉 재료와 내부의 씨앗 사이에 수많은 매개물들을 갖고 있다. 즉 완전히 불연속적인 준(準)안정성의 상태들의 다양체들을 갖고 있는 것이다. 이 다양체들은 자기 수만큼 많은 위계적 정도들을 구성해낸다. 유기체 지층은 이른바 내부 환경과 더 이상 분리될 수 없다. 사실상 내부 환경은 외부 재료들과 관계를 맺고 있는 내부 요소들이자 동시에 내부 실체들과 관련을 맺고 있는 외부 요소들이기도 하다.[23] 그리고 잘 알고 있듯이 유기체의 내부 환경이 한 유기체의 부분들의 복잡성과 분화의 정도들을 조절한다. 따라서 조성의 통일성에 따라 이루어진 하나의 지층은 자신의 연속성을 부수고 고리를 잘라 단계화하는 자신의 실체적 겉지층 안에서만 존재한다. 중심 고리는 주변과 따로 떨어져 있지 않다. 주변은 새로운 중심을 형성하고, 원래의 중심 위에서 반응하다가는 불연속적 겉지층으로 옮겨간다.

하지만 이게 전부는 아니다. 내부와 외부 사이에 이렇듯 새로운 상대성 또는 이차적인 상대성이 있었을 뿐 아니라 동시에 막이나 경계의 층위에도 새로운 이야기가 많이 있었다. 사실상 요소들이나 합성물들이 재료들을 병합하고 자기 것으로 만드는 한, 이에 대응하는 유기체들은 "더 낯설고 불편한" 여러 재료들과 관계를 맺어야만 했다. 유기체는 이러한 재료들을 아직 손이 닿은 적 없는 덩어리나 다른 유기체로부터 빌려오는 것이다. 여기서 환경은 세번째 모습을 갖추게 된다. 아무

23 결정체와 유기체의 사례에서 내부와 외부에 관해, 또 경계와 막의 역할에 관해서는 Gilbert Simondon, *L'individu et sa genèse physico-biologique*, P.U.F., pp. 107~114, 259~264.

리 상대적인 것일지라도 그것은 이미 내부 환경도 외부 환경도 아니고 매개적 환경도 아니다. 그것은 차라리 **연합된 환경 또는 합병된 환경**(milieu associé ou annexé)이라고 해야만 할 것이다. 연합된 환경은 우선 영양 재료 자체 말고 다른 에너지원을 갖고 있었다. 그러한 에너지원을 획득하지 못했다면, 유기체는 영양을 취하기는 하지만 숨을 쉬지는 못한다고 할 수 있다. 이 유기체는 차라리 호흡 곤란 상태에 머물게 되는 것이다.[24] 한편 유기체가 에너지원을 획득하면 재료들은 요소와 합성물로 변형되고 증가할 수 있다. 이렇듯 연합된 환경은 다음에 의해 정의된다. 에너지원을 포획할 수 있는가(가장 일반적인 의미의 호흡), 재료를 식별할 수 있는가, 즉 재료가 있는지 없는지를 파악할 수 있는가(지각), 또한 재료에 대응하는 요소나 복합물을 제조할 수 있는가 없는가(반응, 반작용). 여기서 여러 분자적 지각이나 반응들이 있다는 것을 보여주는 것은 바로 세포의 경제 그리고 조절 인자들의 특성이다. 이 특성은 아주 변화무쌍한 외부 환경에서 오직 한 두 종류의 화학 물질만을 배타적으로 "인지"하는 능력이다. 나아가 연합된 환경 또는 합병된 환경이라는 생각을 밀고 나가면 그 결과 동물계에까지 이른다. 윅스퀼(Uexküll)이 묘사한 것과 같은, 에너지와 지각과 행동이라는 특성을 지닌 동물계에까지. <진드기>의 저 잊을 수 없는 연합된 세계, 그것은 낙하 중력의 에너지, 땀 냄새를 맡을 수 있는 지각 능력, 작은 구멍을 팔 수 있는 행동력에 의해 정의된다. 진드기는 나무의 높은 곳으로 올라가 나무 밑을 지나가는 포유동물 위로 떨어지며, 냄새를 맡고서 피부의 움푹한 부분으로 파고 들어간다(세 개의 요소로 형성된 연합된 세계, 이게 전부다). 지각과 행동의 특성들 그 자체는 이중-집게, 이중 분절

24 J. H. Rush, *L'origine de la vie*, Payot, p. 158[영어 원본 : *The Dawn of Life*, Garden City, N. Y. : Hanover House, 1957, p. 165]. "어떤 의미에서, 원시 유기체는 호흡 곤란 상태 속에서 살아 있다. 생명은 탄생했지만, 그것은 숨을 쉬기 시작하지는 않았다."

과 같다.[25)]

그런데 연합된 환경은 유기체의 형태(=형식)와 밀접한 관계에 있다. 유기체의 형태는 단순한 구조가 아니라 연합된 환경이 구조화, 구성된 것이다. 예를 들어 거미줄 같은 동물 환경은 유기체의 형태 못지않게 "형태 발생적"이다. 형태를 결정하는 것이 환경이라고 단언할 수는 없다. 문제를 분명하게 하자면 오히려 결정적인 것은 형태와 환경의 관계다. 자율적 코드에 의존하는 한 형태가 갖추어지려면 연합된 환경이 필요하다. 이런 환경은 코드 자체의 요구에 맞춰 에너지, 지각, 행동의 특성들을 복잡한 방식으로 얽어 맞춘다. 그리고 형태가 발전하려면 실체들의 여러 속도와 비율을 조절하는 매개적 환경이 있어야만 한다. 형태는 연합된 환경들 간의 비교 우위성과 매개적 환경들의 미분적 관계를 측정하는 외부성이라는 환경 속에서만 검증될 수 있다. 여러 환경은 선별을 통해 항상 전 유기체에 작용하고, 유기체의 형태들은 환경이 간접적으로 승인해주는 코드들에 의존하고 있다. 연합된 환경들은 동일한 외부 환경을 상이한 형태로 나눠 갖는다. 매개적 환경도 동일한 외부 환경을 나눠 갖는데, 형태는 같되 비율이나 정도는 달리 하여 나눠 갖는다. 하지만 이러한 나눠 가짐이 똑같은 방식으로 행해지는 것은 아니다. 지층의 중심띠와 관련해서 매개 환경들이나 매개 상태들은 서로 "곁지층"을 이루고, 새로운 주변들에 대해 새로운 중심들을 형성한다. 이 또 다른 방식, 즉 중심띠가 파편화되는 방식, 이쪽저쪽 지엽말단까지 환원불가능한 형식들 및 그 형식들에 연합된 환경으로 부서져나가는 이 방식을 "곁지층(parastrates)"이라고 부르도록 하자. 바로 이 중심띠에 고유한 경계나 막의 층위에 오면, 지층 전체에 걸쳐 공통되는 형식적 관계들이나 특질들은 필연적으로 곁지층들에 맞추어

25 Jacob Johann von Uexküll, *Mondes animaux et monde humain*, Paris : Gonthier, 1965[독어 원본 : *Streifzüge durch die Umwelten von Tieren und Menschen*, Berlin, 1934].

전혀 상이한 형식들이나 형식들의 유형들을 지니게 된다. 어떤 지층이건 그 자체는 겉지층들과 곁지층들 속에서만 존재하므로, 겉지층과 곁지층도 결국 지층으로 보아야 한다. 지층의 관념적으로 연속적인 띠나 고리, 즉 <통합태>는 분자적 재료들, 실체적 요소들 및 형식적 관계들의 동일성에 의해 정의되면서도, 겉지층들과 곁지층들로 부서지고 파편화되는 것으로서만 존재한다. 겉지층들과 곁지층들은 각각 지표들(indices)이 달린 구체적인 기계들을 갖고 있고, 상이한 분자들, 특수한 실체들, 환원 불가능한 형식들을 구성하는 것이다.[26)]

우리는 [다윈주의의] 두 근본적인 성취로 되돌아갈 수 있게 되었다. 곁지층들 안에서 형식들과 형식들의 유형들은 왜 개체군과의 관계 속에서 이해되어야 하는가? 또한 겉지층들 위에서 발전의 정도들은 왜 미분적 비율들, 미분적 관계들로 이해되어야 하는가? 무엇보다도 곁지층들은 형식들이 의존하고 있고 필연적으로 개체군에 적용되는 코드들 그 자체를 감싸고 있기 때문이다. 코드가 만들어지기 위해서는 애초에 모든 분자적 개체군이 필요했다. 또한 코드의 결과들이나 코드 안에서 변화의 결과들은 어느 정도 그램분자적인 개체군의 층위에서 평가되었다. 코드가 환경 속으로 퍼져나가 수 있는 자질 또는 변화의 결과들이 보급될 새로운 연합된 환경을 창조할 수 있는 자질에 따라서 말이다. 그렇다, 항상 무리와 다양체의 견지에서 생각해야만 한다. 만약 하나의 코드가 인정되거나 인정되지 않는다면, 이는 코드화된 개체가 인정되거나 인정되지 않는 개체군, 즉 "시험관, 물이 든 플라스크, 또는 포유동물의 장(腸)"에 속하기 때문이다. 하지만 결과적으로 새로운 형식들

26 Pia Laviosa-Zambotti, *Les origines et la diffusion de la civilisation*, Payot[이탈리아어 원본 : *Origini e diffusione della civilità*, Milan : C. Marzorati, 1947]를 참조할 것. 그녀는 **지층**, **밑지층**, **곁지층**(비록 그녀는 이 마지막 개념은 정의하지 않고 있지만)이라는 개념을 채용하고 있다.

과 새로운 연합된 환경을 낳게 되는 코드의 변화, 코드의 수정, 곁지층의 변주란 무엇인가? 물론 변화 그 자체가 미리 갖추어진 형식들 간의 이행으로부터, 다시 말해 한 코드에서 다른 코드로의 번역으로부터 나오지 않는다는 점은 명백하다. 문제가 그런 식으로 제기되는 한 그것은 풀 수 없는 문제다. 또 그런 한 우리는 퀴비에와 바에르처럼 얘기해야만 한다. 이미 갖추어진 형식들의 유형들은 환원 불가능하기 때문에 그 어떤 번역이나 변형도 허용하지 않는다고. 하지만 하나의 코드가 그것에 내재하는 탈코드화 과정과 분리될 수 없다는 점을 깨닫는다면 문제는 완전히 다르게 제기된다. "유전적 표류"[27] 없는 유전학은 존재하지 않는다. 현대의 돌연변이 이론은 다음을 증명했다. 어떻게 하나의 코드, 필연적으로 하나의 개체군과 관련되어 있는 코드가 본질적으로 탈코드화의 여백을 담고 있는가를. 모든 코드는 자유롭게 변이될 수 있는 덤(supplément)을 갖고 있다. 게다가 하나의 절편은 두 번 복사될 수 있어서 두번째 사본이 자유롭게 변이한다. 한 술 더 떠 바이러스가 매개하든 아니면 다른 절차에 의하든 <인간>과 <생쥐>, <원숭이>와 <고양이> 같이 서로 다른 종의 한 세포에서 다른 세포로 코드의 파편들이 옮겨가기도 한다. 여기서는 한 코드를 다른 코드로 번역해봤자 아무 쓸모도 없고(바이러스는 번역자가 아니다) 오히려 우리가 유전자의 잉여-가치, 측면 소통이라고 부르는 특이한 현상이 더 큰 역할을 한다.[28] 이에 관해서는 다시 말할 기회가 있을 것이다. 이것은 모든 동물-되기에 본질적인 것이니까. 하지만 이미 덤들과 잉여-가치들, 다시 말해 하나의 다양체의 질서 안에 있는 덤과 하나의 리좀의 질서 안에

27 [세대를 되풀이하는 과정에서 일어나는 집단 내의 유전자 빈도의 변동]

28 François Jacob, *La logique du vivant*, pp. 311～312, 332～333[영역본 : pp. 290～292, 310～312. 독역본 : S. 309～310, 330～331] 및 레미 쇼뱅(Rémy Chauvin)이 "비평행적 진화"라고 부르는 것.

있는 잉여-가치들이 있기에, 그 어떤 코드이건 탈코드화의 여백에 의해 변화된다. 겉지층들 안에 있는 형식들과 겉지층들 그 자체는 지층들 위에서 꼼짝 못하게 굳어져 있기는커녕 기계처럼 맞물려 있다. 그것들은 개체군들과 결부되어 있으며, 개체군들은 코드들을 내포하고 있고, 코드들은 자신과 관련된 탈코드화 현상들을 애초부터 포함하고 있다. 이 현상들은 상대적이고 항상 "옆에" 있는 그만큼 더더욱 이용하기도 좋고 합성하기도 편하고 첨가하기도 쉽다.

형식이 코드와 결부되어 있고 겉지층들 안의 코드화 과정 및 탈코드화 과정과 결부되어 있다면, 형식을 부여받은 질료인 실체는 영토성과 결부되어 있고 겉지층들 위에서의 탈영토화 운동 및 재영토화 운동과 결부되어 있다. 옛 중심으로 다시 떨어졌다가 새로운 중심으로 뛰어오르는 유목민적 파동들 또는 탈영토화의 흐름들이 중심 층에서 주변으로, 그 다음엔 새로운 중심에서 새로운 주변으로 이동한다.[29] 겉지층들은 탈영토화가 점점 더 확산되는 방향으로 조직화된다. 물리적 입자들과 화학적 실체들은 자기 지층 위에서 그리고 [다른] 지층들을 관통하면서 탈영토화의 문턱들을 가로지른다. 이 문턱들은 다소 안정적인 매개 상태들, 원자가들, 다소 일시적인 존재들, 이런저런 다른 몸체로의 관여들(engagement), 근방[30]의 밀도들, 다소간 자리를 정할 수 있는 연결들에 대응한다. 물리적 입자들은 탈영토화 속도들에 의해 특성을 부여받는다. "수프"라는 근본 관념을 떠오르게 하는 조이스 풍의 타키온, 입자-구멍, 쿼크를 보라. 뿐만 아니라 황이나 탄소 같은 화학

29 P. Laviosa-Zambotti, 앞의 책을 참조할 것. 중심에서 주변으로 가는 파동과 흐름, 그리고 유목, 이주(유목민적 흐름)라는 개념들을 볼 것.

30 [X의 각 점 x에 대하여 다음과 같은 X의 부분집합족(部分集合族) T가 대응할 때 T를 점 x의 근방계(近傍系)라 하고, T에 속하는 U를 x의 근방이라 한다. 1) $U \in T$이면 $x \in U$ 2) $U_1, U_2 \in T$이면 $U_1 \cap U_2 \in T$ 3) $U \in T$, $U \subset V$이면 $V \in T$ 4) $U \in T$이면, $W \subset U$인 $W \in T$에서 각 점 $y \in W$에 대하여 $U \in T$인 것이 있다]

적 실체조차 다소간 탈영토화된 상태들을 갖는다. 자기 고유의 지층 위에서 하나의 유기체는 탈영토화된다. 자신의 자율성을 보장해주면서 동시에 자신을 외부와의 우연적 관계들의 집합 속에 내어 놓는 내부 환경을 더 많이 포함하면 할수록 더욱더 탈영토화된다. 바로 이런 의미에서 발전의 정도들은 상대적으로만, 그리고 속도들, 관계들, 미분적 비율들의 견지에서만 이해될 수 있다. 우리는 탈영토화를 하나의 완전히 긍정적인 역량으로 생각해야만 한다. 탈영토화는 자신의 정도들과 문턱들(곁지층들)을 소유하고 있으며, 항상 상대적이고, 하나의 이면을 갖고 있으며, 재영토화 안에 하나의 보완성을 갖고 있다. 외부와의 관계에 의해 탈영토화된 하나의 유기체는 자신의 내부 환경 위에서 반드시 재영토화된다. 배의 일부로 추정되는 단편 조각은 문턱이나 구배(句配)가 바뀌면서 탈영토화되지만, 다시 새로운 주위(entourage)로부터 새로운 임무를 받아들인다.[31] 국지적 운동은 변질이다. 가령 세포 이동, 신장(伸長), 함입, 주름 등이 그것이다. 모든 여행은 강렬하기에, 여행은 자신이 진화하는 장소이자 자신이 건너가는 장소인 강렬함의 문턱에서 치러지기에. 사람들은 강렬함을 통해서 여행한다. 그리고 자리를 옮겨 가며 보게 되는 한 공간의 다른 모습들은 유목민적 탈영토화의 강렬한 문턱들, 미분적 관계들에 따라 달라지는 것이다. 이 문턱들과 관계들은 한편으로 보충적이고 정주민적인 재영토화를 규정하기도 하지만 말이다. 각각의 지층은 다음과 같이 진행된다. 즉 지층은 자신의 집게들로 강렬함과 강렬한 입자들의 최대치를 파악하고, 거기에서 자신의 형식들과 실체들을 펼치고, 결정된 공명의 구배들과 문턱들을 구성한다(하나의 지층 위에서 탈영토화는 언제나 보충적 재영토화와 관련해서 결정된

31 [구배와 문턱은 점진적으로 일어나는 변화(가령 농도 변화)를 가리키는데, 이 때 변화가 연속적인 경우 구배라고 하며 불연속적인 경우 문턱이라고 한다. 문턱은 꼭 객관적인 불연속만을 뜻하지는 않으며, 우리가 임의로 문턱을 지을 수도 있다]

다).[32]

미리 설정된 형식들과 미리 결정된 정도들을 비교하는 한, 우리는 그것들의 환원 불가능성을 단순히 확인하는 데 머물 수밖에 없으며 그 두 요소들 사이에 어떤 소통이 가능한지 판단할 그 어떤 수단도 갖지 못한다. 그러나 실은 형식들은 겉지층들 안의 코드들에 의존하고 있으며 탈코드화 과정이나 표류 과정에 빠져 있다. 그리고 정도들 그 자체는 탈영토화와 재영토화의 강렬한 운동들 안에서 포착된다. 코드와 영토성, 탈코드화와 탈영토화는 단순한 대응 관계가 아니다. 코드가 탈영토화일 수도 있고, 재영토화가 탈코드화일 수도 있다. 코드와 영토성 사이에는 커다란 간극이 있다. 하지만 그 두 요소는 하나의 지층 안에 동일한 "주체"를 갖고 있다. 탈영토화되고 재영토화되는 것, 또한 코드화되고 탈코드화되는 것, 그것은 개체군들이다. 그리고 이 요소들은 환경 안에서 소통하고 서로 얽힌다.

한편으로 코드는 외부 환경 속에 있는 우연한 원인 때문에 변경되는데, 코드 변경이 내부 환경에 어떤 결과를 미치는지, 변경된 코드와 내부 환경이 양립 가능한지를 보면 코드 변경이 널리 받아들여지는지를 알 수 있다. 탈영토화와 재영토화는 코드 변경들을 결정하는 것이 아니라 어떤 코드 변경들이 살아남을지를 엄밀하게 결정한다. 다른 한편 모든 코드 변경은 자신의 연합된 환경을 갖는데, 이 연합된 환경은 외부 환경과 관련해서는 특정한 탈영토화를 낳고 내부 환경이나 매개적 환경 위에서는 특정한 재영토화를 낳는다. 연합된 환경 안에서 지각작용들과 행동들은 영토 기호들(지표들)을 건립하거나 생산한다. 분자적 층위에서조차 말이다. 더구나 동물 세계는 기호들에 의해 구성되고 경계가 세워진다. 즉 연합된 환경을 지대들(보호 지대, 사냥 지대, 중

32 서로 크기가 다른 질서들 간의 공명 현상에 관해서는 Simondon, 앞의 책, pp. 16~20, 124~131 등 여러 곳을 참조할 것.

립 지대 등)로 나누고, 특수한 기관들을 동원하고, 코드의 파편들 — 코드에 내재하는 탈코드화의 여백에 포함되어 있는 — 과 대응되는 그런 기호들에 의해. 학습 영역조차 코드에 의해 예약되거나 규정된다. 하지만 지표들 또는 영토 기호들은 이중의 운동과 분리될 수 없다. 연합된 환경은 외부 환경과 항상 마주하고 있고 동물은 외부 환경에 뛰어들 때마다 필연적으로 위험에 빠진다. 그러니 위험이 나타날 때 동물이 자신의 연합된 환경을 다시 얻을 수 있도록 하나의 도주선을 남겨두어야만 한다(예컨대 투우장에서 황소의 도주선 — 이를 통해 황소는 그가 선택한 영역에 다시 결합된다).[33] 연합된 환경이 외부의 타격에 의해 뒤죽박죽될 때, 그리고 다른 한편 동물이 부러지기 쉬운 목발 같은 자신의 내부 환경에 기대면서도 새로운 외부 부분과 연합하기 위해 기존의 연합된 환경을 포기해야만 할 때, 두번째 도주선이 나타난다. 바다가 마르면서 원시 <어류>는 땅을 탐험하며 "제 스스로 서서 움직여"야만 했기에 자신의 환경을 버렸으며 태아를 보호하기 위해 양막(羊膜) 내부에만 물을 담고 있게 되었다. 이런저런 측면에서 볼 때 동물은 공격하는 자라기보다는 달아나는 자이다. 하지만 그 도주는 또한 정복이고 창조이다. 따라서 도주선들은 영토성 안에 탈영토화와 재영토화의 운동들이 현존함을 증언해주면서 영토성을 완전히 가로질러간다. 어떤 측면에서 보면 영토성은 이차적이다. 영토성은 자신을 이용하는 저 운동들 없이 그 자체로는 아무 것도 아닐 것이다. 간단히 말해 한 지층의 <통합태> 또는 조성의 통일성 위에서 겉지층들과 곁지층들은 끊임없이 움직이고 미끄러지고 자리 바꾸고 변화한다. 어떤 것들은 도주선들과 탈영토화의 운동들에 의해 끌려가고 다른 것들은 탈코드화 과정 또는 표류 과정에 의해 끌려가지만, 그것들 모두는 환경의 교차로

33 Claude Popelin, *Le taureau et son combat*, Paris : Julliard, 1981. (10~18). 투우장에서 인간과 황소의 영토 문제에 대해서는 4장을 볼 것.

에서 서로 소통한다. 지층들은 때로는 재료를 공급하는 밑지층의 층위에서, 때로는 각각의 지층들이 갖고 있는 "수프"(생명체 이전 단계의 수프, 화학 물질 이전 단계의 수프……)의 층위에서, 때로는 축적되는 겉지층의 층위에서, 때로는 인접해 있는 곁지층의 층위에서 파열되거나 단절되며 끊임없이 뒤흔들린다. 도처에서 동시적인 가속과 봉쇄, 상대 속도들, 재영토화라는 상대적 장들을 창조하는 탈영토화의 차이들이 솟구친다.

이 상대적 운동들과 절대적 탈영토화의 가능성, 절대적 도주선의 가능성, 절대적 표류의 가능성을 결코 혼동하지 말아야 한다. 상대적 운동들은 지층 또는 지층들 사이에서 일어나는 반면, 후자의 가능성들은 고른판과 그것의 탈영토화(조프루아가 "연소"라고 말한 것)과 관련되어 있다. 의심할 바 없이 미친 물리적 입자들은 속도를 더해가면서 지층들에 충돌하고, 최소한의 흔적만을 남기면서 지층들을 가로지르고, 고른판 위에서 절대적 탈영토화의 상태 또는 형식을 부여받지 않은 질료의 상태로 가기 위해 시공간 좌표와 실존 좌표마저도 피해간다. 어떤 의미에서 보면, 상대적 탈영토화의 가속은 음속의 장벽에 도달하게 된다. 만약 입자들이 이 벽에 튕겨 나오거나 검은 구멍에 붙잡히면 입자들은 지층들 및 지층들의 관계와 환경 속으로 다시 떨어진다. 반면 입자들이 벽을 뚫고 가게 되면 입자들은 고른판의 형식화되지 않은, 탈지층화된 요소에 도달한다. **입자들을 방출하고 조합하는 추상적인 기계는 통합태와 평면태라는 두 가지 아주 상이한 존재 양태를 갖고 있다고 말할 수도 있겠다.** 한편으로, 추상적인 기계는 성층 작용에 갇혀 있고 또 특정하게 결정된 지층 속에 감싸여 있으면서, 이 지층의 프로그램이나 조성의 통일성을 정의하고(<추상적인 동물>, <추상적인 화학체>, 에너지 그 자체) 이 지층 위에서 일어나는 상대적 탈영토화의 운동들을 조절한다. 다른 한편으로, 추상적인 기계는 모든 성층 작용들을 가로지르며,

혼자서 그리고 제힘으로 고른판 위에서 전개되면서 고른판의 도표를 작성한다. 하나의 동일한 기계가 천체 물리학과 미시 물리학, 자연적인 것과 인공적인 것 양쪽 모두를 작동시키며 절대적 탈영토화의 흐름들을 안내한다(물론 형식을 부여받지 않은 질료란 카오스 같은 것이 결코 아니다). 하지만 이 설명은 아직 너무 단순하다.

한편으로 우리는 단순히 가속만 가지고 상대적인 것에서 절대적인 것으로 이행할 수는 없다. 설사 속도를 증가시키고 나서 그 전과 비교해보면 전체적으로 그런 결과가 나온다 해도 말이다. 절대적 탈영토화는 거대한 가속기[=입자 가속기 따위]로 정의되지 않는다. 절대적 탈영토화가 절대적인지 아닌지는 그것이 얼마나 빠른지 느린지와는 무관하다. 우리는 심지어 상대적인 느림이나 지체를 통해 절대적인 것에 도달할 수도 있다. 한 예가 발전의 지체이다. 탈영토화의 질은 탈영토화의 속도가 아니라(속도가 매우 느린 것들도 있다) 탈영토화의 본성에 의해 결정된다. 탈영토화가 겉지층들과 곁지층들을 구성하고 분절된 절편들을 따라 나아가느냐, 아니면 반대로 고른판의 웃지층을 그리는 선, 절편으로 분해할 수 없는 선을 따라 하나의 독자성에서 다른 독자성으로 도약하느냐가 관건인 것이다. 다른 한편 절대적 탈영토화가 갑자기, 덤으로, 그 다음에, 저 너머에서 온다고 믿어서는 절대 안 된다. 그렇게 믿는다면 왜 지층들 그 자체가 탈영토화와 탈코드화의 상대적 운동들에 의해 활성화되는지를 결코 이해할 수 없을 것이다. 이러한 운동들은 지층들 위에서 일어나는 우발적인 사건들이 아니기에. 사실상 일차적인 것은 절대적 탈영토화, 절대적 도주선이요, 아무리 복잡하고 다양하다 할지라도 그것들은 고른판 또는 기관 없는 몸체(절대적으로 탈영토화된 것인 <지구>)의 절대적 탈영토화이며 절대적 도주선이다. 그것들이 상대적이 되는 때는 이 판, 이 몸체 위에서 성층 작용이 일어날 때뿐이다. 지층들은 항상 잔여물이지 그 역이 아니다. 우리는 어떻게 어떤 것이 지층들로부터 나오는지를 묻지 말고 오히려 어떻게 사물들이 거기에 들어가는지를 물어야 한다. 그래서 상대적 탈영토화 안에는 늘 절대적 탈영토화의 내재성이 있으며, 지층들 사이에서 미분적 관계들과 상대적 운동들을 조절하는 기계적 배치물은 절대적인 것으로 향하는 탈영토화의 첨점들(pointes)을 가지고 있다. 언제나 지층들의 내재성과 고른판의 내재성이 있다. 또는 강렬함의 서로 다른 두 상태가 공존하듯이 추상적인 기계의 두 상태가 공존한다.

청중들 대부분이 떠났다(우선 이중 분절의 마르티네[Martinet]주의자들이, 그 다음엔 내용과 표현의 옐름슬레우주의자들이, 그리고 단백질과 핵산의 생물학자들이 떠났다). 다른 광기에 익숙해 있는 수학자들, 몇몇 점성가들과 고고학자들 그리고 몇몇 사람들만이 어수선하게 남아 있었다. 더구나 강의를 시작한 이래로 챌린저는 변해버렸다. 그의 목소리는 더 쉬었으며 때때로 원숭이 같은 기침이 튀어나왔다. 그의 꿈은 인간들에게 강연을 하는 것이라기보다는 순수한 컴퓨터 프로그램을 제공하는 것이었다. 그것은 하나의 공리계였다. 공리 체계는 본질적으로 성층 작용을 다루는 것이니까. 챌린저는 기억에만 호소하고 있었다. 이제껏 우리는 실체와 형식의 관점에서 하나의 지층 위에서 항상적인 것과 변하는 것에 대해 이야기했으니, 내용과 표현의 관점에서 한 지층에서 다른 지층으로 갈 때 변하는 것이 무엇인지를 물어보는 일이 남아 있다. 이중 분절을 구성하는 실재적 구분, 내용과 표현간의 상호 전제가 언제나 존재한다는 것이 진실이라면, 어떤 지층에서 다른 지층으로 갈 때 변하는 것은 이 실재적 구분의 본성이요 구분된 항들 각각의 본성과 위치이니 말이다. 첫번째 거대 지층군을 살펴보자. 우리는 그 특징을 이렇게 요약할 수 있다. 여기서 내용(형식과 실체)은 분자적이고 표현(형식과 실체)은 그램분자적이다. 내용과 표현 사이의 차이는 특히 크기나 등급의 질서의 차이이다. 여기서 이중 분절은 크기의 두 질서를 함축한다. 상호 독립적인 두 질서들 사이에서 일어나는 공명 또는 소통이 지층화된 체계를 건립한다. 이 체계의 분자적 내용이 지닌 형식은 요소를 이루는 덩어리들의 분포 및 분자끼리의 작용을 보여준다. 또한 이 체계의 표현이 지닌 형식은 거시적 층위에서 통계적 집합과 평형 상태를 드러내준다. 표현은 "원래는 미시적인 불연속성의 능동적(=작용적) 성질들을 거시적 층위에서 일어나도록 증폭시키는 구조화 작용"과 같다.

우리는 지질학적 지층, 결정체 지층, 물리-화학적 지층들 등 그램분자적인 것이 미시적이고 분자적인 상호 작용을 표현하는 모든 곳을 출발점으로 삼았다("결정체는 미시적 구조의 거시적 표현이다", "결정체의 형식은 특정 화학 성분의 원자적이거나 분자적인 특성들을 표현한다"). 분명 이 점에 관해 매개 상태들의 수와 본성에 따라, 그리고 표현을 형성하기 위해 외부적 힘들이 얼마나 개입하느냐에 따라 매우 다양한 가능성이 존재한다. 분자적인 것과 그램분자적인 것 사이에는 여러 매개 상태들이 존재할 수 있다. 또한 여러 외부적 힘들이나 조직화의 중심들이 그램분자적인 형식 속에 개입할 수 있다. 그리고 의심할 바 없이 이 두 요소는 두 개의 극단적 사례로서 반비례 관계에 있다. 예컨대, 그램분자적인 표현의 형식은 "거푸집" 유형으로서 외부적 힘들의 최대치를 동원할 수도 있고 반대로 "변조" 유형으로서 외부적 힘들의 최소치만을 개입시킬 수도 있다. 하지만 거푸집의 경우에서도 자신만의 특수한 형식을 갖는 분자적 내용과 거푸집 형식 때문에 바깥으로부터 결정되는 그램분자적 표현 사이에는 거의 순간적인 내적 매개 상태들이 존재한다. 역으로, 결정체의 경우에서처럼 매개 상태들의 다양화와 시간화가 그램분자적 형식의 내적 특성을 증언할 때에도 여전히 이 단계들 각각에는 최소치의 외부적인 힘들이 개입하고 있다.[34] 따라서 우리는 내용과 표현의 상대적 독립성, 즉 자신의 형식을 가진 분자적 내용과 자신의 형식을 가진 그램분자적 표현간의 실재적 구분은 두 극단적 사례 사이에서 특수한 위도를 갖는다고 말해야 한다.

지층들은 신의 심판이니 중세 스콜라 학파와 신학의 모든 정교함을 이용하는 데 주저하지 말아야 한다. 내용과 표현 사이에 있는 것은 실재적 구분이다. 왜냐하면 내용의 형식과 표현의 형식은 관찰자의 정신뿐 아니라 "사물" 그 자체 안에서도 현실적으로(actuellement) 구분되기 때문이다. 하지만 이 실재적 구분은 매우 특별한 구분이다. 이 구분은 다만 **형식적**(formelle)인 구분에 불과하다. 왜냐하면 두 형식들은 하나의 동일한 사물, 하나의 동일한 지층화된 주체를 조성하거나 형성하기 때문이다. 우리는 형식적 구분의 다양한 예를 제시할 수 있다. 즉 등급이나 크기의 질서들 사이의 구분(지도와 지도의 모델 사이의 구분, 또는 에딩턴[35]의 두 사무실의 우화, 즉 미시 물리적 수준과 거시 물리적 수준 사이의 구분), 하나의 사물이 겪는 다양한 상태들 또는 형식적 근거들 사이의 구분, 어떤 형식을 띤 사물과 외부적인 인과관계를 받아들여 다른 형식을 띠기도 하는 사물 사이의 구분 등(서로 구분되는 형식들이 존재하는 것은, 표현과 내용 각각이 자신의 형식을 갖고 있을 뿐만 아니라 매개 상태들이 고유한 표현의 형식들을 내용에 도입하고 고유한 내용의 형식들을 표현에 도입하기 때문이다).

형식적 구분들은 아주 다양하고도 실재적이다. 그렇다면 유기체 지층이 될 때 바뀌는 것은 바로 그 구분의 본성이며, 이 본성이 바뀌면

34 크기의 질서들과 그것들 간의 공명의 수립에 관해서, "거푸집" 유형, "변조" 유형, "모델화" 유형의 작용에 관해서, 그리고 외부적 힘들과 매개 상태들에 관해서는 질베르 시몽동을 참고할 것.

35 [에딩턴(Sir Arthur Stanley Eddington, 1882~1944)은 영국의 천문학자, 물리학자, 수학자이다. 천체물리학에서 별의 운동, 내부구조, 진화 등을 연구하여 커다란 업적을 남겼다. 또한 그는 처음으로 상대성이론을 영어로 설명한 사람이었다]

이 지층 위에서 내용과 표현의 모든 배분도 바뀌게 된다. 그렇지만 유기체 지층은 모든 종류의 매개 상태들과 더불어 분자적인 것과 그램분자적인 것의 관계를 보존하고 심지어는 증폭시킨다. 우리는 그 점을 형태 발생에서 보았는데, 거기서 이중 분절은 크기의 두 질서간의 소통과 분리할 수 없는 채로 남아 있었다. 세포 화학에서도 마찬가지였다. 하지만 유기체 지층에는 독특한 특성이 있는데, 그것을 통해 이 증폭들 자체를 고려할 수 있다. 조금 전에 살펴본 바에 따르면, 표현은 모든 방향들 속에서 모든 차원들을 따라 표현된 분자적 내용에 의존한다. 또 표현은 크기의 상위 질서와 외부의 힘들에 호소하는 한에서만 독립성을 갖는다. 실재적 구분은 형식들 사이에 있지만, 그 형식들은 하나의 동일한 집합의 형식들이며 하나의 동일한 사물이나 주체의 형식들이다. 하지만 이제 표현은 그 자체로 독립적, 다시 말해 자율적인 것이 된다. 앞에서 살펴본 지층의 코드화는 그 지층과 외연이 같았지만, 유기체 지층의 코드화는 이차원, 삼차원에서 최대한 떨어진 독립적이고 자율적인 선위에서 일어난다. 표현은 면(面)이나 입체이기를 그치고 선형, 일차원이 된다(심지어 그것이 절편화될 때조차도). 중요한 것은 핵산 시퀀스의 선형성이다.[36] 그러니 내용과 표현의 실재적 구분은 더 이상 단순히 형식적이지 않다. 그 구분은 엄밀한 의미에서 실재적이다. 이제 그 구분은 분자적인 것에 적용된다. 분자적인 것의 두 부류인, 표현인 핵산과 내용인 단백질을 구분하고, 핵산 요소 즉 뉴클레오티드[37]와 단백질 요소 즉 아미노산을 구분한다. 크기의 질서와 독립해서 말이다. 이제 표현과 내용은 각각 분자적인 것과 그램분자적인 것을 동시에 갖게

36 분명히 다양한 시퀀스들이나 선들이 존재한다. 하지만 이것은 "질서의 질서"가 단선적이라는 점을 배제하지는 않는다(Jacob, *La logique du vivant*, p. 306[독역본 : S. 304. 영역본 : p. 286] 및 "Le modèle linguistique en biologie", pp. 199~203을 참조할 것).
37 [유기 염기와 인산의 결합체]

된다. 이제 구분은 더 이상 하나의 동일한 집합이나 주체와 관련되지 않는다. 선형성 덕택에 무엇보다도 우리는 통일성(unité)을 향해 가지 않더라도 판판한 다양체들의 질서 속에 머무르며 잘해나갈 수 있다. 사실 표현이 뉴클레오티드와 핵산에 결부되어 있다는 것은 표현이 분자들에 결부되어 있다는 것과 같은 말이다. 그 실체도 형식도 내용인 분자들, 외부 환경을 향해 어떤 행동도 하지 않는 완전히 독립된 분자들 말이다. 불변성(invariance)은 이처럼 그램분자적인 등급이 아니라 어떤 분자들에 속하는 것이다. 역으로, 단백질은 내용의 실체와 형식에 있어 뉴클레오티드와 독립적이다. 일의적인 방식으로 결정되는 것은, 다른 어떤 것도 아닌 특정한 아미노산이 세 개의 뉴클레오티드 시퀀스에 대응한다는 점뿐이다.[38] 따라서 선형적인 표현의 형식이 결정하는 것은 파생된 표현의 형식, 이번에는 내용에 상대되는 표현의 형식이다. 이 파생된 표현의 형식은 궁극적으로는 아미노산들의 단백질 시퀀스의 포갬을 통해 삼차원적인 특수한 구조들을 제공한다. 간단히 말해, 유기체 지층을 특징짓는 것은 **표현의 정렬, 표현의 선의 배출 또는 격리**이며 이렇게 일차원적인 선 위로 표현의 형식과 표현의 실체를 접어 넣는 일이다. 이 일차원적인 선은 크기의 질서들과 무관하게 내용과 표현이 상호 독립해 있도록 보장해준다.

이로부터 많은 귀결들이 도출된다. 표현과 내용의 이런 새로운 상황은 유기체의 재생산 역량은 물론이고 유기체의 탈영토화 역량이나 가속도까지도 좌우한다. 사실 코드의 정렬이나 핵산 시퀀스의 선형성은 "기호"의 탈영토화의 문턱을 표시해준다. 이 문턱은 어떤 새로운

38 단백질과 핵산 각각의 독립성과 그것들의 상호 전제에 관하여 F. Jacob, *La logique du vivnat*, pp. 325～327[독역본 : S. 323～325. 영역본 : pp. 304～306] 및 Jacques Monod, *Le hasard et la nécessité*, pp. 110～112, 123～124, 129, 159～160[독역본 : S. 105～106, 117～119, 131, 151～152. 영역본 : pp. 96～98, 107～109, 114～115, 142～144]을 참조할 것.

소질(aptitude)이 다시 복사될 수 있는지를 알려주며 또한 유기체를 결정체보다 더 탈영토화된 것으로 정의한다. 탈영토화된 것만이 재생산될 수 있다. 사실 내용과 표현이 분자적이냐 그램분자적이냐에 따라 나누어지는 한, 실체들은 상태에서 상태로, 이전 상태에서 다음 상태로, 또는 층에서 층으로, 이미 구성된 층에서 앞으로 구성될 층으로 나아간다. 반면, 형식들은 마지막 층이나 마지막 상태의 극한에서, 외부 환경의 극한에서 수립된다. 그리하여 각 층마다, 각 상태마다, 또는 극한에서 유도(誘導)들[39]의 앙상블을 통해 지층은 겉지층들과 곁지층들에서 펼쳐진다. 이 층에서 저 층으로, 이 상태에서 저 상태로, 또는 극한에서 결정체는 이 과정을 순수한 상태에서 보여준다. 왜냐하면 결정체의 형식은 모든 방향으로 확장되지만, 실체의 표면층과 관련해서만 확장되기 때문이다. 실체의 표면층은 언제나 성장을 멈추지 않고서도 자신의 가장 큰 내부 부분을 비워버릴 수 있다. 결정체는 삼차원에 예속되어 있고 영토성의 지표를 갖고 있다. 이 때문에 구조는 형식적으로 자신을 재생산하고 자신을 표현할 수 없는 것이다. 그렇게 할 수 있는 것은 접근 가능한 표면, 홀로 탈영토화될 수 있는 표면뿐이다. 반대로 유기체 지층 위에서 표현의 순수한 선이 격리되기 때문에 유기체는 훨씬 더 높은 탈영토화의 문턱에 도달하고, 자신의 복잡한 공간적 구조의 모든 세부를 재생산하는 메커니즘을 낳으며, 유기체의 모든 내부 층들은 외부, 또는 차라리 분극화된 경계(limite polarisée)와 "위상학적으로 접촉"할 수 있게 된다(이로부터 생명체의 막이 갖는 특수한 역할이 나온다). 겉지층과 곁지층에서 지층이 전개되는 것은 이제 더 이상 단순한 유도

39 [유도(induction)란 1) 전기, 자기가 전기장, 자기장 안에 있는 물체에 미치는 작용, 2) 생체 내에서 어떤 효소에 대한 기질(基質)의 양이 증가함에 따라 그 기질에 대한 효소의 합성 속도가 증가하는 것, 다시 말해 어떤 배역(胚域)의 발생 운명이 그에 접촉하는 다른 배재료(胚材料)의 영향에 의해 결정되는 현상을 가리킨다. 3) 논리학에서는 '귀납'이라는 의미를 갖는다]

가 아니라 변환[40] 때문이다. 변환은 크기의 차원과 무관하게 분자적인 것과 그램분자적인 것 사이의 공명의 증폭을 설명해주며, 거리와 무관하게 내부 실체의 기능적 유효성을 설명해주고, 코드와 무관하게 증식 가능성과 심지어 형식의 교차(코드의 잉여-가치, 코드 변환 현상, 또는 비평행적 진화 현상)를 설명해준다.[41]

세번째 거대 지층군을 보자. 인간의 본질을 끌어들여 그것을 정의할 필요는 없다. 여기서도 우리는 내용과 표현을 새롭게 분배함으로써 이 지층군을 정의할 것이다. 내용의 형식은 "동종(同種) 형성적"이기를 그치고 "이종(異種) 형성적"인 것이 된다. 다시 말해 그것은 외부 세계를 변양시킨다. 표현의 형식은 유전학적인 것이기를 그치고 언어학적인 것이 된다. 다시 말해 그것은 바깥으로부터 이해 가능하고 전달 가능하고 변경 가능한 상징들을 통해 작동된다. 우리가 인간의 특성이라고 부르는 것들, 즉 기술과 언어, 도구와 상징, 자유로운 손과 유연한 후두, "몸짓과 말"은 오히려 이 새로운 분배의 특성들이지, 인간과 더불어 기원한 절대적인 것은 아니다. 르루아-구르앙의 분석에서 우리는 내용이 어떻게 도구-손이라는 짝과 연결되어 있고 또 표현이 어떻게 언어-안면, 언어-얼굴이라는 짝과 연결되어 있는지를 볼 수 있다.[42] 여기서 손은 단순한 기관으로 여겨져서는 안 되며 오히려 코드화 작용(디지털 코드), 역학적 구조화, 역학적 형성체(손가락 형식 또는

40 [변환(transduction)은 생물학에서는 '형질 도입'이란 말과 같다. 형질 도입은, 예컨대 세균 변이에서 한 세균의 형질이 박테리오파지에 의해 다른 세균체로 도입되는 현상을 가리킨다]

41 변환 개념에 대해서는 Simondon, pp. 18～21을 참고(그러나 그는 가장 일반적인 의미에서 그 개념을 채택하고 있으며 모든 체계로 그 개념을 확장시킨다). 그리고 막에 대해서는 pp. 259 sq.를 참고.

42 André Leroi-Gourhan, *Le geste et la parole, Technique et langage vol. 1*, Paris : Albin Michel, 1964, p. 161[독역본 : *Hand und Wort. die Evolution von Technik, Sprache und Kunst*, übers. von M. Bischoff, Frankfurt, 1980, S. 148～149 및 S. 237～238].

손의 형식적 특질들)로 여겨져야만 한다.[43] 내용의 일반적 형식인 손은 도구 안으로 연장된다. 도구는 형식을 부여받은 질료로서의 실체를 내포하는 활성화된 형식이다. 결국 도구-손이라는 산물은 형식을 부여받은 질료, 즉 실체이며, 이것은 그 자체로는 도구로 기여한다. 손의 형식적 특질들은 지층을 위한 조성의 통일성을 이룬다. 그러나 도구와 산물의 형식들과 실체들은 곁지층들과 겉지층들 안에서 조직화되며, 곁지층들과 겉지층들은 그 자체로 진정한 지층으로 기능하고, 불연속성, 단층, 소통과 확산, 유목성과 정주성, 인간 개체군 안에 있는 다양한 문턱들과 탈영토화의 상대 속도들을 표시해준다. 내용의 형식적 특질 또는 일반적 형식으로서의 손과 함께 도달되고 또한 열리는 것은 이미 탈영토화의 거대한 문턱이다. 또한 그 문턱은 그 자체로 상대적 탈영토화와 재영토화의 모든 운동 놀이를 허용하는 가속기이다. 정확히 말하자면, 이러한 가속을 가능케 하는 것은 유기체의 밑지층에서 일어나는 "발전의 지체" 현상이다. 손은 탈영토화된 과거의 앞발이다. 나아가 자유로운 손은 뭔가를 쥐고 장소를 이동하는 데 쓰이는 원숭이의 손과 비교할 때 탈영토화되어 있다. 다른 기관들(가령 발)의 시너지적 탈영토화를 고려해 보자. 또 환경과 관련된 탈영토화들도 고려해 보자. 스텝은 숲보다 더 탈영토화된 연합된 환경이며 몸체와 기술에 탈영토화라는 선별 압력을 행사한다(손이 자유로운 형태로 나타나고 불이 기술을 써서 만들 수 있는 물질로 등장할 수 있는 것은 숲에서가 아니라 스텝에서이다). 끝으로 보충적인 재영토화를 고려해 보자(발은 손을 보충하는 재영토화로 스텝에서 생겨났다). 이런 의미에서 우리는 고른판 위에서 펼쳐질 수 있는 유기체, 생태, 기술의 지도들을 만들어야 한다.

다른 측면에서 보면 언어는 새로운 표현의 형식, 아니 차라리 모든

43 [디지털(digital)의 어원인 digit는 손가락을 뜻한다. 그리고 손가락으로 숫자를 세었다는 점에서 아라비아 숫자를 가리키기도 한다]

지층 위에서 새로운 표현을 정의하는 형식적 특질들의 집합이다. 하지만 손의 형식적 특질들이 질료들 속에서만, 즉 형식들 및 형식들의 연속성을 부수고 형식들의 효과들을 분배하는 형식화된 질료들 속에서만 존재하는 것과 마찬가지로 표현의 형식적 특질들은 다양한 형식적 언어들 속에서만 존재하며 하나나 그 이상의 형식화할 수 있는 실체들을 내포한다. 무엇보다도 이 실체는 후두, 입과 입술, 안면의 모든 운동성, 얼굴 전체라는 다양한 유기체적 요소들을 작동시키는 음성적 실체이다. 여기서도 역시 강렬한 지도 전체를 고려해야 한다. 입은 아가리의 탈영토화이고(페리에가 말했듯이 "입과 뇌 사이의 투쟁" 전체), 입술은 입의 탈영토화이다(인간만이 입술을 갖고 있다. 입술이란 내부의 점막이 바깥으로 말려 올라간 것이다. 인간의 암컷만이 젖가슴을 갖는다. 젖가슴이란 탈영토화된 유선[乳腺]이다. 언어 습득에 유리한 오랜 젖먹이 기간 중에 젖가슴 위로 입술의 보충적 재영토화와 입술 위로 젖가슴의 보충적 재영토화가 일어난다). 인간의 입을 음식물과 소음이 아닌 말로 채우다니, 이 얼마나 기묘한 탈영토화인가! 스텝은 다시금 강한 선별 압력을 행사했던 것 같다. "유연한 후두"는 자유로운 손의 대응물과도 같으며 벌채된 환경에서만 만들어질 수 있다. 거기서는 숲의 지속되는 소란을 제압하기 위해 소리를 지르는 데 필요한 커다란 성대가 더 이상 필요 없기 때문이다. 분절하기, 말하기는 나지막하게 말하기이다. 그리고 우리는 벌목하는 인부들이 대화를 할 때 고생한다는 것을 안다.[44] 하지만 생리학적이고 청각적인 음성적 실체만이 이 모든 탈영토화들을 겪는 것은 아니다. 언어라는 표현의 형식도 문턱을 뛰어넘는 것이다.

44 자유로운 손, 유연한 후두, 입술, 탈영토화 요소로서의 스텝의 역할 등 이 모든 문제에 관해서 Emile Devaux의 멋진 책 *Trois problème. l'espèce, l'instinct, l'homme*, Paris : Ed. Le François, 1933, 제3부를 참조할 것(7장 : "숲과 단절되고 발전이 지체되고 유아(幼兒)화된 유인원은 자유로운 손과 유연한 입술을 얻어야만 했다" — 그리고 9장 : "숲은 원숭이를 만들었고 동굴과 스텝은 인간을 만들었다").

음성 기호들은 시간적 선형성을 갖는다. 그리고 초-선형성이 음성 기호들을 특수한 방식으로 탈영토화하고 음성 기호들과 유전학적 선형성의 차이를 낳는다. 사실상 유전학적 선형성은 무엇보다도 공간적 선형성이다. 비록 그것의 절편들이 순차적으로 구성되고 재생산된다 할지라도 말이다. 그래서 유전학적 선형성은 이 층위에서는 실제로 어떤 덧코드화도 필요로 하지 않으며, 다만 끝에서 끝과 끝을 연결접속시키는 현상, 국지적 조절, 부분적 상호 작용만을 필요로 한다(덧코드화는 상이한 크기의 질서를 함축하는 적분의 층위에서만 개입한다). 이런 이유로 자콥은 유전 코드와 언어 사이의 모든 비교를 유보한다. 사실상 유전 코드 안에는 발신자도 수신자도 이해도 번역도 없으며 단지 잉여와 잉여-가치만이 있을 뿐이다.[45] 반대로 언어 표현의 시간적 선형성은 순차성과 관련될 뿐 아니라, 시간 속에서의 순차성의 형식적 종합과도 관련된다. 이 순차성은 모든 선형적 덧코드화를 구성하며 다른 지층들의 미지의 현상을 나타나게 하는 것이다. 앞에서 보았던 유도나 변환과 대립되는 번역과 번역 가능성이 여기 있다. 그리고 번역이라는 말을 이해할 때 한 언어가 다른 언어의 소여를 어떤 방식으로 "재현"할 수 있다는 사실만 보아서는 안 되며, 나아가 언어는 자신의 지층에 주어진 자신의 소여를 가지고 다른 모든 지층들을 재현할 수 있고 그럼으로써 세계에 대한 과학적 개념에 도달할 수 있다는 사실까지도 보아야 한다. 사실상 과학적 세계(동물적 환경[Umwelt]과 대립되는 것으로서의 세계[Welt])는 다른 지층의 모든 흐름들, 입자들, 코드들, 영토성들을 충분히 탈영토화된 기호 체계로 번역한다. 다시 말해 언어에 고유한 덧코드화

45 François Jacob, *La logique du vivant*, pp. 298, 310, 319[독역본 : S. 296, 308, 317. 영역본 : pp. 278, 289~290, 298]. 자콥과 모노는 종종 유전 코드에 대해 '번역'이라는 말을 사용하지만 그것은 편의상 그런 것이다. 모노가 정확히 지적하듯이 "코드는 번역의 산물을 통해서만 번역될 수 있다".

로 번역하는 것이다. 언어 안에서 표현이 내용에 대해 독립적일 뿐 아니라 표현의 형식이 실체들에 대해 독립적이라는 사실을 설명해주는 것은 바로 이 **덧코드화** 또는 **초선형성**이라는 특성이다. 번역이 가능하려면 하나의 동일한 형식이 한 실체에서 다른 실체로 이행할 수 있어야 하는데, 유전 코드 안에서, 예컨대 DNA와 RNA 사슬 사이에서는 이런 일이 일어나지 않는다. 우리는 나중에 이 상황이 어떻게 일종의 제국주의적 거만함을 언어에 부여하는지 보게 될 것이다. 다음의 공식은 이를 얼마나 소박하게 언표하고 있는가. "비언어학적인 체계를 가진 모든 기호론은 언어라는 중개를 이용해야만 한다. (……) 언어는 다른 모든 언어학적, 비언어학적 체계의 해석자이다." 이렇게 되면 언어의 성격은 추상적으로 규정된 것이고, 다른 지층들은 언어로 표현될 때에만 이 성격을 공유할 수 있다고 얘기하게 된다. 누구나 그러리라 짐작하고 있었다. 하지만 더 긍정적으로 보자면 언어에는 보편적으로 번역이 내재해 있기 때문에 겉지층들과 곁지층들이 중첩되고 확산하며 소통하고 서로 기대는 방식이 다른 지층들 위에서와는 완전히 다른 방식일 수 있다는 점을 주목해야 한다. 모든 인간적 운동, 심지어 가장 폭력적인 운동마저도 번역을 내포한다.

서둘러야 합니다. 이제 시간의 선이 세번째 유형의 지층으로 우리를 몰아대고 있습니다. 챌린저가 말했다. 이제 우리는 각각 나름의 형식과 실체를 갖고 있는 내용과 표현의 새로운 조직화를 갖게 되는데, 그것은 바로 기술이라는 내용과 기호 또는 상징이라는 표현이다. 내용은 손과 도구일 뿐만 아니라 이것들에 앞서서 존재하며 힘의 상태들이나 권력 구성체를 이루는 기술적-사회적 기계이기도 하다. 표현은 안면과 언어, 그리고 언어들일 뿐만 아니라 이것들에 앞서서 존재하며 기호 체제를 이루는 기호적-집단적 기계이기도 하다. 권력 구성체는 도구 이상의 그 무엇이며, 기호 체제는 언어 이상의 그 무엇이다. 오히려 권력 구성체와 기호 체제는 도구와 언어를 사용하도록, 그것들 상호간 또는 각각을 소통시키고 확산시키도록, 뿐만 아니라 그것들을 구성하도록 결정하고 선별하는 자로서 작용한다. 이 세번째 지층과 함께, 이 지층에 완전히 속해 있으면서도 동시에 몸을 세워 올려 자신의 집게발을 다른 모든 지층들을 향해 모든 방향으로 뻗는 <기계들>이 출현하게 된다. 그것은 <추상적인 기계>의 두 상태 사이에 있는 매개 상태와 같은 것이 아닐까? 추상적인 기계가 해당 지층 안에 감싸진 채로 있는 상태(통합태)와 추상적인 기계가 탈지층화된 고른판 위에서 스스로 자기 자신을 전개하는 상태(평면태) 사이에 있는 매개 상태. 여기서 추상적인 기계는 여전히 하나의 결정된 지층에 속해 있으면서도 모든 지층들을 넘어서는 환상을 생산하면서 자신을 펼치기 시작하고 몸을 일으키기 시작한다. 명백히 그것은 인간을 구성하는 환상이다(인간은 자신을 누구라고 생각하는가?). 그것은 언어 그 자체에 내재하는 덧코드화로부터 비롯되는 환상이다. 하지만 내용과 표현의 새로운 분배는 환상적이지 않다. 도구-손에 의해 특징지어지는 기술적 내용은 보다 깊게는 <사회적 기계>와 권력 구성체와 결부되어 있으며 언어-안면에 의해 특징지어지는 상징적 표현은 보다 깊게는 <기호적 기계>와 기호 체제에 결부되어 있다. 두 측면, 즉 겉지층들과 곁지층들, 중첩된 정도들과 서로에 기대는 형식들은 그 어느 때보다도 자율적 지층들 그 자체에 적용된다. 만일 우리가 두 개의 기호 체제 또는 두 개의 역량 형성체를 구분하기에 이른다면 우리는 이것들이 사실상 인간 개체군 안에 있는 두 지층이라고 말하게 될 것이다.

하지만 정확히 말해서 이제 내용과 표현 사이에 어떤 관계가 세워지며, 어떤 유형의 구분이 존재하는가? 그 모든 것은 머릿속에 있다. 하지만 이보다 더 실재적인 구분은 없을 것이다. 우리가 말하고자 하는 것은, 지층 전체에 공통되며 지층 전체에 스며 있는 외부 환경, 즉 뇌신경 환경이 존재한다는 점이다. 뇌신경 환경은 유기체적 밑지층에서 온 것이지만, 물론 유기체적 밑지층은 기층이나 수동적인 받침대의 역할만 하는 것은 아니다. 뇌신경 환경 자체도 못지않게 복잡한 조직을 갖고 있다. 차라리 그것은 우리가 젖어드는 전(前)-인간 단계의 수프를 구성한다. 우리는 거기에 손과 안면을 적신다. 뇌는 개체군이며, 두 극으로 향하는 부족들의 집합이다. 르루아-구르앙은 이 수프 안에 있는 두 극, 즉 안면의 작용들이 의존하고 있는 한 극과 손의 작용들이 의존하고 있는 다른 극의 구성을 엄밀히 분석할 때, 그 둘의 상관성 또는 상대성은 실재적 구분을 배제하기는커녕 오히려 두 분절, 즉 내용이라는 손적 분절과 표현이라는 안면적 분절의 상호 전제로서 실재적 분절을 야기한다. 그리고 그 구분은 분자들, 사물들, 또는 주체들 사이의 구분처럼 단지 실재적인 것만은 아니다. 그것은 (중세에 얘기되었던 것처럼) 속성들, 존재의 유(類)들, 또는 말과 사물이라는 서로 환원 불가능한 범주들 사이의 구분처럼 **본질적인** 구분이 되었다. 이 층위에 이르게 되면 내용의 어떤 형식적 요소들은 내용 그 자체와 관련해서 표현의 역할을 하게 되고 표현의 어떤 형식적 요소들은 표현 그 자체와 관련해서 내용의 역할을 하게 된다. 그리하여 우리는 구별되는 두 분절 각각이 그 자체로 이미 이중적인 가장 일반적인 운동을 발견하게 된다. 르루아-구르앙은 첫번째 경우 손이 어떻게 상징들의 세계 전체를 창조하는지, 그리고 단선적인 구어와 혼동되지 않으며 내용 고유의 방사적 표현을 구성하는 다차원적 언어 전체를 창조하는지를 보여준다(이것이 글의 기원일 것이다).[46] 두번째 경우는 언어 그 자체에 고유한 이중 분절 안에서 명료하게 드러난다. 왜냐하면 음소는 기표작용적인 선형적 절편들인 기호소(記號素)를 갖고서 표현 고유의 방사적 내용을 형성하

46 André Leroi-Gourhan, *ibid.*, pp. 269～275[독역본 : S. 246～255].

기 때문이다(바로 이런 조건 속에서만 지층의 일반적 특성으로서의 이중 분절은 마르티네가 자신을 위해 마련해둔 언어학적 의미를 갖게 된다). 자, 이제 내용과 표현의 관계, 그것들의 실재적 구분, 그리고 지층들의 주요 유형에 따른 이 관계들과 이 구분들의 변주와 더불어 우리의 논의는 잠정적으로 끝이 났다.

챌린저는 점점 더 빨리 가고자 했다. 아무도 남아 있지 않았다. 하지만 그는 계속했다. 더구나 인간에 관해 이야기할 때부터 그의 목소리는 점점 더 변했고 그의 외모 또한 변했는데, 그것은 그의 안에 있는 동물적인 어떤 것이었다. 그것은 아직 딱히 뭐라 말할 수 없는 것이었지만 챌린저가 그 자리에서 탈영토화된 것이라고 볼 수도 있었다. 그는 아직 세 가지 문제를 더 검토하고자 했다. 첫번째 문제는 아무래도 용어법에 관련된 문제처럼 보였다. 우리는 언제 기호에 대해 말할 수 있는가? 기호는 모든 지층에 걸쳐 모든 곳에 있으며, 표현의 형식이 있을 때에는 언제나 기호가 있다고 말해야만 하는가? 요약해서 보면 우리는 세 종류의 기호, 즉 **지표**(**영토적 기호**), **상징**(**탈영토화된 기호**), **도상**(**재영토화의 기호**)을 구분해야 할 것이다. 우리는 모든 지층들이 영토성 전체, 즉 탈영토화의 운동과 재영토화의 운동을 포함하고 있다는 편견을 가지고서 모든 지층들에 기호들을 흩뿌려야 하겠는가? 그런 팽창적 방법은 대단히 위험하다. 왜냐하면 이 방법은 보편적 해석자 또는 번역자의 기능에 의존해 언어의 제국주의를 준비하거나 다시 강화하기 때문이다. 모든 지층들의 집합을 가로지르는 기호 체계란 존재하지 않는다는 점은 명백하다. 이 점은 상징화에 이론적으로 앞서는 기호계적 "코라"의 형식을 상정하더라도 마찬가지이다.[47] 사람들은 표현의 형식

47 [영역자 브라이언 맛수미는 이 구절을 크리스테바의 작품에 대한 언급으로 해석한다. 코라(chora)에 대해서는 Julia Kristeva, *Revolution in Poetic Language*, trans. Margaret Waller, New York : Columbia University Press, 1984, pp. 25~30을 참조할 것]

과 내용의 형식 사이에 실재적일 뿐만 아니라 범주적이기도 한 구분이 존재할 때에만 아주 엄밀하게 기호에 대해 말할 수 있는 것 같다. 그러면 해당 지층 위에 기호계가 존재하게 된다. 왜냐하면 정확히 말해 추상적인 기계는 직립 자세를 갖고 있어서 "기록을 할" 수 있으니까. 다시 말해 언어를 다루고 언어로부터 기호 체제를 추출해낼 수 있으니까. 하지만 그 이전까지 이른바 자연적인 코드화 속에서는 추상적인 기계는 지층들 안에 감싸인 채로 있다. 추상적인 기계는 아무 것도 기록하지 않으며 어떤 것을 기호(좁은 의미에서 동물의 영토적인 기호를 제외하고는)로 인식하기 위한 그 어떤 자유의 정도도 이용하지 않는 것이다. 그리고 그 너머에서는 추상적인 기계는 고른판 위에서 펼쳐지며, 더 이상 기호와 입자를 범주적으로 구분할 수단을 갖고 있지 않다. 예컨대 추상적인 기계는 기록을 하지만, 심지어 실재(=현실)에도 기록을 하며, 고른판 위에 직접 인각한다. 따라서 적절하게 말하자면 <기호>라는 말은 마지막 지층군에 한정하는 것이 합리적인 것 같다. 하지만 이러한 용어상의 논의가 다른 위험을 불러오지 않는다면 정말 전혀 흥미롭지 않을 것이다. 즉 모든 지층들 위에서의 언어의 제국주의나 모든 지층들로의 기호의 확장이 아니라 언어 자체에 대한, 모든 기호 체제에 대한, 그리고 이 체제를 담고 있는 지층 영역에 대한 기표의 제국주의라는 위험을 불러오는 것이다. 기호가 모든 지층들에 적용되는가 아닌가는 더 이상 중요하지 않다. 중요한 것은 기표가 모든 기호들에 적용되는지, 모든 기호들이 의미생성을 부여받았는지, 기호들의 기호계가 필연적으로 기표의 기호론으로 귀착하는지 여부이다. 이런 길 위를 가게 되면 심지어 기호 개념을 절약할 수도 있다. 왜냐하면 언어에 대한 기표의 우위는 모든 방향으로의 기호의 단순한 확장보다 모든 지층들에 대한 언어의 우위를 더 잘 보증하기 때문이다. 우리가 말하고자 하는 것은, <추상적인 기계>의 이러한 위치에 고유한 환상, 즉 자신의 집게발로 모든 지층들을 파악하고 뒤섞는다는 환상은 기호의 확장을 통해서보다는 기표의 수립을 통해서 훨씬 더 확실하게 수행될 수 있다는 점이다(의미생성 덕에 언어는 각각의 지층에 가정된 기호들을 거치지 않고서도 지층들과 직결되어 있다고 주장할 수 있다). 하지만 사람들은 항상 같은 원을 맴돌며 같은 종양을 퍼뜨린다.

기표-기의라는 언어학적 관계는 물론 매우 다양한 방식으로 파악되었다. 그것은 자의적인 것으로 파악되기도 했으며 동일한 나뭇잎의 앞면과 뒷면처럼 필연적인 것으로 파악되기도 했고 일대일로 대응하는 것으로 파악되기도 했으며 총괄적인 것으로 파악되기도 했고 더 이상 구별될 수 없을 정도로 양가적인 것으로 파악되기도 했다. 어떤 경우건 기의는 기표와의 관계 바깥에 존재하지 않는다. 궁극적 기의란 기호를 넘어 확대 적용되는 기표의 존재 그 자체이다. 우리가 기표에 대해 말할 수 있는 것은 한 가지뿐이다. 즉 기표는 <잉여>이고 <잉여를 만드는 것(le Redondant)>이라는 점. 여기서부터 기표의 믿기지 않는 독재가 나오고 기표가 성공을 거두게 된다. 자의성, 필연성, 일대일 또는 총괄적인 대응, 양가성은 내용을 기의로 환원시키고 표현을 기표로 환원시키는 동일한 원인이 된다. 그렇지만 내용의 형식과 표현의 형식은 탁월하게 상관적이며 항상 상호 전제 상태에 있다. 그 형식들 각각의 절편들 사이에서는 외적이고 "기형적인" 일대일 대응 관계가 유지된다. 그 둘 사이에, 또는 하나의 다른 하나에 대한 순응은 없다. 항상 실재적인 독립과 구분이 있을 따름이다. 한 형식과 다른 형식을 조립하고 형식들의 관계를 결정하기 위해서조차도 특수한 가변적 배치물이 필요하다. 위의 특성들 중 어떤 것도 기표-기의 관계에는 적절하지 않다. 비록 몇몇 특성들이 부분적이고 우연적으로 일치하는 것처럼 보이더라도 말이다. 또한 이 특성들 전체는 기표에 대한 묘사와는 극단적으로 대립된다. 표현의 형식이 기표가 아닌 것과 마찬가지로 내용의 형식은 기의가 아니다.[48] 이 점은 언어가 개입하는 지층들을 포함한 모든 지층들에서 진실이다.

기표의 애호가들은 <말과 사물>이라는 아주 단순한 상황을 암묵적 모델로 삼는다. 그들은 말로부터는 기표를 추출해내고 사물로부터는 말에 순응하여 기표에 예속되는 기의를 추출해낸다. 이렇게 해서 그들은 언어 내부 영역, 언어와 동질적인 영역에 자리 잡는다. 푸코의 모범적인 분석을 빌려와 보기로 하자. 그것은 보기보다 더 언어학과 관련되어 있다. 감옥이라는 사물을 보자. 감옥은 하나의 형식, "감옥-형식", 하나의 지층 위에 있는 내용의 형식으로 다른 내용의 형식들(학교, 병영, 병원, 공장)과 관계를 맺고 있다. 그런데 감옥이라는 사물 또는 형식은 "감옥"이라는 말과 결부되어 있는 것이 아니라, "범죄인", "범죄" 등 감옥과는 완전히 다른 말들과 개념들과 결부되어 있다. 또한 이 말들은 범법 행위를 분류하고 언표하고 번역하고 심지어 저지르는 새로운 방식을 표현하고 있다. "범죄"는 "감옥"이라는 내용의 형식을 상호 전제하는 표현의 형식이다. 범죄는 결코 감옥을 기의로 갖는 기표가 아니며, 하물며 사법적 기표도 아니다. 사람들은 그런 식으로 모든 분석을 납작하게 만들곤 했다. 게다가 표현의 형식은 말들로 환원되는 것이 아니라 특정한 사회적 장에서 지층으로서 출현하는 언표들의 집합(이것이 바로 기호 체제이다)으로 환원된다. 내용의 형식은 사물로 환원되는 것이 아니라 권력 구성체로서의 사물들의 복합적 상태(건축, 생활 설계 등)로 환원된다. 거기에는 끊임없이 교차하는 두 가지 다양체가 있는데, 하나는 표현이라는 "담론적 다양체"이고 다른 하나는 내용

48 바로 이런 이유로 옐름슬레우는 그 자신의 유보와 주저에도 불구하고 우리가 보기에 기표 및 기의와 정말로 단절한 유일한 언어학자인 것 같다. 다른 많은 언어학자들은 유보 없이 필사적으로 이러한 단절을 행하려는 것처럼 보이지만, 결국 그들은 기표라는 암묵적 전제를 고수하고 있다.

이라는 "비담론적 다양체"이다. 그리고 훨씬 더 복잡한 것도 있다. 왜냐하면 내용의 형식인 감옥 그 자체는 자신과 상관된 표현을, 즉 감옥에 고유하고 범죄의 언표들과 반드시 일치하지는 않는 모든 종류의 언표들을 갖고 있기 때문이다. 반대로 표현의 형식인 범죄는 그 자체로 자신의 자율적인 내용을 갖는데, 왜냐하면 범죄는 죄를 평가하는 새로운 방식뿐 아니라 죄를 저지르는 새로운 방식 역시 표현하기 때문이다. 내용의 형식과 표현의 형식, 감옥과 범죄는 각각 자신의 역사를, 자신의 미시-역사를, 자신의 절편들을 갖고 있다. 기껏해야 그것들은 다른 내용들과 다른 표현들과 함께, 기표로 작용하는 것이 아니라 일종의 도표로 작용하는 <추상적인 기계>의 동일한 상태를 내포하고 있을 뿐이다(감옥, 학교, 병영, 병원 공장 등에 작용하는 하나의 동일한 추상적인 기계). 그리고 내용의 절편과 표현의 절편이라는 두 유형의 형식들을 조립하기 위해서는 이 두 형식의 실재적 구분을 고려하는 배치물, 이중 집게 또는 차라리 이중 머리를 가진 구체적 배치물 전부가 필요하다. 또한 권력 구성체와 기호 체제를 분절하고 분자적 층위에서 작용하는 조직화 작용 전체(푸코가 규율 권력을 가진 사회라고 부르는 것)가 필요하다.[49] 요컨대 말에 어떤 사물이 대응한다고 상정하여 그들을 대조하거

49 Michel Foucault, *Surveller et punir*, Paris : Gallimard, 1975[독역본 : *Überwachen und Strafen*, übers. von Walter Seitter, Frankfurt, 1977. 영역본 : *Discipline and Punish*, trans. A. M. Sheridan Smith, New York : Vintage, 1975]. 푸코는 이미 『지식의 고고학*L'archéologie du savoir*』(Paris : Gallimard, 1969[독역본 : *Die Archäologie des Wissens*, übers. von Ulrich Köppen, 1973. 영역본 : *The Archaeology of Knowledge*, trans. A. M. Sheridan Smith, New York : Pantheon, 1982. 국역본 : 『지식의 고고학』, 이정우 옮김, 민음사)에서 표현 또는 언표와 내용 또는 대상이라는 두 가지 다양체에 대한 이론을 소묘하면서, 그것이 기표-기의의 쌍으로 환원되지 않는다는 점을 증명했다. 또한 그는 자신의 이전 책 중의 하나인 『말과 사물』(*Les mots et les choses*, Paris : Gallimard, 1965[독역본 : *Die Ordnung der Dinge*, übers. von U. Köppen, Frankfurt, 1974. 영역본 : *The Order of Things*, New York : Vintage, 1970])이 왜 부정적으로 이해되어야 하는지를 설명했다(pp. 66~67[독역본 : S. 74f. 영역본 pp. 48~49]

나 기표에 어떤 기의가 순응한다고 상정하여 그들을 대조해서는 안 된다. 오히려 불안정한 평형 상태나 상호 전제 상태에 있으며 서로 구분되는 형식화 작용들을 대조시켜야 한다. "우리가 본 것을 말해봐야 소용이 없다. 우리가 본 것은 우리가 말하는 것 안에 있지 않다."[50] 학교에서도 마찬가지이다. 학교에서 쓰기를 가르칠 때는 이런저런 모든 기표에 대해 잉여적인 거대 <기표>가 있다는 식으로 가르치는 것만은 아니다. 학교에는 상호 전제되고 이중 집게를 이루는 서로 구분되는 두 형식화 작용이 있다. 즉 읽기와 쓰기(그리고 읽기와 쓰기에 고유한 상관적 내용들)를 가르칠 때는 표현의 형식화가, 사물들(그리고 사물들에 고유한 상관적인 표현들)을 가르칠 때는 내용의 형식화가 있다. 우리는 의미화하지도 의미화되지도 않는다. 우리는 지층화된다.

그러니 모든 지층에 기호들을 위치시키거나 아니면 모든 기호들에 기표를 위치시키는 (비록 극단적인 경우에 기표는 기호들 없이도 생겨날 수 있지만) 확장적인 방법보다는 엄격히 제한적인 방법을 택해야 한다. 우선, 기호 없는 표현의 형식이 있다(예컨대 유전 코드는 언어와는 아무 상관도 없다). 기호들은 지층들의 어떤 조건들 속에서만 이야기되며, 심지어는 언어 일반과 혼동되지도 않으며, 언어의 실재적 용법들이거나 기능들인 언표 체제에 의해 정의된다. 그럴진대 뭐하러 <기호>라는 말을 고수하려드는가? 기호 체제란 하나의 표현을 형식화할 뿐 다른 식으로 형식화되는 내용들을 동시에 지칭할 수도 의미할 수도 없는데 말이다. 그것은 기호란 어떤 사물의 기호가 아니라 탈영토화와 재영토화의 기호이며, 이 운동 속에서 넘어선 어떤 문턱을 표시하기 때문이다. 그리고 바로 이런 의미에서 기호라는 말은 유지되어야만 한다(우리는 그 말이 심지어 동물적 "기호"에도 타당하다는 것을 보았다).

50 [독역본 : S. 38. 영역본 : p. 9]

그 다음, 이런 제한적인 의미로 기호 체제를 고려한다면 우리는 기호 체제가 기표도 아니고 반드시 기표일 필요도 없다는 것을 보게 될 것이다. 기호들이 결정된 지층군 위에서 표현의 어떤 형식화만을 지칭하는 것과 마찬가지로 의미생성 자체는 이 개별적인 형식화 위에서 다른 여러 체제들 중의 어떤 한 체제만을 지칭한다. 지층들 그리고 고른 판 위에는 탈기호계적 표현들 또는 기호 없는 표현들도 있고 탈기호계적 기호 체제, 탈기표작용적 기호 체제도 있다. 우리가 의미생성에 대해 얘기할 수 있는 전부는 그것이 하나의 체제를 특징짓는다는 것이다. 그 체제는 가장 흥미로운 것도 아니고 가장 현대적이거나 현행적인 것도 아니며, 아마도 단지 다른 체제들보다 더 해롭고 더 암적이고 더 독재적이며 환상 속으로 더 멀리 들어가 있는 것이리라.

그 어떤 경우에도 내용과 표현은 결코 기의-기표로 환원될 수 없다. 그리고 (여기에 두번째 문제가 있는데) 내용과 표현은 하부구조-상부구조로 환원될 수도 없다. 더 이상 우리는 표현이 기표작용적이기 때문에 우위에 있다고 주장할 수도 없고, 내용이 결정하는 작용을 하기 때문에 더 우위에 있다고 주장할 수도 없다. 표현에 "어느 정도" 독립성과 어느 정도 반작용 가능성을 허용해준다고 할지라도 표현이 내용을 반영하는 형식이 될 수는 없다. 이른바 경제적 내용은 이미 하나의 형식을, 심지어 자신의 고유한 표현의 형식들을 가지고 있기 때문이다. 내용의 형식과 표현의 형식은 이미 전제된 두 가지 평행한 형식화 작용과 결부되어 있다. 그 두 형식이 끊임없이 자신의 절편들을 교차시키고 서로에게 전달한다는 점은 분명하다. 하지만 그것은 그 두 형식이 파생시키는 추상적인 기계에 의해서, 그 두 형식의 관계를 조정하는 기계적 배치물들에 의해서 그렇게 된다. 그런데도 만일 이 평행론을 피라미드 이미지로 대체한다면, 우리는 내용(그것의 형식을 포함해서)을 가지고 생산의 경제적 하부구조를 만들게 된다. <추상적인 것>으로 점철된 하부구조를 말이다. 또 배치물들로는 국가 장치 안에 그렇게 자리 잡고 있어야만 하는 상부구조의 첫번째 단계를 만들게 된다. 또 기호 체제와 표현의 형식으로는 이데올로기에 의해 정의되는 상부구조의 두번째 단계를 만들게 된다. 언어에 관해서 보자면, 우리는 언어를 만드는 법을 그다지 잘 알지 못한다. 왜냐하면 위대한 <전제군주>가 국가 공유 재산으로서 그리고 정보 전달 수단으로서 언어에 특별한 자리를 줘야 한다고 결정했기 때문이다. 이렇게 해서 우리는 언어의 본성을 오해한다. 언어는 정보를 순환시키기보다는 모순된 질서들을 분배하는 다질적 기호 체제 안에만 존재하는 것이다. 또 우리는 기호 체제의 본성을 오해한다. 기호 체제는 정확히 말해 권력 조직들 또는 배치물들을 표현하는 것이지, 내용의 표현이라고 가정되는 이데올로기와 아무 상관이 없다(이데올로기는 효과적으로 작동하는 모든 사회적 기계들을 감추는 가장 고약한 개념이다). 또한 우리는 권력 조직의 본성을 오해한다. 권력 조직은 국가 기구 안에 국한되어 있지 않으며, 모든 곳에서 내용과 표현의 절편들을 교차시키고 내용과 표현을 형식화한다. 또 우리는 내용의 본성을 오해한다. 내용은 "마지막 심급에서" 결코 경제적인 것이 아닌데, 왜냐하면 경제적이지 않은 내용이 있듯이 직접적으로 경제적인 기호나 표현도 있기 때문이다. 사회 구성체들의 지위를 정교하게 분석한다는 것은 기표를 하부구조에 집어넣는 것도 아니고 반대로 약간의 남근이나 거세를 정치 경제학에 집어넣든가 약간의 경제학이나 정치학을 정신분석에 집어넣는 것도 아니다.

마지막으로 세번째 문제가 있다. 지층들이 마치 단계적으로 정돈되어 완성의 정도들을 지나가기라도 하는 양 지층들 사이에 일종의 우주적 진화나 정신적 진화를 도입하는 척들 하는데, 그렇지 않으면 지층들의 체계를 설명하기란 어렵기 때문이라는 것이다. 하지만 그렇지가 않다. 내용과 표현이 서로 다른 모습들을 갖는다고 해서 이것들이 서로 다른 단계들인 것은 아니다. 생명권이나 정신권은 없다. 오히려 무엇보다도 하나의 동일한 <기계권>만이 있을 따름이다. 만일 지층들을 그 자체로 고려한다면 우리는 한 지층이 다른 지층보다 덜 조직화되어 있다고 말할 수 없다. 밑지층 노릇을 하는 지층조차 그러하다. 고정된 질서는 없다. 하나의 지층은 다른 지층에 대해 직접적인 밑지층 노릇을 할 수가 있다. 반드시 어떤 단계, 어떤 정도로 필요하다고 생각되는 매개물들 없이도 말이다(예컨대 미시 물리적 부문들은 유기적 현상들에 매개 없이 밑지층 노릇을 한다). 아니면 외견상의 질서는 역전될 수 있다. 기술적 또는 문화적 현상들은 곤충, 박테리아, 세균, 또는 심지어 입자들의 발전을 위해 비옥한 토양, 훌륭한 수프인 것이다. 산업 시대는 곤충의 시대로 정의된다……. 오늘날 사정은 훨씬 나쁘다. 우리는 어떤 지층이 어떤 다른 지층과 소통하는지, 어떤 방향으로 소통하는지 미리 말할 수 없다. 무엇보다도 덜 조직화되거나 더 낮거나 높게 조직화되는 일은 없다. 밑지층은 지층의 통합적 부분이 되며 변화가 일어나는 환경으로서 지층 안에 들어올 수 있다. 그렇다고 해도 이런 현상은 결코 조직의 증대가 아니다.[51] 그러지 말고 고른판을 고려해 보자. 우리는 고른판이 가장 잡다한 사물들과 기호들을 관통한다는 것을 알 수 있다. 기호적 조각은 화학적 상호 작용과 인접하고 전자(電子)는 언어와 충돌하고 검은 구멍은 유전 정보를 포획하고 결정화(結晶化)는 열정을 만들어내고 말벌과 서양란은 글자(une lettre)를 가로지른다…….
그것은 "……처럼"이 아니다. 그것은 "전자처럼", "상호 작용처럼" 등이 아니다. 고른판은 모든 은유를 폐기한다. 고르게 함께 있는 모든 것은 <실재적>이다(tout ce qui consiste est Réel). 그것들은 몸소 나타난 전자들이고 진짜 검은 구멍들이고 실제 세포 소기관들이고 진정한 기

51 Gilbert Simondon, *ibid.*, pp. 139～141.

호들의 시퀀스들이다. 그것들은 다만 자신의 지층에서 뽑혀 나와 있고 탈지층화, 탈코드화, 탈영토화되어 있는 것일 뿐이다. 고른판 위에서 자신들을 인접화시키고 상호 침투를 허용하는 것이다. 말없는 춤. 고른판은 층위의 차이, 크기의 차원, 거리를 모른다. 고른판은 인공적인 것과 자연적인 것 사이의 모든 차이를 모른다. 고른판은 형식과 형식을 부여받은 실체의 구분도 모르고 내용과 표현의 구분도 모른다. 이것들은 지층들을 통해서만, 지층들과 관련해서만 존재하기 때문이다.

하지만 만약 사물들이 자신들을 규정하는 지층들을 잃어버렸다면, 만약 사물들이 절대적 탈영토화를 통과했다면 어떻게 여전히 사물들을 식별하고 명명할 수 있겠는가? 눈은 검은 구멍이다. 하지만 검은 구멍과 눈은 그것들의 지층과 영토성 바깥에서 무엇이겠는가? 정확히 말해서, 우리는 지층들과 지층에서 이탈한 고른판 사이에 이원론이나 피상적 대립을 설정하는 것만으로는 만족할 수 없다. 지층들 자체가 상대적 탈영토화의 속도에 의해 활성화되고 정의되기 때문이다. 더군다나 절대적 탈영토화는 처음부터 거기에 있었으며, 지층들은 어디에나 현존하고 가장 일차적이고 언제나 내재하는 고른판 위에서 이루어진 부산물이자 집약이다. 또한 고른판은 <추상적인 기계>에 의해 점령되고 그려진다. <추상적인 기계>는 자신이 그리는 탈지층화된 판 위에 펼쳐져 있다. 또한 그와 동시에 조성의 통일성을 정의하면서 각 지층 안에 감싸인 채로도 있고, 또 심지어는 포착의 형식을 정의하면서 어떤 지층들 안에 반쯤 선 채로 존재하기도 한다. 따라서 고른판 위에서 풀려나가거나 춤추는 것은 제 지층의 분위기, 파동, 회상, 또는 긴장을 담고 있다. 고른판은 지층들을 알맞게 보유하고 있어서, 고른판 안에서 자기 고유의 기능을 수행하도록 지층들로부터 변수들을 추출해낼 수 있다. 고른판, 또는 평면태는 형식을 부여받지 않은 질료들의 무차별적 집합이 아니며 이런저런 형식을 부여받은 질료들의 카오스도 아니다.

정말이지 고른판 위에는 더 이상 형식도 실체도 없으며, 내용도 표현도 없고, 상대적 탈영토화도 각각의 탈영토화도 없다. 하지만 지층들의 형식과 실체 아래에서 고른판(또는 추상적인 기계)은 **강렬함의 연속체들을 구성한다**. 고른판은 서로 다른 형식들과 실체들로부터 추출해 낸 강렬함들을 위해 연속성을 창조한다. 내용과 표현 아래에서 고른판(또는 추상적인 기계)은 기표작용과 아무 관계없는 기호들을 가장 탈영토화된 입자들 안에서 기능하게 하는 **입자-기호들(미립자들)을 방출하고 조합한다**.[52] 고른판(또는 추상적인 기계)은 상대적 운동들 아래에서 각각의 지표들을 절대적 가치로 변형시키는 **탈영토화의 흐름들을 접합접속시킨다**. 지층들은 형식들과 실체들 안에서 취한 불연속적인 강렬함들만을 인식한다. 또한 지층들은 내용의 입자들과 표현의 항목들 안에 있는 나누어진 미립자들만을 인식한다. 또한 지층들은 탈영토화된 흐름 가운데서도 분리접속되고 재영토화된 흐름들만을 인식한다. 반면 강렬함의 연속체, 미립자들 또는 기호-입자들로 조합된 방출, 탈영토화된 흐름들의 접합접속 같은 것들은 고른판에 고유한 세 요소이며, 추상적인 기계에 의해 작동되고 탈지층화를 구성한다. 이 모든 것 중 어떤 것도 카오스적인 하얀 밤이 아니고 무차별적인 검은 밤도 아니다. 규칙들, 즉 "판짜기(planification)"[53]의 규칙들, 도표를 만드는 규칙들이 있다. 우리는 그것을 더 뒤에서 보게 될 것이고 여기저기서 보기도 할 것이다. 추상적인 기계는 무턱대고 하지는 않는다. 연속성들, 방출들, 조합들, 결합들이 아무렇게나 일어나는 것은 아니다.

드디어 마지막 구분을 할 때가 왔다. 추상적인 기계는 동시적이며

52 [이 문장에서 입자는 particule이고 미립자는 particle이다. 저자들은 particle이라는 말을 영어로부터 그대로 차용해서 쓴 것 같다]

53 [영어로는 'plan(n)ing', 독어로는 'Plani(fizie)rung', 일어로는 '平面化(プラニフイカシオソ)'라고 옮기고 있다. 제10편 참조]

상이한 상태들을 갖고서 고른판 위에서 일어나는 현상들의 복잡성을 설명해준다. 뿐만 아니라 그것은 우리가 구체적인 기계적 배치물이라고 부르는 것과 혼동되어서는 안 된다. **추상적인 기계**는 때로는 고른판 위에서 펼쳐지면서 고른판의 연속체들, 방출들, 접합접속들을 구성하고, 때로는 하나의 지층 위에 감싸여 있으면서 그 지층의 조성의 통일성과 그 지층의 인력 또는 포착력을 정의한다. **기계적 배치물**은 추상적인 기계와 밀접한 관계를 맺고 있기는 하지만 완전히 다르다. 우선 기계적 배치물은 하나의 지층 위에서 내용과 표현을 상호 조율시키고, 내용의 절편들과 표현의 절편들이 일대일 대응 관계를 맺게 하며, 지층이 겉지층과 곁지층들로 나누어지도록 이끌어준다. 그 다음 기계적 배치물은 한 지층에서 다른 지층으로 옮겨다니며 밑지층이 되는 지층과 자신의 관계를 확고히 하고 이에 대응하는 조직 변화를 확보한다. 끝으로 기계적 배치물은 고른판 쪽으로 나아가는데, 왜냐하면 특정한 지층 위에서, 그리고 지층들 사이에서, 그리고 지층들과 고른판의 관계 속에서 기계적 배치물은 반드시 추상적인 기계를 작동시키기 때문이다. 유기체 지층에 분절이 생겨나기 위해서는 배치물(예컨대 도곤 족 대장장이의 모루)이 필요하다. 두 지층들 사이에 관계가 발생하기 위해서는 배치물이 필요하다. 어떤 사회적 장이 유기체들을 이용하기 위해 포착하고 관통하려면 배치물이 필요하다. 아마존 족 전사들이 젖가슴을 잘라내면 안 될 이유라도 있는가? 유기체 지층을 전쟁 기술 지층에 맞추려고, 즉 여자-활-스텝이라는 무시무시한 배치물의 요구에 따르려고 가슴을 자르는 것이다. 힘들의 상태와 기호 체제가 서로의 관계를 교차시키기 위해서는 배치물이 필요하다. 한 지층 안에 감싸여 있는 조성의 통일성, 그 지층과 다른 지층들 사이의 관계, 이 지층들과 고른판 사이의 관계가 무턱대고 있는 게 아니라 조직화되어 있기 위해서는 배치물이 필요하다. 모든 점에서 기계적 배치물들은 고른판 위에 펼쳐져 있거나 하나의 지층 안에 감싸여 있는 추상적인 기계를 작동시킨다. 그러니 다음 문제보다 더 중요한 문제는 없을 것이다. 어떤 기계적 배치물이 주어졌을 때, 기계적 배치물이 추상적인 기계를 작동시키는 관계의 정체는 무엇인가? 기계적 배치물은 어떻게 추상적인 기계를 작동시키며, 얼마나 적합하게 작동시키는가? 배치물들을 분류하라. 우리가 기계권이라 부르는 것은 지층들 바깥에, 지층들 위에, 지층들 사이에 있는 추상적인 기계들과 기계적 배치물들의 집합이다.

따라서 지층들의 체계는 기표-기의, 하부구조-상부구조, 물질-정신과 아무런 상관도 없다. 이 모든 것들은 모든 지층들을 하나의 지층으로 깎아내리거나 체계를 탈지층화로서의 고른판으로부터 잘라내어 체계 그 자체 안에 가두는 방식이다. 빨리 요약해야겠다, 우리가 목소리를 잃기 전에. 챌린저는 끝마쳤다. 그의 목소리는 가늘어지고 날카로워졌다. 그는 헐떡거리고 있었다. 그의 손은 길게 늘어난 집게가 되었는데, 더 이상 아무 것도 잡을 수 없었지만 아직 어떤 것을 막연히 가리키고 있었다. 이중의 탈, 이중의 머리는 안쪽부터 녹아 하나의 물질로 흘러내리는 것 같았는데, 그 물질이 농축되고 있는지 아니면 반대로 흐름이 되고 있는지는 더 이상 알 수 없었다. 몇몇 청중은 돌아왔지만, 그들은 그림자이거나 부랑자들이었다. "당신 들었소? 저건 동물의 목소리야." 그러니 아주 빨리 요약해야겠다. 할 수 있는 만큼 용어들을 고정하고 확정해야겠다. 단지 그뿐이다. 우선 첫번째 개념군이 있었다. 첫째, <기관 없는 몸체> 또는 지층에서 벗어난 <고른판>. 둘째, 그 <고른판>의 <질료>. 이것은 기관 없는 몸체 안에서 또는 고른판 위에서 지나가는 것이다(절편화되지 않은 다양체들, 강렬한 연속체들, 입자-기호들의 방출들, 흐름들의 접합접속들 등으로 만들어진 독자적인 다양체들). 셋째, 하나 또는 여러 <추상적인 기계>. 추상적인 기계는 기관 없는 몸체를 구성하며 고른판을 그리거나 지나가는 것(도주선들 또는 절대적 탈영토화들)을 "도표"로 만든다.

다음, 지층들의 체계가 있었다. 강렬한 연속체 안에서 지층들은 형식을 재단하고 질료를 실체로 형성한다. 조합된 방출 작용 안에서 지층들은 표현과 내용을, 표현의 통일성과 내용의 통일성을, 예컨대 기호들과 입자들을 구분한다. 접합접속 안에서 지층들은 흐름들을 분리해내고 그 흐름들에 상대적 운동과 다양한 영토성, 상대적 탈영토화와 보충적 재영토화를 할당한다. 이렇게 지층들은 운동에 의해 활성화된 이중 분절을 도처에 설치한다. 즉, 내용의 형식과 내용의 실체, 표현의 형식과 표현의 실체, 이것들은 각각의 경우 결정될 수 있는 관계들 아래에서 절편적 다양체를 구성한다. 이것들은 **지층들**이었다. 각각의 지층은 내용과 표현의 이중 분절이었다. 내용과 표현은 실재적으로 구분되고 상호 전제 상태에 있으며 서로 뒤섞인다. 내용과 표현과 함께 가는 머리 둘 달린 기계적 배치물들은 자신의 절편들과 관계를 맺고 있다. 한 지층에서 다른 지층으로 가면서 변이되는 것은 내용과 표현 사이의 실재적 구분이 지닌 본성이며, 형식을 부여받은 질료인 실체의 본성이며, 상대적 운동의 본성이다. 우리는 실재적 구분의 세 가지 커다란 유형을 요약하여 구분할 수 있었다. 첫째, 형식적-실재적 구분. 이것은 표현의 공명이 설립되는 크기의 질서들을 구분하기 위한 것이다(유도). 둘째, 실제적-실재적 구분. 이것은 표현의 선형성이 설립되는 상이한 주체들을 구분하기 위한 것이다(변환). 셋째, 본질적-실재적 구분. 이것은 표현의 초선형성이 설립되는 상이한 속성들 또는 범주들을 구분하기 위한 것이다(번역).[54]

하나의 지층은 다른 지층의 **밑지층** 노릇을 했다. 하나의 지층은 자신의 환경, 자신의 실체적 요소들, 자신의 형식적 특질들에 따라 조성

54 [원어로는 réelle-formelle, réelle-réelle, réelle-essentielle이다. 이는 실재적 구분의 세 유형이다]

의 통일성을 갖고 있었다(통합태). 하지만 지층은 자신의 환원될 수 없는 형식과 자신의 연합된 환경에 따라 **곁지층**으로 나뉘었고, 형식을 부여받은 실체의 층들과 매개 환경들에 따라 **겉지층**으로 나뉘었다. 겉지층과 곁지층 자체도 지층으로 간주되어야만 했다. 기계적 배치물은 앞의 구분들에 따라 지층들의 관계를 조절하고, 각 지층들 위에서 내용과 표현의 관계까지도 조절한다는 점에서 **사이층**이었다. 하나의 동일한 배치물은 상이한 지층들에서, 그리고 외견상 무질서한 가운데서도 뭔가를 빌려올 수 있었다. 역으로, 하나의 지층 또는 지층의 어떤 요소는 또 다른 배치에 의해 여전히 다른 것들과 더불어 기능할 수 있었다. 끝으로 기계적 배치물은 하나의 **웃지층**이기도 했다. 고른판을 향해 나아가며 반드시 추상적인 기계를 작동시키기 때문이다. 추상적인 기계는 각 지층 안에 감싸여 있으면서, 각 지층의 <통합태> 또는 조성의 통일성을 정의한다. 한편 추상적인 기계는 고른판 위에 펼쳐져 있으면서, 고른판의 탈지층화를 주도한다(<평면태>). 따라서 배치물들이 그 지층의 통일성이라는 견지에서 어떤 지층의 변수들을 조정할 때는 언제나 지층들 바깥에 있는 추상적인 기계를 이런저런 방식으로 작동시켜야만 했다. 기계적 배치물들은 내용과 표현의 교차점에 위치해 있으며 동시에 지층들의 집합과 고른판의 교차점에 위치해 있다. 기계적 배치물들은 등대처럼 모든 방향으로 효과적으로 돌아간다.

끝났다. 훨씬 나중에 가서야 이 모든 것이 구체적 의미를 얻게 되리라. 이중 분절된 탈도 장갑과 외투도 벗겨졌고 거기서 액체가 빠져나왔는데, 그 액체는 도망가는 와중에 "유향 연기로 가득 차 있고 이상한 그림 벽지로 덮인" 강의실의 지층을 갉아먹는 것 같았다. 탈구되고 탈영토화된 챌린저는 나지막이 중얼거렸다. 나는 땅을 가져간다. 신비한 세계로, 유독한 내 정원으로 떠난다. 패주(敗走)를 통해 사물들이 진보하고 기호들이 증식하는 것이다. 공황은 창조이다. 한 소녀가 "간질성 공황이라는 가장 야만적이고 가장 깊고 가장 끔찍스런 발작을 일으키면서" 소리 질렀다. 아무도 그 요약을 듣지 않았고, 아무도 챌린저를 잡아두려고 애쓰지 않았다. 챌린저 또는 챌린저에게 남아 있는 것은 상대적인 그 무엇도 갖고 있지 않은 기묘한 궤적을 따라 고른판을 향해 천천히 서둘러가고 있었다.[55] 그는 회전문 노릇을 하는 배치물, 즉 강렬하게 똑딱거리며 절대(l'absolu)를 강타하는 복합적인 리듬을 가진 <미립자 시계>로 미끄러져 들어가려고 애쓰고 있었다. "그 형체는 거의 인간이 아닌 자태로 기묘하게 쓰러졌으며, [우주적인 비정상적 리듬을 똑딱거리는] 관 모양의 시계를 향해 기묘하고 홀린 듯이 비틀거리며 걷기 시작했다. (……) 이제 그 형체는 불가사의한 시계에 도달했다. 구경꾼들은 짙은 연기를 뚫고서 비밀 문자가 쓰인 커다란 문을 더듬는 검고 더러운 발톱을 보았다. 그 더듬음은 기묘한 똑딱 소리를 냈다. 그런 다음 그 형체는 관 모양의 상자로 들어가서 문을 닫아버렸다. (……) 모든 신비적인 문 열림 아래의 어둡고 우주적인 리듬을 강타하는 비정상적인 똑딱거림이 계속됐다."[56] 그것은 <기계권> 또는 리좀권이었다.

55 ["천천히 서두르다(se hâter lentement)"라는 표현은 라틴어 festina lente의 번역어이다. 불어에서 Hâte-toi lentement 하면 "급할수록 돌아가라"라는 뜻이 된다]

56 H. P. Lovecraft, *Démons et merveilles*, Bibliothèque mondiale, pp. 61～62[영어 원본 : "Through the Gates of the Silver Key", in *The Dream-Quest of Unknown Kadath*, New York : Ballantine Books, 1970, pp. 168, 217～218. 독역본 : "Durch die Tore des Silberschlüssels", in *Die Katzen von Ulthar*, übers. von Michael Walter, Frankfurt, 1980, S. 159 und 199f. 번역문 중 [ ]로 묶은 부분은 영어 원본에는 없는 구절이며, 불어본과 영어 원본이 다른 경우에는 영어본을 위주로 옮겼다].

4 1923년 11월 20일

언어학의 기본 전제들

명령어의 배치물

I. 언어는 정보전달과 의사소통에 관련되어 있으리라.

여교사가 학생에게 질문할 때 정보를 얻거나 하지는 않는다. 문법 규칙이나 계산 규칙을 가르칠 때도 마찬가지다. 그녀는 "기호를 부과하고"[1] 명령을 내리고 지시한다. 교사의 명령은 그가 우리에게 가르치는 것 바깥에 있지도 않으며, 그것에 덧붙여지지도 않는다. 명령은 최초의 기표작용에서 흘러나오는 것도 아니고, 정보전달의 귀결도 아니다. 하나의 명령은 항상 이미 다른 명령들에 의거하고 있으며, 그래서 명령은 잉여이다. 의무교육 기계는 정보를 전달하지 않는다. 그것은 아이에게 문법이 갖고 있는 모든 이원적 토대(남성형-여성형, 단수-복수, 실사-동사, 언표의 주체-언표행위의 주체[2] 등)와 더불어 기호계(記號系)의 좌표를 부과한다. 언어의 기초 단위인 언표는 명령어이다.[3] 따라

1 ['기호를 부과한다'고 번역한 말의 원어는 ensigner이다. 이 말은 enseigner(가르치다)의 라틴어 어원인 insignare를 가지고 저자들이 새롭게 만들어낸 조어(造語)이다. 독어 번역의 'unterweiser(가르치다)'는 지나치다. 영어의 'insign'이나 일어의 '記號へ と導き'가 낫다. '기호'에 대해서는 제5편을 참고]

2 [예를 들어 "후작 부인이 5시에 떠났다"라는 문장이 있으면 언표의 주체(=주어)는 후작 부인이지만 언표행위의 주체는 그 문장을 말한 사람이다]

3 ['명령어'로 옮긴 le mot d'ordre는 표준 불어에서 '(군대의) 통과 암호, 군호', '슬로건, 모토'를 의미한다. 그러나 저자들은 이 말을 문자 그대로의 의미로, 다시 말해 'ordre의 말'이라는 뜻으로 사용한다. 불어의 ordre는 세 가지 정도의 뜻이 있다. i) 순서, 질서, 차례, 정돈, ii) 종류, 성질, 차원, 영역, iii) 명령, 지시, 주문. 그래서 le mot d'ordre는 명령

서 정보를 수집하는 능력인 공통감[4]을 정의할 게 아니라 명령어를 발신하고 수신하고 전송하는 저 가공할 만한 능력을 정의해야만 한다. 언어는 믿으라고 있는 것이 아니라 복종하거나 복종시키기 위해 있다. "남작 부인은 내게 자신의 선의를 확신시키려는 의도는 조금도 없었다. 단지 내가 인정하는 척이라도 했으면 한다는 것을 알려주고 있을 뿐이었다."[5] 이 점은 경찰이나 정부의 공식 성명을 보면 잘 알 수 있는데, 그것은 신빙성이나 진실성은 거의 개의치 않고 단지 어떤 것을 준수하고 지켜야 하는지만을 분명히 말하고 있다. 신뢰성에 대한 이러한 전적인 무관심은 종종 도발적이기까지 하다. 이런 사실은 지금 말하고 있는 게 아니라 다른 무엇인가가 문제라는 증거이다. 사람들은 이렇게 생각해야 한다…… 언어는 이 이상을 요구하지 않는다고. 슈펭글러는 다음과 같이 지적한다. 말의 근본 형식은 판단의 언표나 느낌의 표현이 아니다. 그것은 "명령, 복종의 표시, 단언, 질문, 긍정과 부정"이며, "준비됐나?" — "예" — "합시다"처럼 삶에 명령을 내리고 기업이나 대규모 노동과 분리될 수 없는 짧은 문장들이다.[6] 단어는 도구가 아니

을 내리는 말, 질서를 잡는 말, 성질을 부과하고 영역을 가르는 말 등의 뜻과 명령으로 이루어진 말, 질서로 이루어진 말 등의 뜻을 동시에 갖는다. 한국어로는 이 중 대표적인 뜻을 살려 명령어라고 번역했다. 이 말을 영어는 order-word, 독어는 Befehlsausgabe, 일어는 지령어(指令語)라고 옮기고 있다]

4 [sens commun는 미학에서는 '공통감(共通感)'으로 일상적으로는 '상식', '통념'으로 옮길 수 있다]

5 George Darine, *L'épaulette*, Paris : 10~18, 1973, p. 435. 또는 Zola, *La bête humaine*, Gallimard, p. 188. "또 그녀는 그를 확신시키기 위해서가 아니라 다만 남들의 눈에 자신이 순결해 보여야 한다는 것을 알리기 위해서 이 말을 하고 있었다." 이런 유형의 문장은 "후작 부인은 5시에 떠났다"[나탈리 사로트(Natalie Sarraute)와 마찬가지로 Paul Valéry, *Zeitalter des Argwohns*, übers. von Kyra Stromberg, Köln, 1965, S.49를 참조]라는 정보전달을 위한 문장보다는 일반적으로 소설에 더 특징적인 문장인 것 같다.

6 Oswald Spengler, *L'homme et la technique*, Gallimard, Idées, p. 103[독어 원본 : *Der Mensch und die Technik*, München, 1931, S. 42~43. 영역본 : *Man and Technics*, trans. Charles Francis Atkinson, New York : Knopf, 1932].

다. 하지만 사람들은 노동자에게 삽과 곡괭이를 주듯이 아이에게 언어와 펜과 공책을 준다. 문법 규칙은 통사론적 표지이기 이전에 권력의 표지이다. 명령은 선행하는 기표작용과 무관하며 미리 조직된 변별적 단위들과도 무관하다. 오히려 그 반대이다. 정보는 명령이 지시로서 송신되고 전송되고 준수되기 위해 필요한 최소치일 뿐이다. 정보를 적당히 얻으면 <불이야!>와 <풀이야!>를 혼동하지 않을 수 있고, 루이스 캐롤이 묘사한 선생과 학생간의 아주 유감스러운 상황(선생은 계단 위에서 물음을 던지지만 그 물음을 운반하는 하인들은 계단을 한 단씩 내려올 때마다 물음을 왜곡시킨다. 한편 뜰 아래에 있는 학생은 대답하지만 대답은 계단을 한 단씩 올라갈 때마다 왜곡된다)을 피할 수도 있다. 언어는 삶이 아니다. 언어는 삶에 명령을 내린다.[7] 삶은 말하지 않는다. 삶은 듣고 기다린다.[8] 모든 명령어에는, 심지어 아버지가 아들에게 하는 명령어의 경우에도 작은 사형 선고(sentence de mort)가 있다. 카프카는 그것을 <심판>이라고 했다.

어려운 것은 명령어의 지위와 외연을 정확히 규정하는 일이다. 여기서 언어의 기원은 별로 중요하지 않은데, 왜냐하면 명령어는 언어-기능, 즉 언어와 공통의 외연을 갖고 있는 기능일 뿐이기 때문이다. 언어가 언제나 언어를 가정하는 것 같고 우리가 언어 외적인 출발점을 확정할 수 없다면, 그것은 언어가 보여진 무언가(또는 느껴진 무언가)와 말해진 무언가 사이에서 성립하지 않고 언제나 말하기와 말하기 사이에서 성립하기 때문이다. 이런 점에서, 이야기는 본 것을 전달하는 것이 아니라 들은 것, 타인이 말한 것을 전달한다. 풍문인 것이다. 따라

7 [il donne des ordres à la vie. 이 문장은 자구 그대로 "언어는 삶에 질서를 부여한다"라고 번역될 수도 있다]

8 Brice Parain, *Sur la dialectique*, Paris : Gallimard, 1953. 파랭은 삶에 주어진 명령어들과 관련해 언어 속에 있는 "가정" 또는 전제에 대한 이론을 발전시킨다. 하지만 그는 이것을 정치적 의미의 권력보다는 도덕적 의미의 의무로 파악했다.

서 정념 때문에 생긴 일그러진 시선을 쫓아내는 것으로도 충분치가 않다. "최초의" 언어, 또는 차라리 언어를 채우고 있는 최초의 결정물은 전의(轉義)나 은유가 아니라 **간접 화법**(discours indirect)이다. 어떤 사람들은 은유와 환유를 중요하게 여기는데, 이 점은 언어를 연구하는 데 치명적인 결과를 가져올 것이다. 은유와 환유는 단지 결과일 뿐이며, 이미 간접 화법을 가정하고 있는 경우에만 언어에 속한다. 하나의 정념 안에는 많은 정념들이 있고 온통 소문이요 횡설수설인 하나의 목소리 안에는 모든 종류의 목소리들이 있다. 이 때문에 모든 담론(discours)은 간접적이며, 언어에 고유한 전용(translation)은 간접 화법이라는 전용이다.[9] 벤베니스트는 꿀벌이 언어를 가지고 있다는 것을 부정한다. 비록 꿀벌이 유기체적인 코드화 과정을 갖고 있으며 **심지어 전의까지도 사용한다** 할지라도 말이다. 꿀벌은 언어를 갖고 있지 않다. 왜냐하면 꿀벌은 자기가 본 것을 전달할 수는 있지만 전달받은 것을 전달할 수는 없기 때문이다. 꿀을 지각한 꿀벌은 지각하지 못한 꿀벌에게 메시지를 전할 수 있다. 하지만 꿀을 지각하지 못한 꿀벌은 지각하지 못한 다른 꿀벌에게 메시지를 전달할 수가 없다.[10] 언어는 첫번째 사람으로부터

9 특히 두 명의 저자가 전통적인 언어학의 범주들을 넘어서는 언표행위 이론을 갖고 간접 화법 중에서도 특히 "자유 간접 화법"의 중요성을 끌어냈다. (러시아어, 독일어, 프랑스어의 자유 간접 화법에 대해서는) 미하일 바흐친의 *Le marxisme et la philosophie du langage*, Paris : Ed. de Minuit[당시 러시아에서 이 책은 바흐친 서클 멤버 중 하나였던 V. N. Vološinov의 이름으로 출판되었음. 독역본 : *Marxismus und Sprachphilosophie*, hrsg. von S. Weber, Frankfurt-Berlin-Wien, 1975. 영역본 : *Marxism and the Philosophy of Language*, trans. Ladislav Matejka and I. R. Titunik, Cambridge, Mass. : Harvard University Press, 1986. 국역본 : 『맑스주의와 언어철학』, 송기한 옮김, 한겨레, 1988] 3부와 (이탈리아어의 자유 간접 화법에 대해서는) 피에르 파올로 파졸리니의 *L'experience hérétique*, Paris : Payot, 1976 [독역본 : *Ketzererfahrungen, "Empirismo eretico", Schriften zu Sprache, Literatur und Film*, übers. von Reimar Klein, München-Wien, 1969] 1부를 참고할 것. 또 우리는 「무성 영화와 유성 영화에서의 간접 화법의 형식들"Les formes du discours indirect dans le cinéma, muet et parlant"」이라는 제목의 J.-P. Bamberger의 미간행 연구도 참조했다.

두번째 사람에게로, 본 사람에서 못 본 사람에게 가는 데 그치지 않고 필연적으로 두번째 사람에서 세번째 사람에게 간다. 두번째 사람과 세번째 사람은 모두 못 본 자들이다. 바로 이런 의미에서 언어는 정보로서의 기호의 소통이 아니라 명령어로 기능하는 말의 전달이다. 언어는 지도이지 사본이 아니다. 하지만 명령과 지시는 명백히 명령문이라는 제한된 유형에 국한되는데, 명령어는 어떤 점에서 언어와 공통의 외연을 갖고 있는 기능이라는 것일까?

오스틴의 몇몇 유명한 논제는 다음과 같은 점을 잘 보여준다. 행동과 말 사이에는 어떤 언표가 직설법으로 어떤 행동을 기술한다거나 명령법으로 행동을 불러일으킨다거나 하는 다양한 외적 관계만 있는 것이 아니다. 어떤 말과 사람이 그것을 이야기함으로써 달성하는 어떤 행동(수행적 발화 — 나는 "맹세해"라고 말함으로써 맹세한다) 사이에는, 보다 일반화하자면 말과 사람이 말함으로써 달성하는 어떤 행동(발화 수반 행위 — 나는 "……인가?"라고 말함으로써 질문을 한다, 나는 "널 사랑해……"라고 말함으로써 약속을 한다, 나는 명령법을 사용해서 지시를 내린다…… 등) 사이에는 내적 관계도 존재한다.[11] 말 내부에 있는 이러한 행위,[12] 언표와 그런 행위의 내재적 관계를 우리는 암묵적 전제 또는

10 Emile Benveniste, *Problèmes de linguistique générale*, Paris : Gallimard, 1966, p. 61[독역본 : *Probleme der allgemeinen Sparchwissenschaft*, übers. von W. Bolle, München, 1974, S. 74. 영역본 : *Problems in General Linguistics*, trans. Mary Elizabeth Meek, Coral Gables, Fla. : University of Miami Press, 1971, p. 53. 국역본 : 『일반 언어학의 제문제 1』, 황경자 옮김, 민음사, 1992, 94쪽(번역 일부 수정)]. "예를 들어 어떤 꿀벌이 자기 벌집에서 받은 메시지를 다른 벌통으로 가져간다는 것은 확인된 바 없다. 만약 이렇게 한다면 이는 일종의 전달 또는 중계 방식이 될 텐데 말이다."

11 [오스틴과 설의 이론은 '수행적 발화(performative)'와 '발화 수반 행위(illocutionary)'라는 개념을 중심으로 전개된다]

12 [여기서 '행위'로 옮긴 말은 acte이다. 이 말은 아리스토텔레스의 dynamis 즉 불어 puissance(잠재태, 가능태)와 짝을 이루는 말로 '현실태'를 뜻한다. 더 나아가 acte는 actualisation 즉 '현실화, 현동화(現動化)'를 뜻하는 것으로 이해하는 것이 좋다]

비담론적 전제라고 부를 수 있었다. 이런 전제는 하나의 언표는 다른 언표들이나 외적 행동과 관련된다는, 항상 설명 가능한 가정들과는 다르다(뒤크로). 수행적 발화라는 영역과 발화 수반 행위라는 보다 광대한 영역의 발굴은 이미 세 가지 중요한 귀결을 가져왔다. 1) 이제 랑그를 코드(=약호 체계)로 보는 것은 불가능하다. 코드란 설명을 가능케 해주는 조건이기 때문이다. 또 파롤을 정보의 소통으로 보는 것도 불가능하다. 명령하기, 질문하기, 약속하기, 주장하기는 지시, 의문, 서약, 단언이라는 정보를 알려주는 일이 아니라 내재적이고 필연적으로 암묵적인 이 구체적인 행위들을 수행하는 일이다. 2) 의미론, 통사론, 나아가 음운론마저도 더 이상 화행론과 독립해서 존재할 수 있는 언어 과학 영역이 아니다. 화행론은 이제 더 이상 "쓰레기장"이 아니며, 화행론적 규정들은 <언어의 외부로 다시 떨어지느냐> 아니면 <자신을 통사론화하고 의미론화하려 드는 명시적 조건들에 대답하느냐> 하는 양자택일에 굴복할 필요가 없다. 오히려 화행론은 모든 다른 차원의 전제가 되었고 모든 것에 스며들었다. 3) 랑그-파롤의 구분을 유지하는 것은 불가능하다. 이제 파롤은 단순히 1차적 기표작용(=랑그)의 외부에서 개인이 랑그를 사용한 결과도 아니고 이미 존재하는 통사법을 다양하게 적용한 결과도 아니다. 반대로 랑그의 의미와 통사법은 랑그가 전제하고 있는 파롤의 행위와 무관하게 정의될 수 없게 되었다.[13]

13 윌리엄 라보프는 랑그-파롤의 구분이 이르게 된 모순을, 또는 적어도 역설을 잘 보여주었다. 랑그는 언어의 "사회적인 부분"으로 정의되며 파롤은 개인적인 변주들과 관련을 맺고 있다. 그러나 사회적 부분은 그 자체로 닫혀 있는 것이기에, 이로부터 권리상 한 사람의 개인은 모든 외부 자료와 독립적으로 랑그를 위해 증언할 수 있는 반면 파롤은 특정한 사회적 문맥 안에서만 밝혀질 수 있다는 결론이 필연적으로 도출된다. 소쉬르에서 촘스키에 이르기까지 동일한 역설이 반복됐다. "언어의 사회적 측면은 한 사무실의 친밀함 속에서 연구될 수 있는 반면 언어의 개인적 측면은 공동체 한가운데서의 연구조사를 필요로 한다"(*Sociolinguistique*, Paris : Ed. de Minuit, pp. 259sq. 361sq.[영어 원본 : William Labov, *Sociolinguistic Patterns*, Philadelphia : University of Pennsylvania Press, 1972,

사실 우리는 발화 행위 또는 암묵적 전제가 어떻게 해서 언어와 공통의 외연을 갖는 기능이 되는지를 아직 잘 이해하지 못하고 있다. 수행적 발화("그것"을 말함으로써 행하는 것)에서 발화 수반 행위(말을 함으로써 행하는 것)로 확장되면 문제는 더욱 어려워진다. 우리는 항상 이러한 의미 확장을 방해할 수 있고 수행적 발화를 봉쇄할 수 있기 때문이다. 일반화된 화행론에 절대로 의존하려 들지 않는 의미론과 통사론의 특성들을 가지고 수행적 발화를 설명하면서 말이다. 그래서 벤베니스트에 따르면 수행적 발화는 행위로 귀착되는 것이 아니라 오히려 자기-지시적 용어들의 속성으로 귀착된다(참된 인칭 대명사인 <나>, <너> 등은 연동소로 정의된다).[14] 이렇게 언어에 미리 존재하고 있는 주체성과 상호 주관성의 구조는 발화 행위를 전제하는 게 아니라 설명해준다.[15] 따라서 언어는 정보를 전달하기보다는 의사소통을 하기 위한 것으로 정의되며, 언어학에 고유한 주체화인 상호 주관성이 나머지 것들, 즉 "그것"을 말함으로써 존재하게 되는 것들을 설명해준다. 하지만 주체의 의사소통이 이상적 정보보다 더 좋은 언어학적 개념인가? 오스왈드 뒤크로는 벤베니스트의 도식을 뒤집어엎을 근거들을 발전시켰다. 자기-지시 현상이 수행적 발화를 설명해줄 수 있는 게 아니라 그 반대이다. "어떤 언표들은 사회적으로 어떤 행동을 달성하는 데 할애된다는 사실"이야말로 자기-지시를 설명해준다. 그러므로 수행적 발화 그 자체가 발화 수반 행위에 의해 설명되는 것이지 그 반대가 아니다. 암묵적 전제 또는 비담론적 전제를 구성하는 것은 바로 발화 수반 행위이다.

p. 186]).

14 [가령 You said, "I love you." 같은 문장에서 You와 I는 동일인이지만 문장 구조상 자리를 옮길 때 표현태가 달라진다. 여기서 You와 I가 연동소(shifter : 連動素)이다]

15 Benveniste, *Problème de linguistique générale* (5부). 발화 수반 행위의 제거에 대해서는 pp. 274[독역본 : S. 308, 영역본 : pp. 237~238] 이하를 참고할 것.

그리고 발화 수반 행위를 설명해주는 것은 언표행위라는 집단적 배치물, 사법적 행위나 그에 준하는 것들이다. 이런 것들은 주체화의 과정(procès)[16] 또는 주체의 소환을 랑그 속에 배분한다. 이것들이 랑그에 의존한다는 것은 가당치 않은 소리다. 각 랑그에서 주체 형태소들의 역할과 몫을 측정하는 이런 "행위-언표" 배치물을 해명하는 데 있어 의사소통이 정보보다 더 좋은 개념이라고 할 수는 없으며, 상호 주관성이 의미생성보다 더 가치가 있다고 할 수도 없다[17](우리는 간접 화법에 대한 분석이 이런 관점을 확인해준다는 것을 보게 될 텐데, 왜냐하면 거기에서 주체화는 선행하는 것이 아니라 복합적인 배치물에서 도출되는 것이기 때문이다).

우리가 **명령**어라고 부르는 것은 명시적 언표의 특수한 범주(예컨대 명령법)가 아니라 모든 단어나 언표가 암묵적 전제 — 즉 언표 안에서 달성되며 또 언표 안에서만 달성될 수 있는 발화 행위 — 와 맺고 있는 관계이다. 따라서 명령어는 명령뿐만 아니라 행위들과 관련된다. "사회적 의무"를 통해 언표와 연관되어 있는 모든 행위들과. 직접적으로든 간접적으로든 이 연관 관계를 나타내지 않는 언표란 존재하지 않는다. 질문, 약속은 명령어이다. 언어는 특정한 순간에 한 랑그 속에서 통용되고 있는 명령어들, 암묵적 전제나 발화 행위 같은 명령어들의 집합으로 정의될 수밖에 없다.

언표와 행위 사이에 내적 관계, 내재적 관계는 있지만 동일성은 없

16 [언어학에서 보통 '사행(事行)'이라고 옮기는 말이다]

17 Oswald Ducrot, *Dire et ne pas dire*, Paris : Hermann, 1972, pp. 70~80. 그리고 J. R. Searle, *Speech Act, Actes de langage*, Paris : Hermann, 1972의 불어 판 서문 "De Saussure à la philosophie du langage". 뒤크로는 정보와 코드, 의사소통과 주관성 같은 언어학 개념들에 의문을 제기한다. 여전히 코드에 의존하고 있는 결정적·담론적 내포(l'implicite)에 반대하면서 뒤크로는 "언어학적 전제" 또는 비담론적 내포에 대한 이론을 만들어냈다. 그는 모든 언어학을 관통하는 화행론을 구성했으며 "사법적" "논쟁적" "정치적" 관점에서 고려된 언표행위라는 배치물에 대한 연구로 나아갔다.

다. 차라리 그 관계는 잉여의 관계이다. 명령어는 그 자체로 행위와 언표의 잉여이다. 신문과 뉴스는 잉여를 통해 작용한다. 우리에게 생각해라 기억해둬라 기대해라 등 "해야만 한다"고 말하고 있으니까. 언어는 정보전달을 위한 것도 의사소통을 위한 것도 아니다. 언어는 정보의 소통이 아니라 그와는 전혀 다른 어떤 것, 즉 명령어의 전달이다. 명령어를 한 언표에서 다른 언표로 전달하건 각 언표의 내부에서 전달하건, 언표가 행위를 달성하고 행위가 언표 속에서 달성된다는 점에서 언어는 명령어의 전달인 것이다. 정보 이론의 가장 일반적인 도식은 원칙상 이상적인 최대치의 정보를 상정한다. 또한 이 도식은 잉여를 이 이론적 최대치를 감소시키는 단순한 제한 조건으로 만든다. 그 최대치가 잡음에 뒤덮여서는 안 되니까. 반대로 우리는 일차적인 것은 명령어라는 잉여이며 정보는 명령어를 전달하기 위한 최소 조건에 지나지 않는다고 생각한다(바로 이 때문에 잡음과 정보를 대립시키는 대신, 언어에 작용하는 모든 규율 위반을 규율 또는 "문법성"으로서의 명령어와 대립시켜야 하는 것이다). 잉여는 **주파수**와 **공명**이라는 두 가지 형식을 갖는다. 주파수는 정보의 의미생성과 관련되어 있으며 공명(<나>=<나>)은 의사소통의 주관성과 관련되어 있다. 하지만 정확히 말해 이런 관점이 보여주는 것은, 정보와 의사소통, 나아가 의미생성과 주체화가 잉여에 종속되어 있다는 점이다. 우리는 정보와 의사소통을 분리할 때도 있다. 또한 우리는 정보에서 추상적 의미생성을 추출해 내기도 하고 의사소통에서 추상적 주체화를 추출해 내기도 한다. 하지만 그 어떤 것도 우리에게 언어의 일차적 형식 또는 암묵적 형식을 부여하지는 않는다. 기표작용의 지배로부터 독립한 의미생성이란 없으며, 기존 질서의 예속으로부터 독립한 주체화는 없다. 이 두 가지 모두는 특정한 사회적 장 안에서 명령어가 갖는 본성 및 명령어의 전달에 의존하고 있다.

개인적인 언표행위란 없다. 심지어 언표행위의 주체도 없다. 그런데도 상대적으로 소수의 언어학자들만이 언표행위가 갖고 있는 필연적으로 사회적인 성격을 분석했다.[18] 이 사회적 성격은 아직 충분치 않고, 여전히 외재적인 채로 머물러 있을 위험이 있다. 그러고 보면 그것에 대해서는 너무 많이 말해졌거나 너무 적게 말해졌다. 언표행위의 사회적 성격을 내재적으로 정초하려면 언표행위가 어떻게 그 자체로 **집단적 배치물**과 관련되는지를 밝혀야 할 것이다. 그러니 분명 언표의 개인화와 언표행위의 주체화는 비인격적인 집단적 배치물이 그것을 요구하고 결정하는 한에서만 존재하게 될 것이다. 바로 이런 이유 때문에 간접 화법, **특히 "자유" 간접 화법**은 모범적인 예로 삼을 만하다. 자유 간접 화법에는 선명한 변별적 윤곽이 없다. 특히 서로 다르게 개별화된 언표들이 삽입되어 있는 것도 아니고 다양한 언표행위 주체들이 접합되어 있는 것도 아니다. 오히려 여기에는 집단적 배치물이 있다. 배치물이 작동한 결과 이에 관련된 주체화의 과정들이 결정되고 개체성은 담론 속에 할당되어 유동적으로 배분된다. 주체들을 구별함으로써 간접 화법이 설명되는 것은 아니다. 하나의 목소리에 현존하는 여러 목소리들, 샤를뤼스의 독백 속에 있는 소녀들의 재잘거림, 하나의 랑그 안에 있는 여러 랑그들, 한 낱말 안에 있는 여러 명령어들, 이 모든 것들을 설명해주는 것은 오히려 배치물이다. 미국의 살인자 "선 오브 샘(Son of Sam)"은 조상의 목소리에 충동을 느껴 살인을 저질렀지만, 그 목소리는 개가 짖는 소리였다. 이제 가장 중요한 개념은 언표행위라는 집단적 배치물이다. 이 개념은 사회적 성격을 설명해주어야만 한

18 각각 상이한 방식으로 바흐친과 라보프는 언표행위의 사회적 성격을 강조했다. 이로써 이들은 주관주의와 대립될 뿐 아니라 구조주의와도 대립된다. 구조주의는 랑그 체계를 권리상의 개인의 이해 능력에 결부시키고, 사회적 요소들을 발화자로서의 사실상의 개인들에 결부시켰으니 말이다.

다. 물론 우리는 집단적 배치물을 정의해 볼 수는 있다. 행위와 언표의 잉여 복합체(complexe redondant)라고, 또 이 복합체는 필연적으로 집단적 배치물을 얻어낸다고 말이다. 그러나 이것은 아직 명목적 정의에 불과하다. 또한 우리는 앞에서 표명했던 우리 입장조차 아직 정당화하지 못했다. 잉여가 단순한 동일성으로 환원될 수 없다(또는 언표와 행위 사이에 단순한 동일성은 존재하지 않는다)는 입장 말이다. 집단적 배치물을 실재적으로 정의하고자 한다면 언어에 내재하는 저 행위, 언표와 더불어서 잉여를 만들거나 명령어를 만드는 행위는 무엇으로 이루어져 있는지를 물어야만 한다.[19]

이 행위들은 특정 사회에서 통용되고 있으며 이 사회의 몸체들에 귀속되는 비물체적 변형들의 집합이라고 정의될 수 있는 것 같다. 우리는 "체(corps)"라는 단어에 가장 일반적인 의미를 부여할 수 있다(정신체가 있다, 영혼은 육체이다 등). 그렇지만 우리는 이 몸체들을 변용시키는 능동작용-수동작용(les actions et passions)과 몸체들의 비물체적 속성일 뿐이며 언표의 "표현된 것"인 행위(actes)를 구분해야만 한다.[20] 뒤크로가 하나의 행위는 무엇으로 이루어져 있는가를 물어볼 때 그는 바로 사법적 배치물에까지 도달했다. 그는 피고를 죄인으로 변형시키는 판사의 선고를 예로 제시한다. 사실상 이전에 일어나는 것(어떤 사람이 기소당한 원인인 범죄)과 이후에 일어나는 것(죄인에 대한 법 집행)은 몸체(소유물이라는 몸체, 희생자라는 몸체, 죄인이라는 몸체, 감옥이라는 몸체)를 변용시키는 능동 작용-수동 작용이다. 한편 피고가 죄인이 되

19 [여기서 명목적 정의와 실재적 정의가 구분되고 있다. 이 구분에 관해서는 들뢰즈, 『스피노자의 철학』, 국역본 95~96쪽 참고]

20 [능동작용, 수동작용, 행위, 변용(affecter), 속성, '표현된 것' 등에 대해서는 들뢰즈, 『스피노자의 철학』을 참고할 것. 표현된 것(l'exprimé)은 표현(expression)과 다르다. 어색하더라도 '표현된 것'이라는 말을 그대로 쓰기로 한다]

는 변형은 순간적인 순수 행위 또는 비물체적인 속성이며, 판사의 선고에 의해 표현된 것이다.[21] 평화와 전쟁은 서로 매우 다른 몸체 상태 또는 몸체의 혼합물이지만, 총동원령 선포는 몸체의 비물체적이고 순간적인 변형을 표현한다. 몸체는 나이를 갖고 있으며 성숙하고 나이를 먹는다. 하지만 성년, 은퇴 같은 나이 범주는 특정 사회에서 몸체에 즉각 귀속되는 비물체적인 변형이다. "너는 더 이상 아이가 아니다"라는 언표는 비록 몸체에 관련해서 얘기되며 몸체의 수동작용과 능동작용 가운데 삽입되는 것이긴 하지만 비물체적 변형과 관련되어 있다. 비물체적 변형은 자신을 표현하는 언표와 자신이 산출한 효과 간의 순간성, 직접성, 동시성에 의해 식별된다. 이런 이유 때문에 명령어에는 정확한 날짜, 시간, 분, 초가 매겨지는 것이며 날짜가 붙는 그 즉시 효력을 발휘하는 것이다. 사랑은 몸체의 혼합이며, 화살에 뚫린 심장, 영혼의 결합 등으로 표상될 수 있다. 하지만 "난 널 사랑해"라는 선언은 몸체의 비물체적 속성을, 사랑받는 자뿐 아니라 사랑하는 자의 몸체의 비물체적 속성을 표현한다. 빵을 먹는 것과 포도주를 마시는 것은 몸체의 혼합이다. 성체 배령 역시 영적인 몸체들뿐 아니라 "실재적인" 몸체들 간의 혼합이다. 하지만 빵과 포도주라는 몸체가 크리스트의 몸과 피로 변형되는 것은 언표의 순수한 표현된 것이다. 이 변형은 몸체에 귀속된다. 권총을 휘두르는 항공기 납치범의 위협은 분명 하나의 행동이다. 인질이 처형된다면 그것 역시 행동이다. 하지만 승객이 인질로 변

21 Ducrot, 같은 책, p. 77. "범죄 행위(절도, 배임, 공갈 등)를 규정한다는 것은, 우리가 행위라는 말에 부여하는 일상적인 의미에서 하나의 행위가 아니다. 왜냐하면 어떤 사람이 법적으로 유죄라고 인정되는 것은 그의 행동이 야기한 이런 저런 다른 결과들 때문이라고 여겨지기 때문이다. 그런 행동이 처벌받아야 하는 까닭은 그 행동이 타인과 질서와 사회 등에 해를 끼치기 때문이라는 것이다. 반대로 판사가 선고문을 낭독할 때 만들어지는 언표는 사법적 행위로 여겨질 수 있다. 왜냐하면 판사의 발화 자체는 피고가 죄인이 되는 변형에 어떤 효력(effet)도 미치지 않기 때문이다."

형되고 비행기-몸체가 감옥-몸체로 변형되는 것은 순간적인 비물체적 변형이다. 이것은 영국인들이 <발화 행위(speech-act)>라고 부르는 것과 같은 의미에서 <대중 매체 행위(mass-media act)>이다. 특정 사회에서 명령어 또는 언표행위라는 배치물, 요컨대 발화 수반 행위는 언표와 언표가 표현하는 비물체적 변형 또는 비물체적 속성 사이에 발생하는 이러한 순간적 관계를 가리킨다.

명령어의 이러한 순간성은 아주 기묘해서, 무한히 투사될 수도 있고 사회의 기원에 놓일 수도 있다. 예컨대 루소가 볼 때 자연 상태에서 시민 상태로의 이행은 제자리 뛰기와도 같으며 <0의 순간>에서 일어나는 비물체적 변형과도 같다. 분명 실제 역사는 어떤 사회적 장에서 전개되는 몸체들의 능동작용과 수동작용을 말해주고 있으며 특정한 방식으로 그것들을 소통시키고 있다. 그러나 역사는 또한 명령어들, 다시 말해 능동작용과 수동작용의 전개 속에 삽입되는 순수 행위들을 전달하기도 한다. 역사는 날짜를 몰아내지 않을 것이다. 아마도 경제학이나 금융 분석이, 결정적인 행위들의 일종의 집합적 과정 가운데 순간적으로 현존했음을 가장 잘 보여주는 것 같다(바로 이런 이유 때문에 언표들은 결코 이데올로기의 일부가 아니며 하부 구조라고 상정된 영역에서 이미 작동하고 있는 것이다). 1918년 이후 독일에서 일어난 급속도의 인플레이션은 화폐체는 물론 다른 몸체들도 변용시켰던 하나의 과정이었다. 그러나 일군의 "상황"이 하나의 기호적 변형을 갑자기 가능케 하는데, 그 변형은 땅이라는 몸체와 물질적 자산이라는 몸체 위에서 이론적으로 분류되어야 할 것이다. 하지만 여전히 그것은 순수 행위 또는 비물체적 변형이었다. 저 1923년 11월 20일[22)]…….

22 John Kenneth Galbraith, *L'argent*, Gallimard, Idées, "L'Inflation finale", pp. 259 sq.[영어 원본 : *Money*, Boston : Houghton Mifflin, 1975, chapter 12, "The Ultimate Inflation", pp. 159, 161. 독역본 : *Geld. Woher es kommt, wohin es geht*, dt. von k. O. von Czernicki,

배치물들은 끊임없이 변주되며, 끊임없이 변형들에 내맡겨진다. 우선 상황이 개입되도록 해야 한다. 하나의 수행적 언표는 그것이 수행되도록 만들어주는 상황이 없다면 아무 것도 아니라는 점을 벤베니스트는 분명히 보여준다. 누구라도 "나는 총동원령을 내린다"라고 소리칠 수 있다. 하지만 그렇게 언표할 권리를 부여하는 유효한 변수가 없다면 그것은 어린애 장난이거나 정신 나간 짓이지 효력을 미치는 언표 행위가 아니다. 이는 "나는 너를 사랑해"라는 말에도 해당된다. 그 말에 신뢰성을 부여하는 데 그치지 않고 나아가 그 말을 하나의 진정한 배치물로 만드는 상황이 없다면, 그리고 이것이 짝사랑하는 사람의 말이라 해도 이 말을 하나의 권력의 표지로 만드는 상황이 없다면 이 말에는 어떤 의미도, 주체도, 수신자도 있을 수 없다(여기서도 여전히 사람들이 복종하는 것은 권력 의지를 통해서이다……). 그런데 상황이라는 용어가 일반적으로 갖는 함의 때문에 단지 외부 상황만이 중요하다고 믿

München-Zürich, 1976, S. 163～5] "1923년 11월 20일 막이 내렸다. 1년 전 오스트리아에서와 마찬가지로 끝은 갑자기 왔다. 좀더 완만했던 프랑스 인플레이션에서처럼 놀랄 만큼 쉽게 끝이 왔다. 아마도 그것은 단지 더 나갈 수 없었기 때문에 끝났던 것 같다. 11월 20일 옛 라이히스마르크는 더 이상 돈이 아니라고 선포되었다. 새로이 렌텐마르크가 도입되었다. …… 새로운 통화인 렌텐마르크는 일차 저당에 의해 제국의 땅과 모든 물리적 자산에 대해 보증되었다고 선포되었다. 이 착상은 아시냐 지폐에 기원을 두고 있다. 그렇지만 그것은 분명히 더한 기만였다[갈브레이스는 <탈영토화>되었음을 말하고자 하는 것이다]. 1789년 프랑스에는 교회로부터 새로 빼앗은 땅이 정말 있었고, 초기에는 통화로 교환될 수 있었다. 그러나 이 때 독일에서 재산에 대한 유질 처분권을 행사하고서 렌텐마르크를 받으려 하는 사람이 있었다면 그는 제정신이 아니라고들 했을 것이다. 하지만 새로운 통화 체제는 작동되었다. 상황이 도와주었던 것이다. …… 만일 1923년 이후에도 독일 예산에 대해 전과 같은 요구가 계속되었다면(배상 요구 및 전수 방어 비용), 마르크와 중앙은행의 명성을 구해줄 것은 아무 것도 없었을 것이다"[이 부분의 번역은 영어본을 중심으로 했다. 중간의 대괄호는 들뢰즈와 가타리가 첨언한 부분이다. 마지막 강조는 불어본에만 있다. 라이히스마르크(Reichsmark)는 1925～48년 독일에서 사용하던 마르크화이며, 렌텐마르크(Rentenmark)는 1923～31년 독일 정부가 통화 안정을 위하여 중앙은행에서 발행한 화폐이다. 아시냐 지폐는 1789～97년에 프랑스에서 쓰였던 지폐이다. 유질처분(foreclosure)은 담보물을 찾을 권리의 상실을 의미한다].

어서는 안 된다. "나는 맹세한다"라는 말은 가족 안에서, 학교에서, 연애할 때, 그리고 비밀 결사나 법정에서 말할 때 각각 동일한 말이 아니다. 그것은 동일한 것이 아니며, 또한 동일한 언표도 아니다. 그것은 몸체가 겪는 동일한 상황이 아니며, 또한 동일한 비물체적 변형도 아니다. 몸체들에서 변형이 일어난다고 말하지만, 변형 자체는 비물체적이며 언표행위 내부에 있다. 랑그를 바깥과 관계시키는 표현의 변수들이 존재하지만, 이는 정확히 말하면 그것들이 언어에 내재적이기 때문에 그렇다. 언어학이 상수들(음운론적이건 형태론적이건 통사론적이건)에 머무르는 한, 언어학은 언표를 기표와 관련시키고 언표행위를 주체와 관련시키게 되며, 결국 배치물을 놓치게 되고, 상황을 외부에 결부시키고 랑그를 자기 폐쇄적인 것으로 만들고 화행론을 찌꺼기로 만들게 된다. 그러나 화행론은 외적 상황에만 호소하지는 않는다. 화행론은 랑그가 자기 안에 갇히지 않을 충분한 내적 이유가 되는 표현의 변수들 또는 언표행위의 변수들을 도출해 낸다. 바흐친의 말마따나, 언어학이 상수들만을 추출해 낸다면 어떻게 단어 하나만으로 완전한 언표행위가 이루어질 수 있는지를 결코 이해시키지 못할 것이다. 비록 언표행위 이론이나 랑그 이론에 완전히 내부적인 것이라 할지라도, "어떤 언어학적 범주나 규정으로도 이해할 수 없는 보충 요소"가 필요하다.[23] 정확하게 말하자면 명령어는 단어 자체를 언표행위로 만드는 변수이다. 명령어의 순간성과 직접성은 변형이 귀속되는 몸체들을 변주할 역량을 단어에 제공한다.

화행론은 언어의 정치학이다. 독일이라는 사회적 장에서 나치의

23 Bakhtine, pp. 156～7[영역본 : Vološnov[Bakhtin], *Marxism and the Philosophy of Language*, p. 110. 독역본 : Volosinov[=Bachtin], 앞의 책, S. 175]. 또 언표행위 내부에 있는 변수들로서의 "상징적 힘의 관계들"에 관해서는 P. Bourdieu, "L'économie des échanges linguistiques", in *Linguistique et sociolinguistique, Langue française*, mai 1977, Larousse, pp. 18～21을 참조할 것.

언표들이 어떻게 구성되었는가에 관한 장-피에르 파예의 연구는 이 점에 관한 모범적인 연구이다(그리고 이것은 이탈리아 파시스트 언표들의 구성에 관한 연구로 전사될 수 없다). 변형에 관한 그러한 탐구는 명령어의 변주와 관련되어 있고, 비물체적인 속성들의 변주와 관련되어 있다. 이 속성들은 사회체들의 내재적 행위들을 실행시키는 것이다. 한편 우리는 레닌의 텍스트 「슬로건에 관하여」(1917)[24]에서 출발해서 소비에트 러시아에서 일어난 레닌 고유의 언표 유형의 형성을 좋은 예로 삼을 수도 있을 것이다. 이 텍스트는 이미 하나의 비물체적 변형이었다. 즉 이 텍스트는 프롤레타리아의 조건이 몸체로서 주어지기도 전에 이미 대중에게서 언표행위라는 배치물로서의 프롤레타리아 계급을 도출해 내었던 것이다. 제1차 인터내셔널은 천재적인 솜씨로 새로운 유형의 계급을 "발명했다." 만국의 노동자여 단결하라![25] 하지만 레닌은 사회-민주주의자들과 단절하기 위해서 다시금 또 하나의 비물체적 변형을 발명 또는 선포했다. 이 변형은 프롤레타리아 계급에게서 언표행위라는 배치물로서의 전위를 뽑아내고 다시 이것을 "당"에, 변별적 몸체로서의 새로운 유형의 당에 귀속시켜 버렸다. 비록 이 변형은 관료주의 특유의 잉여 체계로 전락해버렸지만 말이다. 이는 레닌의 대담한 도박인가? 레닌은 "모든 권력을 소비에트로"라는 슬로건은 <혁명>의 평화적 전개를 위해 2월 27일에서 7월 4일까지만 유효하며, 전쟁 상태에서는 더 이상 유효하지 않다고 선언한다. 평화에서 전쟁으로의 이행은 대중으로부터 지도적 프롤레타리아로 가는 데 만족하지 못하고 프롤레타리아로부터 지휘하는 전위로 가려고 하는 이러한 변형을 내포했던

24 [여기서 '슬로건(mots d'ordre)'은 지금까지 논의해 왔던 '명령어'이다]

25 프롤레타리아 계급이라는 개념 자체는 "프롤레타리아트가 그 당시에 이미 몸체로서 존재했는가(또는 그것이 아직도 존재하는가)"라는 물음과 관련된다. 마르크스주의자들이 가령 "맹아적 프롤레타리아"라는 말을 쓸 때, 우리는 그들이 어떻게 그 말을 하나의 선취로서 사용하는지를 보게 된다.

것이다. 정확히 7월 4일에 소비에트 권력은 끝난다. 이것을 외부적인 상황 탓이라고 얘기할 수도 있다. 전쟁, 레닌을 핀란드로 도망가도록 몰아넣었던 봉기 등. 그렇다고 해도 비물체적 변형이 귀속되는 몸체, 즉 <당> 그 자체가 조직화되기 이전인 7월 4일에 비물체적 변형이 언표되었다는 점은 사실이다. "모든 개개의 슬로건은 특정한 정치적 상황이 갖는 특수성들의 총체로부터 연역되어야 한다."[26] 이러한 특수성은 언어학이 아니라 정치로 귀착될 뿐이라는 반론도 있을 수 있다. 하지만 우리는 정치가 얼마나 철저하게 안으로부터 언어에 작용하는지를 주목해야만 한다. 명령어(=슬로건)가 바뀌자마자 정치는 어휘뿐 아니라 구조며 모든 문장 요소들을 변주시킨다. 한 유형의 언표는 그것이 화행론적으로 함축하고 있는 것에 따라서만 평가될 수 있다. 다시 말해 한 유형의 언표는 그 언표의 암묵적 전제, 그 언표가 표현하는 내재적 행위들이나 비물체적 변형, 즉 몸체들을 새롭게 재단하게 될 내재적 행위들이나 비물체적 변형과 관련해서만 평가될 수 있는 것이다. 진정한 직관은 문법성을 판단하는 데 있는 것이 아니라 환경 전체와 관련해서 언표행위의 내적 변수들을 평가하는 데 있다.

우리는 명시적 지령으로부터 암묵적 전제로서의 명령어로 나아갔다. 그리고 명령어로부터 명령어가 표현하는 내재적 행위 또는 비물체적 변형으로 나아갔다. 그 다음에 우리는 언표행위라는 배치물로 나아갔다. 명령어는 이 배치물의 변수에 해당된다. 이 변수들이 특정한 순간에 결정 가능한 관계에 들어가게 되면, 배치물들은 **기호 체제 또는 기호계적 기계** 안에서 결합된다. 하지만 분명히 한 사회를 가로질러 가는 기호계는 여럿이며 한 사회에는 사실상 혼합된 체제들이 있다. 게다가

26 [영어본 : V. I. Lenin, "On Slogans", in *Selected Works*, Moscow : Progress Publishers, 1975, vol. 3, p. 148. 독어본 : W. I. Lenin, "Zu den Losungen", in *Ausgewählte Werke* Bd. 2, Berlin, 1970, S. 218]

순간순간 새로운 명령어들이 생겨나서 변수들을 변주시킨다. 아직 알려진 체제에 속하지 않은 명령어들이. 따라서 명령어는 몇 가지 방식으로 잉여이다. 명령어는 자신의 본질인 전달의 견지에서 잉여일 뿐 아니라 그 자체로도 잉여이다. 발신과 관련해서 보더라도 잉여이고, 자신이 실행하는 행위나 변형과 자기 자신의 "직접적" 관계를 보더라도 잉여이다. 심지어 특정한 기호계와 단절된 명령어조차도 이미 잉여이다. 바로 이 때문에 언표행위라는 집단적 배치물이 갖고 있는 언표들은 언제나 간접 화법이다. 간접 화법은 보고하는 언표 안에서의 보고된 언표의 현존이고 명령어 안에서의 명령어의 현존이다. 언어 전체가 바로 간접 화법이다. 간접 화법이 직접 화법을 전제하고 있는 것이 결코 아니다. 반대로 직접 화법이야말로 간접 화법으로부터 추출된 것이다. 이 추출 과정은 하나의 배치물 안에서 의미생성의 작업과 주체화의 과정이 분배되고 귀속되고 할당되는 것이고, 배치물의 변수들이 잠정적으로나마 상수적 관계에 들어가는 것이다. 직접 화법은 덩어리에서 떨어져 나온 파편이며 집단적 배치물이 절단된 결과 탄생한다. 하지만 집단적 배치물은 언제나 소문(나는 여기서 내 고유명을 길어낸다)과도 같고, 서로 어울리거나 어울리지 못하는 목소리들(나는 여기서 내 목소리를 끄집어낸다)의 집합과 같다. 나는 언제나 분자적 언표행위라는 배치물에 의존한다. 이 배치물은 나를 외적으로 나타내주는 사회적 규정들에만 의존하는 것도 아니고 내 의식에 주어지는 것도 아니며, 오히려 많은 이질적 기호 체제들을 결합한다. 이 배치물은 횡설수설인 것이다. 글쓰기, 그것은 아마도 이 무의식의 배치물을 백주에 드러내고, 속삭이는 목소리들을 골라내고, 부족(部族)들과 비밀스런 관용어들을 소환하는 일이며, 거기서 내가 <자아>라고 부르는 그 무엇을 추출해내는 일이리라. <나>는 하나의 명령어이다. 한 정신 분열자가 말한다. "나는 목소리들이 <그는 삶을 의식하고 있어>라고 말하는 것을 들었다."[27)]

이런 의미에서 실제로 분열증적 코기토가 존재한다. 하지만 그 코기토는 자기 의식을 명령어의 비물체적 변환 또는 간접 화법의 결과물로 만드는 코기토이다. 여전히 나의 직접 화법은 여기저기서 나를 가로지르는, 다른 세계나 다른 행성에서 온 자유 간접 화법이다. 바로 이런 이유 때문에 그토록 많은 예술가들과 작가들이 강신술 원탁의 유혹에 빠졌다. 그래서 우리가 명령어에 고유한 능력(faculté)이 무엇이냐고 물을 때, 다음과 같은 몇 가지 이상한 특징들을 알아둬야 한다. 명령어를 발송하고 지각하고 전달하는 행위는 순간적이다. 사람들에게는 굉장한 가변성과 망각 역량이 있어서, 어떤 명령어들을 따르다가도 다른 명령어들을 받아들이기 위해 이전의 것들을 포기하기도 하는데 그렇더라도 죄책감을 느끼지 않는다. 사람들에게는 비물체적 변형을 파악할 때 정말로 이상적이거나 환상적인 능력을 보여준다. 사람들은 거대한 간접 화법 아래서 언어를 파악하는 소질을 갖고 있다.[28] 부풀리고 부풀려지

27 데이비드 쿠퍼에 의해 인용된 것이다. David Cooper, *Le langage de la folie*, Ed. du Seuil, pp. 32～33[영어 원본 : *The Language of Madness*, London : Allen Lane, 1978, p. 34. 독역본 : *Die Sprache der Verrücktheit*, übers. von Nils Lindquist, Berlin, 1978, S. 27～28]. 쿠퍼는 다음과 같은 주석을 단다. "'목소리들을 듣는다'는 말은 (……) 정상적인 [즉, 간접적인] 담론의 의식을 넘어서며 그 결과 <다름>으로 경험되어야만 하는 그 무엇을 의식하게 된다는 것을 의미한다."

28 엘리아스 카네티는 명령어의 심리학적 작용 양태에 관심을 가진 보기 드문 저자들 중의 한 사람이다(*Masse et puissance*, Gallimard, pp. 321～353[독어 원본 : *Masse und Macht*, S. 335～371 및 S. 370ff. 영역본 : *Crowds and Power*, trans. Carol Stewart, New York : Viking Press, 1963, pp. 303～333. 및 p. 332. 인용 안의 번역은 독어 원본을 참조했는데, 강조는 『천 개의 고원』 독어본에만 있다]). 카네티는 명령은 어떤 홀씨(영원히 보존되는 딱딱한 부분)를 형성하는 일종의 가시를 갖고서 영혼과 살에 자국을 새긴다고 가정한다. 여기에서 해방될 수 있는 유일한 방법은 그것을 다른 사람들에게 가능한 한 빨리 전달해서 "군중"화하는 것이다. 비록 군중이 명령어를 발신한 자를 적대시하여 등을 돌리는 일이 있다 할지라도 말이다. 하지만 또한 명령어가 몸체 안에 있는 낯선 몸체처럼, 발화 속에 있는 간접 화법처럼 존재한다는 사실은 저 놀라운 망각 현상을 설명해준다. "행위자는 자기 자신을 비난하지 않고 가시를 비난한다. 가시는 이상한 심급이고 그렇게 말한 진범이며 도처로 운반된다. (……) 가시는 사람들 자신이 행위자가 아니었다는 것에 대

는 능력이 되었건 잉여에 따라 한 곡조 안에 언제나 다른 곡조를 넣어 노래할 수 있는 능력이 되었건 종교의 방언 능력이 되었건 배운 적 없는 언어를 사용하는 능력이 되었건, 사람들은 정말로 무당과 같은 능력을 갖고 있다.

<언어-기능이 언어와 공통의 외연을 갖는 기능이라면 어떤 점에서 그렇게 정의되는가?>라는 문제로 돌아가 보자. 명령어, 집단적 배치물, 또는 기호 체제는 언어와 혼동될 수 없다. 하지만 그것들은 언어의 조건이다(표현의 초선형성). 그것들은 매번 조건을 채운다. 그것들이 없다면 언어는 순수한 잠재성으로 남을 것이다(간접 화법의 초선형적 특징). 의심할 여지없이 배치물들은 변주되고 변형된다. 하지만 배치물들은 필연적으로 각 랑그에 따라 변주되는 것은 아니며, 다양한 랑그들에 대응하지도 않는다.[29] 하나의 랑그는 언표들 속에 포함된 음운론적, 의미론적, 통사론적 상수들에 의해 정의될 것이다. 반대로 집단적 배치물은 언표행위 내부에 있는 변수들(표현의 변수들, 내재적 행위들, 또는 비물체적 변형들)에 따라 이 상수들을 사용하는 일과 관련된다. 서로 다른

한 영구적인 증인이다. 사람들은 자기 자신을 가시의 희생자로 느끼며 진짜 희생자에 대해서는 도무지 어떤 감정도 갖지 않는다. 따라서 명령에 따라 행위한 사람들은 자신을 완전히 무죄라고 여긴다는 게 맞는 말이며", 그래서 그들은 더 쉽게 새로운 명령어들을 시작한다(p. 352). 여기서 카네티는 나치의 죄의식 결여에 대해 또는 옛 스탈린주의자들의 망각 능력에 대해 통찰력 있는 설명을 제공하고 있다. 그들이 훨씬 더 응큼한 새로운 명령어들을 내세우거나 추구할 권리를 마련하기 위해 자신들의 기억과 과거를 환기할 때 건망증은 더 심해진다. "가시에 찔려 생긴 광증." 카네티의 분석은 이 점에서 본질을 꿰뚫는 같다. 그렇지만 이 분석은 매우 특수한 심적 능력이 존재함을 전제하고 있는데, 그 능력이 없다면 명령어는 이러한 작용 양태를 가질 수 없을 것이다. 정보와 의사소통에 기반하고 있으며, "상식(=공통감)"과 보편적으로 공유된 양식을 갖춘 모든 고전적 합리주의 이론은 명령어의 능력이라는 훨씬 더 성가신 능력을 덮거나 감추고 또 미리 정당화하는 한 가지 방식이다. 그것은 기이하게 비합리적인 능력이다. 그런데 사람들은 순수이성의 이름으로, 그것은 오직 순수 이성일 뿐……이라며 그것을 찬양하고 지지한다.

29 [이 문단에서 랑그는 한국어, 일본어 등 개별 언어를 가리킨다]

랑그들의 서로 다른 상수들이 같은 용법을 가질 수 있다. 그리고 특정한 랑그 안에서 동일한 상수들은 순차적으로든 동시적으로든 상이한 용법들을 가질 수 있다. 우리는 명시적이거나 명시될 수 있는 언어적 요소인 상수들과 비언어적인 외적 요소인 변수들을 이분하는 것으로는 만족할 수 없다. 왜냐하면 상수를 사용하는 데 개입되는 화행론적 변수들은 언표행위 내부에 있고, 또한 랑그의 암묵적 전제가 되기 때문이다. 따라서 만일 집단적 배치물이 특정한 랑그나 언어 그 자체와 매번 공통의 외연을 갖는다면, 이는 집단적 배치물이 언어의 조건을 충족시키고 랑그의 요소들을 이용하는 비물체적 변형들의 집합을 표현하기 때문이다. 이렇게 정의된 언어-기능은 정보전달적인 것도 아니고 의사소통적인 것도 아니다. 그것은 기표작용적인 정보나 주체들 상호간의 의사소통을 가리키지 않는다. 또한 정보 바깥에서 의미생성을 추상해 내거나 의사소통 바깥에서 주체성을 추상해 내봐야 소용없는 짓이다. 주체화 과정과 의미생성 운동이 기대고 있는 것은 바로 기호 체제나 집단적 배치물이니까. 언어-기능은 명령어들의 전달이다. 명령어들은 배치물들에 의존하고, 배치물들은 자신이 기능하는 데 필요한 변수들을 비물체적 변형들에 의존한다. 언어학은 언어의 조건의 실행과 랑그의 요소들의 **사용**을 규정해주는 화행론(기호계적인 것이건 정치적인 것이건) 바깥에서는 아무 것도 아니다.

II. 어떤 "외부적" 요소에도 호소하지 않는 랑그라는 추상적인 기계가 있으리라.

몸체적 변양들의 집합과 비물체적 변형들의 집합은 사회적 장에서 구분된다. 이 집합들 각각은 서로 다르지만 이 때 **내용**과 **표현**이라는 형식상의 구분은 존재한다. 왜냐하면 내용은 형식에 대립되는 것이 아니라 <도구-손이라는 극(極) 또는 사물의 학습>이라는 나름의 형식을 갖고 있기 때문이다. 오히려 내용은 표현에 대립된다. 표현 역시 <언어-얼굴이라는 극 또는 기호의 학습>이라는 나름의 형식을 갖고 있지 않은가. 내용도 표현도 나름대로 형식을 갖고 있으니 표현의 형식에다가 단순히 내용을 표상하거나 기술하거나 증명하는 기능을 할당할 수는 없다. 내용의 형식과 표현의 형식은 서로 대응하지도 부합하지도 않는다. 이들은 본성도 다르고 상호 독립적이고 이질적이다. 스토아 학파는 이런 독립성을 이론화한 최초의 사람들이었다. 스토아 학파는 몸체의 능동작용-수동작용(이들은 "몸체"라는 말에 가장 큰 외연을 부여했다. 즉 형식을 부여받은 내용이라면 모두가 <몸체>이다)과 비물체적 행위(이것은 언표의 "표현된 것"이다)를 구분한다. 표현의 형식은 표현된 것이라는 날실을 통해 구성되며 내용의 형식은 물체들이라는 씨실을 통해 구성된다. 칼이 살에 박힐 때, 양분이나 독이 몸에 퍼져갈 때, 포도주 방울이 물에 떨어질 때에는 **몸체들의 혼합**이 있다. 하지만 "칼이 살을 벤다" "나는 먹는다" "물이 붉어진다"라는 언표는 이와는 본성상 아주 다른 **비물체적 변형**(사건)을 표현한다.[30] 스토아 학파의 천재성은 이 역설을 극단까지, 착란과 냉소에 이르기까지 몰고 가서 가장 진지한 근거 위에 정초했다는 점에 있다. 그 결과 그들은 최초의 언어 철학자로 평가되는 보상을 받았다.

스토아 학파와 함께 다음과 같은 점을 덧붙이지 않는다면 앞의 역설은 아무런 가치도 없게 된다. 즉 비물체적 변형, 비물체적 속성은 바로 몸체 자체에 대해, 몸체 자체에 대해서만 말해지는 것이라고. 비물

30 Bréhier의 고전적인 책 *La théorie des incorporels dans l'ancien stoïcisme*, Paris : Vrin, 1970을 참고할 것. "칼이 살을 벤다" 또는 "나무가 푸르러진다"라는 언표에 대해서는 p. 12, p. 20을 참고할 것[스토아 학파의 언어 철학 및 '의미의 논리'에 대해서는 들뢰즈의 『의미의 논리』(이정우 옮김, 한길사, 1999)를 참고할 것].

체적 변형, 비물체적 속성은 언표의 표현된 것이면서도 몸체에 귀속된다. 하지만 그 목적은 몸체를 기술하거나 표상하는 것이 아니다. 왜냐하면 몸체는 이미 자신의 고유한 질, 능동작용과 수동작용, 영혼, 요컨대 자신의 형식을 갖고 있기 때문이다. 그런데 이것들 자체가 몸체이며 표상 또한 몸체이다! 따라서 비물체적인 속성이 몸체에 대해 말해진다는 것, 비물체적인 표현된 것인 "붉어진다"와 몸체적 질인 "붉다" 등을 구분할 좋은 근거가 있다는 것, 이런 것들을 증명하기 위해 우리는 표상 말고 전혀 다른 근거를 찾아야 한다. <몸체 또는 사물의 상태는 기호의 "지시체"이다>라고 할 수도 없다. 비물체적 속성을 표현하면서, 동시에 그것을 몸체에 귀속시킬 때 우리는 표상하거나 지칭하는 것이 아니라 모종의 개입을 하는 것이다. 이 개입은 바로 하나의 언어 행위이다. 이 개입은 표현의 형식과 내용의 형식이 서로 독립적이라는 사실을 반박하기는커녕 확인해준다. 모든 표현 또는 표현된 것은 내용에 끼워 넣어지고 개입한다. 내용을 표상하기 위해서가 아니라 내용을 예견하고, 퇴보시키고, 지연시키거나 가속시키고, 분리하거나 결합하고, 또는 다르게 재단하기 위해서. 순간적 변형이라는 날실은 늘 연속적 변양이라는 씨실 속으로 끼워 넣어진다(이로부터 스토아 학파에게 날짜의 의미가 중요했던 이유가 밝혀진다. <어떤 사람이 대머리이다>라고 말할 수 있는 것은 어떤 순간부터인가? "내일 해전이 있을 것이다"와 같은 유형의 언표가 날짜나 명령어를 만드는 것은 어떤 의미에서인가?) 1917년 7월 4일, 8월 4일 밤, 1923년 11월 20일. 비물체적 변형이 비물체적이면서도 몸체에 귀속되고 몸체에 삽입되는 것이라면, 이 날짜들이 표현하는 것은 도대체 어떤 비물체적 변형인가? 표현의 형식과 내용의 형식은 서로 독립적이기 때문에 이 둘 사이에는 어떤 평행 관계도 어떤 표상 관계도 성립되지 않는다. 반대로 이 둘의 분할이 성립되며, 또 표현이 내용에 삽입되고 우리가 끊임없이 한 장부에서 다른 장부로 도약하고 사물들이 기호들을 가로질러 펼쳐지거나 전개되는 동시에 기호들이 사물들 자체에 작용하는 방식이 정초된다. 언표행위라는 배치물은 사물에 "대해" 말하지 않는다. 그것은 사물의 상태나 내용의 상태에게 직접 말한다. 그래서 동일한 x, 동일한 입자가 몸체라는 형식을 갖고서 작용을 주고받기도 하고 기호라는 형식을 갖고서 행위를 하고 명령어를 만들기도 하는 것이다(예컨대 이론 물리학과 실험 물리학의 집합체에서). 요컨대 내용의 형식과 표현의 형식 간의 기능적 독립성은 그것들이 서로 전제되고 하나에서 다른 하나로 끊임없이 이행하는 형식일 뿐이다. 각각 독립적으로도 유효하다든가 하나가 다른 하나를 표상하고 다른 하나가 지시체라는 식의 명령어의 사슬이나 내용의 인과 관계란 없다. 반대로 두 선의 독립성은 배분적이며, 따라서 어느 쪽 절편이든 끊임없이 다른쪽 절편과 연계되고 다른쪽 절편으로 미끄러지거나 들어가게 된다. 푸코 말대로, 명령어(mot d'ordre)에서 사물의 "침묵하는 질서(ordre muet)"로, 또 그 반대 방향으로 사람들은 끊임없이 이동한다.

하지만 우리가 "개입한다" 같은 애매한 말을 쓰는 것, 또 우리가 표현은 내용에 끼어들거나 끼워 넣어진다고 말하는 것, 이것은 여전히 명령어가 갑자기 하늘에서 떨어진다는 식의 관념론이 아닐까? 우리는 기원이 아니라 끼어드는 지점, 끼워 넣어지는 지점을 결정해야만 한다. 그것도 두 형식이 서로를 전제한다는 틀 안에서 결정해야 한다. 표현의 형식들과 내용의 형식들, 내용의 형식들과 표현의 형식들은 자신들을 실어 나르는 탈영토화 운동과 분리할 수 없다. 표현과 내용은 각각 많건 적건 탈영토화되어 있으며, 자신의 형식이 어떤 특정한 상태에 있는가에 따라 상대적으로 탈영토화되어 있다. 그러니 내용에 대한 표현의 우위나 표현에 대한 내용의 우위를 설정할 수는 없다. 기호적 성분이 물질적 성분보다 더 탈영토화되어 있을 수도 있고, 그 반대일 수도 있기 때문이다. 예컨대 수학 기호의 복합체는 입자들의 집합보다 더 탈영토화되어 있다. 또 거꾸로 입자들이 기호 체계를 탈영토화하는 실험 결과를 낳을 수도 있다. 어떤 범죄 행동은 현존하는 기호 체제와 관련해서 보자면 탈영토화하는 행동일 수 있다(땅은 복수를 외치며 꺼져 들어가고 나의 잘못은 너무도 크다). 하지만 유죄 판결 행위를 표현하는 기호 역시도 모든 작용들과 반작용들과 관련해서 보자면 탈영토화하는 기호일 수 있다("너는 땅 위에서 도망치며 달아나는 자가 되리라",[31] 누구든 너를 죽이지도 못할 것이다). 요컨대 각각의 형식을 양화하는 탈영토화의 정도들이 있어, 그에 따라 내용과 표현은 서로 결합되고 연계되고 서로 촉진되기도 하고, 반대로 재영토화하며 안정화되기도 한다. 우리가 상황이나 변수라고 부르는 것들도 사실은 탈영토화의 정도들 자체이다. 한편으로 **내용의 변수**가 있는데 그것은 몸체의 혼합체 또는 몸체의 결집체 안에 있는 비율들이다. 다른 한편으로 **표현의 변수**가 있는데 그것은 언표행위 내부에 있는 요소들이다. 1923년 11월 20일 무렵 독일에서는 한편으로 화폐체의 탈영토화하는 인플레이션과 함께 다른 한편으로 라이히스마르크에서 렌텐마르크로의 기호적 변형도 있어, 이것이 임무를 교대해 재영토화를 가능케 했다. 1917년 7월 4일 무렵 러시아에서 한편으로는 소비에트 임시 정부라는 "몸체" 상태가 있어 균형을 유지하고 있었는가 하면 다른 한편으로는 볼셰비키라는 비물체적 기호계가 있어 일을 재촉하면서도 <당>이라는 몸체가 폭발하면 여지없이 교체되어 나가기도 했다. 요컨대 표현은 내용을 발견하거나 표상함으로써 내용과 관계를 맺는 것이 아니다. 내용의 형식과 표현의 형식이 서로 소통하며 끼어들고 작용하는 것은 내용과 형식의 상대적 탈영토화의 양자들의 결합 때문이다.

31 [「창세기」 4 :12. 국역판 성경에는 이 부분이 다음과 같이 번역되어 있다. "너는 세상을 떠돌아 다니는 신세가 될 것이다"(천주교). "너는 땅에서 피하며 유리하는 자가 되리라"(개신교)]

이로부터 <배치물들>의 본성에 대해 일반적인 결론을 끌어낼 수 있다. 첫번째 축인 수평축에 따르면 배치물은 두 개의 절편을 포함하는데, 그 하나는 내용의 절편이고 다른 하나는 표현의 절편이다. 배치물은 능동작용이자 수동작용인 몸체들이라는 **기계적 배치물**이며, 서로 반응하는 몸체들의 혼합물이다. 다른 한편으로 배치물은 행위들이자 언표들인 언표행위라는 **집단적 배치물**이며, 몸체들에 귀속되는 비물체적 변형이다. 하지만 수직 방향의 축에 따르면, 배치물은 한편으로는 자신을 안정화시키는 **영토화의 측면들** 또는 재영토화된 측면들을 갖고 있고, 다른 한편으로는 자신을 실어 나르는 **탈영토화의 첨점들**을 갖고 있다. 카프카는 그 누구보다도 잘 알고 있었다. 배치물의 이 축들을 뽑아내어 함께 기능하도록 만드는 법을. 한편에는 배-기계, 병원-기계, 서커스-기계, 성(城)-기계, 법원-기계가 있다. 이들 각각은 나름의 가구, 나름의 톱니바퀴 장치, 나름의 과정, 나름의 뒤섞이고 끼워 맞춰지고 어긋난 몸체들을 갖고 있다(지붕을 뚫고 나오는 머리를 참고할 것).[32] 다른 한편에는 기호 체제 또는 언표행위 체제가 있다. 각각의 체제는 나름의 비물체적 변형, 나름의 행위, 나름의 사형 선고 및 나름의 판결, 나름의 소송, 나름의 "법"을 가지고 있다. 언표가 기계를 표상하지 않는다는 점은 분명하다. <증기선 화부>의 말은 기관실을 몸체로 보고하는 말이 아니다. 화부의 담론은 제 나름의 고유한 형식을 갖고 있으며, 기관실과의 유사성 없이 나름대로 전개된다.[33] 그렇긴 해도 화부의 담론은 몸체에 귀속되며 몸체로서의 배 전체에 귀속된다. 그것은 명령어에 복종하는 담론이며 토론과 청구, 기소와 변론의 담론이다. 그래서 두번째 축에 따르면 한 측면과 다른 측면 사이에서 비교되고 결합

32 [Kafka, *The Castle*, trans. Willa and Edwin Muir, New York : Knopf, 1976]

33 [Kafka, "The Stoker", chapter 1 of *Amerika*, trans. Edwin Muir, Norfolk, Conn. : New Directions, 1940]

되는 것, 한 측면을 다른 측면 속에 끊임없이 집어넣는 것, 그것은 결합되거나 교체되는 탈영토화의 정도들이며 바로 그 순간 전체를 안정화시키는 재영토화의 조작들이다. K, K-기능은 모든 배치물을 구동시키는 도주선이나 탈영토화의 선을 가리키지만, 이 도주선이나 탈영토화의 선은 모든 재영토화와 잉여를, 아이, 마을, 사랑, 관료제 등의 잉여를 통과한다.

이렇게 배치물은 네 가지 요소로 되어 있다. 한 예로 봉건제라는 배치물을 보자. 우선 봉건제를 정의하는 몸체의 혼합체들을 생각해볼 수 있다. 땅이라는 몸체와 사회라는 몸체, 영주와 가신과 농노라는 몸체, 기사라는 몸체와 말이라는 몸체 및 이것들이 등자와 맺는 새로운 관계, 몸체들의 공생을 확보해주는 무기와 도구 등은 모두 기계적 배치물이다. 하지만 또한 언표들, 표현들, 문장(紋章)이라는 사법 체제, 비물체적 변형들의 집합, 특히 맹세의 유형들로서 복종의 맹세와 사랑의 맹세 등도 있는데, 이것은 언표행위라는 집단적 배치물이다. 그리고 다른 축을 따라 기사와 그가 타는 짐승, 언표와 행위를 실어 나르는 탈영토화의 선이 있으며, 동시에 봉건제의 영토성과 재영토화가 있다. 이 모든 것들이 십자군 안에서 어떻게 조합되는가를 고려해야만 한다.

그럴진대 내용이 인과 작용에 의해 표현을 결정한다고 믿는 것은 오류이다. 한 걸음 물러서서 표현이 내용을 "반영"하는 힘뿐만 아니라 내용에 능동적으로 반응할 수 있는 힘을 갖는다 해도 말이다. 언표에 대한 이러한 이데올로기적 개념은 변증법이 본래 지니고 있는 모든 종류의 난점들에 부딪히게 된다. 그런 식의 이해는 언표를 일차적으로 경제학적인 내용에 의존하게 하니까. 일단 부득이하게 내용에서 표현으로 가는 인과 작용을 생각해볼 수 있다손 치더라도 각각의 형식, 즉 내용의 형식과 표현의 형식은 동일하지가 않다. 우리는 표현의 형식이 이렇게 독립되어 있다는 것을 재인식해야만 한다. 바로 이 독립성 덕분에 표현은 내용에 반응할 수 있는 것이다. 하지만 이 독립성은 무시되고 있는 실정이다. 설사 내용이 경제학적이라고 하더라도 내용의 형식은 경제학적일 수 없으며, 나아가 이 형식은 순수한 추상으로, 즉 재화의 생산 및 그 자체로 고려된 재화 생산 수단으로 환원되어 있다. 이와 마찬가지로 표현이 이데올로기적이라고 하더라도 표현의 형식은 이데올로기적이지 않으며, 나아가 이 형식은 추상으로서의 언어로, 공공재산의 운용인 언어로 환원되어 있다. 어떤 사람들은 두 가지 상이한 형식으로 내용과 표현을 가로지르는 투쟁과 갈등을 가지고 내용과 표현을 이야기하려 한다. 하지만 이들 형식 자체는 모든 투쟁이나 갈등에서 벗어나 있으며 이들 형식간의 관계는 완전히 비결정적인 채로 남아 있다.[34] 그 관계를 결정하려면 이데올로기 이론을 수정해야 하며, 어차피 생산성 속에 의미 생산이나 기호-가치라는 형태로 표현들과 언표들을 도입해야만 한다. 여기서 생산이라는 범주가 표상, 정보, 의사소통의 도식과 결별한다는 이점을 갖고 있다는 점은 분명하다. 하지만 생산이라는 범주는 이런 도식들보다 더 적합한가? 그 범주를 언어에 적용하기란 대단히 애매하다. 그러려면 항상 물질을 의미로, 내용을 표현으로, 사회적 과정을 기표작용 체계로 변형시키는 변증법적 기적에 호소해야 하기 때문이다.

물질적 또는 기계적인 측면에서 볼 때, 하나의 배치물은 하나의 재화 생산에 관련된다기보다는 한 사회 속에 있는 몸체들의 정밀한 혼합

34 언어학에 대한 유명한 텍스트에서 스탈린은 이런 식으로 모든 사회, 모든 계급, 모든 체제에 무차별적으로 쓰이는 두 가지 중성적인 형식을 뽑아냈다고 주장했다. 즉 한편에는 재화를 생산하는 순수한 수단으로서의 도구와 기계가 있고 다른 한편에는 정보를 전달하고 의사소통을 시키는 순수한 수단으로서의 언어가 있다는 것이다. 바흐친도 언어를 이데올로기의 형식이라고 정의했다. 하지만 바흐친은 분명히 이데올로기의 형식 그 자체는 이데올로기적이지 않다는 점을 지적하고 있다[스탈린 텍스트의 독역본 : J. Stalin, *Marxismus und Fragen der Sprachwissenschaft*, übers. von H. D. Becker, München, 1968. 영역본 : *Marxism and Linguistics*, New York : International Publishers, 1951].

상태에 관련되는 것 같다. 여기에는 인력과 척력, 공감과 반감, 변질과 합체, 침투와 팽창이 있어 모든 종류의 몸체들을 서로 변용시킨다. 무엇보다 음식물 체제와 성의 체제는 몸체들의 혼합, 강제적이거나 필연적이거나 허용되어 있는 혼합을 조정한다. 기술도 도구를 그것 자체로 생각하는 잘못을 범한다. 하지만 도구는 자신이 가능케 하거나 자신을 가능케 하는 혼합체와 관련해서만 존재한다. 등자는 말과 인간의 새로운 공생 관계를 가져왔으며, 이 공생 관계는 새로운 무기와 새로운 도구를 가져왔다. 도구는 <사회-자연>이라는 기계적 배치물을 정의하는 공생 관계 또는 합체와 분리할 수 없다. 도구는 하나의 사회 기계를 전제하며 사회 기계는 자신의 "문(*phylum*)"[35] 안에서 도구들을 취사 선별한다. 한 사회는 도구가 아니라 합체에 의해 정의되는 것이다. 마찬가지로 집단적 또는 기호계적 측면에서 볼 때 배치물은 언어의 생산성에 관련된다기보다는 기호 체제, 표현 기계에 관련되며 이 기호 체제 또는 표현 기계의 변수들이 랑그의 요소들의 사용을 결정한다. 도구와 마찬가지로 랑그의 요소들도 그 자체만으로는 아무런 가치도 없다. 도구와 재화보다 몸체들이라는 기계적 배치물이 우선하며 랑그와 단어보다 언표행위라는 집단적 배치물이 우선한다. 또한 배치물이 기계적 배치물과 집단적 배치물이라는 두 측면으로 분절되는 것은 이 두 측면의 형식을 양화하는 탈영토화 운동 때문이다. 바로 이런 이유 때문에 사회적 장은 갈등과 모순이 아니라 그 장을 가로지르는 도주선에 의해 정의된다. 배치물에는 하부 구조와 상부 구조, 심층 구조와 표층 구조가 없다. 배치물은 오히려 자신의 모든 차원을 평평하게 만든다. 상호 전제와 상호 삽입이 일어나는 바로 그 고른판 위에서 말이다.

또 다른 오류(이것은 필요한 경우에는 첫번째 오류와 결합된다)는 표

35 [생물 분류학상의 최고 단위인 문(門)을 가리킨다]

현의 형식만 있으면 언어 체계로서 충분하다는 믿음이다. 이 체계는 기표작용하는 음운론적 구조 또는 심층의 통사론적 구조로 간주될 수 있다. 이 체계는 온갖 방식으로 의미론을 산출하여 표현을 달성한다. 그러나 여기서 내용은 한갓 "지시체"의 자의성에 불과한 것이 되고 화행론은 비언어적 요소들이라는 외부적인 것으로 전락하게 된다. 이 모든 기획에 공통된 것은 랑그라는 추상적인 기계를 세우고, 이 기계를 상수들의 공시적 집합으로 건립하는 것이다. 우리는 이렇게 착상된 기계가 너무 추상적이라는 점에 반대하지 않는다. 오히려 그 기계는 충분히 추상적이지 못하며 "선형적"인 채로 남아 있다. 그것은 매개적 추상의 층위에 머물러 있다. 매개적 추상에 머무르면 언어적 요소들을 비언어적 요소들과 별도로 그 자체로 고려할 수 있고 또 이 언어적 요소들을 상수로 여길 수도 있다. 하지만 추상을 더 밀고 가보자. 그러면 우리는 어떤 층위에 필연적으로 도달하게 된다. 랑그의 사이비-상수가 언표행위 그 자체의 내부에 있는 표현의 변수들에 자리를 내주고야마는 층위에. 따라서 표현의 변수들은 끊임없이 상호 작용 중인 내용의 변수들과 더 이상 분리될 수 없다. 비언어적 요소들과 관련된 외적 화행론을 고려에 넣어야 한다면 그것은 언어학이 언어학 자체의 요소들과 관계하는 내적 화행론과 분리될 수 없기 때문이다. 기의나 지시체를 고려하는 것으로는 충분하지 않다. 왜냐하면 기표작용이나 지시작용이라는 개념마저도 자율적이고 상수적이라고 상정되는 표현의 구조와 연관이 있기 때문이다. 의미론이라는 것을 건설하고, 화행론에 어떤 권리들을 인정한다 해도 쓸데없는 일이다. 이 학문들에 선행하며 미리 조건짓는 통사론적 기계나 음운론적 기계를 거쳐서 그렇게 한다면 말이다. 참된 추상적인 기계는 한 배치물 전체와 관련되어 있는 것이다. 즉 추상적인 기계는 이 배치물의 도표라고 정의된다. 그것은 언어적인 것이 아니라 도표적이고 초선형적이다. 내용은 기의가 아니고 표현은 기표가 아니다. 내용과 표현은 모두 배치물의 변수이다. 따라서 화행론의 규정들과, 나아가 의미론, 통사론, 음운론의 규정들을 언표행위라는 배치물과 직접 결부시키지 못한다면 헛수고를 하는 셈이다. 촘스키의 추상적인 기계는 여전히 나무 모델에 기대고 있으며 문장들을 만들거나 조합할 때 언어적 요소들의 선형적 질서에 기댄다. 하지만 특히 간접 화법과 관련해서 화행론적 값들이나 내적 변수들을 떠올리자마자 우리는 "초문장(hyperphrases)"을 끼워 넣거나 "추상적 대상"(비물체적 변형)을 만들지 않을 수 없다. 초문장이나 추상적 대상은 초선형성을 함축한다. 다시 말해 그 요소들이 더 이상 선형적 질서에 따라 고정되어 있지 않은 판, 즉 리좀 모델을 함축한다.[36] 이런 관점에서 보면 언어와 사회적 장 그리고 정치적 문제가 서로 침투하는 것은 추상적인 기계의 표면이 아니라 심층에서이다. 추상적인 기계는 배치물의 도표와 관련되어 있으니 결코 순수 언어의 문제가 아니다. 추상적인 기계에 추상이 부족한 경우가 아니라면 말이다. 언어가 추상적인 기계에 의존하는 것이지 결코 그 역은 아니다. 우리는 도표의 상태들을 두 가지로 구분할 수 있다. 하나는 내용과 표현의 변수들이 고른판 위에서 서로를 전제하며

36 이런 문제에 관해서 J. M. Sadock, "Hypersentences", *Phil. Diss. Univ. of Illinois*, 1968과 Dieter Wunderlich, "Pragmatique, situation d'énonciation et Deixis", *Langages*, Larousse, juin, 1972, pp. 34~58[독어 원본 : "Pragmatik, Sprechsituation, Deixis", in *Zeitschrift für Literaturwissenschaft und Linguistik*, Jg. 1, H. 1/2, Frankfurt, 1971, S. 153~190]을 참고할 것. 특히 응용의 조작(opération d'application)에 기반해서 추상적 대상들의 모델, 즉 응용 생성 모델(M. G. A. = modèle génératif applicatif)을 제안한 S. K. Saumjan, "Aspects algébriques de la grammaire applicative", *Langages*, mars 1974, pp. 95~122를 참조할 것. Saumjan은 옐름슬레우를 원용하는데, 그것은 표현의 형식과 내용의 형식을 동일한 판 위에 있는 두 개의 완전히 상대적인 변수들로, "동일한 기능(=함수)의 기능소들"로 보았던 옐름슬레우의 힘 때문이었다(*Prolégomènes à une théorie du langage*, p. 85[독역본 : S. 62]). 하지만 추상적인 기계를 도표로써 파악한다는 일보 진전은 다음과 같은 후퇴에 의해 상쇄되고 있다. 즉 옐름슬레우는 여전히 기의-기표라는 양태 위에서 내용과 표현을 구분하고 있으며, 이로써 여전히 추상적인 기계가 언어학에 의존한다고 고집하고 있다.

이질적 형식에 따라 분배되는 상태이다. 다른 상태에서는 내용과 표현의 변수들이 더 이상 구분되지 않는데 왜냐하면 바로 고른판의 가변성이 형식의 이원성보다 우세하여 변수들을 "식별할 수 없게" 만들었기 때문이다(첫번째 상태는 상대적인 탈영토화 운동에 이르게 되지만 두번째 상태는 탈영토화의 절대적 문턱에 이르게 될 것이다).

III. 랑그를 등질적 체계로 정의하도록 하는 상수나 보편자가 존재하리라.

구조적 불변항(invariant)이라는 문제는 — 그 불변항이 원자적인 것이건 관계적인 것이건 간에 구조라는 관념 자체는 불변항과 뗄 수 없는데 — 언어학에 본질적인 문제이다. 그렇기 때문에 언어학은 외적 요소니 화행론적 요소니 하는 것들에서 벗어나 순수한 과학성을, 과학 그 자체임을 표방할 수 있는 것이다. 불변항의 문제는 서로 밀접하게 연결된 몇 가지 형식을 갖고 있다. 1) 한 랑그의 상수들(대치[37] 가능한 음운론적 상수, 변형 가능한 통사론적 상수, 생성 가능한 의미론적 상수). 2) 언어의 보편자들(음소를 변별적 자질들로 분해할 수 있음, 구문을 기저부[base]의 구성요소들로 분해할 수 있음, 의미를 최소의 의미론적 요소들로 분해할 수 있음). 3) 요소들을 연계시켜 주는 나무들, 그리고 모든 나무들에 적용되는 이항관계(촘스키의 나무 모양의 선형적 방법을 참조할 것).

37 [음운론에서 말하는 대치(commutation)란 하나의 의미 단위 안에서 하나의 음성 단위를 다른 음성 단위로 대체했을 경우 기의가 변하는가 여부를 확인하는 실험이다. 이를 통해 물리적으로 다른 소리들이 하나의 음소(phonème)에 속하는지 아닌지를 알 수 있다. 예컨대 불어의 /r/라는 음소는 지역과 개인에 따라 다양하게 발음되는데, Paris라는 단어에서 r의 자리에 서로 다른 소리값의 r를 대체해보아도 아무런 의미 변화가 생기지 않을 때 이 소리값들은 같은 음소에 속하는 것으로 간주된다. 즉 대치란 음성학적으로는 구별되는 물리적 소리값들이 음운론적으로 어떤 음소들로 분류될 수 있는가를 알아보기 위한 작업이다]

4) 권리상 랑그와 공통의 외연을 가지며, 문법성을 갖느냐 아니냐를 따져보아 정의될 수 있는 언어능력. 5) 직관적 판단은 물론 요소와 관계도 변용시키는 등질성. 6) 객관적 체계로부터 권리상 그것을 파악하는 주관적 의식(언어학자 자신의 주관적 의식)으로 계속해서 이행하면서 랑그의 "즉자"와 "대자"를 건립하는 공시성.

이 모든 요소들을 가지고 놀이할 수 있으며 어떤 요소를 떼어버리거나 새 요소를 덧붙일 수도 있다. 그러나 모든 요소들은 서로를 지탱해주고 있다. 즉 한 요소의 층위에서 다른 모든 요소들의 본질을 볼 수 있는 것이다. 예컨대 랑그-파롤이라는 구분은 언어능력-언어수행이라는 구분으로 이어진다. 문법성이라는 층위로 옮겨온 구분이긴 하지만. 그런데 언어능력과 언어수행이라는 구분은 완전히 상대적이라고 비판해볼 수 있다. 언어학적 능력은 경제학적, 종교학적, 정치학적, 미학적 능력일 수 있다, 교사의 가르치는 능력은 장학사의 소견서나 교육부의 규칙에 의해 통제되는 하나의 수행일 뿐이다 등등. 그러면 언어학자는 대답할 것이다. 나는 언어능력의 층위를 다양화할 것이오. 또 체계에 화행론적 가치를 기꺼이 도입하겠소. 브레클레는 바로 이런 식으로 "개인마다 특이한 수행 능력"이라는 요소를 덧붙일 것을 제안했다. 언어학, 심리학, 사회학의 요소 전체와 연결된 요소를 말이다. 하지만 만일 화행론에 제 나름의 상수들이나 보편자들이 있다고 인정하지 않을진대 화행론을 군데군데 써먹는들 무슨 소용이 있겠는가? 또 어떤 점에서 "나" "약속하다" "알다" 같은 표현이 "인사하다" "명명하다" "비난하다" 같은 표현보다 더 보편적이란 말인가?[38] 마찬가지로 촘스키의 나무에 싹을 틔우고 선형적 질서를 부수려고 노력해 봐도, 선형적 질서

38 보편적 화행론과 "대화의 보편성"이라는 생각에 대해 Herbert E. Brekle, *Sémantique*, Paris : Armand Colin, 1974, pp. 94~104[독어 원본 : *Semantik*, München, 1972(제2판), S. 121~131]를 참조할 것.

를 끊어줄 화행론적 구성요소가 나무 꼭대기에 올라앉아 있거나 파생 단계에서 지워져버리는 한 우리는 정말 아무 것도 얻지 못한 것이고 리좀을 구성하지도 못한 것이다.[39] 실로 가장 일반적인 문제는 추상적인 기계의 본성과 관련된 문제다. 추상을 보편자나 상수와 연결시킬 이유는 없다. 추상적인 기계가 변수나 변주 주위에 구성되어 있다고 해서 추상적인 기계의 독자성을 지워 없앨 이유도 없다.

촘스키와 라보프의 상반되는 입장들을 살펴본다면 문제의 핵심을 더 잘 이해할 수 있을 것이다. 모든 언어는 본질적으로 이질적인 것들이 섞여 있는 실재이다. 언어학자는 이 사실을 잘 알고 있고 자주 입에 담는다. 그러나 이는 사실에 대한 지적일 따름이다. 촘스키의 주장에 따르면, 우리는 추상화와 관념화를 필요로 하니, 권리상 과학적인 연구를 가능케 하는 등질적 체계 또는 표준적 체계를 이 실재의 집합에서 재단해내야 한다. 이는 표준 영어만을 연구한다는 문제와는 상관이 없다. 왜냐하면 언어학자는 흑인 영어나 게토의 영어를 연구할 때는 연구 대상의 항상성과 등질성을 보증하는 표준 체계를 뽑아내야 한다는 의무감에 휩싸이기 때문이다(그들은 그 어떤 과학도 다른 식으로 진행될 수는 없다고 말한다). 따라서 촘스키는 이렇게 믿고 있는 것 같다. 라보프는 언어의 다양한 특징들에 대한 관심을 표명하면서 화행론이라는 학문을 하고 있는데, 그것은 언어학 외적인 사실을 걸고넘어지는 것이라고.[40] 하지만 라보프에게는 다른 야망이 있다. 그가 뽑아냈던 내적 변주의 선들은 단지 발음이며, 화법까지도 변용시키는 "자유 변이형"[41]

39 이러한 싹틔우기와 그것의 여러 표상에 대해서는 Wunderlich의 앞의 글을 참조할 것.
40 Noam Chomsky et Mitsou Ronat, *Dialogues*, Flammarion, pp. 72～74[영역본 : *Language and Responsibility. Based on conversations with Mitsou Ronat*, trans. John Viertel, New York : Pantheon, 1979, pp. 53～54. 독역본 : *Sprache und Verantwortung : Gespräche mit Mitsou Ronat*, übers. von Eva Brückner-Pfaffenberger, Frankfurt, 1981, S. 82～84]
41 [음운론에서 either [i :] /［ai]와 같은 식으로 하나의 음소가 변형되는 현상]

이나 체계 바깥에 있으면서 체계의 등질성을 유지하게 해주는 비관여적 특질들만이 아니었다. 더군다나 그는 마치 발화자가 이 체계에서 저 체계로 옮겨가듯이 그 자체로 등질적인 두 개의 체계 사이에서 사실의 혼합물을 본 것도 아니다. 그는 언어학이 발판으로 삼고자 하는 양자택일, 즉 변이형들을 각기 다른 체계에 귀속시키느냐 아니면 구조 바깥쪽에 놓느냐 하는 양자택일을 거부한다. 체계적인 것은 변주 그 자체이다. 음악가들이 "주제, 그건 바로 변주야"라고 말하는 것과 같은 의미에서 말이다. 변주에서 라보프가 보는 것은 각각의 체계 내부에서 작용하며, 이 체계가 체계 자신의 고유한 역량에 따라 이어지거나 건너뛰게 하고, 체계가 자기 안에 갇히거나 원칙적으로 등질화되는 것을 금지하는 권리상의 구성요소이다. 라보프가 염두에 두는 변주는 분명 본성상 음성학, 음운론, 통사론, 의미론, 문체론 등 모든 분야에 걸쳐 있는 것 같다. 라보프가 권리와 사실의 구분을 무시하고 있다며 반박하기란 쉽지 않을 것 같다. 예컨대 언어학과 문체론의 구분, 공시태와 통시태의 구분, 관여적 특질과 비관여적 특질의 구분, 언어능력과 언어수행의 구분, 랑그의 문법성과 파롤의 비문법성의 구분 등. 라보프의 입장을 지나치게 밀고나간다는 소리를 듣더라도 오히려 우리는 이렇게 말하고자 한다. 라보프는 사실과 권리를 달리 분배하고자 했으며, 특히 권리 그 자체와 추상에 대해 달리 생각하고자 했다. 라보프는 흑인 청년의 예를 들고 있다. 그는 짤막짤막한 문장들을 말하면서 흑인 영어 체계와 표준 영어 체계 사이를 열여덟 번이나 왔다갔다한다. 하지만 정확성을 기한다면 정작 자의적이고 불충분한 것은 두 체계간의 추상적인 구분이 아닐까? 어차피 [체계의] 형식들이란 대개 특정한 문장들이 우연히 결합된 결과를 가지고 언어학자들이 이런저런 체계에 속한다고 결정하는 것이니까. 그러니 다음과 같은 사실을 받아들여야만 하지 않을까? 모든 체계는 변주 중에 있다는 것, 체계는 상수와 등질성이 아니라 내재적이고 연속적이라는 특성을 갖는 일종의 변화 가능성에 의해 정의된다는 것, 그리고 체계는 아주 특별한 양태(가변적 규칙 또는 임의 선택적 규칙) 위에서 조정된다는 것.[42]

라보프가 고정시킨 경계든 언어학이 내세우는 과학성이든 벗어나기는 해야겠지만, 내부에서 랑그를 가동시키는 연속적 변주[43]라는 것은 도대체 무엇인가? 사람은 하루에도 몇 번씩 한 언어에서 다른 언어로 부단히 옮겨간다. 그는 차례차례 "아버지가 자식에게 하는" 것처럼 말하고 사장처럼 말하며, 애인에게는 아이의 언어로 말하고, 잠을 잘 때에는 꿈의 담론에 빠지며 전화가 울리면 갑자기 직업의 언어로 돌아온다. 그렇게 다양하게 언어로 변주된들 결국은 같은 언어라고? 이 문제의 핵심을 그렇게 조급하게 판단하지 말라. 왜냐하면 한편으로 그것이 동일한 음운론, 동일한 통사론, 동일한 의미론인지 확실치 않으니까. 다른 한편으로는 동일하다고들 하는 그 언어가 불변항들에 의해 정의되느냐 아니면 그 언어를 가로지르는 연속적 변주의 선에 의해 정의되느냐가 문제니까. 어떤 언어학자들은 언어의 변화가 체계의 단절보다는 빈도의 점진적인 변양, 여러 용법들의 공존과 연속성에 의해 일어난다고 주장했다. "나는 맹세합니다"라는 하나의 동일한 언표를 보자. 그것은 아이가 아버지 앞에서 말하는 것이냐 사랑에 빠진 한 남자가 애인 앞에서 말하는 것이냐 증인이 법정에서 말하는 것이냐에 따라 각기 다른 언표가 된다. 그것은 마치 세 개의 시퀀스(혹은 메시앙[44]의

42 William Labov, *Sociolinguistique*, 특히 pp. 262~265[영어 원본 pp. 187~190]. 때때로 라보프는 거의 동일한 의미를 갖지 않는 언표들을 고려해야 한다는 제한된 상황에 빠진다. 또 때로는 이 상황을 피해가며 보충적이지만 이질적인 언표들의 사슬을 추적한다.

43 [연속적 변주라는 말에서 '변주(variation)'라는 말 때문에 오해가 있어서는 안 되겠다. 이 말은 중심 모티프를 변화시켜 가며 연주한다는 주관적 의미가 전혀 아니다. 오히려 그것은 존재론적으로, 존재의 변화 운동을 가리킨다. 세계는 끊임없이 생성하고 연속적으로 변주된다. 거기에는 어떤 단절도 없다]

일곱 개의 시퀀스 위에 펼쳐진 네 개의 아멘)과도 같다. 그래도 아직 변수가 단지 상황적이라든가 언표가 권리상 상수로 남아 있다고 말할 수 있는 근거는 없다. 언표는 그것이 실행되는 수만큼 있다. 또 하나의 언표가 실행되면 그 안에는 언표들 전체가 현존한다. 그래서 변주의 선은 잠재적이다. 다시 말해 현재적이지 않으면서 실재적(réelle sans être actuelle)이다.[45] 언표가 어떠한 도약을 하더라도 변주의 선은 연속적이다. 연속적 변주를 만들어라! 그러면 언표는 모든 음운론적, 통사론적, 의미론적, 운율법적 변수들을 통과해 가장 짧은 시간에(가장 짧은 틈에) 변용시킬 것이다. <나는 맹세한다!>라는 연속체와 그에 상응하는 변형들을 만들어라. 이것이 화행론의 관점이다. 하지만 화행론은 언어 내적이며 내재적이 되었으며, 그 어떤 언어학적 요소들 그것의 변주를 포함하고 있다. 예를 들면, 카프카의 세 가지 소송의 선이 있다. 그것은 가족 내에서 아버지의 소송, 호텔에서 약혼 소송, 법정 소송이다. 그런데 사람들은 언제나 "환원"을 찾으려든다. 그러니까 아버지를 대하는 아이의 상황이나 거세와 관련된 남자의 상황, 또는 법과 관련된 시민의

44 [올리비에 메시앙(Olivier Messiaen, 1908~1992). 프랑스의 작곡가. 말년에는 동·서양의 리듬, 새소리, 미분음 음악(반음보다 작은 음정을 사용하는 음악) 등 폭넓은 분야에 걸쳐 연구했다. 제자 가운데는 20세기 음악의 중요한 인물인 카를하인츠 슈톡하우젠과 피에르 불레즈가 있다]

45 ["현재적(=현실적)이지 않으면서 실재적"이라는 표현은 들뢰즈가 프루스트에게서 빌려온 것이다. 원문은 유명한 상기(想起) 장면에 관한 기술로서 다음과 같다. "하지만 예전에 들었거나 호흡했던 어떤 소음, 어떤 냄새가, 현재적이지 않으면서도 실재적이며 추상적이지 않으면서도 관념적인 현재와 과거 속에서 동시에 다시 들리고 맡아지는데, 그러자마자 보통은 감추어져 있던 사물의 영속적 본질이 해방되고, 때로는 오래 전부터 죽은 듯 보였지만 완전히 죽지는 않았던 우리의 진정한 자아가 깨어나서 자기에게 주어진 천상의 양식을 받아 생명을 얻는다"(Marcel Proust, *A la recherche du temps perdu*, Gallimard, Pléiade, vol. IV, 1988, p. 451). 들뢰즈는 베르그송과 잠재성에 관해 이 구절을 『프루스트와 기호들』(서동욱, 이충민 옮김, 민음사, 1997, p. 97)에서 분석하고 있다. 한편 『베르그송주의』(김재인 옮김, 문학과지성사, 1996)도 참조할 것(3장 및 5장, 특히 pp. 134~143 참조)]

상황을 가지고 모든 것을 설명하려 드는 것이다. 하지만 그렇게 되면 내용의 가짜-상수를 끌어내는 걸로 만족하는 셈이며, 이는 표현의 가짜-상수를 뽑아내는 것보다 나을 게 없다. 변주 만들기는 우리가 이런 위험들을 피할 수 있게 해준다. 왜냐하면 변주 만들기는 시작도 끝도 없는 연속체 또는 매체를 구축하기 때문이다. 연속적 변주를 변수 그 자체의 연속적이거나 불연속적인 성격과 혼동하지 말아야 한다. 즉, 불연속적 변수를 위한 연속적 변주인 명령어[암호]와……. 하나의 변수는 궤도를 지나가며 어떤 지점에서는 연속적이고 또 어떤 지점에서는 뛰어 오르거나 도약할 수 있다. 그래도 연속적 변주는 그 때문에 변용되지는 않는다. 그럼으로써 잠재적이지만 실재적인 "양자택일적 연속성"으로서의 부재하는 전개를 강요한다.

상수 또는 불변항은 (그것의 영속성이나 지속성보다는 비록 상대적인 중심이긴 해도 그것의 중심으로서의 기능에 의해 정의된다) 음악의 조성(調聲) 체계 또는 온음계에서, 안정성과 견인력을 갖고 태어난 모든 조(調)들은 공명과 인력의 법칙에 따라 유효한 중심들을 갖는다. 그리고 이 중심들은 얼마 동안은 서로 변별되는 안정된 형식들을 만들어낸다. 이것은 중심화되어 있고 코드화되어 있으며 선형적이고 나무 유형인 체계이다. 사실 단"조"[46]는 조성 음악에 도망치고 빠져나가는 탈중심적 성격을 부여한다. 단조의 음정은 특이하고 그 화음은 불안하니까. 또한 단조는 장조를 모델로 또 표준으로 하여 정렬되면서도 조성으로 환원되지 않는 어떤 선법적 역량을 갖고 있기 때문이다. 마치 음악이 여행이라도 떠나서 갑자기 땅위로 솟은 지하수, 동양의 환영, 상상의

46 [원어는 le "mode" mineur인데 이는 일반적으로는 "소수파의 '양식'"이란 뜻으로 읽을 수도 있다. 여기서 <양식>이란 말에 인용 부호를 단 이유는 소수파에게는 양식이라는 것이 아예 없기 때문이라고 해석할 수 있다. 반면 아래에 나오는 "장조"는 다수파를 의미하기도 한다]

고장, 도처의 전통을 한데 모으기라도 하는 것처럼. 나아가서 또 다른 양면성을 보여주는 것은 평균율, 평균율적 반음계이다. 그것은 중심의 작용을 가장 먼 음(音)에까지 확장시키지만, 또한 중심의 원리를 해체할 준비를 하며 중심화된 형식 대신 끊임없이 분해되거나 변형되는 형식을 연속적으로 펼쳐나간다는 점에서 양면적이다. 베토벤을 보라. 전개부가 형식을 복종시키고 곧 전체로 확장될 때 변주는 풀려나오기 시작하고 하나의 장조가 된다. 하지만 기다려 보라. 반음계가 격노해서 일반화된 반음계가 되고, 평균율에 등을 돌려 음높이며 지속 시간, 강렬함, 음색, 시주(始奏) 등 모든 음의 성분들도 변용시킬 것이다. 그렇게 되면 음의 형식이 질료를 조직화한다고는 더 이상 말할 수 없을 것이며 심지어는 형식이 연속적으로 전개된다고 말할 수도 없을 것이다. 그보다는 오히려 비음향적인 힘들을 들을 수 있게 해주는 아주 복잡하고 정교한 재료가 중요하다. 형식-질료라는 쌍은 힘들-재료라는 짝짓기로 대체된다. 신시사이저(=음 합성 장치)가 저 오랜 "선험적 종합 판단"의 자리를 차지하며 이로써 모든 기능이 바뀐다. 모든 성분들을 연속적으로 변주하면서 음악은 초선형적 체계가 되고 나무 대신에 리좀이 되며, 구멍, 침묵, 파열, 단절마저도 자신의 일부로 삼는 잠재적인 우주적 연속체에 복무하게 된다. 그러니 조성 체계와 무조(無調) 음악 사이의 가짜-단절은 결코 중요하지 않다. 반대로 무조 음악은 조성 체계와 결별하면서 평균율을 극단적인 귀결까지 밀어붙일 뿐이다(어떤 빈 악파 멤버도 여기에 그치지는 않았지만 말이다). 본질적인 것은 그 반대의 운동인 것 같다. 이 비등(飛騰) 운동은 19세기와 20세기에 걸쳐 조성 체계 자체를 변용시켰으며, 상대적인 조성을 보존하면서도 평균율을 해체하고 반음계를 확대했으며 새로운 선법(旋法)을 다시 발명하고 새로운 합성(alliage) 안에서 장조와 단조를 연결하고 매번 특정한 변수를 위해 연속적 변주의 영역을 획득했다. 이러한 비등은 일선에 등장하며 자신의 목소리를 들려주었고 앞서 다듬어진 분자적 재료를 통해 음악에 항상 작용하는 우주의 비음향적 힘들을, 즉 순수 상태에 있는 잠깐 동안의 <시간>,[47] 절대적 <강렬함>의 알갱이 등을 들려주었다. <조성>, <선법>, <무조>란 말들은 더 이상 중요하지 않다. 우주로서의 예술이 되기 위한 음악, 무한한 변주의 잠재적 선들을 그리기 위한 음악만이 존재할 뿐이다.

음악은 언어가 아니다, 음의 성분들은 언어학에서 말하는 관여적 특질이 아니다, 음악과 언어 사이에는 대응 관계가 없다 등의 반론이 여전히 제기된다. 하지만 우리는 이 두 영역이 서로 대응된다고 주장하지는 않겠다. 우리가 줄기차게 요구하는 것은 문제를 열린 채로 두자는 것이며 미리 전제된 모든 구분을 거부하자는 것이다. 무엇보다도 랑그-파롤이라는 구분을 거부해야 하는데, 그 구분은 표현이나 언표행위를 작동시키는 모든 종류의 변수를 언어의 바깥에 두기 위해서 만들어진 것이기 때문이다. 반대로 장-자크 루소는 <음악-목소리>라는 관계를 제안했는데, 이 관계는 음성학과 작시법은 물론이고 언어학 전체를 다른 방향으로 가져갈 수도 있었다. 음악 속의 목소리는 언어와 음을 동시에 이용하는 것이기에 변함없이 특권적인 실험축이었다. 음악은 목소리와 악기들을 매우 다양한 방식으로 연결시켰다. 하지만 목소리가 노래인 이상, 목소리의 주된 역할은 음을 "붙잡는" 것이며, 악기의 반주를 받아가며 음표 위에 한정된 상수의 기능을 한다. 목소리가 음색과 관련될 때에만 목소리는 이질적인 것을 갖게 되며 목소리에 연속적 변주 역량을 주는 음역이 드러난다. 이제 목소리는 더 이상 반주

47 ["순수 상태에 있는 잠깐 동안의 '시간'"이란 표현은 프루스트의 『되찾은 시간』(『잃어버린 시간을 찾아서』의 제7권, 앞의 책, p. 451)에 나오는 표현으로, 들뢰즈는 이 구절을 국지화와 파편성의 관점에서 『프루스트와 기호들』(앞의 책, 100쪽과 186쪽)에서 몇 차례 인용했다]

를 따라가지 않으며 실제로 <기계화>된다. 그것은 음악기계다. 동일한 음 판 위에서 가사 부분, 선율 부분, 효과음부, 악기부, 그리고 결과적으로 전자(電子)부까지도 연장시키거나 중첩시키는 음악 기계. 이것은 일반화된 "글리산도(glisando)"의 음 판이다. 통계적 공간의 구성을 내포하며, 여기서 각각의 변수는 평균값을 갖는 것이 아니라 다른 변수들과 함께 연속적 변주가 되는 주파수의 확률을 갖는다.[48] 루치아노 베리오의 『얼굴』이나 디터 슈네벨의 『횡설수설*Glossolalie*』은 이 점에 있어 전형적인 예가 될 수 있다. 베리오 자신이 무슨 얘기를 하건 이 작품은 가짜-상수를 가지고 언어의 모사물이나 목소리의 은유를 생산하는 작품이 아니다. 오히려 이 작품은 중립적이고 비밀스럽고 상수도 없으며 완전히 간접 화법으로 된 랑그에 이르려 하는데, 그 랑그 속에서 신시사이저와 악기는 목소리나 다름없이 말을 하며 목소리는 악기나 다름없이 연주를 한다. 기계화되고 원자화된 세상에서 음악은 더 이상 노래할 줄 모른다고들 하지만, 오히려 우리는 이렇게 생각해야 한다. 막대한 변주 계수가 있어 친교적 부분, 비친교적 부분, 언어적 부분, 시적 부분, 도구적 부분, 음악적 부분 등 하나의 음 배치물의 모든 부분들을 변용시키고 연동시킨다고. "모든 정도들을 가로지르는 단순한 아우성"(토마스 만). 목소리의 변주 방식은 다양하다. 서창(敍唱)은 음을 끊임없이 올렸다 내렸다 하여 고정된 음높이를 단념한다. 뿐만 아니라 순환적 호흡 기법도 목소리를 변주하며, 공명지대 기법은 여러 목소리가 한 입에서 나오도록 해준다. 여기서 비밀스런 언어는 대단히 중요한데, 이는 고급 음악뿐 아니라 대중음악에서도 마찬가지이다. 민속음

48 바로 이런 식으로 라보프는 상수적 규칙에 대비해서 '가변적 규칙 또는 임의의 규칙' 개념을 정의하려 한다. 즉 그것은 미리 확인된 주파수일 뿐 아니라 주파수의 확률 또는 규칙 적용의 확률을 표시하는 특수한 양이기도 하다(*Le parler ordinaire*, Paris : Ed. de Minuit, t. II. pp. 44 sq.[영어 원본 : *Language in the Inner City*, Philadelphia : University of Pennsylvania Press, 1972, pp. 94ff.] 참조).

악 학자들이 뽑아낸 특수한 사례들 가운데, 다호메이 음악을 보자. 때로는 첫번째 온음계 목소리 부분이 비밀스런 언어로 된 단음계적 하강에 자리를 내주며, 연속적인 방식으로 한 음에서 다른 음으로 미끄러져 가고, 음 연속체를 점점 더 작은 음정으로 변조해서 마침내 모든 음정이 희미해지는 "파를란도"에 합류하기에 이른다. 또 때로는 온음계 부분 자체가 계단식 건축물 같은 반음계적 층위들에 따라 조옮김되며, 노래는 종종 파를란도, 즉 특정한 음높이를 갖지 않는 순전한 대화에 의해 중단되기도 한다.[49] 게다가 어휘의 발명이나 수사학의 문채(figure)보다는 언어의 공통 요소들 위에서 연속적 변주를 작동시키는 방식 때문에 가치를 갖게 된다는 점이 아마도 은어(argots), 전문어, 직업어, 술래 정하기 노래, 상인의 외침과 같은 비밀 언어들의 특징일 것이다. 이것들은 음악 기보법에 가까운 반음계적 언어이다. 비밀스런 언어는 상수에 의해 진행되며 하위-체계를 형성하는 암호나 숨은 코드를 갖고 있기도 하지만 다른 한편 공적 언어의 변수들의 체계를 변주 상태로 이끈다.

우리가 말하고자 하는 것은 <일반화된 반음계>……이다. 어떤 요소들이건 그것들을 연속적 변주로 만드는 일은 아마도 새로운 구분을 낳는 조작일 것이다. 하지만 이 조작은 그 어떤 기성의 구분도, 선행하는 구분도 받아들이지 않는다. 그와는 반대로 이 조작은 원리상 목소리, 파롤, 랑그, 음악에 동시에 걸쳐 있다. 미리 원리상의 구분을 해야 할 어떤 이유도 없다. 언어학 일반은 여전히 일종의 장조(=다수파 양식)를, 일종의 온음계를, 딸림음, 상수, 보편소에 대한 이상한 취향을 단념하지 않았다. 이제껏 모든 언어는 내재적인 연속적 변주 중에 있었

49 Gilbert Rouget의 논문 "Un chromatisme africain", in *L'Homme*, vol. 1, n° 3, septembre-decembre 1961, pp. 32～46(여기에는 "다호메이 제의에서 불리는 노래[Chants rituels Dahomey]"의 음반이 들어 있다)을 참조할 것.

다. 그것은 공시성도 아니고 통시성도 아니며 오히려 언어의 가변적 연속적 상태로서의 탈공시성(asynchronie), 반음계인 것이다. 이 탈공시성과 반음계는 반음계적 언어학을 위한 것이고, 이 언어학은 실용주의에 강렬함과 값을 주었다.

문체(style)라는 것은 아마도 세상에서 가장 자연스러운 것으로서, 바로 연속적 변주의 기법이다. 그런데 언어학이 세운 모든 이원론 중에서 언어학과 문체론을 분리시키는 이원론만큼 근거 없는 것도 없다. 문체란 개인의 심리적 창조물이 아니라 언표행위라는 배치물이다. 한 언어 속에서 한 언어를 만드는 것을 막을 수는 없다. 우리가 사랑하는 작가들의 목록을 아무렇게나 만들어 보자면, 또 한번 카프카, 베케트, 게라심 루카(Gherasim Luca), 장-뤽 고다르 등을 언급하게 된다. 우리는 이들이 정도의 차이는 있지만 다들 2개 국어를 병용했다는 점에 주목할 수 있을 것이다. 독일어로 글을 쓴 체코의 유대인 카프카, 영어와 불어로 글을 쓴 아일랜드인 베케트, 루마니아 출신의 루카, 스위스인이 되고자 한 고다르. 하지만 이것은 상황이요 정황일 뿐이며, 그런 정황은 다른 데서도 발견될 수 있다. 또한 우리는 이들 중 많은 사람들이 글만 썼던 것도 아니고 글쓰기에 우선적으로 매달렸던 것도 아니라는 점을 주목할 수 있을 것이다(베케트의 경우 연극과 텔레비전, 고다르의 경우 영화와 텔레비전, 루카의 경우 다양한 시청각 기계들). 우리가 언어적 요소들이 연속적으로 변주되도록 조작을 가할 때, 언어 속에 내적 화행론을 도입할 때 화행론의 두 측면이 동일한 변주선 위에서, 동일한 연속체 위에서 결합되는 것과 같은 방식으로 몸짓과 악기 같은 비언어적 요소들을 취급하지 않을 수 없는 것이다. 게다가 문체는 필연적으로 외적인 원천을 갖듯이, 관념은 외부로부터 먼저 오고 언어는 뒤따라온다. 하지만 본질적인 것은 이 저자들 각자가 나름의 변주 기법과 나름의 확장된 단음계를 가지며 나름의 속도와 음정을 미친듯이 생산한다는 점이다. 「정열적으로」라는 시에서 게라심 루카의 창조적인 말더듬기를 보라.[50] 고다르의 또 다른 말더듬기도. 연극에서는 밥 윌슨의 정해진 음높이 없는 속삭임, 카르멜로 베네의 올라가고 내려가는 변주들을.[51] 말을 더듬기는 쉽다. 하지만 언어 자체가 말더듬이가 되는 것은 별개의 문제이다. 그것은 모든 언어적 요소들을 변주로 만드는 일이며, 심지어 표현의 변수와 내용의 변수 같은 비언어적 요소들마저도 변주로 만드는 일이다. 여기에 잉여의 새로운 형식이 있다. **그리고…… 그리고…… 그리고…….** 언어에는 언제나 동사 "être"와 접속사 "et" 사이의, *est*와 *et* 사이의 투쟁이 있다.[52] 이 두 단어는 발음이 같고 스펠링이 비슷하지만 그것은 겉보기에만 그런 것이다. 왜냐하면 전자는 언어 속에서 상수로 작용하며 언어의 온음계를 형성하는 반면 후자는 모든 것을 변주시키며 일반화된 반음계의 선들을 구성하기 때문이다. 모든 것은 이 둘 사이를 왔다갔다한다. 우리 프랑스인들보다도 영어나 미국어로 글을 쓰는 사람들이 이 줄다리기와 거기 걸린 판돈, 또 "그리고"의 결합가(valence)를 더 많이 의식하고 있었다.[53] 프루스트는 이렇게 말했다. "걸작들은 일종의 외국어로 씌어진다."[54] 그것은 말더듬기와 같

50 Gherasim Luca, *Le chant de la carpe*, Paris : Ed. du Soleil noir, 1973. 또 Givaudna이 편집한 디스크에서는 G. 루카가 시 「정열적으로」를 읊는다.

51 [Carmelo Bene & Gilles Deleuze, *Superpositions*, Paris : Minuit, 1979 참조]

52 [불어에서는 est(이다/ 있다)와 et(그리고)의 발음이 같다. est는 être 동사의 3인칭 단수 현재형이다. est와 et의 대립은 규정(가둠)과 도주(벗어남) 사이의 대립에 대응한다]

53 영문학에서 "그리고", 즉 and는 『구약』뿐만 아니라 언어를 다루는 "소수파"와 관련해서도 특히 중요한 역할을 한다. 다른 건 차치하고라도 J. M. Synge의 경우를 보도록 하자(*Baladin du monde occidental*, Paris : Bibliothèque du Graphe[원제 : *Playboy of the Western World, Baladin du monde occidental*]의 불역본에 있는 Françoise Renault의 아일랜드-영어의 등위 접속사에 대한 언급을 참조할 것). 우리는 "그리고"를 접속사로 분석하는 데 만족하지 못한다. "그리고"는 모든 가능한 접속사의 매우 특별한 형식이며, 언어의 논리를 작동시키는 형식이다. 장 발의 작업에서 "et"의 이런 의미에 대한 깊은 성찰과 함께 그가 어떻게 être 동사의 우선성을 문제 삼는지를 발견할 수 있을 것이다.

은 것이다. 단지 파롤만이 아니라 랑그가 말더듬이가 되는 것이다. 외국인이 되어라. 하지만 모국어가 아닌 다른 언어로 말하는 경우만이 아니라, 네 모국어 속에서 외국인이 되어라. 2개 국어나 다국어 병용자로 존재하라. 그렇더라도 하나의 동일한 언어 안에서 방언이나 사투리도 쓰지 말고. 사생아나 혼혈아로 존재하라. 하지만 혈통을 순화시키면서. 문체가 언어가 되는 것은 바로 이 지점에서이다. 언어가 강렬하게 되는 것은, 값과 강렬함의 순수 연속체가 되는 것은 바로 이 지점에서이다. 언어 안에 비밀스런 하위-체계를 만들어내기는커녕 숨길 것 하나 없이도 모든 언어가 비밀스럽게 되는 것은 바로 이 지점에서이다. 우리는 절제와 창조적 뺄셈을 통해서만 이 결과에 이른다. 연속적 변주에는 금욕적 선(線)들이 있을 뿐이며 약간의 풀과 맑은 물이 있을 뿐이다.

우리는 아무 언어학적 변수든 취해서 이 변수의 두 상태 사이에 있는 필연적으로 잠재적인 연속선 위에서 변주시킬 수 있다. 더 이상 우리는 랑그의 상수들이 일종의 변이를 겪기를 기다리거나 변화가 파롤 속에 축적된 결과를 감수해야 하는 언어학자가 아니다. 변화의 선 또는 창조의 선은 충만하게 그리고 직접적으로 추상적인 기계의 일부를 이룬다. 하나의 랑그는 필연적으로 개척되지 않은 가능성들을 포함하고 있으며, 추상적인 기계는 이 가능성 또는 잠재성(potentialités)을 포괄해야만 한다고 옐름슬레우는 지적했다.[55] 정확하게 말하자면 "잠재태(potentiel 또는 virtuel)"는 실재(réel)에 대립되지 않는다. 반대로 잠재태는 창조적인 것의 실재성이며 변수들의 연속적 변주화로서, 오직 변

54 [Marcel Pruost, *Contre Sainte-Beuve*, Gallimard, Pléiade, 1971, p. 305]

55 Louis Hjelmslev, *Le langage*, Paris : Ed. de Minuit, pp. 63 sq.[영역본 : *Language : An Introduction*, trans. Francis J. Whitefield, Madison : University of Wisconsin Press, 1970, pp. 39ff. 독역본 : *Die Sprache. Eine Einführung*, übers. von Otmar Werner, Darmstadt, 1968, S. 50ff.]

수들의 상수적 관계의 현재적(actuelle) 결정에만 대립된다. 우리가 변주의 선을 그릴 때마다 변수들은 음운론적 본성, 통사론적 또는 문법적 본성, 의미론적 본성 등 이런 저런 본성을 갖지만 선 그 자체는 비관여적이며 비통사론적이고 비문법적이며 비의미론적이다. 예를 들어 비문법성은 더 이상 언어의 문법성에 대립되는 파롤의 우연적 성격이 아니다. 반대로 그것은 문법적 변수들을 연속적 변주 상태로 만드는 선의 관념적 성격이다. "he danced his did" 또는 "they went their came" 같은 커밍스의 독특한 표현에 관한 니콜라스 뤼에의 분석을 다시 살펴보자. 그에 따르면 우리는 커밍스의 비문법적 표현들에 이르기 위해 문법적 변수들이 잠재적으로 거쳐 가는 변주들을 재구성해볼 수 있다("he did his dance", "he danced his dance", "he danced what he did"……, "they went as they came", "they went their way"……).[56] 뤼에는 커밍스를 구조적으로 해석했지만, 우리는 비정형적인 표현이 올바른 형식들을 거쳐서 생산된다고 믿지 말아야 한다. 오히려 비정형적인 표현 자체가 올바른 형식들의 변주를 생산하고 형식들이 상수가 되지 못하게 한다. 비정형적 표현은 랑그가 탈영토화되는 정점을 이루며, 텐서[57]의 역할

56 Nicolas Ruwet, "Parallèlisme et déviations en poème", in *Langue, discours, société. Pour Emile Benveniste*, ed. Julia Kristeva, Nicolas Ruwet, & Jean-Claude Milner, Paris : Ed. du Seuil, 1975. 뤼에는 커밍스의 『열다섯 편의 시*Fifty Poems*』(New York : Duell, Sloan and Pearce, 1940)에 있는 시 29를 분석한다. 그는 "평행론" 개념을 원용하면서 변주 현상을 제한적으로 또 구조주의적으로 해석한다. 또 다른 텍스트들에는 이 변주들의 효력을 축소시킨다. 이 변주들이 언어 속의 진짜 변화와 아무 상관 없는 여분적인 운동들인 양 말이다. 하지만 뤼에의 주석 자체는 해석상의 이 모든 제한들을 넘어서는 것 같다.

57 [텐서란 벡터 개념을 확장시킨 기하학적인 양, 3차원 공간에서 9개의 성분을 가지며, 좌표 변환에 의하여 좌표 성분의 곱과 같은 형의 변환을 하는 양이다. 물체의 관성 모멘트나 변형은 이것으로 표시한다. 텐서의 어원은 탄성변형의 변형력(應力)의 일종인 장력의 영어명 tension이다. 이 개념은 수학, 특히 물리학에서 중요한 의미를 가진다. 수학 특히 기하학에서는 연구의 편의상 좌표(기본 벡터)라는 것을 사용하지만, 도입한 좌표계와 무관한 공간 또는 도형의 성질까지도 끝까지 추구해야 한다. 또한 물리학에서도 여러

을 한다. 다시 말해 랑그를 랑그의 요소들, 형식들, 개념들의 극한으로 향하게 하며 랑그의 이편 또는 저편을 향하게 한다. 텐서는 말하자면 문장을 타동사 구문으로 만들며, 뒤의 항이 앞의 항에 거꾸로 힘을 미치게 하면서 사슬 전체를 거슬러 올라간다. 텐서는 언어를 강렬하게 그리고 반음계적으로 취급할 수 있게 해준다. <그리고……> 라는 단순한 표현도 언어 전체를 가로지르는 텐서의 역할을 할 수 있다. 그러니 <그리고>는 하나의 접속사라기보다는 자신이 연속적으로 변주시키는 모든 가능한 접속사들의 비정형적 표현이다. 또한 텐서는 상수로도 변수로도 환원되지 않으며 오히려 매번 상수의 값을 뺌으로써(n－1) 변수의 변주를 보장해준다. 텐서는 그 어떤 언어학적 범주와도 일치하지 않는다. 하지만 텐서는 간접 화법에 대해서든 언표행위라는 배치물에 대해서든 본질적으로 화행론적인 값이다.[58]

종종 사람들은 이런 변주가 언어 속에서 일어나는 창조의 일상적 작업을 표현하고 있는 것이 아니라 시인, 아이, 광인의 몫으로 남겨진 주변적인 것에 불과하다고 믿는다. 왜냐하면 사람들은 추상적인 기계를 누적적 효과나 통합체적 돌연변이에 의해 이차적으로만 변경될 수 있는 상수를 통해 정의하고자 하기 때문이다. 그러나 랑그라는 추상적인 기계는 보편적이지 않으며 심지어 일반적이지도 않다. 그것은 독자적(singulière)이다. 그것은 현실적이라는 의미에서가 아니라 잠재적이라는 의미에서 실재적(virtuelle-réelle)이다. 랑그에는 강제적이거나 불변적인 규칙이 없다. 규칙이라면 말을 움직일 때마다 규칙이 바뀌는 놀이에서처럼 변주 그 자체와 더불어서 끊임없이 변주되는 임시 규칙

가지 관측계(觀測系)를 사용하지만, 물리학적 법칙도 개개의 관측계와는 무관한 것이어야 한다]

58 Vidal Sephiha, "Introduction à l'étude de l'intensif", *Langages*, n° 29, mars 1973. 이는 특히 이른바 소수어에서 나타나는 언어의 비정형적 긴장과 변주에 대한 최초의 연구이다.

뿐이다. 이런 점 때문에 추상적인 기계와 언표행위라는 배치물은 서로 상보적이며 하나가 다른 하나 속에 존재하게 되는 것이다. 그래서 추상적인 기계는 배치물의 도표와 같다. 추상적인 기계는 연속적 변주의 선들을 그리는데 반해 구체적 배치물은 변수들을 다루며 변주의 선들에 따라 변수들의 다양한 관계들을 조직한다. 배치물은 이런 저런 변주의 층위에서 이런 저런 탈영토화의 정도에 따라 변수들을 중재한다. 상수적 관계로 맺어지거나 강제적 규칙에 복종하는 변수들을 결정하기 위해서, 그리고 이와 반대로 변주에서 유동하는 물질 노릇을 하는 변수들을 결정하기 위해서. 하지만 배치물은 단지 어떤 관성이나 저항을 추상적인 기계에 대립시킬 뿐이라고 결론을 내려서는 안 된다. 왜냐하면 "상수들"조차 변주가 통과하는 잠재성을 결정하는 데 본질적인 역할을 하니까. 또 상수들 자체도 임시로 선택되는 것이니까. 물론 어떤 층위에는 제동과 저항이 있다. 하지만 배치물의 또 다른 층위에는 다양한 유형의 변수들 간의 왕복 운동만이 있을 뿐이며 변수들이 두 방향으로 주파해간 통로들만이 있을 뿐이다. 단번에 변수들은 완전히 자신들 관계의 앙상블에 따라 기계를 실행시킨다. 따라서 집단적이고 상수적인 랑그와 가변적이고 개인적인 파롤 행위를 구별할 여지는 없다. 추상적인 기계는 항상 독자적(singulière)이며 개인의 것이건 집단의 것이건 고유명에 의해 지칭되는 반면 언표행위라는 배치물은 집단이 말하건 개인이 말하건 항상 집단적이다. 레닌이라는 추상적인 기계와 볼셰비키라는 집단적 배치물……. 이는 문학에서건 음악에서건 마찬가지이다. 개체의 우위란 없다. 다만 <독자적인 추상>과 <집단적 구체>의 분리 불가능성만이 있을 뿐이다. 배치물이 추상적인 기계와 독립해서 기능하지 않듯이 추상적인 기계는 배치물과 독립해서 존재하지 않는다.

IV. 언어는 다수어나 표준어라는 조건하에서만 과학적으로 연구될 수 있으리라.

언어는 다질적인 가변적 실재라는 것을 온 세상이 알고 있다. 그런데도 언어학자들이 과학적 연구를 가능하게 하기 위해 등질적 체계를 다듬어내야겠다고 이야기하는 건 도대체 무슨 소린가. 이러한 생각은 상수들의 집합에서 변수들을 추출해 내거나 변수들 사이에서 상수적 관계들을 설정하겠다는 것이다(음운론학자들이 이야기하는 <대치>를 보면 이를 분명히 알 수 있다). 하지만 랑그를 연구 대상으로 하는 과학적 모델은 랑그를 등질화하고 중앙 집중화하고 표준화하고 다수적이거나 지배적인 권력의 언어가 되게 하는 정치적 모델 바로 그것이다. 언어학자들이 과학을, 순수 과학을 방패막이로 삼는다 해도 소용없다. 과학의 질서가 다른 질서의 요구를 보장해주는 것은 이번이 처음도 아니다. 문법성이란 무엇인가? 언표를 지배하는 정언적 상징인 기호 S는 무엇을 의미하는가? 그것은 통사론적 표지이기 이전에 권력의 표지이다. 촘스키의 나무는 권력의 변수들 사이에 상수적 관계를 만들어놓는다. 문법적으로 올바른 문장을 만든다는 것은 일반 개인으로서는 사회적 법칙들에 전적으로 복종하기 위한 선행 조건이다. 문법성을 모르는 사람은 없다. 만일 그런 사람이 있다면 별세계의 인간으로 여겨진다. 한 랑그의 통일성은 무엇보다 정치적이다. 모국어란 없다. 단지 권력을 장악한 지배적인 언어가 있을 뿐이다. 그런데 지배적 언어는 때로는 넓은 전선(戰線) 위로 나아가며 때로는 한꺼번에 중심들로 달려든다. 하나의 언어가 등질화되고 중앙 집중화되는 방식을 여러 가지 생각해 볼 수 있다. 공화국의 방식은 당연히 왕정의 방식과 같지 않지만 그렇다고 덜 견고한 것도 아니다.[59] 하지만 상수와 상수적 관계를 뽑아내려는 과학적 기도는 언제나 발화자들에게 그것을 부과하고 명령어를 전달하려는 정치적 기도를 겸한다.

하얗게 소리 높여 말하라
그래 이 얼마나 굉장한 언어인가
고용하기에
명령하기에
일에 죽음의 시간을 정하기에
그리고 재충전하는 휴식 시간을 정하기에……60)

그러면 두 종류의 언어를, "고급"어와 "저급"어, 다수어와 소수어를 구분해야만 하는가? 고급어-다수어는 상수의 권력에 의해 정의되며 저급어-소수어는 변주 역량에 의해 정의된다. 우리는 단순히 다수어의 통일성과 방언들의 다양성을 대립시키는 것이 아니다. 강조해야 할 점

59 때로는 "기름 얼룩"처럼 때로는 "공수부대" 형태로 일어나는 언어 상태들의 확장과 확산에 대해서는 Bertil Malmberg, *Les nouvelles tendances de la linguistique*, Paris : P.U.F.[원본 : *Nya vägar inom sprakforskningen*, Stockholm, 1964. 영역본 : *New Trends in Linguistics*, trans. Edward Carners, Stockholm : Lund, 1964], ch. III(N. Lindqvist의 대단히 중요한 방언학 연구를 원용하고 있다)을 참고할 것. 그 다음에는 이런 저런 다수어를 등질화하고 중앙 집중화시키는 방식에 관한 비교 연구가 필요할 것이다. 이런 점과 관련해서 불어의 역사와 영어의 역사는 전혀 다르며, 등질화 형식인 문자와의 관계도 같지 않다. 특히나 중앙 집중화된 언어인 불어에 대해서는 M. de Certeau, D. Julia, & J. Revel, *Une politique de la langue*, Paris : Gallimard, 1975의 분석을 참조할 수 있다. 이 분석은 18세기 말 프랑스어 사용 실태에 관한 그레구아르 신부(Abbé Grégoire)의 보고서가 작성되던 무렵의 아주 짧은 시기를 다루고 있는데도 두 시기를 구분하고 있다. 한 시기에는 도시와 시골, 수도와 지방이 나뉘듯 중심어는 시골 방언에 대립된다. 다른 시기에는 중심어는 "봉건제 특유의 언어"에 대립되지만 이민자의 언어에도 대립된다. "민족 국가"가 이방인과 적 모두에 대립되는 것과 마찬가지로 말이다(pp. 160이하. "방언의 거부는 구전의 법칙이나 지방어의 법칙을 파악할 수 없었던 기술적 무능력 때문이라는 점 또한 명백하다").

60 [영어와 불어가 뒤섞인 문장으로 되어 있다. Speak white and loud / oui quelle admirable langue / pour embaucher / donner des ordres / fixer l'heure de la mort à l'ouvrage / et de la pause qui rafraîchit……]

은 각각의 방언이 변천과 변주의 지대에 의해 변용된다는 것이다. 더 분명히 말하면, 방언에 고유한 변주 지대에 의해 각각의 소수어가 변용되는 것이다. 말름베르그에 따르면 방언 지도에서 명확한 경계선은 좀처럼 발견되지 않으며 단지 인접 지대, 변천 지대, 식별 불가능 지대가 발견될 뿐이다. 사람들은 또 이렇게 말한다. "퀘벡어에는 지방 억양의 변조와 변주 그리고 강세 악센트의 놀이가 풍부하다. 그러니 문자보다는 악보로 표기하는 편이 퀘벡어의 본질을 보존하는 데 유리하다는 말은 과장이 아니다."[61] 방언이라는 개념 자체가 매우 불확실하다. 게다가 그 개념은 상대적인데, 왜냐하면 어떤 다수어에 대해서 성립하는지 알아야 하기 때문이다. 예컨대 퀘벡어는 표준 불어에 대해서만 평가되는 것은 아니다. 퀘벡어는 표준 영어에서도 별의별 음성학적・통사적 요소들을 차용하여 변주한다. 반투 족[62]의 방언은 모국어에 대해서만 평가되는 것이 아니라 다수어로서의 아프리칸스 말[63] 및 흑인들이 다수어에 대항하는 말로서 선호하는 언어인 영어와 관련해서도 평가된다.[64] 간단히 말해 방언 개념이 소수어 개념을 해명해주는 것이 아니라 역으로 소수어가 방언을 방언 나름의 변주 가능성에 따라 정의해주는 것이다. 그렇다면 어쨌든 다수어와 소수어를 극복해야 할 것인가? 적어도 하나의 지배하는 언어와 하나의 지배되는 언어가 있어 2개국어

61 Michèle Lalonde, *Change*, n° 30, mars 1977, pp. 100~122를 참조할 것. 거기에는 앞에 나온 시 「하얗게 말하라"Speak White"」와 퀘벡어에 대한 선언문("La deffense et illustration de la langue québecqoyse")이 둘 다 있다.

62 [남아프리카 흑인종의 총칭]

63 [아프리칸스 말(afrikaans)은 남아프리카 공화국의 네덜란드계 주민의 언어로 1925년부터 영어와 함께 공용어가 되었다]

64 아프리칸스 말의 복잡한 상황을 알고 싶다면 Breyten Breytenbach의 뛰어난 책 *Feu froid*, Paris : Bourgois, 1976이 있다. G. M. Lory의 연구(pp. 101~107)는 Breytenbach의 기획, 그가 언어를 시적으로 사용할 때 드러나는 폭력성, "잡종 언어를 가진 사생아"가 되고자 하는 그의 의지를 조명해준다.

나 다국어를 병용하는 지역을 보든 아니면 특정 언어에 제국주의적 권력이 주어져 있는 세계적 상황(오늘날 미국 영어의 위상이 그러하다)을 보든 말이다.

적어도 두 가지 이유에서 우리는 이런 관점을 채택할 수 없다. 촘스키가 지적하듯이 방언, 게토 언어, 소수어는 어차피 등질적인 체계를 뽑아내어 상수를 추출하는 식으로 취급당하는 것을 피하지 못한다. 흑인 영어는 제 나름의 문법을 갖고 있는데, 이 문법은 표준 영어에 대한 위반이나 오류의 총계가 아니라 오히려 표준 영문법에 적용되는 연구 규칙들을 적용함으로써만 정의될 수 있다. 이런 의미에서 다수와 소수라는 개념은 아무런 언어학적 관심거리도 못 된다. 불어는 세계적 다수어의 기능은 잃었지만 항상성, 등질성, 중앙 집중성은 전혀 잃지 않았다. 반대로 아프리칸스 말은 영어와 투쟁하는 국지적 소수어가 되었을 때 등질성을 얻었다. 우리는 정치적인 측면에서조차, 그리고 무엇보다 정치적인 측면에서 소수의 옹호론자들이 어떻게 성공을 거두는지는 알 수 없을 것이다. 만일 소수어에 상수와 등질성이 있어 이것들이 소수어를 국지적 다수어로 만들어 주며 공식적 승인을 받게 해준다고 생각하지 않는다면 말이다(이것은 오직 글을 통해서만 가능하며 여기서 작가는 소수어의 권리를 부각시키는 정치적 역할을 한다). 하지만 다음과 같은 반론은 여전히 타당해 보인다. 하나의 언어가 다수어의 성격을 가지고 있거나 다수어의 성격을 더 많이 가질수록 그 언어는 자신을 "소수"어로 변환시키는 연속적 변주의 영향을 더 많이 받게 된다. 어떤 언어가 다른 언어를 오염시켰다고 비난함으로써 그 언어의 세계적 제국주의를 비판하는 것은 소용없는 일이다(예를 들면, 영어의 영향에 반대하는 순수주의자들의 비판, "프랑글레"[65]에 대한 편협한 비난이나 먹물들의

65 ['불어식 영어' 즉 우리가 말하는 '콩글리시'에 해당한다]

비난). 어떤 언어가, 예컨대 영국 영어나 미국 영어 같은 언어가 세계적 다수어가 되면 그 언어는 반드시 세계의 모든 소수파의 영향을 받게 되며 매우 다양한 변주 절차를 겪게 된다. 게일어[66], 아일랜드 영어가 영어를 변주시키는 방식을 보라. 흑인 영어와 여러 "게토" 언어가 미국어를 변주해서 뉴욕을 랑그가 없는 도시로 만드는 방식(게다가 소수파의 이런 언어적 노력이 없었다면 미국어는 영어와 차이를 낳을 수 없었을 것이다). 또 옛 오스트리아 제국의 언어적 상황을 보라. 오스트리아 제국에서 독일어가 소수파에 대해 다수어가 되기 위해서는 오스트리아의 독일어를 독일인들의 독일어에 대해 소수어로 만드는 어떤 조작을 가해야 했다. 언어는 반드시 자기 내부에, 자기 내부에서 생겨난, 언어 내적인 소수파를 갖고 있다. 그러니 언어학의 가장 일반적인 관점에서 볼 때 촘스키의 입장과 라보프의 입장은 끊임없이 뒤바뀌고 전환된다. 촘스키는 방언이나 게토 언어 같은 소수어일지라도 어쨌든 연구해야 한다면 먼저 불변항을 뽑아내고 "외부적이거나 혼합적인" 변수들을 제거해야 한다고 말할 것이다. 그러면 라보프는 다수어이고 표준어인 언어일지라도 "자기 내부에서 생겨난" 변주들과 독립적으로 연구될 수는 없으며, 엄밀히 말해 그 변주들은 혼합적인 것도 외부적인 것도 아니라고 응답할 것이다. **촘스키, 당신은 등질적인 체계라는 것에 도달하지 못할 것이오. 내재적이고 연속적이고 규칙적인 변주가 있어 그 체계는 벌써부터 작동을 멈춰버렸으니**(촘스키는 왜 이것을 이해하지 못하는 척할까?).

따라서 두 종류의 언어가 있는 것이 아니라 동일한 언어를 다루는 두 가지 방식이 있다. 사람들은 변수들을 다룰 때, 때로는 변수들에서 상수들과 상수적 관계들을 뽑아내기도 하고 때로는 변수들을 연속적 변주 상태로 만들기도 한다. 앞서 우리는 상수들이 변수들과 따로 있

66 [게일 족은 아일랜드와 스코틀랜드에 사는 켈트 족이다]

고 언어적 상수들이 언표행위의 변수들과 따로 있다고 설명하는 잘못을 범했지만, 이는 설명의 편의를 위해 그랬던 것일 뿐이다. 상수들이 변수들 자체로부터 도출된다는 것은 명백하니까. 경제학에서든 언어학에서든 보편자란 있을 수 없다. 보편자는 항상 변수들에 기반한 보편화나 획일화(=규격화)로부터 귀결된다. 상수는 변수에 대립되지 않는다. 상수는 변수를 연속적 변주로 다루는 방식과는 또 다르게 다루는 방식이다. 이른바 강제적 규칙이라는 것이 변수를 상수로 다루는 방식에 해당되는 반면 임의 선택적 규칙은 변주의 연속체를 구성하는 일에 관련된다. 더구나 몇몇 범주들이나 구분들이 있는데 이것들은 애당초 사용할 수도 없고, 이것들에 이의를 제기할 수도 없으니 도움이 안 된다. 왜냐하면 그것들은 이미 변수를 상수로 다루고 있으며 상수의 탐구에 전적으로 종속되어 있기 때문이다. 예를 들면 파롤 대 랑그, 통시태 대 공시태, 언어수행 대 언어능력, 비변별적 특질(또는 이차적인 변별적 특질) 대 변별적 특질 등이 그것들이다. 왜냐하면 화행론적이고 문체론적이고 운율법적인 비변별적 특질들은 그저 <한 상수의 현존이나 부재와는 구별되는 편재하는 변수들>, <선형적인 절편적 요소와 구별되는 초선형적이고 "초절편적"인 요소들>이기만 한 것이 아니기 때문이다. 오히려 선형적이고 절편적인 요소들의 특성이 비변별적 특질들로 하여금 랑그의 모든 요소들을 연속적 변주 상태로 만들 수 있게 해준다. 이런 식으로 음조는 음소에 작용하고 억양은 형태소에 작용하고 어조는 구문에 작용한다. 따라서 비변절인 특질은 이차적인 특질이 아니라 언어를 다루는 또 다른 방식이며, 더 이상 기성의 범주들을 거치지 않는다.

"다수"와 "소수"는 두 개의 언어가 아니라 언어의 두 가지 사용 또는 두 가지 기능을 규정하는 방식이다. 2개어 병용이라는 예는 분명 좋은 예지만 단순히 편의상 좋은 예라고 하는 것뿐이다. 오스트리아 제국에서 체코어는 독일어에 비하면 당연히 소수어이다. 하지만 프라하의 독일어는 빈이나 베를린의 독일어에 비하면 이미 잠재적 소수어이다. 독일어로 글을 썼던 체코의 유대인 카프카는 독일어를 소수어로 창조했다. 변주의 연속체를 만듦으로써, 그리고 상수들은 조이고 변주들은 풀어주도록 변수들을 조작함으로써. 언어가 말을 더듬도록 하라. 또는 언어가 "삐약삐약 울게" 하라……, 언어 전체에, 심지어 문어에도 텐서들을 설치하라, 그리고 거기서 외침, 아우성, 음높이, 지속, 음색, 억양, 강렬함을 끌어내라. 종종 우리는 이른바 소수어 안에 결합되어 있는 두 경향을 주목했다. 즉 소수어에서는 어휘적 형식들이나 통사적 형식들의 빈곤과 감소가 있으며, 한편 변화를 겪는 결과들의 기묘한 증식과 과잉(surcharge)과 바꿔 말하기(paraphrase)에 대한 취향이 있다. 프라하의 독일어나 흑인 영어, 퀘벡어에 대해서도 같은 얘기를 할 수 있다. 그러나 드문 예외를 빼고는 언어학자들의 해석은 오히려 악의에 찬 것이었으며 그들이 내세운 것은 실질적으로 아무 차이가 없는 빈곤과 겉치레(préciosité) 뿐이었다. 사실 빈곤은 상수의 제한이고 과잉은 변수의 확장이므로, 이들은 모든 성분들을 끌어들이는 연속체를 전개하기에 이른다. 이 빈곤은 결핍이 아니라 일종의 공(空) 또는 생략인데, 우리는 이것 덕분에 상수에 들어가지 않고도 그 윤곽을 그릴 수 있으며 상수에 자리잡지 않고도 위나 아래로부터 상수에 접근할 수 있는 것이다. 또한 과잉은 수사학의 문채나 은유나 상징적 구조가 아니라 활발하게 바꿔 말하기인데, 이것은 모든 언표 속에 간접 화법이 널리 현존하고 있음을 증언해준다. 빈곤과 과잉 속에서 좌표는 거부되고 상수적 형식은 해체되며 잠재 차원의 차이들(différences de dynamique)이 만들어진다. 그리고 한 언어가 이 상태에 가까워질수록 그 언어는 악보 표기법뿐 아니라 음악 그 자체에도 더 가까워진다.[67)]

빼기와 변주, 삭제와 변주, 이것은 똑같은 조작이다. 따라서 다수어 또는 표준어에 대해 소수어의 특징은 빈곤과 과잉이란 말은 성립되지 않는다. 표준어를 소수어로 취급하기, 다수어의 소수화-되기라는 절제와 변주가 있을 뿐이다. 문제는 다수어와 소수어를 구분하는 문제가 아니라 되기(=생성)의 문제이다. 방언이나 사투리로 재영토화되는 것이 아니라 다수어를 탈영토화하는 것이 중요하다. 미국 흑인은 흑인과 영어를 대립시키지 않는다. 그들은 그들 자신의 언어인 미국어를 흑인 영어로 만든다. 소수어는 자기 혼자서 존재하지 않는다. 소수어는 다수어와 관련해서만 존재한다. 소수어는 다수어 그 자체가 소수어가 되도록 다수어를 투자하는 것이다. 각자는 소수어, 방언, 또는 나만의 말을 발견해야만 하며, 거기에서 출발해야 자기 자신의 다수어를 소수어로 만들 수 있다. 이것이 "소수파"라 불리는 작가들의 힘이며, 이들이

67 생략-빈곤, 변주-과부하라는 소수어의 이중적 양상에 대해서는 몇 가지 모범적인 분석을 참조할 수 있다. 20세기 초 프라하의 독일어를 다룬 바겐바흐의 분석(Klauss Wagenbach, *Franz Kafka, années de jeunesse*, Mercure de France[독어 원본 : *Franz Kafka. Eine Biographie seiner Jugend*, Bern : Francke, 1958]), 이탈리아어는 평균적이거나 표준적인 층위에서 구성된 것이 아니라 "하층부와 상층부로", 즉 재료의 단순화와 표현의 과장이라는 두 개의 동시적 방향 속에서 폭발했다는 것을 보여주는 파졸리니의 분석(Pasolini, *L'expérience hérétique*, pp. 46~47), 한편으로는 "공상적인 말(fancy talk)"을 생략하거나 잃어버리거나 제거하고 다른 한편으로는 그것을 과부하하고 정교화하는 흑인 영어의 이중적 경향을 지적한 딜라드의 분석(J. L. Dillard, *Black English*, New York : Random House, 1972) 등등. 딜라드의 지적처럼 흑인 영어는 표준어와 비교하여 결코 열등하지 않으며, 흑인 영어에는 언어의 표준적 층위를 필연적으로 빠져나가는 두 운동의 상호 관계가 있을 뿐이다. 또한 르루아 존스는 흑인 영어의 이 두 방향이 어떤 지점에서 언어를 음악에 근접시키는지를 보여준다(LeRoi Jones, *Le peuple du blues*, Gallimard, pp. 44~45 및 3장 전체[영어 원본 : *Blues People*, New York : William Morrow, 1967, pp. 30~31. 독역본 : *Blues People. Schwarze und ihre Musik im weißen Amerika*, übers. von einem Berliner Studentenkollektiv, Darmstadt, 1969, S. 38~39]). 보다 일반적으로는 형식의 해체와 역동적 과부하 또는 역동적 증식이라는 음악의 이중적 운동에 대해 피에르 불레즈가 행한 분석을 떠올릴 수 있다(Pierre Boulez, *Par volonté et par hasard*, Ed. du Seuil, pp. 22~24[영역본 : *Conversations with Célestin Deliège*, London : Eulenberg Books, 1976. 독역본 : *Wille und Zufall*, übers. von Josef Häusler und Hans Mayer, Stuttgart-Zürich, 1977, S. 15~17]).

야말로 가장 위대하고 유일하게 위대한 작가들이다. 자기 자신의 언어를 반드시 정복하기, 말하자면 다수어 사용에서 반드시 절제에 도달하기, 그래서 언어를 연속적 변주 상태로 만들기(이것은 지역주의와 반대되는 것이다). 우리가 2개어 병용자나 다국어 병용자가 되는 것은 바로 자기 자신의 언어 안에서이다. 아직 알려지지 않은 소수어들을 그려내기 위해서 다수어를 정복하기. 소수어를 사용해 다수어를 자아내기. 소수파 작가는 자기 자신의 언어 속에 있는 이방인이다. 만일 그가 사생아라 해도, 만일 그가 사생아로서 살아간다 해도, 이는 언어들을 섞고 혼합하기 때문이 아니라 자기 자신의 언어에 텐서들을 설치하여 자기 자신의 언어를 빼고 변주하기 때문이다.

소수파라는 개념은 매우 복합적이다. 소수파는 음악, 문학, 언어학을 참조할 뿐 아니라 법률, 정치도 참조한다. 소수파와 다수파는 단지 양적으로만 대립되는 것은 아니다. 다수파는 스스로를 평가하는 기준인 도량형 원기(原器), 즉 표현이나 내용의 상수를 내포하고 있다. 상수 또는 표준을 이성애자-유럽인-표준어 사용자-도시 거주자-성인-남성-백인이라고 상정해보자(조이스나 에즈라 파운드의 율리시즈). "성인 남자 인간(l'homme)"은 모기, 아이, 여자, 흑인, 농부, 동성애자 등보다 수적으로 적더라도 다수파임이 분명하다. 이는 그가 두 번 나타나기 때문인데, 한 번은 상수 속에 나타나고 한 번은 상수를 추출해 내는 변수 속에 나타난다.[68] 다수파는 권력 상태 또는 지배 상태를 전제로 한다. 결코 그 역이 아니다. 다수파는 도량형 원기를 전제한다. 결코 그 역이 아니다. 심지어는 마르크스주의조차 "거의 항상 서른다섯 살 이상의 자격을 갖춘 남성 국민 노동자의 관점에서 헤게모니를 표출했다."[69] 따라서 상수가 아닌 어떤 다른 규정이 본성상, 수와 무관하게

68 [불어의 homme는 영어의 man과 마찬가지로 인간(상수)인 동시에 남자(변수)이다]
69 Yann Moulier가 쓴 Mario Tronti, *Ouvriers et Capital*, Paris : Bourgois, 1977의 서문, p. 6.

소수적인 것으로, 다시 말해 하위-체계 또는 바깥-체계로 고려될 수 있다. 당신의 선택이 상수의 한계를 넘지 않는다는 조건으로 당신에게 선택지를 주는 선거 활동이나 다른 모든 활동에서 이 점이 잘 드러난다 (“당신은 사회의 변화를 선택할 필요가 없다……”). 그러나 이 지점에서 모든 것이 역전된다. 왜냐하면 다수파는 추상적 표준 속에 분석적으로 포함되는 한은 결코 그 누구도 아니며 항상 <아무도 아닌 자>, 즉 율리시즈이지만, 소수파는 그가 모델로부터 일탈하는 한에서 모든 사람 되기이며 모든 사람의 잠재적 역량을 갖게 되기(devenir potentiel)이기 때문이다.[70] 다수파라는 “사실”이 존재하지만, 그것은 <아무도 아닌 자>로부터 나온 분석적 사실이며 모든 사람의 소수파-되기에 대립된다. 이런 이유 때문에 우리는 상수적이고 등질적인 체계로서의 다수적인 것과 하위-체계로서의 소수파와 잠재적이고 창조되었고 창조적인 생성으로서의 소수적인 것을 구분해야만 한다. 새로운 상수를 수립하는 와중에서도 다수파를 획득하는 일은 문제가 아니다. 다수파 되기란 없다. 다수파는 결코 생성이 아니다. 생성에는 오직 소수파 되기만이 있다. 여성은 그 수와는 관계없이 상태 또는 부분 집합으로 정의될 수 있는 소수파이다. 여성이 인간 전체(여기에는 남성과 여성이 모두 포함된다)와 관련해서 여성-되기를 창조할 수 있는 것은 어떤 생성을 가능케 할 때뿐이다. 여성은 이 생성을 소유하고 있는 것은 아니고 자기 자신이 이 생성 속으로 들어가야만 한다. 소수어의 경우도 마찬가지이다.

70 [오뒤세우스(=율리시즈)가 퀴클롭스의 섬에서 괴물에게 ‘아무도 아닌 자(outis, personne)’라고 이름을 댔던 일화에서 따온 말이다. 괴물이 고통에 울부짖자 동료 괴물들은 누가 너를 괴롭히느냐고 묻지만 괴물은 ‘아무도 아닌 자가 나를 괴롭힌다(=아무도 나를 괴롭히지 않는다)’고 답하게 되고 오뒤세우스는 섬에서 무사히 도망친다. 한편 불어 personne의 어원이 되는 persona는 본래는 연극을 할 때 쓰는 가면을 의미했다. 여기서 의미가 파생되어 불어에서는 1) 사람, 인격 2) 아무도 아님이라는 의미를 모두 지니게 되었다]

소수어는 단순히 방언이나 개인어 같은 하위-언어가 아니다. 소수어는 다수어의 모든 차원들과 요소들이 소수화 되게 하는 잠재력을 지닌 작인이다. 우리는 소수어들, 다수어, 다수어의 소수화-되기를 구분할 것이다. 물론 소수성은 객관적으로 정의될 수 있는 상태이다. 즉 나름대로 게토라는 영토성을 갖고 있는 언어, 인종, 성의 상태이다. 하지만 소수성이 가치 있는 생성의 씨앗, 생성의 결정체가 되는 것은 중간치나 다수성의 통제 불가능한 운동과 탈영토화를 열어놓을 때뿐이다. 이런 이유로 파졸리니는 자유 간접 화법에서 본질적인 것은 언어 A나 언어 B에 있지 않고 오히려 "실제로 언어 B가 되어가고 있는 언어 A에 다름 아닌 언어 X에"[71] 있다는 점을 보여주었던 것이다. 소수 의식의 보편적 형상은 만인이 생성에 들어가는 것이며, 창조란 바로 이 생성이다. 우리가 다수파가 됨으로써 이에 도달하는 것이 아니다. 이 형상은 바로 연속적 변주인데, 그것은 넘치거나 모자람으로써 다수적 표준의 표상적 문턱을 끊임없이 넘나드는 진폭과도 같다. 소수파의 보편적 의식의 형상을 수립하면서 우리는 <권력>이나 <지배>의 영역과는 다른 영역인 생성의 역량에 관계한다. 연속적 변주는 만인의 소수파 되기를 구성하며, <아무도 아닌 자>의 다수적 <사실>과 대립된다. 의식의 보편적 형상으로서의 소수파 되기는 자율이라고 불린다. 확실히 방언 같은 소수어를 사용하거나 게토나 지역주의를 만든다고 해서 우리가 혁명적으로 되는 것은 아니다. 오히려 수많은 소수적 요소들을 이용하고 연결접속시키고 결합함으로써 우리는 자율적이고 돌발적인 특수한 생성을 발명하게 된다.[72]

71 P. P. Pasolini, *L'expérience hérétique*, p. 62[독역본 : 같은 곳].

72 *Change*, n° 30(1977 mars)에 있는 퀘벡어에 관한 "집단 전략" 선언문을 참조할 것. 그 선언문은 혁명적인 위치를 갖기 위해서는 소수파의 상태가 되는 것만으로도 충분하다는 "전복적 언어"의 신화를 부인한다("이러한 기계론적 등식은 언어에 대한 민중 추수주의적 개념을 드러내고 있다. [……] 한 개인이 노동자 계급에 속하는 것은 그가 그 계급의

다수파 양식(=長調)과 소수파 양식(=短調)은 언어를 다루는 두 가지 방식인데, 전자는 언어에서 상수들을 뽑아내는 방식이고 후자는 언어를 연속적 변주로 만드는 방식이다. 그러나 우리는 여기서 명령어로 다시 돌아가야 한다. 명령어는 언표행위의 변수로서 랑그의 조건에 영향을 미치며 요소들을 이렇게 저렇게 사용하는 방식을 규정하니, 명령어야말로 변수의 두 가지 방향과 변수를 다루는 두 가지 방식을 설명할 수 있는 유일한 "메타언어"인 것이다. 만약 언어 기능의 문제가 일반적으로 잘못 제기되었다면, 이는 모든 가능한 기능들을 관장하는 이 명령어-변수를 간과했기 때문이다. 우리는 카네티의 제안에 따라 다음과 같은 화행론적 상황에서 출발할 수 있을 것이다. 명령어는 사형 선고이다. 아무리 온건하고 상징적이고 통과제의적이고 일시적인 것이 되어버린 명령어일지라도 그러한 선고를 늘 함축하고 있다. 명령어는 명령을 받는 자를 직접 죽이기도 하고, 거역하는 경우에 죽이기도 하고, 자살하거나 죽음을 면하도록 명령하기도 한다. "이렇게 해라", "그러지 마"라고 아버지가 아들에게 내리는 명령은 아들이 자신의 인격(personne)의 한 지점에서 체험하는 작은 사형 선고와 분리될 수 없다. 죽음, 죽음, 이것이야말로 유일한 판단(=심판)이며 판단을 체계로 만드는 자이다. 판결. 그러나 명령어는 그 자신과 분리할 수 없는 어떤 다른 것이기도 하다. 그것은 놀람의 외침이나 도주 신호 같은 것이다. 도주가 명령어에 대한 반작용이라고 말하는 것은 지나친 단순화일 것이다. 오히려 도주는 복합적 배치물 속에 있는 명령어의 다른 얼굴, 명령어의 다른 성분으로서 명령어 안에 포함되어 있다. 카네티가 사자의 포효를 원용한 것은 옳았다. 사자의 포효는 도주와 죽음을 한꺼번에 언표하고 있는 것이다.73) 명령어는 두 가지 음조를 가지고 있다. 예언자는 명령

언어를 말하기 때문이 아니다. [……] 퀘벡 속어가 대항-문화적, 전복적 힘을 갖는다는 주장은 완전히 관념론적이다", p. 188).

을 받고서 죽음을 갈망하기도 하지만 도망치기도 한다. 유대 예언전통은 죽으려는 소망과 도주의 약동을 신의 명령어에 용접시켰다.

여기서 명령어의 첫번째 양상, 즉 언표의 표현된 것으로서의 죽음을 살펴보자. 우리는 그것이 앞의 요구사항에 부합한다는 것을 분명히 알 수 있다. 죽음이 본질적으로 몸체에 관련되고 몸체에 귀속된다 할지라도, 죽음은 비물체적 변형이라는 진정한 성격을 가지고 있으며 이것은 죽음 자체의 직접성과 순간성에서 나오는 것이다. 죽음 앞에 오는 것과 죽음 뒤에 오는 것은 능동작용과 수동작용의 오랜 체계, 몸체들의 느린 노동일 수 있다. 죽음은 그 자체로는 능동작용도 아니요 수동작용도 아니다. 오히려 그것은 언표행위가 언표 즉 선고에 용접시킨 순수 행위요 순수 변형이다. 이 사람은 죽었다……. 너는 명령어를 받을 때 이미 죽었다……. 실제로 죽음은 모든 곳에 있다. 한편으로 죽음은 몸체들과 몸체들의 형식들과 상태들을 분리시키는 저 건널 수 없는 관념적 경계로서 존재하며, 다른 한편으로는 하나의 주체가 형식 또는 상태를 바꾸기 위해 거쳐야만 하는 조건 — 그것이 비록 통과제의적이고 상징적인 것이라 할지라도 — 으로서 존재한다. 바로 이런 의미에서 카네티는 "변형의 금지"[74]에 대해 말하고 있는 것이다. 그것은 확고부동하고 엄숙한 <주인>에 기대는 체제이다. 이 체제는 매 순간 상수들을 통해 법을 제정하며, 변형을 금지하거나 엄격히 제한하고, 형

73 Elias Canetti, *Masse et puissance*(명령어의 두 가지 양상에 관한 핵심적인 「명령」과 「변신」을 참조할 것. 그리고 무엇보다도 pp. 332~333에 나오는 메카 성지순례에 관한 서술 및 그것이 코드화된 두 가지 양상인 죽음을 가져오는 경직화와 공포에 사로잡힌 도주를 참조할 것[독어 원본 : S. 348~349. 영역본 : pp. 313~314. 국역본 : 300~301쪽].

74 [카네티의 Entwandlung을 저자들은 énantiomorphose로 옮기고 있다. 영어로는 enantiomorphosis이다. 'enantio-'는 그리스어로 '반대하다, 대립하다'라는 뜻이며, 그래서 카네티의 영역자는 Entwandlung을 '변형의 금지(prohibitions of transformation)'라고 풀어 옮겼다]

상들에 안정되고 분명한 윤곽을 정해주며, 형식들을 둘씩 대립시키고, 한 형식에서 다른 형식으로 이행할 때는 주체에게 죽음을 강요한다. 한 몸체가 다른 몸체와 분리되고 구별되는 것은 항상 어떤 비물체적인 것을 통해서이다. 형상이 한 몸체의 윤곽인 한 그것은 몸체를 제한하고 완성하는 비물체적 속성이다. 죽음이 그 <형상>이다. 한 몸체가 시간과 공간 속에서 완성되는 것은, 그리고 몸체의 선들이 윤곽을 형성하거나 그려내는 것은 바로 죽음을 통해서이다. 죽은 시간이 있듯이 죽은 공간도 있다. "변형의 금지가 반복되면 세계는 축소된다……. 변형을 사회적으로 금지하는 일이 아마도 가장 중요한 일일 게다. …… 죽음 그 자체가 가장 엄격한 경계로서 계급들 사이에 놓이는 것이다."[75] 그런 체제 속에서 모든 새로운 몸체는 서로 다른 주체들뿐만 아니라 대립 가능한 형식 또한 만들어내야 한다. 죽음은 그 형식을 보든 실체를 보든 일반적으로 모든 몸체들에 귀속되는 비물체적 변형이다(가령 <당(黨)>의 몸체는 변형을 금지하는 조작 없이는, 그리고 1세대를 제거하며 나타나는 새로운 전사들 없이는 뚜렷이 드러날 수 없을 것이다).

우리가 여기서 표현 못지않게 내용도 고려하고 있다는 점은 사실이다. 사실 내용과 표현이라는 두 개의 판이 하나의 배치물 속에서 몸체의 체제와 기호의 체제로 가장 분명히 구분되고 있는 바로 그 순간에도 그것들은 여전히 서로를 전제하고 있다. 비물체적 변형은 명령어의 표현된 것이지만 몸체의 속성이기도 하다. 그것은 표현의 언어적 변수일 뿐 아니라 내용의 비언어적 변수이기도 하며, 이 변수들 각각은 상수들을 뽑아내기에 적합하도록 서로 형식적 대립 관계 또는 형식적 구별 관계를 맺고 있다. 예컨대 옐름슬레우가 지적하듯이, 바로 이와 같은 방식으로 표현은 음성적 단위들로 나뉘고 내용은 사회적, 동물학적 또

75 [독어 원본 : 카네티, 앞의 책, S. 424~427. 영역본 : p. 378, 380. 국역본 : 360~364쪽]

는 물리적 단위들로 나뉜다("송아지"는 어린-수컷-소로 나뉜다).[76] 이항성의 그물망, 나무 형태의 그물망은 양쪽 모두에서 유효하다. 하지만 두 판 사이에는 그 어떤 유사성도 없으며 그 어떤 분석적 대응 관계나 일치 관계도 없다. 하지만 두 판이 서로 독립적이라고 해서 동형성이 없는 것은 아니다. 즉 양쪽에는 동일한 유형의 상수적 관계들이 존재한다. 그리고 바로 이런 관계들의 유형이 있었기에 언어학적 요소들과 비언어학적 요소들은 서로 대응하지 않으면서도 처음부터 분리될 수 없었던 것이다. 내용의 요소들이 몸체의 혼합물들에 분명한 윤곽을 부여하는 일과 표현의 요소들이 비물체적인 표현된 것에 선고 또는 판단의 권력을 부여하는 일은 동시에 일어난다. 이 모든 요소들은 추상의 정도도 서로 다르고 탈영토화의 정도도 서로 다르다. 하지만 그 요소들은 매번 그러한 명령어와 그러한 윤곽 위에서 배치물 전체를 재영토화한다. 종합 판단의 학설이 갖는 의미는 <형상>과 <선고> 사이에, 내용의 형식과 표현의 형식 사이에 선험적인 관계(동형성)가 존재한다는 것을 보여주는 것이다.[77]

그러나 명령어의 또 다른 측면, 즉 죽음이 아니라 도주를 고려하면 변수들은 이제 새로운 상태, 즉 연속적 변주 상태로 들어가는 것처럼 보인다. 극한으로의 이행은 이제 비물체적 변형처럼 보이지만, 그것은 끊임없이 몸체들에 귀속된다. 이것은 죽음을 제거하지 않고 오히려 죽

76 앞서 보았듯이 옐름슬레우는 내용의 판을 일종의 "기의"와 비슷한 것으로 만들어버리는 제한 조건을 달아놓았다. 그러니 그가 제안한 내용 분석 방식이 언어학보다는 차라리 동물학 같은 다른 분과들에 더 잘 적용된다며 그를 비판하는 것도 타당하다(예컨대 André Martinet, *La linguistique. Guide alphabétique*, Paris : Danoël, 1969, p. 353[독역본 : *Linguistik. Ein Handbuch*, übers. von I. Rehbein und S. Stelzer, Stuttgart 1973, S. 264] - Jeanne Martinet, Henriette Walter와 공저). 하지만 우리가 보기에 비판받을 것은 옐름슬레우가 달아둔 제한 조건뿐인 것 같다.

77 [이 구절에서 저자들은 칸트의 선험적 종합 판단이 어떤 조건에서 주장되었는지를 언급하고 있다. 특히 이 부분은 범주의 초월적 연역과 관련된다]

음을 축소시키거나 죽음 자체를 하나의 변주로 만드는 유일한 방식이다. 언어는 이 운동에 의해 자신의 고유한 극한으로 밀려간다. 한편 몸체들은 자신의 내용들을 변형시키는 운동을 겪는 가운데, 또는 자신의 형상들의 극한에 도달하거나 극한을 넘어서도록 모든 힘을 다 써버리는 가운데 포착된다. 여기서 소수파 과학과 다수파 과학을 극복해 볼 필요가 있다. 예컨대 곡선이 되려 하는 파선(破線)의 도약, 선과 운동에 관한 모든 조작적 기하학, 변주를 만드는 실용주의적 과학. 이것들은 유클리드적 불변항을 사용하는 왕립 과학 또는 다수파 과학과는 다르게 진행되었으며 오랜 의심과 억압의 역사를 거쳐 왔다(우리는 이 문제를 다시 다룰 것이다).[78] 아무리 작은 간격이라도 엄청난 것이다. 변형의 대가(大家)는 변함없는 엄숙한 왕과 대립된다. 이는 마치 강렬한 질료, 변주의 연속체가 언어의 내적 텐서들 속으로 또 내용의 내적 긴장들 속으로 분방하게 풀려나가는 것 같다. 가장 작은 간격이라는 관념은 같은 본성을 가진 두 개의 형상 사이에서 나오는 것이 아니라 최소한 곡선과 직선, 원과 접선을 고려해야 나오는 관념이다. 우리는 목격하게 된다. 실체들은 변형되고 형체들은 와해된다. 그것이 극한으로 치닫는 형식이든 윤곽들의 도주든 말이다. 그러면 유동하는 힘들, 흐름들, 공기, 빛, 물질이 움직여 어떤 몸체든 말이든 어떤 지점에서도 멈춰버리지 못하게 된다. 이 강렬한 물질의 비물체적 역량, 이 언어의 물질적 역량. 몸체들과 말들보다 더 직접적이고 더 유동적이며 타오르는 듯한 하나의 질료. 연속적 변주 안에서는 더 이상 표현의 형식과 내용의 형식을 구분할 여지조차 없다. 연속적 변주 안에 있는 것은 상호 전제되어 있으며 분리될 수조차 없는 두 개의 판이다. 이제 두 판의 구분은 고른판 위에서 완전히 상대적인 구분이 된다. 탈영토화가 절대적이

78 [제12편을 참조할 것]

되고 배치물을 휩쓸어가는 고른판 위에서. 이때 절대적인 것(absolu)은 분화되지 않은 것(indifférencié)을 의미하지는 않는다. "무한히 작게"[79] 된 차이들은 하나의 동일한 물질 속에서 만들어진다. 이 물질은 비물체적 역량으로서의 표현뿐 아니라 제한 없는 물체성으로서의 내용을 위해서도 똑같이 사용되는 것이다. 내용의 변수들과 표현의 변수들은 더 이상 두 개의 형식을 가정하는 전제 관계 속에 있지 않다. 오히려 변수들이 연속적으로 변주되면 두 형식은 접근하고 양쪽의 탈영토화의 정점들은 접합접속된다. 이는 형상도 없고 형식도 없는 해방된 질료의 판 위에서 일어나는데, 이 판은 내용과 표현 안에 저 첨점들, 텐서들이나 긴장들만을 간직하고 있다. 몸짓과 사물, 목소리와 음은 동일한 "오페라" 속에서 포착되며, 말더듬기, 비브라토, 트레몰로, 범람 등 변화하는 효과들 속에 담겨 있다. 신시사이저는 모든 매개변수들을 연속적 변주로 만들며, 점차로 "근본적으로 이질적인 요소들이 마침내 모종의 방식으로 서로 전환되도록" 만든다. 이러한 접합접속이 있자마자 공통 질료가 존재하게 된다. 바로 이 지점에서만 우리는 추상적인 기계, 또는 배치물의 도표에 이른다. 질료가 형상 또는 형식을 부여받은 실체를 대체했듯이, 신시사이저는 판단을 대체했다. 에너지론, 물리-화학, 생물학적 강렬함을 한쪽으로 묶고 기호계, 정보이론, 언어학, 미학, 수학적 강렬함을 다른 한쪽으로 묶는 것은 더 이상 적합하지 않다. 강렬함의 체계들의 다양성은 도주의 벡터들 또는 긴장들이 전체 배치물을 낳자마자 그 배치물에 결합되며 그 위에서 리좀화된다. 그래서 우리는 이렇게 물어야 한다. 즉 "어떻게 명령어를 피할 것인가?"가 아니라 "어떻게 명령어가 감싸고 있는 사형 선고를 피할 것인가?", "어떻게 명령어의 도주 역량을 펼쳐나갈 것인가?", "도주가 상상적인 것 안으로 빠

79 [들뢰즈, 『프루스트와 기호들』, 국역본, 222쪽 참조]

져들거나 검은 구멍 안으로 떨어지는 것을 어떻게 막을 것인가?", "어떻게 명령어의 혁명적 잠재력을 유지하거나 뽑아낼 것인가?"라고. 호프만슈탈은 심지어 "우울한 거울" 속에서, 재영토화할 필요가 있는 "독일이여! 독일이여!"라는 명령어를 스스로에게 던진다. 그러나 그는 이 명령어 아래에서 다른 명령어를 듣는다. 마치 낡은 독일의 "형상들"이 단순한 상수이기라도 한 것처럼, 그 상수는 자연 및 삶과의 관계는 가변적이면 가변적일수록 더욱 심오해진다는 것을 보여주기 위해 지금 지워져가고 있다는 듯이. 어떤 경우에 삶과의 관계가 강경해져야 하고 어떤 경우에 숙여야 하는가? 어떤 순간에 반항해야 하고 어떤 순간에 항복하거나 침착해져야 하는가? 또 언제 건조한 말을 해야 하며 언제 감정이 넘치는 말 또는 오락적인 말을 해야 하는가?[80] 절단이 됐든 단절이 됐든 오직, 연속적 변주만이 이러한 잠재적 선을, 삶의 이러한 잠재적 연속체를, "일상 뒤에 있는 본질적 요소나 실재"를 끄집어낼 수 있다. 헤르초크의 영화에는 빛나는 언표가 있다. 영화 속의 인물은 자문한다. <이 대답에 누가 대답하지?> 사실 물음이란 없으며 우리들은 대답에 대해서만 대답할 뿐이다. 이미 물음 안에 포함되어 있는 대답(심문, 경연대회, 국민투표 등)과 다른 대답으로부터 오는 물음이 대립된다. 사람들은 명령어에서 명령어를 끌어낸다. 명령어 속에서 삶은 죽음의 대답에 응답해야만 한다. 도주함으로써가 아니라 도주가 작용하고 창조하게 만듦으로써. 명령어 아래에는 패스워드가 있다.[81] 통과로

80 호프만슈탈의 텍스트에 대한 자세한 부분은 *Lettres du voyageur à son retour* (lettre du 9 mai 1901), tr. Jean-Claude Schneider, Paris : Mercure de France, 1969[독어 원본 : Hugo von Hofmannsthal, "Die Briefe des Zurückgekehrten (I-V)"(1907), in *Gesammelte Werke, Prosa Bd. II*, Frankfurt 1951, S. 321~357. 3. Brief vom 9. Mai 1901, S. 336~342]를 참조할 것.

81 [패스워드는 mot de passe이다. 이는 일종의 말놀이이다. 군대 용어로 mot d'ordre는 묻는 암호이고 mot de passe는 푸는 암호이기 때문이다. 일어로는 '合い言葉'('암호 푸는

서 존재하는 말들, 통과의 성분들이 있다. 반면 명령어는 정지들, 지층화되고 조직화된 구성물들을 나타낸다. 하나의 사물, 하나의 말이라도 분명 이중의 본성이 있다. 하나에서 다른 하나를 추출하라. 명령의 구성물을 통과의 성분으로 변형시켜라.

말', '맞춘 말')이며, 우리말로는 통상 패스워드라고 한다]

5 기원전 587년 및 서기 70년

몇 가지 기호 체제에 대하여

이스라엘 사람들의 궤의 서열

새로운 체제

기호 체제라 불리는 것은 특수한 표현의 전(全) 형식화를 가리킨다. 적어도 그 표현이 언어적 표현인 경우라면 말이다. 기호 체제는 기호계[1]를 구성한다. 하지만 기호계를 그 자체로 고찰하기는 어려운 것 같다. 사실 언제나 내용의 형식이 있다. 이 내용의 형식은 언제나 표현의 형식과 분리될 수 없으면서도 그것과 독립될 수 있다. 또한 이 두 형식은 일차적으로 비언어적인 배치물들과 결부되어 있다. 하지만 마치 표현의 형식화가 자율적이고 충분한 것인 양 행동할 수도 있다. 그러나 이 경우에도 표현의 형식들은 매우 잡다하며 혼합되어 있다. 따라서 우리는 "기표"의 형식이나 체제에 그 어떤 특별한 특권도 부여할 수 없다. 만일 우리가 기표작용적 기호계를 기호론이라고 부른다면, 기호론은 여러 기호 체제 중의 하나일 뿐이지 가장 중요한 체제는 아니다. 여기서 화행론으로 돌아가야 할 필연성이 나온다. 화행론에서 보면 언어 자체에는 보편성이 없으며, 또한 충분한 형식화, 일반 기호론, 일반 메타언어도 없다. 따라서 특히 기표작용적 체제를 연구해보면 언어학적 전제의 불충분함이 드러난다. 그리고 이러한 불충분함은 바로 기호 체

1 [여기서 '기호계'로 옮긴 말은 sémiotique이다. 형용사로 사용될 때는 '기호적'이라고 옮겼다. 기호계는 '기호론'으로 옮긴 sémiologie와는 완전히 다른 말이다. 후자는 소쉬르에 의해 처음 사용되었으며, 기표-기의 관계를 다루는 기표작용(signification)을 연구한다. 저자들은 기호론을 비판하며, '기호 체제(régime de signes)'와 거의 같은 의미인 기호계를 중심으로 논의를 전개한다]

제를 고려할 때 드러난다.

기호의 기표작용적 체제(기표작용적 기호)의 공식은 아주 일반적인 것이다. 즉 기호는 다른 기호를 지시하고, 또한 다른 기호만을 지시하며, 이런 식으로 무한히 나아간다. 바로 이 때문에 극단적인 경우 기호 개념을 버릴 수도 있는 것이다. 원칙적으로 우리는 기호가 지칭하는 사태, 또는 기호가 의미하는 실재가 기호와 맺는 관계를 알지 못하며 단지 기호와 기호의 형식적 관계만을, 그것도 그 형식적 관계가 이른바 기표작용적 사슬을 규정하는 한에서만 알 수 있다. 따라서 제한 없는 의미생성이 기호를 대체하게 된다. 하지만 외시(外示)(여기서는 지칭작용과 기표작용 모두를 말한다)가 이미 암시(暗示)의 일부라고 가정한다면, 우리는 완전히 기호의 이러한 기표작용적 체제 안에 있는 셈이다. 사람들은 **지표**, 즉 지시 가능한 것을 구성하는 영토적 사태에 별 관심이 없다. 또 **도상**, 즉 기표화 가능한 것을 구성하는 재영토화의 조작에 별 관심이 없다. 따라서 기호는 이미 높은 정도의 상대적 탈영토화에 도달했다. 그래서 기호는 **상징**으로 여겨진다. 하나의 기호가 다른 기호를 항상 지시하는 과정 속에서 말이다.[2] 기표는 기호와 잉여 관계를 맺는 기호이다. 어떤 기호이건 다른 기호의 기호가 된다. 그러한 기호가 의미하는 바가 무엇인지 아는 것은 아직 중요하지 않다. 중요한 것은 무정형의 대기(大氣) 연속체에 자신의 그림자를 투영하는 시작도 끝도 없는 그물망을 형성하기 위해서 기호가 어떤 다른 기호들을 참조하는지, 어떤 다른 기호들이 그 기호에 덧붙여지는지를 아는 일이다. 바로 이 무정형의 연속체가 일단은 "기의" 역할을 한다. 그러나 이 무정형의 연속체는 기표 아래에서 끊임없이 미끄러지며, 기표의 매체 또는 벽 노릇을 할 뿐이다. 모든 내용은 자신의 고유한 형식을 기의 속에 용해시

2 [지표, 도상, 상징에 관해서는 뒤의 각주 60을 참고]

키게 된다. 내용의 대기화(大氣化) 또는 세속화. 그리하여 사람들은 내용을 추상화한다. 레비-스트로스가 묘사한 상황에 처해 있는 것이다. 세계가 의미하는 바가 무엇인지 사람들이 알기도 전에 세계는 기표작용하기 시작했고, 기의는 알려지지 않은 채로 주어졌다.[3)] 당신 부인이 당신을 이상한 표정으로 바라봤다. 오늘 아침 수위가 당신에게 행운을 빌면서 세무서에서 온 편지를 전해주었다. 그 다음 당신은 개똥을 밟았다. 한길에서는 시계 바늘처럼 엮여 있는 작은 나무토막 두 개를 보았다. 당신이 사무실에 도착했을 때 당신 뒤에서 사람들이 수군거리고 있었다. 그게 무슨 뜻인지는 중요하지 않다. 그것은 항상 기표니까. 기호를 참조하고 있는 기호는 이상한 무력함과 불확실함의 급습을 받지만 사슬을 구성하는 기표는 강력하다(puissant). 편집증 환자는 탈영토화된 기호의 이런 무력함을 나눠가지며, 탈영토화된 기호는 미끄러지는 대기 속 사방에서 그를 공습한다. 하지만 그럴수록 그는 대기 안으로 퍼져나가는 그물망의 주인처럼, 성난 왕 같은 기분으로 기표의 초권력(surpouvoir)에 더욱더 다가간다. 이는 편집증적 독재 체제이다. 그들은 나를 공격하고 나를 괴롭힌다. 하지만 나는 그들의 의도를 간파하고 그들을 앞서간다. 나는 항상 알고 있다. 나는 무력할 때조차 권력을 갖고 있다. "나는 그것들을 갖게 될 거야."

이런 체제에서는 그 무엇으로도 끝이 나지 않는다. 이는 그걸 위해 만들어졌다. 이 체제는 무한한 빚의 비극적 체제이며, 모든 사람은 채무자이자 채권자이다. 하나의 기호는 자신이 옮겨가는 다른 기호를 참

3 Claude Lévi-Strauss, "Introduction à l'œuvre de Marcel Mauss", in Marcel Mauss, Sociologie et anthropolgie, Paris : P.U.F., 1973, pp. 48~49[독역본 : "Einleitung in das Werk von Marcel Mauss", in Marcel Mauss, Soziologie und Anthropologie, übers. von Henning Ritter, Bd. 1, München, 1974, S. 38](레비-스트로스는 이어지는 텍스트에서 기의의 또 다른 양상을 구별해 말한다). 대기 연속체의 이런 일차적 가치에 대해서는 빈스방거(Binswanger)와 아리에티(Arieti)의 정신의학적 분석을 참고할 것.

조하며, 이 기호는 또 다른 기호들로 가기 위해 기호에서 기호로 처음 기호를 나른다. "순환해서 회귀해도 좋으니까……." 기호들은 단지 무한한 그물망만을 만드는 게 아니라, 기호들의 그물망은 무한히 순환적이다. 언표는 언표의 대상보다 오래 살아남고, 이름은 이름의 소유자보다 오래 살아남는다. 기호는 다른 기호들로 옮겨가거나 잠시 다른 기호들 안에 보존되거나 하면서 자신이 의미하는 기의나 자신이 지칭하는 사태보다 오래 살아남는다. 기호는 사슬 안에서 자기 자리를 다시 차지하기 위해, 그리고 새로운 상태, 새로운 기의를 투여해 거기에서 추출되어 나오기 위해, 짐승이나 죽은 사람처럼 튀어 오른다.[4] 영원회귀의 인상을 풍긴다. 거닐기를 좋아하는 떠다니는 언표들, 멈춰 서 있는 이름들, 결국 회귀하겠지만 일단은 사슬을 따라 앞으로 돌출되기를 기다리는 기호들의 체제가 있다. 탈영토화된 기호의 자기 잉여로서의 기표여, 장례식장 같은 공포 가득한 세계여.

하지만 중요한 것은 기호들의 순환성보다는 원들이나 사슬들의 다양체이다. 기호는 같은 원 위의 다른 기호만 지시하는 것이 아니라 다른 원, 다른 나선 위의 기호도 지시한다. 로버트 로위(Robert Lowie)는 크로우 족이나 호피 족 남자들이 아내가 부정(不貞)을 저질렀을 때 각각 어떻게 반응하는지를 설명하고 있다(크로우 족은 유목민 사냥꾼인 반면 호피 족은 제국주의적 전통에 가까운 정주민이다). "아내가 부정을 저질렀을 때 크로우 인디언 남자는 아내의 얼굴을 베어버린다. 반면 같은 불운의 희생물이 된 호피 족 남자는 침착함을 잃지 않고 가뭄과 기근이 마을을 덮칠 것을 기원한다." 우리는 여기서 편집증, 전제군주적 요소 또는 기표작용적 체제, 레비-스트로스가 말한 "편협한 신앙

4 Lévi-Staruss, *La pensée sauvage*, Pairs : Plon, pp. 278 sq.[독역본 : *Das wilde Denken*, übers. von Hans Naumann, Frankfurt, 1968, S. 245ff. 영역본 : *The Savage Mind*, Chicago : University of Chicago Press, 1966, pp. 209ff.] (두 사례에 대한 분석) 참조.

(bigoterie)" 등이 어떤 지점에 존재하는지를 분명하게 볼 수 있다. "사실상 호피 족이 보기에 모든 것은 서로 연계되어 있다. 사회적 무질서와 가정의 불상사는 우주 체계를 문제로 삼는다. 우주 체계의 여러 층위는 다양한 대응 관계에 의해 통일되어 있는 것이다. 어떤 판 위에서 대혼란이 벌어졌다면 그것은 다른 층위들을 변용시키는 다른 혼란들이 그 판에 투사된 것으로밖에는 이해할 수 없고, 또 그래야만 도덕적으로 참아낼 수 있다."[5] 호피 족 사람은 한 원에서 다른 원으로, 또는 한 나선 위에 있는 기호에서 다른 나선 위에 있는 기호로 도약한다. 사람들은 마을이나 도시를 떠났다가 다시 돌아온다. 이런 도약들은 전(前)-기표작용적 제의에 의해서, 급기야는 그 도약의 정당성을 판정하는 모든 제국주의적 관료주의에 의해서 규제되기에 이른다. 도약은 제멋대로 규칙 없이 일어나지 않는다. 도약은 규제된다. 또 도약에는 금지가 있다. 가장 바깥에 있는 원을 넘어가지 말라, 가장 중앙에 있는 원에 접근하지 말라. 원들 사이의 차이는 다음의 사실에서 온다. 비록 모든 기호들이 탈영토화되고, 동일한 의미생성의 중심을 향하고, 무정형적인 연속체 안으로 분배되는 한에서만 서로를 지시한다고 할지라도 모든 기호들은 기원의 자리(신전, 궁전, 집, 길, 마을, 관목 숲)를 증언하는 상이한 탈영토화 속도들도 가지며 원들의 차이를 유지시키고 연속체의 대기(大氣)(사적인 것과 공적인 것, 가족적 사건과 사회적 무질서) 속에서 문턱들을 구성하는 미분적 관계들도 가진다. 게다가 이 문턱들과 이 원들의 배분은 경우에 따라 변한다. 체계 안에는 근본적인 기만이 있다. 한 원에서 다른 원으로 도약하고, 항상 장면을 바꿔버리고, 다른 곳에서 그 장면을 상연하기. 이것은 주체라는 사기꾼의 히스테리적 조작이

5 Lévi-Strauss가 쓴 Don C. Talayesva, *Soleil Hopi*, Paris : Plon,1968, p. VI의 서문[이 책은 *Sun Chief*, ed. by Leo W. Simmons, New Haven, Conn. : Yale University Press, 1942의 불어 번역본이다].

며, 주체는 의미생성의 중심에 있는 전제군주의 편집증적 조작에 응답한다.

게다가 또 다른 양상이 있다. 기표작용적 체제는 모든 부분으로부터 방출되는 기호들을 원 안에 조직화하는 임무를 부여받고 있다. 뿐만 아니라 이 체제는 원들 또는 나선이 끊임없이 확장하도록 해주어야 하며, 체계에 고유한 엔트로피를 이겨낼 수 있도록, 그리고 새로운 원들이 생겨나거나 옛 원들이 재활할 수 있도록 중심에 기표를 다시 제공해야 한다. 따라서 의미생성에 기여하기 위한 이차적 메커니즘이 필요하다. 그것이 해석망상(interprétance) 또는 해석이다. 이제 기의는 새로운 모습을 하게 된다. 기의는 기호들의 그물망이 자신의 실을 던져오는, 인식되지 않고 주어지는 무정형의 연속체이기를 그친다. 우리는 하나의 기호나 기호군에 기의의 일부를 대응시킨다. 그 기의가 적합하며 따라서 인식 가능하다고 결정하고서 말이다. 이리하여 통합축에 계열축이 덧붙여진다. 통합축에서는 기호들이 서로를 참조하고, 계열축에서는 이렇게 형식화된 기호가 적합한 기의를 재단해낸다(여기서도 여전히 내용의 추상이 일어나지만, 그 방식은 새롭다). 해석하는 사제, 점쟁이는 전제군주-신의 관료이다. 기만의 새로운 양상인 사제의 기만이 등장한다. 해석은 무한히 진행되며, 그 자체로 이미 해석이 아닌 그 어떤 해석 대상도 만나지 못한다. 그래서 기의는 끊임없이 기표를 다시 부여하거나 다시 장전하거나 생산한다. 형식은 항상 기표로부터 온다. 따라서 궁극적 기의는 잉여나 "초과" 상태에 있는 기표 자신이다. 기표의 생산에 의해 해석과 심지어 소통을 넘어설 수 있다고 주장해봐야 쓸데없는 일이다. 왜냐하면 언제나 기표를 재생산(=복제)하고 생산하는 데 기여하는 것은 바로 해석의 소통이기 때문이다. 이런 식으로 생산 개념을 갱신할 수 있을지는 분명치 않다. 정신분석의 사제들은 다음과 같은 것을 발견했다(다른 모든 사제들과 점쟁이들이 자기 시대에 했던 일이긴 하지만). 즉 해석은 의미생성에 예속되어야만 했다는 것 말이다. 기표가 어떤 기의를 제시하면, 되받아 기의가 기표를 제시해야 한다는 점에서. 종국에는 더 이상 해석할 것조차 없다. 왜냐하면 가장 좋은 해석, 가장 무거운 해석, 가장 급진적인 해석은 탁월하게 의미 있는 침묵이기 때문이다. 우리는 잘 알고 있다. 정신분석가들은 더 이상 말하지 않는다. 그들은 더 많이, 더 잘할 것 같지 않으면 해석도 하지 않는다. 그들은 주체에게 해석할 뭔가를 주어 지옥의 한 원에서 다른 원으로 건너뛰게 하는 것이다. 실로 의미생성과 해석망상(interprétose)은 땅의 병이든 피부병이든 인간의 질병이며 근본적인 신경증이다.

의미생성의 중심, <몸소 나선 기표>에 대해서는 할 말이 별로 없다. 그것은 순수 원리인 데다가 순수 추상이기 때문이다. 다시 말해 그것은 무(無)인 것이다. 결핍이냐 과잉이냐는 별로 중요하지 않다. 기표는 다른 기표를 무한히 참조한다고 말하든 기호들의 무한한 집합이 주요(majeur) 기표를 참조한다고 말하든 같은 얘기다. 하지만 정확히 말해서 기표의 이런 순수 형식적 잉여는 특별한 표현의 실체 없이는 생각될 수조차 없다. 우리는 이 표현의 실체에 **얼굴성**이라는 이름을 붙였다.[6] 언어는 항상 얼굴성의 특질들을 동반한다. 또 얼굴은 잉여들의 집합을 결정화하며, 기표작용적 기호들을 방출하고 수신하고, 풀어주고 재포획한다. 얼굴은 그 자체로 하나의 전체 몸체이다. 얼굴은 모든 탈영토화된 기호들이 달라붙는 의미생성의 중심 몸체로서, 그 기호들의 탈영토화의 한계를 표시해준다. 목소리는 바로 얼굴로부터 나온다. 바로 이 때문에 제국적 관료주의에서 글쓰기 기계(=타자기)가 아무리 근본적으로 중요하다 해도 글은 책의 성격이 아니라 구어(=입말)의 성격을 유지하는 것이다. 얼굴은 기표작용적 체제에 고유한 <도상>이며

6 [얼굴성에 대한 더 자세한 논의는 제7편에서 다루어진다]

체계 내부에서 일어나는 재영토화이다. 기표는 얼굴 위에서 재영토화된다. 기표에 실체를 부여하는 것은 바로 얼굴이다. 해석할 거리를 제공하는 것은 바로 얼굴이다. 해석이 해석의 실체에 또 다른 기표를 부여할 때 바뀌는 것, 특징들(=표정)을 바꾸는 것은 바로 얼굴이다. 봐라, 그의 얼굴(=안색)이 바뀌었다. 기표는 항상 얼굴화된다. 얼굴성은 의미생성들과 해석들의 집합 위에 물질적으로 군림한다(심리학자들은 어머니의 얼굴과 아기의 관계에 대해 많은 글을 썼으며, 사회학자들은 매스미디어 또는 광고에서 얼굴의 역할에 대해 많은 글을 썼다). 전제군주-신은 자신의 얼굴을 결코 감추지 않는다. 반대로 그는 하나 또는 여러 얼굴을 한다. 탈은 얼굴을 감추지 않는다. 탈은 얼굴이다. 사제는 신의 얼굴을 관리한다. 전제군주에게 모든 것은 공적(公的)이며, 공적인 모든 것이 공적인 것은 얼굴 때문이다. 거짓말, 기만은 근본적으로 기표작용적 체제의 일부지만 비밀은 그렇지 않다.[7] 역으로, 얼굴이 지워질 때, 얼굴성의 특질들이 사라질 때 우리는 어떤 다른 체제에 들어와 버렸다고 확신한다. 무한히 조용하고 지각 불가능한 어떤 지대, 동물-되기, 지하에서 분자-되기, 기표작용적 체계의 한계를 넘어서는 밤의 탈영토화 등이 일어나는 지대에. 전제군주나 신이 휘두르는 얼굴은 태양이고, 그의 완전한 몸체이며, 기표라는 몸체이다. 그는 나를 이상한 표정으로 쳐다봤고 눈썹을 찌푸렸다. 내가 무엇을 했기에 그의 얼굴이 바뀌었지? 내 앞에 그의 사진이 있는데, 그 사진이 나를 쳐다본다고 말할 수도 있다……. 스트린드베리[8]가 말했듯이 얼굴의 감시, 기표의 덧코드화, 모

7 예컨대 반투 족의 신화에서 국가의 최초 설립자는 자신의 얼굴을 드러내며 공적으로 먹고 마신다. 반면 사냥꾼, 그리고 나중엔 전사가 비밀이라는 기술을 발명하며 장막 뒤에 숨어서 먹는다. Luc de Heusch, *Le roi ivre ou l'origine de l'Etat*, Paris : Gallimard, 1972, pp. 20~25 참조. Heusch는 두번째 계기 속에서 보다 "세련된" 문명의 증거를 본다. 우리가 보기에는 차라리 다른 기호계가 즉, 공적 노동이 아닌 전쟁이 중요한 것 같다.

8 [Johan August Strindberg(1849~1912). 스웨덴의 극작가, 소설가, 단편작가. 대표작

든 방향으로의 발광, 국지화되지 않은 편재.

끝으로 얼굴, 즉 전제군주의 몸체나 신의 몸체는 일종의 대응-몸체(contre-corps), 즉 수형자의 몸체 또는 더 잘 표현하자면 축출된 자의 몸체를 가진다. 이 두 몸체가 소통한다는 점은 분명하다. 전제군주의 몸체가 굴욕이나 심지어 처형이라는 시련, 또는 유배와 추방이라는 시련에 내맡겨지는 경우도 종종 있기 때문이다. "[왕의 몸체와는] 정반대의 극단에 죄수의 몸체가 있다고 상상해보자. 그는 자신의 법적 자격도 갖고 있다. 죄수는 제 나름의 제의(祭儀)를 만들어낸다. (……) 이는 최고 주권자의 모습을 한 최대 권력을 정초하기 위해서가 아니라 처벌받는 자들을 나타내는 최소 권력을 코드화하기 위해서이다. 정치적 장의 가장 어두운 영역 안에서 죄수는 왕과 대칭적이면서 역전된 인물상을 그려 보여준다."[9] 수형자는 우선 제 얼굴을 잃어버리는 자다. 또한 그는 동물-되기, 분자-되기에 진입하는 자로, 사람들은 그의 재를 바람에 흩뿌릴 것이다. 하지만 수형자라는 처지는 결코 최종적인 것이 아니며 오히려 축출을 앞둔 첫걸음이라고 얘기될 수 있다. 적어도 오이디푸스는 그것을 이해했다. 그는 스스로를 처형하고 자기 눈을 도려내고 그 다음에는 가버린다. 제식, 즉 희생양의 동물-되기는 그것을 잘 보여준다. 첫번째 속죄양은 희생되지만, 두번째 속죄양은 쫓겨나 불모의 사막으로 보내진다. 기표작용적 체제에서 희생양이 표상하는 것은 기호들의 체계에서 엔트로피가 다시 증가하는 새로운 형식이다. 희생양은 어떤 주어진 기간 동안 "나쁜" 것 전체를 떠맡는다. 말하자면 기표작용적 기호들에 저항하는 모든 것, 상이한 원들을 거쳐 가며 기호가 기호를 참조하는 현상과 상관없는 모든 것을 떠맡는다. 또한 희생양은 자신의 중심에 기표를 재장전할 줄 모르는 모든 것을 떠맡으며, 가장

『다마스쿠스까지』. 원문에는 Strinberg라고 잘못 표기되어 바로잡는다]

9 Michel Foucault, *Surveiller et punir*, p. 33[독역본 : S. 41. 영역본 : p. 29].

바깥의 원을 넘어가는 모든 것을 데려간다. 결국 그리고 무엇보다도 희생양이 하는 일은 기표작용적 체제가 도저히 용납할 수 없는 도주선을 만드는 일, 다시 말해 그 체제가 분쇄해야만 하거나 부정적인 방식으로만 규정할 수 있는 절대적 탈영토화를 구현하는 일이다. 왜냐하면 그 체제가 이미 아무리 탈영토화된 체제라 하더라도 도주선은 기표작용적 기호의 탈영토화의 정도를 초과하기 때문이다. 도주선은 의미생성이라는 원들과 기표라는 중심의 접선과도 같다.[10] 그것은 저주받을 것이다. 양의 항문은 전제군주나 신의 얼굴에 대립된다. 사람들은 체계를 도주시킬 위험이 있는 것을 살해하거나 쫓아버릴 것이다. 기표의 이윤(l'excédent)을 넘어서거나 미치지 못하는 모든 것은 부정적 가치로 표시될 것이다. 당신은 고작해야 양의 엉덩이냐 신의 얼굴이냐, 마법사냐 사제냐를 선택할 수 있을 뿐이다. 따라서 완벽한 체계는 다음과 같은 것들을 포함한다. 신전의 기표작용적 중심에 있는 전제군주-신의 편집증적 얼굴이나 몸체. 신전 안에서, 기표에 기의를 항상 재장전하는, 해석하는 사제들. 밀집한 원들 안에서, 원들 사이를 건너뛰는, 바깥에 있는 히스테릭한 군중. 얼굴이 없고, 중심에서 발산되었으며, 사제들에 의해 선택되고 다뤄지고 장식되며, 사막을 향해 필사적으로 도주하며 원들을 가로질러 가는 의기소침한 희생양 등. 너무나 개략적인 이 목록은 제국적 독재 체제에 적용될 뿐만 아니라 정당, 문학 운동, 정신분석 협회, 가족, 부부 등 종속적이고 나무 형태이고 위계적이고 중심화된 모든 집단에도 해당된다. 사진, 얼굴성, 잉여, 의미생성, 해석이 도처에서 개입한다. 기표의 슬픈 세계, 항상 현재에 기능하고 있는 기표의 시원성(始原性),[11] 자신의 모든 양상들을 암시하는 기표의 본질적인 기

10 [제9편의 마지막에 나오는 그림들을 참조]

11 [시원성(archaïsme)이란 어린 시절에 형성된 심적 경향의 잔존을 가리키는 심리학 용어이다]

만성, 기표의 심오한 익살스러움. 기표는 모든 부부 싸움에서, 그리고 모든 국가 장치들 안에서 군림한다.

기호의 기표작용적 체제는 8개의 양상 또는 원리로 정의된다.[12] 1) 기호는 다른 기호를 지시한다, 그것도 무한히(기호를 탈영토화하는 의미 생성의 무제한성). 2) 기호는 다른 기호에 의해 돌려 보내지며, 끊임없이 회귀한다(탈영토화된 기호의 순환성). 3) 기호는 한 원에서 다른 원으로 건너뛰며, 끊임없이 중심에 의존하는 동시에 중심을 바꾸어 놓는다(기호들의 은유 또는 기호들의 히스테리). 4) 원들의 확장은 기의를 주고는 다시 기표를 주는 해석들에 의해 항상 보증된다(사제의 해석병). 5) 기호들의 무한한 집합은 하나의 주요 기표를 가리키고 있는데, 이 기표는 과잉인 동시에 결핍으로 나타난다(전제군주적 기표, 체계의 탈영토화의 극한). 6) 기표의 형식은 실체를 갖는다. 또는 기표는 <얼굴>이라는 몸체를 갖는다(재영토화를 구성하는 얼굴성의 특질들이라는 원리). 7) 체계의 도주선은 부정적 가치를 부여받으며, 기표작용적 체제의 탈영토화 역량을 넘어선다고 비난받는다(희생양의 원리). 8) 그것은 보편적 기만의 체제이다. 이 체제는 도약들 속에, 규제된 원들 속에, 점쟁이의 해석에 대한 규제들 속에, 얼굴화된 중심의 광고 속에, 도주선을 다루는 태도 속에 동시에 들어 있다.

이런 기호계가 최초의 기호계도 아닐 뿐더러, 추상적 진화론의 관점에서 이 기호계에 특수한 특권을 부여할 어떠한 이유도 보이지 않는다. 우리는 그와 다른 두 가지 기호계의 몇몇 특성들을 아주 짧게 지적

12 [저자들은 기호 체제(기호계)를 다섯가지로 구분한다. 1) 기표작용적 체제, 2) 전(pré)-기표작용적 체제(기표작용이 작용하기 이전의 기호계), 3) 후(post)-기표작용적 체제(기표작용 이후에 생겨난 주체화가 중심이 되는 기호계), 4) 반(contre)-기표작용적 체제(기표작용에 반대하고 저항하는 기호계), 5) 탈(a)-기표작용적 체제(기표작용과 무관하게 작동하는 기호계). 번역어의 일관성을 유지하기 위해 기표작용이란 말에 접두사를 붙여서 이들을 구분했다. 아래에는 이들에 대한 상세한 설명이 나온다]

하고자 한다. 우선 전-기표작용적 기호계가 있는데, 이른바 원시적 기호계가 그것이다. 이것은 기호들 없이 작동하는 "자연적" 코드화에 훨씬 더 가깝다. 여기서는 유일한 표현의 실체인 얼굴성으로의 환원을 찾아볼 수 없다. 내용의 형식이 기의를 추상화하더라도 생략되지 않는 것이다. 좁은 의미의 기호계적 관점에서 보면 내용의 추상이 행해지고 있을 때조차도 그것은 단지 표현의 형식들의 다원론 또는 다성성을 위한 것이다. 표현의 형식들은 기표에 의한 모든 권력 장악을 축출하며 내용 그 자체에 고유한 표현적 형식들을 보존하는 것이다. 예컨대 몸체성의 형식들, 몸짓성의 형식들, 리듬의 형식들, 춤의 형식들, 제식의 형식들은 이질적인 것 안에서 음성적 형식과 공존한다.[13] 여러 표현의 형식들과 여러 표현의 실체들이 교차되고 교대된다. 절편적이지만 다선적이고 다차원적인 기호계가 있다. 이 기호계는 모든 기표작용적 순환성과 애초부터 맞서 싸우고 있었다. 절편성은 계통들의 법칙이다. 그래서 여기서 기호가 자신의 상대적 탈영토화의 정도를 달성하는 것은 다른 기호에 대한 계속적인 지시 덕분이 아니라, 각각의 기호가 추출되어 나오는 서로 비교된 절편들(막사, 관목 숲, 막사 이동)과 영토성들 사이의 대결 덕분이다. 언표들의 다성성이 보존될 뿐만 아니라 하나의 언표만으로 끝날 수 있게 된다. 낡은 이름은 폐기된다. 이것은 보존하기 또는 기표작용적 변형과는 아주 다른 상황이다. 기표작용적 변형이 전기표작용적일 때 식인 풍습은 정확히 다음과 같은 의미를 갖게 된다. 즉 이름을 먹는 것이 그것이다. 그것은 일종의 기호 표기법(sémiographie)으로, 내용과의 관계(특히 표현적 관계)에도 불구하고 충만

13 A. J. Greimas, "Pratiques et langages gestuels", in *Conditions d'une sémiotique du monde naturel*, *Langages* n° 10, juin 1968, pp. 3～35 참조. 하지만 그레마스는 이 기호계를 "언표의 주체", "언표행위의 주체" 같은 범주들과 연관시킨다. 우리가 보기에 이 범주들은 다른 기호 체제들에 귀속된다.

하게 기호계의 일부를 이룬다.[14] 우리는 기표를 무시하거나 억압하거나 배제함으로써 그런 기호계가 기능한다고는 생각하지 않는다. 반대로 그런 기호계는 도래할 것에 대한 무거운 예감에 의해 가동된다. 이 기호계는 이해해서 맞서 싸워야 할 어떤 것을 가질 필요도 없다. 이 기호계는 자신의 절편성과 다성성을 통해 이미 자신을 위협하고 있는 다음과 같은 것들을 피하도록 정해져 있다. 보편화하는 추상, 기표의 설립, 언표행위의 형식적·실체적 균일화, 언표들의 순환성, 언표들의 상관자들, 국가 장치, 전제군주의 취임, 사제 계급, 희생양 등. 그리고 죽은 자를 먹을 때마다 이렇게 말할 수 있는 것이다. <국가가 갖지 못할 것을 하나 더>라고.

또 하나의 기호계가 있다. 그것은 **반-기표작용적 기호계**라고 부를 수 있다(특히 가축을 기르고 전쟁을 하는 섬뜩한 유목민들의 기호계가 있는데, 이들은 앞의 기호계에 속하는 수렵하는 유목민들과 다르다). 이 기호계는 절편성이 아니라 산술과 숫자 읽기에 의해 진행한다. 물론 수는 절편적인 계통들의 나눔이나 통합에 대단히 중요하다. 또 수는 기표작용적인 제국적 관료제에서 결정적인 기능을 한다. 하지만 그것은 표상하거나 기표작용하는 수이며 "자신이 아닌 다른 것에 의해 환기되고 생산되고 야기된" 수이다. 그와는 반대로 다음과 같은 수 기호가 있다. 즉 이 수 기호를 만들어주는 표시 작업 외부에 있는 그 어떤 것에 의해서도 생산되지 않으며, 다수의 움직이는 배분을 표시하며, 스스로 관계들과 함수들을 설정하며, 종합하기보다는 배열하고 수집하기보다는 분배하며, 단위들의 조합을 통해서보다는 절단, 이전, 이주, 축적에 의해

14 죽은 자의 영혼이나 이름의 작용을 쫓아내는 방식으로서의 식인 풍습에 대해, 그리고 식인 풍습이 갖는 "역법(曆法)"으로서의 기호계적 기능에 대해서는 Pierre Clastres, *Chronique des Indiens Guayaki*, Paris : Plon, 1972, pp. 332~340[독역본 : *Chronik der Guayaki*, übers. von Rosemaire Farkas, München, 1984, S. 223ff.] 참조.

작동하는 수 기호. 이런 종류의 기호는 국가 장치에 대항하는 유목민적 전쟁 기계의 기호계에 속하는 것 같다. 헤아리는 수.[15] 10, 50, 100, 1000 등으로의 수적 조직화와 그와 연관된 공간적 조직화는 확실히 국가의 군대에 의해 채택된 것이다. 하지만 우선은 힉소스인에서 몽골인에 이르는 스텝의 위대한 유목민들의 고유한 군사 체계에서 채택되었으며 또 이것은 계통의 원리에 중첩된다. 비밀과 정탐 행위는 이 <수>의 기호계의 중요한 요소이다. 『성서』에서 <수>의 역할은 유목민들과 무관하지 않다. 왜냐하면 모세는 장인인 켄 족의 이드로로부터 <수>라는 관념을 받았기 때문이다. 모세는 그것을 진군과 이주를 위한 조직 원리로 만들었으며, 나아가 군사적 영역에 적용했다. 이 반-기표작용적 기호계에서 제국의 전제군주적 도주선은, 거대한 제국들에 맞서고 제국들을 가로지르거나 파괴하는 소멸의 선에 의해 대체되며, 아니면 적어도 혼합된 기호계를 형성하면서 제국들을 정복하고 제국들에 통합된다.

네번째 기호 체제인 **후-기표작용적 체제**에 대해 좀더 특별히 말하려고 한다. 이 체제는 새로운 특성들을 갖고 있어 의미생성에 대립되고, "주체화"라는 독특한 기법을 통해 정의된다.

이렇게 많은 기호 체제들이 있다. 우리의 목록은 임의로 제한되었다. 하나의 체제나 기호계를 하나의 민족이나 역사적 시기와 동일시할 어떤 이유도 없다. 단지 우리가 말할 수 있는 것은 동일한 시기나 동일한 민족에서 특정 민족, 특정 언어, 또는 특정 시기가 특정 체제의 상대적 우위를 보증해준다는 점뿐이다. 아마도 모든 기호계들은 혼합되어

15 수에 관한 이런 표현들은 줄리아 크리스테바에게서 빌려온 것이다. 비록 크리스테바는 "기표"를 가정하면서 문학 텍스트를 분석하기 위해 그러한 표현들을 사용했지만 말이다. Julia Kristeva, *Semeioktikè. Recherches pour une sémanalyse*, Paris : Ed. du Seuil, 1969, pp. 294 sq., 317 참조.

있고, 다양한 내용의 형식들과 조합되어 있을 뿐 아니라 상이한 기호 체제들을 조합하고 있다. 전-기표작용적 요소들은 항상 기표작용적 체제 안에서 작용하며, 반-기표작용적 요소들은 항상 기표작용적 체제 안에서 작동하고 또 현존하며, 후-기표작용적 요소들은 이미 기표작용적 체제 안에 존재한다. 그러나 이렇게 말하면 시간성을 너무 강조하는 셈이다. 기호계들과 그것들의 혼합은 민족들이 대결하고 뒤섞이는 역사 속에서 나타날 수 있으며, 또한 몇몇 기능들이 경합을 벌이는 언어들 속에서, 몇 가지 망상의 형식들이 공존하며 심지어는 그것들이 한 환자에게서 접목되는 정신병원에서, 동일한 언어를 말하는 사람들이 실제로는 동일한 언어를 말하지 않는 일상 대화에서도 나타날 수 있다 (예기치 못했던 기호계의 파편이 갑자기 등장하는 것이다). 우리는 진화론을 제안하는 것이 아니며 더군다나 역사를 쓰고 있는 것도 아니다. 기호계들은 배치물들에 의존하며, 배치물들은 특정한 사람이나 시기나 언어뿐만 아니라 어떤 제한된 상황에서 특정한 말투나 유행이나 병리학이나 매우 작은 사건이 이 기호계 또는 저 기호계의 우위를 확보할 수 있도록 해준다. 우리는 기호 체제들의 지도들을 구성하려 한다. 우리는 그 지도들을 뒤집을 수 있고, 그 지도들의 특정한 좌표와 차원을 보존할 수 있다. 그리고 경우에 따라 우리는 사회 구성체, 병리학적 망상, 역사적 사건 등을 갖게 될 것이다. 우리는 다른 경우에도, 즉 "궁정풍 연애" 시기로 날짜가 붙은 사회 체계를 다룰 때나 "마조히즘"이라고 불리는 개인적인 기획을 다룰 때에도 이것을 보게 될 것이다. 또 우리는 이 지도들을 조합하거나 분리할 수 있다. 따라서 두 유형의 기호계, 예컨대 후-기표작용적 체제와 기표작용적 체제를 구별하려면 아주 다양한 영역들을 동시에 고려해야만 한다.

20세기가 시작될 때 진료술의 정점에 있던 정신의학은 비-환각적 망상이라는 문제에 직면하게 되었다. 이런 환자에게는 "지적 쇠약"도

없이 정신적인 온전함이 그대로 보존되었던 것이다. 편집증적 망상과 해석 망상을 보이는 첫번째 주요 집단이 있었는데, 이 집단은 이미 여러 가지 다른 양상을 나타내고 있었다. 하지만 이들과 다른 독립적인 집단이 있다는 문제가 논란이 되었다. 이는 에스키롤의 <편집광>, 크래펠린의 <호소망상>[16]에서 예시되며, 세리외와 카프그라의 <불평망상> 그리고 클레랑보의 수난 망상(délire passionnel)에서 정의되고 있다("호소망상 또는 불평, 질투, 색정광"). 한편으로 세리외와 카프그라, 다른 한편으로 클레랑보(그는 이러한 구분을 가장 멀리까지 밀고 갔다)의 매우 훌륭한 연구들을 따라 우리는 의미생성의 이상적 체제, 즉 해석적-편집증적 체제와 의미생성의 주체적 체제, 즉 후-기표작용적 정념적 체제를 대립시킬 것이다. 첫번째 체제는 기만적인 시작에 의해, 하나의 관념 주위에서 조직되는 내생(內生)적인 힘들을 증언하는 숨은 중심에 의해 규정된다. 또한 그것은 무형의 연속체에 의해, 가장 작은 사건일지라도 포착되는 미끄러지는 대기 위에서의 그물망 모양의 전개에 의해 규정된다. 또 그것은 원형으로 방사되는 조직화에 의해, 원형 방사를 통한 모든 방향으로의 팽창에 의해 규정된다. 여기에서 개인은 한 점에서 다른 점으로, 한 원에서 다른 원으로 건너뛰고, 중심에 가까워지거나 멀어지며, 예견하고 회고하는 것이다. 또 그것은 주핵(主核) 주위에서 재편되는 가변적 특질들이나 이차적 중심들에 따라 일어나는 대기의 변형에 의해 규정된다. 반대로 두번째 체제는 결정적인 외적 사건에 의해, 관념보다는 정서로, 상상보다는 노력이나 행동으로 자신을 표현하는 바깥과의 관계에 의해 규정된다("관념의 망상이라기보다는

16 [호소망상(呼訴妄想)이란 트집거리를 찾고 그릇된 권리를 주장하는 성향을 말한다. 여기 Kaepelin의 표현은 불어로 quérulence이고 뒤에 Sérieux와 Capgras의 표현은 불어로 délire de revendiction이다. 전자와 구분하기 위해 후자는 '불평망상'이라는 말로 옮기겠지만, 두 말의 의미는 같다]

행동의 망상"). 또 그것은 한 구역에서 작동하는 제한된 성좌에 의해 규정된다. 또 그것은 하나의 선형적 계열이나 하나의 과정의 출발점인 "기본 전제" 또는 "간략한 공식"에 의해 규정된다. 이 출발점은 새로운 과정의 출발점이 될 끝 지점까지 이르게 된다. 요컨대 그것은 무제약적으로 팽창 중인 원들의 동시성보다는 유한한 과정의 선형적이고 시간적인 이어짐에 의해 규정된다.[17]

지적 쇠약을 동반하지 않는 이 두 가지 망상의 역사는 대단히 중요하다. 그것은 이미 존재하는 정신의학을 침해한 것이 아니라 19세기 정신의학의 구성에서 핵심부에 있었다. 이것은 정신 의학자가 태어날 때부터 오늘날의 모습을 지니고 있었다는 점을 보여준다. 정신 의학자는 태어날 때부터 궁지에 몰려 있었고, 인도주의적·정치적·사법적 등등의 요구에 짓눌려 있었고, 진짜 의사가 아니라고 비난받았고, 정상인을 광인으로 오해하고 광인을 정상인으로 오해한다는 의심을 샀고, 스스로 양심의 가책을 겪고 있었고, 헤겔이 말하는 마지막 "아름다운 영혼"을 갖고 있었다. 여기서 망상증 환자의 두 유형을 고려해 보자. 우선 완전히 미친 것처럼 보이지만 미치지 않은 자들이 있다. 법원장 슈레버는 자신의 발산적 편집증 및 신과 자신의 관계를 모든 방향으로

17 Paul Sérieux & Joseph Capgras, *Les folies raisonnantes*, Paris : Alcan, 1909 및 Gatian Clérambault, *Oeuvre psychiatrique*, rééd : Paris : P.U.F., 1942[독역본 : *Tumult*, Nr. 12, München, 1988] 참조. 카프그라는 본질적으로 혼합되거나 다형적인 기호계를 믿었다. 반면 클레랑보는 추상적으로 두 개의 순수한 기호계를 뽑아낸다. 비록 기호계들이 사실상 혼합되어 있다는 것을 알고는 있었지만 말이다. 망상의 두 부류에 대한 구분의 기원에 관해서는 우선 Esquirol, *Des maladies mentales*, Brussels : J. B. Tircher, 1838(편집광은 광증과 어느 정도까지 구분될 수 있는가?) 및 Emil Kraepelin, *Psychiatrie. Ein Lehrbuch für Studierende und Ärtze*, 8판, Leipzig : J. A. Barth, 1920[영역본 : *Lectures on Clinical Psychiatry*, rpt., ed. Thomas Johnstone, New York : Hafner, 1968]("호소 망상"은 편집증과 어느 정도까지 구분될 수 있는가?)을 참조할 수 있다. 망상의 두번째 부류, 즉 정념적 망상의 문제는 Jacques Lacan, *De la psychose paranoïaque*, Paris : Seuil, 1975 및 Daniel Lagache, *La jalousie amoureuse*, Paris : P.U.F., 1947에 의해 끄집어내어지고 역사적으로 상술되었다.

전개시킨다. 하지만 자기 재산을 현명하게 관리하고 원들을 구분할 수 있는 한 슈레버는 미친 것이 아니다. 다른쪽 극에는 결코 미친 것처럼 보이지 않지만 미친 자들이 있다. 다툼, 방화, 살인 같은 갑작스런 행동에 빠져드는 자들이 그들이다(에스키롤의 네 가지 주된 편집광인 성적, 지적, 방화적, 살인적 편집광이 이미 여기에 해당된다). 요컨대 정신의학은 광기 개념과 관련해서 구성되지 않았으며, 심지어 광기 개념을 수정하면서 구성되지도 않았다. 오히려 그와 반대되는 두 방향 속에서 광기 개념을 와해시키면서 구성되었다. 정신의학이 우리에게 드러내주는 것은 우리 자신의 이중적인 이미지가 아닐까? 때로는 미치지 않고도 미친 것처럼 보이고 때로는 미쳤으면서도 미치지 않은 것처럼 보인다고(이 이중의 보고서는 정신분석의 출발점이기도 하며, 정신분석이 정신의학과 연계되는 방식이기도 하다. 꿈을 보면 우리는 미친 것 같지만 미치지 않았으며, 일상생활을 보면 우리는 미쳤지만 미치지 않은 것 같아 보인다). 따라서 정신 의학자는 한편으로는 관용과 이해를 주장하고, 감금의 무용성을 강조하고, 개방식(open-door) 수용소를 호소했던 반면 다른 한편으로는 증대된 감시, 고도로 안전한 특수 수용소, 나아가 광인이 광인처럼 보이지 않는다는 바로 그 점 때문에 더 엄격한 척도를 요구했던 것이다.[18] 우연히도 이 두 가지 주된 망상, 즉 관념적 망상과 행동적 망상을 구분하는 것은 여러모로 보아 계급간의 구분을 따라간다(감금될 필요가 없는 편집증 환자들은 주로 부르주아인 반면 편집광과 정념적인 호소망상증 환자는 대부분 노동자 계급과 시골 출신, 또는 정치적 암살범같이 주변부 계급에서 나온다).[19] 방사하고 방출하는 관념들을 가진 계급은

18 Sérieux & Capgras, pp. 340 sq. 및 Clérambault, pp. 369 sq. 참조. 정념적 망상증 환자들은 수용소에서조차 무시된다. 왜냐하면 그들은 조용하고 간교하며 "우리가 그들을 어떻게 판단할지 그들도 알고 있어서 충분히 제한된 망상만을 겪기" 때문이다. 그렇기 때문에 더욱 그들을 안에 가둬놓아야 한다. "그런 환자들에게는 물음을 던질 필요도 없다. 그들은 조종해야 한다. 그들을 조종하기 위한 유일한 수단은 그들을 감동시키는 것이다."

선형적, 산발적, 부분적, 국지적 등등의 행동들로 환원되는 계급과 (당연히!) 대립한다. 모든 편집증 환자가 부르주아인 것은 아니며 모든 수난 망상증 환자나 호소 망상증 환자가 프롤레타리아인 것도 아니다. 하지만 신과 신의 정신 의학자들은 사실상 혼합된 이들 환자들 속에서 두 부류를 구분해서 인식하는 임무를 떠맡고 있다. 비록 망상적인 질서라 할지라도 계급적 사회 질서를 보존하는 자들과 짚더미 방화, 부모 살해, 하층 계급과의 연애나 공격성처럼 아주 국지적인 무질서일지라도 무질서를 가져오는 자들을.

따라서 우리는 기표작용적이고 편집증적인 전제군주적 기호 체제와 주체적이거나 정념적인 후-기표작용적 권위주의적 체제를 구분하려고 한다. 확실히 권위주의적인 것은 전제군주적인 것과 같은 것이 아니고, 정념적인 것은 편집증적인 것이 아니고, 주체적인 것은 기표작용적인 것과 같은 것이 아니다. 앞서 정의한 기표작용적 체제와 대립되는 이 두번째 체제에서는 무슨 일이 일어나는가? 우선 원형으로 퍼져나가는 그물망으로부터 하나의 기호나 기호 다발이 떨어져 나온다. 이 기호는 스스로 작동하며, 마치 좁게 트인 길을 따라가듯 직선으로 펼쳐지기 시작한다. 이미 기표작용적 체계에는 도주선 또는 탈영토화의 선이 그어져 있고, 이 선은 탈영토화된 기호들의 고유한 지표를 넘어서 있다. 하지만 체계는 이 선에 부정적 가치를 부여해서 속죄양을 도주선으로 달아나게 만들었다. 이제 이 선은 긍정적인 기호를 받고, 실제로 자신의 존재 근거나 목적을 발견하는 모든 사람들에 의해 점유되고 추구되는 것처럼 보인다. 분명 여기서 우리는 역사를 쓰고 있는 것이 아니다.

19 에스키롤은 편집광이 "문명의 질병"이며 사회적 진화를 따라간다고 주장한다. 편집광은 종교적 편집광에서 시작되지만, 점점 더 정치적 편집광이 되어 경찰의 추적을 받게 된다(*Des maladies mentales*, 1권, p. 400). 또한 Emmanuel Regis, *Les régicides dans l'histoire et dans le présent*, Lyon : A. Storck, 1890의 언급을 참조.

우리는 어떤 민족이 그 민족에 고유한 기호 체제를 발명한다는 얘기를 하는 것이 아니라 단지 그 민족이 역사적 조건 속에서 이 체제의 상대적 우위를 보증하는 배치물을 특정 시기에 작동시킨다는 얘기를 하고 있는 것이다(이 체제, 이 우위, 이 배치물은 다른 상황에서 나타날 수 있다. 예컨대 병리학적 또는 문학적 상황에서, 또는 연애 상황에서, 또는 완전히 일상적인 상황에서 말이다). 우리는 어떤 민족이 특정 유형의 망상을 갖고 있다는 얘기를 하는 것이 아니다. 각 지도의 좌표를 고려해보면 어떤 망상의 지도가 어떤 민족의 지도와 일치할 수 있다는 얘기를 하고 있는 것이다. 예컨대 편집증적인 파라오와 정념적인 히브리인은 어떤가? 유대 민족을 보자. 기호들의 집합은 그것이 속해 있던 이집트의 제국적 그물망에서 떨어져 나와, 도주선을 따라 사막으로 가기 시작한다. 그것은 가장 권위주의적인 주체성과 전제군주적인 의미생성을 대립시키고, 가장 정념적이고 가장 덜 해석적인 망상과 해석자의 편집증적 망상을 대립시키고, 요컨대 선형적인 "소송이나 호소"와 원형으로 퍼져나가는 그물망과 대립시킨다. 너희의 호소, 너희의 소송, 그것은 모세가 자기 민족에게 한 말이며, 소송들은 <수난>의 선 위에서 계속된다.[20] 여기서 카프카는 자기 자신의 호소망상 또는 소송(procès) 개념을 끌어내며, 아버지-소송, 호텔-소송, 배-소송, 법원-소송 등 연이은 선형적 절편들을 끌어낸다.

우리는 여기서 유대 민족 역사의 가장 근원적이고 가장 포괄적인 사건을 간과할 수 없다. 두 번에 걸쳐 일어난 신전 파괴 말이다(B.C.

20 「신명기」 I : 12. 플레이아드 판 『성서』(Paris : Gallimard, 1959) 1권, p. 510. 편집자 에두아르 도름(Edouard Dhorme)은 이렇게 명시한다. "Votre revendication, littéralement votre procès"[이 부분의 우리말 번역은 다음과 같다. 가톨릭 성서 : "너희 가운데 귀찮고 시끄러운 일이 생기고 시비가 벌어지게 되면, 나 혼자서는 너희를 맡을 수 없으니," 개신교 성경 : "그런즉 나 홀로 어찌 능히 너희의 괴로운 것과 너희의 무거운 짐과 너희의 다툼을 담당할 수 있으랴"].

587 및 A.D. 79). <신전>의 역사 전체를 보라. 우선 궤는 들고 다닐 수 있었고 부서질 수도 있었다. 그 다음 솔로몬에 의한 <성전>의 건설, 다리우스 시대에 있었던 재건설 등은 반복된 파괴 과정과 관련해서만 의미를 띠는데, 이 과정의 가장 중요한 두 시기는 느부갓네살과 티투스와 함께 찾아왔다.[21] 파괴될 수 있거나 파괴된 이동 가능한 신전, 즉 궤는 가지고 다닐 수 있는 기호들의 작은 다발에 불과하다. 불가능하게 된, 그것은 기표를 위협하는 모든 위험들을 짊어지고 있는 동물 즉 희생양이 점유하고 있는 전적으로 부정적인 도주선이다. <악은 우리에게 다시 닥친다>는 공식이 유대 역사를 분명하게 말해준다. 가장 탈영토화된 선을, 희생양의 선을 따라야만 하는 것은 바로 우리이다. 하지만 우리는 그 선의 기호를 바꾸고 그것을 우리의 주체성의 긍정적 선으로, 우리의 <수난>의 선으로, 우리의 <소송> 또는 <호소>의 선으로 바꿀 것이었다. 우리는 우리 자신의 희생양이 될 것이다. 우리는 어린양이 될 것이다. "사자처럼 피의 희생을 받은 신은 배경으로 밀쳐지고, 희생된 신은 전경을 차지해야만 한다. …… 신은 살해를 행하는 동물 대신 살해된 동물이 되었다."[22] 우리는 따라갈 것이다. 우리는 땅과 바다를 분리하는 접선과 결혼할 것이다. 우리는 원 모양의 그물망과 미끄러지는 연속체를 분리할 것이다. 우리는 분리선을 우리의 것으로 만들어 거기에 우리의 길을 내고 기표의 요소들을 분리해낼 것이다(방주에서 비둘기를). 그것은 좁은 행로이며, 사이(entre-deux)이다.[23]

21 [느부갓네살(Nabuchodonosor, 605~562 B.C.) : 신바빌로니아 왕. 티투스(Titus, 40?-81, 재위 79~81) : 70년에 예루살렘을 정복한 로마의 황제]

22 D. H. Lawrence, *L'Apocalypse*, Balland, ch. x[영어 원본 : *Apocalypse*, New York : Viking, 1932, pp. 93~94. 독역본 : *Apokalypse*, übers. von Georg Goyert, Leipzig, 1932, Kap. IX, S. 166~167. 이 부분은 영어 원본에서 번역했다].

23 [여기서 '사이'는 영어로는 in-between, 독어로는 Dazwischen, 일어로는 中間으로 옮겨지고 있으며 '평균'은 영어로는 mean, 독어로는 Mittelweg, 일어로는 平均으로 옮겨지고

그런데 사이는 평균이 아니라 가는 선이다. 전적으로 유대적인 특수성이 존재한다. 그것은 이미 기호계에서 확인되고 있다. 그렇지만 이 기호계는 다른 기호계 못지않게 혼합되어 있다. 한편으로 이 기호계는 유목민들의 반-기표작용적 기호계와 친밀한 관계에 있다(히브리인들에게는 유목민의 과거가 있다. 그들은 유목민의 수적 조직화와 현실적 관계를 갖고 그로부터 영감을 받았다. 그들에게는 특수한 유목민-되기가 있다. 그들의 탈영토화의 선은 유목민적 파괴라는 군사적 선을 많이 빌려왔다).[24] 다른 한편 이것은 기표작용적 기호계 그 자체와 본질적으로 관계되어 있다. 그것에 대한 향수는 히브리인들 자신과 그들의 신을 끊임없이 가로지른다. 즉 제국적 사회를 다시 세우거나 거기에 다시 통합되기, 다른 모든 사람들처럼 왕위에 오르기(사무엘), 끝내 견고한 신전을 재건하기(다윗, 솔로몬, 스가랴), 나선형으로 바벨탑을 오르고 신의 얼굴을 다시 발견하기, 방랑을 끝내고 나아가 사산분리(四散分離)를 극복하기. 사산분리는 대회집(大會集)이라는 이상과 관련해서만 존재하는 것이다. 우리는 이 혼합된 기호계 안에서 정념적이거나 주체적인 새로운 후-기표작용적 체제의 증거를 지적할 수 있을 뿐이다.

얼굴성은 심오한 변화를 겪는다. 신은 자기 얼굴을 돌리는데, 아무도 그 얼굴을 보아서는 안 된다. 한편 신에 대한 진정한 공포에 사로잡힌 주체도 자기 얼굴을 돌린다. 돌려서 옆얼굴이 된 얼굴들이 빛나는

있다]

24 Edouard Dhorme, *La religion des Hébreux nomades*, Brussels : Nouvelle Société d'Editions, 1937 및 Zecharia Mayani, *Les Hyksos et le monde de la Bible*, Paris : Payot, 1956을 참조. 저자는 히브리인들과 유목민 전사인 하비루 족(les Habiru)과 유목민 야금술사인 켄 족(les Qéniens)과의 관계를 주장한다. 모세에게 고유한 것은 유목민에게서 차용한 수적 조직화의 원리가 아니라 항상 폐지될 수 있는 과정-관행, 과정-계약이라는 관념이다. 마야니에 따르면 이 관념은 뿌리를 박고 있는 농부들에게서 온 것도 아니고 유목민 전사들에게서 온 것도 아니고 심지어 이주자들에게서 온 것도 아니며, 오히려 자신을 주체적 목적의 견지에서 생각하는 행진하는 부족에서 온 것이다.

얼굴의 앞면을 대신한다. 바로 이 이중의 얼굴 돌리기(=외면) 속에서 긍정적인 도주선이 그려진다. 예언자는 이 배치물의 주요 인물이다. 그는 자기에게 신의 말씀을 보장해주는 기호를 필요로 한다. 그가 속하는 특수한 체제를 표시해주는 기호가 그 자신에게 찍혀 있다. 예언주의에 대한 가장 심오한 이론을, 그것 고유의 기호계를 고려하면서 만들어낸 사람이 바로 스피노자이다. 일찍이 자신을 외면한 신을 외면한 카인은 죽음을 피해주는 기호(=표지)로써 보호 받으면서 탈영토화의 선을 따라간다. 카인의 표지. 제국의 죽음보다 더 나쁜 징벌? 유대인의 신은 집행 유예를, 집행 유예된 실존을, 무제약적인 지불 유예를 발명한다.[25] 하지만 유대인의 신은 신과의 새로운 관계인 계약의 긍정성도 발명했다.[26] 왜냐하면 주체는 항상 살아 있을 것이기 때문이다. 아벨은 무(無)지만(그의 이름은 <헛됨(vanité)>이다), 카인은 참된 인간이다. 이것은 더 이상 기표의 얼굴, 신에 대한 해석, 주체의 자리바꿈을 부추기는 기만 또는 기만의 체계가 아니다. 그것은 배반의 체제, 보편적 배반의 체제이다. 거기서는 신이 인간을 배반하듯이 참된 인간도 끊임없이 신을 배반하며, 그래서 새로운 긍정성을 정의하는 신의 노여움이 있게 된다. 죽기 전에 모세는 배반이라는 위대한 찬송가의 말들을 받는다. 선지자-사제와는 달리 예언자는 근본적으로는 배반자이다. 따라서 예언자는 신에게 충실했던 자들보다도 신의 명령을 더 잘 실현한다.

25 카프카의 『소송』[독어 원본 : Franz Kafka, *Der Prozeß*, in *Gesammelte Werke*, Frankfurt, 1976, S. 11ff. 영역본 : *The Trial*, trans. Willa and Edwin Muir, New York : Schocken, 1968]을 참조. 무제약적인 지불 유예 이론을 만든 사람은 화가 티토렐리(Titorelli)이다. 실제로는 없는 실제로는 없지만 확정적인 무죄 석방은 별도로 하고 티토렐리는 "외관상의 무죄 석방"과 "무제약적인 지불 유예"를 두 개의 사법 체제로 구분한다. 전자는 순환적이며 기표의 기호계를 참조하는 반면, 후자는 선적이고 절편적이며 정념적 기호계를 참조한다[영역본 : pp. 152~162 참조].

26 [여기서 계약(alliance)은 '신과 선민(유대인) 사이에 맺은 계약'을 말하며, 이 말은 일상적으로는 '결연'을 뜻한다. 이 말은 경우에 따라 다르게 번역했다]

신은 끊임없이 신을 배반했던 주민들에게 행실을 고치라고 권유하라며 요나를 니네베로 가라고 했다. 하지만 요나의 첫번째 행동은 반대 방향으로 가는 것이었다. 그는 자기편에서 신을 배반하고 "주님의 얼굴에서 멀리"[27] 달아난다. 그는 타르시스로 가는 배를 타고서는 마치 의인인 양 잠이 든다. 신이 일으킨 폭풍우가 그를 물에 빠트리게 하고 커다란 물고기가 삼켰다가 땅과 바다의 경계에 뱉어놓게 한다. 그 경계는 이미 방주의 비둘기의 경계였던 분리의 경계 또는 도주선이다(요나는 정확히 말하면 비둘기의 이름이다). 하지만 신의 얼굴로부터 도망가면서 요나는 정확히 신이 원했던 것을 했다. 요나는 니네베의 악을 자기가 짊어졌던 것이다. 요나는 신이 원했던 것보다 그것을 더 잘 했으며, 신을 앞서갔다. 요나가 의인인 양 잠을 잔 이유가 바로 그것이다. 신은 요나를 살아 있게 해주고, 임시로 카인의 나무로 보호해준다. 하지만 그 다음에는 나무를 시들어 죽게 한다. 왜냐하면 요나는 도주선을 차지함으로써 계약을 갱신했기 때문이다.[28] 배반의 체계를 보편적인 것으로까지 밀어붙인 사람은 바로 예수이다. 예수는 유대인의 신을 배반하고 유대인들을 배반하며, 신에게 배반당하고("왜 나를 버리시나이까"[29]) 참된 인간인 유다에게 배반당한다. 예수는 악을 자기가 짊어지지만, 그를 살해한 유대인들도 스스로 악을 짊어진다. 사람들은 예수에게 그가 신의 자손임을 증명할 수 있는 기호(=징표)를 요구한다. 예수는 요나의 기호를 언급한다.[30] 카인, 요나, 예수는 기호들이 밀려들어 교체되는 세 개의 거대한 선형적 과정을 형성한다. 물론 다른 것들도

27 [우리말 번역은 다음과 같이 옮기고 있다. 가톨릭 성경 : "야훼의 눈앞을 벗어나," 개신교 성경 : "여호와의 낯을 피하려고." 「요나서」 I : 3]

28 제롬 랭동(Jérôme Lindon)은 이런 유대 예언주의와 배반의 관계를 요나의 사례를 통해 최초로 분석했다. *Jonas*, Paris : Ed. de Minuit, 1955를 참조.

29 [「마태복음」 27 : 46. 마가복음 15 :34]

30 [「누가복음」 11 :29]

있다. 도주선 위에는 도처에 이중의 외면이 있다.

예언자(모세, 예레미아, 이사야 등)가 신이 맡긴 짐을 거절한 것은 위험한 임무를 거부했던 제국의 신탁 예언자나 선지자가 그랬듯이 그 짐이 자기에게 너무 무거웠기 때문이 아니었다. 오히려 그것은 요나의 경우처럼 숨고 도망가고 배반하면서, 복종했을 때보다 신의 의도를 더 잘 앞서갔기 때문에 일어났던 일이다. 예언자는 항상 신에 의해 강제된다. 문자 그대로 예언자는 신에게서 영감보다 폭력을 훨씬 더 많이 당하는 것이다. 예언자는 사제가 아니다. 예언자는 말하는 법을 모른다. 신은 예언자의 입에 말들을 박아 넣는다. 말의 섭취, 새로운 형식의 기호 상습 섭취(sémiophagie). 선지자와는 달리 예언자는 아무 것도 해석하지 않는다. 예언자의 망상은 관념이나 상상의 망상이기보다는 행동의 망상이다. 예언자가 신과 맺는 관계는 전제군주적이고 기표작용적인 관계보다는 정념적이고 권위주의적인 관계이다. 예언자는 현재와 과거의 권력들을 적용하기보다는 미래의 역량들을 앞서가서 탐지한다.[31] 얼굴성의 특질들은 더 이상 도주선의 형성을 가로막는 기능을 한다거나, 도주선을 통제하고 얼굴 없는 희생양만을 그리로 보내는 의미생성의 몸체를 형성하는 기능을 하지 않는다. 반대로 얼굴성 자체가 도주선을 조직한다. 서로 수척해지고, 얼굴을 돌려 옆얼굴을 하게 되는 두 얼굴의 대면 속에서 말이다. 배반은 고정 관념, 주요한 강박이 되었고, 그것이 편집증 환자와 히스테리 환자의 기만을 대신한다. "박해하는 자와 박해받는 자"의 관계는 적절한 대응물을 갖고 있지 못하다. 그 관계는 전제군주적 편집증적 체제냐 아니면 권위주의적 정념적 체제냐에 따라 의미가 완전히 달라지기 때문이다.

우리를 괴롭히는 것이 하나 더 있다. 그것은 오이디푸스 이야기이

31 [역량(puissance)과 권력(pouvoir)의 구분이 명료하게 드러난다]

다. 오이디푸스는 그리스 세계에서 아주 독특한 존재이기 때문이다. 전반부 전체는 제국적이며 전제군주적이고 편집증적이며 해석적이고 선지자적이다. 하지만 후반부 전체는 오이디푸스의 방황이며, 자기 자신의 얼굴과 신의 얼굴을 이중으로 외면하는 그의 도주선이다. 질서에 맞게 뛰어넘든지 뛰어넘지 말아야 하는(휘브리스) 아주 정확한 한계 대신 오이디푸스가 말려들어가는 숨겨진 한계가 있다. 해석적이고 기표작용적인 방출 대신 주체적이고 선형적 과정이 있어, 오이디푸스가 선형적인 새로운 과정을 재개할 수 있는 잔여물로서의 비밀을 지킬 수 있도록 허용해준다. 오이디푸스는 아테오스[32]라고 불린다. 그는 죽음이나 유배보다 더 나쁜 것을 발명한다. 그는 이상하게 긍정적인 분리선 또는 탈영토화의 선을 걸으며, 그 선 위에서 방황하고 살아남는다. 횔덜린과 하이데거는 거기에서 이중적 외면의 탄생, 얼굴의 변화, 현대 비극의 탄생을 보았으며, 기괴하게도 그것들을 그리스인들에게 돌리고 있다. 그 귀결은 살인과 갑작스런 죽음이 아니라 집행 유예된 살아남음, 무제약적인 지불 유예이다.[33] 니체의 제안에 따르면, 프로메테우스의 반대인 오이디푸스는 그리스인들의 셈 족(族)적인 신화였으며, <수난> 또는 수동성의 찬미였다.[34] 오이디푸스, 그리스의 카인. 정신분석

32 [아테오스(atheos)는 탈(脫)을 의미하는 접두사 a-와 신을 의미하는 theos가 결합된 말로, '신을 부정하는', '신에게서 버림받은', '신 없는' 등의 뜻을 갖는다]

33 Friedrich Hölderlin, *Remarques sur Œdipe*, Paris : Union Générale d'Edition, 1965[독어 원본 : "Anmerkungen zum Ödipus", in *Werke und Briefe*, Bd. 2, Frankfurt, 1969, S. 729ff.](하지만 이미 횔덜린은 이 "느리고 어려운"[독어본 : äußtersten Grenze des Leidens(고통의 가장 바깥 경계), S. 736] 죽음의 성격에 대해 제한을 가했다. 또 이 죽음의 본성 및 이 죽음과 배반의 관계에 대한 장 보프레(Jean Beaufret)의 다음과 같은 멋진 논평이 있다. "인간은 배반자로서 스스로 외면함으로써 <시간>에 다름 아닌 신의 정언적 외면에 대응해야만 한다").

34 Friedrich Nietzsche, *La naissance de la tragédie*, 9절[독어 원본 : *Die Geburt der Tragödie*. 영역본 : *The Birth of Tragedy*, trans. Walter Kaufmann, New York : Vintage, 1967].

으로 다시 한번 돌아가 보자. 프로이트가 오이디푸스에게 달려든 것은 우연이 아니었다. 실로 혼합된 기호계의 사례가 있다. 한편으로 의미생성과 해석이라는 전제군주적 체제, 얼굴의 방사가 있고, 다른 한편으로 주체화와 예언주의라는 권위주의적 체제, 얼굴의 외면이 있다(그래서 환자 뒤에 자리잡은 정신분석가는 그것의 모든 의미를 파악한다). "기표는 다른 기표를 위해 주체를 표상한다"는 것을 설명하기 위한 최근의 노력들은 전형적으로 혼합주의(syncrétisme)이다. 주체성의 선형적 과정, 이와 동시에 기표와 해석의 순환적 전개. 하나의 혼합된 체제를 위한 절대적으로 다른 두 개의 기호 체제. 하지만 바로 그 위에서 가장 나쁘고 음험한 권력이 정초된다.

전제군주적인 편집증적 기만과 대립되는 권위주의적인 정념적 배반의 역사에 대해 한마디 더 언급하기로 하자. 모든 것은 불명예스럽다. 하지만 보르헤스는 보편적 불명예의 역사를 말하는 데 실패했다.[35] 그는 기만이라는 커다란 영역과 배반이라는 커다란 영역을 구분했어야만 했다. 그런 다음에는 배반의 다양한 형태들을 구분했어야만 했다. 사실상 배반의 두번째 형태가 있다. 그것은 특정 순간에 특정 장소에서 불쑥 나타나지만 항상 새로운 성분에 따라 변주되는 배치물 덕분에 생겨나는 것이다. 기독교는 혼합된 기호계 중에서도 특별하게 중요한 경우이다. 기독교는 기표작용적인 제국적 조합뿐 아니라 후-기표작용적인 유대적 주체성도 가지고 있다. 기독교는 기표작용적인 이상적 체계를 변형시키지만 그에 못지않게 후-기표작용적인 정념적 체계도 변형시킨다. 기독교는 새로운 배치물을 발명한다. 이단 역시 기만의 일부이다. 정통이 의미생성의 일부이듯이. 하지만 이미 이단 그 이상인, 순수한 기만임을 표방하는 이단이 존재한다. 예컨대 비역쟁이

35 [Jorge Luis Borges, *A Universal History of Infamy*, trans. Norman Thomas di Giovanni, New York : Dutton, 1972 참조. 제10편 각주11 참조]

(les Bougres). 여기서 불가리아인들(les Bulgares)이 특별한 역할을 하는 것은 우연이 아니다.[36] 플륌(Plume)씨는 <불가리아 인을 조심하라>고 말하곤 했다. 심오한 탈영토화의 운동과 관련된 영토성이 문제이다. 그 다음에는 또 다른 영토성 또는 또 다른 탈영토화인 영국이 문제이다. 크롬웰, 도처의 배반자, 의미생성의 국왕적 중심과 매개적 원들에 대립되는 정념적인 주체화의 직선, 즉 전제군주에 대립되는 독재자. 리처드 3세, 나쁜 짓을 한 자, 비틀어진 자, 모든 것을 배반하는 것을 이상으로 삼은 자. 리처드 3세는 앤(Lady Anne)과 맞대면할 때 서로 얼굴을 외면하고 있었지만 각자가 상대방을 위한다는 것을, 상대방을 향해 운명지어져 있다는 것을 알고 있었다. 셰익스피어의 다른 역사극들과 차이가 나는 점은 다음과 같다. 다른 극들에서는 권력을 획득하기 위해 기만하는 왕들이며 암살자들은 나중에 좋은 왕이 된다. 그들은 국가의 인간들이다. 리처드 3세는 다른 곳에서 온다. 여자 문제도 포함해서, 그의 일은 국가 장치에서 온다기보다는 전쟁 기계에서 온다. 그는 위대한 유목민들과 이들의 비밀에서 유래한 배반자이다. 그는 처음부터 이 점을 말한다. 권력 획득을 무한히 뛰어넘는 비밀스런 계획을 얘기하면서 말이다. 그는 평온한 커플들은 물론 깨지기 쉬운 국가에도 전쟁 기계를 다시 가져오려 한다. 앤만이 매혹되고 전율하고 동의하면서 이것을 예감한다. 엘리자베스 시대의 모든 극장은 배반자의 배역들로 가득 차 있었다. 절대적 배반자가 되고자 하는 인물들, 궁정의 인간 그리고 심지어 국가의 인간의 기만과 대립되는 인물들로 말이다. — 기독교계의 커다란 발견들, 새로운 땅과 대륙의 발견은 얼마나 많은 배반을 동반했던가! 이 탈영토화의 선들 위에서 작은 집단들은 모두를,

36 ['Bougre(비역쟁이)'라는 말은 'Bulgare(불가리아)'를 가리키는 중세 불어에서 온 말로, 원래는 '부자연한' 성행위를 한다고 의심받는 불가리아 출신 이교도 분파를 가리켰지만, 훗날 오늘날의 의미로 쓰이기 전까지는 이교도를 가리키는 일반적인 용어가 되었다]

그들의 동료들, 왕, 토착민들, 이웃 탐험가들을 배반한다. 자기 가족의 여자 하나와 함께 모든 것을 다시 시작하게 할 궁극적으로 새로운 종족을 만들려는 미친 희망을 품고서. 헤르초크(Werner Herzog)의 영화 『아귀레, 신의 분노*Aguirre*』는 대단히 셰익스피어적이다. 아귀레는 묻는다. “어떻게 모든 곳, 모든 것에서 배반자가 될 수 있는가?” 여기, 나만이 배반자이다. 기만은 끝나고 이제는 배반의 시간이다. 얼마나 커다란 꿈인가! 나는 마지막 배반자가 될 것이고, 총체적인 배반자가 될 것이고, 따라서 마지막 인간이 될 것이다. — 그 다음엔 종교 개혁이 있다. 모든 것과 모든 사람에 대한 배반자인 루터라는 걸출한 인물, 나쁜 일들에서는 물론 좋은 일들에서도 보편적 배반을 나오게 하는 그와 악마의 개인적 관계. — 배반 행위의 이 새로운 형태들 속에는 항상 『구약』으로의 회귀가 있다. 나는 신의 분노이다. 하지만 배반은 인간주의적 배반이 되고, 더 이상 신과 신의 사람들 사이를 지나가지 않으며, 결국 신의 사람들과 기만자라고 비난받는 사람들 사이를 지나가기 위해 신에 의지한다. 극단에 이르면, 결국 단 한 명의 신의 사람 또는 신의 분노의 사람만이 존재하며, 모든 기만자들에 대항하는 유일한 배반자만이 존재한다. 하지만 모든 사람은 항상 혼합되어 있으니, 어떤 기만자가 바로 이 유일한 배반자가 아니라고 할 수 있을까? 또 어떤 배반자가 자신은 결국 기만자에 불과했다고 어느 날엔가는 말하지 않겠는가?(모리스 작스[37]의 이상한 경우를 참조할 것)

기표작용적인 편집증적 체제냐 후-기표작용적 정념적 체제냐에 따라 책 또는 책을 대신하는 것의 의미가 바뀐다는 점은 명백하다. 전자의 경우에는 먼저 전제군주적 기표의 방출이 있고, 그리고 율법학자나 사제에 의한 그것의 의미 해석이 있다. 율법학자나 사제는 기의를

37 [모리스 작스(Maurice Sachs, 1906~1944?). 프랑스의 작가]

고정시키고 기표를 다시 부여하는 것이다. 게다가 각 기호를 둘러싸고 한 영토에서 다른 영토로 가는 운동, 순환하면서 탈영토화의 특정 속도를 확보하는 운동이 있다(예컨대 서사시의 유통, 영웅의 탄생을 둘러싼 여러 도시들 간의 경합, 나아가 영토성과 계보의 교환에 있어 율법학자-사제들의 역할[38]). 하지만 여기서 책을 대신하는 것은 항상 외부적인 모델, 즉 지시체, 얼굴, 가족 또는 영토를 가지며, 이것들은 책의 구어(口語)적인 성격을 유지해준다. 반대로 정념적 체제에서 책은 내면화되고 또 모든 것을 내면화한다고 얘기된다. 그것은 성스럽게 씌어진 <책>이 된다. 책은 얼굴을 대신하며, 자기 얼굴을 숨기는 신은 모세에게 [계율이] 씌어진 석판들을 준다. 신은 나팔들과 <목소리>를 통해 자신을 나타낸다. 하지만 사람들이 책 속에서 말들을 보는 것과 마찬가지로 사람들은 그 소리 속에서 얼굴-없음(non-visage)을 듣는다. 얼굴이 기표의 몸체였던 것과 마찬가지로 책은 정념의 몸체가 되었다. 영토들과 계보들을 고정시키는 것은 이제 가장 탈영토화된 것인 책이다. 계보는 책이 말하는 내용이며, 영토는 책이 말해지는 장소이다. 그래서 해석의 기능은 완전히 달라진다. 어떤 경우 일말의 변화, 첨가, 주석도 금지하는 순수한 글자 암송을 위해 해석은 완전히 사라진다(기독교도들의 저 유명한 "바보가 되어라"는 이 정념적 선의 한 부분이다. 또한 코란은 이 방향으로 가장 멀리 나아간다). 또 어떤 경우 해석은 존속하기는 하지만 책 내부에 있게 되며, 책 자체는 바깥의 요소들과 순환적 기능을 잃는다. 예컨대 상이한 유형의 코드화된 해석들은 책들 내부의 축들에 따라 고정된다. 해석은 두 책들, 예컨대 『구약』과 『신약』 사이의 일치 여부에 따라 조직되며, 심지어 동일한 내부적 요소를 담고 있는 제3의 책이 도출

38 서사시 "도서관"의 본성(제국적 성격, 사제들의 역할, 성역들과 도시들 사이의 유통)에 관해서는, Charles Autran, *Homère et les origines sacerdotales de l'épopée grecque*, 전3권, Paris : Denoël, 1938~1944를 참고.

되기도 한다.[39] 또는 끝으로 해석은 모든 전문가들이나 중개인들을 거부하고 직접적인 것이 된다. 왜냐하면 책은 그 자체로 씌어질 뿐만 아니라 가슴에 씌어지기 때문이다. 한번은 주체화의 점으로서 그 다음에는 주체 안에(책에 대한 종교개혁주의적 발상). 어쨌건 여기서 책을 세계의 기원이자 목적으로 여기는 망상적 정념이 시작된다. 유일한 책, 총체적인 작품, 책 내부에서 가능한 모든 조합들, 나무-책, 우주-책. 책과 책의 바깥과의 관계를 끊어버리는, 아방가르드에게 귀중한 이 모든 진부한 개념들은 기표의 노래보다 훨씬 더 나쁘다. 물론 이 개념들은 전적으로 혼합된 기호계 안에 속해 있다. 하지만 사실상 그것들은 특별히 경건한 기원을 가지고 있다. 바그너, 말라르메, 조이스, 마르크스, 프로이트 등은 여전히 <성서>이다. 정념적 망상이 심오하게 편집광적이라면, 편집광 그 자체는 유일신론과 <책> 속에서[40] 자신의 배치물의 근본적인 요소를 발견했던 것이다. 가장 이상한 제의(culte)이다.

이것이 정념적 체제 또는 주체화의 체제 안에서 일어나는 일이다. 원들 또는 팽창하는 나선과 관련을 맺고 있는 의미생성의 중심은 더 이상 존재하지 않으며 단지 선의 출발점을 제공하는 주체화의 점이 존재한다. 기의-기표 관계는 더 이상 존재하지 않는다. 단지 주체화의 점으로부터 유래하는 언표행위의 주체 그리고 첫번째 주체와 결정 가능한 관계를 맺고 있는 언표의 주체가 존재한다. 기호에서 기호로 가는 순환성은 더 이상 존재하지 않는다. 기호가 주체들을 가로질러 휩쓸려 들어가는 선형적 과정이 존재한다. 세 가지 상이한 영역들을 고려해보자.

39 중세의 책 해석 기술 및 피오레의 요아킴(Joachim de Flore)의 극단적인 시도를 참고할 것. 요아킴은 『신약』과 『구약』의 부합(concordance : 용어색인)에서 출발해서 내부로부터 제3의 상태 또는 제3의 과정을 도출하고 있다(*L'evangile éternel*, Paris : Rieder, 1928)[한편 *Liber concordiae veteris et novi Testamenti*, Venedig, 1234 und 1519도 참조].

40 [성서의 어원은 책을 뜻하는 희랍어 biblion이다]

1) 제국들과 대립되는 유대인들. 신은 자신의 얼굴을 철회하며, 도주선 또는 탈영토화의 선을 그리기 위해 주체화의 점이 된다. 모세는 [신의] 얼굴을 대신하는 신의 석판들에 기반해서 구성된 언표행위의 주체이다. 유대 민족은 배반을 위해 그리고 새로운 땅을 위해 언표의 주체를 구성하며, 순환적인 팽창 대신에 항상 갱신될 수 있는 계약 또는 선형적 "과정"을 형성한다.

2) 이른바 근대 철학 또는 기독교 철학. 고대 철학에 대립되는 데카르트. 일차적인 것, 절대적으로 필연적인 주체화의 점으로서 무한의 관념이 있다. 코기토, 의식, "나는 생각한다"는 자기 자신의 사용을 반성하며 방법적 회의를 통해 표상된 탈영토화의 선을 따라서만 그 자신을 파악하는 언표행위의 주체이다. 언표의 주체는 몸 또는 느낌과 영혼의 결합인데, 이는 코기토에 의해 복잡한 방식으로 보증되며 필연적인 재영토화를 수행한다. 코기토는 항상 과정으로서 다시 시작해야만 하는데, 기만하는 신과 사악한 정령이 종종 코기토를 배반할 가능성이 있기 때문이다. 그리고 데카르트가 <나는 "나는 산책한다 그러므로 나는 존재한다"라고 추론할 수 없지만 "나는 생각한다 그러므로 나는 존재한다"라고 추론할 수 있다>고 말할 때, 그는 두 주체를 구분하고 있는 것이다(아직도 데카르트적인 오늘날의 언어학자들이 <연동소(shifter)>[41]라고 부르는 것이 그것이다. 비록 첫번째 주체의 흔적이 두번째 주체 안에서 발견되고 있지만 말이다).

3) 19세기의 정신의학. 조증(manie)과 구별되는 편집광, 이상적인 망상과 구분되는 주체적인 망상, 마법을 대신하는 "홀림", 편집증과 구분되는 정념적 망상의 느린 방출……. 클레랑보에 따르면 정념적 망상의 도식은 다음과 같다. 주체화의 점인 <기본 전제>(그는 나를 사랑한

41 [제4편의 각주14 참조]

다), 언표행위의 주체의 음조인 자존심(사랑받는 존재의 망상적 추구), 원통함과 앙심(언표의 주체로 복귀한 결과로서). 정념적 망상은 진정한 코기토이다. 질투나 불평망상은 물론 색정광의 예에서도 클레랑보는 다음과 같은 점을 아주 강조한다. 즉 기호가 하나의 절편 또는 선형적 과정의 끝까지 가야만 새로운 절편 또는 선형적 과정을 시작할 수 있는 반면, 편집증적 망상의 경우 기호들은 모든 방향으로 전개되고 수정되는 그물망을 끊임없이 형성한다. 마찬가지로 코기토는 다시 시작되어야만 하는 선형적인 시간적 과정을 따른다. 유대인의 역사를 뚜렷이 구획해온 파국들에서는 매번 새로운 과정을 다시 시작할 수 있을 정도의 생존자들이 살아남았다. 일련의 과정은 대체로 다음과 같은 특징을 갖고 있다. 선형적인 운동이 있는 동안은 복수(複數)가 사용된다. 하지만 다른 운동이 다시 시작되기 전에 휴식이나 정지가 나타나 하나의 운동이 끝났음을 확정하자마자 <단수>로 복귀하게 된다.[42] 근본적인 절편성. 다른 과정이 시작되기 전에, 그리고 다른 과정이 시작될 수 있으려면, 하나의 과정이 종결되어야만 한다(그리고 그것이 명시되어야만 한다).

후-기표작용적 체제의 정념적 선은 주체화의 점에 기원을 두고 있다. 무엇이든 주체화의 점일 수 있다. 이 점에서 출발해서 주체적 기호계에 특유한 특질들을 발견할 수 있기만 하면 충분하다. 이중적 외면, 배반, 유예된 실존 따위 말이다. 식욕 부진 환자에게는 음식이 이 역할을 한다(식욕 부진 환자는 죽음에 직면하는 것이 아니다. 그는 음식을 배반하면서 자신을 구원한다. 한편 음식 역시 배반자인데, 왜냐하면 그것은 애

42 예컨대 「출애굽기」 19 : 2. "그들은 르비딤을 떠나 시나이 광야에 이르러 그 광야에 진을 쳤다. 이스라엘이 그곳 산 앞에 진을 친 다음" [이 번역은 천주교 성서 번역을 따랐고, 불어 판본과 일치한다. 한편 개신교 판본은 다음과 같이 번역되어 있다. "그들이 르비딤을 떠나 시내 광야에 이르러 그 광야에 장막을 치되 신 앞에 장막을 치니라"]

벌레, 벌레, 세균을 담고 있다고 의심되기 때문이다). 물신 숭배자에게는 겉옷, 속옷, 신발이 주체화의 점이다. 사랑에 빠진 사람에게는 얼굴성의 특질이 그러하다. 하지만 얼굴성은 그 의미를 바꾼다. 그것은 나머지 모든 것을 도망가게 하는 탈영토화의 출발점이 되기 위해서 기표의 몸체가 되기를 그치는 것이다. 하나의 사물 또는 하나의 동물도 그런 일을 할 수가 있다. 모든 것에 코기토가 있다. "미간이 넓은 한 쌍의 눈, 수정(水晶)을 다듬어 만든 머리, 홀로 살아갈 수 있는 것 같은 엉덩이……. 여인의 아름다움이 저항할 수 없는 것이 될 때마다 그 아름다움은 독특한 성질로 거슬러 올라갈 수 있다."[43] 이것이 정념적 선이 출발할 때 있는 주체화의 점이다. 게다가 주어진 하나의 개체나 하나의 집단에 대해 여러 개의 점들이 공존한다. 이 점들은 서로 구별되지만 항상 양립 가능하지는 않은 여러 선형적 과정 안에 언제나 참여하고 있다. 한 개인에게 강요된 잡다한 형식의 교육이나 "정상화"는 그 개인이 주체화의 점을 변화시키도록 만든다. 항상 더 높게, 항상 더 고귀하게, 가정된 이상(理想)에 항상 더 잘 순응하도록. 그 다음에는 주체화의 점으로부터 언표행위의 주체가 나온다. 이 주체는 주체화의 점을 통해 결정된 정신적 실재와 관련되어 있다. 그리고 언표행위의 주체로부터 이번엔 언표의 주체, 말하자면 지배적인 실재에 순응하는 언표들 안에 묶인 주체가 나온다(방금 말한 정신적 실재는 단지 지배적 실재의 일부일 뿐이다. 비록 지배적 실재에 대립되는 것처럼 보일지라도 말이다). 중요한 것, 즉 후-기표작용적인 정념적 선을 주체화의 선 또는 예속의 선으로 만드는 것은 두 주체의 구성 또는 두 주체의 이중화이며, 한 주체가 다른 주체로, 즉 언표행위의 주체가 언표의 주체로 밀려나는 작용

43 Henry Miller, *Sexus*, Buchet-Chastel, p. 334[영어 원본 : *Sexus*, New York : Grove Press, 1965, p. 250. 독역본 : *Sexus*, Reinbek bei Hamburg, 1980, übers. von Kurt Wagenseil, S. 233. 번역은 영어 원본에서 했음].

이다("언표 안에 언표행위의 과정을 찍기"라고 말하는 것을 보아 언어학자들도 이 점을 인정하고 있다). 의미생성은 언표행위를 실질적으로 획일화하지만, 주체성은 이제 그것을 개체화한다. 개인적 개체화이건 집단적 개체화이건 말이다. 사람들이 말하는 것처럼, 실체는 주체가 되었다. 언표행위의 주체는 언표의 주체로 밀려난다. 언표의 주체가 자기 차례가 오면 다른 과정을 위해 언표행위의 주체를 공급하기는 하지만 말이다. 언표의 주체는 언표행위의 주체의 "응답자"가 되었다. 일종의 환원적 반향언어[44]를 내놓으며, 일대일 대응 관계를 맺으면서. 이 관계 또는 이 밀려남은 정신적 실재가 지배적 실재로 밀려나는 작용이기도 하다. 내부로부터 기능하는 지배적 실재에 대한 호소는 언제나 존재한다(이미 <구약>에서 또는 <종교 개혁>에서, 상업 및 자본주의와 더불어). 권력의 초월적 중심조차 더 이상 필요하지 않다. 오히려 "실재계(réel)"와 뒤섞여 있으며 정상화를 통해 작동하는 내재적 권력이 필요하다. 여기에는 이상한 발명이 존재하는 것이다. 마치 이중화된 주체가 어떤 형식의 관점에서는 언표들의 원인이라도 되는 것처럼. 그러나 사실 또 다른 형식의 관점에서 보자면 이중화된 주체는 이 언표들의 부분인데 말이다. 기표작용적 전제군주를 대신하는 주체-입법자의 역설이 이것이다. 네가 지배적인 실재의 언표들에 복종하면 할수록, 너는 언표행위의 주체로서 정신적 실재 속에서 더욱더 명령한다. 왜냐하면 결국 너는 너 자신에게만 복종하는 것이고, 네가 복종하는 것은 바로 너이기 때문이다! 네가 이성적인 이상 명령하는 것은 바로 너 자신일 뿐이다……. 사람들은 예속의 새로운 형식을, 즉 자기 자신 또는 순수 "이성" 또는 코기토의 노예 되기를 발명했다. 순수 이성보다 더 정념적인 것이 있을까? 코기토보다 더 차갑고 극단적이고 타산적인 정념이 있을까?

44 [반향언어(écholalie)란 타인의 말을 무의식적으로 반복하는 증세를 가리키는 말이다]

알튀세르는 사회적 개인들이 주체로 구성된다는 점을 잘 파악해냈다. 그는 그것을 불러 세우기(interpellation)라고 명명한다(어이, 거기, 당신!). 그는 절대적 <주체>를 주체화의 점이라고 부른다. 그는 주체들의 "사색적 중첩(redoublement spéculaire)"을 분석하며, 신, 모세, 유대민족의 예를 들어 이를 증명한다.[45] 벤베니스트 같은 언어학자들은 코기토에 아주 가까운 기묘한 언어학적 관상학을 행한다. <너>는 분명 이야기가 전달되는 인물을 가리킬 수도 있지만, 나아가 각자가 주체로서 구성되는 기반인 주체화의 점이기도 하다. 언표행위의 주체로서의 <나>는 언표 안에서 자기 자신의 사용을 언표하고 반성하는 인물을 가리킨다("비지시적인 텅 빈 기호"). 이것은 "나는 믿는다, 나는 추측한다, 나는 생각한다……"와 같은 유형의 명제에서 나타난다. 끝으로 언표의 주체로서의 <나>는 항상 <그/그녀>로 대체될 수 있는 상태를 지시한다("나는 겪는다, 나는 걷는다, 나는 숨쉰다, 나는 느낀다……").[46] 하지만 언어학적 작용은 중요하지 않다. 왜냐하면 주체는 결코 언어의 조건도 아니고 언표의 원인도 아니기 때문이다. 주체란 존재하지 않는다. 언표행위라는 집단적 배치물들만이 존재한다. 주체화는 여러 배치물 중의 하나일 뿐이며, 그렇기 때문에 언어의 내부적 조건이 아니라 표현의 형식화 또는 기호 체제이다. 또한 알튀세르가 말하듯이 이데올로기를 특징지었던 운동도 중요하지 않다. 기호 체제 또는 표현의 형

45 Louis Althusser, "Idéologie et appareils idéologique d'Etat", *La Pensée*, n° 151, juin 1970, pp. 29~35[독역본 : "Ideologie und Ideologische Staatsapparate", in *Marxism und Ideologie*, Berlin, 1973, 특히 S. 160~167].

46 Emile Benveniste, *Problème de linguistique générale*, Paris : Gallimard, pp. 252 sq. 벤베니스트는 "사행(procès)"에 대해 말하고 있다[영역본 : *Problems of General Linguistics*, trans Mary Elizabeth Meek, Coral Gables, Fla. : University of Florida Press, 1971, pp. 217~222. 독역본 : *Probleme der allgemeinen Sprachwissenschaft*, S. 283 und 279ff. 여기서 영어는 procès를 "a proceeding, or process"로 독어는 "Verfahren"으로 옮기고 있다].

식으로서의 주체화는 하나의 배치물과 결부되어 있다. 즉 주체화는 어떤 권력의 조직화와 결부되어 있는데, 이것은 이미 경제 안에서 충만하게 기능하고 있지만 최종 심급에서 실재계로서 결정된 내용들 또는 내용들의 관계에 중첩되지는 않는다. 자본은 가장 뛰어난 주체화의 점이다.

정신분석적 코기토를 보자. 정신분석가는 자신을 이상적 주체화의 점이라고 하면서, 환자로 하여금 이른바 신경증적인 옛날 점들을 포기하게 한다. 환자는 그가 정신분석가에게 말하는 모든 것 속에서, 그리고 면담이라는 인공적인 정신적 조건 속에서 부분적으로는 언표행위의 주체일 것이다. 또 그는 "분석수행자"라고도 불릴 것이다. 하지만 그가 다른 곳에서 말하거나 행하는 모든 것 속에서 그는 언표의 주체이며, 영원히 정신분석되고, 선형적 과정들을 옮겨 다닐 것이며, 정신분석가를 바꾸더라도 지배적 실재의 정상화 작용에 더욱더 굴복하게 될 것이다. 바로 이런 의미에서 정신분석은 자신의 혼합된 기호계 속에서 주체화의 선에 완전하게 참여하고 있는 것이다. 정신분석가는 심지어 더 이상 말을 할 필요도 없으며, 분석수행자가 자기 자신에 대한 해석을 떠맡는다. 정신분석을 받는 자에 대해서 보자면, "자신의" 다음 면담이나 이전 면담을 따로따로 생각하면 할수록, 그는 더 좋은 주체이다.

편집증적 체제에는 두 축이 있다. 한편으로 기호는 (기표를 통해) 다른 기호를 지시하며 다른 한편으로 기표는 기의를 지시한다. 이처럼 정념적 체제, 주체화의 선 역시도 두 축을, 통합축과 계열축을 가지고 있다. 우리가 방금 보았듯이 첫번째 축은 의식이다. 정념으로서의 의식은 정확히 말하면 두 주체의 이러한 이중화, 즉 언표행위의 주체와 언표의 주체로의 이중화이며, 전자가 후자로 밀려나는 작용이다. 하지만 주체화의 두번째 형식은 정념으로서의 사랑, 정념-사랑, 다른 유형의 분신, 이중화, 밀려나기이다. 여기서도 여전히 가변적인 주체화의 점은 두 주체를 구분하는 데 기여한다. 이 두 주체는 서로 얼굴을 맞대면서도 자신의 얼굴을 감추며, 영원히 자신들을 접근시키고 또 갈라놓는 도주선, 탈영토화의 선과 결혼한다. 하지만 모든 것은 변한다. 이중화되는 의식은 독신자 같은 측면이 있으며, 더 이상 의식이나 이성을 필요로 하지 않는 정념적인 사랑의 커플도 있다. 하지만 배반 속에서도, 배반이 제3자에 의해 확인되더라도 그것은 여전히 같은 체제이다. 아담과 이브, 그리고 카인의 부인(『성서』는 그녀에 대해 더 많이 말해야만 했다). 배반자 리처드 3세는 꿈을 통해 의식에 도달한다. 하지만 그는 이미 앤과 이상한 맞대면을 겪었다. 그들의 두 얼굴은 자신을 은폐하는 얼굴이었다. 그들은 동일한 선을 따라 약속했으며 이 선이 결국 서로를 갈라놓으리라는 것을 알고 있었다. 가장 충실하고 가장 부드럽고 가장 강렬한 사랑은, 자기 자신이 다른 사람의 입 속에서 벌거벗은 언표가 되고 또한 다른 사람이 내 자신의 입에서 벌거벗은 언표행위가 되는 달콤함 속에서 서로 끊임없이 뒤바뀌는 언표행위의 주체와 언표의 주체를 분배한다. 하지만 언제나 은밀하게 준비하는 배반자가 있다. 어떤 사랑이 배반당하지 않을 것인가? 어떤 코기토가 자신의 사악한 악령을, 제거할 수 없는 배반자를 갖고 있지 않겠는가? "트리스탄…… 이졸데…… 이졸데…… 트리스탄……" 두 주체의 이러한 외침은 강렬함의 모든 계단을 올라가 숨막히는 의식의 정점에까지 이른다. 반면 배는 물의 선, 죽음과 무의식의 선, 배반의 선, 연속되는 선율의 선을 따른다. 코기토가 자아만을 위한 정념인 것과 마찬가지로, 정념적인 사랑은 둘인 코기토이다. 정념-사랑에 잠재적인(virtuel) 유일한 주체의 이중화가 있는 것과 마찬가지로, 코기토에는 잠재적인(potentiel) 커플이 있다. 클로소프스키는 아주 강렬한 사유와 아주 열띤 커플 사이의 이러한 상보성에 기반해서 가장 이상한 형상들을 창조해낼 수 있었다. 주체화의 선은 <분신>에 의해 완전히 점유되어 있지만, 두 종류의 분신이 존재하기 때문에 그 선은 두 가지 형상을 갖는다. 즉 의식의 통합체적 형상 또는 의식적 분신은 형식과 관련되어 있고(<자아>=<자아>), 커플의 계열체적 형상 또는 정념적 분신은 실체와 관련되어 있다(<남자>=<여자>. 여기서 분신은 직접적으로 성의 차이이다).

우리는 혼합된 기호계 안에서 이 분신들의 생성을 따라갈 수 있다. 이 분신들은 혼합체뿐 아니라 퇴화를 형성한다. 한편으로, 열정적인 사랑의 분신, 열정-사랑의 커플은 혼인 관계를 맺기도 하고 심지어 "부부 싸움(scène de ménage)"에 이르기도 한다. 누가 언표행위의 주체인가? 누가 언표의 주체인가? 양성(兩性)의 다툼. **네가 내 생각을 훔쳐갔지.** 부부 싸움은 항상 둘인 코기토이며 전쟁하는 코기토이다. 스트린드베리는 정념-사랑의 이러한 전략을 끝까지 밀고 가서 전제군주적 혼인 관계와 히스테릭-편집증적 싸움으로까지 밀어붙였다("그녀"는 그녀 혼자서 모든 것을 발견했다고 말한다. 그런데 사실 그녀는 모든 것을 나에게 빚지고 있으며, 내 메아리였고, 내 생각을 훔쳐갔다, 오 스트린드베리여![47]). 다른 한편으로, 순수 사유의 의식적 분신, 주체-입법자 커플은 관료주의적 관계에, 박해의 새로운 형식에 돌입한다. 여기서 한 분신은 언표행위의 주체 역할을 점령하는 반면 다른 분신은 단지 언표의 주체에 그치고 만다. 코기토 자신은 "사무실 장면(scène de bureau)", 관료제적 사랑의 망상이 된다. 관료제의 새로운 형식은 과거의 제국적 관료제로 대체되거나 그것과 결합한다. 관료는 **<나는 생각한다>**라고 말한다(

47 스트린드베리의 천재성의 한 측면은 커플과 부부 싸움을 강렬한 기호계의 차원까지 끌어올렸다는 점에서 찾을 수 있는데, 게다가 그는 그것을 기호 체제 안에서 창조의 한 요소로 만들었다. 주앙도(Jouhandeau)의 경우는 그렇지가 않았다. 반면 클로소프스키는 기호에 대한 일반 이론의 관점에서 둘인 정념적 코기토의 새로운 원천들과 갈등들을 발명할 줄 알았다(*Les lois de l'hospitalité*, Paris : Gallimard, 1965[독역본 : *Die Gesetze der Gastfreundschaft*, übers. von Sigrid von Massenbach, Reinbek, 1966]).

『성』의 소르티니와 소르디니의 예 또는 클람의 다양한 주체화를 보라. 카프카는 이 방향으로 가장 멀리 나아간다[48]). 혼인은 커플의 발전이다. 관료주의가 코기토의 발전인 것처럼 말이다. 하지만 하나는 다른 하나 안에 있다. 사랑의 관료주의와 관료주의적 커플. 분신에 관해 너무 많은 것이 씌어졌다. 되는 대로, 형이상학적으로. 분신은 도처에, 모든 거울 속에 있게 되었다. 분신의 고유한 체제는 알 수 없게 되었다. 분신이 새로운 계기를 도입하는 혼합된 기호계 속에서는 물론이고 아주 특별한 형상들을 도입하기 위해 도주선 위에 분신이 기입되는, 주체화의 순수한 기호계 속에서도 말이다. 다시 한번 말하자면, 후-기표작용적 체제 안에 있는 의식-사유와 열정-사랑이라는 두 형상이 있다. 혼합된 전략 또는 조합 속에 관료주의적 의식과 혼인 관계라는 두 계기가 있다. 하지만 혼합된 것 속에서도 원래의 선은 기호계적 분석에 의해서 쉽게 추출될 수 있다.

다른 체제의 기표작용적 잉여와는 다른 잉여가, 의식과 사랑의 잉여가 존재한다. 기표작용적 체제에서 잉여는 기호들 또는 기호의 요소들(음소, 문자, 한 랑그에서 일군의 문자들)을 변용시키는 객관적 **빈도**(fréquence)라는 현상이다. 각 기호와 관계를 맺고 있는 기표의 최대 빈도가 있고 또 다른 기호와 관계를 맺고 있는 기호의 상대 빈도가 존재한다. 각 경우에 우리는 이 체제가 일종의 "벽"을 전개한다고 말할 수 있다. 기호들이 기표 및 다른 기호들과 관계를 맺으면서 여기에 기입되는 것이다. 반대로 후-기표작용적 체제에서 잉여는 **주체적 공명**이라는 현상으로 나타나며, 무엇보다 연동소, 즉 인칭 대명사와 고유 명사를 변용시킨다. 여기에서도 우리는 자기 의식의 최대 공명(<나>=<나>)과 이름들의 비교 공명(트리스탄…… 이졸데……)을 구분할 수 있다.

48 도스토예프스키의 「분신(*Le Double*)」도 참고할 것.

하지만 이번에는 의식이 기재되는 벽 대신 의식과 열정을 끌어당기는 검은 구멍이 있으며, 그 안에서 의식과 열정이 공명한다. 트리스탄은 이졸데를 부르고, 이졸데는 트리스탄을 부른다. 두 사람 모두는 물결에 이끌려 자기 의식의 검은 구멍, 죽음으로 나아간다. 언어학자들이 잉여의 두 형식인 빈도와 공명을 구분할 때, 그들은 종종 후자에 단지 파생적 지위만을 주곤 한다.[49] 사실상 문제가 되는 것은 두 기호계이다. 그것들은 섞여 있지만 서로 구분되는 원리를 갖고 있다(마찬가지로 우리는 다른 기호 체제와 관련해서 리듬적, 몸짓적, 수적 형식과 같은 잉여의 다른 형식들을 정의할 수 있다). 기표작용적 체제와 주체적 체제, 그리고 그 각각의 잉여를 구분하는 가장 본질적인 것은 그것들이 수행하는 **탈영토화의 운동**이다. 기표작용하는 기호는 다른 기호들만을 가리키고 기호들의 집합은 기표 자체만을 가리키기 때문에, 그에 상응하는 기호계는 높은 수준의 탈영토화를 행한다. 하지만 그것은 여전히 빈도로서 표현되는 **상대적** 탈영토화이다. 이 체계 안에서 도주선은 부정적 기호를 부여받기 때문에 부정적인 것으로 머문다. 우리는 주체적 체제가 완전히 다르게 진행한다는 것을 보았다. 여기에서 기호는 다른 기호와의 의미생성 관계를 깨트리고 긍정적 도주선 위로 질주하기 때문에, 기호는 의식과 정념의 검은 구멍 안에서 자기 자신을 표현하는 **절대적** 탈영토화에 도달하는 것이다. 코기토의 절대적 탈영토화. 바로 이런 이유 때문에 주체적 잉여는 기표작용적 잉여 위에 접목되어 거기서 이차적인 잉여로서 파생되는 것처럼 보이는 것이다.

그리고 사태는 우리가 말한 것보다 훨씬 더 꼬여 있다. 주체화는 도주선에 긍정적 기호를 강요하며, 탈영토화를 절대에까지 가져가며,

49 잉여의 이 두 형식에 관해서는 André Martinet, *La linguistique, guide alphabétique*, Paris : Denoël, 1969, pp. 331～333[독역본 : *Linguistik. Ein Handbuch*, übers. von I. Rehbein und S. Stelzer, Stuttgart, 1973, S. 246～250]의 '잉여' 항목을 참고할 것.

강렬함을 가장 높은 정도로까지 가져가고, 잉여를 재귀적 형식으로까지 가져간다 등. 하지만 주체화는 이전 체제로 되떨어지지 않으면서도 자신이 해방시킨 긍정성을 부인하거나 자신이 달성한 절대를 상대화하는 제 나름의 방식을 갖고 있다. 이 공명의 잉여 안에서 의식의 절대는 무력(無力)의 절대이며 정념의 강렬함은 공(空)의 열기이다. 이는 주체화가 본질적으로 유한한 선형적 과정을 구성하며, 그래서 다음 과정이 시작하기 전에 한 과정이 끝나기 때문이다. 그래서 코기토는 항상 다시 시작하며, 정념 또는 불평은 항상 되풀이된다. 모든 의식은 제 나름의 죽음을 추구하고, 모든 열정-사랑은 제 나름의 끝(fin)을 추구한다. 이것들은 검은 구멍에 끌려가며, 모든 검은 구멍들은 함께 공명한다. 이를 통해 주체화는 도주선에 끊임없이 그 선을 부인하는 절편성을 강요하며, 절대적 탈영토화에 끊임없이 그것을 가로막고 우회시키는 소멸의 점을 강요한다. 그 이유는 단순하다. 표현의 형식들 또는 기호 체제들은 여전히 지층이기 때문인 것이다(우리가 그것들을 그 자체로 고려해서, 내용의 형식들을 추상하더라도 말이다). 또한 주체화도 의미생성 못지않게 지층이다.

인간을 구속하는 주된 지층들은 유기체, 의미생성과 해석, 주체화와 예속이다. 이 지층들이 모두 함께 우리를 고른판과 추상적인 기계로부터 분리시킨다. 사실 고른판과 추상적인 기계에는 더 이상 기호 체제는 존재하지 않으며, 도주선이 자신의 고유한 잠재적 긍정성을 발휘하고 탈영토화가 자신의 절대적 역량을 발휘한다. 이제 이 점과 관련해서 중요한 것은, 가장 적당한 배치물을 뒤집어주는 것이다. 지층들을 향해 있는 면으로부터 고른판 또는 기관 없는 몸체를 향해 있는 다른 면으로 말이다. 주체화는 욕망을 과잉과 이탈의 지점으로 데려가서, 욕망이 검은 구멍 안에서 소멸되거나 판을 바꿔야 하도록 만든다. 탈지층화하라, 새로운 기능 위에, 도표적인 기능 위에 자신을 개방시켜라.

그래서 의식이 스스로의 분신이 되지 않게 만들고, 열정이 다른 이에 대한 분신이 되지 않게 만들자. 의식을 삶의 실험으로 만들고, 열정을 연속된 강렬함의 장(場)으로, 입자-기호들의 방출로 만들자. 의식과 사랑으로 기관 없는 몸체를 만들자. 주체화를 소멸시키기 위해 사랑과 의식을 이용하자. "자석 같은 매혹자이자 촉매자인, 가장 위대한 연인이 되기 위해서는 …… 우선 완전한 바보가 되어야 한다는 깊은 지혜를 체험해야만 한다."[50] 동물-되기를 위해 **나는 생각한다**를 이용하고, 남자의 여자-되기를 위해 사랑을 이용하자. 의식과 정념을 탈주체화하자. 기표작용적인 잉여나 주체적인 잉여와 혼동되지 않는 **도표적인** 잉여는 없는가? 더 이상 나무 형태의 노드가 아니라 리좀 식의 되풀이요 솟아오름인 잉여는 없는가? 말을 더듬는 자가 되어라, 모국어 속에서 외국인이 되어라,

"지 마 지배 마 수동 마 지배하지 마
지배하지 마 너희들의 수동적인 정념을 마
……………………………………………
지 마 처먹지 마 지 마 지배하지 마
너희들의 쥐 너희들의 배급량 너희들의 쥐꼬리 배급량 마 마……"[51]

세 가지 유형의 탈영토화를 구분해야만 하는 것 같다. 우선 상대적이고, 지층들에 고유하며, 의미생성과 더불어 정점에 이르는 탈영토화. 둘째로 절대적이고, 아직 부정적이고 지층적이며, 주체화에서 나타나는 탈

50 Henry Miller, *Sexus*, p. 229[불역본, p. 307 및 독역본 S. 214]. 바보라는 주제 자체는 아주 다양하다. 분명히 드러나는 바, 이 주제는 데카르트에 따르면 코기토를 가로질러 가며, 루소에 따르면 느낌을 가로질러 간다. 하지만 러시아 문학은 이러한 주제를 의식이나 정념을 넘어 다른 길로 이끌어간다.

51 Ghérasim Luca, *Le chant de la carpe*, Paris : Soleil Noir, 1973, pp. 87~94[글의 원문 : ne do ne domi ne passi ne dominez pas / ne dominez pas vos passions passives ne / …… / ne do dévorants ne do ne dominez pas / vos rats vos rations vos rats rations ne ne ……].

영토화(<이성>과 <정념>[Ratio et Passio]). 끝으로 고른판 또는 기관 없는 몸체 위에서의 절대적이고 긍정적인 탈영토화의 가능성(éventualité).

물론 우리는 내용의 형식들(예컨대, <신전>의 역할, 또는 <지배적 현실>의 위치 등)을 제거하는 데 성공하지 못했다. 하지만 인공적인 조건에서 우리는 매우 다양한 특성들을 보여주는 몇 가지 기호계들을 떼어내어 다루었다. **전-기표작용적 기호계**. 여기서는 언어의 특권을 나타내는 "덧코드화"가 널리 시행된다. 여기서 언표행위는 집단적이고, 언표들 자체는 다의적이며, 표현의 실체는 다양하다. 또한 여기서 상대적 탈영토화는 국가 장치를 막아내는 절편적 계통들과 영토성들이 대면함으로써 결정된다. **기표작용적 기호계**. 여기서 덧코드화는 기표와 기표를 방출하는 국가 장치에 의해 완벽하게 수행된다. 순환성의 체제 안에서 언표행위는 획일화되고, 표현의 실체는 통일화되고, 언표들은 통제된다. 여기서 상대적 탈영토화는 기호들 간의 영속적이고 잉여적인 지시에 의해 최고 지점에 이르게 된다. **반-기표작용적 기호계**. 여기서 덧코드화는 표현의 형식 또는 언표행위의 형식으로서 <수>에 의해 확보되고 또 그것이 의존하는 <전쟁 기계>에 의해 확보된다. 또한 탈영토화는 능동적인 파괴선 또는 소멸의 선을 따른다. **후-기표작용적 기호계**. 여기에서 덧코드화는 의식의 잉여에 의해 확보된다. 비록 여전히 부정적인 방식으로이기는 하지만, 권력을 내재적으로 조직화하고 탈영토화를 절대적인 것으로 끌어올리는 정념적 선 위에서 언표행위의 주체화가 산출된다.

그런데 우리는 두 측면을 고려해야 한다. 한편으로 이 기호계들은 내용의 형식들로 만들어진 추상 작용이면서도 구체적이다. 하지만 그것은 이 기호계들이 혼합된 것이며 혼합된 조합을 이루는 한에서만 그러하다. 모든 기호계는 혼합되어 있으며, 혼합된 채로만 기능한다. 또한 각각의 기호계는 하나 또는 여러 다른 기호계들의 파편들을 강제로 포획한다(코드의 잉여 가치). 하지만 이런 관점에서 보더라도, 기표작용적 기호계가 일반 기호론을 이룰 만큼의 특권을 갖고 있는 것은 아니다. 특히 그것이 주체화의 정념적 기호계("주체를 위한 기표")와 조합되는 방식은 다른 조합들과 관련해서 특권적인 어떤 것도 함축하고 있지 않다. 예컨대 정념적 기호계와 반-기표작용적 기호계의 조합 또는 반-기표작용적 기호계와 기표작용적 기호계 그 자체의 조합(<유목민들>이 제국적이 될 때) 등과 관련해서 보더라도 말이다. 일반 기호론은 존재하지 않는다.

예컨대, 어떤 체제에 특권을 부여하지 않으면서도, 우리는 기표작용적 기호계와 후-기표작용적 기호계에 관한 도표를 만들 수 있다. 여기서 구체적 혼합물의 가능성들은 분명하게 드러난다.

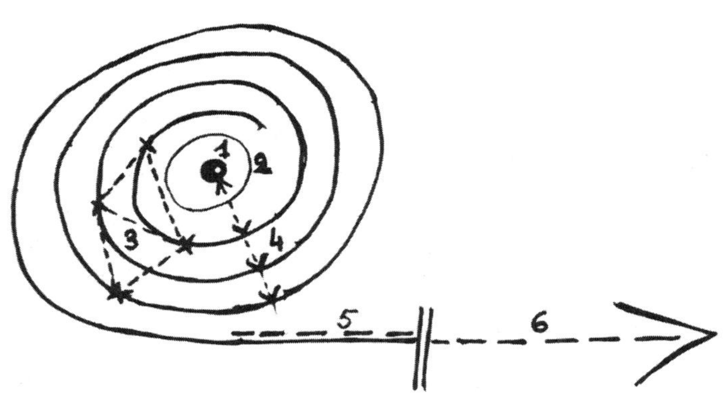

1. <중심> 또는 기표. 신 또는 독재자의 얼굴성. 2. 사제들과 관료들이 있는 <신전> 또는 <궁전>. 3. 원 형태의 조직화. 같은 원 위에서 또는 한 원에서 다른 원으로 다른 기호를 지시하는 기호. 4. 기표를 다시 부여하기 위한 기표에서 기의로의 해석적 전개. 5. 희생양. 도주선의 봉쇄. 6. 속죄양. 도주선에 대한 부정적 기호.

1. 의미생성의 중심을 대체하는 주체화의 점. 2. 외면하는 두 얼굴. 3. 언표행위의 주체. 이것은 외면 속에서 주체화의 점으로부터 나온다. 4. 언표의 주체. 이위로 언표행위의 주체가 되돌아간다. 5. 사제의 새로운 형식과 새로운 관료제를 갖춘 유한한 선형적 과정의 연속. 6. 여기에는, 해방되었지만 여전히 파편화된 도주선이 부정적이고 봉쇄된 채로 있다.

하지만 보완적이면서도 아주 상이한 또 다른 측면이 있다. 추상적이거나 순수한 어떤 기호계를 다른 기호계로 변형시킬 가능성이 그것이다. 언어의 특수한 성격인 덧코드화에서 유래하는 번역 가능성에 힘입어서 말이다. 이번에 문제가 되는 것은 구체적인 혼합된 기호계들이 아니라, 한 추상적인 기호계가 다른 기호계로 변형된다는 점이다(비록 이 변형이 그 자체로는 추상적이지 않다 하더라도, 다시 말해 변형이 실제로 일어나며 순수한 학자로서의 "번역자"에 의해 수행되지 않는다 하더라도 말이다). 전-기표작용적 체제 안에서 어떤 기호계를 생겨나게 하는 모든 변형을 유비적 변형이라고 부를 수 있다. 기표작용적 체제 안에서는 **상징적 변형**, 반-기표작용적 체제 안에서는 **논쟁적 변형 또는 전략적 변형**, 후-기표작용적 체제 안에서는 **의식적 변형 또는 모방적 변형**이라고 각각 부를 수 있다. 끝으로 **도표적 변형**이 있는데, 그것은 기호계들이나 기호 체제들을 절대적이고 긍정적인 탈영토화의 고른판 위에서 산산조각 내는 변형이다. 변형은 순수 기호계의 언표와 혼동되지 않는다. 또한 변형은 자신이 어떤 기호계에 속하는지 알기 위해 화행론적 분석을 해야만 하는 애매한 언표와도 혼동되지 않는다. 또한 그것은 혼합된 기호계에 속하는 언표와도 혼동되지 않는다(설사 변형이 그런 결과를 초래한다 할지라도 말이다). 변형적 언표는 하나의 기호계가 다른 데서 온 언표들을 자기 자신을 위해 번역하는 방식을 표시해준다. 또한 그럼으로써 변형적 언표는 언표들의 방향을 바꾸고, 언표들의 변형 불가능한 잔여물들은 남겨두며, 역(逆)변형에 능동적으로 저항한다. 더구나 변형들의 목록은 앞서 열거한 것들에 한정되지 않는다. 새로운 기호계가 창조되는 것은 항상 변형을 통해서이다. 번역은 창조적일 수 있다. 새로운 순수 기호 체제들은 변형과 번역을 통해 만들어진다. 거기서도 일반 기호론은 없다. 오히려 기호계 변환(transsémiotique)이 있을 따름이다.

유비적 변형에서 다음과 같은 것을 흔히 볼 수 있다. 잠, 마약, 사랑의 환희는 어떤 표현들을 형성한다. 이때 이 표현들은 기표작용적 또는 주체적인 체제를 전-기표작용적 체제로 번역한다. 사람들은 이 표현들에 기표작용적 또는 주체적인 체제를 강요하지만, 이 표현들은 나름대로 예기치 않은 절편성과 다성성을 그 체제들에 강요함으로써 이에 저항한다. 기독교는 "미개인"과 "야만인"에게 전파되면서 이상한 창조적 번역을 겪었다. 아프리카의 특정한 상업 유통망에 화폐 기호가 도입되자, 이 기호는 조절하기 매우 어려운 유비적 변형을 겪게 되었다(이 유통 공간이 파괴적 변형을 겪게 되지 않는다면 말이다).[52] 미국 흑인의 노래(그것은 특히 파롤들을 포함하는데)는 훨씬 더 좋은 예이다. 우선 이것은 노예들이 어떻게 영어의 기표를 번역하고, 랑그를 전-기표작용

52 예컨대 뉴기니의 시안(Siane)에 화폐를 도입하면서 백인들은 지폐와 동전을 불환 재화의 두 범주로 번역함으로써 시작했다. Maurice Godelier, "Economie politique et anthropologie économique", *L'Homme*, vol. 14, n° 3, septembre 1964, p. 123을 참조.

적으로 또는 심지어 반-기표작용적으로 사용하는지를 보여준다. 노예들은 새로운 강제 노동에 아프리카의 옛 노동요를 섞기라도 한 것처럼, 이 랑그를 자기네들 고유의 아프리카 랑그에 혼합했던 것이다. 그 다음으로 이것은 기독교화 및 노예 제도 철폐와 함께 노예들이 어떻게 "주체화" 과정 또는 심지어 "개체화" 과정을 가로지르는지를 보여준다. 이 과정은 그들의 음악을 변형시켰다. 그와 동시에 그들의 음악은 유비를 통해 이 과정을 변형시켰다. 또한 "검게 칠한 얼굴"을 한 백인들이 말과 노래를 강점하고, 한편 흑인들 쪽에서는 자신들의 얼굴을 더욱 검게 만들고 백인들의 것들을 변형시키거나 번역하면서 자신들의 춤과 노래를 되찾을 때, 우리는 "얼굴성"이라는 특수한 문제가 어떻게 제기되는지를 보게 된다.[53] 물론 가장 가시적이고 조잡한 변형은 다른 방향에서 일어난다. 즉 기표가 권력을 잡을 때 일어나는 상징적 번역에서. 앞에서와 동일한 예들, 즉 화폐 기호나 리듬 체제는 방향을 바꿔 여전히 우리에게 이용될 수 있다. 아프리카의 춤이 백인의 춤으로 이행할 때는 종종 의미생성과 주체화를 통해 작동되는 권력 장악, 그리고 의식과 관련된 번역 또는 모방적 번역이 드러난다("아프리카에서 춤은 비개인적이고 성스럽고 음란하다. 남근이 솟아오르고 바나나처럼 만져질 때, 우리가 보는 것은 "개인적인 발기"가 아니라 부족의 솟아오름이다. (……) 대도시의 후치-쿠치 무희는 혼자서 춤춘다. 이 사실은 그 자체로 비틀거리는 의미를 보여준다. 법이 반응과 참여를 금지하는 것이다. 원시 제사와 관련된 어떤 것도 남아 있지 않으며 단지 몸의 "암시적인" 움직임들만이 남아 있다. 그리고 그것들이 암시하는 것은 관찰자 개인에 따라 변한다"[54]).

53 이러한 변형-번역에 관해서는 LeRoi Jones, *Le peuple du blues*[영어 원본 : *Blues People*, New York : Morrow, 1963. 독역본 : *Blues People*, übers. von einen Berliner Studentenkollektiv, Darmstadt, 1969], ch. 3~7 참조.

54 Henry Miller, *Sexus*, p. 634[영어 원본 : pp. 479~480. 독역본 : S. 446. 번역은 영어 원본에서 했다. 본문의 후치-쿠치 무희(hoochie-koochie dancer)는 불어에서는 성적 제의의

진정한 기호계적 번역의 중요성을 결정하는 것은 단순한 언어학적, 어휘적, 심지어 구문론적 변형이 아니다. 오히려 그 반대일 것이다. 미친-말하기(parler-fou)로는 충분하지 않다. 각 경우마다 우리는 우리가 오래된 기호계에 적응하고 있는지, 아니면 저 혼합된 기호계를 새롭게 변화시키고 있는지, 아니면 아직 알려지지 않은 체제를 창조하는 과정에 있는지를 평가해야만 한다. 예를 들어 더 이상 "나"라고 말하지 않는 것은 상대적으로 쉽다. 하지만 그것이 주체화의 체제를 넘어섰다는 것을 의미하는 것은 아니다. 역으로 재미를 위해 <나>라고 계속해서 말하면서도 이미 인칭 대명사가 단지 허구로만 기능하는 다른 체제 안에 있을 수도 있다. 의미생성과 해석은 아주 견고한 피부를 갖고 있으며 주체화를 가지고서 달라붙어 떨어지지 않는 혼합체를 만든다. 그래서 사실은 그것들을 감추고 있으면서도 그것들 바깥에 있다고 믿기 쉽다. 우리는 때때로 해석을 부인하지만, 기표작용하는 얼굴을 내보임으로써 그와 동시에 주체에 해석을 부여하며, 이 주체는 살아남기 위해 계속해서 자기에게 영양을 공급한다. 정신분석(학)이 모든 기만들이 집결하는 기호계를 바꿀 수 있다고 누가 진정 믿겠는가? 단지 역할이 바뀌었을 뿐이다. 기표작용을 하는 환자와 해석하는 정신분석가 대신 이제 기표작용을 하는 정신분석가가 있으며 모든 해석을 떠맡는 것은 바로 환자이다. 킹슬리 홀(Kingsley Hall)의 반-정신의학적 경험 속에서 "정신 분열증 환자"가 된 전직 간호사 메리 반즈는 <여행>이라는 새로운 기호계를 받아들였다. 그녀가 그렇게 한 것은 공동체 안에서 진정한 권력을 행사하기 위해서였으며 최악의 정신분석적 해석 체제를 집단적 망상으로서 재도입하기 위해서였다("그녀는 그녀에게 행해진, 또는 이 문제와 관련해서 다른 누군가에게 행해진 모든 것을 해석했다……").[55] 고도

춤(danse rituelle du sexe)로 옮겨지고 있다. 또한 개인 관찰자(the individual observer)는 불어에서는 l'individualité de l'observateur로 옮겨지고 있다].

로 지층화된 기호계와 관계를 끊는 것은 어렵다. 전-기표작용적 기호계나 반-기표작용적 기호계마저도, 나아가 탈기표작용적 도표마저도 의미생성의 잠재적인 중심들과 주체화의 잠재적인 점들을 구성할 준비가 되어 있는 교차점들(noeuds de coïncidence)을 포함하고 있다. 물론 지배적인 분위기를 이루는 기호계를 파괴하는 일이 문제가 되면, 번역 작업은 쉽지 않다. 마약이나 그 밖의 다른 것들 그리고 분위기 변화 따위의 영향을 받고 있는 카스타네다의 책들을 보라. 그의 깊은 관심들 중 하나는, 인디언이 어떻게 해석 메커니즘과 싸워서 자신의 제자에게 전-기표작용적 기호계 또는 더 나아가 탈기표작용적 도표를 주입시키게 되었는지를 보여주는 것이다. 그만 둬! 너 때문에 피곤해 죽겠다! 의미를 내보내거나 해석하지 말고 실험을 해! 너의 장소, 너의 영토성, 너의 탈영토화, 너의 체제, 너의 도주선을 찾으란 말이야! 이미 만들어진 너의 유년기와 서구의 기호론에서 찾지 말고 너 자신을 기호화(sémiotiser) 하라고! …… "'보는 일'에 도달하려면 우선 '세상을 멈추어야' 한다고 돈 후안은 말했다. '세상을 멈추는 것'이라는 말은 어떤 자각 상태를 적절하게 표현한다. 그 상태 속에서는 일상적 삶의 현실이 변화된다. 일상적으로는 방해받지 않으면서 진행되는 해석의 흐름이 낯선 일련의 상황에 의해 멈추어지게 되는 것이다."[56] 요컨대 진정한 기호계적 변형은 모든 종류의 변수들에 도움을 청한다. 외적 변수

55 Mary Barnes & Joseph Berke, *Mary Barnes, un voyage à travers la folie*, Ed. du Seuil, p. 269[영어 원본 : *Mary Barnes : Two Accounts of a Journey through Madness*, New York : Harcourt Brace Jovanovich, 1971, p. 233. 독역본 : *Meine Reise durch den Wahnsinn. Aufgezeichnet von Mary Barnes und Kommentiert von ihrem Psychiater Joseph Berke*, übers. von Charlotte Franke, Frankfurt, 1983, S. 282～283]. 킹슬리 홀의 반-정신의학적 실험의 실패는 외적 상황뿐 아니라 이런 내적 요인들에도 기인했던 것 같다.

56 Carlos Castaneda, *Le voyage à Ixtlan*, Paris : Gallimard, p. 12[영어 원본 : *Journey to Ixtlan*, New York : Simon and Schuster, 1973, p. 14. 독역본 : *Reise nach Ixtlan*, übers. von Nils Lindquist, Frankfurt, 1975, S. 12f].

들뿐 아니라 랑그 안에 함축된 변수들, 언표 내부의 변수들에도 말이다.

따라서 화행론은 이미 두 개의 성분을 제시한다. 첫번째 것을 **발생적 성분**이라고 부를 수 있다. 왜냐하면 그것은 여러 추상적 체제들이 어떻게 구체적인 혼합된 기호계들을 형성하는지, 어떤 변이를 갖는지, 그 체제들이 어떻게 조합되는지, 그리고 어떤 체제가 지배적인지를 보여주기 때문이다. 두번째 것은 **변형적** 성분이다. 그것은 이 기호 체제들이 어떻게 서로 번역되는지, 그리고 특히 그것들이 새롭게 창조되는지를 보여준다. 발생적 화행론은 혼합된 기호계를 본뜨는 반면, 변형적 화행론은 변형의 지도를 만든다. 혼합된 기호계는 현실적 창조성을 필연적으로 함축하지 않고 오히려 진정한 변형을 낳지 못하는 조합의 가능성들에 만족한다. 이 때 한 체제의 독창성을 설명해주고 또 그 체제가 특정 순간에 특정 영역에서 진입해 들어가는 혼합된 기호계들의 새로움을 설명해주는 것은 변형적 성분이다. 또한 이 두번째 성분은 가장 심오하며, 첫번째 성분의 요소들을 측정하는 유일한 수단이다.[57] 예컨대 우리는 이렇게 물을 수 있다. 볼셰비키 유형의 언표들은 언제 나타났으며, 레닌주의는 사회 민주주의자들과 절연하면서 어떻게 독창적인 기호계를 창조해내는 진정한 변형을 작동시켰는가? 설사 그것이 스탈린 식 조직화라는 혼합된 기호계 속으로 전락할 수밖에 없었기는 하지만 말이다. 한 모범적인 연구에서 장-피에르 파예(Jean-Pierre Faye)는 주어진 사회적 장에서 새로운 언표 체계로 가시화된 나치즘을 생산해낸 변형들을 상세히 연구했다. 그것은 다음과 같은 유형의 물음들과

57 "발생적(géneratif)"과 "변형적"은 촘스키의 용어이다. 엄밀히 말해 촘스키에게, 변형적인 것은 발생적인 것을 실현하는 가장 좋고 가장 심오한 수단이다. 하지만 우리는 이 용어들을 다른 의미로 사용한다[통상 '생성적'이라고 번역되는 것을 원래 의미를 살려 '발생적'이라고 번역했다].

관련되어 있었다. 어떤 순간에, 그리고 어떤 영역에서, 하나의 기호 체제가 자리잡았는가? 사람들 전체에 자리잡았는가? 이 사람들 중 소수 분파에 자리잡았는가? 정신 병원 안의 가장자리에 자리잡았는가? 이처럼 우리는 주체화의 기호계가 유대인의 고대 역사 속에서 발견될 뿐만 아니라 19세기의 정신의학적 진단 속에서도 발견될 수 있다는 것을 보았다. 물론 심오한 변주들과 함께, 그리고 그에 상응하는 기호계 안에서의 진정한 변형들과 함께. 이 모든 물음들은 화행론의 관할 영역에 속한다. 오늘날 가장 깊은 변형 또는 번역이 유럽을 관통하고 있지 않다는 점은 분명하다. 화행론은 변형에 내맡겨지지 않을 수 있는 불변항, 지배적인 "문법성"이라는 불변항이라는 관념마저도 거부해야 한다. 왜냐하면 언어는 언어학의 사안이기 이전에 정치적 사안이기 때문이다. 심지어는 문법성의 등급에 대한 평가마저도 정치적인 문제이다.

기호계, 다시 말해 기호 체제 또는 표현의 형식화란 무엇인가? 그것들은 언어 이상인 동시에 언어 이하이다. 언어는 자신의 "초선형성"이라는 조건을 통해 정의된다. 랑그는 음성학적, 구문론적, 의미론적 질서의 상수들, 요소들, 관계들을 통해 정의된다. 그리고 분명 각각의 기호 체제는 언어의 조건을 현실화하며 랑그의 요소들을 이용하지만, 그 이상은 아니다. 그 어떤 체제도 조건 자체와 동일시될 수 없으며, 상수의 특성을 가질 수도 없다. 푸코가 잘 보여주었듯이, 기호 체제들은 때로는 다양한 랑그들을 지나가고 때로는 동일한 랑그 안에 분배되는, 그리고 구조와 혼동되지도 않고 특정한 질서의 통일성과 혼동되지도 않으며, 오히려 이것들을 가로지르면서 이것들을 시간과 공간 안에 나타나게 하는 언어의 존재 함수(fonctions d'existence)일 뿐이다. 바로 이런 의미에서 기호 체제들은 언표행위라는 배치물들이며, 그 어떤 언어학적 범주도 그것들을 고려하기에 충분하지 않다. 하나의 명제 또는 심지어 하나의 단순한 단어를 "언표"로 만드는 자는 명시될 수 없는 암묵적 전제들을 지시하는 자이며, 이 전제들은 언표행위에 고유한 화행론적 변수들(비물체적 변형들)을 동원한다. 그러니 배치물이 기표에 의해, 또는 주체에 의해 설명될 수 있다는 생각은 버려야 한다. 역으로 기표나 주체는 배치물 안에 있는 언표행위의 변수들에 속하는 것이다. 의미생성 또는 주체화가 어떤 배치물을 전제하는 것이지, 그 역은 아니다. 우리가 기호 체제들에 부여한 이름들, 즉 "전-기표작용적" 기호 체제, "기표작용적" 기호 체제, "반-기표작용적" 기호 체제, "후-기표작용적" 기호 체제 등은 이질적인 기능들이나 다양한 배치물들(절편화, 의미생성과 해석, 열거, 주체화)과 효과적으로 대응되지 않는다면 여전히 진화론적인 것으로 남게 될 것이다. 그래서 기호 체제들은 언표행위 자체 안에 있는 변수들, 그러나 랑그의 상수들 외부에 있으며 언어학적 범주들로 환원될 수 없는 변수들에 의해 정의된다.

하지만 이 지점에서 모든 것이 동요한다. 하나의 기호 체제를 언어 이하의 것이 되게 하는 이유는 또한 그것을 언어 이상의 것이 되게 하는 이유이기 때문이다. 배치물의 단지 한 측면만이 언표행위와 관련되고, 표현을 형식화한다. 그 측면과 분리되지 않는 다른 측면에서, 배치물은 내용들을 형식화한다. 여기서 배치물은 기계적 배치물 또는 물체의 배치물이다. 이제 내용들은 이런 저런 식으로 기표에 의존하는 "기의들"이 아니며, 주체와 어떤 식으로든 인과 관계를 맺고 있는 "대상들"도 아니다. 내용들이 자기 고유의 형식화를 갖는 한, 그것들은 표현의 형식과 그 어떤 상징적 대응 관계나 선형적 인과 관계를 갖지 않는다. 그 두 가지 형식들은 서로를 전제하고 있으며 동일한 배치물의 양면이기 때문에 우리는 그 중 한 형식을 아주 상대적으로만 추상해낼 수 있다. 또한 우리는 배치물 그 자체 안에서 이 측면들보다 훨씬 더 깊은 어떤 것에 이르러야만 한다. 서로 전제되는 두 형식들, 즉 표현의 형식들 또는 기호 체제들(기호계적 체계들)과 내용의 형식들 또는 물체의 형식들(물리학적 체계들)을 동시에 설명하는 어떤 것에 이르러야만 한다. 그것이 바로 우리가 **추상적인 기계**라고 부르는 것이다. 추상적인 기계는 배치물의 모든 탈영토화의 첨점들을 구성하고 결합한다.[58] 그리고 얘기해야만 하는 것은 바로 추상적인 기계이다. 그것은 필연적으로 언어보다 "더 많다." (촘스키를 따르는) 언어학자들은 순수하게 언어적인 추상적인 기계라는 관념에까지 올라가지만, 우리는 이 기계가 너무 추상적이기는커녕 아직 충분히 추상적이지 않다고 반대한다. 왜냐하면 그 기계는 표현의 형식에 제한되어 있으며 또한 언어를 전제하는 이른바 보편자들에 제한되어 있기 때문이다. 그런 까닭에 내용을 추상하는 일은 추상 그 자체의 관점에서 보면 그만큼 상대적이고 불충분한 조작이다. 진정한 추상적인 기계는 그 자체로 표현의 판과 내용의 판을 구별할 수단을 갖고 있지 않다. 왜냐하면 진정한 추상적인 기계는 하나의 동일한 고른판을 그리며, 그 고른판이 지층들이나 재영토화들을 따라 내용들과 표현들을 형식화하게 되기 때문이다. 하지만 추상적인 기계는 그 자체로 탈지층화되어 있고 탈영토화되어 있기 때문에 자

58 미셸 푸코는 언표들에 관한 이론을 계속된 층위를 따라가며 전개했는데, 각 층위는 다음과 같은 문제들을 담고 있다. 1) 『지식의 고고학』에서 푸코는 두 종류의 '다양체', 즉 내용의 다양체와 표현의 다양체를 구분하는데, 이것들은 대응 관계나 인과 관계로 환원될 수 없으며 오히려 상호 전제되어 있다. 2) 『감시와 처벌』에서 푸코는 서로 겹쳐 있는 두 개의 이질적 형식들을 고려할 수 있는 심급을 찾아 나서며, 그것을 권력의 배치물들 또는 미시-권력들 안에서 발견한다. 3) 하지만 이 집단적 배치물들의 계열(학교, 군대, 공장, 병원, 감옥 등)은 추상적 '도표' 안에 있는 정도들 또는 독자성들에 불과하며, 이 도표는 질료와 기능(통제해야 할 갖가지 인간 다양체)만을 포함한다. 4) 『성의 역사』는 또 다른 방향으로 나아간다. 여기서 배치물들은 이제 도표가 아닌 추상적인 기계로서의 "인구라는 생명 정치학"과 관계하고 대면한다. 우리와 푸코의 유일한 차이는 다음과 같은 점들이다. 1) 우리가 보기에 배치물들은 무엇보다도 권력의 배치물들이 아니라 욕망의 배치물들인 것 같다. 욕망은 항상 배치물을 형성하며, 권력은 그 배치물의 지층화된 차원이기 때문이다. 2) 도표나 추상적인 기계는 일차적인 도주선들을 갖고 있지만 어떤 배치물 안에서 이 도주선들은 저항이나 반격의 현상들이 아니라 창조와 탈영토화의 첨점들이다.

기 자신 안에 (실체는 물론이고) 형식을 갖고 있지 않으며, 자기 안에서 내용과 표현을 구별하지 않는다. 비록 추상적인 기계가 자기 바깥에서 이러한 구분을 주재하고 또 그 구분을 지층들, 영역들, 영토들에 분배하기는 하지만 말이다. 추상적인 기계 자체는 물리학적이거나 물체적이지도 않고 기호적이지도 않다. 그것은 **도표적**이다(그것은 인공과 자연의 구분을 알지 못한다). 추상적인 기계는 실체가 아니라 **질료**에 의해 작동하며, 형식이 아니라 **기능**에 의해 작동한다. 실체들과 형식들은 표현 "또는" 내용과 관련된다. 하지만 기능들은 아직 "기호계적으로" 형식화되어 있지 않으며, 질료들은 아직 "물리학적으로" 형식화되어 있지 않다. 추상적인 기계는 순수한 <질료>-<기능>, 즉 도표이며, 이 도표가 분배할 형식들과 실체들, 표현들과 내용들과 독립해 있다.

우리는 추상적인 기계를 단지 기능들과 질료들만이 존재하고 있는 양상 또는 계기를 통해 정의한다. 결과적으로 도표는 실체도 아니고 형식도 아니며, 내용도 아니고 표현도 아니다.[59] 실체가 형식을 부여받은 질료인 반면, 질료는 물리학적으로건 기호계적으로건 형식을 부여받지 않은 실체이다. 표현과 내용이 상이한 형식들을 가지며 실재적으로 구분되는 반면, 기능은 내용과 표현의 "특질들"만을 가지며 내용과 표현의 연결접속을 확보해준다. 우리는 그것이 입자인지 기호인지 말할 수조차 없다. 강렬함의 정도들, 저항의 정도들, 전도성(傳導性)의 정도들, 가열의 정도들, 늘어남의 정도들, 빠름 또는 지체의 정도들만

59 옐름슬레우는 매우 중요한 개념을 제안했는데, 비-형식화된, 무형의, 형식이 없는 것으로서의 '질료' 또는 '의미(sens)'라는 개념이 그것이다. Louis Hjelmslev, *Prolégomènes à une théorie du langage*, sec. 13[영역본 : *Prolegomena to a Theory of Language*, trans. Francis J. Whitfield, Madison : University of Wisconsin Press, 1968, pp. 47~60] 및 *Essais linguistiques*, Paris : Ed. de Minuit, 1971, pp. 58 sq.[독역본 : *Aufsätze zur Sprachwissenschaft*, Stuttgart, 1974, S. 56ff.]. (그리고 불어본에 있는 프랑수아 라스티에(François Rastier)의 서문 p. 9) 참조.

을 나타내는 질료-내용. 수학적 표기나 음악적 표기에서와 마찬가지로 "텐서들"만을 나타내는 기능-표현. 여기서 표기는 실재적인 것에 직접 기능하며, 실재적인 것은 물질적으로 표기한다. 따라서 도표는 가장 탈영토화된 내용과 가장 탈영토화된 표현을 다시 가져와 결합시킨다. 그리고 탈영토화의 최대치는 때로는 내용의 특질로부터 오고 때로는 표현의 특질로부터 온다. 이 특질들은 서로 상대방과 관련해서 "탈영토화한다"라고 얘기된다. 한쪽의 특질이 다른쪽의 특질을 데리고 가서 자기 자신의 역량으로 고양시키면서 도표화하기 때문이다. 가장 탈영토화된 것은 상대편이 문턱을 넘어갈 수 있도록 해준다. 그것들 각각의 탈영토화의 연결접속과 그것들 공통의 촉진을 가능케 해주는 문턱 말이다. 이것이 추상적인 기계의 절대적이고 긍정적인 탈영토화이다. 바로 이런 의미에서 **도표**는 영토적 기호인 **지표**, 탈영토화에 속하는 **도상**, 상대적 또는 부정적 탈영토화에 속하는 **상징**과 구분되어야만 한다.[60] 이렇게 도표장치(diagrammatisme)에 의해 정의되는 추상적인 기계는 최종 심급에 있는 하부 구조도 아니며 최상위 심급에 있는 초월적

60 지표, 도상, 상징의 구분은 퍼스(Charles S. Peirce)로부터 온 것이다. *Écrits sur le signe*, Ed. du Seuil[영어 원본 : *Collected Papers*, ed. Charles Hartshorne & Paul Weiss, Cambridge, Mass. : Harvard University Press, 1931~1958. 독역본 : *Schriften Bd. I und II*, übers. von G. Wartenberg, Frankfurt, 1967 & 1970] 참조. 하지만 그는 기표와 기의의 관계에 의해 그것들을 구분했다(인접성은 지표로, 유사성은 도상으로, 관행적 규칙은 상징으로). 이 때문에 그는 '도표'를 도상의 특수한 경우로 만들게 되었다(관계의 도상). 퍼스는 진정 기호계의 발명자이다. 바로 이 때문에 우리는 그의 용어들을 그 뜻을 바꾸면서도 차용할 수 있는 것이다. 한편으로 지표, 도상, 상징은 우리가 보기에는 기표와 기의의 관계가 아니라 영토성과 탈영토화의 관계에 의해 구분되는 것 같다. 다른 한편 그렇기 때문에 도표는 우리가 보기에는 도상과 상징으로 환원될 수 없는 독특한 역할을 갖고 있는 것 같다. 퍼스의 근본적인 구분과 도표의 복합적인 지위에 관해서는 야콥슨(Roman Jakobson)의 분석을 참조할 수 있다. Jakobson, "A la recherche de l'essence du langage", in *Problèmes du langage*, ed. Emil Benveniste, Paris : Gallimard, coll. Diogène, 1966[독역본 : "Die Suche nach dem Wesen der Sprache", übers. von Gabriele Stein, in Eugenio Coseriu (Hrsg.), *Form und Sinn : Sprachwissenschaftliche Betrachtungen*, München, 1974, S. 14~30].

이념도 아니다. 오히려 추상적인 기계는 선도적인 역할을 한다. 추상적인 기계 또는 도표적인 기계는 어떤 것(심지어 그것이 실재적인 어떤 것이라 할지라도)을 표상(=재현)하는 기능을 하지 않으며, 오히려 도래할 실재, 새로운 유형의 현실(=실재성)을 건설한다. 따라서 추상적인 기계가 창조의 점들 또는 잠재성(potentialité)의 점들을 구성할 때마다, 그것은 역사 바깥에 있지 않고 오히려 항상 역사 "앞에" 있다. 모든 것은 도주하고 모든 것은 창조한다. 하지만 결코 혼자서가 아니라, 강렬함의 연속체들, 탈영토화의 접합접속들, 표현과 내용의 추출물들을 산출해내는 추상적인 기계와 더불어. 이것은 하나의 <실재-추상(un Abstrait-Réel)>이며, 순수하다고 상정된 표현의 기계의 허구적인 추상작용과 완전히 대립된다. 이것은 하나의 <절대>이지만, 미분화된 것도 아니고 초월적인 것도 아니다. 또한 추상적인 기계는 고유명(그리고 날짜)을 갖고 있다. 물론 이 고유명은 사람이나 주체가 아니라 질료와 기능을 가리킨다. 음악가의 이름, 학자의 이름은 색, 뉘앙스, 색조, 강렬함을 가리키는 화가의 이름처럼 사용된다. 중요한 것은 언제나 <질료>와 <기능>의 접합접속이다. 목소리와 악기의 이중적인 탈영토화는 바그너라는 추상적인 기계, 베베른(Webern)이라는 추상적인 기계 등에 의해 표시될 수 있다. 물리학과 수학에서는 리만이라는 추상적인 기계를, 대수학(기저의 몸체와 결합되는, 첨가선이라 불리는 임의의 선에 의해 정확히 정의되는)에서는 갈루아(Galois)라는 추상적인 기계를 말할 수 있다 등. 독자적인 추상적인 기계가 질료 안에서 직접적으로 기능할 때면 언제나 도표가 존재한다.

따라서 도표적인 층위나 고른판 위에는 고유한 의미에서의 기호 체제조차 존재하지 않는다. 왜냐하면 이제 더 이상 내용의 형식과 실재적으로 구분되는 표현의 형식이 존재하지 않기 때문이다. 도표는 특질들, 첨점들만을 알 뿐이다. 이것들은 질료적인 한에서는 내용과 관련되며 기능적인 한에서는 표현과 관련되지만 서로 연결되어 있고 교대되며 공통의 탈영토화 안에 뒤섞여 있다. 입자-기호들, 미립자들. 이것은 놀라운 일이 아니다. 왜냐하면 표현의 형식과 내용의 형식간의 실재적 구분은 단지 지층들과 더불어, 그리고 지층 각각에 대해, 다양하게 이루어지기 때문이다. 바로 여기에서 이중 분절이 나타난다. 이것은 표현의 특질들과 내용의 특질들을 각기 나름대로 형식화하고, 질료들을 가지고 물리적 또는 기호적으로 형식을 부여받은 실체들을 만들며, 기능들을 가지고 표현의 형식들이나 내용의 형식들을 만든다. 그래서 표현은 여러 체제나 기호계로 들어가는 지표들, 도상들, 또는 상징들을 구성한다. 또한 내용은 여러 물리적 시스템, 유기체, 조직화로 들어가는 몸체들, 사물들, 또는 대상들을 구성한다. 질료와 기능을 결합시키는 보다 깊은 운동, 즉 지구 그 자체와 동일한 것으로서의 절대적 탈영토화는 이제 각각의 영토성, 상대적이거나 부정적인 탈영토화, 그리고 보충적 재영토화라는 형식으로만 나타난다. 그리고 확실히 모든 것은 언어적 지층과 더불어 정점에 이른다. 언어적 지층은 표현의 층위에서 추상적인 기계를 설치하며, 내용의 추상을 더 밀고 나가 내용의 고유한 형식을 제거하기에 이른다(언어의 제국주의, 일반 기호론의 주장). 요컨대 지층들은 도표적 질료들을 실체화하며, 내용의 형식화된 판과 표현의 형식화된 판을 분리시킨다. 지층들은 표현들과 내용들을 갖고 있다. 내용과 표현은 각각 자신의 측면에서 보면 실체화되어 있고 형식화되어 있다. 또한 그것들은 이중 분절의 집게들 속에 있어 자신들의 독립성 또는 실재적 구분을 보장받는다. 이중 분절의 집게들은 끊임없이 재생산되고 다시 나누어지는 이원론을 즉위시킨다. 지층들은 서로 다른 지층 사이에, 그리고 각 지층 내부에 단절을 도입함으로써 강렬함의 연속체들을 부순다. 지층들은 도주선의 접합접속들을 방해하며, 탈영토화의 첨점들을 으스러뜨린다. 때로는 이 운동들을 완전히 상대적인 것으로 만드는 재영토화들을 수행하면서, 또 때로는 이 선들 중 어떤 것들에 전적으로 부정적인 가치들을 강요하면서, 또 때로는 그 선을 절편화하고 가로막고 봉쇄하고 일종의 검은 구멍으로 몰아넣으면서 말이다.

특히 도표장치와 공리계적 유형의 작동을 혼동해서는 안 될 것이다. 창조적인 도주선을 그려내고 긍정적인 탈영토화의 특질들을 결합하기는커녕 공리계는 모든 선들을 봉쇄하고, 모든 선들을 점 체계로 종속시키며, 모든 부분에서 도주를 시작한 대수와 기하의 표기법들을 정지시킨다. 물리학의 비결정론 문제에서도 마찬가지이다. 비결정론을 물리적 결정론과 화해시키기 위해 "재질서화"가 행해졌던 것이다. 수학적 표기법들은 자신을 공리화, 즉 재-지층화, 재-기호화했다. 한편 물질적 흐름들은 자신을 재-물리화했다. 그것은 과학의 문제일 뿐 아니라 정치의 문제이다. 과학은 미쳐서는 안 된다는 것이다……. 힐버트(Hilbert)와 드 브로글리(de Broglie)는 학자일 뿐 아니라 정치인이었다. 그들은 질서를 다시 세웠던 것이다.[61] 하지만 공리화, 기호화, 물리화는 도표가 아니라 오히려 도표의 반대이다. 고른판의 도표에 맞서는 지층의 프로그램. 그러나 이것은 도표 자신의 도주로를 다시 걷고 독자적이고 새로운 추상적인 기계들을 확산시키는 것을 배제하지는 않는다(있을 법하지 않은 함수들을 수학적으로 창조해내는 것은 공리화에 맞서는 것이며, 발견할 수 없는 입자들을 물질적으로 발명해내는 것은 물리화에 맞서는 것이다). 왜냐하면 과학 그 자체도 다른 모든 것과 마찬가지이기 때문이다. 과학에는 질서화와 재질서화도 있고 고유한 광기도 있다. 또한 한 명의 학자가 두 가지 양상을 띨 수가 있어서 자신의 고유한 광기, 고유한 경찰, 의미생성, 주체화를 가지고 있기도 하며 또한 학

61 [여기서 질서(ordre)는 명령(ordre)이기도 하다]

자인 한에서 자신의 추상적인 기계도 가지고 있다. "과학의 정치학"은 과학 내적인 이런 흐름을 잘 지칭하고 있다. 이것은 단지 외적 환경과 국가적 요소들만을 지칭하는 것이 아니다. 과학에 작용해서 과학으로 하여금 원자 폭탄이나 우주 탐사 계획 등을 행하게 하는 것들 말이다. 과학 자체가 자기 고유의 극들, 진동들, 지층들 및 탈지층화들, 도주선들, 재질서화들, 요컨대 적어도 자신의 고유한 정치, 특유의 모든 "논쟁", 내적인 전쟁 기계 등의 잠재적인 사건들을 갖고 있지 않다면 이러한 외부의 정치적 영향이나 결정들은 아무 것도 아닐 것이다(역사적으로는 훼방 받고 처형되고 금지당한 학자들이 여기에 포함된다). 공리계가 발명과 창조를 고려하고 있지 않다고 말하는 것으로는 충분치가 않다. 공리계는 도표를 정지시키고 고착시키며 도표를 대체하려는 확고한 의지를 갖고 있다. 또한 그것은 구체적인 것을 위해서는 이미 너무 크고 실재적인 것을 위해서는 너무 작은, 견고한 추상 수준에 스스로 자리한다. 우리는 그것이 어떤 의미에서 "자본주의적" 층위인지를 살펴볼 것이다.

하지만 고른판, 고른판의 도표들 또는 고른판의 추상적인 기계들과 지층들, 지층들의 프로그램들 및 지층들의 구체적인 배치물들 사이의 이원론에 만족할 수는 없다. 추상적인 기계들은 도표들을 전개하는 고른판 위에만 존재하는 것은 아니다. 추상적인 기계들은 이미 거기에 있으며, 지층들 일반 속에 감싸여 있거나 "끼워 넣어져" 있으며, 또는 심지어 표현의 형식과 내용의 형식을 동시에 조직하는 개별 지층들 위에 그려져 있다. 그리고 이 마지막 경우에서 환영이라고 해야 할 것은 전적으로 언어적이거나 표현적인 추상적인 기계라는 관념이지 지층들 내부에 있으며, 서로 다른 두 형식들의 상대성을 고려해야만 하는 추상적인 기계라는 관념이 아니다. 따라서 이중의 운동이 존재한다. 한편으로 추상적인 기계들이 지층들에 작용해서 끊임없이 거기에서 무언가를 달아나게 하는 운동이 있다. 다른 한편으로 추상적인 기계들이 실제로 지층화되고 지층들에 의해 포획되는 운동이 있다. 한편으로 지층들이 도표의 질료들 또는 기능들 — 지층들은 이것들을 표현과 내용이라는 이중의 관점에서 형식화하는데 — 을 포획하지 않는다면 지층들은 결코 스스로를 조직화하지 못할 것이다. 그래서 의미생성이건 주체화건, 각각의 기호 체제는 여전히 도표적인(그러나 상대화되었거나 부정화된) 결과들이다. 다른 한편 추상적인 기계들이 탈지층화된 입자-기호들을 추출하고 가속하는 권력이나 잠재력(절대로의 이행)을 가지고 있지 않다면 추상적인 기계들은 결코 현존하지 않을 것이고 지층들 안에 이미 들어 있지도 않을 것이다. 고름은 총체화하지도 않고 구조화하지도 않으며 탈영토화한다(예컨대 생물학의 지층은 통계학적 자료들에 의해서가 아니라 탈영토화의 첨점들에 의해 진화한다). 따라서 지층들의 안전, 평온함, 항상성 평형은 결코 완전히 보장되지는 않는다. 가장 상이한 성층 작용의 체계들 속에 삽입되며 한 체계에서 다른 체계로 도약하는 고른판을 되찾기 위해서는 지층들에 작용하는 도주선들을 연장시키고 점선들을 증대시키고 탈영토화의 과정들을 결합하는 것으로 충분한 것이다. 이런 의미에서 우리는 의미생성과 해석, 의식과 열정이 어떻게 서로 연장되고 그와 동시에 고유하게 도표적인 경험 위로 열릴 수 있었는지를 보았다. 그리고 추상적인 기계의 이 모든 상태들 또는 이 모든 양태들은 이른바 **기계적 배치물** 속에서 공존하고 있다. 사실상 배치물은 두 개의 극 또는 벡터를 가지고 있다. 그 중 하나는 배치물이 영토성들, 상대적 탈영토화들, 그리고 재영토화들을 분배하는 지층들을 향해 있다. 다른 벡터는 고른판 또는 탈영토화의 판을 향해 있는데, 거기에서 배치물은 탈영토화의 과정들을 시행하며 그 과정들을 지구의 절대적 차원으로 가져간다. 자신의 지층적 벡터 위에서 배치물은 언표행위라는 집단적 배치물로서 나타나는 표현의 형식과 몸체들의 기계적 배치물로서 나타나는 내용의 형식으로 구분된다. 또한 배치물은 한 형식을 다른 형식에 맞춰 조정하며, 하나의 출현을 다른 하나의 출현에 맞춰 조정한다. 그것들은 서로 전제되고 있는 것이다. 하지만 자신의 탈영토화된 도표적 벡터 위에서 배치물은 더 이상 두 개의 얼굴을 갖지 않고, 다만 내용의 특질들과 표현의 특질들만을 간직할 뿐이다. 그리하여 배치물은 서로 증가시키는 탈영토화의 정도들, 서로 결합하는 첨점들을 추출해낸다.

기호 체제에는 단지 두 개의 성분만이 있는 것은 아니다. 사실상 네 개의 성분이 있는데, 그것들이 <화행론>의 대상을 이룬다. 첫번째가 **발생적** 성분이다. 이것은 하나의 언어적 지층 위에서 표현의 형식이 어떻게 여러 조합된 체제들에 호소하는지를, 다시 말해 모든 기호 체제 또는 모든 기호계가 어떻게 구체적으로 혼합되어 있는지를 보여준다. 이 성분의 층위에서 우리는 내용의 형식들을 추상할 수 있는데, 표현의 형식 속에 있는 체제들의 뒤섞임을 강조하면 할수록 더더욱 잘 추상할 수 있다. 그러니 우리는 일반 기호론을 구성하며 형식을 통합하는 한 체제가 우위를 점하고 있다고 결론을 내려서는 안 된다. 두번째는 **변형적** 성분이다. 이것은 하나의 추상적인 체제가 어떻게 다른 체제로 번역될 수 있는지, 다른 체제 안으로 변형될 수 있는지, 그리고 특히 다른 체제들로부터 창조될 수 있는지를 보여준다. 이 두번째 성분이 보다 심층적이라는 점은 명백하다. 왜냐하면 한 체제에서 다른 체제로의 그러한 변형들을, 때로는 지나갔고 때로는 현실적이며 때로는 잠재적인 변형들을 전제하지 않는 혼합된 체제란 존재하지 않기 때문이다. 우리가 표현의 형식에 내적인 변신들에 머무르는 이상 여기서도 우리는 내용을 추상해낸다. 또는 추상해낼 수 있다. 비록 표현의 형식이 변신을 충분히 설명하지 못하더라도 말이다. 세번째 성분은 **도표적**이다. 이것은 기호 체제들 또는 표현의 형식들을 취하는데, 그로부터 입자-기호들을 추출해내기 위해서 그렇게 한다. 형식화되어 있지 않은 입자-기호들, 형식이 없고 서로 조합될 수 있는 특질들을 구성하는 입자-기호들 말이다. 이것이 추상의 극치이며, 바로 여기에 추상이 실재적인 것이 되는 계기가 있다. 실제로 여기서 모든 것이 실재적-추상적인 기계들(이름이 붙고 날짜가 붙은)을 통과한다. 그리고 내용의 형식들을 추상해낼 수 있는 것은 우리가 그와 동시에 표현의 형식들을 추상해내야만 하기 때문이며, 우리가 내용의 형식들과 표현의 형식들에서 형식이 없는 특질들만을 간직하고 있기 때문이다. 그렇기 때문에 순수하게 언어적인 추상적인 기계란 부조리하다. 이 도표적 성분은 변형적 성분보다 더 심층에 있다. 기호 체제의 창조-변형은 실로 항상 새로운 추상적인 기계들의 출현을 겪는다. 끝으로 마지막 성분은 문자 그대로 기계적이다. 이것은 추상적인 기계들이 어떻게 구체적인 배치물들 속에서 실행되는지를 보여주는 것 같다. 그런데 이 구체적인 배치물들은 표현의 특질들에 판이한 형식을 부여하지만, 내용의 특질들에 판이한 형식을 부여해주지는 않는다. [표현의 특질들과 내용의 특질들에 부여된] 이 두 형식은 상호 전제되어 있으며, 또는 형식화되지 않은 필연적 관계를 갖는다. 이 때 이 관계는 한 번 더 표현의 형식이 자신을 충분하다고 여기지 못하도록 한다(비록 표현의 형식이 나름의 독립성 또는 나름의 고유하게 형식적인 구분을 갖고 있기는 하지만).

따라서 화행론(또는 분열분석)은 원형적이면서도 발아하며 리좀을 형성하는 네 성분들로 표상될 수 있다.

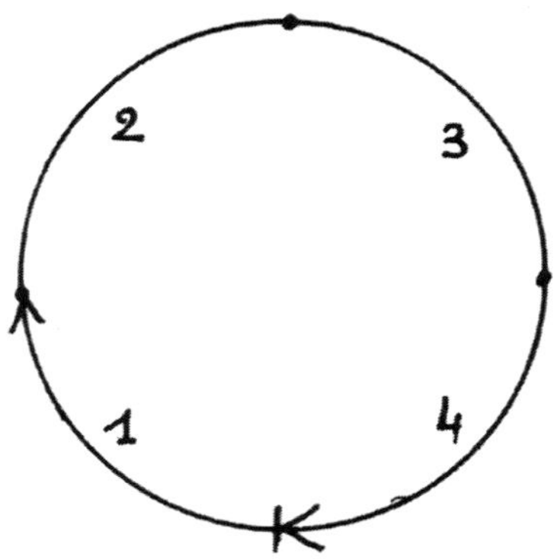

1) 발생적 성분 : 구체적인 복합적 기호계들, 그것들의 혼합들, 그것들의 변주들에 대한 연구.

2) 변형적 성분 : 순수 기호계들, 그것들의 변형들-번역들, 새로운 기호계의 창조에 대한 연구.

3) 도표적 성분 : 추상적인 기계에 대한 연구. 물리적으로 형식화되지 않은 질료들과 관련해서 기호적으로 형식화되지 질료들의 관점에서 바라본 연구.

4) 기계적 성분 : 배치물들에 대한 연구. 추상적인 기계들이 내용의 질료들을 물리화하는 것과 동시에 배치물들은 추상적인 기계들을 실행시키고 표현의 질료들을 기호화한다.

화행론은 다음과 같은 것들로 이루어진 집합이다. [1] 발생적 성분 안에서 혼합된 기호계들의 **사본** 만들기. [2] 체제가 번역되고 창조될 가능성 및 사본들 위로 발아할 가능성과 더불어 체제의 변형적 **지도** 만들기. [3] 각 경우에 잠재성 또는 결과적 돌출로서 작동하고 있는 추상적인 기계들의 **도표** 만들기. [4] 집합을 나누고 운동(운동의 선택, 도약, 변이와 더불어)을 순환시키는 배치물들의 **프로그램** 만들기.

예컨대 우리는 임의의 "명제", 다시 말해 구문론적, 의미론적, 논리적으로 정의된 언어적 집합을 "나는 너를 사랑해"라거나 "나는 질투가 나……"와 같은 개인 또는 집단의 표현이라고 여긴다. 우리는 집단이나 개인에게서 이 명제가 어떤 "언표"에 대응하는지를 물으면서 시작한다(왜냐하면 하나의 명제가 완전히 다른 언표들을 지칭할 수도 있기 때문이다). 이 물음은 다음과 같은 것을 의미한다. 그 명제는 어떤 기호 체제 안에 포착되어 있는가? 이 체제 없이는 구문론적, 의미론적, 논리적 요소들은 완전히 공허한 보편적 조건으로 남게 될 터이므로. 무엇이 비언어적 요소이며, 그 요소에 고름을 부여해줄 언표행위의 변수인가? [1] 전-기표작용적 "나는 너를 사랑해"가 존재한다. 이것은, 밀러가 말했듯이, 춤이 부족의 모든 여자들과 결혼하는 것과 같은 집단적 유형을 띤다. [2] 반-기표작용적 "나는 너를 사랑해"가 존재한다. 이것은 분산적이고 논쟁적인 유형으로서. 전쟁 속에, 펜테실레이아와 아킬레우스의 관계와 같은 힘 관계 속에 포착된다. [3] 의미생성의 중심에 보내지며 해석에 의해 기표들의 전 계열을 기표작용적 사슬에 대응케 하는 "나는 너를 사랑해"가 존재한다. [4] 열정적 또는 후-기표작용적 "나는 너를 사랑해"가 존재한다. 이것은 주체화의 점에서 시작하는 과정을 형성하며, 그 다음에는 또 다른 과정…… 등을 형성한다. 마찬가지로 "나는 질투가 나"라는 명제는 아주 판이한 두 개의 망상에 해당되는 주체화의 열정적 체제 안에서 포착되느냐 아니면 의미생성의 편집증적 체제 안에서 포착되느냐에 따라 분명 동일한 언표가 아니게 된다. 두 번째로 특정 순간에 특정 집단이나 개인 안에서 그 명제에 대응되는 언표가 일단 결정되면, 우리는 혼합 가능성들뿐만 아니라 다른 체제 안으로, 다른 체제들에 귀속되는 언표들 안으로 번역 또는 변형될 가능성들을 찾는다. 즉 이행하는 것과 이행하지 않는 것, 환원 불가능한 채로 남는 것 또는 그런 변형 안에서 흘러가는 것을 찾는다. 세번째로, 우리는 이 명제에 대해 아직 알려지지 않은 새로운 언표들을 창조하려고 모색할 수 있다. 그 언표들이 관능의 사투리들, 조각난 물리학들과 기호계들, 탈주체적 변용태들이요, 구문론, 의미론, 논리학이 붕괴되는 의미생성 없는 기호들일지라도 말이다. 이것은 가장 나쁜 것에서부터 가장 좋은 것까지 포함해서 이해되어야 한다. 그것은 은유적이고 바보 같은 소리만 하는, 짐짓 태를 부린 체제들은 물론이고 고함치기, 열에 들뜬 즉흥곡, 동물-되기, 분자 되기, 실재적인 성전환, 강렬함들의 연속체, 기관 없는 몸체의 구성 등까지도 포괄하기 때문이다. 그리고 이 두 극은 그 자체로 분리 불가능하며, 영속적으로 변형, 전환, 도약, 전락, 재상승의 관계를 갖는다. 이 마지막 모색은 한편으로는 추상적인 기계들, 도표들, 도표적 기능들을 작동시키며, 동시에 다른 한편으로 그것들과 상호 전제 관계에 있는 기계적 배치물들, 기계적 배치물이 행하는 표현과 내용과 형식적 구분, 단어들의 투자, 기관들의 투자를 작동시킨다. 예컨대 궁정풍 연애에서의 "나는 너를 사랑해"를 보자. 그것의 도표는 무엇이며, 추상적인 기계는 어떻게 등장하며, 어떤 새로운 배치물이 존재하는가? 탈지층화 속에서는 물론 지층들의 조직화 속에서도 말이다. 요컨대 언표들을 초월하고 언표들 위로 솟아오르게 되는, 구문론적으로 또는 의미론적, 논리적으로 정의할 수 있는 명제들이란 존재하지 않는다. 러셀의 논리학에서 촘스키의 문법에 이르기까지 언어를 초월적인 것으로 만드는 모든 방법, 언어에 보편자를 부여하기 위한 모든 방법은 이미 너무 추상적인 동시에 아직 충분히 추상적이지 않은 층위를 승인하고 있다는 의미에서 최악의 추상으로 떨어진다. 진실로 언표가 명제를 참조하는 것이 아니라, 역으로 명제가 언표를 참조하는 것이다. 기호 체제들이 언어를 참조하는 것이 아니며, 언어가 그 자체로 추상적인 기계 — 구조적이건 발생적이건 — 를 구성하는 것이 아니다. 그 반대가 진실이다. 기호 체제들을 참조하는 것이 바로 언어이며, 모든 기호론, 모든 언어학, 모든 논리학을 붕괴시키는 것은 추상적인 기계들, 도표적인 기능들, 기계적인 배치물들을 갖고 있는 기호 체제들이다. 보편적인 명제 논리나 즉자적인 문법성은 존재하지 않으며, 마찬가지로 대자적인 기표도 존재하지 않는다. 언표들과 기호화 작용들 "뒤에는" 기계들, 배치물들만이, 성층 작용을 가로질러 상이한 체제들을 지나가며 언어의 좌표들과 실존의 좌표들을 피해가는 탈영토화의 운동들만이 존재한다. 바로 이 때문에 화행론은 논리학, 통사론, 또는 의미론의 보족물이 아니라 반대로 다른 모든 것이 의존하는 기저의 요소이다.

기관 없는 몸체는 어떻게 만들어지는가?

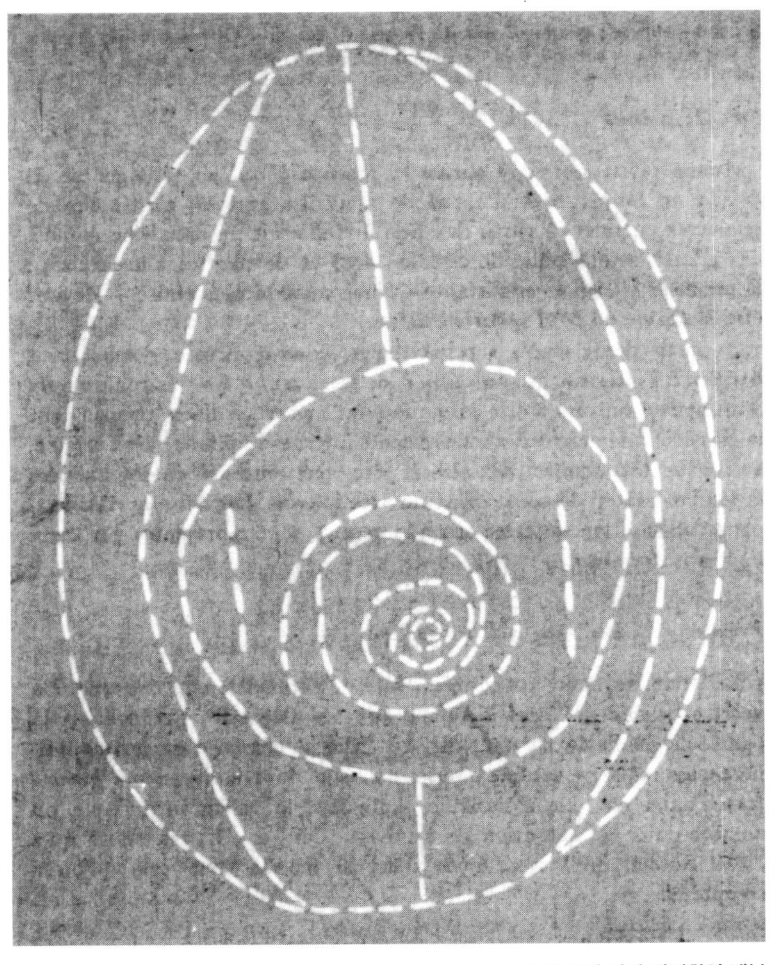

도곤 족의 알과 강렬함의 배분

당신은 온갖 방법으로 그것을 하나 (또는 여러 개) 가지고 있다. 그러나 그것은 미리 존재하거나 완전히 만들어진 채로 주어지는 것은 아니다. 비록 그것이 어떤 점에서는 미리 존재하기도 하지만 말이다. 어쨌든 당신은 온갖 방법으로 그것을 만들어내며, 그것을 만들어내지 않고서는 그것을 욕망할 수도 없다. 그것은 당신을 기다리고 있다. 그것은 하나의 수련(修鍊)이며, 하나의 불가피한 실험이다. 그것은 당신이 그 실험을 도모하는 순간 이미 만들어져 있지만, 당신이 도모하지 않는 한 그것은 만들어지지 않는다. 그것은 확실치 않다. 당신은 실패할 수도 있으니까. 또는 그것은 끔찍할 수도 있다. 당신이 죽을지도 모르니까. 그것은 욕망일 뿐만 아니라 비-욕망이다. 그것은 결코 관념, 개념이 아니며 차라리 실천, 실천들의 집합이다. 사람들은 <기관 없는 몸체>에 도달하지 않으며, 거기에 도달할 수도 없고, 끝내 그것을 획득한 적도 없다. 그것은 하나의 극한이다. 사람들은 묻는다. CsO가 뭐지? 하지만 사람들은 이미 그것 위에 있으며, 벌레처럼 그 위를 기어 다니거나 장님처럼 더듬거리거나 미친 사람처럼, 사막 여행자나 초원의 유목민처럼 달린다. 우리는 바로 그것 위에서 잠들고, 깨어나고, 싸우고, 치고받고, 자리를 찾고, 우리의 놀라운 행복과 우리의 엄청난 전락을 인식하고, 침투하고 침투 당하고, 또 사랑한다. 1947년 11월 28일, 아르토는 기관(器官)들에 전쟁을 선포한다. 신의 심판을 끝장내기 위해. "나를 묶고 싶으면 그렇게 하라. 하지만 기관처럼 쓸모없는 것도 없을 것이다."[1] 그것은 라디오 방송상의 실험일 뿐 아니라 생물학적이고 정치적인 실험으로, 그 자체로 검열과 억압을 불러일으켰다. 그것은 <몸체(Corpus)>이자 <사회체(Socius)>이고, 정치이자 실험이다. 사람들은 당신이 한 구석에서 조용히 실험하게 내버려두지 않을 것이다.

CsO. 이것은 몸체가 기관들에 진저리가 나서 기관들을 처분하고 싶거나 아니면 잃어버릴 때면 이미 작동하고 있다. 이 기다란 행렬을 보라 — 우선 **우울증의 몸체**. 기관들은 파괴되었고, 이미 파괴가 진행되어 더 이상 아무 일도 일어나지 않는다. "X 양은 이미 머리도, 신경도, 가슴도, 위도, 장도 없다고 단언한다. 그저 조직이 해체된 몸체에는 피부와 뼈밖에 남아 있지 않다. 본인의 입으로 이러한 병의 특이성을 이렇게 표현하는 것이다"[2] — 그리고 **편집증의 몸체**. 여기서 기관들은 끊임없이 외부의 영향으로부터 공격받는 동시에 외부의 에너지에 의해 회복되고 있다("그는 오랫동안 위도 장도 없고 폐도 거의 없이 살아왔다. 식도는 찢어지고, 방광마저 없어졌고, 늑골은 부서졌다. 때로 그는 후두의 일부분을 먹은 적도 있다. 이런 일은 계속됐다. 그러나 신의 기적들[="빛줄기들"]이 파괴된 것을 항상 새롭게 회복시켜 주곤 했다……")[3] — 그리고 **분열자의 몸체**. 이것은 긴장증을 대가로 기관에 맞서 능동적으로 내부

1 [독역본 : Antonin Artaud, *Letzte Schriften zum Theater*, übers. von Elena Krapalik, München, 1980, S. 29. 영역본 : A, Artaud, "To Have Done With the Judgement of God", *Selected Writings*, ed. Susan Sontag, New York, Farrar, Straus and Giroux, 1976, p. 571. 이 글은 1948년에 쓴 라디오 방송 원고로 방송되기 직전에 금지되었다]

2 [Jules Cottard, *Etard sur les maladies célébrales et mentales*, Paris : Braillière, 1891]

3 [법원장 슈레버(Daniel Paul Schreber)를 다룬 존넨슈타인 시설(Anstalt Sonnenstein)의 소장인 베버(Weber) 박사의 감정을 프로이트가 인용한 것. "Über einen autobiographishe beschriebenen Fall von Paranoia", in *Gesammelte Werke*, a.a.O., Bd. VIII, S. 149. 영역본 : "Notes on a Case Paranoia", vol. 12, *Standard Edition*, trans. James Strachey, London : Hogarth Press, 1957, p. 17]

에서 싸우는 데까지 이른다. 나아가 마약을 한 몸체 또는 실험적 분열자. "인간의 몸체는 부끄러울 정도로 소용없다. 언제 뒤죽박죽될지 모를 입이나 항문 대신, 먹고 배설하는 것을 동시에 하는 하나의 다기능 구멍을 가지면 어떨까? 입과 코를 막아버리고, 위장을 채우고, 그곳이 애초에 그랬던 것처럼 폐에 직접 공기 구멍을 뚫을 수도 있었을 텐데"[4] — 다음에는 마조히스트의 몸체. 고통에서 시작해서는 이것을 잘못 이해하게 된다. 이것은 일차적으로 CsO 문제이기 때문이다. 그는 사디스트나 창녀에게 눈이나 항문, 요도, 가슴, 코를 꿰매게 한다. 그는 기관들의 작동을 정지시키기 위해 목을 매달게 하며, 모든 것이 전부 단단히 막혀 봉인되도록 기관들이 마치 피부에 딱 달라붙어 있기라도 한 것처럼 피부를 벗기고 비역질 당하고 숨이 막히게 된다.

바늘로 꿰매지고 유리처럼 되고 긴장증에 걸리고 빨려 들어간 몸체들의 이처럼 음산한 행렬은 도대체 어찌된 것일까? CsO는 쾌활함, 황홀경, 춤으로 가득 차 있으니 말이다. 왜 이러한 사례들이며, 왜 이러한 사례들을 지나가야만 하는 것일까? 충만한 몸체들이 아니라 텅 비어 있는 몸체들. 무슨 일이 일어난 것인가? 너희들은 충분히 신중했는가? 지혜 같은 것이 아니라 정량(定量) 같은, 실험에 내재하는 규칙 같은 신중함, 신중함의 주입 말이다. 이 싸움에서는 대부분이 패해왔다. 보기 위한 눈, 호흡하기 위한 폐, 삼키기 위한 입, 말하기 위한 혀, 생각하기 위한 뇌, 항문, 후두, 머리, 양다리가 벌써 견디기 힘들다고 느끼는 것은 정말 슬프고 위험한 것인가? 왜 물구나무서서 걷고, 뼈에 숭숭 난 구멍으로 노래하고, 피부로 보고, 배로 호흡하지 않는가? <단순한 것>, <존재(Entité)>, <충만한 몸체>, <움직이지 않는 여행>, <거식증>,

4 William Burroughs, *Le festin nu*, Paris : Gallimard, p. 146[영어 원본 : *Naked Lunch*, New York : Grove Press, 1966, p. 131. 독역본 : *The Naked Lunch*, übers. von K. und P. Behrens, Frankfurt-Berlin, 1988, S. 118].

<피부의 시선>, <요가>, <크리쉬나>, <사랑(Love)>, <실험>. 정신분석이 '멈추어서 다시 네 자아를 발견하라'고 말할 때, 우리는 '좀더 멀리 가 보자. 우리는 아직 우리의 CsO를 발견하지 못했다. 우리의 자아를 충분히 해체하지 않았다'고 말해야만 한다. 상기(想起)를 망각으로, 해석을 실험으로 대체하라. 너희 자신의 기관 없는 몸체를 찾아라. 그것을 만드는 법을 알아라. 이것이야말로 삶과 죽음의 문제, 젊음과 늙음, 슬픔과 기쁨의 문제이다. 모든 것은 이것과 관련되어 있다.

"여주인님, 1) 나를 테이블에 단단히 묶어 10분이나 15분쯤 도구를 준비하는 동안 그대로 있게 두세요. 2) 적어도 100번 채찍질을 한 다음 몇 분은 쉬게 해주세요. 3) 꿰매기 시작하세요. 귀두의 구멍을 꿰매고, 구멍 주위의 피부가 벗겨지지 않도록 피부를 귀두에 꿰매세요. 불알주머니는 넓적다리 피부에 꿰매세요. 양 가슴을 꿰매고 양쪽 젖꼭지에 네 개의 구멍이 뚫린 단추를 단단히 꿰매고, 단추 구멍에 붙어 있는 고무 밴드로 양쪽 가슴을 연결하세요. 이제 두번째 국면으로 넘어갑니다. 4) 테이블 위에 배와 다리를 묶어 테이블에 배를 깔고 눕게 하거나 아니면 양 손목과 양 발목을 각각 묶어 전신을 기둥에 묶어 두세요. 5) 등과 엉덩이와 넓적다리를 적어도 100번 채찍으로 때리세요. 6) 양쪽 엉덩이를 한데 꿰매세요. 두 겹 실로 한 땀 한 땀 견고하게 꿰매세요. 내가 테이블 위에 있는 경우엔 나를 기둥에 묶어요. 7) 엉덩이를 50번 채찍으로 때리세요. 8) 고문의 농도를 높이고 또 최후의 협박을 실행하고 싶다면 엉덩이를 핀으로 깊게 찔러요. 9) 그리고 나를 의자에 묶은 다음 가슴을 채찍으로 30번 때리고 좀더 작은 핀으로 찔러요. 원한다면 핀들을 미리 전부 또는 일부 빨갛게 달구는 것도 좋을 것입니다. 의자에 단단히 묶었으면 좋겠고, 가슴이 앞으로 나오도록 손목은 등뒤로 묶었으면 합니다. 불로 지지라는 주문이 없는 것은 화상을 입으면 한동안 의사와 만나야 하며 다 낫기까지 시간이 꽤 걸리기 때문이지요."

— 이것은 환상이 아니라 프로그램이다. 환상에 대한 정신분석적인 해석과 프로그램에 대한 반(反)-정신분석적인 실험은 본질적으로 다르다. 해석되어야 하는 해석 자체인 환상과 실험의 모터인 프로그램은 본질적으로 다른 것이다.[5] CsO는 모든 것을 제거한 후에도 남아 있는 그것이다. 그리고 우리가 제거하는 것은 바로 환상, 즉 의미생성과 주체화의 집합이다. 정신분석은 이와 정반대의 일을 한다. 정신분석은 모든 것을 환상으로 번역하고, 모든 것을 환상으로 주조하고, 환상을 고수하다가, 결국 현실(=실재)을 놓치는 것이다. CsO를 놓치기 때문이다.

어떤 일이 일어날 것이다. 어떤 일이 이미 일어나고 있다. 그러나 CsO 위에서 일어나는 일과 CsO 하나를 만들어내는 방법은 혼동되어서는 안 된다. 물론 한쪽은 다른 한쪽에 포함되어 있다. 그래서 앞에서 인용한 문서에서 얘기된 두 국면이 있게 되는 것이다. 두 경우 모두 꿰매는 것과 채찍으로 때리는 것이라는 똑같은 일이 진행되는데도 왜 두 국면이 분명하게 구별되는 것일까? 한쪽은 CsO를 만들기 위한 것이고, 다른 한쪽은 거기에서 무엇인가가 순환하고 지나가도록 하기 위한 것이기 때문에. 물론 두 국면에서 동일한 절차가 사용되지만 그 절차는 거듭해서, 두 번 반복해서 수행될 필요가 있다. 이 마조히스트는 바로 이러한 조건에서 하나의 CsO를 만들어냈기 때문에 이 CsO는 고통의 강렬함들, 고통의 파동들에 의해서만 채워질 수 있다는 것은 분명하다. 하지만 마조히스트가 고통을 추구한다는 주장은 거짓이며, 특히 유보적이거나 우회적인 방식을 통해 쾌락을 추구한다는 주장도 거짓이다.

5 환상과 프로그램의 대립은 마조히즘의 사례와 관련해서 뮈잔(M'Uzan)에게서 분명하게 나타난다. *La sexualité perverse*, ed. Isle & Robert Barande et al., Paris : Payot, 1972, p. 36 참조. 이 대립을 정확히 다루고 있지는 않지만 뮈잔은 오이디푸스, 불안, 거세라는 주제들을 문제 삼기 위해 프로그램이라는 개념을 이용하고 있다.

마조히스트는 하나의 CsO를 추구하는 것이지만, 이 CsO가 구성될 때의 조건 자체로 인해 오직 고통만이 충족시켜줄 수 있는, 오직 고통만이 가로지를 수 있는 유형의 CsO를 추구하고 있는 것이다. 고통은 마조-왕이 태어나게 하고 자라게 하는 사막 안에 있는 마조-왕의 주민들, 무리, 양태들이다. 마약을 한 몸체, 차가움의 강렬함들, 차가운 파동들에 대해서도 똑같이 말할 수 있다. CsO의 각 유형에 대해서도 우리는 다음과 같은 것들을 물어야만 한다. 1) 이것은 어떤 유형인가? 어떻게 만들어지는가? 앞으로 일어날 일을 미리 판단하는 어떤 절차와 수단에 의해서? 2) 어떤 양태인가? 예상과 달리 어떠한 변이, 어떠한 경이로움, 어떠한 불의의 사태에 의해 어떠한 일이 일어나는가? 요컨대 특정한 유형의 CsO와 이 위에서 일어나는 일 사이에는 아주 특수한 종합 관계나 분석 관계가 존재한다. 선험적인 종합의 경우, 특정한 양태에 따라 무엇인가가 필연적으로 생산되지만 어떤 것이 생산될지는 아무도 모른다. 무한한 분석의 경우, CsO 위에서 생산되는 것은 이미 이 몸체의 생산 중의 일부를 이루고 있으며, 이미 이 몸체 안에, 이 몸체 위에 포함되어 있지만 무한한 이행, 분할, 하부-생산을 대가로 지불한다. 이것은 아주 섬세한 실험인데, 양태들이 정체되어서도 안 되며 유형의 일탈이 일어나도 안 되기 때문이다. 마조히스트나 마약중독자는 CsO를 채우기는커녕 텅 비게 만들 이런 항구적인 위험들을 가까이 두고 있다.

당신은 두 번 모두 실패할 수도 있는데, 그것은 똑같은 실패, 똑같은 위험이다. 한번은 CsO의 구성이라는 층위에서 그리고 이 위를 지나가거나 지나가지 않는 것의 층위에서이다. 하나의 좋은 CsO를 만들었다고 믿고, <장소>, <역량>, <집단>(설령 혼자 있더라도 항상 집단이 존재한다)을 선택해도 역시 아무 일도 일어나지 않고, 순환하지 않으며, 또는 무엇인가가 더 이상 아무 일도 일어나지 않도록 저지하기도 한다.

편집증적인 점, 봉쇄점 또는 망상적인 격발과 같은 것 — 윌리엄 버로스 주니어의 책 『속도*Speed*』에는 이것들이 잘 표현되어 있다. 이 위험한 점을 할당해줄 수 있을까? 봉쇄를 추방해야 할까? 아니면 이와 반대로 "정신 착란자가 얼굴을 내밀 때마다 그를 사랑하고 공경하고 섬겨야 할까?" 봉쇄하는 것, 봉쇄되는 것은 일종의 강렬함이 아닐까? 각각의 경우에 일어나는 일과 일어나지 않는 일, 일어나게 하는 자와 일어나지 못하게 하는 자를 규정해야 한다. 르윈(Kurt Lewin)이 말하는 고기의 유통에서처럼, 무엇인가가 몇 개의 운하를 통해 흘러간다. 이 운하의 구역들은 수문에 의해 정해지는데, 이 각각의 수문에는 수문지기나 뱃사공이 있다.[6] 문을 여는 사람들과 현문(舷門)을 닫는 사람들, <건장한 사람들>과 <허풍선이들>. 몸체는 이미 밸브, 체, 수문, 주발이나 연통관(=U자관)의 집합에 불과하다. 채찍으로 관리해야 하는, 각각의 고유명, CsO의 서식, <메트로폴리스>. 무엇이 서식하고, 무엇이 지나가고, 무엇이 봉쇄하는가?

CsO는 강렬함들에 의해서만 점유되고 서식될 수 있는 방식으로 만들어져 있다. 강렬함들만이 지나가고 순환한다. 하지만 CsO는 하나의 장면이나 장소가 아니고, 나아가 무엇인가가 일어났던 지지대도 아니다. 그것은 환상과는 아무 관계도 없으며, 아무 것도 해석할 것이 없다. CsO는 강렬함들을 지나가게 하고 생산하며, 자체로 강렬하며 비-연장인 **내포적 공간**(*spatium*) 안에 강렬함들을 배분한다. CsO는 공간이 아니며 공간 안에 있지도 않다. 그것은 특정한 정도로 — 생산된 강렬

6 미국 가족에서 고기의 순환과 흐름에 관한 묘사는 Kurt Lewin, "L'écologie psychologique", *Psychologie dynamique*, Paris : P.U.F., pp. 228～243 참조[영어 원본 : "Psychological Ecology", in *Field Theory in Social Science*, ed. Dorwin Cartwright, New York : Harper and Brothers, 1951, pp. 170～187. 독역본 : "Psychologiesche Ökoligie", in *Feldtheorie in den Sozialwissenschaften*, übers. von A. Lang und W. Lohr, Bern und Stuttgart, 1963, S. 206～222].

함들에 대응하는 정도로 — 공간을 점유하게 될 물질이다. 그것은 강렬하고, 형식을 부여받지 않았고, 지층화되지 않은 물질, 강렬한 모체, 강렬함=0이다. 하지만 이 0에는 어떠한 부정적인 것도 없으며, 부정적인 강렬함들, 반대되는 강렬함들 따위는 존재하지 않는다. 이 물질은 에너지와 똑같다. 강렬함이 0에서 출발해서 커지면서 실재(le réel)가 생산된다. 우리가 CsO를 유기체의 확장과 기관들의 조직화 이전의, 지층 형성 이전의 충만한 알, 강렬한 알로 다루는 것은 바로 이 때문이다. 이 알은 축들과 벡터들, 구배(句配)들과 문턱들, 에너지의 변화를 수반하는 역학적 경향들, 그룹의 이동을 수반하는 운동학적(cinématiques) 움직임들, 이주들 등에 의해 규정되며, 이 모든 것들은 부속적인 형식들과는 독립해 있다. 기관들은 여기서 순수한 강렬함으로서만 나타나고 기능하기 때문이다.[7] 기관은 문턱을 넘고 구배를 바꾸면서 변화해간다. "어떤 기관도 기능과 위치와 관련해서 항상적이지 않다. (……) 성기는 어디에서나 출현하며, (……) 항문은 여기저기서 입을 벌리고 오물을 뱉어내고 다시 닫힌다(……). 10분의 1초마다 조정되면서 유기체 전체가 색과 고름을 바꾼다."[8] 탄트라적인 알.

결국 CsO에 관한 위대한 책은 『에티카』가 아닐까? 속성이란 CsO의 유형 또는 유(類)이며, 실체, 역량, 생산의 모체로서의 강렬함 0이다. 양태란 발생하는 모든 것, 즉 파동과 진동, 이주, 문턱과 구배, 특정한

7 Alber Dalcq, *L'oeuf et son dynamisme organisateur*, Paris : Albin Michel, 1941, p. 95. "형태들은 운동학적인 동역학(dynamisme cinématique)의 관점에서 보면 우발적이다. 배아(germe)에서 구멍이 뚫리느냐 그렇지 않느냐는 부속적인 문제이다. 오직 중요한 것은 이주 과정 자체이다. 그리고 이것이 함입의 자리에 구멍, 균열 또는 원시적인 선 등의 양상을 제공하는 연대기적이고 양적인 순수 변이들이다."

8 Burroughs, *Le festin nu*, p. 21[영어 원본 : p. 8. 독역본 : S. 12. 마지막 문장을 불어는 다음과 같이 번역하고 있다 : "유기체 전체는 짜임과 색채를 변화시킨다. 10분의 1초마다 조정되는 동소체적 변이들"].

모태로부터 시작해 특정한 유형의 실체 아래에서 생산된 강렬함들이다. 마조히스트의 몸체는 속성 또는 실체의 유로서, 몸체를 꿰맴으로써, 즉 몸체의 0도에서 시작해서 강렬함들과 고통의 양태들을 생산한다. 마약을 한 몸체는 이와는 다른 속성으로서, 절대적 <차가움>=0에서부터 시작해서 특수한 강렬함들을 생산한다("마약중독자들은 스스로 <엄청난 차가움(The Cold)>이라고 부르는 현상에 대해 끊임없이 불평한다. 그리고는 검은 망토 깃을 세우고 말라빠진 목을 조인다. (……) 하지만 이것은 모두 싸구려 연기에 불과하다. 마약중독자는 따뜻하려고 하지 않는다. 그는 서늘함, 차가움, <엄청난 차가움>을 바란다. 그러나 차가움은 오직 마약에서만 오는 것이어야 한다. 차가움이 바깥에서 비롯되어서는 아무 소용이 없다. 차가움이 안에서 발생하면, 얼어붙은 석쇠처럼 등뼈를 고정시켜 …… 신진대사를 <절대 0도>로 떨어뜨리면서 조용히 앉아 있을 수 있다"[9]) 등. 모든 실체들에 대해 동일한 실체가 있는가, 모든 속성들에 대해 유일한 실체가 있는가 하는 문제는 <모든 CsO들을 포괄하는 집합이 존재하는가?> 하는 질문으로 바뀐다. 그러나 CsO가 이미 하나의 극한이라면, 모든 CsO들의 집합에 대해 과연 무슨 말을 해야 할까? <하나>와 <여럿>이 문제가 아니라 모든 하나와 하나와 여럿의 대립을 효과적으로 넘어서는 융합 상태의 다양체가 문제인 것이다. 실체의 속성들의 형식적 다양체는 실체의 존재론적인 통일을 구성한다. 동일한 실체 아래에 있는 모든 속성들 또는 모든 종류의 강렬함의 연속체, 그리고 동일한 유형 또는 동일한 속성 아래에 있는 특정한 종류의 강렬함들의 연속체. 강렬함 안에서의 모든 실체들의 연속체, 나아가 실체 안에서의 모든 강렬함들의 연속체. CsO의 중단 없는 연속체. CsO, 내재성, 내재적인 극한. 마약 중독자들, 마조히스트들, 분열자들, 연인들 등 모든 CsO들은 스피노자에게 경의를 표한다. CsO는 욕망의 내재성의 장이며 욕망에

9 [Burroughs, 영어 원본 : pp. xlv-xlvi. 독역본 : S. 237]

고유한 고른판이다(여기서 욕망은 어디까지나 생산 과정으로 정의되며, 따라서 욕망에 구멍을 내는 결핍이나 욕망을 충족시켜주는 쾌락 등 어떠한 외적인 계기와도 무관하다).

욕망이 배반당하고 저주받아 그것의 내재성의 장에서 떼어져 나갈 때면 언제나 거기에는 사제가 존재한다. 사제는 욕망에 3중의 저주를 건다. 부정적 법칙의 저주, 외재적 규칙의 저주, 초월적 이상의 저주를. 북쪽을 바라보면서 사제는 욕망은 결핍이라고 말했다(욕망하는 것을 어찌 결핍하고 있지 않았을 수 있겠는가?). 사제는 거세라는 이름의 최초의 희생을 행하며, 북쪽의 모든 남녀는 함께 모여 "결핍, 결핍, 이것이 공통된 법칙이야"라고 외치곤 했다. 그런 다음, 남쪽으로 몸을 돌린 사제는 욕망을 쾌락과 관계시켰다. 쾌락주의, 나아가 오르가슴주의를 신봉하는 사제들도 있기 때문이다. 욕망은 쾌락 속에서 덜어진다. 쾌락을 얻으면 욕망이 일시적으로 입을 다물 뿐만 아니라 이처럼 쾌락을 얻는 것은 바로 욕망을 일시적으로 중단하고, 즉각 욕망의 짐을 덜고, 이의 부담을 더는 방법이기도 하다. 더는 것의 쾌락. 사제는 자위라는 이름의 두번째 희생을 행한다. 그런 다음, 다시 사제는 동쪽을 향해 소리친다. 향유는 불가능하지만, 이 불가능한 향유가 욕망 속에 새겨져 있다고. 왜냐하면 <이상(理想)>이란 원래 이러한 것이며, 그것의 불가능함 자체 속에 존재하며, "삶이란 기쁨의 결핍(manque-à-jouir)"이기 때문이다.[10] 사제는 이제 세번째 희생을 행했다. 즉 환상, 천일야화 또는 [소돔의] 120일

10 [jouir의 명사형인 jouissance는 쾌락, 기쁨, 즐거움/즐김, 오르가슴 등을 뜻한다. 라캉의 정신분석에서, 욕망의 대상은 상실되어 돌이킬 수 없으며, 주체는 영원히 분열되어 있다. jouissance는 이중적으로 불가능하다. 1) 삶이 기쁨의 결핍(*manque-à-jouir*, lack of enjoyment)인 까닭은, 욕망의 진정한 대상에 도달하는 것이 불가능하기 때문이다. 또한 2) 삶이 즐김의 결핍(*manque-à-jouir*, a lack to be enjoyed)인 까닭은, 대체된 대상과의 결합이 가져오는 오르가슴적인 충만함으로서의 jouissance는 구성적으로 분열된 주체의 소멸을 의미하기 때문이다. 필수적인 항 중의 하나인 주체나 대상이 항상 결여되어 있는 것이다]

을. 이때 동방의 사람들은 이렇게 노래한다. "그렇다. 우리는 너희의 환상, 너희의 이상, 너희의 불가능성, 너희의 것은 우리의 것." 사제는 서쪽으로는 향하지 않았다. 서쪽은 고른판으로 가득 차 있다는 것을 사제는 알고 있었지만, 이 방향은 헤라클레스의 기둥들로 가로막혀 있으며, 출구도 없고, 사람도 살지 않는다고 믿었기 때문이다. 그러나 사실은 바로 이곳에 욕망이 숨어 있었으며, 서쪽은 동쪽으로 가는, 그리고 재발견되거나 탈영토화된 다른 방향들로 가는 가장 가까운 지름길이었다.

사제의 가장 최근 모습은 <쾌락>, <죽음>, <현실>이라는 세 가지 원칙을 가진 정신분석가로 나타나고 있다. 분명 정신분석은 욕망이 출산이나 생식에 종속되어 있지 않다는 것을 보여주었다. 이것이 정신분석의 현대성이었다. 하지만 정신분석은 본질적인 부분은 그대로 고수했다. 그것은 심지어 욕망에 결핍이라는 부정적 법칙을, 쾌락이라는 외적 규칙을, 환상이라는 초월적 이상을 새겨 넣는 새로운 수단을 발견했다. 마조히즘에 대한 해석을 예로 들어보자. 정신분석이 우스꽝스러운 죽음 충동을 내세우지 않을 때라도 정신분석은, 마조히스트는 다른 모든 사람들과 마찬가지로 쾌락을 추구하며, 오직 고통과 환상적인 굴욕에 의해서만 거기에 도달할 수 있다고 주장한다. 바로 이러한 고통과 굴욕이 깊은 불안을 완화시키거나 몰아내는 기능을 한다는 것이다. 하지만 이것은 정확한 이야기가 아니다. 마조히스트의 고통은 그가 치러야만 하는 대가이기는 하지만, 그것은 쾌락에 이르기 위해서가 아니라 욕망이 외적 척도인 쾌락과 맺고 있는 사이비 관계를 부인하기 위해 치러야 할 대가인 것이다. 쾌락은 결코 고통의 우회를 통해서만 획득할 수 있는 것이 아니다. 쾌락은 긍정적 욕망의 연속적인 과정을 중단시키기 때문에 최대한 지연되어야만 하는 것이다. 즉 마치 자기 자신에 의해 자기를 바라보는 것을 통해서만 충족되는 것처럼 보이는, 욕망에 내재하는 기쁨이 존재한다. 그 기쁨은 어떠한 결핍도, 어떠한 불가능성도 내포하지 않으며, 쾌락으로 측정할 수도 없다. 왜냐하면 쾌락의 강렬함들을 분배하고 이것들이 불안이나 치욕이나 죄책감으로 인해 침해되는 것을 막아주는 것이 바로 이 기쁨이기 때문이다. 요컨대 마조히스트는 하나의 기관 없는 몸체를 구성해서 욕망의 고른판을 뽑아내기 위한 수단으로 고통을 이용하는 것이다. 분명 마조히즘과는 다른, 게다가 훨씬 더 나은 수단과 절차가 있을 수 있겠느냐 하는 문제는 또 다른 문제이다. 어떤 사람들에게 이러한 절차가 적합하다면 그것으로 충분한 것이다.

가령 여기에 정신분석을 거치지 않은 마조히스트가 있다고 해보자. "**프로그램**…… 밤에, 말에 재갈을 물린다. 욕조에서 나오자마자 사슬 달린 재갈이나 두꺼운 벨트로 양손을 단단히 묶는다. 완벽한 마구를, 고삐와 엄지손가락을 죄는 고문 도구들을 지체 없이 장착한다. 그것들은 마구에 부착한다. 그리고 음경은 금속 케이스에 집어넣는다. 주인의 뜻대로 낮이나 밤이나 2시간동안 고삐를 쥔다. 3, 4일간 감금. 여전히 양손은 묶여 있고, 고삐는 단단히 조이고 헐거워지기를 반복한다. 주인은 말에게 다가갈 때는 언제나 채찍을 들고 가며, 그 때마다 채찍질을 한다. 말이 참지 못하거나 저항하면 고삐는 좀더 단단히 조여진다. 주인은 지침서를 파악하고 있었고, 그 짐승을 엄격하게 교정시켰다."[11] 이 마조히스트는 과연 무엇을 하고 있는 것일까? 그는 말, 즉 <에쿠우스 에로티쿠스>를 모방하고 있는 것처럼 보인다. 하지만 그건 그게 아니다. 말, 그리고 조련사-주인, 여주인은 아버지나 어머니의 이미지가 아니다. 그것과는 완전히 다른 문제, 마조히즘에게 본질적인 동물-되기, 즉 힘의 문제인 것이다. 마조히스트는 그것을 이런 식으로

11 Roger Dupouy, "Du masochisme", *Annales médico-psychologiques*, 시리즈 12, II권, 1929, pp. 397～405.

나타낸다. "조련사의 공리 — 본능적인 힘들을 파괴하고 이것을 전달된 힘들로 대체할 것." 실제로 중요한 것은 파괴라기보다는 교환이며 유통이다("말에게 일어나는 일은 나에게도 일어날 수 있다"). 말은 조련된다. 인간은 본능적인 힘들에 전달된 힘들을 강요하는 것이다. 그리고 이 전달된 힘들이 본능적인 힘들을 규제하고 선별하고 지배하며 덧코드화한다. 마조히스트는 기호들을 전도시킨다. 말(馬)은 자신에게 전달된 힘들을 그에게 다시 전달한다. 이리하여 이번엔 마조히스트의 타고난 힘들이 길들여지는 것이다. 이처럼 두 개의 계열, 즉 말의 계열(타고난 힘, 인간에 의해 전달되는 힘)과 마조히스트의 계열(말에 의해 전달되는 힘, 인간의 타고난 힘)이 존재한다. 하나의 계열이 다른 계열 속으로 폭발해 들어가, 그것과 더불어 회로를 만든다. 역량의 증대 또는 강렬함들의 회로. "주인" 또는 차라리 기수인 여주인, 말 조련사는 힘들의 전환과 기호들의 역전을 가능하게 해준다. 마조히스트는 자신과 말과 여주인을 이용해 기관 없는 몸체 또는 고른판을 구성하면서 욕망의 내재성의 장을 그리는 동시에 그 장을 가득 채워주는 전체적인 배치물을 구성해냈다. "이로부터 얻어지는 결과는 다음과 같다. 나는 너의 몸짓들과 너의 명령들을 계속 기다리게 되며, 모든 대립이 점차 나의 인격과 너의 인격의 융합으로 대체되는 것이다. (……) 이런 점에서 자백하지 않고 단지 너의 승마용 구두를 떠올리는 것만으로도 나는 공포를 갖게 되어 있다. 이런 식으로 내게 효력을 미치는 것은 이미 여자의 다리가 아니다. 그리고 만약 네가 내게 애무를 받아들이라고 명령하고 싶다면, 그리고 네가 실제로 그렇게 해서 내가 그것을 느끼도록 만들고 싶으면 네 몸체의 자국을 내게 주어라. 지금까지 내가 가져 본 적이 없는, 그리고 이전과는 전혀 다른 방식으로 말이다."[12] 다리들은 아직 기관이다. 그러

12 [같은 곳]

나 승마용 구두는 CsO 위의 하나의 자국 또는 지대로서 강렬함의 지대를 규정하고 있을 뿐이다.

이와 비슷하게 또는 다른 방식으로, 궁정풍 연애를 결핍의 법칙이나 초월적 이상과 같은 형태로 해석하는 것은 오류일 것이다. 외적 쾌락의 포기나 지연, 또는 쾌락에서의 무한한 멀어짐은 반대로 이미 욕망이 전혀 아무 것도 결핍하고 있지 않으며 자체로 충족되면서 자신의 내재성의 장을 만들어내고 있는 승리 상태이다. 쾌락은 어떤 인격 또는 주체의 변용이다. 쾌락은 인격을 넘쳐흐르는 욕망의 과정에서 인격이 "자기를 되찾기 위한" 유일한 방법인 것이다. 쾌락은 심지어 가장 인공적인 것일지라도 재영토화이다. 그러나 과연 이처럼 자기를 되찾는 것이 필요할까? 궁정풍 연애는 자아를 사랑하지 않는다. 또 천상적 사랑이나 종교적 사랑을 하는 전 우주도 사랑하지 않는다. 강렬함들이 지나가서 더 이상 자아도 타자도 없게 되는 기관 없는 몸체를 만드는 것이 중요하다. 그런데 더 이상 자아도 타자도 없게 되는 것은, 더 높은 일반성이나 더 커다란 연장(extension)의 이름으로가 아니라 더 이상 인격적이라고 얘기할 수 없는 독자성들, 더 이상 연장적이라고 얘기할 수 없는 강렬함들 덕분이다. 내재성의 장은 자아의 내부에 있지 않을 뿐더러 또한 외부의 자아에서 유래하거나 비-자아에서 유래하는 것도 아니다. 그것은 오히려 <자아>를 인식하지 않는 절대적인 <바깥>과도 같다. 내부나 외부 모두 그것들의 토대가 되는 내재성의 한 부분을 이루고 있기 때문이다. 궁정풍 연애에서의 "환희(joi)", 서로 마음이 통하는 것, 시험 또는 "시금(試金, assay)" — 욕망에 외적인 것도 또 욕망의 판을 초월하는 것도 아니고 인격의 내부에도 없는 것이라면 이 모든 것이 허용된다. 아무리 가벼운 애무라도 오르가슴만큼이나 강력할 수 있다. 오르가슴은 그저 하나의 사실일 뿐으로, 자기 권리를 추구하는 욕망에게는 오히려 난처한 것이기까지 하다. 모든 것이 허용된다. 중요한 것은 쾌락이 욕망 자체의 흐름, 즉 <내재성>의 흐름이 되도록 하는 데 있다. 그리고 쾌락은 이 욕망의 흐름을 중단시키거나 이것을 세 가지 망상에, 즉 내적 결핍, 우월한 초월성, 허울뿐인 외부성의 망상에 기대게 만드는 척도의 흐름이 되어서는 안 된다.[13] 욕망이 쾌락을 규범으로 삼지 않는 까닭은 충족될 수 없는 결핍 때문이 아니라 이와 반대로 욕망의 긍정성, 다시 말해 욕망이 자신의 진행 과정에서 그리는 고른판 때문이다.

982년부터 984년 사이에 일본에서는 중국의 도교 경전에 대한 대대적인 편찬 작업이 이루어졌다. 우리는 이들 서적들에서 여성적 에너지와 남성적 에너지가 강렬함의 회로를 형성하는 것을 볼 수 있다. 여기서 여성은 본능적 또는 타고난 힘(음[陰])의 역할을 담당하며, 이 힘은 남성에게 빼앗기거나 남성에게 전달되고, 이렇게 해서 남성의 전달받은 힘(양[陽])은 이전보다 훨씬 더 타고난 것이 된다. 역량들이 증대된 것이다.[14] 이러한 순환과 배가가 가능하려면 남자가 사정(射精)하지 않아야 한다. 욕망을 내적인 결핍으로 느끼는 것이나 일종의 외화(外化) 가능한 잉여 가치를 생산하기 위해 쾌락을 지연시키는 것이 중요한 것이 아니라, 오히려 반대로 기관 없는 강렬한 몸체, <도(道)>, 내재성의

13 궁정풍 연애, 그리고 종교적 초월성과 쾌락주의적 외부성 양자를 모두 거부하는 궁정풍 연애의 근본적 내재성에 관해서는 René Nelli, *L'érotique des troubadours*, Paris : Union Générale d'Editions, 1974, 10～18, 특히 I권 pp. 267, 316, 358, 370, II권 pp. 47, 53, 75를 참고할 것(그리고 I권 p. 128 : 기사도 연애와 궁정풍 연애의 큰 차이는 "기사들에게는 사랑에 부여된 가치는 항상 사랑의 외부에 있다." 그에 반해 궁정 체계 안에서 시험은 본질적으로 사랑의 내부에 있으며, 전쟁의 가치는 '감정적인 영웅주의[héroïsme sentimental]'에 자리를 내준다. 이것은 전쟁 기계의 변이[mutation]이다).

14 Robert Van Gulik, *La vie sexuelle dans le Chine ancienne*, Paris : Gallimard[영어 원본 : *Sexual Life in Ancient China*, Leiden : Brill, 1961] 및 Jean-François Lyotard의 주석, *Economie libidinale*, Paris : Ed. de Minuit, pp. 241～251[독역본 : *Ökonomie des Wunsches/Économie libidinale*, übers. von G. Ricke und R. Voullié, Bremen, 1984, S. 295～308].

장을 구성하는 것이 중요하다. 여기서 욕망은 아무 것도 결핍하고 있지 않으며, 따라서 어떠한 외적인 또는 초월적인 기준과도 무관하다. 분명 이 회로 전체가 생식이라는 목적으로 꺾일 수는 있다(에너지가 적절할 때 사정하는 것). 유교는 욕망을 바로 이런 식으로 이해했다. 하지만 이것은 욕망이라는 배치물의 한 측면, 즉 유기체나 국가나 가족……과 같은 지층을 향하고 있는 측면에만 해당되는 이야기이다. 다른 측면, 즉 욕망 자체에 고유한 고른판을 그리는 탈지층화적인 <도>의 측면에 대해서는 그렇게 말할 수 없다. <도>는 마조히즘적인가? 궁정풍 연애는 도인가? 하지만 이러한 질문들은 전혀 의미가 없다. 내재성의 장이나 고른판은 구성되어야만 한다. 그리고 이러한 구성은 아주 다양한 배치물들, 즉 도착적, 예술적, 과학적, 신비적, 정치적 배치물들을 통해 실로 다양한 사회 구성체 안에 존재할 수 있는데, 이러한 배치물들은 결코 같은 유형의 기관 없는 몸체를 갖고 있지 않다. 내재성의 장 또는 고른판은 한 조각 한 조각 구성되며, 다양한 장소, 조건, 기술 등은 서로에게 환원되지 않는다. 오히려 문제는 그 조각들이 서로 이어질 수 있는가, 그리고 그렇게 하려면 어떤 대가를 지불해야 하는가를 아는 것이다. 어쩔 수 없이 괴물 같은 잡종들이 나타나게 될 것이다. 고른판은 모든 CsO들의 집합, 내재성의 순수한 다양체로서, 이것 중의 한 조각은 중국적이거나 미국적이거나 중세적이거나 약간 도착적일 수 있지만 고른판은 일반화된 탈영토화의 운동 속에 있다. 그리고 이 탈영토화의 운동에서 한 사람 한 사람은 하나의 <자아>로부터 추출해내는 데 성공한 자신의 취미에 따라, 또 특정한 구성체로부터 추출해내는 데 성공한 정치학이나 전략에 따라, 또 자신의 기원으로부터 추출해 낸 특정한 절차에 따라 자기한테 가능한 것을 골라 실행하는 것이다.

우리는 다음과 같은 것들을 구분한다. 1) 유형들, 유들, 실체적 속성들처럼 서로 다른 CsO들. 가령 마약을 복용한 CsO의 <차가움>, 마조히스트적 CsO의 <고통> 따위. 이들 각각은 자신의 0도를 생산 원리로 갖고 있다(이것이 **사면**[remissio]이다). 2) 각 유형의 CsO 위에서 일어나는 것. 말하자면 양태들, 생산된 강렬함들, 지나가는 파동들과 진동들(**위도**, latitudo). 3) 모든 CsO들의 잠재적(éventuel) 집합, 고른판(때로는 CsO라고 불리는 **전체**[omnitudo]) — 그래서 다양한 물음들이 있게 된다. 하나의 CsO는 어떻게 만들어지며, 나아가 그에 대응하는 강렬함들 — 이것들이 없다면 CsO는 텅 빈 채로 남게 될 것이다 — 을 어떻게 생산하는가? 이 두 물음은 꼭 똑같은 물음이라고는 할 수 없다. 또한 고른판에 어떻게 도달할 것인가? 모든 CsO들을 어떻게 한데 꿰매고 냉각시키고 결합시킬 것인가? 그것은 각각의 CsO 위에서 생산된 강렬함들을 결합시키고 모든 강렬한 연속성들의 연속체를 만들어 낼 때에만 가능할 것이다. 각각의 CsO를 제작하기 위해서는 배치물들이 필요하지 않을까? 고른판을 구성하기 위해서는 거대한 <추상적인 기계>가 필요하지 않을까? 자신을 정점을 향해 가게 하지도 않고 외적인 종결에 의해 중단되게 하지도 않는 그런 방식으로 구성되는 연속적인 강렬함의 지역들을 베이트슨(Gregory Bateson)은 **고원**이라고 부른다.[15] 발리 섬의 문화에서 행해지는 몇몇 성적인 과정들이나 공격적인 과정들이 이를 잘 보여준다. 하나의 고원은 한 조각의 내재성이다. 각각의 CsO는 고원들로 만들어져 있다. 각각의 CsO 자체는 고른판 위에서 다른 고원들과 소통하는 하나의 고원이다. CsO는 이행의 성분인 것이다.

『헬리오가발*Héliogabale*』과 『타라후마라 족*Les Tarahumaras*』을 다시 읽어보자. 왜냐하면 헬리오가발은 스피노자이며, 스피노자는 부활한

15 Gregory Bateson, *Ver une écologie de l'esprit*, pp. 125～126[영어 원본 : *Steps to an Ecology of Mind*, New York : Ballantine Books, 1972, p. 113. 독역본 : *Ökologie des Geistes*, übers. von H. G. Holl, Frankfurt, 1985, S. 162ff].

헬리오가발이기 때문이다. 그리고 타라후마라 족은 실험이며 페요틀[16] 이다. 스피노자, 헬리오가발, 그리고 실험은 모두 같은 공식을 갖고 있다. 즉 아나키와 통일은 하나이며 동일한 것이다 하는 공식을. 하지만 그것은 <하나>의 통일성이 아니라 다양한 것에만 적용되는 보다 기묘한 통일성이다.[17] 아르토는 이 두 책에서 융합적인 다양체, 무한 0으로서의 융합성, 고른판, 아무런 신들도 갖고 있지 않은 <물질>을 표현하고 있다. 그리고 힘들, 본질들, 실체들, 요소들, 진정들, 생산들로서의 원리들도 표현하고 있다. 생산된 강렬함들, 진동들, 호흡들, <수들>로서의 존재 방식들 또는 양상들도 결국 우리가 기관들, 즉 "피부를 누렇게 만드는 간장, 매독을 앓는 뇌, 오물을 배출하는 장"에 집착하고, 유기체 안에 또는 여러 흐름들을 봉쇄하고 우리를 이 세계에 묶어두는 지층 안에 갇혀 있다면 <왕관을 쓴 아나키>의 세계에는 도달하기 어렵다.

우리는 점차 CsO는 기관들의 반대물이 아니라는 것을 깨닫게 될 것이다. CsO의 적은 기관들이 아니다. 바로 유기체가 적인 것이다. CsO는 기관들과 대립하는 것이 아니라 유기체라고 불리는 기관들의 이같은 조직화와 대립한다. 아르토는 분명 기관들에 맞서 싸운다. 그러나 이와 동시에 그가 싸움을 걸고, 싸움을 걸려 한 것은 유기체에 대해서였다. 몸체는 몸체이다. 몸체는 혼자이다. 또한 기관들을 필요로 하지

16 ['페요틀'은 멕시코 산 선인장 또는 그것으로 만든 환각제를 가리킨다]

17 Antonin Artaud, *Héliogabale*, in *Œuvres complètes VII*, Paris : Gallimard, pp. 50～51[독역본 : *Heliogabal oder Der Anarchist auf dem Thron*, übers. von Brigitte Weidmann, München, 1972, S. 53～54]. 아르토가 <하나>와 <여럿>의 동일성을 여전히 변증법적 통일로 제시한 것은 사실이다. 그는 <여럿>을 <하나>로 돌려보냄으로써 <여럿>을 환원시켰던 것이다. 그는 헬리오가발을 일종의 헤겔적인 것으로 만든다. 하지만 그것은 말하는 방식일 뿐이다. 왜냐하면 다양체는 처음부터 모든 대립을 넘어서 있으며, 변증법적 운동 없이 해나가고 있기 때문이다.

않는다. 몸체는 결코 유기체가 아니다. 유기체는 몸체의 적이다.[18] CsO는 기관과 대립하는 것이 아니라, 합성되고 장소를 잡아야만 되는 "참된 기관들"과 연대해서 유기체, 즉 기관들의 유기적인 조직화와 대립하는 것이다. 신의 심판, 신의 심판의 체계, 신학 체계는 바로 유기체 또는 유기체라고 불리는 기관들의 조직화를 만들어내는 <그 자>의 작업이다. 왜냐하면 <그>는 CsO를 견딜 수 없으며, CsO를 몰아내고 이것을 앞서고 유기체를 앞세우기 위해 CsO를 찢어발기기 때문이다. 유기체 자체가 이미 신의 심판이며, 의사들은 이것을 이용해 신의 권력을 훔치는 것이다. 유기체는 결코 몸체도 또 CsO도 아니다. 오히려 이것은 CsO 위에 있는 하나의 지층, 즉 축적, 응고, 침전 등의 현상에 지나지 않는다. 이러한 현상은 CsO로부터 유용한 작용을 뽑아내기 위해 형식들, 기능들, 연결들, 지배적이고 위계화된 조직들, 조직화된 초월성들 등을 CsO에 부과한다. 지층은 사슬이며 집게이다. "나를 묶고 싶다면 그렇게 하라." 우리는 끊임없이 지층화되고 있다. 그러나 이 우리란, 자아(moi)가 아닌 우리란 과연 누구일까? 주체는 유기체와 마찬가지로 지층에 속하고 지층에 의존하기 때문이다. 우리는 이제 이렇게 대답할 수 있을 것이다. CsO란 빙원의 현실(réalité)로, 바로 그 위에서 유기체, 기표작용, 주체를 구성하는 적토, 침전, 응고, 습곡, 침강이 이루어질 것이다. 신의 심판은 바로 이 CsO를 겨냥하며, 이를 대상으로 행해진다. CsO는 이것을 받아들인다. 기관들이 유기체라고 불리는 합성 관계에 들어가는 것은 바로 이 CsO 내부에서이다. CsO는 소리친다. "그들이 나를 유기체로 만들어버렸다! 부당하게도 나는 접혀지고 말았다! 내 몸을 도난당했다!" 신의 심판은 CsO를 내재성에서 떼어내 그것을 유기체, 기표작용, 주체로 만든다. CsO가 지층화된 것이다. 따라서 CsO는

18 [Artaud, "The Body Is the Body", trans. Roger McKeon, *Semiotext(e), Anti-Oedipus*, vol. 2, no. 3, 1977, p. 59]

두 극 사이에서, 즉 성층 작용의 표면과 고른판 사이에서 진동하는데, CsO는 이 성층 작용의 표면으로 물러가 심판에 굴복하며, 이 고른판 안에서 전개되어 실험을 향해 열린다. 그리고 CsO가 하나의 극한으로서 사람들이 끝내 여기에 접근하지 못했던 까닭은, 지층 뒤에는 언제나 다른 지층이 있고 하나의 지층은 다른 지층 가운데 파묻히기 때문이다. 신의 심판을 성립시키려면 유기체뿐만 아니라 다른 많은 지층이 있어야만 하기 때문이다. CsO를 해방시키고 모든 지층들을 가로지르고 해체하는 고른판과 CsO를 봉쇄하고 침강시키는 성층 작용의 표면들 간에는 영속적이고 격렬한 전투가 존재한다.

우리와 관련된 세 개의 커다란 지층을, 즉 우리를 가장 직접적으로 구속하고 있는 세 개의 지층인 유기체, 의미생성, 주체화를 생각해보기로 하자. 유기체의 표면, 의미생성과 해석의 각(角), 주체화 또는 예속의 점. 너는 조직화되고 유기체가 되어 네 몸을 분절해야만 한다 — 그렇지 않으면 너는 변태에 불과하게 된다. 너는 기표와 기의, 해석자와 해석 대상이 되어야만 한다 — 그렇지 않으면 너는 일탈자에 불과하게 된다. 너는 주체가 되고, 즉 주체로 고착되고 언표의 주체로 전락한 언표행위의 주체가 되어야 한다 — 그렇지 않으면 너는 떠돌이에 불과하게 된다. CsO는 지층들의 집합과 고른판의 성질로서의 탈구(또는 n개의 분절들), 이 평면 위에서의 작용으로서의 실험(기표는 없다! 절대 해석하지 말라!), 운동으로서의 유목(설령 제자리에서라도 움직여라, 끊임없이 움직여라, 움직이지 않는 여행, 탈주체화)를 대립시킨다. 탈구되는 것, 유기체이기를 멈추는 것은 과연 무엇을 의미하는가? 이것이 얼마나 쉬운지, 우리가 매일 하고 있는 일에 불과하다는 것을 어떻게 말할 수 있을까? 어떤 신중함과 정량 투여 기술이 필요하며 어떤 위험과 남용이 있는지를? 망치로 마구 치는 방법이 아니라 아주 섬세하게 줄로 갈아 가는 방법으로 나아가야 한다. 우리는 죽음 충동과는 전혀 다른 자기-파괴를 발명해낸다. 유기체를 해체하는 것은 결코 자살하는 것이 아니며, 오히려 하나의 전체적 배치물들을 상정하는 연결접속들, 회로들, 접합접속들, 구배들과 문턱들, 강렬함의 이행과 배분, 영토들과 측량사의 기술로 계측된 탈영토화를 향해 몸체를 여는 것이다. 결국 유기체를 해체하는 것은 의미생성과 주체화라는 다른 두 지층을 해체하는 것만큼이나 어렵다. 유기체가 몸체에 들러붙어 있듯이 의미생성은 영혼에 들러붙어 있다. 그래서 이들 어느 것으로부터도 벗어나기가 쉽지 않다. 그리고 주체, 우리를 지배적인 현실 속에 고착시키고 고정시키는 주체화의 점들로부터 우리는 어떻게 벗어날 수 있을까? 의식을 탐구 수단으로 만들려면 의식을 주체에서 떼어내어야 하고, 무의식을 진정한 생산으로 만들려면 이것을 의미생성과 해석에서 떼어내야 하는데, 분명 이것은 몸체를 유기체에서 떼어내는 것만큼이나 어려운 일이다. 이 세 영역에 공통되는 기예(art)가 신중함이다. 유기체를 해체할 때 죽음 근처에까지 가게되는 수도 있고, 의미생성과 예속을 벗어 던질 때는 허위나 환영이나 환각이나 심리적인 죽음 근처까지 가게 되는 수도 있는 것이다. 아르토는 자신의 말 한마디 한마디를 계량하고 측정한다. 의식은 "자기에게 좋은 것과 아무 가치도 없는 것을 알고 있다. 따라서 위험하지 않게 또 이익이 되게 받아들일 수 있는 사고와 감정, 그리고 의식의 자유를 행사하는 데 해로운 사고와 감정도 알고 있다. 그리고 무엇보다 의식은 자신의 존재가 어디까지 가는지, 아직 어디까지는 가지 않았는지, 어디까지 가면 비현실, 환영, 아직 행해지지 않은 것, 아직 준비되지 않은 것……에 빠지는지도 알고 있다. 정상적인 의식으로서는 결코 도달할 수 없지만 시구리(Ciguri)가 우리를 인도해가고 있는, 모든 시(詩)의 신비 자체인 판. 그러나 인간 존재에게는 이와 다른 판, 즉 불분명하고 형태를 갖지 않은 판이 존재하는데, 의식은 거기에 들어가지 않았으며, 이 판은 경우에 따라 연장(prolongement)이나 위협처럼 의식을 포위한다. 그리고 바로 이 판이 모험적인 감각들, 지각들을 끄집어낸다. 병든 의식을 변용시키는 것은 바로 수치스런 환상들이다. 나 역시 거짓 감각들, 거짓 지각들을 갖고 있었으며, 또 이를 믿었었다."[19]

유기체는 매일 새벽마다 혁신될 수 있도록 충분히 보호되어야만 한다. 그리고 의미생성과 해석의 소량의 비축들은, 가령 이것들을 이 의미생성과 해석의 고유한 체계에 대립시키기 위한 것이라 하더라도, 여러 가지 사정이 그러기를 요구하면, 그리고 물건들, 사람들, 상황이 강요할 때는, 어느 정도나마 이것들을 보호해야 한다. 그리고 지배적인 현실에 대응해가기 위해서는 적은 몫의 주체성도 충분히 보호해야 한다. 즉 지층들을 흉내내어야 한다. 단지 조잡하게 지층을 파괴하는 것으로서는 CsO나 고른판에 도달할 수 없다. 우리가 시작 단계에서부터 이런 음울하고 공허한 몸체들의 역설을 알아차리게 되는 것은 바로 이 때문이다. 유기체라 불리는 기관들의 이런 조직화를 끈기 있게 그리고 순간적으로 해체시킬 수 있는 지점들을 찾으려 하는 대신 그 몸체들은 자신의 기관들을 비워버리는 것이다. 실제로 CsO를 놓치는 몇 가지 방식이 있었다. CsO를 생산해내지 못하는 경우. 또는 어떻게든 그것을 생산해내더라도 이 CsO 위에서 아무 것도 생산되지 못해 강렬함들이 지나가지 못하거나 봉쇄된 경우. CsO는 그것을 지층화하는 표면들과 그것을 해방시켜주는 판 사이에서 끊임없이 진동하기 때문이다. CsO를 너무 격렬한 동작으로 해방하거나 신중하지 못하게 지층들을 건너뛰면 판을 그려내기는커녕 당신 자신을 죽이게 되고, 검은 구멍에 빠지고,

19 Artaud, *Les Tarahumaras*, t. IX, pp. 34~35[독역본 : *Die Tarahumaras. Revolutionäre Botschaften*, übers. von Brigitte Weidmann, München, 1975, S. 29~30. 영역본 : *The Peyote Dance*(translation of *Les Tarahumaras*), trans. Helen Weaver, New York : Farrar, Straus and Giroux, 1976, pp. 38~39].

심지어 파국에 이르게 되는 것이다. 최악의 경우는 지층화된 채, 즉 조직화되고 의미화되고 예속된 채 머무는 것이 아니라 지층들을 자살적, 착란적 붕괴로 몰아가는 것, 이리하여 지층들이 다시 우리를 한층 더 무겁게 짓누르게 하는 것이다. 따라서 이런 식으로 해야 한다. 즉 먼저 하나의 지층에 자리잡은 다음 이것이 제공하는 기회들을 실험해보고, 거기에서 적당한 장소를 찾고, 우발적인 탈영토화의 운동들, 가능한 도주선들을 찾아내며, 그것들을 시험하면서 여기저기에서 흐름들의 접합접속들을 확립하고, 각 절편마다 강렬함의 연속체들을 시도해보고, 항상 새로운 작은 땅뙈기를 손에 넣어야 하는 것이다. 도주선을 해방시키고, 결합된 흐름들을 지나가고 달아나게 해서, 하나의 CsO를 위해 연속적인 강렬함들을 뽑아낼 수 있으려면 지층들과의 주의 깊은 관계를 따라가야 한다. 연결접속하고 접합접속하고 연속시켜라. 여전히 기표작용을 하는 주체적인 프로그램과 "도표"를 대립시켜라. 우리는 사회구성체 안에 있다. 먼저 우리에 대해서, 우리 안에서, 또 우리가 존재하고 있는 장소에서 그것이 어떻게 지층화되어 있는지를 보라. 그런 다음 지층들을 떠나 우리를 지배하고 있는 좀더 깊은 배치물로 내려가라. 그리고는 배치물을 가만히 움직여 고른판 쪽으로 이동시켜라. CsO는 바로 이런 식으로만 욕망들의 연결접속, 흐름들의 접합접속, 강렬함들의 연속체로서 진정한 모습을 드러내는 것이다. 사람은 저마다 조그만 기계를 구성했다. 그리고 상황에 맞추어 이 기계는 다른 집단적 기계와 연동된다. 카스타네다는 장기간에 걸친 하나의 실험에 대해 얘기하고 있다(이것이 페요틀이냐 다른 것이냐는 전혀 문제가 되지 않는다). 일단은 인디언이 그에게 하나의 "장소"를 찾도록 강요한다는 점에 주목해보기로 하자. 이 일 자체가 이미 대단히 힘든 작업이다. 그런 다음 "결연자들"을 찾고, 그 다음에는 점차 해석을 포기하고 흐름에서 흐름으로 또 절편에서 절편으로 동물-되기, 분자-되기 등 실험의 선들을 구성한다는 점에 주목하자. 왜냐하면 CsO는 결국 이 모든 것이기 때문이다. 필연적으로 하나의 <장소>, 필연적으로 하나의 <판>, 필연적으로 하나의 <집단>(요소들, 사물들, 식물들, 동물들, 도구들, 인간들, 역량들, 또는 이 모든 것들의 조각들을 배치하는 것. 왜냐하면 이것은 "나의" 기관 없는 몸체가 아니라 기관 없는 몸체 위의 "자아", 결코 변질되지 않고 형태만을 바꾸며 문턱들을 넘어서는 나의 잔여만이 있을 뿐이기 때문이다).

카스타네다의 책들을 읽는 동안 독자들은 돈 후안이라는 인디언의 실존성만이 아니라 그 밖의 많은 것을 의문시하게 될지도 모르겠다. 그러나 결국 이런 것들은 아무래도 상관이 없다. 그것들이 민속지적 연구라기보다 혼합주의로 기술되어 있으며, 통과제의에 대한 보고라기보다는 실험 기록이라고 하더라도 마찬가지다. 네번째 책인 『힘 이야기*Tales of Power*』는 "토날(Tonal)"과 "나구알(Nagual)"의 생생한 차이를 주제로 하고 있다. 먼저 **토날**은 잡다한 것들을 동시에 가리키는 것처럼 보인다. 즉 이것은 유기체이자 동시에 조직되고 조직하는 모든 것이다. 이것은 또한 의미생성이며, 의미화하고 의미화되는 것 모두, 해석과 설명을 받아들이는 것 모두, 기억을 떠올리게 하는 것 모두이며, 다른 무언가를 상기시키는 어떤 것의 형태로 존재한다. 끝으로 이것은 <자아>, 주체, 개인적 · 사회적 · 역사적 인격인 동시에 이것들에 대응하는 모든 느낌들이다. 즉 토날은 신과 신의 심판을 포함하는 모든 것이다. 왜냐하면 "그것은 세계를 파악하기 위한 규칙들을 구성하고, 그래서 말하자면 세계를 창조하기" 때문이다.[20] 그럼에도 불구하고 토날은 하나의 섬에 지나지 않는다. **나구알** 역시도 전체이기 때문이다. 게다가 그것은 동일한 전체이지만, 기관 없는 몸체가 유기체를 대신하고

20 [Carlos Castaneda, *Tales of Power*, New York : Simon and Schuster, 1974, p. 125. 독역본 : *Der Ring der Kraft. Don Juan in den Städten*, übers. von Thomas Lindquist, Frankfurt, 1976, S. 140]

실험이 더 이상 필요 없는 해석을 대신한다는 조건 하에서만 전체이다. 강렬함의 흐름들, 이러한 흐름들의 유체들, 섬유들, 연속체들, 변용태들의 접합접속들, 바람, 섬세한 절편화, 미시-지각이 주체의 세계를 대신했다. 생성들, 즉 동물-되기와 분자-되기가 역사를, 즉 개인사나 일반사를 대신한다. 사실상 토날은 겉보기와는 달리 잡다하지는 않다. 토날은 지층들의 집합, 지층들과 관련될 수 있는 모든 것, 유기체의 조직화, 의미화할 수 있는 것에 대한 해석들과 설명들, 주체화의 운동들 등을 포함한다. 나구알은 이와 반대로 지층들을 해체한다. 더 이상 이것은 기능하고 있는 유기체가 아니라 하나의 구성된 CsO인 것이다. 그것은 설명해야 하는 행위들, 해석해야 하는 꿈들이나 환상들, 기억해내야 하는 유년기의 추억들, 의미를 부여해야 하는 발화들이 아니라 색들, 소리들, 생성들, 강렬함들 등이다(네가 개가 될 때는 너와 놀아주는 개가 꿈속에 있는 것인지 아니면 현실에 있는 것인지 또는 "지랄 같은 엄마"인지 아니면 다른 어떤 것인지를 묻지 말아라). 이것은 느끼고 행동하고 회상하는 <자아>가 아니라 변용태들을 갖고 있고 운동과 속도를 느끼는 "빛나는 안개, 노랗고 짙은 이내"이다.[21] 그러나 중요한 것은 단숨에 토날을 파괴하면서 토날을 해체하지 않는 것이다. 토날을 축소하고, 범위를 좁혀나가고, 청소하고, 게다가 때를 잘 골라 그렇게 해야만 한다. 살아남으려면, 나구알의 공격을 피하려면 토날을 보호해야 한다. 왜냐하면 난입하고 토날을 파괴하는 나구알, 모든 지층들을 파괴하는 기관 없는 몸체는, 죽음 이외에는 다른 출구가 없는 무(無)의 몸체, 순수한 자기-파괴로 즉각 바뀔 수도 있기 때문이다. "토날은 어떤 대가를 치르더라도 보호되어야 한다."[22]

우리는 아직까지 다음의 질문에 대답하지 않았다. 왜 그렇게 위험

21 [같은 책, p. 183. 독역본, S. 204]
22 [같은 책, p. 161. 독역본, S. 178ff]

한가? 왜 그렇게 신중해야만 하는가? 지층들과 CsO를 추상적으로 대립시키는 것만으로는 충분하지 않으니까. 왜냐하면 CsO는 이미 지층들뿐만 아니라 탈지층화된 고른판 위에도, 하지만 다른 방식으로 존재하고 있기 때문이다. 지층으로서의 유기체를 보자. 유기체라고 불리는 기관들의 조직화와 대립되는 CsO가 있는 것은 분명하지만, 이 지층 자체에 속하는 유기체의 CsO도 존재한다. 암 조직이 바로 그것이다. 세포는 시시각각 암으로 변해가면서 광기를 띠어가고 계속 증식하고 형태를 잃으면서 모든 것을 먹어치워 버린다. 유기체는 이 세포를 원래대로 되돌리거나 재지층화해야 한다. 자신이 살아남기 위해서뿐만 아니라 유기체 바깥으로 도주할 수 있기 위해, 고른판 위에서 "다른" CsO를 만들 수 있기 위해서도 그렇게 해야 하는 것이다. 의미생성의 지층을 보자. 여기서도 역시 의미생성의 암 조직이 있는데, 기호들의 유통을 봉쇄하는 독재자의 몸체가 싹터 이 몸체가 이 "다른" CsO 위에서 기표작용과 무관한 기호가 탄생하는 것을 불가능하게 하는 것이다. 또는 사람을 질식시키는 주체화의 몸체를 보자. 그것은 주체들 간의 구별조차 없애버리기 때문에 해방을 그만큼 더 불가능하게 만든다. 특정한 사회 구성체나 어떤 구성체 안에서의 특정한 지층의 장치를 살펴보더라도 모든 것들 하나하나는 폭력이나 경쟁 관계, 결연이나 공모 관계에 들어가면서 사회적인 장 전체를 파먹어 들어가고 증식하고 뒤덮고 침범할 준비가 되어 있는 나름의 CsO를 갖고 있다고 말해야 할 것이다. 또한 화폐의 CsO가 있으며(인플레이션), 국가, 군대, 공장, 도시, 당(黨) 등의 CsO가 있다. 지층들이 응고나 침전의 문제라면, 하나의 지층이 형태와 분절을 잃고 자기 안에, 또는 그런 구성체, 그런 장치 안에 특수한 종양을 형성하기 위해서는 하나의 지층 안에서 침전 속도를 높이는 것으로 충분하다. 지층들은 나름대로 CsO를, 즉 고른판에 대한 전체주의적이고 파쇼적이고 무시무시한 캐리커쳐들을 만들어낸다. 따라서 고른판 위에 있는 충만한 CsO들과 너무 폭력적인 탈지층화에 의해 파괴된 지층의 잔해 위에 있는 텅 빈 CsO들을 구별하는 것만으로는 충분하지가 않다. 이미 증식되기 시작한 한 지층 안에 있는 암적인 CsO들도 고려해야 한다. 세 가지 몸체의 문제. 아르토는 "판" 바깥에 "경우에 따라 불분명한 연장 또는 위협에 의해" 우리를 포위하고 있는 또 하나의 판이 있다고 말했다. 그것은 전투이지만 이 전투는 결코 충분히 명확하다고는 말할 수 없다. 우리 안에 있는 파시스트의 암적인 CsO가 되지 않고, 또 마약 중독자, 편집증 환자나 우울증 환자의 텅 빈 CsO도 되지 않으면서 CsO들을 어떻게 만들어낼 수 있을까? 어떻게 이 세 가지 <몸체>를 구별할 수 있을까? 아르토는 이 문제에 끊임없이 직면한다. <신의 심판을 끝장내기 위해>는 이상하게 구성되어 있다. 그는 우선 미국이라는 암적 몸체, 전쟁과 돈의 몸체를 저주한다. 그는 그가 "똥"이라 부르는 지층들을 비난한다. 그는 그것과 진정한 <판>을 대립시킨다. 그 <판>이 설령 타라후마라 족의 세세한 흐름, 즉 페요틀에 지나지 않는다고 하더라도 말이다. 하지만 동시에 그는 너무 갑작스럽고 신중치 못한 탈지층화의 위험들도 잘 알고 있다. 아르토는 이 모든 것에 끊임없이 직면하고, 이것들 사이를 떠돈다. 『히틀러에게 보내는 편지』를 보라. "친애하는 히틀러. 1932년 우리가 알게 되었던 어느 날 저녁, 즉 귀형이 권력을 수중에 넣기 직전의 일입니다만, 저는 베를린의 카페 이데르(Ider)에서 귀형에게 단지 지리학적인 지도만은 아니었던 하나의 지도 위에 세워진 바리케이트들을 보여드렸습니다. 이 바리케이트들은 저에 대항하는 것으로, 귀형이 저에게 가리켜 준 몇 가지 방향으로 지휘된 군사 행동이었습니다. 히틀러여, 나는 오늘 내가 설치했던 바리케이트들을 치우겠습니다! 파리 시민들은 가스를 필요로 하고 있습니다. 당신의 A. A. — 추신. 친애하는 히틀러, 이것은 물론 초대장이 아닙니다. 오히려 경고입니다…….”[23] 단순히 지리학적인 것에 그치지 않는 이 지도는 CsO의 강렬함의 지도와 닮았다. 거기에서 바리케이트들은 문턱들을, 가스는 파동들과 흐름들을 가리키고 있는 것이다. 설령 아르토 본인은 성공하지 못했다 하더라도, 그를 통해 우리 모두를 위한 무언가가 성공했다는 것은 분명하다.

CsO는 알이다. 그러나 이 알은 퇴행적인 알이 아니다. 오히려 알은 철저하게 [현재와] 동시간적이며, 사람들은 언제나 이러한 알을 자신의 실험의 환경으로서, 연합된 환경으로서 안고 있다. 알은 순수한 강렬함의 환경이며 내포적 공간(spatio)으로서, 외연적인 연장(extensio)이 아니라 생산의 원리로서의 강도 0이다. 과학과 신화가, 발생학과 신화학이, 생물학적 알과 정신적 또는 우주적 알이 근본적으로 수렴하는 것이다. 즉, 알은 언제나 이러한 강렬한 현실을 가리키고 있는데, 그것은 결코 미분화되어 있지 않으며, 그 속에서 사물들과 기관들은 오직 구배들, 이주들, 이웃 관계들에 의해서만 구별된다. 알은 CsO이다. CsO는 유기체 "이전"에 있지 않다. CsO는 유기체에 인접해 있으며, 끊임없이 자신을 만들어낸다. CsO가 유년기에 연결되어 있다면, 그것은 어른이 아이로 퇴행하고 아이가 <어머니>로 퇴행한다는 의미에서가 아니라 반대로 아이는 마치 모태의 일부를 안고 있는 도곤 족의 쌍생아처럼 <어머니>라는 유기적 형태로부터 강렬하고 탈지층화된 하나의 물질을 떼어낸다는 의미에서이다. 그러나 이 물질은 오히려 과거와의 끊임없는 단절, 현재적인 체험이나 실험을 구성한다. CsO는 유년기의 블록이고, 생성이며, 유년기의 추억과는 정반대되는 것이다. 그것은 어른 "이전"에 있는 아이가 아니며 아이 "이전"에 있는 어머니도 아니다. CsO는 어른, 아이, 어머니의 엄밀한 동시간성이며, 이것들의 비교적인 밀도와 강도의 지도이며, 또한 이 지도상의 온갖 변이들이다. CsO는

23 *Cause commune*, n° 3, oct. 1972 참조.

부모들이나 아이들(이것들은 기관적인 표상이다)이 없는, 있을 수도 없는 바로 이 강렬한 생식질이다. 프로이트가 바이스만(Weissman)에게서 이해할 수 없었던 것이 바로 그것이다. 부모와 생식질에 있어 동시간상에 존재하는 아이. 따라서 CsO는 네 것도 내 것……도 아니다. 그것은 언제나 하나의 몸체이다. 그것은 투사(投射)적인 것도 아닐 뿐더러 퇴행적인 것도 아니다. 그것은 일종의 역행(involution)이라고 할 수 있지만, 그것은 항상 어디까지나 창조적이고 동시간적인 역행이다. 기관들은 CsO 위에 배분되지만, 유기체의 형태와는 독립적으로 분배된다. 형태들은 부수적이며 기관들은 생산된 강렬함들, 흐름들, 문턱들, 구배들에 다름 아니다. "하나의" 배, "하나의" 눈, "하나의" 입. 부정관사는 아무 것도 결핍하고 있지 않으며, 또 그것은 비결정적이거나 미분화된 것이 아니며, 단지 강렬함의 순수한 결정을, 강렬함의 차이를 표현할 뿐이다. 부정관사는 욕망의 지휘자(conducteur)이다. 절단되고 파열된 몸체 또는 몸체 없는 기관(OsC)은 전혀 중요하지 않다. CsO는 이와 정반대의 것이다. 즉 잃어버린 통일성과 관련해 절단된 기관들이 있는 것도 아니고, 구별될 수 있는 전체성과 관련해 미분화된 것으로의 회귀가 있는 것도 아니다. 기관들의 강렬한 근거들의 분배가 있는데, 이러한 분배는 긍정적인 부정관사들을 수반해서 어느 집단이나 다양체의 한가운데서, 또 어떤 배치물 속에서, 또 CsO 위에서 작용하는 기계적 연결접속들에 따라 행해진다. 종자적인 로고스(Logos spermaticos). 정신분석의 오류는 CsO를 몸체의 한 이미지라는 관점에서 퇴행, 투사, 환상 등으로 이해했다는 데 있다. 이 때문에 정신분석은 이면만을 파악했을 뿐이며, 강렬함의 세계 지도를 미리 가족사진들, 유년기의 추억들, 부분 대상들로 대체해버렸던 것이다. 알에 대해서도, 부정관사에 대해서도, 또 끊임없이 만들어지는 환경의 동시간성에 대해서도 정신분석은 전혀 이해하지 못했던 것이다.

CsO는 욕망이다. 사람이 욕망하는 것이 바로 CsO이며, 사람들은 바로 이것을 통해서만 욕망한다. CsO가 고른판 또는 욕망의 내재성의 장이어서만은 아니다. 설령 CsO가 조잡한 탈지층화의 공허함에 빠지거나 암적인 지층의 증식에 빠지더라도, 그것은 여전히 욕망이다. 욕망은 자신의 소멸을 욕망하거나 소멸할 수 있는 역량을 갖는 자가 되기를 욕망하는 단계까지 가기도 하는 것이다. 돈의 욕망, 군대의 욕망, 경찰과 국가의 욕망, 파시스트-욕망. 파시즘조차도 욕망인 것이다. 이러저러한 관계 하에서 하나의 CsO가 구성될 때마다 거기에는 언제나 욕망이 있다. 이것은 이데올로기 문제가 아니라 순수한 물질의 문제, 물리적 · 생물학적 · 심리적 · 사회적 · 우주적인 물질의 현상이다. 바로 이런 까닭에 분열분석의 물질적인 문제는 우리가 선택 수단을 갖고 있는가, 즉 CsO를 그것의 분신들인 유리 상태의 텅 빈 몸체, 전체주의적이고 파시스트적인 암적인 몸체로부터 분리해낼 수 있는 수단을 갖고 있는가를 아는 일이다. 욕망의 시험. 즉 허위 욕망을 고발하는 것이 아니라, 욕망 안에서 지층의 증식과 관련된 것, 또는 너무 폭력적인 탈지층화와 관련된 것, 그리고 고른판의 건설과 관련된 것을 구별하는 것이 문제이다(심지어 우리 안에서까지도 파시스트적인 것, 자살적인 것, 착란적인 것을 주의 깊게 감시할 것). 고른판은 단순히 모든 CsO들을 통해 구성된 것이 아니다. 고른판이 거절하는 CsO도 있으며, 이 판은 그것을 그리는 추상 기계와 함께 선택을 행한다. 그리고 동일한 CsO(마조히스트의 몸체, 마약 중독자의 몸체 등)에서조차 그 판 위에서 구성이 가능한 것과 불가능한 것을 구별해야만 한다. 마약의 파시스트적 사용이나 자살적 사용이 존재한다. 하지만 고른판에 적합한 사용도 가능할까? 편집증조차 부분적으로나마 이런 식으로 사용할 수 있을까? 유일한 실체의 실체적 속성들로 이해된 모든 CsO가 하나의 집합을 이룰 수 있을까 하는 물음은 고른판에 대해서만 적용될 수 있는 엄밀한 의미로 이해해야 한다. 선택된 모든 충만한 CsO들의 집합을 만드는 자가 바로 고른 판이기 때문이다(텅 비어 있거나 암적인 몸체를 가지고서는 긍정적인 집합을 만들 수 없다). 그런데 여기서 말하는 집합은 어떠한 본성을 갖고 있을까? 단순히 논리적인 것일 뿐인가? 아니면 각각의 CsO는 종류의 특성에 따라 다른 CsO가 생산해낸 것과 동일한 또는 유사한 효과들을 생산해낸다고 말해야 할까? 마약 중독자나 마조히스트가 획득하는 것은 판의 조건들에 따라 다른 방법으로도 획득될 수 있는 것이라면 결국 헨리 밀러의 실험에서처럼 마약 없이도 마약을 할 수 있고, 맑은 물로도 취할 수 있을 것이다. 아니면 실체들의 실제적 이행, 모든 CsO들의 강렬한 연속성이 문제일까? 분명 이 모든 것이 가능할 것이다. 따라서 여기서는 단지 이것만을 말해두기로 하자. 효과들의 동일성, 종류들의 연속성, 모든 CsO들의 집합은 오직 고른판을 뒤덮고 심지어 그려낼 수 있는 추상적인 기계를 통해서만, 욕망과 합체되어 실제로 욕망을 싣고 이러한 욕망들의 연속적인 연결접속들과 횡단적인 연계들을 분명하게 해줄 수 있는 다양한 배치물들을 통해서만 비로소 이 판 위에서 획득될 수 있다는 것을 말이다. 그렇지 않으면 이 판의 CsO들은 종류별로 분리된 채 주변으로 밀려나 가용 수단으로 전락하게 되는 반면, "다른 판" 위에서는 암적인 분신들이나 텅 빈 분신들이 승리를 거두게 될 것이다.

70년

얼굴성

우리는 두 개의 축을, 의미생성과 주체화의 축을 만났다. 이것들은 매우 다른 두 개의 기호계, 또는 두 개의 지층이다. 하지만 의미생성은 기호들과 잉여들을 기입할 흰 벽이 없으면 안 된다. 주체화는 의식, 정념, 잉여들을 숙박시킬 검은 구멍이 없으면 안 된다. 혼합된 기호계들만이 존재하고 지층은 적어도 두 개 이상이어야만 성립되기 때문에, 그것들이 교차할 때의 매우 특별한 배치(dispositif)의 몽타주에 놀라서는 안 된다. 하지만 얼굴, 즉 **흰 벽-검은 구멍**이라는 체계는 흥미롭다. 흰 빰의 큰 얼굴, 검은 구멍 같은 눈이 뚫린 백묵 같은 얼굴. 어릿광대의 머리, 하얀 어릿광대, 달의 피에로, 죽음의 천사, 수의를 입은 성자. 얼굴은 말하고 생각하고 느끼는 자의 외부를 둘러싼 표피가 아니다. 언어에서 기표의 형식과 심지어 그것의 단위들은, 만약 임의의 청자가 말하는 자의 얼굴을 선택하지 않는다면("이런, 이 자는 화난 것 같군……", "그는 그렇게 말할 수 없었어……", "내가 너에게 이야기할 때 넌 내 얼굴을 보는구나……", "나를 잘 봐……") 결정되지 않은 채로 남아 있게 될 것이다. 어린이, 여자, 가족의 어머니, 남자, 아버지, 우두머리, 교사, 경찰은 일반적인 언어를 말하는 것이 아니라 기표작용하는 특질들이 특별한 얼굴성의 특질들에 연동되어 있는 언어를 말한다. 본래 얼굴은 개인적인 것이 아니다. 얼굴은 빈도나 확률의 지대들을 규정하고, 미리 적합하지 않은 표현들과 연결접속들을 적합한 기표작용으로 중화하는 장을 결정한다. 이와 마찬가지로 의식이건 열정이건 주체성의 형식은, 만약 얼굴들이 우선 정신적이거나 감정적인 실재가 지배적인 현실에 적합하도록 한 뒤 그런 실재를 선별하는 공명의 장소를 형성하지 않는다면 절대적으로 비어 있게 될 것이다. 얼굴은 그 자체로 잉여이다. 얼굴은 공명이나 주체성의 잉여들은 물론이고 의미생성이나 빈도의 잉여들을 갖고 자신을 잉여로 만든다. 얼굴은 기표가 부딪혀 튀어나와야 하는 벽을 구성하며, 기표의 벽, 프레임 또는 스크린을 구성한다. 얼굴은 주체화가 꿰뚫고나가야 하는 구멍을 파며, 의식이나 열정으로서의 주체성의 검은 구멍, 카메라, 제3의 눈을 구성한다.

다른 방식으로 말해야만 할까? 기표의 벽, 주체화의 구멍을 구성하는 것은 정확히 말해서 얼굴이 아니다. 얼굴, 적어도 구체적인 얼굴은 흰 벽 위에서 모호하게 그려지기 시작할 것이다. 그것은 검은 구멍 안에서 모호하게 나타나기 시작할 것이다. 영화에서 얼굴의 클로즈업(gros plan)은 두 개의 극으로써 얼굴이 빛을 반사하도록 하거나, 반대로 얼굴이 "무자비한 어둠 속에"[1] 잠길 때까지 그것의 그림자를 부각시킨다. 한 심리학자는 얼굴은 "형식도 없고 차원도 없는 모호한 빛의 다양한 변화"로부터 결정화되는 시각적인 지각물이라고 말했다. 의미심장한 흰 색, 포획하는 구멍, 얼굴. 차원 없는 검은 구멍, 형식 없는 흰 벽은 이미 처음부터 거기에 있었을 것이다. 그리고 이 체계에서 이미 많은 조합들이 가능할 것이다. 검은 구멍들이 흰 벽 위에 할당되거나 또는 흰 벽이 실처럼 풀려나가서, 구멍과 벽 모두를 결합하고 그것들을 재촉하고 "볏처럼 모아 세우는" 하나의 검은 구멍 쪽으로 간다. 어떤 때 얼굴들은 벽 위에서 구멍들과 함께 나타난다. 또 어떤 때에는

1 Josef von Sternberg, *Souvenirs d'un montreur d'ombres*, Laffont, pp. 342～343[독어 원본 : *Ich Joseph von Sternberg*, übers. von Walther Schmieding, Velber bei Hannover, 1967, S. 351. 영역본 : *Fun in a Chinese Laundry,* New York : MacMillan, 1965, p. 324].

둥글게 말린, 선형으로 된 벽과 함께 구멍 안에서 나타난다. 이것은 괴담이다. 하지만 얼굴은 괴담이다. 기표 혼자서는 자신에게 필요한 벽을 구성할 수 없다는 것이 확실하다. 주체화는 혼자서는 자신의 구멍을 팔 수 없다는 것이 확실하다. 하지만 구체적인 얼굴은 완전히 다 만들어진 채로 가질 수 있는 것이 아니다. 구체적인 얼굴들은 **얼굴성**이라는 **추상적인 기계**로부터 태어난다. 이 기계는 기표에 흰 벽을 주고, 주체화에 검은 구멍을 주는 것과 동시에 얼굴들을 생산한다. 검은 구멍-흰 벽의 체계는 따라서 이미 얼굴이 아니라 톱니바퀴의 변형 가능한 조합들에 따라 얼굴을 생산하는 추상적인 기계이다. 추상적인 기계가 그것이 생산하는 것, 그것이 생산할 것과 닮았으리라고 기대하지 말자.

추상적인 기계는 잠과 황혼녘과 환각과 즐거운 육체적 경험 등의 우회로를 통해서, 우리가 그것을 기다리지 않을 때 출몰한다. 카프카의 단편 소설인『블룸펠트*Blumfeld*』를 보자.2) 저녁에 집에 돌아온 한 독신 남자가 두 개의 작은 탁구공들이 스스로 마루바닥의 "벽" 위에서 튀어 올라 여기저기 되튀고, 심지어 얼굴에까지 튀어 오르려 하고, 그 안에 좀더 작은 전구들을 담고 있는 듯 보이기도 하는 것을 발견한다. 블룸펠트는 마침내 그것들을 한 작은 방의 검은 구멍 안에 가두는 데 성공한다. 장면은 다음날 블룸펠트가 공들을 어떤 허약한 청년과 얼굴을 찡그린 두 소녀에게 주려고 하고, 이어서 그가 사무실에서 얼굴을 찡그린 허약한 두 명의 견습사원들이 서로 빗자루 하나를 빼앗으려고 하는 것을 발견하는 것으로 이어진다. 드뷔시와 니진스키의 멋진 발레에서도 작은 테니스공 하나가 황혼녘의 장면에서 튀어 오른다. 다른 공이

2 [Franz Kafka, "Blumfeld, ein älterer Junggeselle", in *Beschreibung eines Kampfes. Novellen, Skizzen, Aphorismen aus dem Nachlaß, Werke* Bd. 5, Frankfurt, 1976, S. 109~131. 영역본 : "Blumfeld. An Elderly Gentleman", *The Complete Stories of Franz Kafka*, ed. Nahum N. Glazer, New York : Schocken, 1983, pp. 183~205]

마침내 같은 식으로 출현할 것이다. 두 개의 공 사이에서, 이번에는 젊은 소녀와 그녀들을 바라보는 한 소년이 흐릿한 빛 아래에서 그들의 얼굴과 춤의 열정적인 특징들을 전개시켜 나간다(호기심, 경멸, 아이러니, 황홀경……[3]). 여기에는 설명할 것, 해석할 것이 아무 것도 없다. 황혼녘의 순수한 추상적인 기계. 흰 벽-검은 구멍? 그러나 조합에 따라 이것은 또한 검은 벽, 흰 구멍이 될 수도 있다. 공들은 벽 위에서 튀어 오르거나 구멍 안으로 뻗어 갈 수 있다. 공들은 서로 충돌할 때 벽과 관련해서 상대적으로 구멍의 역할을 맡을 수도 있고, 뻗어 가는 행로에서 자신이 향하는 구멍과 관련해서 상대적으로 벽의 역할을 맡을 수도 있다. 그것들은 흰 벽-검은 구멍의 체계 안에서 순환한다. 여기서 얼굴과 닮은 것은 아무 것도 없다. 하지만 얼굴들이 전 체계 안에 분배되고 얼굴성의 특징들이 조직된다. 그러나 이 추상적인 기계는 물론 얼굴이 아닌 다른 것 안에서 실행될 수도 있다. 하지만 그것은 어떤 질서 속에서건 실행되는 것은 아니며, 필연적인 근거 없이 실행되는 것도 아니다.

미국의 심리학은 특히 어린이와 어머니의 관계, 눈 대 눈 접촉(eye-to-eye contact)에서 얼굴에 많은 관심을 기울였다. 네 개의 눈이 있는 기계라고나 할까? 이 연구들에서 몇 가지 단계들을 상기해보자. 1) 손, 입, 피부 또는 대체적으로 시각적인, 이른바 자기수용성 감각들[4]은 가슴-입의 유년기적 관계와 연관된다는 결론을 내리고 있는 수면에 관한 아이저코워(Isakower)의 연구. 2) 일반적으로는 시각적인 내용들로 덮여

3 이 발레에 관해서는 Jean Barraqué, *Debussy*, Paris : Seuil, 1977, pp. 166～171[독역본 : *Debussy*, übers. von C. Waege und H. Weiher-Waege, Hamburg : Reinbek, 1964, S. 142ff]를 참조. 이 책은 논증의 텍스트를 인용하고 있다.

4 [자기수용성 감각(proprioception)은 자기 몸의 자세, 운동, 긴장을 인지하는 심부 감각을 가리킨다]

있지만 꿈의 내용으로 자기수용성 감각들밖에 없을 때에는 백색으로 남아 있는 꿈의 백색 스크린(écran blanc)에 관한 르윈(Lewin)의 발견(이 스크린 또는 이 흰 벽은 다가오면서 커지고 판판해지는 가슴일 것이다). 3) 이미 백색 스크린은 아이가 촉각적 감각이나 접촉의 대상으로 가슴 그 자체를 표상한다기보다는 가슴을 잡기 위해 접근해가야 하는 어머니의 얼굴을 나타나게 하는, 최소의 거리를 함축하는 시각적 지각물이라는 슈피츠(Spitz)의 해석. 따라서 매우 다른 두 종류의 요소들의 조합이 있게 될 것이다. 하나는 손, 입, 피부의 자기수용적인 감각들이고, 다른 하나는 검은 구멍 같은 눈들의 그림이 있는, 백색 스크린 위의 정면에서 바라본 얼굴의 시각적인 지각이다. 이 시각적 지각은 양육 행위에 대해, 입체로서의 가슴에 대해, 그리고 촉각으로 느껴진 공동(空洞)으로서의 입에 대해 매우 신속하게 결정적인 중요성을 획득한다.[5]

이제 우리는 다음과 같은 구분을 제안할 수 있다. 얼굴은 구멍-표현들, 구멍 뚫린 표면이라는 체계의 일부분이다. 그러나 무엇보다 이 체계는 (자기수용적인) 몸체의 고유한 공동-입체의 체계와 혼동되어서는 안 된다. 머리는 몸체에 포함되어 있지만 얼굴이 아니다. 얼굴은 표면이다. 특징들(traits), 선들, 주름들, 길거나 각지거나 세모난 얼굴. 입체 위에 붙여져 있고 감겨 있더라도, 그리고 단지 구멍으로서 존재하는 공동들을 둘러싸고 이것들과 인접해 있더라도 얼굴은 하나의 지도이다. 비록 인간의 것이라 할지라도 머리는 당연히 얼굴이 아니다. 머리

5 다음 글들을 참조. Otto Isakower, "Contribution à la psychopathologie des phénomènes associés à l'endormissement", *Nouvelle revue de psychanalyse*, n° 5, 1972 봄, pp. 197~210[독어본 : "Beitrag zur Pathopsychologie der Einschlafphänomene", *Int. Z. Psychoanal.*, 1936, 22]; Bertram D. Lewin, "Le sommeil, la bouche et l'écran du rêve", *Ibid,* pp. 211~224[영어본 : "Sleep, the Mouth and the Dream Screen", *Psychoanal. Quart.*, 1946, 15]; René Spitz, *De la naissance à la parole*, P.U.F., pp. 57~63[독어본 : *Vom Säugling zum Kleinkind*, übers. von G. Theusner-Stampa, Stuttgart, 1972, S. 63~70 영어본 : *The First Year of Life*, New York : International Publishers, 1965, pp. 75~82].

가 더 이상 몸체의 일부분이 아니게 되었을 때, 머리가 더 이상 몸체에 의해 코드화되지 않을 때, 머리가 더 이상 다차원적이고 다성적인 몸체적 코드를 지니지 않을 때, 요컨대 머리를 포함하여 몸체가 탈코드화되고 <얼굴>이라 불리는 어떤 것에 의해 덧코드화 되어야만 할 때 얼굴이 생산된다. 이는 머리, 머리의 공동-입체의 모든 요소들이 얼굴화되어야 한다는 것과 마찬가지이다. 그것들은 구멍 뚫린 스크린에 의해 흰 벽-검은 구멍, 얼굴을 생산할 추상적인 기계에 의해 얼굴화될 것이다. 그러나 이 작업은 여기서 멈추지 않는다. 머리와 그것의 요소들은 전체적인 몸체가 불가피한 과정 안에서 얼굴화되지 않으면, 얼굴화되도록 이끌리지 않는다면 얼굴화되지 않을 것이다. 입과 코, 특히 두 눈은 몸체의 다른 모든 입체들과 다른 모든 공동들을 불러내지 않으면 구멍 뚫린 표면이 되지 않는다. 그것은 무섭고도 휘황한, 모로 박사(Dr. Moreau)에게 걸맞는 작업이다. 손, 가슴, 배, 자지와 질, 엉덩이, 다리와 발은 얼굴화될 것이다. 페티시즘, 색정광 등은 이 얼굴화의 과정과 떼어 놓을 수 없다. 이것은 결코 몸체의 일부분을 취해 그것을 얼굴과 닮게 하거나, 구름 안에서처럼 꿈의 얼굴을 연기(演技)하도록 하는 문제가 아니다. 이것은 결코 신인동형론이 아니다. 얼굴화는 닮음(=유사성)이 아니라 근거들의 질서(ordre des raisons)에 의해 작동한다. 온 몸체가 구멍 뚫린 표면을 통과하도록 하는 것은 훨씬 더 무의식적이고 기계적인 작업인데, 거기에서는 얼굴이 모델이나 이미지의 역할이 아니라 모든 탈코드화된 부분들을 위한 덧코드화 역할을 한다. 모든 것은 성적인 것으로 남으며, 어떤 승화도 없다. 단지 새로운 좌표들이 있을 뿐이다. 왜냐하면 얼굴은 추상적인 기계에 의존하고 있어서, 머리를 뒤덮는 것에 만족하지 못하고 몸체의 다른 부분들을 변용시키고 닮지 않은 다른 대상들까지도 필요로 하게 될 것이기 때문이다. 이제 문제는 얼굴과 얼굴성을 생산하는 이 기계가 어떤 상황에서 작동하기 시작하는지 알아내는 것이다. 머리가 — 심지어 인간의 머리도 — 반드시 얼굴은 아니지만, 얼굴은 인류 안에서 생산된다. 그러나 그것은 인간 "일반"의 필요성이 아닌 다른 필요성에 의해서이다. 얼굴은 동물의 것이 아니다. 그러나 그것은 더 이상 인간 일반의 것도 아니다. 얼굴에는 절대적으로 비인간적인 어떤 것마저 있다. 얼굴이 어떤 문턱, 즉 클로즈업(gros plan), 과장된 확대, 엉뚱한 표현 등에서부터 시작할 때에만 비인간적이 된다고 보는 것은 오류이다. 인간 안의 비인간적인 것, 얼굴은 처음부터 그렇다. 그것은 본래부터 생명 없는 백색 표면들, 빛나는 검은 구멍들, 공허와 권태를 지닌 거대한 판(gros plan)이다. 벙커-얼굴. 인간이 하나의 운명을 지닌다는 점에서라면, 그것은 차라리 얼굴에서 벗어나는 것, 얼굴과 얼굴화를 망치는 것, 지각 불가능하게 되는 것, 잠행자(clandestin)가 되는 것일 것이다. 그리고 그것은 동물성으로의 회귀나 머리로의 회귀에 의해서가 아니라 매우 정신적이고 매우 특별한 동물-되기에 의해서, 벽을 뛰어 넘고 검은 구멍들로부터 벗어나는, 진정 이상한 되기(=생성)에 의해서이다. 이 이상한 되기는 **얼굴성의 특징들** 자체가 결국 얼굴의 조직화에서 벗어나게 하고, 더 이상 얼굴, 지평선으로 뻗어가는 주근깨, 바람에 날리는 머리카락, 우리가 서로 바라보거나 기표작용적 주체성들과의 침울한 맞대면에서 바라보는 것이 아니라 가로질러가는 눈들 등에 의해 포섭되지 않도록 할 것이다. "나는 더 이상 내 팔에 안은 여자의 눈을 바라보지 않는다. 그러나 나는 헤엄쳐서 머리, 팔, 온 다리를 가로지른다. 나는 그 눈의 안구 뒤에 탐험하지 않은 세계, 미래의 것들의 세계가 펼쳐지는 것을 본다. 이 세계에 논리는 부재한다. (……) 나는 벽을 부수었다. (……) 나의 눈은 쓸모가 없다. 왜냐하면 그것은 아는 것의 이미지만 전해주기 때문이다. 나의 온몸은 언제나 더욱 빠른 속도로 쉬지 않고, 되돌아보지 않고, 힘 빠지지 않게 움직이면서, 영원한 광선이 되어야 한다. (……) **그리하여 나는 나의 귀, 나의**

눈, 나의 입술을 닫는다."[6] CsO. 그렇다, 얼굴은 파괴되고 망가지는 한 거대한 미래를 지닌다. 탈기표작용으로 향하는, 탈주체성으로 향하는 길에서. 그러나 우리는 우리가 느끼는 것에 대해 아직 아무것도 설명하지 않았다.

머리-몸체의 체계에서 얼굴의 체계로 가는 것에는 진화도 없고 발생의 단계들도 없다. 현상학적 위치들도 없다. 또한 구조적이며, 조직화 또는 구조화하는 조직화를 동반하는 부분 대상들의 통합도 없다. 얼굴성이라는 이 고유한 기계를 통하지 않고서는 이미 그곳에 있을 또는 그곳에 있게끔 이끌릴 주체에 대한 지시는 존재하지 않는다. 얼굴의 문헌에서 시선에 대한 사르트르의 텍스트와 거울에 대한 라캉의 텍스트는 현상학의 장에서 반성(réfléchie)되거나 구조주의의 장에서 균열된 주체성, 인간성의 형식을 지시한다는 오류를 지니고 있다. 그러나 시선은 시선 없는 눈, 얼굴성의 검은 구멍에 비하면 이차적인 것에 불과하다. 거울은 얼굴성의 흰 벽에 비하면 이차적인 것에 불과하다. 우리는 더 이상 발생축이나 부분 대상들의 통합에 대해 이야기할 수 없을 것이다. 개체 발생에서의 단계라는 사고는 자의적인 것이다. 사람들은(on) 가장 빠른 것이 일차적이라고 믿는다. 그것이 뒤이어 오는 것의 기반이나 도약판으로 이용되는 것을 무릅쓰고서라도 말이다. 부분 대상에 관해 말하자면 그것은 더욱 좋지 않은 사고, 즉 다시 봉합하게 되더라도 어떻게 해서든 모든 의미를 잘게 자르고 재단하고 해부하는 정신 나간 실험가의 사고의 산물이다. 사람들은 손, 가슴, 입, 눈 등 부분 대상의 어떤 목록이든지 만들 수 있다. 저들은 프랑켄슈타인에서 벗어날 수 없다. 우리는(nous) 몸체 없는 기관, 조각난 몸체를 고려할 필요는 없지

6 Henry Miller, *Tropique du Capricorne,* Ed. du Chêne, pp. 177~179[영어 원본 : *Tropic of Capricorn*, New York : Grove Press, 1961, pp. 121~123. 독역본 : *Wendekreis des Steinbocks*, übers. von Kurt Wagenseil, Hamburg : Reinbek, 1964, S. 114~115].

만 특히 기관 없는 몸체는 고려해야 한다. 기관 없는 몸체는 서로 다른 강렬한 운동들에 의해 활성화되는데, 이 운동들은 문제가 되는 기관의 본성과 위치를 결정하며, 이 몸체를 하나의 유기체로 또는 유기체를 그저 하나의 부분으로 삼는 지층들의 체계로 만들 것이다. 그리하여 가장 느린 운동이 가장 덜 강렬한 것은 아니며 가장 마지막에 생산되거나 생겨나는 것도 아니다. 또한 가장 빠른 운동은 이미, 가장 느린 운동을 향하여 수렴되고 그것과 연결접속된다. 동시적인 지층들과 상이한 속도들의, 단계의 연속이 없는 비공시적 전개의 비평형상태 속에서 말이다. 몸체는 부분 대상의 문제가 아니라 미분적 속도의 문제이다.

이 운동들은 탈영토화의 운동들이다. 동물의 것이건 인간이 것이건 유기체를 몸체로 "만드는" 것은 이 운동들이다. 예를 들어 무언가를 잡는 손은 단지 앞발뿐만 아니라 장소 이동에 쓰이는 손의 상대적 탈영토화를 내포한다. 그것은 그 자체로 사용 대상이나 도구인 상관물, 즉 탈영토화된 나뭇가지로서의 막대를 지니고 있다. 직립한 여성의 가슴은 동물의 유선(乳腺)의 탈영토화를 내포한다. 바깥으로 점막이 젖혀진 입술을 갖춘 아이의 입은 동물의 주둥이나 입의 탈영토화를 표시한다. 그리고 가슴-입술, 각각은 상대방에 대해 상관물의 역할을 한다.[7)]

7 Hermann Klaatsch, "L'évolution du genre humain", in Hans Kreomer, *L'Univers et l'humanité*, t. II[독어본 : "Entstehung und Entwicklung des Menschengeschlechts", in Hans Kraemet (Hrsg.), *Weltall und Menschheit*, Bd. 2, Berlin-Leipzig-Wien-Stuttgart, 1902]. "다른 점에서는 그토록 인간을 닮은 살아 있는 어린 침팬지들에게서 입술의 붉은 가장자리의 흔적을 찾으려 노력했지만 소용없었다. (……) 만약 입이 두 개의 하얀 가장자리 사이의 하나의 선처럼 보인다면, 아무리 매혹적인 소녀의 얼굴이라도 무엇이 되겠는가! (……) [유인원의] 흉곽 부위는 인간처럼 유선이 있는 두 개의 유두를 지니고 있다. 그러나 그것은 인간의 유방과 비교할 만한 국소적 지방 융기에까지 이르지는 않는다"[독어본 : S. 166, 168]. 그리고 에밀 드보(Emile Devaux)의 공식은 *L'espèce, l'instinct, l'homme*, Paris : Le François, 1933, p. 264를 참조. "여성의 가슴을 만든 것은 어린이고 아이의 입술을 만든 것은 어머니다."

인간의 머리는 그 자체로 탈영토화된 환경(스텝은 삼림 환경과 대립되는 최초의 "세계"이다)으로서의 세계의 조직화를 상관물로 갖는 동시에, 동물에 대하여 탈영토화를 내포한다. 그러나 얼굴은, 이제 더 느리긴 하지만 한층 더 강렬한 탈영토화를 표상한다. 그것을 절대적 탈영토화라고 말할 수 있을 것이다. 그것은 더 이상 상대적이지 않다. 왜냐하면 그것은 동물뿐 아니라 인간이라는 유기체의 지층으로부터 머리를 빠져나오게 해서, 그것을 의미생성이나 주체화의 지층 같은 다른 지층들에 연결접속시키기 때문이다. 그런데 얼굴은 아주 중요한 상관물인 풍경을 가진다. 풍경은 환경일 뿐만 아니라 탈영토화된 세계이다. 이 "최상"의 층위에서 풍경-얼굴의 상관관계는 다양하게 나타난다. 기독교적 교육은 얼굴성과 풍경성에 대한 정신적 통제를 동시에 수행한다. 얼굴과 풍경의 상보성 안에서 하나를 다른 것으로 구성하라, 그것들을 채색하라, 그것들을 완성하라, 그것들을 정리하라.[8] 얼굴과 풍경의 교본들은 엄격한 훈육인 교육학(pédagogie)을 형성하고, 예술이 교수법에 영감을 주듯 그것은 예술에 영감을 준다. 건축은 그것의 총체인 건물, 마을이나 도시, 기념물이나 공장을 위치시키고, 이것들은 건축이 변형시키는 풍경 안에서 얼굴들로서 기능한다. 회화는 동일한 운동을 다시 취하지만 얼굴에 따라 풍경을 위치시키고, 하나를 다른 하나처럼 취급함으로써 그 운동을 역전시키기도 한다. 영화의 클로즈업은 얼굴을 무엇보다 하나의 풍경으로 취급한다. 클로즈업은 검은 구멍과 흰 벽, 스

8 얼굴의 훈련은 J.-B. 드 라 살(J.-B. de la Salle)의 교육 원리에서 핵심적인 역할을 한다. 그러나 이미 이그나시우스 드 로욜라(Ignace de Loyola)는 자신의 가르침에 크리스트의 삶, 지옥, 세계 등과 관련된 풍경의 훈련 또는 "장소의 구성"을 연결시켰다. 바르트(R. Barthes)의 말대로, 여기서 문제가 되는 것은 언어에 종속된 해골 같은 이미지이며 또한 동시에 교리문답과 신앙 지침서에서 찾아볼 수 있듯, 완성하고 채색하는 능동적 도식이다[독어본 : *Sade-Fourier-Loyola*, übers. von Maren Sell und Jürgen Hoch, Frankfurt, 1974, S. 47~88, 60. 영어본 : *Sade, Fourier, Loyola*, trans. Richard Miller, New York : Hill and Wang, 1976 참조].

크린과 카메라, 이런 식으로 정의된다. 그러나 이미 다른 예술들, 건축, 회화 심지어 소설도 그러하다. 클로즈업들은 모든 상관관계들을 발명하면서 이것들에 생기를 불어넣어주는 것이다. 그렇다면 너의 어머니는 풍경인가 얼굴인가? 얼굴인가 공장인가?(고다르) 탐험되지 않은 미지의 풍경을 감싸고 있지 않는 얼굴은 없고, 사랑받거나 꿈꾸어진 얼굴이 서식하고 있지 않은 풍경, 다가오고 있거나 이미 지나간 얼굴을 전개시키지 않는 풍경도 없다. 어떤 얼굴이 그것과 뒤섞일 풍경들, 바다, 산을 부르지 않겠으며, 어떤 풍경이 자신을 완성했을, 즉 풍경에 선과 윤곽의 예기치 않은 보완물을 제공해주었을 얼굴을 환기시키지 않겠는가? 회화가 추상적으로 될 때조차, 그것은 검은 구멍과 흰 벽, 즉 흰 화폭과 검은 균열의 거대한 구성을 되찾게 할 뿐이다. 찢기, 그러나 또한 도주의 축을 통해 화폭을 잡아 늘이기, 도주의 점, 사선, 칼질, 틈 또는 구멍. 기계는 이미 거기에 있으며, 언제나 더욱 추상적인 얼굴들과 풍경들을 생산하면서 기능한다. 티치아노는 검은색과 흰색을 색칠하면서 시작했고, 그것은 채워야 할 윤곽이 아니라 도래할 각각의 색깔의 모태와 같은 것을 만들기 위해서였다.

소설 – 페르스발은 야생 기러기떼가 날아올라 눈에 반사되어 빛나는 것을 보았다. (……) 매가 이 무리에서 버려진 기러기 한 마리를 발견했다. 매는 그것을 덮쳤고, 너무나 세게 부딪혀, 기러기는 떨어졌다. (……) 그리고 페르스발은 발 밑의 기러기가 놓여 있는 눈과 아직도 선명한 피를 보았다. 그는 피와 눈의 상태를 모두 살펴보기 위해 그 위에 창을 가져가 보았다. 이 선명한 색깔은 연인의 얼굴 색깔처럼 보였다. 그는 생각할수록 모든 것을 망각했다. 왜냐하면 이렇게 마치 눈 위에 피 세 방울이 나타나는 것처럼, 그는 자신의 연인의 얼굴에서 흰색 위의 진홍색을 보았기 때문이었다. (……) 우리는 말 위에 똑바로 앉아서 잠든 기사를 보았다. 여기에는 모든 것이 있다. 얼굴과 풍경의 고유한 잉여, 얼굴-풍경의 눈처럼 흰 벽, 매의 검은 구멍 또는 벽 위에 흩어진 세 방울의 검은 구멍. 또는 동시에 심각한 긴장증에 빠진 기사의 검은 구멍을 향하여 뻗어나가는 얼굴-풍경의 은빛 선. 또한 때때로 어떤 상황에서, 시도가 거듭 실패하더라도 기사는 검은 구멍을 가로지르고 흰 벽을 꿰뚫고 얼굴을 망가뜨리며 언제나 더 멀리 운동을 밀어붙일 수 있지 않을까?[9]) 이 모든 것은 결코 소설 장르의 종말을 나타내지 않으며, 오히려 처음부터 거기에 있었고 본질적으로 거기에 속한다. 『돈 키호테』에서 환영과 관념의 도주와 주인공의 최면적이고 강경증(强硬症)적인 상태를 환기시키면서 기사도 소설의 종말을 보는 것은 잘못이다. 베케트의 소설들에서 검은 구멍들과 인물들의 탈영토화의 선과 몰로이(Molloy)나 무명씨(Innommable)의 분열증적인 산책, 그들의 이름과 회상과 계획의 상실을 환기시키면서 소설 일반의 종말을 보는 것은 잘못이다. 물론 소설의 진화란 존재하지만, 그것은 분명히 거기에 있지 않다. 소설은 자기 이름도 모르고, 자기가 찾는 것과 행하는 것도 모르는 인물들, 즉 기억상실증, 운동조실증, 긴장증에 걸린 길 잃은 인물들의 모험에 의해 끊임없이 자신을 정의해왔다. 소설 장르와 극 또는 서사시 장르 사이의 차이를 만드는 것은 그들이다 (서사시나 연극의 주인공들은 이와 전혀 다른 방식으로 망상이나 망각 등에

9 Chrétien de Troyes, *Perceval ou le roman du Graal,* Gallimard, Folio, pp. 110～111[독역본 : *Perceval oder die Geschichte vom Graal*, übers von Konrad Sandkühler, Stuttgart, 1957, S. 78～79. 영역본 : *The Story of the Grail*, trans. Robert White Linker, Chapel Hill : University of North Carolina Press, 1952, pp. 88～89]. 말콤 로리(Malcolm Lowry)의 소설 *Ultramarine*, Denoël, pp. 182～196[독역본 : *Ultramarin*, übers. von Werner Schmitz, Hamburg : Reinbek, 1982, S. 172～185. 영어본 : *Ultramarine*, Philadelphia : Lippincott, 1962, pp. 159～172]에서는 배의 "기계 장치"에 의해 지배되는 이와 비슷한 장면이 발견된다. 비둘기 한 마리가 상어가 우글거리는 물에 빠진다. "하얀 격랑 위에 빠진 붉은 잎사귀", 이것은 불가피하게 피 흘리는 얼굴을 환기시킨다. 로리의 장면은 너무나 상이한 요소들 안에서 포착되어 있고 너무나 특별하게 조직되어 있어서, 여기에는 어떤 영향 관계가 있는 것이 아니라 단지 크레티앵 드 트루아의 장면과의 만남만이 있다. 이는 검은 구멍 또는 흰 벽(눈 또는 물)-붉은 얼룩이라는 진정한 추상적인 기계에 대한 그만큼 확실한 증거이다.

빠진다). 『클레브 공작부인*La princesse de Clèves*』은 동시대인들에게는 역설적으로 보이는 바로 그 이성, 부재나 "휴식" 상태, 인물들을 덮치는 잠으로 인해 소설인 것이다. 소설에는 언제나 기독교적 교육이 들어 있다. 몰로이는 소설 장르의 시초이다. 예컨대 크레티앵 드 트루아(Chrétien de Troyes)와 함께 시작된 소설은 이미 앞으로의 모든 행로에 자신을 동반할 본질적인 인물을 갖고 있었다. 궁정 소설의 기사는 시간이 지날수록 자기의 이름, 자기가 행하는 것, 다른 사람이 자기에게 말한 것을 잊어버리고, 자신이 어디로 가는지, 누구에게 말하는지 모르고, 끊임없이 절대적인 탈영토화의 선을 추적하면서, 또한 그 선에서 자신의 길을 잃어버리고, 검은 구멍들 앞에서 멈추고, 그 안으로 빠져버린다. "그는 기사도와 모험을 기대했다." 크레티앵 드 트루아를 어떤 페이지든 상관없이 펼쳐보라. 당신은 말 위에 앉아 창에 기댄 채, 기다리고, 풍경에서 자신의 연인의 얼굴을 보고, 그것에 대답하기 위해 박차를 가하는 긴장증에 걸린 기사를 발견할 수 있을 것이다. 랑슬로(Lancelot)는 여왕의 하얀 얼굴 앞에서 자기 말이 강물 속으로 처박히는 것도 알아차리지 못한다. 또한 그는 지나가는 수레에 타고 나서야, 그것이 치욕의 수레라는 것을 알게 된다. 소설에 속하는 얼굴-풍경의 집합이 있다. 거기에서 어떤 때에는 검은 구멍들이 흰 벽 위에 분배되기도 하고, 어떤 때에는 흰 지평선이 검은 구멍 쪽으로 뻗어나간다. 이 두 가지가 동시에 일어나는 경우도 있다.

탈영토화의 정리들 또는 기계적 명제들[10]

제1정리 : 혼자서는 결코 탈영토화될 수 없다. 적어도 두 개의 항, 손-사용 대상, 입-가슴, 얼굴-풍경이 있어야 한다. 그리고 두 개의 항들 각각은 다른 항 위에서 재영토화된다. 따라서 재영토화와 초기의 또는 더욱 이전의 영토성으로의 회귀를 혼동해서는 안 된다. 재영토화는 필연적으로 책략들의 집합을 내포하는데, 이 책략들로 인해 그 자체로 탈영토화되어 있는 하나의 요소는 자신의 영토성을 상실하지 않은 다른 요소의 새로운 영토성에 사용된다. 이로부터 손과 도구, 입과 가슴, 얼굴과 풍경 사이의 수평적이고 상보적인 재영토화의 모든 체계가 나온다. — 제2정리 : 탈영토화의 두 요소나 운동에서 가장 빠른 것이 반드시 가장 강렬하거나 가장 탈영토화되어 있는 것은 아니다. 탈영토화의 강렬함은 운동이나 전개 속도와 혼동되어서는 안 된다. 따라서 가장 빠른 것은 자신의 강렬함을 가장 느린 것의 강렬함과 연결접속시키고, 강렬함으로서의 이 가장 느린 것은 가장 빠른 것을 뒤따라가는 것이 아니라 다른 지층이나 다른 판 위에서 동시에 작동한다. 바로 이런 방식으로 입-가슴의 관계는 이미 얼굴성의 판 위로 인도된다. — 제3정리 : 가장 탈영토화되지 않은 것은 가장 탈영토화된 것 위에서 재영토화된다고 결론을 내릴 수 있다. 여기에서 아래에서 위로 향하는, 수직적인 재영토화의 두번째 체계가 나타난다. 입뿐만 아니라 가슴, 손, 온몸, 도구 자체도 "얼굴화"된 것은 이러한 의미에서이다. 일반적으로 상대적인 탈영토화들(탈코드화)은 이런 저런 점에서 절대적인 탈영토화(덧코드화) 위에서 재영토화된다. 그런데 우리는 머리가 하나의

10 [이 명제들은 제10편에서 계속된다]

지층에서 다른 지층으로, 유기체의 지층에서 의미생성이나 주체화의 지층으로 이행한다는 점에서, 탈영토화가 부정적인 채로 머문다 하더라도, 머리의 얼굴로의 탈영토화는 절대적이라는 것을 살펴보았다. 손과 가슴은 얼굴 위에서, 풍경 안에서 재영토화된다. 그것들은 풍경화되는 동시에 얼굴화된다. 심지어 집, 물품이나 물건, 의복 등 사용 대상도 얼굴화된다. 우리는 **그것들이 나를 바라본다**고 말할 수 있을 것이다. 그것들이 얼굴을 닮았기 때문이 아니라 흰 벽-검은 구멍의 과정 안에 있기 때문이며, 얼굴화의 추상적인 기계와 연결접속되어 있기 때문이다. 영화의 클로즈업은 얼굴이나 얼굴의 한 요소뿐만 아니라 칼, 찻잔, 시계, 주전자도 대상으로 한다. 그리하여 그리피스(Griffith)에게서처럼, 주전자가 나를 바라본다. 따라서 디킨즈(Dickens)가 『난롯가의 귀뚜라미』의 첫 문장에서 "……을 시작한 것은 주전자이다"[11]라고 썼듯, 소설의 클로즈업이 있다고 말하는 것은 정당하지 않은가. 그리고 회화, 그 안의 정물은 어떻게 풍경-얼굴이 되는가. 보나르(Bonnard)와 뷔야르(Vuillard)에게서 물품, 식탁보 위의 컵, 찻주전자는 어떻게 얼굴화되는가. — **제4정리** : 따라서 추상적인 기계는 그것이 생산하는 얼굴 안뿐만 아니라 몸체의 부분들, 의복들, 그것이 (유사성의 조직화가 아니라)

11 Sergei Eisenstein, *Film Form*, Meridian Books, pp. 194～199[독역본 : "Dickens, Griffith und wir", in *Gesammelte Aufsätze I*, übers. von Lothar Fahlbusch, Zürich o. J., S. 60～65]. "주전자가 그것을 시작했다……" 디킨즈의 『난롯가의 귀뚜라미*Le grillon du foyer; Cricket on the Hearth*』에 나오는 첫 문장이다. 이보다 영화와 더 먼 것이 어디 있겠는가? 그러나 이상하게 보일지 모르지만 영화 역시도 이 주전자 안에서 끓기 시작한다. (……) 우리가 여기에서 전형적인 클로즈업을 인지한 이래로, 우리는 이렇게 써나간다. "분명 이것은 순수한 그리피스이다……" 이 주전자는 전형적으로 그리피스적인 클로즈업이다. 이 디킨즈적 대기로 흠뻑 젖은 클로즈업. 그리피스가 이와 동일한 지배력으로써 『동쪽 멀리 *Loin à l'est; Way Down East*』에 나오는 삶의 혹독한 형상과 인물들의 얼어붙은 도덕적 형상을 둘러쌀 수 있었다. 죄지은 안나를 흔들리는 얼음 덩어리의 유동적인 표면으로 밀어냈던 형상을(여기에서 흰 벽이 다시 발견된다).

이성의 질서에 따라 얼굴화하는 대상들 안에서 다양한 정도로 실행된다.

결국, 다음과 같은 질문이 남는다. 얼굴성이라는 추상적인 기계는 언제 작동하기 시작하는가? 그것은 언제 시동이 걸리는가? 간단한 예를 들어보자. 수유를 하는 동안에도 얼굴을 통과하는 모성의 권력, 애무 중에도 연인의 얼굴을 통과하는 열정의 권력, 군중 행동 안에서조차 깃발, 아이콘, 사진 등 우두머리의 얼굴을 통과하는 정치의 권력, 스타의 얼굴과 클로즈업을 통과하는 영화의 권력, 텔레비전의 권력……. 여기에서 얼굴은 개별적인 것으로서 작용하지 않는다. 개별화야말로 얼굴의 필요성에서 기인한다. 중요한 것은 얼굴의 개별성이 아니라 얼굴이 작동을 허용하는 암호의 유효성이며, 어떤 경우에 그렇냐 하는 점이다. 이것은 이데올로기가 아닌 경제와 권력 조직의 문제이다. 우리는 확실히 얼굴, 얼굴의 역량이 권력을 발생시키고 그것을 설명한다고 말하는 것이 아니다. 반대로 권력의 어떤 배치물들은 얼굴의 생산을 필요로 하고, 권력의 어떤 배치물들은 그렇지 않다. 원시 사회를 고려해 본다면, 얼굴을 통과하는 것은 거의 없다. 원시 사회의 기호계는 기표작용적이거나 주체적이지 않고, 아주 다양한 표현의 형식들과 실체들을 이용하며, 본질적으로 집단적이고 다성적이고 몸체적이다. 다성성은 몸체와 몸체의 입체감과 몸체 내부의 공동과 몸체 외부의 가변적인 연결접속들과 좌표들(영토성들)을 통과한다. 손[手]적 기호계의 단편, 손적 시퀀스는 종속이나 통합 없이 입이나 피부 또는 리듬 등의 시퀀스와 조화를 이룬다. 예컨대 리조는 "의무, 의례, 일상생활의 분리가 어떻게 우리의 정신에 있어서 거의 완벽하고 (……) 낯설고 상상할 수 없게 되는가"를 보여준다. 한 장례식에서 어떤 사람들이 우는 동안, 어떤 사람들은 음란한 농담을 한다. 또는 한 인디언이 갑자기 울음을 멈추고는 피리를 고친다. 또는 모든 사람들이 잠이 든다.[12] 근친상간도 마찬가지이다. 근친상간의 금지가 없는 경우도 있고, 특정한 좌표들에 따라 금지의 시퀀스들과 연결접속되는 근친상간의 시퀀스들이 있기도 하다. 회화, 문신, 피부 위의 표시들은 몸체의 다차원성과 결합한다. 가면마저도 머리를 얼굴로 격상시켜주기보다는 몸체에 대한 머리의 귀속을 공고히 해준다. 아마도 여기에는 탈영토화의 심오한 운동들이 작용하고 있으며, 그것들은 몸체의 좌표들을 전복하고 권력의 특별한 배치물들의 초벌그림을 마련한다. 하지만 몸체를 얼굴성이 아니라, 특히 약의 도움으로 동물 되기들과 연결접속함으로써 그렇게 한다. 여기에 정신성이 없지는 않다. 왜냐하면 동물-되기는 재규어-정신, 새-정신, 삵괭이-정신, 거취조-정신 등 <동물 정신>을 포괄하며, 이것들은 몸체를 얼굴로 만드는 대신 몸체의 내부를 소유하고, 몸체의 공동으로 들어가고, 몸체의 양감을 채우기 때문이다. 소유의 경우들은 <목소리>와 몸체의 직접적 관계를 표현하지 얼굴과의 관계를 표현하고 있지 않다. 무당, 전사, 사냥꾼의 부서지기 쉽고 위태로운 권력 조직들은 물체성, 동물성, 식물성을 통과할 만큼 정신적이다. 우리가 인간의 머리는 여전히 유기체의 지층에 속해 있다고 말할 때, 명백히 우리는 어떤 문화나 사회의 존재를 거부하는 것이 아니라 단지 이 문화와 사회의 코드들이 몸체들, 몸체들에 대한 머리들의 귀속, 생성하고 영혼들을 받아들이고 영혼을 친구로 받아들이거나 적으로 거부하는 머리-몸체 체계의 특성을 대상으로 한다고 말하는 것이다. "원시인"들은 더 인간적이고 더 아름답고 더 정신적인 머리를 지닐 수 있다. 그들은 얼굴이 없고 얼굴을 가질 필요가 없다.

그리고 그 이유는 단순하다. 얼굴은 보편적인 것이 아니다. 그것은

12 Jacques Lizot, *Le cercle des feux*, Paris : Ed. du Seuil, 1976, pp. 34ff.[독역본 : *Im Kreis der Feuer. Aus dem Leben der Yanomani-Indianer*, übers. von Eva Moldenhauer, Frankfurt, 1982, S. 39].

심지어 백인(homme blanc)의 얼굴도 아니다. 그것은 희고 큰 뺨과 눈의 검은 구멍이 있는 <백색인(Homme blanc)> 그 자체이다. 얼굴은 크리스트이다. 얼굴은 전형적인 유럽인이며, 에즈라 파운드가 뭔가 관능적인 인간이라 부른 것, 요컨대 평범한 색정광(érotomanie)이다(19세기의 정신과 의사들이 색정광은 이상 발정[nymphomanie]과는 달리 종종 순수하고 순결한 상태를 유지한다고 말한 것은 옳았다. 색정광은 얼굴과 얼굴화를 통과하기 때문이다). 얼굴은 보편적이지 않다. 그것은 모든 보편적인 것의 얼굴(facies totius universi)이다. 수퍼스타 예수. 그는 온몸의 얼굴화를 발명하고 그것을 도처에 전달한다(클로즈업된 『잔 다르크의 수난』). 따라서 얼굴은 본성상 아주 특수한 관념이고, 그것은 얼굴이 가장 일반적인 기능을 취득하거나 수행하는 것을 막지 않는다. 그것은 일대일 대응화, 이원화라는 기능이다. 여기에는 두 가지 양상이 있다. 검은 구멍-흰 벽으로 구성되어 있는 얼굴성이라는 추상적인 기계가 기능하는 두 가지 방식이 있다. 하나는 단위나 요소들과 관계되고 다른 하나는 그것들의 선택과 관계된다. 첫번째 양상을 따르면, 검은 구멍은 지칭의 일반적 표면으로서의 벽 또는 흰 스크린 위에서 이동하는 중앙 컴퓨터, 크리스트, 제3의 눈으로서 작용한다. 우리가 거기에 어떤 내용을 부여하건 기계는 얼굴의 단위, 다른 얼굴과 일대일 대응 관계에 있는 기본 얼굴의 구성을 진행시킬 것이다. 그것은 남자 또는 여자, 부자 또는 빈자, 성인 또는 아이, 주인(chef) 또는 하인(sujet), "x 또는 y"이다. 스크린 위에서의 검은 구멍의 자리 바꿈(déplacement), 지칭의 표면 위에서의 제3의 눈의 여정은, 둘씩 연결된 기본 얼굴인 네 개의 눈이 달린 기계처럼 이분법이나 나무성을 구성한다. 여선생과 학생의 얼굴, 아버지와 아들의 얼굴, 노동자와 사장의 얼굴, 경찰과 시민의 얼굴, 피고와 판사의 얼굴("판사는 근엄한 분위기를 풍겼다. 그의 눈은 지평이 없었다……"). 개별화된 구체적인 얼굴들은, 마치 이미 군인의 소명이나 육

군사관학교 생도의 목덜미를 느끼게 하는 부유한 아이의 얼굴처럼 얼굴의 단위와 단위들의 조합에 따라 생산되고 변형된다. 우리는 얼굴을 소유한다기보다는 얼굴 안에서 흐른다.

다른 양상을 따르면, 얼굴성이라는 추상적인 기계는 선별적 반응이나 선택의 역할을 한다. 어떤 구체적인 얼굴이 주어지면 기계는 기본적인 얼굴 단위들에 따라 그것이 통과할 것인지 아닌지, 갈 것인지 아닌지 판단한다. 이항적 관계는 이번에는 "아니다-그렇다"의 유형이다. 검은 구멍의 비어 있는 눈은 반쯤 노망든 독재자가 승락과 거부의 신호를 하듯 흡수하거나 내버린다. 여교사의 얼굴에는 경련이 지나가고, "더 이상 좋지 않을 거야"라고 하는 불안으로 덮여 있다. 어떤 피고, 어떤 하인은 복종하지만 그것은 너무 부자연스러워서 무례함이 되어버리고 만다. 또는 너무 예의바르기 때문에 정직하지 않다. 어떤 얼굴은 남자의 얼굴도 아니고 여자의 얼굴도 아니다. 그것은 가난한 자도 아니고 부자도 아니다. 그것은 자기 재산을 잃어버린 낙오자인가? 매순간마다 기계는 적합하지 않거나 수상한 기미가 있는 얼굴들을 내버린다. 그러나 그것은 단지 특정한 선택의 층위에서이다. 왜냐하면 그것은 일대일 대응 관계를 벗어나는 모든 것에 대해 일탈 유형별 격차들(écarts-types de déviance)을 순차적으로 만들어야 하고, 첫번째 선택에서 받아들여진 것과 두번째, 세번째 등의 선택에서만 용인된 것 사이에 이항 관계를 수립해야 하기 때문이다. 검은 구멍이 여러 번 기능하는 동안, 흰 벽은 끊임없이 증가한다. 여교사는 미쳐버렸다. 그런데 광기는 n번째의 선택에 적합한 얼굴이다(하지만 최종적인 선택은 아니다. 왜냐하면 우리가 어떠해야 한다고 가정하는 그러한 광기에 적합하지 않은 광인들의 얼굴들이 있기 때문이다). 아, 그것은 남자도 아니고 여자도 아니다. 그것은 여장 남자이다. 이원적 관계는 첫번째 범주에서의 "아니다"와 그 다음 범주에서의 "그렇다" 사이에 수립되는데, 후자는 어떤 값을 치르고서라도 물리쳐야 하는 적을 가리키는 몇몇 조건들 하에서 관용을 표시할 수 있다. 어떤 식으로든 사람들은 너를 알아차렸고, 추상적인 기계는 자신의 바둑판 배열(quadrillage)의 집합 안에 너를 기입했다. 우리는 일탈들의 정탐이라는 새로운 역할 안에서 얼굴성의 기계가 개별적인 경우들에 만족하지 않고, 정상성의 정보처리라는 최초의 역할 안에서처럼 일반적으로 진행된다는 것을 볼 수 있다. 만약 얼굴이 크리스트, 즉 어떤 보통의 <백색인>이라면 최초의 일탈, 최초의 유형별 격차는 인종적이다. 황인종, 흑인종, 두번째나 세번째 범주의 인종들. 그들 역시 벽 위에 기입되어 있고 구멍에 의해 분포되어 있다. 그들은 기독교화, 즉 얼굴화되어야 한다. 백인의 자만인 유럽의 인종주의는 배제한다든가 누군가를 <타자>로 지적함으로써 진행된 것이 결코 아니었다. 낯선 자를 "타자"로 파악하는 것은 오히려 원시 사회에서이다.[13] 인종주의는 점점 더 특이해지고 지체되는 파동 속에서 적합하지 않은 특징들을 특정 장소나 조건, 특정 게토 안에서 용인하기 위해, 또는 결코 이타성(異他性)을 지지하지 않는 벽에서 삭제하기 위해 그것들을 통합하는 척하는 <백색인>의 얼굴에 의해 일탈의 격차들을 결정함으로써 진행되었다(이 사람은 유대인이다, 이 사람은 아랍인이다, 이 사람은 흑인이다, 이 사람은 광인이다 등). 인종주의의 관점에서 외부는 없다, 바깥의 사람은 없다. 오로지 우리처럼 되어야 할 사람들만 있을 뿐이고, 그들의 죄는 우리와 같지 않다는 것이다. 단절은 더 이상 안과 밖 사이에서 일어나지 않고, 동시적인 기표작용적 사슬들과 연이은 주체화의 선택들 내부에서 일어난다. 인종주의는 결코 타자의 입자들을 정탐하지 않는다. 그것은 동일화되지 않는 놈(또는 특정한 격차에 의해서

13 낯선 자를 <타자>로 여기는 것에 관해서는 André Haudricourt, "L'origine des clones et des clans", *L'Homme*, 1964년 1월, pp. 98~102를 참조. 그리고 Robert Jaulin, *Gens du soi, gens de l'autre*, Paris : Union Générale d'Editions, 1973, 10~18(서문, p. 20)을 참조.

만 동일화되는 놈)이 소멸될 때까지 동일자의 파동들을 퍼뜨린다. 그것의 잔인성에 비길만한 것은 그것의 무능력이나 소박함 외에는 없다.

회화는 좀더 즐거운 방식으로 얼굴-크리스트의 모든 자원을 이용했다. 검은 구멍-흰 벽으로 된 얼굴성이라는 추상적인 기계는 크리스트의 얼굴로써 모든 얼굴 단위들뿐만 아니라 모든 일탈의 격차들을 생산하기 위해 모든 면에서 그것을 이용한 것이다. 이 점에서 중세부터 르네상스까지 억제되지 않은 자유로서의 회화의 환희가 있다. 크리스트는 온몸(자기 자신의 몸)의 얼굴화, 모든 환경들(자기 자신의 환경들)의 풍경화를 주재할 뿐만 아니라 모든 기본 얼굴들을 구성하고, 모든 격차들을 배열한다. 장터의 운동선수-크리스트, 호모 마니에리스트-크리스트, 흑인 크리스트, 또는 적어도 벽 가장자리의 흑인 성처녀. 가장 거대한 광기들은 가톨릭의 코드를 가로질러 화폭 위에 나타난다. 많은 다른 예들 중에서 하나만 보자. 풍경의 하얀 배경, 하늘의 검푸른 구멍 위에 연(鳶) 기계가 된 십자가에 못 박힌 예수가 빛살에 의해 성흔들을 성 프란체스코에게 보낸다.[14] 성흔들은 예수의 몸체의 이미지에 따라 성인의 몸체의 얼굴화를 작동시킨다. 그런데 또한 성인에게 상흔들을 보내는 빛살들은 그가 신성한 연을 움직일 수 있는 실들이다. 모든 방향으로 얼굴과 얼굴화의 과정들을 처리할 수 있었던 것은 바로 십자가의 기호 아래에서이다.

정보 이론은 완전히 만들어져 있는 기표작용적 메시지들의 등질적인 집합인 척한다. 이 메시지들은 이미 일대일 대응 관계 안의 요소들로 취해지든지, 아니면 이 메시지들의 요소들은 그런 일대일 대응 관계에 따라 한 메시지로부터 다른 메시지로 조직된다. 두번째로, 조합의 추첨은 요소들의 수에 비례하여 증가하는 일정 수의 주체적인 이항적

14 [지오토(Giotto)의 그림 「성흔을 받는 성 프란체스코」(1300)를 가리킨다]

선택들에 달려 있다. 그런데 문제는 다음과 같다. (흔히 말하듯, 단지 계산을 위한 최대의 용이함에만 의존하지는 않는) 이 모든 일대일 대응화, 이 모든 이항화는 이미 벽이나 스크린의 펼침과 조정하는(ordinateur) 중앙 구멍의 설치를 가정한다. 이것들이 없다면 어떤 메시지도 구별할 수 없고 어떤 선택도 실행될 수 없을 것이다. 흰 벽-검은 구멍의 체계는 모든 공간을 바둑판 배열처럼 구획하고 자신의 나무성과 이분법을 그려서, 기표와 주체성이 오로지 그것들의 가능성을 떠올릴 수 있게 만들어야 한다. 의미생성과 주체화의 혼합된 기호계는 바깥으로부터의 모든 침입으로부터 특별히 보호될 필요가 있다. 심지어 더 이상 외부는 없어야 한다. 이질적인 표현의 실체들의 조합들을 갖는 어떤 유목적 기계, 어떤 원시적 다성성도 출현해서는 안 된다. 모든 번역가능성의 조건으로서 단 하나의 표현의 실체만이 있어야 한다. 우리는 오직 기호론적 스크린과 그 요소들을 보호하는 벽을 이용한다는 조건 아래에서만 이산적이고 디지털화되고 탈영토화된 요소들을 통해 진행되는 기표작용적 사슬들을 구성할 수 있다. 우리는 오직 외부의 그 어떤 폭풍도 사슬들과 주체들을 끌어가지 않는다는 조건 아래에서만 두 개의 사슬들 사이에서 또는 한 사슬의 각 점에서 주체적 선택들을 할 수 있다. 우리는 오직 중심의 눈을, 다시 말해 지배적인 기표작용들 못지않게 지정된 변용태들을 초과하고 변형시키는 모든 것을 포획하는 검은 구멍을 소유하는 한에서만 주체성들의 씨실을 형성할 수 있다. 게다가 어떤 언어가 언어로서 메시지를 전달할 수 있다고 믿는 것은 부조리하다. 특정 언어는 언제나 자신의 언표들을 고지하며 유통중인 기표들 및 해당 주체들과 관련해서 언표들을 가득 채우는 얼굴들 안에 사로잡혀 있다. 선택들이 인도되고 요소들이 조직되는 것은 바로 얼굴들 위에서이다. 공통 문법은 결코 얼굴의 교육과 분리될 수 없는 것이다. 얼굴은 진정한 메가폰이다. 따라서 보호하는 스크린과 조정하는 검은 구멍을 제공해야만 하는 것은 얼굴성이라는 추상적인 기계만이 아니다. 모든 종류의 나무성과 이분법을 그리는 것은 얼굴성이라는 추상적인 기계가 생산하는 얼굴들이다. 나무성과 이분법이 없으면 기표적인 것과 주체적인 것은 언어 안에서 그것들에게로 회귀하는 것들을 기능하게 할 수 없을 것이다. 그리고 분명 얼굴의 이항성들과 일대일 대응성들은 언어, 언어의 요소들, 언어의 주체들의 그것들과 동일하지 않다. 그것들은 서로 전혀 닮지 않았다. 그러나 전자는 후자를 전제한다. 결국 이러저렇게 형식을 부여받은 내용들을 단 하나의 표현의 실체로 번역하면서, 이미 얼굴성의 기계는 그것들을 기표작용적이고 주체적인 배타적인 표현의 형식에 복종시킨다. 그것은 기표작용적 요소들의 식별과 주체적 선택들의 실행을 가능하게 하기 위해 미리 준비된 바둑판 배열을 가동한다. 얼굴성의 기계는 기표와 주체의 부속장치(annexe)가 아니다. 그것은 오히려 기표와 주체의 연결장치(connexe)이며, 기표와 주체를 조건짓는다. 얼굴의 일대일 대응성들과 이항성들은 다른 것들을 배가시키고, 얼굴의 잉여들은 기표작용적이고 주체적인 잉여들과 더불어 잉여를 만든다. 정확하게 말해서, 얼굴은 추상적인 기계에 의존하기 때문에 이미 거기에 존재하는 주체나 기표를 가정하기 않는다. 얼굴은 주체나 기표에게 연결장치이고, 그것들에 꼭 필요한 실체를 준다. 스존디(Szondi) 테스트에서처럼 얼굴들을 선택하는 것은 주체가 아니다. 자신의 주체를 선택하는 것이 바로 얼굴인 것이다. 로르샤흐(Rorschach) 테스트에서처럼 형상을 흰 구멍-검은 얼룩이나 검은 구멍-흰 페이지로 해석하는 것은 기표가 아니다. 기표들을 프로그램하는 것이 바로 이 형상인 것이다.

우리는 다음 물음에 대한 답을 향해 진척을 보였다. 즉 얼굴성이라는 추상적인 기계는 언제나 실행되는 것도 아니고 어떤 사회 구성체에서나 실행되는 것도 아닐진대, 그것에 시동을 거는 것은 무엇인가? 어떤 사회 구성체들은 얼굴을, 또한 풍경을 필요로 한다.[15] 이야기하자면 길어진다. 의미생성과 주체화의 기호계를 위해, 아주 다양한 표현의 실체들과 형식들을 사용해, 아주 다양한 날짜들 속에서 원시적이고 다성적이고 다질적인 모든 기호계들의 일반화된 붕괴가 생산된다. 의미생성과 주체화 사이의 차이가 어떻건, 각 경우에 그 각각이 우세한 정도가 어떻건, 그것들이 사실상 다양하게 혼합된 모습들이 어떻건, 의미생성과 주체화는 모든 다성성을 으스러뜨리고, 언어를 배타적인 표현의 형식으로 승격시키고, 기표작용적 일대일 대응화와 주체적 이항화를 통해 수행된다는 점에서 정확히 공통점을 지닌다. 언어에 고유한 초-선형성은 다차원적인 모습들과 더 이상 조화되지 않는다. 그것은 이제 모든 입체들을 판판하게 만들고 모든 선들을 자신에게 복속시킨다. 언어학이 동음이의어나 애매한 언표라는 문제와 언제나, 그것도 아주 빠르게 만나는 것은 우연일까? 언어학은 이런 문제를 이항적 환원들의 집합을 통해 다루는 것이다. 더욱 일반적으로, 어떤 다성성, 어떤 리좀의 특질도 지지될 수 없다. 달리고 놀고 춤추고 그림 그리는 아이는 자신의 주의력을 언어와 글에 집중시킬 수 없다. 그는 이제 결코 좋은 주체[16]는 아닐 것이다. 요컨대 새로운 기호계는 원시적 기호계들의 모든 다양체를 체계적으로 파괴할 필요가 있다. 비록 그것이 잘 규정된 울타리 안에서 몇몇 잔해들을 지키기는 하겠지만.

15 모리스 로네(Maurice Ronai)는 개념에서뿐만 아니라 실제에서 풍경이 어떻게 기호계를 가리키고 매우 특수한 권력 장치들을 가리키는지를 보여준다. 여기에서 지리학은 자신의 원천들 중 하나를 발견하지만, 또한 자신의 정치적 의존성의 원리도 발견한다("조국 또는 민족의 얼굴"로서의 풍경). "Paysages", in *Herodote,* n° 1, 1976 1월, pp. 125~159 참조.

16 [여기서 '좋은 주체'를 가리키는 bon sujet라는 표현은 '착한 하인'을 뜻하기도 한다. 저자들은 이 두 의미를 모두 염두에 두고 있다. 일반적으로, '주체'의 문제는 곧바로 '예속'의 문제와 닿아 있다는 것이 저자들의 생각이다. 이것은 '사람들은 왜 자기 자신의 예속을 원하는가?'라는 스피노자의 문제 제기와도 일맥상통한다. 일상 속에서 진행되는 미시-파시즘 문제와 관련해서 이 관점은 더 빛을 발한다. 제9편 뒷부분을 참조]

그렇지만 자신의 유일한 무기들을 가지고 이런 식으로 전쟁을 일으키는 것은 기호계들이 아니다. 새로운 내용들과 상호 전제를 이루면서, 자신의 결정된 표현의 형식으로서 의미생성과 주체화를 강요하는 것은 아주 특별한 권력 배치물들이다. 독재적 배치물이 없는 의미생성은 없고, 권위적 배치물이 없는 주체화도 없으며, 정확히 기표들에 의해 작용하며 영혼들 또는 주체들에게 행사되는 권력 배치물들이 없는 의미생성과 주체화의 혼합도 없다. 그런데 새로운 기호계에 제국주의의 수단, 즉 다른 기호계들을 으스러뜨리는 동시에 바깥으로부터 오는 모든 위협에 대해 자신을 보호하는 수단을 제공하는 것은 이러한 권력 배치물들, 독재적이거나 권위적인 구성체들이다. 다성적이거나 다차원적인 기호계들이 통과하는 몸체의 좌표들과 몸체에 대한 협의된 소멸 작업이 문제인 것이다. 사람들은(on) 몸체들을 훈육할 것이다. 사람들은 물체성을 해체할 것이다. 사람들은 동물-되기를 추구할 것이다. 사람들은 새로운 문턱에까지 탈영토화를 밀어부칠 것이다. 왜냐하면 저들은 유기체 지층들로부터 의미생성과 주체화 지층들로 도약할 것이기 때문이다. 저들은 단일한 표현의 실체를 생산할 것이다. 저들은 검은 구멍-흰 벽 체계를 건설할 것이다. 아니, 오히려 저들은 주체의 자율성처럼 기표의 전능을 정당하게 허용하고 보장해주는 이 추상적인 기계에 시동을 걸 것이다. 당신은 흰 벽 위에 핀으로 꽂힐 것이고 검은 구멍 속에 처박힐 것이다. 이 기계는 얼굴성 기계라고 불린다. 왜냐하면 이 기계는 얼굴의 사회적 생산이기 때문이며, 온몸과 그 윤곽들과 그 대상들의 얼굴화를, 전세계와 모든 환경의 풍경화를 작동시키기 때문이다. 몸체의 탈영토화는 얼굴 위에서의 재영토화를 내포한다. 몸체의 탈코드화는 얼굴에 의한 덧코드화를 내포한다. 몸체의 좌표들 또는 환경들의 붕괴는 풍경의 구성을 내포한다. 기표작용적인 것과 주체적인 것의 기호계는 결코 몸체를 통과하지 않는다. 기표와 몸체가 관련을 맺고 있다고 주장하는 것은 부조리한 일이다. 또는 적어도 기표는 이미 완전히 얼굴화된 몸체하고만 관계를 맺고 있다. 한편으로 우리의 제복과 의복, 다른 한편으로 원시인의 그림과 옷 사이의 차이를 보자면, 우리의 것들은 단추라는 검은 구멍과 직물이라는 흰 벽을 가지고 몸체의 얼굴화를 작동시킨다는 데서 원시인의 것과 차이가 있다. 여기에서는 가면조차 이전의 기능과는 정반대되는 새로운 기능을 갖게 된다. 왜냐하면 부정적 기능을 제외하고는 가면의 통일적인 기능은 없기 때문이다(가면이 무언가를 보여주거나 드러낼 때조차 그것은 무언가를 숨기거나 감추는 일을 하지 않는다). 가면은 원시적 기호계들에서처럼 몸체에 대한 머리의 귀속, 머리의 동물-되기를 보장하기도 한다. 또는 반대로, 가면은 지금처럼 얼굴의 직립과 세우기, 머리와 몸체의 얼굴화를 보장하기도 한다. 따라서 가면은 얼굴 그 자체이며, 얼굴의 추상이거나 얼굴의 작동이다. 얼굴의 비인간성. 얼굴은 결코 선행하는 기표나 주체를 상정하지 않는다. 순서는 완전히 다르다. 독재적이고 권위적인 권력의 구체적 배치물 → 얼굴성, 즉 검은 구멍-흰 벽의 추상적인 기계의 시동 → 이 구멍 뚫린 표면 위에 의미생성과 주체화의 새로운 기호계의 설치. 바로 이 때문에 우리는 두 가지 문제, 즉 얼굴과 그것을 생산하는 추상적인 기계의 관계, 그리고 얼굴과 이 사회적 생산을 필요로 하는 권력 배치물들의 관계를 계속 배타적으로 고려했던 것이다. 얼굴은 하나의 정치이다.

물론 우리는 다른 곳에서 의미생성과 주체화는 서로 다른 체제(원형의 방출, 절편적 선형성), 서로 다른 권력 장치(독재적인 일반화된 노예 상태, 권위적인 소송-계약)를 가진 완전히 상이한 기호계라는 것을 보았다. 그리고 그것 둘 중 어떤 것도 크리스트와 함께, 기독교적 보편자로서의 <백색인>과 함께 시작하지 않는다. 아시아인, 흑인, 또는 인디언적인 의미생성의 독재적 구성체들이 있다. 한편 주체화의 권위적 과정은 유대 민족의 운명에서 가장 순수하게 나타난다. 그러나 이 기호계들의 차이가 무엇이든 이것들은 그래도 역시 사실상 **혼합체**를 형성하며, 이 혼합체의 층위에서조차 자신의 제국주의, 다시 말해 다른 모든 기호계들을 으스러뜨리는 공통된 거만함을 정당화한다. 주체성의 씨앗을 포함하고 있지 않은 의미생성은 없다. 기표의 잔재들을 끌고 다니지 않는 주체화는 없다. 기표가 먼저 벽 위에서 튀어 오른다 할지라도, 주체성이 먼저 구멍 쪽으로 뻗어나간다 할지라도 기표의 벽은 이미 검은 구멍들을 포함하고 있고, 주체성의 검은 구멍은 여전히 벽의 잔해들을 가지고 간다고 말해야 한다. 따라서 혼합체는 검은 구멍-흰 벽이라는 분리불가능한 기계에 기반하고 있고, 이 두 기호계들은 마치 "히브리인과 파라오" 사이에서처럼 교차, 재절단, 가지치기 등을 통해 끊임없이 서로 뒤섞인다. 하지만 더 많은 것이 있는데, 왜냐하면 혼합물들의 본성은 매우 다양할 수 있기 때문이다. 우리가 얼굴성의 기계에 크리스트의 0년과 <백색인>의 역사적 전개를 부여함으로써 특정한 날짜를 지정할 수 있는 것은 이제 혼합이 더 이상 재절단이나 교차이기를 멈추고, 마치 하얀 물 안의 소량의 검붉은 포도주처럼 각각의 요소가 다른 요소에 배어드는 완전한 침투가 되기 위해서이다. 근대적 <백색인>이라는 우리의 기호계, 자본주의라는 우리의 기호계가 그렇듯이 의미생성과 주체화는 서로를 가로질러 효과적으로 펼쳐진 이 혼합 상태에 이르렀다. 따라서 얼굴성, 또는 검은 구멍-흰 벽 체계가 완전히 확장되는 것은 바로 여기에서이다. 그렇지만 우리는 혼합체의 상태와 요소들의 가변적 비율을 구별해야 한다. 기독교의 상태에서건 기독교 이전 상태에서건 한 요소는 다른 요소들을 제압할 수 있고, 다소간 강력할 수 있다. 따라서 우리는 **극한-얼굴**들을 정의해야 하는데, 이것들은 얼굴의 단위들과 혼동되지 말아야 하고 사전에 정의된 얼굴의 격차들과 혼동되지 말아야 한다.

I. 여기서 검은 구멍은 흰 벽 위에 있다. 이것은 하나의 단위가 아니다. 왜냐하면 검은 구멍은 벽 위에서 끊임없이 자리를 바꾸고, 이항화에 따라 진행하기 때문이다. 두 개의 검은 구멍, 네 개의 검은 구멍, n개의 검은 구멍들이 눈들처럼 분배된다. 얼굴성은 언제나 하나의 다양체이다. 에른스트(Ernst)의 회화, 알로이즈(Aloïse)나 뵐플리(Wölfli)의 데생에서처럼, 우리는 눈들이나 검은 구멍들을 풍경에 서식시킬 것이다. 흰 벽 위에다 우리는 구멍의 가장자리를 두르는 원들을 기입한다. 이런 원이 있는 곳 어디에서나 우리는 눈을 찍을 수 있다. 심지어 우리는 다음과 같은 법칙을 제안할 수도 있다. 즉, 구멍에 가장자리를 더 많이 두를수록 가장자리의 효과는 가장자리가 미끄러져 이동할 수 있는 표면을 더욱더 증가시키고 이 표면에 포획하는 힘을 더 많이 부여하게 한다. 가장 순수한 경우는 아마도 마귀를 표상하는 에티오피아의 민속 두루마리들 안에 있을 것이다. 즉, 양피지나 거기에 그려진 각지거나 둥근 얼굴의 흰 표면 위에 있는 두 개의 검은 구멍. 그러나 이 검은 구멍들은 퍼져나가고 재생산되며 잉여를 만든다. 그리고 거기에 두번째 원을 가장자리로 두를 때마다 새로운 검은 구멍을 구성하고 그것에 눈을 찍는 셈이다.[17] 커지는 만큼 갇히는 표면의 포획 효과. 그것

17 Jacques Mercier, *Rouleaux magiques éthiopiens*, Paris : Ed. du Seuil[독역본 : *Zauberrollen aus Äthiopien*, übers. von Verena Heydte-Rynch, München, 1979 영역본 : *Ethiopian Magic Scrolls*, trans. Richard Pevear, New York : Braziller, 1979] 참조. 그리고 "Les peintures des rouleaux protecteurs éthiopiens", *Journal of Ethiopian Studies*, XII, 1974년 7월; "Etude stylistique des peintures de rouleaux protecteurs éthiopiens", *Objets et mondes*, XIV, 1974년 여름호 참조("몸을 대표하는 얼굴을 눈이 대표한다. (……) 내부 공간에는 눈동자가 그려져 있다. (……) 이 때문에 빗금, 체크무늬, 사각별 등 전통적인 장식적 모티프들이 사용되었을 때 눈들과 얼굴들에 기반한 주술적 의미의 방향들에 대해 말해야만 한다"]. 네구스가 지닌 솔로몬의 혈통 및 마법사의 궁전과 함께 그의 권력은 천사이거나 악마인 검은 구멍으로 작용하는, 이글이글 타오르는 눈들을 통과해 갔다. 메르시에의 연구들 전체는 얼굴의 기능에 관한 모든 분석을 위해 중요한 기여를 하고 있다.

은 기표작용적인 독재적 얼굴, 그 얼굴의 고유한 배가(倍加), 증식, 빈도의 잉여이다. 눈들의 배가. 독재자나 그의 대표자들(représentants)은 어디에나 있다. 그것은 정면에서 본 얼굴, 그 자신이 본다기보다는 검은 구멍들에 의해 덥석 낚아채인 주체에 의해 보여진 얼굴이다. 그것은 운명의, 즉 지상(地上)의 운명, 객관적인 기표작용적 운명의 모습이다. 영화의 클로즈업은 이 모습을 잘 알고 있다. 얼굴, 얼굴의 요소 또는 예견하는 시간적 가치를 지닌 얼굴화된 대상(추시계의 바늘들은 무언가를 고지한다)에 대한 그리피스의 클로즈업.

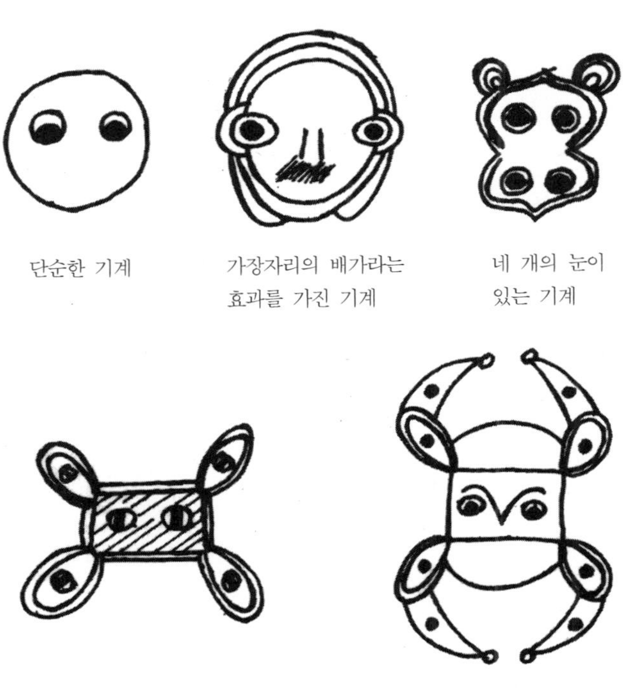

지상의 기표작용적인 전제군주적 얼굴

II. 반대로, 저기에서 흰 벽은 검은 구멍을 향해 가는 은실처럼 풀려나온다. 풍경이 구멍의 주위로 최후의 끄트머리까지 감기는 실이 되자마자 하나의 검은 구멍은 모든 검은 구멍, 모든 눈, 모든 얼굴을 "볏처럼 모아 세운다." 그것은 언제나 다양체이다. 하지만 그것은 운명의, 주체적이고 열정적이고 반성적인(réfléchi) 운명의 또 다른 형상이다. 이것은 얼굴, 또는 바다의 풍경이다. 그것은 하늘과 물, 또는 땅과 물의 분리선을 따라간다. 이 권위적인 얼굴은 옆얼굴(profile)이며, 검은 구멍을 향해 풀려 나간다. 이 두 얼굴은 서로 마주보지만 관찰자에게는 옆얼굴만 보여서, 그것들의 결합에는 이미 무제한적인 분리가 표시되어 있다. 또는 그것은 배반당해서 서로 외면하고 있는 얼굴들일 수도 있다. 트리스탄, 이졸데, 이졸데, 트리스탄, 배반과 죽음의 검은 구멍까지 그들을 밀어 넣는 작은 배에 있는. 의식과 열정의 얼굴성, 공명 또는 커플화의 잉여. 여기에서 클로즈업은 더 이상 그것이 다시 닫는 표면을 증대시키는 효과를 지니지 못하며, 더 이상 일시적 예시의 가치로서 기능하지 못한다. 그것은 강렬함의 등급의 기원을 표시하거나 이 단계의 일부분이 되고, 얼굴들이 종착지로서의 검은 구멍에 다가감에 따라 그것들이 따라가는 선을 뜨겁게 만든다. 그리피스의 클로즈업에 맞서는 에이젠쉬체인의 클로즈업(『전함 포촘킨*Cuirassé Potemkine*』의 클로즈업에서 슬픔 또는 분노의 강렬한 상승[18]). 여기에서도 또한 얼굴의 두 한계-형상들 사이에 모든 조합들이 가능하다는 것을 잘 알 수 있다. 파브스트(Pabst)의 『룰루*Lulu*』에서 쫓겨난 룰루의 독재적인 얼굴은 빵 자르는 칼의 이미지, 살인을 알리는 예시적 가치의 이미지와 연결접속된다. 그러나 또한 살인마 잭(Jack l'Eventreur)의 권위적 얼굴은 그를 칼 쪽으

18 에이젠쉬체인 자신이 자신의 클로즈업 개념과 그리피스의 그것을 구별한 방식에 대해서는, *Film Form*[독역본 : "Dickens, Griffith und wir", a.a.O., 그리고 *Film Form*, übers. von Marlis Pörtner, Zürich, 1971] 참조.

로 그리고 룰루의 살해로 이끌어 가는 모든 강렬함들의 단계를 통과한다.

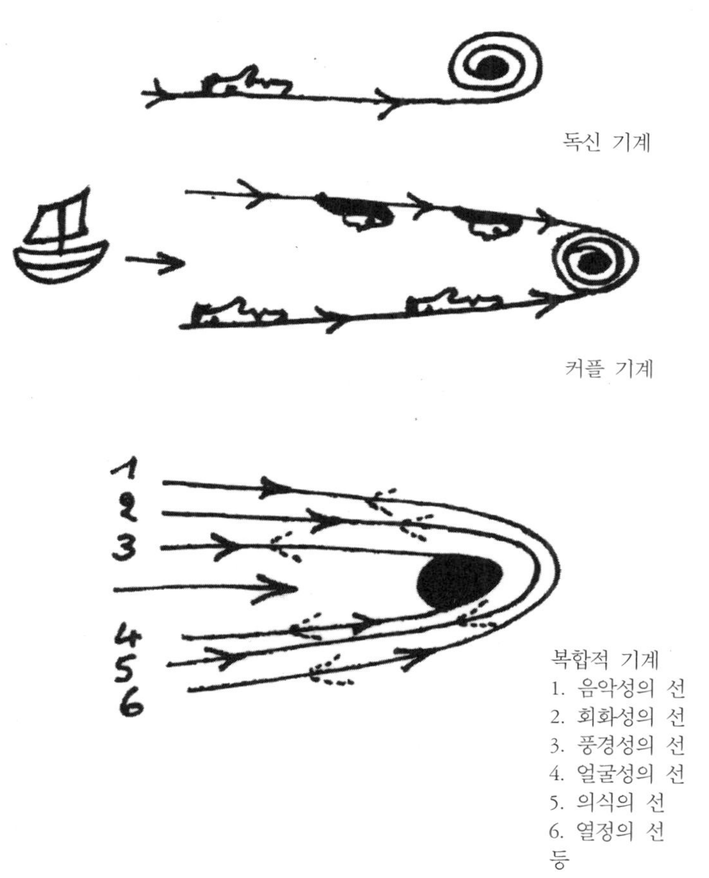

(트리스탄과 이졸데에 의한)
바다의 주체적인 권위적 얼굴

보다 일반적으로 우리는 이 두 한계-형상들의 공통적인 특징을 언급할 수 있다. 한편으로 흰 벽, 희고 큰 뺨들이 기표의 실체적 요소라 할지라도, 검은 구멍, 눈들이 주체성의 반성적 요소라 할지라도 결국 그것들은 늘 함께 간다. 검은 구멍들이 흰 벽 위에서 배분되고 배가되거나 또는 반대로 벽이 볏이나 지평의 실로 환원되어, 그것들 모두에 볏처럼 모아 세우는 검은 구멍 쪽으로 서둘러 가는 두 가지 양태로. 검은 구멍들 없는 벽은 없고, 흰 벽 없는 구멍도 없다. 다른 한편 어떤 경우에건 검은 구멍은 본질적으로 가장자리가 둘려 있고, 심지어 덧-가장자리가 둘려 있기도(sur-bordé) 하다. 가장자리는 벽의 표면을 증가시키거나 선을 더욱 강렬하게 만드는 효과를 지닌다. 그리고 검은 구멍은 결코 눈들(눈동자) 안에 있지 않다. 검은 구멍은 언제나 가장자리의 내부에 있으며, 눈들은 언제나 구멍의 내부에 있다. 검은 구멍 안에 있을수록 더욱 잘 보는 죽은 눈들.[19] 이 공통적인 특성들은 얼굴의 두 형상들의 극한에서의-차이를 볼 수 없게 하지는 않으며, 어느 한 형상이 혼합 기호계 안에서 지배적인 것이 되게 하는 비율들을 볼 수 없게 하지는 않는다. 즉 지상의 기표작용적인 독재적 얼굴과 바다의 주체적이고 열정적인 권위적 얼굴(사막은 또한 대지의 바다일 것이다)이 각각 존재하는 것이다. 운명의 두 형상, 얼굴성 기계의 두 상태. 장 파리(Jean Paris)는 회화에서 이 극들 — 독재자적 예수에서 열정적 예수에 걸친 — 의 실천을 잘 보여주었다. 한편으로는 비잔틴의 모자이크에서처럼 금빛 배경 위에 눈들의 검은 구멍이 있고, 앞쪽으로 온 깊이가 투영된, 정면에서 본 예수의 얼굴이 있다. 다른 한편으로는 15세기(Quanttrocento)의 화폭에서처럼 다양한 선들을 그리면서 그림 자체에서 깊이를 통합하는 비스듬한 시선들이 있는, 사분의 삼 정도나 옆얼굴

19 이것은 공포 소설이나 SF의 흔한 주제이다. 눈들이 검은 구멍 안에 있는 것이지, 그 반대는 아니다("나는 그 검은 구멍으로부터 빛나는 원반이 떠오르는 것을 보았다. 그것은 눈을 닮았다"). 예를 들어 *Circus* n° 2 같은 만화책은 얼굴과 눈들이 서식하는 검은 구멍과 이 검은 구멍의 횡단을 보여준다. 눈과 구멍, 벽의 관계에 대해서는, 장-뤽 파랑(Jean-Luc Parant)의 글과 그림들, 특히 *Les yeux MMDVI*, Paris : Bourgois, 1976을 참조.

로 교차되거나 외면한 얼굴들이 있다(이행과 혼합에 대해 아무 것이나 하나 예를 들 수 있는데, 가령 물가 풍경 위에 그려진 두치오[Duccio]의 「사도들을 부르심」을 보면 두번째 공식은 이미 크리스트와 첫번째 어부를 장악하고 있는 반면 두번째 어부는 비잔틴적 코드 안에 사로잡힌 채 남아 있다[20]).

스완의 사랑. 프루스트는 얼굴, 풍경, 회화, 음악 등을 공명하게 하는 법을 알고 있었다. 스완과 오데트의 이야기에서 세 번. 우선, 전적인 기표작용적 배치가 설립된다. 희거나 노란 색의 넓은 빰을 지닌 오데트의 얼굴, 그리고 검은 구멍 같은 눈. 그러나 이 얼굴 자체는 끊임없이 다른 것들을, 똑같이 벽 위에 배치된 다른 것들을 지시한다. 이것이 스완의 미학주의, 아마추어리즘이다. 기표의 기호 아래 있는 해석의 망 안에서 어떤 것은 그에게 언제나 다른 것을 상기시켜야만 한다. 얼굴은 풍경을 지시한다. 얼굴은 그에게 어떤 그림을, 그림의 어떤 단편을 "상기"시켜야 한다. 소악절이 단지 하나의 신호에 불과하게 되는 지점에서, 한 곡의 음악은 오데트의 얼굴과 연결접속된 소악절을 놓치게 내버려두어야 한다. 흰 벽은 서식하고 있고, 검은 구멍들은 배치되어 있다. 해석들의 지시작용 안에서 이 모든 의미생성의 배치는 열정적이고 주체적인 두번째 계기를 준비하고, 여기에서 스완의 질투, 호소망상, 색정광이 전개될 것이다. 이제 오데트의 얼굴은 단 하나의 검은 구멍, 즉 스완의 <열정>의 구멍 쪽으로 질주하는 선 위에서 뻗어나간다. 풍경성, 회화성, 음악성 등의 다른 선들도 이 긴장증의 구멍 쪽으로 서둘러 가고, 그 주위를 감싸면서 몇 번이고 그것의 가장자리를 두른다.

20 Jean Paris, *L'espace et le regard*, Paris : Ed. du Seuil, 1965, I, ch. 1의 분석들을 참조(마찬가지로 성처녀의 진화 및 그녀의 얼굴과 아기 예수의 얼굴의 관계의 변주에 관해서는 II, ch. 2)[이 그림은 제7편 맨 앞에 있는 그림이다. 그림에 대해서는 본서 맨 뒤의 '도판 설명'을 참조].

하지만 세번째 순간, 자신의 오랜 열정에서 벗어났을 때 스완은 한 파티에 가서 우선 하인들과 손님들의 얼굴이 자율적인 미적 특질들(traits esthétiques autonomes)로 해체되는 것을 본다. 마치 회화성의 선이, 벽 너머에서 그리고 동시에 검은 구멍 밖에서 독립성을 되찾은 것처럼. 그 다음, 자신의 초월성을 되찾고 더욱더 강렬하고 탈기표작용적이고 탈주체적인 순수한 음악성의 선과 다시 맺어지는 것은 뱅퇴이유의 소악절이다. 그리고 스완은 자신이 더 이상 오데트를 사랑하지 않고 무엇보다 오데트도 그를 더 이상 사랑하지 않으리라는 것을 안다. 프루스트가 아닌 스완은 구원받지 못할 텐데, 예술을 통한 이러한 구원이 필요했을까? 사랑을 거부하면서, 벽을 관통하고 구멍에서 빠져나오는 이러한 방식이 필요했을까? 의미생성과 질투로 이루어진 이 사랑은 처음부터 부패되어 있지 않았던가? 천박한 오데트와 심미적인 스완을 감안해볼 때 다른 것이 가능했을까? 어찌 보면 마들렌느도 마찬가지의 이야기이다. 화자는 자신의 마들렌느, 즉 잉여, 비자발적 회상의 검은 구멍을 씹는다. 그는 거기에서 어떻게 빠져나올 것인가? 무엇보다 그것은 그가 빠져나와야 하는, 탈출해야 하는 그 무엇이다. 프루스트의 주석가들은 더 이상 그것을 알지 못하더라도 프루스트는 그것을 잘 알고 있다. 그러나 그는 예술을 통해서, 오로지 예술을 통해서만 거기에서 빠져나올 것이다.

검은 구멍에서 어떻게 빠져나올 것인가? 어떻게 벽을 뚫을 것인가? 어떻게 얼굴을 해체시킬 것인가? 프랑스 소설이 아무리 천재적이라 해도 이것은 프랑스 소설이 하는 일이 아니다. 프랑스 소설은 벽을 측정하거나, 심지어 그것을 건설하고, 검은 구멍을 측량하고, 얼굴을 구성하는 데 너무나도 몰두한다. 프랑스 소설은 심히 염세적이고 이상주의적이며, "삶의 창조자라기보다는 삶의 비판자"이다. 프랑스 소설은 인물들을 구멍 속으로 쑤셔 넣고, 그들이 벽에서 튀어 오르게 한다. 프랑스 소설은 조직화된 여행들과 예술에 의한 구원만을 착상해낸다. 그것은 여전히 가톨릭적 구원, 다시 말해 영원성에 의한 구원이다. 프랑스 소설은 선들, 능동적 도주선이나 긍정적 탈영토화의 선을 그리기보다는 점을 찍느라 시간을 보낸다. 영미 소설은 전혀 다르다. "떠나라, 떠나라, 나가라! …… 지평선을 가로질러라……"[21] 토마스 하디에서 로렌스까지, 멜빌에서 밀러까지, 가로지르고 빠져나오고 관통하고 점 말고 선을 그리라는 동일한 문제가 울려 퍼진다. 분리의 선을 찾고, 그것을 따라가거나 창조하라, 그것을 배반하는 지점까지. 따라서 그들은 여행과, 여행의 방식과, 다른 문명들, 동양, 남미, 그리고 또 마약과, 제자리 여행에 대해 프랑스인들과는 전혀 다른 관계를 맺는다. 그들은 주체성, 의식과 기억, 커플과 혼인의 검은 구멍으로부터 빠져나오는 것이 어떤 점에서 어려운지 알고 있다. 사람들은 얼굴을 포착하고 그것에 희망을 품고 그것에 달라붙으려고 얼마나 애쓰는가…… "그 검은 구멍 안에 갇혀 있었고 (……) 그녀에게 녹은 구릿빛 홍조를 주었다. (……) 말들이 그녀의 입에서 용암처럼 튀어나왔고, 그녀의 육체는 앉을 만한 단단하고 튼실한 무언가, 회복하고 쉴 만한 무언가 위에 있는 버팀대, 횃대를 탐욕스럽게 움켜쥐었다. (……) 나는 처음에는 그것을 열정, 엑스터시라고 오해했다. (……) 나는 활화산을, 여성 베수비오산(山)을 발견했다고 생각했다. 절망의 바다, 무력함의 사르가소해(海) 안으로 들어가는 인간의 배를 발견했다는 생각은 들지 않았다. 지금 나는 천장의 구멍을 통해 빛나는 검은 별, 절대보다 더 고정되어 있고 더 멀리 있는, 우리의 신방에 걸린 저 고정된 별에 대해 생각한다. 나는 그것이

21 D. H. Lawrence, *Etudes sur la littérature classique américaine*, Paris : Ed. du Seuil, "Hermann Melville ou l'impossible retour"[영어본 : "Melville's 'Typee' and 'Omoo', in *Studies in Classic American Literature*, New York, Thomas Seltzer, 1923, p. 197. 인용의 원문은 'To get away. To get away, out! …… To cross a horizon'이다]. 로렌스의 텍스트는 대지의 눈들과 바다의 눈들 간의 멋진 구분으로 시작한다.

그녀를 그녀로 만드는 모든 것, 상(相)이 없는 죽은 검은 태양을 비워버린 그녀라는 것을 알았다."[22] 검은 구멍의 바닥에 있는 얼굴 같은 구릿빛 홍조. 그것에서 예술, 즉 정신으로가 아니라 삶, 실제의 삶으로 빠져나오는 것이 중요하다. 내게서 사랑의 힘을 빼앗지 말아요. 영미 소설가들은 기표의 벽을 관통하는 것이 얼마나 어려운지도 알고 있다. 크리스트 이후로, 크리스트를 통해 그것을 시작하려고 많은 사람들이 시도했었다. 그러나 크리스트 자신도 가로지르기와 도약에 실패했다. 그는 벽에서 튕겨 나왔고, "거대한 용수철에 의해서 튕긴 것처럼 이 부정의 역류의 물결이 굴러들어와 그의 죽음을 유예시켰다. 인간성의 부정적인 충동 전체가 인간적인 완전체, 하나의 형상, 하나이며 분리불가능한 형상 — 즉 <얼굴> — 을 창조하기 위해 괴물 같은 비활성의 덩어리 속으로 튕겨 들어오는 것 같았다."[23] 벽을 통과하기, 중국인들은 아마도 할 수 있을 것이다, 그러나 어떤 대가로? 동물-되기, 꽃이나 바위-되기를 대가로 또는 이상한 지각 불가능하게-되기, 사랑하기와 하나일 수밖에 없는 냉혹하게-되기(devenir-dur)를 대가로.[24] 이것은 설사 제자리에서일지라도 속도의 문제이다. 이것은 또한 얼굴을 해체하기 또는 밀러가 말한 것처럼 더 이상 눈을, 눈 안을 바라보지 않기, 헤엄쳐 눈을 가로지르고, 자기 몸을 늘 더 큰 속도로 움직이는 빛살로 만들기인가? 물론 여기에는 예술, 최고 예술의 모든 자원이 있어야만 한다. 여기에는 글의 모든 선, 회화성의 모든 선, 음악성의 모든 선 등이 있어야만 한다. 왜냐하면 우리가 동물이 되는 것은 글을 통해서이고, 지각 불가

22 Henry Miller, *Tropique du Capricorne*, p. 345[영어 원본 : *Tropic of Capricorn*, p. 239. 독역본 : *Wendekreis des Steinbocks*, a.a.O., S. 225ff.. '횃대'로 옮긴 perch를 저자들은 '점(point)'으로 옮기고 있다. 번역은 영어 원문을 따랐다]

23 같은 책, p. 95[독역본 : S. 60. 영어본 : p. 63].

24 p. 96[독역본 : S. 62. 영어본 : pp. 63~64]

능하게 되는 것은 색에 의해서이고, 냉혹하고 기억이 없게 되는 동시에 동물이 되고 지각 불가능하게 되는 것, 즉 사랑에 빠지게 되는 것은 음악에 의해서이기 때문이다. 그러나 예술은 결코 목적(fin)이 아니다. 예술은 삶의 선들을 그리기 위한 도구일 뿐이다. 다시 말해, 단순히 예술 안에서 생산되는 것은 아닌 이 모든 실재적 생성들, 예술 안으로 도주하는 것, 예술 안으로 피신하는 것에 있지 않은 이 모든 능동적인 도주들, 예술 위에서 재영토화되지 않고 오히려 예술을 탈기표작용적인 것, 탈주체적인 것, 얼굴-없음의 영역 쪽으로 데려갈 이 긍정적인 탈영토화들인 삶의 선들을 그리기 위한 도구일 뿐인 것이다.

얼굴을 해체하기, 그것은 작은 일이 아니다. 거기에는 광기의 위험이 있다. 분열증 환자가 얼굴, 자기 자신의 얼굴과 타인들의 얼굴의 의미를, 풍경의 의미, 언어와 그것의 지배적인 기표작용들의 의미를 동시에 상실하는 것은 우연에 의해서일까? 그것은 얼굴이 강력한 조직체이기 때문이다. 얼굴은 직사각형이나 동그라미 안에 특징들 전체, 포섭해서 의미생성과 주체화에 이용할 얼굴성의 특징들을 취한다고 얘기될 수 있다. 경련이란 무엇인가? 정확히 말하자면 그것은 얼굴의 주권적인 조직화에서 벗어나려 하는 얼굴성의 특징과 이 특징 위에서 갇히고 그것을 다시 붙잡고 그것의 도주선을 봉쇄하고 그것을 다시 조직화하는 얼굴 그 자체 사이에서 벌어지는, 언제나 다시 시작되는 싸움이다(단속성 또는 발작성 경련과 강직성 또는 경직성 경련 사이의 의학적인 구분이 있는데, 전자의 경우에서는 도주하려는 얼굴성의 특징의 우세를, 후자의 경우에서는 가두고 움직이지 못하게 하려 하는 얼굴의 조직화의 우세를 보아야만 할 것이다). 그렇지만 얼굴 해체하기가 커다란 일인 것은 이것이 단순한 경련의 역사라든가 아마추어나 탐미주의자의 모험이 아니기 때문이다. 얼굴이 정치라면, 얼굴 해체하기 역시도 정치의 하나이고, 실재적 생성들, 전적인 잠행자-되기에 관여한다. 얼굴 해체하기, 그것은 기표의 벽을 관통하기, 주체화의 검은 구멍에서 빠져나오기와 같은 것이다. 분열분석의 프로그램과 슬로건은 이렇게 된다. 당신의 검은 구멍들과 흰 벽들을 찾아라, 그것들을 인식하라, 당신의 얼굴들을 인식하라, 당신은 그것을 다른 식으로는 망가뜨리지 못할 것이다, 당신은 다른 식으로는 당신의 도주선을 그리지 못할 것이다.[25]

따라서 이제 다시 우리는 실천적 신중함들을 배가해야 한다. 우선 문제는 결코 <……으로의 회귀>가 아니다. 문제는 원시인들의 전-기표작용적이고 전-주체적인 기호계로 "되돌아가기"가 아니다. 우리는 흑인이나 인디언, 심지어 중국인인 척하는 데 언제나 실패할 것이다. 우리로 하여금 벽을 관통하게 하고 구멍에서 빠져나오거나 얼굴을 잃어버리게 만드는 것은 남쪽 바다 — 아무리 험하다 해도 — 로의 여행이 아니다. 우리는 결코 원시적인 머리와 몸체, 인간적이고 정신적이고 얼굴을 갖지 않은 머리를 회복할 수 없을 것이다. 반대로, 그것은 사진들을 되살리고 벽 위에서 되튕기는 수단일 것이다. 거기에서는 언제나 재영토화가 발견될 것이다. 오, 내가 라일락 농원을 되찾은 작고 황량한 나의 섬이여. 오, 불로뉴 숲의 호수를 반사하는 나의 깊은 바다여. 오, 달콤한 순간을 상기시키는 뱅퇴이유의 소악절이여. 동양의 육체적 · 정신적 수행들, 그러나 그것은 쌍으로 행해진다. 중국식 직물을 두른 혼인 침대처럼. 당신 오늘 연습 잘 했나요? 로렌스가 멜빌에게 유감스러운 것은 단지 한 가지였다. 그것은 얼굴, 눈과 지평선, 벽과 구멍

25 W. Reich, *L'Analyse caractérielle,* Payot[독어 원본 : Wilhelm Reich, *Charakteranalyse*, Köln, 1970. 영역본 : *Character-Analysis*, trans. Theodore P. Wolfe, New York : Farrar, Straus and Giroux, 1970]은 얼굴과 얼굴성의 특징들을 성격의 "갑옷"과 자아의 저항들의 최초의 조각들 중 하나로 여긴다("눈의 고리[anneau oculaire]"와 "입의 고리[anneau oral]" 참조). 이 고리들의 조직은 "오르곤적 흐름[courant orgonotique]"을 가진 수직적 판들의 평면 위에서 만들어지며, 몸 전체에서의 이 흐름의 자유로운 운동에 대립된다. 그렇기 때문에 갑옷을 제거하거나 "고리들을 푸는 것"이 중요해진다. pp. 311[독어본 : S. 372, 영역본 : pp. 370] 이하 참조.

을 가로지르는 법을 그 누구보다도 더 잘 알고 있었다는 점, 하지만 동시에 이 가로지름, 이 창조의 선을 "불가능한 회귀", 티피(Typee)의 미개인들로의 회귀와 혼동했으며, 예술가로 머물면서 삶을 증오하는 방식, 고향에 대한 향수를 간직하는 보장된 방식과 혼동했다는 점이다("그는 집과 어머니에 붙박여 있었다. 그는 이 두 가지 것으로부터 배들이 그를 실어가듯 아주 멀리 달아나고 싶어했었다. [……] 멜빌은 고향으로 돌아와 그의 삶의 나머지에 직면했다. [……] 그는 삶을 거부했다. 그러나 그는 완벽한 관계, 가능한 완벽한 사랑이라는 자신의 이상에 집착했다. [……] 참으로 완벽한 관계란 각자가 타인의 안에 미지의 거대한 넓이를 남겨두는 관계인 것이다. [……] 멜빌은 근본적으로는 신비주의자이고 이상주의자였다. [……] 그는 자신의 이상적인 총들에 집착했다. 나는 내 것들을 버린다. 나는 말하노니, 옛 총들은 썩게 하라. 새것들을 구해서, 똑바로 쏘아라."[26])

우리는 뒤로 돌아갈 수 없다. 오로지 신경증 환자만이, 또는 로렌스가 말하듯 "배교자", 기만자만이 퇴행을 시도한다. 왜냐하면 기표의 하얀 벽, 주체성의 검은 구멍, 얼굴 기계는 막다른 골목이며, 우리의 굴복과 예속의 척도이기 때문이다. 그러나 우리는 그 안에서 태어났고, 우리가 몸부림쳐야 할 곳은 그 위이다. 그것이 필연적인 계기라는 의미에서가 아니라 새로운 용법을 발명해야 할 도구라는 의미에서. 우리

26 D. H. Lawrence, 같은 책[영어본 p. 200. 역자는 영어 원문에서 옮겼고, 문장 배치도 그것을 따랐다. 그런데 실제로 불어 번역은 의역이 많지만 더 멋있다. 불어에서 옮긴다면 다음과 같다. "멜빌은 자기 집과 자기 어머니에 대한 향수를 가지고 있었다. 이것들은 또한 그가 배들이 그를 실어 가듯 멀리 도망치고자 했던 것들이었다. (……) 그는 항구로 돌아와 그의 오랜 실존과 대면했다. (……) 그는 삶을 거부했다. (……) 그는 완벽한 결합, 절대적 사랑이라는 자신의 이상에 집착했다. 진정 완벽한 결합이란 타인 안에는 미지의 거대한 공간들이 있었다는 것을 각자가 인정하는 관계임에도 불구하고 말이다. (……) 멜빌은 근본적으로는 신비주의자이고 이상주의자였다. 그는 자신의 이상적 무기들에 집착했다. 나로서는, 나는 나의 무기들을 버리고 다음과 같이 말할 것이다. 낡은 무기들은 썩는다. 새로운 무기들을 만들어라, 그리고 정확히 쏘아라]

는 기표의 벽을 가로질러서만 모든 기억, 모든 지시작용, 가능한 모든 기표작용과 주어질 수 있는 모든 해석을 무화시키는 탈의미생성의 선들을 그을 수 있다. 오직 주체적 의식과 주체적 열정의 검은 구멍 안에서만 우리는 포획되고 뜨거워지고 변형된 입자들을, 주체적이지 않은, 살아 있는 사랑을 위해 다시 활력을 주어야만 하는 입자들을 발견할 수 있다. 이 사랑 안에서 각자는 타인의 미지의 공간들로 들어가거나 그것들을 정복하지 않고서도 거기에 연결접속되며, 이 사랑 안에서 선들은 파선(破線)들처럼 구성된다. 오직 얼굴 한가운데에서, 얼굴의 검은 구멍의 바닥에서, 얼굴의 하얀 벽 위에서만 우리는 새들처럼 얼굴성의 특징들을 해방시킬 수 있으며, 원시적인 머리로 돌아가는 것이 아니라 오히려 이 특징들이 그 자체로 풍경에서 해방된 풍경성의 특징들과 연결접속되고, 각각의 코드로부터 해방된 회화성과 음악성의 특징들과 연결접속되는 조합들을 발명할 수 있다. 화가들이 모든 의미에서, 모든 방향에서 크리스트의 얼굴 자체를 이용했을 때 얼마나 기뻤을까. 그 기쁨은 단지 그리려는 욕망의 기쁨만이 아닌 모든 욕망들의 기쁨이었으리라. 그리고 궁정 소설의 기사의 경우, 우리는 그의 긴장증이 그가 검은 구멍 깊은 곳에 있다는 점에서 유래하는지 아니면 새로운 여행을 위해 그를 거기서 빠져나오게 한 입자들에 그가 올라타고 달린다는 점에서 유래하는지 말할 수 있을까? 랑슬로에 비견되었던 로렌스는 이렇게 쓴다. "머리를 비운 채 기억 없이 바닷가에 혼자 있기. (……) 햇빛 비치는 모래 위에 있는 거무스름한 원주민처럼 혼자 있거나 없거나 있거나. (……) 멀리로, 멀리로, 마치 죽은 후에 그럴 수 있는 것처럼 다른 행성 위에 착륙한 듯이. (……) 풍경? ― 그는 풍경에 관해선 괘념치 않았음. 인류? ― 존재하지 않았음. 사유? ― 돌처럼 물속으로 떨어졌음. 위대한, 매혹적인 과거? ― 바닷가에 던져진 부서지기 쉬운 반투명한 조개껍질처럼 얇게 달아빠져 부서지기 쉬움."[27] 일본 판화 위에서처럼 검은 구멍-흰 벽, 흰 모래밭-검은 점의 체계가 그 자신이 빠져나온 것, 그 자신이 탈출한 것, 그것이 가로지른 것과 하나가 되는 불확실한 계기.

우리는 추상적인 기계의 서로 다른 두 상태를 본 셈이다. 때로 그것은 단지 상대적인 탈영토화들 또는 절대적이지만 부정적인 채로 남아 있는 탈영토화들을 보장하는 지층들 안에 잡혀 있고, 그와 반대로 때로는 새로운 추상적인 기계들을 형성하는 힘으로서 "도표적인" 기능, 긍정적인 탈영토화의 가치를 그것에 부여하는 고른판 위에서 전개되었다. 때로 추상적인 기계는 얼굴성 기계로서, 의미생성들과 주체화들 위에, 나무성의 노드들와 소멸의 구멍들 위에 흐름들을 몰아간다. 그와 반대로 때로 추상적인 기계는 진정한 "탈얼굴화"의 수행자로서, 자신의 행로에서 지층들을 해체하고, 의미생성의 벽들을 관통하고, 주체화의 구멍들에서 분출하고, 진정한 리좀들을 위해 나무들을 쓰러뜨리고, 긍정적인 탈영토화의 선들과 창조적인 도주선들 위로 흐름들을 인도하는 일종의 **자동유도장치들**[28]을 해방시킨다. 더 이상 중앙 집중적으로 조직된 지층들은 없다. 가장자리를 두르기 위해 선들이 둘러싸고 있는 검은 구멍들도 없고, 이분법들, 이항성들, 양극적 가치들이 달라붙는 벽들도 없다. 풍경, 그림, 소악절과 함께 잉여를 만드는 얼굴, 벽의 통합된 표면 위에서 또는 검은 구멍의 중심의 소용돌이 속에서 영구히 어떤 하나가 다른 하나를 생각나게 하는 얼굴도 없다. 그러나 얼굴성

27 D. H. Lawrence, *Kangourou*, Gallimard[영어본 : *Kangaroo*, London : William Heinemann, 1964, p. 339].

28 [자동유도장치는 tête chercheuse로서 직역하면 '탐색하는 머리'쯤 되겠다. 영어로는 probe-head로 옮기고 guidance device라고 뜻풀이를 하고 있다. 일본어는 '자동유도탄두'라고 옮겼다. 사실 몸체-머리의 대립을 살리는 번역어를 찾기가 힘들고, 이 말이 '탄두'는 아니기에 일본어처럼 옮기지도 못했다. 머리 전체가 더듬이인 어떤 존재를 떠올리면 좋겠다]

에서 해방된 각각의 특징들은 풍경성, 회화성, 음악성에서 해방된 특징과 함께 리좀을 만든다. 그것은 부분 대상들의 모음이 아니라 살아 있는 블록, 줄기들의 연결접속이다. 여기에서 얼굴의 특징들은 미지의 풍경의 특징, 더 이상 재영토화의 체계들에 따라 환기되거나 상기되지 않고, 절대적인 긍정적 탈영토화의 양자들에 따라 효과적으로 생산되고 창조된 회화나 음악의 특징과 함께 실재적 다양체 안으로, 도표 안으로 들어간다. 말벌의 특징과 서양란의 특징. 서로 관련되어 있는, 추상적인 기계들의 변이들과 같은 만큼의 변이들을 표시해주는 양자들. 폐쇄와 무력함을 표시해줬던 나무적 가능성에 맞서 가능성을 잠재력화시키는 리좀적 가능성을 열기.

얼굴, 얼마나 소름끼치는가. 자연스럽게도 얼굴은 모공들, 평평한 부분들, 뿌연 부분들, 빛나는 부분들, 하얀 부분들, 구멍들을 가진 달의 풍경이다. 얼굴을 비인간화하기 위해 그것을 클로즈업할 필요가 없다. 그것은 커다란 판(gros plan)이며, 자연스럽게 비인간적이며, 괴물적인 복면이다. 당연한 일이다. 왜냐하면 얼굴은 기계에 의해 생산되며, 그리고 그 기계를 동작시키고, 탈영토화를 부정적인 것 안에 두면서도 절대에까지 밀어붙이는 특수한 권력 장치의 요구들을 위해 생산되기 때문이다. 하지만 비인간적인 얼굴과 인간적이고 정신적이며 원시적인 머리를 대립시키면 회귀나 퇴행의 향수에 빠지게 된다. 사실상 비인간성들만이 존재한다. 인간은 아주 상이한 본성들에 따라, 아주 상이한 속도로 아주 상이한 비인간성들로부터만 만들어진다. 원시적인 비인간성, 얼굴-이전(pré-visage)의 비인간성, 그것은 머리를 몸체의 부속물로 만드는, 즉 정신적으로 되기와 동물 되기의 분기점에 있는 기호계, 다시 말해 이미 상대적으로 탈영토화된 몸체의 부속물로 만드는 기호계의 전적인 다성성이다. 얼굴 너머에 완전히 다른 비인간성이 있다. 그것은 더 이상 원시적인 머리의 비인간성이 아니다. 그것은 새롭고 낯선 생성들과 새로운 다성성들을 형성하면서 탈영토화의 첨점들의 작동이 일어나고 탈영토화의 선들이 절대적으로 긍정적이 되는 "자동유도장치"의 비인간성이다. 잠행자가 되어라, 도처에서 리좀을 만들어라. 인간적이지 않은 삶의 경이를 창조하기 위하여. 내 사랑 얼굴이여, 마침내 자동유도장치가 되는 ……. 선(禪)의 해[年], 오메가의 해, ω의 해 ……. 원시적인 머리, 크리스트-얼굴, 그리고 자동유도장치들, 이렇게 세 가지 상태에서 끝나야 하는가, 더는 없고?

세 개의 단편소설 또는 "무슨 일이 일어났는가?"

문학 장르로서의 "단편소설"의 본질을 결정하기란 그다지 어렵지 않다. 단편소설이 존재하는 것은 모든 것이 "무슨 일이 일어났는가? 도대체 무슨 일이 일어날 수 있었는가?"라는 물음 주위에서 조직될 때이다. 콩트는 단편소설의 반대이다. 왜냐하면 콩트는 "무슨 일이 일어날 것인가?"라는 완전히 다른 물음으로 독자를 조마조마하게 만들기 때문이다. 항상 뭔가가 일어날 것이고 발생할 것이다. 장편소설의 경우에도 항상 뭔가가 일어나지만, 장편소설은 단편소설과 콩트의 요소들을 영구히 살아 있는 현재(지속)의 변주 속으로 통합시킨다. 이 점에서 탐정소설은 특히 잡종 장르이다. 왜냐하면 대개의 탐정소설에서는 살인이나 절도에 해당하는 어떤 것 X가 일어났지만 일어난 것은 앞으로 발견될 것이고, 그것도 주인공인 탐정에 의해 규정되는 현재 안에서 발견될 것이다. 그렇지만 이 세 가지 상이한 양상을 시간의 세 차원으로 환원하는 것은 잘못일 것이다. 뭔가가 일어났다는 말이나 뭔가가 일어날 것이라는 말은 각각 아주 직접적인 과거와 아주 근접한 미래를 가리킬 수 있다. 이것들은 각각 (후설이 말하는) 현재 그 자체의 다시당김(retentions) 및 미리당김(protentions)과 하나일 따름이다.[1] 하지만 현재

1 [후설의 개념인 Retention과 Protention은 보통 '과거지향'과 '미래지향'이라고 번역된다. 후설의 시간 개념은 아우구스티누스에게서 비롯된 것이다. 아우구스티누스는 과거는 이미 지나갔고 현재는 끊임없이 지나가고 있으며 미래는 아직 오지 않았다는 이유로 시간의 <존재>가 아포리아에 빠진다는 문제를 인식했다(아우구스티누스, 『고백』 11권 14

를 활성화하고 현재와 동시간적인 상이한 운동들의 관점에서 보면 그들 사이의 구분은 정당하다. 그 운동들 중에서 한 운동은 현재와 함께 움직이지만, 다른 운동은 그것이 현존하자마자 이미 현재를 과거로 던지며(단편소설), 또 다른 운동은 동시에 현재를 미래로 끌고 간다(콩트). 콩트 작가와 단편소설 작가가 동일한 주제를 다루었던 예를 보자. 두 명의 연인이 있다. 한 사람이 다른 사람의 방에서 갑자기 죽는다. 모파상의 콩트 「속임수」에서 모든 것은 다음과 같은 물음을 향해 있다. "무슨 일이 일어날 것인가? 살아남은 자는 어떻게 이 상황에서 벗어날 것인가? 구원자인 제3자 — 여기서는 의사 — 는 무엇을 발명해낼 수 있을 것인가?" 바르베 도르빌리의 단편소설 「진홍색 커튼」에서 모든 것은 "뭔가가 일어났다. 하지만 무슨 일이 일어났는가?"라는 물음을 향해 있다. 냉정한 젊은 여자가 실로 무엇 때문에 죽게 되었는지, 왜 그녀가 어린 장교에게 보내졌는지, 그리고 어떻게 구원자인 제3자 — 여기서는 연대장 — 가 결국 일들을 수습할 수 있었는지 결코 알 수 없으니까.[2] 모든 것을 모호한 채로 놔두는 편이 더 손쉽다고 생각

절). 그는 의식이 지각하고 있는 시간을 현재로 놓고('현재'의 어원인 'prae-esse'는 '[영혼] 앞에 있음'을 의미한다) 현재 안에서의 기억 작용을 과거와 동일시하고 현재 안에서의 기대 작용을 미래와 동일시함으로써 이 문제를 해결하려 했다. 따라서 과거, 현재, 미래는 실은 과거로서의 현재, 현재로서의 현재, 미래로서의 현재이며 그것은 현재의 세 가지 양상일 뿐이다. "엄밀한 의미에서는 과거, 현재, 미래라는 세 시간이 있는 것이 아닙니다. 엄밀하게는 세 개의 시간은 과거의 것에 관한 현재, 현재의 것에 관한 현재, 미래의 것에 관한 현재인 것입니다. 사실 이 세 가지는 의식(anima) 속에 있으며 의식 이외에서는 찾아볼 수 없습니다. 과거의 것에 관한 현재는 기억이며, 현재의 것에 관한 현재는 직관이며, 미래의 것에 관한 현재는 기대인 것입니다"(『고백』 11권 20 : 26절). 후설의 Retention과 Protention은 아우구스티누스의 기억과 기대에 대응한다. 그것은 각각 과거 쪽에서부터 현재로 끌어당기는 작용(re-tention)과 미래 쪽에서 현재로 미리 끌어당기는 작용(pro-tention)을 의미한다]

2 Jules Amédée Barbey d'Aurevilly, *Les Diaboliques*, 1874[영역본 : *The Diaboliques*, trans. Ernest Boyd, New York : Knopf, 1925. 독역본 : *Teufelkinder*, übers. von Arthur Schurig, Frankfurt-Berlin, 1969] 참조. 물론 모파상을 콩트 작가로 국한시킬 수는 없다. 그는 단편

해서는 안 된다. 어떤 일이, 심지어 여러 가지 일이 계속해서 일어났지만 사람들이 이것을 알지 못하게 해야 할 경우가 있다. 이런 경우 알려져야 할 사항을 저자가 세세하게 고안해내야 하는 경우보다 세심함과 정확함이 덜 요구되는 것이 아니다. 사람들은 방금 일어난 일을 결코 알지 못할 것이며, 일어나게 될 일을 항상 알게 될 것이다. 이것들은 단편소설과 콩트를 앞에 두고 독자가 겪는 두 가지 서로 다른 숨가쁨들이며, 살아 있는 현재가 매순간 나누어지는 두 가지 방식이다. 단편소설에서 사람들은 어떤 일이 일어나기를 기다리지 않으며 어떤 일이 이미 일어났기를 기대한다. 단편소설은 마지막 소식인 반면 콩트는 최초의 이야기이다.[3] 콩트 작가와 단편소설 작가의 "현재(présence)"는 완전히 다르다(장편소설 작가의 현재도 다르다). 따라서 시간의 차원들을 너무 내세우지 말도록 하자. 단편소설은 과거의 기억이나 반성 행위와는 별 관계가 없다. 반대로 그것은 근본적인 망각 위에서 작동한다. 단편소설은 "일어난 것"의 요소 안에서 전개된다. 왜냐하면 그것은 우리를 인식할 수 없는 것 또는 지각할 수 없는 것과 관계시키기 때문이다(그 역이 아니다. 단편소설은 우리에게 앎을 줄 가능성을 더 이상 갖고 있지 않은 과거에 대해 말하기 때문이다). 극단적으로 말해 아무 일도 일어나지 않았지만, 바로 이 아무 일도 아닌 것이 우리에게 다음과 같이 말하도록 만든다. "내가 내 열쇠를 어디에 두었는지 잊어버리고 이 편지를

소설들 또는 단편소설적 요소들을 갖고 있는 장편소설들을 썼다. 가령 『여자의 일생*Une vie*』에 나오는 리종 숙모의 에피소드를 보라[제4장]. "리종이 엉뚱한 짓을 했다. (……) 사람들은 더 이상 그 일에 대해 이야기하지 않았고, 이 엉뚱한 짓은 마치 안개에 덮인 것처럼 남아 있었다. 어느 날 저녁 당시 스무 살이었던 리즈는 아무에게도 이유를 알리지 않은 채 물에 몸을 던졌다. 그녀의 생활과 행동 그 무엇을 보더라도 이 광기를 예감할 수는 없었다"[독역본 출처 : Guy de Maupassant, *Ein Leben*, übers. von Josef Halperin, Zürich, 1962, S. 52].

3 [원문(La nouvelle est une dernière nouvelle, tandis que le conte est un premièr conte)에서 nouvelle과 conte의 의미 변화에 주목할 것]

보냈는지 더 이상 알지 못하게 되기까지 무슨 일이 일어났던 것일까? 나의 뇌 속에 있는 어떤 모세 혈관이 파괴되기라도 한 것일까? 어떤 일이 일어나게 만든 이 아무 것도 아닌 것은 무엇인가?" 단편소설은 근본적으로 **비밀**(발견될 비밀의 질료나 대상이 아니라 끝까지 파악되지 않은 채로 있는 비밀의 형식)과 관련되어 있다. 반면 콩트는 **발견**(발견될 수 있는 것과는 무관한 발견의 형식)과 관련되어 있다. 또한 단편소설은 주름들이나 감쌈들로 존재하는 몸과 정신의 **자세들**을 등장시키는 반면, 콩트는 가장 뜻밖의 펼침들과 전개들인 **태도들**, **입장들**을 작동시킨다. 바르베는 몸의 자세, 다시 말해 어떤 일이 일어나서 몸이 놀랄 때의 상태들을 선호한다. 『악마의 자식들』 서문에서 바르베는 이렇게 제안하기까지 한다. 즉 몸의 자세들에는 일종의 악마성이 있으며 이 자세들의 성(性), 포르노그라피, 분뇨담(糞尿談)이 있다. 하지만 이것들은 몸의 태도들이나 입장들도 나타내는 성, 포르노그라피, 분뇨담과는 아주 다르다고 말이다. 자세는 역전된 서스펜스와도 같다. 따라서 중요한 것은 단편소설을 과거와 연관짓고 콩트를 미래와 연관짓는 것이 아니다. 오히려 단편소설은 현재 자체 안에서, 일어난 어떤 일의 형식적 차원과 결부되어 있다고 말하는 것이 중요하다. 마치 그 일어난 어떤 일이 아무것도 아니거나 인식될 수 없는 채로 남아 있기라도 한 것처럼 말이다. 마찬가지로 단편소설과 콩트의 차이를 환상담이나 요술담 같은 범주들과 대응시키려고 하지 말아야 한다. 그것은 다른 문제이다. 이 모든 것이 서로 일치할 이유가 없는 것이다. 단편소설은 다음과 같은 연쇄를 갖는다. <무슨 일이 일어났는가?>(양상 또는 표현), <비밀>(형식), <몸의 자세>(내용).

피츠제럴드를 보자. 그는 천재적인 콩트 작가요 단편소설 작가이다. 하지만 "**일이 이렇게 되기 위해서는 무슨 일이 일어났던 것인가?**"라고 자문할 때마다 그는 영락없이 단편소설 작가이다. 오직 그만이 이 물음을 이런 강렬함의 지점까지 가져갈 줄 알고 있었다. 이것은 기억, 반성, 노령, 또는 피로의 문제가 아니다. 반면 콩트는 아동기, 행동 또는 도약에 관련된다. 어쨌든 피츠제럴드가 개인적으로 쇠약해지고 피로하고 병들고 더 악화될 때에만 단편소설 작가의 물음을 제기한다는 점도 진실이다. 하지만 여기에 여전히 필연적인 연관이 있는 것은 아니다. 그것은 활력과 사랑의 문제일 수 있을 것이다. 조건이 절망적이라 해도 여전히 그러하다. 차라리 일들을 지각의 문제로 여겨야 할 것이다. 사람들은 방안으로 들어가서 무슨 일이 막 일어났다, 무언가가 거기에 이미 있다고 지각한다. 마치 그 일이 아직 끝나지 않기라도 한 것처럼. 그러면서도 한편으로는 진행 중인 일은 이미 마지막으로 일어나는 일이며 끝난 일이라는 것을 알고 있다. 사람들은 "나는 너를 사랑해"라는 말을 들으며, 그 말이 마지막으로 말해지고 있다는 것을 안다. 지각적 기호계. 신이여, 무슨 일이 일어날 수 있었습니까? 모든 것이 지각할 수 없고 또 여전히 그러한데, 또 모든 것이 영원히 알 수 없고 또 여전히 그러한데 말입니다.

그리고 단편소설의 특수성이 있을 뿐만 아니라 단편소설이 보편적 질료를 다루는 특수한 방식도 있다. 왜냐하면 우리는 선들로 이루어져 있기 때문이다. 우리는 단지 글자의 선들에 대해서 말하고자 하는 것이 아니다. 글자의 선들은 삶의 선들, 행운과 불운의 선들, 글자의 선이 변주된 선들, 씌어진 선들 사이에 있는 선들 따위의 다른 선들과 결합되어 있다. 단편소설에는 고유한 발생 방식이 있지만 또한 모든 사람들과 모든 장르에 속하는 이 선들을 조합하는 고유한 방식도 있는 것 같다. 블라디미르 프로프는 대단히 절제된 방식으로 이렇게 말했다. 즉, 설화(=콩트)는 설화 내부와 외부의 운동들을 통해 정의되어야만 한다. 설화는 이 운동들을 특수한 방식으로 특성화하고 형식화하고 조합한다.[4] 우리는 단편소설이 살아 있는 선들, 살의 선들의 견지에서 정의된다는 것을 보여주고자 한다. 단편소설은 그 선들에 관해 매우 특수한 계시를 보여준다. 마르셀 아를랑은 단편소설에 대해 다음과 같은 근거 있는 얘기를 한다. "단편소설은 뉘앙스에까지 이르는 순수한 선들일 따름이며 또한 말의 순수하고 의식적인 힘일 따름이다."[5]

* * *

첫번째 단편소설. 헨리 제임스의 「철장 안에서」, 1898.

젊은 전신수인 여주인공은 많이 재단되고 아주 계산된 삶을 살고 있다. 그녀의 삶은 제한된 절편들에 의해 진행된다. 그녀가 매일 계속해서 기재하는 전보들, 이 전보들을 받는 사람들, 서로 다른 방식으로 전신을 이용하는 사람들의 사회 계급, 개수를 세어야만 하는 단어들. 게다가 여주인공이 일하는 철장(cage)은 그녀의 약혼자가 일하는 이웃 식료품점에 인접해 있는 절편이다. 영토들의 인접성. 그리고 그녀의 약혼자는 그들의 미래, 일, 휴가, 집에 대해 끊임없이 판을 짜고 재단한다. 바로 여기에 견고한 분할선이 있다. 그것은 우리들 각자에게 있다. 모든 것, 한 절편의 시작과 끝, 한 절편에서 다른 절편으로의 이행을 계산하고 예견하는 것처럼 보이는 분할선이. 우리의 삶은 그렇게 이루어져 있다. 그램분자적인 거대 집합들(국가, 제도, 계급)뿐 아니라 집합의 원소로서의 개인들, 개인들 사이의 상호 관계로서의 느낌들까지도 분할되어 있다. 개인의 정체성을 포함한 각 심급의 정체성을 교란시키

4 Vladimir Propp. *Morphologie du conte*, Paris : Gallimard[영역본 : *Morphology of the Folktale*, 2nd ed., trans. Laurence Scott, Austin : University of Texas Press, 1968. 독역본 : *Morphologie des Märchens*, übers. von Christel Wendt, Frankfurt, 1975].

5 Marcel Arland, *Le Promeneur*, Paris : Ed. du Pavois, 1944.

고 흩어버리기 위해서가 아니라 반대로 그것을 보증하고 통제하기 위한 방식으로. 약혼자는 젊은 여인에게 이렇게 말할 수 있다. <우리의 절편들 사이에 있는 차이들을 고려하더라도 우리는 같은 취향을 갖고 있고 또 비슷해. 나는 남자고 너는 여자야, 너는 전신수고 나는 식료품상이야, 너는 낱말들을 세고 나는 물건들 무게를 재, 우리의 절편들은 서로 들어맞고 결합되어 있어.> 혼인. 잘 결정되고 판이 잘 짜여진 영토들의 놀이 전체. 미래가 있을 뿐 생성은 없다. 이것이 삶의 첫번째 선이다. 그것은 **견고한 분할선 또는 그램분자적 분할선**이며, 결코 죽은 선이 아니다. 왜냐하면 이 선은 우리의 삶을 차지하고 가로지르며, 마침내 항상 우리의 삶을 쓸어 가는 것처럼 보이기 때문이다. 심지어 이 선은 아주 다정하고 사랑스럽다. "이 선은 나빠"라고 말하기는 아주 쉬울 것이다. 당신들은 이 선을 모든 곳에서, 다른 모든 선들에서도 발견할 테니까.

한 부유한 커플이 우체국에 들어온다. 그들은 젊은 여인에게 다른 삶에 대한 계시, 아니면 적어도 다른 삶에 대한 확증을 전해준다. 암호화되고 가명으로 서명된 여러 전보들이 그것이다. 우리는 누가 누구인지, 어떤 것이 무엇을 의미하는지를 더 이상 알지 못한다. 전신은 이제 잘 결정된 절편들로 이루어진 견고한 선 대신에 유연한 흐름을 형성한다. 그 흐름은 **양자**(量子)**들**에 의해 표시된다. 이 양자들은 활동 중인 작은 절편화 작용과도 같으며, 달빛 속에서 또는 강렬한 등급(échelle) 위에서 태어나는 것 같다. 바로 이 때 양자들은 포착된다. 젊은 여인은 "비범한 해석술" 덕분에 그 남자가 지닌 비밀이 그를 위험에, 점점 더 큰 위험에, 위험한 자세에 빠트리고 있다는 것을 파악한다. 여자와의 연애 관계만이 중요한 건 아니다. 작품에서 하나의 비밀의 질료가 그의 관심의 대상이 되지 못했던 순간 헨리 제임스는 그런 관계에 도달한다. 비록 제임스가 이 질료를 완전히 진부하고 거의 중요하지 않은 것으로 만드는 데 성공하긴 했지만 말이다. 지금 중요한 것은 그 비밀의 질료가 발견될 필요조차 없는 그런 비밀의 형식이다(우리는 여러 가능성들이 있다는 것, 객관적인 비결정이, 일종의 비밀의 분자화가 있다는 것을 알지 못할 것이다). 그리고 바로 그 남자와의 관계에 의해서, 그리고 직접적으로 그 남자와 함께 젊은 전신수는 낯설고 열정적인 공모를 펼쳐나가며, 약혼자와의 삶과는 경쟁 관계에 들어가지도 않는 강렬한 분자적 삶 전체를 전개한다. 무슨 일이 일어났는가? 무슨 일이 일어날 수 있었는가? 하지만 이 삶은 그녀의 머리 속에 있는 것도 아니고 상상적인 것도 아니다. 우리는 차라리 젊은 여인이 약혼자와의 주목할 만한 대화에서 제안하는 것처럼 거기에는 두 가지 **정치**(政治)가 있다고 말할 수 있을 것이다. 하나는 거시-정치이고 또 하나는 미시정치인데, 이것들은 계급, 성, 인물들, 느낌들을 결코 동일한 방식으로 고려하지 않는다. 또는 아주 다른 두 유형의 관계들이 있다. 하나는 잘 결정된 집합들 또는 원소들을 작동시키는 **커플들**의 내부적 관계들이고(사회 계급, 남자와 여자, 이런 저런 인물들), 다른 하나는 항상 자기 자신의 외부에 있으며 국지화하기 힘든 관계들로 이는 차라리 사회 계급, 남자와 여자, 이런 저런 인물들을 벗어나는 흐름들과 입자들에 관련되어 있다. 이 후자의 관계들은 왜 커플 관계라기보다는 **분신** 관계인가? "그녀는 밖에서 기다리고 있을지도 모르는 이 다른 자아를 정말로 두려워하고 있었다. 그 남자가 기다리고 있을지도 모른다. 바로 그 남자가 그녀의 다른 자아였던 것이며, 그녀가 두려워했던 것은 바로 그 남자였다."[6)]어쨌든 여기에는 앞의 선과는 아주 다른 선이 있다. 그것은 **유연한 분할선 또는 분자적 분할선**인데, 여기에서 절편들은 탈영토화의 양자들이

6 [영어 원본 : "In the Cage", *The Novels and Tales of Henry James*, Fairfield, N.J. : Augustus M. Kelley, 1979, vol. 11, p. 469. 독역본 : *Im Käfig*, übers. von Gottfried Röckelein, Cadolyburg, 1991, S. 111. 이 구절의 번역은 영어에서 했다]

다. 바로 이 선 위에서 현재가 정의된다. 현재의 형식은 우리가 거기에 아무리 가까이 있다 해도 일어난 어떤 것, 이미 지나간 어떤 것의 형식이다. 왜냐하면 이 어떤 것의 파악 불가능한 질료는 전적으로 분자화되어 있으며, 지각의 일상적 문턱들을 넘어서는 속도로 운동하기 때문이다. 하지만 우리는 이 선이 필연적으로 더 낫다고 말할 수는 없을 것이다.

이 두 선들이 끊임없이 간섭하고, 서로 반응하고, 유연한 흐름이 됐건 견고한 점이 됐건 간에 한 선을 다른 선에 도입한다는 것은 분명하다. 소설에 대한 에세이에서 나탈리 사로트(Nathalie Sarraute)는 영어권 소설가들에게 영예를 돌린다. 영어권 소설가들은 프루스트나 도스토예프스키처럼 시간을 되찾게 하거나 과거를 되살리게 하는 커다란 운동들, 커다란 영토들, 그리고 커다란 무의식의 지점들을 발견했다. 뿐만 아니라 그들은 공교롭게도 현재하는 동시에 지각할 수 없는 이 분자적 선들을 따라갔다는 것이다. 그녀는 대담이나 대화가 고정된 절편성의 절단에 어떻게 복종하는지, [우리들] 각자의 태도와 입장에 맞는 규제된 분배라는 광대한 운동에 어떻게 복종하는지를 보여준다. 또한 그녀는 대담이나 대화가 **미시-운동들**, 완전히 다르게 분배된 미세한 분할들, 익명의 질료의 찾을 수 없는 입자들, 무의식 안에서조차 더 이상 동일한 심급들을 통과하지 않는 작은 균열들과 자세들, 방향 상실 또는 탈영토화의 비밀스런 선들에 의해 어떻게 주파되고 또 연결되는지를 보여준다. 그녀는 그것을 대화 안에 있는 모든 하위 대화, 말하자면 대화의 미시정치라고 말한다.[7)]

7 나탈리 사로트는 *L'ère du soupçon*, "Conversation et sous-conversation", Paris : Gallimard [영역본 : "Conversation and Sub-conversation", *The Age of Suspicion*, trans. Maria Jolas, New York : Braziller, 1963, p. 92. 독역본 : "Gespräch und Infragespräch", in *Zeitalter des Argwohns*, übers. von Kyra Stromberg, Darmstadt, 1965, S. 70]에서 프루스트가 어떻게 가장 작은 운동들, 시선들, 또는 억양들을 분석하는지 보여준다. 하지만 프루스트는 회상

이윽고 제임스의 여주인공은 그녀의 유연한 절편성 또는 흐름의 선 안에서 그녀가 그 너머로 갈 수 없는 최대치의 양자에 도달한다(그녀가 원해도 더 멀리 갈 수는 없었다). 우리를 가로지르는 이 진동들을 우리가 인내할 수 있는 범위 너머로 밀어붙이는 것은 위험하다. 그 전신수와 전보 발신자 사이의 분자적 관계는 <무슨 일이 일어났는가?>라는 비밀의 형식 속에 용해된다. 왜냐하면 아무 일도 일어나지 않았기 때문이다. 두 사람 각자는 자신의 견고한 절편성 쪽으로 밀려나게 된다. 남자는 미망인이 된 부인과 결혼할 것이고 여자는 자신의 약혼자와 결혼할 것이다. 하지만 모든 것이 변했다. 여자는 새로운 선인 세번째 선, 일종의 **도주선**과 같은 어떤 것에 도달했다. 이 선은 비록 즉석에서 만들어진 것이라 할지라도 다른 선들과 똑같이 실재적이다. 이 선은 더 이상 절편들을 용인하지 않는 선이며, 차라리 두 절편 계열이 만나 폭발한 것과도 같다. 그 선은 벽을 꿰뚫었으며 검은 구멍들로부터 빠져나왔다. 그 선은 일종의 절대적 탈영토화에 도달했다. "여자는 마침내 자신이 더 이상 아무 것도 해석할 수 없다는 것을 알게 되었다. **그녀가 더 분명하게 볼 수 있도록 도와줄 그림자는 더 이상 존재하지 않았고, 단지 섬광만이 존재했다.**"[8] 우리는 삶에서 제임스의 이 구절보다 더 멀리 나아갈 수 없다. 비밀은 다시 한번 그 본성을 바꾸었다. 분명 그 비밀은 사랑과, 그리고 성과 항상 관련되어 있다. 하지만 그 비밀은 숨겨진 질료일 뿐이었다. 더 잘 숨겨질수록 더 일상적이며, 과거 속에 주어진 숨

속에서 그것들을 파악했고 그것들에 '자리(position)'를 마련했으며 그것들을 원인과 결과의 연쇄로 여겼다. "그는 그것들을 되살리려 한다거나 현재 안에서 독자들에게 그것을 되살리게 하려고 거의 노력하지 않았다. 반면 그것들은 나름대로의 돌발 사태, 신비, 예견할 수 없는 대단원을 가진 작은 드라마들처럼 형성되고 또 전개된다."

8 [저자들이 참고한 불어 번역은 정확한 번역은 아니다. 원문은 이렇다. "여자는 마침내 알게 되었다. 예전에는 그저 짐작하는 능력을 갖고 있었는데, 이제 그것을 잃어버렸다는 것을. 분간해주는 서로 다른 그림자는 존재하지 않았다. 그것은 모두 튀어 나와 버렸다"(Henry James, 앞의 책, p. 472)]

겨진 질료 말이다. 그리고 거기에 어떤 형식이 부여될지 알 수 없는 노릇이었다. 보라, 나는 내 비밀에 짓눌려 몸이 굽었다. 어떤 신비가 나를 괴롭히는지 보라. 그것은 흥미로운 것을 만드는 방식이며, 로렌스(D. H. Lawrence)가 "더러운 작은 비밀"이라고 부른 것이며, 나의 오이디푸스의 일종이다. 한편 그 비밀은 어떤 사물의 형식이 되었다. 여기서는 모든 질료가 분자화되고 지각할 수 없게 되고 지정할 수 없게 된다. 그것은 과거 속에 있는 주어진 것(un donné)이 아니라 "무슨 일이 일어났는가?"라는 주어질 수 없는 것(le non-donnable)이다. 하지만 세 번째 선 위에는 그 어떤 형식도 없으며, 단지 순수한 추상적 선만이 있을 뿐이다. 왜냐하면 우리에게는 우리가 더 이상 파악될 수 없다는 것을 감출 그 어떤 것도 없기 때문이다. 자기 자신을 지각할 수 없게 되기, 사랑할 수 있게 되기 위해 사랑을 해체해버리기. 마침내 홀로 되기 위해 그리고 선의 다른쪽 끝에서 참된 분신을 만나기 위해 자기 자신의 자아를 해체해버리기. 움직이지 않는 여행을 하는 은밀한 나그네. 모든 사람들처럼 되기, 하지만 그것은 바로 아무도 아닌 자가 되는 법을 아는 자, 더 이상 아무도 아닌 자를 위한 생성일 뿐이다. 그것은 회색 위에 회색으로 스스로를 칠하는 것이다. 키에르케고르의 말대로 그 무엇도 신앙의 기사와 자기 집이나 우체국에 가는 독일인 부르주아지를 구분해주지 않는다. 그는 어떤 특별한 전신 기호를 방출하지 않는다. 그는 부단히 유한한 절편들을 생산하거나 재생산한다. 하지만 그는 이미 짐작할 수조차 없는 다른 선 위에 있다.[9] 어쨌건 전신의 선은 상징이 아니며, 또한 그것은 단순하지 않다. 적어도 세 개의 선이 있다. 견

9 Sören Kierkegaard, *Crainte et tremblement*, Paris : Aubier, pp. 52 sq.[영역본 : *Fear and Trembling*, trans. Walter Lowrie, Princeton, N.J. : Princeton University Press, 1954, pp. 49ff. 독역본 : *Furcht und Zittern*, in *Die Krankheit zum Tode und anderes*, übers. von W. Rest, G. Jungbluth und R. Lögstrup, München, 1976, S. 215f].

고하고 잘 구분되는 분할선, 분자적 분할선, 그리고 다른 선들 못지않게 죽은 것이고 또한 산 것인 추상적 선, 즉 도주선. 첫번째 선 위에는 많은 발화와 대화, 물음과 답변, 끝없는 설명들, 수정들이 있다. 두번째 선은 해석을 요청하는 침묵들, 암시들, 함축들로 이루어져 있다. 하지만 세번째 선이 섬광을 발한다면, 그리고 도주선이 달리는 기차와 같다면 그것은 우리가 거기서 선형적으로 도약하기 때문이며, 마침내 우리가 그 무엇도 다른 것을 대신할 가치를 갖지 못하는 곳에 도달하는 자를 조용히 받아들이면서 풀잎이건, 파국이건, 감각이건 그 무엇에 대해서건 "문자 그대로" 말할 수 있기 때문이다. 하지만 이 세 선은 끊임없이 서로 뒤섞인다.

두번째 단편소설. 피츠제럴드의 「파열」, 1936.

무슨 일이 일어났는가? 이것은 피츠제럴드가 "물론 모든 삶은 파괴의 과정이다"[10]라고 말한 다음에 끝에 가서 끊임없이 문제 삼는 물음이다. 이 "물론"을 어떻게 이해할 것인가? 무엇보다도 삶은 점점 더 견고하고 메말라가는 절편성 안으로 끊임없이 참여한다고 말할 수 있다. 작가 피츠제럴드에게는 여행의 잘 재단된 절편들과 더불어 여행의 마모가 있다. 각 절편마다 경제 위기, 부의 상실, 피로와 노쇠, 알코올 중독, 결혼 생활의 파국, 영화의 대두, 파시즘과 스탈린주의의 도래, 성공과 재능의 상실이 있다. 그런데 바로 그런 순간에 피츠제럴드는 그의 천재성을 발견하게 된다. "바깥으로부터 오는 또는 바깥으로부터 오는 것처럼 보이는 갑작스런 커다란 타격들"[11] 그리고 매우 의미심장한 절단들

10 [Scott Fitzgerald, "The Crack-up", in *The Crack-up. With Other Uncollected Pieces*, ed. Edmund Wilson, New York : New Directions, 1956, p. 69. 계속되는 소설의 인용 부분은 영어에서 옮기도록 하겠다]

에 의해 진행되는 갑작스런 커다란 타격들이 있다. 그러면 우리는 <부자-가난뱅이> 같은 잇단 이항적 "선택지" 속에서 한 항에서 다른 항으로 이행하게 된다. 변화가 다른 방향으로 일어날 때에도 도래하는 모든 것을 덧코드화시키는 경직화와 노쇠를 상쇄할 수 있는 것이라곤 없다. 여기에 분할선이 있다. 비록 처음에는 유연한 것이었지만 지금은 거대 덩어리들을 작동시키는 견고한 분할선이.

하지만 피츠제럴드는 완전히 다른 절편성을 따라 일어나는 다른 유형의 파열이 있다고 말한다. 이것은 더 이상 거대한 절단들이 아니라 접시 위의 금과 같은 미시적인 균열들이다. 그것들은 보다 미세하고 보다 유연하며, 달리 보자면 오히려 일이 더 좋아질 때 생산된다. 설사 이 선 위에 노쇠가 있다 할지라도 그것은 같은 방식으로 일어나는 노쇠가 아니다. 우리는 다른 선 위에서 그것을 느끼지 못할 때에만 여기에서 나이를 먹는다. 또한 우리는 "그것"이 이미 여기에서 일어났을 때에만 다른 선 위에서 그것을 감지한다. 다른 선의 나이들에 대응하지 않는 그런 순간에 우리는 그 너머로 나아갈 수 없는 정도, 양자, 강렬함에 도달한 것이다(이 강렬함들의 역사는 매우 미묘하다. 가장 아름다운 강렬함은 어떤 순간 우리의 힘을 넘어선다면 해롭게 된다. 우리는 그것을 견딜 수 있어야 하며 그것을 제 상태로 놔둘 수 있어야 한다). 하지만 정확히 무슨 일이 일어났는가? 실은 지정 가능한 어떤 것도, 지각 가능한 어떤 것도 일어나지 않았다. 어떤 일이 도래할 때 그것을 기다렸던 자아가 이미 죽거나 아니면 그것을 기다리던 자가 아직 도착하지 않거나 하게끔 하는, 욕망의 분자적 변화와 욕망의 재분배가 있을 뿐이다. 이 경우에는 나무의 초월성에 의해 규정된 거대한 운동들과 거대한 절단들 대신에 리좀의 내재성 안에 있는 격동들과 파열들이 있다. 균열은 "거의

11 [영어본, p. 69]

알아채지 못하는 사이에 생기지만 정말 갑작스럽게 깨닫게 된다."[12] 보다 유연하지만 그만큼 염려스러운, 아니 훨씬 더 염려스러운 이 분자적 선은 단순히 내적이거나 개인적인 선이 아니다. 또한 이 선은 모든 사물들을 작동시키지만 다른 단계와 다른 형식을 통해, 다른 본성을 가진 분할과 더불어, 나무의 방식이 아니라 리좀의 방식으로 분할함으로써 그렇게 한다. 미시정치.

게다가 세번째 선이 존재한다. 이 선은 단절의 선과 같은 선이며 다른 두 선의 폭발과 충돌 등을 표시한다. 다른 무언가를 위해? "나는 살아남은 자들은 뭔가 진정한 단절(clean break)을 이뤄냈다는 생각에 이르게 되었다. 이 말은 대단히 중요하며, 탈옥과는 상관이 없다. 탈옥의 경우 우리는 대개 새로운 감옥으로 가게 되든지 옛 감옥으로 강제 송환될 것이다."[13] 여기서 피츠제럴드는 이른바 기표작용 사슬 안에서 일어나는 구조적인 가짜-절단과 단절을 대립시킨다. 하지만 또한 그는 단절을 "여행" 유형의 보다 유연하고 보다 지하적인 연결이나 줄기와 구분하며 나아가 분자적인 운송과도 구분한다. "저 유명한 <탈주> 또는 <모든 것으로부터의 도망>은 덫 안에서의 소풍이다. 그 덫이 남태평양을 포함한다 해도 말이다. 남태평양은 그림을 그리거나 항해하길 원하는 자들만을 위한 곳이다. 진정한 단절은 되돌아갈 수 없는 그 무엇이다. 그것은 돌이킬 수 없다. 그것은 과거를 더 이상 존재하지 않게 만들기 때문이다."[14] 여행이 항상 견고한 절편성으로의 회귀일 수 있을까? 여행에서 만나는 것이 항상 아빠와 엄마일까? 그리고 멜빌처럼 남녘 바다에서까지도 그럴까? 견고한 근육일까? 유연한 절편성 자체는 그것이 피해갔다고 주장하는 커다란 형태들을 현미경 아래 축소시켜서

12 [영어본, p. 69]
13 [영어본, p. 81. 저자들은 jailbreak(탈옥)를 rupture de chaîne(사슬 끊기)로 옮기고 있다]
14 [영어본, p. 81]

재형성한다고 믿어야만 할까? 베케트의 잊을 수 없는 문장이 모든 여행을 짓누르고 있다. "내가 아는 한, 우리는 여행의 즐거움을 위해 여행하지 않는다. 우리는 멍청이다. 하지만 그 정도로까지는 아니다."[15)]

단절 속에서 과거의 물질은 휘발된다. 뿐만 아니라 지나간 것의 형식, 휘발성 물질 안에서 일어난 지각할 수 없는 무언가의 형식은 더 이상 존재하지조차 않는다. 사람들 자신은 움직이지 않는 여행 속에서 지각할 수 없고 은밀하게 되었다. 아무 일도 일어날 수 없고, 일어났을 수 없다. 더 이상 그 누구도 나에게 찬성하거나 반대할 게 없다. 나의 영토는 잡을 수 있는 곳 바깥에 있다. 영토가 상상적이기 때문이 아니라 반대로 내가 영토를 그리고 있는 중이기 때문이다. 크고 작은 전쟁들은 끝났다. 항상 무언가를 뒤따르는 여행들도 끝났다. 더 이상 나는 아무런 비밀도 갖고 있지 않다. 얼굴, 그 형식과 질료를 잃어버렸기 때문이다. 나는 이제 하나의 선일 뿐이다. 나는 사랑을 할 수 있게 되었다. 추상적인 보편적 사랑이 아니라 내가 선택하고 나를 선택할 사랑을, 맹목적으로, 자아를 갖는 동시에 갖지 않는 나의 분신을. 사람은 사랑을 통해, 사랑을 위하여, 그리고 사랑과 자아를 단념함으로써 구원되었다. 사람은 이제 허공을 가로지르는 화살처럼 추상적 선일 뿐이다. 절대적 탈영토화가 일어났다. 사람은 모든 사람들처럼 되었다. 하지만 그렇게 해서는 아무도 모든 사람들처럼 될 수 없는 방식으로. 사람은 자기 위에 세상을 그렸지 세상 위에 자기를 그리지 않았다. 천재는 특별한 사람이라든지 모든 사람은 천재성을 갖고 있다고 말하지 말아야 한다. 천재는 모든 사람들을 생성하게 만들 줄 아는 사람이다(조이스는 실패했지만 파운드는 반쯤 성공을 거둔 율리시즈). 사람은 동물-되기, 분자-되기, 마침내 지각 불가능하게-되기에 들어갔다. "나는 항상 바리

15 [Samuel Beckett, *Mercier und Camier*, übers. von Elmar Tophoven, Frankfurt, 1972, S. 99]

케이드의 다른쪽에 있었다. 넌더리나는 무거운 느낌이 계속되었다. (……) 하지만 나는 정확하게 동물이 되려고 노력할 것이다. 그리고 나에게 적당히 고기가 붙은 뼈를 던져준다면 당신의 손을 핥아줄지도 모른다."[16] 왜 이처럼 절망적인 어조인가? 단절의 선 또는 참된 도주선은 다른 것들보다 더 나쁜 자기만의 위험을 가지고 있는 게 아닐까? 죽을 시간이다. 모든 경우에 피츠제럴드는 우리에게 우리를 가로지르며 "하나의 삶"(모파상의 책 제목)[17]을 구성하는 세 개의 선을 구분할 것을 제안한다. **절단선**, **파열선**, **단절선**. 견고한 분할선 또는 그램분자적 절단선. 유연한 분할선 또는 분자적인 파열선. 추상적이고, 죽어 있고 살아 있는, 비절편적인 도주선 또는 단절선.

세번째 단편소설. 피에레트 플뢰티오, 「심연과 망원경 이야기」, 1976.[18]

어떤 절편들은 얼마간 인접해 있고, 또 어떤 절편들은 얼마간 떨어져 있다. 이 절편들은 심연을, 일종의 커다란 검은 구멍을 에워싸고 있는 것 같다. 각각의 절편 위에는 두 종류의 감시자가 있다. 짧게 보는 자(courts-voyeurs)와 길게 보는 자(longs-voyeurs). 그들이 감시하는 것은 심연 안에서 생산되는 운동, 돌출, 범법 행위, 소요, 반란이다. 하지만 이 두 유형의 감시자 사이에는 큰 차이가 있다. 짧게 보는 자의 망원경은 단순하다. 이들은 심연 안에서 거대 세포의 윤곽, 거대한 이항적 나눔의 윤곽, 이분법의 윤곽, "교실, 병영, 서민 아파트, 또는 비행기에서 본 교외"와 같은 유형의 잘 규정된 절편들 자체의 윤곽을 본다. 이들은

16 [영역본, p. 82, p.84]

17 [모파상의 책 『여자의 일생』의 원제목은 '하나의 삶*Une vie*'이다. 앞의 각주 2)를 참조]

18 [Pierrette Fleutiaux, *Histoire du gouffre et de la lunette et autres nouvelles*, Paris : Julliard, 1976, pp. 9～50]

가지들, 연쇄들, 열과 행들, 도미노들, 줄무늬들을 본다. 때때로 이들은 가장자리에서 잘못 만들어진 형태, 떨리는 윤곽을 본다. 사람들은 무시무시한 <광선 망원경>을 찾는다. 이것은 보기 위해 쓰이는 것이 아니라 절단하고 재단하기 위해 쓰인다. 그것은 레이저 광선을 발사하고 거대한 기표작용적 절단이 도처에서 지배하도록 해주며 순간적으로 위협받은 그램분자적 질서를 복원하는 기하학적 도구이다. 재단하는 망원경은 모든 것을 덧코드화한다. 그것은 살과 피 속에서 작용하지만 그것은 국가 사업으로서의 기하학 같은 순수 기하학일 뿐이며 이 기계를 사용하는 짧게 보는 자의 물리학일 뿐이다. 기하학이란 무엇인가? 국가란 무엇인가? 짧게 보는 자란 무엇인가? 이는 의미 없는 물음이다("나는 문자 그대로 말하고 있다"). 왜냐하면 여기에서 중요한 것은 정의하는 것이 아니라 더 이상 글이 아닌 선, 개인이건 집단이건 모든 사람들이 그것의 윤곽에 따라 판단되고 교정되는 견고한 분할선을 효과적으로 그리는 것이기 때문이다.

길게 보기, 길게 보는 자의 상황은 모호하지만 이와는 아주 다르다. 그들은 수가 극히 적으며, 많아야 절편마다 하나이다. 그들은 미세하고 복잡한 망원경을 갖고 있다. 하지만 분명히 그들은 우두머리는 아니다. 또한 그들은 다른 사람들이 보는 것과는 아주 다른 사물을 본다. 그들이 보는 것은 미시-절편성 전체이고, 세부의 세부이고, "가능성들의 미끄럼틀"이고, 가장자리에 이르기를 기다리지 않는 작은 운동들이고, 윤곽이 생기기 오래 전에 형태가 잡히는 선들이나 진동들이고, "요동을 통해 발아하는 절편들"이다. 리좀 전체. 재단 기계처럼 기표에 의해 덧코드화되지 않으며, 나아가 그런 형태, 그런 집합, 그런 요소에 귀속되지 않는 분자적 절편성. 이 두번째 선은 그것을 생산하며 매 순간 목적도 이유도 없이 모든 것을 다시 문제삼는 익명의 절편화 작용과 분리될 수 없다. "무슨 일이 일어났는가?" 길게 보는 자는 미래를 점칠 수 있지만 점치는 방식은 항상 분자적 질료, 발견할 수 없는 입자들 속에서 이미 일어난 어떤 일의 생성이라는 형식을 취한다. 이것은 생물학에서도 마찬가지이다. 즉 대규모의 세포 분열이나 이분화가 그 윤곽 속에서 이주, 함입(陷入), 치환, 형태 발생적 도약을 동반하는 방식. 그것들의 절편들은 국지화할 수 있는 점들이 아니라 밑에서 일어나는 강렬함의 문턱들, 모든 것이 혼란스러워지는 유사 분열(有絲分裂)들, 거대 세포와 그것의 절단 내부에서 교차하는 분자적 선들에 의해 특징지어진다. 이것은 사회에서도 마찬가지이다. 즉 견고하면서도 덧절단하는(surcoupant) 절편들이 다른 본성을 가진 분할 작용에 의해 밑에서 다시 절단되는 방식. 하지만 중요한 것은 이것도 저것도, 생물학도 사회학도 아니고, 이 둘의 유사성도 아니다. "나는 문자 그대로 말하는 것이다", 나는 선들을, 글(écriture)의 선들을 그린다, 그런데 삶은 그 선들 사이를 지나간다. 유연한 절편성의 선은 해방되어 길게 보는 자의 미시정치에 의해 떨리는 방식으로 그려진 아주 상이한 또 다른 선과 뒤엉킨다. 그것은 정치의 문제이다. 다른 정치의 문제 못지않게, 아니 더더욱, 세계 정치의 문제이다. 하지만 그것은 계단식이며 병치할 수 없고 통약(通約)할 수 없는 형식으로 그러하다. 하지만 그것은 지각의 문제이기도 하다. 왜냐하면 지각, 기호계, 실천, 정치, 이론은 항상 한데 어우러져 있기 때문이다. 사람들은 특정한 단계에서, 그리고 다른 것 — 설사 그것이 여전히 자기 자신이라 할지라도 — 의 선과 결합될 수 있거나 결합될 수 없는 그런 선에 따라 보고 말하고 생각한다. 만약 그렇지 않다면, 주장하고 논박하는 대신 도망가고 또 도망가야 한다. "좋아, 아주 좋아"라고 말하면서라도. 망원경들, 입들, 치아, 모든 절편들을 우선 바꿔야만 한다고 말해봐야 소용없다. 사람들은 말할 때에만 문자 그대로 그러는 것이 아니다. 사람들은 문자 그대로 지각하고, 문자 그대로 산다. 다시 말해, 연결접속될 수 있는 선이건 없는 선이건 선들에 따

라. 그것들이 매우 이질적이라고 하더라도. 그리고 때때로 그것들이 등질적인 경우에는 일이 잘 돌아가지 않는다.[19]

길게 보는 자들이 처한 상황의 애매함은 다음과 같다. 그들은 심연 속에서 다른 사람들은 보지 못하는 가장 가벼운 미시-위반들을 쉽게 간파해낸다. 하지만 그들은 재단하는 <망원경>이 허울뿐인 기하학적 정의(正義) 아래에서 야기하는 끔찍한 폐해를 확인하기도 한다. 그들은 예견하고 앞서 존재한다는 느낌을 가진다. 왜냐하면 아무리 작은 것이라도 그들의 눈에는 이미 일어난 것으로 보이기 때문이다. 하지만 그들은 자신들의 예고가 아무 소용이 없다는 것을 안다. 왜냐하면 재단하는 망원경은 예고 없이, 예견할 필요도 가능성도 없이 모든 것을 규제할 것이기 때문이다. 그들은 다른 사람들과는 다른 것을 본다고 느끼기도 하고 쓸모 없는 정도상의 차이만이 존재한다고 느끼기도 한다. 그들은 가장 경직되고 가장 잔인한 통제의 기획에 가담하지만 그들에게 계시된 지하 활동에 대한 모호한 공감을 어떻게 증명할 것인가? 이 분자적 선의 애매함은 그 선이 두 개의 비탈 사이에서 주저하고 있는 것 같다는 점에서 찾아진다. 어느 날(무슨 일이 일어날 것인가?) 길게 보는 어떤 자가 자기 절편을 버리고, 검은 심연 위에 걸린 좁은 가교로 올라

19 같은 소설집의 다른 단편소설 「투명함의 마지막 각(角)」에서 피에레트 플뢰티오는 미리 설정된 도식을 적용하지 않으면서 지각의 선 세 개를 뽑아낸다. 주인공은 **그램분자적 지각**을 갖고 있는데, 그것은 잘 재단된 집합들과 원소들, 잘 분배된 충만함과 비어 있음을 포함하고 있다(이것은 벽들에 의해 코드화되고 상속되고 덧코드화된 지각이다. 자기 의자에 앉지 마시오, 등). 하지만 주인공은 **분자적 지각** 속에서도 포착되는데, 그것은 미세하고 움직이는 분할 작용들, 충만한 것 안에서 구멍들이 생겨나는 자율적인 특징들, 수천 개의 균열들에 의해 "모든 것이 들끓고 봉기하는", 두 사물들 사이의 빈 곳에 있는 미시-형태들로 이루어져 있다. 영웅의 문제는 그가 한 선에서 다른 선으로 계속 건너뛰면서 이 두 선 사이에서 선택할 수 없다는 점에 있다. 지각의 세번째 선, **도주의 지각**, 다른 두 지각의 선의 각에 의해 "막 지시된 가설적 방향", 새로운 공간을 여는 "투명함의 각"으로부터 구원은 올 것인가?

가서, 자신의 망원경을 부순 후 도주선 위에서 다른쪽 끝에서 다가오는 눈먼 <분신>을 만나러 떠날 것이다.

* * *

동일한 리듬 위에서 뛰놀지 않고 동일한 본성을 갖고 있지도 않은 선들, 예컨대 자오선, 측지선, 회귀선, 방추선 등이 우리(집단이건 개인이건 관계가 없다)를 가로지르고 있다. 그것이 우리를 구성하는 선들이다. 우리는 세 종류의 선들을 말했다. 또는 차라리 선들의 묶음을. 왜냐하면 선들의 각 종류는 다양체이기 때문이다. 우리는 이 선들 중 특히 어느 하나에 관심을 가질 수 있으며, 아마도 결과적으로는 거기에 결정적인 선은 아니더라도 다른 선들보다 더 중요한 한 선이 있는 셈이다 …… 그것이 거기에 있다면 말이다. 왜냐하면 이 모든 선들 중에서 어떤 것들은, 적어도 부분적으로는, 밖으로부터 우리에게 부과되기 때문이다. 한편 약간의 다른 선들은 우연히 무로부터 태어나는데, 우리는 그 이유를 알지 못한다. 또 어떤 선들은 모델이나 우연 없이 발명되고 그려져야 한다. 할 수만 있다면 우리는 우리의 도주선을 발명해야 하는데, 우리는 우리의 도주선을 삶 속에서 실제로 그려낼 때에만 그것을 발명할 수 있다. 도주선, 이것이 가장 어려운 것 아닐까? 어떤 집단들, 어떤 사람들은 도주선을 결여하고 있으며 결코 가져본 적도 없다. 어떤 집단들, 어떤 사람들은 그런 종류의 선을 결여하고 있거나 잃어버렸다. 화가 플로랑스 쥘리앵(Florence Julien)은 특히 도주선에 관심이 있다. 그녀는 사진에서 출발해서, 거의 추상적이며 형태가 없는 선들을 뽑아낼 수 있는 절차를 발명한다. 하지만 여기서도 그것은 온통 매우 다양한 선들의 묶음이다. 학교에서 달려 나오는 아이들의 도주선은 경찰에 의해 추격당하는 시위대의 도주선과 같지 않으며 탈옥수의 도주선과도 같지 않다. 서로 다른 동물들의 도주선. 각각의 종, 각각의 개체는 자기 자신의 도주선을 갖고 있다. 페르낭 들리니는 자폐증 아이들의 선들과 궤적들을 전사한다. 그는 지도들을 만든다. 그는 "방황할 때의 선들"과 "습관적인 선들"을 세밀하게 구분한다. 그런데 이는 산책에만 해당하는 것은 아니다. 지각들의 지도들도 있고, 습관적인 몸짓과 방황할 때의 몸짓을 동반하는 몸짓들(요리하기 또는 나무 줍기)의 지도들도 있다. 언어에 대해서도 마찬가지이다. 그것이 존재한다면 말이다. 페르낭 들리니는 삶의 선들 위에 자신의 글쓰기의 선들을 열어놓았다. 그리고 선들은 부단히 서로 교차하고 한 순간 다시 절단되고 어떤 시간 동안 계속된다. 방황할 때의 선이 습관적인 선을 다시 절단했다. 거기서 아이는 그 둘 중 어느 것에도 정확하게 속하지 않는 무슨 일인가를 한다. 아이는 잃어버렸던 무언가를 되찾거나(무슨 일이 일어났는가?) 아니면 아이는 뛰어오르고 손뼉치고 작고 재빠른 운동을 한다. 하지만 아이의 몸짓 그 자체는 여러 선들을 방출한다.[20] 요컨대, 나름의 독자성들을 갖고 있고 이미 복합적인 도주선이 있다. 한편 나름의 절편들을 가진, 그램분자적인 선 또는 습관적인 선도 있다. 또한 이 두(?) 선 사이에 분자적인 선이 있으며, 이 선은 이 선을 한쪽 또는 다른쪽으로 기울어지게 하는 나름의 양자들을 가지고 있다.

들리니의 말처럼, 이 선들이 아무 것도 의미하지 않는다는 것을 명심해야 한다. 이것은 지도 제작의 문제이다. 그 선들은 우리의 지도를 구성하듯이 우리를 구성한다. 그 선들은 변형되며 서로 옮겨갈 수도 있다. 리좀. 확실한 것은, 그 선들은 언어와 아무 상관도 없다는 것, 반대로 언어야말로 그 선들을 따라가야 하며, 글쓰기야말로 그 고유한 선들 사이에서 자양분을 얻어야 한다는 점이다. 확실한 것은 그 선들은

20 Fernand Deligny, "Voix et voir", *Cahiers de l'immuable, avril*, 1975.

기표나 기표를 통한 주체의 규정과는 아무런 상관도 없다는 점이다. 오히려 기표는 이 선들 중 하나가 가장 경화되는 층위에서 생겨나며, 주체는 가장 낮은 층위에서 탄생한다. 확실한 것은, 이 선들은 구조와는 아무 상관이 없다는 점이다. 구조를 점유하는 것은 점들, 위치들, 나무 형태들이며, 구조는 항상 체계를 닫아버려 도망가지 못하게 한다. 들리니는 절편들, 문턱들 또는 양자들, 영토성들, 탈영토화 또는 재영토화들뿐 아니라 이 선들도 함께 새겨져 있는 <공통된 몸체>를 내세운다. 선들은 <기관 없는 몸체> 위에 새겨진다. 그 위에서는 모든 것이 그려지고 도망가며, 그것은 상상적 형태도 상징적 기능도 없는 추상적인 선 그 자체다. CsO의 실재성. 분열분석은 다음과 같은 것 이외의 실천적 대상을 갖고 있지 않다. 너의 기관 없는 신체는 무엇인가? 너의 선들은 무엇인가? 너는 어떤 지도를 만들고 또 고치고 있는가? 너 자신과 타인들을 위해 어떤 추상적인 선을, 어떤 대가를 치르면서, 그리려고 하는가? 너의 도주선은? 그 선과 뒤섞이는 너의 기관 없는 몸체는? 너는 부수는가? 너는 부수려 하는가? 너는 너 자신을 탈영토화하는가? 너는 어떤 선을 끊고, 또 어떤 선을 늘이거나 다시 붙잡는가? 형태도 상징도 없는가? 분열분석은 원소들, 집합들, 주체들, 관계들, 구조들을 다루지 않는다. 분열분석은 단지 선의 배치(linéaments)[21]만을 다루는데, 선의 배치는 개인들뿐 아니라 집단들을 가로지른다. 개인이 문제이건 집단이나 사회가 문제이건 욕망 분석, 분열분석은 실천과 직결되어 있고 정치와 직결되어 있다. 왜냐하면 존재 이전에 정치가 있기 때문이다. 실천은 항들과 항들의 상호 관계가 자리잡힌 이후에 오는 것이 아니며, 차라리 선들의 작성에 능동적으로 참여하고 선들과 동일한 위험과 변주에 직면한다. 분열분석은 단편소설의 기예와 비슷하다. 아니

21 [독어로는 Grundzüge(특색, 초안)라 옮기고 있다]

오히려 분열분석은 적용의 문제를 갖지 않는다. 그것은 이전에 선택된 특정한 좌표계에 따라 삶의 선들, 문학 작품의 선들, 예술의 선들, 사회의 선들이 될 수도 있는 선들을 뽑아낸다.

견고하거나 그램분자적인 분할선, 유연하고 분자적인 분할선, 도주선. 많은 문제들이 제기된다. 우선 각 선의 특수한 성격에 관한 문제가 있다. 견고한 절편들은 사회적으로 결정되고 또 미리 결정되며, 국가에 의해 덧코드화된다고 사람들은 믿어왔다. 반면 사람들은 유연한 절편성을 내적인 활동으로, 상상적인 무언가로, 환상으로 여기는 경향이 있다. 도주선에 관해 보자면, 그것은 전적으로 개인적이어서, 한 개인이 제 나름대로 도주하고 "책임"을 회피하고 세상에서 도망가고 사막이나 예술 속으로 피난하는 방식이 아닐까? 이것은 잘못된 인상이다. 유연한 절편성은 상상적인 것과는 아무 상관이 없으며, 미시정치는 그 외연과 현실성에서 다른 정치 못지않다. 거대 정치가 자신의 그램분자적 집합들을 다룰 수 있으려면 그것에 우호적이거나 방해물이 되는 이러한 미시적 주입들, 이러한 침투들을 반드시 통과해야만 한다. 집합들이 거대하면 거대할수록 그것들이 작동시키는 심급들은 더욱더 분자화된다. 도주선에 관해서 보자면, 그것은 세상에서 도망가는 데 있는 것이 아니라 오히려 관(管)에 구멍을 내듯이 세상을 달아나게 만드는 데 있다. 각 절편들이 도주선을 막기 위해 끊임없이 경화된다 할지라도, 호시탐탐 도망가지 않는 사회 체계는 없다. 도주선에는 그 어떤 상상적인 것도, 그 어떤 상징적인 것도 없다. 동물에게든 인간에게든 도주선보다 능동적인 것은 없다.[22] 그리고 <역사>조차도 "기표작용을 하는

22 앙리 라보리(Henri Laborit)는 『도주에 바치는 찬사*Eloge de la fuite*』(Paris : Laffront, 1976)를 썼는데, 거기에서 그는 동물에게 도주선이 갖는 생물학적 중요성을 보여주고 있다. 하지만 그는 그것을 너무 형식적인 개념으로 만든다. 또한 그는 인간에게 있어 도주는 상상적인 것의 가치와 연관되어 있으며, 상상의 가치는 세상에 대한 "정보"를 증가시키려는 목적을 갖는다고 여긴다.

절단들"이 아니라 도주선에 의해서 진행되지 않을 수 없었다. 매 순간 무엇이(=누가) 사회에서 달아나는가? 사람들이 국가의 거대 무기에 대항하기 위해 새로운 무기를 발명하는 것은 바로 도주선 위에서이다. "나는 도망갈 수 있지만, 나의 도주선 위에서 무기를 찾고 있다." 유목민들이 자신들이 지나갈 길 위에 있는 모든 것을 쓸어버리고 파라오를 놀라 어안이 벙벙하게 만들었던 것도 바로 그들의 도주선 위에서이다. 우리가 구분하는 모든 선들을 동일한 집단이나 동일한 개인이 한꺼번에 보여줄 수 있다. 하지만 더 흔하게는 한 집단, 한 개인 자체가 도주선으로 기능한다. 집단이나 개인은 도주선을 따라가는 것이 아니라 오히려 그것을 창조하며, 무기를 탈취하기보다는 오히려 그 자신이 스스로 만들어낸 살아 있는 무기이다. 도주선은 현실이다. 그것은 사회에 매우 위험하다. 비록 사회가 그것을 포기할 수 없고 때로는 배려를 해준다고 할지라도 말이다.

두번째 문제는 선들 각각의 중요성에 관한 것이다. 사람들은 견고한 절편성에서 출발할 수 있다. 그건 좀더 쉽다. 그건 주어져 있기 때문이다. 그 다음에는 그것이 유연한 절편성에 의해, 뿌리를 둘러싸고 있는 일종의 리좀에 의해 어떻게 다소간 다시 절단되어 있는지를 본다. 그 다음에는 어떻게 도주선이 거기에 또 덧붙여지는지를 본다. 그리고 결연들과 전투들을 본다. 하지만 사람들은 도주선에서 출발할 수도 있다. 아마도 일차적인 것은 도주선과 그것의 절대적 탈영토화일 것이다. 도주선이 뒤에 오지 않는다는 점은 분명하다. 도주선은 자기 때를 기다리고 다른 두 선의 폭발을 기다리는 것이긴 해도, 그것은 처음부터 거기에 있다. 그런데 유연한 절편성은 일종의 타협일 뿐이며, 상대적 탈영토화에 의해 진행하고 봉쇄되어 견고한 선 위로 돌아가는 재영토화를 허용한다. 유연한 절편성이 다른 두 선 사이에서 포착되고, 한쪽 또는 다른쪽 선으로부터 흘러나올 준비가 되어 있다는 건 기이한 일이다. 그것이 유연한 절편성의 애매성이다. 게다가 다양한 조합들을 보아야 한다. 집단이건 개인이건 누군가의 도주선은 다른 자의 도주선을 그다지 두둔할 수가 없다. 반대로 그것은 그의 도주선을 차단하고 가로막고 심지어 견고한 절편성 안으로 몰아낼 수도 있다. 사랑에서조차도 누군가의 창조적인 선이 다른 이를 가둬버리기도 한다. 같은 유(類)에 있어서조차도 선들의 합성, 한 선과 다른 선의 합성이라는 문제가 있다. 두 개의 도주선이 양립 가능하고 공존 가능한지는 확실치 않다. 기관 없는 몸체들이 용이하게 합성될 수 있는지는 확실치 않다. 사랑이 거기에서 견뎌낼지도 정치가 거기에서 견뎌낼지도 확실치 않다.

세번째 문제로 **선들의 상호 내재성**이 있다. 선들을 풀어내는 문제도 더 이상 쉽지 않다. 어떤 선도 초월적이지 않으며, 각각의 선은 다른 선들 안에서 작동한다. 온통 내재성. 도주선들은 사회의 장에 내재한다. 유연한 절편성은 견고한 절편성의 응고물을 끊임없이 해체하지만 자신의 층위에서 해체한 모든 것을 재구성하는데, 미시-오이디푸스들, 미시적 권력 구성체들, 미시-파시즘들이 그것이다. 도주선은 두 개의 분할 계열을 폭발시키지만, 더 나쁜 짓을 할 수도 있다. 즉 벽에서 다시 튀어나오거나, 검은 구멍에 다시 빠져버리거나, 거대한 퇴행의 길을 걷거나, 우연히 걷게 된 우회로에서 가장 견고한 절편들을 다시 만들어낼 수 있는 것이다. 젊은 혈기로 인한 탈선인가? 로렌스가 멜빌을 비난한 것처럼, 도망친 것이 아니라면 그건 더 나쁜 일이다. 견고한 절편성 안에 있는 더러운 작은 비밀의 질료, 유연한 절편성 안에 있는 "무슨 일이 일어났는가"의 텅 빈 형식, 도주선 위에서 더 이상 일어날 수 없는 일의 잠행성(潛行性). 이런 것들 사이에서 촉수를 사방으로 뻗치는 심급의 경련들, 즉 모든 것을 요동치게 할 위험을 갖는 <비밀>을 보지 않을 수 있겠는가? 첫번째 절편성의 <커플>과 두번째 절편성의 <분신>과 도주선의 <잠행자> 사이에 그토록 많은 혼합과 이행이 가능한 것이다.

끝으로 가장 불안한 마지막 문제가 있는데, 그것은 각 선들에 고유한 위험들에 관한 문제이다. 첫번째 선의 위험과 개선될 것 같지 않은 그 선의 경직성에 관해서는 말할 것이 없다. 두번째 선의 애매성에 관해서도 말할 것이 없다. 하지만 도주선은 왜 그렇게 특별한 절망을 품고 있는 것일까? 그것이 다른 두 선으로 되떨어질 위험은 젖혀두고라도, 그 스스로 기쁨을 전하는데도 불구하고 모든 것이 해결되는 그런 순간에도 마치 무언가가 그것을 자신의 고유한 사업의 심장부까지 위협해서 죽음이나 파괴로 내몰기라도 하는 것처럼. 단편소설의 위대한 창조자인 체홉에 대해 셰스토프는 이렇게 말했다. "그는 긴장했다. 이 점에 관해 의심할 수는 없다. 그의 안에서 무언가가 부서졌다. 이런 긴장의 원인은 어떤 고된 노고가 아니었다. 그는 자기 힘을 넘어서지 못한 채 쓰러지고 말았다. 요컨대 이것은 부조리한 사고(事故)였을 뿐이다. 그는 헛디뎠고 미끄러졌다. (……) 새로운 인간이, 어둡고 음울한 인간이, 한 범죄자가 우리에게 나타났다."[23] 무슨 일이 일어났는가? 체홉의 모든 인물들에게는 여전히 이것이 문제이다. 사람은 긴장하거나 나아가 무언가가 부서지게 되면 고통과 모래의 검은 구멍에 빠질 수밖에 없는 것일까? 그런데 체홉은 정말 쓰러진 것일까? 그것은 전적으로 외적인 판단이 아닐까? 체홉이, 자신의 인물들이 어둡긴 해도 자기 자신은 여전히 "50킬로그램의 사랑"을 운반하고 있다고 말할 때, 그것은 옳은 얘기가 아닐까? 우리를 구성하는, 그리고 <단편소설>의 본질을, 가끔 <복음>[24]의 본질을 구성하는 선 위에서 쉬운 것이란 없다는 점

23 Léon Chestov, *L'homme pris au piège*, 10~18, p. 83[영어본 : Leon Shestov, *Chekhov and Other Essays*, Ann Arbor, 1966, p. 8ff].

24 [여기서 '복음'은 la Bonne Nouvelle을 옮긴 말이다. 저자들은 여기서 nouvelle이 '단편소설'과 '소식'의 두 가지 의미를 갖고 있다는 점을 십분 활용하여 말놀이를 하고 있는

은 확실하다.

커플이란 무엇인가? 너의 분신이란 무엇인가? 너의 잠행자들이란 무엇인가? 그리고 그것들의 혼합물이란 무엇인가? <내가 너의 눈에 있는 광기의 번뜩임을 사랑하는 것처럼 내 입술에 있는 위스키의 맛을 사랑해다오>라고 한 사람이 다른 사람에게 말할 때, 합성되는 것은 어떤 선들이며, 반대로 공존 불가능하게 되는 것은 어떤 선들인가? 피츠제럴드는 이렇게 말한다. "우리의 친구와 친지들 가운데 50%는 젤다를 미치게 만든 건 나의 술이라고 진심으로 말할 것이고, 다른 절반은 나를 음주로 몰고 간 건 그녀의 광기라고 당신에게 확언할 것이다. 이런 판단들 그 어느 것도 큰 의미가 없다. 양쪽 다 우리들 각각이 서로가 없었다면 더 잘 살았을 거라고 말하는 데는 만장일치일 테니까. 그런데 아이러니하게도, 우리는 인생에서 지금보다 서로에게 더 반한 적이 없었다. 그녀는 내 입술 위의 알코올을 사랑한다. 나는 극도로 기상천외한 그녀의 환각을 지극히 사랑한다." "결국 중요한 것은 정말 아무 것도 없었다. 우리는 파괴되었다. 하지만 아주 정직하게 말하자면, 나는 우리가 서로를 파괴했다고 생각한 적은 없다." 얼마나 아름다운 구절인가. 여기에는 모든 선들이 다 있다. 가족들과 친구들의 선, 말하고 설명하고 정신분석하고 옳고 그름을 분배하는 모든 사람들, 결합되어 있건 떨어져 있건 견고한 절편성(50%) 안에 있는 <커플>이라는 완전히 이항적인 기계. 그 다음에는 유연한 분할선이 있다. 여기서 알코올 중독자와 미친 여자는 서로의 입술과 눈에 입 맞추면서 견딜 수 있는 극한까지 분신의 증식을 이끌어낸다. 자신들의 상태에서 자신들에게 내적인 소식 역할을 하는 암시들을 가지고서. 하지만 또한 도주선도 있다. 그들이 떨어져 있을수록, 아니면 반대로 그들 각각이 상대방

것이다. 진짜 복음은 '좋은 단편소설'이라는 주장을 음미해볼 필요가 있다]

의 잠행자일수록 도주선은 그들 공통의 것이 된다. 더 이상 아무 것도 중요하지 않을수록 그리고 모든 것이 다시 시작될 수 있을수록 그 분신은 더욱더 성공한 것이다. 왜냐하면 그들은 파괴되었지만 서로 상대방을 파괴한 것은 아니기 때문이다. 회상을 지나가는 것은 아무 것도 없을 것이다. 모든 것은 선들 위에서, 선들 사이에서, 선들을 지각할 수 없게 만드는 <그리고(ET)> 안에서, 한 선과 다른 선 안에서 일어났다. 그것은 분리접속도 접합접속도 아니고, 오히려 새롭게 수용되기 위해 끊임없이 그려지는 도주선이다. 이것은 포기나 단념과는 반대된다. 이것은 새로운 행복 아닐까?

9 1933년

미시정치와 절편성

절편성들(유형들의 집합)

우리는 모든 곳에서, 모든 방향으로 절편화된다. 인간은 절편적 동물이다. 절편성은 우리를 구성하는 모든 지층들에 속해 있다. 거주하기, 왕래하기, 노동하기, 놀이하기 등 체험은 공간적으로 그리고 사회적으로 절편화된다. 집은 방의 용도에 따라 절편화된다. 거리는 마을의 질서에 따라 절편화된다. 공장은 노동과 작업의 본성에 따라 절편화된다. 우리는 사회 계급, 남자와 여자, 어른과 아이 등 거대한 이원적 대립에 따라 이항적으로 절편화된다. 우리는 나의 일, 내 동네의 일, 도시의 일, 나라의 일, 세계의 일…… 등 조이스의 "글자"의 방식으로 점점 확대되는 원들 안에, 점점 더 커지는 원반들 또는 환(環)들 안에 원형으로 절편화된다. 우리는 하나의 직선 위에서, 여러 직선 위에서 선형적으로 절편화되는데, 거기서 각각의 절편은 하나의 에피소드 또는 "소송"을 표상한다. 우리는 하나의 소송을 끝마치자마자 다른 소송을 시작한다. 우리는 항상 영원히 소송하고 소송 당하는 자로서, 가족, 학교, 군대, 직장으로 옮겨다닌다. 학교는 우리에게 "너는 더 이상 가족에 있지 않다"라고 말하며, 군대는 "너는 더 이상 학교에 있지 않다"고 말한다……. 때로는 상이한 절편들이 상이한 개인들이나 집단들에 결부되며, 때로 한 절편에서 다른 절편으로 이행하는 것이 동일한 개인이나 동일한 집단인 경우도 있다. 하지만 이항적 절편, 원형적 절편, 선형적 절편 등 절편성의 모습들은 항상 함께 취해지며, 심지어는 서로 옮겨가기도 하고 관점에 따라 변형되기도 한다. 야만인들의 세계에서도 이미 그것이 나타난다. 리조는 <공동 저택>이 어떻게 내부에서 외부로, 장소를 지정할 수 있는 여러 유형의 활동(종교 의식과 제례, 그 다음 재화의 교환, 그 다음 가족생활, 그 다음 쓰레기장과 뒷간)이 수행되는 원형의 계열 안에서 조직화되는지를 보여준다. 하지만 동시에 "이 환들 각각은 그 자체로 횡적으로 세분되며, 각 절편은 특수한 혈통에 할당되고 상이한 형제자매 집단 사이에서 세분된다."[1] 보다 일반적인 맥락에서 레비-스트로스는 원시 부족의 이원론적 조직화는 원형적 형태와 결부되며, "몇 개의 집단이 됐건 해당 집단을"(적어도 셋) 포괄하는 선형적 형태 안으로도 이행한다는 것을 보여주고 있다.[2]

그런데 중요한 것은 우리의 삶인데, 왜 원시 부족으로 돌아가는가? 사실 절편성이라는 개념은 고정된 중앙 국가 장치도 없고, 포괄적인 권력도 없고, 전문화된 정치 제도도 없는 이른바 원시 사회를 고려하기 위해 민속학자들이 만들어낸 개념이다. 그래서 사회적 절편들은 융합과 분열이라는 양극단 사이에서, 업무와 상황에 따라 어느 정도 유연성을 갖고 있다. 이질적인 사회적 절편들 사이에는 커다란 소통 가능성이 있어서, 한 절편과 다른 절편의 이어짐이 다양한 방식으로 행해질 수 있다. 사회적 절편들은 국지적으로 구성될 수 있어서, 토대 영역(경제, 정치, 사법, 예술)이 미리 결정될 수 없게 된다. 사회적 절편들이 갖고 있는 상황 또는 관계의 외부적 속성들은 구조의 내부적 성질들로

1 Jacques Lizot, *Le cercle des feux*, Paris : Ed. du Seuil, 1976, p. 118[독역본 : *Im Kreis der Feuer. Aus dem Leben der Yanomami-Indianer*, übers. von Eva Moldenhauer, Frankfurt, 1982, S. 126].

2 Claude Lévi-Strauss, *Anthropologie stucturale*, Plon[독역본 : *Strukturale Anthropologie*, übers. von H. Naumann, Frankfurt, 1969. 영역본 : *Structural Anthropology*, trans. Claire Jacobson and Brooke Grundfest Schoeft, New York : Basic Books, 1963, pp. 132～163], 8장 : 「이원론적 조직화는 존재하는가?」

환원될 수 없다. 사회적 절편들은 연속적으로 활동하기 때문에 절편성은 돌출, 격리, 재결합에 의해 작동하는 진행 중인 절편화 작용과 독립해서는 파악되지 않는다. 원시적 절편성은 가계들과 그것들의 다양한 상황과 관계에 기초한 다성적 **코드**의 절편성인 동시에 뒤얽힌 국지적 나눔들에 기초한 순회하는 **영토성**의 절편성이다. 코드와 영토, 씨족의 가계와 부족의 영토성은 비교적 유연한 절편성의 직물을 조직한다.[3)]

그렇지만 우리가 보기에 국가 안의 사회들이, 더욱이 우리의 현대 국가들이 덜 절편적이라고 말하기는 어려운 것 같다. 절편적인 것과 중앙 집중적인 것 간의 고전적 대립은 전혀 적합한 것 같지 않다.[4)] 국가는 자신이 부양하거나 지속시키는 절편들 위에서 작동할 뿐 아니라 제 안에 나름의 절편성을 소유하고 있으며 또한 그것을 강요한다. 모르긴 해도 사회학자들이 절편성과 중앙 집중 사이에 설정하는 대립은 환형동물과 중추 신경계라는 생물학적인 배경을 갖고 있는 것 같다. 하지만 중앙의 뇌 그 자체는 뇌의 모든 대체 기능들에도 불구하고 그리고 그러한 대체 기능이 있기 때문에 다른 것들보다 더 절편화된 하나의 벌레이다. 중앙 집중적인 것과 절편적인 것 사이에는 대립이 존재하지 않는다. 현대의 정치 체계는 스스로 통합되고 다른 것을 통합하는 포괄적인 전체이다. 하지만 병치되고 겹쳐지고 정돈된 하위 체계들의 집

3 *Systèmes politiques africains*, P.U.F.[이 책의 원본은 Meyer Fortes & E. E. Evans-Pritchard(eds.), *African Political Systems*, New York : 1978이다. 각각의 논문은 M. Fortes, "The Political System of the Tellensi of the Northern Territories of the Gold Coast"(pp. 239~271)와 Evans-Pritchard, "The Nuer of the Southern Sudan"(pp. 272~296)이다]에 있는 두 개의 모범적인 연구를 참고할 것. 탈렌시(Tallensi) 족에 대한 메이에르 포르트의 연구와 누어(Nouer) 족에 대한 에반스-프리처드의 연구.

4 조르주 발랑디에(Georges Balandier)는 민속학자들과 사회학자들이 이 대립을 정의하는 방식들을 분석한다. *Anthropologie politique*, P.U.F., pp. 161~169[독역본 : *Politische Anthropologie*, übers. von F. Griese, München, 1972, S. 138~144. 영역본 : *Political Anthropology*, trans. A. M. Sheridan Smith, New York : Pantheon, 1970, pp. 137~143].

합을 내포하고 있기 때문에 그럴 수 있는 것이다. 그래서 결정 과정(décisions)을 분석해 보면 변경이나 자리바꿈 없이는 연장되지 않는 모든 종류의 구역 분할들과 부분적 과정들이 드러난다. 기술 관료주의는 절편적 노동 분업(국제적 노동 분업을 포함한다)을 통해 진행한다. 관료주의는 칸막이로 구획된 사무실을 통해서만 존재하며, "목적의 자리바꿈"과 여기에 대응하는 "기능 장애"를 통해서만 기능한다. 위계는 단지 피라미드 모양만은 아니다. 사장실은 건물의 높은 곳에 있는 만큼이나 복도의 끝에 있기도 하다. 요컨대 우리의 현대의 삶은 절편성을 몰아내기는커녕, 반대로 그것을 독특한 방식으로 견고하게 만들었다고 할 수 있다.

따라서 절편성과 중앙 집중을 대립시키기보다는 오히려 절편성의 두 유형을 구분해야만 할 것이다. 하나는 "원시적"이고 유연한 절편성이고 다른 하나는 "현대적"이고 견고한 절편성이다. 그리고 이러한 구분은 앞서 살펴본 [절편성의] 모습들 각각을 검증하게 될 것이다.

1) 이항 대립(남자-여자, 상층민-하층민 등)은 원시 사회에서 매우 강력하다. 하지만 이항 대립은 그 자체로는 이항적이지 않은 기계들과 배치물의 결과인 것 같다. 한 집단 안에서 남자-여자라는 사회적 이항성은 남녀가 배우자를 서로 다른 집단들 안에서 얻도록 규정하는 규칙을 동원한다(따라서 적어도 세 개의 집단이 있게 된다). 바로 이런 의미에서 레비-스트로스는 원시 사회에서는 이원론적 조직화가 그 자체로는 유효하지 않은 이유를 보여줄 수 있었다. 반대로, 이원적 기계를 이원적 기계로서 유효하게 기능하도록 만드는 것은 현대 사회, 또는 차라리 국가 안에 있는 사회의 특성이다. 이 이원적 기계는 일대일 대응 관계들에 의해 동시적으로 진행하고 이항화된 선택들에 의해 순차적으로 진행한다. 계급이나 성은 둘씩 나아가며, 삼분(三分) 현상은 둘의 운반으로부터 나오는 것이지 그 역은 아니다. 우리는 <얼굴 기계>에서 그

점을 분명히 확인했는데, <얼굴 기계>는 이런 점에서 원시적 머리 기계들과 구별된다. 현대 사회는 이원적 절편성을 충분한 조직화의 층위로 높여놓은 것 같다. 따라서 여성이나 하층민의 지위상의 우열을 아는 것이 문제가 아니라, 어떤 유형의 조직화로부터 이러한 지위가 나오는지를 아는 것이 문제이다.

2) 이와 동일한 방식으로 원시 부족들에게서 우리는 다음과 같은 점을 주목할 수 있을 것이다. 즉 원형적 절편성은, 원들이 중앙 집중적이라거나 동일한 중심을 가지고 있어야 한다는 사실을 필연적으로 함축하지는 않는다는 점이다. 유연한 체제에서 중심들은 이미 **노드들**, 눈들, 또는 **검은 구멍들**처럼 작용한다. 하지만 중심들이 모두 함께 공명하는 것은 아니며, 동일한 점 위에서 일치하는 것도 아니고, 중앙에 있는 동일한 검은 구멍에 집중되지도 않는다. 애니미즘적인 눈들의 다양체가 있어서, 예컨대 눈들 각각은 특정한 동물 정신(뱀-정신, 딱다구리-정신, 악어-정신……)에 의해 변용된다. 각각의 검은 구멍은 상이한 동물 눈에 의해 점유된다. 의심할 여지없이 우리는 여기저기에서 견고화와 중앙 집중화의 조작들이 모습을 드러내는 것을 본다. 이제 모든 원들은 나름대로 하나의 중심만을 가진 유일한 원을 통과해야 한다. 샤먼은 모든 점들 또는 정신들 사이에서 특질들을 끌어내어 성좌를, 중심의 나무에 이어진 뿌리들을 방사하는 뿌리 집합을 그린다. 중앙 집중화된 권력이 탄생해서, 여기서 나무 모양의 체계가 원시적 리좀의 돌출을 다스리게 되는가?[5] 그리고 여기서 나무는 이분법이나 이항 대립의 원리 역할을 하는 동시에 순환의 축…… 역할을 한다. 하지만 샤먼의 권력

5 야노마미(Yanomami) 인디언에게 있어 샤먼의 통과 의례와 나무의 역할에 관해서는 Jacques Lizot, pp. 127～135[독역본 : S. 127～143]를 참조할 것. "자기 발 사이에 그들은 급히 깃대의 밑둥을 넣을 구멍을 판다. 투라에웨(Turaewë) 땅 위에 온 사방으로 발산하는 상상적 선들을 그린다. 그는 <이건 뿌리들이야>라고 말한다."

은 여전히 완전히 국지화되어 있으며, 개별적인 절편에 밀접하게 의존해 있고, 약물들에 좌우되고 있기 때문에 각각의 점은 자신의 독립된 시퀀스들을 계속해서 방출하게 된다. 현대 사회나 국가에 대해서는 같은 얘기를 할 수 없다. 분명 중앙 집중은 절편화와 대립되지 않으며, 원들은 구분된 채로 있다. 하지만 원들은 중앙 집중적이 되며, 결국 나무 구조를 갖게 된다. 모든 중심들이 공명하고 모든 검은 구멍들이 모든 눈들 뒤의 어떤 교차점과도 같은 축적점으로 모여드는 한에서 절편성은 견고하게 된다. 아버지의 얼굴, 교사의 얼굴, 연대장의 얼굴, 사장의 얼굴은 잉여를 만들어내며, 다양한 원들을 가로지르고 모든 절편들을 다시 지나가는 의미생성의 중심과 결부된다. 중심을 도처에 갖고 있고 원주를 아무 곳에도 갖고 있지 않은 거대-얼굴이 유연한 미세-머리들을, 동물적 얼굴화들을 대체한다. 더 이상 하늘 또는 동물이나 식물 되기에 있는 n개의 눈이 아니라 오히려 모든 광선을 주사(走査)하는, 정돈하는 중앙 집중적 눈을 갖는다. 중앙 국가는 원형적인 절편성을 제거함으로써 구성되는 것이 아니라, 상이한 원들을 중앙 집중화하거나 중심들을 공명하게 함으로써 구성된다. **원시 사회에도 이미 권력의 중심들이 있다. 아니면 사람들이 더 좋아하는 표현을 쓴다면, 국가 안의 사회에도 여전히 권력의 중심들이 있다.** 하지만 국가 안의 사회가 공명 장치로서 작동하며 공명을 조직화하는 반면 원시 사회는 공명을 금지한다.[6)]

6 따라서 국가는 공적 권력의 유형에 의해 정의될 뿐 아니라, 공적 권력과 사적 권력 모두에 대한 공명 상자로서 정의된다. 바로 이런 의미에서 알튀세르는 다음과 같이 말할 수 있었다. "공과 사의 구분은 부르주아적 권리 내부의 구분이며, 부르주아적 권리가 자신의 권력을 행사하는 종속된 영역 안에서만 유효하다. 국가의 영역은 그것을 벗어나 있다. 왜냐하면 국가는 <권리>의 너머에 있기 때문이다. (……) 반대로 국가는 모든 공과 사의 구분의 조건이다"("Idéologie et appareils idéologiques d'Etat", *La Penseé*, n° 151, juin 1970, pp. 29～35)[이 논문의 독역본 : "Ideologie und ideologische Staatsapparate", in *Marxismus und Ideologie*, übers. von H. Arenz et al., Berlin 1973, S. 129. 한편 독역본과

3) 끝으로 선형적 절편성의 관점에서 보면, 각각의 절편은 그 자체로는 물론이고 다른 절편들과 관련해서도 강조되고 교정되고 등질화된다고 얘기할 수 있다. 절편들 각각은 나름의 측정 단위를 가지고 있을 뿐만 아니라 절편들 사이에는 단위들의 등가성과 번역 가능성이 있다. 중앙의 눈은 그것이 자리바꿈을 하는 공간을 상관물로 갖고 있으며, 이 자리바꿈과 관련해서는 그 자체로 불변항으로 남아 있다. 그리스의 도시와 클레이스테네스(Clisthène)의 개혁 이래로 계통의 절편들을 덧코드화하게 될 등질적이고 동위체(同位體)적인 정치 공간이 나타났으며, 그와 동시에 공통분모로서 작용하는 하나의 중심 안에서 상이한 초점들이 공명하기 시작했다.[7] 또한 폴 비릴리오는 그리스 도시에서 더 멀리 나아가 로마 제국이 어떻게 기하학적 또는 선형적인 국가 이성을 강요하는지를 보여준다. 그런데 이 이성은 진지와 요새에 대한 일반적인 그림, "도면에 의해 경계표를 세우는" 보편적 기예, 영토의 정비, 공간을 장소와 영토성으로 대체하기, 세계를 도시로 변형시키기 등, 요컨대 점점 더 견고해지는 절편성을 포함하고 있다.[8] 이처럼 강조되었거나 덧코드화된 절편들은 자신의 발아 능력 및 만들어지고 해체되는 작동 중인 절편화 작용과의 역동적 관계를 상실한 것처럼 보인다. 만약 원시

불어본의 인용 내용이 약간 차이가 나므로 대조할 필요가 있다].

7 J.-P. Vernant, *Mythe et penseé chez les Grecs*, Paris : Maspero, 1971~1974, t. I, 3부("공통적이 되면서, 광장[agora]의 공공적이고 개방된 공간 위에서 건설되면서, 더 이상 개인 저택의 내부에 있지 않게 되면서부터[……], 벽난로는 폴리스를 구성하는 모든 집들의 공통분모로서의 중심을 표현한다", p. 210)[여기서 '벽난로'로 번역된 foyer는 가정, 초점을 뜻하는 말이기도 하다. 이 글에서는 주로 '초점'이라는 뜻으로 쓰였다].

8 Paul Virilio, *L'insécurité du territoire*, Paris : Stock, 1975, p 120, pp. 174~5. "진영의 배치"에 관해서 : "기하학은 국가 권력이 공간과 시간 속으로 계산된 확장을 하기 위한 필수적인 토대이다. 따라서 국가는 역으로 그것이 이상적으로 기하학적이기만 하다면 그 자신 안에 이상적이고 충분한 모습을 소유한다. …… 하지만 페늘롱(Fénelon)은 루이 14세의 국가 정치에 반대하면서 이렇게 썼다. 기하학의 현혹과 악마적 속성에 도전하라!"

적인 "기하학"(원[原]-기하학)이 존재한다면, 그것은 일종의 조작적 기하학일 것이다. 이 기하학에서는 형상(形象)들은 형상들에 가해지는 변용과 분리될 수 없고, 선들은 선들의 생성과 분리될 수 없고, 절편들은 절편화 작용과 분리될 수 없다 . "둥근 것들"은 있지만 원(圓)은 없으며, "열(列)들"은 있지만 직선은 없다 등. 반대로 국가의 기하학, 또는 차라리 국가와 기하학의 연계는 정리(定理)라는 요소의 우위 안에서 드러나는데, 정리라는 요소는 유연한 형태론적 형성체들을 관념적이거나 고정된 요소들로 대체하고, 변용태들을 성질들로 대체하고 진행 중인 절편화 작용들을 미리 결정된 절편들로 대체한다. 기하학과 산술은 해부용 메스라는 역량을 얻는다. 사유 재산은 토지 대장에 의해 덧코드화되고 격자화된 공간을 내포하고 있다. 각각의 선들은 자신의 절편들을 갖고 있을 뿐만 아니라, 한 선의 절편들은 다른 선의 절편들에 대응한다. 예컨대 임금 제도는 화폐의 절편들, 생산의 절편들, 소비재의 절편들과 대응할 것이다.

우리는 견고한 절편성과 유연한 절편성 사이의 주된 차이들을 이렇게 요약할 수 있다. 견고한 양태 아래에서 이항적 절편성은 그 자체로 유효하며 직접적 이항화의 거대 기계들에 의존하는 반면, 유연한 양태 아래에서 이항성들은 "n차원을 가진 다양체들"의 결과로부터 생긴다. 두번째로 원형적 절편성은 동심원을 그리는 경향이 있다. 다시 말해 원형적 절편성은 끊임없이 자리바꿈되면서도 그 속에서 불변하는 채로 남아 있는 단일한 중심 안에서, 공명 기계를 참조하면서 모든 초점들을 일치시킨다. 끝으로 선형적 절편성은 기하학적 방식으로 등질적 공간을 구성하는 덧코드화 기계를 통과하며, 절편들의 실체와 형식과 관계 안에서 결정된 절편들을 끄집어낸다. 매번 이 견고한 절편성을 표현하는 것이 <나무>라는 점을 지적할 수 있겠다. <나무>는 나무성의 노드 또는 이분법의 원리이다. <나무>는 중앙 집중을 보증해주는 순환축이다. 그것은 가능성(le possible)을 격자화하는 구조 또는 그물망이다. 하지만 나무화된 절편성과 리좀적인 절편화 작용을 이렇게 대립시키는 것은, 단지 동일한 과정의 두 상태를 가리키기 위해서일 뿐만 아니라 서로 다른 두 과정을 끌어내기 위해서이기도 하다. 왜냐하면 원시 사회들은 본질적으로 코드와 영토성에 의해 진행되기 때문이다. 그리고 영토성의 부족 체계와 가계의 씨족 체계라는 두 요소의 구별이 공명을 방해한다.[9] 반면 현대 사회 또는 국가 사회는 일의적 덧코드화를 통해 쇠약한 코드들을 대체했으며, 특수한 재영토화(이것은 바로 덧코드화된 기하학적 공간 안에서 행해진다)를 통해 잃어버린 영토성들을 대체했다. 절편성은 언제나 추상적인 기계의 결과물로 나타난다. 하지만 견고한 절편성과 유연한 절편성 안에서 작동하는 것은 결코 동일한 추상적인 기계가 아니다.

따라서 중앙 집중화된 것과 절편화된 것을 대립시키는 것으로는 충분하지 않다. 나아가 두 가지 절편성, 즉 원시적이고 유연한 절편성과 견고하고 현대적인 절편성을 대립시키는 것으로도 충분하지가 않다. 왜냐하면 그 둘은 구분되기는 하지만 서로 분리될 수 없으며, 하나가 다른 하나와 함께, 하나가 다른 하나의 안에 뒤얽혀 있기 때문이다. 원시 사회는 견고성과 나무화의 핵들을 포함하고 있는데, 이것은 국가를

9 Meyer Fortes는 탈렌시 족에게서 나타나는 '토지 관리자'와 추장 사이의 차이를 분석한다. 이러한 권력 구분은 원시 사회들에서는 충분히 일반적이다. 하지만 중요한 것은 그러한 구분이 권력의 공명을 방해하는 방식으로 정확히 조직화된다는 사실이다. 예컨대 자바 섬의 바두이(Baduj) 족에 대한 베르트의 분석에 따르면 토지 관리자의 권력은 한편으로는 수동적 또는 여성적이라고 여겨지는 반면 다른 한편으로는 장자에게 귀속된다. 이것은 "정치 질서 안으로의 친족 관계의 침입"이 아니라 반대로 "친족 관계의 용어로 번역된 정치 질서의 요구"로서, 사유 재산을 발생시키는 공명의 설립을 금지한다(Louis Berthe, "Aînés et cadets, l'alliance et la hiérarchie chez les Badu", *L'Homme*, vol. 5, n° 4/5, juillet 1965, pp. 189~223 참조).

저지하는 만큼이나 국가를 예견하고 있다. 이와 반대로 우리 사회는 계속해서 유연한 조직 속에 잠겨 있는데, 이것이 없다면 견고한 절편들은 성립될 수 없다. 따라서 유연한 절편성을 원시인들만의 특전으로 생각할 수는 없다. 유연한 절편성은 우리 내부에 살아 있는 야만성의 잔존이 아니라, 전적으로 현행적인 어떤 기능이며 견고한 절편성과 분리할 수 없다. 유연한 절편화란 견고한 절편성과 분리할 수 없는 철저하게 현대적인 하나의 기능인 것이다. 따라서 모든 사회와 모든 개인은 두 절편성에 의해, 즉 그램분자적인 절편성과 분자적인 절편성에 의해 가로질러진다. 이 두 가지가 구분되는 것은, 양자가 동일한 항, 동일한 관계, 동일한 본성, 동일한 유형의 다양체를 갖지 않기 때문이다. 그러나 이 두 절편성이 분리될 수 없는 것은 양자가 공존하고 서로 옮겨가기 때문이며 또한 원시인이나 우리에게서처럼 상이한 형태를 취하고는 있지만 양자가 항상 서로를 전제하고 있기 때문이다. 요컨대 모든 것이 정치적이다. 그러나 모든 정치는 거시정치인 동시에 미시정치이다. 지각 또는 감정 유형의 집합들 몇 가지를 가정해 보자. 이 집합의 그램분자적인 조직이나 견고한 절편성이 동일한 사물을 파악하거나 감수하고, 전혀 다른 식으로 분배되고 작동하는 무의식적인 미시적 지각, 무의식적인 변용태, 섬세한 절편화의 세계를 저해하는 것은 아니다. 지각, 감정, 대화 등의 미시정치. 성이나 계급 같은 거대한 이항적 집합들을 검토해보면, 이것들이 다른 본성을 가진 분자적 배치물들로 옮겨가고 상호 간에 이중적으로 의존하고 있다는 것을 알 수 있을 것이다. 왜냐하면 남녀 양성은 다양한 분자적 조합들을 이루며, 여기에 여자 안의 남자나 남자 안의 여자뿐만 아니라 남녀 각각이 상대방의 성의 내부에서 동물이나 식물 등과 맺는 관계도 포함되기 때문이다. 요컨대 수없이 많은 자그마한 성들이 존재하는 것이다. 그리고 사회 계급들 자체도 동일한 운동, 동일한 분배, 동일한 목적을 갖지 않으며, 동일한 방식의 투쟁을 전개하지 않는 "군중들"과 관련되어 있다. 따라서 실제로 군중과 계급을 구분하려는 시도는 결국 이러한 한계에 부딪히게 된다. 즉 군중이라는 개념은 분자적 개념이라는 것. 따라서 군중이라는 개념은 계급이라는 그램분자적 절편성으로 환원될 수 없는 절편화 작용의 유형을 통해 나아간다. 그렇지만 계급들은 군중들 속에서 재단되고, 이 군중을 결정화한다. 그리고 군중들은 끊임없이 계급들로부터 새어나와 흘러간다. 그러나 군중과 계급이 서로 전제된다고 해서 양자의 관점, 본성, 등급, 기능상의 차이가 미리 배제되는 것은 아니다(이렇게 이해하게 되면 군중이라는 개념은 카네티가 제안한 그것과는 전혀 다른 함의를 갖게 된다).

견고한 절편성, 즉 칸막이로 구분된 인접한 사무실들 각각의 절편에 있는 부서장, 복도의 끝이나 건물 높은 곳에서 이루어지는 이에 상응하는 중앙 집중화 등을 통해 관료주의를 규정하는 것만으로는 충분하지가 않다. 왜냐하면 이와 동시에 관료적인 절편화 작용, 사무실들의 유연성과 상호 소통, 관료주의의 도착(倒錯), 그리고 행정상의 규제와 모순되는 부단한 독창성이나 창조력 또한 분명히 존재하기 때문이다. 카프카가 관료주의에 관한 최고 이론가일 수 있었던 것은, 그가 특정한 층위에서(하지만 어떤 층위에서? 위치를 결정할 수 없는 층위에서) 어떻게 사무실들을 나누는 장벽들이 "엄밀한 경계선"이기를 그치고 분자적인 환경에 빠져들게 되는지를 보여주기 때문이다. 그 분자적 환경은 엄밀한 경계들을 용해시키고, 그와 동시에 식별이나 인지가 불가능한 미시 형태의 책임자를 증식시키며, 중앙 집중화될 때에만 분간될 수 있다. 견고한 절편들의 분리 및 총체화와 공존하는 또 하나의 체제가 존재하는 것이다.[10] 마찬가지로 파시즘은 그램분자적인 절편들이나 이러한

10 Franz Kafka, *Le château*, 특히 15장(바르나바스의 진술들)[독일어 원본 : *Das Schloß, Gesammelte Werke*, Bd. 3, Frankfurt, 1976. 영역본 : *The Castle*, trans. Willa and Edwin Muir,

절편들의 중앙 집중화와는 구분되는 분자적인 체제를 내포하고 있다고 말할 수도 있을 것이다. 물론 전체주의 국가라는 개념은 파시즘의 발명품이지만, 파시즘을 파시즘 자신이 발명한 개념에 의해 규정할 이유는 없다. 스탈린주의 유형 또는 군사 독재 유형처럼 파시즘 없는 전체주의 국가가 있기 때문이다. 전체주의 국가라는 개념은 거시정치의 단계에서만 유효하며, 견고한 절편성 그리고 총체화와 중앙 집중화의 특수한 양태에만 한정된다. 그러나 파시즘은 점에서 점으로, 상호 작용하면서 우글거리며 도약하는 분자적 초점들과 불가분의 관계에 놓여 있는데, 이것은 <국가사회주의(Nazi) 국가>에서 분자적인 초점들이 다 함께 공명하기 이전에 일어난다. 농촌의 파시즘과 도시의 파시즘 또는 도시 구역의 파시즘, 젊은이의 파시즘과 퇴역 군인들의 파시즘, 좌익의 파시즘과 우익의 파시즘, 커플, 가족, 학교나 사무실의 파시즘. 이들 파시즘은 모두 미시적인 검은 구멍, 즉 일반화된 중앙 집중적인 거대한 검은 구멍 속에서 공명하기 전에 자체로서 효력을 가지며 다른 것들과 소통하는 미시적인 검은 구멍에 의해 규정된다.[11] 각각의 구멍에, 각각의 거처에 전쟁 기계가 장착되면 파시즘이 존재하게 된다. 심지어 국가사회주의 국가가 설립된 때에도 이러한 국가에 "군중들"을 조작할

New York : Knopf, 1976. 인용된 구절은 p. 228에 있다]. 따라서 두 사무실, 즉 그램분자적 사무실과 분자적 사무실의 비유는 에딩턴(Eddington)의 해석처럼 물리적 해석뿐 아니라 나름의 고유한 관료제적 해석도 갖고 있다.

11 Jean-Pierre Faye, *Langages totalitaires*, Paris : Hermann, 1972[독역본 : *Totalitäre Sprachen. Kritik der narrativen Vernunft. Kritik der narrativen Ökonomie*, 2 Bde., übers. von Irmela Arnsperger, Frankfurt-Berlin-Wien, 1977]가 가진 힘은, 나치즘이 구성되는 기반을 이루는 이 초점들, 즉 실천적 초점들과 기호계적 초점들의 다양체를 보여주었다는 점에 있다. 바로 이 때문에 파예는 전체주의 국가(이탈리아와 독일에 기원을 둔)의 개념에 대한 엄밀한 분석을 행한 최초의 사람이자 동시에 이 개념(이 개념은 '기저에 있는 과정(procès sous-jacent)'과는 다른 판 위에서 작동한다)에 의해 이탈리아 파시즘과 독일 나치즘을 정의하기를 거부한 최초의 사람이다. 파예는 이 모든 점들에 관해서 *La critique du langage et son économie*, Ed. Paris : Galilée, 1973에서 잘 설명하고 있다.

수 있는 비길 데 없는 수단을 마련해주는 이러한 미시 파시즘들이 존속될 필요가 있을 것이다. 이러한 점에서 독일의 국가 수뇌부가 아니라 히틀러가 독일의 국가 행정 기구를 넘겨받기보다는 오히려 권력을 장악한 것은, 그가 먼저 사회의 모든 세포들 속에 침투할 수 있는 비길 데 없으며 대체할 수 없는 수단을 그에게 마련해준 미시 조직들을 유연하고 분자적인 절편성, 그리고 모든 종류의 세포들 속에 침투할 수 있는 흐름을 수중에 넣었기 때문이라는 다니엘 게랭(Daniel Guérin)의 이야기는 옳다고 할 수 있다. 이와 반대로 자본주의가 파시즘의 경험을 파국적이라고 생각해서 이보다는 훨씬 사려 깊고 온건해 보이는 스탈린의 전체주의와 결연하는 길을 택한 것은, 스탈린주의의 절편성과 중앙 집중화가 좀더 고전적이고 좀 덜 유동적이었기 때문이다. 파시즘을 위험한 것으로 만드는 것은 분자적이거나 미시정치적인 역량이다. 왜냐하면 그것은 군중의 운동이기 때문이다. 즉, 그것은 전체주의적인 유기체가 아니라 오히려 암적인 몸체인 것이다. 미국 영화는 종종 이러한 분자적 초점들, 즉 패거리, 갱, 분파, 가족, 마을, 구역, 교통수단 등 아무도 모면할 수 없는 파시즘을 보여주었다. 욕망은 왜 스스로 억압되기를 바라는가, 욕망은 어떻게 자신의 억압을 바랄 수 있는가? 이처럼 포괄적인 질문에 대답할 수 있는 것은 미시 파시즘밖에는 없다. 확실히 군중들은 그저 수동적으로 권력을 받아들이는 것은 아니다. 또한 군중들은 일종의 마조히스트적인 히스테리에 빠져 억압되기를 "바라는" 것도 아니다. 나아가 군중들은 이데올로기적 속임수에 기만당하는 것도 아니다. 욕망이란 필연적으로 여러 분자적 층위들을 지나가는 복합적인 배치물들과 절대 분리될 수 없으며, 이미 자세, 태도, 지각, 예감, 기호계 등을 형성하고 있는 미시-구성체들과도 분리될 수 없다. 욕망은 결코 미분화된 충동적 에너지가 아니라 정교한 몽타주에서, 고도의 상호 작용을 수반한 엔지니어링에서 결과되는 것이다. 분자적인 에너지들을 처리하고 경우에 따라서는 욕망에 파시즘적 방향을 부여하는 유연한 절편성. 좌익 조직들이라고 해서 자신들의 미시 파시즘을 퍼뜨리지 않는 것은 아니다. 자기가 유지시키고 배양하며 극진히 여기는 자기 자신인 파시스트, 개인적이고 집단적인 분자들을 갖고 있는 그러한 파시스트를 보지 않으면서 그램분자적인 층위에서 반-파시스트가 되기란 참으로 쉬운 일이다.

이러한 유연하고 분자적인 절편성과 관련해 네 가지 오류만은 피해야만 하겠다. 첫번째 오류는 가치론적인 것으로, "더 좋아지기" 위해서는 약간의 유연성만으로도 충분하다는 믿음이다. 그러나 파시즘을 정말 위험하게 만드는 것은 미시 파시즘으로서, 섬세한 절편화 작용은 극히 견고화된 절편들만큼이나 유해하다. 두번째 오류는 심리학적인 것으로 분자적인 것은 상상의 영역에 속하며 개인이나 개인 상호간의 사항에만 관련된 것처럼 생각하는 것이다. 그러나 <사회적-실재(le Reel-social)>는 이 선 못지않게 저 선 위에도 존재한다. 세번째로 이 두 형태는 작은 형태와 큰 형태처럼 규모에 의해서 단순하게 구별되지는 않는다. 그리고 분자적인 것이 세부적인 것 속에서 작용하여 소규모 집단을 경유하는 것이 사실이라 하더라도, 그것은 그램분자적 조직 못지 않게 사회 영역 전체에 걸쳐 있다. 마지막으로 이 두 선의 질적인 차이가 양자의 상호 자극이나 교차를 저해하는 것은 아니며 또한 이러한 결과로서 이 양자간에는 정비례건 반비례건 항상 하나의 비례 관계가 존재한다.

실제로 첫번째 경우에 그램분자적인 조직이 강력하면 할수록 이 조직은 자체의 요소들과 이 요소들의 관계와 장치들을 분자화되도록 촉진한다. 기계가 지구적 또는 우주적인 것이 될수록 배치물들은 점점 더 소형화되어 미시 배치물이 되려는 경향을 갖게 된다. 고르츠(André Gorz)의 공식에 따르면, 세계 자본주의가 간직하게 되는 유일한 노동

요소는 분자적인 또는 분자화된 개인, 즉 "군중"으로서의 개인뿐이다. 대규모로 조직화된 그램분자적인 치안 관리는 작은 공포들에 대한 전적인 미시-관리, 전적인 분자적 불안전을 상관항으로 갖고 있기 때문에 내무성은 다음과 같은 공식을 천명할 수 있을 것이다. 즉 불안전의 미시정치를 위한 또한 이러한 정치에 의한 사회의 거시-정치.[12] 그러나 분자적 운동들이 세계 규모의 대조직을 보충하는 것이 아니라 오히려 그것을 반대하고 거기에 구멍을 뚫을수록 두번째 경우가 훨씬 더 중요하다. 발레리 지스카르 데스탱 대통령이 정치·군사지리학 강연에서 주장한 것도 바로 이것이었다. 즉, 덧코드화되었고 군비 과잉인 이원적 기계 안에서 동서가 균형을 이루면 이룰수록 북에서 남으로 이어지는 또 다른 선상에서는 불필요한 "불안전화"가 일어난다는 것이다. 팔레스타인 인은 항상 존재하며 또한 바스크 인이나 코르시카 인도 여전히 존재해서 "안전의 지역적 불안전화"를 유발한다는 것이다.[13] 이리하여 결국 동서 양 진영에 있는 대규모의 그램분자적 집합은 지그재그의 균열과 함께, 자기 자신의 절편들조차 보유하는 것을 곤란하게 만드는 분자적 절편화 작용에 의해 부단히 변형된다. 마치 항상 하나의 도주선 — 물론 처음에는 똑똑 떨어지는 빗물처럼 아주 미약한 것일 수도 있다 — 이 절편들 사이를 흘러나가며 절편들의 중앙집중화를 벗어나고 절편들의 총체화를 회피하고 있는 것처럼 말이다. 사회를 뒤흔드는 심층적 운동은 바로 이처럼 제시된다. 이것이 필연적으로 그램분자적인 절편들 간의 대치로 "표상"되더라도 사정은 달라지

12 "안전의 거시-정치"와 "공포의 미시정치"의 이러한 상보성에 대해서는 P. Virilio, *ibid*, pp. 96, 130, 228~235를 참조. 현대의 대도시에서 지속적인 "스트레스"의 이러한 미시-조직화는 종종 주목되곤 했다.

13 지스카르 데스탱(Valéry Giscard d'Estaing)이 국방고등 연구원에서 1976년 6월 1일에 행한 연설(전체 연설문은 *Le Monde*, 4 juin, 1976에 수록되어 있다).

지 않는다. 사회는 그 사회의 모순들에 의해 규정된다는 주장은 잘못된 것이다(특히 마르크스주의의 경우가 그러하다). 사태를 거시적으로 보았을 때나 올바른 주장일 뿐이다. 미시정치의 관점에서 볼 때 사회는 그 사회의 도주선들에 의해 규정되는데, 이 도주선들은 분자적인 것이다. 항상 무엇인가가 흐르거나 도주하고 있으며, 이항적인 조직화와 공명 장치와 덧코드화 기계로부터 달아난다. 젊은이, 여성, 미치광이 등 "풍속의 진화"라고 여겨지는 것이 바로 그것이다. 프랑스의 68년 5월은 분자적인 것이었으며, 따라서 미시정치의 관점에서는 이를 초래한 상황을 더욱 지각할 수 없었다. 이리하여 최고로 진보적인 정치가 또는 조직이라는 관점에서 스스로를 진보적이라고 믿는 정치가보다는 아주 편협한 관점을 가진 사람이나 나이가 아주 많은 사람 쪽이 그 사건을 더 잘 파악할 수 있었던 것이다. 가브리엘 타르드(Gabriel Tarde)의 주장대로 어떤 농민이, 남 프랑스의 어떤 지역에서 이웃의 지주에게 인사를 하지 않기 시작했는지를 알아야만 한다. 이 점에 관해서는 시류에 뒤쳐진 늙은 지주가 시류를 제대로 알고 있는 사람보다도 사태를 더 잘 평가할 수 있을 것이다. 68년 5월에 대해서도 똑같이 이야기할 수 있다. 거시-정치의 견지에서 판단하는 모든 사람은 그 사건을 전혀 이해하지 못했다. 도대체 어떻게 배정할 수 없는 무엇인가가 도주했기 때문이다. 정치가들, 정당들, 조합들, 많은 좌파 인사들은 그 점을 대단히 원통해 했다. 이 때문에 이들은 "조건"이 성숙되지 않았다는 말을 계속해서 반복할 수밖에 없었다. 마치 이들을 유효한 교섭 상대로 만들어주는 모든 이원적 기계를 일시적으로 빼앗기기라도 한 것처럼 말이다. 기묘하게도 다른 어떤 사람들보다 드골, 나아가 퐁피두가 사태를 더 잘 이해하고 있었다. 하나의 분자적 흐름이 분출해서 처음에는 미약하지만 그 후에는 규정할 수 없는 상태로 커져 간다……. 하지만 그 역도 사실이다. 분자적 도주와 분자적 운동도 그램분자적 조직으로 되돌아와 이러한 조직의 절편들과 성, 계급, 당파의 이항적인 분배에 수정을 가하지 않으면 아무 것도 아니게 될 것이기 때문이다.

따라서 문제는 그램분자적인 것과 분자적인 것은 크기, 단계, 자원뿐만 아니라 고려되는 좌표계의 본성에 의해서도 구분되느냐 하는 것이다. 그렇다면 "선"과 "절편"이라는 말은 그램분자적 조직을 위해 놔두고, 분자적 조성에 대해서는 적합한 다른 말을 따로 찾아야만 할 것이다. 실제로 우리가 잘 규정된 **절편들로 이루어진 선**(ligne à segments)을 정할 수 있을 때면 항상 우리는 그 선이 다른 형식 하에서 **양자들로 이루어진 흐름**(flux à quanta)으로 연장된다는 것을 보아왔다. 그리고 그 때마다 우리는 그 둘의 경계에 "권력의 중심"을 위치시킬 수 있었고, 어떤 영역 안에서의 절대적인 권력 행사에 의해서가 아니라 선과 흐름 사이에서 일어나는 상대적인 적응이나 전환에 의해 권력을 정의할 수 있었다. 여러 절편들을 가진 화폐의 선이 있다고 하자. 이 절편들은 다양한 관점에서 규정될 수 있다. 가령 기업 예산이라는 관점에서 보면 실질 임금, 순이익, 경영진의 급여, 자본금의 이윤, 준비금, 투자 등이 그러한 절편에 해당된다. 그런데 이 지불-화폐의 선은 전혀 다른 국면과 결부되어 있다. 즉, 그 선은 이미 절편이 아니라 극들, 독자성들, 양자들을 포함하는 융자-화폐의 흐름과 관련을 맺는다(흐름의 극이란 화폐의 창조와 폐기를 말하며, 독자성은 명목적인 유동자산을 말하며, 양자는 인플레이션, 디플레이션, 스태그플레이션 등을 말한다). 이런 점에서 "돌연변이적이고 경련적이고 창조적이고 순환적인 흐름"에 대해 얘기하는 사람도 있었는데, 이 흐름은 욕망에 묶여 있었고, 항상 견고한 선 아래에 있었으며 이 선상에서 이윤, 수요, 공급을 결정하는 절편 아래에 있었다.[14] 국제 수지에서도 우리는 예컨대 독립 거래와 보완 거래를 구

14 <변이적 권력을 가진 흐름>과 두 가지 화폐의 구별에 대해서는 Bernard Schmitt, *Monnaie, salaires et profits*, Paris : Ed. Castella, 1980, pp. 236, 275~277를 참조.

별하는 이항적 절편성을 만나게 된다. 하지만 자본의 운동은 "본성과 지속성, 그리고 채권자나 채무자의 인격에 따라 가장 철저하게 분해되어 있는" 운동이기 때문에 쉽사리 이런 식으로 절편화되지 않으며, 따라서 우리는 자본의 흐름에 관해 어디에 선을 그어야 할지 더 이상 알지 못한다.[15] 그럼에도 불구하고 이 두 국면은 끊임없이 상관관계를 맺는다. 왜냐하면 선형화와 절편화를 통해서는 흐름이 고갈되지만 동시에 그것들로부터 새로운 창조가 시작되기 때문이다. 은행 권력은 특히 중앙은행에 집중되어 있는 은행 권력을 보자면, 그것들로부터 유통을 구성하는 두 부분의 소통, 전환, 상호 적응을 가능한 한 "최대로" 조절할 수 있는 상대적인 권력이 문제가 된다. 이 때문에 권력의 중심들은 그 영향이 미치는 지대보다는 오히려 그것을 벗어나는 것 또는 그것의 무력함에 의해 훨씬 더 많이 규정되는 것이다. 요컨대 분자적인 것, 미시-경제, 미시정치는 그 요소들의 작음에 의해 규정되는 것이 아니라 그것의 "군중"에 의해 정의된다. 가령 양자들로 이루어진 흐름은 그램분자적인 절편들로 이루어진 선과는 다른 것이다.[16] 절편을 양자에 대응시켜 양자에 맞춰 절편을 조절하는 작업은 리듬과 양태의 변화를 내포하며, 이러한 변화는 전능의 힘을 내포하고 있다기보다는 그럭저럭 행해지고 있는 것이다. 그렇다, 항상 무엇인가가 도주하고 있다.

다른 몇 가지 예를 들 수도 있을 것이다. 가령 교회 권력의 경우

15 Michel Lelart, *Le dollar. monnaie internationale*, Paris : Ed. Albatros, 1975, p.57.

16 푸코의 분석과 푸코가 "권력의 미시 물리학"이라고 부른 것에 관해 『감시와 처벌』을 보자. 우선, 중요한 것은 세부적인 것 속에서 또는 무한히 작은 것 속에서 수행되며, 학교, 군대, 공장, 감옥 등에서 "훈육(discipline)"을 이루는 소형화된 메커니즘들, 분자적 초점들이다(pp. 140[독역본 : 177, 영역본 : 138] 이하 참조). 하지만 다음으로 이 절편들 자체, 그리고 그것들을 미시 물리학적 차원에서 작동시키는 초점들은 모든 사회적 장과 외연을 같이하는 추상적인 "도표"의 독자성들로서 또는 불특정한 흐름들 — 이 흐름들은 통제해야 할 "개인의 다양체"에 의해 정의된다 — 에서 뽑아낸 양자들로서 제시된다(pp. 207[독역본 : 263, 영역본 : 205] 이하).

이 권력은 항상 죄의 종류(7가지 대죄), 측정 단위(몇 번?), 등가성과 보상의 규칙(고해, 속죄……) 등 강한 절편성을 가지며 소위 죄의 관리와 관련되어 있었다. 그러나 이것과 상보적이면서도 두드러진 차이를 보이는 소위 범죄 성향(peccabilité)이라는 분자적 흐름도 존재한다. 이 흐름은 마치 선형적인 지대를 가로질러 교섭이라도 하듯이 선형적인 지대를 둘러싸지만, 이 흐름 자체는 극들(원죄라는 극, 구원 또는 은총이라는 극)과 양자들("죄의식을 갖지 않는 죄", 죄를 의식하는 죄, 죄를 의식한 것에서 발생하는 죄)뿐이다.[17] 법적인 코드의 그램분자적인 선과 이 선에 의한 재단과는 다르게 범죄성의 흐름에 대해서도 같은 이야기를 할 수 있을 것이다. 또는 군사적 권력, 군대 권력에 대해 말할 때 우리는 전쟁을 수행하는 국가와 이 국가가 스스로 부과한 정치적 목적("국지"전부터 "전면"전에 이르기까지)에 정확히 대응되는 전쟁 유형이 어떤 것이냐에 따라 절편화할 수 있는 선을 고려하고 있는 것이다. 그러나 클라우제비츠의 직관에 따르면 전쟁 기계는 이것과는 전혀 다르다. 전쟁 기계란 공격의 극에서 방어의 극으로 흘러가며 단지 양자(전쟁의 명목적인 유동자산과 같은 물리적 · 심리적인 힘들)에 의해서만 표시되는 절대적인 전쟁의 흐름이다. 순수한 흐름에 대해 우리는 추상적이지만 그럼에도 불구하고 실재적이고, 관념적이지만 효력을 가지며, 절대적이지만 "분화"되어 있다고 말할 수 있다. 분명 절편들을 가진 선의 지표들을 가로질러서만 흐름과 흐름의 양자들을 파악할 수 있다. 그러나 역으로 이 선과 저 절편들은 이것들을 침범하는 흐름을 가로질러서만 존재할 수 있다. 이 모든 경우에 절편들을 가진 선(거시-정치학)은 양자들

17 "양적인 범죄 성향", 양자들, 그리고 질적 도약에 관해서는 『불안의 개념*Le concept d'angoisse*』에서 키에르케고르에 의해 구성된 미시-신학을 참조할 수 있다[독어본 : *Der Begriff Angst*. 영역본 : *The Concept of Dread*, trans. Walter Lowrie, Princeton, N.J. : Princeton University Press, 1957].

을 가진 흐름(미시정치학) 속으로 잠겨들거나 연장되며, 양자들을 가진 흐름은 끊임없이 절편들을 개정하고 휘젓는다는 것을 알 수 있다.

A : 흐름과 극들
a : 양자
b : 선과 절편들
B : 권력의 중심
(이것들의 집합이 하나의 사이클 또는 주기이다)

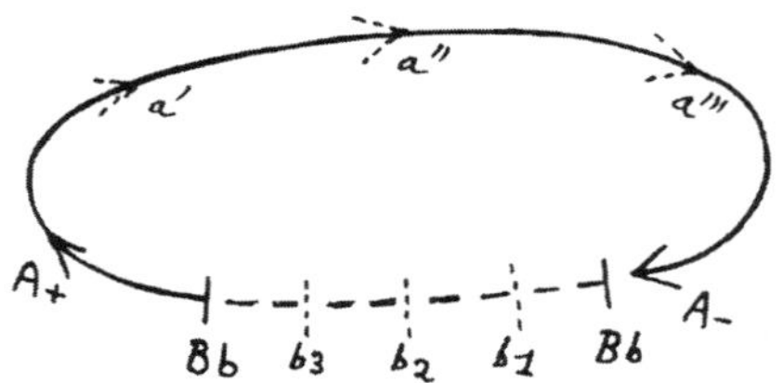

가브리엘 타르드(1843~1904년)에게 경의를. 오랜 동안 잊혀졌던 그의 작업은 미국 사회학, 특히 미시-사회학의 영향을 받아 현재적 현실성을 획득했다. 타르드는 (퀴비에와 조프루아 생-틸레르의 논쟁과 동일한 성격을 갖는 격렬한 논쟁에서) 뒤르켐과 뒤르켐 학파에 의해 짓밟혔었다. 뒤르켐은 통상 이항적이고 공명하고 덧코드화된 거대한 집단적 표상들 속에서 특권화된 대상을 찾았기 때문이다……. [이에 대해] 타르드는 집단적 표상들은 아직 설명을 요하는 것, 즉 "수백만 명의 인간들의 유사성"을 전제하고 있다고 반박했다. 이 때문에 그는 오히려 세부적인 세계 또는 무한소의 세계, 즉 표상 아래 단계의 질료를 이루는 작은 **모방들, 대립들, 발명들** …… 에 관심을 가졌던 것이다. 타르드의 책에서 가장 뛰어난 곳은 관료제나 언어학 등에서 이루어진 미세한 혁신을 분석한 부분이다. 뒤르켐주의자들은, 그것은 심리학이나 관계-심리학이 될 수는 있어도 사회학은 아니라고 반박했다. 그러나 이들의 주장은 표면적으로만, 첫번째 근사치로 볼 때만 올바르다. 미시-모방은 한 개인에서 다른 개인으로 진행되는 것처럼 보이는 것이다. 이와 동시에 더 심층적으로 볼 때 이러한 미시-모방은 개인이 아니라 흐름이나 파동과 관련되어 있다. 모방이란 흐름의 파급이다. 대립이란 흐름의 이항화, 이항 구조화이다. 발명이란 다양한 흐름의 결합 또는 연결접속이다. 그러면 타르드에게서 흐름이란 무엇인가? 그것은 믿음이나 욕망(모든 배치물의 두 양상)이다. 흐름이라는 것은 항상 믿음과 욕망의 흐름이다. 믿음과 욕망은 모든 사회의 토대이다. 믿음들과 욕망들은 흐름이며, 그래서 "양화 가능"하며, 진정한 사회적인 <양>인데 반해, 감각은 질적인 것이고, 표상은 단순한 결과물이다.[18] 따라서 무한소의 모방, 대립, 발명은 흐름의 양자(量子)들이며, 흐름의 양자들이 믿음들과 욕망들의 파급, 이항화 또는 결합을 표시해준다. 따라서 표상들의 "정지(stationnaire)" 지대뿐만 아니라 첨점들에도 몰두한다는 조건에서 통계학이 중요해진다. 왜냐하면 결국 사회적인 것과 개인적인 것(또는 상호-개인적인 것) 사이에 차이가 존재하는 것이 아니라, 집단적 표상이건 개인적 표상이건 표상과 관련된 그램분자적인 영역과 사회와 개인의 구별이 모든 의미를 상실하는(왜냐하면 흐름들은 개인들에게 귀속될 수도 없고 집단적 기표들에 의해 덧코드화될 수도 없기 때문이다) 믿음들과 욕망들의 분자적 영역 사이에 차이가 존재하기 때문이다. 표상들은 이미 거대 집합이나 하나의 선 위에 한정된 절편들을 규정하는데 반해, 믿음들과 욕망들은 양자에 의해 표시된 흐름들이며, 이 흐름들은 창조되거나 고갈되거나 탈피하며, 또 첨가되거나 감해지거나 조합된다. 타르드는 미시-사회학의 발명자로서, 이 사회학에 그 외연과 의미를 부여하면서 후일 이 사회학이 떠안게 된 오해를 미리 고발한 것이다.

이런 방식으로 절편들로 이루어진 선과 양자들로 이루어진 흐름이

18 타르드에 따르면 심리학은 양적인 것이다. 단, 그것이 감각 안에 있는 욕망과 믿음의 성분들을 연구하는 한에서 그러하다. 또 논리학은 표상의 형식들에 매달려 있지 않고 믿음과 욕망의 정도들 및 이것들의 조합들에 도달할 때 양적인 것이 된다. cf. *La logique sociale*, Paris : Alcan, 1893.

구별될 수 있을 것이다. 돌연변이의 흐름은 코드를 피하고 코드에서 벗어나는 경향을 가진 무언가를 항상 내포하고 있다. 그리고 양자란 바로 탈코드화된 흐름 위에 있는 탈영토화의 기호들 내지는 정도들이다. 이와 반대로 견고한 선은 쇠퇴하고 있는 코드들을 대신하는 덧코드화를 내포하며, [이 선의] 절편들은 덧코드화하거나 덧코드화된 선 위에서의 재영토화와 비슷하다. 원죄의 경우로 되돌아가 보자. 원죄란 창조와 관련한 탈코드화(단 성모를 위해 작은 섬 하나가 남겨진다)와 아담의 땅과 관련한 재영토화를 표시하는 흐름의 행위 그 자체이다. 하지만 그와 동시에 원죄는 공명하는 이항 조직화(<권력들>, <교회들>, 제국들, 부유한 자-가난한 자, 남자-여자 등)과 보충적인 재-영토화(카인의 토지, 노동, 생식, 돈…… 위에서)를 통해 덧코드화를 수행한다. 그러나 동시에 이 두 좌표계는 한쪽이 다른쪽을 피하고, 다른쪽이 한쪽을 가로막고, 도주를 방해한다는 의미에서 반비례 관계에 있다. 그러나 한쪽은 다른쪽과 관련해서만 존재하기 때문에, 양자는 엄밀하게 상보적이며 공존한다. 그렇지만 이 두 좌표계는 분명 상이하며, 정비례 관계에 있으면서도 결코 일대일 대응을 하지는 않는다. 두번째 좌표계는 첫번째 좌표계의 판이 아닌 "판" 위에서만 첫번째 좌표계를 실제로 가로막으며, 첫번째 좌표계는 자기 자신의 판 위에서 자신의 도약을 계속하기 때문이다.

사회적 장은 저마다 다른 속도와 보폭에 따라 "군중들"을 변용시키는 온갖 종류의 탈코드화와 탈영토화 운동들에 의해 끊임없이 생기를 부여받는다. 그 운동들은 모순들이 아니라 도주들이다. 이 층위에서 모든 것은 **군중**의 문제이다. 가령 대략 10세기에서 14세기에 걸쳐 탈코드화의 요인들과 탈영토화 속도들이 가속화되는 것을 볼 수 있다. 북쪽, 동쪽, 남쪽에서 출몰한 마지막 침략자 군중들. 약탈자 도당이 된 병사 군중들. 점점 더 탈영토화된 목표물이 되기로 작정한, 이교도나 이단자의 표적이 된 성직자 군중들. 영주의 영역을 떠나는 농민 군중들. 농노제보다 훨씬 덜 영토적인 착취 수단을 찾아야만 하는 영주 군중들. 후미진 지역을 떠나 도시에서 점점 덜 영토화된 시설들을 찾는 도시 군중들. 연애와 결혼을 둘러싼 옛 코드에서 이탈하는 여성 군중들. 축재의 대상이기를 그치고 대규모의 상업적 유통 속에 투입되는 통화량(masse monétaire).[19] 이러한 흐름들을 연결접속시키고 각각의 흐름이 다른 모든 흐름들(심지어 "먼 곳에 있는 공주님"에서 볼 수 있는 여성성의 흐름이나 13세기의 소년 십자군에서 볼 수 있는 아이들의 흐름까지도)을 활성화하고 촉진시키는 예로 십자군을 들 수 있다. 그러나 이와 동시에 그리고 이와 불가분한 방식으로 덧코드화와 재영토화가 산출된다. 십자군은 교황에 의해 덧코드화되어 영토적 목표를 할당받았다. <성지>, <신의 평화>,[20] 새로운 유형의 수도원, 새로운 화폐 형태, 소작료와 임금제에 의한 농민 착취의 새로운 양식(또는 노예 제도의 부활), 도시의 재영토화 등이 복잡한 시스템을 형성했다. 이제 이런 관점에서 우리는 흐름의 **연결접속**과 **결합**이라는 두 개념의 차이를 도입해야만 한다. 탈코드화되고 탈영토화된 흐름들이 서로 서로를 활성화하고 흐름들 공통의 도주를 촉진시키고 흐름들의 양자들을 더하거나 자극하는 방식을 가리키는 것이 "연결접속"이라고 한다면 이 흐름들의 "결합"은 차라리 흐름들의 상대적인 정지를 가리키며, 이 정지는 축적점으로서 도주선

19 이 모든 점들에 대해서는 특히 Maurice Dobb, *Etudes sur le développement du capitalisme*, Paris : Maspero[독역본 : *Entwicklung des Kapitalismus. Vom Spätfeudalismus bis zur Gegenwart*, übers. von Franz Becker, Köln-Berlin 1970. 영어본 : *Studies in the Development of Capitalism*, rev. ed., New York : International Publishers, 1964]; Georges Duby, *Gerriers et paysans*, Paris : Gallimard[독역본 : *Kriger und Bauern. Die Entwicklung der mittelalterlichen Wirtschaft und Gesellschaft bis um 1200*, übers. von Grete Osterwald, Frankfurt, 1984. 영역본 : *The Early Growth of the European Economy : Warriors and Peasants from the Seventh to Twelfth Century*, trans. Howard E. Clarke, London : Weidenfeld & Nicolson, 1974]를 참조.

20 [중세에 교회의 명령에 따라 비전투원에 대한 전투행위를 금지하는 법령]

을 봉쇄하거나 가로막고 일반적인 재영토화를 수행할 뿐만 아니라 흐름들을 덧코드화할 수 있는 여러 흐름들 중 한 흐름의 영역으로 흐름들을 지나가게 한다. 그러나 정확히 말해 첫번째 국면에서는 가장 탈영토화된 흐름이, 두번째 국면에서는 과정들의 집적이나 접합접속을 수행하고 덧코드화를 결정하고 재영토화의 기반으로서 기여한다(우리가 [제7편에서] 이미 만났던 정리에 따르면, 재영토화는 반드시 가장 탈영토화된 것 위에서 일어나게 되어 있다). 가령 도시의 상업 부르주아는 지식, 테크놀로지, 배치물들, 유통 회로를 결합하거나 자본화하는데, 귀족, 교회, 직인들과 농민들까지도 모두 이의 지배하에 들어가게 된다. 상업 부르주아가 이처럼 전체를 재영토화할 수 있었던 것은 이들이 진정한 입자 가속기로서 탈영토화의 첨점이었기 때문이다.

역사가의 의무는 이 두 가지 운동(한편으로 탈코드화-탈영토화와 다른 한편으로 덧코드화-재영토화)이 공존하거나 동시적으로 존재하는 "기간"을 정하는 일이다. 그리고 바로 이 기간에 대해 분자적 양상과 그램분자적인 양상이 구별된다. 한편에는 **군중들 또는 흐름들**이 있으며, 거기에 그것들의 변이들, 탈영토화의 양자들, 연결접속들, 가속들이 동반된다. 다른 한편에는 **계급들 또는 절편들**이 있으며, 거기에 그것들의 이항적인 조직, 공명, 접합접속이나 집적, 어느 한쪽에 유리한 덧코드화의 선이 동반된다.[21] 거시-역사와 미시-역사의 차이는 보여지는 지

21 비록 여전히 주관적인 관점에서이긴 하지만 군중들과 계급들 사이의 차이와 관계에 대해 문제를 제기했던 것은 바로 로자 룩셈부르크(Rosa Luxemburg, *Œuvres* I, Paris : Maspero[독어본 : "Sozialreform oder Revolution" und "Massenstreik, Partei und Gewerkschaften", in *Schriften zur Theorie der Spontaneität*, Hamburg : Reinbek, 1970. 영어본 : "Social Reform or Revolution", and "Mass Strike, Party and Trade Unions", in *Selected Political Writings*, ed. Dick Howard, New York : Monthly Review, 1971])이다. 즉 "계급의식의 본능적 기초"(Nicolas Boulte & Jacques Moiroux, "Masse et Parti", *Partisan*, n° 45, *Rosa Luxemburg vivante*, 12～1월호, 1969, pp. 29～38 참조)로서의 군중들. 바디우(Alain Badiou)와 발메(François Balmès)는 보다 객관적인 가설을 제안한다. 즉 군중들은 국가-형태 일반

속의 길이가 긴가 짧은가와는 전혀 관계가 없으며, 절편들로 이루어진 덧코드화된 선을 고찰하고 있는가 아니면 양자들로 이루어진 변이하는 흐름을 고찰하고 있는가에 따라 구별되는 좌표계와 관계가 있다. 그리고 견고한 체계가 다른 체계를 정지시키지는 않는다. 흐름이 선 아래에서 부단히 변하면서 계속되는 반면 선은 총체화를 행한다. 군중과 계급은, 이 두 기호가 동일한 집단을 변용시키더라도 결코 같은 윤곽을 나타내지 않을뿐더러 같은 동역학을 따르지도 않는다. 군중으로서의 부르주아지 그리고 계급으로서의 부르주아지…… 하나의 군중이 다른 군중들과 맺는 관계는, 그에 "대응하는" 계급이 다른 계급들과 맺는 관계와 동일하지 않다. 물론 군중과 계급 양쪽 모두에 힘과 폭력의 관계들이 존재한다. 그러나 엄밀하게 보면 동일한 싸움이 전혀 상이한 두 개의 양상 하에 전개되며, 거기서 일어나는 승리들과 패배들은 동일하지가 않다. 군중의 운동들은 빨라지고 서로 교대되지만(또는 오랜 마비와 함께 장기간 동안 희미해지지만), 또한 한 계급에서 다른 계급으로 도약하고, 여러 변이를 거치고, 새로운 계급 관계들을 변경시키게 되는 새로운 양자들을 발산하거나 방출하고, 이러한 관계들의 덧코드화와 재영토화를 다시 문제시하고, 새로운 도주선을 다른 방향으로 지나가게 한다. 계급들의 재생산 아래에는 언제나 군중들의 가변적인 지도가 있다. 정치는 거시적-결정들과 이항적인 선택들, 이항화된 이해관계들에 의해 수행된다. 그러나 결정 가능한 것의 영역은 극미하다. 그리고 정치적인 결정은 [앞의 것들과는] 다른 방식으로 예견하고 평가해야만 하는 미시적-결정들, 매력들, 욕망들의 세계에 반드시 잠기게 된다. 선

과 착취에 대립되는 "불변항"인 반면, 계급들은 구체적인 국가를 결정하고 프롤레타리아의 경우엔 효과적인 붕괴의 가능성를 결정하는 역사적 변수이다(*De l'idéologie*, Paris : Maspero, 1976). 하지만 사람들은 우선 계급이 왜 그 자체로 변수가 아닌지를, 또한 계급이라는 말이 영주, 부르주아에 적합할 때조차 왜 계급은 착취 받는 자("평민-농민 군중")에 국한되는지를 잘 보지 못한다. 이는 통화량에 대해서도 마찬가지이다.

형적인 개념들과 절편적인 결정들 아래에서 수행되는, 흐름들과 이 흐름들의 양자들에 대한 평가. 미슐레는 기묘한 문구에서 교회에 대항해 싸우고 있던 수많은 사람들을 프랑스로 몰아낸 이주의 흐름을 잘못 평가했다는 이유로 프랑수아 1세를 비난하고 있다. 즉 프랑수아 1세는 이것을 당시 이루어지던 종교 개혁과는 다른 종교 개혁의 선두에 섬으로써 프랑스의 이익으로 전환시킬 수도 있었던 군중의 분자적인 흐름으로 느끼는 대신 이용 가능한 병사들의 유입으로만 보았다는 것이다.[22] 문제는 항상 이런 식으로 나타난다. 좋은 정치이건 나쁜 정치이건 정치와 정치적 판단들은 항상 그램분자적이지만, 정치를 "행하는" 것은 분자적인 것이자 분자적인 것에 대한 평가이다.

이제 우리는 지도를 더 잘 그릴 수 있게 되었다. "선"이라는 말에 아주 일반적인 의미를 돌려주면 우리는 두 가지 선만 있는 것이 아니라 사실은 세 가지 선이 있다는 것을 알게 된다. 1) 코드와 영토성이 서로 뒤얽힌 비교적 유연한 선. 그렇기 때문에 우리는 영토와 혈통의 절편화가 사회 공간을 구성하는 소위 **원시적** 절편성에서부터 시작했다. 2) 절편들의 이원적인 조직화, 공명하는 원환들의 동심성, 그리고 일반화된 덧코드화가 실행되는 견고한 선. 여기에서 사회 공간은 **국가 장치**를 내포하고 있다. 이것은 원시적 체계와는 다른 체계이다. 그것은 바로 덧코드화가 다른 것보다 훨씬 강력한 코드이기 때문이 아니라 덧코드화가 코드들의 방법과는 다른 특수한 방법이기 때문이다(이와 마찬가지로 재영토화는 영토의 추가가 아니라 그 영토들의 공간과는 다른 공간에서, 정확히 말하자면 덧코드화된 기하학적인 공간에서 행해지는 조작이다). 3) 양자들에 의해 표시되며, 탈코드화와 탈영토화에 의해 규정되는 하나

22 Jules Michelet, *Histoire de France au seizième siècle, la Renaissance* in *Oevres Complètes*, vol 7, ed. Paul Viallaneix, Paris : Flammarion, 1971~.

또는 여러 개의 도주선(이 선들 위에서 기능하는 전쟁 기계와 같은 무엇인가가 항상 존재한다).

그러나 이 설명은 마치 원시 사회를 최초의 사회인 것처럼 만든다는 점에서 위험이 있다. 실제로 코드들은 탈코드화의 운동으로부터 결코 분리할 수 없으며, 영토들는 이 영토들을 가로지르는 탈영토화의 벡터들로부터 분리할 수 없다. 게다가 덧코드화와 재영토화가 사후적으로 오는 것은 더욱더 아니다. 그것은 오히려 부족들, 제국들, 전쟁 기계들 등 밀접하게 뒤얽힌 세 종류의 선이 공존하는 공간과도 같다. 도주선들 또는 이미 견고한 절편들이 먼저 있고 유연한 절편화들이 이 둘 사이를 끊임없이 진동한다고도 말할 수 있을 것이다. 가령 야만족들에 대한 역사가 피렌느(Pirenne)의 명제를 보자. "야만족들이 [로마] 제국을 덮친 것은 자발적인 것이 아니었다. 훈 족의 쇄도에 의해 그렇게 할 수밖에 없었던 것이다. 바로 이런 식으로 훈 족의 쇄도가 침략의 원인이었던 것이다……"[23] 한편에는 로마 제국의 견고한 절편성이 있고, 그와 더불어 공명의 중심과 주변, 국가, "팍스 로마나", 기하학, 주둔지, 변경의 요새 지대가 있다. 그리고 지평선에는 전혀 다른 선, 유목민들의 선이 있는데, 이들은 스텝을 떠나 능동적이고 유동적인 도주를 시도하고, 도처로 탈영토화를 가져가고, 국가 없는 전쟁 기계에 의해 활기를 띠고 촉발되는 양자들의 흐름들을 만들어낸다. 이 이주하는 야만족들은 실제로 이 둘 사이에 있다. 이들은 오고 가며, 국경을 지나가고 다시 지나가며, 약탈하거나 강탈하지만 또한 통합되고 재영토화된다. 어떤 때는 제국 안으로 깊숙이 들어가 그 절편을 자기 것으로 만들고 용병이나 지원병이 되기도 하며 정주해 토지를 점유하거나 스스로 국가

23 Henri Pirenne, *Mahomet et Charlemagne*, P.U.F, p. 7[독역본 : *Mohammed und Karl der Große*, übers. von P. E. Hübinger und W. Hirsch, Frankfurt, 1985, S. 23. 영역본 : *Mohamed and Charlemagne*, trans. Bernard Miall, New York : Norton, 1939, p. 22].

를 세우는 경우도 있다(온건한 서고트 족). 또한 다른 때는 반대로 유목민들의 편으로 넘어가 이들과 연합해 식별할 수 없게 되는 경우도 있다(빛나는 동고트 족). 항상 훈 족과 서고트 족에 패배하기만 한, "고트 족의 제2지대"인 반달 족은 하나의 도주선을 긋는데, 이 선이 이들을 이들의 지배자들만큼 강하게 만들어준다. 반달 족은 지중해를 건넌 유일한 패거리 또는 군중이다. 그러나 아프리카 제국이라는 가장 예기치 않은 재영토화를 행한 것도 이들 반달 족이었다.[24] 따라서 세 선은 공존할 뿐만 아니라 서로를 변형시키고 각각이 다른 선들로 옮겨가는 것 같다. 게다가 우리는 선들이 상이한 집단들에 의해 나타나는 간략한 예를 보았다. 하물며 동일한 집단, 동일한 개인에게서는 더 말할 것도 없다.

그러니 <추상적인 기계>의 동시적 상태들을 살펴보는 것이 더 좋을지도 모르겠다. 한편에는 덧코드화의 추상적인 기계가 있다. 바로 이 기계가 견고한 절편성, 거시-절편성을 규정한다. 이 기계가 절편들을 두 개씩 대립시키고, 절편들의 모든 중심들을 공명시키며, 등질적이고 분할 가능하며 홈이 패인 공간을 모든 방향으로 연장시키면서 절편들을 생산, 아니 차라리 재생산하기 때문이다. 이런 종류의 추상적인 기계는 국가 장치를 가리킨다. 하지만 이 추상적인 기계를 국가 장치 자체와 혼동해서는 안 된다. 가령 추상적인 기계를 기하학적인 방식으로, 또는 조건을 달리해, "공리계"로 정의할 수도 있을 것이다. 그러나 국가 장치는 기하학도 공리계도 아니다. 국가 장치란 특정한 한계와 특정한 조건 속에서 덧코드화의 기계를 실행하는 재영토화의 배치물일 뿐이다. 단지 국가 장치는 이 장치가 실행하는 추상적인 기계와 다소

24 Emile Félix Gautier, *Genséric, roi des Vandales*, Paris : Payot, 1932[독역본 : *Geiserich, König der Vandalen*, übers. von Jörg Lechler, Frankfurt, 1934, S. 208] 참조("그들은 가장 약했고 영원히 등뒤에서 밀렸기 때문에 가장 멀리 나아가야만 했던 것이다").

간 동일화되는 경향이 있다고 말할 수 있을 뿐이다. 바로 여기서 전체주의 국가라는 개념이 의미를 갖게 된다. 즉 하나의 국가가 전체주의 국가가 되는 것은, 국가가 자기 자신의 한계 내에서 덧코드화의 세계적 기계를 실행하는 대신 "자족적 체제(autarcie)"의 조건을 창출해내고 진공의 책략 속에서 "닫힌 꽃병 상태(vase clos)"를 통해 재영토화를 수행하면서 덧코드화의 세계적 기계와 동일화될 때이다(이 책략은 결코 이데올로기적인 조작이 아니라 정치적이고 경제적인 조작이다[25]).

다른 한편, 다른 한쪽 극에는 탈코드화와 탈영토화에 의해 작동하는 변이의 추상적인 기계가 있다. 바로 이 기계가 도주선들을 그리는 것이다. 이 기계는 양자들로 이루어진 흐름들을 인도하고, 흐름들의 연결접속-창조를 확보하고, 새로운 양자들을 방출한다. 이 추상적인 기계 자체는 도주 상태에 있으며, 자신의 선들 위에 전쟁 기계를 설치한다. 이것이 다른 극을 구성하는 까닭은 견고한 또는 그램분자적인 절편들은 끊임없이 도주선들을 막고 봉쇄하고 차단하는 반면 이 변이의 추상적인 기계는 항상 견고한 절편들 "사이"로, 분자보다 작은 또 다른 방향으로, 도주선들을 끊임없이 흐르게 하기 때문이다. 그러나 이 두 극 사이에는 또한 순전히 분자적인 협상, 번역, 변환의 영역이 있어, 거기서는 때로 그램분자적인 선들이 이미 균열되고 파열되기도 하며, 때로 도주선이 이미 검은 구멍들로 끌려 들어가기도 하고, 흐름들의 연결접속이 이미 제한적인 접합접속에 의해 대체되기도 하며, 양자들의 방출들이 중심-점들로 변환되기도 한다. 그리고 이 모든 것은 동시에 일

25 전체주의를 정의하는 것은 공공 부문의 중요성이 아니다. 왜냐하면 많은 경우 경제는 자유주의적인 것으로 남아 있기 때문이다. 그것은 "닫힌 꽃병 상태"의, 특히 화폐적이고 산업적이기까지 한 인공적 구성이다. 다니엘 게랭(Daniel Guérin)이 보여주고 있듯이 (*Fascisme et grand capital*, Maspero, 9장[영역본 : *Fascism and Big Business*, trans. Frances and Mason Merrill, New York : Pioneer Publishers, 1939]) 일차적으로 이런 의미에서 이탈리아 파시즘과 독일 나치즘은 전체주의 국가를 구성한다.

어난다. 즉 도주선들은 자신의 강렬함들을 연결접속하고 계속시키며, 그와 동시에 입자-기호들을 검은 구멍들 바깥으로 분출시키고, 그것들이 선회하는 거대한 검은 구멍들로, 그것들을 가로막는 그램분자적인 접합접속들로 급선회하며, 또 이항화되고 집중되고 중심의 검은 구멍에 축을 세우고 덧코드화된 안정적인 절편들 속으로 들어간다.

권력의 중심 또는 초점은 무엇인가? 이 물음은 이 모든 선들의 착종을 보여주기에 적당하다. 흔히 군부 권력, 교회 권력, 학교 권력, 공적 권력 또는 사적 권력 등에 대해 말한다. 권력의 중심들은 분명히 견고한 절편들과 관련 있다. 각각의 그램분자적인 절편에는 반드시 하나나 여러 개의 중심이 있다. 이 절편들 자체가 이들을 구별하고 재통합하며 대립시키고 공명하게 하는 것으로서 권력의 중심을 가정한다는 점에 대해 반대할 수도 있을 것이다. 그러나 절편적인 부분들과 중앙 집중화된 장치 간에는 아무런 모순도 없다. 한편으로 가장 견고한 절편성조차 중앙 집중화를 방해하지 않는다. 공통의 중심점은 다른 점들이 혼융하는 점으로 작용하는 것이 아니라 지평선에서, 다른 점들 뒤에서 공명하는 점으로 작용하기 때문이다. 국가는 다른 점들을 받아들이는 하나의 점이 아니라 모든 점들의 공명 상자이다. 그리고 국가가 전체주의적인 경우라도 각각의 중심들과 절편들을 위한 공명 기능은 바뀌지 않는다. 이 기능은 그것의 내적인 효력을 증가시키거나 "강제적 운동"의 "공명"을 배가시키는 닫힌 꽃병 상태라는 조건에서만 이루어진다. 따라서 다른 한편에서는 반대로 가장 엄밀한 중앙 집중화라도 중심들과 절편들과 원들의 구별을 억제하지 않는다. 실제로 덧코드화하는 선이 그어지면 이 선은 반드시 한 절편의 다른 절편에 대한 우위성을 확보하게 되고(이항적 절편성의 경우), 다른 중심들에 대해 상대적인 공명의 권력을 특정한 중심에 부여하게 되며(원형적 절편성의 경우), 덧코드화하는 선 자체가 통과하게 되는 지배적인 절편을 강조하게 된다

(선형적 절편성의 경우). 이러한 의미에서 중앙 집중화는 항상 위계적이지만, 그 위계는 항상 절편적이다.

권력의 각 중심은 또한 분자적이며, 미시논리적인 조직(tissue micrologique)에 행사된다. 여기에서 권력의 각 중심은 확산되고 분산되고 확대되고 모형화되고 끊임없이 대체되고 유한한 절편화에 의해 작용하고 세부 및 세부적인 것들의 세부에서 작동함으로써만 존재한다. "규율들" 또는 미시-권력들(학교, 군대, 공장, 병원 등)에 대한 푸코의 분석은 이 "불안정한 초점들"을 증언해주고 있는데, 여기에서는 재편성들이나 집적들, 그리고 도피들과 도주들이 서로 충돌하며, 역전들이 산출되기도 한다.[26] 초점은 더 이상 "바로 그" 교장이 아니라 사감이나 우등생, 열등생, 수위 등이다. 초점은 장군이 아니라 하급 장교들, 하사관들, 내 안에 있는 병사, 심술궂은 자이며, 이들 각각은 나름대로 성향들, 극들, 갈등들, 힘의 관계들을 갖고 있다. 그리고 상사나 수위까지 내세우는 것은 더 잘 이해시키기 위해서이다. 왜냐하면 이들은 그램분자적인 측면과 함께 분자적인 측면을 가짐으로써, 장군이나 지주도 이미 이 두 측면을 갖고 있다는 것을 분명하게 해주기 때문이다. 이처럼 고유명이 식별 불가능한 지대에 들어가는 경우, 그것은 권력을 잃어버리는 것이 아니라 새로운 권력을 갖게 된다고 말할 수 있을 것이다. 카프카 식으로 말하면, 우리가 맞이하게 될 사람은 공무원인 클람이기보다는 아마 그의 비서인 모무스 또는 다른 분자적인 클람들일 텐데, 이들 간의 차이 그리고 이들과 클람 간의 차이는 더 이상 확정되는 것

26 M. Foucault, *Surveiller et punir*, p. 32[독역본 : S. 38ff., 영역본 : p. 27]. "이 관계들은 사회의 깊은 곳까지 내려간다. 그것들은 시민과 국가의 관계 또는 계급간의 전선과 국가 관계 속에 위치하고 있지 않다. 그것들은 법 또는 정부의 일반 형식을 (……) 재생산하는 데 만족하지 않는다. (……) 그것들은 셀 수 없이 많은 대결점들, 불안정성의 초점들을 정의하고 있으며, 이 점들 각각은 분규, 다툼, 힘 관계의 적어도 일시적인 역전 등의 위험을 안고 있다."

이 불가능하기 때문에 더욱 커지게 된다("이 관리들이 항상 같은 책 곁에 머물러 있는 것은 아니다. 하지만 그들은 책이 아니라 장소를 교환한다. 게다가 장소를 바꿀 때는 통로가 좁기 때문에 서로 몸을 부딪치면서 지나가야 한다……." "그 공무원은 클람을 꼭 닮았다. 만약 그가 사무실에서 자기 책상에 앉아 있고, 문에 그의 이름이 있다면 나는 더 이상 의심하지 않았을 것이다……."[27] 바르나바스는 이렇게 말한다. 그는 확실성과 안정성의 증거로서, 아무리 견고하고 끔찍한 것이라 하더라도, 전적으로 그램분자적인 절편성을 꿈꾸곤 했다. 하지만 그램분자적인 절편들은 자신들에 양분을 제공해주고 자신들의 윤곽을 떨리게 만드는 이 분자적인 수프에 반드시 잠긴다는 것을 알아차려야만 한다). 그리고 이러한 미시적 짜임을 갖고 있지 않은 권력의 중심은 없다. 억압당하는 자가 억압의 체계 속에서 항상 능동적인 자리를 취할 수 있는 이유를 설명해주는 것은 마조히즘이 아니라 바로 이 미시적 짜임이다. 부유한 나라의 노동자들은 제3세계에 대한 착취, 독재자들의 무장, 대기 오염에 능동적으로 가담하고 있는 것이다.

그리고 이것은 놀랄 만한 일이 아니다. 이 미시적 짜임은 견고한 절편들로 이루어진 덧코드화의 선과 양자들로 이루어진 궁극적인 선 사이에 있기 때문이다. 이 미시적 짜임은 항상 이 두 선 사이를 왔다갔다하면서 때로는 양자들로 이루어진 선을 절편들로 이루어진 선으로 끌어내리기도 하고, 때로는 흐름들과 양자들이 절편들로 이루어진 선에서 도주하도록 만들기도 한다. 바로 이것이 권력의 중심들의 세번째 양상 또는 극한이다. 이 중심들은 가능한 한 흐름의 양자들을 선의 절편들로 번역하는 도리밖에 없기 때문이다(어떤 방식으로건 총체화될 수 있는 것은 절편들뿐이다). 그러나 이로 인해 권력의 중심들은 자신의 역

27 [독일어에서 옮김. Franz Kafka, *Das Schloß*, S. 171, 175. 영역본 : *The Castle*, pp. 233, 238]

량(puissance)의 원칙과 자신의 무력함(impuissance)의 토대를 동시에 만나게 된다. 그리고 역량과 무력함은 대립하기는커녕 일종의 현혹적 만족 속에서 서로를 보충하고 보강해준다. 이러한 만족은 무엇보다 극히 평범한 <정치인들>에게서 발견되며 이들의 "영광"을 규정한다. 왜냐하면 이러한 현혹적 만족이 선택의 여지란 존재하지 않았다는 것을 확증해주기 때문에 정치인들은 근시안에서 "영광"을 끌어내며, 무력함에서 역량을 끌어내기 때문이다. "위대한" 정치인이란 선도자-기호, 입자-기호로서 흐름들에 자신을 연결접속하고 검은 구멍들을 뛰어넘는 양자들을 방출하는 자들에 국한된다. 이들 정치인들이 도주선 위에서만 서로 만나는 것은 우연이 아니다. 설령 잘못 판단해서 몰락하는 한이 있어도 이들은 도주선을 그리고 도주선을 예감하고 도주선을 뒤쫓거나 앞서간다(히브리인 모세, 반달 족 가이세리크, 몽골 족 징기스칸, 중국의 모택동……). 그러나 이 흐름들 자체를 조절하는 <권력>은 존재하지 않는다. 우리는 "통화량"의 증가조차 지배하지 못한다. 마치 절편들뿐만 아니라 흐름들에까지도 지배가, 그것도 동일한 방식으로 행사되고 있는 것처럼, 지배자의 이미지, 국가나 비밀 정부라는 관념을 우주의 경계에까지 투사한다면 우스꽝스럽고 허구적인 표상에 빠지게 될 것이다. 국가보다는 주식 시장이 흐름들과 흐름들의 양자들의 이미지를 제공해준다. 자본가들은 잉여 가치와 그것의 배분을 제어할 수는 있지만 이 잉여 가치를 생겨나게 하는 흐름들을 지배하지는 못한다. 역으로 권력의 중심들은 흐름들이 절편들로 변환되는 점들에 행사된다. 이 점들이 교환기, 변환기, 진동자이다. 그렇지만 절편들 자체가 결정권을 가진 하나의 권력에 의존하고 있는 것은 아니다. 이와 반대로 우리는 앞에서 절편들(예컨대 계급들)이 어떻게 군중들과 탈영토화된 흐름들의 접합접속에 의해 형성되며, 가장 탈영토화된 흐름이 어떻게 지배적인 절편을 규정하는지를 살펴보았다. 가령 달러는 화폐의 지배적 절편이며, 부르주아지는 자본주의의 지배적 절편이다……. 따라서 절편들 자체는 추상적인 기계에 의존한다. 그러나 권력의 중심들에 의존하는 것은 바로 이 추상적인 기계를 실행시키는 배치물들, 다시 말해 지배하는 절편과 지배되는 절편들과 관련해 군중과 흐름의 여러 가지 변이를 견고한 선의 절편들에 부합시키는 배치물들인 것이다. 이러한 부합 과정에는 많은 도착(倒錯)적인 발명이 있을 수 있다.

바로 이러한 의미에서 가령 은행 권력(세계은행, 중앙은행, 신탁 은행)에 대해 말할 수 있을 것이다. 융자금이나 신용 화폐의 흐름이 경제 거래의 총량(masse)을 가리킨다면 은행에서 맡아 하는 일은 **창조된** 이 신용 화폐를 **적합한** 절편적 지불 화폐로, 즉 그 자체로 절편화된 재화를 구매하기 위한 금속 화폐나 국정 화폐로 변환하는 작업이다(금리가 중요한 것은 바로 이 때문이다). 은행에서 맡아 하는 일은 두 화폐간의 변환, 그리고 지불 화폐의 절편들을 등질적 집합으로 변환하고, 지불 화폐를 여하튼 재화로 변환하는 작업이다.[28] 모든 권력의 중심에 대해서 같은 얘기를 할 수 있다. 모든 권력의 중심은 다음의 세 가지 양상 또는 세 가지 지대를 지닌다. 1) 견고한 선의 절편들과 관련된 역량의 지대. 2) 미시-물리학적인 조직으로의 확산과 관련된 식별 불가능성의 지대. 3) 통제하지도 규정하지도 못하고 단지 변환할 수밖에 없는 흐름들 및 양자들과 관련된 무력함의 지대. 그런데 각각의 권력의 중심이 자신의 역량을 이끌어내는 것은 항상 자신의 무력함의 토대로부터이다. 권력의 철저한 냉혹함과 허망함은 바로 여기에서 유래한다. 그램 분자적인 변환기, 진동기, 분배기보다는 차라리 흐름의 미세한 양자들이 되는 것이 낫다! 다시 화폐의 예로 돌아가면, 첫번째 지대는 공적인 중앙은행으로 대표되며, 두번째 지대는 "은행들과 차용자들 간의 사적

28 은행 권력의 이러한 측면들에 대해서는 Suzanne de Brunhoff, *L'offre de monnaie. Critique d'un concept*, Paris : Maspero, 1971, 특히 pp. 102~131을 참조할 것.

인 관계들의 무한 계열"에 의해, 그리고 세번째 지대는 경제 거래의 총액에 의해 규정되는 양자들의 화폐를 욕망하는 흐름에 의해 대표된다. 분명 항상 동일한 문제들이 다른 권력 중심들을 지닌 이러한 거래 자체의 층위에서 제기되고 재발견된다. 하지만 모든 경우에 권력 중심의 첫번째 지대는 그램분자적인 덧코드화의 추상적인 기계를 실행시키는 배치물로서 국가 기구 속에서 규정된다. 두번째 지대가 이러한 배치물이 잠겨버리는 분자적 조직 속에서 규정된다. 그리고 세번째 지대는 변이, 흐름들 그리고 양자들의 추상적인 기계 속에서 규정된다.

그러나 이들 세 가지 선 중 어느 선이 본성상 또는 필연적으로 더 좋거나 나쁘다고는 말할 수 없다. 이 세 가지 선의 위험에 대한 연구는 표상하거나 해석하거나 상징화하려 하지 않고, 단지 지도들을 만들고 선들을 그어 이들의 혼합이나 구별을 표시하려 하는 한 화행론 또는 분열분석의 대상이다. 니체의 차라투스트라와 카스타네다의 인디언 돈 후안에 따르면, 위험에는 세 가지 아니 네 가지가 있다. 우선 <공포>, 다음으로 <명확함>, 그리고 <권력>, 마지막으로 거대한 <혐오>, 즉 죽이고 죽고 싶다는 욕구, 소멸의 <열정>.[29] 공포, 그것이 무엇인지 우리는 짐작할 수 있다. 우리는 항상 잃는 것을 두려워하고 있다. 안전, 우리를 지탱시켜주는 거대한 그램분자적 조직, 우리가 달라붙어 있는 나무성들, 우리에게 잘 규정된 지위를 부여해주는 이항적 기계들, 우리가 들어가는 공명들, 우리를 지배하는 덧코드화의 체계, 우리는 바로 이 모든 것들을 원한다. "우리의 허영과 자기만족이 관대하게 우리

29 Carlos Castaneda, *L'herbe du diable et la petite fumée*, pp.106～111[영어 원본 : *The Teachings of Don Juan*, Berkeley : University of California Press, 1971, pp. 57～60. 독역본 : *Die Lehren des Don Juan*, übers. von Céline und Heiner Bastian, Frankfurt, 1973, S. 70～73].

에게 부여해준 여러 가치, 도덕, 조국, 종교, 개인적 확신 등은 안정된 사물들 속에 서서 정지해 있다고 생각하는 자들을 위해 세계가 마련해 놓은 체류지이다. 이들은 자신들이 나아가고 있는 이러한 거대한 혼란에 대해 아무 것도 모르고 있다……. 도주 앞에서의 도주."[30] 우리는 도주 앞에서 달아난다. 우리는 우리의 절편들을 견고하게 만든다. 우리는 이항 논리에 자신을 내맡긴다. 저들이 다른 절편 위에서 우리에게 견고하게 할수록 우리는 그만큼 더 특정한 절편 위에서 견고하게 된다. 우리는 어느 절편 위에서건 스스로를 재영토화한다. 우리는 그램분자적인 절편성밖에 알지 못한다. 우리가 가담하게 되는 작은 집단의 층위에서는 물론이고 우리가 속해 있는 거대 집합들의 층위에서도, 그리고 우리의 가장 내밀하거나 가장 사적인 부분에서 일어나는 일의 층위에서도. 지각 방법, 행동 유형, 이동 방식, 삶의 양태, 기호계적 체제 등 모든 것이 이와 관련되어 있다. 귀가하자마자 "수프는 준비되어 있어?"라고 묻는 남자. "얼굴이 왜 그래? 뭐 안 좋은 일 있어?"라고 대답하는 여자. 이것이 둘씩 맞서는 견고한 절편들의 효과이다. 절편성이 견고할수록 우리는 더 안심한다. 바로 이것이 공포로서, 공포가 우리를 첫번째 선으로 끌어내리는 방법은 그러하다.

두번째 위험인 <명확함>은 덜 분명해 보인다. 이것은 사실상 명확함이 분자적인 것과 관련되기 때문이다. 여기서도 역시 지각이나 기호계를 포함해 모든 것이 관련되는데, 하지만 여기서는 이것이 두번째 선 위에서 일어난다. 카스타네다는 가령 마약(수많은 것들이 마약의 역할을 할 수 있다)이 우리에게 열어주는 분자적 지각의 존재를 보여주고 있다. 이렇게 그램분자적인 구조 속의 구멍들과 같은 공간과 공백(vides)을 드러내는 음향적이거나 시각적인 미시-지각에 접근하는 것이다. 이것이

30 Maurice Blanchot, *L'amitié*, Paris : Gallimard, 1971, p. 232.

바로 명확함이다. 우리에게 꽉 차 있는 것으로 보였던 것 속에서 이루어지는 이런 구별들, 밀집되게 보였던 것 속에 있는 이런 구멍들. 또는 이와 반대로 우리가 방금 전까지만 해도 잘 절단된 절편들의 말단을 보았던 곳에서 오히려 불확실한 가장자리, 침식, 포개짐, 이주, 절편화 작용 등 견고한 절편성과 더 이상 일치하지 않는 일들이 일어난다. 모든 것은 외관상의 유연함, 충만함 속의 공백, 형태들 속의 흐릿함, 묘선들 속의 떨림이 된다. 모든 것이 현미경의 명확함을 획득한다. 우리는 모든 것을 이해했고 그로부터 결론을 이끌어낸다고 믿는다. 우리는 새로운 기사이며, 임무도 갖고 있다. 이주민의 미시-물리학이 정주민의 거시-기하학을 대체했다. 그러나 이 유연성과 이 명확함은 그 나름의 위험들을 갖고 있을 뿐만 아니라 그것들 자체가 하나의 위험이기도 하다. 먼저 유연한 절편성은 견고한 절편성의 변용들과 직무들을 축소된 모형의 형태로 재생산할 위험이 있기 때문이다. 가족은 공동체에 의해, 혼인은 교환과 이주의 체제에 의해 대체되는 것이다. 더 나쁘게는, 미시-오이디푸스들이 세워지고, 미시-파시즘들이 법을 만들고, 어머니는 자기 아이의 성기를 주물러주어야 한다고 믿게 되고, 아버지는 엄마가 되어버리는 것이다. 크나큰 슬픔을 발산하는 어두운 명확함. 하지만 이것이 별에서 뚝 떨어진 것은 아니다. 이 움직이는 절편성은 가장 견고한 절편성에서 직접적으로 생겨난다. 이 움직이는 절편성은 가장 견고한 절편성의 직접적인 보상이다. 집합들이 그램분자적인 것이 될수록, 이 집합의 요소들과 요소들 간의 관계들은 점점 분자적인 것으로 된다. 가령 그램분자적 인류에 대한 분자적인 인간. 사람들은 스스로를 탈영토화하고 군중이 되지만, 이것은 오직 군중과 탈영토화 운동을 묶고 무효화시키고, 다른 재영토화보다 훨씬 더 나쁜 여분의 재영토화를 발명해낼 뿐이다. 그러나 무엇보다 특기할 만한 것은 유연한 절편성이 자신의 고유한 위험들을 발생시킨다는 점이다. 유연한 절편성에 고유한 위험들은 그램분자적 절편성의 위험들을 축소 재생산하는 데서 그치는 것도 아니고, 이것들에서 생겨나거나 이것들을 보상해주는 데서 그치는 것도 아니다. 이미 앞에서 살펴본 대로, 미시-파시즘들은 나름의 특수성을 갖고 있다. 이 특수성은 거시-파시즘 안에서 결정화될 수 있으며, 유연한 선 위에서 떠다니며 작은 세포 하나하나에 젖어드는 일도 얼마든지 있을 수 있다. 수많은 검은 구멍들이 한 점에 집중되지 않고, 극히 다양한 상황에 적응할 수 있는 바이러스처럼 분자적 지각들과 분자적 기호계들에 공백들을 뚫는 일도 있을 수 있다. 공명 없는 상호 작용들. 우리는 편집증적 공포가 아니라 천 개의 작은 고정관념들에 붙잡혀 있다. 검은 구멍 하나하나에서 분출해 나오지만 아직 체계를 이루지 못하고 소문과 웅성거림을 만드는 명증성들과 명확성들이 그것으로, 이것들은 누구에게나 그리고 모든 사람들에게 나름대로 판사, 심판자, 경찰, 나치의 말단 반장 등의 임무를 부여하는 휘황한, 그래서 눈을 멀게 하는 빛이다. 우리는 공포를 이겨냈고, 안전함의 기슭을 떠나왔지만 결코 그에 못지않게 집중되고 조직화된 시스템에 들어왔다. 이처럼 작은 비-안전성들의 시스템에 의해 각자가 자신의 검은 구멍을 발견하고, 이 구멍 안에서 위험하게 되며, 자기 입장이나 역할이나 임무에 대해 첫번째 선의 확실성보다 훨씬 더 우려할만한 명확함을 갖게 된다.

<권력>은 세번째 위험이다. 이는 그것이 두 선 위에 동시에 걸쳐 있기 때문이다. 권력은 견고한 절편들로부터, 그것들의 덧코드화와 공명으로부터 미세한 절편화 작용들로, 그것들의 확산과 상호 작용들로 나아가며, 그 역으로 진행되기도 한다. 권력자라면 누구나 반드시 한 선에서 다른 선으로 도약하며, 저속한 스타일과 세련된 스타일, 건달 스타일과 허풍장이 스타일, 담배 가게의 민중 선동과 고급 관료의 제국주의를 넘나든다. 그러나 이 모든 권력의 사슬과 씨실은 이것들을 벗

어난 세계, 즉 변이하는 흐름의 세계 속에 잠겨 버린다. 그리고 권력을 이렇게까지 위험하게 만드는 것이 바로 권력의 무력함이다. 권력자는 끊임없이 도주선들을 정지시키려 하고, 그러기 위해 덧코드화의 기계 속에 변이의 기계를 붙잡아 고정시킨다. 그러나 그렇게 하려면 공백을 만들 수밖에 없다. 즉 먼저 덧코드화의 기계 자체를 고정시키고, 이것을 실행하는 임무를 짊어진 국지적인 배치물 속에 그 기계를 넣어야 한다. 요컨대 배치물에 기계의 차원들을 부여해야 하는 것이다. 이것이 전체주의나 "닫힌 꽃병 상태"의 인위적인 조건 속에서 생산되는 일이다.

그러나 아직 네번째 위험이 남아 있다. 물론 이것이 우리에게 가장 흥미로운 것이다. 이것은 도주선들 자체와 관련되어 있기 때문이다. 그런데 이 도주선들이 일종의 변이 또는 일종의 창조로서 상상 속에서가 아니라 사회 현실의 조직 속에서도 그려진다는 것을 보여준다고 해도, 또한 이 도주선들에 화살의 운동과 절대의 속도를 부여한다고 해도 이 도주선들은 다시 사로잡히고 봉쇄되고 동여매이고 다시 묶이고 재영토화되는 위험만 두려워하고 이에 맞서게 될 뿐이라고 믿는 것은 너무 단순한 일일 것이다. 도주선들 자체가 죽음과 제물의 냄새처럼, 사람을 파괴해버리는 전쟁 상태처럼 이상한 절망을 발산한다. 도주선들은 앞에서 살펴본 위험들과 혼동할 수 없는 고유한 위험들을 갖고 있는 것이다. 바로 이런 이유로 피츠제럴드는 이렇게 말했던 것이다. "황혼녘에 탄창이 빈 소총을 손에 들고 표적들이 쓰러져 있는 버려진 사격장에 서 있는 느낌이었다. 해결해야 할 문제가 있는 것은 아니었다 — 나 자신의 숨소리 말고는 오로지 적막이었다. (……) 나의 자기 공양은 뭔가 습기와 어둠 같았다."[31] 도주선 자체가, 파괴할 수 있는 것은 모

31 F. Scott. Fitzgerald, *La fêlure*, Gallimard, pp. 350, 354[영어 원본 : pp. 77~78, 81. 독역본 : S. 27, 34]

두 파괴한 후 우리 자신도 해체되고 파괴되어버릴 위험이 있는 전쟁인 것은 왜일까? 바로 이것이 네번째 위험이다. 즉, 도주선은 벽을 넘고 검은 구멍들로부터 빠져나와도 다른 선들과 연결접속되고 매번 원자가를 증가시키는 대신 파괴, 순수하고 단순한 소멸, 소멸의 열정으로 바뀐다. 클라이스트의 도주선, 그가 이끄는 불가사의한 전쟁, 그리고 자살, 도주선을 죽음의 선으로 바꾸는 출구로서의 이중의 자살이 그런 것처럼.

그렇다고 여기서 죽음의 충동을 내세우는 것은 아니다. 욕망 속에는 내적인 충동은 없으며 오직 배치물들만이 있다. 욕망은 언제나 배치되어 있다. 욕망이란, 배치물이 욕망이 그러하도록 결정하는 그것이다. 도주선들을 그리는 배치물은 도주선들과 동일한 층위에 있으며, 전쟁 기계 유형을 하고 있다. 이 기계로부터 변이들이 생겨나지만, 이 기계는 결코 전쟁을 목적으로 하는 것이 아니라 오히려 탈영토화의 양자들을 방출하고 변이하는 흐름들을 통과시키는 것을 목적으로 한다(이러한 의미에서 모든 창조는 전쟁 기계를 통과한다). 전쟁 기계가 [국가 장치와는] 다른 기원을 가지며 국가 장치와는 다른 배치물이라는 것을 보여주는 많은 근거들이 존재한다. 전쟁 기계는 유목민적 기원을 가지며, 국가 장치에 맞선다. 국가의 근본적인 문제들 중의 하나는 국가에 이질적인 이 전쟁 기계를 자기 것으로 삼아 고착된 군사 기구의 형태로 국가 장치의 부품으로 만드는 것이다. 그리고 이 점에서 국가는 언제나 커다란 어려움들을 만난다. 그러나 전쟁 기계가 가장 파국적인 전하(電荷)를 풀어놓는 것은 전쟁만을 목적으로 할 때, 그래서 변이를 파괴로 대체할 때뿐이다. 하지만 변이는 결코 전쟁의 변형이 아니다. 반대로 전쟁이야말로 변이의 추락이나 되떨어짐 같은 것이며, 바로 그것이 변이 역량을 잃었을 때 전쟁 기계에 남게 되는 유일한 목적이다. 그래서 전쟁 자체에 대해서는 이렇게 말해야만 한다. 즉 전쟁 기계가 국가 장치에 의해 전유될 때든, 더 나쁘게는 그것이 오직 파괴하고만 관련된 국가 장치로 구성될 때든, 전쟁 자체는 그저 전쟁 기계의 혐오스러운 잔여물일 뿐이라고 말이다. 이때 전쟁 기계는 더 이상 변이하는 도주선들을 그리지 않으며 오직 순수하고 차가운 소멸의 선을 그릴 뿐이다(나중에 우리는 전쟁 기계와 전쟁의 이런 복잡한 관계에 대해 하나의 가설을 제시할 생각이다).[32)]

바로 여기서 우리는 파시즘의 역설, 그리고 파시즘과 전체주의의 차이를 재발견한다. 전체주의는 국가의 문제이기 때문이다. 전체주의는 본질적으로 국지화된 배치물인 국가와 이 배치물이 실행하는 덧코드화의 추상적인 기계간의 관계와 관련된다. 군부 독재의 경우에도, 권력을 장악하고 국가를 전체주의 단계로 끌어올리는 것은 국가의 군대이지 결코 전쟁 기계가 아니다. 전체주의는 특별히 보수적이다. 반면 파시즘에서는 분명 전쟁 기계가 문제가 된다. 그리고 파시즘이 전체주의 국가로 구성된다는 것은 국가의 군대가 권력을 장악한다는 의미가 아니라 반대로 하나의 전쟁 기계가 국가를 탈취한다는 의미로 이해해야 한다. 비릴리오의 색다른 지적은 우리를 다음의 길로 인도한다. 즉, 파시즘 국가는 전체주의적이라기보다는 자살적이다. 파시즘에는 실현된 허무주의가 있다. 모든 가능한 도주선들을 봉쇄하려 하는 전체주의 국가와는 달리 파시즘은 강렬한 도주선 위에서 구성되며, 이러한 도주선들을 순수한 파괴와 소멸의 선으로 변형시킨다. 기묘하게도 나치들는 처음부터 자신들이 무엇을 초래할지를 독일에 알렸다. 즉 결혼과 죽음을 동시에, 게다가 거기에는 자신들의 죽음만이 아니라 독일인들의 죽음도 포함되어 있었다. 나치들은 자신들은 사라질 테지만 자신들의 사업은 온갖 방식으로 유럽, 세계, 태양계 등에서 다시 시작되리라고 믿었다. 그리고 모든 사람들이 환호했다. 그들이 그것을 이해하지

32 [제12편 명제 9를 참조할 것]

못했기 때문이 아니라 다른 사람들의 죽음을 통과하는 이 죽음을 원했기 때문이다. 이것은 매번 모든 것을 내기에 걸려는 의지, 자신의 죽음을 놓고 다른 모든 사람의 죽음을 내기에 걸려는 의지, 그리고 모든 것을 "파괴 측정기"로 측정하려는 의지와도 같다. 클라우스 만의 소설 『메피스토』는 나치의 통상적인 담론이나 대화의 견본을 제공한다. "우리의 실존에서 영웅적인 파토스는 점점 더 없어져가고 있다. (……) 실제로 우리는 지금 행진하고 있는 것이 아니라 비틀거리며 나아가고 있다. 친애하는 총통은 우리를 암흑과 무 속으로 끌고 간다. 그러니 우리 시인들이, 암흑과 심연에 대해 특별한 관계를 가지고 있는 우리 시인들이 어찌 총통을 찬미하지 않을 수 있겠는가? (……) 지평선에 타오르는 불빛들, 모든 길 위에 있는 피의 냇물들, 그리고 생존자들의 홀린 듯한 춤, 시체 주위를 맴도는 아직 손상되지 않은 자들의 춤!"[33] 자살은 징벌이 아니라 타인들의 죽음에 대한 화관(花冠)으로 나타난다. 항상 이것은 그저 모호한 담론, 이데올로기 문제일 뿐이며, 이데올로기 이외에는 아무 것도 아니라고 말할 수도 있을 것이다. 하지만 그것은 진실이 아니

33 Klaus Mann, *Mephisto*, Denoël, pp. 265～266[독어 원본 : *Mephisto*, Reinbek bei Hamburg, 1981, S.261～262. 불어본이 독어 원본과 다를 때에는 독어 원본을 따라 번역했다. 영역본 : *Mephisto*, trans. Robin Smith, New York : Random House, 1977, pp. 202～204]. 나치가 성공했을 때에도 이런 종류의 선언은 넘쳐났다. 괴벨스(Goebbels)의 저 유명한 공식들을 참고할 것. "히틀러가 움직여 가는 절대적 숙명성의 세계 속에서 선이건 악이건, 시간이건 공간이건 아무런 의미도 없으며, 다른 사람들이 성공이라고 부르는 것은 기준이 될 수 없다. (……) 히틀러는 파국으로 끝날 것 같다……"(*Hitler parle à ses généraux*, Paris : Albin Michel, 1964[이 구절은 *Hitlers Lagebesprechungen. Die Protokollfragmente seiner militärischen Konferenzen*, hirs. von Helmut Heiber, Stuttgart, 1962의 불어 번역판 서문에서 Jacques Benoist-Méchin이 쓴 글을 인용한 것이다]). 이 파국론은 상당한 만족, 선한 양심, 안락한 평온함과 화해될 수 있었다. 이것은 다른 맥락에서 어떤 자살적 성향의 사람들에게서도 볼 수 있는 것이다. 전체적인 파국의 관료제가 존재한다. 이탈리아 파시즘에 대해서는 특히 Maria-Antonietta Macciochi의 분석을 참고할 수 있다. "Sexualité féminine dans l'idéologie fasciste", *Tel Quel* n° 66, 1976 여름, pp. 26～42. 죽음의 여성적인 행렬, 비탄에 잠긴 미망인들과 어머니들의 장면화, "요람에서 무덤까지"라는 슬로건(mots d'ordre).

다. 파시즘에 대한 정치적 · 경제적 규정이 불충분성하다고 해서 거기에 애매모호한 소위 이데올로기적 규정들을 덧붙여야 할 필연성이 따라나오는 것은 아니다. 우리는 오히려 J. P. 파예의 분석을 따르고자 한다. 파예는 가장 불합리한 대화뿐만 아니라 정치적 대화, 경제적 대화 속에서 작용하는 나치의 언표들에 대한 정확한 형성 과정(formation)에 대해 자문했다. 나치적 언표 속에서 우리는 항상 <죽음 만세!>라는 "어리석고 혐오스런" 외침을 재발견한다. 심지어 군비 확장이 소비 증가를 대체하고, 생산 수단으로부터 순수한 파괴 수단으로 투자의 방향이 바뀌는 경제의 수준에서도 그러하다. 전체주의 국가라는 개념이 아니라 자살적 국가라는 개념으로 파시즘을 규정하는 폴 비릴리오의 분석은 우리가 보기에 아주 정당하다. 즉 거기에서 이른바 전면전은 국가의 사업이라기보다는 오히려 국가를 전유하는 전쟁 기계의 사업으로 나타나며, 국가 자체의 자살 이외에는 다른 어떤 출구도 없는 절대 전쟁의 흐름이 국가를 가로질러가게 한다. "실제로 한계도 목적도 없는, 현실적으로 알려지지 않은 물질적 과정의 시동. (……) 일단 시동이 걸리면, 그 메커니즘은 평화로 귀착될 수 없다. 간접적인 전략이 시간과 공간의 통상적인 범주 바깥에다 지배적 권력을 효과적으로 설치하기 때문이다. (……) 히틀러가 마침내 자신의 가장 확실한 통치 수단과 자신의 정치와 군사 전략의 정당화를 발견한 것은 결국 일상성의 공포와 일상성의 환경의 공포 속에서이다. 그리고 이것은 끝까지 간다. 왜냐하면 전면전에 따른 파괴, 공포, 범죄, 혼란은 히틀러의 권력의 혐오스러운 본성을 무너뜨리기는커녕 보통은 그 권력의 폭을 확대시킬 뿐이기 때문이다. 전문 제71호. 전쟁에 지면 나라도 망함. 이 속에서 히틀러는 자신의 노력과 적군의 노력을 연합해 자국민에 대한 파괴를 달성하려고 했는데, 이를 위해 자국에 남겨져 있던 최후의 자원, 민간용의 모든 비축물(음료수, 연료, 식량 등)을 없애버렸다. 이것은 당연한 귀결이었다…….”[34] 파시즘의 모든 분자적 초점들을 살아나게 하고, 그것들을 국가 장치 속에서 공명하게 하기보다는 전쟁 기계 속에서 상호 작용하게 한 것은 도주선이 이미 파괴의 선으로 역전되었기 때문이다. **전쟁 이외의 다른 목적을 갖지 않는 전쟁 기계.** 그리고 파괴를 정지시키기보다는 오히려 자신에게 봉사하는 것들을 소멸시키기를 수락한 전쟁 기계. 다른 선들의 모든 위험은 바로 이 위험에 비하면 아무 것도 아니다.

34 Paul Virilio, *L'insécurté du territoire*, 1장. 나치즘과 전체주의를 동일시하기는 하지만 한나 아렌트(Hannah Arendt)는 나치 지배의 원리를 이렇게 도출했다. “그들의 지배 관념은 국가나 단순한 폭력 장치에 의해 실현될 수 있었던 것이 아니라, 다만 부단히 운동하는 운동들에 의해서 실현될 수 있었다.” 그리고 심지어 전쟁 및 전쟁에서 질 위험이 가속 장치로서 개입한다(*Le système totalitaire*, Ed. du Seuil, pp. 49, 124sq., 140sq., 207sq.)[Hannah Arendt의 영어 원본 : *The Origins of Totalitairianism*, New York : Harcourt, Brace and World, 1966, pp. 325～326, 394ff., 410ff., 462ff. 독일어 개정본 : *Elemente und Ursprünge totaler Herrschaft*, 3 Bde., Frankfurt-Berlin-Wien, 1975].

10 1 7 3 0 년

강렬하게-되기, 동물-되기, 지각 불가능하게-되기

어느 관객의 회상 —『윌라드*Willard*』(1972년, 다니엘 만[Daniel Mann] 감독)라는 멋진 영화가 생각난다. 아마 B급 영화였을 것이다. 쥐들이 주인공이었기 때문에 흥행에는 실패했지만 아무튼 수작이었다. 내 기억이 반드시 정확하리라는 법은 없지만 대강 이런 줄거리였다. 윌라드는 권위적인 어머니와 둘이서 대대로 물려받은 낡은 집에서 살고 있다. 무섭고 오이디푸스적인 분위기이다. 어느 날 어머니가 그에게 이제 막 태어난 새끼 쥐들을 없애버리라고 명령한다. 하지만 윌라드는 한 마리(또는 두 마리, 또는 여러 마리)를 살려준다. 심한 말다툼 끝에 개를 "닮은" 어머니는 숨을 거둔다. 윌라드는 그 집을 탐낸 어느 상인으로 인해 집을 잃을 위기에 처한다. 윌라드는 그가 구해준 대장 쥐인 벤을 귀여워했는데, 벤은 놀랄만한 지혜를 발휘한다. 또 한 마리, 벤의 여자 친구인 흰색 암컷 쥐가 있다. 일에서 돌아온 윌라드는 언제나 이 두 마리 쥐와 놀며 시간을 보내곤 했다. 어느덧 쥐들은 순식간에 번식했다. 윌라드는 벤의 지휘 하에 쥐 무리를 이끌고 상인이 있는 곳으로 가서, 그를 잔인하게 죽이도록 하였다. 그러나 이 두 애완동물을 데리고 일하러 나갔던 윌라드는 한 순간의 부주의로 직원들이 흰쥐를 죽이는 것을 보고만 있어야 했다. 벤은 한동안 험상궂게 윌라드를 노려보고는 도망가 버린다. 여기서 윌라드는 자기 운명에서, 쥐 되기에 있어서 휴지기가 찾아왔음을 알게 된다. 윌라드는 필사적으로 인간의 세계에 머무르려고 한다. 그는 같은 직장에서 근무하는 한 아가씨의 구애를 받아들이는데, 이 여인은 쥐와 매우 "닮았으나" 그건 어디까지나 닮은 것에 지나지 않는다. 그러던 어느 날 윌라드가 이 아가씨를 초대해서 결혼하고 다시 오이디푸스화하려는 바로 그때 증오를 품고 나타난 벤을 다시 만난다. 윌라드는 벤을 쫓아내려 하지만 결국에는 여인을 쫓아 보내고 벤이 유인한 지하실로 내려가는데, 그곳에는 수많은 쥐 떼가 그를 갈기갈기 찢어놓으려고 그를 기다리고 있다. 이것은 그저 한편의 콩트로, 결코 불안을 야기하지 않는다.

여기에는 모든 것이 있다. 동물-되기. 그것은 닮음(=유사성)을 겪는 것으로는 만족하지 않는다. 닮음은 동물-되기에서는 오히려 장애물이나 정지가 될 뿐이다. — 분자-되기. 이것은 쥐들의 번식, 즉 무리와 더불어 존재하며, 가족, 직업, 혼인 같은 거대한 그램분자적 역량들을 잠식해 들어간다. — 불길한 선택. 무리 속에 "애완동물"이 있기 때문에. 또한 이 애완동물과의 일종의 결연 계약. 일종의 끔찍한 협정 — 전쟁 기계나 범죄 기계처럼 자기 파괴에까지 이를 수 있는 배치물의 설립. — 비인격적인 변용태들(=정서들)의 순환, 즉 하나의 교류. 이것은 주관적인 느낌들 같은 기표작용하는 기획들을 뒤흔들어 전복시키고 인간의 것이 아닌 성을 구성해낸다. — 저항할 수 없는 탈영토화. 그것은 오이디푸스, 혼인, 또는 직업과 관련된 재영토화 시도들을 사전에 무효로 만든다(오이디푸스적인 동물들이 있을까? 내 귀여운 강아지, 귀여운 고양이 등 우리가 "오이디푸스를 만들어내고" 가족을 구성할 수 있도록 해줄만한 오이디푸스적인 동물들이 있을까? 게다가 반대로 저항할 수 없는 생성으로 우리들을 이끌고 갈 다른 동물들이 있을까? 또는 다른 가설을 제시해보자면, 동일한 동물이 경우에 따라 두 가지 기능, 상반된 두 가지 운동을 취할 수 있을까?).

어느 박물학자의 회상 — 박물학의 주요 문제 중의 하나는 동물들 상호간의 관계를 생각하는 것이었다. 그것은 후일의 진화론, 즉 계보, 친족관계, 혈통, 계통 등의 용어로 규정되는 진화론과는 전혀 다른 것이다. 우리는 진화론이 진화는 꼭 계통에 의해 일어나지는 않는다는 생각에 도달하리라는 것을 알고 있다. 그러나 처음에 계보라는 모티프가 없었다면 진화론은 진행될 수 없었을 것이다. 반대로 박물학은 계보라는 모티프 또는 적어도 그 모티프의 결정적인 중요성을 몰랐다. 다윈 자신도 친족관계라는 진화론적 주제와 차이들이나 유사성들의 합(合)과 가치라는 박물학적 주제를 서로 독립적인 것으로 생각했다. 사실상 동일한 친족집단이더라도 선조와의 관계에 따라 아주 상이한 차이의 정도들을 가질 수 있다. 박물학은 무엇보다도 차이들의 합과 가치를 집중적으로 다루기 때문에 진보나 퇴행, 연속성과 대규모적인 단절은 생각해낼 수 있지만 본래적인 의미의 진화, 즉 변양의 정도들이 외부 조건에 좌우되는 혈통의 가능성은 생각해낼 수 없다. 박물학은 <A와 B 사이>처럼 관계들의 견지에서만 사고할 수 있을 뿐 <A에서 x로>처럼 생산의 견지에서는 사고할 수 없는 것이다.

그러나 매우 중요한 어떤 일이 일어나는 것은 바로 이 관계들의 층위에서이다. 왜냐하면 박물학은 동물들 상호간의 관계를 두 가지 방식으로, 즉 계열 아니면 구조로 파악하기 때문이다. 어떤 계열에 따라 나는 a는 b와 닮았고, b는 c와 닮았고, …… 라고 말하는데, 이 모든 항들 자체는 그 계열의 근거인 완전성이나 질이라는 단 하나의 탁월한 항과 다양한 정도로 관계를 맺고 있다. 신학자들이 <비율에 기반한 유비(analogie de proportion)>라고 부르는 것이 정확히 그것이다. 구조에 따라 나는 a와 b의 관계는 c와 d의 관계와 같다고 말하는데, 이 관계들 각각은 각자의 방식으로 나름의 완전성을 실현하고 있다. 예컨대 아가미와 수중 호흡 간의 관계는 폐와 대기 중 호흡의 관계와 같으며, 심장과 아가미의 관계는 심장의 부재와 기관(氣管)의 관계와 같다……. 이것이 <비율관계에 기반한 유비(analogie de proportionnalité)>이다. 첫번째 경우에서 나는 하나의 계열 전체를 따라 또는 하나의 계열에서 다른 계열에 걸쳐서 차이를 나타내는 유사성들을 가진다. 두번째 경우에서 나는 하나의 구조 내부에서 또는 하나의 구조에서 또 하나의 구조에 걸쳐 서로 유사하게 나타나는 차이들을 가진다. 유비의 첫번째 형식은 더 감각적이고 대중적이라고 간주되며, 상상력을 필요로 한다. 하지만 중요한 것은 근면한 상상력이다. 근면한 상상력을 통해 우리는 계열의 곁가지들을 고려하고, 외관성의 단절들을 보충하고, 가짜 유사성들을 몰아내고 진짜 유사성들을 점증시키며, 진보와 퇴행 또는 퇴보를 동시에 고려해야만 한다. 유비의 두번째 형식은 왕도로 간주될 수 있다. 왜냐하면 하나의 구조 안에서 조합 가능한 독립변수들을 발견하기도 하고, 각각의 구조 안에서 서로 연관되어 있는 상관항들을 발견하기도 함으로써 유비의 두번째 형식은 등가관계를 정하려는 지성(entendement)의 모든 원천을 필요로 하기 때문이다. 그러나 계열과 구조라는 이 두 가지 주제는 서로 아무리 다르더라도 박물학에서는 항상 공존해 왔으며, 외견상 모순되어 보여도 실제로는 어느 정도 안정적인 타협을 이루어 왔다.[1] 마찬가지로 유비의 두 가지 형태는 신학자들의 정신 속에서 다양한 평형상태를 유지하며 공존해 왔다. 왜냐하면 이렇게 보나 저렇게 보나 <자연>은 거대한 미메시스로 여겨졌기 때문이다. 한편으로 <자연>은 단계적인 닮음에 의해 계열의 모델과 근거로서 존재자들 모두가 모방의 대상으로 삼는 신이라는 최고항을 향해 나아가면서 진보적이거나 퇴행적으로 끊임없이 서로를 모방하는 존재자들의 사슬이라는

1 이러한 계열과 구조의 상보성, 그리고 진화론과의 차이에 대해서는 Henri Dandin, *Cuvier et Lamarck. Les classes zoologiques et l'idée de série animale* t. 2 de *Etudes d'historie des sciences naturelles*, Paris : Alcan, 1926 및 M. Foucault, *Les mots et les choses*의 5장을 참조할 것.

형식으로 고려된다. 다른 한편으로 <자연>은 이번엔 질서 잡힌 차이에 의해, 모든 것이 모방하는 모델 자체가 되기 때문에 더 이상 모방해야 할 그 무엇도 갖고 있지 않는 거울 속의 <모방>이라는 형식으로 고려된다(당시 생산-진화라는 관념을 불가능하게 했던 것은 이러한 모방적이거나 모방론적인 관점이었다.)

그런데 우리는 이 문제에서 조금도 벗어나 있지 않다. 관념들은 죽지 않는다. 그렇다고 단순히 의고주의라는 이름으로 살아남는 것도 아니다. 오히려 관념들은 어느 시점에 과학의 지위를 획득하다가도 다시 그것을 잃어버리거나 아니면 다른 학문들의 영역으로 옮겨갈 수 있었다. 따라서 관념들은 적용과 지위를 바꿀 수 있고, 심지어 형식과 내용도 바꿀 수 있지만 행보, 자리바꿈, 새로운 영역배분에 있어서 본질적인 것은 보전한다. 관념들은 항상 다시 사용된다. 그것들은 항상 사용되어 왔지만 극히 다른 현재적(actuels) 양태로 사용되었기 때문이다. 왜냐하면 한편으로 동물들 상호간의 관계는 과학의 대상일 뿐만 아니라 꿈의 대상, 상징(symbolisme)의 대상, 예술이나 시의 대상, 실천과 실천적 활용의 대상이기도 하기 때문이다. 다른 한편으로 동물 상호간의 관계는 인간과 동물, 남성과 여성, 어른과 아이, 인간과 원소들, 인간과 물리적 우주 및 미시-물리적 우주 등 여러 관계들 속에 놓여 있다. "계열-구조"라는 이중 관념은 어떤 시점에서는 과학의 문턱을 넘어가지만 그것은 과학에서 유래하는 것이 아니고 또 과학의 영역에만 머무는 것도 아니며, 또는 다른 학문들의 영역으로 옮겨가서 가령 꿈, 신화, 조직 등의 연구에 기여하기 위해 인간과학들을 고무시키기도 한다. 관념들의 역사는 결코 연속적이어서는 안 되며, 유사성뿐만 아니라 혈통이나 계통에 주의해야 하며, 그리하여 하나의 관념을 가로지르는 문턱들, 관념의 본성과 대상을 바꾸어버리는 관념의 여행들을 표시하는 것에 만족해야 한다. 이리하여 집단적 상상력이라는 관점 또는 사회적 지성이라는 관점에서, 동물들 상호간의 객체적 관계는 인간과 동물 간의 특정한 주체적 관계 속에 다시 놓이게 되었던 것이다.

융은 집단적 무의식으로서의 <원형> 이론을 만들어냈는데, 이 이론에서 동물은 꿈, 신화, 인간 집단에서 특히 중요한 역할을 하고 있다. 정확히 말해, 동물은 진보와 퇴행이라는 이중의 측면을 포괄하고 있는 계열로부터 떼어놓을 수 없으며, 이 계열에서는 각각의 항이 리비도를 변형시키는 역할을 한다(변신 또는 변형[metamorphose]). 꿈을 다루는 모든 방식이 여기로부터 나오는데, 왜냐하면 어지러운 이미지가 주어지면 그것을 그것의 원형적인 계열로 통합하는 것이 문제이기 때문이다. 이러한 계열에는 여성이나 남성, 또는 아이의 시퀀스뿐만 아니라 동물과 식물, 나아가 원소나 분자 상태의 시퀀스까지도 포함될 수 있다. 박물학에서와는 달리, 여기에서 계열의 우월한 항은 더 이상 인간이 아니다. 사자, 게, 맹금류, 이 등 하나의 동물이 특정한 행위나 기능과 관련해서, 무의식의 특정한 요구에 따라 인간에 대해 우월항이 될 수도 있는 것이다. 로트레아몽의 사방으로 가지가 뻗은 계열을 만들어내면서 바슐라르는 매우 아름다운 융(Jung)적인 책을 썼다. 여기서 그는 변신의 속도 계수와 각 항의 완전성의 정도를 계열의 원리인 순수한 공격성과 관련하여 살피고 있다. 뱀의 송곳니, 코뿔소의 뿔, 개의 이빨과 올빼미의 부리, 나아가 점점 더 높게는 매나 독수리의 발톱, 게의 집게, 이의 다리, 낙지의 빨판 등. 융의 모든 저서에서는 계열들과 그 항들, 그리고 특히 거기서 중심의 위치를 차지하고 있는 동물들이 자연-문화-자연의 전환 주기들을 보증하는 <비율에 기반한 유비>에 따라, 모든 미메시스가 자신의 그물망 안에 자연과 문화를 통합한다. 바로 이것이 "유비적 표상"으로서의 원형이다.[2)]

2 G. Jung, 특히 *Métamorphoses de l'âme et ses symboles*, Librairie de l'Université, Genève[독어 원본 : *Symbole der Wandlung*, Zürich 1952. 영역본 : *Symbols of Transformation*, trans. R. F.

상상력, 계열을 따라 유사성들을 설정하는 것, 모든 계열을 가로지르며 그것을 [마지막] 항으로까지 데려가는 모방, 이 마지막 항과 동일화하는 것 등이 갖는 명성을 구조주의가 그토록 강하게 규탄했던 것은 우연일까? 이 점과 관련해 토테미즘에 관한 레비-스트로스의 유명한 텍스트들만큼 명료한 것은 없다. 외적 유사성을 넘어서 **내적 상동성**[3)]으로 향하기. 상상적인 것의 계열적 조직화가 아니라 지성의 상징적 · 구조적 질서를 세우는 것이 중요하다. 유사성들을 점증시키고, 궁극적으로는 신비스러운 참여의 한가운데서 <인간>과 <동물>의 동일화에 도달하는 것은 중요하지 않다. 차이들을 정돈해서 관계들의 일치에 이를 수 있도록 하는 것이 중요한 것이다. 왜냐하면 동물은 나름대로 변별적 관계나 종차의 대립에 따라 분배되며, 마찬가지로 인간은 해당 집단에 따라 분배되기 때문이다. 토템 제도 하에서는 특정한 인간 집단이 특정한 동물 종과 동일화된다고는 말할 수 없으나 집단 A와 집단 B의 관계는 종 A´와 종 B´의 관계와 동일하다고 말할 수는 있다. 이러한 방법은 앞의 방법과는 근본적으로 다르다. 즉 각각 독자적인 동물 토템을 가진 두 인간 집단이 있는 경우, 어떤 점에서 두 토템은 두 집단 간의 관계와 유비적인 관계를 맺을 수 있는지를, 가령 까마귀와 매의 관계는 어떤지를 규명해야 하는 것이다.

이러한 방법은 어른과 아이, 남성과 여성 등 다른 여러 관계에도 똑같이 적용된다. 예컨대 전사와 소녀가 아주 놀라운 방식으로 관계를 맺는 경우, 양자를 이어주는 상상적인 계열을 만들지 않도록 주의해야 하며, 오히려 관계들의 등가성을 유효하게 해주는 항을 찾아내야 한다.

C. Hull, New York : Harper, 1962]를 참조할 것. 또 Bachelard, *Lautréamont*, Paris : Librairie José Corti, 1939도 함께 참조할 것.

3 C. Lévi-Strauss, *Le totémisme aujourd'hui*, P.U.F., p. 112[독역본 : *Das Ende des Totemismus*, übers. von Hans Naumann, Frankfurt, 1965, S. 102. 영역본 : *Totemism*, trans. Rodney Needham, Boston : Beacon Press, 1963, p. 78].

따라서 베르낭은 결혼과 여성의 관계는 전쟁과 남성의 관계와 같다고 말할 수 있었던 것이고, 이로부터 결혼을 거부하는 처녀와 소녀로 변장하는 전사 간에 일종의 상동성이 성립한다.[4] 요컨대 상징에서의 지성은 비율에 기반한 유비를 비율관계에 기반한 유비로, 한 유사성들의 계열화를 차이들의 구조화로, 항들의 동일화를 관계들의 동등성으로, 상상력의 변신(métamorphoses)을 개념 내부에서의 은유(métaphores)로, 자연-문화의 거대한 연속성을 자연과 문화 간에 유사성 없는 대응 관계를 배분하는 깊은 단층으로, 나아가 기원적 모델의 모방을 모델 없는 최초의 미메시스 그 자체로 대신한다. 결코 인간이 "나는 황소다, 나는 늑대다……"라고 말할 수 있었던 적은 없었으나, 이렇게는 말할 수 있었다. 즉 나와 여성의 관계는 수소와 암소의 관계와 같고, 나와 다른 남자의 관계는 늑대와 어린양의 관계와 같다고. 구조주의는 커다란 혁명이었다. 구조주의에 와서 모든 세계가 훨씬 더 합리적인 것이 되었다. 계열과 구조라는 두 모델을 검토하면서 레비-스트로스는 진정한 분류 방법이라는 이유로 후자를 크게 칭찬하는 데 만족하지 못하고 전자를 어두운 희생의 영역으로 추방하며, 환상과 몰상식이라고 단정한 바 있다. 희생이라는 계열적 주제는 본래적 의미의 토템 제도라는 구조적 주제에 자리를 양보해야만 한다. 하지만 그런데도 불구하고 박물학의 경우와 마찬가지로 여기에서도 여전히 원형적 계열과 상징적 구조 간에는 많은 타협이 이루어지고 있다.[5]

4 Jean-Pierre Vernant, in *Problèmes de la guerre en Grèce ancienne*, Den Haag : Mouton, 1968, pp. 15~16.

5 희생의 계열과 토템적 구조 간의 대립에 대해서는 Lévi-Strauss, *La pansée sauvage*, Plon, pp. 295~302[독역본 : *Das wilde Denken*, übers. von H. Naumann, Frankfurt, 1973, S. 258~263. 영역본 : *The Savage Mind*, Chicago : University of Chicago Press, 1966, pp. 223~228]를 참고할 것. 하지만 계열에 대해 준엄한 비판을 가하고 있음에도 불구하고 레비-스트로스는 계열과 구조라는 두 테마의 타협을 인정한다. 구조 자체는 친근성에 대한 극히 구체적인

어느 베르그송주의자의 회상 — 앞서 말한 것 중 엄밀함을 유지하려는 우리의 관점을 충족시켜주는 것은 하나도 없다. 우리는 인간을 가로지르면서도 인간을 포함하는, 그리고 동물뿐 아니라 인간도 변용시키는 아주 특수한 "동물-되기"가 존재한다고 믿는다. "1730년부터 1735년까지 세상은 온통 흡혈귀 이야기로 가득 차 있었다……." 하지만 구조주의는 이러한 생성들을 해명하고 있지 않다. 왜냐하면 구조주의는 생성을 부정하거나 적어도 생성이 존재한다는 것을 평가절하하기 위해 만들어졌기 때문이다. 관계들의 대응은 생성을 만들어내지 않는 것이다. 그래서 한 사회를 모든 방향으로 관통하는 그런 생성들과 마주칠 때 구조주의는 그것에서 참된 질서에 등을 돌리고 통시성의 모험들을 다시 세우는 퇴락의 현상을 보는 것이다. 하지만 레비-스트로스도 신화 연구 과정에서는 동물이 무언가가 되는 동시에 인간이 동물로 되는 신속한 행위들에 끊임없이 직면했다(그러나 동물은 무엇이 되는 것일까? 인간이 되는 것일까 아니면 다른 어떤 것이 되는 것일까?). 이러한 생성의 블록들을 두 관계들의 대응에 의해 설명하려는 시도는 항상 가능하겠지만 분명 그것은 관찰되는 현상을 빈약하게 만들어버린다. 분류틀로서의 신화는 차라리 단편적인 이야기들과 같은 이러한 생성들을 거의 등록할 수 없다는 것을 인정해야 하지 않을까? 오히려 "아노미" 현상들이 모든 사회를 관통하고 있다는 뒤비뇨의 가설을 신뢰해야 하지 않을까? 그에 따르면 이러한 현상들은 신화적 질서의 퇴락이 아니라 환원불가능한 다이나미즘인데, 이 다이나미즘은 도주선들을 그리며

느낌을 내포하고 있으며(pp. 51~52[독역본 : S. 44~45. 영역본 : pp. 37~38]), 구조는 관계들의 상동성을 조직해나가는 두 계열 위에서 수립되는 것이다. 특히 "역사의 생성"은 이런 상동성을 항들의 유사성과 동일화로 대체하는 복잡화나 퇴락을 야기할 수 있다. pp. 152[독역본 : S. 171. 영역본 : pp. 115] 이하 및 레비-스트로스가 "토테미즘의 이면"이라고 부르는 것을 참고할 것.

신화의 형식들과는 다른 표현의 형식들을 내포하고 있다(물론 이처럼 다른 형식들을 정지시키기 위해 포섭하는 것이긴 하지만 말이다).[6] 희생과 계열이라는 모델과 토템 제도와 구조라는 모델 옆에는 아직도 무언가 다른 것, 즉 좀더 비밀스럽고 좀더 지하적인 무언가를 위한 자리가 있지 않을까? 더 이상 신화나 의례에서는 표현되지 않지만 설화들에서 표현되는 마법사와 생성들을 위한 자리가?

되기(=생성)는 결코 관계 상호간의 대응이 아니다. 그렇다고 해서 유사성도, 모방도, 더욱이 동일화도 아니다. 계열에 대한 구조주의의 모든 비판은 피할 수 없는 것 같다. 그러나 생성한다는 것은 계열을 따라 진보하는 것도 아니고 퇴행하는 것도 아니다. 그리고 특히 되기는 상상 속에서 일어나는 것이 아니다. 예컨대 융이나 바슐라르에서처럼 이 상상력이 최고도의 우주적인 또는 역학적인 수준에 도달하더라도 마찬가지다. 동물-되기는 꿈이 아니며 환상도 아니다. 되기는 완전히 실재적이다. 그러나 어떤 실재성이 문제가 되고 있는가? 왜냐하면 동물 되기라는 것이 동물을 흉내내거나 모방하는 것이 아니라 하더라도, 인간이 "실제로" 동물이 될 수는 없으며 동물 또한 "실제로" 다른 무엇이 될 수 없다는 것 또한 분명하기 때문이다. 이 되기는 자기 자신 외에는 아무 것도 생산하지 않는다. 무엇인가를 모방하든지 아니면 그저 그대로 있든지 중에서 어느 한쪽을 선택하라는 것은 잘못된 양자택일이다. 실제적인 것은 생성 그 자체, 생성의 블록이지 생성하는 자(celui qui devient)가 이행해 가는, 고정된 것으로 상정된 몇 개의 항이 아니다. 되기는 되어진 동물에 해당하는 항이 없더라도 동물 되기로 규정될 수 있고 또 그렇게 규정되어야 한다. 인간의 동물-되기는 인간이 변해서 되는 동물이 실재하지 않더라도 실제적이다. 이와 마찬가지로

6 Jean Duvignaud, *L'anomie. Hérési et Subversion*, Paris : Ed. Anthropos, 1973 참조.

동물의 <다른 무엇 되기>는 이 다른 무엇이 실재하지 않더라도 실제적이다. 따라서 아래와 같은 사실을 설명할 필요가 있다. 즉, 되기에는 자기 자신과 구별되는 주체가 없는 것은 어째서일까? 그리고 되기는 왜 항을 갖지 않을까? 왜냐하면 이 항은 나름대로는 그것의 주체이고 그것과 공존하며 그것과 블록을 이루는 다르게 되기 속에서만 포착되기 때문이다. 바로 이것이 되기에 고유한 현실 원칙이다("우리들의 지속"보다 우월하거나 열등한, 서로 소통하는 온갖 상이한 "지속들"의 공존이라는 베르그송의 생각).

결국 되기는 진화, 적어도 혈통이나 계통에 의한 진화는 아니다. 되기는 계통을 통해 아무 것도 생산하지 않는데, 모든 계통은 상상적인 것이기 때문이다. 되기는 항상 계통과는 다른 질서에 속해 있다. 되기는 결연(alliance)과 관계된다. 만일 진화가 참된 생성들을 포함한다면, 그것은 어떠한 가능한 계통도 없이, 전혀 다른 생물계와 등급에 있는 존재자들을 이용하는 **공생**이라는 광활한 영역에서이다. 말벌과 서양란을 취하는 생성의 블록이 있다고 해보자. 하지만 여기서 어떠한 말벌-서양란도 자손을 낳을 수 없다. 고양이와 비비를 취하는 생성의 블록이 있을 경우, 여기서는 C형 바이러스가 결연을 이루어낸다. 미숙한 뿌리와 특정한 미생물 사이에서 생성의 블록이 있을 경우, 여기서는 잎에서 합성된 유기질 결연을 만들어낸다. 리좀권. 신-진화론이 독창성을 주장해 올 수 있던 것은 부분적으로는 진화가 덜 분화한 것에서 더 분화한 것으로 나아가지 않으며, 오히려 소통되고 전염되기 위해 유전적인 계통적 진화이기를 그치는 이런 현상들과 관련해서이다. 따라서 우리들로서는 이처럼 이질적인 것들 간에 나타나는 진화 형태를 "역행(involution)"이라고 부르고 싶은데, 단 이 역행을 퇴행과 혼동해서는 안된다. 되기는 역행적이며, 이 역행은 창조적이다. 퇴행한다는 것은 덜 분화된 것으로 향해 가는 것이다. 그러나 역행한다는 것은 자신의 고유한 선을 따라, 주어진 여러 항들 "사이에서", 할당 가능한 관계를 맺으면서 전개되는 하나의 블록을 형성하는 일을 가리킨다.

신-진화론은 우리에게 다음 두 가지 이유에서 중요하게 보인다. 우선 동물은 (종, 속 등과 같은) 특징에 의해 규정되는 것이 아니라 이 환경 저 환경마다, 또는 동일한 환경 내에서 가변적인 개체군들에 의해 규정된다. 또한 운동은 오직 또는 주로 계통적 생산을 통해 일어나는 것이 아니라 서로 이질적인 개체군들 사이를 가로지르는 소통을 통해 일어난다. 되기는 리좀이지 결코 분류용 수형도나 계통수가 아니다. 되기는 결코 모방하기도, 동일화하기도 아니다. 그것은 또한 퇴행하기-진보하기도 아니다. 또한 그것은 대응하기도 아니고 대응 관계를 설립하기도 아니다. 또한 그것은 생산하기, 즉 계통을 생산하기, 계통을 통해 생산하기도 아니다. 되기는 자기 나름의 고름을 갖고 있는 하나의 동사이다. 그것은 "……처럼 보이다", "…… 이다", "……와 마찬가지이다", "생산하다" 등으로 귀착되지 않으며 우리를 그리로 귀착시키지도 않는다.

어느 마법사의 회상 1 — 동물-되기에는 언제나 무리가, 패거리가, 개체군이, 서식이, 한마디로 말해 다양체가 관련된다. 우리 마법사들은 항상 그것을 알고 있었다. 이와는 아주 다른, 서로 크게 다른 다양한 입장에서는 동물에 관해 얼마든지 다르게 생각할 수도 있다. 가령 동물에서 종과 속, 형태와 기능 등 몇몇 특성들을 부여하거나 추출해낼 수 있을 것이다. 사회와 국가는 인간을 분류하기 위해 동물의 특성들을 필요로 하며, 박물학과 과학은 동물들 자체를 분류하기 위해 특성들을 필요로 한다. 계열론(sérialisme)과 구조주의도 때로는 유사성에 따라 특성들을 단계별로 나누고 때로는 차이에 따라 그것들에 질서를 부여한다. 동물의 특성들은 신화적인 것일 수도 있고 과학적인 것일 수도 있다. 그러나 우리는 그러한 특성들에는 흥미가 없으며, 오히려 팽창, 전파, 점유, 전염, 서식의 양태에 흥미를 갖고 있다. 나는 군단이다. 늑대 인간은 그를 바라보는 여러 마리 늑대에 매혹된다. 늑대가 한 마리만 있다고 해서 도대체 무엇이 문제란 말인가? 또한 고래가, 이가, 쥐가, 파리가 한 마리만 있다고 해서? 베엘제불[7]은 악마지만, 파리 떼의 두목으로서 악마이다. 늑대는 무엇보다 하나 또는 몇몇 특성이 아니라 늑대 무리이며, 이(虱)는 이 무리…… 이다. 외침의 상대이거나 외침의 증인인 개체군과 아무 관계가 없다면, 외침이란 도대체 무엇일까? 버지니아 울프는 자신이 접촉하는 사람들과의 다양한 생성의 관계에 따라 한 마리 원숭이나 한 마리 물고기가 아니라 원숭이 무리, 물고기 떼로 자신을 체험한다. 우리는 어떤 동물들은 무리를 이루어 살고 있다고 말하려는 것은 아니다. 또 우리는 무리는 열등하고 사회는 우월하다는 로렌츠(Lorentz) 류의 우스꽝스러운 진화론적 분류법에 동감할 의향도 없다. 우리가 말하는 것은, 모든 동물은 일차적으로 패거리이며 무리라는 점이다. 모든 동물은 특성들보다는 무리의 양태들을 갖고 있다. 이 양태들의 내부에 구별이 존재하기는 하지만 말이다. 그런데 바로 이 지점에서 인간은 동물과 관계를 맺는다. 따라서 무리에 대한, 다양체에 대한 매혹이 없다면 우리는 동물이 되지 못한다. 바깥의 매혹일까? 아니면 우리를 매혹시키는 다양체가 우리 안쪽에 머물고 있는 하나의 다양체와 이미 관련을 맺고 있는 것일까? 「은빛 열쇠의 문을 넘어서」라는 걸작에서 러브크래프트는 랜돌프 카터의 이야기를 들려주는데, 이 자는 자기의 "자아"가 요동친다고 생각하며 소멸의 공포보다도 더 큰

7 [Belzébuth(Beelzebub이라고도 함)은 복음서에 나오는 귀신의 왕. 이 단어의 의미는 명확하지 않으나 '바알'은 셈족의 신들에 대한 공통 칭호이고, '즈붑'은 '파리떼'라는 뜻에서 나왔으므로 바알즈붑은 '파리떼의 왕'이라는 뜻이 된다. '베엘즈붑'이란 형태는 '불가타 성서'에서 나왔으며, 그리스어 원문에는 베엘제불로 표기되었다]

공포를 인식한다. "인간 형태와 비인간적 형태, 척추동물 형태와 무척추동물 형태, 의식이 있는 것과 의식이 없는 것, 동물 형태와 식물 형태를 지닌 여러 명의 카터들. 나아가 이 지구상의 생명과는 전혀 공통된 부분이 없이 다른 행성들, 태양계, 은하계, 우주적 연속체 등을 배경으로 난폭하게 움직이는 카터들이 있었다. (……) 무와 병합되는 것은 평화로운 망각이다. 하지만 실존을 의식하는 것, 그러면서도 우리 자신이 다른 존재들과 구별되고" 우리를 가로질러 달려가는 모든 생성들과 구별되는 "명확한 존재가 아님을 아는 것은 고통과 공포의 이름 붙일 수 없는 정점이다."[8] 호프만슈탈 또는 차라리 찬도스 경(lord Chandos)은 고통 속에서 죽어가는 "쥐 떼"들 앞에서 매혹 상태에 빠진다. 그리고 그의 안에서, 그를 가로질러서, 동요하는 그의 자아의 틈들 속에서 "동물의 혼이 괴물 같은 운명에 이를 드러낸다." 이것은 연민이 아니라 반자연적 관여이다.[9] 이때 그의 안에서 이상한 명령이 탄생한다. 글쓰기를 중단하든지 쥐처럼 써라……. 작가가 마법사라면, 그것은 글쓰기가 하나의 되기이기 때문이며, 글쓰기가 작가-되기가 아닌 쥐-되기, 곤충-되기, 늑대-되기 등 이상한 되기에 의해 횡단되기 때문이다. 그 이유를 말해야만 할 것이다. 작가들의 자살은 많은 경우 이러한 반자연적 관여, 이러한 반자연적 결혼에 의해 설명된다. 작가가 마법사인 까닭은, 동물을 자신이 권리상 그 앞에서 책임을 져야 하는 유일한 개체군으로 체험하기 때문이다. 독일의 전-낭만주의 작가 모리츠는 죽어가는

8 [H. P. Lovecraft, "Through the Gates of the Silver Key", in *The Dream-Quest of Unknown Kadath*, New York : Ballantine Books, 1970, p. 191~192. 독역본 : "Durch die Tore des Silberschlüssels", in *Die Katzen von Ulthar*, übers. von Michael Walter, Frankfurt, 1980, S. 178]

9 Hugo von Hofmannsthal. *Lettres du voyageur à son retour*, tr. Jean-Claude Schneider, Paris : Mercure de France, 1969[독어 원본 : "Ein Brief", [Lord Chandos-Brief], *Gesammelte Werke, Prosa II*, Frankfurt, 1951, S. 16~17].

송아지들에 대해서가 아니라 죽어가는 송아지들 앞에서, 자신에게 미지의 <자연>에 대한 믿을 수 없는 느낌 — 즉 **변용태** — 을 주는 송아지들 앞에서 책임감을 느낀다.[10] 왜냐하면 변용태란 개인적인 느낌(=감정)도 아니고 어떤 특성도 아니며, 오히려 자아를 고무하고 동요시키는 무리의 역량의 실행이기 때문이다. 한 순간이긴 하지만 자아를 인류로부터 분리시키고, 설치류처럼 빵 조각을 긁어대도록 만들고, 고양이의 노란 눈깔을 갖게 만드는 그런 동물적 시퀀스의 폭력을 모를 사람이 누가 있겠는가? 전대미문의 생성으로 우리를 내모는 저 놀라운 "역행." 하지만 이것은 결코 퇴행이 아니다. 퇴행의 조가리들, 퇴행의 시퀀스들이 거기에 합류한다 하더라도.

세 종류의 동물을 구별해야만 할 것이다. 우선 개체화되고 가족처럼 친숙하고 감상적인 동물. "우리" 고양이, "우리" 개 등 작은 이야기를 갖고 있는 오이디푸스적인 동물. 이런 이야기는 우리를 퇴행으로 초대하고 나르시스적 관조로 이끌고 가는데, 정신분석은 이러한 동물밖에 이해하지 못하며, 그럼으로써 기껏해야 그 근저에서 아빠, 엄마, 남동생의 이미지를 찾아낼 뿐이다(정신분석이 동물들에 관해 이야기할 때 동물들은 웃음을 배운다). **고양이나 개를 사랑하는 자들은 하나같이 머저리라는 것이다.** 두번째로는 특성 또는 속성을 가진 동물, 유(類), 분류, 국가에 속하는 동물이 있다. 주로 위대한 신들의 신화에 등장하는 이들 동물로부터 계열이나 구조, 원형이나 모델이 추출되기도 한다(따라서 어쨌건 프로이트보다는 융이 심오하다). 마지막으로 악마적이고, 무리들과 변용태들을 지닌 동물들이 있는데, 이들은 다양체, 생성, 개체군,

10 J. G. Baillly, *Anton Reiser*(extracts) in *La légende dispersée. anthologie du romantisme allemand*, Paris : Union Générale d'Editions, 1976, 10～18, p. 36～43[독어 원본 : Karl Philipp Moritz, "Anton Reiser", in Werke in zwei Bänden, Bd. 2, Berlin und Weimar, 1976, S. 244～247] 참조.

콩트 등을 만든다. 또는 한번 더, 모든 동물들이 이 세 가지 방식으로 취급될 수는 없을까? 가령 이나 치타나 코끼리 등 어떤 동물이든지 친숙한 동물, 내 귀여운 짐승으로 취급될 가능성은 언제나 존재하는 것이다. 그리고 다른 극단에서, 어떤 동물이건 무리와 번식의 양태에 따라 처리될 수도 있으며, 이것이 우리 마법사들에게는 더 마음에 든다. 심지어 고양이나 개 등도 그렇게 될 수 있다. 그리고 목동이나 조련사, 악마도 지금 우리가 논의하고 있는 것과는 전혀 다른 방식으로 무리 속에 애완동물을 갖고 있을 수 있다. 그렇다, 모든 동물은 무리이거나 또는 무리일 수 있다. 그러나 다양한 적성(vocation)의 정도에 따라 무리가 달라지며, 따라서 적성의 정도에 따라 동물이 현실적으로건 잠재적으로건 포함하고 있는 다양체를, 다양체의 농도를 발견하는 것이 쉬워지거나 어려워진다. 떼, 패거리, 떼거리, 개체군 등은 열등한 사회적 형태가 아니다. 그것들은 변용태요 역량이요 역행이며, 인간이 동물과 더불어 행하는 생성 못지않게 강력한 생성 안에서 모든 동물을 포착한다.

엄청난 박식으로 유명한 보르헤스도 적어도 두 권의 책은 실패했다. 제목만 근사했을 뿐이다. 우선 『오욕의 세계사』가 있다. 이 책은 마법사가 기만과 배반 사이에서 만들어내는 초보적인 차이를 보지 못했다(이미 동물-되기가 존재하고 있으며, 당연히 배반의 쪽에 있다). 두번째로 『환상 동물학 사전』이 있다. 이 책은 신화를 잡다하고 싱거운 이미지로 만들고 있을 뿐만 아니라 무리의 문제들을 모두 제거하고 있으며, 인간에 관해서는 그에 상응하는 동물-되기 문제들을 모두 제거하고 있다. "우리는 이 사전에서 인간, 로비존, 늑대 인간의 변형에 관한 전설을 일부러 제외할 생각이다."[11] 보르헤스는 특성들에만 관심이 있

11 [Jorge Luis Borges and Margarita Guerrero, *Manual de zoologia fantástica*, Mexico City : Fondo de Cultura Económica, 1957, p. 9. 독역본 : *Universalgeschichte der Niedertracht*,

다. 설사 지극히 환상적인 특성들이라 할지라도 말이다. 반면 마법사들은, 늑대 인간들은 패거리이며 흡혈귀들도 패거리라는 것을, 또 이 패거리들은 서로 간에 변형된다는 것을 알고 있다. 그러나 동물이 패거리나 무리라는 것은 정확히 무엇을 의미하는 것일까? 패거리는 특정한 성격들의 재생산으로 우리들을 이끄는 계통 관계를 함축하고 있지 않는가? 계통 관계나 유전적 생산이 없는 서식, 전파, 생성을 어떻게 착상해 볼 수 있을까? 단일한 조상이 없는 다양체는? 그것은 아주 단순하며 누구나 다 알고 있지만, 사람들은 비밀리에 말할 뿐이다. 우리들은 계통 관계와 전염병을, 유전과 전염을, 유성 생식이나 성적 생산과 전염을 통한 서식을 대립시킨다. 인간 패거리이건 동물 패거리이건 하여간 패거리들은 모두 전염, 전염병, 전쟁터, 파국과 더불어 증식한다. 이들은 스스로를 재생산하지 않지만 그러나 매번 다시 시작하면서 영토를 얻어가는 성적 결합에서 태어난 그 자체로는 생식 능력이 없는 잡종들과 같다. 반자연적 관여들, 반자연적 결혼들은 모든 왕국을 가로지르는 참된 <자연>이다. 전염병이나 전염에 의한 전파는 유전에 의한 계통 관계와는 아무런 관계도 없다. 이 두 주제가 서로 섞이고 서로 상대를 필요로 하기는 하지만 말이다. 흡혈귀는 계통적으로 자식을 낳는 것이 아니라 전염되어 가는 것이다. 전염이나 전염병은 예컨대 인간, 동물, 박테리아, 바이러스, 분자, 미생물 등 완전히 이질적인 항들을 작동시킨다는 점에서 차이가 난다. 또는 송로(松露)의 경우에서처럼, 나무와 파리 그리고 돼지가 있다.[12] 발생적이지도 구조적이지도 않은 조합

München, 1972 및 *Einhorn, Sphinx und Salmander — Ein Handbuch der phantastischen Zoologie*, übers. von Ulla de Herrera, München, 1964, S. 7. 영역본 : *A Universal History of Infamy*, trans. Norman Thomas di Giovanni, New York : Dutton, 1972. 로비존(lobizón)은 우루과이 민담에 나오는 환상적인 존재로, 수많은 모습으로 변신한다고 한다.]

12 [송로는 예로부터 맛있는 식품으로 알려져 있는 버섯의 일종이다. 송로는 석회질 토양의 산림에서 잘 자라는데 이들은 부생식물로서 나무의 뿌리와 상호공생 관계를 맺는

들, 계들 간의 교류(inter-règnes), 반자연적 관여들. 하지만 <자연>은 이런 식으로만, 자기 자신에 반해서만 진행한다. 우리는 계통적 생산이나 유전적 재생산과는 멀리 떨어져 있다. 이것들에서는 동일한 종 내에서의 성(性)의 단순한 이원성과 여러 세대에 걸친 작은 변화들만이 차이로서 유지될 뿐이다. 이와 반대로 우리들의 입장에서는, 공생하고 있는 항들만큼이나 많은 성들이 있으며, 전염 과정에 개입하는 요소들만큼이나 많은 차이들이 존재한다. 우리는 수많은 것들이 남성과 여성 사이를 지나간다는 것을 알고 있다. 이것들은 바람을 타고 다른 세계에서 오며, 뿌리들 주변에서 리좀을 형성하고, 생산이 아닌 오직 생성의 견지에서만 자신을 이해되게 한다. 우주는 계통 관계에 따라 기능하지 않는다. 따라서 우리는 이렇게 말할 수 있을 뿐이다. 즉, 동물은 무리이며, 무리는 전염에 의해 형성되고 발전하며 변형된다고.

이질적인 항들을 갖고 있으며 전염에 의해 공동-기능하는 이 다양체들은 일정한 **배치물들** 속으로 들어간다. 그리고 바로 여기서 인간의 동물-되기가 이루어지는 것이다. 하지만 우리의 가장 깊은 곳에서 꿈틀거리고 있는 이 어두운 배치들을 가족 제도나 국가 장치 같은 조직들과 결코 혼동해서는 안 된다. 수렵 집단, 전투 집단, 비밀 결사, 범죄 결사 등의 다양한 모임(sociétés)을 들 수 있을 것이다. 동물-되기는 이러한 모임에 특유한 것이다. 이 속에서 가족 유형의 계통 체제, 국가나 전-국가적 유형의 분류와 귀속 양태, 나아가 종교적 유형의 계열 수립을 찾으려고 해서는 안 된다. 겉으로 어떻게 보이건 또 얼마나 혼동되건, 여기서 신화들은 기원의 영토도 적용 지점도 갖고 있지 않다. 그것

다. 송로는 땅속 깊이 30㎝에서 자라기 때문에 참나무로 송로를 찾을 수 있다. 지표면 근처에서 자라는 송로는 완전히 자라면 균열되는데 숙련된 채집가들만이 이것을 찾을 수 있다. 뿐만 아니라 아침과 저녁에 작고 노란색의 파리 떼들이 송로의 군체 위로 나는 것을 볼 수 있어 그 근처에 송로가 있음을 알 수 있지만, 송로 채집은 일반적으로 훈련된 돼지나 개들이 냄새를 맡아 행해진다]

들은 콩트들, 또는 생성의 이야기들과 언표들이다. 무리들은 낮은 곳에 있으며 나중에는 가족과 국가의 사회들에 의해 대체된다는 식의 환상에 기반한 진화론의 관점에서 동물의 집단성마저도 위계화하는 것 역시 불합리한 일이다. 반대로 [무리들과 사회들 사이에는] 본성상의 차이가 있다. 무리의 기원은 가족이나 국가의 기원과는 전혀 다르다. 무리는 [가족이나 국가와는] 전혀 다른 내용의 형식과 표현의 형식으로 끊임없이 가족이나 국가를 아래쪽에서 작동시키고 바깥쪽에서 교란시킨다. 무리는 동물의 실재인 동시에 인간의 동물-되기의 실재이다. 전염은 동물의 서식인 동시에 인간의 동물적 서식의 전파이다. 수렵 기계, 전쟁 기계, 범죄 기계는 결코 신화, 나아가 토테미즘 속에서는 언표되지 않는 온갖 종류의 동물-되기를 초래한다. 뒤메질은 어떻게 그러한 생성들이 본질적으로 전사에 귀속되는지를, 그리고 전사가 가족과 국가의 외부에 존재하고 계통과 분류를 전복시키는 경우에만 그렇다는 것을 보여주었다. 전쟁 기계는 항상 국가 외부에 존재한다. 심지어 국가가 이 기계를 이용하고 이 기계를 전유한다 할지라도. 전사는 다양체, 신속함, 편재, 변신과 배반, 변용 역량을 내포하는 온갖 생성을 지닌 늑대-인간들, 곰-인간들, 야수-인간들, 온갖 동물 인간들, 비밀 협회들이 전쟁터를 활기 있게 만드는 것이다. 그러나 전쟁에서 인간을 섬기고 또는 인간을 따르고 인간에게 이익을 주는 동물들의 무리도 존재한다. 그리고 이 모든 것이 전염을 널리 퍼트려 가는 것이다.[13] 인간의 동물

13 전사에 관해, 또 국가, 가족, 종교에 대한 전사의 외부적 위치, 전사가 겪게 되는 동물-되기, 야수-되기에 대해서는 뒤메질을 보라. 특히 *Mythes et dieux des Germains*, Paris : E. Leuoux, 1939; *Horace et les Curiaces*, Paris : Gallimard, 1942); *Heur et malheur du guerrie*[독역본 : *Aspekte der Kriegerfunktionen bei den Indogermanen*, übers. von Inge Körb, Darmstadt, 1964. 영역본 : *The Destiny of the Warrior*, trans. Alf Hiltebeital, Chicago : University of Chicago Press, 1970]; *Mythe et épopée*, Paris : Gallimard, 1968~1973, t. II를 참조할 것. 또 블랙 아프리카에서 찾아볼 수 있는 표범-인간들의 결사에 대한 연구들도 참고할 수 있을 것이다. 이러한 결사들은 전투 동지회에 기원을 갖고 있을 듯하다. 하지만 식민지 국가가 부

-되기, 동물들의 무리, 코끼리와 쥐, 바람과 폭풍, 전염을 퍼뜨리는 박테리아 등 복합적인 집합체가 존재한다. 하나의 동일한 광란(Furor). 세균전을 행하기 이전에도, 전쟁은 이미 동물학적 시퀀스들을 포함하고 있었다. 바로 전쟁, 기근, 전염병과 더불어 늑대 인간들과 흡혈귀들이 번식하는 것이다. 어떤 동물이라도 이 무리들에, 그리고 그에 상응하는 생성들에 휩쓸릴 수 있다. 전쟁터에 고양이들의 모습이 보인 적도 있고, 고양이가 군대의 일원이었던 적도 있다. 그렇기 때문에 동물의 종류들을 구분하기보다는 오히려 동물이 가족 제도, 국가 장치, 전쟁 기계 등에 통합될 수 있는 상이한 상태들을 구분해야만 하는 것이다(그러면 글쓰기 기계나 음악 기계는 동물-되기와 어떤 관계가 있을까?).

어느 마법사의 회상 2 — 우리의 첫번째 원리는 이러했다. 즉 무리와 전염, 무리의 전염, 바로 그것을 통해 동물-되기가 일어난다. 그러나 두번째 원리는 이와 정반대 이야기를 하는 것처럼 보인다. 즉 다양체가 있는 곳에는 반드시 예외적인 개체가 있기 마련이며, 동물-되기를 위해서는 반드시 그와 결연을 맺어야만 한다. 한 마리만의 늑대 따위는 있을 수 없으며, 패거리의 우두머리, 무리의 장(長), 아니면 지금은 혼자 살고 있는 쫓겨난 옛 우두머리가 존재하며, <은자> 또는 <악마>가 존재한다. 윌라드는 애완동물 — 벤이라는 쥐 — 을 갖고 있어, 사랑에서 증오로 바뀐 일종의 결연 속에서 이 쥐와 관계를 맺음으로써

족 전쟁을 금지하자 그 결사들은 범죄 결사로 변형되지만 그 정치적·영토적 중요성은 그대로 유지된다. 이 주제에 대한 가장 좋은 연구 중의 하나는 Paul Ernest Joset, *Les sociétés secrètes des hommes-léopards en Afrique noire*, Paris : Payot, 1955이다. 이러한 집단들 특유의 동물-되기는 우리가 보기엔 국가 장치뿐만 아니라 토테미즘 유형의 국가 형성 이전의 제도들에서도 나타나는 인간과 동물의 상징적 관계와는 전혀 다른 것처럼 보인다. 레비-스트로스는 토테미즘은 부족의 경계를 초월한다는 점에서 이미 일종의 국가의 맹아를 내포하고 있다는 것을 잘 보여주고 있다(*La pensée sauvage*, pp. 220[독역본 : S. 251, 영역본 : pp. 157] 이하).

만 쥐-되기를 한다. 『모비 딕』 전체는 되기에 대한 최고 걸작의 하나이다. 에이허브 선장은 저항하기 어려운 고래-되기를 갖고 있지만 이 고래-되기는 무리나 떼를 피해 <유일자>, <리바이어던>인 모비 딕과의 괴물 같은 결연으로 직접 나아간다. 언제나 악마와의 계약이 존재하며, 악마는 때로는 패거리의 우두머리로서 때로는 패거리의 구석에 있는 <은자>로서 또 때로는 무리의 지고한 <역량>으로서 나타난다. 이처럼 예외적인 개체는 실로 다양한 위치에 있을 수 있다. 실재적 동물-되기의 위대한 작가인 카프카는 생쥐 군상을 노래한다. 생쥐 여가수인 요제피네는 때로는 패거리에서 특권적인 위치를 차지하는가 하면 때로는 패거리 바깥에 있기도 하고 또 때로는 패거리의 집단적 언표들 속으로 미끄러져 들어가 익명으로 사라지기도 한다.[14] 요컨대 모든 <동물>은 자신의 <특이자Anomal>를 갖고 있다. 그러면 무리나 다양체 속에서 취해진 동물은 반드시 특이자를 갖는다는 말을 어떻게 이해해야 할까. 이제는 불어에서 통용되지 않는 형용사인 "anomal(특이한)"이라는 단어는 "anormal(비정상적인)"과는 어원이 매우 다르다는 것이 이전부터 지적되어 왔다. 실사(實辭)를 갖고 있지 않은 라틴어 형용사인 a-normal(비-정상적인)은 규칙을 갖지 않는 것 또는 규칙에 반하는 것을 형언하고 있는 반면, an-omalie(특이함)은 형용사형을 잃어버린 그리스어 실사로서, 불균등한 것, 꺼칠꺼칠한 것, 우툴두툴함, 탈영토화의 첨점을 가리킨다.[15] 비정상적인 것은 종이나 속과 관련된 특성들과 관련

14 [영역본 : Kafka, "Josephine the Singer, or the Mouse Folk", in *The Complete Stories of Franz Kafka*, ed. Nahum N. Glazer, New York : Schocken, 1983]

15 Georges Canguilhem, *Le normal et le pathologique*, P. U. F., pp. 81~82[조르주 캉길렘, 『정상적인 것과 병리적인 것』, 여인석 옮김, 인간사랑, 1996, p. 148 이하. 독역본 : *Das Normale und das Pathologische*, übers. von Monika Noll und Rolf Schubert, München, 1974, S. 86f. 영역본 : *On the Normal and the Pathological*, trans. Carolyn R. Fawcett, intor. Michel Foucault, Boston : Reidel, 1978, pp. 73~74].

해서만 규정될 수 있다. 그러나 특이함은 하나의 다양체와 관련해서 하나의 위치 또는 위치들의 집합이다. 따라서 마법사들은 무리에서 예외적 개체의 위치를 정하기 위해 "특이한"이라는 오래된 형용사를 이용하는 것이다. 동물-되기를 위해서는 언제나 모비 딕이나 요제피네와 같은 <특이자>와 결연해야 하는 것이다.

사람들은 이렇게 말할 것이다. 무리와 은자 사이에, 군중의 전염과 선택적 결연 사이에, 순수한 다양체와 예외적 개체 사이에, 우연적 집합과 예정된 선택 사이에 모순이 있다고. 그리고 모순은 실재적이다. 에이허브는 자신을 넘어서며 다른 곳에서 도래하는 이 선택에서 모비 딕을 선택하면서 우선 무리를 좇아가야 한다는 포경선의 법칙과 결별하는 것이다. 선호된 적(敵)으로 아킬레우스를 선택할 때, 펜테실레이아는 무리의 법칙, 여자 무리, 암캐 무리의 법칙을 깨게 된다. 하지만 이 특이한 선택을 통해서만 각자는 자신의 동물-되기에, 즉 펜테실레이아의 개-되기, 에이허브 선장의 고래-되기에 들어가는 것이다. 우리들 마법사들도 모순이 실재적이라는 점은 알고 있지만, 실재적 모순이란 그저 웃자고 있는 것이라는 점 또한 알고 있다. 모든 문제는 이렇게 요약되기 때문이다. 이 특이자의 본성은 정확히 무엇인가? 패거리나 무리와의 관계에서 특이자는 어떤 기능을 하는가? 특이자가 단순히 예외적인 개체가 아닌 것은 분명하다. 단순한 예외적 개체는 정신분석식으로 오이디푸스화된 가족적인 또는 친근한 동물, 아버지의 이미지 등으로 특이자를 돌려보낼 것이다. 에이허브에게 모비 딕은 노부인이 특별히 대하면서 소중히 여기는 작은 고양이나 작은 강아지와 같은 것이 아니다. 로렌스에게 그가 행한 거북이-되기는 감정적 또는 가족적 관계와는 전혀 무관하다. 로렌스 역시도 자신의 글쓰기와 전대미문의 실재적 동물-되기를 연결할 줄 알았기 때문에 우리에게 문제와 경탄을 불러일으키는 작가 중의 한 사람이다. 하지만 바로 이 점 때문에 로렌스는 반론에 부딪히기도 한다. "당신의 거북이는 실재적이지 않다." 로렌스는 이렇게 답한다. "그럴지도 모르지만, 그러나 나의 되기는, 나의 되기는 실재적이다. 물론 특히 당신에겐 판단할 방도가 없겠지만. 당신은 작은 집개에 불과하니까."[16] 무리의 선택적 요소인 특이자는 가정적이며 정신분석적인 선호된 개체와는 무관하다. 하지만 특이자가 가장 순수한 상태로 속과 유의 특성들을 나타내는 종의 운반자인 것도 아니다. 즉 특이자는 모델이나 유일한 전범, 구현된 전형적 완성, 어떤 계열의 탁월한 항, 또는 절대적으로 조화로운 대응의 받침대가 아닌 것이다. 특이자는 개체도 종도 아니며, 그저 변용태들만을 운반할 뿐이며, 친숙하거나 주체화된 감정들도 특수하거나 기표작용적인 특성들도 포함하고 있지 않다. 인간적인 분류는 물론이고 인간적인 다정함도 특이자에게는 낯설다. 러브크래프트는 이러한 것 또는 이러한 존재자를 아웃사이더라고 부른다. 선형적이지만 다양체적인 가장자리에서 와서 이 가장자리를 넘어가는 <어떤 것>, "충만하고, 끓어오르고, 부풀어 오르고, 거품을 일으키며, 전염병처럼 번져가는 이름 없는 공포"를.

개체도 종도 아니라면 이 특이자란 무엇일까? 그것은 하나의 현상이지만, 가장자리 현상이다. 우리의 가설은 이렇다. 하나의 다양체는 그것을 외연(extension) 속에서 조성하는 요소들에 의해 규정되지도 않고, 또 그것을 이해(compréhension) 속에서 조성하는 특성들에 의해 규정되지도 않으며, 오히려 그것이 "내포(intension)" 속에서 포함하는 선

16 D. H. 로렌스는 이렇게 쓰고 있다. "그런 동물은 없다는 말에는 진력이 난다……. 만약 내가 기린이고, 나에 대한 글을 쓰고 나를 안다고 말하는 평범한 영국인들이 얌전하고 행동거지가 바른 개라면, 그런 동물은 있다, 여하튼 그들과 나는 다른 동물이니까…… 당신들은 나를 좋아하지 않는다. 당신들은 나 같은 동물을 본능적으로 싫어하니까"(*Lettres choisies*, t. II p. 237[영어 원본 : *The Collected Letters of D. H. Lawrence*, vol. 2. ed. Harry T. Moore, New York : Viking, 1962, letter to J. M. Murry, May 20, 1929, p. 1154. 독역본 : *Briefe*, übers. von E. Schnack, Zürich, 1979, S. 301]).

들과 차원들에 의해 규정된다. 만약 당신이 차원들을 바꾸고, 차원들을 더하거나 빼면, 그것으로 다양체를 바꾸는 것이다. 따라서 각각의 다양체마다 하나의 가장자리가 존재하게 된다. 하지만 가장자리는 결코 중심이 아니라 포위선 또는 극단의 차원으로, 특정한 순간에 무리를 구성하는 모든 다른 선들이나 차원들을 고려할 수 있도록 해준다(이것을 넘으면 다양체는 본성상의 변화를 한다). 에이허브 선장이 부관에게 말하는 것이 바로 그것이다. 내게는 모비 딕과의 개인적인 사연 같은 것은 없으며, 이렇다 할 복수심도 없고, 장황하게 늘어놓을 신화도 없다. 단지 내게는 생성이 있다! 모비 딕은 개체도 아니고 유(類)도 아니며, 오히려 가장자리이다. 무리 전체를 붙잡고 무리 전체에 이르러 가로질러 가기 위해서, 난 그 놈을 때려눕혀야만 하는 거야. 무리의 요소들은 단지 상상적인 "모조품들"일 뿐이며, 무리의 특성들은 단지 상징적 존재물들일 뿐이고, 중요한 것은 오직 가장자리, 즉 특이자뿐이다. "내게 흰 고래는 저 벽이다, 내 곁에 우뚝 솟아 있는." 흰 벽. "저 너머에는 아무 것도 없다고 생각하는 경우도 있다. 그러나 그것으로 충분하다."[17] 이처럼 특이자가 가장자리라면, 이 특이자가 가장자리를 이루는 무리나 다양체와 관련해서 이 특이자의 다양한 위치들, 그리고 매혹된 <자아>의 다양한 위치들을 훨씬 더 잘 이해할 수 있을 것이다. 나아가 이제 무리들에서 열등한 집단적 단계만을 보는 진화론의 덫에 빠지지 않고서도 무리들의 분류를 행할 수 있게 되었다(무리들이 만드는 특수한 배치들을 고려하는 대신에). 어쨌든 어떤 공간에서 한 마리의 동물이 선위에 자리잡거나 선을 그리고 있어서 이 선에 따라 무리의 성원 전체가 좌측이나 우측 어느 한쪽에 위치할 때마다 거기에는 무리의 가장자리, 그리고 특이한 위치가 존재하게 된다. 이러한 주변적 위치 때문에 우리는 특이

17 [Hermann Melville, *Moby Dick*, ch. 36, "The Quarter-Deck." 강조는 저자들이 한 것임. 독역본 : *Moby Dick*, übers. von Thesi Mutzenbecher, Hamburg, 1984, S. 150]

자가 아직 패거리 안에 있는지, 이미 패거리 바깥에 있는지 또는 패거리의 움직이는 경계에 있는지 더 이상 알 수 없는 것이다. 몇 가지 경우가 있을 것이다. 우선 예컨대 모기 무리에서처럼 각각의 동물이 이 선에 도달하거나 역학적인 위치를 점유하는 경우. 이 경우 "집단 내의 각 개체는 모든 동족이 동일한 반(半)-공간에 들어올 때까지 제멋대로 움직인다. 그런 다음에는 서둘러 자신의 움직임을 바꿔 다시 집단을 만든다. 장벽에 의해 파국 속에서 안정성이 확보되는 것이다."[18] 또 특정 동물이 가장자리를 그리거나 이를 점유하며 무리의 지도자로서 행동하는 경우. 나아가 다른 본성을 가진 존재가 가장자리를 규정하거나 중복하는 경우. 여기서 그 존재는 더 이상 무리에 속하지 않거나 일찍이 한 번도 무리에 속한 적이 없으며, 때에 따라 선도자나 아웃사이더 등으로서만이 아니라 위협으로서도 작용하면서 다른 질서의 역량을 표상한다. 어떤 경우에건, 이 가장자리나 특이자 현상이 없는 패거리는 존재하지 않는다. 자기 내부에 혼인과 가족 또는 국가 유형의 내부적 중심을 세우고, 무리의 변용태들을 가족의 감정이나 국가의 명료성(intelligibilités)으로 대체함으로써 패거리들을 완전히 다른 형태의 사회성으로 바꿔버리는 매우 상이한 힘들에 의해 패거리들이 침식되는 것도 사실이다. 여기서는 중심 또는 내적인 검은 구멍들이 주된 역할을 한다. 진화론은 바로 거기에서, 다시 말해 인간 패거리들이 집단의 가족주의나 심지어 권위주의, 무리의 파시즘을 재구성할 때 인간 패거리들에게서 일어나는 이러한 모험 속에서 진보를 보는 것이다.

마법사들은 들판이나 숲의 경계에서 늘 특이한 위치를 차지해 왔다. 그들은 변방에서 출몰한다. 그들은 마을 가장자리 또는 두 마을 사

18 René Thom, *Stabilité structurelle et morphogenèse*, Paris : Ed. W. A. Benjamin, 1977(2판), p. 319[영역판 : *Structural Stability and Morphogenesis*, trans. D. H. Fowler, Reading, Mass. : Benjamin Fowler/Cummings, 1975, p. 319].

이에 있다. 중요한 것은 마법사가 결연이나 계약과 친근성을 가지며, 그래서 이들은 계통 관계와는 대립적인 지위를 갖게 된다는 점이다. 특이자와 맺는 관계는 결연 관계이다. 마법사는 특이자의 역량을 지닌 악마와 결연 관계에 있다. 옛날 신학자들은 성(性)에 내려지는 저주를 두 가지 종류로 뚜렷이 구분했다. 첫번째는 성을 원죄를 전달하는 계통의 과정으로 여긴다. 반면 두번째는 성을 금지된 결합이나 혐오스러운 성애를 고무하는 결연의 역량으로 여긴다. 두번째 저주는 생식을 방해하는 경향을 띤다는 점에서, 그리고 생식력이 없는 악마는 간접적 수단에 의지해야 한다는 점에서 첫번째 저주와는 사뭇 다르다(가령 우선 남자와 정을 통하는 마녀였다가 그 다음엔 여자를 덮치는 마귀가 되어, 전자의 정액을 후자에게 전달하는 식이다). 결연과 계통의 관계가 혼인의 법칙에 의해 규칙화된 관계에 들어가는 것은 분명하지만, 이 경우에도 결연은 계속 위험하고 전염력이 있는 역량을 갖는다. 리치는 이 규칙과 모순되는 듯이 보이는 예외가 수없이 있기는 하지만 마법사가 일차적으로 속해 있는 집단은 결연을 통해서만 그의 영향력이 미치는 다른 집단과 통합된다는 것을 보여줄 수 있었다. 예컨대 모계 집단의 경우 마법사나 마녀는 부계 쪽에서 찾아져야 하는 것이다. 그리고 결연 관계가 영속성을 획득하거나 정치적 가치를 얻게 됨에 따라 마법은 크게 진화하게 된다.[19] 자신의 가족 속에서 늑대 인간을 생산하기 위해서는 늑대와 닮거나 늑대처럼 사는 것으로는 충분하지 못하다. <악마>와의 계약이 다른 가족과의 결연에 의해 배가되어야 하며, 바로 이 결연이 최초의 가족에게 회귀하고 이 결연이 최초의 가족에게 반작용을 가함으로써 피드백 효과에 의해 늑대 인간이 탄생되는 것이다. 에르크만과 샤트리앙의 멋진 콩트인 『늑대 인간』은 이처럼 복합적인 상황을 둘러

19 Edward R. Leach, *Critique de l'anthropologie*, P. U. F., pp. 40～50[영어 원본 : *Rethinking Anthropology*, New York : Humanities Press, 1971, pp. 18～25].

싼 여러 전통들을 집약하고 있다.[20]

우리는 "무리로서의 동물에 의한 전염"과 "예외적 존재로서의 특이자와의 계약"이라는 두 주제 간의 모순이 점차 사그라지는 것을 본다. 리치가 결연과 전염, 계약과 전염병이라는 두 가지 개념을 결합시키는 것은 완전히 정당하다. 카친(Kachin)의 마법을 분석하면서 그는 이렇게 쓴다. "나쁜 영향은 여성이 준비한 음식을 통해 전달된다고 여겨졌다. (……) 카친의 마법은 유전성이라기보다도 전염성이며, (……) 가계가 아니라 결연과 연합되어 있다." 결연이나 계약이 표현의 형식이라면 내용의 형식은 감염증이나 전염병이다. 마법에서 피는 전염과 결연의 성질을 갖는다. 따라서 아래와 같은 이유에서 동물-되기는 마법의 문제라고 말할 수 있다. 1) 동물-되기는 악마와의 결연이라는 첫번째 관계를 내포한다. 2) 악마는 동물 무리의 가장자리로 기능하는데, 인간은 전염을 통해 이 안으로 이행하거나 생성한다. 3) 이 되기 자체는 다른 인간 집단과의 결연이라는, 두번째 결연을 내포한다. 4) 이 두 집단 간의 이 새로운 가장자리는 무리 안에서 동물과 인간의 전염을 인도한다. 마법의 정치가 존재하는 것처럼 동물-되기의 정치도 존재한다. 이 정치는 가족, 종교, 국가의 배치물들과는 전혀 다른 배치물들 안에서 정교해진다. 이 배치물들은 소수자 집단들을, 즉 억압되었거나 금지되었거나 반항적이거나 공인된 제도의 가장자리에 있는 집단들, 외부적인 만큼 더 비밀스러운 집단들을, 요컨대 특이자 집단들을 표현한다. 동물-되기가 <유혹>의 형태를 띠고, 악마에 의해 상상 속에서 야기된 괴물들의 형태를 띠는 이유는, 동물-되기가 진행 과정은 물론 기원에서도 확립되었거나 확립되길 원하는 중앙 제도들과의 단절을 동반하기 때문이다.

20 [Emile Erckmann & Alexandre Chatrian, *Hugues-le-loup*, Paris : J. Bonaventure, n.d.]

아래에서 드는 사례는 다소 난잡해 보일지도 모르겠다. 하지만 그것은 오합지졸의 혼합체를 만들고 싶어서가 아니라 각각의 경우를 검토하기 위해서이다. [1] 전쟁 기계에서의 동물-되기, 온갖 종류의 야수-인간. 그러나 전쟁 기계는 다름 아니라 바깥으로부터 오며, 전사를 특이한 역량으로 취급하는 국가의 외부에 존재한다. [2] 범죄 단체에서의 동물-되기, 표범-인간, 악어-인간. 이들은 국가가 국지전과 부족 전쟁을 금지할 때 나타난다. [3] 폭도 집단에서의 동물-되기. 이들은 교회와 국가가 마법적 성분을 지닌 농민 운동에 직면해서, [이들이 맺은] 악마와의 계약을 고발하기 위해 재판과 법체계 전체를 수립해 이들을 억압하게 될 때 나타난다. [4] 금욕주의자 집단에서의 동물-되기, 풀을 뜯어먹고 사는 은둔자 또는 야수. 그러나 금욕주의자 기계는 특이자의 위치에, 도주선 위에, 교회의 구석에 있으며, 제국주의적 제도를 참칭하는 교회의 허세에 이의를 제기한다.[21] [5] "성스러운 능욕자" 형태로 성적 통과제의 결사에서의 동물-되기, 늑대-인간, 염소-인간 등. 이들은 가족 질서보다 우월하고 가족 질서의 외부에 있는 <결연>을 맺는다고 주장한다. 반면 가족은 이들에 대항하여 가족 고유의 결연을 규제하고, 그것을 보완하는 혈통 관계에 따라 이러한 결연 관계를 결정하고, 저처럼 이탈한 결연의 역량을 길들이는 권리를 획득해야 한다.[22]

21 Jacques Lacarrière, *Les hommes ivres de Dieu*, Paris : Fayard, 1975.

22 피에르 고르동(Pierre Gordon, *L'initiation sexuelle et l'évolution religieuse*, Paris : P. U. F., 1946[영역본 : *Sex and Religion*, trans. Renée & Hilda Spodheim, New York : Social Science Publishers, 1949])은 "성스러운 능욕" 의식(儀式)에서의 동물-인간의 역할을 연구했다. 이들 동물-인간들은 혈족 집단에게 의식상의 결연을 강요하며, 이들 자신은 외부 또는 변경에 있는 동지회에 속해 있으면서 전염과 역병을 마음대로 지배한다. 고르동은 마을과 도시들이 이들 동물-인간들에 맞서 나름의 입문식을 거행하고 각 혈족 나름의 결연을 맺을 권리를 획득하려할 때 어떻게 반응하는지를 분석한다(가령 용에 맞선 싸움이 그렇다) — 가령 Geneviève Calame-Griaule et Z. Ligers의 "L'homme-hyène dans la tradition

물론 동물-되기의 정치는 아직 극히 모호하다. 원시 사회들조차도 동물 되기를 끊임없이 전유해서, 결국 동물 되기를 파괴하고 토템적이거나 상징적인 대응 관계로 환원하기 때문이다. 전사의 생성을 엄격하게 제한하는 국군이라는 형태로 국가는 끊임없이 전쟁 기계를 전유한다. 교회는 마법사들을 끊임없이 화형에 처하고 은둔자들을 일련의 성인이라는 온건한 이미지 속으로 재통합시키며, 따라서 결국 성인과 동물 사이에는 길들여진 기묘하게 친근한 관계만 남게 된다. <가족>은 가족을 좀먹는 <악마적 결연자>를 끊임없이 내쫓고, 그들 사이에 예의바른 결연을 관리한다. 물론 마법사들이 우두머리를 섬기고, 전제주의의 하수인이 되고, 불제(祓除)의 반-마법을 행하고, 가족과 혈통의 편에 서기도 한다. 그러나 이것은 즉각 마법사의 죽음, 생성의 죽음이 된다. 생성이 길들여진 큰 개만을 낳는 일도 있다. 예컨대 헨리 밀러의 천형("동물인 척하고, 동물 흉내를 내는 것이 더 낫다. 가령 개 흉내를. 가끔 누군가가 던져 주는 뼈를 받아먹으면서 말이다"), 또는 피츠제럴드의 천형("나는 가능한 예의바른 개가 되도록 노력할 것이다. 당신이 제법 살이

soudanaise", *L'Homme*, 1, 2, 1961년 5월-8월호 pp. 89~118에서도 똑같은 테마가 발견된다. 하이에나-인간도 마을의 가장자리나 두 마을 사이에 살며, 두 방면을 감시한다. 한 사람의 영웅 또는 각자 다른 마을에 약혼자가 있는 두 영웅이 동물-인간에게 승리한다. 서로 분명히 다른 두 가지 결연 상태를 구분해야 할 것 같다. 먼저 바깥으로부터 강요되며 자신의 법을 전 혈족에게 강요하는 악마적 결연(괴물이나 동물-인간과의 억지 결연). 그리고 이와 반대로 마을 사람들이 괴물을 물리치고 나름의 관계를 조직한 후에 혈족들의 법에 순응하는 동의된 결연. 여기서 근친상간의 문제는 새롭게 조명될 수 있다. 근친상간의 금지는 결연 일반의 적극적인 요구에서 유래한다고 말하는 것으로는 불충분하기 때문이다. 오히려 혈족과는 전혀 무관하고, 혈족에 적대적인 결연이 있는데, 이러한 결연은 필연적으로 근친상간의 입장을 취한다(동물-인간은 언제나 근친상간과 관련이 있다). 두번째 결연이 근친상간을 금하는 것은, 그러한 결연은 오직 서로 다른 혈족 사이에 수립될 때에만 혈족의 법을 따를 수 있기 때문이다. 근친상간은 두 번 나타나는데, 먼저 결연이 혈족을 전도시킬 때 결연의 괴물적 역량으로서 나타나며, 또 혈족이 결연을 굴복시켜 이것을 상이한 가계들에 할당해야 할 때 혈족의 금지된 역량으로서 나타난다.

많이 붙어 있는 뼈를 던져준다면 나는 당신 손을 핥을지도 모른다")에서 보이듯이. 파우스트의 말을 뒤집어 보라. <그렇다면 이것이 편력하는 학자의 형상이었단 말인가? 평범한 복슬강아지일 뿐이로군!>[23]

어느 마법사의 회상 3 — 동물-되기만을 배타적으로 중요시하지 말아야 한다. 오히려 동물-되기는 중앙 지역을 점유하고 있는 절편들이다. [중앙 지역의] 이쪽에서는 여성-되기, 아이-되기를 만날 수 있다(아마도 여성-되기는 다른 모든 생성들에 대해 특히 서론격인 힘을 소유하고 있으리라. 마법사가 여성이기 때문이 아니라 여성-되기를 통과하는 것이 바로 마법이기 때문이다). 또한 [중앙 지역의] 저쪽에서는 원소-되기, 세포-되기, 분자-되기가 있고, 심지어는 지각 불가능하게-되기가 존재한다. 마녀의 빗자루는 이 생성들을 어떠한 무(無)로 이끌어 가는 것일까? 또한 모비 딕은 에이허브를 조용하게 어디로 이끌고 가는 것일까? 러브크래프트의 주인공들은 이상한 동물들을 가로지르고, 결국 이름 없는 파동들과 보이지 않는 입자들이 거주하는 <연속체>의 궁극적 지역으로 뚫고 들어간다. SF가 진화함에 따라 그것은 동물 되기, 식물 되기, 광물 되기에서 박테리아 되기, 바이러스 되기, 분자 되기, 지각 불가능하게 되기 등으로 이행해 간다.[24] 음악에 고유한 음악적 내용은 여성-되기, 아이-되기, 동물-되기를 통과해 가지만 악기들과 관련한 온갖 종류의 영향 아래에서, 차츰 차츰 분자 되기를 향해 나아가며, 드디어 들을 수 없는 것을 듣게 하고 지각 불가능한 것을 나타나게 하는 일종의 우주적인 찰랑거림 소리 속으로 나아간다. 노래하는 새가 아니

23 [피츠제럴드의 「파열」 참조. 이에 대한 언급은 제8편을 참조. 파우스트에 대한 언급은 Goethe, *Faust*, 1부 1323~1324행을 보라]

24 매티슨(Richard Matheson)과 아시모프(Isaac Asimov)는 이러한 진화에서 특히 주요한 작가이다(아시모프는 공생의 테마를 대대적으로 발전시켰다).

라 소리 내는 분자인 것이다. 마약 실험이 모든 사람들에게, 심지어는 비복용자에게까지도 표시를 남긴 것은 시공간의 지각적 좌표를 변경시키고, 분자-되기가 동물-되기를 교대하는 미시-지각의 우주로 우리를 들어가게 하기 때문이다. 카스카네다의 책들은 이러한 진화 또는 오히려 "역행"을 잘 보여준다. 거기서 예컨대 개-되기의 변용태들은 분자-되기의 변용태들, 물, 공기 등의 미시-지각들에 의해 교대된다. 한 남자가 비틀거리며 문에서 문으로 나아가다가 대기 중으로 사라진다. "내가 당신에게 말할 수 있는 전부는, 우리는 액체이며, 섬유들로 만들어진 발광체라는 것이다."[25] 이른바 모든 통과제의 여행은 생성 자신이 생성되는, 그리고 등급들, 형식들, 외침들을 변주시키는 세계의 "시간들", 지옥의 원들 또는 여행의 단계들에 따라 사람들이 생성을 바꾸는 이런 문턱들과 이런 문들을 포함하고 있다. 동물의 커다란 울부짖음에서부터 요소들과 입자들의 가냘픈 울음소리까지.

따라서 무리들, 다양체들은 끊임없이 상대방 속으로 변형되어 들어가며, 서로 상대방 속으로 이행한다. 한 번 죽은 늑대 인간은 흡혈귀로 변형된다. 이것은 전혀 놀랄 일이 아니다. 되기와 다양체는 하나이고 동일한 것이기 때문이다. 다양체는 그것의 요소들에 의해 규정되지 않으며, 통일이나 이해의 중심에 의해 규정되지도 않는다. 다양체는 그것의 차원수에 의해 규정되는 것이다. 다양체는 본성이 변화하지 않고서는 나누어지지도 않고, 차원을 잃거나 얻지도 않는다. 그리고 다양체의 차원들의 변화는 다양체에 내재하기 때문에, 이것은 결국 각각의 다양체는 이미 공생하고 있는 다질적인 항들로 조성되어 있으며, 또는 각각의 다양체는 그것의 문턱들과 문들을 따라 일렬로 늘어선 다른 다양체들로 끊임없이

25 Carlos Castenada, *Histoires de pouvoir*, Paris : Gallimard, p. 153[영어 원본 : *Tales of Power*, New York : Simon and Schuster, 1974, p. 159. 독역본 : *Der Ring der Kraft*, übers. von T. Lindquist, Frankfurt, 1978, S. 176~177].

변형된다는 이야기와 마찬가지이다. 따라서 가령 <늑대 인간>의 경우 늑대 무리는 벌떼가 되는가 하면, 항문의 들판, 작은 구멍들과 미세한 궤양들의 집합이 되기도 하는 것이다(전염이라는 주제). 또한 이 모든 다질적인 요소들이 공생과 생성의 "그" 다양체("la" multiplicité)를 조성하는 것이다. 우리들이 매혹된 <자아>의 위치를 상상했다면, 이는 그 자아가 파괴에 이를 정도로까지 마음을 쏟는 그 다양체가 내부에서 그 자아를 작동시키고 팽창시키는 다른 다양체의 연속이기 때문이다. 그러므로 자아란 두 다양체 사이에 있는 문턱, 문, 생성일 따름이다. 각각의 다양체는 "특이자"로 기능하는 가장자리에 의해 규정된다. 일렬로 늘어선 가장자리들이, 다양체를 변하게 하는 가장자리들의 연속된 선(섬유[fibre])이 존재한다. 각각의 문턱과 문에서 새로운 계약이 있는가? 섬유는 인간에서 동물로, 인간이나 동물에서 분자들로, 분자들에서 입자들로, 끝내는 지각 불가능한 것으로 나아간다. 모든 섬유는 <우주>의 섬유이다. 일렬로 늘어선 가장자리들의 섬유는 도주선 또는 탈영토화의 선을 구성한다. <특이자>, <아웃사이더>가 여러 가지 기능을 갖고 있다는 것은 분명하다. "특이자"는 각각의 다양체의 가장자리를 두르고, 잠정적인 최대의 차원으로 다양체의 일시적 또는 국지적인 안정을 결정한다. 또한 그것은 생성에 필수적인 결연의 조건이기도 하다. 뿐만 아니라 그것은 생성의 변형이나 다양체들의 변전을 항상 더 멀리 도주선으로 끌고 나간다. 모비 딕은 무리의 가장자리를 두르는 흰 성벽이다. 또한 모비 딕은 악마적인 결연의 항이기도 하다. 끝으로 모비 딕은 극단적으로 자유로운 무시무시한 고기잡이의 선(線) 그 자체이며, 벽을 가로지르고 선장을 계속 끌고 가는 선인 것이다. 어디로? 무로…….

이러한 일렬로 늘어섬, 이러한 변전 또는 변형에 일종의 논리적 질서가 있다고 믿는 오류를 피해야만 한다. 동물에서 식물로, 나아가 분자들로, 그 다음엔 입자들로 가는 질서를 상정하는 것도 이미 너무한 것이다. 각각의 다양체는 공생적이며, 그것의 동물 되기, 식물 되기, 미생물 되기, 미친 입자 되기 등을 온통 하나의 은하수로 통합한다. 그렇지만 이렇게 서로 이질적인 것들 사이에, 가령 <늑대 인간>의 늑대들, 꿀벌들, 항문들, 작은 상처들 사이에 미리 정해진 논리적 질서가 있는 것은 아니다. 물론 마법은 언제나 몇몇 생성의 변형들을 끊임없이 코드화한다. 마법의 전통에 충실한 소설로서 알렉상드르 뒤마(Alexandre Duma)의 『늑대 인도자*Meneur de loups*』를 보자. 첫번째 계약에서, 변방에 사는 남자가 악마로부터 소원을 들어주겠다는 약속을 받아낸다. 다만 소원이 이루어질 때마다 머리털이 붉은색으로 변한다는 조건이 붙는다. 이것은 가장자리를 지닌 머리털-다양체의 단계다. 남자 자신은 무리의 우두머리로서 늑대들의 가장자리에 자리잡는다. 그리고 나서 인간의 머리털이 하나도 남지 않게 되면, 이번엔 두번째 계약이 그 남자를 늑대로 생성시킨다. 이것은 적어도 원리상 끝이 없는 생성이다. 왜냐하면 남자가 약점에 노출되는 것은 일년 중 단 하루뿐이기 때문이다. 머리카락-다양체와 늑대-다양체 사이에서 우리는 유사성의 질서(늑대의 털처럼 붉은색)가 언제나 유도될 수 있지만 유사성의 질서는 단지 이차적인 것으로만 남게 된다(변신에 의해 태어난 늑대는 전신이 검고, 한 가닥의 흰 털이 있다)는 것을 잘 알고 있다. 사실상, 첫번째 머리카락-다양체는 붉은 털-되기 속에서 취해진 것이고, 두번째 늑대-다양체는 인간의 동물-되기를 취하는 것이다. 이 둘 사이에는 문턱과 섬유가 있고, 이질적인 것들의 공생 또는 이행이 있다. 우리 마법사들은 바로 이런 식으로 논리적 질서가 아니라 탈논리적인 적합성이나 일관성에 따라 작업한다. 그 이유는 간단하다. 누구도 미리 말할 수 없는, 신도 미리 말할 수 없는 것이 있기 때문이다. 가령, 두 가장자리는 한 줄로 되거나 섬유를 만드는가? 어떤 특정한 다양체가 다른 특정한 다양체로 이행하는가 아닌가? 특정한 이질적 요소들이 공생 상태에 들어가며, 변형에 적합한 고름의 다양체나 공동-기능의 다양체를 이루는 것일까? 도주선이 어디를 통과해 갈지 누구도 말할 수 없다. 그것은 난관에 빠져 가족의 오이디푸스적 동물, <평범한 복슬강아지>가 될까? 아니면 이와 다른 위험에, 가령 에이허브, 저 에이허브처럼 폐기, 소멸, 자기-파괴의 선……에 빠져들게 될까? 우리는 도주선의 위험과 도주선의 애매성을 너무나도 잘 알고 있다. 위험은 항상 제기되지만 거기서 빠져나오는 것은 항상 가능하다. 그 선이 고름을 갖는지, 다시 말해 이질적인 요소들이 공생의 다양체 속에서 실제로 기능하는지, 또 다양체들이 실제로 이행의 생성으로 변형되는지는 각각의 구체적인 경우에 따라 이야기해야 할 것이다. 극히 단순한 예를 들어 보자. x가 다시 피아노를 치기 시작한다……. 이것은 유년기로의 오이디푸스적 회귀인가? 이것은 소리의 폐기 속에서 죽는 방식인가? 이것은 새로운 가장자리, 즉 피아니스트가 되기라든가 아니면 다시 피아니스트가 되기와는 전혀 다른 되기들을 불러일으키고, 일찍이 x가 갇혀 있던 이전의 모든 배치들의 변형을 야기하는 능동적인 선과 같은 것일까? 출구일까? 악마와의 계약일까? 분열분석이나 화행론에는 다른 어떤 의미도 없다. 리좀을 만들어라. 그러나 무엇을 가지고 리좀을 만들 수 있는지, 실제로 어떠한 땅밑 뿌리가 실제로 리좀을 만들고, 되기를 만들고, 당신들의 사막에 개체군을 만드는지도 당신들은 모른다. 실험해 보라.

말은 쉽다고? 그러나 생성들 또는 다양체들에는 미리 정해진 논리적 질서는 없지만, 기준들은 존재한다. 그리고 중요한 것은, 이 기준들이 사후에 오는 것이 아니라 해당 순간마다 족족 실행되어 위험 속에서도 우리를 인도할 수 있다는 점이다. 만약 다양체들이 매번 그것들의 차원수를 정하는 가장자리에 의해 규정되고 또 변형된다면, 어떤 하나의 판 위에 다양체들이 펼쳐지고 그 판에서 가장자리들이 파선을 그리면서 늘어설 가능성을 떠올려 볼 수 있을 것이다. 따라서 이러한 판이 차원들을 "축소(réduire)"시키는 것은 단지 겉보기에만 그런 것이다. 왜냐하면 판판한, 그렇지만 증가하거나 감소하는 차원들을 가진 다양체들을 자기 자신에게 기입하는 한에서 이 판은 차원들을 모두 받아들이는 것이기 때문이다. 마법의 이러한 마지막 말을 러브크래프트는 장대하며 단순화된 언어로 이렇게 표현하려고 한다. "드디어 파도는 더욱 힘이 강해지고 그(=카터)의 지성을 증진시켜, 그를 다중 형태를 가진 존재자와 화해시켰다. 그의 현재의 조각은 단지 그 존재자의 극미한 부분에 지나지 않았다. 파도는 그에게 말해주었다. 공간 내의 모든 형상은 그에 상응하는 한 차원 더 높은 어떤 형상의 일면(a plane)에 의해 교차된 결과물일 뿐이라고. 사각형은 입방체에서 잘려 나온 것이고, 원은 구에서 잘려 나온 것이듯이. 이렇듯 삼차원인 입방체나 구는 이에 상응하는 사차원 형태에서 잘려 나왔는데, 인간은 이것을 추측이나 꿈을 통해서만 알 수 있을 뿐이다. 그리고 사차원 형태는 오차원 형태로부터 잘려 나온 것이며, 이런 식으로 원형(原型)의 무한이라는 아찔하고 도달 불가능한 높이에까지 이르게 된다."[26] 고른판은 다양체의 차원수를 둘로(=이차원으로) 축소시키기는커녕 판판한 다양체들 — 이들이 몇 차원을 지녔건 — 을 공존시키기 위해 그것들 모두를 재단하고 교차시킨다. 고른판은 모든 구체적 형태들의 교차이다. 따라서 모든 생성은 마법사의 그림처럼 이 고른판 위에 기록된다. 이 고른판은 모든 생성이 자신의 출구를 찾게 되는 <궁극적인 문>인 것이다. 이것이야말로 모든 생성이 난관에 봉착하고 무로 빠져드는 것을 막아주는 유일한 기준인 것이다. 유일한 물음은 다음과 같다. 하나의 생성이 거기까지 가는가? 다양체는 마르더라도 자신의 모든 삶을 유지하는 꽃처럼 이런

26 [Lovecraft, "Through the Gates of the Silver Key", p. 197. 독역본 : S. 182]

식으로 자신에게 보존된 모든 차원을 판판하게 할 수 있는가? 거북이-되기 속에서 로렌스는 가장 완고한 동물적 역동성으로부터 비늘들과 "절단면들"의 추상적인 순수 기하학으로 이행해 가지만, 원래의 역동성은 전혀 잃어버리지 않는다. 로렌스는 거북이-되기를 고른판으로 까지 밀어붙이는 것이다.[27] 고른판에서는 모든 것은 지각 불가능하게 되며, 모든 것은 지각 불가능하게-되기이다. 그러나 바로 거기에서, 지각 불가능한 것이 보이고 들린다. 고른판은 <평면태> 또는 <리좀권>, <기준>이다(또한 차원들이 증가하면 다른 이름들이 있을 것이다). n차원에서는 이것은 <초권역(Hypersphère)>, <기계권>이라고 불린다. 그것은 <추상적인 형상> 또는 차라리 형태를 갖고 있지 않기 때문에 <추상적인 기계>이다. 추상적인 기계의 각각의 구체적 배치물은 하나의 다양체이며, 하나의 생성, 하나의 절편, 하나의 진동이다. 또한 추상적인 기계는 전체의 절단면이다.

파도들은 진동들이며, 언제나 그만큼의 추상들처럼 고른판에 기입되는 움직이는 가장자리들이다. 파도들의 추상적인 기계. 자신의 삶 전체와 작품 전체를 하나의 이행으로, 하나의 생성으로, 나이들, 성들, 원소들, 왕국들 간의 온갖 종류의 생성들로 만들었던 버지니아 울프는 『파도』에서 버나드, 네빌, 루이스, 지니, 로다, 수잔 그리고 퍼시벌이라는 일곱 명의 인물들을 혼합시킨다. 그러나 자기 이름과 개성을 갖고 있는 이 인물들 각각은 하나의 다양체를 가리킨다(가령 버나드와 물고기 떼). 각각의 인물은 이 다양체 안에 그리고 가장자리에 동시에 존재하며, 다른 인물들로 변전한다. 퍼시벌은 궁극적인 인물로, 가장 큰 차원 수를 포괄하고 있다. 그러나 퍼시벌조차 아직 고른판을 구성하지 못하고 있다. 로다는 퍼시벌이 바다 위로 떠오르는 것을 본다고 믿지만, 그

27 D. H. 로렌스의 『거북이*Tortoises*』(New York : T. Selzer, 1921) 연작시에 들어 있는 첫번째 시와 두번째 시.

것은 그가 아니다. "무릎에 팔꿈치를 올려놓을 때, 그것은 삼각형이다. 서 있으면 원주, [앞으로 몸을 구부리면] 분수이다. (……) 그의 뒤쪽에서는 바다가 포효한다. 그것은 우리가 도달할 수 있는 곳 너머에 있다."[28] 각각의 인물은 파도처럼 걷는다. 하지만 고른판 위에서 이 판 전체를 관통하는 것은 도주선 또는 탈영토화의 선에 따라 진동을 전파시키는 하나의 동일한 <추상적인 파도>이다(버지니아 울프 소설의 각 장 앞부분에는 파도들의 한 가지 양상에 대한, 파도가 이는 시각들 중 하나에 대한, 파도들의 생성 중 하나에 대한 명상이 기록되어 있다).

어느 신학자의 회상 — 신학은 다음과 같은 점에 대해서는 아주 엄격하다. 즉 늑대 인간은 존재하지 않으며, 인간은 동물이 될 수 없다. 본질적 형상의 변형이란 존재하지 않으며, 본질적 형상은 침해할 수 없고 단지 유비 관계만을 갖기 때문이다. 하지만 그 때문에 악마와 마녀 그리고 이들 간의 계약이 실재하지 않을 리는 없다. 왜냐하면 고유하게 악마적인 국지적 운동이라는 현실이 있기 때문이다. 신학은 종교재판의 모델이 되는 두 가지 경우를 구별한다. 하나는 오뒤세우스의 동료들의 경우이고 다른 하나는 디오메데스의 동료들의 경우로, 전자는 상상적인 환영이고 후자는 마법이다. 한편에서는 주체가 자신이 돼지, 소, 늑대 등 짐승으로 변형됐다고 믿고, 관찰하는 자들도 그렇게 믿는다. 그러나 거기에 존재하는 것은 감각적 이미지들을 상상 속으로 가져가 그것들을 외부 감각 위에서 튀어 오르게 하는 내적인 국지적 운동뿐이다. 다른 한편에서는 악마가 실재하는 동물들의 몸체를 "받아들여", 이들에게 이른 우발적 사고들과 변용태들을 다른 몸체들에게로 옮기기도 한다(가령, 악마가 들린 고양이나 늑대가 상처를 입으면 그것이 인

28 [Virginia Woolf, *The Waves*, New York : Harcourt Brace Jovanovich, 1931, p. 139. 독역본 : *Die Wellen*, übers. von Herberth & Marlys Herlitscheka, Frankfurt, 1974, S. 136]

간의 몸체에 정확히 전사될 수 있다).[29] 인간이 실제로 동물이 되지는 않지만 인간의 동물-되기라는 악마적 현실은 존재한다는 식으로 이야기될 수 있는 것이다. 따라서 악마가 온갖 종류의 국지적 운송을 수행한다는 점은 틀림없다. 악마는 운송자이며, 체질이나 변용태, 더 나아가서는 몸체마저도 운송한다(종교재판은 악마의 이 역량과 타협하지 않는다. 마녀의 빗자루, 또는 "악마는 널 데려가"). 그러나 이러한 운송은 본질적 형상의 장벽을 넘지 못하며 실체나 주체의 장벽도 넘지 못한다.

다음으로 자연 법칙의 관점에서 이것과는 전혀 다른 문제가 존재하는데, 이 문제는 악마학과는 관계가 없으며 오히려 연금술 그리고 특히 물리학과 관계된다. 본질적 형상이나 한정된 주체와는 전혀 다른 우발적 형상의 문제가 바로 그것이다. 왜냐하면 우발적 형상은 더와 덜을 허락하기 때문이다. 가령 더 자비롭거나 덜 자비롭다, 더 희거나 덜 희다, 더 뜨겁거나 덜 뜨겁다 등. 열의 정도는 그것을 받아들이는 실체나 주체와 혼동되지 않는 완벽하게 개체화된 열이다. 열의 정도는 흰의 정도나 다른 열의 정도와 합성되어 주체의 개체성과 혼동되지 않는 제3의 개체성을 형성할 수도 있다. 어느 날, 어느 계절, 어느 사건의 개체성이란 무엇일까? 더 짧은 날과 더 긴 날은 엄밀하게 말하면 연장

29 종교재판 교본(H. Institoris & J. Sprengler(eds.), *Le marteau des sorcières*[1486], rééd. Paris : Plon, 1973, I. p. 10 & II, p. 8[독어본 : *Hexenhanner*, 3 Bde., übers. von J. W. R. Schmidt, Berlin, 1920～1922])을 참조할 것. 첫번째 사례는 극히 단순한 것으로 자신이 돼지의 모습으로 변했다고 믿었으며, 다른 사람들 또한 그렇다고 믿었던 오뒤세우스의 동료들(또는 자신이 소로 변한 바빌로니아의 왕 느부갓네살)과 관련된다. 두번째 사례는 한층 더 복잡하다. 디오메데스의 동료들은 자신이 새의 모습으로 바뀌었다고는 생각하지 않는다. 그들은 죽어 있기 때문이다. 하지만 악마들은 새의 몸을 취해 디오메데스의 동료들의 몸으로 바뀐다. 이러한 보다 복잡한 사례의 구별은 변용태의 전이 현상에 의해 설명된다. 가령 사냥에 나간 영주가 늑대의 발을 잘라 집에 돌아와 보니, 집에서 한 걸음도 나가지 않은 아내의 손이 잘려져 있다. 또는 어떤 사람이 고양이를 때리면 그 고양이의 상처가 똑같이 여자의 몸에 나타난다.

(extensions)이 아니라 연장에 고유한 정도(degrés)이다. 열, 색 등에 고유한 정도가 존재하듯이. 따라서 우발적 형상은 합성될 수 있는 얼마간의 개체화들로 구성된 "위도"를 갖는다. 하나의 정도, 하나의 강도는 다른 정도들, 다른 강도들과 합성되어 또 다른 개체를 형성하는 하나의 개체, 즉 <이것임>이다. 주체가 우발적 형상에 얼마간 참여한다는 사실만으로 이 위도가 설명된다고 말할 수 있을까? 그러나 이러한 참여의 정도들은 형상 자체 안에, 주체의 성질들로 환원되지 않는 흔들림이나 떨림이 있음을 함축하는 것은 아닐까? 게다가 열의 강도들이 첨가에 의해 합성되지 않는 까닭은, 그러려면 이 강도들 각각의 주체들을 더해야만 하기 때문인데, 사실 이 주체들은 전체의 열이 증가하게 되는 것을 가로막을 뿐이다. 또한 그럴 때야 비로소 강도의 배분을 행하고, "기형적으로 왜곡된" 위도들, 빠름들과 느림들, 그리고 경도로서 취해진 하나의 몸체나 몸체들의 집합에 대응하는 온갖 종류의 정도들을 수립할 수 있는 것이다. 이것이 지도 제작이다.[30] 요컨대 실체적 형상들과 한정된 주체들 사이에는, 그 둘 사이에는, 악마적인 국지적 운송의 수행뿐만이 아니라 <이것임>들, 정도들, 강도들, 사건들, 우발적 사고들의 자연적인 놀이도 존재하며, 이들은 이들을 받아들이는 잘 형상화된 주체들의 개체화와는 전적으로 다른 개체화들을 조성해 낸다.

어느 스피노자주의자의 회상 1 — 본질적 형상 또는 실체적 형상에 대해서는 아주 다양한 방식으로 비판이 가해져 왔다. 그러나 스피노자는 매우 급진적으로 나아간다. 즉, 그는 형상도 기능도 갖지 않는, 따라

30 중세에 강렬함의 문제, 그리고 이에 관해 쏟아져 나온 수많은 학설, 더욱이 운동학과 역학의 구성, 그리고 오레슴(Nicholas Oresme)의 특별히 중요한 역할에 대해서는 피에르 뒤엠(Pierre Duhem)의 고전적 저작, *Le système du monde*, Paris : A. Hermann & Fils, 1913~1959, t. VII-IX(*La physique parisienne au XIVe siècle*)을 참조할 것.

서 이러한 의미에서는 추상적이지만 완벽하게 실재적인 요소들에 도달하려고 한다. 이것들은 오직 운동과 정지, 느림과 빠름에 의해서만 서로 구별된다. 이것들은 원자, 즉 여전히 형상을 지닌 유한한 요소가 아니다. 이것들은 무한히 분할되는 것도 아니다. 이것들은 현실적 무한(un infini actuel)의 무한히 작은 궁극적인 부분들로, 고른판이나 조성의 판 같은 동일한 판 위에 펼쳐져 있다. 이 궁극적 부분들은 수에 의해 규정되지 않는다. 그것들은 항상 무한성에 의해 나아가기 때문이다. 오히려 그것들이 겪게 되는 속도의 정도와 운동과 정지의 관계에 따라 특정한 <개체>에 귀속되는데, 이 <개체> 자신은 더 복잡한 또 다른 관계 속에서 다른 <개체>의 부분이 될 수 있으며, 이러한 일이 무한대로 계속된다. 따라서 크고 작은 무한들이 존재하게 되지만 이들의 차이는 수에 따라 결정되는 것이 아니라 무한들의 여러 부분이 겪게 되는 관계의 조성에 따라 결정된다. 그래서 각 개체는 하나의 무한한 다양체이며, 전체 <자연>은 다양체들의 완전히 개체화된 다양체이다. <자연>이라는 고른판은 하나의 거대한 <추상적인 기계>와도 같은데, 추상적이긴 해도 어디까지나 실재적이고 개체적이다. 이 기계의 부품은 다양한 배치물들 또는 개체들이다. 이것들 각각은 크고 작게 조성된 무한히 많은 관계들 속에서 무한히 많은 입자들을 한데 묶어 취합한다. 따라서 자연의 판의 통일성이 존재하며, 생물이나 무생물, 인공물이나 자연물의 경우에도 마찬가지로 통일성이 존재한다. 이 판은 형상이나 형태와는 전혀 무관하며, 구상(dessein)이나 기능과도 전혀 무관하다.[31] 그것의 통일성은 사물들의 깊은 곳에 숨겨져 있는 근거의 통일성과는 전혀 무관하며, 신의 정신 속에 있는 목적이나 기획의 통일성과도 전혀 무관하다. 그것은 진열판(plan d'étalement)으로서, 차라리 온갖 형태들

31 [plan은 원래 판, 도면, 계획, 구상 등의 의미를 갖고 있는데, 여기서 저자들은 이러한 원래 의미에서 자신들이 쓰고자 하는 용법에 맞지 않는 의미들을 깎아 다듬고 있다]

의 단면도(section) 또는 모든 기능을 갖춘 기계와 같다. 그렇지만 이 판의 차원들은 그것이 자르는 다양체들 또는 개체들의 차원과 더불어 증가한다. 고정판, 여기서 사물들은 빠름과 느림에 의해서만 서로 구별된다. 유비와 대립되는 내재성 또는 일의성의 판. <일자>는 모든 <다자>와 유일하고 동일한 의미로 이야기되며, <존재>는 모든 <차이 나는 것>과 유일하고 동일한 의미로 이야기된다. 우리는 여기서 실체의 통일성에 대해 말하고 있는 것이 아니라 삶이라는 이 유일하고 동일한 판 위에서 서로 부분이 되는 변양들의 무한성에 대해 말하고 있는 것이다.

퀴비에와 조프루아 생-틸레르 간의 뒤얽힌 논쟁. 이 두 사람은 감각적이건 상상적이건 유사성이나 상사(=유비)를 비난한다는 점에서 최소한 의견이 일치한다. 그러나 퀴비에의 경우, 과학적 규정은 기관(器官)들 상호간의 관계 및 기관들과 기능들 간의 관계를 대상으로 한다. 따라서 퀴비에는 유비를 과학적 단계로, 이것을 <비율관계에 기반한 유비>로 이행시킨다. 퀴비에에 따르면 판의 통일성은 유비의 통일성일 수밖에 없으며, 따라서 이질적이고 넘기 힘들고 환원 불가능한 조성들에 따라 상이한 분지(分枝)들 속으로 파편화되면서만 실현되는 초월적인 통일성일 수밖에 없다. 바에르라면 이렇게 덧붙였을 것이다. 즉 그것은 서로 소통하지 않는 발전과 분화의 유형에 따라 실현된다고. 그 판은 구조나 발생 같은 숨겨진 조직의 판이다. 조프루아의 관점은 이것과 완전히 다르다. 왜냐하면 그는 기관들과 기능들을 넘어 그가 "해부학적 요소"라고 부르는 추상적 요소들 쪽으로, 심지어는 다양한 조합을 이루며 자신의 빠름과 느림의 정도에 따라 특정한 기관을 형성하고 특정한 기능을 수행하는 순수한 재료인 미립자들 쪽으로 나아가기 때문이다. 여기서는 빠름과 느림, 운동과 정지, 지체와 신속함이 구조의 형태들뿐만 아니라 발전의 유형들까지 휘하에 두는 것이다. 이러한 접근 방법은 나중에, 진화론적 의미에서 페리에가 말하는 급속 발생 현상 또는 시차 성장이나 상대 성장 속에서 재발견된다. 조숙하거나 지체된 운동학적 존재물로서의 종(임신의 문제조차 형태와 기능의 문제라기보다는 속도의 문제이다. 아버지의 염색체는 난핵과 합체할 수 있을 정도로 빠르게 도착하는가?). 어쨌든 순수한 내재성의 판, 일의성의 판, 조성의 판. 여기서는 모든 것이 주어진다. 여기서는 속도에 의해서만 서로 구별되며 서로의 연결접속과 운동 관계에 따라 개체화된 특정한 배치물로 들어오는, 형식을 부여받지 않은 요소들과 재료들이 춤을 춘다. 삶이라는 고정판. 여기서는 더 늦어지거나 빨라지거나 간에 모든 것은 움직인다. 모든 배치물들에게 있는 유일한 <추상적인 동물>을 이 배치물들이 실행시킨다. 두족류와 척추동물에 대해 [똑같이 적용되는] 유일하고 동일한 고른판 또는 구성의 판. 척추동물이 <문어>나 <오징어>가 되려면 등을 두 쪽으로 나누는 요소들을 용접시켜 골반과 목덜미를 접근시키고 수족이 모두 몸의 한쪽 끝으로 모일 수 있도록 아주 빨리 몸을 구부리면 그만이다. 예를 들어 "양 어깨와 머리를 뒤로 젖히고 머리와 손으로 걸어가는 곡예사 광대"[32]처럼 말이다. 접기(plicature). 문제는 기관이나 기능이 결코 아니며, 또한 다양한 유비적 관계와 발전 유형 하에서만 이것들의 조직화를 주재할 수 있는 <초월적인 판>도 아니다. 문제가 되는 것은 조직화가 아니라 조성인 것이다. 발전이나 분화의 문제가 아니라 운동과 정지, 빠름과 느림의 문제. 문제가 되는 것은 요소들과 미립자들로, 이것들은 하나의 동일한 순수 내재성의 판 위에서 이행, 생성, 또는 도약을 일으킬 수 있을 만큼 빠르게 도착하거나 도착하지 않는다. 결국 배치물들 사이에 도약과 단층이 있는 것은

32 Etienne Geoffroy Saint-Hilaire, *Principes de philosophie zoologique*, Paris : Picton et Didier, 1830. 또한 입자들과 이들의 운동에 대해서는 *Notions synthétiques, historiques et physiologiques de philosophie naturelle*, Paris : Denain, 1838 참조.

배치물이 본성상 환원불가능해서가 아니며 오히려 때맞춰 도착하지 않거나 모든 것이 끝나고 나서야 도착하는 요소들이 항상 존재하기 때문이다. 그래서 그 자체가 내재성의 판의 일부를 이루는 안개나 공백, 앞섬과 뒤처짐을 통과해야 하는 것이다. 실패조차도 이 판의 일부분이다. 절대적 부동성 또는 절대적 운동의 판이라고 불리는 동일한 고정판이 상대적인 속도를 가진 무형의 요소들에 의해 횡단되고, 다시 이 요소들이 빠름과 느림의 정도에 따라 특정한 개체화된 배치물로 들어가는 그런 세계를 생각하려고 해야만 한다. 익명의 물질, 즉 다양한 연결접속을 행하는 미세한 물질의 무한한 미세 조각들이 서식하는 고른판.

아이들은 스피노자주의자이다. 꼬마 한스가 "고추"에 대해 말할 때, 그것은 하나의 기관 또는 기관의 기능이 아니라 일차적으로 하나의 재료, 즉 연결접속들, 운동과 정지의 관계들, 재료가 이루는 개체화된 잡다한 배치물들에 따라 변화하는 요소들의 집합을 가리킨다. 계집애도 고추가 있을까? 사내아이는 있다고 말한다. 하지만 이 말은 유비에 의거한 것도 아니고 거세의 공포를 쫓아내기 위함도 아니다. 계집애들도 명백히 고추가 있다. 실제로 계집애들도 쉬 하기 때문에. 즉 기관적 기능(fonction)보다 기계적 작동 형태(fonctionnement)를 주목하라. 단순한 것인데, 같은 재료라도 연결접속들이나 운동과 정지의 관계들이 동일하지 않으며, 사내아이와 계집애에게서 동일한 배치물을 이루지도 않는다(계집애는 서서 쉬 하지도 못하고 멀리까지 쉬 하지도 못한다). 기관차는 고추가 있을까? 있다, 물론 전혀 다른 기계적 배치물 속에. 의자는 그것이 없다. 그러나 이는 의자의 요소들이 자신의 관계들 속에서 이 재료를 취할 수 없었기 때문이다. 또는 이 요소들이 이 재료와의 관계를 충분히 분해해서 재료가 예컨대 의자의 막대기처럼 전혀 다른 물건을 만들어냈기 때문이다. 아이들에게 하나의 기관은 "천 가지 변전"을 겪으며, "위치를 정하기도 어렵고, 식별하기도 어려우며, 때에 따라

뼈, 엔진, 배설물, 애기, 손, 아빠의 심장 등"이 된다는 점을 지적할 수 있었다. 그러나 이는 기관이 부분 대상으로 체험되기 때문이 결코 아니다. 기관이란, 운동과 정지의 관계에 따라 또 이 관계가 이웃 요소들의 관계와 합성되거나 분해되는 방식에 따라 기관의 요소들이 만들어 내는 바로 그것이기 때문이다. 이것은 애니미즘이 아니며, 메커니즘은 더더군다나 아니고, 오히려 보편적 기계주의(machinisme)이다. 즉 무한한 배치물들을 지닌 거대한 추상적인 기계에 의해 점유된 하나의 고른 판. 아이들의 물음에서 기계의 물음을 보지 않는 한 그것들은 잘못 이해되고 만다. 이들 물음에서 부정관사가 그토록 중요한 역할을 하는 것은 바로 이 때문이다(배, 아이, 말, 의자, "사람은 어떻게 만들어져?"[33]). 스피노자주의는 철학자의 아이-되기이다. 몸체의 경도라고 불리는 것은 특정한 관계 속에서 몸체에 속하는 입자들의 집합들이며, 이 집합들 자체는 이 몸체의 개체화된 배치물을 규정하는 관계의 조성에 따라 서로 상대의 일부분을 이룬다.

어느 스피노자주의자의 회상 2 — 스피노자에게는 또 다른 측면이 있다. 무한히 많은 부분들을 한데 모으는 운동과 정지, 빠름과 느림의 관계 각각에는 역량의 정도가 대응한다. 하나의 개체를 조성하고 분해하고 변양시키는 관계들에는 개체를 변용시키는 강렬함들이 대응한다. 이 강렬함들은 개체의 행위 역량을 증대시키거나 감소시키고 외부의 부분들이나 개체 자신의 부분들로부터 온다. 이러한 강렬함들은 개체의 겉 부분에서 그리고 개체 자체의 부분에서 올 수 있다. 변용태는 생

33 [괄호 안에 있는 말의 원문은 이렇다. '*un* ventre, un enfant, un cheval, une chaise, "comment est-ce qu'*une* personne est faite?"' 당연히 우리말 번역에서는 빠질 수밖에 없는 이 "부정관사"는 흔히 "종적 대표성"을 지니는 표현에서 사용되는 그런 용법을 지닌다. 우리말의 일반 명사와 비슷하다 하겠다. 이 사람, 저 사람, 그 사람 등이 아니라 무릇 사람이라는 것을 가리킬 때 인도 유럽어에서는 부정관사를 쓰는 것이다]

성이다. 스피노자는 몸체는 무엇을 할 수 있는지를 묻는다. 몸체의 경도라고 불리는 것은 역량의 특정한 정도에 따라, 또는 차라리 이 정도의 한계들에 따라 몸체가 취할 수 있는 변용태들이다. 경도가 특정한 관계 아래에서 외연적 부분들로 이루어져 있듯이, 위도는 특정한 능력 아래에서 내포적(=강렬한) 부분들로 이루어져 있다. 우리들이 몸체를 기관과 기능에 따라 규정하는 것을 피하듯이 여기서는 몸체를 <종>이나 <유>라는 특성에 따라 규정하는 것을 피해야만 한다. 대신 몸체의 변용태들을 고려해야 한다. 그러한 연구는 "행태학"[34]으로 불리며, 바로 이런 의미에서 스피노자는 진정한 <에티카>를 썼던 것이다. 경주마와 짐말의 차이는 짐말과 소의 차이보다 크다. 동물의 세계를 규정하면서 폰 윅스퀼은 동물이 한 부분을 구성하고 있는 개체화된 배치물 속에서 짐승이 취할 수 있는 능동적 변용태들과 수동적 변용태들을 찾아내려 했다. 예컨대 <진드기>는 빛에 이끌려 나뭇가지 첨점까지 오르고, 포유동물의 냄새를 맡으면 포유동물이 가지 밑을 지날 때 자신을 떨어뜨리고, 가능한 한 털이 적게 난 곳을 골라 피부 밑으로 파고 들어간다. 세 개의 변용태, 이것이 전부이다. 나머지 시간에 진드기는 잠을 잔다. 때로는 수년간이나, 광대한 숲에서 일어나는 모든 일에 무관심한 채. 진드기의 역량의 정도는 두 가지 극한 사이에, 즉 죽기 전에 행하는 포식이라는 최상의 극한과 굶으면서 보내는 기다림이라는 최악의 극한 사이에 놓여 있다. 진드기의 세 개의 변용태는 이미 종과 속의 특성들을, 다리와 주둥이 같은 기관들과 기능들을 전제한다고 말할 수도 있겠다. 생리학의 관점에서 보면 맞는 말이다. 그러나 <에티카>의 관점에서 보면 그렇지 않다. 그와는 반대로 <에티카>의 관점에서 보면, 기관의 특성들은 경도와 그 관계들로부터 또 위도와 그 정도들로부터 나오는

34 [원래는 éthologie는 '동물행동학'을 뜻하지만 저자들은 보다 넓은 의미로 이 말을 사용한다. 저자들의 용법에 걸맞게 '행태학'이라고 옮겼다]

것이기 때문이다. 우리는 몸체가 할 수 있는 것을 알지 못하는 그만큼 몸체에 관해 전혀 모르고 있다. 즉 몸체의 변용태들은 어떤 것들인지, 그것들이 다른 변용태들과, 다른 몸체의 변용태들과 어떻게 조합되거나 조합되지 않을 수 있는지, 그 결과 다른 몸체를 파괴하는지 아니면 그것에 의해 파괴되는지 또는 다른 몸체와 능동작용들과 수동작용들을 교환하는지 또는 다른 몸체와 함께 더 강력한 몸체를 합성하는지 등을 전혀 모르는 것이다.

다시 한번 아이들의 도움을 빌려 보자. 그리고 아이들이 동물에 대해 어떻게 말하고 또 동요되는지 주목해 보자. 아이들은 변용태들의 목록을 작성한다. 꼬마 한스의 말은 재현적인 것이 아니라 변용태적인 것이다. 그 말은 종의 성원이 아니라 <수레를 끄는 말-승합마차-거리>라는 기계적 배치물 속에 있는 하나의 요소 또는 하나의 개체이다. 말은 그가 한 부분을 이루는 이 개체화된 배치물과 관련해서 능동과 수동 양면에 걸친 변용태들의 목록에 의해 규정된다. 눈가리개로 가려진 두 눈을 갖고 있음, 재갈과 고삐가 물려져 있음, 자부심이 높음, 큰 고추를 갖고 있음, 무거운 짐을 끎, 채찍질을 당함, 쓰러짐, 네 다리로 소란한 소리를 냄, 깨묾 등이 그것이다. 이 변용태들은 <말이 "할 수 있는" 것>이라는 배치물의 중심에서 순환하고 변형된다. 이러한 변용태에는 말-역량의 정점에 이르는 최상의 극한을 갖지만 동시에 최악의 문턱도 갖는다. 즉, 말이 길에서 쓰러지다! 너무 무거운 짐을 져서 일어날 수 없어 너무 가혹한 채찍질을 당하다! 말이 죽게 되다! 등. 이것은 예전에는 일상적인 광경이었다(니체, 도스토예프스키, 니진스키는 이를 보고 눈물을 흘렸다). 그러면 꼬마 한스의 말-되기는 무엇인가? 한스도 엄마의 침대, 부계적 요소, 집, 건너편 카페, 이웃한 창고, 거리, 거리로 갈 수 있는 권리, 이 권리의 획득, 긍지, 그러나 이와 동시에 이 획득에 따르는 위험들, 떨어짐, 창피 등의 배치물 속에 잡혀 있다. 이것은 환상이나 주관적 몽상이 아니다. 문제는 말을 모방하기, 말을 "흉내 내기", 말과 동일시되기 따위가 아니며 연민이나 동정의 감정을 느끼는 것조차도 아니다. 배치물들 간의 객관적 유비도 중요하지 않다. 문제는 꼬마 한스가 형태나 주체와는 무관하게, 자신을 말이 되게 해주는 운동과 정지의 관계들, 변용태들을 자기 자신의 요소들에 부여할 수 있는지 여부를 아는 것이다. 아직 알려지지 않은 배치물, 즉 한스의 배치물도 그렇다고 말의 배치물도 아닌 한스의 말-되기의 배치물이 있는 것일까? 가령 한스가 다른 것, 즉 자기 발, 다리, 고추 등 아무거나 내보이더라도 말이 이를 드러내게 되는 그런 배치물이 있는 것일까? 그리고 한스의 문제는 어떻게 진전을 보일 수 있을 것이며, 이전까지 닫혀 있던 출구는 무엇을 통해 열릴 수 있을 것인가? 호프만슈탈이 쥐의 임종을 가만히 바라볼 때, 바로 그의 안에서 그 동물이 "괴물 같은 운명에게 이를 드러낸다." 그러나 그것은 호프만슈탈도 분명히 이야기하고 있듯이 연민의 감정이 아니다. 동일시는 더더욱 아니다. 그것은 전혀 다른 개체들 사이에 속도들과 변용태들을 조성하는 일이며, 일종의 공생이다. 그렇게 해서 쥐는 인간 안에서 하나의 사유가, 열광적인 사유가 되며, 이와 동시에 인간은 쥐가, 이빨을 갈며 죽어가는 쥐가 된다. 쥐와 인간은 결코 같지 않지만 단어들의 언어가 아닌 언어 속에서, 형식들의 질료가 아닌 질료 속에서, 주체들의 변용 능력이 아닌 하나의 변용 능력 속에서 쥐와 인간 양자에 대해 유일하고 동일한 의미로 <존재>가 이야기된다. 반자연적 관여. 그러나 바로 구성의 판, <자연>의 판은 온갖 책략을 이용해 자신의 배치물들을 끊임없이 만들고 해체하는 이러한 관여를 위해 존재하는 것이다.

이것은 유비도 상상도 아니며, 이 고른판 위에서의 속도들과 변용태들의 조성이다. 그것은 하나의 판, 프로그램 또는 차라리 하나의 다이어그램(=도표), 문제, 기계-물음이다.[35] 블라디미르 슬레피안은 아주 기묘한 한 텍스트에서 다음과 같은 "문제"를 제기한다. 나는 배가 고프다. 항상 배가 고프다. 인간은 배가 고파서는 안 된다. 따라서 나는 개가 되어야 한다. 그러나 어떻게? 문제는 개를 모방하는 일도 아니고 관계들 간의 유비도 아니다. 나는 유사성이나 유비에 의해 진행되지 않는 독창적인 배치물 속에서 내 몸의 부분들에 내 몸을 개가 되게 하는 빠름과 느림의 관계를 부여하는 데까지 가야만 한다. 개 자체가 다른 무언가가 되지 않는 한 나는 개가 될 수 없기 때문이다. 슬레피안은 이 문제를 풀기 위해 신발을 이용할 생각을, 신발의 책략을 갖게 된다. 신발을 내 손에 신는다면, 그것의 요소들이 새로운 관계 속으로 들어가 그로부터 내가 추구하는 변용태 또는 생성이 나올 것이다. 그러나 벌써 한쪽 손에 신발을 신고 있는데 어떻게 다른쪽 손에 신발 끈을 묶을 수 있을까? 입으로 하면 된다. 그렇게 하면 이번에는 나의 입이 배치물에 투입되고, 개의 주둥이가 신발을 처리하는 데 도움이 되는 한 나의 입은 개의 주둥이가 되는 것이다. 문제의 각 단계마다 기관들을 비교하는 것이 아니라 기관을 이 기관의 특수성에서 끌어내어 다른 기관과 "함께" 생성되게 하는 관계 속으로 요소들이나 재료들을 집어넣어야 하는 것이다. 그러나 이미 양손, 양발, 입을 취한 생성은 그럼에도 불구하고 실패하게 된다. 꼬리에서 실패하는 것이다. 꼬리를 투입해서, 꼬리가 성기와 엉덩이 돌기에 공통적인 요소들을 뽑아내도록 해야 했고, 그리하여 성기는 인간의 개-되기에 편입되는 동시에 돌기는 개의 생성에, 즉 배치물의 일부분을 이루는 또 다른 되기에 편입되어야 했던 것이다. 판은 실패하고, 슬레피안은 이 지점에 이르지 못한다. 꼬리는 인간의 기관으로 그리고 개의 돌기로 남아 있게 되며, 이것들은 새로운

35 [이하 두 문단에서 "판"은 "계획"이란 의미에 가깝게 쓰인다. 용어의 통일성을 위해 "판"이라는 말로 옮기겠다. 물론 이때 "계획"이라는 말은 "상상"이라는 의미가 아니라 "실험"이라는 의미를 갖는다]

배치물 속에서 나름의 관계를 조성하지 못한다. 바로 여기서 정신분석적인 표류가 등장하고, 꼬리, 어머니, 어머니가 바느질을 하는 유년기의 회상 등에 대한 온갖 상투적인 이야기들이, 온갖 구체적 형상들과 상징적 유비들이 회귀하는 것이다.[36] 그러나 슬레피안은 이 멋진 텍스트에서 그렇게 그것을 원했다. 판의 실패가 판 자체의 일부인 그런 방식도 존재하기 때문이다. 즉, 판은 무한하다, 당신은 천 가지 방식으로 그것을 시작할 수 있다, 당신은 언제나 너무 늦거나 너무 빨리 도착하는 어떤 것을, 당신의 빠름과 느림의 모든 관계들, 당신의 모든 변용태들을 재조성하게 하고 배치물 전체에 수정을 가하게 하는 어떤 것을 발견한다. 무한한 사업. 그러나 판은 다른 식으로 실패할 수도 있다. 이번엔 다른 판이 더 힘이 늘어 동물-되기를 파괴하고, 동물을 동물로 인간을 인간으로 다시 접어 넣고, 요소들 간의 유사성과 관계들 간의 유비만을 인지하기 때문에. 슬레피안은 이 두 가지 위험에 직면한다.

정신분석에 대해서 간단히 한마디 하고 싶다. 정신분석은 종종, 그것도 처음부터 인간의 동물-되기라는 문제를 만났다. 우선 아이들에게서. 아이들은 그러한 되기를 끊임없이 가로질러 가는 것이다. 또 페티시즘과 특히 마조히즘에서. 이것들은 끊임없이 이 문제에 직면하는 것이다. 최소한 정신분석가들이, 심지어 융조차도 이 문제를 이해하지 못했다는 것을 또는 이해하려 하지 않았다는 것만큼은 말할 수 있다. 그들은 아이의 경우뿐 아니라 어른의 경우에서도 동물-되기를 말살해버렸다. 그들은 아무 것도 보지 않았다. 그들은 동물에서 충동들의 대리자(représentant) 또는 부모의 대리자를 보았다. 그들은 동물-되기의 실재성을 보지 못했으며, 어떻게 해서 동물-되기가 변용태 그 자체이자 몸소 나타난 충동이며, 따라서 아무 것도 표상(=대리)하지 않는지를 보

36 Vladimir Slepian, "Fils de chien", *Minuit* n° 7, 1974년 1월호. 우리는 이 텍스트를 극히 단순화해서 제시했다.

지 못했다. 배치들물 그 자체가 아닌 충동들은 없다. 고전적인 두 텍스트에서, 즉 프로이트는 한스의 말-되기에서, 그리고 페렌치(Ferenczi)는 아르파드(Arpad)의 닭-되기에서 각각 아버지만을 찾을 뿐이다. 말의 눈가리개는 아버지의 코안경이고, 입 주변의 검은 것은 아버지의 콧수염이고, 뒷발질은 부모의 "성교하기"라는 것이다. 한스와 거리의 관계에 대해서는, 또 거리에 나가는 것이 어떻게 금지되었는지, "말은 자부심이 높다, 말이 눈이 가려진 채 마차를 끌고 있다, 말이 쓰러진다, 말이 채찍질을 당한다……"와 같은 광경이 아이에게 무엇을 의미하는지 등에 대해서는 말 한마디 없다. 정신분석은 반자연적 관여들에 대한 감도 없고, 모든 출구가 막힌 문제를 해결하기 위해 아이가 올라갈 수 있는 배치물들에 대한 감도 없다. 하나의 판이지 환상이 아니니 말이다. 이와 마찬가지로 동물-되기가 마조히즘을 일으키는 것이지 그 반대가 아니라는 것을 이해한다면 마조히즘에서의 고통, 굴욕, 불안에 관한 허튼 소리는 덜 회자되었을 것이다. [마조히즘의 경우] 언제나 장치들, 도구들, 물건들이 개입하지만, 언제나 책략들과 구속들은 더 큰 <자연>을 위해 개입하는 것이다. 이는 기관들을 무효화하고 가두어야 하기 때문인데, 그럼으로써 동물-되기를 생겨나게 하고 기계적 배치물 내에서 변용태들의 순환을 생겨나게 하는 새로운 관계들 속으로 기관들의 해방된 요소들이 들어갈 수 있게 되는 것이다. 예컨대, 우리가 다른 곳에서 보았듯이 <에쿠우스 에로티쿠스>의 가면, 굴레, 음낭 케이스 등이 그렇다. 역설적이지만, 말-되기의 배치물은 이런 식이다. 즉, 인간은 자기 자신의 "본능적인" 힘들을 길들이게 되는 반면, 말은 "획득된" 힘들을 인간에게 전달하게 된다. 전도, 반자연적 관여. 그리고 여주인-여자의 부츠는 인간의 기관인 다리를 무효화하고 다리의 요소들을 배치물 전체에 합당한 관계 속으로 들어가게 해주는 기능을 한다. "이런 식으로 내게 효력을 미치는 것은 이미 여자의 다리가 아니다…….”[37] 그러나 동물-되기를 파괴하려면 그것에서 하나의 절편만을 빼내고, 하나의 계기를 추상하고, 내적인 빠름과 느림을 도외시하고, 변용태들의 순환을 정지시키는 것만으로도 충분하다. 그렇게 하면 항들간의 상상적 유사성이나 관계들간의 상징적 유비들만이 남게 된다. 어떤 절편은 아버지를 가리키고, 어떤 운동과 정지 관계는 원초적 장면을 가리킨다 등. 하지만 이러한 파괴를 부추기는 데는 정신분석만으로는 충분하지 않다는 것 역시 인정해야 한다. 정신분석은 되기 안에 포함된 위험을 전개하고 있을 뿐이다. 언제나 동물, 길들여진 오이디푸스적 동물을 "흉내" 내는 데로 돌아갈 위험을. 헨리 밀러는 멍멍 짖어 뼈를 얻고, 피츠제럴드는 당신의 손을 핥고, 슬레피안은 자기 어머니에게 회귀하는가 하면, 1900년의 에로틱한 그림엽서에 그려진 노인은 말이나 개의 흉내를 낸다(그리고 야생 동물을 "흉내 내는 것"도 더 나을 건 없다). 동물-되기는 끊임없이 이러한 위험들을 가로질러 가는 것이다.

어느 <이것임>의 회상 — 하나의 몸체는 이 몸체를 한정하는 형식에 의해 규정되는 것도 아니고 규정된 실체와 주체로서 규정되는 것도 아니며, 또 이 몸체가 소유하고 있는 기관이나 몸체가 수행하는 기능에 따라 규정되는 것도 아니다. 고른판 위에서 **하나의 몸체는 오직 경도와 위도에 의해서만 규정된다.** 말하자면, 특정한 운동과 정지, 빠름과 느림의 관계 아래에서 몸체에 속하는 물질적 요소들의 집합(경도)과 특정한 권력, 또는 역량의 정도 아래에서 몸체가 행사할 수 있는 강렬한 변용태들의 집합(위도)에 의해. 오직 변용태들과 국지적 운동들, 그리고 미분적인 속도들만 있을 뿐. <몸체>의 이런 두 차원을 뽑아내고 <자연>의 판을 순수한 위도와 경도로 규정한 것은 바로 스피노자였다. 경도와

37 Roger Dupoy, "Du masochisme", *Annales Médico-psychologies,* 1929, II, p. 405를 참조할 것.

위도는 지도 제작의 두 요소인 것이다.

인칭, 주체, 사물 또는 실체의 양태와는 전혀 상이한 개체화의 양태가 있다. 우리는 그것에 <이것임>이라는 이름을 마련해 놓았다.[38] 어느 계절, 어느 겨울, 어느 여름, 어느 시각, 어느 날짜 등은 사물이나 주체가 갖는 개체성과는 다르지만 나름대로 완전한, 무엇 하나 결핍된 것 없는 개체성을 갖고 있다. 이것들이 <이것임>들이다. 여기에서 모든 것은 분자들이나 입자들 간의 운동과 정지의 관계이며, 모든 것은 변용시키고 변용되는 권력이라는 의미에서 말이다. 귀신 연구는 국지적 운동과 변용태의 운송 등 악마의 기예를 자세히 설명할 때는 언제나, 동시에 비, 우박, 바람, 그리고 이런 운송에 유리하게 작용하는 대기, 즉 유독한 입자들을 가진 악취를 풍기거나 오염된 대기의 중요성을 지적한다. 콩트들은 단순한 장소 설정뿐만 아니라 그 자체로 타당하며 사물들과 주체들의 변신을 실행하는 구체적인 개체화인 <이것임>을 포함하고 있어야 한다. 여러 유형의 문명 중에서, 동양은 주체성이나 실체성에 근거한 개체화보다는 <이것임>에 의한 개체화를 더 많이 가지고 있다. 예컨대 하이쿠(俳句)는 복합적인 개체를 구성하는 유동적인 선들만큼이나 많은 표지들을 포함하고 있어야만 한다. 샬럿 브론테(Charlotte Brontë)의 작품에서는 사물도, 인간도, 얼굴도, 사랑도, 말도 모두 바람의 용어로 되어 있다. 로르카(Lorca)의 "오후 다섯 시"는 바로 사랑이 패하고 파시즘이 머리를 드는 때였다.[39] 오후 다섯 시, 얼마나 무시무시한 시간인가! 사람들은 <굉장한 이야기로군!>, <웬 무더위

38 이것은 종종 "여기에 있다(ecce)"라는 단어로부터 파생된 "eccété"로 쓰이기도 한다. 하지만 이는 잘못이다. 둔스 스코투스는 <이것임>이라는 용어와 개념을 haec, 즉 "이것"에서 창조해냈기 때문이다. 하지만 이것은 사물이나 주체의 개체화와는 전혀 다른 개체화의 양태를 시사한다는 점에서 꽤나 유용한 오류이다.

39 [독역본 : Federico Carcía Lorca, "Klage um Ignacio Sánchez Mejías",(1935) in *Werke in drei Bänden*, Bd. 1, übers. von Enrique Beck, Frankfurt, 1982]

람!>, <사는 게 뭔!>[40]이라고 말할 때 아주 특별한 개체화를 가리키는 것이다. 로렌스나 포크너가 그리는 하루의 어느 시간대. 열의 정도, 흰 색의 강도는 완벽한 개체성이다. 열의 정도가 다른 정도와 합성되어 위도를 이루어 새로운 개체를 형성하는 경우도 있다. 어떤 물체가 경도에 따라 이곳은 차갑고 저곳은 뜨거운 것처럼 말이다. 노르웨이 오믈렛.[41] 열의 정도가 흰 색의 강도와 합성될 수도 있다. 뜨거운 여름의 흰 대기처럼. 순간의 개체성이 항상성과 지속성을 가진 개체성과 대립하는 것은 결코 아니다. 하루살이가 만세력보다 더 적은 시간을 가진 것은 아니다. 물론 여기서 문제가 되는 것이 동일한 시간은 아니지만 어떤 동물은 기껏해야 하루나 한 시간 이상은 살지 못한다. 이와 반대로 몇 년의 세월이 가장 오래 지속할 수 있는 주체나 객체보다 길 수도 있다. <이것임>들 사이에서, 또 주체들이나 사물들 사이에서 균등한 추상적 시간을 착상해볼 수도 있을 것이다. 지질학이나 천문학의 극단적인 느림과 현기증 나는 빠름 사이에서 미셸 투르니에는 기상학을 뽑아내는데, 거기에서는 별똥별들이 우리의 속도로 살고 있는 것이다. "나의 뇌에 하나의 이미지가 형성되듯이 하늘에 하나의 구름이 형성된다. 내가 숨을 쉬듯이 바람이 불고, 내 마음이 삶과 화해하는 데 필요한 시간만큼 두 지평선에 무지개가 걸려 있다. 휴가가 지나가듯이 여름이 지나간다." 그러나 투르니에의 소설에서 이러한 확실성이 형태를 잃어버리고 탈주체화되고 일종의 편재성을 획득한 쌍둥이 주인공에게만 오는 것은 과연 우연일까?[42] 시간들이 추상적으로는 균등하다 해도,

40 [이 문장들은 "어떤(quel, quelle) + 명사"의 형태를 취하고 있다. quelle histoire, quelle vie 등. 저자들은 늘 "어떤"이 지칭하는 특수성, 구체성의 중요성을 강조한다]

41 [아이스크림을 메렌게로 싼 다음 겉을 오븐으로 구워 검게 태운 음식으로 열과 차가움이 공존한다]

42 Michel Tournier, *Les météores*, Paris : Gallimard, 1975, 제22장 "L"âme déployée"[독역본 : *Zwillingssterne*, übers. von Hellmut Waller, Hamburg, 1977, S. 468].

하나의 생의 개체화는 이러한 생을 살아가거나 견뎌나가는 주체의 개체화와 동일한 것이 아니다. [이 둘에서] <판>은 결코 같은 것이 아니다. 한편으로는 <이것임>들로 된 고른판 또는 조성의 판이 있는데, 이 판은 속도들과 변용태들만을 안다. 다른 한편으로 이와는 완전히 다른 판인 형식의 판, 실체의 판 또는 주체의 판이 있다. 그리고 [이 둘에서] 시간과 시간성 또한 결코 같은 것이 아니다. 우선 아이온, 그것은 사건의 불확정적 시간으로서, 이것은 속도만을 알며 <이미 여기 도달한 것>과 <아직 도달하지 않은 것>을 끊임없이 나누는 유동하는 선이며, 동시적인 <너무 늦음>과 <너무 이름>이며, 막 지나갈 것이자 막 지나간 것인 어떤 것이다. 그리고 반대로 측정의 시간인 크로노스, 그것은 사물들과 사람들을 고정시키고 형식을 전개하고 주체를 한정한다.[43] 불레즈는 음악에서 박자와 무박자(non-tempo)를 구별한다. 한편으로는 음가(valeurs)에 기초한 형식적・기능적 음악의 "박동하는 시간(temps pulsé)"이 있고, 다른 한편으로는 속도나 역학적 차이만을 가진, 유동하는 동시에 기계적인, 유동적 음악의 "박동하지 않는 시간(temps non pulsé)"이 있다는 것이다.[44] 요컨대 찰나와 지속 사이에, 나아가 규칙과 불규칙 사이에 차이가 있는 것이 아니라 개체화의 두 양태, 시간성의 두 양태 사이에 차이가 있는 것이다.

그러므로 한편에는 사물과 사람 유형을 한 형상화된 주체가 있고 다른 한편에는 <이것임> 유형을 한 시공간적 좌표가 있는 것처럼 생

43 [아이온 대 크로노스에 대해서는 G. Deleuze, *Logique du sens*, Paris : Minuit, 1969, 특히 23계열, pp. 190~197을 참조하라]

44 Pierre Boulez, *Par volonté et par hasard*, Paris, pp. 88~91[영역본 : *Conversations with Célestin Deliège*, London : Eulenberg Books, 1976, pp. 68~71. 독역본 : *Wille und Zufall*, übers. von Josef Häusler und Hans Mayer, Stuttgart-Zürich, 1977, S. 77~80]("템포 현상은 초 단위 또는 수분의 1초 단위의 길이를 통해, 단지 전자공학적으로만 계산될 수 있는 음악에는 결코 도입될 수 없는 현상이다").

각하는 매우 단순한 타협은 피해야만 할 것이다. 왜냐하면 당신이 <이것임>의 존재를 인정하게 되면, 당신은 자신이 <이것임>이고 그 이외의 어떤 것도 아니라는 것을 알아채게 될 것이기 때문이다. 얼굴이 <이것임>이 될 때, "이것은 기묘한 혼합물이었으며, 현재 순간, 그때의 날씨, 거기 있는 사람들과 타협하기 위한 수단을 발견한 누군가의 얼굴이었다."[45] 당신들은 경도와 위도이며, 형식을 부여받지 않은 입자들 간의 빠름과 느림의 집합이며, 주체화되지 않은 변용태들의 집합이다. 당신들은 어느 날, 어느 계절, 어느 해, 어느 삶(une vie)[46] 등의 개체화를 가지고 있으며(이것은 지속과 무관하다) 또한 어느 기후, 어느 바람, 어느 안개, 떼, 무리 등의 개체화를 가지고 있다(이것은 규칙성과 무관하다). 아니면 적어도 당신들은 그러한 개체화를 가질 수 있으며, 그러한 개체화에 도달할 수 있다. 오후 다섯 시, 바람에 실려온 메뚜기 떼. 밤에 나타나는 흡혈귀. 보름달에 나타나는 늑대 인간. <이것임>이 단순히 주체들을 위치시키는 장식이나 배경에 있다고 믿든지 사물들과 사람들을 땅과 맺어주는 부속물들에 있다고 믿어서는 안 된다. <이것임>이라는 것은 개체화된 배치물 전체인 것이다. 다른 [초월성의] 판에 속하는 것일 뿐인 형식들이나 주체들과는 무관하게 경도와 위도, 속도들과 변용태들에 의해 규정되는 것이 바로 <이것임>이기 때문이다. 어느 시각, 어느 계절, 어느 분위기, 어느 공기, 어느 삶과 분리되지 않는 배치물들 속에서 주체이기를 그치고 사건이 되는 것은 바로 늑대 자신 또는 말 또는 아이이다. 거리는 말과 합성되고, 죽어가는 쥐는 공기와 합성되고, 짐승과 보름달은 둘이 서로 합성된다. 여기서는 기껏해야 배

45 Ray Bradbury, *Les machines à bonheur*, Denoël, p. 67[영어 원본 : *The Machineries of Joy*, New York : Simon and Schuster, 1963, p. 53. 독역본 : *Die Mechanismen der Freude*, übers. von Peter Naujack, Zürich, 1985, S. 66].

46 [제8편의 각주2 참조]

치물들의 <이것임>들(경도와 위도로만 고려되는 몸체)과 각각의 배치물 안에서 생성의 잠재력들(potentialités)을 표시해주는 상호-배치물들의 <이것임>들(경도들과 위도들이 교차하는 환경)을 구분할 수 있을 따름이다. 그러나 이 둘은 완전히 분리 불가능하다. 기후, 바람, 계절, 시각 등은 이들을 서식시키고 이들을 뒤따르고 그 속에서 잠을 자거나 깨어나는 사물들, 동물들 또는 사람들과 다른 본성을 갖고 있지 않다. 그래서 <짐승-사냥-다섯 시>와 같은 글은 단숨에 읽어야 한다. 저녁-되기, 동물의 밤-되기, 피의 혼례. 이 짐승이 다섯 시다! 이 짐승이 이 장소다! "마른 개가 거리를 달린다. 이 마른 개가 거리다"라고 버지니아 울프는 외친다. 이런 식으로 느껴야만 한다. 관계들, 시공간적 규정들은 사물의 술어(prédicats)가 아니라 다양체들의 차원들이다. 거리는 승합마차를 끄는 말 배치물의 일부가 될 수 있듯이, 한스의 말-되기를 열어주는 한스 배치물의 일부가 될 수 있다. 우리는 모두 저녁 다섯 시 또는 다른 시각, 또는 차라리 동시에 이 두 시각, 최상과 최악, 정오와 자정이다. 물론 이것들은 다양한 방식으로 분배된다. 고른판은 서로 교차하는 선들에 따라 조성되는 <이것임>들만을 담고 있다. 형식과 주체는 이 세계와는 무관하다. 버지니아 울프는 군중 속을, 택시들 사이를 산책한다. 하지만 이 산책이 바로 하나의 <이것임>이다. 댈러웨이 부인은 다시는 "나는 이렇고 저래, 그는 이렇고 저래"라고 말하지 않을 것이다.[47] 그리고 "그녀는 자신이 매우 젊다고 느꼈다. 동시에 말할 수 없이 나이를 먹었다고", 빠르며 동시에 느리고, 이미 와 있고 동시에 아직 와 있지 않다고 느꼈다. "그녀는 칼같이 만사를 꿰뚫어보고 있었다. 동시에 그녀는 바깥에서 관찰하고 있었다. (……) 단 하루일지언정, 산다는 건 아주, 아주 위험한 일이야. 그녀는 항상 그렇게 느꼈

47 [제2편 p. 65 참조]

던 것이다."[48] <이것임>, 안개, 그리고 강한 빛. <이것임>은 시작도 끝도, 기원도 목적도 없다. 그것은 언제나 중간에 있다. 그것은 점들이 아니라 선들로 이루어져 있다. 그것은 리좀인 것이다.

그리고 그것은 동일한 언어가 아니며, 적어도 언어의 동일한 용법은 아니다. 왜냐하면 고른판은 <이것임>들만을 내용으로 갖고 있으며, 이와 동시에 그것에 표현의 역할을 해주는 특별한 기호계도 갖고 있기 때문이다. 내용의 판과 표현의 판. 이 기호계는 특히 고유 명사, 부정법(不定法) 동사, 그리고 부정관사나 부정대명사에 의해 조성된다.[49] 실제로 형식적 의미생성과 인칭적 주체화에서 해방된 기호계의 관점에서 보면 **<부정관사+고유 명사+부정법 동사>**는 기초적인 표현의 사슬을 구성하며, 가장 덜 형식화된 내용들과 상관관계를 맺는다. 우선 부정법 동사는 시간(=시제) 면에서 결코 비결정적이지 않다. 그것은 <아이온>에 고유한 박동하지 않는 유동적 시간 — 다시 말해, 다른 양태(=법)들 속에서 시간이 취하는 연대기적이거나 시간측정적인 값들과는 무관하게 상대적인 빠름과 느림을 언표하는 순수 사건이나 생성의 시간 — 을 표현한다. 따라서 권리상 우리는 생성의 양태이자 생성의 시간으로서의 부정법을, 존재의 박동 또는 존재의 값을 형성하면서 <크로노스>를 지시하는 다른 모든 양태들 및 시간들과 대립시킬 수 있을 것이다("존재하다[être]"라는 동사는 부정법을 갖지 않는 유일한 동사이다. 또는 오히려 그 동사의 부정법은 규정된 양태와 시간의 총체를 지칭하기 위해 추상적으로 취해진, 비결정된 텅 빈 표현에 지나지 않는다).[50] 둘째로, 고유

48 [Virginia Woolf, *Mrs. Dalloway*, New York : Harcourt Brace and World, 1925, p. 11. 인용문의 강조는 저자들이 한 것이다]

49 ["고유 명사"로 옮긴 nom propre(proper name)는 제2편에서 "고유명"으로 옮겼던 말로, 역자는 문법 용어로 쓰일 때는 "고유 명사"로 보통은 "고유명"으로 옮긴다]

50 기욤(Gustave Guillaume)은 아주 흥미로운 동사론을 제안한 바 있다. 그는 "사행(procès)"에 포함되어 있는 내적 시간과 시기 구분을 가리키는 외적 시간을 구분한다

명사는 주체의 표지가 아니다. 따라서 주체의 작용은 종의 명명과 비슷한가 아닌가, 즉 주체는 주체를 분류하는 <형식>과는 다른 본성을 가졌다고 생각되어야 하느냐 아니면 분류의 극한으로서의 이 <형식>의 궁극적 현실태(l'acte)로 여겨질 뿐이냐 하는 등의 질문은 우리에겐 헛된 질문처럼 보인다.[51] 고유 명사가 하나의 주체를 가리키는 것이 아니라고는 해도 하나의 명사(=이름)가 고유 명사의 가치를 띠게 되는 것은 형식이나 종과 관련해서가 아니다. 고유 명사는 우선 사건, 생성 또는 <이것임>의 질서에 속하는 무엇인가를 지칭한다. 그리고 고유 명사의 비밀을 쥐고 있는 것은 바로 군인과 기상학자로, 이들은 전략 작전이나 태풍에 고유명을 부여하는 것이다. 고유 명사는 시간의 주체가 아니라 부정법의 인자(agent)이다. 고유 명사는 경도와 위도를 명시한다. <진드기>, <늑대>, <말> 등이 진정한 고유명을 갖는 것은 이들의 성격을 특징짓는 유과 속의 명명 때문이 아니라 이들을 조성하는 속도들과 이들을 채우는 변용태들 때문이다. 즉 그것은 꼬마 한스의 말-되기, 늑대 인간의 늑대-되기, 스토아주의자의 진드기-되기(이것들 또한 고유 명사이다) 등 스스로 그리고 여러 배치물 안에 존재하는 사건 때문인 것이다.

("Epoque et niveaux temporels dans le système de la conjugaison française", in *Cahier de linguistique structurale*[Université de Laval; Quebec], n° 4, 1955). 우리가 보기에 기욤이 말하는 이 두 극은 각각 생성-부정법으로서의 아이온과 존재-현재로서의 크로노스에 대응하는 것 같다. 각 동사는 본성뿐 아니라 태와 시제의 여러 가지 뉘앙스에 따라 양 극 중의 어떤 쪽인가에 치우치게 된다. 단 양 극에 대응되는 "되다"와 " 있다"는 예외이다. 플로베르의 문체에 대한 연구에서 프루스트는 플로베르의 반과거 시제가 어떻게 생성-부정법의 가치를 얻고 있는지를 보여주었다(*Chroniques*, Paris : Gallimard, 1927, pp. 197~199 [독역본 : *Tage des Lebens*, übers. von Helmut Scheffel, Frankfurt, 1974, S. 73~77]).

51 이 고유 명사의 문제(어떤 의미에서 고유 명사는 분류의 한계 바깥에 있고 분류와 다른 본성을 지니는가? 아니면 그것은 분류의 한계에 있고 여전히 분류의 일부를 이루는가?)에 대해서는 가디너(Alan Henderson Gardiner), *The Theory of Proper Names*, New York : Oxford University Press, 1957(제2판) 및 Lévi-Strauss, *Pansée sauvage*, 7장을 참조할 것.

세번째로, 부정관사와 부정대명사 또한 부정법 동사와 마찬가지로 결코 비결정된 것이 아니다. 또는 차라리 결정되지 않은 형식 그 자체나 결정할 수 있는 주체에 적용되는 한에서만, 그것들은 결정을 결여하고 있다. 반대로 <이것임>들, 즉 개체화되더라도 하나의 형식을 지나가거나 하나의 주체를 만들지 않는 사건들을 도입할 때, 부정관사와 부정대명사는 아무 것도 결여하고 있지 않다. 부정어(不定語[52])는 결정의 극대치와 결합된다. 가령, 옛날에 어떤 사람이 한 아이를 때리고 있었다, 어떤 말이 쓰러지고 있었다 등. 여기서 작동하고 있는 요소들은 개념의 형식 및 인칭의 주체성과는 별도로 자신들이 한 부분을 이루는 배치물 속에서 자신들의 개체화를 발견하는 것이다. 이미 앞에서도 여러 번 우리는 아이들이 부정어를 미결정의 것으로서가 아니라 반대로 한 집단 내에서 개체화하는 것(un individuant)으로서 구사하는 것을 주목했다. 이 때문에 우리는 부정어 뒤에는 어떤 숨겨진 정사(定詞[53])가, 소유격과 인칭이 있기를 어떤 대가를 치르고서라도 원하는 정신분석의 노력에 대해 어안이 벙벙해질 따름이다. 가령 아이가 "어느 배[腹]", "어느 말[馬]", "사람들은 어떻게 해서 커져?", "어떤 사람이(on) 한 아이를 때려"라고 말하면, 정신분석가는 "내 배", "아버지(le père)", "나도 우리 아빠처럼 커져?"라고 듣는 것이다. 정신분석가는 이렇게 묻는 것이다. 누가 맞고 있는가, 누구에게?[54] 하지만 언어학 자체도 하나의 인

52 [여기서 부정어(l'indéfini)는 부정관사, 부정대명사, 부정형용사 따위를 가리킨다]
53 [여기서 정사(un défini)는 정관사처럼 정해진 것, 한정된 것, 결정된 것, 규정된 것 따위를 가리킨다]
54 우리는 이미 앞에서 정신분석이 부정관사나 부정대명사의 사용에 대해 무관심하다는 문제에 부딪힌 바 있다. 이미 프로이트부터 그러한데, 멜라니 클라인에게서는 한층 더하다(클라인이 분석한 아이들, 특히 꼬마 리처드는 "어떤(un)", "누군가(on)", "사람들(les gens)" 따위의 용어로 말하지만, 클라인은 그것을 가족적이고 소유사적이고 인칭적인 언사로 되돌리려고 믿기 어려울 정도의 강제를 행한다). 우리가 보기에 정신분석 영역에서 라플랑슈(Laplanche)와 퐁탈리스(Pontalis)만이 부정어의 특수한 역할을 감지해내었으며,

칭론과 불가분의 관계를 갖고 있는 한 이와 동일한 편견을 벗어날 수 없다. 언어학에 따르면 부정관사와 부정대명사뿐만 아니라 3인칭 대명사조차 일인칭과 이인칭에 고유한 그리고 모든 언표 행위의 필수 조건이라고도 할 수 있는 주체성의 한정을 결여하고 있기 때문이다.[55]

이와 반대로 우리는, 삼인칭의 부정어 <그, 그것(IL)>, <그들, 그것들(ILS)>은 이런 관점에서 보면 아무런 미결정도 함축하지 않으며, 언표를 언표 행위의 주체에 연관시키는 것이 아니라 하나의 조건으로서의 집단적 배치물에 연관시킨다고 믿는다. 따라서 <누군가(ON)>나 <그, 그것(IL)> — 누군가가 죽는다, 그는 불행하다 — 은 결코 주체의 자리를 차지하는 것이 아니라 <이것임> 유형의 배치물을 위해 모든 주체를 실격시킨다는 블랑쇼의 말은 전적으로 옳다. 그 배치물은 인칭에 의해 형성되지도 않고 실행될 수도 없는 사건을 초래하고 추출하기 때문이다("그들이 <나>라고 말할 수 있는 권력을 포기함으로써만 다시 파악할 수 있는 어떤 일이 그들에게 일어났다").[56] 이 <그, 그것>은 주체를 표상(=대리)하는 것이 아니라 배치를 도표화한다. <그, 그것>은 일인칭이나 이인칭처럼 언표들을 덧코드화하지도 그것들을 초월하지도 않으며, 그와는 반대로 언표들이 기표작용적 또는 주체적 성좌들

너무 성급한 해석적 환원에 대해 이의를 제기하는 것 같다. "Fantasme originaire……", *Temps modernes*, 215호, 1964년 4월호, p. 1861, 1868.

55 E. 벤베니스트의 인칭론적 또는 주체론적 언어관을 참조할 것. *Problèmes de linguistique générale*, 20장(「언어 속의 주체성」)과 21장(「분석 철학과 언어」), 특히 pp. 255, 261.

56 모리스 블랑쇼의 핵심적인 텍스트들은 언어학에서 "연동소" 이론과 인칭이론을 논박하는 데 큰 도움이 된다. *L'entretien infini*, Paris : Gallimard, 1969, pp. 556~567을 참고. 또 "나는 불행하다"와 "그는 불행하다" 또는 "나는 죽는다"와 "사람은 죽는다"라는 두 명제간의 차이에 대해서는 *La part du feu*, Paris : Gallimard, 1949, pp. 29~30 및 *L'espace littéraire*, Paris : Gallimard, 1955, pp. 105, 155, 160~161[영역본 : *The Space of Literature*, trans. Ann Smock, Lincoln : University of Nebraska Press, 1982, pp. 90, 122, 126]을 참조하라. 블랑쇼는 이 모든 경우에 부정어는 "진부한 일상"과는 전혀 무관하며, 진부한 일상은 차라리 인칭 대명사 쪽에 있다는 것을 보여준다.

의 폭정 하에서, 텅 빈 잉여들의 체제 하에서 흔들리지 않도록 해준다. <그, 그것>이 분절하는 표현의 사슬들에 대응하는 내용들은 일들 및 사건들의 극대치와 관련해서 배치된다. "그들은 운명처럼 온다……." "그들은 어디서 온 것일까, 어떻게 여기까지 침투해 온 것일까?"[57] — <그, 그것> 또는 누군가, 부정관사, 고유 명사, 부정법 동사. 어떤 한스 되다 말, 늑대라고 불리는 어떤 무리 보다 그, 사람들이 죽다, 말벌 만나다 서양란, 그들 이르다 훈족. 이것들은 고른판 위에 있는 벼룩시장 광고문들, 전보문 형태의 기계들이다(여기서 한시[漢詩]의 기법들과 일급 주석가들이 제안한 번역 규칙들이 생각난다).[58]

어느 판 짜는 자[59]의 회상 — 아마도 두 가지 판 또는 판을 착상하는 두 가지 방법이 있을 것이다. 판은 숨겨진 원리일 수 있다. 즉 그것은 보이는 것을 보여주고 들리는 것을 듣게 해주는 등 매순간 주어진 것을 특정한 상태와 특정한 계기에서 주어지게 해주는 원리일 수 있는 것이다. 그러나 판 자체는 주어지지 않는다. 판은 본성상 숨겨져 있다. 우리는 판이 (동시에 또는 순차적으로, 공시적으로 또는 통시적으로) 제공한 것에서 출발해서 판을 추론해내고 귀납하고 결론을 이끌어낼 수 있을 뿐이다. 실상 이러한 판은 조직의 판일 뿐만 아니라 전개의 판이기도 하다. 그것은 구조적이거나 발생적이며, 동시에 그 둘, 구조와 발생,

57 [인용의 앞부분은 니체로부터, 뒷부분은 카프카로부터 인용했다. 제12편 p. 675에서 더 완벽한 인용문을 찾아볼 수 있다. 카프카로부터의 인용은 약간 변형된 형태이다]

58 예를 들면 프랑수아 쳉(François Cheng), *L'écriture poétique chinoise*, Paris : Ed. du Seuil, 1977[영역본 : *Chinese Poetic Writing*, trans. Donald A. Riggs and Jerome P. Seaton, Bloomington : Indiana University Press, 1982]를 참조할 것. 쳉이 말하는 "수동적 절차"에 대한 분석은 pp. 30이하[영역본 : pp. 23～42]를 참조할 것.

59 [planificateur라는 말은 "판을 짜는 자"뿐만 아니라 "도면을 그리는 자", "구상을 하는 자" 등 plan이 가진 여러 의미에 대응되는 의미들을 지닌다]

즉 전개를 지닌 형식화된 조직들이라는 구조적 판, 조직을 지닌 진화적 전개들이라는 발생적 판이다. 이것들은 판에 관한 첫번째 착상 안에 들어 있는 뉘앙스들일 뿐이다. 그리고 이 뉘앙스들을 과대평가한다면 이보다 훨씬 중요한 문제를 파악하지 못하게 될 것이다. 이런 식으로 착상되거나 이런 식으로 만들어진 판은 형식의 발전과 주체의 형성과 여러 모로 관련되어 있다는 점을 말이다. 형식에는 숨겨진 구조가 필수적이며, 주체에는 비밀스런 기표가 필수적인 것이다. 그렇기 때문에 필시 판 자체는 주어지지 않는다. 결국 판은 그것이 제공하는 것의 보충적인 차원(n+1)에서만 존재할 수 있다. 따라서 이 판은 목적론적 판이자 하나의 구상(dessein), 정신적 원리이다. 그것은 초월성의 판이다. 그것은 유비의 판이다. 왜냐하면 그것은 때로는 전개에 있어 탁월한 항을 지정하며, 때로는 구조라는 비율적 관계들을 설립하기 때문이다. 그것은 신의 정신 속에 있을 수도 있으며, 생명, 영혼, 언어 등의 무의식 속에 있을 수도 있다. 그것은 항상 자신의 고유한 결과들로부터만 귀결된다. 그것은 항상 추론에 의해 이끌어내진다. 설사 내재적이라고 얘기된다 하더라도 그것은 그저 부재에 의해서만, 유비적으로(은유적으로, 환유적으로 등)만 내재적일 뿐이다. 나무는 씨앗 속에 주어져 있다. 하지만 주어지지 않은 판과 관련해서만 그렇다. 음악의 경우에도 마찬가지다. 조직이나 전개의 원리는 자신을 전개하거나 조직하는 것과 직접적인 관계를 맺으면서 자기 자신에게 나타나지는 않는 것이다. 음이 아닌 즉 그 자체로 자신에게는 "들리지" 않는 초월적인 작곡(compositionnel) 원리가 존재하는 것이다. 따라서 온갖 연주(interprétations)가 허용되는 것이다. 형식들과 형식들의 전개, 주체들과 주체들의 형성은 초월적 통일성이나 숨겨진 원리로서 작용하는 하나의 판을 가리키고 있다. 판은 언제건 묘사될 수 있다. 하지만 어디까지나 별도의 부분으로서, 그것이 제공하는 것 안에 주어지지 않는 부분으로서 그럴 뿐이다. 가령 발자크나 프루스트조차 자신의 작품의 조직의 판과 전개의 판을 메타언어로 묘사하듯이 묘사하고 있지 않은가? 그러나 슈톡하우젠(Stockhausen)은 음 형식의 구조를 들리도록 만들지 못했기 때문에 이 구조를 이른바 형식의 "곁에 있는 것"으로 묘사할 필요가 없었던 것이 아닐까? 삶이라는 판, 음악이라는 판, 글쓰기라는 판, 이들은 비슷하다. 이러한 판은 특정한 판으로 주어질 수 없으며, 이 판이 전개하는 형식들과 이 판이 형성하는 주체들로부터만 추론될 수 있을 뿐이다. 이 판은 이 형식들과 이 주체들을 위해 존재하는 것이기 때문이다.

그런데 이와는 완전히 다른 판이, 또는 판에 관한 완전히 다른 착상이 있다. 거기에는 형식이나 형식의 전개는 없으며, 주체와 주체의 형성도 없다. 발생은 물론이거니와 구조도 없다. 형식을 부여받지 않았거나 최소한 상대적으로 형식을 부여받지 않은 요소들 간에, 온갖 종류의 분자들과 입자들 간에 운동과 정지, 빠름과 느림의 관계가 있을 뿐이다. 존재하는 것은 <이것임>들, 변용태들, 주체 없는 개체화들뿐이며, 이것들은 집합적 배치물들을 구성한다. 아무 것도 자신을 전개하지 않는다. 사물들은 늦거나 빨리 오며, 이들의 속도의 합성에 따라 특정한 배치물을 형성한다. 아무 것도 자신을 주체화하지 않는다. 주체화되지 않은 역량들이나 변용태들의 합성에 따라 <이것임>들이 형성되는 것이다. 경도와 위도, 속도와 <이것임>만을 알고 있는 이러한 판은 (조직의 판과 전개의 판에 대립되는) 고른판 또는 조성의 판이라고 불린다. 이것은 필연적으로 내재성의 판이고 일의성의 판이다. 따라서 우리는 자연과 아무런 관계는 없지만 이것을 <자연>의 판이라고 부르기로 한다. 왜냐하면 이 판은 자연적인 것과 인공적인 것 사이에 어떤 구별도 하지 않기 때문이다. 차원들이 아무리 증가하더라도 이 판은 그 위에서 일어나는 것에 대해 아무런 보조적 차원도 갖지 않는다. 바로 그렇기 때문에 이 판은 자연적이며 내재적이다. 모순율의 경우도 마찬가지이다. 즉 그것은 비모순율이라고 불릴 수도 있는 것이다. 고른판(plan de consistance)은 안-고른판(de non-consistance)으로도 부를 수 있는 것이다. 그것은 정신적인 구상(dessein)이 아니라 추상적인 소묘(dessin)와 관련된 기하학적 판(=도면)이다.[60] 그것은 [거기서] 일어나는 것과 더불어 끊임없이 차원이 증가하지만, 결코 판으로서의 특성(planitude)은 잃어버리지 않는 판이다. 따라서 그것은 번식, 서식, 전염의 판이다. 그러나 재료의 이러한 번식은 진화나 형식의 전개 또는 형태들의 계통 관계와는 아무런 관계도 없다. 나아가 그것은 하나의 원리로 소급될 수 있는 퇴행도 아니다. 반대로 그것은 역행으로, 거기에서 형태는 끊임없이 용해되어 시간과 속도를 해방시켜 준다. 그것은 고정판, 즉 음(音)적인, 시각적인, 글쓰기적인…… 고정판이다. 여기서 <고정>은 <부동>을 의미하는 것이 아니다. 고정이란 정지뿐 아니라 운동의 절대적 상태로, 이 위에서는 상대적인 온갖 빠름과 느림만이 모습을 드러낼 뿐 다른 것들은 모습을 드러내지 않는다. 몇몇 현대 음악가들은 서양 고전 음악 전체를 지배했다고 여겨지는 초월적인 조직의 판에 내재적인 음의 판을 대립시킨다. 이러한 내재적인 음의 판은 그 판이 제공하는 것과 함께 언제나 주어지며, 지각 불가능한 것을 지각하게 해주고, 단지 미분적 빠름과 느림만을 일종의 분자적인 찰랑거림 소리 속으로 데려간다. **예술 작품은 몇 초, 십 분의 일초, 백 분의 일초를 표시해야만 한다.**[61] 또는 문제는 불레즈가 말하는 유동하는 음악, 즉 형식들이 순수한 속도 변화에 자리를 양보하는 전자 음악에 있는 시간의

60 [불어의 dessein과 dessin은 발음("데생")은 같으나 의미는 다르다. 일본어는 "의도"와 "도면"으로, 독일어는 Entwurf(초안)와 Skizze(스케치)라고 옮기고 있으며, 영어는 둘 다 design으로 옮기고 있다]

61 이른바 "반복적인" 미국 음악가들, 특히 스티브 라이히(Steve Reich)와 필 글라스(Phil Glass)의 선언을 참조할 것.

해방, 아이온, 박동하지 않는 시간이다. 구조와 발생에 맞서 과정을 긍정하고, 박동하는 시간 또는 템포에 맞서 유동하는 시간을 긍정하고, 모든 해석에 맞서 실험을 긍정하는 이 고정판 — 그리고 여기서는 음의 정지로서의 침묵이 운동의 절대 상태를 나타낸다 — 을 가장 완전하게 펼쳐 보여준 최초의 인물은 분명 존 케이지(John Cage)이다. 시각적인 고정판에 대해서도 같은 이야기를 할 수 있다. 예컨대 고다르는 형태들이 용해되어 합성된 운동들 간의 미세한 속도 변화들만이 보이게 되는 이 상태로 영화의 고정판을 실제로 가져간다. 나탈리 사로트는 글쓰기의 판을 둘로 명확하게 구별할 것을 나름대로 제안한다. 형식들(장르, 테마, 모티프)을 조직하고 발전시키고, 주체들(인물, 성격, 감정)을 정하고 진화하게 만드는 초월적인 판이 그 하나이다. 또한 이것과는 완전히 다른 판이 있다. 이 판은 익명의 물질의 입자들을 해방시키고, 형식들과 주체들의 "싸개(enveloppe)"를 가로질러 이 입자들을 소통시키고, 이 입자들 사이에 오직 운동과 정지, 빠름과 느림의 관계, 유동하는 변용태들 간의 관계만을 간직하기 때문에, 결국 이 판은 우리에게 지각 불가능한 것을 지각하게 해주는 동시에 그 자신이 지각된다(미시-판, 분자적인 판[62]). 따라서 잘 정초된 추상의 관점에서 우리는 이 두 판이, 판에 대한 이 두 가지 착상이 분명하게 그리고 절대적으로 대립되는 것처럼 보이게 만들 수 있다. 이러한 관점에서 다음의 두 유형의 명제는 전혀 다르다고 말할 수 있을 것이다. 1) 추론될 수 있을 뿐인

62 나탈리 사로트는 *L'ère du soupçon*[독역본 : *Zeitalter des Argwohns*, übers. von Kyra Stromberg, Köln, 1963. 영역본 : *The Age of Suspicion*, trans. Marie Jolas, New York : Braziller, 1963]에서 가령 프루스트가 인물들에게서 "만질 수 없을 정도로 미세한 물질의 극히 미세한 작은 조각들"을 추출해내는 동시에 그것의 모든 입자들을 전부 골라 모아 일관된 형식으로 만들어 특정한 인물의 외관에 슬그머니 밀어 넣는다는 점에서 그가 어떻게 두 개의 판으로 갈라지는지를 보여주고 있다. pp. 52, 100[독역본 : S. 29ff., 60ff., 70. 영역본 : pp. 50, 94~95] 참조.

판과 관련해서 형식들은 전개되고 주체들은 형성된다(조직과 발전의 판). 2) 자신이 제공하는 것과 동시에 필연적으로 주어지는 판과 관련해서, 형식을 부여받지 않은 요소들 사이에는 빠름과 느림만이, 주체화되지 않은 역량들 사이에는 변용태들만이 존재한다(고른판 또는 조성의 판).[63)]

19세기 독일 문학을 장식한 중요한 세 가지 사례, 즉 횔덜린, 클라이스트, 니체를 살펴보자 — 먼저 로베르 로비니가 분석했던 대로 횔덜린에게서 나타나는 『휘페리온』의 비범한 구성이 있다. 이 작품에서는 서로 다른 두 가지 방식으로 "이야기의 틀"(판)과 거기에서 일어나는 일의 세부 사항(배치들 및 상호-배치들)을 동시에 구성하는 계절 유형의 <이것임>들이 중요하다.[64)] 하지만 계절이 지나가면서, 그리고 다른 해의 같은 계절이 중첩되면서 형태들과 인물들이 용해되고 운동들, 빠름들, 지연들, 변용태들이 배출된다. 마치 이야기가 진전됨에 따라 만질 수 없는 물질에서 뭔가가 빠져나오기라도 하는 것처럼. 그리고 아마도 "현실-정치"와의 관계, 전쟁 기계와의 관계, 불협화음을 내는 음악 기계와의 관계도 존재한다.

두번째로, 클라이스트. 그에게서는 삶뿐만 아니라 글쓰기에서도 모든 것이 빠름과 느림이 된다. 긴장증, 극한적인 속도, 소실, 화살 등의 연이음. 말 위에서 잠자기, 질주하기. 소실을 위해, 공(空)을 뛰어 넘으면서 하나의 배치에서 다른 배치로 도약하기. 클라이스트는 "생의 판

63 아르토에게서 두 <판>의 구별을 참조할 것. 그 중 하나는 모든 환상의 원천으로 비난받는다. *Les Tarahumars*, Œuvres complètes, IX, pp. 34~35[독역본 : *Die Tarahumaras. Revolutionäre Botschaften,* übers. von Brigitte Weidmann, München, 1975, S. 29~30. 영역본 : *The Peyote Dance*, trans. Helen Weaver, New York : Farrar, Straus and Giorux, 1976, pp 12~13].

64 Friedrich Hölderlin, *Hypérion*에 붙인 로베르 로비니(Robert Rovini)의 서문, Paris : 10~18, 1968.

들"을 증가시키지만, 그러나 그의 공백, 실패, 도약, 지진, 페스트 등을 포함하는 것은 항상 하나의 동일한 판이다. 그리고 이 판은 조직의 원리가 아니라 운송 수단이다. 어떠한 형식도 전개되지 않으며, 어떠한 주체도 형성되지 않는다. 오히려 변용태들이 이동하며, 생성들이 번쩍 솟아올라 아킬레우스의 여성-되기나 펜테실레이아의 개-되기처럼 블록을 만든다. 클라이스트는 어떻게 형식들과 인칭들이 외관에 지나지 않는가, 추상적인 선 위에서의 중력 중심의 이동과 내재성의 판 위에서의 이 선들의 접합접속에 의해 생산된 외관에 지나지 않는가를 아주 놀랍게 설명했다. 클라이스트에게 곰은 매혹적인 동물처럼 보인다. 곰들은 결코 기만할 수 없다. 작고 잔인한 눈으로 외관 뒤에서 진정한 "운동의 영혼", 즉 심정(Gemüt) 또는 비주체적 변용태를 보기 때문이다. 클라이스트의 곰-되기. 죽음조차도 각기 속도가 다른 기본적 반응들의 교차라고 생각할 수밖에 없다. 두개골이 파열한다, 클라이스트는 이러한 강박관념에 사로잡혀 있다. 국가에 저항하기 위해 동원되는 전쟁 기계가, 회화나 "그림"에 저항하기 위해 동원된 음악 기계가 클라이스트의 작품 전체를 가로지르고 있다. 괴테와 헤겔이 이처럼 새로운 글쓰기를 증오했다는 것은 이상하다. 괴테나 헤겔에게서 판은 <형식>의 조화로운 전개 그리고 인물이나 성격 같은 <주체>의 규제된 형성과 분리하기 어렵게 연관된 것이어야만 하기 때문이다(감정 교육, 성격의 내적이고 실질적인 견고함, 형식들의 조화 또는 유비, 그리고 전개의 연속성, 국가 숭배 등). 그들은 <판>에 관해 클라이스트와는 정반대의 착상을 했던 것이다. 클라이스트의 반-괴테주의, 반-헤겔주의. 그리고 횔덜린도 이미 그러했다. 사실상 고정판과 비슷한 순수한 "정지된 과정"을 수립하는 동시에 중심 성격의 전개를 온통 가로막는 공백들과 도약들을 도입하고, 감정의 커다란 혼란을 야기하는 변용태들의 폭력을 동원했다고 해서 괴테는 클라이스트를 비난했는데, 이때 괴테는 본

질적인 면을 보았던 셈이다.[65]

니체 또한 다른 수단을 가지고 같은 일을 한 셈이다. [니체에게는] 어떠한 형식의 전개도 어떠한 주체의 형성도 없다. 니체가 바그너를 비난한 것은 화성(和聲)의 형식, 교육적 인물들, "성격들"을 너무 많이 간직했다는 이유에서였다. 즉, 헤겔과 괴테의 잔재가 너무 많았던 것이다. 비제는 그 반대로…… 라고 니체는 말했다. 우리가 보기에 니체에게서 문제는 단편 형식의 글쓰기가 아니었다. 오히려 빠름과 느림이 문제였던 것이다. 빠르게 또는 느리게 쓰는 것이 아니라, 글쓰기와 그 밖의 다른 모든 것이 입자들 간의 빠름과 느림의 생산이 되는 것. 어떠한 형식도 여기에 저항하지 못하고, 어떠한 성격이나 주체도 여기서 살아남지 못한다. 차라투스트라는 빠름과 느림만을 가지고 있으며, 영원회귀와 영원 회귀의 삶은 박동하지 않는 시간의 최초의 구체적인 커다란 해방이다. 『이 사람을 보라』는 <이것임>들에 의한 개체화들만을 갖고 있다. 이렇게 착상된 <판>은 항상 반드시 실패하지만 실패들은 이 판의 통합적 부분을 형성한다. 이 점에 관해서는 『권력 의지』를 위한 많은 판(plan=계획)을 참조할 것. 사실 하나의 아포리즘이 주어지면 그것의 배치를 진정으로 바꾸고, 하나의 배치에서 다른 배치로 도약하게 하는 빠름과 느림의 새로운 관계들을 그것의 요소들 사이에 도입하는 것이 가능하며, 심지어 필수적이다(따라서 단편 형식이 문제는 아닌 것이다). 케이지의 말대로 판이 실패하는 것이 판 자체에 속하는 것이다.[66] 바로 그러니까 그것은 조직, 전개 또는 형성의 판이 아니라 비의

65 우리는 마티외 카리에르(Mathieu Carrière)의 미발간 클라이스트 연구서를 참고했다 [Mathieu Carrière, *Für eine Literatur des Krieges, Kleist*, Basel-Frankfurt, 1984를 참고].

66 "그럼 당신의 두번째 책의 제목인 *A Year From Monday*는 어디서 유래했습니까?" — "몇몇 친구들과 제가 "다음주 월요일부터 일년 후"에 멕시코에서 다시 만나기로 한 계획에서 온 것입니다. 우리는 토요일에 모였지요. 우리는 계획을 이룰 수 없었습니다. 그것은 침묵의 한 형태죠. …… 우리 계획이 실패했다는 것, 우리가 만나지 못했다는 것이,

지적 변모의 판이기 때문이다. 또는 불레즈의 말처럼, "테이프를 재생할 때마다 다른 시간적 특성이 나타나도록 기계를 프로그램하라."[67] 이럴 때 삶의 판, 글쓰기의 판, 음악의 판 등 [모든] 판은 실패할 수밖에 없다. 판에 충실하기는 불가능하기 때문이다. 그러나 실패들은 판의 일부를 이룬다. 판은 그것이 매번 펼치는 것의 차원들과 더불어 커지거나 축소되기 때문이다(n차원을 갖는 판으로서의 특성). 한꺼번에 전쟁, 음악, 전염-증식-역행 등의 기계인 이상한 기계.

그렇다면 두 종류의 판 간의 대립은 여전히 추상적인 하나의 가설과 결부되는 것일까? 사람들은 감지할 수 없는 정도로 조금씩, 알지 못하는 채로 아니면 사후에만 알게 되면서 하나의 판에서 다른 판으로 끊임없이 이행한다. 또한 사람들은 하나의 판 위에 다른 판을 끊임없이 재구축하거나 하나의 판에서 다른 판을 끊임없이 추출해낸다. 예컨대 떠다니는 내재성의 판을 표면에서 자유롭게 노닐게 내버려 두는 대신 <자연>의 깊숙한 곳에 처박아 넣고 묻어버린다면 그것만으로도 판은 다른쪽으로 옮겨가, 조직의 관점에서 보면 유비의 원리일 수밖에 없으며 전개의 관점에서 보면 연속의 법칙일 수밖에 없는 토대의 역할을 한다.[68] 조직과 전개의 판은 우리들이 성층 작용이라고 부른 것을 효

모든 것이 실패했다는 걸 의미하는 건 아닙니다. 그 계획은 실패가 아니었습니다"(John Cage, *Pour les oiseaux*, entretiens avec D. Charles, Belfond, p. 111[영어 원본 : John Cage and Diniel Charles, *For the Birds*, Boston : Marion Boyers, 1981, pp. 116~117. 독역본 : *Für die Vögel. John Cage im Gespräch mit Daniel Charles*, übers. von Birger Ollrogge, Berlin, 1984, S. 138~139]).

67 [P. Boulez, *Wille und Zufall*, S. 79]

68 우리가 괴테를 초월적 판의 예로 간주할 수 있었던 것은 바로 이 때문이다. 하지만 통상 괴테는 스피노자적이라고 통한다. 식물학과 동물학 분야에서 괴테의 연구는 내재적인 조성의 판을 드러내는데, 이것 때문에 괴테는 생-틸레르에 가깝다고 생각된다(이러한 유사성은 종종 지적되었다). 하지만 괴테가 <형태>의 발전과 <주체>의 교육-형성이라는 이중 관념을 항상 고수한다는 사실은 변함이 없다. 바로 이것 때문에 그의 내재성의 판은 이미 다른쪽으로, 다른쪽 극으로 이행하게 된다.

과적으로 덮고 있기 때문이다. 즉 형식들과 주체들, 기관들과 기능들은 "지층" 또는 지층 간의 관계인 것이다. 이와는 반대로 고른판, 내재성의 판, 또는 조성의 판은 모든 <자연>의 탈지층화를 내포하며, 여기에는 가장 인공적인 수단에 의한 탈지층화마저도 포함되어 있다. 고른판은 기관 없는 몸체이다. 순수한 변용태들이 탈주체화의 사업을 내포하는 것처럼 고른판 위에서 나타나는 것과 같은 관계들, 즉 입자들 간의 빠름과 느림이라는 순수한 관계들은 탈영토화의 운동들을 내포한다. 게다가 고른판은 이 판을 펼치는 탈영토화의 운동들보다 앞서 존재하지 않으며, 이 판을 그리고 이 판을 표면으로 올려 보내는 도주선들 및 이 판을 조성하는 생성들보다 앞서 존재하지 않는다. 그래서 조직의 판은 고른판 위에서 끊임없이 활동하면서, 항상 도주선들을 봉쇄하려 하고, 탈영토화의 운동들을 저지하고 차단하려 하며, 그 운동들을 무겁게 하고, 재지층화하고, 깊이에서 형식들과 주체들을 재건하려 한다. 그리고 역으로, 고른판은 끊임없이 조직의 판을 빠져나가고, 입자들을 지층 밖으로 풀려나가게 하고, 빠름과 느림을 이용해 형식들을 교란시키고, 배치물들, 미시-배치물들의 힘을 이용해 기능들을 부순다. 그러나 여기서도 역시 고른판이 순수한 소멸의 판 또는 죽음의 판이 되지 않기 위해서는, 그리고 역행이 미분화 상태로 퇴행하지 않기 위해서는 신중함이 필요하다. 재료들, 변용태들, 배치물들을 뽑아내기 위해서는 최소한의 지층들, 최소한의 형식들과 기능들, 최소한의 주체들을 남겨둬야만 하는 것이 아닐까?

그래서 우리는 두 판을 두 개의 추상적인 극으로서 대립시켜야만 한다. 가령 음의 형식들과 그 전개에 기초한 서양 음악의 초월적인 조직 판에 대립되는 것은 빠름과 느림, 운동과 정지로 만들어진 동양 음악의 내재적인 고른판이다. 그러나 구체적인 가설을 따르면, 서양 음악의 생성 전체, 음악의 생성 전체는 최소한의 음의 형식들, 나아가 최소한의 화음과 선율의 기능들을 내포하며, 사람들은 그것들을 아주 최소로 줄여주는 빠름과 느림을 그것들을 가로질러 지나가게 한다. 베토벤은 서너 개의 음만 가진 비교적 빈약한 주제를 갖고 가장 놀라운 다성적인 풍부함을 생산한다. 형식의 분해(역행)일 따름인 물질적 증식이 존재하며, 이 모든 것은 형식의 연속적 전개를 동반한다. 아마 슈만의 천재성은 물질적·정서적으로 변용되는 빠름과 느림의 관계를 위해서만 형식을 전개하는 가장 놀라운 경우를 보여준다. 음악은 자신의 형식들과 모티프들에 증대나 감소, 지연과 가속 등 시간적 변형들을 끊임없이 가해 왔지만 이러한 변형들은 조직의 법칙, 나아가 전개의 법칙에 따라서만 행해지는 것은 아니다. 팽창하거나 수축하는 미세-음정들(micro-intervalles)이 코드화된 음정들 속에서 노닌다. 바그너와 그의 후계자들은 음의 입자들 간의 속도의 변주를 이보다 더 해방시키게 된다. 라벨과 드뷔시는 빠름과 느림 아래에서 형식을 파괴하고 변용하고 수정하기 위해 필요한 만큼만 형식을 남겨둔다. 『볼레로』는 형식을 파열로 이끌기 위해 최소한의 형식을 보존하는 기계적 배치물의 전형으로, 거의 캐리커쳐라 할 수 있다. 불레즈는 작은 모티프들의 증식, 작은 음표들의 축적 등에 대해 말한다. 이것들은 운동학적·변용태적으로 진행하며, 형식에 속도의 지시를 첨가하면서 단순한 형식을 운반하고, 내적으로 단순한 형식적 관계들로부터 극단적으로 복잡한 역학적 관계들을 산출하는 것을 허용한다. 심지어 쇼팽의 루바토[69]는 재생산될 수 없다.[70] 연주될 때마다 각각 다른 시간적 특성을 보이기 때문이다. 마

69 [루바토(rubato)란 악절의 연주 속도를 박자에 얽매이지 않고 재량에 맡기는 리듬의 표시]

70 이 모든 점들(증식-용해, 축적, 속도의 표시, 역학적 역할과 변용적 역할)에 대해서는 Pierre Boulez, *Par volonté et par hasard*, pp. 22~24, 88~91[독역본 : S. 15ff., 76~80. 영역본 : pp. 21~22, 68~71]을 참조할 것. 다른 텍스트에서 불레즈는 바그너의 오인된 면모를 강조한다. 즉 라이트모티프가 무대 인물에 대한 종속으로부터 해방되어 있을 뿐

치 다양한 속도를 갖는 막대한 고른판이 형식들과 기능들, 형식들과 주체들을 끊임없이 연결시켜, 그것들로부터 입자들과 변용태들을 뽑아내기라도 하는 것 같다. 다종다양한 속도들을 제공하는 하나의 시계.

소녀란 무엇인가, 소녀들의 집단이란 무엇인가? 적어도 프루스트는 이 물음에 대한 결정적인 답을 제시했는데, 그에 따르면 소녀의 개체화(집단적 개체화이건 개인적 개체화이건)는 주체성에 의해서가 아니라 <이것임>에 의해, 순수한 <이것임>에 의해 이루어진다. "달아나는 존재들." 이들은 빠름과 느림의 순수한 관계일 뿐, 그 밖의 어떤 것도 아니다. 소녀는 빠름에 의해 늙는다. 그녀를 기다리는 사람의 상대적 시간과 비교해 보면 소녀는 너무 많은 것을 행했고, 너무 많은 공간을 가로질렀다. 그래서 소녀의 외관상의 느림은 우리들의 기다림의 미친 빠름으로 변형된다. 이 점에 관해서, 그리고 『잃어버린 시간을 찾아서』 전체에 대해서 스완은 결코 화자의 입장에 있지 않다고 말해야만 한다. 스완은 화자의 초안이나 선구자가 아니며, 설사 그렇더라도 그것은 이차적으로만, 드문 경우에만 그러하다. 이 두 사람은 전혀 같은 판 위에 있지 않다. 스완은 끊임없이 주체, 형식, 주체들 간의 유사성, 형식들 간의 일치라는 견지에서 생각하고 느낀다. [예컨대] 그에게 오데트의 거짓말은 그것의 주체적 내용이 발견되어야만 하는, 따라서 아마추어 탐정의 행동을 부추기는 하나의 형식이다. 그에게 뱅퇴이유의 음악은 다른 어떤 것을 떠올리고, 다른 어떤 것에 귀착하고, 회화, 얼굴 또는 풍경 등 다른 형식들을 반향해야만 하는 하나의 형식이다. 물론 화자도 스완의 흔적들을 그대로 따를 수 있지만 화자는 다른 요소 속에, 다

만 아니라 전개 속도도 "형식적 코드"나 템포의 지배로부터 해방되어 있다는 것이다("Le temps re-cherché", in *Das Rheingold Programmheft*, I, Bayreuth, 1976 pp. 3~11. 불레즈는 프루스트가 최초로 이같은 바그너적 모티프들의 변형적이고 유동적인 역할을 이해한 최초의 사람 중 하나라고 경의를 표한다.

른 판 위에 있다. 알베르틴의 거짓말은 아무런 내용도 없다. 오히려 그것은 애인의 눈에서 흘러나오는 입자의 방출과 혼동되는 경향이 있다. 이 입자는 그 자체로 유효하며, 화자의 시각적 · 청각적 장에서 너무 빨리 나아간다. 또한 이 분자적 속도는 정말로 견딜 수가 없는데, 왜냐하면 그것은 알베르틴이 그러고 싶은 그리고 이미 그러한 거리, 근방을 내포하고 있기 때문이다.[71] 그 결과 일차적으로 화자의 태도는 조사하는 탐정의 그것이 아니라, 그와는 전혀 다른 인물인 간수의 그것이다. 어떻게 하면 속도의 지배자가 될 수 있을까, 어떻게 두통처럼 신경질적으로, 번개처럼 지각적으로 속도를 견딜 수 있을까, 알베르틴을 위한 감옥은 어떻게 만들 수 있을까? 스완에서 화자로 갈 때 질투가 동일하지 않다면, [이들에게서] 음악의 지각은 더더욱 동일하지 않다. 뱅퇴이유는 점차 유사한 형식들과 비교 가능한 주체들에 따라 파악되는 것을 멈추고, 변주되는 고른판 — 음악과 『잃어버린 시간을 찾아서』의 판이기도 한 — 위에서 짝을 짓는 경이로운 빠름과 느림을 취하게 된다 (마치 바그너의 모티프가 형식의 모든 고정과 인물들의 모든 지정을 포기하듯이 말이다). 사물들의 흐름을 재영토화하려는(오데트를 하나의 비밀로, 회화를 하나의 얼굴로, 음악을 불로뉴 숲으로 재영토화하려는) 스완의 필

71 빠름과 느림이라는 주제는 특히 『사로잡힌 여자』(『잃어버린 시간을 찾아서』 제3권)에서 전개된다. "도망치는 자들이 야기하는, 그리고 훨씬 더 아름다운 다른 사람들은 결코 야기할 수 없는 정서를 이해하려면 우리는 이들이 부동의 존재가 아니라 움직이고 있다는 것을 계산해야 하며, 또 그들의 용모에 물리학에서 속도를 표시하는 기호와 상응하는 어떤 기호를 덧붙여야만 한다. (……) 이러한 자들, 이러한 도주자들에게 이들의 본성과 우리의 불안이 날개를 달아주는 것이다"[독역본 : *Auf der Suche nach der verlorenen Zeit*, übers. von E. Rechel-Mertens, Bd. 9, Frankfurt, 1976, S. 120 & 122. 영역본 : *Remembrance of Things Past*, trans. C. K. Moncrieff, Terence Kilmartin, and Andreas Mayor, New York : Random House, 1981, pp. 86～87, 88. 위상 공간에서 점 p를 포함한 개집합이 임의의 집합에 포함될 때 이 임의의 집합을 p의 "근방"이라고 부른다. '근방'에 대해서는 제3편의 각주30 참조].

사적인 노력은 가속된 탈영토화의 운동, 추상적인 기계의 선형적인 가속으로 대체되어 모든 것을 용해시키고 죽음에 빠지게 할 위험을 무릅쓰고 <작품>에 자양분을 제공할 점점 더 강해지는 계수에 따라 얼굴들과 풍경들을, 다음엔 사랑을, 그 다음엔 질투를, 그 다음엔 그림을, 그 다음엔 음악 자체를 데려가는 것 같다.[72] 왜냐하면 아무리 부분적인 승리가 많더라도 결국 화자는 계획과는 달리 실패할 것이기 때문이다. 그의 계획은 시간을 되찾는 것도, 기억을 지배하는 것도 아니고, 단지 자신의 천식의 리듬에 맞춰 속도의 지배자가 되는 것이었다. 그것은 소멸에 맞서는 것이었다. 물론 다른 출구도 가능했다. 또는 프루스트는 그것을 가능하게 만들었다.

어느 분자의 회상 ― 동물-되기는 수많은 되기의 한 가지 사례에 지나지 않는다. 우리는 되기의 여러 절편들 안에 자리하고 있으니, 이 절편들 사이에 일종의 순서나 외관상의 진보 같은 것을 설정할 수 있을 것이다. 우선 여자-되기와 아이-되기, 그 다음 동물-되기, 식물-되기, 광물-되기, 끝으로 온갖 종류의 분자-되기, 입자-되기. 섬유들은 문들과 문턱들을 가로지르면서 이것들을 서로 데려가고 서로 변형시킨다. 노래하기, 작곡하기, 그리기, 글쓰기는 아마도 이 생성들을 풀어놓는 것 이외의 다른 목적은 갖고 있지 않을 것이다. 특히 음악이 그러하다. 목소리의 층위(영국식 발성법, 이탈리아식 발성법, 카운터테너, 카스트라토)뿐만 아니라 주제나 모티프의 층위(작은 리토르넬로, 론도, 유년기의 장면, 아이의 놀이들)에서도 철저한 여성-되기, 아이-되기가 온통 음악을 가로지르고 있는 것이다. 악기 편성과 교향악 편성에는 동물-되기가, 무엇보다 새-되기가 관통하고 있지만 그밖에 다른 수많은 되기들

72 [이 문장에 나오는 "노력"은 원문에는 effets로 표기되어 있으나 efforts의 오자인 듯싶다]

도 관통하고 있다. 찰랑거리는 물결 소리, 갓난아이의 가냘픈 울음소리, 분자적인 날카로운 소리 등이 처음부터 거기에 있었다. 물론 악기의 발전에 그 밖의 다른 요인들이 추가되어 오늘날 이러한 것들은 순수하게 음악적인 내용(음의 분자, 입자들 간의 빠름과 느림의 관계들 등)의 관점에서 새로운 문턱의 가치로서 점점 더 중시되고 있기는 하다. 이리하여 동물-되기는 분자 되기에 합류한다. 그리하여 온갖 물음이 제기된다.

어떤 면에서는 다음과 같은 결말에서부터 시작해야 한다. 즉, 모든 생성은 이미 분자적이다. 생성은 무엇인가를 또는 누군가를 모방하거나 그것들과 동일해지는 것이 아니다. 생성은 형식적 관계들의 비율을 맞추는 것도 아니다. 주체의 모방이나 형식의 비율관계라는 유비의 두 가지 형태 모두 생성에는 어울리지 않는다. 생성은 누군가가 가진 형식들, 누군가가 속해 있는 주체, 누군가가 소유하고 있는 기관들, 또 누군가가 수행하고 있는 기능들에서 시작해서 입자들을 추출하는 일이다. 그리고 우리는 이 입자들 사이에 운동과 정지, 빠름과 느림의 관계들을, 누군가가 지금 되려고 하는 것에 가장 가까우며 그것들을 통해 누군가가 생성하는 그런 관계들을 새로이 만들어낸다. 바로 이런 의미에서, 생성은 욕망의 과정이다. 이 근접성(proximité) 또는 근사성(approximation)의 원리는 아주 특별한 것으로, 이것은 그 어떤 유비도 다시 끌어들이지 않는다. 이 원리는 가능한 한 가장 엄밀하게 어떤 입자의 근방역(近傍域) 또는 공동-현존의 지대를 가리키며, 어떤 입자든지 이 지대에 들어올 때 취하게 되는 운동을 가리킨다. 루이스 올프손은 이상한 사업에 투신한다. 정신분열자로서, 그는 모국어의 각 문장을 가능한 한 빠르게 음과 의미가 비슷한 외국어 단어로 번역한다. 거식증 환자로서, 그는 냉장고로 뛰어가, 깡통을 열고, 내용물을 낚아채서는 가능한 한 빠르게 그것을 입에 쑤셔 넣는다.[73] 올프손이 외국어에서 그에게 필요한 "변장된" 단어들을 빌려온다고 믿는 것은 잘못일 것이다. 오히려 그는 모국어에서 더 이상 모국어의 형식에 속할 수 없는 언어의 입자들을 떼어낸다. 마치 음식에서 이제는 더 이상 형식화된 음식적 실체들에 속하지 않는 영양적 입자들을 떼어내듯이 말이다. 이 두 종류의 입자들은 근방에 들어간다. 다음과 같이 말할 수도 있다. 이러한 입자들이 특정한 근방역에 들어가기 때문에 특정한 운동과 정지의 관계들을 취하는 입자들을 방출한다고. 또는 입자들이 이런 관계들을 취하기 때문에 이런 지대로 들어가는 입자들을 방출한다고. <이것임>은 분자 지대나 소립자 공간에 의존하는 짙고 옅은 안개와 분리될 수 없다. 근방은 위상수학과 양자론의 개념으로, 해당 주체들 및 규정된 형식들과 무관하게 하나의 동일한 분자에 속함을 나타낸다.

셰레와 오캉엠은 늑대-아이들의 문제를 재검토하면서 이 본질적인 지점을 뽑아내었다. 물론 여기서 아이가 "실제로" 동물이 되었다는 것과 같은 실재적인 생산은 중요하지 않다. 또 아이가 실제로 자신을 길러준 동물들을 모방했다는 것과 같은 닮음도 중요하지 않는다. 나아가 버림받거나 길을 잃은 자폐증 아이가 짐승의 "유비물"이 되었다는 것과 같은 상징적 은유 역시도 중요하지 않다. 셰레와 오캉엠은 저 잘못된 추론이 인간적 질서의 환원 불가능성을 표방하는 교양주의나 도덕주의에 근거하고 있음을 비난한다. 이들은 아이가 동물로 변형된 것은 아니기 때문에 아이는 장애나 버림받음에서 비롯된 동물과의 은유적 관계 속에만 있을 것이라는 잘못된 추론을 옳게 비난한 것이다. 두 사람은 나름대로 비규정성과 불확실성의 객관적 지대, 즉 "공통된 또는 식별 불가능한 어떤 것", 자폐아뿐 아니라 모든 아이들에게서 "동물과 인간을 나누는 경계선이 어디인지를 말할 수 없게 하는" 근방을 내세

73 Louis Wolfson, *Le Schizo et les langues*, G. Deleuze의 서문, Paris : Gallimard, 1970.

운다. 마찬가지로 아이의 세계에는 어른으로 가는 진화와는 무관하게 또 다른 생성들, 즉 "동시간적인 또 다른 가능성들"에 대한 여지가 존재한다. 이러한 생성들은 퇴행이 아니라 창조적인 역행이며, "신체 안에서 직접적으로 체험된 비인간성 그 자체"를 증언하고 있고, "프로그램된 신체 바깥에서" 이루어지는 반자연적 결혼이다. 인간이 실제로 동물이 되지 않으면서도 존재하는 동물-되기의 실재성. 이제부터 개-소년은 그의 형식적 구성의 한계 내에서 개 흉내를 내는 것일 뿐이라거나, 소년이 다른 인간 존재가 하려고 했어도 할 수 없었을 그런 개다운 행동을 한 것은 아니라고 반론해 보았자 아무 소용이 없다. 설명해야만 하는 것은 바로 모든 아이들은, 그리고 많은 어른조차도 어느 정도까지는 그런 짓을 하고 있으며, 그 동물과 더불어 오이디푸스적인 상징적 공동체보다는 오히려 비인간적인 묵인을 증언하고 있다는 점이기 때문이다.74) 풀을 먹는 아이 또는 흙이나 날고기를 먹는 아이가 거기서 자신들의 유기체에 결핍되어 있는 비타민이나 원소들만을 찾고 있다고 믿어서는 안 된다. 동물과 함께 신체를 만드는 것, 즉 강렬함의 지대들 또는 근방역들에 의해 규정되는 기관 없는 신체를 만드는 것이 문제이다. 그러면 셰레와 오캉엠이 말하는 이러한 객관적인 비규정성, 식별 불가능성은 도대체 어디서 유래하는 것일까?

예를 들어보자. 개를 모방하는 것이 아니라 다른 어떤 것을 가지고 자신의 유기체를 조성하기. 그렇게 조성된 집합으로부터, 운동과 정지

74 René Schérer et Guy Hocquenghem, *Co-ire*, *Recherches*, no. 22, 1976, p. 76~82[독역본 : *Co-ire*, Frankfurter Übersetzerkollektiv, München, 1977, S. 97~103]. <아이의 동물-되기>를 자폐증의 상징적 표현으로만 보고, 게다가 이것이 아이의 현실보다는 부모의 불안을 표현할 뿐이라고 보는 베텔하임의 명제(*La forteresse vide*, Paris : Gallimard[독역본 : *Die Geburt des Selbst*. *Fefolgreiche Therapie autistischer Kinder*, übers. von Edwin Ortmann, München, 1977. 영어본 : Bruno Bettelheim, *The Empty Fortress*, New York : Free Press, 1967])에 대한 두 사람의 비판을 참조하라.

의 관계나 입자들이 이루는 분자적 근방과 관련해서, 개가 될 입자들을 내보내는 방식으로. 물론 이때 이 다른 어떤 것은 다양하게 변할 수 있으며, 문제가 되는 동물과 얼마간은 직접 관련될 수도 있다. 이 다른 어떤 것은 동물의 천연 식량일 수도 있고(흙과 벌레), 다른 동물들과의 외적 관계들일 수도 있고(고양이들과 있으면 개가 되고, 말과 있으면 원숭이가 된다), 인간이 동물에게 강제하는 장치나 보철물일 수도 있고(부리망, 순록떼 등), 어떤 동물과 그 어떤 "지정할 수 있는" 관계도 맺고 있지 않은 다른 어떤 것일 수도 있다. 이 마지막 사례에 관해 우리는 슬레피앙이 어떻게 개-되기의 시험을 손으로 신발끈을 매고 주둥이-입으로 신발끈을 맨다는 생각에 정초하고 있는지를 보았다. 필립 가비는 병, 도기, 자기, 쇠, 심지어 자전거까지 먹는 롤리토라는 이의 행동들을 인용한다. 롤리토는 이렇게 말한다. "나는 내가 반은 짐승이고 반은 인간이라고 생각한다. 인간보다는 짐승에 가까울 것이다. 나는 짐승들, 특히 개들을 무척 좋아한다. 나는 개들과 연결되어 있다고 느낀다. 내 치아상태는 적응되었다. 실제로, 유리나 쇠를 먹지 않을 때는 뼈를 깨물고 싶어 하는 어린 개처럼 턱이 근질거린다."[75] "처럼"이라는 말을 은유적으로 해석하거나 관계들의 구조적 유비(인간-철=개-뼈)를 제안하는 것은 생성에 대해 아무 것도 이해하지 못하는 것이다. 이 "처럼"이라는 말은 의미와 기능이 특이하게 바뀌는 말들 중 하나이다. 이런 말들을 <이것임>과 연관시키는 순간부터 그것들을 기의의 상태나 기

75 Philipe Gavi, "Les philosophes du fantastique", in *Libération*, 1977년 3월 31일. 앞의 사례들을 소위 신경증적인 행동들에 대한 정신분석적인 해석과 연관지어서는 안 되며, 그런 행동들을 동물-되기와 관련해서 이해해야 한다. 우리는 이미 마조히즘과 관련해 이 점을 확인한 바 있다(그리고 롤리토[Lolito]도 자신이 이룬 쾌거의 기원은 어떤 종류의 마조히즘의 체험에 있다고 설명한다. 또한 크리스티앙 모렐[Christian Maurel]의 훌륭한 텍스트는 마조히즘적 짝짓기에서 나타나는 원숭이-되기와 말-되기를 결합시킨다. 그리고 거식증 또한 동물-되기라는 관점에서 이해해야 한다).

표의 관계가 아닌 생성의 표현으로 만드는 순간부터, 이런 말들의 의미와 기능은 특이하게 바뀌는 것이다. 개가 철근을 물고 턱을 연마하는 일은 얼마든지 있을 수 있다. 그러나 이 경우 개는 턱을 그램분자적 기관처럼 연마하는 것이다. 롤리토가 쇠를 먹을 때는 사정이 완전히 다르다. 롤리토는 그 자신이 분자적인-개의 턱이 되는 방식으로 자신의 턱을 철근과 합성하고 있기 때문이다. 영화배우 로버트 드 니로는 영화의 한 시퀀스에서 게"처럼" 걷는다. 그러나 그가 말하길 게를 모방하는 것은 중요하지 않다고 한다. 게와 관계가 있는 어떤 것을 이미지와, 이미지의 속도와 합성하는 것이 중요하다는 것이다.[76] 우리에게 본질적인 것은 바로 이 점이다. 어떠한 수단과 요소를 사용하건 동물 입자들의 운동과 정지의 관계로 들어가는 소립자들을 방출하는 경우에만, 또는 결국 같은 이야기지만 동물 분자의 근방역으로 들어가는 소립자들을 방출하는 경우에만 사람들은 동물이 된다. 사람들은 분자적인 동물이 될 뿐이다. 사람들은 짖어대는 그램분자적 개가 되는 것이 아니라 짖으면서 분자적인 개를 방출하는 것이다. 충분한 열의와 필요와 합성을 가지고 짖기만 한다면 말이다. 인간은 그램분자적인 종을 바꾸듯이 늑대나 흡혈귀가 되는 것이 아니다. 하지만 흡혈귀와 늑대-인간은 인간의 생성들이다. 말하자면 그것들은 합성된 분자들 간의 근방역들이며, 방출된 입자들 간의 운동과 정지, 빠름과 느림의 관계들이다. 물론 늑대 인간과 흡혈귀는 있다. 우리는 진심으로 그렇게 말하는 것이다. 그러나 거기서 동물과의 유사성이나 유비를 찾아서는 안 된다. 왜냐하면 그것은 현실태인 동물-되기이며, 분자적 동물의 생산이기 때문이다(반면 "실재하는" 동물은 그램분자적인 형식과 그램분자적인 주체성에 사로잡혀 있다). 바로 우리 안에서, 동물은 호프만슈탈의 쥐처럼 이

76 *Newsweek*, 1977년 5월 16일자 p. 57을 보라.

를 드러내고, 꽃은 꽃잎을 드러낸다. 하지만 이것은 소립자적인 방출, 분자적인 근방에 의한 것이지 주체의 모방, 형식의 비율관계에 의한 것은 아니다. 알베르틴은 언제나 꽃을 모방할 수 있다. 하지만 그녀가 잠을 자고 잠의 입자들과 합성될 때만 비로소 그녀의 점과 피부 결은 그녀를 분자적 식물의 지대로 데려가는 정지와 운동의 관계 속으로 들어간다. 알베르틴의 식물-되기. 그리고 포로가 될 때에야 비로소 그녀는 새의 입자들을 방출한다. 비록 죽음의 말[馬]일지언정 그녀가 말이 되는 것은 바로 도주할 때, 자신의 도주선으로 몸을 던질 때이다.

그렇다, 모든 생성은 분자적이다. 우리가 생성하는 동물이나 꽃이나 돌은 분자적 집합체이며 <이것임>이지, 우리가 우리들의 바깥에서 인식하며, 경험이나 과학이나 습관 덕분에 재인식하는 그램분자적인 형태, 대상 또는 주체들이 아니다. 그리고 이것이 사실이라면 인간적인 것들에 대해서도 똑같은 말을 해야 할 것이다. 가령, 명확하게 구별되는 그램분자적 존재물로서의 여성이나 아이와는 전혀 유사하지 않은 여성-되기, 아이-되기가 존재하는 것이다(물론 여성과 아이가 특권적인 지위를 차지할 수도 있으나, 그것은 어디까지나 이러한 생성과 관련해서만 가능할 뿐이다). 우리가 여기서 그램분자적인 존재물이라고 부르는 것은, 예컨대 여성과 남성을 대립시키는 이원적 기계 속에서 포착되고, 형태에 의해 한정되고, 기관과 기능을 갖추고 있고, 주체로 규정된 여성이다. 그런데 여성-되기는 이러한 존재물을 모방하지도 않으며 나아가 그러한 존재물로 변형되지도 않는다. 하지만 일부 남성 동성애자에게서 찾아볼 수 있는 모방 또는 모방의 계기가 갖는 중요성을 무시해서는 안 된다. 나아가 일부 여장 남자들에게서 보이는 실재적 변형의 놀랄만한 시도도 무시해서는 안 된다. 단지 우리는 여성-되기와 불가분의 관계에 있는 이러한 양상들은 먼저 다른 것과 관련해서 이해되어야 한다는 점을 말하고 싶을 뿐이다. 즉, 여성의 모습을 모방하거나 띠는 것이 아니라 운동과 정지의 관계로 또는 미시-여성성의 근방역으로 들어가는 입자들을 방출하는 것, 말하자면 우리 자신 안에서 분자적인 여성을 생산하고 분자적인 여성을 창조하는 것이 문제인 것이다. 하지만 그러한 창조가 남성의 전유물이라는 말은 아니다. 그와는 반대로, 남성이 여성이 되거나 또는 여성이 될 수 있으려면 그램분자적인 존재물로서의 여성은 여성-되기이어야 한다는 말이다. 여성들이 제 나름의 유기체, 제 나름의 역사, 제 나름의 주체성을 쟁취하기 위해서 그램분자적인 정치를 이끌어 가는 것은 불가결한 일이다. 이 경우 "여성인 한에서 우리……"는 언표 행위의 주체인 것 같다. 그러나 이러한 주체에만 만족하는 것은 위험하다. 이러한 주체는 원천을 고갈시키거나 흐름을 끊지 않고는 기능하지 못하기 때문이다. 종종 원한, 권력 의지, 차가운 모성에 의해 고무된 가장 메마른 여성에 의해 생의 찬가가 불리기도 하는 것이다. 이는 어떠한 유년기의 흐름도 자신으로부터 흘러나오지 않는 고갈된 아이일수록 더 아이다운 것과 마찬가지다. 또 남녀 각각의 성이 반대쪽 성을 품고 있으며 자기 안에서 자신의 성의 반대 극을 발전시켜야 한다고 말하는 것도 충분하지 않다. 양성성(兩性性)은 양성의 분리라는 개념보다 더 나은 개념이 아니다. 이항 기계를 축소판으로 만들고 내면화하는 것은 그것을 격화시키는 것과 마찬가지로 통탄할 일이다. 그런다고 해서 이 기계로부터 벗어날 수 있는 것은 아니기 때문이다. 따라서 그램분자적인 대치 속으로 미끄러져 들어가 그 밑으로 또는 그것을 가로질러 가는 분자적인 여성적 정치학을 착상해야만 한다.

여성의 고유한 글쓰기에 관해 질문을 받은 버지니아 울프는 "여성으로서" 쓴다는 생각만으로도 소름이 끼친다고 대답했다. 오히려 글쓰기는 여성-되기를, 즉 사회적 장 전체를 관통하고 침투하며, 남성들에게 전염시키고, 남성들도 여성-되기에 휘말려 들도록 만들 수 있는 여성성의 원자들을 생산해야만 한다. 매우 부드럽지만 또한 견고하고 끈질기고 환원 불가능하고 길들일 수 없는 입자들을. 영어 소설의 글쓰기에서 여성들이 등장함으로써 어떠한 남성도 가만히 있을 수 없게 되었다. 가령 로렌스, 밀러 등 가장 남성적이고 가장 남성 우월적이라고 통하는 작가들도 여성들과의 근방역 또는 식별 불가능성의 지대에 들어가는 입자들을 끊임없이 포획하고 방출하고 있다. 그들은 글을 쓰면서 여성이 된다. 문제는 거대한 이원적 기계 안에서 남성과 여성을 대립시키는 유기체, 역사, 그리고 언표 행위의 주체가 아니다. 또는 그것들만이 문제인 것은 아니다. 우선 문제가 되는 것은 몸체, 즉 대립할 수 있는 유기체들을 제작하기 위해 우리에게서 훔친 몸체인 것이다. 그런데 최초로 몸체를 도둑맞는 것은 소녀이다. 그런 식으로 처신하면 안 돼, 넌 이제는 어린 소녀가 아니야, 너는 사내답지 않은 남자아이가 아니야 등. 소녀는 우선 생성을 도둑맞고, 하나의 역사 또는 선사(先史)를 강요받는다. 다음은 소년의 차례이다. 하지만 사람들은 소년에게 [소녀의] 예를 보이면서, 소년에게 소녀를 욕망의 대상으로 지칭하면서, 이번에는 소년에게 [소녀와는] 반대되는 유기체, 지배하는 역사를 만들어낸다. 소녀는 최초의 희생자이지만, 또한 예와 덫의 역할도 해야만 한다. 그렇기 때문에 반대로 몸체를 <기관 없는 몸체>로 재구성하는 일, 몸체의 비유기체성(anorganisme)을 재구성하는 일은 여성-되기 또는 분자적 여성의 생산과 뗄 수 없다. 물론 소녀도 유기적, 그램분자적 의미에서 여성이 된다. 그러나 역으로 여성-되기 또는 분자적 여성은 소녀 그 자체이다. 소녀는 분명 처녀성에 의해 규정될 수 없다. 소녀는 운동과 정지의 관계, 빠름과 느림의 관계에 따라, 또 원자들의 조합과 입자의 방출에 의해, 즉 <이것임>에 의해 규정된다. 소녀는 기관 없는 몸체 위에서 끊임없이 질주한다. 소녀는 추상적인 선 또는 도주선이다. 또 소녀들은 특정한 연령, 성, 질서, 권역에 속하지 않는다. 오히려 소녀들은 질서들, 행위들, 연령들, 성들 사이에서 미끄러진다. 또 소녀들은 막 관통해서 가로질러온 이원적 기계들과 관련해서 도주선 위에 n개의 분자적인 성을 생산한다. 이원론을 빠져나가는 유일한 방법은 사이에-존재하기(être-entre), 사이를 지나가기, 간주곡이기이다. 버지니아 울프가 끊임없이 생성하면서 온 힘을 다해 자신의 전 작품에서 체험한 것이 바로 그것이다. 소녀는 남성, 여성, 아이, 어른 등 대립하는 각 항과 동시에 존재하는 생성의 블록과도 같다. 여성이 되는 것이 소녀가 아니라 보편적인 소녀를 만들어내는 것이 바로 여성-되기이다. 어른이 되는 것이 아이가 아니라 보편적인 청춘을 만들어내는 것이 바로 아이-되기이다. 신비한 작가 트로스트는 소녀의 초상을 그리면서 이러한 초상에 혁명의 운명을 연결시켰다. 즉 소녀가 지닌 속도, 자유로운 기계적 몸체, 강렬함, 추상적인 선 또는 도주선, 분자적 생산, 기억에 대한 무관심, 비구상적인 성격 — 한마디로 말해 "욕망의 비구상성(non-figuratif)"[77]을. 잔 다르크? 러시아 테러리즘에서의 소녀의 특수성, 폭탄을 든 소녀, 다이너마이트를 지키는 소녀? 분명한 것은 분자적 정치학은 소녀와 아이를 통과한다는 것이다. 하지만 또 분명한 것은 소녀들과 아이들은 그들을 굴복시키는 그램분자적 지위로부터도, 그들이 받아들이는 유기체와 주체성으로부터도 힘을 끌어내지 않는다는 것이다. 그들은 분명 성들과 나이들 사이를 지나가게 만드는 분자-되기로부터, 아이의 아이-되기뿐만 아니라 어른의 아이-되기로부터, 여성의 여성-되기뿐만 아니라 남성의 여성-되기로부터 힘을 끌어내고 있다. 소녀와 아이가 생성하는 것이 아니라, 소녀나 아이가 바로 생성 자체인 것이다. 아이가 어른이 되는 것이 아니며 소녀가 여성이 되는 것

77 Trost, *Visible et invisible*, Paris : Arcanes et *Librement mécanique*, Paris : Minotaure. "소녀는 미래의 인간 집단의 투영으로서, 감각적 현실 속에 그리고 자신의 선들의 관념적인 연장 속에 동시에 존재하는 것이었다."

도 아니다. 소녀는 각 성의 여성-되기이며, 이는 아이가 각 나이의 청춘-되기인 것과 마찬가지이다. 나이 먹을 줄 안다는 것은 청춘으로 머문다는 것이 아니다. 그것은 자신의 나이로부터 이 나이의 젊음을 구성하는 입자들, 빠름과 느림, 흐름들을 추출하는 것이다. 사랑할 줄 안다는 것은 남자나 여자로 머문다는 것이 아니다. 그것은 자신의 성으로부터 이 성의 소녀를 구성하는 입자들, 빠름과 느림, 흐름들, n개의 성들을 추출하는 것이다. 아이-되기는 바로 <나이 자체>이며, 이는 여성-되기, 즉 소녀가 바로 <성>(그것이 어떤 성이건 간에)인 것과 마찬가지이다. — 끝으로, 이것은 "왜 프루스트는 알베르(Albert)를 알베르틴(Albertine)으로 만들었을까?"라는 우문에 대한 대답이 될 수 있을 것이다.

그런데 여성-되기를 포함해 모든 되기가 이미 분자적인 것이라면, 모든 되기는 여성-되기를 통해 시작하며 여성-되기를 지나간다고 말해야 할 것이다. 여성-되기는 다른 모든 되기의 열쇠이다. 전사가 여성으로 변장하는 것, 전사가 소녀로 변장한 채 도주하는 것, 전사가 소녀의 모습을 빌어 몸을 숨기는 것 등은 그의 경력에서 순간적으로 치욕적인 우발적 사건이 아니다. 몸을 숨기고 위장하는 것은 전사의 기능인 것이다. 도주선은 적을 유인하고, 무언가를 가로지르며, 적이 가로지른 것을 도주시킨다. 전사가 등장하는 것은 도주선의 무한에서이다. 그러나 전사의 여성성이 우발적인 것이 아니라 하더라도, 그렇다고 해서 그것이 구조적이라든가 관계들의 대응에 의해 조정된다고 생각해서는 안 된다. "남성-전쟁"과 "여성-결혼" 간의 대응이 어떻게 결혼을 거부하는 여성인 소녀와 전사의 등가성과 연결될 수 있는지를 파악하기란 쉽지 않을 것이다.[78] 또 일반적인 양성성이나 나아가 군인 사회

78 J.-P. 베르낭이 제안하고 있는 예들과 구조적 설명(*Problèmes de la guerre en Grèce ancienne*, Mouton, pp. 15~16)을 보라.

의 동성애가, 모방적이지도 그렇다고 구조적이지도 않은, 아니 차라리 전사에게 본질적인 하나의 아노미를 표상하는 이 현상을 어떻게 설명하는지를 알기는 어렵다. 그 현상은 생성의 견지에서 이해해야만 하는 것이다. 우리는 전사가 분노(furor)와 신속함에 의해 어떻게 어쩔 수 없는 동물-되기에 휘말려 들어갔는지를 보았다. 바로 이 동물-되기는 전사의 여성-되기, 전사와 소녀의 결연, 전사와 소녀와의 감염 속에서 자신의 조건을 찾는 것이다. 전사는 아마존들과 뗄 수 없다. 소녀와 전사의 결합은 동물을 생산하는 것이 아니라, 전사가 소녀에게 감염되어 동물이 될 뿐만 아니라 그와 동시에 소녀도 동물에 감염되어 여전사가 되는 하나의 동일한 "블록" 속에서, 전사의 여성-되기와 소녀의 동물-되기를 동시에 생산한다. 비대칭적인 되기의 블록 속에서, 순간적인 지그재그 운동 속에서 모든 것이 결합되는 것이다. 이중의 전쟁 기계, 즉 곧 국가에 의해 대체될 그리스인의 전쟁 기계와 곧 붕괴될 아마존들의 전쟁 기계의 잔존 속에서, 일련의 분자적인 도취, 현기증, 실신 속에서, 아킬레우스와 펜테실레이아가, 즉 마지막 전사와 소녀들의 마지막 여왕이 선택되는 것이다, 아킬레우스는 여성-되기로, 펜테실레이아는 개-되기로.

남성이 여성이 되는 원시 사회에서 여장(女裝)이나 가장의 의례는 주어진 관계들을 대응시키는 사회 조직에 의해서도 설명되지 않고, 여성이 남성이기를 욕망하는 만큼이나 남성도 여성이기를 욕망하게 하는 심적 조직에 의해서도 설명되지 않는다.[79] 사회 구조나 심리적 동일화

79 원시 사회에서 나타나는 여장 남자에 대해서는 Bruno Bettelheim, *Les blessures symboliques*, Gallimard[독어 원본 : *Symbolische Wunden. Pubertätsriten und der Neid des Mannes*, übers. von Helga Triendl, Frankfurt, 1982. 영역본 : *Symbolic Wounds*, Glencoe, III. : Free Press, 1954](그는 동일시에 기초한 심리학적 해석을 제시한다), 그리고 특히 Gregory Bateson, *La cérémonte du Naven*, Ed. de Minuit[영어 원본 : *Naven : A Survey of the Problems Suggested by a Composite Picture of the Culture of a New Guinea Tribe Drawn from Three Points*

로는 제대로 설명할 수 없는 특별한 요인들이 너무나 많기 때문이다. 가령 여장 남자가 일으키는 생성들의 묶기, 풀기, 소통. 그로부터 나오는 동물-되기의 역량. 그리고 특히 이들 되기가 특정 전쟁 기계에 속한다는 점 등. 성의 경우도 마찬가지다. 즉 이것은 양성의 이항 조직을 통해서는 제대로 설명되지 않으며, 남녀 각 성의 양성적 조직을 통해서 더 잘 설명되지도 않는다. 성은 n개의 성과도 같은 아주 다양하게 결합된 생성들을 노닐게 한다. 사랑이 지나가는 전쟁 기계 전체. 이것은 사랑과 전쟁, 유혹과 정복, 양성간의 다툼과 부부 싸움, 심지어는 스트린드베리-전쟁 등 끔찍한 은유로 귀착되지 않는다. 일이 이런 식으로 나타나는 것은 사랑이 끝나고 성이 메말랐을 때뿐이다. 그러나 중요한 것은 사랑 자체가 기이하면서도 거의 가공할 만한 권력을 지닌 전쟁 기계라는 점이다. 성은 천 개의 성을 생산하며, 이것들은 모두 통제할 수 없는 생성들이다. **성은 남성의 여성-되기와 인간의 동물-되기를 지나간다.** 즉, 입자의 방출이 이루어지는 것이다. 그러기 위해서 야성(野性)이 필요한 것은 아니다. 물론 야성이 나타날 수도 있으며, 흥미로우면서도 매우 단순한, 따라서 우회적이며 매우 어리석게 된 방식으로 그것을 증언해주는 정신의학의 일화가 많기는 하다. 우편엽서에 그려진 노신사처럼 개를 "흉내 내는" 것은 문제가 아니다. 짐승들과 성교하는 것도 문제가 아니다. 먼저 동물-되기에는 이와 다른 역량이 관여한다. 왜냐하면 동물-되기의 현실은 모방과 대응의 대상이 되는 동물 속에 있는 것이 아니라 동물-되기 자체 안에, 갑자기 우리를 덮치고 우리를 생성하게 하는 것 안에 있기 때문이다. 즉 **근방과 식별 불가능성.** 이것은 동물로부터 공통된 어떤 것을, 그 모든 길들임, 그 모든 유용성, 그 모든 모방보다 더 나은 어떤 것을, 즉 <짐승(le Bête)>을 추출해낸다.

of View, 2nd ed., Stanford, Calif. : Stanford University Press, 1958](그는 기원적인 구조적 해석을 제시한다)을 참조할 것.

여성-되기가 첫번째 양자 또는 분자적 절편이며 동물-되기가 이것과 연결되어 있다면, 이 모든 생성들은 도대체 무엇을 향해 돌진하고 있는 것일까? 의문의 여지없이 지각할 수 없는 것-되기이다. 지각할 수 없는 것은 생성의 내재적 끝이며 생성의 우주적 정식이다. 가령 매티슨(Matheson)의 『위축되는 남자』는 여러 영역을 가로질러 가며, 분자들 사이를 미끄러져 가서 결국 무한에 대해 무한히 명상하는 찾아낼 수 없는 입자가 된다.[80] 폴 모랑(Paul Morand)의 『제로 씨*Monsieur Zéro*』는 큰 나라들을 피해 가장 작은 나라들을 가로질러 국가의 사다리를 내려가, 마침내 리히텐슈타인에 이르러 완전히 혼자서 익명의 사회를 설립했다가 최후에는 손가락으로 0이라는 입자를 만들며 지각할 수 없는 것이 되어 죽어 간다. "나는 두 바다 사이를 헤엄치며 도망가는 인간이며, 세상의 모든 총은 나를 향해 발사된다. (……) 이제 더는 과녁이 되지 말아야 한다." 그러나 여성-되기에서 시작해서 모든 분자-되기의 끝에 있는 지각할 수 없는 것-되기는 과연 무엇을 의미할까? 지각할 수 없는 것 되기는 많은 것을 의미할 수 있다. 지각할 수 없는 것(탈기관적인 것), 식별 불가능한 것(탈의미적인 것) 그리고 비인칭적인 것(탈주체적인 것)은 어떤 관계에 있을까?

우선 <세상 모든 사람처럼 있기>를 말할 수 있을 것이다. 키에르케고르는 "신앙의 기사", 즉 생성의 인간에 대한 이야기에서 바로 이 말을 하고 있는 것이다. 아무리 이 기사를 관찰해도 무엇 하나 주목을 끄는 것이 없다. 한 사람의 부르주아일 뿐, 그저 한 사람의 부르주아일 뿐. 이것은 피츠제럴드가 살았던 것이기도 하다. 참된 단절을 경험한 후에는 …… 참으로 세상 모든 사람들처럼 있게 되는 것이다. 주목을 끌지 않는다는 것은 결코 쉬운 일이 아니다. 알려지지 않는 것, 심지어

80 [독어본 : *Die unglaubliche Geschichte des Mr. C.*, München, 1960. Jack Arnold의 영화 : *Die unglaubliche Geschichte des Mr. S*]

아파트 관리인이나 이웃집 사람에게도 알려지지 않는 것. 세상 모든 사람"처럼" 있는 것이 그토록 곤란한 까닭은 이것이 생성의 문제이기 때문이다. 세상 모든 사람처럼 되고, 세상 모든 사람으로부터 생성을 만드는 것은 결코 세상 모든 사람이 아니다. 많은 금욕, 절제, 창조적 역행이 필요하기 때문이다. 가령 영국식 우아함, 영국식 직물, 벽과 잘 어울리기, 너무 잘 지각되는 것과 누구나 쉽게 간파할 수 있는 것을 없애버리기. "소진되고 죽고 남아도는 모든 것을 없애버리기." 불평과 불만, 충족되지 않은 욕망, 방어나 변호, 각자(세상 모든 사람)를 자기 자신 속에, 자신의 그램분자성 속에 뿌리박게 하는 모든 것을 없애버리기. 왜냐하면 세상 모든 사람이 그램분자적 집합인 반면 세상 모든 사람 되기는 이와 전혀 다른 문제, 즉 분자적 성분들을 가지고 우주와 놀이를 하는 것이기 때문이다. 세상 모든 사람 되기는 세계 만들기이며(faire monde), 하나의 세계 만들기(faire un monde)이다. 없애버림의 과정에서 우리는 하나의 추상적인 선, 그 자체로 추상적인 퍼즐의 한 조각에 지나지 않게 된다. 그리고 다른 선들, 다른 조각들과 접합접속하고 연결하면서 하나의 세계가 만들어져서, 투명함 속에서 먼저번 세계를 완전히 뒤덮을 수 있게 된다. 동물적인 우아함, 위장하는 물고기, 잠행자. 이 위에는 그 무엇과도 유사하지 않으며, 자신의 유기적 분할조차 따르고 있지 않은 추상적인 선들이 가로질러 간다. 그러나 이렇게 해체되고 탈구되었기에 이것은 지각할 수 없는 것이 되기 위해 바위나 모래나 식물들의 선들과 함께 세계를 만든다. 그 물고기는 중국의 문인화가와도 같다. 모방적이지도 않고 구조적이지도 않으며, 우주적이라는 점에서. 프랑수아 쳉이 밝힌 바에 따르면, 문인화가는 유사성을 추구하지 않으며 "기하학적 비례"를 계산하지도 않는다. 문인화가는 자연의 본질을 이루는 선과 운동만을 지니고 있다가 뽑아낸다. 이어지거나 겹쳐진 "선(traits)"만을 가지고 진행하는 것이다.[81] 바로 이런 의미에서 세상 모든 사람 되기, 세계를 생성으로 만들기란 곧 세계 만들기, 하나의 세계 또는 여러 세계를 만들기이며, 다시 말해 자신의 근방역과 식별 불가능성의 지대를 찾기이다. 추상적인 기계인 <우주>, 그리고 이를 실행하는 구체적인 배치물인 각각의 세계. 다른 선들과 연속되고 결합되는 하나나 여러 개의 추상적인 선으로 환원되고, 그리하여 마침내 무매개적으로, 직접 하나의 세계를 생산하기. 이 세계에서는 세계 그 자체가 생성되고 우리는 세상 모든 사람이 된다. 글이 중국 문인화의 선처럼 되는 것이 케루악, 그리고 그 이전에 버지니아 울프의 꿈이었다. 울프는 이렇게 말한다. "각각의 원자를 흠뻑 적셔야만" 하며, 그것을 없애버리려면 모든 유사성과 유비를 없애버려야 하지만 동시에 "모든 것을 놔둬야만" 한다. 즉 순간을 뛰어넘는 모든 것을 없애버리되 그 순간이 포함하고 있는 모든 것을 놔둘 것 — 그리고 순간은 일순간이 아니라 <이것임>이다. 사람들은 이 안으로 미끄러져 들어가며, 이것은 투명함을 통해 다른 <이것임>들 안으로 미끄러져 들어간다.[82] 세계의 정각에 있기. 지각할 수 없는 것, 식별할 수 없는 것, 비인칭적인 것 — 이 세 가지 덕은 이렇게 연결되어 있다. 다른 선들과 함께 자신의 식별 불가능성의 지대를 찾기 위해 하나의 추상적인 선, 일필(一筆)로 환원되기, 그리고 이렇게 해서 창조자의 비인칭성 속으로 들어가듯이 <이것임> 속으로 들어가기. 그 때 우리는 풀과 같다. 즉 우리는 세계를, 세상 모든 사람을 하나의 생성으로 만드는 것이다. 왜

81 François Cheng, *L'écriture poétique chinoise*, pp. 20이하[영어본 : *Chinese Poetic Writing*, p. 13].

82 Virginia Woolf, *Journal d'un écrivaint,* t. I, 10~18. p. 230[영어 원본 : *The Diary of Virginia Woolf*, ed. Anne Olivier Bell, London : Hogarth Press, 1980, vol. 3, p. 209]. "지금 내가 하려고 하는 것은 하나하나의 원자를 흠뻑 적시는 일이라는 생각이 머리에 떠올랐다." 이 모든 점에 대해 우리는 파니 자뱅(Fanny Zavin)의 버지니아 울프에 관한 미간행 연구서를 참조했다.

냐하면 우리는 필연적으로 소통하는 세계를 만들었기 때문이며, 우리가 사물들 사이로 미끄러져 들어가 사물들 한가운데서 자라나지 못하도록 방해하는 모든 것을 우리 자신으로부터 하나도 남김없이 제거했기 때문이다. 우리는 부정관사, 생성-부정법, 나아가 우리가 환원되는 고유명사 등 "전체"를 조합한 것이다. 흠뻑 적시기, 없애버리기, 모든 것을 놔두기.

운동은 지각할 수 없는 것과 본질적인 관계를 맺고 있다. 운동은 본성상 지각할 수 없다. 지각은 운동을 운동체의 이동이나 형태의 발전으로만 파악할 수 있기 때문이다. 운동, 생성, 다시 말해 빠름과 느림의 순수한 관계, 순수한 변용태는 모두 지각의 문턱 아래나 위에 있다. 확실히 지각의 문턱들은 상대적이며, 따라서 하나의 문턱은 다른 문턱을 벗어나는 것을 포착할 능력이 있다. 독수리의 눈……. 그러나 적합한 문턱은 이번에는 지각할 수 있는 형태 및 지각되고 파악된 주체와 관련해서만 진행할 수 있을 것이다. 그래서 이 운동은 그 자체로는 연속해서 다르게 일어난다. 만일 지각을 계열로 구성하면 운동은 언제나 최대의 문턱 너머와 최소의 문턱 이쪽에서, 팽창하거나 수축하는 틈들(미세한 틈들)에서 일어난다. 이것은 거구를 자랑하는 일본의 스모 선수와도 같은데, 앞으로 나아가는 동작은 너무 느리지만 붙잡는 동작은 너무 재빠르고 갑작스러워서 보이지가 않는다. 따라서 서로 짝을 이루는 것은 두 스모 선수라기보다는 오히려 기다림의 무한한 느림(무슨 일이 일어날 것인가?)과 결과의 무한한 빠름(무슨 일이 일어났는가?)이다. 사진 또는 영화의 문턱에 이르러야만 할 것이다. 그러나 사진의 경우에도 운동과 변용태는 여전히 위나 아래로 도망가 버린다. 키에르케고르는 "나는 운동만을 주시한다"[83]라는 멋진 문구를 제시한 적이 있는데, 이

83 [영역본 : S. Kierkegaard, *Fear and Trembling*, trans. Walter Lowrie, Princeton, N.J. : Princeton University Press, 1954, p. 104]

때 그는 놀랍게도 영화의 선구자로서 행동하면서 아그네스와 트리톤의 사랑에 관한 시나리오의 여러 버전(version)을 다양한 빠름과 느림에 따라 만들어낼 수 있었던 것이다. 더 나아가 너무나도 당연하게 그는 무한 말고는 운동이 존재하지 않는다 말하고 있다. 또한 무한의 운동은 소녀 그 자체인 생성 속에서 어떠한 "명상"도 언급하지 않고 오직 변용태, 열정, 사랑을 통해서만 행해진다는 것이다. 그리고 이런 운동은 매개적인 지각에서 벗어난다는 것이다. 왜냐하면 이 운동은 이미 모든 순간에 실현되어 있고, 춤추는 사람과 사랑하는 사람은 쓰러지는 바로 그 순간에, 나아가 도약하는 그 순간에도 이미 "일어나 걷는" 자세를 취하기 때문이다.[84] 도주하는 존재로서의 소녀가 그러하듯이, 운동은 지각될 수 없다.

그러나 즉각 이를 정정해야만 한다. 즉 운동도 지각"되어야만" 하며, 지각될 수밖에 없으며, 지각할 수 없는 것 또한 지각 대상(*percipiendum*)이다. 여기에는 아무런 모순도 없다. 운동이 본성상 지각되지 않는 것이라고 해도, 그것은 항상 지각의 어느 한 문턱과 관련해서이다. 문턱들과 지각되는 것을 배분하고 지각하는 주체에게 지각하는 형식을 제공하는 하나의 판 위에서 지각이 상대적이고 매개 역할까지도 하는 것은 당연하다. 그러나 이 조직과 전개의 판, 초월성의 판이야말로 스스로는 지각되지 않고, 또 지각될 수 없으면서 지각하게 하는 자이다. 그러나 다른 판, 즉 내재성의 판 또는 고른판 위에서는 조성의 원리 자체가 이 원리가 구성하거나 제공하는 것과 동시에 지각되어야만 하며, 또 지각될 수밖에 없다. 여기에서 운동은, 이 운동이 본성상 무한히 벗어나는

84 우리는 *Crainte et tremblement*[독역본 : *Furcht und Zittern*, in *Die Krankheit zum Tode und anderes*, München, 1976, S. 215, 219. 영역본 : *Fear and Trembling*, p. 49]에 의거해 논지를 전개하고 있다. 우리가 보기에는 내용뿐만 아니라 문체와 구성이라는 측면에서도 운동과 속도 문제를 나름의 방식으로 제기하고 있다는 점에서 확실히 이 책은 키에르케고르의 최고의 저작이다.

상대적 문턱의 매개 작용과 연관되기를 그친다. 즉 운동은 빠르기와는 관계없이 하나의 절대적인 문턱에 도달해 있다. 이 절대적인 문턱은 분화되어 있지만, 연속된 판의 특정 지역의 구성과 하나일 따름이다. 또한 운동은 늘 상대적이기만 한 탈영토화의 기법이기를 그치고 절대적 탈영토화의 과정이 된다고 말할 수도 있을 것이다. 한 판에서는 지각될 수 없는 것이 다른 판에서는 지각될 수밖에 없는 것은 이 두 판이 다르기 때문이다. 바로 이 차이 때문에, 한 판에서 다른 판으로 또는 상대적인 문턱들에서 이들과 공존하는 하나의 절대적인 문턱으로 도약하면서 지각할 수 없는 것이 필연적으로-지각된 것이 된다. 키에르케고르는, 무한의 판(그는 이것을 신앙의 판이라고 부른다)은 유한을 끊임없이 즉각 주고 다시 주고 되찾는 순수한 내재성의 판이 되어야 한다는 것을 보여준다. 무한한 체념의 인간과는 반대로 "유한한 세계의 직계 상속인"으로서 신앙의 기사, 다시 말해 생성의 인간은 소녀를 가지게 될 것이고, 모든 유한을 가지게 될 것이고, 지각할 수 없는 것을 지각할 것이다.[85] 지각은 주체와 대상 사이의 관계가 아니라 이 관계의 한계 구실을 하는 운동 속에, 주체와 대상에 연합되는 주기 속에 있게 될 것이다. 이리하여 지각은 제 자신의 한계에 직면한다. 지각은 사물들 사이에, 자신의 고유한 근방의 집합 안에, 어떤 <이것임> 안에 있는 다른 어떤 <이것임>의 현존으로서, 어떤 <이것임>에 의한 다른 어떤 <이것임>의 포착으로서, 어떤 <이것임>에서 다른 어떤 <이것임>으로의 이행으로서 있게 될 것이다. 그러니 운동들만 주시할 것.

내재성을 향해 있는 판을 가리키는 데 "신앙"이라는 단어가 사용되는 것은 이상한 일이다. 그러나 만약 그 기사가 생성의 인간이라면 온갖 종류의 기사가 있는 셈이다. 종교는 아편이라는 말과는 전혀 다른

85 [독역본 : S. 230. 영역본 : p. 61]

의미로, 신앙이 마약이라는 의미에서 마약의 기사도 있지 않을까? 마약의 기사들은, 신중함과 실험이라는 필요조건 속에서는 마약은 하나의 판을 펼치는 것과 분리될 수 없다고 주장한다. 그리고 이 판에서는 여성-되기, 동물-되기, 분자-되기, 지각할 수 없는 것-되기 등 다양한 되기가 서로 결합될 뿐만 아니라, 지각할 수 없는 것조차 <필연적으로 지각된 것>이 되고 동시에 지각은 <필연적으로 분자적인 것>이 된다. 즉, 여러 물질, 색, 음 사이에 위치하는 구멍들, 미세한 틈들에 이르는 것인데, 거기에 도주선들, 세계의 선들, 투명하고 절단된 선들이 몰려든다.[86] **지각을 바꿔라.** 그러면 문제가 올바른 용어로 제기된다. 왜냐하면 문제는 이차적인 구분(환각성인가 아닌가, 강한가 약한가 등)과는 무관하게 마약 "그 자체"를 포함한 하나의 집합을 제시하기 때문이다. 모든 마약은 일차적으로 속도 및 속도의 변화와 관련되어 있다. 각각의 마약들이 어떤 차이가 있건 간에 <마약> 배치물을 묘사할 수 있도록 해주는 것은 지각적 인과성의 선이다. 이 선에 의해 1) 지각할 수 없는 것이 지각되고, 2) 지각은 분자적인 것이 되고, 3) 욕망이 지각과 지각된 것을 직접 투자하게 된다. **비트 세대의** 미국인들은 이미 이러한 길 위로 들어섰으며 마약에 특유의 분자적 혁명을 거론했다. 그 후에 카스타네다의 커다란 종합이 있다. 피들러는 "아메리칸 드림"의 양극을 지적한 바 있다. 인디언 대량 학살과 흑인 노예 제도라는 두 가지 악몽에 짓눌려 있는 미국인들은, 흑인에 대해서는 변용의 힘을 갖고 있으며 변용태를 배가시킨다는 억압된 이미지를 만들어내는 한편 인디언에 대해서는 섬세한 지각을 갖고 있으며 이 지각은 점점 더 섬세해지고, 세분되고, 무한히 느려지거나 빨라진다는 억제된 이미지를 만들어

86 Carlo Castaneda, *passim*. 그리고 특히 *Voyage à Ixtlan*, pp. 233ff.[영어 원본 : *Journey to Ixtlan*, New York : Simon and Schuster, 1973, pp. 297ff. 독역본 : *Reise nach Ixtlan*, übers. von N. Lindquist, Frankfurt, 1975, S. 222ff.]를 참조하라.

냈다.[87] 유럽에서는 앙리 미쇼가 훨씬 자발적으로 의례와 문명을 치워버린 후, 경이롭고 치밀한 실험 규약을 확립하고, 마약의 인과성의 문제를 순화하고, 그 문제를 최대한 파악하고, 그것을 망상이나 환각과 분리시켰다. 그러나 바로 이 지점에서 모든 것이 다시 결합된다. 다시 한번 말하지만, 이 문제는 다음과 같이 말할 때 제대로 제기된다. 즉, 마약은 형태와 인칭을 모두 잃어버리게 만든다, 마약은 사용 중에는 미친 듯한 빠름을 초래하고 사용 후에는 엄청난 느림을 초래한다, 마약은 스모 선수들처럼 빠름과 느림을 한데 엮는다, 마약은 지각에 미세한 현상들과 미세한 조작들을 파악할 수 있는 분자적인 역량을 주며, 지각된 것에 더 이상 우리의 것이 아닌 떠다니는 시간에 따라 가속되거나 감속되는 입자들을 방출하는 힘을 주고, 이 세계의 것이 아닌 <이것임>들을 방출하는 힘을 준다. 요컨대 탈영토화, "나는 방향을 잃어버렸다……"(이것은 사물들, 사유들, 욕망들의 지각으로, 여기서는 욕망, 사유, 사물이 지각 전체를 침범하며, 결국 지각할 수 없는 것이 지각된다). 형태도 주체도 얼굴도 없는 빠름과 느림의 세계만이 있을 뿐. "성난 기수가 휘두르는 채찍"처럼 하나의 선이 지그재그로 달리면서 얼굴과 풍경을 찢을 뿐.[88] 욕망과 지각이 뒤섞일 때, 지각은 온통 리좀 작용을 한다.

87 Leslie Fiedler, *Le retour du Peau-rouge*, Ed. de Seuil[영어 원본 : *The Return of the Vanishing American*, New York : Stein and Day, 1968. 독역본 : *Die Rückkehr des verschwundenen Amerikaners*, übers. von Wolfgang Ignée & Michael Stone, Frankfurt, 1970]. 피들러의 설명에 따르면 미국의 백인이 흑인이나 인디언과 몰래 결속하는 것은 형식과 그램분자적 지배력에서 벗어나려고 하는 미국 여자들의 욕망 때문이다.

88 Henry Michaux, *Misérable miracle,* Gallimard, p. 126[독역본 : *Unseliges Wunder. Das Meskalin*, übers. von Gerd Henniger, München, 1986, S. 109. 영역본 : *Miserable Miracle : Mescaline*, trans. Louise Varèse, San Francisco : City Lights, 1963, p. 87]. "특히 두려웠던 것은 내가 그저 하나의 선에 불과하다는 사실이었다. 일상적인 생활에서 인간은 하나의 구체(球體), 여러 **광경**이 펼쳐지는 하나의 **구체**이다. (……) 그런데 여기에는 하나의 선이 있을 뿐. (……) 나는 선 모양의 가속된 것이 되었다……." 미쇼의 선으로 된 데생을 참조할 것. 하지만 *Les grands épreuves de l'esprits*[독역본 : *Die großen Zerreißproben und andere*

이 특수한 인과성의 문제는 중요하다. 어떤 배치물을 설명하기 위해 심리학적, 사회학적인 인과성 같은 너무 일반적이거나 외재적인 인과성을 거론하는 것은 마치 아무 말도 하지 않는 것과 같다. 오늘날 자리를 잡고 있는 마약 관련 담론은 쾌와 불행, 소통의 어려움, 항상 다른 데서 유래하는 원인들에 관한 일반론만을 제시하고 있을 뿐이다. 우리는 어떤 현상에 관해 외연적인 고유한 인과성을 포착할 능력이 없을수록 그만큼 더 그 현상을 잘 이해하는 척한다. 확실히 어떤 배치물이 인과적 하부 구조를 포함하는 일은 결코 없다. 하지만 배치물은 창조적 인과성 또는 특수한 인과성의 추상적인 선을, 자신의 **도주선 또는 탈영토화**의 선을, 그것도 가장 높은 지점에서 포함하고 있다. 이 선은 일반적 인과성 또는 전혀 다른 본성을 가진 인과성과 관련해서만 현실화될 수 있지만 그러한 인과성에 의해서는 결코 설명되지 않는다. 그래서 마약은 이러한 되기의 인자(agent)처럼 보인다. 바로 여기서 정신분석과 비교되면서도 대립되어야만 하는 약-분석(pharmaco-analyse)이 있게 된다. 왜냐하면 정신분석은 모델, 대립물, 배반으로 간주될 소지가 있기 때문이다. 사실 정신분석은 참조 모델로 여겨질 수 있다. 왜냐하면 본질적으로 변용과 관련된 현상에 관해 정신분석은 보통의 사회학적 또는 심리학적 일반성과는 구별되는 고유한 인과성의 도식을 구성할 줄 알고 있기 때문이다. 하지만 이 인과적 도식은 조직의 판에 종속된 채로 남아 있다. 이 조직의 판은 결코 그 자체로는 파악될 수 없으며, 항상 다른 어떤 것으로부터 도출되거나 추론되고, 지각 체계를 벗어나 있다. 이 판은 정확히 <무의식>이라는 이름으로 불린다. 따라서 <무

Störungserlebnisse, übers. von G. Henniger, Frankfurt, 1970. 영역본 : *The Major Ordeals of the Mind, and the Countless Minor Ones*, trans. Richard Howard, New York : Harcourt Brace Jovanovich, 1974]의 처음 80여 페이지에서 미쇼는 속도들, 분자적 지각들, "미세한 현상들"이나 "미세한 조작들"에 대한 분석을 한층 더 멀리까지 밀고 간다.

의식>의 판은 초월성의 판으로 남아, 정신분석의 존재와 정신분석적 해석의 필연성을 보증하고 정당화하는 것이다. 이 <무의식>의 판은 그램분자적으로 의식-지각 체계와 대립하며, 욕망이 이 판 위에서 번역되어야 하기 때문에 이 판 자체는 숨은 빙산의 표면에 묶인 것처럼 거대한 그램분자성에 묶여 있다(오이디푸스 구조 또는 거세의 바위). 그래서 지각할 수 없는 것은 그것이 이원적 기계 속에서 지각된 것과 대립될수록 그만큼 더 지각할 수 없는 것으로 남게 된다. 하지만 고른판 또는 내재성의 판에서는 모든 것이 바뀐다. 그 판은 구성되자마자 그 자체로 지각되기 때문이다. 즉, 실험이 해석을 대신한다. 분자적이지만 비구상적이고 비상징적인 것이 된 무의식이 미시-지각에 무의식으로서 주어진다. 욕망이 지각 장에 직접 투자하는데, 지각 장에서는 지각할 수 없는 것이 욕망 그 자체의 지각된 대상으로서, "욕망의 비구상성"으로서 나타난다. 무의식은 이제 초월적인 조직의 판의 숨은 원리가 아니라 구성되면서 자신 스스로 나타나는 내재적인 고른판의 과정을 가리킨다. 왜냐하면 무의식은 재발견해야 할 것이 아니라 만들어야 할 것이기 때문이다. 이른바 의식-무의식이라는 이원적 기계는 존재하지 않는다. 왜냐하면 고른판에 이끌린 의식이 가는 바로 그곳에 무의식이 있기 때문, 아니 차라리 그곳에서 무의식이 생산되기 때문이다.[89] 마약은 정신분석이 끊임없이 실패했던 내재성과 고른판을 무의식에게 준다(이런 점에서 그 유명한 코카인의 일화는 프로이트로 하여금 무의식에 직접 접근하는 것을 단념시킨 전환점을 가리킨다고 할 수 있다).

하지만 마약이 이처럼 내재적이고 분자적인 지각적 인과성과 연관되는 것이 사실이더라도, 과연 마약의 사용을 좌우하는 판을 마약이 효과적으로 그려내는 데까지 이를 수 있을까 하는 문제가 여전히 남는다.

89 [프로이트의 유명한 공식인 "Wo das Es war, dort das ego sollen"을 새로 고쳐 쓴 것이다. 이미 라깡도 『에크리』, 「프로이트적 사물」에서 이 공식을 새롭게 고쳐 쓴 바 있다]

그러니까 마약의 인과적 선 또는 도주선은 중독, 일회 사용량과 복용량, 딜러 등 극히 견고한 형태로 끊임없이 절편화되고 있는 것이다. 또 유연한 형태를 취하는 경우에도, 마약의 선은 동물-되기나 분자-되기를 규정하는 방식으로 지각의 구배들과 문턱들을 동원할 수 있으며, 또한 절대적 문턱 위에 고른판을 그리기보다는 오히려 고른판을 모방하는 데 만족하는 문턱들의 상대성 속에서 모든 것이 이루어진다. 속도와 운동이 다른 곳으로 계속해서 도주한다면 재빠른 새처럼 신속하게 지각할 수 있다고 한들 무슨 소용이 있을까? 탈영토화가 상대적인 것으로 남고, 가장 비열한 재영토화에 의해 상쇄된 결과, 지각할 수 없는 것과 지각이 서로 진정으로 결합되는 일 없이 끊임없이 서로 추적하거나 상대방의 뒤를 쫓아가게 된다. 세계 안의 구멍들이 세계의 선들 자체를 도주하게 해주는 대신 도주선들은 검은 구멍들 안에서 또아리를 틀고 선회하게 되며, 그 구멍들 각각은 개인이든 집단이든 고동처럼 자신의 구멍 안에서 마약 중독되어 있는 것이다. 환각에 빠져 있기보다는 처박혀 있기. 분자적인 미시-지각들은 환각, 망상, 착각, 환상, 편집증적 급성 착란 등에 의해 약물의 종류에 따라 우선 은폐된다. 이리하여 매 순간 형태들과 주체들이 회복되고, 이것들이 유령이나 분신이 되어 끊임없이 판의 구성을 가로막는 것이다. 게다가 앞에서 위험을 열거하면서 살펴보았듯이, 고른판은 특정한 배치물에 개입하는 다른 인과성들의 영향을 받아 배반당하거나 왜곡될 수 있는 위험을 갖고 있을 뿐만 아니라, 구성되면서 해체될지도 모를 제 나름의 고유한 위험들을 스스로 낳는다. 우리는 더 이상, 또한 고른판 역시도 속도의 지배자는 아니다. 마약은 강렬함들이 지나가기에 충분할 만큼 풍부하고 충만한 기관 없는 몸체를 만드는 대신 유리화되거나 텅 빈 몸체, 또는 암적인 몸체를 건립한다. 이리하여 인과적 선, 창조적 선 또는 도주선은 갑자기 죽음의 선, 소멸의 선으로 전환해버리고 만다. 마약 중독자의 정맥은 두려울 정도로 유리화되고 코는 곪고 몸은 유리처럼 투명해진다. 검은 구멍과 죽음의 선 — 아르토와 미쇼의 경고는 이렇게 결합된다(이 경고는 치료 시설이나 보조 시설에서의 사회-심리학적, 정신분석적, 정보 이론적 담론보다 더 기술적이고 더 일관적이다). 아르토는 이렇게 말한다. "당신들은 환각, 착각, 수치스런 환상, 나쁜 감정을 피할 수 없다. 그것들은 마치 이 고른판 위의 검은 구멍들과 같다. 당신들의 의식도 함정이 있는 방향으로 갈 것이기 때문이다."[90] 미쇼는 이렇게 말한다. "당신들은 당신들의 속도를 지배할 수 없다. 당신들은 지각할 수 없는 것과 지각의 미친 듯한 경주에 진입할 것이다. 모든 것이 상대적이니 만큼 이 경주는 더욱더 원을 그리며 돌 것이다."[91] 당신들은 부풀어 올라 자제력을 잃고, 고른판 위에, 기관 없는 신체 안에 있게 될 것이다. 하지만 바로 그곳에서조차도 당신들은 고른판과 기관 없는 신체를 끊임없이 망쳐버리고 텅 비워버리고 애써 만들어놓은 것을 해체할 것이다. 움직이지 못하는 누더기. 분자적이며 지각적인, 욕망의 내재적 인과성은 어떻게 마약-배치물에서 실패하는가라는 가장 기술적인 것을 말하는 데 있어, "착각"(아르토)과 "나쁜 감정"(미쇼)보다 더 단순한 말이 있을까? 마약중독자들은 자신들이 도망가려 했던 것으로 끊임없이 되떨어지고 만다. 그들이 도망가려 했던 것은, 주변적인 나머지 더욱 견고한 절편성이며, 화학 물질, 환각적 형태, 환상적 주체화 위에서 만들어지기 때문에 그만큼 더 인위적인 영토화이다. 마약중독자들은 삶의 새로운 길을 꾸준히 다시 그리는 선구자나 실험자로 여길 수 있을 것이다. 하지만 그들은 아무리 신중하려 해도 신중함의 조건을 갖고

90 A. Artaud, *Les Tarahumaras*, Œuvres complètes, t. IX, pp. 34~36[독역본 : S. 28~30. 영역본 : pp. 12~14].

91 H. Michaux, *Misérable miracle*, p. 164[독역본 : S. 145. 영역본 : pp. 87~88]("자기 속도의 지배자로 남기").

있지 않다. 이리하여 그들은 초라한 죽음과 긴 피로의 순응주의적 길을 따르는 가짜 영웅들의 도당에 다시 떨어지게 된다. 그렇지 않으면, 최악의 경우 그들은 마약을 하지 않는 자 또는 마약을 끊은 자에게나 유용할 시도, 즉 다시 되풀이될 수 없는 시도를 하는 데 이용될 뿐이다. 이들은 항상 마약으로 유산된 판을 보조적으로 고치고, 고른판을 구성하기 위해 마약에 결여된 것을 마약을 통해 찾아낸다. 그렇다면 마약 중독자들의 잘못은 중계 지점을 찾고, "중간에서" 시작하고, 중간에서 분기해야 하는데도 마약을 하기 위해서건 아니면 끊기 위해서건 아무튼 매번 0부터 다시 시작하는 데 있는 것일까? 철저하게 취하기, 그러나 맹물로(헨리 밀러). 마약을 하기, 그러나 끊으면서, "마약을 하고 마약을 끊기, 무엇보다 마약을 끊기", 나는 물고래다(미쇼). "마약을 하는지 안 하는지"는 문제가 안 되는 지점에 이르기, 그러나 마약을 하지 않는 자들이 마약 이외의 수단이 있어야만 하는 바로 그곳에서 세계의 구멍들을 통과하고 도주선들 위를 지나가는 데 성공하기 위해서는 마약이 공간과 시간의 지각에 대한 일반적 조건을 충분히 바꾸어야만 했다. 마약이 내재성을 보증하는 것이 아니다. 반대로 마약의 내재성이 마약을 끊을 수 있도록 해주는 것이다. 혹시 다른 사람이 위험을 무릅쓸 때까지 기다렸다가 이익을 얻는 비굴한 짓이 아닐까? 아니 오히려 수단을 바꾸어 중간에서 진행되는 기획에 다시 참여하는 것이다. 물분자, 수소 분자, 헬륨 분자 등 좋은 분자를 선택하고 선별할 필요가 있는 것이다. 이것은 모델의 문제가 아니다. 모든 모델은 그램분자적이기 때문이다. 오히려 "근방들"(식별 불가능성들, 생성들)이 산출되고 규정되도록 하는 분자들과 입자들을 결정해야만 한다. 생명적 배치물, 생명-배치물은 **이론적으로 또는 논리적으로** 온갖 종류의 분자, 가령 실리콘과 더불어 가능하다. 그러나 이 배치물은 **기계적으로** 실리콘과 더불어 가능하지 않다. 실리콘은 고른판을 구성하는 근방역들을 분배하지 않기 때문에, 추상적인 기계가 실리콘이 지나가도록 허락하지 않는 것이다.[92] 기계적 근거는 논리적 근거나 가능성과는 전혀 다르다는 것은 나중에 보도록 하겠다. 모델에 따르지 말고, 좋은 말에 올라타자. 마약 중독자들은 좋은 분자나 좋은 말을 고르지 못했다. 마약중독자들은 지각할 수 없는 것을 파악하거나 지각할 수 없는 것이 되기에는 너무 컸다. 그래서 그들은 마약이 그들에게 판을 제시할 것이라고 믿었지만, 자신만의 마약을 증류하고 속도와 근방의 지배자로 남은 것은 다름 아닌 판이었다.

어느 비밀의 회상 — 비밀은 지각 및 지각할 수 없는 것과 특권적이면서도 매우 가변적인 관계를 맺고 있다. 비밀은 우선 특정한 내용들에 관련되어 있다. 내용은 그것의 형식에 비해 너무 크다……. 아니면, 내용들은 그 자체로 하나의 형식을 갖고 있지만 이 형식은 형식적 관계들을 인멸하는 역할을 하는 포장이나 상자 같은 단순한 그릇에 의해 덮이거나 중첩되거나 대체된다.[93] 이것은 다종다양한 이유로 이렇게 격리하거나 위장하는 것이 좋다고 판단되는 내용들이다. 하지만 사실 비밀과 누설, 비밀과 모함 등 두 개의 항만 있는 이항 기계에서처럼 비밀과 비밀의 간파를 대립시키는 한 이 이유의 목록(부끄러움, 보물, 신성함 등)을 만드는 것은 중요한 일이 아니다. 왜냐하면 한편으로 내용으로서의 비밀은 그에 못지않게 비밀스런 비밀의 지각으로 넘어가기 때문이다. 목적이 무엇인지는 중요하지 않으며, 또 지각의 목적이 비난인지 최종적인 누설인지 간파하기인지도 중요하지 않다. 일화라는 관

92 유기 화학의 관점에서 실리콘(=규소)의 가능성 및 규소와 탄소의 관계에 대해서는 *Encyclopedia Universalis*의 "Silicium" 항목을 참조할 것.

93 [여기서 그릇은(contenant)은 담는 것을 가리키며 담긴 것인 내용(contenu)과 상관적이다]

점에서 보면 비밀의 지각은 비밀의 반대지만, 개념의 관점에서 보면 비밀의 지각은 비밀의 일부이기 때문이다. 중요한 것은 비밀의 지각 자체도 비밀스러울 수밖에 없다는 점이다. 즉, 스파이, 엿보는 자, 협박꾼, 익명의 편지를 쓴 자는 차후의 목표가 무엇이건 간에 그들이 간파해야 하는 것 못지않게 비밀스럽다. 비밀리에 비밀을 지각하기 위해 항상 여성, 아이, 새가 있어왔다. 당신들의 지각보다 훨씬 섬세한 지각이, 당신들이 지각할 수 없는 것, 당신들의 상자에 있는 것을 지각하는 지각이 있어왔다. 비밀을 지각하는 입장에 있는 자들에게는 직업적인 비밀이 있음을 짐작할 수 있다. 그리고 비밀을 수호하는 자가 반드시 잘 알고 있는 것은 아니지만, 그 역시 하나의 지각과 연관되어 있다. 왜냐하면 그는 비밀을 간파해내려는 자들을 지각하고 탐지해내야 하기 때문이다(반-스파이 활동). 따라서 첫번째 방향이 있게 되는데, 여기서 비밀은 그에 못지않게 비밀스러운 지각을 향해 가지만, 이번에는 이 지각이 지각할 수 없는 것이 되려 한다. 아주 상이한 온갖 종류의 형상들이 이 첫번째 점 주변을 맴돌 수 있다. 그 다음, 두번째 점이 있는데, 이것 또한 내용으로서의 비밀과 더 이상 분리할 수 없다. 비밀이 인정되고 유포되는 방식이 그것이다. 여기서도 역시, 합목적성이나 결과물이 어떠하든 비밀은 유포되는 방식이 있으며, 다시 이 방법 자체가 비밀에 붙여진다. 분비(sécrétion)로서의 비밀. 비밀은 공적인 형식들 사이에 삽입되고 미끄러져 들어가 소개되어, 그 형식들에 압력을 가하고, 저명한 인사들의 행동을 부추겨야 한다(그 자체로는 비밀 결사가 아니지만 "로비" 같은 유형의 영향력이 그것이다).

요컨대 비밀은 단순한 그릇을 위해 형식을 은폐한 내용이라고 정의할 수 있으며, 우발적으로는 그 흐름을 끊거나 배반할 수 있지만 본질적으로는 비밀의 일부를 이루는 두 가지 운동과 분리할 수 없다. 즉 무엇인가가 상자에서 스며 나와야 하며, 상자를 매개로 또는 반쯤 열린 상자 안에서 무엇인가가 지각될 것이다. 비밀은 사회에 의해 발명되었다. 비밀은 사회적인 또는 사회학적인 관념이다. 모든 비밀은 집단적 배치물이다. 비밀은 결코 정적이거나 움직이지 않는 관념이 아니다. 단지 비밀스러운 것인 생성들이 있을 뿐이며, 비밀은 하나의 생성을 갖는다. 비밀의 기원은 전쟁 기계에 있다. 여성-되기, 아이-되기, 동물-되기 등과 더불어 비밀을 만들어내는 것은 바로 전쟁 기계이다.[94] 비밀 결사는 사회 안에서 언제나 전쟁 기계로 작용한다. 비밀 결사에 관심을 가지는 사회학자들은 보호, 평등화와 위계, 침묵, 의례, 몰개성화, 중앙 집중화, 자율, 장벽 등 비밀 결사의 많은 법칙들을 뽑아내었다.[95] 하지만 이들은 내용의 운동을 지배하는 두 가지 주요 법칙에는 충분한 중요성을 부여하지 않은 것 같다. 두 가지 주요 법칙은 다음과 같다. 1) 모든 비밀 결사는 훨씬 더 비밀스러운 배후-결사를 포함하고 있다. 이것은 비밀을 지각하는 결사일 수도 있고, 비밀을 보호하는 결사일 수도 있으며, 비밀 누설에 대한 처벌을 집행하는 결사일 수도 있다(그렇다고 해서 비밀 결사를 비밀스런 배후-결사에 의해 규정해야 한다는 논점 선취의 오류가 있는 것은 전혀 아니다. 이러한 중첩, 이 특수한 부문을 포함하면 곧 그것은 비밀 결사가 된다). 2) 모든 비밀 결사는 그 자체로 비밀스런 나름의 행동 양식을 포함하고 있다. 영향, 침투, 암시, 압박, 압력, 검은 확산 등이 그것으로, 이로부터 "패스워드"와 비밀 언어가 탄생한다(그리고 여기에는 모순이 없다. 비밀 결사는 온 사회에 침투하고, 사회의

94 외슈(Luc de Heusch)는 전사가 어떻게 비밀을 만들어내는지를 보여준다. 국가에 속하는 인간은 공개적으로 행동하는 반면, 전사는 비밀리에 생각하고, 먹고 사랑하고 온다(*Le roi ivre ou l'origine de l'Etat*, Paris : Gallimard, 1972). 국가 기밀이라는 관념은 나중에야 생긴 것으로, 국가 장치에 의한 전쟁 기계의 전유가 있는 이후의 관념이다.

95 특히 Georg Simmel, *The Sociology of Georg Simmel*, trans. Kurt H. Wolff, Glencoe, Ill. : Free Press, 1950, 3장을 보라[독어 원본 : *Sozilolgie. Untersuchungen über die Formen der Vergesellschaftung*, Leipzig, 1908].

위계와 절편화 작용을 뒤죽박죽으로 만들면서 사회의 모든 형식들로 미끄러져 들어간다는 보편적 기획이 없으면 살아남을 수 없는 것이다. 비밀스런 위계는 동등한 자들의 음모와 결합되며, 비밀 결사는 구성원들에게 물 속의 물고기들처럼 사회에 있기를 명령하는 한편 이 비밀 결사 역시도 물고기들 가운데 있는 물처럼 되어야 한다. 비밀 결사는 주변 사회 전체의 공모를 필요로 한다). 미국의 갱 사회나 아프리카의 동물-인간들 사회처럼 다양한 사례들에서 이것을 잘 볼 수 있다. 한편으로는 비밀 결사와 그 지도자가 주위의 정치가들이나 공인들에게 미치는 영향의 양태가 있고, 다른 한편으로는 비밀 결사가 배후-결사 안에 중첩되는 양태가 있는데, 이 배후-결사가 살인 청부업자나 경호원 같은 특수 부문으로 만들어질 수도 있다.[96] 영향과 중첩, 분비(sécrétion)와 응고(concrétion). 모든 비밀은 이처럼 두 가지 "비밀 지키기(discrets)" 사이로 나아가는데, 이것들은 어떤 경우에는 서로 결합되거나 혼동될 수도 있다. 아이의 비밀은 이 요소들을 아주 훌륭하게 조합시켜낸다. 즉 상자 안에 들어 있는 내용으로서의 비밀, 비밀의 비밀스런 영향력 또는 선동, 비밀의 비밀스런 지각 등을(아이의 비밀은 어른의 비밀의 축소판으로 만들어지는 것이 아니라, 필히 어른의 비밀에 대한 비밀스런 지각을 동반한다). 아이는 비밀을 간파한다……

하지만 비밀의 생성 때문에 비밀은 그 형식을 단순한 그릇 안에 감추거나 그 형식과 그릇을 바꾸는 것으로 만족하지 못한다. 이제 비밀도 비밀 나름대로 고유한 형식을 획득해야만 한다. 비밀은 유한한 내용에서 비밀의 무한한 형식으로 높아진다. 바로 이 지점에서 비밀은

96 Paul Ernst Joset는 콩고의 맘벨라(Mambela)라는 비밀 입문 결사의 다음 두 측면을 잘 보여준다. 즉 한편으로는 관습법에 기초한 정치 지도자들에 대한 영향 관계로서, 이것은 사회적 권력의 이전으로까지 나아간다. 다른 한편으로는 배후의 비밀 범죄 결사 또는 표범-인간의 결사인 아니오토(Anioto)와의 사실적 관계가 있다(비록 아니오토는 맘벨라와는 기원이 다르지만 말이다). *Les société secrètes des hommes-léopards en Afrique noire*, 4장 참조.

상대적인 지각과 반응의 온갖 놀이와 결부되는 대신 절대적으로 지각할 수 없는 것에 도달한다. 사람들은 위치가 정해졌거나 지나간 잘 규정된 내용에서, 이미 일어나서 위치를 정할 수 없는 무엇인가의 선험적인 일반적 형식으로 간다. 사람들은 유년기의 히스테리적 내용이라고 정의된 비밀에서 극히 남성적인 편집증적 형식이라고 정의된 비밀로 간다. 이 형식 자체에는 비밀스런 지각과 행동 양태, 즉 비밀스런 영향이라는 비밀의 두 병존물이 나타날 것이다. 하지만 이 두 병존물은 형식을 끊임없이 재구성하고 재형성하고 새롭게 보충하는 형식의 "특질들"이 되었다. 한편으로 편집증 들린 자는 자신의 가장 내밀한 비밀과 생각을 훔치려는 자들의 국제적 음모를 고발하거나, 아니면 비밀이 형성되기 전에 타인들의 비밀을 지각할 수 있는 자신의 재능을 공표한다(편집증적 질투심을 가진 사람은 타인이 그를 벗어난다고 파악하지 않고, 반대로 타인의 아무리 작은 의도라도 예언하거나 예견한다). 다른 한편으로 편집증 들린 자는 광선을 방출하느냐 아니면 받아들이느냐에 따라 능동적으로 행하거나 수동적으로 행한다(레이몽 루셀의 광선에서 슈레버의 광선에 이르기까지). 빛에 의한 영향, 훔치기 또는 메아리에 의한 중첩은 이제 비밀에 무한한 형식을 부여하며, 여기서 행동으로서의 지각은 지각할 수 없는 것으로 이행한다. 편집증적 판단은 이른바 지각의 예견과 같은 것으로, 상자와 그 내용물에 대한 경험적 조사를 대신한다. 선험적으로 유죄이다, 그것도 어떤 방식이든(『잃어버린 시간을 찾아서』의 화자는 알베르틴에 관해 이런 식으로 진화한다)! 대략적으로 말해, 정신분석은 비밀에 대한 히스테리적 착상에서 점점 더 편집증적 착상으로 옮겨갔다고 할 수 있다.[97] 끝날 수 없는 정신분석. <무의식>은 그저 비

97 비밀에 대한 정신분석적 착상에 대해서는 "Du secret", *Nouvelle revue de psychanalyse* n° 14, 가을호, 1976를 참조할 것. 그리고 프로이트의 진화에 대해서는 Claude Girard의 논문 "Le secret aux origines", pp. 55~83을 참조할 것.

밀을 담은 상자로만 머무는 것이 아니라 그 자체로 비밀의 무한한 형식이기도 해야 한다는 점점 더 무거운 과제를 부여받은 것이다. 당신은 모든 것을 말한다. 하지만 당신은 모든 것을 말하면서 아무 것도 말하지 않는다. 순수한 형식으로 당신의 내용을 측정하기 위해서는 정신분석가의 모든 "기술"이 있어야만 하기 때문이다. 그러나 비밀이 이처럼 형식으로 높아질 때, 바로 이 지점에서 불가피하게 뜻밖의 일이 일어난다. "무슨 일이 일어난 것일까?"라는 물음이 이처럼 무한한 남성적 형식을 얻었을 때, 당연히 그 답은 아무 일도 일어나지 않았다는 것이 되며, 형식도 내용도 파괴되고 만다. 인간들의 비밀이 아무 것도 아니었다는, 실로 아무 것도 아니었다는 소식(nouvelle)이 급속하게 퍼진다. 오이디푸스, 남근, 거세, "살에 박힌 가시" — 이것이 비밀이었던가? 여성, 아이, 광인, 분자는 웃을 수밖에 없다.

비밀의 형식이 조직화하고 구조화하는 형태가 되면 될수록, 비밀은 더 얄팍한 것이 되어 모든 곳으로 유포되며, 비밀의 형식이 해산되는 것과 동시에 비밀의 내용은 더 분자적인 것이 된다. 요카스테의 말대로, 그건 정말 사소한 것이었다. 그렇다고 해서 비밀이 사라지는 것은 아니다. 비밀은 오히려 좀더 여성적인 지위를 차지하게 된다. 게다가 법원장 슈레버의 편집증적 비밀에는 여성적으로 되기, 여성-되기 말고 도대체 무엇이 있었겠는가? 여성들이 비밀을 다루는 방식은 완전히 다른 것이다(여성들이 남성적 비밀의 전도된 이미지, 즉 일종의 규방의 비밀을 재구성할 때만 빼고). 남성들은 여성들이 어떤 때는 신중하지 못하고 수다쟁이라고, 또 어떤 때는 연대감이 없고 배반을 일삼는다고 비난한다. 그렇지만 한 여성이 아무 것도 숨기지 않으면서도 투명함, 결백함, 속도 덕분에 비밀스러울 수 있다는 것은 흥미로운 일이다. 궁정풍 연애에서 비밀의 복합적 배치는 정말 말 그대로 여성적이며, 최고의 투명함 속에서 작동한다. 재빠름 대 무거움. 전쟁 기계의 재빠름 대 국가

장치의 무거움. 남성들은 중후한 태도를 취하고, 비밀의 기사가 된다. "내가 얼마나 무거운 짐을 지고 있는지를 보아라. 나의 중후함과 진지함을 보아라." 하지만 결국 남성들은 모든 것을 말하고 만다. 그리고 그건 아무 것도 아니었다. 이와는 반대로 모든 것을, 심지어 무시무시할 정도의 기교로 모든 것을 말하지만, 끝에 가서도 시작할 때보다 더 알 수 없게 만드는 여성들이 있다. 이네들은 재빠름과 명료함에 의해 모든 것을 숨긴 것이다. 여성들은 비밀이 없다. 이들 자신이 하나의 비밀이 되기 때문이다. 이네들이 우리들보다 정치적인 것일까? 이피게니아. 선험적으로 결백하다 — 소녀는 "선험적으로 유죄"라는 등 남성들이 외치는 판단에 대해 스스로 이렇게 주장한다. 바로 여기서 비밀은 마지막 상태에 이른다. 비밀의 내용은 분자화되고 분자적인 것이 되며, 이와 동시에 비밀의 형식은 해체되어 움직이는 순수한 선이 된다 — 화가의 "비밀"인 어떤 선이 얘기될 수 있고, 주제나 형식 등 음악가의 "비밀"을 구성하지 않는 리듬의 세포, 소리의 분자가 얘기될 수 있다는 의미에서.

비밀과 교섭한 작가가 있다면, 그것은 헨리 제임스일 것이다. 이 점에 관해 그는 완전히 진전을 보았는데, 이는 그의 기법(art)의 완성과도 같다. 왜냐하면 그는 우선 별 의미가 없고, 조금 열려 있고, 흘끗 보이는 내용들 속에서 비밀을 찾기 때문이다. 그 다음에야 더 이상 내용조차 필요 없으며 지각할 수 없는 것을 정복하게 될 비밀의 무한한 형식의 가능성을 거론하는 것이다. 하지만 그가 이러한 가능성을 거론하는 것은 오직 <비밀은 내용 속에 있느냐 아니면 형식 속에 있느냐?> 라는 물음을 제기하기 위해서이다. 그리고 답은 이미 제시되어 있다. 즉 어느 쪽에도 없다.[98] 제임스는 저항할 수 없는 여성-되기에 사로잡

98 Bernard Pingaud는 헨리 제임스의 전범적인 작품인 "Images dans tapis"[영어 원본 : "The Figure in the Carpet", in *The Novels and Tales of Henry James*, New York : C. Scribner's

힌 작가 중의 하나인 것이다. 그는 끊임없이 목표를 따라가며 필요한 기술적 수단들을 발명해낸다. 비밀의 내용은 분자화하고 형식은 선형화하라. 비밀의 아이-되기(비밀을 간파하는 것은 언제나 아이이다 — 『메이지가 아는 것』)부터 비밀의 여성-되기(투명함에 의한 비밀, 즉 자신이 지나간 흔적조차 거의 남기지 않는 순수한 선에 불과한 투명함에 의한 비밀 — 저 빼어난 『데이지 밀러』)까지 제임스는 모든 것을 탐험했다. 제임스는 흔히 얘기되는 것처럼 프루스트와 가깝지 않다. "선험적으로 결백하다!"라는 외침을 타당하게 만들어주는 자는 바로 바로 제임스인 것이다(데이지는 그저 극히 약간의 존중만을 요구했다. 그것만으로도 사랑을 바쳤을 것이다……). 이 외침은 알베르틴을 단죄하는 "선험적으로 유죄이다"에 대립된다. 비밀에서 중요한 것은 아이의 내용, 남성적인 무한한 형식, 순수한 여성적 선 등 비밀의 세 상태가 아니라 거기에 붙어 있는 생성들, 즉 비밀의 아이-되기, 비밀의 여성-되기, 분자-되기이다 — 비밀이 내용도 형식도 갖지 않고, 지각할 수 없는 것이 마침내 지각되고, 잠행자가 더 이상 감출 것조차 없는 바로 그곳에서. 막후 조종자(éminence grise)에서 막후 내재성(immanence grise)으로. 오이디푸스는 세 가지 비밀을 통과한다. 우선 스핑크스의 비밀이 있는데, 오이디푸스는 그 상자를 꿰뚫어 본다. 다음으로 오이디푸스 자신의 유죄의

Sons, 1907~1917, vol. 15]에 입각해 비밀이 어떻게 내용에서 형식으로 도약하며, 또 이 양자를 모두 피해 가는지를 보여주고 있다. "Du secret", pp. 247~249. 헨리 제임스의 이 작품은 종종 정신분석을 염두에 둔 관점에서 논평의 대상이 되어 왔다. 특히 J.-B. Pontalis, *Après Freud*, Paris : Gallimard, 1968[독역본 : *Nach Freud*, übers. von A. & G. Roellenbleck, Frankfurt, 1968, S. 294~311]가 있다. 하지만 정신분석은 무의식과 언어를 동시에 규정하는 차원에서, 필연적으로 상징적인 형식(구조, 부재하는 원인……), 그리고 필연적으로 위장된 내용의 수인으로 머문다. 이 때문에 문학이나 미학에 응용되는 경우 정신분석은 작가의 비밀뿐 아니라 작가에게 있는 비밀도 놓쳐버리고 만다. 오이디푸스의 비밀도 마찬가지다. 요컨대 최초의 두 개의 비밀에 사로잡혀 가장 중요한 제3의 비밀에는 주목하지 못하는 것이다.

무한한 형식으로서 그를 무겁게 짓누르고 있는 비밀이 있다. 끝으로 콜로누스의 비밀이 있는데, 그것은 오이디푸스를 누구도 범접할 수 없게 하고, 그의 순수한 도주선과 추방의 선과 뒤섞이며, 오이디푸스는 감출 것이 전혀 없게 되고, 또는 노(能[99])의 늙은 배우처럼 얼굴의 부재를 가리기 위한 소녀의 가면만을 갖는다. 어떤 사람들은 아무 것도 숨기지 않고, 거짓말도 하지 않고 말할 수 있다. 그들은 투명함에 의한 비밀이며, 물처럼 침투할 수 없고, 실로 이해할 수 없는 자들이다. 반면 다른 사람들은 비밀을 두꺼운 벽으로 둘러싸거나 무한한 형식으로 높이기도 하지만 항상 그것을 간파당하고 마는 것이다.

회상들과 생성들, 점들과 블록들 — 남성의 생성들은 그토록 많은데 왜 남성-되기는 없는 것일까?[100] 그것은 우선 남성이 유달리 다수적인 반면, 생성들은 소수적이며, 모든 생성은 소수자-되기이기 때문이다. 우리가 이해하기에 다수성은 상대적으로 더 큰 양이 아니라 어떤 상태나 표준, 즉 그와 관련해서 더 작은 양뿐만 아니라 더 큰 양도 소수라고 말할 수 있는 상태나 표준의 규정, 가령 남성-어른-백인-인간 등을 의미한다. 다수성이 지배 상태를 전제하는 것이지, 그 역은 아니다. 인간보다 모기나 파리가 더 많은지를 아는 것이 문제가 아니라, "남성"이 어떻게 우주 속에서 하나의 기준을, 그와 관련하여 남성들이 필연적으로(분석적으로) 다수성을 형성하는 기준을 구성했는지를 아는 것이 문제이다. 도시에서의 다수성은 투표권을 전제하며, 투표권을 소유한 자들 — 그 수가 얼마가 되었건 — 사이에서만 수립되는 것이 아니라

99 [일본의 전통적인 연극 형식]

100 [여기서 남성의 생성들(devenirs de l'homme), 남성-되기(devenir-homme)에서 남성은 "인간"을 대표하는 성으로서의 남성이다. 즉 그것은 바로 밑에서 말하는 "남성-어른-백인-인간 등"으로서의 남성을 가리킨다]

투표권을 갖지 않은 사람들에게도 행사된다. 이와 마찬가지로, 세상에서의 다수성은 남성의 권리나 권력을 이미 주어진 것으로 전제한다.[101] 바로 이런 의미에서 여성, 아이, 그리고 동물, 식물, 분자는 소수파이다. 아마도 남성-기준과 관련한 여성의 특별한 위치가 소수파 그 자체인 모든 생성들이 여성-되기를 통과하도록 만드는 것 같다. 그렇지만 생성이나 과정으로서의 "소수"와 집합이나 상태로서의 "소수성"을 혼동해서는 안 된다. 가령 유대인, 집시 등은 특정한 조건에서는 소수자를 형성할 수도 있다. 하지만 그것은 아직 소수자를 생성하게 하기에 충분치 않다. 상태로서의 소수성 위에서 우리는 재영토화되거나 재영토화되게 하기 때문이다. 하지만 생성 속에서는 탈영토화된다. 블랙 팬더 활동가들이 말했듯이, 흑인들조차 흑인이 되어야 한다. 여성들조차 여성이 되어야 한다. 유대인들조차 유대인이 되어야 한다(상태로는 충분치 않다는 건 틀림없다). 하지만 그렇게 하면 유대인-되기는 필연적으로 유대인뿐만 아니라 비유대인들도 변용시킨다……. 여성-되기는 필연적으로 여성뿐만 아니라 남성도 변용시킨다. 어떤 의미에서, 생성의 주체는 언제나 "남성"이다. 하지만 그를 다수자의 동일성에서 떼어내는 소수자-되기 속으로 들어가는 경우에만 그는 그런 [생성의] 주체이다. 아서 밀러의 소설 『초점*Focus*』이나 로지(Losey)의 영화 『클라인 씨』에서처럼 유대인이 되는 것은 비유대인으로, 그는 자신의 표준 척도에서 절단될 때 이러한 되기를 통해 그러한 것으로 포착되고 이끌린다. 이와 반대로 유대인 자신이 유대인이 되고, 여성은 여성으로, 아이는 아이로, 흑인은 흑인으로 되는 것은 단지 소수성만이 생성의 능동적인 매체로 기능할 수 있게 되는 한에서, 그리고 소수성이 다수성과 관련해서 정의될 수 있는 집합이기를 그치는 한에서일 뿐이다.

101 다수자 개념의 불명료함에 대해서는 케네스 애로우(Kenneth Arrow)의 유명한 두 주제인 "콩도르세 효과"와 "집단적 의사결정의 정리"를 참조할 것.

따라서 유대인-되기, 여성-되기 등은 이중의 운동이 동시에 일어나는 것을 내포하는데, 그 중 한 운동을 통해 하나의 항(주체)이 다수성에서 벗어나며, 다른 운동을 통해 하나의 항(매체 또는 인자[agent])이 소수성에서 빠져나온다. 분리 불가능하며 비대칭적인 생성의 블록, 즉 결연의 블록이 존재한다. 유대인이자 비유대인인 두 명의 "클라인 씨"가 유대인-되기에 들어가는 것이다(『초점』에서도 마찬가지이다).

여성은 여성-되기를 해야만 한다. 하지만 전 남성의 여성-되기 속에서 그래야 한다. 유대인은 유대인이 되지만, 비유대인의 유대인-되기 속에서 그래야 한다. 소수자 되기는 자신의 요소들인 탈영토화된 매체와 주체를 통해서만 존재한다. 생성의 주체는 다수성의 탈영토화된 변수로서만 존재하며, 생성의 매체는 소수성의 탈영토화하는 변수로서만 존재한다. 우리를 하나의 생성으로 몰아가는 것은 그 어떤 것일 수도 있다. 전혀 예기치 않았던 것일 수도 있고, 전혀 중요하지 않은 것일 수도 있다. 점점 커져서 당신들을 사로잡아버리는 작은 디테일 없이는 당신들은 다수성에서 이탈하지 못한다. 미국 중산층인 『초점』의 주인공은 코를 대강 유대인 풍으로 보이게 하는 안경을 필요로 해서, 즉 "안경 때문에" 비유대인의 유대인-되기라는 이 이상한 모험에 내몰리게 된다. 그 무엇이든 이 일을 할 수 있지만, 이 일은 정치적인 일로 밝혀진다. 소수자-되기는 정치적인 일이며, 역량의 작업 전체에, 능동적인 미시정치학에 호소한다. 이것은 거시-정치학, 그리고 심지어 <역사>의 반대이다. 사실 거기에서 문제가 되는 것은 어떻게 다수성을 정복하고 수중에 넣을지를 아는 일이다. 포크너의 말대로 파시스트가 되지 않으려면 흑인-되기 외에 다른 선택은 없었다.[102] 역사와

102 William Faulkner, *L'intrus*, Gallimard, p. 264[영어 원본 : *Intruder in the Dust*, New York : Vintage, 1948, p. 216. 독역본 : *Griff in den Staub*, übers. von Harry Kahn, Zürich, 1974, S. 195]를 참조할 것. 남북전쟁 후에 남부 백인들(가난한 사람들뿐만 아니라 부유

달리 생성은 과거와 미래라는 관점에서 사고되지 않는다. 혁명적인 것-되기는 혁명의 미래와 과거 문제에는 관심이 없다. 혁명적인 것은 미래와 과거의 틈 사이를 통과한다. 모든 되기는 공존의 블록이다. 이른바 역사 없는 사회는 역사의 밖에 위치한다. 불변의 모델을 재생산하거나 고정된 구조에 의해 지배되는 것에 만족하기 때문이 아니라 역사 없는 사회 자체가 생성의 사회(전쟁 결사, 비밀 결사 등)이기 때문이다. 역사에는 다수성의 역사나 다수성과의 관계에 따라 규정되는 소수성의 역사밖에 없다. 그러나 "어떻게 하면 다수성을 획득할 수 있을까" 하는 문제는 지각할 수 없는 것의 진행과 비교한다면 완전히 이차적인 문제에 지나지 않는다.

이를 다른 방식으로 말해 보자. 남성-되기는 존재하지 않는다. 남성은 그램분자적 존재물인 반면, 생성들은 분자적이기 때문이다. 얼굴성의 기능은, 남성이 어떤 형식으로 다수성 또는 다수성을 구성하는 표준(즉 백인, 남성, 어른, "이성적임" 등 요컨대 평균적인 유럽인, 언표 행위의 주체)을 구성하는지를 우리에게 보여주었다. 나무형의 법칙에 따르면, 바로 이 <중심점>이 전 공간 또는 전 스크린에서 이동하며, 어떤 얼굴성의 특질을 띠느냐에 따라 매번 변별적 대립을 키워간다. 가령 남성-(여성), 어른-(아이), 백인-(흑인, 황인 또는 홍인), 이성적-(동물적) 등이 그것이다. 따라서 중심점 또는 제3의 눈은 이원적 기계들 속에서 이항적 분배들을 조직하고 주요한 대립 항에서 재생산된다는 특성을 가지며, 동시에 이 대립 전체가 그 중심점 또는 제3의 눈 안에서 공명한다. "다수성"은 잉여로서 성립되는 것이다. 이처럼 남성은 중심점의 위치에 따라 거대한 기억으로 구성된다. 그래서 이 중심점이 각각의

한 옛 집안들)에 대해 말하면서 포크너는 이렇게 쓰고 있다. "우리는 나치냐 유대인이냐라는 양자택일 이외에는 다른 선택의 여지가 없었던 1933년 이후의 독일과 같은 상태에 놓여 있다."

지배적인 점에 의해 필연적으로 재생산되는 경우를 그 기억의 주파수라 할 수 있고, 점들의 집합이 중심점과 관련되는 경우를 그 기억의 공명이라 할 수 있다. 그램분자적 체계의 집합 속에서 한 점에서 다른 점으로 향하고, 따라서 주파수와 공명이라는 기억의 두 조건에 응답하는 점들에 의해 규정되는 모든 선은 나무형 그물망의 일부를 이루는 것이다.[103)]

선이 점에 종속되면 나무형이 구성된다. 물론 아이, 여성, 흑인에게도 회상이 있다. 그러나 이들의 회상을 수취하는 <기억>은 어디까지나 다수성의 남성적 심급으로, 이들의 추억을 "유년기의 회상", 결혼생활의 회상 또는 식민지 시절의 회상으로 다룬다. 우리는 떨어진 점들 간의 관계보다는 오히려 인접한 점들의 접합접속이나 묶음을 통해 작동할 수 있다. 이 경우에는 회상보다는 환상을 가지게 될 것이다. 예컨대 여성은 서로 묶인 남성적 점과 여성적 점을 가질 수 있으며, 남성도 여성적 점과 남성적 점을 가질 수 있다. 그렇지만 이러한 잡종을 구성하면 우리는 참된 생성의 방향으로 나아가지 못한다(가령 양성성은 정신분석가들이 지적하는 대로 결코 남성성의 우위나 "남근"의 다수성을 벗

103 나무형 도식에서는 선이 점에 종속되는 것이 잘 나타난다. Julien Pacotte, *Le réseau arborescent*, Hermann를 참조할 것. 로장스틸과 프티토("Automate asocial et systèmes acentrés", *Communications* n° 22, 1974, pp. 45~62)의 위계적 체계 또는 중심화된 체계의 지위도 참조할 것. 다수성의 나무형 도식은 다음과 같은 형식으로 제시해볼 수 있을 것이다.

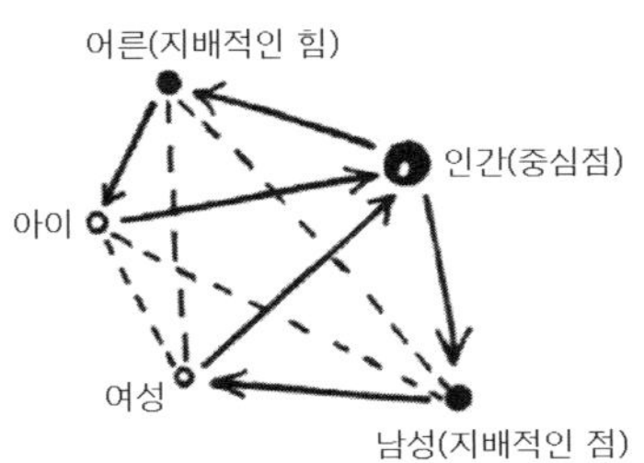

어나지 못한다). 선이 떨어진 두 점과 관련되거나 인접한 점들로 합성되는 한 나무성의 도식과 단절될 수 없으며, 생성이나 분자적인 것에 도달할 수 없다. 생성의 선은 이 선이 연결하는 점들에 의해서도, 이 선을 합성하는 점들에 의해서도 규정되지 않는다. 이와 반대로 생성의 선은 점들 사이를 지나가며, 중간을 통해서만 돌출하며, 우리가 먼저 구분한 점들 쪽으로 곧장 흘러가며, 인접해 있거나 떨어진 점들 사이를 결정 가능한 비율로 가로지르는 방향으로 흘러간다.[104] 하나의 점은 언제나 기원적이다. 하지만 생성의 선은 시작도 끝도 없으며, 출발점도 도착점도 없고, 기원도 목적지도 없다. 따라서 기원의 부재에 대해 말하는 것, 기원의 부재를 기원으로 만드는 것은 형편없는 말장난에 불과하다. 생성의 선은 중간만을 갖는다. 중간은 평균치가 아니다. 그것은 가속 운동이며 운동의 절대 속도이다. 생성은 언제나 중간에 있다. 우리는 중간에서만 생성을 얻을 수 있다. 생성은 하나도 둘도, 또 둘 사이의 관계도 아니다. 생성은 둘-사이이며, 경계선 또는 도주선, 추락선, 이 둘의 수직선이다. 생성이 하나의 블록(선-블록)이라면, 그것은 생성이 근방역과 식별 불가능성의 지대를, 아무도 아닌 자의 땅(no-man's land)을 구성하며, 떨어져 있거나 인접한 두 점을 탈취하며 한 점을 다른 점의 근방으로 데려가는 위치를 정할 수 없는 관계를 구성하기 때문이다. 그리고 경계선-근방은 인접해 있건 떨어져 있건 상관없다. 말벌과 서양란을 결합시키는 생성의 선 또는 생성의 블록에서는 말벌은 서양란의 생식 장치에서 해방된 개체가 되고 서양란도 자신

104 생성의 선은 위치를 정할 수 있는 A와 B의 연결(거리)과 관련되어 있거나, 아니면 그 두 점의 인접과 관련되어 있다.

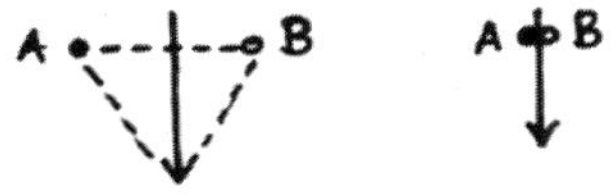

의 생식에서 해방된 말벌의 오르가슴 대상이 된다는 점에서 말벌과 서양란에 공통적인 탈영토화가 생산된다. 선별 압력이 밀어닥치는 도주선 위에서 블록을 만드는 비대칭적인 두 운동의 공존. 선 또는 블록은 말벌과 서양란을 연결시키지 않으며, 또한 결합시키거나 혼합하지도 않는다. 오히려 선은 점들의 식별 가능성이 사라지는 공통의 근방으로 말벌과 서양란을 데려가면서 그 둘 사이를 지나간다. 생성의 선-체계(또는 블록-체계)는 기억의 점-체계와 대립된다. 생성의 운동을 통해 선은 점에서 해방되고, 점들을 식별 불가능하게 만든다. 나무성의 반대인 리좀은 나무성에서 빠져나오는 것이다. 생성은 반(反)-기억이다. 물론 분자적인 기억도 있지만, 그것은 다수적 체계 또는 그램분자적 체계로 통합되는 요인으로서 그러할 뿐이다. 회상은 언제나 재영토화 기능을 갖는다. 이와 반대로 탈영토화의 벡터는 결코 규정되지 않는 것이 아니라 오히려 분자적 층위들에 직결되어 있다. 그리고 탈영토화의 정도가 높을수록 그러한 연결도 더 강해진다. 분자적 성분들을 한데 "모아주는" 것이 바로 탈영토화인 것이다. 이러한 관점에서 볼 때 유년기의 블록 또는 아이-되기는 유년기의 회상과 대립한다. 즉 분자적인 "한" 아이가 생산된다…… "한" 아이는 우리와 공존한다, 근방역 또는 생성의 블록에서, 우리들을 온통 둘로 가져가버리는 탈영토화의 선상에서. 이 아이는 한때 우리였던 아이, 우리가 회상하고 환상을 만들어내는 아이, 어른은 그의 미래일 뿐인 그램분자적인 아이와 정반대인 것이다. "이것은 유년기일 것이다. 그러나 그것이 나의 유년기여서는 안 된다"고 버지니아 울프는 쓰고 있다(이미 『올란도*Orland*』는 회상이 아니라 블록들, 즉 나이의 블록들, 시대의 블록들, 세력권의 블록들, 성의 블록들 등 여러 블록들에 의해 작동하며, 또한 사물들 간에 수많은 생성들 또는 탈영토화의 선들을 형성한다).[105] 수십 페이지에 걸쳐 우리가 사용한 "회상"이라는 단어는, 따라서 잘못 사용된 것이었다. 우리는 "생성"을 말하고 싶었던 것이었으며, 생성을 말했던 것이다.

선이 점과(또는 블록이 회상과, 생성이 기억과) 대립한다 해도, 절대적인 방식으로 그런 것은 아니다. 점 체계는 어떻든 선들을 이용하며, 블록 자체는 점에 새로운 기능들을 할당한다. 실제로 점 체계 안에서 하나의 점은 우선 선의 좌표를 가리킨다. 그리고 우리는 수평선과 수직선을 표상한다. 나아가 수직선은 자신과 평행하게 이동하며, 수평선은 다른 수평선들에 중첩된다. 그래서 모든 점은 두 개의 기본 좌표와 관련해서 지정될 뿐만 아니라, 중첩되는 수평선과 이동하는 수직선 또는 수직의 면 위에 표시된다. 끝으로, 두 점은 한 점에서 다른 한 점으로 어떤 선이 그려질 때 연결된다. 이처럼 어떤 체계 안에서 선들이 좌표로 여겨지거나 위치를 정할 수 있는 연결로 여겨지는 경우 **이 체계를 점의 체계라고 부를 수 있을 것이다.** 가령 나무형 체계, 그램분자적 체계 또는 기억의 체계는 점의 체계이다. <기억>이 점적인 조직을 갖는 것은 다음과 같은 이유에서이다. 즉 거기에서 모든 현재는 옛 현재로부터 지금의 현재로 가는 시간의 **흐름**이라는 수평선(운동학적 선)과 현재에서 과거 또는 옛 현재의 표상으로 가는 시간의 **질서**라는 수직선(지층학적 선)을 동시에 지칭하기 때문이다. 물론 이것은 기본적 도식으로, 실제로 이 도식을 전개해나갈 때는 온갖 복잡화가 동반될 수밖에 없다. 하지만 교육학, 즉 기억술을 형성하는 기술을 표상할 때면 항상 이 기본 도식이 발견된다. 음악의 재현은 기본선, 즉 수평의 선율 선을 그리는데, 바로 이 위에 다른 선율 선들이 중첩되며, 이 선들에서 점들이 할당되고, 이 점들이 한 선에서 다른 선으로 대위법적 관계에 들어간

105 Virginia Woolf, *Journal d'un écrivain*, 10～18, t. I, p. 238[영어 원본 : *The Diary of Virginia Woolf*, vol. 3, p. 236 (1928년 11월 28일 수요일)]. 카프카에 대해서도 똑같이 이야기할 수 있는데, 그의 경우 유년기의 블록들은 유년기의 회상과 대립해서 기능한다. 프루스트의 경우에는 이 둘을 혼합하기 때문에 더 복잡하다. 정신분석은 회상이나 환상을 파악하지만 유년기의 블록들은 파악하지 못한다.

다. 그러나 다른 한편에는 수직의 화음의 선 또는 면이 있어, 그것은 수평선들을 따라 이동하지만 그것에 종속되지 않고 위에서 아래로 가고, 이어지는 협화음들과 연결될 수 있는 협화음을 확정한다. 회화의 재현 또한 나름대로 고유한 방식을 지니면서 음악과 유사한 형식을 갖는다. 그림에 수직과 수평이 있기 때문만은 아니다. 또한 선과 색은 각각 이동하는 수직선과 중첩되는 수평선을 지칭하기 때문이다(가령 수직선은 차가운 형태, 백색, 빛, 또는 색조 등과 연관된다. 그리고 수평선은 따뜻한 형태, 흑색, 색채, 양식 등과 연관된다). 꽤 최근의 사례들을 들자면 칸딘스키, 클레, 몬드리안 등의 교육학적 체계만 봐도 이것은 분명하며, 이들의 체계는 필연적으로 음악과의 대면을 함축하고 있다.

점 체계의 주된 특성을 요약하자. 1) 점 체계는 두 가지 기본선, 즉 수평선과 수직선을 포함하고 있으며, 이 두 선은 점들을 지정하는 데 쓰이는 좌표로서 기능한다. 2) 수평선은 수직으로 중첩될 수 있고 수직선은 수평으로 이동할 수 있으며, 그런 식으로 수평의 주파수와 수직의 공명이라는 조건 아래서 새로운 점들이 생산되거나 재생산된다. 3) 어떤 점에서 다른 점으로 선이 그어질 수(또는 그렇지 않을 수) 있다. 그러나 그려지는 경우 그것은 위치를 정할 수 있는 연결선의 형태를 취한다. 이 경우 사선은 층위와 시기가 서로 다른 점들을 위한 연결선의 역할을 하며, 서로 인접하거나 떨어진 다양한 수평과 수직의 점들과 함께 빈도와 공명을 만들어낸다.[106] — 이러한 체계는 나무형으로, 기억과

106 가령 기억 체계에서 회상의 형성은 현재 A를 새로운 현재 B와 관련된 표상 A'로, C와 관련된 A"으로 지나가게 하는 사선을 함축한다.

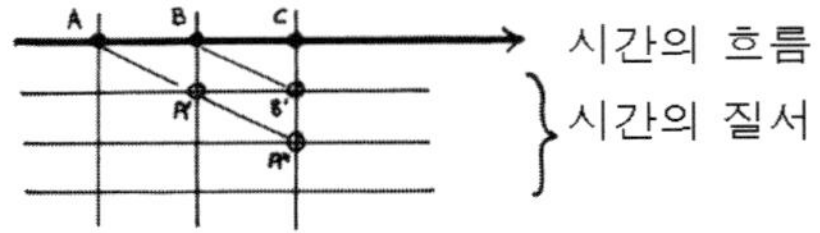

cf. Edmund Husserl, *Leçons pour une phénoménologie de la conscience intime du temps*, P. U. F.[독

연관되어 있으며, 그램분자적이고, 구조적이며, 영토화나 재영토화에 속해 있다. 직선과 사선은 전적으로 점에 종속된다. 직선과 사선은 하나의 점에 대해서는 좌표의 역할을 하며, 한 점과 다른 점에 대해서는 한 점에서 다른 점으로 위치를 정할 수 있는 연결선의 역할을 하기 때문이다.

점의 체계에 대립하는 것이 바로 선의 체계, 아니 차라리 다선적 체계이다. 선을 해방시키고 사선을 해방시켜라. 이런 의도를 갖고 있지 않은 음악가와 화가는 없다. 선의 체계에서 점의 체계나 교육학적 표상을 만들어내더라도, 그것은 이것들을 무너뜨리고 지진동(地震動)을 일으키기 위해서인 것이다. 점의 체계는 음악가, 화가, 작가, 철학자가 이 체계와 대립할수록, 그리고 심지어 이 체계와 대립하기 위해 이 체계를 도약의 발판으로 만들어낼수록 더 흥미로울 것이다. 역사는(역사에 자신을 삽입하는 자들, 또는 심지어 역사를 개정하는 자들에 의해서가 아니라) 역사에 대립하는 자들에 의해서만 만들어지는 것이다. 하지만 무슨 도발에 의해서가 아니다. 오히려 그들이 맞닥뜨린 완전히 만들어진 점의 체계, 또는 그들 자신이 발명한 점의 체계는 다음과 같은 조작을 허용해야 하기 때문이었다. 즉 선과 사선을 해방시키고, 점을 만드는 대신 선을 긋고, 까다로운 또는 개량된 수직선과 수평선에 달라붙는 대신 지각할 수 없는 사선을 만들어내는 것이 그것이다. 그것은 항상 <역사>에 회수될 테지만, 그것이 역사에서 유래하는 일은 결코 없다. 역사가 아무리 기억과의 연결을 끊어버리려 해도 소용없다. 역사는 기억의 도식들을 복잡화하고, 좌표를 중첩하고 이동시키며, 연결들을 강조하거나 단절들을 심화시킬 수 있는 것이다. 하지만 경계선은 거기에

어 원본 : *Vorlesungen zur Phänomenologie des inneren Zeitbewußtseins*, Halle, 1928. 영역본 : *The Phenomenology of Internal Time-Consciousness*, ed. Martin Heidegger, trans. James S. Churchill, intro. Calvin O. Schrag, Bloomington : Indiana University Press, 1964, pp. 48~50]

있지 않다. 경계선은 역사와 기억 사이를 지나가는 것이 아니라, "기억-역사"라는 점 체계들과 사선적인 또는 다선적인 배치물들 사이를 지나가기 때문이다. 그런데 이것들은 결코 영원이 아니고, 생성과 관련되며, 얼마간은 순수한 상태의 생성이며, 초역사적이다. 이처럼 초역사적이지 않은 창조 행위는 없으며, 배후를 공격하지 않는 또는 해방된 선을 지나가지 않는 창조 행위도 없다. 니체는 역사를 영원에 대립시키지 않고 하부-역사나 상부-역사에 대립시킨다. <비시대적인 것>은 <이것임>, 생성, 생성의 결백함을 나타내는 또 다른 이름이다(다시 말해 기억에 대립되는 망각, 역사에 대립되는 지리, 사본에 대립되는 지도, 나무형에 대립되는 리좀). "비역사적인 것은 둘러싸고 있는 대기와 비슷하다. 생은 오직 이 대기 안에서만 태어나고 대기가 소멸하면 생도 다시 사라진다. (……) 우선 비역사적인 구름에 둘러싸이지 않는다면, 인간이 할 수 있는 행위는 어디에 있겠는가?"[107] 창조는 세계를 재현하는 업무에서 빠져나온 돌연변이 추상적인 선과 같다. 창조는 역사가 점의 체계 안에서 기껏해야 다시 파악하거나 다시 자리 잡을 수밖에 없는 새로운 유형의 실재를 배치할 수 있기 때문이다.

불레즈가 음악사가가 된 것은, 위대한 음악가가 제각기 아주 다른 방식으로 화음의 수직선과 선율의 수평선 사이를 지나가는 일종의 사선을 어떻게 발명하고 실행하는가를 보여주고 싶었기 때문이다. 그리고 매번 그것은 또 다른 사선, 또 다른 테크닉, 하나의 창조인 것이다. 그 때 실제로는 탈영토화의 선인 이 횡단선 위에서는 하나의 음의 블록이 움직인다. 음의 블록은 기원점을 갖지 않는다. 그것은 언제나 이미

107 F. Nietzsche, *Considérations intempestives*, "Utilité et inconvénient des études historiques" [독어 원본 : *Unzeitgemässe Betrachtungen*, "Vom Nutzen und Nachtheil der Historie für das Leben", 영역본 : *Untimely Meditations*, trans. R. J. Hollingdale, New York : Cambridge University Press, 1983, "On the Uses and Disadvantage of History for Life", pp. 63~64] §1.

선의 중간(milieu)에 있기 때문이다. 또한 음의 블록은 수평과 수직의 좌표를 갖지 않는다. 그것은 고유한 좌표를 창조하기 때문이다. 또한 음의 블록은 한 점과 다른 점 사이에 위치를 정할 수 있는 연결을 형성하지 않는다. 그것은 "박동이 없는 시간" 안에 있기 때문이다. 그것은 점도 좌표도 박자도 모두 버린 탈영토화된 리듬 블록으로, 이른바 선과 일체를 이루거나 고른판을 그리는 술 취한 배와 같다. 빠름과 느림은 음악적 형식에 개입하여 어떤 때는 음악적 형식이 증식하도록, 선형적인 미시적 증식을 하도록 하고, 또 어떤 때는 음이 꺼지고 소멸하도록, 역행하도록 하는가 하면, 이 둘을 동시에 행하도록 하기도 한다. 음악가는 특히 이렇게 말할 수 있다. "나는 기억을 증오한다, 회상을 증오한다." 음악가는 생성의 역량을 긍정하기 때문이다. 그러한 사선, 블록-선의 전형적인 사례를 빈 악파에서 찾아볼 수 있다. 하지만 또한 빈 악파는 영토화, 점, 수직선과 수평선 등의 새로운 체계를 찾아냈으며, 이를 통해 <역사> 속에 자리잡았다고도 할 수 있을 것이다. 이 빈 악파 이후 또 다른 시도가, 또 다른 창조 행위가 이어졌다. 중요한 것은 모든 음악가가 항상 이런 식으로 진행해나갔다는 점이다. 즉, 점 밖에서, 좌표와 위치를 정할 수 있는 연결 밖에서, 불안정하더라도 사선을 긋고, 그리하여 해방되고 창조된 선 위에서 음의 블록이 떠다니게 하고, 이 움직이고 변이하는 블록, 즉 <이것임>을 공간 내에 풀어놓는 식으로(예컨대 반음계, 집적, 복합음표, 또한 이미 다성음악의 모든 자원과 가능성 등108)). 사람들은 오르간과 관련해 "비스듬한 벡터"를 말할 수

108 다음에 나오는 모든 주제에 대해서는 피에르 불레즈를 참조할 것. 1) 매번 횡단선은 어떻게 음악의 수평과 수직의 좌표를 빠져나와 때때로 "잠재선"까지 그리는가에 대해서는 *Relevés d'apprenti*, Ed. du Seuil, pp. 230, 290~297, 372[독역본 : *Anhaltspunkte*, übers. von Josef Häusler, Stuttgart-Zürich, 1975, S. 233, 360~371. 영역본 : *Notes of an Apprenticeship*, ed. Paule Thévenin, trans. Robert Weinstock, New York : Knopf, 1968, pp. 231~232, 25~301, 382~383]. 2) 이 횡단선과 관련해 음의 블록 또는 "지속의 블록"이

있었다. 사선은 종종 극히 복잡한 음의 선과 음의 공간으로 만들어진다. 이것이 소악절 또는 리듬 블록의 비밀일까? 그렇다면 의심할 여지없이 점은 이제 창조적이고 본질적인 새로운 기능을 획득한다. 점적인 체계를 재구성하는 불가피한 운명만이 단순히 문제가 되는 것은 아니다. 오히려 반대로 이제 선에 종속된 것은 바로 점이다. 선의 증식, 또는 선의 돌연한 우회, 선의 가속과 감속, 선의 분노와 고통을 표시하는 것은 바로 점이다. 모차르트의 "미세-블록들." 심지어 블록이 하나의 점, 가령 단 하나의 음표로 환원되기도 한다(점-블록). 『보이체크 *Wozzeck*』에서의 베르크의 시 음이 그러하며, 슈만의 라 음이 그렇다. 슈만에게, 슈만의 광기에 경의를. 슈만에게서 첼로는 관현악 배치를 가로질러 헤매고, 탈영토화된 음의 블록이 지나가는 자신의 사선을 그린

라는 관념에 대해 *Penser la musique aujourd'hui*, Gonthier, pp. 59～63[독역본 : *Musikdenken heute I*, übers. von J. Häusler & P. Stoll, Darmstadt, 1963, S. 47～52. 영역본 : *Boulez on Music Today*, trans. Susan Bradshaw & Richard Bennett, Cambridge, Mass. : Harvard University Press, 1971, pp. 55～59]. 3) 점과 블록, "점의 집합들"과 다양한 개체성들로 이루어진 "응집적인 집합들" 사이의 구별에 대해서는 "Sonate que me veux-tu?", *Médiations*, n° 7, 1964["Zu meiner Dritten Klaviersonate", in *Werkstatt-Texte*, übers. von J. Häusler, Berlin-Frankfurt-Wien, 1972, S. 164～178]. 기억에 대한 증오는 불레즈에게서 흔히 나타난다. "Eloge de l'amnésie", *Musique en jeu* n° 4, 1971 및 "J'ai horreur du souvenir", in *Roger Desormière et son temps*, ed. Denise Mayer & Pierre Souvtchinsky, Monaco : Ed. du Rocher, 1966 참조. 현대의 예들만 보더라도 스트라빈스키, 케이지, 베리오에게서 얼마든지 이와 비슷한 발언을 발견할 수 있다. 물론 좌표에 연결되어 있고 사회의 틀 안에서 실행되는 음악적 기억도 있다(기상, 취침, 퇴각을 알리는 음악). 하지만 음악의 "악절(phrase)"의 지각은 상기라는 유형의 기억에 호소하기보다는 마주침이라는 유형의 지각의 확장이나 응축에 호소한다. 각 음악가가 어떻게 참된 **망각의 블록**을 기능하게 하는지를 연구해보아야 할 것이다. 가령 드뷔시에게서 나타나는 "망각의 박편"이나 "부재하는 전개"에 대해 바라케(Jean Barraquè)가 말하는 바(*Debussy*, Paris : Seuil, pp. 169～171 [독역본 : *Debussy*, übers. von C. Waege & H. Weiher-Waege, Reinb다 bei Hamburg, 1964, S. 144])를 참조하라. 다니엘 샤를르(Daniel Charles)의 일반적 연구인 "La musique et l'oubli", *Traverses* n° 4, 1976[독역본 : *Musik und Vergessen*, übers. von Manfred Hoffmann, Berlin, 1984, S. 7～24]도 참고가 될 것이다.

다. 아니면 극히 간소한 일종의 리토르넬로가 실로 정교한 선율 선과 다성음 구조에 의해 "처리"되기도 한다.

다선적 체계에서 모든 것은 동시에 시행된다. 선은 기원으로서의 점에서 해방된다. 사선은 좌표로서의 수직선과 수평선에서 해방된다. 또한 횡단선은 점과 점을 잇는 위치를 정할 수 있는 연결로서의 사선에서 해방된다. 요컨대 하나의 블록-선이 음의 중간(milieu)을 지나, 위치를 정할 수 없는 제 나름의 환경(milieu) 속으로 돋아나는 것이다. 음의 블록은 **간주곡**이다. 즉 음악적 조직화는 가로질러 가지만 여전히 음인 기관 없는 몸체, 반-기억인 것이다. "슈만적 몸체는 제자리에 머무르지 않는다. (……) 간주곡은 슈만의 전 작품과 일체이다. (……) 극언하자면 간주곡밖에 없는 것이다. (……) 슈만적 몸체에는 분기만이 있다. 이 몸체는 구성되지 않는다. 그것은 막간곡이 쌓여 가는 대로 영속적으로 갈라진다. (……) 슈만적 타법은 제멋대로지만 또한 코드화되어 있다. 왜냐하면 제멋대로의 타격은 일상에서는 그냥 스쳐 지나갈 무난한 언어의 한계 안에 명백하게 담겨 있기 때문이다. (……) 음조에 있는 모순되지만 병존하는 두 가지 면을 상상해보라. 한편에는 스크린이(……), 이미 알려져 있는 조직에 따라 몸체를 분절하도록 되어 있는 언어가 있고, 그러나 모순적이게도 다른 한편에서 음조는 다른 층위에서 자신이 길들인 것 같은 타격에 능숙한 하녀가 된다."[109)]

회화에도 똑같은 것이, 엄밀하게 똑같은 것이 있을까? 사실상 점이 선을 만드는 것이 아니다. 반대로 선이 탈영토화된 점을 데려다가 외적 영향력 속으로 보내 버린다. 그렇다면 선은 한 점에서 다른 점으로

109 Roland Barthes, "Rasch", in *Langue, discours, société*, Ed. du Seuil, pp. 217~228[독역본 : *Was singt mir der ich höre in meinem Körper das Lied*, übers. von Peter Geble, Berlin, 1979, S. 47~68. 영역본 : *The Responsibility of Forms*, trans. Richard Howard, New York : Hill and Wang, 1985, pp. 300~302, 308~309].

가는 것이 아니다. 오히려 선은 점들 사이에서 다른 방향으로 질주하며, 이 때문에 점들은 식별 불가능하게 된다. 선은 사선이 되었고, 사선은 수직선과 수평선에서 해방된다. 하지만 사선은 이미 횡단선, 준-사선 또는 자유직선, 파선(波線) 또는 각, 또는 곡선이 되었으며, 언제나 이것들 중간에 있다. 수직적인 백색과 수평적인 흑색 사이에는 클레의 회색, 칸딘스키의 적색, 모네의 자색, 이들 각각이 색의 블록을 형성한다. 이 선은 기원이 없다. 이 선은 언제나 그림 밖에서 시작했고, 그림은 이 선을 다만 중간에서 취하기 때문이다. 이 선은 좌표가 없다. 이 선은 자신이 떠다니며 창조하는 고른판과 한데 섞이기 때문이다. 이 선은 위치를 정할 수 있는 연결이 없다. 이 선은 재현 기능을 잃어버렸으며, 어떤 형태를 둘러싸는 모든 기능을 잃어버렸기 때문이다. 이리하여 이 선은 추상적인, 진정 추상적이고 변이적인 선이 되었고, 시각 블록이 되었다. 그리고 점은 이런 조건에서 색-점 또는 선-점으로서 다시 창조적인 기능을 발견한다.[110] 선은 점들 사이에, 점들 중간에 있으며, 더 이상 한 점에서 다른 점으로 가지 않는다. 선은 더 이상 윤곽을 둘

110 화가들 사이에는 이 모든 점에서 많은 차이점이 있지만 또한 공동의 운동도 있다. Wassily Kandinsky, *Point, ligne, plan*[독어 원본 : *Punkt und Linie zu Fläche*, Bern, 1964(5판). 영역본 : *Point and Line to Plane*, in vol. 2 of *Complete Writings on Art*, ed. Kenneth C. Lindsay & Peter Vergo, Boston : G. K. Hall, 1982, pp. 524～700] 및 Paul Klee, *Théorie de l'art moderne*, Gonthier[독어 원본 : *Über die moderne Kunst*, Basel, 1945. 영역본 : *On Modern Art*, trans. Paul Findlay, intro. Herbert Reed, London, Faber, 1966]을 참고할 것. 수직선과 수평선이 배타적 가치를 가진다는 몬드리안의 발언은, 어떤 조건 하에서 이 선들이 그을 필요조차 없는 사선을 뻗어나가게 하는지 보여주는 데 있다. 가령 불균등한 두께를 가진 좌표가 화폭 내부에서 교차되고 화폭 밖으로까지 연장되어, "역학적 축"을 횡단선으로 열어주는 경우(뷔토르(Michel Butor)의 주석, *Répertoire*, Paris : Ed. de Minuit, 1960～, t. III, "Le carré et son habitant",). 폴록의 선에 대한 Michel Fried의 논문("Trois peintres américains", in *Peindre*, 10～18[영어 원본 : *Three American Painters*, Cambridge, Mass. : Fogg Art Museum, 1965])과 내쉬(Nash)의 선에 대한 헨리 밀러의 글(*Virage à quatre-vingts*, Livre de Poche[영어 원본 : On Turning Eighty, London : Village Press, 1973])도 참조할 수 있을 것이다.

러싸지 않는다. "그는 사물들을 그리지 않았다. 그는 사물들 사이에서 그렸다." 회화에서 깊이, 특히 원근법의 문제만큼 잘못된 것도 없다. 원근법은 사선이나 횡단선, 즉 도주선(=소실선)을 차지하는, 즉 유동적인 시각 블록을 재영토화하는 역사적인 방식에 불과하기 때문이다. 여기서 "차지한다"라는 말은 점거한다, 기억과 코드를 고정한다, 기능을 정한다는 의미이다. 하지만 도주선과 횡단선은 이 그램분자적 기능 외에도 많은 다른 기능을 받아들일 수 있다. 도주선은 깊이를 표상하기 위해 만들어지는 것과는 거리가 멀다. 오히려 무엇보다 어떤 순간, 특정한 순간에만 도주선을 차지하는 그런 표상의 가능성을 발명하는 것이 바로 도주선이다. 원근법, 심지어 깊이까지도 도주선을 재영토화한다. 하지만 바로 이 도주선만이 회화를 더 멀리 데리고 감으로써 회화를 창조해왔던 것이다. 특히 이른바 중앙 집중적 원근법은 도주의 다양체와 선의 역동성을 점의 검은 구멍으로 몰아간다. 그러나 역으로 원근법의 문제가 선들과 블록들을 지배했다고 주장하려는 바로 그 순간, 그 문제는 창조적인 선들의 갖가지 증식을 유발하고, 시각 블록들의 대대적인 해방을 불러일으켰다는 것 또한 분명하다. 자신의 창조 행위 하나하나를 통해 회화는 음악 못지않게 강렬하게-되기에 참여하는 것일까?

음악 되기 — 서양 음악에 관해 (그러나 다른 음악들도 조건과 해결 방안은 다르지만 이와 유사한 문제에 직면해 있다) 우리는 표현의 수준에서의 생성의 블록을, 다시 말해 표현의 블록을 규정하려고 시도했다. 특정한 순간에 음악의 코드로 기능하는 좌표나 점 체계로부터 끊임없이 벗어나는 횡단선 덕분에 말이다. 이러한 표현의 블록에 내용의 블록이 대응한다는 것은 두말할 필요가 없다. 아니, 그것은 대응도 아니다. 그 자체로 음악적인 내용(주제나 테마가 아니다)이 끊임없이 표현에 끼어들지 않으면 움직이는 "블록"은 있지 않았을 테니까. 그러면 음악은 무엇을 다루며, 음 표현과 불가분의 관계에 있는 음악의 내용은 무엇일까? 말하기 쉽지는 않지만 대개 다음과 같은 것들이다. 한 아이가 죽는다, 한 아이가 논다, 한 여자가 태어난다, 한 여자가 죽는다, 한 마리의 새가 날아온다, 한 마리의 새가 날아간다 등. 아무리 이런 예들을 많이 제시할 수 있다고 해도 거기에는 음악의 우연한 테마들은 없고 또한 모방적 연습도 없으며, 본질적인 무엇이 있을 뿐이다. 왜 한 아이, 한 여자, 한 마리 새인가? 그것은 음악적 표현이 그 내용을 구성하는 여성-되기, 아이-되기, 동물-되기와 불가분의 관계에 있기 때문이다. 아이는 왜 죽는 것일까? 왜 새는 화살에 맞은 듯이 떨어지는 것일까? 달아나는 모든 선, 모든 도주선 또는 창조적인 탈영토화의 선에 고유한 "위험" 때문에. 파괴, 소멸을 향하는 것 때문에. 여자-아이이며 비밀인 멜리상드(Mélisande)[111]는 두 번 죽는다("이번엔 가엾은 소녀 차례다"). 음악은 결코 비극적이지 않다. 음악은 기쁨이다. 하지만 음악은 우리에게 죽음의 취향을, 그것도 행복하기 때문에 죽는 것이 아니라 행복하게 죽고 싶은, 조용히 꺼지고 싶은 취향을 주는 일이 반드시 있기 마련이다. 우리 안에서 고개를 드는 죽음의 본능 때문이 아니라 그 본능의 음 배치물, 그 본능의 음 기계에 고유한 차원 때문에 횡단선이 소멸의 선으로 바뀌는 순간에 직면해야만 하는 것이다. 평화와 격분.[112] 음악은 파괴를, 즉 소진, 분쇄, 분해 등 온갖 종류의 파괴를 갈망한다. 바로 이것이 음악의 잠재적인 "파시즘"이 아닐까? 그러나 음악가가 무

111 [드뷔시의 오페라 『펠레아스와 멜리상드*Pélléas et Mélisande*』]

112 "이 섬세하게 짜여진 평화의 음악을 연주할 때 기분 좋은 그의 가슴속에는 긴장된 뭔가가 있었으며, 참을 수 없는 화가 치솟아 올라왔다. 음악이 정묘할수록 그는 완전한 축복 속에서 더 완벽한 음악을 생산해냈다. 그리고 이와 동시에 그의 안에서 광기어린 격분이 더 강렬해졌다."(D. H. Lawrence, *La verge d'Aaron*, Gallimard, p. 16[영어 원본 : *Aaron's Rod*, New York : Thomas Seltzer, 1922, p. 16])

엇인가를 기념하여 쓸 때마다, 문제가 되는 것은 영감의 모티프나 회상이 아니라 이와 반대로 그저 자기 고유의 위험에 직면하게 하는 생성, 다시 태어나기 위해 죽음을 무릅쓰는 생성이다. 음악의 내용 그 자체이며 죽음까지 가는 아이-되기, 여성-되기, 동물-되기.

리토르넬로는 고유한 음악적 내용, 음악에 고유한 내용의 블록이라고 우리는 말할 것이다. 한 아이가 어둠 속에서 두려움을 떨쳐버리려고 하거나, 손뼉을 치거나, 걸음걸이를 고안해내고 그것을 보도 위의 선에 맞춰 보거나, "Fort-Da"하고 단조롭게 읊기도 한다(정신분석가들이 이 Fort-Da에서 음운 대립이나 언어-무의식에 대한 상징적 성분을 찾으려고 한다면 그들은 Fort-Da에 대해 완전히 잘못 말하는 것이다. Fort-Da는 리토르넬로이기 때문이다). 트랄 랄 라. 한 여자가 흥얼거린다. "낮은 목소리로 달콤하게 한 곡 흥얼거리는 걸 들었어." 새 한 마리가 자신의 리토르넬로를 내지른다. 새의 노래가 자느캥[113]부터 메시앙에 이르기까지 온갖 음악을 천 가지 방식으로 가로지른다. 푸르르르, 푸르르르. 유년기의 블록과 여성성의 블록이 음악을 가로지른다. 모든 소수성들이 음악을 가로지른다. 하지만 그 음악은 막대한 역량을 조성한다. 아이들의 리토르넬로, 여자들의 리토르넬로, 종족들의 리토르넬로, 영토들의 리토르넬로, 사랑의 리토르넬로, 파괴의 리토르넬로. 즉, 리듬의 탄생인 것이다. 슈만의 작품은 리토르넬로들, 유년기의 블록들로 만들어져 있는데, 그는 이것을 아주 특수하게 처리하고 있다. 슈만 나름대로의 아이-되기, 슈만 나름대로의 클라라라는 여성-되기. 아이의 갖가지 <놀이들>과 『어린이의 정경*Kinderszenen*』, 갖가지 새들의 노래 등 음악사에서 리토르넬로의 사선이나 횡단선적 용례의 목록을 만들 수 있을

113 [자느캥(Clenent Jannequin, 1480? - 1560)은 르네상스 시기의 음악가로 "새의 노래", "파리의 잡답(雜踏)" 등 표제음악의 샹송을 작곡했으며, 다성 샹송과 독창 샹송을 작곡했다]

지도 모른다. 그러나 이런 목록은 무용하다. 실제로는 음악에 가장 본질적이며 필연적인 내용이 문제인데도 목록은 테마, 주제, 모티프 등에 관한 예들을 증가시킬 뿐이기 때문이다. 불안, 공포, 기쁨, 사랑, 일, 산보, 영토 등 모든 것이 리토르넬로의 모티프일 수 있지만 리토르넬로 그것은 음악의 내용인 것이다.

우리는 리토르넬로가 음악의 기원이라고, 또는 음악은 리토르넬로와 함께 시작한다고 말하는 것이 결코 아니다. 언제 음악이 시작되는지는 아무도 모른다. 리토르넬로는 오히려 음악을 방해하고 몰아내거나 음악 없이도 지내게 하는 수단이라고 할 수 있다. 하지만 음악이 존재하는 것은 리토르넬로가 존재하기 때문이며, 음악이 내용으로서 리토르넬로를 붙잡고 탈취하여 표현의 형식 안에 집어넣기 때문이며, 음악이 리토르넬로와 블록을 이루어 그것을 다른 곳으로 데려가기 때문이다. 아이의 리토르넬로는 그 자체로는 음악이 아니지만, 음악의 아이-되기와 블록을 이룬다. 진작 이런 비대칭적 조성이 있어야 했다. 모차르트의 "Ah vous dirai-je maman(아, 엄마, 이젠 말할게요)"는 모차르트의 리토르넬로이다. 다장조 테마에 열두 개의 변주가 이어진다. 테마의 각 음표가 이중화될 뿐 아니라 테마 자체가 내부에서 이중화된다. 음악은 리토르넬로가 사선 또는 횡단선에 의해 이렇게 특수하게 처리되도록 하며, 리토르넬로를 그 영토성에서 떼어낸다. 음악은 리토르넬로를 탈영토화함으로써 이루어지는 능동적이고 창조적인 조작이다. 리토르넬로는 본질적으로 영토적인 것이며 영토화나 재영토화를 행한다. 반면 음악은 리토르넬로를 가지고 탈영토화하는 표현의 형식을 위한 탈영토화된 내용을 만든다. 이렇게 말해도 용서해주길. 즉 음악가들이 하는 것은 음악적이어야 하며, 그것은 음악으로 써야 한다. 차라리 구체적인 예를 들겠다. 『죽음의 노래와 춤』에 있는 무소르크스키의 <자장가>는 병든 아이를 간호하다 쇠진한 어머니를 그리고 있다. 이 어머니는 한 손님, 즉 <죽음>과 교대하는데, 이 손님은 자장가를 부른다. 이 자장가의 각 절은 강박적인 간소한 리토르넬로, 한 음의 반복 리듬, 점-블록으로 끝난다. "쉬, 아가야, 내 귀여운 아가야 잠들어라"(아이는 죽는다. 뿐만 아니라 리토르넬로의 탈영토화는 어머니와 교대해 몸소 등장한 <죽음>에 의해 중첩된다).

회화의 상황도 이와 비슷할까? 그렇다면 어떤 식으로? 우리가 믿고 있는 것은 미술의 체계가 아니라 이질적인 예술에서 답을 찾게 되는 매우 다양한 문제들이다. 우리에게 <예술>은 거짓 개념, 그저 명목적일 뿐인 개념으로 보인다. <예술>은 어떤 결정 가능한 다양체에서 예술들을 동시에 이용할 가능성을 막지 않는다. 회화는 **풍경-얼굴**이라는 "문제"에 기입된다. 음악은 그것과는 완전히 다른 문제, 즉 **리토르넬로**라는 문제에 기입된다. 회화와 음악은 각각 특정한 시점과 특정한 조건에서, 자신의 문제의 선상에서 출현한다. 하지만 이들을 점의 체계로 번역하지 않는다면 양자간에는 구조적인 또는 상징적인 대응은 가능하지 않다. 풍경-얼굴 문제의 측면에서 우리는 다음과 같은 세 상태를 구별한 바 있다. 1) 몸체성의 기호계, 실루엣, 자세, 색과 선들(이들 기호계는 이미 동물들에게도 풍부하게 나타난다. 머리는 몸체의 일부를 이루고, 몸체는 환경, 즉 생활권을 상관물로 갖고 있다. 여기서는 "풀잎"의 잎맥처럼 이미 아주 순수한 선들이 나타나는 것이 보인다). 2) 얼굴의 조직화, 흰 벽-검은 구멍, 얼굴-눈 또는 옆에서 본 얼굴과 비스듬한 눈(이 얼굴성의 기호계는 풍경의 조직화를 상관물로 갖고 있다. 이는 온 몸체의 얼굴화와 전 환경의 풍경화, 유럽의 중심점인 예수이다). 3) 얼굴과 풍경의 탈영토화. 이는 더 이상 어떤 형태도 그리지 않고, 어떤 윤곽도 형성하지 않는 선들과, 더 이상 풍경을 분배하지 않는 색을 지닌 자동유도장치[114] 덕에 행해진다(얼굴과 풍경을 도주하게 하는 것은 회화적 기호계이

114 [제7편 각주 28 참조]

다. 가령 몬드리안이 말하는 "풍경"이 그것이다. 몬드리안이 이렇게 부른 데는 이유가 있었다. 절대에까지 이르도록 탈영토화된 순수한 풍경이라고).

편의상 우리는 세 가지 상태가 명확히 구별되고 이어져 있는 것처럼 제시했지만, 이것은 임시로 붙인 표제일 뿐이다. 우리는 동물들이 화폭 위에 그리지는 않지만 아예 그림을 그리는 것이 아니라고 단정할 수는 없다. 동물들의 색과 선을 이끌어내는 것이 호르몬이라 해도 동물과 인간을 뚜렷하게 구별할 근거는 어디에도 없다. 역으로 회화는 이른바 추상 예술과 함께 시작되는 것이 아니라 몸체성의 실루엣과 자세를 다시 창조하며 풍경-얼굴의 조직화 속에서 이미 충분히 작동하고 있다고 말해야만 한다(화가들은 어떻게 예수의 얼굴로 "작업했으며" 이 얼굴이 종교적 코드의 바깥 사방으로 도주하도록 만들었던가). 몸체성의 재활성화에 의해서건 아니면 선과 색의 해방에 의해서건 또는 이 둘 동시에 의해서건 회화는 얼굴과 풍경의 탈영토화를 끊임없이 목표로 삼아왔다. 회화에는 수많은 동물-되기, 여성-되기, 아이-되기가 있다.

그런데 음악의 문제가 리토르넬로라면 그것은 회화와는 다른 문제이다. 리토르넬로를 탈영토화하고 리토르넬로를 위해 탈영토화 선을 만들어내는 일은 회화와는 전혀 무관한(화가들이 종종 시도했던 모호한 유사성도 없는) 기법과 구성을 함축하기 때문이다. 물론 여기서도 동물과 인간 사이에 경계선을 그을 수 있을지는 확실하지 않다. 가령 메시앙의 생각처럼, 비-음악가 새는 물론이거니와 음악가 새도 있지 않을까? 새의 리토르넬로는 어쩔 수 없이 영토적인 것일까? 아니면 이미 매우 미묘한 탈영토화와 선별적 도주선 안에서 이용되고 있는 것일까? 잡음과 음의 차이가 음악을 정의할 수 있도록 해주는지, 나아가 음악가 새와 비-음악가 새를 구분하게 해주는지는 분명치 않다. 오히려 **리토르넬로의 작업**은 다음과 같다. 리토르넬로가 영토적인 채로, 영토화하는 것으로 남는 것일까? 아니면 모든 좌표를 가로질러 횡단선을 그리는 움직이는 블록 속으로 옮겨지는 것일까? 또한 둘 사이에서 모든 매개물이 되는 것일까? 음악은 정확히 말해 리토르넬로의 모험이다. 어떤 경우에 음악은 리토르넬로 속으로 다시 빠지는 것이다(우리의 머리 속 또는 스완의 머리 속에, 텔레비전과 라디오의 사이비-자동유도장치 속에 있는 시그널 음악으로 이용되는 위대한 음악가의 음악이나 유행가). 하지만 다른 경우에 음악은 리토르넬로를 탈취해서 이를 점점 더 간소한 몇몇 음으로 만들어, 결국에는 기원도 끄트머리도 보이지 않는 풍부한 창조의 선 위로 데려갈 수도 있다……

르루아-구르앙은 "도구-손"과 "언어-얼굴"이라는 두 극을 구분하는 동시에 이 두 극의 상관관계를 세워놓았다. 하지만 중요한 것은 내용의 형식과 표현의 형식을 구분하는 일이다. 따라서 그 자체로 나름의 내용을 가진 표현들을 고려하고 있는 우리로서는 이와 다른 구분법을 가지고 있다. 시각적 상관물(눈)을 가진 얼굴은 회화와 관련되며, 청각적 상관물(귀)을 가진 목소리는 음악과 관련되는 것이다(귀는 그 자체가 리토르넬로이다. 귀는 리토르넬로의 형태를 갖고 있다). 회화가 얼굴의 탈영토화이듯이 음악은 특히 목소리의 탈영토화로, 이 때 목소리는 점점 더 언어와 멀어진다. 그런데 발성의 특징들은 가령 얼굴에서 말을 읽는 데서 잘 알 수 있듯이 얼굴성의 특질들 위에서 잘 지시된다. 하지만 이 두 특질들이 서로 대응하는 것은 아니며, 음악과 회화의 운동이 각자 이 특질들을 이끌어갈 때는 특히 더 그러하다. 목소리는 얼굴보다 훨씬, 정말 훨씬 앞선다. 이런 점에서 하나의 음악 작품에 『얼굴』이라는 제목을 붙이는 것은 음의 최고의 역설이다.115) 그러므로 회화와

115 베리오(Luciano Berio)는 다르게 암시하지만 우리가 보기에 그의 작품 『얼굴』은 얼굴성의 세 상태에 따라 구성되었다. 우선 음 몸체들과 음 실루엣들의 다양체, 다음에는 얼굴의 지배적이고 교향악적인 조직화의 짧은 순간, 끝으로 온 방향으로 찾아다니는 머리들의 돌출이 있다. 그렇지만 문제가 되는 것은 얼굴과 얼굴의 화신들을 "모방하는" 음악도 아니고 은유를 만들어내는 목소리도 아니다. 그러나 음들은 얼굴의 탈영토화를 가속

음악이라는 두 문제를 "정리하는" 유일한 방식은 예술 체계의 허구 외부에서 기준을 잡고, 회화와 음악의 경우에서 탈영토화의 힘을 비교하는 것이다. 그런데 음악이 [회화보다] 훨씬 더 커다란, 즉 훨씬 더 강렬하면서도 집단적인 탈영토화하는 힘을 갖고 있는 것처럼 보이며, 목소리도 [얼굴보다] 훨씬 더 커다란 탈영토화되는 역량을 갖고 있는 것처럼 보인다. 바로 이 특질 때문에 음악은 집단적으로 매혹시키며, 더 나아가 우리가 늘 말해온 "파시즘적" 위험의 잠재성마저도 갖고 있는 것이 아닐까. 음악은 드럼과 트럼펫을 울리면서 인민과 군대가 심연 속으로 가도록 이끈다. 분류나 결집의 수단인 그림에 불과한 군기와 국기보다 훨씬 더한 것이다. 음악가들은 개인적으로는 화가들보다 반동적이고 종교적이며 덜 "사회적"일 수도 있다. 이들은 회화의 힘보다 무한히 우월한 집단적인 힘을 휘두르는 것이다. "일치단결한 인민의 합창은 매우 강력한 끈이다……." 음악을 방출하고 수용하는 것과 관련한 물질적 조건을 통해 이 힘을 설명하는 것은 언제나 가능하다. 하지만 반대로 생각하는 것이 더 좋다. 즉 오히려 이러한 물질적 조건이 음악이 가진 탈영토화의 힘에 의해 설명된다고 말이다. 변이를 야기하는 추상적인 기계의 관점에서 보면 회화와 음악은 같은 문턱들에 대응하고 있지 않으며, 회화 기계와 음악 기계는 같은 지표를 갖고 있지 않다고 한다. 화가들 가운데 가장 음악가적인 클레가 잘 보여주듯이, 회화는 음악보다 "지체"되어 있다.[116] 많은 사람들이 음악보다 회화를

하며, 얼굴의 탈영토화에 순수한 음향적 역량을 준다. 반면 얼굴은 이번에는 목소리의 탈영토화를 가속하면서 음악적으로 반응한다. 이것이 바로 전자음악이 생산한 분자적 얼굴이다. 목소리는 얼굴에 앞서며, 그 자체로 한 순간에 얼굴을 형성한다. 그리고 목소리는 분절되지 않고 탈기표작용적이고 탈주체적일 때에만 점점 더 속도를 얻음으로써 얼굴보다 오래 오래 살아남는다.

116 Will Grohmann, *Paul Klee*, Paris : Flammarion[독어 원본 : *Paul Klee*, Stuttgart, 1954. 영어본 : *Paul Klee*, New York : Harry N. Abrams, n.d]. "얼마간 역설적으로 클레는 이렇

선호하고, 미학이 회화를 특권적인 모델로 택했던 것은 아마 이 때문일 것이다. 회화가 "공포"를 덜 준다는 점은 분명하다. 심지어 회화와 자본주의, 회화와 사회 구성체의 관계도 음악과 전혀 다른 유형을 하고 있다.

틀림없이 우리는 모든 경우에 영토성, 탈영토화, 나아가 재영토화의 요인들을 동시에 작동시켜야만 한다. 동물과 아이의 리토르넬로는 영토적인 것처럼 보인다. 또한 그것은 "음악"과는 관련이 없다. 하지만 음악이 리토르넬로를 점령해서 그것을 탈영토화하고 나아가 목소리를 탈영토화할 때, 또 음악이 리토르넬로를 점령해서 리듬의 음 블록 안으로 빠져나가게 할 때, 또 리토르넬로가 슈만이나 드뷔시가 "될" 때, 그것은 화성과 선율의 좌표계를 가로지르게 되며, 그때야 비로소 음악은 음악으로서, 자신의 내부에서 재영토화된다. 이와 반대로 우리는 앞으로 동물의 리토르넬로조차 이미 경우에 따라서는 동물의 실루엣, 자세, 색보다 훨씬 더 강렬한 탈영토화의 힘을 갖고 있다는 것을 보게 될 것이다. 따라서 많은 요인들을 고려해야만 한다. 상대적인 영토성들, 각각의 탈영토화들, 또 상관적 재영토화들, 그리고 여러 유형의 재영토화들, 가령 음악의 좌표와 같은 내재적인 재영토화나 리토르넬로가 유행가로 전락하고 또는 음악이 가요로 전락하는 외재적 재영토화 같은 것 말이다. 특수한 재영토화 없이는 탈영토화가 있을 수 없기 때문에, 우리는 그램분자적인 것과 분자적인 것 사이에 항상 잔존하는 상관관계를 다른 방식으로 생각해야 한다. 그 어떤 흐름도, 그 어떤 분자-되기도 그램분자적 형성체에서 벗어나려면 그램분자적 성분들이 동반해야 하며, 지각 불가능한 과정을 위한 지각 가능한 통로나 좌표를 형성해야 하는 것이다.

게 언급했다. 적어도 형식의 측면에서, 모차르트가 음악에서 성취한 단계까지 그림을 발전시킨 것은 자신의 행운이었던 것 같다고"(p. 66~67[독어본 : S. 66. 영어본 : p. 71]).

음악의 여성-되기와 아이-되기는 목소리의 기계화라는 문제에서 나타난다. 목소리를 기계화하는 것은 첫번째 음악적 조작이다. 어떻게 이 문제가 서양에서, 즉 영국과 이탈리아에서 각기 다른 두 가지 방식으로 해결되었는지 잘 알려져 있다. 하나는 카운터테너의 두성(頭聲), 즉 "자기 목소리 너머에서" 노래하거나 또는 횡격막에 기대거나 기관지를 통과하지 않고 부비강의 공동, 후두, 구개에서 목소리를 내는 노래 방식이다. 다른 하나는 카스트라토의 배에서 내는 목소리인데, 이것은 마치 카스트라토가 지각할 수 없는 것, 만질 수 없는 것, 공기 같은 것에 육체적 질료를 부여한 듯 "아주 강하고, 음량도 풍부하며, 나른한" 노래 방식이다. 도미니크 페르난데스는 이 주제에 관해 훌륭한 책을 썼다. 페르난데스는 다행히도 음악과 거세의 연관에 대한 온갖 정신분석적 고찰은 절제하면서, 목소리의 기계장치라는 음악의 문제는 필연적으로 거대한 이원적 기계, 즉 "남자나 여자"에게 목소리를 분배하는 그램분자적 구성체의 소멸을 함축하고 있음을 보여주고 있다.[117] 남자임 또는 여자임은 더 이상 음악 안에 존재하지 않는다. 그렇지만 페르난데스가 원용하고 있는 양성구유의 신화가 충분한지는 확실하지 않다. 왜냐하면 문제가 되는 것은 신화가 아니라 실재적인 생성이기 때문이다. 목소리 자체가 여성-되기나 아이-되기에 이르러야 한다. 바로 여기에 음악의 경이로운 내용이 있다. 그렇기에 페르난데스의 지적처럼 문제가 되는 것은 여성을 모방하거나 아이를 모방하는 일이 아니다. 설사 노래하는 사람이 아이더라도 말이다. 아이가 되는 것은 음악적 목소리 그 자체이다. 동시에 아이도 음이, 순수한 음이 된다. 하지

117 Dominique Fernandez, *La rose des Tudors*, Paris : Julliard, 1976(및 소설 *Porporino*, Paris : Grasset, 1974). 페르난데스는 영국의 위대한 성악으로의 수준은 회귀를 잘 보여주는 팝 음악을 인용한다. 실제로, 노래하면서 숨을 들이쉬고 내뿜는 순환적 호흡 기술이나, 공명 부위(코, 이마, 광대뼈 — 말 그대로 얼굴의 음악적 사용)에 따라 음을 걸러내는 기술을 검토해야만 할 것이다.

만 그 어떤 아이도 그것을 할 수는 없었을 것이다. 설사 그렇게 한 아이가 있다 해도, 그것은 아이가 아닌 다른 무엇이 되거나, 이 세계와는 다른 아주 낯선 천상계나 감각계의 아이가 됨으로써 그렇게 하는 것이다. 요컨대 탈영토화는 이중적이다. 목소리는 아이-되기 속에서 탈영토화되지만, 목소리가 생성한 아이 자신도 탈영토화되며 출생하지 않고도 생성하는 것이다. "아이에게 날개가 돋아났다"고 슈만은 말한다. 우리는 음악의 동물-되기에서도 이와 똑같은 지그재그 운동을 발견한다. 마르셀 모레(Marcel Moré)는 말-되기나 새-되기가 어떻게 모차르트 음악을 가로지르고 있는지를 보여준다. 하지만 말과 새"인 척하는 것"을 좋아할 음악가는 없다. 음 블록이 동물-되기를 내용으로 가지려면 동시에 동물도 음 속에서 동물이 아닌 다른 것, 즉 밤, 죽음, 기쁨 등 뭔가 절대적인 것이 되어야 한다. 결코 일반성도 단순성도 아닌 <이것임>, 바로 이 죽음, 바로 이 밤 등이 되어야 하는 것이다. 음악은 동물-되기를 내용으로 삼는다. 하지만 거기서 가령 말은 천국이나 지옥에서 오는 특정한 발굽소리처럼 경쾌하고 작은 팀파니 연주를 표현으로 삼는다. 그리고 새들은 **돈꾸밈음**, 장전타음(長前打音), 스타카토를 표현으로 삼는데, 바로 이것들이 새들을 수많은 영혼들로 만들어준다.[118] 모차르트의 작품에서 사선을 형성하는 것은 강세, 무엇보다도 강세이다. 강세들을 따라가지 않는다면, 강세들을 관찰하지 않는다면 상대적으로 빈약한 점 체계로 되떨어지고 말 것이다. 음악인은 새 속에서 탈영토화된다. 하지만 이때 새 자신도 탈영토화되고 "변모"된다. 그것은 이 새와 더불어 생성하는 자 못지않게 생성하는 천상의 새이다. 에이허브 선장은 모비 딕과 함께 저항할 수 없는 고래-되기에 말려든다. 하지만 이와 동시에 동물인 모비 딕도 참을 수 없는 순백, 하얗고 눈부

118 Marcel Moré, *Le dieu Mozart et le mondes des oiseaux*, Paris : Gallimard, 1971.

신 순수한 성벽이 되어야 했다. 소녀"처럼" 길게 늘어나 유연해지거나, 채찍처럼 뒤틀리거나, 성의 방어벽처럼 서 있는 순수한 은색 실이 되어야 했다. 문학이 가끔은 회화를, 그리고 심지어 음악을 따라잡을 수 있을까? 그리고 회화가 음악을 따라잡을 수 있을까? (모레는 클레의 새들을 인용하지만, 역으로 새의 노래에 대해 메시앙을 이해하지 못하고 있다.) 어떠한 예술도 모방적이지는 않으며, 모방적이거나 구상적일 수 없다. 가령 어떤 화가가 새를 "재현"한다고 해보자. 하지만 이것은 실제로는 새-되기로, 새 자신이 다른 어떤 것, 즉 순수한 선과 순수한 색으로 되는 중일 때야만 비로소 행해질 수 있다. 이렇게 모방은 스스로 붕괴한다. 모방하는 자는 저도 모르는 사이에 생성에 들어가며, 이 생성은 자신이 모방하는 것의 부지불식간의 생성과 결합하는 것이다. 따라서 실패 없이는 모방은 없으며, 실패할 때에만 모방이 있다. 화가나 음악가는 동물을 모방하지 않는다. 화가나 음악가는 동물이 되지만, 이와 동시에 동물도 화가나 음악가가 바랐던 것이 되며, 화가나 음악가는 가장 깊은 곳에서 <자연>과 공모하는 것이다.[119] 되기는 언제나 둘을 통해 진행된다. 즉 생성할 대상도 생성하는 자 못지않게 생성한다. 바로 이것이 본질적으로 유동적이며 결코 평형을 이루지 않는 하나의 블록을 만든다. 완벽한 정방형은 몬드리안의 정방형이다. 한 첨점에서 기울어져, 자신의 폐쇄성을 반쯤 열며 두 변을 잇는 사선을 생산하는 정방형.

생성은 모방이 아니다. 히치콕은 새를 만들 때 새의 외침을 재생산하지 않는다. 그는 그저 강렬함들의 장, 진동하는 파동, 또는 연속된 변주처럼, 또 우리가 우리 안에서 느끼는 무서운 위협처럼 전자음을 생산

119 앞서 살펴본 것처럼 모방은 원형(原型)에서 정점에 달하는 항들의 유사성(계열)이나 상징적 질서를 구성하는 관계들의 일치(구조)로 여겨질 수 있다. 하지만 되기는 이들 중 어느 것으로도 환원되지 않는다. 미메시스라는 개념은 불충분할 뿐만 아니라 근본적으로 잘못된 것이다.

한다.[120] 그리고 이것은 단순히 "예술"에만 국한된 것이 아니다. 가령 『모비 딕』의 몇몇 장면은 이중적 생성의 순수한 체험 때문에 가치가 있으며, 그렇지 않았다면 이런 아름다움을 지니지 못했을 것이다. 타란텔라 춤은 독거미 타란텔라에게 물린 희생자를 상정하고, 그를 치유하거나 재앙을 풀기 위한 이상한 춤이다. 하지만 이 춤을 추고 있는 희생자가 이 독거미를 모방하고 있다고 말할 수 있을까? 과연 독거미와 동일화되었다고, 심지어 "투기적", "원형적" 싸움 속에서 동일화되었다고 말할 수 있을까? 아니다. 희생자, 환자, 병자가 춤추는 독거미가 되는 것은 이 독거미 자체가 순수한 실루엣, 순수한 색, 순수한 선(이것들 위에서 희생자는 춤을 춘다)이 된다고 상정될 때뿐이다.[121] 우리는 모방하지 않는다. 생성의 블록을 구성하는 것이다. 모방은 이 블록을 조정하기 위해 개입할 뿐이며, 따라서 마지막 완성의 배려, 눈짓, 서명에만 들어 있다. 하지만 모든 중요한 것은 다른 데서 일어난다. 즉 이 독거미 자체가 음과 색, 오케스트라와 회화가 될 때만 일어나는 춤의 독거미-되기. 어느 지역 민담에 나오는 영웅의 사례가 있다. 날랜 알렉시스. 그는 엄청난 속도로 말"처럼" 달리고, 짧은 막대로 자신을 채찍질하는가 하면, 말 울음소리를 내고, 다리를 들고, 뒷발질을 하고, 엎드리고, 말과 같은 식으로 주저앉으며, 다른 말, 자전거, 기차 따위와 경주를 벌였다. 사람들을 웃기기 위해 말을 모방했던 것이다. 하지만 알렉시스에게는 더 깊은 근방역 또는 식별 불가능성의 지대가 있었다. 여러 전거를 종합해 보면 하모니카를 불 때 알렉시스는 가장 말이었던 모양이

120 François Truffaut, *Le cinéma selon Hitchcock*, Paris : Seghers, p. 332~333[독역본 : *Mr. Hitchcock, wie haben Sie das gemacht?*, übers. von Frieda Grafe & Enno Paatalas, München, 1973, S. 287~289. 영역본 : *Hitchcock*, New York : Simon and Schuster, 1967, p. 224]("나는 새들을 전혀 울게 하지 않는 극적 파격을 행했다.")

121 Ernesto de Martino, *La terre du remords*, Paris : Gallimard, 1966, p. 142~170 참조. 하지만 마르치노는 원형, 모방, 동일화에 기초한 해석을 유지한다.

다. 하모니카를 불 때는 조정을 위한 또는 이차적인 모방이 필요 없었기 때문이다. 알렉시스는 하모니카를 "입술 파괴자"라 불렀다 하며, 다른 사람들보다 두 배나 빠른 속도로 하모니카를 불고 화성의 빠르기를 두 배로 하고 비인간적인 템포로 사람들을 압도했다 한다.[122] 말의 재갈이 하모니카가 되고, 말의 속보가 두 배의 박자가 되었을 때 알렉시스는 더할 나위 없이 말이 되었던 것이다. 그리고 언제나 이미 동물들 자신에 대해서도 같은 말을 해야 한다. 동물은 색과 음을 갖고 있을 뿐만 아니라 화가나 음악가가 그 색과 음으로 회화나 음악을 만들기를, 다시 말해 탈영토화의 성분들을 통해 색-되기와 음-되기에 들어가기를 기다리지도 않기 때문이다(다른 곳에서 이 점을 살펴볼 것이다). 행태학은 이러한 영역에 착수할 수 있을 만큼 충분히 앞서나갔다.

우리가 질의 미학을 위해 투쟁하고 있는 것은 아니다. 『필레보스』라면 순수한 질(색, 음 등)은 척도 없는 생성의 비밀을 담고 있다고 하면서, 그렇게 했을 것이다. 순수한 질은 우리가 보기에는 여전히 점 체계이다. 떠다니는 회상이건 초월적인 회상이건 환상의 씨앗이건 순수한 질은 상기일 뿐이다. 이와 반대로 기능주의의 입장은 질을 고려할 때 그것이 정확히 어떤 배치물에서 수행하는, 또는 어떤 배치물에서 다른 배치물로 이행하는 데서 수행하는 기능만을 고려한다. 질은 그것을 파악하는 생성 안에서 고려되어야만 하며, 생성이 원형(原型)이나 계통발생적 회상의 가치를 지닌 내재적 질 안에서 고려되어서는 안 된다. 가령 색인 하양은 화가나 에이허브 선장의 동물-되기일 수 있는 하나의

122 Jean Claude Larouche, *Alexis le trotteur*, Montréal : Ed. du Jour, 1971 참조. 다음과 같은 증언이 인용되어 있다. "입으로 연주하는 그의 음악은 우리 중 어느 누구의 것과도 같지 않았다. 그의 하모니카는 우리가 절대 불 수 없는 정도로 엄청난 크기였다. (……) 우리들과 함께 연주할 때 그는 갑자기 우리의 두 배로 하기로 결심하곤 했다. 다시 말해 화음의 시간을 두 배로 했던 것이다. 우리들이 한 박자를 부는 동안 그는 두 박자를 불었던 것이다. 그것은 엄청난 폐활량을 요구했다."(p. 95)

동물-되기 안에서 파악되며, 동시에 동물 자신의 색-되기, 흰색-되기 안에서도 파악된다. 모비 딕의 흰색은 모비 딕의 고독하게-되기를 나타내는 특수한 지표이다. 색, 실루엣, 동물 리토르넬로는 탈영토화의 성분들을 함축하는 부부-되기와 사회적으로-되기의 지표이다. 하나의 질은 어떤 배치의 탈영토화의 선으로서만, 또는 어떤 배치에서 다른 배치로 가는 경우에만 기능한다. 바로 이런 의미에서 동물-블록은 계통발생적 회상과는 다른 것이며, 유년기의 블록은 유년기의 회상과는 다른 것이다. 카프카에게서는 하나의 질이 결코 그 자체로서 또는 회상으로서 기능하지 않는다. 질은 그 속에서 스스로를 탈영토화하고 반대로 또 탈영토화의 선을 부여하는 하나의 배치를 바로잡는다. 그렇게 해서 유년기의 종탑은 성탑으로 옮겨가고, 성탑을 식별 불가능성의 지대("불분명하고 불규칙하고 깨지기 쉬운 성가퀴들")의 층위에서 붙잡아 도주선 위로 내던진다("마치 어떤 쓸쓸한 거주자가" 지붕을 깨부수기라도 한 양).[123] 이것이 프루스트에게서 더 복잡하고 덜 간소한 이유는 그에게서는 질이 상기 또는 환상의 분위기를 간직하고 있기 때문이다. 그렇지만 프루스트에게서도 역시 기능적 블록은 상기와 환상으로 작용하는 것이 아니라 한 배치에서 다른 배치로 이행하는 아이-되기와 여성-되기로, 탈영토화의 성분으로 작용한다.

이제 우리는 앞에서 (얼굴을 검토하면서) 만났던 단순한 탈영토화의 정리에 일반화된 이중의 탈영토화에 관한 정리 몇 가지를 보탤 수 있다. 제5정리 : 탈영토화는 동시에 생성하는 대변수와 소변수의 공존을 함축하기 때문에 탈영토화는 언제나 이중적이다(생성에서 두 항은 자리를 바꾸지도 동일화되지도 않고 오히려 비대칭적인 블록으로 끌려들어가며, 거기에서 한 항은 다른 항 못지않게 변화하며 또한 그것은 이 두 항의 근방

123 [카프카의 『성』에서 인용된 부분은 독어에서 번역해서 불어와는 다르다]

역을 구성한다). — 제6정리 : 비대칭적인 이중적 탈영토화는 탈영토화하는 힘과 탈영토화된 힘을 부과할 수 있다. 동일한 힘이 해당 "계기"나 양상에 따라 한 값(valeur)에서 다른 값으로 옮겨가더라도 말이다. 게다가 가장 덜 탈영토화된 것은 언제나 가장 탈영토화하는 것의 탈영토화를 재촉하며, 그러면 가장 탈영토화하는 것은 가장 덜 탈영토화된 것에 한층 더 반작용한다. — 제7정리 : 탈영토화하는 것은 상대적으로 표현 역할을 하고, 탈영토화된 것은 상대적으로 내용 역할을 한다(예술을 보면 이것을 잘 알 수 있다). 그런데 내용은 표현과 더불어 비대칭적인 블록을 만들기 때문에 외부적인 객체나 주체와는 아무런 관계도 없다. 뿐만 아니라 탈영토화는 표현과 내용을 어떤 근방 안에 담고 있는데, 근방에서 표현과 내용의 구별은 타당하기를 멈추며 탈영토화는 표현과 내용의 식별 불가능성을 창조한다(예컨대, 음악적 표현의 형식인 음의 사선, 그리고 순수하게 음악적인 내용, 리토르넬로로서의 여성-되기, 아이-되기, 동물-되기). — 제8정리 : 탈영토화의 힘과 속도는 각 배치마다 다르다. 따라서 해당되는 생성의 블록들과 추상적인 기계의 변이들에 따라 매번 지수나 계수를 달리 계산해야 한다(가령 음악과 관련해서 회화의 어떤 느림과 어떤 점착성이 있다. 하지만 더 중요한 것은 인간과 동물 사이에 상징적 경계선을 그을 수 없으며 기껏 탈영토화의 역량들을 계산하고 비교할 수밖에 없다는 것이다).

우선 페르난데스는 성악에서 여성-되기와 아이-되기가 나타나고 있음을 보여주었다. 그 다음에 그는 기악과 관현악의 대두에 이의를 제기한다. 그는 특히 베르디와 바그너를 비난한다. 이들은 목소리를 다시 성별로 나누어, 남자는 남자, 여자는 여자고 그 각각이 제 나름의 목소리를 가지기를 바라는 자본주의의 요청에 영합함으로써 이항 기계를 복원했다는 것이다. 그래서 베르디적-목소리도, 바그너적-목소리도 남성과 여성 위에서 재영토화된다. 페르난데스의 설명에 따르면 로 시니와 벨리니의 너무 때 이른 사라짐(한 사람은 은퇴하고 한 사람은 죽었다)은 오페라의 성악-되기가 더 이상 가능하지 않게 되었다는 절망감 때문이었다. 그렇지만 페르난데스는 어떠한 이익 때문에 그러한 일이 일어났는지, 또 어떤 새로운 유형의 사선이 있었는지는 묻지 않는다. 먼저 단순한 악기 반주의 동반으로 목소리가 그 자체로 기계화되기를 그쳤다는 것은 사실이다. 즉 목소리는 더 이상 그 자체로 가치를 갖는 표현의 지층 또는 표현의 선이기를 그쳤다. 하지만 어떤 이유 때문에? 음악은 탈영토화의 새로운 문턱을 뛰어넘는다. 그 문턱에서 목소리를 기계화하는 것은 악기이며, 또한 거기서 목소리와 악기는 동일한 판 위에서 어떤 때는 대결 관계로, 어떤 때는 대행 관계로, 또 어떤 때는 교환이나 보충 관계로 옮겨진다. 목소리와 피아노를 동일한 고른 판 위로 데려가고, 피아노를 착란의 악기로 만들어, 바그너의 오페라를 준비하는 방향으로 간 이 순수한 운동이 처음으로 나타난 것은 아마도 가곡(Lied), 특히 슈만의 가곡에서일 것이다. 베르디의 경우도 마찬가지다. 종종 지적된 대로 베르디의 오페라는 벨칸토 창법을 파괴하고 만년의 작품에서는 관현악 편성이 중요해졌지만 그것은 어디까지나 서정적이고 성악적인 오페라였다. 여전히 목소리는 악기화되고 있으며 독자적으로 적정 음역이나 단계별 음역을 얻고 있다(베르디적-바리톤과 베르디적-소프라노의 생산). 하지만 여기서 문제가 되는 것은 특정 작곡가, 특히 베르디가 아니며 특정 장르도 아니다. 오히려 음악을 변용하는 가장 일반적인 운동, 즉 음악 기계의 느린 변이가 문제가 되는 것이다. 목소리가 남녀 양성의 이항적 분배를 재발견한다면, 그것은 관현악에서 악기들의 이항적 집단화와 관계가 있다. 음악에는 언제나 좌표 노릇을 하는 그램분자적 체계가 있다. 하지만 남녀 양성의 이원론적 체계를 목소리 층위에서 재발견할 때, 이러한 그램분자적인 점적 분배는 창조 그 자체의 일부를 이루는 경향이 있는 기악 편성과 관현악 편성 속에서 서로 교차하고 결합하고 격분하는 새로운 분자적 흐름들을 위한 하나의 조건이다. 목소리는 남녀 양성의 분배 위에서 재영토화될 수 있다. 하지만 음의 연속된 흐름은 그만큼 더 잠재력의 차이 속에서처럼 남녀 양성 사이를 지나간다.

주목해야 하는 것은 두번째 점이다. 목소리의 탈영토화라는 새로운 문턱과 함께 대두되는 핵심적인 문제는 더 이상 순수하게 성악적인 여성-되기나 아이-되기의 문제가 아니다. 핵심적인 문제는 목소리마저도 악기가 되는 분자-되기의 문제이기 때문이다. 물론 여성-되기와 아이-되기도 여전히 중요하고 심지어 새로운 중요성을 찾아가기도 하지만 그것은 여성-되기와 아이-되기가 또 다른 진리를 되찾는 경우에만 한정된다. 생산된 것은 이미 분자적 아이, 분자적 여성……이었다는 진리를. 드뷔시만 생각해 보아도 충분하다. [그의 작품에서] 아이-되기와 여성-되기는 강렬하며 동시에 모티프의 분자화와 분리될 수 없는데, 이 분자화야말로 관현악 편성에 의해 만들어지는 진정한 "화학"인 것이다. 아이와 여성은 바다 및 물분자와 분리될 수 없다(정말이지 『사이렌』은 목소리를 관현악에 통합하기 위한 최초의 완전한 시도들 중 하나를 대표한다). 이미 바그너에 대해서도 말한 바 있는데, 그는 이 음악의 "원소적" 성격, 그 음악의 수성(水性), 또는 모티프의 "원자화", "무한히 작은 단위들로의 세분화" 때문에 비판받은 바 있다. 동물-되기를 생각해 보면 이 점을 더 잘 알 수 있다. 새는 여전히 중요함을 간직하고 있지만, 실제로 새들의 통치기는 곤충 시대와 교체된 것 같다. 곤충들은 새들보다도 훨씬 더 분자적인 진동들, 즉 찍찍 소리, 찌르르 소리, 윙윙 소리, 쩍쩍 소리, 사각사각 소리, 끽끽 소리 등을 내기 때문이다. 새는 성악적이지만 곤충은 기악적이다. 즉 곤충은 북과 바이올린, 기타와 심벌즈다.[124] 곤충-되기는 새-되기를 대체했다. 또는 그것은 새-되기와 더불어 블록을 만든다. 모든 생성은 분자적이라는 진리를 이해시키는 데 있어 곤충은 [새들보다] 더 가까이 접근해 있다(옹드 마르트노, 전자 음악을 참조).[125] 분자적인 것은 원소적인 것과 우주적인 것을 소통시킬 수 있는 능력을 갖고 있는 것이다. 바로 분자적인 것이 형식을 해체시키기 때문이다. 이러한 형식의 해체는 가장 다양한 경도들과 위도들, 가장 다양한 빠름들과 느림들을 관계시키며, 자신의 형식적 한계를 훨씬 넘어서까지 변주를 확장함으로써 하나의 연속체를 확보하는 것이다. 모차르트를 재발견하라. 그리고 "테마"는 이미 변주였다는 것을 재발견하라. 바레즈가 설명하는 바에 따르면, 음 분자(블록)는 다양한 속도의 관계에 따라 다양한 방식으로 배치된 여러 원소들 속으로 해리될 뿐만 아니라 전 우주에 퍼지는 음 에너지의 파동이나 흐름처럼 미친 듯한 도주선으로서 작용한다. 바로 이런 식으로 바레즈는 세계의 음악-되기, 우주를 위한 사선을 형성하는 곤충들과 별들을 고비 사막에 서식시켰던 것이다. 메시앙은 다양한 반음계적 지속들을 현전시키고 융합시켰으며, "별들과 산들의 무한히 긴 시간이 곤충들과 원자들의

124 André Tétry, *Les outils chez les êtres vivants*, Paris : Gallimard, 1948의 서지와 함께 "악기"에 관한 장. 소리는 동물이 하는 움직임이나 일의 결과일 수 있다. 하지만 다양한 음을 내는 것을 유일한 기능으로 갖는 기관을 동물이 소유하고 있는 경우에는 "악기"라 해야 할 것이다(음악적 특성은 어느 정도는 규정될 수 있지만 아무튼 아주 다양하다. 작은 새의 발성 기관도 악기일 수 있다. 또 곤충 중에도 정말 뛰어난 명연주가가 있다). 이러한 관점에서 다음과 같은 구분을 할 수 있다. 1) 딱딱한 표면을 서로 문질러 소리를 내는 현악기 유형의 마찰 기관들(곤충, 갑각류, 거미, 전갈, 포착돌기 등). 2) 근육의 작용이 직접 진동막에 전해지는 북, 심벌즈, 실로폰 유형의 타격 기관(매미와 몇몇 어류). 기관과 음의 다양함은 무한할 뿐 아니라 똑같은 동물도 환경이나 위급한 상황에 따라 신기하게도 리듬, 음색, 강도를 변화시키기도 한다. "이때 분노의 노래, 불안의 노래, 공포의 노래, 승리의 노래, 사랑의 노래가 만들어진다. 생생한 자극에 이끌려 울음소리의 리듬도 변화한다. 백합딱정벌레(Crioceris Lilii)의 경우 마찰음의 주파수는 1분에 228타에서 550타 또는 그 이상까지도 간다."

125 [옹드 마르트노(Ondes Martenot)는 고주파 발진기를 사용하는 전기 악기의 하나로 프랑스의 마르트노(Martenot, M.)가 발명했다. 전기의 작동으로 금속 선이 진동하여 소리를 내는데, 단선율밖에 낼 수 없다]

무한히 짧은 시간 사이의 관계라는 관념을 시사하기 위해서, 최대의 지속과 최소의 지속을 서로 바꾼다. 원소적이고 우주적인 권력은 (……) 무엇보다도 리듬의 작업에서 온다."[126] 음악가가 새를 발견하게 해주는 바로 그것이 원소적인 것과 우주적인 것을 발견하게 해준다. 원소적인 것과 우주적인 것이 블록, 우주의 섬유, 사선 또는 복합 공간을 만든다. 음악은 분자적 흐름들을 발송한다. 물론 메시앙의 말대로 음악은 인간의 특권이 아니다. 우주도 코스모스도 모두 리토르넬로들로 만들어져 있기 때문이다. 음악에서는 인간만이 아니라 동물, 원소, 사막 등 <자연>을 가로지르는 탈영토화의 역량이 중요하다. 오히려 인간에게서 음악적이지 않은 것, 자연에서 이미 음악적인 것이 문제가 된다. 게다가 행태학자들이 동물에게서 찾아낸 바로 그것을 메시앙은 음악에서 찾아낸 바 있다. 덧코드화의 수단, 점 체계를 만드는 수단 말고는 인간의 특권은 거의 없는 것이다. 심지어 그러한 수단들은 특권과는 정반대되는 것들이다. 여성-되기, 아이-되기, 동물-되기, 또는 분자-되기 등을 가로질러 자연은 자신의 역량, 나아가 음악의 역량을 공장과 폭격기의 굉음 등 인간의 기계가 가진 역량과 대립시킨다. 그리고 우리는 다음과 같은 지점에까지 가야 한다. 즉 인간의 비음악적인 음이 음의 음악-되기와 더불어 블록을 만들어야 한다. 또한 이 둘은 서로 떨어질 수 없는 두 레슬링 선수처럼 서로 대결하거나 껴안은 채로 경사선 위에서 미끄러져야 한다. "코러스여 살아남은 자들을 재현하라. (……) 희미하게 매미 소리가 들린다. 그리고 종달새의 노래, 앵무새의 소리도. 누군가가 웃는다. (……) 한 여자가 오열한다. (……) 한 남자가 크게 외친다. 우린 버림받았어! 한 여자의 목소리. 우리는 구원받았어! 사방에 스타카토 외침이다. 버림받았어! 구원받았어! 버림받았어!

126 Gisèle Brelet, in *Histoire de la musique*, ed. Roland Manuel, t. II, Pléiade, Paris : Gallimard, 1977, "Musique contemporaine en France", p. 1166.

구원받았어!"[127]

127 바레즈(Edgar Varèse)를 위한 헨리 밀러의 텍스트, *Le cauchemar climatisé*, Gallimard, p. 189~199[영어 원본 : *The Air-Conditioned Nightmare*, New York : New Directions, 1945, pp. 176~177. 독역본 : *Der klimatisierte Alptraum*, übers. von Kurt Wagenseil, Reinb다 bei Hamburg, 1977, S. 150].

11 1837년
리토르넬로에 대해

지저귀는 기계

I. 어둠 속에 한 아이가 있다. 무섭기는 하지만 낮은 목소리로 노래를 흥얼거리며 마음을 달래보려 한다. 아이는 노랫소리에 이끌려 걷다가 서기를 반복한다. 길을 잃고 거리를 헤매고는 있지만 어떻게든 몸을 숨길 곳을 찾거나 막연히 나지막한 노래를 의지 삼아 겨우겨우 앞으로 나아간다. 모름지기 이러한 노래는 안정되고 고요한 중심의 스케치로서 카오스의 한가운데서 안정과 고요함을 가져다준다. 아이는 노래를 부르는 동시에 어딘가로 도약하거나 걸음걸이를 잰걸음으로 했다가 느린 걸음으로 바꾸거나 할지도 모른다. 하지만 다름 아니라 이 노래 자체가 이미 하나의 도약이다. 노래는 카오스 속에서 날아올라 다시 카오스 한가운데서 질서를 만들기 시작한다. 그러나 노래는 언제 흩어져버릴지 모르는 위험에 처해 있기도 하다. 이처럼 아리아드네는 언제나 한 가지 음색을 울려 퍼뜨리고 있다. 오르페우스의 노래도 마찬가지다.

II. 앞에서와는 반대로 우리는 이번엔 자기 집안에 있다. 하지만 무엇보다 이 안식처(chez-soi)는 미리 존재하지 않는다. 이것을 얻으려면 먼저 부서지기 쉬운 불확실한 중심을 둘러싸고 원을 그린 다음 경계가 분명하게 한정된(limité) 공간을 만들어야만 한다. 따라서 온갖 종류의 지표(指標)와 부호 등 극히 다양한 성분들이 개입된다. 앞의 경우에서도 마찬가지였다. 그러나 여기서는 하나의 공간을 정돈하기 위해 성분을 동원하는 것이 중요하지 일시적으로 하나의 중심을 한정하기 위해 성분을 동원하는 것이 중요한 것은 아니다. 이리하여 카오스의 힘들은 가능한 한 외부에 붙잡혀 있고 내부의 공간은 완수해야만 할 임무 또는 이뤄내야 할 사업의 근원이 되는 힘들을 보호하게 된다. 여기서는 선별, 제거, 추출 등 온갖 활동이 전개되며, 그에 따라 대지의 은밀한 힘들, 대지의 내부에 있는 모든 힘들이 침몰하는 일 없이 저항하고, 나아가 그려진 공간을 필터나 체를 통해 카오스와 선별해내어 카오스 상태로부터 무언가를 받아들일 수 있게 된다. 여기서는 무엇보다 음성과 소리 성분이 중요하다. 그것은 일종의 소리 벽(un mur du son)이며, 적어도 벽의 일부는 소리적인 것이다. 한 아이가 학교 숙제를 하기 위해 힘을 집중시키려고 작은 목소리로 흥얼거린다. 한 주부가 콧노래를 흥얼거리거나 라디오를 켜놓는다. 그렇게 함으로써 일하는 동안 카오스에 저항하는 힘을 불러일으키는 것이다. 라디오나 텔레비전은 모든 가정에서 일종의 소리 벽으로서 영역을 표시한다(따라서 소리가 너무 크면 이웃의 불평을 듣게 된다). 도시 건설이나 골렘(Golem)의 제조 등 숭고한 사업을 일으킬 때도 역시 둘레에 원을 그린다. 그러나 무엇보다 특히 중요한 것은 마치 원무(圓舞)를 추는 아이들처럼 이 둘레를 돌면서 자음과 모음을 합쳐 리듬을 만들어내어 이것을 안에 감추어둔 창조적 힘이나 유기체의 분화된 부분들에 대응시키는 것이다. 속도나 리듬, 화음과 관련된 과실은 결국 파국을 초래할 것이다. 카오스의 힘들을 회복시킴으로써 창조자와 피조물 모두를 파괴시켜 버릴 것이기 때문이다.

III. 그럼 마지막으로 이번엔 원을 반쯤 열었다가 활짝 열어 누군가를 안으로 들어오게 한다. 또는 누군가를 부르거나 혹은 스스로 밖으로 나가거나 뛰어나가본다. 물론 이전의 카오스의 힘이 밀려들어올 수 있는 쪽에서는 원을 열어서는 안 되며, 이러한 원 자체에 의해 만들어진

다른 영역에서 열어야 한다. 마치 이 원 자체가 스스로의 내부로 수용한 활동중인 힘들의 운동 속에서 미래를 향해 본래의 자기를 열려고 하는 것처럼 말이다. 그리고 지금 목적으로 하는 미래의 힘과 코스모스적인 힘에 합류하려 한다. 일단 달려들어 한번 시도해 보는 모험을 감행하는 것이다. 그러나 일단 이렇게 하려면 자신을 <세계>에 던져 이 세계와 혼연일체가 되어야 한다. 속삭이는 노랫소리에 몸을 맡기고 자기 집밖으로 나서보는 것이다. 그리하여 평범한 한 아이의 통상적인 여정을 나타내는 운동이나 동작, 음향의 선 위에서 "방황의 선"이 생겨나고, 지금까지와는 다른 고리, 매듭, 속도, 운동, 동작과 음향이 나타난다.[1])

지금까지 서술한 것은 연속적으로 이어지는 하나의 진화의 세 계기가 아니라 동일한 사실, 즉 <리토르넬로>의 세 가지 측면을 가리킨다. 이 세 측면은 공포담이나 동화에도 등장하며, 가곡에서도 나타난다. 리토르넬로는 이 세 가지 측면을 갖고 있는데, 이것들을 동시에 나타내는 경우가 있는가 하면 혼합하는 경우도 있다. 따라서 때로는 이렇고, 때로는 저렇고, 또 때로는…… 때로 카오스는 거대한 검은 구멍으로 변하기도 하는데, 이때 사람들은 내부의 중심에 불안정한 하나의 점을 찍으려 한다. 다른 때는 하나의 점 주변에 (형태라기보다는) 고요하고 안정된 "외관"을 만들어낸다. 이에 따라 이 검은 구멍은 자기 집으로 변하게 된다. 또 다른 때는 이 외관으로부터 도망칠 길을 만들어 검은 구멍 밖으로 나오기도 한다. 파울 클레는 이러한 세 측면과 이들 측면들 간의 관계에 대한 심오한 통찰을 보여주었다. 회화와 관련된 여러 가지 이유에서 그는 검은 구멍이라고 말하지 않고 "회색의 점"이라고 말한다. 이 회색의 점은 무엇보다도 차원이 없는, 위치 결정이 불가능한

1 Fernand Deligny, "Voix et voir", *Cahiers de l'immuable*. 자폐아들에게서는 '방황의 선'이 통상의 궤도를 떠나 '진동'하고 '몸 떨림'을 일으키고 '갑자기 침로를 벗어난다'.

카오스, 카오스의 힘 이외의 다른 어떤 것도 아니며, 방황하는 선들이 뒤엉킨 하나의 덩어리 외에 다름아니다. 그런 다음 이 점은 "스스로를 뛰어넘어 도약하며", 수평 방향의 성층, 수직 방향의 단면, 그려져야만 하는 일상의 선 등 대지 내부에 감추어져 있는 힘 전체를 통해 차원적인 공간을 빛나게 해준다(이 힘은 이보다는 훨씬 더 풀어헤쳐진 형태로 대기나 수중에서도 나타난다). 이처럼 회색의 점(검은 구멍)은 평상의 상태로부터 도약하며, 따라서 카오스가 아니라 거주 혹은 자기 집을 나타내는 것이다. 결국 회색의 점은 우주의 영역까지 확대되어 떠도는 원심적인 힘의 작용을 받아 기운을 얻어, 자기 외부로 나간다. "사람들은 대지로부터 날아오르려는 충동적인 시도를 반복한다. 그러나 다음 단계에 이르면 중력을 이겨낸 원심적인 힘들의 영역에 속해 실제로 대지로부터 날아오른다."[2)]

리토르넬로의 역할은 이제까지 여러 차례 강조되어왔다. 다시 말해 이것은 영토적인 것으로 영토적 배치물이다. 새의 노래가 좋은 예를 보여준다. 새는 노래를 지저귐으로써 자기 영토를 나타내는 것이다. 그리스 음악의 선법(旋法)이나 인도 음악의 리듬도 자체가 이미 영토적이며, 지방과 지역을 나타낸다. 리토르넬로는 이 외에도 다양한 기능을 할 수 있다. 연애의 기능, 직업적 기능 혹은 사회적 기능, 나아가 전례(典禮)나 코스모스적 기능 등. 어느 것을 취해도 리토르넬로는 반드시 대지의 일부분을 동반한다. 예를 들어 정신적인 의미의 대지라 하더라도 통상 하나의 대지를 수반하며 본질적으로 <타고난 것(Natal)>이나 <선천적인 것(Natif)>과 관계를 맺고 있다. 음악적 "가창곡(nome)"은 작은 선율이다. 이것은 끊임없이 확인하고, 다성음의 토대 또는 토양에서 계속되는 선율의 정해진 형태이다(이것이 정선율

2 Paul Klée, *Théorie de l'art moderne*, p. 56, 27. 말디네의 주석을 참조하라. *Regard, parole, espace*, L'Age d'homme, pp. 149~151.

[*cantus firmus* : 定旋律]이다). 성문화되지 않은 관습법으로서의 노모스는 공간의 분배, 이른바 공간에서의 분배과 불가분의 관계를 맺고 있으며, 그런 까닭에 이 노모스는 하나의 에토스(*ethos*)인데 이 에토스는 <거주> 이기도 하다.[3] 그리고 사람들은 때로 카오스로부터 영토적 배치물의 문턱으로 나가기도 한다. 방향적 성분과 하위 배치물(infra-agencement)이 그러하다. 또 때로는 배치물을 조직하기도 한다. 방향적 성분과 내부 배치물(intra-agencement)이 그러하다. 더 나아가 때로는 영토적 배치물에서 벗어나 다른 배치물을 향해 나가기도 하며, 또는 전혀 다른 어떤 곳을 겨냥하기도 한다. 여기에는 상호 배치물(inter-agencement)이, 그리고 이행 또는 도주와 관련된 성분이 중요하다. 그리고 이 세 가지 운동이 한곳에 집중된다. 카오스의 힘들, 대지의 힘들, 그리고 코스모스적인 힘들. 이것들은 모두 리토르넬로 속에서 서로 부딪히고 다툰다.

카오스로부터 <환경>과 <리듬>이 태어난다. 이것은 고대의 우주 개벽설에서 다루던 문제이다. 카오스도 방향적 성분을 갖고 있으며, 이것이 혼돈 자체를 황홀하게 만든다. 우리는 이미 다른 곳에서 각각의 경우마다 하나의 성분에 의해 규정되는 모든 종류의 환경은 서로의 관계 속에서 상대로부터 빗나간다는 것을 살펴본 바 있다. 하나 하나의 환경은 진동한다. 즉 이러한 성분의 주기적 반복에 의해 구성된 시간-공간 블록이 환경인 것이다. 예를 들어 생물체에는 재료와 관련된 외부 환경이 있고, 구성 요소들과 구성된 실체들과 관련된 내부 환경이

3 음악적 노모스와 에토스 그리고 토지 또는 대지에 대해서는, 특히 다성음과 관련해서는 Joseph Samson, *Histoire de la musique*, Pléiade, t. I. pp. 1168~1172를 참조하라. 아라비아 음악에서 '마캄(maqam)'이 하는 역할도 함께 참조하라. 이것은 선법(旋法)의 유형과 선율(旋律)의 정형을 겸하고 있다. p. 55이하

있으며, 나아가 막이나 경계와 관련된 매개 환경, 에너지원이나 지각-행위와 관련된 합병된 환경이 있다. 그리고 모든 환경은 코드화되는데, 코드는 주기적 반복의 의해 규정된다. 그러나 각각의 코드는 언제나 코드 변환이나 형질 도입 상태에 있다. 코드 변환 혹은 형질 도입은 어떤 환경이 다른 환경의 토대가 되거나 아니면 거꾸로 다른 환경 위에서 성립하거나 또는 다른 환경 속에서 소실되거나 구성되거나 하는 방법을 가리킨다. 다름 아니라 환경이라는 개념 자체가 통일적인 것이 아니다. 생물체만이 끊임없이 하나의 환경으로부터 다른 환경으로 이동하는 것이 아니라 환경들 또한 상호 이동을 반복하며, 따라서 본질적으로 서로 소통하고 있다. 환경은 카오스에 열려 있으며, 이 카오스는 환경을 소진시키거나 침입하려고 위협한다. 그러나 환경은 카오스에 맞서 반격에 나선다. 그것이 바로 리듬이다. 카오스와 리듬의 공통점은 "둘-사이(entre-deux)" 즉, 두 가지 환경 사이에 있는 데서 찾을 수 있다. 이로부터 "카오스-리듬" 혹은 "카오스모스(Chaosmos)"가 나온다. "밤과 아침 사이, 인공적으로 구축된 것과 자연적으로 싹튼 것 사이, 무기물이 유기물로, 식물이 동물로, 동물이 인류로 변이하는 사이. 그러나 이제까지 서술한 예들은 진보와는 무관하다……." 바로 이 둘-사이에서 카오스는 리듬으로 바뀌는 것이다. 카오스가 필연적으로 리듬으로 바뀌는 것은 아니지만 리듬으로 변할 가능성은 언제나 있다. 카오스는 리듬과 대립하는 것이 아니라 모든 환경 중의 환경이라고 생각하는 것이 좋을 것이다. 코드 변환에 따라 하나의 환경에서 다른 환경으로의 이동이 일어나거나 또는 몇몇 환경이 서로 소통해 서로 다른 시간-공간이 운동할 때 리듬이 생긴다. 고갈도, 죽음도, 침입도 리듬을 갖는 경우가 있다. 물론 리듬은 박자(mesure)나 템포를 말하는 것이 아니며, 아무리 불규칙한 것이더라도 박자와 템포와는 다른 것이다. 군대의 행진만큼 리듬과 동떨어진 것도 없을 것이다. 큰북인 탐탐

(Tam-tam)은 하나-둘의 두 박자가 아니며, 왈츠 또한 하나-둘-셋의 삼박자가 아니듯 음악은 두 박자나 세 박자가 아니라 오히려 터키 음악에서 볼 수 있는 대로 47개의 다양한 형식의 본디 빠르기로(tempo primo)에 더 가까운 것이다. 왜냐하면 박자란 규칙적이고 불규칙적인 것을 떠나 반드시 코드화된 형식을 전제하며 이 형식의 측정 단위 또한 가령 변화하더라도 결국은 소통되지 않는 환경에 안주하고 마는 데 반해, 리듬은 항상 코드 변환 상태에 놓인 <불평등한 것> 혹은 <공동의 척도를 갖지 않는 것>이기 때문이다. 박자는 단정적이지만 리듬은 비판적이며, 결정적 순간들을 잇거나 하나의 환경에서 다른 환경으로 이동해가면서 스스로를 연결하거나 한다. 리듬은 등질적인 시간-공간 속에서 작용하는 것이 아니라 이질적인 블록들과 겹쳐가면서 작용한다. 방향을 바꾸어나가는 것이다. 바슐라르는 아주 정확하게 **"정말 활동적인(*actif*) 순간들의 결합(리듬)은 언제나 행위(*action*)가 일어나는 것과 다른 판 위에서 실현된다"**[4]고 지적한다. 리듬은 결코 리듬화된 것과 동일한 판에 있을 수는 없다. 즉, 행위는 특정한 환경에서 일어나지만 리듬은 두 가지 환경 사이에서 혹은 두 가지 "사이-환경" 사이에서 비롯된다. 리듬은 물과 물 사이 혹은 시간과 시간 사이, **개와 늑대 사이, 황혼녘이나 새벽녘**(*twilight* 혹은 *Zwielicht*)에서 비롯되는 것이다 — <이것임>. 다시 말해 다른 환경으로 이동 중에 있는 환경을 바꾸는 것이 바로 리듬이다. 대지에 내려앉고, 물위에 내려앉고, 하늘로 솟아오르고…… 그렇게 함으로써 표방하는 의도와는 반대로 리듬 속에 박자를 복귀시켜야 하는 난제로부터 더욱 쉽게 빠져나올 수 있는 것이다. 암흑 속의 진동이나 성분들의 주기적 반복을 인정하면서 도대체 어떻게 리듬의 불규칙성을 주장할 수 있겠는가? 확실히 환경이 존재하는 것은 주기적

4 Gaston Bachelard, *La dialectique de la durée*, pp. 128～129.

인 반복이 있기 때문이다. 그러나 이 반복은 차이를 생산하는 것 외에는 어떠한 효능도 없으며, 이 차이에 따라서 하나의 환경에서 다른 환경으로의 이동이 일어나는 것이다. 리듬을 갖는 것은 차이이다. 또 반복은 분명 차이를 낳지만 리듬을 갖지는 않는다. 이러한 생산적 반복은 재생산에 전념하는 박자와는 아무런 관계도 없다. 이것이 "이율배반의 비판적 해결"인 것이다.

한 가지 특히 중요한 코드 변환이 있다. 어느 코드가 다른 식으로 코드화된 성분을 취하거나 받아들이는 것만으로 만족하지 않고 다른 코드의 조각 자체를 취하거나 받아들이는 경우가 그것이다. 전자는 잎과 물의 관계와 연관되며 후자는 거미와 파리의 관계와 연관된다. 거미의 코드는 거미집 속에 파리의 코드의 모든 시퀀스를 내포하고 있다는 것은 이미 여러 차례 지적되어왔다. 거미는 마치 파리를 미리 염두에 두고 있는 것 같다. 파리의 "모티프"를, 파리의 "리토르넬로"를 고려하고 있는 듯하다. 예를 들어 말벌과 서양란 또는 금어초(金漁草)와 어리뒤영벌의 경우처럼 [이러한 코드의] 내포 관계가 상호적인 경우도 있다. 윅스퀼은 이런 코드 변환을 훌륭하게 이론적으로 정리해주었다. 즉 그에 따르면 모든 성분 속에서 대위법을 이루는 선율을 찾을 수 있는데, 한 선율은 다른 선율의 모티프가 되기도 하며 이러한 관계는 상호적이라는 것이다. 즉 음악으로서의 자연.[5] 코드 변환이 일어날 때마다 단순히 가산(加算)이 아니라 반드시 잉여가치라는 새로운 판이 성립한다고 생각해도 틀림이 없을 것이다. 리듬 혹은 선율의 판 그리고 이행 혹은 중개 역할로서의 잉여가치. 그러나 이 두 가지 경우 모두 결코 순수하지 않으며, 실제로는 혼합되어 있다(예를 들어 나뭇잎이 모든 물과 관계가 있는 것이 아니라 비와 관계가 있는 경우처럼……).

5 J. von Uexküll, *Mondes animaux et monde humain*, Gonthier.

하지만 우리는 아직 <영토>를 확보하지 못했다. 영토는 특정한 환경이 아니며 여분의 환경도 아니다. 특정한 리듬도 아니며 또 환경 상호간의 이행도 아니다. 영토란 하나의 행위로서 이 행위가 모든 환경과 리듬을 촉발해 "영토화"를 행하는 것이다. 영토란 환경과 리듬들을 영토화했을 때 생겨난다. 환경과 리듬은 언제 영토화되는 것일까 하는 의문과 영토가 없는 동물과 영토를 가진 동물은 어디가 다른가 하는 의문은 같은 것이다. 영토는 환경들에서 무언가를 빌려오며, 환경들에 침투해 이를 확실히 포섭한다(무엇보다도 영토는 외부로부터 침입해오는 것에 약한데도 말이다). 영토는 여러 환경의 다양한 측면이나 부분들에 의해 구성된다. 영토 자체는 외부 환경과 내부 환경, 매개 환경과 합병된 환경을 포함하고 있다. 거주나 피난을 위한 안쪽의 지대와 활동 영역인 바깥쪽 지대, 정도차는 있지만 수축성 있는 경계와 막이 있고 나아가 매개 지대 또는 심지어 중성화된 지대도 있으며, 또한 에너지의 비축과 부속물도 있다. 영토는 반드시 "지표들"에 의해 표시된다. 이 표시들은 모든 환경의 성분을, 즉 재료와 유기적 산물, 막과 피부 상태, 에너지원, 응축된 지각-행동을 나타낸다. 엄밀하게 말해 환경의 성분이 방향을 가리키는 것이 아니라 차원을 가리키게 되었을 때, 또 기능적인 것이 아니라 표현적인 것이 될 때 비로소 영토가 생기는 것이다. 리듬이 표현성을 갖게 되면 그것만으로도 영토가 생성되는 것이다. 영토는 표현의 질료(질)가 어떻게 나타나느냐에 따라 규정된다. 예를 들어 새나 물고기의 색을 살펴보자. 이 경우 색깔은 막의 상태로서, 이 막 자체는 체내의 호르몬 상태와 연관되어 있다. 그러나 특정한 행동 유형(성 행동, 공격성, 도주 등)과 관련이 있는 한 색은 기능적이고 과도기인 상태에 머문다. 이와 반대로 시간적 항시성과 공간적 범위를 획득해 색이 부호 또는 영토화하는 부호로 바뀔 때, 즉 서명으로 바뀔 때 색은 표현성을 갖게 된다.[6] 문제는 색이 종래의 기능을 되찾을지 아니면 영토 자체 안에서 새로운 기능을 하게 될지 하는 것이 아니다. 그것은 아주 분명하기 때문이다. 그러나 이처럼 기능의 재조직화가 이루어지려면 우선 색의 성분이 표현력을 획득해야 하며, 또한 이러한 점에서 성분이 하나의 영토를 표시하는 방향으로 나아가야 한다. 같은 종의 새가 색깔이 있는 개체와 색깔이 없는 개체로 나뉘는 경우도 있다. 색이 있는 개체는 영토를 확보하고 있지만 색이 없는 개체는 무리를 짓는다. 분뇨가 영토 표시 기능을 한다는 것은 잘 알려져 있다. 그러나 다름 아니라 영토를 나타내는 분뇨는 예를 들어 토끼의 경우처럼 특유의 항문 분비선으로 특별한 냄새를 풍긴다. 또 많은 원숭이들은 망을 볼 때 색이 선명한 성기를 그대로 드러낸다. 이 때 성기는 표현력과 리듬을 가진 색채로서 영토의 경계를 표시한다.[7] 환경의 성분은 동시에 질과 소유물(*quale*과 *proprium*)이 되는 것이다. 수많은 사례에서 이러한 되기의 속도를 확인할 수 있는데, 영토는 표현의 질료를 선별 혹은 생산하는 속도만큼이나 신속하게 형성된다. 스케노포이에테스 덴티로스트리스(*Scenopoïetes dentirostris*)라는 새는 매일 아침 가지에서 따낸 나뭇잎을 떨어뜨린 다음 색이 흐린 안쪽을 위로 뒤집어 땅과 대조되게 만듦으로써 표시를 해 둔다. 즉, 반전(反轉)에 의해 표현의 질료가 생성되는 것이다.[8]

6 K. Lorenz, *L'agression*, Flammarion, pp. 28～30. "산호초어의 화려한 색깔은 상당히 일정하게 나타난다. …… 색채가 몸의 비교적 넓은 표면에 배분되어 강렬한 대조를 이루고 있는 산호초어는 대부분의 담수어와 구별될 뿐만 아니라 공격성이나 특정한 영토와의 연결이 약한 모든 물고기와도 구별된다. …… 산호초어의 색채와 마찬가지로 나이팅게일의 노래 또한 같은 종의 무리를 향해 멀리서도 어떤 영토에 임자가 있다는 것을 알리는 것이다."

7 I. Eibl-Eibesfeldt, *Ethologie*, Ed. Scientifiques. 원숭이에 대해서는 p. 449를, 토끼에 대해서는 p. 325를, 새에 대해서는 p. 151을 보라. "선명한 색으로 꾸민 날개를 가진 얼룩무늬 피리새들은 서로 일정한 거리를 유지하는 반면 같은 종의 새 중 깃털이 전부 새하얀 피리새들은 서로 달라붙어 웅크리고 있다."

영토가 질의 지표에 선행하는 것이 아니라 지표가 영토를 만든다. 하나의 영토 내의 모든 기능 또한 처음부터 존재하는 것이 아니다. 이 기능들은 영토를 형성하는 표현성을 전제하기 때문이다. 이런 의미에서 영토 그리고 이 영토 안에서 작용하고 있는 여러 다양한 기능은 확실히 영토화의 산물이다. 영토화란 표현성을 가진 리듬의 행위 또는 질을 획득해나가는 환경 성분들의 행위이기도 하다. 한 영토의 지표화는 차원과 관계가 있으나 박자가 아니라 리듬으로서 그렇게 한다. 지표화는 행동의 판과는 다른 판 위에 새겨지는 리듬의 가장 일반적인 성격을 갖고 있다. 그러나 이러한 두 판은 다시 구별되어 영토화를 일으키는 표현의 판과 영토화되는 기능의 판으로 나뉜다. 따라서 우리는 공격성을 영토의 기반으로 삼는 로렌츠 같은 사람의 생각을 따를 수 없는 것이다. 로렌츠에 따르면 공격 본능이 같은 종의 내부에 생겨 동종의 동물들을 겨냥하는 순간 공격 본능의 계통 발생적 진화에 의해 영토가 만들어진다. 그렇다면 영토를 가진 동물이란 같은 종에 속하는 다른 개체를 향해 공격성을 보이는 동물을 말하게 될 것이다. 그에 따라 하나의 종은 하나의 공간 속에서 배분되는 선택적 우위성을 부여받고, 이 공간에서는 하나 하나의 개체 또는 하나 하나의 집단이 각자의 자리를 소유하게 된다.[9] 하지만 이처럼 애매할 뿐만 아니라 아주 위험한 정치적 여운을 가진 주장은 전혀 근거가 없는 것처럼 보인다. 같은 종의 내부에서 생성될 때 공격 기능이 새로운 양상을 띠는 것은 명백하다. 그러나 이러한 기능의 재조직화는 영토를 전제하는 것이지 영토를 설명해주는 것은 아니다. 영토의 내부에서는 예를 들어 성 행동이나 사냥과 관련해서도 기능의 다양한 재조직화가 이루어지고 있으며, 예를 들

8 W. H. Thorpe, *Learning and Instinct in Animals*, Methuen and Co., p. 364.

9 로렌츠에게서는 영토성을 동종간 공격의 결과로 생각하는 경향이 현저하게 나타나고 있다. pp. 45, 48, 57, 161 등을 보라.

어 집을 짓는 등 완전히 새로운 기능마저 생기고 있다. 하지만 그러한 기능은 이미 영토화되었기 때문에 조직되고 창조되는 것이지 그 역은 아니다. 요인 T, 즉 영토화의 요인(facteur territorialisant)은 다른 데서 찾아야 한다. 즉 다름 아니라 리듬 또는 선율의 <표현-되기>, 다시 말해 고유한 질(색채, 냄새, 소리, 실루엣……)이 나타날 때 찾을 수 있는 것이다.

이러한 되기, 이러한 출현을 <예술>이라고 부를 수 있을까? 그렇다면 영토는 예술이 가져다주는 효과라고 할 수 있을 것이다. 예술가는 경계표를 세우거나 지표를 만드는 최초의 인간이 되는 것이다. 집단 혹은 개인의 소유는 거기서 유래한다. 그러한 소유가 전쟁이나 압제에 봉사하더라도 마찬가지다. 소유란 무엇보다도 우선 예술적인 것이다. 예술은 무엇보다도 우선 포스터 혹은 플래카드이기 때문이다. 로렌츠의 말대로 산호초어는 "포스터" 같다. 표현적인 것은 소유적인 것에 선행하고, 표현적 질 혹은 표현의 질료는 필연적으로 소유를 향하며, 존재(être)보다 깊은 곳에 뿌리를 둔 소유(avoir)를 형성하는 작용을 한다.[10] 그렇다고 해도 이러한 질이 하나의 주체에 귀속된다는 의미가 아니라 이러한 질을 갖고 있거나 생산하는 주체에게 귀속되는 영토를 이 질이 그린다는 의미이다. 이러한 질이 바로 서명이다. 그러나 서명이나 고유명은 완전히 형성된 주체의 부호가 아니라 스스로의 영역이나 영토를 형성해나가는 주체의 부호이다. 서명은 한 개인을 나타내는 것이 아니라 영토를 형성하는 불확실한 행위이다. 모든 집은 고유명을 갖고 있으며 영감이 불어넣어져 있다. "영감을 부여받은 사람과 그의 집"…… 그러나 거주를 통해 비로소 영감이 생겨난다. <내>가 특정한 색깔을 좋아하는 것과 그 색을 나의 행동 목표나 플래카드로 삼는

10 생기론과 미학 양면에서의 '소유'의 우위에 대해서는 Gabriel Tarde, *L'opposition universelle*, Alcan을 참조하라.

것은 동시에 일어나기 때문이다. 어떤 사물에 자기 이름을 서명하는 것과 어떤 땅에 자기 깃발을 꽂는 것은 같은 일이다. 어느 고등학교 교장은 교정에 흩어져 있는 나뭇잎을 한 장도 남김없이 주운 다음 도장을 찍어 원래대로 뿌려두었다. 서명한(signé) 것이다. 영토를 나타내는 지표는 기성품(*ready-made*)이다. 나아가 이른바 "소박한 예술(*art brut*)"도 마찬가지인데, 여기에는 병적인 요소나 소박한 요소는 전혀 없다. 소박한 예술가는 영토성의 운동 가운데 표현의 질료를 형성하고 해방시킨 것뿐이다. 이것이 바로 예술의 토대 또는 토양을 이루고 있다. 어떤 것이라도 취해 표현의 질료로 바꾸는 것. 스케노포이에테스는 소박한 예술을 실천하고 있는 것이다. 예술가는 스케노포이에테스로서, 자신만의 포스터를 내보이는 것이다. 이렇게 볼 때 예술이 전혀 인간만의 특권이 아닌 것은 너무나 명백해 보인다. 많은 새는 단순히 명가수일 뿐만 아니라 동시에 예술가이기도 하며, 특히 무엇보다 영토를 나타내는 노래를 부를 때 그렇다고 말한 메시앙의 이야기는 옳다("침입자가 자기 영토가 아닌 곳을 부당하게 차지하려 하면 본래의 소유자는 노래를 부르는데, 그 노래가 훌륭하면 침입자는 떠납니다. 만일 침입자의 노래가 더 훌륭하면 소유자는 침입자에게 영토를 양보합니다"[11]). 리토르넬로가 표현적으로 되는 것은 리듬과 선율이 영토화를 일으켰기 때문이다 — 또 리듬과 선율이 표현적으로 되는 것은 영토화를 일으키기 때문이다. 당연히 이것은 순환논법이 아니다. 우리는 다만 표현적인 질은 자기-운동을 일으킨다는 것을 말하고 싶을 뿐이다. 따라서 표현성을 일정한 환

11 작은 새의 노래에 대해 메시앙이 어떻게 생각하는지 또 작은 새의 노래의 미학적 특징을 어떻게 평가하는지 그리고 작은 새의 노래를 재현해 이것을 재료로 사용하는 방법 등 상세한 내용에 대해서는 Claude Samuel, *Entretienne avec Olivier Messiaen*(Belfond)와 Antoine Goléa, *Rencontre avec Olivier Messiaen*(Julliard)을 보라. 특히 왜 메시앙이 녹음기를 사용하지 않는지 또 조류학자에게 익숙한 소노그래프를 사용하지 않는지에 대해서는 앞의 사뮈엘의 책 pp. 111~114를 보라.

경 속에서 일정한 행동을 일으키는 일시적인 충동의 직접적인 효과로 환원해서는 안 된다. 그러한 효과는 표현이라기보다는 오히려 주체적 인상이나 주관적인 감정이다(예를 들어 일시적인 충동에 따라 담수어가 보이는 일과적인 발색[發色]이 이것을 잘 보여준다). 표현적인 질, 예를 들어 산호초어의 색깔은 이와 반대로 자기-객체적인 것이다. 스스로 그리는 영역에서 객체성을 띠기 때문이다.

이 객체적 운동이란 과연 무엇일까? 하나의 질료를 표현의 질료로 만드는 것은 무엇인가? 표현의 질료는 무엇보다도 포스터 혹은 플래카드지만 거기서 끝나는 것이 아니다. 그저 포스터나 플래카드를 경유할 뿐이다. 그러나 서명은 스타일이 되어간다. 사실 표현적인 질이나 표현의 질료는 상호 유동적인 관계를 맺는데, 그러한 관계는 표현적 질이 제공하는 영토와 관련해 충동이 만들어내는 내부 환경과의 관계를, 또 상황을 만들어나가는 외부 환경과의 관계를 "표현해 나간다." 그러나 표현한다는 것은 무언가에 의존하는 것이 아니다. 표현은 자율적인 것이기 때문이다. 우선 모든 표현적 질은 상호 내적 관계를 갖고 있으며, 이 환경이 영토적 모티프를 구성한다. 이 모티프는 어떤 때는 내적 충동을 지배하는가 하면 중첩시키는 경우도 있으며 또 하나의 충동을 다른 충동 속에서 확립시키거나 하나의 충동을 다른 충동으로 이행시키는 경우도 있다. 또 두 개의 충동 사이로 편입시켜버리는 경우도 있다. 그러나 영토적 모티프 자체는 "박(拍)"을 갖지 않는다. 박을 갖지 않는 이 영토적 모티프는 불변의 형식으로 나타나거나 또는 그렇게 보이는 경우가 있지만 다른 때는 동일한 모티프 또는 다른 모티프들이 가변적인 속도나 분절을 보여주기도 한다. 그런데 불변성뿐만 아니라 가변성이 있을 때에야 비로소 영토적 모티프는 스스로의 손으로 결합시키거나 중화시키는 충동들로부터 독립한 것으로 될 수 있다. "배가 고프지 않은데도 개가 사냥감을 상상하는 것, 즉 냄새를 맡고, 뒤쫓아가고, 궁지에 몰아넣고 입으로 물거나 흔들어 죽이는 시늉을 열심히 하는 것을 우리는 잘 알고 있다." 혹은 큰가시고기의 춤. 이 고기의 지그재그 운동은 하나의 모티프로서, 이 고기의 몸통이 한쪽으로 치우쳐 있을 때(지그)엔 상대를 향한 공격 충동을, 다른 한쪽으로 치우쳐 있을 때(재그)엔 성적 충동을 의미한다. 이 두 가지 몸짓(지그와 재그)의 경우 악센트도 서로 다르고 방향도 각기 다르다. 다른 한편 표현적 질들은 또한 다른 내적 관계를 맺으며, 이러한 관계가 **영토적 대위법**이 되는 경우도 된다. 이 경우 표현적 질은 영토 안에서 다양한 측면의 형성에, 이것이 외부 환경의 상황을 대위법으로 이끄는 방식이라고 할 수 있을 것이다. 예를 들어 적이 접근하거나 침입해 온다. 비가 내리기 시작한다. 해가 뜨고 해가 진다 등……. 여기서도 점 또는 대위법은 아직 외부 환경의 상황과 영토와의 관계를 표현하면서도 고정적인 것이건 가변적인 것이건 외부 환경의 상황들로부터 자율적이다. 왜냐하면 충동 자체는 주어지지 않더라도 충동과의 관계가 부여될 수 있는 것과 마찬가지로 상황 자체는 주어지지 않더라도 외부 상황과의 이러한 관계가 주어질 수 있기 때문이다. 충동과 상황이 주어지더라도 관계 자체는 관계되어진 것들과 독립해서 존재할 수 있다. 표현의 질료들의 관계는 영토와 내적 충동 그리고 영토와 외적 상황 간의 관계를 표현한다. 이런 식으로 표현 자체에서도 자율성을 갖는 것이다. 실제로 영토적 모티프와 영토적 대위법은 내부 환경이건 외부 환경이건 환경의 잠재력을 갖고 있다. 동물행동학자들은 이러한 현상 전체를 "의식화(ritualisation : 儀式化)"라는 개념과 연관지으면서 동물의 의식들과 영역의 연결 고리를 찾아내려고 해왔다. 하지만 이 "의식화"라는 용어는 박 없는 모티프나 위치가 결정되지 않은 대위법에는 무조건 적합한 것으로 볼 수는 없는데, 이 두 모티프의 가변성과 불변성 중 어느 쪽도 설명할 수 없기 때문이다. 왜냐하면 이쪽이냐 저쪽이냐, 즉 불변성이냐 가변성이냐가 문제가 아니라 어떤 모티프나 점들은 다른 모티프나 점들이 가변적으로 되는 것에 따라 불변적으로 되며 또는 어떤 상황에서는 불변적으로 있다가 상황이 바뀌면 다시 가변적인 것으로 될 수도 있기 때문이다.

따라서 오히려 영토적 모티프는 **리듬적 얼굴 또는 리듬적 인물**을 형성하고 영토적 대위법은 **선율적 풍경**을 형성한다고 생각해야 할 것이다. 하나의 인물, 하나의 주체 또는 하나의 충동에 하나의 리듬이 연결되는 단순한 상황에서 빠져나올 때 "리듬적 인물"이 탄생한다. 그렇게 되면 리듬 자체가 완전히 "인물"화된다. 또 그런 의미에서 리듬도 항상성을 가질 수 있지만 리듬은 증대되거나 감소되기도 한다. 즉 음을 부가하고 제거하는 것에 따라, 또는 지속의 부가와 제거에 따라, 죽음과 재생 그리고 출현과 소실을 일으키는 확장이나 소거에 따라 증대와 감소를 반복하는 것이다. 이와 마찬가지로 선율적 풍경도 결코 특정한 풍경과 결합되어 있는 하나의 선율이 아니라 선율 자체가 음의 풍경을 이루며, 잠재적 풍경과의 모든 관계 역시 대위법에 따르게 된다. 이런 식으로 플래카드나 포스터 단계를 벗어나는 것이다. 왜냐하면 표현적인 질 자체 혹은 표현의 질료는 그 자체로 보았을 때는 하나의 플래카드나 포스터가 되지만 그렇더라도 이러한 생각은 여전히 추상성을 벗어날 수 없기 때문이다. 모든 표현적 질은 상호 가변성 또는 불변성의 관계를 맺는다(표현의 질료는 바로 이런 식으로 **작용한다**). 이렇게 해서 영토를 표시하는 플래카드를 만들어내는 것이 아니라 영토와 내적 충동 또는 외적 상황(물론 이것들이 주어지는 않더라도 마찬가지이다)과의 관계를 표현해주는 모티프와 대위법을 만들어내는 것이다. 이리하여 더 이상 다수의 서명이 아니라 하나의 스타일이 나타나게 된다. 음악적 재능이 있는 새와 음악적 재능이 없는 새를 객관적으로 구별해주는 것은 이처럼 모티프와 대위법을 구사할 수 있는 소질에서 찾을 수 있다. 모티프와 대위법은 리듬을 명확하게 하고 선율에 화성을 붙임으로써 가변적인 경우건 아니면 불변적인 경우건 새를 포스터와는 다른 어떤 것으로, 즉 하나의 스타일로 만들어주기 때문이다. 따라서 음악에 소질이 있는 새는 해가 뜨면 노래를 부르기 위해서건 아니면 스스로를 위험에 노출시키면서까지 노래를 부르기 위해서건 아니면 다른 새보다 멋지게 노래부르기 위해서건 슬픔에서 기쁨으로 이행한다고 말할 수 있다. 이것은 결코 새를 의인화하는 것이 아니며, 어떤 해석 따위는 전혀 들어 있지 않다. 여기서는 오히려 지리적 동형성(géomorphisme)이 문제가 된다. 기쁨과 슬픔과의 관계, 태양과의 관계, 위험과의 관계, 완전성과의 관계가 주어지는 것은 바로 이러한 모티프와 대위법 속에서이기 때문이다. 설사 이러한 관계 자체의 항목이 주어지지 않더라도 마찬가지다. 아무튼 바로 이 모티프와 대위법 속에서 태양, 기쁨, 슬픔 또는 위험은 소리가 되고, 리듬이 되고 선율이 되는 것이다.[12)]

인간의 음악도 똑같은 과정을 거친다. 예술 애호가인 스완에게는 뱅퇴이유의 소악절은 종종 불로뉴 숲의 풍경 또는 오데트라는 인물과 그녀의 얼굴과 밀접하게 관련되어 있는 플래카드처럼 기능하는 경우가 많다. 마치 불로뉴 숲이 자기 영토이고 오데트도 자기 것이라는 확신을 가진 듯이 말이다. 이런 방법으로 음악을 듣는 것에는 이미 다분히 예술적인 요소가 들어 있다. 드뷔시는 바그너를 비판하면서 라이트모티프는 어떤 사태의 숨겨진 상황이나 어떤 인물의 감춰진 충동을 나타내는 표식과 같은 것이라고 이야기했다. 어떤 특정한 차원이나 시점에서 보면 분명 그럴 수 있을 것이다. 그러나 작품이 전개됨에 따라 다수의 모티프들과 연관성을 갖게 되면 각각의 모티프는 자신에게 고유한 판을 획득하며, 드라마의 줄거리, 충동이나 상황으로부터의 자율성도 커져간다. 또 인물이나 풍경으로부터도 점점 더 독립하게 되어 자체적으

12 이 모든 점에 대해서는 사뮈엘의 앞의 책, 제 4장을, 그리고 '리듬적 인물'이라는 개념에 대해서는 같은 책, pp. 70~74를 참조하라.

로 선율적 풍경이나 리듬적 인물이 되며, 모티프는 상호간의 내적 관계를 끊임없이 풍요롭게 한다. 따라서 모티프는 비교적 강한 항상성을 갖거나 아니면 반대로 증대와 감소, 증가와 감쇠를 일으키며 모티프의 전개 속도를 변화시키기도 한다. 하지만 어떠한 경우에도 모티프에는 박이 없으며, 위치가 결정되는 경우도 없다. 상수들조차도 변화하기 위해 존재한다. 상수는 가정된 것인 만큼 점점 더 경화되며, 연속적 변주에 저항하면서도 결국은 변화를 돌출시키고 만다.[13] 바그너 식 모티프가 바로 이런 생명력을 갖고 있음을 강조한 최초의 선구자 중의 하나가 바로 프루스트였다. 즉 모티프는 더 이상 무대에 등장하는 인물에 결부되는 것이 아니라 모티프 자체가 매번 나타날 때마다 그 자체로서 리듬적 인물을 만들며 "실제로 하나 하나가 하나의 존재인 수많은 음악들로 채워진 충만한 음악"[14] 속으로 몰입해 들어간다는 것이다. 또한 『잃어버린 시간을 찾아서』에서 그려지고 있는 수련(修鍊)이 뱅퇴이유의 소악절을 둘러싸고 이와 유사한 것을 발견하려고 하는 것은 우연이 아니다. 뱅퇴이유의 소악절은 특정한 풍경을 가리키는 것이 아니라 외적으로는 존재하지 않는 여러 풍경(하얀 소나타와 빨간 7중주곡……)을 자기 내면 속에 담아 발전시키는 것이다. 틀림없이 선율로부터 비롯되는 풍경과 함께 리듬으로부터 인물이 발견되었다는 것은 예술이 소위 간판 위에 그려진 말 없는 그림이 아니게 되는 예술상의 중요한 계기를 상징하고 있다. 이것은 예술의 최종 단계는 아닐지라도 하여간 예술은 이와 같은 발전 단계들을 경유한다. 새와 마찬가지로 자기-전개를 나타내는 모티프와 대위법을 말이다. 다시 말해 하나의 스타일로 되어 간다. 바그너에게서 리듬적 인물의 내재화가 모범적으로 나타나

13 Pierre Boulez, "Le temps re-cherché", in *Das Rheingold*, Bayreuth 1976, pp. 5~15.

14 [저자들은 밝히고 있지 않으나 이 구절은 Proust, *A la recherche du temps perdu*, Pléiade, vol. III, 1988, p. 665에 들어 있다]

듯이 리스트에게서는 음의 풍경이나 선율적 풍경의 내재화가 모범적 형태로 나타난다. 나아가 좀더 일반적인 관점에서 보자면, 가곡은 풍경을 그리는 음악적 기법으로서 음악으로서는 가장 회화적이며, 가장 인상파에 가까운 음악 형식이다. 그러나 가곡 속에서 이 두 극은 극히 밀접하게 연관되어 있기 때문에 <자연> 역시 무한한 변형을 나타내는 리듬적 인물로써 나타나게 된다.

영토란 우선 같은 종류에 속하는 두 개체간의 임계적(critique : 臨界的) 거리를 말하며, 이 거리를 표시하는 것이다. 내 것이란 우선 내가 가진 거리를 말한다. 나에게는 거리밖에 없는 것이다. 나는 타인과 접촉하고 싶지 않으며, 타인이 내 영토 안에 들어오면 뭐라고 하면서 플래카드를 세울 것이다. 이처럼 임계적 거리는 표현의 질료에서 유래하는 하나의 관계이다. 따라서 가까이 다가오는 카오스의 힘을 멀리 피하기 위해 거리를 두어야 한다. 마니에리슴(Maniérisme). 에토스는 동시에 거주(demeure)와 방식(manière), 고향(partie, *Heimat*)이자 양식(style)이다. 소위 바로크적 혹은 마니에리슴적이라고 불리는 영토적 춤을 보면 이를 잘 알 수 있는데, 여기서는 분명 각각의 포즈와 움직임이 임계적 거리를 확보하고 있다(사라방드, 알르망드, 부레, 가보트 등[15]). 포즈와 자세, 실루엣, 스텝이나 음성을 구사하려면 대단한 기량이 필요하다. 분열증에 걸린 두 사람이 우리들로서는 전혀 알 수 없는 경계와 영토의 법칙을 따라 이야기를 나누거나 산책하고 있다고 해보자. 이것은 카오스에 위협당하고 있을 때 운반 가능하며 공기와 같은 영토를 그리는 것이 얼마나 중요한가를 잘 보여준다. 필요하다면 내 영토를 나 자신의 몸 위로 옮겨 내 몸을 영토화해 보기로 하자. 거북이의 등딱지나

15 마니에리슴과 카오스에 대해, 바로크적 춤에 대해, 더욱이 마니에리슴이나 춤과 분열증의 관계에 대해서는 Evelyne Sznycer, "Droit de suite baroque", in *Schizophrenia et art*, de Léo Navratil, Ed. Complexe을 참조하라.

갑각류의 껍질이 바로 그것으로, 신체를 영토로 만드는 문신들도 마찬가지다. 임계적 거리는 박자가 아니라 리듬이다. 그러나 이 리듬은 인물들 상호간의 거리를 없애버리는 되기를 통해 얻어지며, 이것을 리듬적 인물로 변화시킨다. 이 인물은 멀거나 가까운 거리를 취하며 긴밀하게 혹은 느슨하게 짜맞추어진다(바로 이것이 음정이다). 종과 성이 같은 두 마리의 짐승이 서로 적대시하고 있다고 해보자. 한 마리가 자기 영역에 혹은 영역의 중심에 가까이 다가가는 경우 그러한 적대시의 리듬은 "증대"하고 다른 녀석이 자기 영토에서 멀어짐에 따라 감소한다. 그리고 이 양자의 경계선 상에서는 동요가 일종의 변수로서 성립하게 된다. 능동적 리듬, 복종된 리듬, 목격자의 리듬?[16] 혹은 한 동물이 다른 성의 상대방 동물에게 자기 영역을 개방한다고 해보자. 이 경우 이중주에 의한 복합적인 <리듬적 인물>이 형성되는데, 예를 들어 아프리카의 때까치처럼 노래의 교환, 즉 노래를 주고받는 현상이 나타난다. 하지만 이때 영토를 특징짓는 두 측면을 동시에 고려하지 않으면 안 된다. 다시 말해 영토는 같은 종의 구성원의 공존을 보증하고 조절하기 위해 구성원들간에 거리를 둘 뿐만 아니라 서로 다른 종이 가능한 한 많이 공존할 수 있도록 서로 다른 종을 분화시키는 것이다. 풍경은 인물로 충족되고 인물은 풍경에 소속되기 때문에 동일 종의 구성원들이 <리듬적 인물>로 변하는 동시에 여러 종이 <선율적 풍경>으로 변하게 된다. 예를 들어 메시앙의 『크로노크로미*Chronochromie*』에서는 18종류의 새가 우는 소리가 복잡한 대위법, 이미 알려져 있는 화음 또는 새롭게 발명된 화음에 따라 자율적인 <리듬적 인물들>을 형성하고, 범상치 않은 풍경을 만들어내고 있다.

예술은 인간을 기다리지 않은 채 시작할 뿐만 아니라 언제나 뒤늦

16 로렌츠, 『공격론』, p. 46. 각각 능동, 수동, 증인으로 규정되는 세 종류의 리듬적 인물에 대해서는 메시앙과 골레아의 앞의 책을 참조하라(pp. 90~91).

게 인공적인 조건이 갖추어지고 나서야 비로소 인간 세계에 나타나는 것은 아닌가 하는 의문이 들기도 한다. 인간의 예술이 오랫동안 예술 자체와는 본성이 다른 노동이나 의식(儀式)에 머물러왔다는 것도 자주 지적되어왔다. 그러나 이러한 지적이 예술은 인간과 함께 시작된다는 지적보다도 중요하지는 않을 것이다. 하나의 영토 내에서 두 가지 효과, 즉 기능들의 재조직과 힘들의 재결집을 주목해야 하기 때문이다. 한편으로 기능적 활동은 영토화되면 반드시 새로운 양상을 띤다(집[*logis*]을 짓는 경우처럼 새로운 기능을 만들어내거나 또는 상호간에 공격성이 성립하도록 본성을 바꾸는 것처럼 기존의 기능들을 변환시키는 것). 바로 여기서 특수화 혹은 직업화라는 모티프가 등장하게 된다. 영토적 리토르넬로는 직업적인 리토르넬로로 변화하는 경우가 많다. 다양한 기능적 활동이 동일한 환경 안에서 전개될 것을, 또 동일한 활동은 동일한 영토 내에서는 자기 이외의 동작 주체를 갖지 않을 것을 작업 자체가 전제하기 때문이다. 직업적인 리토르넬로는 예를 들어 물건을 팔 때 부르짖는 소리처럼 환경 내에서 뒤얽힌다. 그러나 각각의 리토르넬로는 하나의 영토를 표시한다. 따라서 영토들 안에서 같은 활동이 벌어지거나 같은 소리가 울리는 경우는 없다. 바로 이것이 인간과 동물 모두에게 똑같이 통용되는 임계적 거리의 규칙으로서, 이를 통해 비로소 경쟁이 가능해진다. 예를 들어 한 행상이 보도(步道)의 이 부분은 내 것이라고 주장할 때가 그러하다. 요컨대 기능들의 영토화는 기능들이 "노동"이나 "직업"으로 성립하기 위한 조건이 된다. 이러한 의미에서 동종간에 한정된 공격성 또는 특수화된 공격성은 필연적으로 영토화된 공격성이게 된다. 이처럼 영토화된 공격성은 영토에서 유래하는 것으로 결코 영토의 성립을 설명하지 못한다. 따라서 영토의 중심에서는 모든 활동이 새로운 실천의 양상을 띤다는 것이 분명해진다. 그렇다고 해서 이것이, 예술이 예술 자체로 존재하는 것이 아니라는 결론을 끌어낼 수 있는 근거가 되지는 않는다. 노동이라는 기능의 출현을 조건짓는 영토화의 요인 안에 이미 예술이 들어 있기 때문이다.

영토화의 또 다른 효과에 대해서도 똑같이 말할 수 있을 것이다. 노동이 아니라 의식이나 종교와 관련되어 있는 이 두번째 효과는 대략 다음과 같은 점에서 찾아볼 수 있다. 즉, 영토는 다양한 환경에 포함된 모든 힘을 결집시키고 대지의 힘들을 모아 하나의 다발(gerbe)로 만든다. 흩어져 있는 모든 힘이 용기(容器) 혹은 토대로서의 대지로 귀속되는 것은 각각의 영토의 가장 심원한 곳에서만 일어난다. "주위 환경은 하나의 단위로서 존재하므로 소박한 직관에 따라서 볼 때는 엄밀한 의미의 대지 자체에 속한 것과 산이나 숲, 호수나 식물처럼 대지를 매개로 할 때만 비로소 존재할 수 있는 것을 구별하기가 아주 힘들다." 대기나 물의 힘, 그리고 새나 물고기는 이리하여 대지의 힘에 의해 변모해간다. 더욱이 외연(extension)으로서의 영토는 대지의 내적 힘들과 카오스의 외적인 힘들을 떼어놓는다 해도 "내포"(intention)에서는, 깊이에서는 사정이 일변해 두 유형의 힘이 서로 결합해 가며 오직 대지만을 선별 기준이나 목표로 한 힘 겨루기를 하고 있기 때문이다. 영토에는 모든 힘들이 합류해 에너지들이 격투를 벌이는 수목이나 숲과 같은 장소가 반드시 존재한다. 이런 식의 격투가 벌어지는 곳이 바로 대지이다. 이러한 강렬한 중심(centre intense)은 영토 자체의 중심에 위치하는 동시에 엄청난 편력을 마친 몇몇 영토가 조여 들어옴에도 불구하고 수많은 영토 바깥에 위치하기도 한다(이 때문에 "타고난 것"은 양의적이다). 이처럼 바깥에 위치하건 아니면 안쪽에 위치하건 영토는 반드시 이 강도의 중심과 통해 있다. 그리고 아직 보이지 않는 고향(partie)으로서의 이 중심은 우호적이거나 아니면 적대적인 모든 힘을 낳는 대지의 원천으로서, 여기서 모든 것이 결정된다.[17] 따라서 여기서도 역시 인간과 동물에게 공통적으로 나타나는 종교가 영토를 점유하는 것은 바로 이 종교가 노골적으로 영토화를 행하는 미학적 요인에 의존하기 때문임을 인정하지 않을 수 없다. 바로 이처럼 영토화하는 미학적 요인이 환경의 기능들을 노동의 형태로 조직하는 동시에 카오스의 힘들을 결합시켜 의식과 종교로, 대지의 힘들로 전환시킨다. **영토화의 지표들이 모티프와 대위법으로 발전해가는 것과 기능들을 재조직하고 힘들을 결집하는 것은 동시에 일어나는 것이다.** 그러나 이와 동시에 이것만으로도 완전히 영토는 이미 영토 자체를 초월하는 무엇인가를 풀어놓게 된다.

우리는 끊임없이 이 "순간(moment)"으로 되돌아온다. 리듬이 표현-되기로 나가고, 표현에는 고유한 질이 나타나며, 나아가 표현의 질료가 형성되어 모티프와 대위법으로 전개되는 것이다. 따라서 이렇게 노출되었건 아니면 가공(fictif)의 것이건 이 순간을 포착하려면 어쨌건 하나의 개념(외견상으로는 부정적인 관념이라도 상관이 없다)이 필요하게 된다. 중요한 것은 코드와 영토 사이의 엇갈림(décalage)을 확인하는 것이다. 영토는 자유를 보장한 코드의 여백에서 출현하는데, 이것은 한정되지 않는다기보다는 다른 형태로 한정된다. 하나 하나의 환경이 독자적인 코드를 갖고 또 환경들간에 끊임없이 코드 변환이 일어난다 하더라도 영토는 반대로 특정한 **탈코드화** 차원에서 성립하는 것처럼 보인다. 생물학자들은 이런 식으로 한정된 여백의 중요성을 강조해 왔지만 이것을 돌연변이와, 다시 말해 코드 내에서의 변이와 혼동해서는 안 된다. 여기서 말하는 여백이란 이른바 이중화된 유전자 또는 정해진 숫자 이외의 염색체를 말하며, 이것은 유전자 코드에는 포함되지 않으며 기능 면에서도 자유로와서 변이에 자유롭게 사용될 수 있는 질료를 제

17 Mircea Eliade, *Traité d'histoire des religions*, Payot. "종교 형태로서의 대지에 대한 근원적 직관"에 대해서는 pp. 213 이하를 보라. 영토의 중심에 대해서는 p. 324 이하를 보라. 엘리아데는 영토의 중심은 영토의 바깥에 위치하는, 따라서 도달하기가 너무 어려운 동시에 영토 내부에, 금방 손에 닿는 곳에 위치하고 있다는 점을 분명히 하고 있다.

공한다.[18] 그러나 이러한 질료가 돌연변이와는 무관한 새로운 종을 만드는 일은 이와 전혀 다른 차원의 사건이 개입해 유기체와 환경 간의 상호 작용을 증대시키지 않는 한 있을 수 없다. 영토화는 다름 아니라 동일한 종의 코드의 여백 위에서 비로소 성립하는 요인으로서, 이 종에 속한 각각의 개체들에게 분화의 가능성을 마련해준다. 영토성은 동종의 코드와의 관계에서 엇갈림을 포함하고 있을 때에야 비로소 간접적으로 새로운 종을 만들어낼 수 있는 것이다. 영토성은 어디에 나타나든 동종의 구성원들간에 임계적 거리를 성립시킨다. 그리고 영토성이 간접적・사행적(斜行的) 분화의 수단이 되는 것 또한 영토성 자체가 종차들에 대해 엇갈림이 있기 때문이다. 이 모든 의미에서 탈코드화는 영토의 "음화(陰畫)"로 나타난다. 그리고 영토를 가진 동물과 영토를 갖지 않은 동물 사이의 가장 커다란 차이는 전자가 후자보다 훨씬 덜 코드화되어 있는 데서 잘 나타난다. 이제 이미 영토의 난점에 대해서는 충분히 서술했기 때문에 이제는 영토를 겨냥해, 영토에서 일어나고 영토에서 비롯되는 혹은 틀림없이 영토에서 일어나는 창조에 관해 평가를 내릴 수 있을 것이다.

우리는 카오스의 힘들로부터 시작해 대지의 힘까지 살펴보았다. 환경들에서부터 시작해 영토들에 이르기까지도 함께 살펴보았다. 기능적인 리듬으로부터 시작해 리듬의 표현-되기까지도. 코드 변환 현상에서 탈코드화 현상까지. 또 환경 기능에서 영토화된 기능까지. 이것은 진화라기보다는 이행이라 할 수 있으며, 이는 곧 다리나 터널과 비슷하다. 이미 환경들은 끊임없이 상호 이행을 반복하고 있다. 그러나 이번

18 생물학자들은 종종 변형의 2대 요인을 구별해왔다. 먼저 돌연변이 유형. 그리고 다른 하나는 격리 또는 분리 과정으로서 발생이나 지리적 요인과 관계되거나 심지어 심적 요인과 관계되기도 한다. 영토성은 후자의 유형에 속하는 요인이라고 할 수 있다. Lucien Guénot, *L'espèce*, Ed. Doin을 보라.

에는 환경들이 영토로 이행한다. 우리가 미학적 질이라고 일컫는 표현적 질은 분명 결코 "순수하거나" 상징적인 질이 아니다. 오히려 이것은 고유한 질, 즉 소유와 관련된 질로서 환경의 성분에서 영토의 성분으로 전환하고 있다. 영토 자체는 이행의 장소이다. 영토는 최초의 배치물로서, 최초로 배치되는 것이다. 배치물도 원래는 영토적인 것이다. 하지만 어찌 배치물이 처음부터 이미 완전히 다른 것으로, 다른 배치물 속으로 이행하고 있지 않을 수 있겠는가? 때문에 먼저 영토의 내부 조직을 언급하지 않고는 영토의 성립을 말할 수 없는 것이다. 먼저 내부적 배치물(모티프나 대위법)을 봐 두지 않으면 하위 배치물(포스터와 플래카드)을 묘사할 수 없는 것이다. 또 다른 배치물이나 장소로 통하는 길 위로 발걸음을 내딛지 않으면 내부 배치물에 관해 어떤 이야기도 할 수 없다. <리토르넬로>의 이행. 리토르넬로는 영토적 배치물을 향해 나가며 그곳에 설치되거나 그것으로부터 밖으로 나온다. 일반적으로 표현의 질료가 모여 영토를 성립시키고 영토적 모티프나 영토적 풍경으로 발전해 갈 때 이것을 리토르넬로라고 일컫는다(운동, 동작, 시각 그리고 그 밖의 다른 수많은 리토르넬로가 존재한다). 이보다 좁은 의미에서는 배치물이 소리를 내거나 소리에 의해 "지배받는" 경우에 리토르넬로가 있다고 할 수 있다. 하지만 그렇다 하더라도 왜 소리에 이처럼 엄청난 특권이 주어지는 것일까?

그러면 이제 내부 배치물에 대해 살펴보기로 하자. 이것은 매우 풍요롭고 또 복잡한 조직을 갖고 있다. 영토적 배치물뿐만 아니라 배치되고 영토화된 기능들도 함께 포함하고 있기 때문이다. 연작(燕雀)과에 속하는 굴뚝새를 예로 들어보기로 하자. 수컷 굴뚝새는 영토를 얻게 되면 흔히 있기 마련인 침입자에 대한 경고의 의미로 "음악 상자 리토르넬로"를 만들어낸다. 그리고 나서 영토 안에 직접 집을 짓는데, 심지어 12개씩이나 지을 때도 있다. 암컷이 다가오면 한 집 앞에서 대기하고 있다가 집 속을 들여다보는 암컷에게 들어오라고 재촉하며, 꼬리를 낮추고 노랫소리를 점차 약하게 해서, 결국 노래는 단순한 전음(顫音)[19]으로 축소되고 만다.[20] 여기서 둥지를 짓는 기능은 강하게 영토화되어 있는 것처럼 보이는데, 모든 둥지는 암컷이 다가오기 전에 수컷에 의해 준비되며 암컷은 집을 점검하고 그저 마무리를 할 뿐이기 때문이다. "구애" 기능 역시 영토화되어 있다. 하지만 영토의 리토르넬로를 매혹적으로 만들기 위해 강도를 바꾸기 때문에 그 정도는 집짓기보다 덜하다. 내부 배치물에는 온갖 종류의 이질적인 성분이 개입되어 있다. 재료, 색채, 냄새, 소리, 자세 등을 결합하는 배치물의 지표뿐만 아니라 이런 저런 방식으로 배치되어 하나의 모티프로 편입되는 다양한 행동의 요소들까지. 예를 들어 과시적 행동을 위해서는 춤, 부리를 울리는 동작이나 화려한 색깔의 과시, 목을 늘어뜨린 자세와 고성(高聲), 깃털 윤내기, 인사 그리고 리토르넬로가 필요하다. 여기서 먼저 염두에 두어야 할 것은 영토화를 일으키는 이 모든 지표, 영토적 모티프, 영토화된 기능이 완전히 동일한 내부 배치물 속에서 동시에 성립하도록 작용하는 것은 무엇인가 하는 것이다. 이것은 고름의 문제이다. 이질적 요소들의 "동시적 성립." 이러한 요소들은 처음에는 퍼지 집합이나 이산 집합을 이루고 말지만 마침내 고름을 획득하게 된다.

그런데 이러한 논의를 중단시키거나 다시 제기하는 의문이 발생하는 것처럼 보인다. 왜냐하면 많은 경우 배치되고 영토화된 기능은 자체만으로도 새로운 배치물을 형성하기에 충분한 독립성을 획득하며, 이렇게 해서 새로 성립된 배치물은 정도차는 있지만 탈영토화되거나

19 [trille : 악곡 연구에서의 꾸밈음의 한 가지. 지정한 음과 그 2도 위 음을 떨듯이 빠르게 교체 반복하며 연주하는 것을 가리킨다]

20 Paul Géroudet, *Les passereaux*, Delachaux et Niestlé, t. II, pp. 88~94.

탈영토화되는 중에 있기 때문이다. 이러한 탈영토화의 방향으로 나가기 위해 실제로 영토를 떠날 필요는 없다. 그러나 결국 방금 전까지 영토적 배치물 속에서 형성된 기능이었던 것이 이제는 다른 배치물을 조성하는 요소로, 또 다른 배치물로 이행하기 위한 요인으로 변화한다. 궁정풍 연애에서와 마찬가지로 색채는 영토를 표시하는 것이 아니라 "구애"의 배치물에 속하게 된다. 이때 영토적 배치물은 구애의 배치물 혹은 자율화된 사회적 배치물을 향해 열리게 된다. 이것은 성애의 상대 또는 집단 성원을 고유한 일원으로 인식했을 때 일어나는 일로 영토의 식별과 혼동해서는 안 된다. 이러한 상대는 고향의 가치를 가진 동물(Tier mit Heimvalenz), 다시 말해 "내 집에 적당한 동물"이라고 일컬어진다. 따라서 집단이나 짝의 집합 속에서 개별적으로는 식별되지 않는 환경성 집단이나 쌍과 오직 특정한 영토 안에서만 식별될 수 있는 영토적 집단이나 짝, 그리고 마지막으로 장소와는 무관하게 식별 가능한 사회적 집단과 연인들을 구분할 수 있다.[21] 구애건 집단이건 더 이상 영토적 배치물에 속하지 않는다. 오히려 설사 영토 내부에서라도 구애나 집단의 배치물이 자율성을 획득하는 것이다. 이와 반대로 새로운 배치물의 내부에서는 그에 준하는(유발성) 짝의 어느 한쪽이나 집단의 성원들을 둘러싸고 재영토화가 일어난다. 영토적 배치물이 다른 배치물을 향해 열리는 이러한 사태는 상세하게 분석될 수 있으며, 이 사태는 아주 다양하게 변주된다. 예를 들어 오스트레일리아의 피리새 과에 속하는 새들처럼 수컷이 집을 짓지 않고 그저 둥지를 만들 재료를 운반하거나 집 짓는 시늉만 할 뿐인 경우도 있는데, 부리로 나무 가지 하나를

21 *Les agression*에서 로렌츠는 아래의 세 가지 양태를 분명하게 구별하고 있다. 먼저 환경의 블록을 이루는 어군 유형의 '무명의 군단'. 그리고 영토 내에서만 인정이 이루어지며 인정의 범위를 최대한 확대해도 '근접종'들끼리만 구분이 이루어지는 '장소적 집단'. 마지막으로 자율적 '연결 관계(lien)'에 기초한 사회.

물고 암컷에게 구애하거나(바틸다[Bathilda] 속[屬]), 집 짓는 재료와는 별개의 재료를 사용하기도 하며(네오크미아[Neochmia] 속), 구애의 초기 단계 또는 구애 이전 단계에서만 풀잎을 사용하는 경우도 있으며(아이데모지네[Aidemosyne] 속이나 런크라[Lonchura] 속), 풀을 선물로 건네지 않고 쪼아먹는 경우도 있다(엠블라마[Emblama] 속).[22] 물론 이처럼 "풀잎"을 사용하는 행동은 그저 오래된 습관의 반복 또는 집짓기 행동의 흔적에 지나지 않는다고 말할 수 있을지도 모르겠다. 그러나 배치라는 관념과 비교해 보면 행동이라는 관념이 불충분하다는 것이 아주 분명하게 드러난다. 왜냐하면 수컷이 집을 짓지 않는 경우 집짓기는 이미 영토적 배치물의 특성이 아니라 이른바 영토로부터 떨어져나오게 되기 때문이다. 이 뿐만 아니라 집짓기에 앞서 벌이는 구애 자체도 상대적으로 자율적인 배치물로 변하게 된다. 그리고 "풀잎"이라는 표현의 질료도 영토적 배치물과 구애의 배치물 사이의 이행의 성분으로 작용하게 된다. 따라서 몇몇 종에서는 이러한 풀잎의 기능은 점차 흔적이 되며, 계열을 거슬러 올라가 살펴보게 되면 점차 소멸되어가지만 그것을 흔적이나 상징이라고 생각해도 좋을 근거는 전혀 없다. 표현의 질료는 결코 흔적이나 상징이 아니다. 풀잎은 탈영토화된 혹은 탈영토화 중에 있는 하나의 성분인 것이다. 오래된 습관의 흔적도 아니며 부분 대상이거나 과도적 대상 또한 아니다. 풀잎은 조작자(操作者)이며, 벡터이다. 요컨대 배치물의 변환기(變換機)인 것이다. 풀잎은 하나의 배치물에서 다음 배치물로의 중개 역할을 수행하는 이행의 성분으로 기능하는 가운데 소멸한다. 이러한 관점은 하나의 풀잎이 소멸되더라도 다른 중계 성분이 이러한 이행의 성분을 대체하거나 점차 세력을 넓혀 가는 것을 보아도 분명하게 확인된다. 중계 성분이란 리토르넬로를 말하는

22 K. Immelmann, *Beiträge zur einer vergleichenden Biologie australischer Prachtfinken*, Zool. Jahrb. Syst., 90, 1962.

데, 이것은 그저 영토와 관련될 뿐만 아니라 연애나 사회와도 연관되며, 그에 따라 변화한다.[23] 새로운 배치물이 성립될 때 "리토르넬로"라는 음향적 성분이 "풀잎"이라는 동작적 성분보다 더 강한 유발력을 갖는 것은 왜일까 하는 질문에 대해서는 나중에 좀더 자세히 검토해보기로 하자. 현 단계에서 중요한 것은 영토적 배치물의 내부에서 새로운 배치물들이 형성된다는 것을, 즉 이행과 중계의 성분들을 통해 내부 배치물이 상호 배치물로 이행하는 움직임이 발생한다는 것을 확인하는 것이다. 암컷 또는 집단을 향한 영토의 혁신적 개방. 선별 압력은 상호 배치물을 통해 작용한다. 마치 탈영토화의 힘들이 영토 자체에 작용해 영토적 배치물에서 구애나 성욕, 집단이나 사회 등 다른 유형의 배치물로의 이행을 유도하는 것처럼 보인다. 풀잎과 리토르넬로는 이러한 힘들의 인자(因子 : agents), 탈영토화의 인자가 된다.

영토적 배치물은 끊임없이 다른 배치물로 이행한다. 하위 배치물을 내부 배치물과 분리할 수 없듯이 내부 배치물은 상호 배치물에서 분리될 수 없다. 그럼에도 불구하고 이러한 이행은 필연적으로 일어나는 것이 아니라 "경우에 따라" 다르게 나타난다. 이유는 간단하다. 내부 배치물은 영토적 배치물로서 성애, 공격성, 군거성 등 여러 가지 기능과 힘을 영토화할 뿐만 아니라 이런 식으로 영토화하는 가운데 변형을 초래하기 때문이다. 그러나 이런 식으로 영토화된 기능이나 힘에 따라 자율성을 획득하기도 하며, 이러한 자율성이 기능이나 힘을 다른 배치물로 전환시켜 탈영토화된 다른 배치물들을 구성하도록 작용하는

23 Eibl-Eibesfeldt, *Ethologie*, p. 201. "둥지를 만들기 위한 자재의 운반으로부터 풀의 잘라진 면을 사용한 수컷의 다양한 구애 행동이 나오게 되었다. 어떤 종의 새의 경우 이러한 행동은 부차적인 것으로 단순화된다. 동시에 본래는 원래 영토를 확정하는 기능을 하던 노래도 새의 사교성이 높아짐에 따라 마침내 기능을 변화시켜 나가게 된다. 풀의 잘라진 면을 들고 구애 행동을 하는 대신 수컷들은 암컷 가까이 다정히 앉아 노래를 부른다." 다만 에이블-에이베스펠트는 풀의 잘라진 면을 이용한 행동을 '흔적'으로 해석한다.

경우도 있다. 성애는 내부 배치물 속에서 영토화된 기능으로 보일지도 모른다. 하지만 또한 탈영토화의 선을 긋고, 이에 따라 다른 배치물을 묘사하는 경우도 있을 수 있다. 따라서 성애와 영토의 관계는 실로 변화무쌍하며, 마치 성애가 스스로 "거리"를 두는 듯한 상태가 나타난다. 직업이나 수공업 혹은 전문직은 영토화된 활동을 몇 가지 포함하고 있다. 그러나 그러한 활동이 영토로부터 이탈해 자기 주위에 또 직업 상호간에 새로운 배치물을 구축하기도 한다. 영토적 성분 또는 영토화된 성분이 싹을 틔어올려 생산성을 갖기 시작하는 경우도 있다. 리토르넬로의 경우에는 이것이 너무나 딱 들어맞기 때문에 대략 이러한 경우에 상당하는 것이라면 모두 리토르넬로라고 불러야 할지도 모를 정도이다. 영토성과 탈영토화 간의 이러한 양의성은 <타고난 것>의 양의성과 같은 것이다. 영토는 자신의 제일 깊은 곳에 있는 강도(强度)의 중심과 통한다는 점을 염두에 둔다면 이러한 양의성은 충분히 이해할 수 있을 것이다. 그러나 이미 앞에서 살펴본 대로 강도의 중심은 또한 영토의 외부에 위치하고, 서로 완전히 다르고 멀리 떨어져 있는 영토들의 수렴점에 위치하는 경우도 있다. <타고난 것>은 외부에 있는 것이다. 여기서 사람들을 당혹시키는 유명한 사례를 몇 가지 살펴보기로 하자. 이것들은 많든 적든 정말 불가해한 경우로 영토로부터 경이로운 이탈을 보여주는데, 영토들에 직접 작용해 영토를 구석구석 관통하는 대규모의 탈영토화 운동을 보여준다. 1. 연어처럼 모천(母川)으로 회귀하는 여행을 떠나는 경우. 2. 메뚜기나 피리새들처럼 엄청난 숫자가 모이는 경우(1950~1951년에 스위스의 툰 호수 근처에 수천만 마리의 피리새들이 모여들었다). 3. 태양이나 자극(磁極)의 방향을 쫓아 이동하는 것. 4. 대하(大蝦)처럼 먼 거리를 떼지어 행군하는 경우.[24]

24 *L'Odysée sous-marine de l'équipe Cousteaux, film no 36, commentaire Cousteaux-Diolé, La marche des langoustes*(L. R. A). 유카탄 반도의 북부 연안에서 생식하는 대하는 종종 영역을 떠나는

이러한 운동 각각에 어떠한 원인이 있건 운동의 본성에 변화가 일어난다는 것은 쉽게 이해할 수 있을 것이다. 상호 배치물이 존재하거나 또는 하나의 영토적 배치물에서 다른 유형의 배치물로의 이행이 일어난다고 말하는 것만으로는 충분치 않다. 그것보다는 오히려 모든 배치물에서 이탈하고 모든 가능한 배치물의 능력을 모조리 능가하고 다른 판으로 이동한다고 말해야만 할 것이다. 실제로 여기서 볼 수 있는 것은 하나의 환경의 운동이나 리듬이 아니며, 영토화를 불러오거나 또는 영토화되는 운동이나 리듬도 결코 아니다. 이처럼 극히 광범위한 운동 속에서 이제 <코스모스>가 끼어들게 되는 것이다. 위치 결정의 메커니즘은 매우 정밀한 것에는 변함이 없지만 위치 결정은 코스모스적인 것으로 변하고 있다. 이러한 메커니즘은 더 이상 대지의 힘들로 결집된 영토화된 힘이 아니라 탈영토화된 <코스모스>의 되찾은 힘, 해방된 힘이 된다. 이동이나 회유할 때 영토나 그 위의 대기를 지배하는 것은 더 이상 세속의 태양이 아니라 묵시론에 나오는 두 예루살렘에서처럼 <코스모스>에 속한 천상의 태양이다. 이처럼 탈영토화의 움직임

때가 있다. 이 대하들은 겨울에 최초의 폭풍우가 오기 전에, 더욱이 인간의 기관으로는 폭풍우의 징후조차 판단할 수 없는 시점에 먼저 소규모 집단을 형성한다. 그리고 실제로 폭풍우가 오면 여러 개의 구슬을 꿴 모양으로 긴 행렬을 지은 다음 선도자와 후위를 나누어 앞으로 나가는데, 선두자는 차례로 교대해나간다(시속 1킬로미터로 100킬로미터 혹은 그 이상의 거리를 이동한다). 이로부터 6개월 후에 처음으로 산란이 행해지는 것을 볼 때 대하의 이러한 계절 이동은 산란과는 아무런 관계가 없는 것 같다. 대하 전문가인 헌킨드에 따르면 이것은 최후의 빙하기(1만 년 전 이상)의 '흔적'인 것 같다. 쿠스토가 좀더 현실적인 해석을 가하고 있는 것 같은데, 그는 이것이 결국 새로운 빙하 시대의 도래를 알리는 징조일 수 있다는 추론을 끌어내고 있다. 실제로 여기서 문제가 되는 것은 대하들의 영토적 배치가 예외적으로 사회적 배치를 열어주고, 다시 이 사회적 배치가 코스모스의 온갖 힘 또는 쿠스토의 표현을 빌리자면 '지구의 격동'과 밀접한 관계가 있다는 것이다. 하지만 어느 쪽 해석이 맞더라도 "수수께끼는 여전히 미해결인 채로 남겨진다." 이런 식으로 행렬을 지으면 어부들에게 마구 잡힐 것이며 또한 정기적으로 껍데기를 벗기 때문에 대하에게 도장을 찍을 수 없다는 점에서 보아도 이것은 한층 더 수수께끼로 남게 된다.

이 절대적인 것으로 되어도 (코스모스적 변수들을 결합하기에) 결코 정밀함은 잃지 않는 웅대한 경우는 일단 논외로 하더라도 영토는 끊임없이 그 나름대로의 상대적인 탈영토화 운동에 의해 관철되고, 또 이러한 운동에서는 코스모스와 결합하기 위해 영토나 배치물을 떠나지 않고도 내부 배치물에서 상호 배치물로 이행할 수 있다는 것을 주목해야 한다. 영토는 언제나, 적어도 잠재적으로는 탈영토화 중이며 설사 다른 배치가 재영토화(안식처에 "해당하는" 어떤 것을 초래한다)를 초래한다고 해도 다른 배치들로 이행중이다 …… 우리는 환경에 작용하는 탈코드화의 여백이 있어야 영토가 성립할 수 있다는 것을 살펴보았다. 이제 이처럼 탈영토화를 허용하는 여백은 내부로부터 영토 자체에 작용한다는 사실을 알 수 있을 것이다. 일련의 탈코드화 현상이 나타나는 것이다. 영토는 몇몇 탈영토화의 계수와 불가분의 관계를 맺는데, 이러한 계수는 각각의 사례마다 따로 계측 가능하며 영토화된 각각의 기능과 영토의 관계를 변화시키며, 또 영토와 탈영토화된 각각의 배치물 간의 관계를 변화시키기도 한다. 그리고 여기서는 완전히 같은 "무언가"가 한편으로는 영토화된 기능이 된 내부 배치물에 편입되며 다른 한편에서는 자율적인 혹은 탈영토화된 배치물로서, 즉 상호 배치물로서 나타난다.

따라서 리토르넬로를 아래와 같이 분류해볼 수 있을 것이다. 1) 영토를 구하고, 영토를 표시하고, 영토를 배치하는 영토적 리토르넬로. 2) 배치물 속에서 특별한 기능을 넘겨받는 영토화된 기능을 가진 리토르넬로(잠과 아이를 영토화하는 자장가, 성애와 애인을 영토화하는 연가, 직업과 노동을 영토화하는 노동요, 분배와 제품을 영토화하는 장사의 노래 ……). 3) 같은 리토르넬로가 새로운 배치물을 표시하고 탈영토화-재영토화에 의해 새로운 배치물로 이행하는 경우(놀이에서 빼버릴 사람을 정하거나 술래를 정할 때 어린아이들이 부르는 노래[comptine]는 매우 복잡한 경우를 보여준다. 이것은 영토적 리토르넬로로서 노래하는 방법은 구역마다, 골목마다 달라진다. 이 노래는 놀이의 역할과 기능을 영토적 배치물 속에서 배분할 뿐만 아니라 영토를 놀이 배치물로 이행시킨다. 이때 놀이 배치물 자체는 자율성을 가지려고 한다[25]). 4) 영토의 내부에서 혹은 바깥으로 나오기 위해 힘들을 모아 결집시키는 리토르넬로(이것은 대결 또는 출발의 리토르넬로로서, 종종 절대적 탈영토화 운동을 유발하기도 한다. "그럼, 뒤돌아보지 않고 떠나갑니다." 밀리칸[Robert Milikan]의 말대로 이 리토르넬로는 저 무한대를 향해 <분자들>의 노래, 막 태어난 기본 <요소들>의 울음소리와 합류해야 한다. 종교적인 영토 구분[Nome]이 개화하고 분자적인 범신론적 코스모스 속으로 융해되어 들어갈 때 또는 새들의 노래와 교대해 물과 바람, 구름과 안개의 조화가 나타날 때 대지를 떠나 코스모스적인 것이 된다. "밖에는 바람이 불고 비가……" 탈영토화된 거대한 리토르넬로로서의 코스모스).

고름 문제는 분명 하나의 영토적 배치의 성분들을 동시에 성립시키는 방식과 관련되어 있다. 그러나 이 문제는 동시에 각기 다른 배치물이 이행과 중계 성분에 따라 성립하는 방식과도 관련되어 있다. 그러나 고름의 모든 조건이 단지 잡다한 것, 이질적인 것들이 모두 소환되는 말 그대로의 코스모스적인 판에서만 발견되는 일도 얼마든지 있을 수 있다. 그러나 이질적인 것들끼리 동일한 배치물 혹은 여러 가지 상호 배치물 속에서 동시에 성립되는 경우에는 이미 공존 내지 연속 형태로 혹은 이 두 가지가 중복된 형태로 반드시 고름 문제가 제기된다. 영

25 놀이에서 빼버릴 사람을 정하거나 술래를 정할 때 어린아이들이 부르는 노래를 수집해 해석한 가장 좋은 문헌은 아마 Jean Beaucomot와 Franck Guibat가 편집하고 주석을 붙인 *Les comptines de langue française*(Seghers)일 것이다. 이러한 노래의 영토적 성격은 예를 들어 '팽파니카이유(Pimpanicaille)'와 같은 특권적 노래에서 찾아볼 수 있는데, 그뤼에레 지방에서는 '도로의 양측'에서 다르게 불리는 서로 다른 두 가지 판의 노래가 있다(p. 27~28). 하지만 여기서는 놀이에서 각기 다른 역할들이 분배되고, 또 이를 통해 영토를 편성하는 자율적 놀이가 형성되기 전에는 본래적 의미의 노래가 있을 수 없다는 점이 중요하다.

토적 배치물의 경우조차 영토의 고름을 보증하는 것은 예를 들어 리토르넬로처럼 가장 강력하게 탈영토화된 성분이며, 탈영토화의 벡터가 아닌가. "무엇인가가 함께 성립하는 것은 어째서일까"라는 막연한 질문에 대한 가장 명확하고, 또 가장 무난한 대답은 중앙 집중화와 위계화 그리고 선형성과 형식화를 특징으로 하는 **나무형** 모델을 통해 주어지는 것처럼 보인다. 예를 들어 중추신경계에서 시간적-공간적 형태가 코드화된 연쇄를 일으키는 것을 나타내는 틴베르겐(Tinbergen) 도식을 전형적인 사례로 들 수 있을 것이다. 우선 상위 기능 중추가 자동적으로 활동 상태에 들어간 다음 욕구 행동을 유발해 종에 특유한 자극을 탐구한다(이동 중추[centre de migration]). 다음에는 이 자극을 매개로 그때까지 억제되었던 제2중추가 해방되어 새로운 욕구 행동을 유발한다(영토의 중추[centre de territoire]). 이어 싸움, 집짓기, 구애라는 하위 차원의 중추가 활동하기 시작하고, 그렇게 함으로써 자극이 그에 상응하는 행동을 유발한다.[26] 그러나 이러한 도식은 억제-유발, 생득-획득 등 너무 단순한 이항 대립에 근거하고 있다. 물론 동물행동학자가 민속학자보다 커다란 이점을 갖고 있는 것은 사실이다. 민속학자들은 하나의 "현장(terrain)"을 친족 관계, 정치, 경제, 신화 등의 형태로 분리시켜 버리는 구조적 위험에 빠질 우려가 있다. [하지만 이와 달리] 동물행동학자들은 특정한 "현장"을 나누지 않고 완전한 형태로 남겨놓는다. 그럼에도 불구하고 아무래도 억제-유발 또는 생득-획득이라는 축에 따라 방향이 결정되는 경향이 강하기 때문에 그들 또한 각각의 장소에서, 연쇄의 각 단계에서 혼과 중추(=중심)를 재도입해야 하는 위험을 피할 수 없다. 이 때문에 유발 자극의 차원에서는 말초 신경과 획득 형질의 역할이 중요하다고 역설하는 저자들도 확실히 화살표의 방향을

26 Nikolaas Tinbergen, *The Study of Instinct*, Oxford University Press.

뒤집기는 했지만 나무형의 선형적 도식을 진정한 의미에서 전복시킬 수는 없었던 것이다.

따라서 이와는 완전히 다른 도식을 암시하는 몇몇 요인을, 즉 나무형이 아니라 리좀적 방식으로 기능하며 따라서 이원론을 경유하지 않는 요인을 강조하는 것이 이보다는 훨씬 더 중요해 보인다. 무엇보다 먼저 기능 중추(centre fonctionnel)라고 불리우는 것은 위치 결정뿐만 아니라 "케이블 망"의 배분에서처럼 선별된 뉴런들을 중추신경계에 배분한다. 따라서 중추신경계 전체를 그 자체로서 볼 때(구심 신경을 절단하는 실험이 그렇듯이) 거기에서는 상위 중추에 의한 반사 운동(automatisme)보다는 오히려 중추들 사이에, 세포군들 또는 이러한 결합을 유도하는 분자군들 사이에 상호 연계작용이 일어난다고 말해야 할 것이다. 바깥이나 위로부터 부과되는 형태나 적절한 구조는 있을 수 없으며, 오히려 내부로부터의 분절이 있을 뿐이다. 이리하여 마치 진동하는 분자들 또는 진동자들이 이질적인 중추로부터 다른 중추로 이행하는 듯한 현상이 나타나게 된다. 물론 이것이 하나의 중추의 우위를 확보하기 위한 것이라고 해도 마찬가지다.[27] 이것은 분명 하나의 중추로부터 다른 중추로 이어지는 선형적 관계는 배제하며, 분자들에

27 먼저 헤스(W. R. Hess)의 실험이 분명히 확인해주었듯이 대뇌 중추가 아니라 어떤 곳에서는 집중하고 다른 곳에서는 확산하는 복수의 점이 있어 이것들이 어느 것이나 똑같은 결과를 유발하는 힘을 숨기고 있다. 역으로 똑같은 한 개의 점을 대상으로 한 자극의 지속과 강도에 따라 결과가 달라지는 경우도 있다. 다른 한편 '감각이 차단된' 물고기를 사용한 폰 홀스트(Von Holst)의 실험은 지느러미 운동에서 중추신경계의 조정이 중요하다는 점을 분명히 확인해 주었다. 하지만 틴베르겐 도식은 이러한 상호 작용을 부차적으로만 고려하고 있다. 하지만 전혀 평범한 박자를 취하지 않고 내측에서 분절 체계들을 형성하는 '진동자군' 또는 '진동하는 분자들의 군단'이라는 가설은 특히 24시간을 단위로 하는 리듬에서 불가결하게 된다. Reinberg, "La chronobiologie", in *Sciences*, I. 1970 : T. van den Dreissche et A. Reinberg, "Rythmes biologiques", in *Encyclopedia Universalis*, 14권, p. 572를 보라. "24시간을 단위로 하는 리듬의 메커니즘을 단순한 초보적 과정의 연속으로 환원하는 것은 불가능해 보인다."

의해 주도되는 관계들의 다발이 전면에 드러나게 된다. 이러한 상호 작용이나 연계작용은 긍정적으로 되는 경우가 있는가 하면 부정적으로 되는 경우도 있다(유발이 있는가 하면 억제도 있다). 그러나 선형적 관계나 화학 반응에서처럼 직접적인 형태로 나타나는 경우는 없다. 이 두 작용은 항상 최소 두 가지 결합 부위를 가진 분자 사이에서 일어나며, 각각의 중추는 개별적으로 처리된다.[28]

여기에는 행동학적 · 생물학적 "기계계(machnique)"가, 대규모 분자 공학이 있는데, 이것은 고름 문제의 성질을 좀더 잘 이해할 수 있도록 해준다. 철학자인 뒤프렐(Eugène Dupréel)은 다짐(consolidation) 이론을 제창하고, 생명은 중추로부터 외부를 향해 움직이는 것이 아니라 밖에서 안으로 또는 차라리 퍼지 집합이나 이산 집합으로부터 집합의 다짐이 일어난다는 것을 증명해보였다. 다짐은 세 가지를 의미한다. 우선 어떤 것에서부터 시작해 그로부터 선형적 연속이 파생되어 나오는 것이 아니라 농밀화, 강렬화(intensification), 보강, 주입 그리고 밀어넣기가 삽입 행위로서 기능한다("삽입 없이는 성장은 없다"). 두번째로(이것은 전혀 모순이 아니다) 간격을 갖고 불균등한 것들을 배분할 필요가 크기 때문에 때로 다지려면 구멍을 열어야만 하는 경우도 있다. 세번째로 서로 어울리지 않는(diparates) 리듬의 중첩, 상호 리듬성의 내적인 분절이 이루어지는데 물론 이때 박자나 운율(cadence)의 강제는 피할 수 있다.[29] 이처럼 다짐은 사후적으로 도래하는 데 만족하지 못하고,

28 Jacques Monod, *Le hasard et la nécessité*. 간접적 상호 작용과 이것의 비선형적 성격에 대해서는 pp. 84~85, 90~91을 보라. 이에 대응하며 최소 두 개의 결합 부위를 가진 분자들에 대해서는 pp. 78~81을 보라. 상호 작용을 저해하거나 활성화시키는 성격에 대해서는 pp. 78~81을 보라. 바이오 리듬 또한 이러한 성격에 좌우된다(*Encyclopedia Universalis*의 관련 항목을 참조하라).

29 뒤프렐은 '고름'(이것은 '불안정'과 관련되어 있다), '다짐', '간격', '주입' 등 일련의 독창적 개념을 만들어냈다. *Théorie de la consolidation, La cause et l'intervalle, La cause et la*

더 나아가 창조를 일으킨다. 시작은 두 가지 사이에서 시작되기 때문이다. 간주곡. 이처럼 고름이란 다름아니라 다짐으로서, 즉 계기적인 것이나 공존하는 것을 모두 고름의 응집체로 바꾸어버리는 행위로서 앞에서 말한 삽입, 간격, 겹침-분절이라는 세 가지 요소를 동반하고 있다. 주거와 영토와 관련된 기법(art)으로서의 건축이 이를 단적으로 보여준다. 사후적으로 일어나는 다짐이 있는가 하면 아치의 종석(宗石)처럼 전체의 성분으로서 기능하는 다짐도 있다. 그리고 최근엔 철근 콘크리트와 같은 재료 덕분에 건축 전체가 나무-기둥과 가지-대들보, 나뭇잎-천장 등을 대응시키는 나무형 모델에서 떨어져나올 수 있었다. 콘크리트는 혼합되는 요소에 따라 고름의 정도가 변화하는 다질적인 재료일 뿐만 아니라 철근은 특정한 리듬에 따라 넣어진다. 뿐만 아니라 이러한 철골의 자기-지지(支持)식 표면은 복잡한 "리듬적 인물"을 형성한다. 여기서 "줄기들"은 포획해야만 하는 힘의 강도와 방향에 따라 단면과 간격이 변하게 된다(이것은 골조지 구조가 아니다). 이러한 의미에서 음악이나 문학 작품도 건축적으로 구성되어 있다고 할 수 있다. 예를 들어 버지니아 울프는 "모든 미립자를 포화시켜라"라고 말하고 있으며, 헨리 제임스도 "멀리서, 가능한 한 멀리서 시작해야 하며", "가공한 블록들"을 기본 단위로 해야 한다고 서술하고 있다. 질료에 형식을 부여하는 것이 문제가 아니라 재료를 점점 더 세련되고 풍부한 것으로 바꾸어 고름의 정도를 높여야 한다. 그에 따라서 점점 강렬한 힘을 획득할 수 있게 된다. 어떤 재료를 점점 풍요롭게 해주는 요소는 이질적인 것들을 공존시키면서도 비등질성을 잃지 않게 하는 요소와 같다. 그리고 이런 식으로 공존시키는 요소는 진동자, 최소 두 개의 머리를 가진 신시사이저이다. 그것은 간격을 해석하는 분석기(analyseurs)이자

probabilité objective, Bruxelles. *Esquisse d'une philosophie des valeurs*, P.U.F., 덧붙여 말하자면 바슐라르는 *La dialectique de la durée*에서 뒤프렐을 차용하고 있다.

복수의 리듬을 동조(同調)시키는 싱크로나이저이다("싱크로나이저"라는 말은 애매하다. 분자적인 싱크로나이저는 균등화나 등질화를 초래하는 박자를 기본으로 해서 행동하는 것이 아니라 내부로부터, 두 리듬 사이에서 작동하기 때문이다). 그렇다면 다짐이란 고름이 대지와 연관되는 경우를 일컫는다고 할 수 있지 않을까? 이처럼 영토적 배치물은 공존과 계속의 이미지를 기본으로 하여 환경을, 공간과 시간을 다진 상태를 말한다. 그리고 리토르넬로는 이 세 요인들과 더불어 작동한다.

그러나 고름이 출현하려면 표현의 질료 자체가 그러한 출현을 가능하게 해주는 특질을 갖고 있어야만 한다. 이 점과 관련해 우리는 표현의 질료들이 내적 관계에 포함되는 소질을 갖고 있으며, 이러한 관계가 모티프와 대위법을 형성한다는 것을 살펴보았다. 즉 영토화의 지표가 영토의 모티프나 영토의 대위법이 되며, 서명과 플래카드가 "스타일"을 만드는 것이다. 이러한 표현의 질료는 퍼지 집합 혹은 이산 집합의 원소들이다. 하지만 바로 이러한 질료들이 다져지고, 고름을 획득한다. 바로 이럴 때 표현의 질료들은 또한 기능들을 재조직하고 힘들을 집합시키는 효력도 갖게 된다. 이러한 소질의 메커니즘을 좀더 정확하게 파악하려면 우선 예를 들어 음성적 지표의 집합을 이루는 새의 노래처럼 같은 종류의 지표나 질료부터 시작해 동질성의 조건을 검토해보는 것이 좋을 것이다. 피리새의 노래는 대개 서로 다른 세 소악절로 나뉘어진다. 첫번째 소악절은 4개에서 14개의 음을 갖는데, 주파수의 증대와 감소에 의해 성립한다. 두번째 소악절은 2개에서 8개의 음을 가지며, 주파수는 첫번째 소악절에서보다 훨씬 더 낮다. 세번째 소악절은 수식음(fioriture) 또는 복잡한 "장식음"으로 끝난다. 그러나 획득이라는 관점에서 보면 이처럼 "완전한 노래(full song)"이전에 하위 차원의 노래(sub-song)가 선행되며, 이 하위 차원의 노래는 정상적인 조건 아래에서라면 전체의 조성(調性), 전반적 지속, 절마다의 내용을 파악하는 것뿐만 아니라 노래의 뒤쪽으로 갈수록 더욱더 높은 음을 배치하는 경향을 갖고 있다.[30] 그러나 노래를 세 절로 구성하고 이 절들을 잇는 순서, 그리고 장식음의 세부적인 내용은 미리 정해져 있지 않다. 하위 차원의 노래에서는 바로 이러한 내부에서의 분절, 간격, 삽입해야 하는 음 등 모티프와 대위법을 이루는 모든 것이 결여되어 있는 것이다. 그렇다면 하위 차원의 노래와 완전한 노래는 다음과 같은 식으로 구별해 볼 수 있지 않을까. 다시 말해 하위 차원의 노래가 지표와 플래카드에 해당된다면 완전한 노래는 스타일 혹은 모티프에 해당되고, 따라서 하위 차원의 노래에서 완전한 노래로 이행하는 소질이란 완전한 노래 안에서 자기를 다지려는 하위 차원의 노래의 소질을 가리킨다고 말이다. 두말할 필요 없이 새를 인공적으로 격리시키는 경우 그러한 일이 하위 차원의 노래의 특성을 습득하기 전이냐 아니면 후냐에 따라 효과는 전혀 달라질 것이다.

그러나 현 단계에서는 이러한 성분이 발전해 실제로 완전한 노래의 모티프와 대위법이 될 때 도대체 무슨 일이 일어나는지를 먼저 살펴보아야 한다. 따라서 우리가 앞서 설정해둔 질적 균등성이라는 조건은 논외로 할 수밖에 없다. 왜냐하면 지표 단계에 머물러 있는 한 어떤 종의 지표가 다른 종의 지표와 공존할 뿐 그 이상의 일은 일어나지 않기 때문이다. 어떤 동물의 음성이 같은 동물의 음색이나 몸짓, 윤곽과 공존하는 경우도 있으며, 또는 그와 달리 어떤 종의 음성이 다른 종의 음성, 즉 크게 다르지만 국지적으로는 근접해 있는 다른 종의 음성과 공존하는 경우도 있다. 그러나 질적인 지표를 모티프와 대위법으로 조직하면 그것은 반드시 고름을 획득하거나 또는 질을 달리하는 지표를 포획하고 음-음색-동작을 상호 접속시키거나 서로 다른 종들의 음성을 상호 접

30 피리새의 노래, 또한 하위 차원의 노래와 완전한 노래의 구별에 대해서는 Thorpe, *Learning and Instinct in Animals*, pp. 420～426을 참조하라.

속시킬 수 있게 된다. 고름은 필연적으로 다질적인 것들 사이에서 생겨난다. 거기서 분화가 나타나기 때문이 아니라 이전까지만 해도 공존 또는 계기로 만족해왔던 이질적인 것들이 공존과 계기의 "다짐"을 통해 상호간에 편입되기 때문에 그렇게 되는 것이다. 표현적 질의 차원에서 모티프와 대위법을 구성하는 간격, 삽입, 그리고 분절은 또한 다른 차원에 속하는 다른 질들 또는 같은 차원에 속하지만 성이 다른 또는 심지어 동물의 종을 달리하는 질들을 포함하기도 한다. 이리하여 하나의 색채가 하나의 음에 "반응"하게 된다. 다양한 차원들, 다양한 종들 그리고 다질적인 질들을 연결하는 진정한 **기계적 오페라**(opéra machinique)가 성립되지 않는 한 하나의 질에는 모티프나 대위법이 있을 수 없고 또 특정한 차원 상의 "리듬적 인물"과 "선율적 풍경"도 존재할 수 없다. 우리가 기계적이라고 부르는 것은 다름 아니라 이처럼 이질적인 것들을 그 자체로서 종합(總合)한 것에 지나지 않는다. 이처럼 다질적인 것들이 **표현**의 질료인 이상 이질적인 것들간의 종합 자체가 그것들의 고름이건 포획이건 간에 본래적 의미에서의 기계적 "언표" 또는 "언표 행위"를 형성하는 것이다. 동일한 종 속에서, 또 서로 다른 종들 속에서 색채, 음, 동작, 운동 또는 자세가 연결되는 다채로운 관계들은 그만큼 다채로운 기계적 언표 행위를 형성한다.

하지만 여기서 다시 마법의 새 또는 오페라의 새인 스케노포이에테스 이야기로 되돌아가기로 하자. 이 새는 선명한 색을 갖고 있지 않다(마치 무슨 억제 작용이 있는 듯이 말이다). 그러나 그의 노래, 그의 리토르넬로는 멀리 떨어진 곳에까지 미친다(이것은 보상 작용일까 아니면 노래의 일차적인 요소일까?). 이 새는 노래하기 위해 덩굴이나 작은 줄기로 만들어놓은 횃대 위에 앉아 노래하는데, 이 횃대는 준비된 무대(display ground) 바로 위에 놓인다. 그리고 이 무대는 잘려진 다음 지면의 색깔과 대조를 이루기 위해 뒤집어 놓은 나뭇잎들에 의해 표시된다.

이 새는 노래하는 동시에 부리 밑에 자란 깃털을 벌려 황금빛 뿌리 부분을 노출시킨다. 음을 내는 동시에 시각적으로 자기를 드러내는 것이다. 이 새의 노래는 복잡하고 변화무쌍한 모티프를 형성하는데, 이 모티프는 이 새에 고유한 음과 노래 사이사이에서 이 새가 모방해서 보여주는 다른 새들의 음에 의해 구성된다.[31] 이리하여 종에 고유한 음과 다른 종의 음, 그리고 나뭇잎의 색깔과 목덜미의 색깔에 의해 "고른" 응고체가 형성된다. 이것이 바로 이 새의 기계적 언표 또는 언표 행동의 배치물인 것이다. 다른 새의 노래를 "모방하는" 새는 많다. 그러나 배치되는 방식에 따라 크게 달라지는 이러한 현상을 생각해보면 과연 모방이라는 말이 가장 적확한 개념인지는 의심스럽다. 하위 차원의 노래에 포함되는 요소들은 해당 종의 것과는 전혀 다른 리듬과 선율 조직에 편입되며, 그에 따라 완전한 노래에 미지의 음과 부가적인 음이 초래된다. 피리새와 같은 몇몇 새들이 모방을 받아들이지 않는 것은 자신의 하위 차원의 노래에 미지의 음이 돌발적으로 나타날 때 이 음을 완전한 노래의 고름에서 제거해버리기 때문이다. 이와 반대로 부가적인 악절이 완전한 노래에 편입되는 것은 종 상호간에 기생(寄生) 유형의 배치가 이루어지기 때문일 것이다. 또는 새의 배치가 스스로 선율의 대위법을 실천하기 때문이라고 할 수 있을지도 모르겠다. 따라서 여기서는 라디오 방송에서처럼 주파수를 점유하는 문제가 제기된다는 소프(Thorpe)의 이야기는 크게 틀리지 않다고 할 수 있을 것이다(영토성의 음성적 측면[32]). 하나의 노래를 모방하기보다는 대응하는 주파수들을 점유하는 것이 문제이다. 왜냐하면 다른 부분에서 대위법이 확보될 때는 한정된 지대에 만족하고, 이와 다른 경우에는 반대로 "모방하는"

31 A. J. Marshall, *Bower Birds*, The Clarendon Press, Oxford.

32 Thorpe, p. 426. 이러한 측면에서 노래에서는 울음소리와는 전혀 다른 문제가 발생한다. 울음소리는 거의 분화되어 있지 않을 뿐만 아니라 종들끼리 아주 비슷하기 때문이다.

새를 가장 많이 찾아볼 수 있는 열대 우림에서처럼 지대를 확장하고 심화시켜 스스로 대위법을 확보하고 이처럼 확산된 채로 화음을 만드는 편이 유리할 수 있기 때문이다.

고름이라는 관점에서 보자면 표현의 질료는 모티프와 대위법을 형성하는 소질뿐만 아니라 표현의 질료에 작용하는 억제 인자와 시동 인자(déclencheurs)와도 관련하여 검토되어야 하며 또 표현의 질료를 변화시키는 생득성 또는 학습, 유전 혹은 획득 메커니즘과 관련해서도 함께 검토되어야 한다. 여기서는 행태학조차 이러한 요소들을 이항적으로 분배하는 오류를 범하고 마는데, 심지어 그리고 특히 두 종류의 요인을 동시에 고려하고 "행동양식들의 나무(arbre de comportements)"의 차원들에서 양자를 혼재시켜야 한다고 주장할 때 그러하다. 그보다는 리좀 속에서 생득과 획득이 매우 독특한 성격을 띤다는 것을 설명해줄 수 있는 하나의 적극적 개념에서 출발해야 할 것이다. 이러한 개념이 이들이 혼합되는 근거가 되기 때문이다. 하지만 그러한 개념을 발견하려면 행동이라는 관점에서 접근해서는 안 되며 반대로 오직 배치라는 관점에서 생각해야만 한다. 중추 속에 코드화되어 있는 자율적 전개(생득성)를 강조하는 학자가 있는가 하면 말초 감각에 의해 제어되는 획득의 연쇄(학습)를 강조하는 학자들도 있다. 그러나 뤼예(Raymond Ruyer)는 이미 동물은 오히려 "음악적 리듬"과 "리듬과 선율의 모티프"를 따른다는 것을 보여준 바 있는데, 이러한 모티프들은 레코드를 녹음할 때와 같은 코드화나 이러한 모티프들을 실천으로 옮기고 상황에 적합하게 만들어 주는 연주 운동에 의해서도 설명되지 않는다.[33] 오히려 반대 순서가 옳다는 것이다. 즉, 리듬이나 선율의 모티프가 연주나 녹음에 선행하는 것이다. 우선 리토르넬로의, 작은 곡조의 고름이 있다. 이것

33 Raymond Ruyer, *La genèse des formes vivantes*, 7장.

이 중추의 특정 부위에 새겨질 필요가 없는 기억의 선율 형태를 취하건 아니면 이미 박(拍)이나 자극을 받을 필요가 없는 막연한 모티프 형태를 취하건 상관이 없다. 생득이나 획득처럼 진부하고 복잡하기만 한 범주들보다는 가곡이나 횔덜린의 작품 또는 하디(Thomas Hardy)의 작품에 잘 그려져 있는 "타고난 것"이라는 시적이며 음악적인 관념으로부터 배울 것이 훨씬 더 많지 않을까? 왜냐하면 영토적 배치물이 나타나자마자 생득성은 정말 특이하기 짝이 없는 양상을 띠기 때문이다. 그것은 탈코드화 운동과 불가분의 관계를 맺고, 내부 환경의 생득성과는 반대로 코드의 여백으로 이동하기 때문이다. 획득 또한 영토화되기 때문에, 즉 외부 환경의 자극을 받아들이기보다는 표현의 질료들에 따라 조절되기 때문에 정말 특이한 양상을 띠게 된다. 타고난 것은 생득 그 자체라 해도 탈코드화된 생득이며, 또 획득 바로 그 자체라 해도 영토화된 획득인 것이다. 타고난 것이란 영토적 배치물 속에서 생득과 획득이 취하게 되는 새로운 양상을 가리킨다. 이로부터 가곡에서 들을 수 있는 이 타고난 것에 고유한 변용태, 언제나 잃어버리거나 또는 재발견하는 채로 있는 또는 미지의 조국을 고대하는 변용태. 타고난 것에서 생득성은 이동하는 경향을 띠는 것이다. 뤼예의 말대로 생득성은 행위에 앞서거나 또는 하류에 위치한다. 그것은 행위나 행동과 관계하기보다는 오히려 표현 자체의 질료와 연관되며, 표현의 질료를 식별해 선별하는 지각 그리고 표현의 질료를 확립하는 몸짓 또는 스스로 표현의 질료를 이루는 몸짓과 관계한다(동물이 사물이나 상황에 가치를 부여하고, 동물이 그에 알맞는 행동을 실행할 수 있기도 전에 표현의 질료를 "흡수하는" "임계기[périodes critiques]"들이 존재하는 것은 이 때문이다). 하지만 그렇다고 하여 행동이 우연적인 학습에 맡겨져 일어난다는 이야기는 아니다. 왜냐하면 행동은 이동에 따라 사전에 한정되어 있으며, 자신이 영토화해나가면서 배치의 규칙을 찾아내기 때문이다. 따라서 타고난 것은 생득성의 탈코드화와 학습의 영토화에 의해 성립되며, 이때 한쪽이 다른쪽과 겹쳐 양자가 조합되는 것이다. 타고난 것에는 생득과 획득의 혼재로는 설명되지 않는 고름이 있다. 이와 반대로 타고난 것이 영토적 배치물이나 상호 배치물에서 나타나는 혼재를 설명해주기 때문이다. 요컨대 행동이라는 관념이 불충분하다는 것이 분명해지는데, 배치물이라는 관념과 비교해볼 때 이 관념이 너무 선형적이기 때문이다. 타고난 것은 내부 배치물로부터 외부로 투사되는 중추로 뻗어가면서 상호 배치물을 하나도 남김없이 통과해 마침내 <코스모스>의 문 앞에 도달한다.

영토적 배치물은 탈영토화의 선 또는 계수에서 분리될 수 없으며, 다른 배치물로의 이행이나 중계와도 분리될 수 없다. 인위적 조건이 새의 노래에 미치는 영향은 자주 연구되어왔다. 그러나 실험 결과는 새의 종류뿐만 아니라 인위적 수단의 종류와 시기에 따라서도 큰 차이를 보인다. 많은 새는 다른 새의 노래를 임계기에 들려주면 쉽게 그 노래의 영향을 받으며, 결국 나중에 이러한 미지의 노래를 재현하게 된다. 그러나 피리새는 자신에 고유한 표현의 질료에 충실한 듯, 합성음을 들려줘도 자신에게 고유한 음색을 식별하는 생득적인 감각을 잃지 않는다. 뿐만 아니라 새를 격리하는 것이 임계기 전이냐 아니면 후냐에 따라서도 결과는 완전히 달라진다. 임계기 이후에 격리된 경우 피리새는 정상적인 노래를 하지만 임계기 이전에 격리된 경우 격리당한 집단 내의 개체들은 서로의 노래를 들어도 이상한, 즉 해당 종에는 고유하지 않지만 분명 해당 집단에서는 공통된 노래를 부른다(소프를 보라). 요컨대 탈영토화 또는 타고난 것으로부터의 이탈이 특정한 시점에 특정한 종에 미치는 효력을 고려해야만 하는 것이다. 영토적 배치물이 이 배치물을 탈영토화하는 운동에 휩싸일 때마다(소위 자연적인 생활 조건 아래서 진행되건 아니면 인위적 생활 조건 아래서 진행되건 상관이 없다)

반드시 하나의 기계(une machine)에 시동이 걸린다. 바로 이것이 우리가 제시하고 싶어하는 기계와 배치물의 차이이다. 기계란 탈영토화 과정에 있는 배치물에 삽입되어 배치의 변화와 변이를 그려내는 첨점들의 집합이다. 기계론적(mécanique) 효과는 없기 때문이다. 효과는 언제나 기계적(machnique)이다. 즉, 배치물에 연결되고 탈영토화에 의해 해방된 하나의 기계에 의존한다. 우리가 기계적 언표라고 부르는 것은 이러한 기계의 효과들로, 바로 이것들이 표현의 질료에 포함되는 고름을 규정하는 것이다. 이러한 종류의 효과는 아주 다양할 수 있지만 결코 상상적이거나 상징적이지는 않다. 항상 이행 또는 중계라는 현실적 가치를 갖기 때문이다.

일반적으로 하나의 기계는 종에 고유한 영토적 배치물에 접속되어 이 배치물을 다른 배치물을 향해 열어주고, 동일한 종의 상호 배치물들을 통과하도록 이끈다. 예를 들어 어떤 새의 종에 고유한 영토적 배치물은 파트너나 사회체의 방향을 가리키는 구애 또는 군서(群棲)의 상호 배치을 향해 열린다. 그러나 같은 기계가 종의 영토적 배치물을 다른 종들간의 상호 배치물을 향해 열기도 한다. 미지의 노래를 따라 부르는 새의 경우가 그러하며, 기생 현상에서는 이것이 훨씬 더 분명하게 나타난다.[34] 또는 기계가 완전히 배치물을 뛰어 넘어 <코스모스>로의 출구를 여는 일도 생길 수 있다. 또는 이와 반대로 기계가 탈영토화된 배치물을 뭔가 다른 것을 향해 여는 것이 아니라 폐쇄 효과를 낳는 경우도 있다. 마치 모든 것이 일종의 검은 구멍에 떨어져 그 속에서 계속 회전하듯이 말이다. 너무 이르고 급격한 탈영토화의 조건들 아래서 종에 고유한 길, 다른 종들 사이의 길 그리고 코스모스로 가는 길이 남김

34 특히 '과부새(Viduinae)', 즉 이 기생하는 새의 영토성의 노래는 특정한 종에 고유하며, 이들은 손님으로서 맞이해준 다른 새로부터 구애의 노래를 배운다. J. Nicolai, *Der Brutparasitismus der Viduinae*, Z. Tierps, 21권, 1964.

없이 차단당할 때 바로 이러한 일이 일어난다. 그러한 기계는 "개별적인" 집단 효과를 초래하고 당당히 순환을 계속할 뿐이다. 예를 들어 너무 이르게 격리당한 피리새의 퇴화하고 단순화된 노래는 이제 이 피리새를 붙잡고 있는 검은 구멍의 울림을 표현하는 데 지나지 않게 된다. 여기서 다시 한번 이러한 "검은 구멍"의 기능과 조우하게 되는 것이 중요하다. 이 기능이 억제 현상을 좀더 정확하게 이해할 수 있도록 도와줄 뿐만 아니라 억제 인자-시동 인자라는 협소한 이원론을 벗어날 가능성을 열어 주기 때문이다. 실제로 배치물의 일부를 이룬다는 점에서 검은 구멍은 탈영토화의 선에 뒤지지 않는다. 우리는 이미 앞에서 상호 배치물에도 퇴화나 고착의 선이 포함될 수 있으며, 그것들은 검은 구멍으로 이어질 수 있고, 보다 풍부하고 긍정적인 탈영토화 선으로 연결될 수 있다는 것을 살펴보았다(예를 들어 오스트레일리아의 피리새에서 "풀잎"이라는 성분은 일단 검은 구멍에 떨어지고 나서 "리토르넬로" 성분으로 이어진다[35]). 이처럼 검은 구멍은 배치물들에서 나타나는 기계적 효과로서 다른 효과들과 복잡한 관계를 맺는다. 혁신적 과정이 시작되려면 먼저 파국을 초래하는 검은 구멍에 떨어지지 않으면 안 될지도 모른다. 이때 억제에 의한 정지는 경계 영역에서의 행동의 시동에 힘을 빌려주기 때문이다. 그러나 검은 구멍들이 함께 공명하거나 억제들이 조

35 검은 구멍이 배치물의 일부가 되는 양상은 수많은 억제나 현혹-매혹의 사례 속에서, 특히 공작새에서 잘 나타난다. "수컷 공작새가 꼬리날개를 펼친다.…… 그런 다음에는 펼친 꼬리날개를 앞쪽을 향해 구부린 다음 목을 똑바로 세운 채 부리로 지면을 가리킨다. 이처럼 활짝 피어 둥글게 된 꼬리날개는 휜 듯 들어가 있는 모습을 본뜨기 때문에 지면이 있는 장소에 초점이 정해진다. 이리하여 당연히 지면상의 바로 그 점을 목표로 암컷이 달려들어 먹이를 찾아 땅을 헤친다. 말하자면 수컷은 꼬리날개의 동그란 모습을 거울처럼 세워 실제로는 없는 먹이를 거기에 비춰주는 것이다." Eibl-Eibesfeldt, p. 109. 하지만 피리새가 갖고 노는 풀잎이 무엇인가의 흔적이나 상징이 아닌 것과 마찬가지로 공작새의 이러한 초점도 결코 가상의 것이 아니다. 이것은 배치물의 변환기로서, 여기서는 검은 구멍에 의해 구애의 배치물로의 이행이 실현된다.

합되어 서로 반향하는 경우 고름에서 개방되는 대신 반대로 배치물이 폐쇄되어, 진공 상태에서 탈영토화되는 현상이 나타난다. 예를 들어 아직 어린 피리새 집단을 격리하는 경우가 바로 그렇다. 기계들은 언제나 하나의 배치물이거나나 영토를 열거나 닫았다가 하는 특이한 열쇠인 것이다. 그러나 특정한 영토적 배치물에 기계를 개입시키는 것만으로는 충분하지 않다. 기계는 표현의 질료가 출현할 때, 즉 배치가 성립할 때 이미 개입하고 있는 것이며, 배치물이 성립되는 시점부터 재빨리 배치에 작용하는 탈영토화의 벡터에도 개입하고 있기 때문이다.

이처럼 표현의 질료의 고름은 한편으로는 리듬과 선율의 모티프를 형성하는 소질과 관련되며 다른 한편으로는 타고난 것의 역량과 연관된다. 그리고 마지막으로 또 다른 측면이 있다. 즉 표현의 질료는 분자적인 것과 매우 특이한 관계를 맺고 있다는 점이다(기계는 정확히 이 방향으로 우리를 이끈다). "표현의 질료"라는 말 자체가 표현은 질료와 독특한 관계를 맺고 있다는 의미를 함축하고 있다. 표현의 질료는 고름을 획득함에 따라 몇 개의 기호계를 형성한다. 그러나 기호계의 성분은 물질적인 성분과 분리될 수 없으며, 특히 분자적 차원과 긴밀하게 접속된다. 그렇다면 모든 질문은 여기서 그램분자 상태와 분자 상태의 관계가 전혀 새로운 양상을 띠느냐 그렇지 않느냐 하는 점으로 집약된다. 실제로 일반적으로 방향에 따라 큰 차이를 보이는 "그램분자 상태-분자 상태"간의 조합들을 얼마든지 구별할 수 있었다. 먼저 원자의 개별적 현상은 통계적인 혹은 확률론적인 집적에 포함될 수 있는데, 그러한 집적은 우선 분자 속에서 그리고 그램분자 상태의 집합 속에서 그러한 현상의 개별성을 제거해버리려 한다. 그러나 이 현상은 상호 작용에 의해 복잡하게 될 수 있고, 또한 차원을 달리하는 개체들간의 직접적 소통을 조성함으로써 우선 분자 속에서 그리고 다음에는 거대-분자 속에서 개별성을 보존할 수도 있다.[36] 두번째로, 구분해야 할 것이 개별성과 통계성이 아니라는 점은 너무나 분명해보인다. 실제로 문제가 되는 것은 항상 개체군으로서, 통계는 개별적 현상들을 취급하는 반면 반(反)-통계적 개별성들은 오직 분자 상태의 개체군을 통해서만 작용한다. 따라서 차이는 두 집단 운동 사이에서 찾아볼 수 있다. 예를 들어 달랑베르(d'Alembert) 방정식에서, 어떤 집단은 확률을 높이고 등질성과 균형이 뒷받침된 상태를 향해 나가는데 반해(발산파와 지연적 포텐셜) 다른 집단은 확률이 낮은 집중 상태로 나아간다(수렴파와 예비적 포텐셜).[37] 세번째로, 분자 내에 한정된 내적인 힘은 집합에 그램분자적인 형태를 부여하면서 두 가지 유형으로 분류된다. 하나는 위치 결정이 가능하고, 선형적이고 기계적이며, 나무형이고 공유 원자가를 갖는 관계. 이것은 작용-반작용 또는 연쇄 반응의 화학적 조건을 따른다. 다른 하나는 위치 결정이 불가능하며 초(超)-선형적이며, 기계론적이 아니라 기계적이고, 공유 원자가를 갖지 않는 간접적인 결합. 이것은 연쇄보다는 오히려 입체적 특이성(stéréospécifique)을 가진 분별 또는 변별에 따라 작용한다.[38]

이런 식으로 같은 차이라도 실로 다양하게 접근할 수 있는데, 이러한 차이는 우리가 찾는 것보다 훨씬 더 광범위한 것처럼 보인다. 실제로 이 차이는 물질과 생명에 관련되어 있다. 또는 하나의 물질밖에 존재하지 않는 점에서 보면 오히려 원자적 물질의 두 개의 상태, 두 개의 경향과 관련되어 있다고 할 수 있다(예를 들어 결합된 원자들을 상호 관계에서 고정시키는 결합과 함께 자유로운 회전 운동을 허용하는 결합이 존재한다). 이러한 차이를 가장 일반적인 형태로 진술하자면 대체로 다음과 같이 말할 수 있을 것이다. 즉 그것은 한편으로는 지층화된 체계 또

36 Raymond Ruyer, *La genèse des formes vivantes*, pp. 54ff..

37 François Meyer, *Problématique de l'évolution*, P.U.F.

38 Jacques Monod, *Le hasard et la nécessité*.

는 성층 작용 체계와 다른 한편으로는 고르는(consistant), 자신을 고르는(auto-consistant) 집합 사이에 있다고 말이다. 그러나 문제는 이러한 고름이 복잡한 생명 형태만으로 한정되기는커녕 이미 원자나 가장 기본적인 소립자와도 전적인 연관성을 갖고 있는 데 있다. 수평 방향에서 요소들간에 선형적 인과관계가 성립할 때 그리고 수직 방향에서는 집단들간에 계층화를 위한 위계가 나타날 때는 언제나 코드화된 성층 작용 체계가 나타난다. 그리고 심층부에서 이 모든 것을 하나로 묶기 위한 테두리가 되는 일련의 형상들이 연속적으로 나타나 우선 이러한 형상 하나 하나가 실체에 형상을 부여하고 그런 다음에는 다른 형상에 대해 스스로 하나의 실체로 기능하게 될 때도 마찬가지다. 이러한 인과관계, 계층성 그리고 테두리들은 하나의 지층을 형성할 뿐만 아니라 하나의 지층에서 다른 지층으로의 이행을 그리고 분자적인 것과 그램분자적인 것의 지층화된 결합을 형성한다. 이와 반대로 고름 집합은 매우 이질적인 성분들이 모여 다져지고, 형상-질료의 규칙적인 연속 대신 계층의 단락 또는 역전된 인과관계를 가진 차원들이 나타나 이질적인 재료와 힘 사이에 포획 관계가 성립하는 경우에 비로소 나타나게 된다. 마치 기계적 문 또는 탈지층화하는 횡단성이 요소, 차원, 형상과 질료, 그램분자 상태와 분자 상태를 가로질러 질료를 풀어놓고 힘을 받아들이는 것처럼 보인다.

그런데 이러한 구분에서 "생명의 장"은 무엇인가를 자문해보면 이것에는 의문의 여지없이 고름의 이득이, 다시 말해 잉여가치(탈지층화의 잉여가치)가 포함되어 있는 것을 알 수 있을 것이다. 예를 들어 생명의 장은 수많은 자신을 고르는 집합이나 다짐의 과정을 포함하고 있으며, 이에 그램분자적 범위를 부여한다. 생명의 장은 이것만으로도 완전히 탈지층적인 것이 될 수 있다. 생명의 장의 코드는 지층 전체에 배분되는 것이 아니라 극히 특수화된 발생론적 선을 차지하기 때문이다. 그러나 앞의 질문은 그 자체로서는 거의 모순 명제에 가깝다. 왜냐하면 생명의 장은 무엇인가라고 묻는 것은 생명의 장을 특별한 지층으로서, 즉 자체로서 고유한 순위를 갖고 또 적절한 시점에 이 순위에 포함되며, 자체에 고유한 형식과 실체를 갖추고 있는 것으로 생각하는 것과 마찬가지이기 때문이다. 생명의 장은 틀림없이 아래의 두 가지 것을 동시에 겸하고 있을 것이다. 즉 한편으로는 매우 복잡한 성층 작용 체계를 그리고 다른 한편으로는 순위와 형식, 실체를 전복시키는 고름의 집합을 말이다. 예를 들어 이미 앞에서 살펴보았듯이 생명체가 환경의 코드 변환을 불러일으킬 때, 이 과정에서 그것은 하나의 지층을 구성하는가 하면 동시에 역인과관계와 탈지층화의 횡단선들에 따라 작용하기도 한다. 생명이 환경들을 혼합하는 것에 그치지 않고 영토들을 배치하는 경우에도 역시 똑같은 질문을 제기할 수 있을 것이다. 영토적 배치물은 **탈코드화**를 동반하며, 이러한 배치를 촉발하는 **탈영토화**로부터 벗어날 수 없기 때문이다(새로운 유형의 두 잉여가치). 이렇게 볼 때 순위의 구별도 또 형식의 서열도 무시하는 배치물 속에서 생화학적 · 행동적 · 지각적 · 유전적 · 후천적 · 즉흥적 · 사회적 등 매우 다양한 성분이 결정화(結晶化)되는 모양을 기술하는 데는 "행태학"이 특권적인 그램분자적 분야라는 것도 쉽게 이해할 수 있을 것이다. 모든 성분을 동시에 성립시키는 것은 **횡단선들**이지만 이 횡단선 자체는 특수화된 탈영토화의 벡터를 받아들인 성분에 지나지 않는다. 실제로 배치물은 테두리가 되는 형상이나 선형적 인과관계에 따라 성립되는 것이 아니다. 가장 강하게 탈영토화된 성분, 또는 탈영토화의 첨점에 의해 비로소 배치물은 현실적으로 혹은 잠재적으로 성립하는 것이다. 예를 들어 리토르넬로는 풀잎보다도 강하게 탈영토화됨에도 불구하고 "한정(détermination)"을 받아들인다. 즉 생화학적인 그리고 분자적인 성분에 직결된다. 이처럼 배치물은 가장 강하게 탈영토화된 성분에 의해 성립되며, 탈영토화되었다는 것은 비-한정을 의미하는 것이 아니다(리토르넬로는 남성 호르몬과 밀접하게 결부되는 경우가 있다[39]). 이러한 성분은 배치 속에서 아주 강하게 한정되는 경우가 많으며, 기계화된(mécanisée) 것으로 되기도 한다. 그럼에도 불구하고 이것이 성립시키는 것에 어떤 "작용"을 하기도 하며 환경을 둘러싸고 새로운 차원들의 도입을 재촉하고, 또 식별 가능성, 특수화, 수축, 가속 등 다양한 과정을 시동시킨다. 이러한 과정은 새로운 가능성을 열고, 상호 배치물을 향해 영토적 배치물을 열어주는 것이다. 여기서 다시 한번 스케노포이에테스 이야기로 돌아가보기로 하자. 스키노피디스의 어떤 행위는 나뭇잎의 겉과 안을 자신도 식별하고 다른 새들도 식별할 수 있도록 뒤집어 놓는 것으로 이루어져 있다. 먼저 이러한 행위는 "톱니 모양"의 부리에 의한 결정성과 깊은 관련이 있다. 실제로 배치물은 아래의 모든 요소에 의해 동시에 규정된다. 형식-실체 관계와 무관하게 고름을 획득하는 **표현의 질료**. 역인과관계 또는 "선행적(avancés)" 결정성, 탈코드화된 생득성. 이것들은 연쇄 반응이 아니라 **분별 행위**나 선택 행위와 관련되어 있다. 선형적 관계를 통해서가 아니라 공유 원자가가 결여된 결합을 통해 작동하는 **분자적 조합**. 요컨대 **기호계**와 **물질계**의 겹침을 통해 새로운 "양상"이 생겨나는 것이다. 이러한 의미에서 배치물의 고름은 환경들의 성층 작용에 머물고 마는 것과 대립한다고 생각해볼 수 있을 것이다. 그러나 이러한 대립 또한 상대적일 뿐이고, 상대적인 것에 지나지 않는다. 환경들이 지층 상태와 탈지층화 운동 사이에서 동요하듯이 배치물들은 배치를 재-지층화하려는 경향이 있는 영토적 폐쇄와 이와 반대로 배치를 <코스모스>와 접속시키려는 탈영토적 개방 사이에서 동요한다. 따라서 우리가 찾으려고 하는 차이는 배치물들과 그 이외의 것 사

39 평소 같으면 노래하지 않는 암컷 새도 남성 호르몬을 투여하면 노래하기 시작하며, 더욱이 '호르몬에 따라 투여된 다른 종의 노래를 재현한다'(Eibl-Eibesfeldt, p. 241).

이가 아니라 있을 수 있는 모든 배치물의 두 한계 사이, 다시 말해 지층 체계와 고른판 사이에 있다는 것을 알 수 있다. 지층들이 경화(硬化)되고 조직되는 것은 고른판 위에서이며, 이 판이 작동하고 구축되는 장은 지층들 속에 있다는 것을 잊어서는 안 된다. 그리고 양쪽 운동 모두 부품을 하나씩 하나씩, 착실히 반복하여 조작하면서 실현된다는 것도.

우리들은 지층화된 환경에서 시작해 영토화된 배치물에 도달했다. 동시에 카오스의 힘들이 환경에 의해 나뉘고, 코드화되고, 코드 변환을 받아들이는 것부터 시작해 대지의 힘들이 이 배치물 속으로 모이는 것까지 더듬어보았다. 그런 다음 영토적 배치물로부터 상호 배치물들로, 나아가 탈영토화의 선을 따라 이루어지는 배치물의 개방에까지 이르렀다. 이와 동시에 대지의 모아진 힘들로부터 탈영토화된 또는 오히려 탈영토화하는 <코스모스>의 힘들에 이르렀다. 파울 클레는 이 마지막 운동을 어떻게 그리고 있는가? 그것은 대지의 "양상"이 아니라 코스모스로 나가는 "샛길"이 되었다. 그런데 왜 정밀한 조작을 논하기 위해 하필이면 <코스모스>처럼 큰 언어를 사용하는 것일까? 클레에 따르면 인간은 "대지로부터 날아오르기 위해 있는 힘을 급격히 사용한다." 그리고 "중력을 이겨낸 원심력의 지배하에 들어가면 진정 대지로부터 춤춰 오르는 것이다." 이어서 그는 예술가는 우선 자기 주위를 살피고 모든 환경을 살피지만, 그것은 피조물 중에 남아 있는 창조의 흔적을 포착하고 소산적(所産的) 자연(natura naturata) 속에 남은 능산적(能産的) 자연(natura naturans)을 포착하기 위해서이다. 그런 다음 예술가는 "대지의 경계"에 자리잡고 현미경, 결정체, 분자, 원자 그리고 미립자에 관심을 갖지만 과학적 정합성이 아니라 운동을 찾기 위해, 오직 내재적 운동만을 찾기 위해 그렇게 하는 것이다. 예술가는 마음속으로 이 세계는 옛날에는 지금과 다른 모습을 하고 있었고, 앞으로 맞이할 미래에는 또 다른 모습을 띨 것이며 게다가 다른 혹성으로 가면 전혀 다른 광경이 펼쳐질 것이라고 말한다. 마지막으로 예술가는 <코스모스>를 향해 자신을 열고 "작품"에 코스모스의 힘들을 주입시키려 한다(그렇지 않으면 <코스모스>를 향한 개방은 단순한 몽상에 그쳐 대지의 경계를 넓히는 것은 꿈조차 꿀 수 없을 것이다). 그러한 작업을 위해서는 아주 간소하고 순수한, 그리고 거의 아이들 장난 같은 수단이 필요하다. 그러나 동시에 민중의 힘도 필요하다. 그리고 바로 이것이 여전히 결여되어 있는 것이다. "우리들에게는 이 마지막 힘이 결여되어 있다……. 우리들은 민중의 지지를 구해야 한다. 우리들은 바우하우스(Bauhaus)에서 그것을 시작했다.…… 그 이상의 것을 할 수는 없을 것이다."[40)]

고전주의라는 말은 형상-질료 관계 또는 오히려 형식-실체 관계를 가리킨다. 실체는 다름 아니라 형식이 부여된 질료에 지나지 않기 때문이다. 막혀진 형태들이 연속적으로 이어지고 중심화되고, 상호 계층화되어가면서 바로 이러한 형태들이 질료를 조직하는 것이다. 그리고 하나 하나의 형태가 정도차는 있지만 중요한 한 부분을 받아들인다. 형태는 하나 하나가 이른바 하나의 환경의 코드로서, 하나의 형식에서 다른 형식으로의 이행은 진정한 코드 변환이라고 할 수 있다. 계절 또한 환경이다. 거기서는 두 가지 조작이 공존하는데, 하나는 이항적 구분에 따라 형태를 분화시키며 다른 하나는 환경과 계절 등 형식을 부여받은 실체적 부분들이 전후 어느 쪽에서 보아도 동일한 계기의 서열에 포함되도록 열어준다. 그러나 이 두 조작의 이면에서 고전주의 예술가들은 극단적이고 위험한 모험을 감행하고 있다. 그는 환경들을 분류하고 나누고 조화가 이루어지도록 하고 환경들의 혼합을 조절하고 하나의 환경에서 다른 환경으로 이행한다. 이리하여 고전주의 예술가들은

40 Paul Klée, *Théorie de l'art moderne*, pp. 27~33.

카오스, 카오스의 힘들, 길들여지지 않은 원재료의 힘들에 직면하게 되는데, 실체를 낳기 위해서는 이러한 힘에 <형식>을, 또 환경을 낳기 위해서는 <코드>를 부과하지 않으면 안 된다. 따라서 경이로운 민첩성이 요구된다. 바로 이 때문에 어느 누구도 바로크와 고전주의 사이에 명확한 경계선을 그을 수 없었던 것이다.[41] 고전주의적인 것의 저변에는 온갖 종류의 바로크적인 것이 들끓고 있다. 고전주의 예술가의 사명은 신의 사명과 똑같이 카오스에 질서를 부여하는 데 있다. 그는 그저 "창조해라! 천지 창조다! <창조의 나무>를 세워라!"라고 외칠 뿐이다. 태고적의 나무 피리가 카오스를 조직한다. 그러나 카오스는 밤의 여왕처럼 군림하고 있다. 고전주의 예술가는 하나-둘의 이분법을 사용한다. 형태는 둘로 분해되고 하나-둘에 의해 분화된다(남성-여성, 남성적 리듬-여성적 리듬, 목소리들, 악기들의 종류, 아르스 노바[42]의 모든 이항대립들). 소리 부분들이 공명한다는 의미로 소리 부분들을 구분하는 하나-둘(마술피리와 마법의 방울). 소곡(小曲), 즉 새의 리토르넬로는 창조의 이항적 단위이자 순수한 시작의 분화 단위이다. "우선 고독한 피아노가 짝으로부터 버림받은 새처럼 슬피 울자 이를 들은 바이올린이 옆 나무에서 노래하듯 피아노에게 답했다. 마치 세상이 새로 시작되는 듯, 지상에는 이 둘밖에 없는 듯했다. 아니 차라리 다른 일체의 것에 대해서는 닫혀 있고 창조자의 논리에 의해 만들어진 이 세계에는 영원히 이 두 사람밖에 없을 것처럼 보였다. 그것이 이 소나타였다."[43]

이와 비슷하게 낭만주의를 아주 간략하게 정의해 보면 여기서는 모든 것이 고전주의와 전혀 다르다는 것을 알 수 있을 것이다. 새로운 외

41 *Renaissance, maniérisme, baroque*, Actes du XIe stage de Tours, Vrin, 1부. 특히 '시대 구획'에 대해서는 1부를 참조하라.

42 [Ars Nova : 14세기에 이탈리아와 프랑스에서 나타났던 고유한 음악 양식]

43 Proust, *Du côté de chez Swann*, Pléiade, 1권, p. 352.

침이 울린다. "<대지>다. 영토와 <대지>다!" 낭만주의의 도래와 함께 예술가들은 권리상(de jure)의 보편성에 대한 야심과 함께 조물주의 지위도 포기한다. 그는 스스로를 영토화하고 영토적 배치물에 포함된다. 그리고 이제는 계절들도 영토화된다. 게다가 대지와 영토는 결코 같지 않다. 대지란 영토의 가장 깊은 곳에 위치하는 강도(强度)의 점 또는 영토의 밖으로 던져진 초점과 같은 점으로서 이곳에 모든 힘이 결집해 백병전을 벌인다. 대지는 수많은 힘 가운데 하나가 아니며 형태를 부여받은 실체 또는 코드화한 환경으로서 일정한 위치와 역할을 차지하는 것도 아니다. 대지는 모든 힘이, 즉 대지의 온갖 힘뿐만 아니라 다른 실질의 힘들이 서로 부딪히며 백병전을 벌이는 장소가 되며, 따라서 예술가는 카오스와 대결하는 것이 아니라 지옥과 지하 세계에, 바닥이 없는 세계에 직면하게 된다. 예술가는 환경들 속으로 흩어질 위험이 아니라 <대지> 속에 너무 깊이 가라앉을 수도 있는 위험을 감수해야 하는 것이다. 엠페도클레스. 예술가는 <천지창조> 대신 이번에는 토대(fondment) 또는 정초(fondation) 행위와 자기를 동일시한다. 이리하여 이러한 정초 행위는 창조적인 힘을 갖게 된다. 예술가는 신이 아니라 신에게 도전장을 내민 영웅이다. <창조하자>가 아니라 <정초하자>, <토대를 놓자>라고 외치는 도전장을. 파우스트는, 특히『파우스트』제2권의 파우스트는 이러한 경향을 잘 보여준다. 대지의 프로테스탄티즘인 비판주의가 환경의 교조주의(코드)와 가톨릭을 대체한다. <대지>는 깊은 곳에 놓인 또는 투사된 강도의 점 또는 존재 근거(*ratio essendi*)로서 항상 영토에 대한 엇갈림을 포함하고 있다. 영토는 "인식"의 조건으로서 또 인식 근거(*ratio cognoscendi*)로서 대지에 대한 엇갈림을 포함하고 있다. <영토>는 독일적이지만 <대지>는 그리스적이다. 그리고 바로 이러한 엇갈림이 낭만주의 예술가의 지위를 규정한다. 즉 낭만주의 예술가는 크게 입을 벌린 카오스에 맞서는 것이 아니라 바닥

(Fond)의 견인력에 맞서는 것이다. 이리하여 소곡, 즉 새의 리토르넬로에도 변화가 일어난다. 즉 이 리토르넬로는 세계의 "시작"이 아니라 대지 위에 영토적 배치물을 그린다. 그 결과 리토르넬로는 서로 찾고 화답하는 두 협화음적 성부(聲部)들로 구성되는 것이 아니라 지하보다 더 깊은 곳에 있는 노래에게 말을 거는 것이다. 이 노래는 리토르넬로를 정초하기도 하며, 충돌하는가 하면 리토르넬로를 부추겨 불협화음을 내도록 작용하는 경우도 있다. 리토르넬로는 영토의 노래 그리고 이 노래를 뒤집어 고양시키는 대지의 노래와 긴밀하게 연관되어 형성된다. 예를 들어 『대지의 노래*Das Lied von Erde*』의 말미에는 두 모티프가 공존하고 있지 않은가? 선율적인 첫번째 모티프는 새의 배치를 환기시키고 리듬적인 두번째 모티프는 영원히 계속되는 대지의 깊은 호흡을 속삭이고 있지 않은가? 말러는 새의 노래, 꽃의 색깔, 숲의 향기만으로는 <자연>을 만들 수 없으며 디오니소스가, 위대한 판(Pan) 신이 필요하다고 말한다. 대지 본연의 리토르넬로는 영토적인 것이건 그렇지 않은 것이건 모든 리토르넬로를 취한다. 그리고 다양한 환경의 모든 리토르넬로도. [베르크의 오페라인] 『보이체크』에서는 자장가 리토르넬로, 군가 리토르넬로, 권주가 리토르넬로, 사냥 리토르넬로, 마지막으로 아이들의 리토르넬로 등 온갖 리토르넬로가 각각 훌륭하게 배치되어 강력한 대지의 기계와 이 기계의 첨점들에 떠밀려간다. 보이체크의 소리에 따라 대지는 소리를 내고 마리(Marie)의 죽음의 외침이 연못의 수면 위를 달려나간다. 그리고 대지가 울부짖을 때 그 음(B)이 반복되는 것이다…… 이러한 엇갈림, 이러한 탈코드화 움직임이 있기 때문에 낭만주의 예술가는 영토를 살아가지만 영토를 필연적으로 잃어버린 것처럼 살며 예술가 자신도 <방황하는 네덜란드인>이나 <발데마르 왕>처럼 추방되어 여행 중에 있는 자로, 탈영토화되고, 환경들의 중심으로 되돌아온 사람처럼 인생을 살아가게 된다(이와 반대로 고전주의자는

환경들 속에서 살고 있다). 그러나 이와 동시에 이 운동을 돌보는 것은 역시 대지이며, 영토의 척력도 대지의 인력에 의해 만들어진다. 이리하여 이제 이정표는 아무도 돌아오지 않는 길을 가리킬 뿐이다. 바로 이것이 가곡에서 나타나는 "타고난 것"의 양가성이다. 똑같은 양가성이 교향곡과 오페라에서도 나타난다. 가곡은 영토이자 잃어버린 영토이며 벡터를 갖는 대지이다. 간주곡은 점점 중요성을 더해왔다. 간주곡은 대지와 영토를 나누는 모든 엇갈림들에 작용하며, 이 속으로 들어가 그 나름의 방식대로 이 엇갈림을 채우는 것이다. "두 시각 사이", 즉 "정오-자정." 이러한 관점에서 보자면 낭만주의에 의한 근본적인 혁신은 다음과 같은 점에 있다고 말할 수 있을 것이다. 즉, 형식에 대응하는 실체적 부분이 없고, 코드에 대응하는 환경도 없으며, 형식의 범위 내에서 코드에 의해 질서를 부여받는 카오스 상태의 질료도 없는 것이다. 대신 부분들은 표층에서 성립과 해체를 반복하는 배치물에 가깝게 되었다. 형식 자체도 연속적 전개 상태에 놓인 대규모 형식이 되며, 모든 부분을 하나로 묶고 있는 대지의 힘들을 받아들이게 되었다. 질료 자체도 종속시키고 조직해야 할 카오스가 아니라 연속적 변주 중에 있는 운동 상태의 질료가 되었다. 관계나 변화가 보편적인 것이 되었다. 질료의 연속적 변주와 형식의 연속적 전개. 이처럼 배치물들을 통과하면서 질료와 형식은 새로운 관계를 맺게 된다. 질료는 내용의 질료가 되기를 그치고 대신 표현의 질료가 되며, 형식도 카오스의 힘들을 억제하는 코드가 되기를 그치고 스스로 힘이 되고 대지의 힘들의 집합이 되려고 한다. 따라서 이제 우리는 위험, 광기, 경계와 이전과는 다른 새로운 관계를 맺게 된다. 낭만주의는 바로크적 고전주의를 추월한 것이 아니라 오히려 고전주의와는 다른 지점을 목표로, 고전주의와는 다른 소여(所與)와 벡터를 갖고 있었다.

낭만주의에 제일 결여되어 있는 것이 민중이다. 영토에는 고독한 소리가 떠돌고 있다. 대지의 소리는 이에 응하기보다는 오히려 공명하고 반향한다. 설사 민중이 있더라도 그것은 대지에 의해 매개되어 땅 깊은 곳에서 나타나 언제 다시 땅속으로 돌아가버릴지 모르는 민중이다. 지상의 민중이라기보다는 오히려 지하의 민중이다. 영웅은 대지의 영웅으로 신화적인 것이다. 민중의 영웅으로서 역사에 속하는 것이 아니다. 독일은 그리고 독일 낭만주의는 타고난 것의 영토를 사람이 살지 않는 땅으로서 사는 것이 아니라 인구 밀도와는 무관하게 "고독한 땅"으로서 산다는 특질을 갖고 있다. 그곳에서는 인구가 대지로부터의 유출물에 지나지 않으며, 또한 그것이 <혼자(Un Seul)>에 해당되기 때문이다. 영토는 민중을 향해 열리는 것이 아니라 <친구>나 <연인>을 향해 반쯤만 열린다. 그러나 <연인>은 이미 이 세상 사람이 아니며, <친구>는 불확실하고 무서운 사람이다.[44] 가곡에서처럼 영토에서는 모든 것이 영혼이라는 <혼자인 하나(l'Un-Seul)>와 대지라는 <전체인 하나(l'Un-Tout)> 사이에서 진행된다. 바로 이 때문에 라틴계와 슬라브계의 모든 나라에서는 낭만주의가 종래와는 전혀 다른 양상을 띠며, 따라서 전혀 다른 서명과 플래카드를 요구하는 것이다. 이들 나라에서는 모든 것이 민중을 그리고 민중의 힘을 모티프로 이루어지기 때문이다. 또한 대지가 민중에 의해 매개되며 민중 없이 대지는 존재할 수 없다. 대지는 "무인"의 땅일 수도 있다. 불모의 초원 혹은 분단되고 황폐해진 영토일지도 모른다. 그러나 그럼에도 불구하고 대지는 결코 고독하지 않다. 흩어졌다가 다시 결집하고, 요구하고 나섰다가 분한 눈물을

44 『대지의 노래』 끝 부분에서 친구가 연기하는 양면적인 역할을 보라. 또는 슈만의 가곡 *Zwielicht*(in Opus 39)에서 사용된 아이헨토르프의 시를 참조하라. "이 세상에 친구가 있더라도 지금 이 시간에는 믿지 마라. 눈과 입이 아무리 상냥하다 해도 거짓으로 평화를 가장하며 싸움을 꿈꾸고 있기 때문이다"(독일 낭만주의에서 나타나는 <혼자인 하나(l'Un-Seul)> 또는 '고독한 자' 문제에 대해서는 횔덜린, "Le cours et la destination de l'homme en général", in *Poésie*, 4호를 참조하라).

삼키며, 공격에 나섰다가 다시 반격당하는 유목민들로 가득 차 있다. 이때 영웅은 민중의 영웅이지 대지의 영웅이 아니다. 그는 <하나된 전체>가 아니라 <군중인 하나(l'Un-Foule)>와 관계를 맺는다. 이러한 군중과 전체의 한쪽에 내셔널리즘이 더 많다고 해서 다른쪽에는 더 적다고 생각해서는 절대 안 된다. 왜냐하면 내셔널리즘은 낭만주의의 온갖 형상 속에 침투해 어떤 때는 적극적인 추진력으로, 또 다른 때는 검은 구멍으로 작용하기 때문이다(이탈리아의 파시즘이 베르디를 이용했다고는 하지만 독일의 나치즘이 바그너를 이용한 것과는 비교도 안 된다). 이 문제는 진정 음악적 문제, 기술적인 의미에서의 음악적 문제이다. 그리고 바로 그렇기 때문에 한층 더 정치적인 문제이기도 하다. 낭만주의적 영웅은, 영웅의 낭만주의적 목소리는 주체로서 즉 "감정"을 가진 주체화된 개인으로 행동한다. 그러나 주체성의 소리라는 이 요소는 악기 전체에 그리고 관현악기 전체에 반영되는데, 이와 반대로 악기와 관현악은 주체화되지 않은 "변용태들"을 동원한다. 그리고 낭만주의에 이르러 이것은 놀랄 만큼 커다란 중요성을 띠게 된다. 그러나 지금 서술한 두 가지, 즉 소리라는 요소와 관현악-기악 전체가 그저 단순히 외재적인 관계만을 맺을 뿐이라고 생각해서는 안 된다. 관현악 편성은 소리에 이러저러한 역할을 강제하며 소리 또한 이러저러한 방식으로 관현악 편성법을 포함하고 있기 때문이다. 관현악-기악 편성은 다양한 소리들의 힘을 통합하거나 분리시키며 또 한 군데로 모으거나 사방으로 확산시킨다. 그러나 이 힘이 <대지>의 힘인지 아니면 <민중>의 힘인지에 따라, 즉 <하나-전체>의 힘인지 아니면 <하나-군중>의 힘인지에 따라 이러한 편성은 변하며, 이에 따라 소리의 역할도 마찬가지로 변한다. 전자의 경우 **역량의 집단화**를 만들어내 다름 아니라 바로 변용태들을 불러오는 것이 과제인 반면 후자의 경우에는 **집단의 개체화**를 초래해 이것이 변용태들을 구성하고 관현악 편성의 대상이 되도록 하는 것이 문제이다. 역량의 집단화는 정말 아주 다양화될 수 있지만 보편성에 고유한 관계들로서 그러하다. 이에 반해 집단의 개체화의 경우 이와 전혀 다른 유형의 음악적 관계 그리고 집단 내의 관계 또는 집단 상호간의 이행을 나타내려면 이와 전혀 다른 용어, 즉 가분성(le Divisuel, 可分性)이라는 용어를 사용해야 할 것이다. 소리에 포함된 주체적인 또는 감정적인 요소는 이것이 내부에서 직면하는 것이 주체화되어야 하는 힘들의 연합인지 아니면 주체화되어야 할 집단의 개체화인지에 따라, 또 보편성과의 관계인지 아니면 "가분성"과의 관계인지에 따라 역할과 심지어 입장이 바뀌게 된다. 드뷔시는 군중이나 민중을 "만들" 수 없다는 이유로 바그너를 비판했는데, 그는 바로 이런 식으로 "군중인 하나" 문제를 정확하게 제기했던 것이다. 즉 군중은 전면적으로 개체화되지 않으면 안 된다. 다만 군중을 구성하는 개체들의 개인성으로는 환원되지 않는 그룹의 개체화에 따라 그렇게 되어야 한다.[45] 민중은 개체화되어야 한다. 단 인격이 아니라 민중 자신이 동시적이고 연속적으로 체험해 나가는 변용태들에 따라서. 따라서 민중을 단순히 병존하는 사람들로 환원하거나 또는 보편성의 힘으로 환원하면 <군중인 하나>이나 가분성을 취할 수 없게 된다. 요컨대 부름에 응하는 소리를 내기 위해 대지의 힘들에 호소하는가 아니면 민중에 호소하

45 "무소르크스키가 *Boris*에서 그린 대중은 진정한 군중이 아니다. 어떤 때는 한 집단이 노래하다가 다음에는 다른 집단이 노래하며, 다시 다음에는 세번째 집단이 노래하는 식으로 순서를 바꾸어가며 노래하지만 대개는 전원이 입을 모아 노래한다. 하지만 *Maître chanteurs*의 대중은 군중이라기보다는 군대로서, 독일식으로 강력하게 조직되어 대열을 이루어 행진한다. 내가 원하는 것은 좀더 따로따로 분리되어 있고, 좀더 자유롭게 행동할 수 있으며 좀더 미세한 것으로, 얼핏 보기에는 무기적이지만 깊은 곳에서는 질서를 감추고 있는 어떤 것이다"(Baraqué, *Debussy*, p. 159). 이 문제, 즉 어떻게 군중을 만드는가 하는 문제는 당연하지만 그림이나 영화 등 음악 이외의 다른 예술에서도 나타나고 있다. 특히 이처럼 특이한 집단적 개체화를 구사하고 있는 에이젠슈체인의 영화를 참고할 수 있을 것이다.

는가에 따라 관현악 편성을 둘러싼 사고 방식과 소리-악기 관계를 둘러싼 사고 방식은 크게 둘로 갈라지게 된다. 이러한 차이를 잘 보여주는 가장 간단한 실예는 두말할 필요 없이 바그너와 베르디의 관계일 것이다. 베르디야말로 기악 편성과 관현악 편성에 대한 소리의 관계를 점차 중시했던 작곡가였기 때문이다. 심지어 현대에 들어와서도 슈톡하우젠과 베리오에 의해 이러한 차이에 새로운 형태가 부여되고 있다. 물론 이들은 낭만주의 때와는 전혀 다른 음악적 문제와 씨름하고 있지만 말이다(베리오는 <전체인 하나>의 보편성을 양한 대지의 외침이 아니라 군중인 하나의 가분성을 향한 다양한 외침, 개체군의 외침을 찾아내려고 한다). 그러나 세계의 오페라 내지 코스모스의 음악이라는 발상은 그리고 소리의 역할은 관현악 편성의 이러한 양극 중 어느 쪽을 택하느냐에 따라 큰 차이를 보이게 된다.[46] 바그너와 베르디를 너무 단순화시켜 대비하는 것을 피하기 위해서라도 베를리오즈가 관현악 편성에서 얼마나 천재적인 솜씨로 한쪽 극에서 다른 한쪽 극으로 이행했는지 또 심지어 음이 자연인지 아니면 민중인지를 놓고 망설인 이유를 분명히 하지 않으면 안될 것이다. 게다가 (드뷔시가 그에 대해 뭐라고 말했건) 무소르그스키의 작품 같은 음악이 군중을 만들 수 있었던 이유도 함께. 그리고 바르토크의 음악 같은 작품이 민요나 통속 가요에 기대 개체군 자체를 음악으로 옮기고 기악적, 관현악적으로 만들 수 있었는지 그리고 이와 함께 그것이 <가분성>의 새로운 음계와 놀라울 정도로 새로운 반음계법을 제시할 수 있었던 이유도 함께.[47] 이 모든 것은 비-바그너적

46 부르짖음과 소리, 악기, 그리고 '극장'으로서의 음악의 관계에 대해서는 자작 레코드를 해설하고 있는 베리오의 발언을 참조하라. 『차라투스트라』의 말미에서 '초인'들 전원이 다양하고 유일한 소리를 외친다는 참으로 음악적인, 니체적인 모티프를 상기할 필요가 있다.

47 바르토크의 반음계주의에 대해서는 『음악의 역사』, 플레이아드, 2권, pp. 1036~1072에 들어 있는 지젤 브를레의 글을 참조하라.

길을 따르고 있다……

근대(modern)가 있다면 그것은 말할 것도 없이 코스모스적인 것의 시대이다. 파울 클레는 "나는 안티-파우스트다"고 선언하고 있지 않은가. "동물과 그 밖의 다른 모든 피조물을 대지에 뿌리를 둔 진정한 애정으로 좋아하는 것은 내겐 전혀 불가능하다. 대지에 속한 것은 코스모스에 속한 것만큼 나의 흥미를 끌지 못한다." 배치물은 더 이상 카오스의 힘들에 맞서지 않고, 대지의 힘과 민중의 힘들 속으로 깊이 침잠하지 않고 대신 <코스모스>의 힘들을 향해 열린다. 이 모든 것은 극히 일반적이고, 또는 얼마간은 헤겔 식의 절대 정신을 나타내는 것처럼 보일지도 모른다. 그러나 이것은 기술(技術)의 문제이며, 또 오직 기술 문제이며 또 당연히 그러해야 한다. 본질적 관계는 질료-형상(혹은 실체-속성)의 관계가 아니다. 그렇다고 해서 형상의 연속적인 전개와 질료의 연속적 변주의 관계도 아니다. 이제 이것은 재료-힘들의 직접적 관계로 나타난다. 재료란 분자화된 질료를 말하며, 따라서 이것은 당연히 코스모스적 수밖에 없는 힘들을 "포획"해야만 한다. 형상 속에서 적절한 이해의 원리를 발견할 수 있는 질료는 이제 존재하지 않는다. 따라서 이제 다른 차원의 힘들을 포획할 수 있는 재료를 가다듬어내는 것이 문제가 된다. 시각적 재료는 비시각적 힘들을 포획해야 한다. 클레는 가시적인 것을 되돌려주거나 재현하는 것이 아니라 가시적으로 만들어라라고 말한다. 이러한 관점에서 보자면 철학 또한 철학 이외의 다른 활동과 동일한 운동을 따르는 것이 된다. 낭만주의 철학이 여전히 질료의 연속적인 이해가능성을 보증해주는 형상의 종합적 동일성(선험적 종합)에 호소하고 마는 데 반해 근대 철학은 그 자체로서는 사고할 수 없는 힘들을 포획하기 위해 사유의 재료를 가다듬어내려고 한다. 바로 이것이 니체 식의 철학-<코스모스>이다. 분자적 재료는 극도로 탈영토화되기 때문에 심지어 표현의 질료라고 부르기도 불가능할 정도이다. 이러한 점에서 낭만주의적 영토성과 차이를 보이는 것이다. 이리하여 표현의 질료는 포획의 재료로 대체된다. 포획해야만 하는 힘들은 여전히 거대한 표현의 형식을 구성하는 데 머물러 있는 대지의 힘들이 아니라 이제는 부정형이며 비-물질적인 에너지적 코스모스의 힘들이다. 화가인 밀레는 언젠가 회화에서 중요한 것은 예를 들어 성물(聖物)이나 감자 자루 등 농민이 들어 옮기고 있는 것이 아니라 그것의 정확한 중량이라고 말한 바 있다. 이것이 바로 후기-낭만주의로의 전환점이었다. 형상이나 질료 또는 모티프가 아니라 힘, 밀도, 강도가 핵심적인 것이 된 것이다. 대지 자체가 평형을 잃고, 인력 또는 중력의 순수한 질료로 변해간다. 이제 바위는 오직 이 바위가 붙잡는 습곡의 힘들에 의해서만 존재하고, 풍경은 자력과 열의 힘에 의해서만 존재하며 사과는 발아의 힘에 의해서만 존재하는데 — 이 힘들은 눈에는 보이지 않지만 가시적인 것이 되어야 한다 — 이렇게 되려면 세잔느의 등장을 기다려야 했다. 힘들이 필연적으로 코스모스적인 것이 되면 이와 동시에 질료도 분자적인 것이 된다. 그리고 이와 함께 무한소의 공간에서 거대한 힘이 작용하게 된다. 문제는 시작이 아니며 창립이나 정초도 아니다. 고름 또는 다짐이 문제인 것이다. 즉 이처럼 무음(無音)이고 비가시적이며 사유가 불가능한 힘들을 포획하려면 어떻게 재료를 다지고, 재료에 어떻게 고름을 부여할 것인가가 문제인 것이다. 리토르넬로조차 분자적인 동시에 우주적인 것이 된다. 드뷔시의 경우처럼……. 음악은 음의 질료를 분자화하지만 그렇게 하는 가운데 <지속>이나 <강도> 등 음을 갖지 않는 힘들을 포획할 수 있게 된다.[48] **지속에 음을 부여하라.**

48 바라케는 『드뷔시론』에서 모티프가 아니라 힘이라는 관점에서 '바람과 바다의 대화'를 분석한다. pp. 153～154. 자기 작품에 대한 메시앙의 발언도 함께 참조하라. 메시앙에 따르면 음은 이미 "지속을 감지해 취하기 위한 비굴한 표현 수단에 지나지 않는다"(in Golea, p. 211).

여기서 영원 회귀는 누구나 다 아는 익숙한 노래, 리토르넬로지만 바로 그것이 침묵하며 사유할 수 없는 코스모스의 힘들을 포획한다는 니체의 생각을 떠올려보기로 하자. 이리하여 우리는 배치물 밖으로 나가 기계의 시대에, 거대한 기계권에, 포획해야 할 힘들이 코스모스적인 것으로 변하는 판 위로 발을 들여놓게 된다. 이 시대의 여명기에 바레즈(Varèse)가 걸어온 발자취가 전형적인 사례를 보여준다. 고름의 음악기계, (소리를 재생하는 기계가 아니라) 음의 질료를 분자화하고 원자화하고, 이온화하고 코스모스의 에너지를 포획하는 음의 기계(machine à sons).[49] 이러한 기계가 하나의 배치물을 갖게 된 것이 바로 신시사이저이다. 모듈, 음원(音源)이나 진동자, 제너레이터, 변성기 등 음 처리의 요소를 하나로 묶어 미시적 틈을 조절함으로써 신시사이저는 음의 과정 자체를, 이러한 과정의 생산을 청취 가능한 것으로 만들어주며 또 음의 질료를 넘어선 또 다른 요소들과도 접촉할 수 있도록 해준다.[50] 신시사이저는 잡다한 것들을 재료 속에서 하나로 묶으며, 매개 변수들을 하나의 방식에서 다른 방식으로 이동시키면서 바꾼다. 신시사이저는 고름을 조작함으로써 선험적 종합 판단에서 근본 원리와 같은 지위를 차지하게 된다. 여기서 종합은 분자적이고 코스모스적인 것, 재료와 힘이 종합된 것이지 형상과 질료, <토대(Grund)>와 영토가 종합된 것

49 오딜 비비에르(Odile Vivier)는 음의 재료를 처리하는 바레즈의 기법을 설명하고 있다(*Varèse*, Ed. du Seuil). 프리즘으로 기능하는 순수한 음의 사용(p. 36). 평면 위로의 투사 메커니즘들(p. 45, p. 50). 옥타브에 의해 취해질 수 없는 음계(p. 75). '이온화' 기법(p. 98 이하). 특히 어떤 것도 힘이나 에너지에 의해 변형되지 않으면 안 되는 음의 분자들에 관한 모티프들.

50 신시사이저의 역할과 음악이 갖는 확실히 '코스모스적인' 차원에 대해서는 슈톡하우젠과의 인터뷰를 참조하라. *Le Monde*, 1977년 7월 21일자. "제한된 재료의 테두리 내에서 작업하며 항상적인 변형을 통해 거기에 코스모스를 끼워넣는 것." 이와 관련해 핀하스(Richard Pinhas)는 신시사이저의 여러 가능성을, 특히 팝 음악과 관련하여 탁월하게 분석하고 있다. "Input, Output", in *Atem*, 10호, 1977.

이 아니다. 철학도 종합 판단이 아니라 여러 사유를 종합하는 신시사이저로서 사유를 여행시키고, 사유를 가동적(可動的)인 것으로 바꾸고 <코스모스>의 힘으로 바꾸는 것이다(소리를 여행하도록 만들어주는 것과 똑같은 방식으로 말이다).

이처럼 잡다한 요소들의 종합에도 양가성이 없지는 않다. 아마 이것은 현대에 들어와 아이들의 그림이나 광인(狂人)들의 문장 그리고 소음 콘서트가 중시되었던 것과 비슷한 맥락에서의 양가성일 것이다. 도를 넘어 여분의 것을 더하고, 선과 음을 뒤죽박죽으로 쌓아올린다. 그리고 "소리로 들리게 할 수 있는" 코스모스적 기계를 생산하는 대신 다시 재생 기계에 빠져들어 결국 모든 선을 지워버리는 난필을, 모든 음을 지워버리는 혼란스런 잡음을 재생시키고 말 것이다. 모든 사건, 모든 난입(亂入)을 향해 음악을 개방하라고 주장해도 결국에는 모든 사건의 발생을 가로막는 잡음을 재생하고 마는 것이다. 이리하여 검은 구멍만을 양산하는 공명 상자만 남게 될 뿐이다. 지나치게 풍부한 재료는 지나치게 "영토화되어 있으며", 잡음의 발신원이나 사물의 본성과 관계를 맺는다(심지어 케이지[John Cage]의 설치된 피아노에도 똑같은 이야기를 적용할 수 있다). 집합에 작용하는 고름 또는 다짐의 조작을 통해 퍼지 집합을 규정하는 것으로는 이 집합을 퍼지적인 것으로 방치하기가 쉽다. 문제의 핵심은 다음과 같은 점에 있기 때문이다. 즉 퍼지 집합, 잡다한 것들의 종합은 바로 이 집합을 구성하는 잡다한 것들의 구별을 가능하게 해주는 고름의 정도에 의해서만 규정될 수 있기 때문이다(식별 가능성).[51] 재료는 분자화될 수 있을 정도로 충분히 탈영토

51 실제로 퍼지 집합에 대한 규정에는 많은 어려움이 따르는데, 어쨌든 국지적 한정에만 의지할 수는 없기 때문이다. '이 책상 위에 있는 임의의 물체의 집합'은 당연하지만 퍼지 집합이 아니다. 기준이 되는 집합이 통상적인 집합이지 않으면 안 되기 때문에 이 문제에 관심을 가진 수학자들은 '퍼지 부분 집합'이라는 용어만 사용하고 만다(Arnold Kaufamnn, *Introduction à la théorie des sous-ensembles flous*. Masson et Hourya Sinacœur, "Logique et

화되지 않으면 안 되며, 통계학적인 무더기로 되지 않도록 코스모스적인 것을 향해 열려야 한다. 그러나 이러한 조건은 오직 다질적인 재료에 일정한 단순성이 부여될 때만 충족될 수 있다. 잡다한 것들이나 매개 변수들에 대해 최대한 계산된 간결성을 대치시키는 것이 그것이다. 이처럼 배치물의 간결성이 <기계>의 효력을 풍부하게 해주는 것이다. 사람들은 종종 지나칠 정도로 아이나 광인이나 잡음 속에서 재영토화하려는 경향을 보이기도 한다. 그러나 그렇게 하면 퍼지 집합을 고르게 만들거나 탈영토화된 재료 안의 코스모스의 힘을 취하는 대신 그저 이 집합을 모호하게 만들 뿐이다. 당신의 데생은 "유치하다(infantilisme)"라는 말을 들은 파울 클레가 대노했던 것은 바로 이 때문이다(소음을 낼 뿐이라는 이야기를 들은 바레즈도 똑같은 반응을 보였다). 클레에 따르면 우주를 "가시적으로 만들거나" 혹은 우주의 한 끝을 붙잡으려면 사물이라는 관념에 순수하고 단순한 선을 연결시켜서는 안 된다. 선의 수를 늘리고 사물 전체를 얻어도 잡음과 소음말고는 아무것도 생기지 않을 것이다.[52] 바레즈에 따르면, 음의 방사가 고도로 복잡성을 가진 형식을 초래하도록 하려면, 즉 코스모스적인 분배를 만들

mathématique du flou", in *Critique,* 1978년 5월호). 퍼지적 성격을 어떤 종의 집합의 성격으로 보는 우리의 입장은 국지적 규정이 아니라 기능적 규정을 출발점으로 한다. 다시 말해 영토성 또는 차라리 영토화의 기능을 가진 이질항들의 집합인 것이다. 하지만 이것은 실제로 '무슨 일이 일어나고 있는가'를 설명할 수 없는 유명론적 규정이었다. 현실적인 규정은 퍼지 집합에 개입하는 구체적 조작을 통해서 밖에는 도달할 수 없다. 이런 집합이 퍼지 집합이 되는 것은 각각의 요소가 독자적인 고름 또는 다짐의 조작에 의해서만 집합에 속하게 될 때, 다시 말해 요소 자체가 특별한 논리를 갖는 경우뿐이다.

52 Paul Klée, *Théorie de l'art moderne*, p. 31. "나의 데생이 유치하다고 하는 속설은 선묘 작품에서 유래하는 것임에 틀림없다. 내가 거기서 실험한 것은 예를 들어 하나의 인간 같은 어떤 사물의 관념을 선이라는 요소의 순수한 제재와 연결해보는 것이었다. 인간을 '있는 그대로' 그리려고 했다면 당혹감을 불러일으킬 정도로 복잡한 선의 배합이 필요했을 것이다. 하지만 그렇게 했다면 요소의 순수한 제시 등은 전혀 있을 수 없었을 것이며 오히려 전혀 누구도 알아볼 수 없는 혼란만 나타났을 것이다."

어내려면 운동 상태에 놓인 간소한 형상과 함께 그 자체로 유동하고 있는 판이 필요하다. 그렇지 않으면 잡음밖에 되지 않는다. 간소하게, 어디까지나 간소하게. 이것이야말로 질료의 탈영토화, 재료의 분자화 그리고 힘들의 코스모스화가 성립하기 위한 공통 조건인 것이다. 혹시 아이라면 이러한 조건을 충족시킬 수 있을지도 모른다. 그러나 여기서 말하는 간소함은 "아이-되기(devenir-enfant)"의 간소함을 말하는 것이지 무조건 아이의 되기(le devenir de l'enfant) 같은 변화를 가리키는 것이 아니다. 오히려 이와 정반대이다. 이때의 간소함이란 "광인-되기"와 같은 것이지 광인의 되기는 아닌 것이다. 오히려 이와 정반대이다. 음이 여행하고, 우리가 음 주위로 여행하려면 매우 순수하고 단순한 음이 필요하며, 화음 없는 방출(émission)이나 음파가 필요한 것은 아주 분명해 보인다(이 점과 관련해 라 몽트 융[La Monte Young]은 아주 성공적인 사례를 보여준다). 대기가 희박할수록 그만큼 잡다한 것들을 많이 볼 수 있을 것이다. 간소한 동작, 고름, 포획, 추출 행위에 따라 조작해나간다면 잡다한 것들의 종합은 그만큼 강해질 것이다. 이러한 행위가 작용하는 것은 조잡한 재료가 아니라 놀랄 정도로 단순화되고, 창조적으로 제한되고 선별된 재료이기 때문이다. 상상력은 기술을 벗어나서는 존재할 수 없기 때문이다. 근대적인(moderne) 형상은 아이나 광인, 나아가 예술가가 아니라 코스모스적인 장인이다. 손으로 만든(=수공업적인) 원자 폭탄은 실은 극히 간단한 것이다. 그것은 증명되었을 뿐만 아니라 실제로 만들어지기도 했다. 예술가나 조물주 또는 창립자가 아니라 장인이 되는 것. 이것이 코스모스적으로 되고 모든 환경 밖으로 벗어나 지구에서 벗어날 수 있는 유일한 방법이다. 여기서 코스모스에 호소하는 것은 전혀 은유적인 것이 아니다. 이와 정반대로 예술가가 하나의 재료를 고름 또는 다짐의 힘들과 연결시키는 순간부터 이러한 조작은 현실로 작용하게 된다.

이처럼 재료는 크게 세 가지 특징을 갖고 있다. 우선 재료는 분자화된 질료이다. 그리고 포획해야 할 다양한 힘들과 관련되어 있다. 또 재료를 대상으로 한 고름의 조작에 의해 규정된다. 마지막으로 대지나 민중과의 관계가 변하며, 따라서 더 이상 낭만주의 유형의 것이 아니라는 것만은 분명하다. 대지는 지금 최고로 탈영토화되어 있다. 은하계의 한 점으로 머무는 것이 아니라 수많은 성운 중의 하나가 되었기 때문이다. 민중은 오늘날 최고로 분자화되어 있다. 분자적 집단, 진동자의 민중이 되어 수많은 상호 작용의 힘을 발휘하기 때문이다. 예술가는 낭만파적 형태들을 벗어 던지고 대지의 힘뿐만 아니라 민중의 힘까지도 포기한다. 싸움이 있더라도 다른 장소로 이동해버린다. 기존의 권력이 대지를 점거하고 민중의 조직을 만들었다. 매스 미디어나 정당 또는 조합 유형의 대규모 민중 조직들은 재생산을 위한 기계이자 애매성을 낳는 기계로서 민중과 대지의 힘들을 전부 혼란시키고 말 뿐이다. 기존의 권력은 원자적인 동시에 코스모스적인 차원에 걸친, 이른바 은하계적인 싸움이라는 상황 속으로 우리를 밀어넣고 있다. 많은 예술가들은 이미 오래 전부터 이러한 상황을, 부분적으로는 그러한 상황이 확정되기 전부터 이러한 상황을 간파하고 있었다(예를 들어 니체가 그러했다). 예술가들이 이것을 눈치챌 수 있었던 것은 이처럼 새로운 상황에서 나타난 것과 동일한 벡터가 이들의 영역을 가로지르고 있었기 때문이다. 즉 재료의 분자화와 원자화가 이러한 재료 속에 포획되어 있는 힘들의 코스모스화와 연결되었던 것이다. 그렇다면 이제 질문은 아래와 같은 점으로 집약될 것이다. 즉 온갖 종류의 원자적 또는 분자적 "개체론(population)"(매스 미디어, 통제 기구, 컴퓨터, 초지구적 무기들)이 민중을 길들이기 위해서든 아니면 통제하기 위해서든 또는 절멸시키기 위해서든 어쨌든 현존하는 민중을 계속 폭격할 것인가 그렇지 않으면 다른 분자적 집단이 생겨 이것이 최초의 집단들 속으로 미끄러져 들어가 앞으로 등장하게 될 민중을 출현시킬 것인가? 민중의 인구 감소와 지구의 탈영토화를 아주 엄밀하게 분석하면서 비릴리오가 말하고 있듯이 문제는 "시인으로서 살 것인가 아니면 살인자로서 살 것인가"이다.[53] 살인자는 분자적 집단을 조직해 현재의 민중들을 폭격하는 자로서, 이 집단은 끊임없이 모든 배치물을 폐쇄해 계속 크기와 깊이를 늘려가는 검은 구멍으로 이 배치물을 밀어 넣는다. 시인은 이와 반대로 이러한 집단이 미래의 민중의 씨를 뿌리거나 낳을 수도 있으며 미래의 민중 속으로 이행해 코스모스를 열 수도 있으리라는 희망을 갖고 분자적 집단을 해방시키는 사람을 가리킨다. 하지만 여기서도 역시 시인을 은유만을 먹고 사는 사람으로 다루어서는 안 된다. 팝 뮤직이 내는 음의 분자들이 바로 지금 이 순간에도 여기저기서, 오늘 또는 내일 전혀 새로운 유형의 민중을, 즉 라디오의 지령이나 컴퓨터에 의한 통제에도 또 원자 폭탄의 협박에도 전혀 무관심한 민중을 양성하고 있으리라고 단정하지 못할 이유는 없기 때문이다. 이러한 측면에서 민중에 대한 예술가들의 관계는 크게 변했다고 할 수 있다. 즉 예술가는 자기 자신 속에 틀어박힌 <혼자인 하나(l'Un-Seul)>이기를 포기했을 뿐만 아니라 동시에 민중에게 호소하는 것도, 민중이 마치 기성의 힘인 양 민중을 불러내는 일도 포기했다. 하지만 지금처럼 예술가가 민중을 필요로 한 적도 없었는데, 정말 민중이 결여되어 있음을 이처럼 통감한 적도 없었던 것이다. 즉, 민중이 가장 결여되어 있는 것이다. 물론 이것은 통속적인 예술가나 민중주의 예술가를 말하는 것이 아니다. <책>은 민중

53 Virillio, *L'insécurité du territoire*, p. 49. 이것은 헨리 밀러가 *Rimbaud et le temps des assasins* 에서, 또 바레즈에게 바친 텍스트에서 전개해 보인 주제이다. 코스모스적인 지식인이라는 현대적 작가상을 가장 철저하게 밀고 나간 인물은 분명 헨리 밀러일 것이다. 특히 *Sexus*를 보라.

을 필요로 한다고 단언한 것은 말라르메이고, 문학이 민중과 연관되어 있다고 말한 것은 카프카였으며 또 민중이 가장 중요하지만 또한 가장 결여되어 있다고 주장한 사람은 클레였다. 따라서 예술가의 문제는 근대에 들어와 민중의 인구 감소가 열린 대지로 이어지고, 이것이 예술을 수단으로 하거나 또는 예술이 제공하는 것을 수단으로 해서 일어나기 때문에 발생하는 것이라고 할 수 있다. 민중과 대지는 이것들을 둘러싸고 있는 코스모스의 사방 팔방에서 폭격당하는 것이 아니라 이것들을 끌고 나가는 코스모스의 벡터가 되지 않으면 안 된다. 그렇게 하면 코스모스 자체가 예술이 될 것이다. 인구의 절멸을 코스모스 규모의 민중으로 바꾸고 탈영토화를 코스모스 규모의 대지로 바꾸는 것. 바로 이것이 여기저기에서 어디까지나 국지적으로 존재하는 예술가-장인들의 바람인 것이다. 현대의 정부들은 분자적인 것이나 코스모스적인 것을 다루고 있는데, 현대의 모든 예술도 정부와 똑같은 문제를 과제로, 즉 정부와 똑같이 민중과 대지를 과제로 삼고 있다. 물론 예술의 수단은 안타깝게도 정부의 것과는 비교도 되지 않지만 얼마든지 경쟁력이 있는 수단임에는 변함이 없다. 파괴와 보존 과정은 대규모로 진행되며, 무대 정면을 장악할 뿐만 아니라 분자적인 것을 복속시켜 보존 기관이나 폭탄 속으로 밀어넣기 위해 코스모스 전체를 점거하는 데 반해 살며시 국지적으로 진행되고, 도처에서 다짐을 구하고, 분자적인 것에서 불확정적인 코스모스로 나가는 것이 바로 창조 행위 본래의 모습이 아닐까.

고전주의, 낭만주의, 그리고 근대(달리 더 적당한 이름이 없으므로 근대라고 부르기로 하자)라는 이러한 세 "시대"를 진화 과정으로 해석해서는 안 되며 또 의미상의 단절을 동반하는 구조들로 해석해서도 안 된다. 이 세 시대는 배치물로서, 각각 다른 <기계>를 또는 <기계>에 대한 서로 다른 관계를 포함하고 있다. 어떤 의미에서 우리가 특정한 시대에 속한다고 본 것은 모두 이미 이전 시대에 있던 것이다. 예를 들어 힘들이 그렇다. 카오스의 힘들이었건 아니면 대지의 힘들이었건 항상 이 힘들이 문제이다. 먼 옛날부터 회화는 언제나 가시적인 것을 재현하는 것이 아니라 무언가를 가시적으로 만들려고 해왔으며, 음악도 소리를 재생하는 것이 아니라 무언가를 음으로 만드는 것을 목적으로 해왔다. 어느 시대에도 계속해서 퍼지 집합이 성립해 나름의 다짐 과정을 만들어왔다. 그리고 분자적인 것을 떼어놓는 것은 탈영토화를 동반하는 고전주의적인 내용의 질료에서도 이미 나타난 바 있으며, 탈코드화를 동반하는 낭만주의적인 표현의 질료에서도 나타난 바 있다. 우리가 말할 수 있는 것은 대지나 카오스에 속하는 것으로 나타나는 한 힘들은 직접 힘으로 취해지는 것이 아니라 질료와 형상 관계에 반영된다는 것뿐이다. 따라서 문제가 되는 것은 오히려 특정한 배치물에 속하는 지각의 경계 또는 식별 가능성의 경계인 것이다. 질료는 충분히 탈영토화되었을 때에야 비로소 분자적인 양상을 띠며, 오직 <코스모스> 이외에는 돌아갈 곳이 없는 순수한 힘들을 출현시키는 것이다. 이것은 "어느 시대에나" 나타났지만 지각의 조건들은 서로 달랐다. 따라서 파묻히고, 숨겨지고, 추측되거나 유추될 뿐인 것들이 표면으로 드러나려면 새로운 조건이 필요하다. 하나의 배치물 속에서 조성되었던 것, 즉 조성되어 있던 것이 새로운 배치물을 조성하는 성분으로 변한다. 이러한 의미에서 지각의 역사 이외의 역사적인 것은 존재하지 않는다. 또 우리가 역사를 만드는 재료는 역사의 질료가 아니라 되기의 질료인 것이다. 되기는 기계와 비슷하다. 즉 배치물에 따라 나타나는 방법이 다르며, 하나의 배치물에서 다른 배치물로 이행하고 하나의 배치물을 다른 배치물을 향해 열지만 고정된 서열이나 한정된 계기와는 무관하게 진행되는 것이다.

이리하여 다시 우리는 리토르넬로로 돌아가 리토르넬로에 대한 새로운 분류 체계를 제안해볼 수 있을 것이다. 먼저 다양한 환경의 리토르넬로들이 있다. 이 리토르넬로는 최소 두 부분으로 나뉘며 한쪽 부분이 다른 부분과 반응한다(피아노와 바이올린). 다음으로 고향의, 영토적 리토르넬로들이 있다. 여기서는 부분이 매번 영토에 대한 대지의 엇갈림을 표시하는 가변적 관계에 따라 하나-전체와, 즉 광대한 대지의 리토르넬로와 연관을 맺는다(자장가, 권주가, 사냥가, 노동요, 군가 등). 민중적 · 민요적 리토르넬로들이 있다. 이 리토르넬로는 그 자체가 변용태들과 국가(國歌)들을 동시에 이용하는 군중의 개체화의 가변적 관계들에 따라 광대한 민중의 노래와 연관을 맺고 있다(폴란드 지방[Polonaise], 오베르뉴 지방, 독일, 마자르, 루마니아의 리토르넬로. 또한 <비장>, <공포>, <복수> 등의 리토르넬로도 존재한다). 또한 분자화된 리토르넬로들이 있는데(바다나 바람), 이것은 코스모스의 힘들과, <코스모스>-리토르넬로와 연관을 맺고 있다. 코스모스 자체가 하나의 리토르넬로이며, 귀 또한 마찬가지이기 때문이다(미로라고 간주되어온 것이 실제로는 모두 리토르넬로였다). 하지만 리토르넬로가 유독 음과 관련되는 것은 왜일까? 동물이나 새들은 수많은 동작, 자세, 색채, 시각의 리토르넬로를 보여주는데도 왜 이처럼 귀에 특권이 부여되는 것일까? 회화가 음악보다 덜 리토르넬로적이어서일까? 세잔느나 클레의 작품이 모차르트나 슈만, 드뷔시보다 리토르넬로가 적기 때문일까? 다시 프루스트를 예를 들면 베르메르의 황색의 작은 벽면 또는 화가가 그린 꽃, 예를 들어 엘스티르(Elstir)의 장미꽃은 뱅퇴이유의 소악절보다도 리토르넬로를 만드는 능력이 뒤떨어지는 것일까? 여기서 우리는 분명히 형식적 서열과 절대적 기준에 따라 특정한 예술에 지배적 위치를 부여하려는 것이 아니다. 문제는 이보다는 훨씬 더 조심스럽게 음의 성분과 시각적 성분을 갖춘 탈영토화 역량 또는 계수를 비교 검토하는 데 있다. 음은 탈영토화될수록 그만큼 더 정련되고, 특수성을 획득해 자율적인 것이 되어가는 것처럼 보인다. 이와 반대로 색채는 사물까지는 아니더라도 적어도 점점 더 영토성에 밀착되어간다. 즉 색채는 탈영토화될수록 용해되고, 다른 성분들에 의해 인도되는 경향이 있는 것처럼 보인다. 공감각 현상을 보면 이것을 분명하게 확인할 수 있는데, 이것은 단순한 색채-음성의 조응 관계로 환원될 수 없다. 음이 선도적 역할을 하고, 실제로 눈으로 본 색채와 중첩되는 듯한 색채를 끌어내고, 그러한 색채에 음에 고유한 리듬과 운동을 전달하는 것이다.[54] 그러한 역량은 기표작용이나 "전달"의 가치들에 의한 것이 아니며(반대로 오히려 가치 쪽이 그러한 역량을 전제하고 있다), 또 물리적 특성에 의한 것도 아니다(이 특성은 오히려 빛에 특권을 부여한다). 이러한 역량을 부여하는 것은 오히려 음을 경유해 탈영토화의 첨점을 이루는 계통 발생의 선, 즉 기계적 문이다. 당연히 여기서는 커다란 양가성이 나타나게 된다. 음은 우리 내면으로 침투하고, 우리들을 몰아내고, 질질 끌고 가고, 가로지르기 때문이다. 음은 대지를 떠난다. 하지만 그렇게 되면 우리는 검은 구멍으로 떨어지는 경우가 있는가 하면 반대로 우리를 우주를 향해 열어주는 경우도 있다. 음은 우리에게 죽음의 욕망을 부여한다. 가장 강한 탈영토화의 힘을 갖고 있기 때문에 극히 우둔하고 얼빠지고 장황한 재영토화를 일으키는 경우도 있기 때문이다. 황홀과 최면. 색깔로는 대중을 움직일 수 없다. 국기는 트럼펫 연주가 없으면 무력하며 레이저 광선도 음에 맞춰 조절되어야 한다. 리토르넬로는 특히 음적이지만 상투적인 짤막한 노래뿐만 아니라 극히 순수한 모티프나 뱅퇴이유의 소악절에서도 힘을 발휘할 수 있다. 그리고 종종 한쪽이 다른 한쪽에 들어

54 색채와 소리의 이러한 관계에 대해서는 메시앙과 사뮈엘의 *Entretiens*, pp. 36~38을 참조하라. 메시앙이 마약 상용자들을 비난한 것은 이러한 관계를 지나치게 단순화하기 때문인데, 이들은 본래 소리-지속의 복합과 색채들의 복합을 개입시켜야 하는데도 대신 잡음과 색채 간의 관계를 얻고 만다.

있는 경우도 있는데, 예를 들어 베토벤이 "라디오 프로그램의 시그널 음악"이 되는 경우가 그러하다. 음악의 잠재적 파시즘. 일반적으로 음악은 회화보다 훨씬 더 강력하게 기계적 문에 접속된다고 말할 수 있을 것이다. 음악의 기계적 문은 선별의 압력을 받고 있는 것이다. 이 때문에 음악가는 화가들과 다른 방식으로 민중과 기계에 그리고 권력과 관련을 맺는 것이다. 특히 기존의 권력은 음악적 기계주의(machinisme)가 갖는 효력을 제거하거나 횡령하기 위해 음의 문(門)에서 검은 구멍과 탈영토화 선들의 배분을 관리할 욕구를 강하게 느낀다. 화가는 적어도 통념상으로는 이보다는 사회적으로 활짝 열려 있으며, 훨씬 더 정치적이며, 밖이나 안에서 관리되는 정도도 훨씬 덜하다. 화가는 그림을 그릴 때마다 스스로 매번 문을 창조 또는 재창조하지 않으면 안 되고, 자기 손으로 만들어내는 빛과 색의 몸체(corps)에서 출발하지 않으면 안 되기 때문이다. 이에 반해 음악가는 설사 잠재적이건 아니면 간접적이건 일종의 생식적 연속성을 손에 갖고 있기 때문에 이로부터 출발해 음의 몸체들을 만들어낸다. 이 두 가지는 동일한 창조 운동이 아니다. 화가는 체세포(soma)에서 생식질(germen)로 향하는 반면 음악가는 생식질에서 체세포로 향하는 것이다. 화가의 리토르넬로는 음악가의 리토르넬로의 역(逆), 다시 말해 음악의 역상이다.

그렇다면 결국 리토르넬로란 도대체 무엇인가? 글라스 하모니카[55]이다. 리토르넬로는 프리즘이며, 시-공간의 결정체이다. 리토르넬로는 음과 빛 등 그것을 둘러싸고 있는 것에 작용해 그로부터 다채로운 파동, 분광, 투영 그리고 변형을 끌어내려 한다. 리토르넬로는 촉매 기능도 한다. 자신을 둘러싼 것들간의 교환과 반응 속도를 증가시킬 뿐만 아니라 소위 자연적 친화력을 전혀 갖지 않은 요소들간의 간접적 상호

55 [*Glass harmonica* : 음악 컵. 한 벌의 회전식 유리그릇에 서로 분량이 다른 물을 넣어 서로 다른 소리를 내도록 만든 악기의 일종]

작용을 보증하고, 이를 통해 조직된 질량을 만들어낸다. 따라서 리토르넬로는 결정(結晶) 내지 단백질 유형이 된다. 내부의 핵이나 구조에는 두 가지 중요한 측면이 있다. 즉, 증가와 감소, 추가와 삭제, 불균형한 수치에 따른 증폭과 소거가 일어날 뿐만 아니라 예를 들어 "달리는 노면 전차의 측면 유리창 위"에서처럼 전후 양 방향을 향하는 역행 운동이 존재한다. 예를 들어 『조크*Joke*』에서의 기묘한 역행 운동. 끝에서 중심으로 향하듯 소거법에 의해 극히 짧은 순간에 집중되는 것도 리토르넬로의 역할에 속하며, 또 이와 반대로 중심에서 끝을 향하며 추가해나가는 방법에 따라 전개하거나 또는 전후 양 방향으로 이 두 노선을 거쳐나가는 것도 마찬가지다.[56] 리토르넬로는 시간을 만든다. 리토르넬로는 언어학자인 기욤(Gustave Guillaume)이 논하고 있는 대로 "내포 시간"이다. 이리하여 리토르넬로가 가진 양가성이 이젠 좀더 확실해졌을 것이다. 왜냐하면 역행 운동이 둥근 고리를 이루는 데 지나지 않는다면 또 증대와 감소가 두 배나 절반 같은 규칙적 수치에 의해서만 이루어진다면 시공을 취하는 이 거짓된 엄밀함은 그만큼 더 외부 집합을 애매함 속에 방치하게 될 것이다. 그러면 이 집합은 우주의 힘들을 포획하는 순수한 결정체가 되는 대신 핵과 연합, 지시 또는 묘사 관계밖에 갖지 않게 된다("불순한 결정체를 형성하기 위한 불확실한 요소들의 작업장"). 그리고 리토르넬로는 "리듬적 인물"이나 "선율적 풍경"을 만드는 대신 특정한 인물이나 풍경을 환기시키는 상투적인 공식으로 남게 될 것이다. 요컨대 이것이 이른바 리토르넬로의 양극인 것이다. 그리고 이 두 극은 내재적인 질뿐만 아니라 귀를 기울이는 자의 힘의 상태에도 좌우된다. 예를 들어 뱅퇴이유의 소악절은 오랫동안 스완의 사랑,

56 결정(結晶) 또는 결정의 유형에 대해, 또 여러 가지 가치를 부가하거나 취소하는 것 또는 퇴행적 운동에 관해서는 메시앙과 사뮈엘의 대담과 함께 파울 클레의 일기를 참조하라.

오데트라는 인물 그리고 불로뉴 숲이라는 풍경에 결부되어왔다. 그러다가 마침내 자기를 중심으로 회전하고 자신을 향해 자신을 열고, 그때까지 들어본 적이 없는 잠재력을 드러내고, 이전과는 전혀 다른 연결 안으로 들어가 그때까지와는 전혀 다른 배치물들로 사랑을 끌고 간다. 여기서는 <시간>이 선험적 형상으로 존재하는 것이 아니라 오히려 리토르넬로가 시간의 선험적 형상으로서, 그것이 매번 다른 시간을 만들어낸다.

음악이 형편없는 또는 평범한 리토르넬로나 리토르넬로의 조악한 사용을 배제하지 않고 역으로 오히려 그것을 유도하고 발판으로 사용하는 것은 참으로 흥미롭기 짝이 없다. "엄마, 할 이야기가 있는데……", "그녀는 나무로 만들어진 다리를 갖고……", "자크 형……".[57] 아이 또는 새의 리토르넬로, 민요, 권주가, 비엔나 왈츠, 목동의 방울 소리 등 음악은 이 모든 것을 이용하고 또 모든 것을 독차지해버린다. 동요, 새의 노래 또는 민요 등이 방금 전에 언급한 연상적이고 폐쇄적인 상투적 공식으로 환원되기 때문에 그러한 것은 아니다. 따라서 우리는 여기서 음악가는 왜 **첫번째 유형**의 리토르넬로, 즉 영토적 리토르넬로 또는 배치의 리토르넬로를 필요로 할까, 그리고 왜 이러한 유형의 리토르넬로를 내부에서 변형시키고 탈영토화해 음악의 최종 목적인 **두번째 유형**의 리토르넬로, 즉 음 기계에 속하는 코스모스적 리토르넬로를 만들어 낼까를 밝히지 않으면 안 된다. 브를레(Gisèle Brelet)는 바르토크(Béla Bartók)를 논하면서 첫번째 유형으로부터 두번째 유형으로의 이행 문제를 정확하게 정식화하고 있다. 다시 말해 자율적 또는 자족적인, 게다가 음계상으로는 자기 안에 갇힌 영토적이며, 민중적인 **선율**들에서 출발해 선율들간의 소통을 가능하게 해주는 새로

57 [모두 다 프랑스 동요에 들어 있는 가사들이다]

운 반음계법을 구축하고, 나아가 이와 함께 형식의 발전 혹은 힘들의 되기를 가능하게 해주는 "테마들(thèmes)"을 창조하려면 어떻게 해야 할까? 이것은 아주 포괄적인 문제이다. 실로 다양한 방향에서 리토르넬로에 새로운 종이 심어지기 때문이다. 이 종은 다양한 선법(旋法)을 재발견해 소통시키고, 평균율을 해체시키며, 장조와 단조의 경계선을 애매하게 만들어 조성(調性)을 잃게 한다. 조성과 단절하기보다는 오히려 그러한 조성의 그물코를 빠져나가게 되기 때문이다.[58] 니체는 비제 만세!라고 외쳤지만 이와 똑같은 이유에서, 또 똑같은 음악적 · 기술적 의도에서 "쇤베르크는 안 된다. 샤브리에(Chabrier) 만세!"라고 외칠 수 있는 것이다. 이리하여 선법이 흔들림 없이 반음계법으로 이동하게 된다. 그렇다고 조성을 소멸시킬 필요는 없다. 조성을 잃게 하면 그만일 뿐이다. 그렇게 하면 배치된 리토르넬로(영토적, 민중적, 연가적)에서 거대한 기계적 코스모스의 리토르넬로로 이행할 수 있을 것이다. 그러나 창조 작업은 이미 첫번째 유형의 배치된 리토르넬로 속에서 일어나고 있으며, 그곳에 남김없이 존재하고 있다. 작은 리토르넬로 형태에 혹은

58 플레이아드 판 *L'Histoire de la musique*, 2권에 들어 있는 Roland-Manuel 논문, "l'évolution de l'harmonie en France et le renouveau de 1880"(pp. 867~879)과 Delage의 샤브리에르론(pp. 831~840)을 참조하라. 특히 중요한 것은 지젤-브를레의 바르토크론이다. "다름 아니라 이처럼 선율과 모티프 간의 이율배반이 있기 때문에 근엄한 음악에서는 대중 음악을 이용하기 힘든 것이 아닐까? 대중 음악은 가장 완전한 의미에서의 선율이다. 다시 말해 완전히 자족적으로, 음악 그 자체로 듣는 사람을 납득시키는 선율인 것이다. 따라서 독자적 구상에 따라 음악 작품을 정교하게 전개해나가는 것을 대중 음악이 거부하는 것이 당연하다고 할 수 있지 않을까? 민담으로부터 영감을 얻은 수많은 교향곡은 대중적 모티프에 대한 교향곡에 불과하다. 이러한 교향곡들은 정교한 전개와는 전혀 무관하며, 외부에 머물러 있다. 때문에 대중 음악의 선율은 결코 진정한 모티프를 구성할 수 없다. 바로 이 때문에 대중 음악에서는 선율 자체가 작품 전체이며, 일단 한 단락이 완성되면 반복 이외는 달리 어떠한 다른 가능성도 없는 것도 마찬가지다. 하지만 선율은 모티프로 변형될 수 없을까? 이처럼 전혀 해결 불가능하다고 생각되던 문제를 해결한 사람이 바로 바르토크이다"(p. 1056).

론도(rondo)에 이미 거대한 힘을 포획하는 변형이 들어 있기 때문이다. 유년기의 장면, 아이들의 놀이. 처음엔 유치한 리토르넬로였더라도 아이에게는 이미 날개가 있고, 따라서 아이는 천상의 존재가 된다. 음악가의 "아이-되기"는 아이의 "공기-되기"와 짝을 이루고, 양자는 해체 불가능한 하나의 블록을 이룬다. 천사의 기억 또는 오히려 코스모스를 향한 되기를 이루는 것이다. 결정체. 모차르트의 새-되기는 새의 세계에 들어가기와 분리 불가능하며, 이 양자는 일체가 되어 하나의 블록을 형성한다.[59] 즉 첫번째 유형의 리토르넬로에 극히 철저한 작업을 가해 두번째 유형의 리토르넬로, 즉 <코스모스>의 소악절을 창조해야 하는 것이다. 어느 협주곡 속에서 슈만은 마치 빛이 멀어지고 사라지는 듯 첼로의 음이 떠돌도록 만들기 위해 오케스트라가 가진 모든 배치물을 동원한다. 슈만의 작품에서는 선율, 화음, 리듬을 교묘하게 가공하는 일관된 작업이 **리토르넬로의 탈영토화**라는 단순하고 간결한 결과를 가져오고 있다.[60] 음악의 최종 목적으로서 탈영토화된 리토르넬로를 만들어내고 이것을 <코스모스>로 풀어놓는 것, 이것이 새로운 체계를 만드는 것보다 훨씬 더 중요하다. 배치물을 코스모스의 힘을 향해 여는 것. 배치물에서 힘으로, 음의 배치물에서 음들을 만들어내는 <기계>로 이행할 때, 즉 음악가의 아이-되기에서 아이의 코스모스적인 것-되기로 이행할 때는 당연히 수많은 위험이 출몰한다. 즉 검은 구멍, 폐쇄 상태, 손가락의 마비, 환청, 슈만의 광기, **거칠게 변해버린** 코스모스적 힘, 당신을 쫓아다니는 어떤 음악, 당신의 몸을 관통할 수도 있는 어떤 음 등의 위험 말이다. 그러나 그럼에도 불구하고 한쪽은 이미 다

59 Marcel Moré, *Le dieu Mozart et le monde des oiseaux*, Gallimard, p. 168. 결정에 대해서는 같은 책의 pp. 83~89를 참조하라.

60 "Rêverie"에 대한 Alban Berg의 유명한 분석(*Ecrits*, Ed. du Rocher, pp. 44~64)을 참조하라.

른쪽의 한가운데에 들어 있다. 즉 코스모스적 힘은 이미 재료 속에, 거대한 리토르넬로는 소박한 리토르넬로 속에, 대규모 조작은 소규모 조작 속에 들어 있다. 그저 우리 자신이 그만큼 강한 힘이 있는지 확신이 없을 뿐이다. 우리는 체계를 갖고 있지 않으며 오직 선과 운동들을 갖고 있을 뿐이기 때문이다. 슈만.

12 1227년

유목론 또는 전쟁 기계

나무만으로 만들어진 유목민의 전차, 알타이, 기원전 5-4세기

공리 1 — 전쟁 기계는 국가 장치 외부에 존재한다.

명제 1 — 이러한 외부성은 먼저 신화, 서사시, 연극 그리고 각종 놀이에 의해 확인된다.

조르주 뒤메질은 인도-유럽 신화에 대한 결정적인 분석에서 정치적 주권 또는 지배권은 <마법사-왕>과 <판관-사제>라는 두 개의 머리로 이루어져 있음을 보여주었다. 즉, 국왕(*rex*)과 사제(*flamen*[1]), 라이(*raj*)와 브라만, 로물루스(Romulus)[2]와 누마(Numa), 바루나(Varuna)와 미트라(Mitra), 전제군주와 입법자, 묶는(束縛) 자(lieur)와 조직하는 자 등으로 말이다. 그리고 당연히 이 두 극은 밝음과 어두움, 격렬함과 평

1 [고대 로마에서 한 신을 섬기는 데에만 전념하는 사제. 원래 '제물을 태우는 사람'이라는 뜻으로 플라멘은 모두 15명으로 이중 주피터, 마르스, 퀴리누스를 섬기는 디알리스, 마르티알리스, 퀴리날리스가 중요했다]

2 [로마의 전설적인 건국자 중의 하나로 알바롱 가의 왕인 누미토르의 딸 레아 실비아가 낳은 레무스와 함께 쌍둥이 아들이라는 전설이 있다. 레아는 아버지의 왕위를 찬탈한 삼촌의 강요에 의해 베스타의 제녀(祭女)가 되었지만 전쟁의 신 마르스와 관계하여 이들을 낳았다. 삼촌이 이 두 쌍둥이를 테레베 강에 빠뜨려 죽이려고 했지만 강물을 따라 떠내려가다가 목동에게 발견되어 마르스에게 바쳐진 동물인 암늑대와 딱따구리의 젖을 먹고 자랐다. 이후 성장하여 삼촌을 죽이고 할아버지를 다시 왕위에 앉혔으며 두 사람이 구조된 자리에 도시를 세웠다. 하지만 자신이 세운 성역을 레무스가 뛰어넘자 레물루스는 동생을 죽여버렸다. 로물루스는 권력을 강화하고 이 도시에 그의 이름을 따라 로마라는 이름을 붙였다. 이후 오랫동안 로마를 다스린 그는 폭풍우 속에서 신비롭게 사라졌는데, 그가 신이 되었다고 믿은 로마인들은 그를 퀴리누스라는 이름의 신으로 숭배했다]

온함, 신속함과 장중함, 공포와 규율, "묶는 것"과 "계약" 등으로 서로 대립하고 있다.[3] 그러나 이러한 대립은 상대적인 것일 뿐 양극은 마치 <하나>의 분할을 표현하거나 아니면 반대로 지고한 통일체를 구성하기라도 하듯 하나의 쌍을 이루어, 서로 교대해 가면서 기능한다. "대립적인 동시에 상호 보완적이며, 한쪽이 다른 한쪽을 필요로 하기 때문에 서로간에 적대성은 없으며, 따라서 갈등을 나타내는 신화 또한 존재하지 않는다. 따라서 한쪽의 특수화는 자동적으로 이에 대응하는 다른 한쪽의 특수화를 불러일으킨다. 이리하여 양자가 함께 주권이 미치는 범위에 영향을 미치게 된다." 이 두 극은 국가 장치의 주요 요소로서, <하나>-<둘>에 의해 작용하여 이항적 구분을 분배하고 내부성의 환경을 형성한다. 이러한 이중 분절이 국가 장치를 하나의 지층으로 만든다.

여기서 주의해야 할 것은 이러한 국가 장치 내부에는 전쟁이 포함되어 있지 않다는 것이다. 따라서 다음의 두 가지 경우를 생각해 볼 수 있다. 먼저 국가가 전쟁을 통하지 않고 폭력을 마음대로 휘두르는 경우. 이 경우 국가는 전사들 대신 경찰관과 교도관을 동원하며, 무기는 갖고 있지 않으며 또 그럴 필요도 없다. 국가는 직접적이고 마법적으로 포획하는 방식을 택하며, 모든 전투를 방지하면서 "장악하고" "속박하면" 되기 때문이다. 이와 반대로 국가가 군대를 보유하고 있는 경우. 하지만 그렇게 하려면 전쟁의 법률적 통합과 군사 기능의 조직화가 전제되어야 한다.[4] 이 둘 중 어느 경우에도 전쟁 기계 자체는 국가 장치

3 Georges Dumézil, *Mitra-Varuna*, Gallimard. 결합(*nexum*)과 계약(*mutuum*)에 관해서는 pp. 118~124를 참조하라.

4 국가의 첫번째 극(바루나, 우라노스, 로물루스)은 마법적 유대 관계, 장악 또는 직접적 포획에 의해 작용한다. 국가는 전투를 하지도 않으며 전쟁 기계를 갖고 있지도 않다. "국가는 묶으며, 그것이 전부다." 다른 극(미트라, 제우스, 누마)은 군대를 전유하지만 제도적·법률적 규칙을 부여하기 때문에 이 군대는 국가 장치의 하나의 부품에 지나지 않게 된다. 따라서 마르스-티와즈(Mars-Tiwaz)는 전쟁의 신이 아니라 '전쟁에 관한 법'의 신이

로 환원 불가능하며 국가의 주권 외부에 존재하고 국법에 선행하는 것처럼 보인다. 전쟁 기계는 다른 곳으로부터 온다. 전쟁의 신인 인드라는 미트라뿐만 아니라 바루나와도 대립하는 것이다.[5] 인드라는 후자의 두 신 어느 쪽으로도 환원되지 않으며, 세번째의 다른 신을 형성하지도 않는다. 인드라는 오히려 척도를 갖고 있지 않은 순수한 다양체 또는 무리를 이뤄 홀연히 출몰하고는 이내 사라져 버리는 변신 역량을 갖고 있다고 말할 수 있다. 인드라는 매듭을 푸는 동시에 계약을 배반하는 것이다. 그는 척도에는 광란(*furor*)을, 중후함에는 신속함을, 공적인 것에는 비밀을, 주권에는 역량을, 장치에는 기계를 대립시킨다. 이처럼 인드라는 때로는 이해하기 어려운 잔혹함을 보이다가도 다른 때에는 누구도 흉내낼 수 없는 연민을 보여줌으로써, 전혀 다른 종류의 정의(正義)가 존재할 수 있음을 입증해준다(왜냐하면 그는 매듭을 풀기 때문이다……).[6] 특히 인드라는 여성이나 동물과 전혀 다른 관계를 맺을 수 있음을 증명해주고 있다. 왜냐하면 인드라는 "상태들"간에 이항적 배분을 하기보다는 모든 것을 생성의 관계 속에서 바라보기 때문이다. 즉 실제로 전사의 <동물>-되기, <여성>-되기는 모든 관계들간의 조응뿐만 아니라 대립항들의 이원성까지도 함께 초월하고 있는 것이다. 이상의 모든 점에서 전쟁 기계는 국가 장치와는 다른 종류, 다른 본성, 다른 기원을 갖고 있다.

전쟁 기계와 국가 장치를 비교하기 위해 놀이 이론의 입장에서 장기와 바둑의 구체적인 사례를 갖고 각각의 말(駒)들간의 관계, 그리고

다. 뒤메질, 앞의 책, p. 113ff., 148ff., 202ff.를 참조하라.

5 Dumézil, *Heur et malheur du guerrier*, P.U.F.

6 '결합을 풀고' 마법적 유대 관계와 더불어 법적 계약 모두에 맞서는 전사의 역할에 대해서는 Dumézil, *Mitra-Varuna*, pp. 124～132와 함께 뒤메질의 다른 저서에서 등장하는 광란에 대한 분석을 참조하라.

이와 관련된 공간과 말 간의 관계를 검토해 보기로 하자. 장기는 국가 또는 궁정의 놀이로 특히 중국 황제가 즐기던 것이다. 장기의 말들은 모두 코드화되어 있다. 즉 행마나 포석, 그리고 말끼리의 적대 관계를 규정하는 내적 본성 또는 내적 특성을 구비하고 있다. 즉 각각의 내재적 성질을 부여받고 있다. 마(馬)는 마이고, 졸은 졸이며, 포(包)는 포이다. 말 하나 하나는 소위 상대적 권력을 부여받은 언표의 주체와 비슷하며, 이러한 권력들은 언표 행위의 주체, 즉 장기를 두는 사람 또는 놀이의 내부성 형식 속에서 조합된다. 이에 비해 바둑은 작은 낱알 아니면 알약이라고 할까, 아무튼 단순한 산술 단위에 지나지 않으며, 익명 또는 집합적인 또는 3인칭적인 기능밖에 하지 못한다. "그것"은 오로지 이리저리 움직일 뿐이며, 그것이 한 명의 남자나 여자 또는 한 마리의 벼룩이나 코끼리라도 상관이 없다. 바둑알들은 주체화되어 있지 않은 기계적 배치물의 요소들로서 내적 특성 같은 것은 전혀 지니고 있지 않으며 오직 상황적 특성만을 갖고 있을 뿐이다. 따라서 말끼리의 관계도 장기와 바둑은 완전히 다르다. 장기의 말들은 내부성의 환경 속에서 자기 진영의 말들끼리 또는 상대방 진영의 말들과 일대일 대응 관계를 맺는다. 구조적으로 기능하는 것이다. 이와 달리 바둑알은 오직 외부성의 환경만을, 즉 일종의 성운이나 성좌를 가진 외부적인 관계만을 구성하며, 이들 관계들에 따라 집을 짓거나 포위하고 깨어 버리는 등 투입 또는 배치의 기능을 수행한다. 바둑은 단 한 알로도 공시적으로 하나의 성좌 전체를 무효로 만들 수 있는 반면 장기의 말은 그렇게 할 수 없다(또는 통시적으로만 그렇게 할 수 있다). 장기는 전쟁이기는 하나 제도화되고 규칙화되어 있는 전쟁으로서 전선과 후방 그리고 다양한 전투를 포함해 코드화되어 있다. 이에 비해 전선 없는 전쟁, 충돌도 후방도 없으며 심지어 극단적인 경우 전투마저 없는 전쟁, 바로 이것이 바둑의 본질이다. 이처럼 장기가 기호론이라면 바둑은 순수한 전략이다. 마지막으로 공간의 존재도 전혀 다르다. 장기의 경우에는 닫힌 공간을 분배하는 것이 문제가 된다. 따라서 한 점에서 다른 점으로 이동해 최소한의 말로 최대한의 장소를 차지해야 한다. 이와 달리 바둑의 경우에는 열린 공간에 바둑알이 분배되어 공간을 확보하고 어떠한 지점에서도 출현할 수 있는 가능성을 유지하는 것이 문제가 된다. 바둑알은 한 점에서 다른 점으로 움직이는 것이 아니라 목적도 목적지도 없이, 출발점도 도착점도 없는 끝없는 되기(=생성)이다. 바둑의 "매끈한" 공간 대 장기의 "홈이 패인" 공간. 바둑의 노모스 대 장기의 국가, 노모스 대 폴리스. 즉 장기가 공간을 코드화하고 탈코드화하는 데 반해 바둑은 이와 전혀 다른 방식으로 진행된다. 바둑은 공간을 영토화하고 탈영토화하는 것이다(외부를 공간 내의 하나의 영토로 만드는 것. 이 영토를 자기 것으로 만들기 위해 인접한 제2의 영토를 건설하는 것. 적을 탈영토화하기 위해 적의 영토를 내부에서 붕괴시키는 것. 자기 영토를 포기하고 다른 장소를 향해 스스로를 탈영토화하는 것……). 이처럼 바둑과 장기는 전혀 다른 정의(正義)와 운동, 전혀 다른 시공간을 갖고 있다.

"그들은 마치 운명처럼 다가온다. 원인이나 이유 또는 어떠한 구실도 없이, 아무렇지도 않게……." "어떻게 그들이 수도에까지 침입해 들어왔는지는 알 수 없다. 어쨌든 그들은 여기에 있다. 아침마다 그들의 수는 계속 늘어나고 있는 듯하다……." 뤽 드 외슈가 분석하고 있는 반투(Bantu) 족[7] 신화도 이와 동일한 도식을 보여준다. 토착 황제로 대토목공사의 조직자이자 공적 인간, 경찰의 인간인 느콩골로

7 [아프리카 대륙 남쪽 돌출부의 거의 전지역에 걸쳐 살고 있다. 이 반투 족의 이주 원인과 이동 경로는 몇몇 인류학자의 관심을 모았다. 미국의 인류학자인 조지 P. 머독은 반투 족의 확대는 그들이 이동일 시작할 무렵 아프리카 대륙 서쪽으로 말레이시아 식용작물(바나나, 토란, 마)이 전해지고 있던 상황과 밀접한 관련이 있을 것이라고 추정했다. 머독의 주장은 이 때문에 반투 족이 아프리카 적도상의 열대 원시림을 통과하여 대륙 남단으로 이동할 수 있었다는 것이다]

(Nkongolo)는 배다른 누이들을 밀렵꾼인 므비디(Mbidi)에게 준다. 므비디는 느콩골로를 도와준 후 어디론가 사라진다. 비밀의 인간인 므비디의 아들들은 아버지의 뒤를 쫓아가더니 군대라는 전혀 상상을 초월한 무리들과 함께 외부로부터 다시 돌아온다. 그리고는 느콩골로를 살해하고 새로운 국가를 재건한다…….[8] 이처럼 전제적-마법적 국가와 군사 제도를 가진 법적 국가 "사이"에 전쟁 기계가 마치 번개처럼 외부로부터 출현하는 것이다.

국가의 관점에서 보자면 전쟁의 인간, 즉 전사의 독창성과 기이한 성격은 필연적으로 부정적인 형태로 나타난다. 즉 우둔함, 기형, 광기, 비합법성, 강탈, 죄악 등으로. 뒤메질은 인도-유럽어족의 전통에서 나타나는 전사의 세 가지 "죄"를 분석한다. 즉, 왕과 사제, 그리고 국법을 위반하는 죄가 그것이다(가령 남녀의 배분을 위태롭게 하는 성적 위반, 더 나아가 국가에 의해 제도화된 전쟁에 관한 법을 배반하는 죄 등[9]). 전사란 언제라도 군사적 기능을 포함해 모든 것을 배반할 수 있는 사람, 그렇지 않으면 아무 것도 이해하지 못하는 사람이다. 역사가들은 부르주아 역사가건 아니면 소련의 역사가건 한결같이 이처럼 부정적인 관점에 따라 징기스칸을 전혀 아무 것도 이해하지 못한 사람으로 설명하려고 했다. 그는 국가나 도시라는 현상을 "이해하지 못했다"는 것이다. 물론 얼마든지 그렇게 말할 수도 있을 것이다. 하지만 정작 문제는 전쟁

8 외슈(*Le roi ivre ou l'origine de l'État*)는 므비디와 그의 아들들의 행동이 가진 비밀스런 성격과는 반대되는 느콩골로의 행동이 가진 공적 성격을 강조한다. 특히 후자는 대중이 보는 앞에서 음식을 먹는 데 반해 앞의 사람들은 숨어서 식사한다. 우리는 뒤에서 비밀과 전쟁 기계 간의 본질적인 관계(스파이 활동, 전략, 외교)에 대해 좀더 자세히 살펴볼 생각인데, 이것은 원칙의 문제인 만큼이나 결과의 문제이기도 하다. 많은 논자들이 이러한 관계를 강조해 왔다.

9 인도 신화의 신인 인드라와 스칸디나비아 신화의 영웅 스타르카테루스와 그리스 신화의 영웅 헤라클레스에서 나타나는 3가지 죄에 대한 분석으로는 Dumézil, *Mythe et épopée*, Gallimard, II, pp. 17～19을 참조하라. 또 *Heur et malheur du guerrier*도 함께 참조하라.

기계가 국가 장치 외부에 있다는 사실은 도처에서 분명하게 확인되고 있음에도 불구하고 이것을 사유하기는 정말 어렵다는 것이다. 전쟁 기계가 국가 장치 외부에 존재한다는 주장만으로는 충분하지 않다. 전쟁 기계를 순수한 외부성의 형식으로 고찰해야 하는 것이다. 이에 반해 국가 장치는 내부성의 형식을 구성하는데, 우리는 습관적으로 이 형식을 모델로 채택하거나 또는 이러한 형식에 따라 사유하는 습관에 익숙해져 있다. 하지만 전쟁 기계의 외부적 역량은 어떤 상황하에서는 국가 장치의 두 극 중 어느 한쪽과 혼합되기 때문에 문제가 한층 더 복잡해진다. 즉 전쟁 기계는 어떤 때는 국가의 마법적 폭력과 또 다른 때는 국가의 군사 제도와 혼합되는 것이다. 예를 들어 속도와 비밀을 발명한 것은 전쟁 기계지만 그래도 여전히 상대적이거나 이차적이긴 하지만 이와 무관하게 국가에 고유한 일정한 종류의 속도와 비밀도 존재한다. 따라서 정치적 주권의 두극간의 구조적 관계를 전쟁 역량과 결합한 이 두 극간의 역동적 관계와 동일시할 커다란 위험이 도사리고 있다. 그러면 여기서 뒤메질이 언급하고 있는 로마 왕들의 계보를 살펴보기로 하자. 한편으로 로물루스-누마라는 관계가 있어, 똑같이 정통적인 두 유형의 주권자들이 교체와 변형을 거듭하면서 하나의 계열 전체에 걸쳐 반복된다. 다른 한편 툴루스 호스틸리우스(Tullus Hostilius)나 타르퀴니우스 수페르부스(Tarquinius Superbus)[10] 등 로마의 "폭군"들이 전사로서, 즉 불온하고 정당성을 결여한 인물로서 돌연히 출현한다.[11] 셰익스피어가 묘사하고 있는 왕들만 살펴봐도 이를 충분히 알

10 [타르퀴니우스 수페르부스 : BC 6세기 후반에 활동한 로마의 전설적인 제7대 왕이자 마지막 왕. 장인인 툴리우스를 죽이고 전제 정치를 확립했다고 한다. 그래서 '거만한 사람'이라는 뜻의 수페르부스라는 이름이 붙었다. 그때부터 시작된 공포 정치로 인해 많은 원로원 의원들이 죽음을 당했다. 결국 지도적인 원로원 의원들이 반란을 일으켜, 그의 일족은 추방되고 로마의 군주제도는 폐지되었다. 셰익스피어는 이 사건을 주제로 대화체 시를 썼다]

수 있다. 폭력을 자행하고 살인을 저지르고 심지어 변태적인 행위가 있더라도 "선한" 군주들의 국가적 계보는 의연히 형성되는 것이다. 그런데 여기에 어쩐지 심상치 않은 인물이 끼어 든다. 즉 처음부터 전쟁 기계를 부활시키고 호전적인 방침을 강제하려는 의도를 표명한 리처드 3세와 같은 인물이(기형적이고 야비하며 모반을 일삼았던 이 왕은 국가 권력의 탈취와는 전혀 무관한 "비밀스런 목적"을 추구할 것을 공언하고, 여성들과도 다른 관계를 맺었다). 요컨대 전쟁 역량의 출현을 국가의 지배권의 계보와 혼동하게 되면 모든 것이 엉망이 되어버리는 것이다. 그렇게 되면 전쟁 기계는 오직 부정적인 범주들을 통해서밖에는 이해할 수 없게 된다. 국가 외부에는 아무 것도 존재하지 않는다고 생각하게 되니 말이다. 그러나 본래의 외부성의 환경으로 되돌아가면 전쟁 기계는 국가 장치와는 다른 종류에 속하며 다른 본성을 가질 뿐더러 다른 기원에서 유래한다는 사실이 명백해진다. 전쟁 기계는 국가의 두 개의 머리 사이에 또는 국가의 두 분절 사이에 위치하며, 한쪽에서 다른쪽으로 이동하려면 필연적으로 그래야만 한다고 말해야 할 것이다. 그러나 이 "사이"가 설령 전광석화와 같은 순간, 덧없는 일순간에 지나지 않더라도 전쟁 기계는 스스로의 환원 불가능성을 적극적으로 표출한다. **국가 자체는 전쟁 기계를 갖고 있지 않다.** 국가는 단지 군사 제도 형태로서만 전쟁 기계를 전유할 수 있지만 이 전쟁 기계는 끊임없이 국가에 문제를 제기한다. 이처럼 외부에서 유래한 전쟁 기계를 계승하고 있는 군사 제도를 국가가 경계하는 것은 이 때문이다. 클라우제비츠는 절대 전쟁의 흐름을 하나의 <이념(Idée)>으로, 즉 국가들은 정치적 필요에 따라 부분적으로 이를 전유하고, 따라서 물론 정도차는 있지만 이러한 흐름

11 Dumézil, *Mitra-Varuna*, p. 135. 뒤메질은 이처럼 국가 장치의 두 극간의 구조적 관계와 국가 장치와 전쟁 기계의 역동적 관계를 혼동할 위험성과 그 이유를 분석하고 있다. 그러한 혼동은 경제적인 변수와 관계가 있다. 이 점에 대해서는 p. 153, 159를 참조하라.

을 끌고 나가는 "지도자"에 지나지 않는다고 보는데, 혹시 그는 이러한 일반적 상황을 예감하고 있던 건 아니었을까.

전쟁의 인간(=전사)은 정치적 주권의 양극 사이에서 발목이 잡혀 시대에 뒤떨어지고 미래도 없는 인간, 막다른 길에 몰려 스스로의 광란을 자기 자신에게 퍼부을 수밖에 없는 저주받은 인간으로 간주된다. 헤라클레스의 후손인 아킬레우스와 아이아스[12]는 고대 국가의 국가의 인간(homme de État=정치인)인 아가멤논에 맞서 자신들의 독립성을 긍정할 수 있을 만큼의 힘은 충분히 갖고 있었으나 당시 새로 탄생하고 있던 근대 국가 최초의 정치가, 최초의 근대 국가적 인간이었던 오뒤세우스를 당해낼 힘은 없었다. 그리고 아킬레우스의 무기를 계승하는 것은 오뒤세우스였지 여신에게 도전한 죄로 단죄당한 아이아스가 아니었다.[13] 게다가 오뒤세우스는 물려받은 무기의 사용법을 변경해 국가의 법의 관리하에 두었다. 그런데 단죄당한 전쟁 인간의 기묘한 처지를 클라이스트[14]처럼 훌륭하게 그려낸 사람은 없었다. 『펜테실레이아

12 [로크리스 왕 오일레우스의 아들로서 몸집은 작았지만 트로이 전쟁의 다른 영웅들과 어깨를 겨룰 만큼 힘이 셌다. 그러나 거만하고 으스대며 문제를 많이 일으키는 사람이기도 했다. 아테나 여신의 신전에서 프리아모스의 딸인 카산드라를 끌고 나와 범한 죄로 동료 그리스 군인이 던진 돌에 맞아 죽을 뻔했으나 가까스로 살아났다]

13 아이아스와 소포크레스의 비극에 대해서는 Jean Starobinski, *Trois Fureurs*, Gallimard의 분석을 참조하라. 여기서 스타로뱅스키는 전쟁과 국가의 문제를 명시적으로 제기하고 있다.

14 [Bernd Heinrich Wilhelm Kleist(1777～1811) : 마력적인 천재성으로 현대 생활과 문학의 문제들을 예견한 시인으로 프랑스의 독일의 사실주의, 실존주의, 민족주의, 표현주의 문학 운동이 모두 그를 모범으로 삼았다. 군 장교라는 적성에 맞지 않는 직업에 7년을 허비한 다음 이를 버리고 법학과 수학을 공부했지만 칸트의 글을 읽고 지식의 가치에 대한 신념이 모두 사라졌다고 한다. 이성에 절망을 느껴 감정에 충실하고자 결심했으나 이성과 감정 사이의 갈등은 해소되지 않았으며, 바로 이 갈등이 그의 작품의 핵심이 되었다. 즉 인간의 인식은 부정확하고 인간의 지성은 무능하기 때문에 인식과 지성만으로는 진리를 깨달을 수 없다는 비극적 생각이 그의 작품의 일관된 주제를 형성하고 있다. 1808년에 아킬레우스에 대한 아마존 족 여왕의 열정적인 사랑을 그린 『펜테실레이아』에 들어

Penthesilia』에서 아킬레우스는 이미 자기 역량에서 분리되어 있다. 한편 전쟁 기계는 국가를 갖고 있지 않은 여성 민족인 아마존 족으로 이동하는데, 이들의 정의나 종교, 사랑은 모두 아주 독특하게 전사적인 형태로 조직되어 있다. 스키타이 족의 후예인 아마존 족은 그리스와 트로이라는 두 국가 "사이에서" 번개처럼 출현해 앞을 가로막는 모든 것을 휩쓸고 지나갔다. 아킬레우스는 펜테실레이아라는 자기 분신을 마주하게 된다. 그리고 애증이 교차하는 투쟁 속에서 전쟁 기계와 결혼하지 않을 수 없게 되고 펜테실레이아를 사랑하지 않을 수 없게 된다. 즉, 아가멤논과 오뒤세우스를 동시에 배반할 수밖에 없게 되는 것이다. 그러나 아킬레우스는 이미 충분히 그리스 국가에 소속되어 있었기 때문에 펜테실레이아 쪽도 아킬레우스와의 정열적인 전쟁 관계에 들어갈 때는 그녀가 속한 민족의 집단적 법을 어길 수밖에 없었다. 이 무리의 법은 적을 "선택"하는 것을 금하고, 얼굴과 얼굴을 마주하는 관계, 즉 이항적 변별 관계에 들어가는 것을 금지하고 있었기 때문이다.

있는 오싹할 정도의 플롯과 감정의 긴장은 그가 독일 작가들 가운데 독보적인 존재임을 보여준다. 1808년 1막으로 된 운문 희극『깨어진 항아리』가 바이마르에서 괴테의 연출로 공연되었지만 성공을 거두지는 못했다. 이 희곡은 생생하게 그려진 조야한 인물, 능숙한 대화, 세속적인 유머, 섬세한 사실주의 등을 적절히 사용하여 인간의 감정은 오류에 빠지기 쉽고 인간의 정의에는 원래 허점이 많다는 것을 보여주는 작품으로 독일의 극적 희극 가운데 걸작에 속한다. 1808년말 나폴레옹에 대항하는 봉기가 위험에 처한 데 자극을 받아 야만적 전쟁시 및 정치적 · 애국적 비극인『헤르만의 전투』를 썼다.『소설집』에 묶여 있는「미하엘 콜하스」와「칠레의 지진」은 폭력과 미스테리 이야기로 잘 알려져 있다. 이 작품들은 모두 비상한 경제성, 힘, 생생함의 특징을 갖고 있으며, 다른 사람 또는 자연의 폭력에 의해 인내의 한계까지 몰리는 비극적 자아의 상태를 그리고 있다. 마지막 희곡인『프리드리히 폰 홈부르크 왕자』(1821)은 뛰어난 심리극으로, 이 극의 문제적 주인공은 영웅주의의 비겁함, 몽상과 행동 사이에서 갈등을 일으켰던 작가 자신을 반영하는 가장 세련된 인물이다. 삶에 실망을 느끼며, 특히 괴테를 비롯한 동시대인들의 그를 인정해주지 않는 것에 심히 괴로워하던 중 불치병에 걸린 헨리에테 포겔을 알게 되었다. 그녀가 자신을 죽여달라고 애원한 것이 그의 비극적 생애를 끝내버린 결정적 계기가 되어 1811년 11월 21일 그녀와 함께 권총으로 자살했다]

클라이스트는 작품 전체를 통해 전쟁 기계를 예찬했으며 설령 처음부터 패배가 확실한 전투일지라도 전쟁 기계를 국가 장치에 대립시켰다. 아르미니우스(Arminius)[15]는 분명 결연과 군대라는 제국적 질서와 단절하고 로마 국가와 영원히 대치하게 될 게르만적 전쟁 기계를 예고하고 있다. 그러나 이 홈부르크(Homburg) 왕자는 이미 꿈속에서만 살 수 있을 뿐 국가의 법을 어기고 승리를 얻으려 했기 때문에 단죄당할 수밖에 없었다. 콜하스(Michael Kohlhaas)의 경우 그의 전쟁 기계는 산적 떼일 수밖에 없었다. 국가가 승리를 구가할 때 다음과 같은 양자 택일에 처하게 되는 것이 전쟁 기계의 운명일까? 즉, 군사 기관이 되어 국가 장치에게 규율당하던가 아니면 스스로에게 공격의 화살을 돌려 고독한 두 남녀의 자살 기계가 되던가 둘 중의 하나. 국가 사상가들이었던 괴테와 헤겔은 클라이스트의 마음 속에는 괴물이 살고 있다고 보았는데, 클라이스트는 애초부터 패배했던 것이다. 그러나 클라이스트에게서 가장 기묘한 현대성을 발견할 수 있는 것은 어찌된 일일까? 비밀과 속도, 변용태가 그의 작품의 요소들이기 때문이다.[16] 그리고 클라이스트에게서 비밀은 내부성의 형식 속에 포함되어 있는 내용이 아니라 반대로 오히려 자체가 형식이 되며 항상 자기 외부에 존재하는 외부성의 형식과 일치한다. 이와 비슷하게 감정도 "주체"의 내부성에서 벗어나 순수한 외부성의 환경에 격렬하게 투사되며, 이 외부성의 환경에 의해 믿기지 않을 정도로 엄청난 속도와 발진력을 부여받는다. 또한 사랑이

15 [아르미니우스(독일어로는 Hermann : BC 18[?]-AD 19) : 게르만 족의 지도자로, AD 9년 늦여름에 푸블리우스 퀑크틸리우스 바루스가 이끄는 로마의 3개 군단을 토이토부르거발트(지금의 빌레펠트)에서 격파했다. 로마의 패배로 라인 강과 엘베 강 사이의 지방에 대한 아우구스투스 황제의 계획은 큰 타격을 받았다. 17년에 마르코만니 족의 왕 마로보두스와 전쟁을 치루어 승리했으나 얼마 뒤 부하들에게 살해당했다]

16 클라이스트에 관한 미출간 연구서에서 미티외 카리에[Mathieu Carrière]는 바로 이러한 주제들을 분석하고 있다.

건 증오건 그것은 이미 감정이 아니라 변용태이다. 게다가 이러한 변용태는 전사의 여성-되기, 동물-되기이기도 하다(곰이나 암캐). 변용태는 화살처럼 신체를 가로지른다. 변용태는 전쟁 무기인 것이다. 변용태(=감정)의 탈영토화 속도. 홈부르크 왕자나 펜테실레이아의 꿈조차 중계와 분기(分岐), 즉 전쟁 기계에 속하는 외적인 연결 시스템에 의해 외부화된다. 수없이 부서진 원환들. 모든 것을 지배하고 있는 이러한 외부성이라는 요소는 클라이스트가 문학의 영역에서 최초로 발명한 것으로 새로운 리듬, 즉 긴장이나 실신, 섬광 또는 가속의 끝없는 계기를 시간에 부여해준다. 긴장이란 "이 변용태가 내게는 너무나 강렬한" 경우를 말하며, 섬광은 "변용태의 힘이 나를 휩쓸고 가는" 경우를 말한다. 따라서 이상의 어떤 경우에도 <자아>는 한 명의 등장 인물에 지나지 않으며, 그의 몸짓이나 감동은 탈주체화된다. 심지어 그로 인해 <자아>가 소멸하게 될지도 모를 위험을 감수하면서까지 말이다. 어떠한 주체적인 내부성도 잔존시키지 않을 듯이 죽을 힘을 다하는 광기와 응고된 긴장의 연속적인 질주 — 이것이 바로 클라이스트에 고유한 공식이다. 클라이스트에게는 수많은 동양적 면모가 존재한다. 무한히 계속될 듯 요지부동하다가 갑자기 지각할 수 없을 정도로 재빠른 동작으로 상대를 해치우는 스모 선수. 그리고 바둑 기사. 현대 예술의 많은 면모는 클라이스트에게서 유래한다. 클라이스트에 비하면 괴테와 헤겔은 진부하다. 전쟁 기계가 국가에게 정복당해 이미 실존하지 않는 바로 그 순간에 국가로 환원되지 않는 이 기계가 최고도의 환원 불가능성을 보여주는 동시에 승승장구하는 국가에 도전할 수 있는 활력 또는 혁명력을 갖춘 사유 기계, 사랑 기계, 죽음 기계, 창조 기계 속으로 흩어져 들어가는 것이 과연 가능할까? 전쟁 기계가 낡은 것이 되고 단죄당하고 국가에 의해 전유되자 새로운 형태로 변신하여 스스로의 환원 불가능성, 즉 외부성을, 다시 말해 서구의 국가의 인간들이나 사상가들이 끊임없이 뭔가 다른 것으로 환원시키려고 하는 순수한 외부성의 환경을 전개하는 것은 동일한 운동의 두 측면이라고 할 수 있을까?

문제 1 — 국가 장치(또는 하나의 집단에서의 이것의 등가물들)의 형성을 방지할 수 있는 수단은 존재하는가?

명제 2 — 전쟁 기계의 외부성은 민속학에 의해서도 똑같이 확인된다 (피에르 클라스트르를 기리며).

절편적 원시 사회는 흔히 국가가 존재하지 않는 사회, 즉 분명한 권력 기관들이 출현하지 않은 사회로 정의되어왔다. 그리고 이러한 사실로부터 이들 원시 사회들은 국가 장치의 형성을 가능 또는 필연적인 것으로 만들 수 있는 정도의 경제 발전 또는 정치적 분화 수준에는 도달하지 못했다는 결론을 도출해왔다. 따라서 당연히 원시 사회의 사람들은 이처럼 복잡한 장치를 "이해"하지 못했다는 것이다. 그런데 클라스트르의 학설에서 가장 흥미로운 점은 이러한 진화론적 기본 전제와 단절한 데 있다. 그는 국가가 특정한 경제 발전의 산물임을 의심할 뿐만 아니라 원시인들은 이해하지도 못했다고 간주되고 있는 이 국가라는 괴물을 저지 또는 예방하는 것이 실제로는 원시 사회의 잠재적인 관심사는 아니었을까 자문하고 있는 것이다. 원시 사회의 몇몇 메커니즘은, 설령 분명하게 의식하고 있지는 않더라도 국가 장치의 형성을 저지하고 불가능하게 만드는 것을 과제로 하고 있었을 수도 있다는 것이다. 물론 원시 사회에도 분명히 수장들(chefs)이 존재했다. 그러나 국가는 수장의 존재가 아니라 권력 기관의 영속이나 보존에 의해 규정된다. 국가의 관심사는 보존에 있다. 따라서 수장이 국가의 인간이 되려면 특별한 제도들이 필요하다. 그러나 이와 마찬가지로 수장이 국가의 인간이 되는 것을 막으려면 사회 전역에 확산된 집단적 메커니즘이 필요하다. 그런데 국가의 형성을 저지하고 예방하는 메커니즘이 이러한 수장제(首長制)의 일부를 이루고 있으며, 이것이 사회체와 구분되는 다른 장치로 결정화되는 것을 저지하고 있다. 클라스트르에 따르면 위신 이외에는 어떤 제도적 무기도 갖고 있지 않으며, 설득 이외의 어떤 정치적 수단도 갖고 있지 않으며, 집단의 욕망들을 미리 간파하는 것 이외에는 아무런 규칙도 갖고 있지 않은 것이 수장의 상황이다. 즉, 수장은 권력자라기보다는 집단의 리더나 스타에 가까운 존재로서, 항상 인민들에게 부인당하고 버림받을지도 모를 위험에 처해 있다. 게다가 클라스트르는 여기서 한발 더 나아가 원시 사회의 전쟁을 국가 형성을 저지하는 가장 확실한 메커니즘으로 규정한다. 전쟁은 모든 집단의 분산성과 절편성을 유지하며 또 전사는 공훈의 축적에만 몰두해 결국 위신만 높아지지 권력과는 무관한 고독이나 심지어는 죽음에 이르기 때문이다.[17] 클라스트르는 <자연법>을 논거로 삼을 수도 있었지만 주요 명제를 다음과 같이 바꾼다. 즉 홉스가 간파한 "국가는 전쟁에 반대한다"를 "전쟁은 국가에 반대한다. 그리고 국가를 불가능하게 만든다"로. 그러나 그렇다고 해서 전쟁을 하나의 자연 상태라고 결론지어서는 안 된다. 반대로 전쟁은 국가를 저지하고 물리치는 사회 상태의 한 양태인 것이다. 원시 사회의 전쟁은 국가를 생산하는 것도, 그렇다고 또 국가에서 파생되는 것도 아니다. 또 그것은 국가에 의해서나 교환에 의해서도 설명될 수 없다. 전쟁은 가령 교환의 실패에 제재를 가하기 위한 것이라 하더라도 교환으로부터 파생되기는커녕 오히려 교환을 한계짓

17 Pierre Clastres, *La société contre l'État*, Ed. de Minuit. 그리고 *Libre* I et II, Payot에 실려 있는 두 편의 논문, 즉 "Archéologie et violence"과 "Malheur guerrier sauvage"을 참조하라. 마지막 논문에서 클라스트르는 원시 사회에서의 전사의 운명을 그리면서 권력 집중을 저지하는 메커니즘을 분석한다(이와 똑같은 방식으로 마르셀 모스[Marcel Mauss]는, 포틀래치[potlatch]가 부의 집중을 저지하는 메커니즘이었음을 밝힌 바 있다).

고 "결연"의 테두리 내에서 유지하려고 한다. 바로 이것이, 교환이 국가의 요인이 되어 집단들을 융합시키는 것을 막아준다.

이 명제의 흥미로운 점은 우선 국가 형성을 억제하는 여러 집단적 메커니즘들에 주목한 점에 있다. 이러한 메커니즘은 미묘해서 미시-메커니즘으로 기능하는 경우도 있다. 이것은 패거리나 무리에게서 나타나는 몇몇 현상에서 쉽게 확인할 수 있다. 가령 보고타(Bogota) 거리의 청소년 갱 집단에 대해 자크 뫼니에(Jacques Meunier)는 리더가 안정적 권력을 획득하는 것을 저지하는 세 가지 수단을 예로 들고 있다. 먼저 이들은 공동으로 절도하고 훔친 물건을 나누기 위해서만 함께 모이며 목적을 이룬 후에는 해산하기 때문에 공동으로 침식을 함께 하지 않는다. 하지만 무엇보다 각 성원은 한 명, 두 명 또는 세 명의 다른 성원과 조를 이루며 리더와 문제가 발생했을 때는 단독으로 패거리에서 탈퇴하는 것이 아니라 함께 조를 이뤘던 성원들과 행동을 같이한다. 이러한 집단적 탈퇴는 이 갱 집단 자체를 해체시킬 수도 있다. 마지막으로 막연하게나마 연령 제한이 있어서 15세 정도가 되면 패거리를 탈퇴해 독립하는 것이 전제되어 있다.[18] 이러한 메커니즘을 이해하려면 패거리나 무리들을 초보적이고 조직화되어 있지 않은 사회 형태로 간주하는 진화론적 관점을 버려야 한다. 동물의 무리에서조차 리더제는 복잡한 메커니즘을 갖고 있는데, 최강자가 리더로 뽑히는 것이 아니라 오히

18 Jacques Meunier, *Les gamins de Bogotá*, Lattès, p. 159('해산하라는 협박')와 p. 177. 필요하다면 "다른 거리 아이들을 동원해서라도 거의 해당 연령에 도달한 단원들을 따돌리거나 무시함으로써 패거리를 떠나야 한다는 생각을 갖도록 만들 수도 있다." 갱단을 떠난 이후의 운명이 얼마나 외로운가는 이미 뫼니에도 강조한 바 있다. 단순히 건강상의 이유에서만 그러한 것이 아니다. 어른들의 '범죄 집단' 속에 쉽게 용해될 수 없기 때문이기도 하다. 즉 그러한 집단은 너무나 계층화되고, 너무 중앙 집중적이며 권력 기관에 모든 것이 집중되어 있기 때문이기도 하다(p. 178). 이러한 청소년 갱단에 대해서는 또 Jorge Amado의 소설인 *Capitaines des sables*, Gallimard도 함께 참조하라.

려 내재적인 관계들의 짜임이 우선시되어 안정적인 권력의 설치를 억제한다.[19] 가장 진화된 동물인 인간의 경우에도 쉽게 "사회성"의 형식에 "사교성"의 형식을 대립시킬 수 있을 것이다. 즉, 사교 집단은 패거리나 무리와 비슷한 것으로 사회 집단처럼 권력의 중심과의 관계에 따라 움직이는 것이 아니라 위신을 전파함으로써 움직이는 것이다(프루스트는 사교적 가치와 사회적 가치 간의 이러한 비상응성을 아주 훌륭하게 그려내고 있다). 댄디이자 사교가였던 외젠느 슈(Eugène Sue)는 정통 왕당파들이 오를레앙 가에 빈번히 드나드는 것을 비난하자 다음과 같이 대답하곤 했다. "나는 그 가문에 결탁하고 있는 것이 아니다. 그쪽 무리와 결탁하고 있을 뿐이다." 무리나 패거리는 리좀 유형의 집단으로, 권력 기관 주위에 집중되는 나무형 집단과 대립된다. 따라서 일반적으로 패거리는, 심지어 도적떼나 사교계의 경우에도 전쟁 기계가 변신한 모습이다. 이 전쟁 기계는 모든 국가 기구 또는 이와 비슷한 기구들, 즉 중심화된 사회들을 구조화하는 모든 것들과 형식을 달리하기 때문이다. 군대를 전유하고 나서야 비로소 국가는 군대에 엄격한 규율을 요구할 수 있기 때문에 규율을 전쟁 기계의 고유한 속성이라고 할 수는 없다. 전쟁 기계는 다른 여러 규칙도 따르고 있다. 물론 그렇다고 이들 규칙이 규율보다 더 좋다는 이야기는 아니다. 단지 여기서는 이들 규칙이 근본적인 무규율성, 위계 제도에 대한 문제 제기, 버림이나 배반을 통한 끊임없는 협박, 아주 민감한 명예 의식과 같은 전사의 특징을 만들어내고 있으며, 다시 반복해서 말하지만 바로 이러한 특징들이 국가의 형성을 저지하고 있다.

하지만 이러한 클라스트르의 설이 전적으로 설득력을 갖지는 못하는 이유는 무엇일까? 국가는 생산력의 발전이나 정치력의 분화에 의해

19 I. S. Bernstein, "La dominanace sociale chez les primates", in *La Recherche*, 91호, 1978년 6월호.

서는 설명될 수 없다는 그의 주장에 우리는 동의한다. 대토목공사의 수행이나 잉여 생산물의 축적 그리고 이에 상응하는 공적 기능들의 조직화를 가능하게 하는 것은 오히려 국가 자체이기 때문이다. 그리고 국가야말로 통치자와 피치자의 구별을 가능하게 해준다. 따라서 어떻게 이처럼 국가를 전제하는 것에 의해 국가를 설명할 수 있겠는가? 아무리 변증법에 호소해봐도 소용이 없다. 국가는 일거에 제국 형태로 출현하는 것처럼 보이며, 따라서 점진적으로 진화하는 요인들의 결과로 나타나는 것이 아니다. 국가가 어떤 장소에 갑작스레 모습을 드러내는 것은 마치 천재의 일필휘지처럼 보인다. 아테네의 탄생처럼 말이다. 잠재적인 국가에 맞서 국가의 형성을 미리 저지하건 아니면 이보다 한 발 더 나가 현실적 국가에 맞서 이의 파괴를 꾀하건 전쟁 기계는 국가와 대립한다는 클라스트르의 주장에도 우리는 역시 찬성한다. 실제로 전쟁 기계는 원시 사회의 "야생적(sauvages)" 배치물보다는 전사적인 유목민의 "야만적(barbares)" 배치물에서 훨씬 더 완벽하게 실현되었기 때문이다. 어쨌든 전쟁 기계의 조직 자체가 잠재적이건 현실적이건 <국가-형식>에 대립하고 있는 이상 전쟁이 국가를 탄생시키거나 또는 전쟁의 승자가 패자에게 새로운 법을 강요한 결과로 국가가 생겨나는 일은 있을 수 없다. 국가를 경제력이나 정치력의 진보에 의해 설명할 수 없듯이 전쟁의 결과로서도 설명할 수 없는 것이다. 여기서 클라스트르는 국가에 대항하는 사회, 즉 원시 사회와 이른바 "괴물 같은" 국가적인 사회 사이에 깊은 골이 있다고 보았다. 그 결과 왜 국가적인 사회가 형성되는지를 이해하기 어렵게 된다. 클라스트르는 라 보에티(La Boétie) 식의 "자발적 복종" 문제에 매료되어 있다. 왜 사람들은 분명히 원치 않은 불행한 전쟁의 결과로 생겨난 것도 아닌데 복종을 원하거나 욕망하는 것일까? 국가의 형성을 저지할 수 있는 메커니즘을 갖고 있었는데도 도대체 왜 또 어떻게 국가가 형성되었을까? 왜 국가가 승리했을까? 이 문제를 깊이 파고 들어갈수록 클라스트르는 문제를 해결할 수단을 잃어버리는 것처럼 보인다.[20] 그는 원시 사회를 하나의 실체(hypostase), 자급 자족적인 존재물로 간주하는 경향이 있다(그는 이 점을 중점적으로 강조했다). 그는 [원시 사회의] 형식적 외부성을 실재적인 독립성으로 보았던 것이다. 이 점에서 그는 진화론을 벗어날 수 없었으며, 따라서 하나의 자연 상태를 상정하고 있었다. 단 그에 따르면 이 자연 상태는 순수 개념이 아니라 완전한 사회적 현실이었으며, 이 진화는 발전이라기보다는 돌연변이였다. 왜냐하면 한편으로 국가는 일거에 완성된 모습으로 출현하기 때문이며, 다른 한편으로 국가에 대항하는 사회는 국가의 출현을 저지하고 예방할 수 있는 아주 정밀한 메커니즘을 갖고 있기 때문이다. 그런데 이 두 명제가 모두 옳기는 하지만 이 두 명제가 어떤 식으로 연결되는지에 대한 언급은 빠져 있다. "씨족에서 제국으로"나 "패거리에서 왕국으로"와 같은 낡은 도식에도 불구하고 패거리나 씨족 집단도 제국이나 왕국에 못지 않게 조직화되어 있는 이상 항상 이러한 방향으로 진화해왔다는 것을 보증해주는 것은 아무 것도 없다. 따라서 이 양자를 단절시키는 한, 즉 패거리에는 자급 자족성을 부여하고 국가에게는 그만큼 더 기적적이고 기괴한 모습으로

20 Clastres, *La société contre l'État*, p. 170. "국가의 출현은 야만인과 문명인 간의 거대한 유형적 분할을 가져왔다. 그리고 그것을 넘어서면 모든 것이 달라질 것 같은 지워지지 않는 자국을 남기게 되었다. 왜냐하면 거기서부터는 <시간>이 <역사>로 바뀌기 때문이다." 국가의 출현을 설명하기 위해 클라스트르는 우선 인구학적 요인을(그러나 "경제적 결정론을 인구 결정론으로 대체하려는 의도는 전혀 없다", p. 180), 그리고 그런 다음에는 전쟁 기계의 폭주 가능성을 든다. 그는 또한 전혀 의외다 싶게 처음에는 '수장(首長)'들에게 반대하다가 결국 수장과는 또 다른 엄청난 권력을 만들어내는 어떤 종류의 예언자 제도의 간접적인 역할도 함께 언급한다. 클라스트르가 살아 있었다면 이 문제에 대한 해결책을 찾아냈겠지만 이보다 더 나은 해답을 찾아냈을 것이라는 추측은 불가능하다. 예언자 제도가 담당했을지도 모를 역할에 관해서는 Hélène Clastres, *La terre sans mal, le prophétisme tupi-guarani*, Ed. du Seuil를 참조하라.

홀연히 출몰하는 성격을 부여하는 한 진화론적인 가설을 쉽게 떨쳐버릴 수 없을 것이다.

따라서 국가는 항상 존재해왔다고, 게다가 완전한 상태, 아주 완벽한 모습으로 존재해왔다고 말하는 쪽이 더 정확할 것이다. 고고학자들의 발견이 늘어나면서 점점 더 많은 제국이 발견되고 있다. 원국가(Urstaat)라는 가설은 사실임이 입증된 것처럼 보인다 — "잘 생각해 보면 국가라고 하는 것은 인류의 가장 먼 시대까지 거슬러 올라간다." 주변부나 지배의 촉수가 거의 뻗치지 않았던 지역이라도 제국과 접촉하지 않았던 원시 사회는 거의 상상할 수 없다. 그러나 이와 정반대의 사실이 이것보다 훨씬 더 중요하다. 즉, 국가 자체는 항상 바깥과 관계를 맺어 왔으며, 따라서 이러한 관계를 빼고는 국가를 생각할 수도 없다는 가설 말이다. 국가를 규정하고 있는 것은 <전부> 아니면 <무>(국가적인 사회냐 아니면 국가에 대항하는 사회냐)라는 법칙이 아니라 내부와 외부의 법칙인 것이다. 국가는 무엇보다 먼저 주권을 소유하고 있어야 한다. 하지만 주권은 자신이 내부화하거나 국지적으로 전유할 수 있는 것 위에서만 군림할 수 있다. 보편적으로 존재하는 국가 같은 것은 없을 뿐만 아니라 국가의 외부도 "외교 정책", 즉 국가들 간의 일련의 관계로 환원되지 않는다. 외부는 동시에 두 가지 방향으로 나타난다. 먼저 특정 시점에 통합태(=전세계)로 가지를 뻗어나갈 수 있으며 국가에 대해 상당한 자율성을 보유하고 있는 거대한 세계적 기계(가령 "다국적 기업" 유형의 산업 조직 또는 산업 콤비나트 또는 기독교나 이슬람, 그리고 다른 몇몇 예언자 운동이나 메시아 사상과 같은 종교 단체). 그러나 다른 한편 패거리, 주변부 집단, 소수자 집단이 가진 국지적 메커니즘도 있는데, 이들은 계속 국가 권력 기관에 맞서 절편적 사회들의 권리를 주장하고 있다. 현대 세계는 오늘날 이 두 가지 방향, 즉 통합태적인 세계적 기계의 방향만이 아니라 신원시주의, 맥루한이 묘사한 바 있는 새로운 부족 사회와 같은 이러한 두 가지 방향이 얼마나 분명하게 발전하고 있는지를 잘 보여준다. 그런데 이 두 방향은 어느 사회 분야나 시대에도 현존하고 있었다. 그리고 때로는 부분적으로 교차하는 경우도 있다. 가령 상업 조직은 영업망의 일부 또는 대부분의 활동에서 약탈과 강탈을 일삼는 패거리이기도 하며, 종교 조직도 처음에는 패거리로 활동한다. 여기서 패거리 역시 세계적인 조직과 마찬가지로 국가로 환원될 수 없는 형식을 내포하고 있으며, 이러한 외부성의 형식은 필연적으로 다형적이고 분산적인 전쟁 기계 형태로 출현한다는 점이 분명해진다. 이것은 "법"과는 전혀 다른 노모스이다. 내부성의 형식인 국가-형식은 다양한 변화에도 불구하고 스스로를 재생산하면서 언제나 동일한 것으로 남아 있고 또 항상 공적인 인정을 요구하기 때문에(가면 쓴 국가는 존재하지 않는다) 양극의 한계 내에서 쉽게 구분되는 경향을 갖고 있다. 그러나 전쟁 기계의 외부성의 형식은 오직 스스로 변신할 때만 존재할 수 있다. 즉 산업의 혁신이나 기술의 발명, 상업적 유통망 또는 종교적 창조 등 국가로서는 이차적으로밖에는 전유할 수 없는 이 모든 흐름이나 경향들 속에 존재한다. 따라서 외부성과 내부성, 끊임없이 변신을 거듭하는 전쟁 기계와 자기 동일적인 국가 장치, 패거리와 왕국, 거대 기계와 제국 등은 상호 독립해 있는 것이 아니라 끊임없는 상호 작용의 장 속에서 공존하고 경합하고 있다. 바로 이 상호 작용의 장이 국가 내부에 자신의 내부성을 명확하게 한정하지만, 또한 국가를 벗어나거나 국가에 대항하는 것처럼 보이는 것 속에서 자신의 외부성을 그려낸다.

명제 3 — 전쟁 기계의 외부성은 또한 "소수자 과학" 또는 "유목 과학"의 존재와 영속성을 암시해주는 인식론에 의해서도 확인된다.

분류하기가 상당히 어려우며, 역사를 추적하기는 한층 더 어려운 어떤 종류의 과학 또는 과학론이 존재한다. 이것은 통상적인 의미에서의 "기술(techniques)"은 아니지만 그렇다고 해서 역사적으로 확립된 왕립적이고 합법적인 의미에서의 "과학(sciences)"도 아니다. 세르의 최근 저서에 따르면 데모크리토스로부터 루크레티우스에 이르는 원자 물리학과 아르키메데스[21]의 기하학 속에서 이러한 과학의 흔적을 찾을 수 있다고 한다.[22] 이처럼 삐딱한(excentrique) 과학의 특징은 다음과 같다. 1) 우선 유체를 특수한 경우로 간주하는 고체 이론이 아니라 수력학을 모델로 사용한다. 실제로 고대 원자론은 흐름과 분리될 수 없으며, 흐름은 현실 또는 고름 자체이다. — 2) 이것은 안정된 것, 영원한 것, 자기 동일적인 것, 항상적인 것과 대립하는 생성과 다질성을 모델로 한

21 [아르키메데스(BC 290～212/211) : 구와 구에 외접하는 원기둥의 표면적과 부피의 관계, 아르키메데스의 원리, 아르키메데스의 스쿠르 펌프 등으로 유명하다. BC 213년에 로마인들에 의해 그가 거주하던 사라쿠사가 포위 공격을 당할 때 이 도시를 오랫동안 지킬 수 있도록 매우 효과적인 전쟁 기계를 만들어 방어에 중요한 역할을 했다. 그러나 이 도시는 결국 BC 212년 가을 또는 BC 211년 봄에 로마 장군 마르쿠스 클라우디우스 마르켈루스에 의해 함락당했으며, 아르키메데스는 이 도시가 약탈당할 때 살해되었다. 그가 히에론을 위해 만들어진 왕관의 무게를 물 속에서 달아 금과 은의 비율을 측정했다는 이야기가 있듯이 역학에 대한 관심은 그의 수학적 사고에 심오한 영향을 끼쳤다. 그는 이론 역학과 유체 정역학(流體靜力學 : 그는 유체 정역학의 창시자로 알려져 있다)에 관한 연구를 집필했을 뿐만 아니라 「역학적인 정리들에 관한 방법」에서 새로운 수학 정리를 발견하기 위한 발견적 방법으로서 역학적인 논법을 사용했다. 특히 이 책에서는 수학에서의 발견 과정을 묘사하고 있는데, 이러한 주제가 다루어지기 시작한 이래 고대로부터 현존하는 유일한 저서이다. 그는 여기서 자신의 몇몇 중요한 발견에 도달하기 위해 '역학적' 방법을 어떻게 사용했는가를 하나씩 열거하고 있다. 그의 수학적 증명과 표현에는 사고의 대담성과 독창성이, 다른 한편으로는 극히 엄격함이 나타나 있다. 로마 장군 마르켈수스가 로마로 가져간 2개의 구(球)를 만들었으며, 수표(數表)를 남길 것을 거절했기 때문에 로마 병사에게 죽었다는 이야기가 전해진다. 그리고 무덤에 원기둥에 내접하는 구를 표시해 남길 정도로 이 발견에 자긍심을 가졌다고 한다]

22 Michel Serres, *La naissance de la physique dans le texte de Lucrèce. Fleuves et turbulence*, Ed. de Minuit. 앞에서 제시된 세 가지 사항을 최초로 분명히 밝힌 사람은 세르이다. 네번째 사항은 위의 세 가지 사항으로부터 도출되는 것처럼 보인다.

다. 이것은 되기 자체를 사본이라는 이차적 성격이 아니라 하나의 모델로 만들어 주는 "역설"이기도 하다. 『티마이오스』에서 플라톤은 이러한 가능성을 암시했으나 왕립 과학의 이름 아래 이를 배제하고 저지하기 위해 그렇게 했을 뿐이다. 그러나 원자론에서는 이와 반대로 널리 알려진 원자의 편이(déclinason)가 그러한 다질성의 모델 또는 다질적인 것으로의 이행 또는 생성의 모델을 제공해준다. **클리나멘**(clinamen),[23] 즉 최소각은 오직 곡선과 직선, 곡선과 접선 사이에서만 의미를 가지며, 원자 운동의 최초의 곡률(曲率)을 구성한다. 클리나멘은 하나의 원자가 직선으로부터 떨어져 있는 최소각이다. 그것은 극한으로의 이행, 고갈, 역설적인 "고갈" 모델이다. 아르키메데스의 기하학에서도 사정은 동일한데, 여기서는 "두 점 간의 최단거리"로 정의되는 직선도 미적분학 이전에 곡선의 길이를 정의하기 위한 하나의 수단에 불과하다. — 3) 박편(搏片) 또는 얇은 조각 모양의 흐름 속에 있는 직선으로부터 이 직선의 평행선으로 나가는 것이 아니라 곡선의 편이로부터 경사면 위에서의 나선과 소용돌이의 구성으로 나간다. 즉, 최소각으로 최대경사를 만들어내는 것이다. **투르바**(*turba*) 또는 **투르보**(*turbo*).[24] 즉, 원자들의 패거리나 무리들로부터 거대한 소용돌이 조직들로. 이것은 소용돌이 모델로서 열린 공간 속에서 움직이며 이를 통해 닫힌 공간을 구분해 직선적 또는 고체적 사물들에 배분하는 것이 아니라 흐름으

23 [세르에 따르면 클리나멘 또는 원자의 편이는 "소용돌이를 형성할 수 있는 최소각으로서 우연히 층류적 흐름 속에 나타난다"(앞의 책, p. 14). "클리나멘은 곡선과 접선 간의 각도 또는 어떤 사람이 최소각을 형성하는 두 선 사이에 어떠한 것도 들어오지 않고 그려낼 수 있는 최소각이다……. 다시 말해 이 최소각은 동시에 곡률로 나타난다"(p. 19). "클리나멘은 미분적 차이이다"(p. 11)]

24 [*Tuba*는 "다수, 거대 개체군, 혼란과 혼동을 가리킨다." *Turbo*는 "운동 중인 둥근 형태…… 빙빙 돌고 있는 원추나 나선형 회오리를 가리킨다." "사물들의 기원과 질서의 기원은 다름 아니라 **투르바**로부터 **투르보**로의 절묘한 이행에서 찾을 수 있다." 세르, 앞의 책, pp. 38~39]

로서의 사물들이 배분된다. 바로 이것이 **매끈한** 공간(벡터적, 투영적 또는 위상학적 공간)과 **홈이 패인** 공간(계량적 공간)의 차이로서, 전자의 경우 "공간은 전혀 헤아리지 않고 점유"되는 데 반해 후자에서는 "공간이 점유되기 위해 헤아려진다"[25]. — 4) 마지막으로 이 모델은 정리적(théorematique)이라기보다는 문제 설정적(problématique)이다. 도형은 절단, 삭제, 부가, 투영 등 도형에 가해지는 **변용**이라는 관점에서만 고찰된다. 속에서 종으로 내려가면서 종차를 끌어내거나 연역을 통해 안정된 본질에서 출발해 거기에서 유출되는 특성으로 나아가기보다는 오히려 특정한 문제에서 출발해 이 문제를 조건짓고 해결하는 다양한 사건들로 나아간다. 여기서 말하는 사건에는 온갖 종류의 변형, 변환, 극한으로의 이행 등이 포함되는데, 이러한 조작 속에서 각각의 도형은 본질이 아니라 하나의 "사건"을 나타내게 된다 — 정방형은 구적법과, 입방체는 입체 구적법과 또 직선은 곡선의 길이를 구하는 방법(求長法)과 독립적으로 존재하지 않는다. 정리(定理)가 이성의 질서를 따르는 데 반해 문제(問題)는 변용태의 차원에 속하는 것으로서 과학 자체의 다양한 변신이나 발생, 창조와 불가분의 관계에 놓여 있다. 마르셀(Gabriel Marcel)의 의견과는 정반대로 문제는 "장애물"이 아니라 장애물의 극복, 앞으로-던짐(pro-jection : 투사), 다시 말해 하나의 전쟁 기계이다. 왕립 과학은 과학을 포함하는 이러한 "문제-요소"의 범위를 가능하면 대폭 축소해 "정리-요소"에 종속시키려 하는 등 이러한 아르키메데스적인 과학의 모든 움직임을 제한하려고 했다.[26]

25 피에르 불레즈는 이런 식으로 음악의 두 가지 시공을 구별한다. 즉 홈이 패인 공간에서 박자는 규칙적이기도 하고 불규칙적이기도 하지만 항상 지정 가능한 데 반해 매끈한 공간에서는 절단, 즉 간격은 "원하는 곳에서 자유롭게 실현될 수 있다." *Penser la musique aujourd'hui*, Gonthier, pp. 95～107을 참조.

26 이처럼 정리적 극과 문제 제기적 극이라는 두 극의 대립이 그리스 기하학을 꿰뚫고 있는데, 전자가 상대적인 승리를 차지해 왔다. 프로클루스[412～485. 신플라톤 학파의

이러한 아르키메데스적 과학 또는 과학관은 본질적으로 전쟁 기계와 결합되어 있다. 문제(problemata[투사된 것])는 전쟁 기계 자체로서, 이것은 경사면이나 극한으로의 이행, 소용돌이와 투사와 분리될 수 없다. 전쟁 기계는 국가 장치가 복제하는 지식과는 형식을 달리하는 추상적 지식으로 투사된다. 또는 유목 과학은 삐딱한 방식으로 전개되며, 따라서 왕립 과학이나 제국 과학과는 분명하게 구분된다. 더욱이 이 유목 과학은 국가 과학의 요구와 조건에 의해 끊임없이 "봉쇄되고", 제지되고 억압당해왔다. 로마 국가에 제압되어버린 아르키메데스가 이를 상징적으로 보여준다.[27] 실제로 이 두 종류의 과학은 형식화 양식이 다름에도 불구하고 국가 과학은 자신의 주권 형식을 유목 과학의 발명에 끊임없이 강요해왔다. 국가 과학은 유목 과학으로부터 전유할 수 있는 것만을 채택하고 그 이외의 것은 진정한 과학적 지위를 갖지 못하게 하고 응용 범위도 아주 제한된 편법으로서 취급해버리거나 아니면 억압하고 금지시켜버리고 만다. 유목 과학의 "학자들(savant)"은 마치

철학자]는 『*Commentaire sur le premier livre des Eléments d'Euclide*』(rééd. Desclée de Brouwer)에서 이 두 극의 차이를 분석하면서 스페우시포스[B. C. 393~39. 플라톤의 조카로서 플라톤이 죽은 후 플라톤 학파의 지도자가 된 철학자]와 메나이크무스[원추곡선 등을 연구한 그리스 수학자]간의 대립을 예로 들었다. 수학은 그 후에도 끊임없이 이러한 두 극의 긴장에 의해 특징지어져왔다. 예를 들어 공리적 요소는 '직관주의'[히르벨트[1862~1943]의 공리주의와 대립되는 수학 기초론의 한 입장으로 브뤼엘에 의해 제창되었다] 또는 '구성주의'[수학적 대상을 직관에 의해 구성할 수 있는 것으로 한정시키려 했던 입장] 등의 문제 제기적 조류와 대결해 왔다. 이 문제 제기적 조류는 공리계나 다른 정리적 접근 방식과는 상당히 다른 방식으로 문제를 계산할 것을 주장하기 때문이다. 이 점에 대해서는 Gouligand, *Le déclin des absolus mathématico-logiques*, Ed. d'Enseignement supérieur를 참조하라.

27 Paul Virilio, *L'insécurité du territoire*, p. 120. "아르키메데스와 더불어 기하학의 청년기, 즉 자유롭고 창조적으로 탐구할 수 있던 시대가 끝났다는 것은 널리 알려져 있다. …… 전설에 따르면 로마의 한 병사의 검이 이 기하학의 명맥을 끊어놓았다고 한다. 이처럼 창조적인 기하학을 살해함으로서 로마 국가는 서구의 기하학적 제국주의의 기초를 놓았다."

십자 포화에 노출되어 있는 것 같다. 즉 이들을 키우고 발상을 부여해 주는 전쟁 기계와 이성의 질서를 강요하는 국가 사이에 끼여 있는 것 같다. 이러한 상황을 잘 보여주는 것이 바로 아주 애매모호한 성격을 가진 엔지니어(특히 군사 엔지니어)라는 인물이다. 따라서 여기에서는 이 양자의 경계에서 발생하는 여러 현상, 즉 유목 과학이 국가 과학에 압력을 가하고 또 이와 반대로 국가 과학이 유목 과학의 성과를 전유하고 변형시키는 상호 작용이 가장 중요하다. 오래 전부터 투영이나 경사면을 동원해온 진치는 기술, 즉 "포진법(布陣法)"에 대해서도 똑같이 이야기할 수 있을 것이다. 전쟁 기계의 이러한 차원을 전유할 때마다 국가는 반드시 그것을 시민적인 계량적 규칙에 종속시켜 이 유목 과학의 적용 범위를 엄격하게 제한해 이를 관리하고 국지화시켜, 사회 영역 전체에까지 영향력이 확대되지 않도록 한다(이러한 측면에서 보방[28]은 아르키메데스의 반복으로서 그와 유사한 패배를 감수해야 했다). 또 화법(畵法) 기하학, 사영(寫影) 기하학[29]도 마찬가지인데, 왕립 과학은 이 두

28 [Sébastien Le Prestre de Vauban(1633~1707) : 공성술과 방어 요새 건축술을 혁신한 프랑스의 공병 장교로 루이 14세 재위 기간(1643~1715) 중 프랑스가 참전한 모든 전쟁에서 싸웠다. 1655년에 방어 공사와 공성술을 전담하는 장교단에 '국왕 전속 기사' 자격으로 가입했다. 이 장교단은 요새와 포위 공격술을 전문적으로 연구하며 정규군 계급 제도와는 별개의 체제로 운영되었다. 그의 요새 건설 방식은 1세기 이상이나 유럽 군사학의 중심이 되었다. 1673년의 마스트리히트 공성전에서 그는 완전한 '평행선' 방식을 이용했다. 그것은 방어 시설 주위에 평행이나 동심원으로 참호들을 파고 참호들을 파격적인 지그재그형의 참호들로 연결하여 수비군의 포화로부터 비교적 안전하게 적의 요새로 접근할 수 있는 방식으로 이 작전의 성공은 그에게 대성공을 가져다주었다. 이외에도 매 전투마다 그는 독특한 공성술을 선보였고 평생에 걸쳐 평시에는 유럽의 요새 160개를 손질했으며, 바이에른의 란다우 요새 설계가 그의 최대 업적으로 평가받는다. 하지만 그의 가장 주요한 저서인 *Oisivetés*에 실린 내용이 너무 급진적인 개혁을 담고 있다는 이유로 책의 출판이 금지됨으로써 큰 타격을 받았다. 프랑스의 현행 세제를 전부 폐지하고 대신 모든 토지와 상거래에서 한 사람도 빠짐없이 10%의 세금을 부과하자는 제안은 특권 계급 중심의 정치 체제와 충돌할 수밖에 없었기 때문이다]

29 [사영 기하학 : 기하 도형과 이를 사영한 상 또는 사상 사이의 관계를 다루는 수학의

기하학을 좀더 고급스러워 보이는 해석 기하학에 종속된 단순한 실용적 부속물로 바꾸어버리려고 했다(몽주[Monge]나 퐁슬레[Poncelet]가 "학자"로서 애매모호한 상황에 처하게 되는 것은 바로 이 때문이다[30]). 그리고 미적분학에 대해서도 똑같이 이야기할 수 있다. 미적분학은 오랫동안 의사-과학적인 자격밖에는 인정받지 못했으며, "고딕적 가설"로 낙인 찍혀왔다. 왕립 과학은 이 미적분학에 대해 편의상의 관계 또는 그럴듯한 허구라는 가치만을 인정했을 뿐이다. 위대한 국가 수학자들이 이보다 확고한 지위를 부여하려고 노력했으나 이때에도 되기, 다질성, 무한소, 극한으로의 이행, 연속적 변주 등 역동적이고 유목적인 개념은 모두 배제하고 어디까지나 시민적이고 정적이며 서수적인 규칙을 강요한다는 조건이 붙어 있었다(이와 관련해 카르노[Carnot]의 애매한 입장을 참조하라). 그리고 마지막으로 수력학 모델에 대해서도 똑같이 이야기할 수 있다. 당연히 국가도 수력학을 필요로 하기 때문이다(여기서 제국에서의 대규모 치수 공사의 중요성을 지적한 비트포겔의 주장으로 굳이 되돌아갈 필요는 없을 것이다). 하지만 국가는 유목 과학에서와는 전혀 다른 형태의 수력을 요구한다. 왜냐하면 국가는 수력을 수로나 도관(導管), 제방 등에 종속시켜 소용돌이의 발생을 막고 물의 움직임을 어느 한 점에서 다른 한 점으로 유도해 공간 자체에 홈을 파고, 계량하며 또

한 분야. 사영의 예로는 불투명한 물체에 의해 투시된 그림자, 활동 사진, 지도 등이 있다. 3차원 물체나 경치를 투영시켜 표현된 제도나 그림에 대한 원근법을 이해할 필요에서 발달하게 되었다. 수학에서 사영은 물체의 모든 점과 이에 대응하는 상의 점은 사영 중심을 지나는 사영 광선의 직선 위에 있어야 한다는 조건을 만족시켜야 한다. 이 분야에 대한 면밀한 연구는 1820년경 프랑스의 공학자인 빅토르 퐁슬레에 의해 시작되었다]

30 몽주[1746~1818, 프랑스의 수학자로 화법 기하학의 창시자], 특히 퐁슬레[1788~1867, 사영 기하학을 연구한 프랑스의 수학자]와 함께 감각적이고 공간적인 표상(홈이 패인 공간)의 한계는 돌파되었으나 이것은 상징적 추상력의 방향을 향해서가 아니라 초공간적 상상력 또는 초감각적 직관의 방향(연속성)을 향해 돌파되었다. 퐁슬레에 대한 브룅슈빅(Léon Brunschcivg)의 견해에 대해서는 *Les étapes de la philosophie mathématique*, P.U.F.를 참조하라.

한 액체가 고체에 종속되고 흐름이 평행한 층류(層流)를 이루며 흐를 수 있도록 해야 하기 때문이다. 이에 반해 유목 과학과 전쟁 기계의 수력학 모델에서 물은 소용돌이가 되어 매끈한 공간을 가로질러 퍼져 나가면서 공간을 채우며 모든 지점에 동시에 작용하는 운동을 창출한다. 이와 반대로 국가 과학에서는 특정한 지점에서 다른 지점으로 이동하는 국지적 운동 속에서 공간에 의해 운동이 장악된다.[31] 데모크리토스, 메나이크무스, 아르키메데스, 보방, 데자르그[32], 베르누이, 몽주, 카르노, 퐁슬레, 페로네 등의 학자들이 마주쳤던 특수한 상황, 즉 국가 과학에 의해 제약되고 훈육되고 나서야 비로소, 또 사회적 · 정치적 개념을 억압당한 뒤에야 비로소 이용되었던 이들의 입장을 이해하려면 각각에 대한 개별 연구가 선행되어야 할 것이다.

매끈한 공간인 바다는 전쟁 기계에게 고유한 문제 중의 하나이다. 비릴리오가 잘 보여주고 있듯이 **현존 함대**(*fleet in being*) 문제, 즉 어떠한 점에서라도 돌출해 소용돌이 운동을 하면서 열린 공간을 차지하는 문제가 제기되는 곳은 바로 바다이기 때문이다. 이와 관련해 리듬 또는

31 미셸 세르(앞의 책, p. 105)는 달랑베르와 베르누이의 대립을 이러한 관점에서 분석한다. 좀더 일반적으로 말해 여기서 쟁점이 되는 것은 두 가지 공간 모델간의 차이이다. "지중해 연안에서는 물이 부족하기 때문에 물을 지배하는 자가 권력을 쥐게 되었다. 바로 여기서 치수가 본질적인 문제로 간주되는 세계, 즉 클리나멘이 자유로 간주되는 물리학적인 세계관이 발생했다. 클리나멘은 강요된 흐름을 거부하는 소용돌이 그 자체이기 때문이다. 소용돌이는 과학적인 이론에서 또는 치수 책임자에게는 불가해한 것이었다. (……) 이리하여 부유하는 물체들과 군사 기계의 일인자였던 아르키메데스는 크게 부각되었던 것이다"(p. 106).

32 [Girard Desargues(1591～1661) : 프랑스의 수학자로 사영 기하학의 주요 개념을 도입했다. 리슐리외 추기경과 함께 프랑스 정부의 기술 고문으로 일했다. 그의 가장 중요한 논문인 「원뿔과 평면이 만나는 경우를 다루려는 시도에서 나온 초안」은 원뿔 곡선 이론에 적용되는 사영 기하학에 혁신을 가져왔다. 이것은 그의 제자 중의 하나인 프랑스의 수학자 블레즈 파스칼에게 상당한 영향을 주었다. 하지만 불행하게도 이 「초안」에서 식물 이름을 딴 독특한 수학 체계를 사용했고 데카르트 기호 체계를 포함시키지 않았기 때문에, 그의 저서는 2세기 동안 세상에 알려지지 않았다]

온갖 리듬 개념의 기원에 관한 최근의 연구들은 별로 설득력이 없는 것처럼 보인다. 왜냐하면 그러한 연구들에 따르면 리듬은 파도의 운동과는 아무런 관계도 없으며, 그저 "형식" 일반, 좀더 구체적으로는 "박자에 맞고(mesuré) 율동적인" 운동 형식만을 가리키기 때문이다.[33] 그러나 결코 리듬과 박자(mesure)를 혼동해서는 안 된다. 그리고 원자론자인 데모크리토스가 리듬을 형식이라는 의미로 사용한 저자 중의 하나라고 할지라도 그는 유동이라는 아주 구체적인 조건하에서만 그렇게 했으며, 원자가 만들어내는 형태들은 무엇보다 대기, 바다 그리고 심지어 대지처럼 비계량적인 거대(거대한 것들[*magnae res*]), 즉 매끈한 공간을 구성한다는 것을 잊어서는 안 된다. 분명히 강의 양안 사이를 흐르는 강, 즉 홈이 패인 공간의 형식에서 유래하는 박자에 맞고 율동적인 리듬도 존재한다. 그러나 흐름의 유동에서 유래하는, 즉 유체가 매끈한 공간을 차지하는 방법에서 유래하는 규칙적이지 않은 리듬도 존재한다.

전쟁 기계의 유목 과학과 국가의 왕립 과학이라는 두 과학 간의 이러한 대립, 아니 이 두 극한 사이를 흐르는 긴장 관계는 시대에 따라 다양한 수준으로 표출되어왔다. 케리앙(Anne Querrien)의 저서는 이러한 계기 중 두 시기의 것을, 12세기의 고딕 대성당 건축과 18～19세기의 교량 건축의 사례를 통해 확인할 수 있도록 해주었다[34]. 실로 고딕 양식은 로마네스크 양식보다 한층 더 크고 높게 교회를 짓고자 하는

33 Benveniste, *Problémes de linguistique générale*, "La notion de rythme dans son expression linguistique", pp. 327～375. 이 논문은 종종 이론의 여지가 없는 것으로 간주되기도 하지만 우리가 보기에는 아래의 두 가지 이유에서 애매함을 포함하고 있는 것처럼 보인다. 먼저 벤베니스트는 수력학 문제를 고려하지 않은 채 데모크리토스와 원자론을 인용하며, 둘째로 리듬을 물체 형식의 '부차적인 특수화'로 간주하고 있다.

34 Anne Querrien, *Devenir fonctionnaire ou le travail de l'Etat*, Cerfi. 우리는 이 책과 함께 그녀의 다른 미발표 연구 논문들도 이용하고 있다.

의지와 분리될 수 없다. 더 멀리, 더 하늘로 치솟게……. 그러나 이 두 양식 간의 차이는 단순히 양적인 것만이 아니라 동시에 질적인 변화를 보여준다. 먼저 형상-질료라는 정적인 관계는 재료-힘이라는 역동적 관계에 자리를 내주게 된다. 그리고 절석술(切石術)을 통해 돌은 추력(推力)을 버텨내고 결합될 수 있는 재료로 바뀌어 점점 더 길고 높은 둥근 천장(穹窿)을 구축할 수 있게 되었다. 이 둥근 천장은 이미 형상이 아니라 돌들의 연속적 변주가 만들어내는 선이 된다. 로마네스크 양식이 부분적으로는 여전히 홈이 패인 공간 속에 머물러(둥근 천장은 평행하게 세우는 기둥들의 병렬에 의존하고 있다) 있는 반면 고딕 양식은 마치 매끈한 공간을 정복한 듯한 느낌이 든다. 그런데 이러한 돌의 절단은 한편으로는 극한 평면으로 기능하는 지면에 직접 그린 사영도와 불가분의 관계에 있으며 다른 한편으로는 일련의 연속적인 접근법(사각으로 자르는 것) 또는 부피가 큰 석괴(石塊)의 연속적인 변주 계열과도 불가분의 관계에 있다. 물론 이러한 건축을 계획할 때는 유클리드의 정리적 과학을 도입했다. 그리고 수와 방정식은 표면과 입체를 조직화하기 위한 지성적인 형식으로 간주되어왔다. 그러나 전설에 따르면 베르나르두스[35]는 "너무 힘들다"는 이유로 서둘러 이를 포기하고 소수자 과학, 즉 수의 논리(mathélogie)라기보다는 수의 도형(mathégraphie)이라고 할 수 있는 사영적 또는 화법적인 아르키메데스의 조작적 기하학의 특성을 이용할 것을 주장했다고 한다. 베르나르두스의 동료로서 석공이

35 [Bernard de Clairvaux(1090~1153) : 시토 수도회 수사로 신비주의자로서 클레르보 대수도원의 설립자이자 대수도원장으로 1174년 1월 18일에 성인으로 추증되었다. 당시 가장 영향력 있는 성직자 중의 하나였다. 1098년에 몰렘의 로베르가 베네딕투스 수도회를 더욱 소박하고 엄격한 생활 형태로 돌리기 위해 세운 시토 수도회에 들어갔다. 이후 형제 4명, 삼촌, 사촌 2명, 건축가 1명, 노련한 수사 2명과 함께 클레르보 수도원이 자립할 때까지 10년이 넘는 동안 끔찍하게 궁핍한 생활을 견뎌내며 오두막에서 은거하면서 초기 저작을 집필했다. 이후 기독교계의 가장 영향력 있는 정치적 · 신학적 지도자 중의 하나가 되었다. 나중에 '꿀같은 박사(doctor mellifluus)'라는 별명을 얻었다]

자 수도사이기도 했던 가랭 드 트루아(Garin de Troyes)는 운동에 관한 일종의 조작적 이론에 기대 이 이론의 "비의를 전수받은 사람"은 공간 위에 우뚝 솟은 입체를 그려내고 돌을 잘라내어 "이러한 선이 수를 산출할" 수 있도록 할 수 있다고 말했다고 한다.[36] 사람들은 재현하지 않는다. 발생시키고 주파한다. 이러한 종류의 과학의 특징은 방정식의 부재보다는 오히려 경우에 따라 이 방정식이 상당히 다른 역할을 한다는 것에서 찾을 수 있다. 방정식은 질료를 조직하는 절대적으로 올바른 형식이 아니라 최적치를 구하는 질적인 계산을 통해 발생되고 재료들에 의해 "창출된다." 이러한 아르키메데스적인 기하학의 전체적인 흐름은 17세기의 비범한 수학자 데자르그에게서 최고도로 표현되는 동시에 일시적으로 답보한다. 그와 비슷한 부류의 수학자들에게서는 흔히 있는 일이지만 데자르그가 쓴 저서는 얼마 되지 않는다. 그러나 그는 실천을 통해 커다란 영향을 미쳤으며, 『그림자론』, 『채석 계획 초안』, 『원뿔과 평면이 만나는 경우를 다루려는 시도에서 나온 초안』 …… 등 사건으로서의 문제를 중점적으로 고찰하기 위한 많은 소묘, 개요, 초안, 계획 등을 남겼다. 그런데 데자르그는 파리고등법원에 의해 유죄 판결을 받고 왕의 비서관으로부터도 공격받았으며, 그의 원근법의 실천은 금지되었다.[37] 왕립 과학 또는 국가 과학은 (사각으로 자르는 원래의 채석 방법과는 정반대되는) 본뜨기를 이용한 채석법만 용인했으며, 그것도 형상과 수와 척도에 기초한 고정된 모델을 우선시한다는 조건하에서만 받아들였다. 또 왕립 과학은 정적인 원근법밖에 인정하지 않았으며, 그것도 이 원근법을 중심에 위치하는 검은 구멍에 종속

36 Raoul Vergez, *Les illuminés de l'art royal*, Julliard, p. 54.

37 Desargues, *Œuvres*, Ed. Leiber 또 샤슬르(Michel Chasles)의 다른 논문도 함께 참조하라. 샤슬르의 논문은 데자르그, 몽주, 퐁슬레가 '현대 기하학의 창설자'로서 연속성을 갖고 있음을 분명하게 확인해주고 있다.

시켜 발견술적이고 실험적인 능력을 빼앗아 자기 것으로 만들어버렸다. 그러나 데자르그의 모험 또는 그에게 일어난 사건은 이미 고딕의 "직인들" 사이에서 집단적으로 일어난 사건과 동일한 것이었다. 제국으로서의 교회는 이 유목 과학의 운동을 엄격하게 관리할 필요성을 통감했을 뿐만 아니라(작업 장소나 대상을 지정하고 작업장이나 건축을 관리 감독하는 역할을 성당 기사단에게 위임했다) 나아가 왕국 형태의 세속 국가가 심지어 이 성당 기사단 자체를 박해하는 동시에 여러 이유를 들어 직인 조합을 금지했기 때문이다. 적어도 그러한 이유 중의 하나는 이러한 조작적 또는 소수자 기하학의 금지와 관련되어 있었다.

18세기의 교량 건축에서도 이와 똑같은 이야기가 반향되고 있다는 케리앙의 이야기는 과연 옳은 것일까? 당연히 당시에는 이미 국가의 규범에 따라 분업이 확립되어 있었기 때문에 조건은 상당히 달랐을 것이다. 그러나 교량과 도로 등 토목 공사를 전담하던 국가 기구 속에서 도로 건설이 중앙 집중화된 행정의 통제를 받았던 반면 교량 건축은 여전히 적극적이고 역동적이며 집단적인 실험의 대상이었던 것은 분명하다. 트뤼덴느(Trudaine)는 자택에서 공개적으로 기묘한 "총회"를 열었다. 페로네는 동방에서 교각이 강의 흐름을 저지하거나 막는 일이 없도록 할 수 있는 유연한 교량 모델의 착상을 얻어 교량의 중후함, 즉 두껍고 규칙적인 교각 형태를 만드는 홈이 패인 공간에 중후함은 떨어지더라도 불연속적인 교각과 저 반원식 아치, 즉 교각 전체의 가벼움과 연속적 변주를 대립시켰다. 그러나 페로네의 이러한 시도는 즉시 원칙상의 반대에 부딪치게 된다. 국가는 항상 하는 대로 페로네를 토목학교 교장에 임명함으로써 그의 실험을 공인하기보다는 억제하려고 했다. 교량토목학교(Ecole des Ponts et Chaussées)의 역사 전체가 아주 잘 보여주듯이 아주 오래 전부터 있었던 이 평민 "단체"(직인들)는 광산학교(Ecole des Mines)나 공공토목학교(Ecole des Travaux Publics)와 에콜

폴리테크니크(Ecole Polytechnique)에 종속되면서 활동 또한 점점 더 정상화되는 과정을 밟게 된다.[38] 이리하여 우리는 집단적 몸체란 무엇인가 하는 질문에 도달하게 된다. 의문의 여지없이 국가에 속하는 대규모 집단들은 분화되고 위계적인 질서를 가진 유기적 조직으로서 특정 권력 또는 기능을 독점하는 동시에 국가의 여기저기에 대표자를 배치한다. 이들은 가족과 특수한 관계를 맺어 양쪽 끝에서 가족 모델과 국가 모델을 하나로 통합시켜 그들 자신도 공무원, 서기, 감독관 또는 농민의 "대가족"처럼 행동한다. 그러나 이러한 단체의 대부분에서는 이러한 도식으로 전부 환원되지 않는 별도의 무엇인가가 작용하고 있는 것처럼 보인다. 물론 이것은 단순히 완강하게 자신들의 특권을 지키려는 경향만을 가리키는 것이 아니다. 이뿐만 아니라 여기서는 전쟁 기계를 구성할 수 있는 소질, 즉 국가에 대해 다른 모델, 다른 역동성, 유목적인 야망을 맞세울 수 있는 소질이 중요하다. 설령 그것이 희화화되고 심지어 기형적 형태로 나타나더라도 마찬가지다. 가령 옛날부터 문제시되어온 로비(lobby)는 윤곽이 유동적으로 변하는 그룹으로서 한편으로는 "영향을 미치려는" 국가와 다른 한편으로는 목적이 무엇이건 어쨌든 움직이고 싶어하는 전쟁 기계 사이에서 극히 애매한 위치를 차지하고 있다.[39]

몸의 정신(=단결심)이 유기체의 영혼으로 환원될 수 없듯이 몸체는

38 Anne Querrien, pp. 26~27. "국가는 실험적인 활동이 파국을 맞이한 곳에 구축되는가? …… 국가는 언제까지나 공사 중이어서는 안 되며 공사는 단기간에 이루어져야 한다. 공사에 종사하는 단체는 단지 기능만 하면 되지 사회적인 집단으로 구성되어서는 안 된다. 이러한 관점에서 볼 때 국가는 이미 사전에 설정된 실험 모델에 따르기를 강요당하는 사람들, 이러한 모델에 따라 뭔가를 실행하거나 명령하기 위해 고용된 사람들만 건설 공사에 참가시킨다."

39 '콜베르 로비' 문제에 대해서는 Dessert et Journet, "Le Lobby Colbert. Un royaume, ou une affaire de familie?", *Annales*, 1975년 11월호를 참조하라.

유기체로 환원되지 않는다. 정신이 영혼보다 뛰어난 것은 아니지만 영혼이 중력적, 즉 무게 중심을 갖는 반면 정신은 휘발성이다. 몸체와 단결심이 군대에서 연원한다는 것을 새삼 언급할 필요가 있을까? 하지만 여기서도 역시 "군대적인" 것이 문제라기보다는 오히려 머나 먼 과거에서 유래하는 유목적 기원이 문제이다. 이븐 할둔(Ibn Khadoun)[40]은 유목민의 전쟁 기계를 가족 내지 가계 더하기 단결심으로 규정하고 있다. 전쟁 기계는 국가와는 전혀 다른 관계를 가족과 맺고 있다. 가족은 국가에서는 기본 세포에 불과하지만 전쟁 기계에서는 패거리의 벡터이기 때문에 하나의 가계는 특정한 가족이 특정한 시점에 "부계적 연대"의 최대치를 실현할 수 있는 소질에 따라 어떤 가족으로부터 다른 가족으로 이동될 수 있다. 국가라는 유기체 속에서는 한 가족의 위치가 해당 가족의 공적인 명성에 의해 결정되지만 이와 반대로 전쟁 단체에서는 연대를 창출할 수 있는 비밀스런 역량 또는 덕 그리고 이에 대응하는 가계의 이동성이 한 가족의 명성을 결정한다.[41] 여기에는 유기적인

40 [이븐 할둔(1332～1463) : 최초로 비종교적인 역사철학을 발전시킨 아라비아의 가장 위대한 역사가로 알려져 있다. 걸작 『역사서설』 등을 남겼고 북아프리카의 이슬람권에 대한 완벽한 역사서도 저술했다]

41 Ibn Khaldun, *La Muquddima*, Hachette. 이 걸작의 주요 주제 중의 하나는 '단결심'과 이것의 양가성을 사회학적으로 문제시하는 데 있다. 이븐 할둔은 베두인성(인종이 아니라 생활 양식으로서의 베두인적 생활 양식)과 정주성 또는 도시 생활을 대립시킨다. 이러한 대립의 다양한 형태 중 첫번째로 열거할 수 있는 것은 공적인 것과 비밀스러운 것 간의 관계가 양자에게서 거꾸로 되어 있다는 점이다. 국가적인 도시의 공공성과 대립하는 베두인적 전쟁 기계의 비밀성이 존재할 뿐만 아니라 후자에서 '명예'는 비밀스런 연대로부터 생겨나는 데 반해 전자에서의 비밀은 모든 것을 공공연하게 드러내야 한다는 요청에 종속되어 있다. 두번째로 베두인성은 혈통의 순수성과 동시에 커다란 가동성을 동시에 이용하고 있는 데 반해 도시 생활은 혈통을 매우 불순한 동시에 고정되고 융통성이 없는 고정된 것으로 만든다. 따라서 연대의 의미는 전자와 후자에서 크게 달라지게 된다. 특히 중요한 것은 세번째로, 베두인 혈통은 '단결심'을 동원해 이것을 새로운 차원의 '단결심' 속에 통합시킨다. 이것이 바로 *Açabiyya* 또는 *Ichtirak*로서, 사회주의를 가리키는 아랍어는 여기서 유래한다(이븐 할둔은 부족의 추장은 어떤 '권력'도 갖고 있지 않음을 강

권력의 독점이나 주지적 표상으로 환원될 수 없는 무엇인가가 존재하는데, 특히 유목적 공간에서 소용돌이를 일으키는 몸체의 역량이 중요하다. 분명 현대 국가에 존재하는 대규모 단체들을 아랍 부족과 같은 맥락에서 다루는 것은 무리일 것이다. 그러나 우리가 말하고자 하는 것은 오히려 집단적인 몸체는 항상 주변부나 소수자들을 갖고 있으며, 이들은 교량 건설이나 성당 건축 또는 재판이나 음악, 과학이나 기술의 설립 등의 특정한 배치물에서 때로는 전혀 예상치 못한 형태로 전쟁기계의 등가물을 재구성한다는 점이다. 가령 장교들로 이루어진 집단적인 몸체가 하사관 조직과 상급 장교들의 유기적인 조직을 통해 요구를 관철시키려는 것이 그것이다. 항상 유기적인 조직으로서의 국가와 이 국가의 집단적인 몸체 간에 갈등이 발생할 때가, 이러한 몸체들이 이러저러한 특권을 요구하면서도 스스로의 범위를 일탈한 무엇인가를 열어놓을 수밖에 없게 되는 때가 있는데, 실험적인 비약을 가능하게 만드는 짧은 혁명적 순간이 바로 그것이다. 이처럼 혼란스러운 상황에서는 그때 그때마다 운동의 다양한 경향이나 운동이 향하는 극점들을, 즉 운동의 본성을 파악해야 한다. 가령 돌연 공증인 단체가 아랍인이나 인디언 부족처럼 행동하다가 다음 순간에는 진정되어 다시 공증인으로서 행동한다고 생각해보자 — 그러면 다음 번에는 도대체 무슨 일이 벌어질지를 전혀 알 길 없는 코믹 오페라가 나타날 것이다("이제 경찰은 우리편이다!"라고 외치는 소리까지 들릴지도 모른다).

후설은 **모호한**, 즉 유랑적이고 유목적인 형태의 본질을 대상으로 하는 원(原)-기하학에 대해 서술하고 있다. 이 본질은 감각적 사물과 구별될 뿐만 아니라 이상적인, 즉 왕립적 내지는 제국적인 본질과도 구별된다. 이처럼 모호한 본질을 다루는 과학으로서의 원-기하학 자체도

조하는데, 추장은 마음대로 할 수 있는 어떤 국가적 강제력도 갖고 있지 않다). 다른 한편 도시 생활에서 단결심은 권력의 차원이 되어 '전제 정치'에 맞게 변용된다.

어원상으로는 "방랑적"이라는 의미에서 모호한 과학이라고 할 수 있다 — 즉, 감각적 사물처럼 부정확하지 않으며 또 이상적인 본질처럼 정확하지도 않으며 오히려 비정확하지만 엄밀한("우연이 아니라 본질적으로 비정확한") 과학인 것이다. 원(圓)이라고 하는 것은 이상적이고 유기적으로 고정된 본질이지만 둥긂은 원과 둥근 것(꽃병, 바퀴, 태양……)과는 구별되는 모호하고 유동적인 본질인 것이다. 정리적 형태는 고정된 본질이지만 이러한 형태의 변형, 왜곡, 절삭 또는 부가 등의 모든 변화는 "렌즈" 모양, "우산" 모양 또는 "톱니" 모양 등 모호하지만 엄밀한 문제 설정적인 형태를 형성하고 있다. 모호한 본질은 사물에서 사물성 이상의 규정, 마치 물체 정신(단결심)까지도 내포하고 있는 듯한 물체성이라는 규정을 추출해낸다.[42] 그러나 왜 후설은 이것을 순수 과학이 아니라 일종의 매개로서의 원-기하학으로 간주했을까? 극한화 자체가 모호한 본질에 속하는데도 왜 순수한 본질을 극한화에 종속시켰을까? 오히려 여기서는 과학에 대한 두 가지 접근 방식이 문제가 되는데, 이 두 과학관은 형식적으로는 구분되지만 존재론적으로는 동일한 하나의 상호 작용의 장 속에 들어가 있다. 즉, 이 장 속에서 왕립 과학은 유목 과학 또는 모호한 과학의 내용을 끊임없이 전유하는 반면 유목 과학은 끊임없이 이런저런 식으로 구속되어 있는 왕립 과학의 내용들을 풀어놓으려고 하는 것이다. 결국 극단적으로 보자면 끊임없이 유동하는 이 양자의 경계만이 중요하다고 할 수 있다. 후설이(칸트도 마찬가지다. 물

42 이 점에 관한 후설의 주요 텍스트는 *Idées*, I, ss 74 Gallimard와 *L'origine de la géométrice*, P.U.F.(여기에는 데리다의 상당히 중요한 주해가 첨부되어 있다. p. 125~138)이다. 모호하지만 엄밀한 과학 문제에 관해서는 살리논(Salinon)으로 불리는 기하학적 형태에 관한 미셸 세르의 주해를 참조할 수 있을 것이다. "이 형태는 엄밀하나 비정확하다. 그리고 정확하고 부정확하고, 정밀하지 않은 계량만은 정확하다"(*Naissance de la physique*, p. 29). 바슐라르의 책 *Essai sur la connaissance approchée*는 비정확하지만 엄밀한 것을 구성할 수 있는 방법과 절차, 그리고 이들이 과학에서 맡아야 할 창조적 역할을 해명한 최고의 연구서라고 할 수 있다.

론 칸트는 둥긂을 원의 "도식"으로 간주하고 있다는 점에서 후설과 방향을 달리하고 있다) 유목 과학이 왕립 과학으로 환원될 수 없음을 아주 정확하게 평가하고 있는 것은 분명하지만 이와 동시에 국가의 인간 또는 국가 입장에 서 있는 인간으로서 왕립 과학의 입법적 · 입헌적 우월성을 유지하려고 했던 사실도 함께 지적할 필요가 있다. 이러한 우위성에 얽매여 있는 한 유목 과학은 전(前)-과학적 또는 의사-과학적이고 부(副)-과학적 단계로 간주될 수밖에 없다. 그리고 가장 중요하게는 과학과 기술, 과학과 실천 간의 관계 역시 이해할 수 없게 된다. 유목 과학은 단순한 기술이나 실천이 아니라 왕립 과학과는 전혀 다른 관점에서 이들 관계의 문제가 제기되고 해결되는 과학의 장이기 때문이다. 국가는 이상적인 원을 생산하거나 재생산하는 것을 멈추지 않겠지만 둥근 것을 만들려면 전쟁 기계가 필요하다. 따라서 유목 과학이 받아왔던 억압과 동시에 그것이 왕립 과학과 "유지해온" 상호 작용을 이해하려면 유목 과학에 특유한 성격을 규정해야 할 것이다.

유목 과학은 왕립 과학과는 전혀 다른 방식으로 노동과 관계를 맺어왔다. 유목 과학의 분업 정도가 덜 철저하기 때문이 아니라 분업 방법이 왕립 과학과 다르기 때문이다. "동업 조합(compagnonnages)", 즉 석공, 목수, 대장장이들이 형성하는 것과 같은 유목적이고 이동적인 단체와 국가의 관계가 항상 문제를 안고 있었다는 것은 이미 앞에서 이야기한 바와 같다. 노동력을 고정시키고 정주시키는 것, 수로와 유로(流路)를 지정해 노동의 흐름을 규제하고 유기체 형태로 협력 단체들을 만들어내는 것, 그리고 그외의 것에 대해서는 강제로 인력을 동원하는 것 — 현장에서 소집된 부역(corvée)[43]에 의존하거나 아니면 빈민들 사이

43 [코르베 : 봉건 시대에 유럽에서 영주가 봉신에게 의무적으로 부과하거나 후세에 국가가 시민에게 의무적으로 부과하던 무보수 노동으로 세금과는 별도로 부과되는 경우도 있고 세금 대신 부과하는 경우도 있었다]

에서 모집한 인력(구빈원)에 의지할 수도 있다 — 이것이야말로 패거리들의 유랑성과 몸체의 유목을 동시에 타파하기를 염원하는 국가의 주요 사업 중의 하나였다. 동업 조합원들이 여기저기에 대성당을 건축하고 나라의 사방에 공사 현장을 점점이 흩뿌리고 국가 입장에서는 전혀 적합치 않은 능동적 역량과 수동적 역량(유동성과 파업)을 보유한 채 얼마나 광범위하게 돌아다녔는지를 상기하기 위해 여기서 다시 고딕 건축의 사례로 되돌아가보자. 이에 대응해 국가 측에서는 공사 현장을 관리하고 모든 분업을 "지배자-피지배자"의 차이를 모델로 한 지적인 노동과 손노동, 이론적인 노동과 실천적인 노동이라는 궁극적인 구별 속으로 뭉뚱그려 넣는 식으로 반격했다. 왕립 과학에서와 마찬가지로 유목 과학에서도 "판"(plan)은 존재하지만 그것은 전혀 다른 방식으로 존재한다. 동업 조합원들이 직접 땅 위에 그린 고딕 건축의 도면(plan)은 공사 현장에서 벗어나 건축가가 종이 위에 그리는 계량적 도면과 대립한다. 고른판 또는 구성의 판은 또 다른 판, 즉 조직과 형성의 판과 대립하는 것이다. 더 나아가 임의로 돌을 잘라 내는 채석 방식은 판뜨기를 이용한 채석 방식(그렇게 하려면 복제를 위한 모델을 설정해야 한다)과 대립된다. 왕립 과학에서는 더 이상 숙련 노동을 필요로 하지 않으며 오히려 숙련 노동의 비숙련화가 필요하다고 할 수 있을 것이다. 국가는 식자층이나 개념 고안자에게 권력을 부여하지 않는다. 반대로 이들을 국가에 밀접하게 종속된 하나의 기관으로 만들어버린다. 따라서 이들의 자율성은 꿈에 불과하지만 복제하거나 명령을 실행할 뿐인 육체 노동자들로부터 모든 역량을 빼앗기에는 충분하다. 하지만 국가가 이 밖의 다른 곤란함, 특히 스스로 만들어낸 이 식자층 단체와의 사이에서 발생하는 알력을 말끔히 떨쳐버릴 수는 없다. 이 단체가 새로운 유목적인 정치적 주장을 내세우기 때문이다. 어쨌든 국가가 끊임없이 유목적인 소수자 과학을 억압하고, 모호한 본질과 특징을 다루는 조작적 기하학에 대립해야 하는 것은 유목 과학들의 내용이 부정확하거나 불완전하거나 마법적이고 비의적 성격을 가졌기 때문이 아니라 그것이 국가의 표준과 대립하는 분업을 내포하고 있기 때문이다. 분업과 관련한 이러한 차이는 외재적인 것이 아니다 — 하나의 과학 또는 과학관이 사회적 장의 조직화에 참여하는 방법, 특히 분업을 유도하는 방법이 과학 자체의 일부이기 때문이다. 왕립 과학은 질료를 조직하는 형식과 형식을 위해 준비된 질료를 동시에 포함하고 있는 "질료-형식" 모델과 분리 불가능한 관계에 놓여 있다. 이 도식은 기술이나 생활에서 파생되기보다는 지배자-피지배자, 더 나아가서는 지적 노동자-육체 노동자로 분열된 사회에서 비롯된다는 것은 종종 지적되어온 바 있다. 질료 전체가 내용에 할당되며, 형식은 전부 표현 속으로 이동된다는 점에서 이러한 도식의 특징을 찾을 수 있다. 유목 과학은 내용과 표현이 각각 형식과 질료를 소유하고 있다고 간주하기 때문에 내용과 표현의 연결에 대해 이보다는 훨씬 더 직접적이고 민감한 것처럼 보인다. 이처럼 유목 과학에서 질료는 결코 준비되지 않으며, 따라서 질료는 등질화된 질료가 아니라 본질적으로 독자성을 담고 있다(그리고 이것이 내용의 형식을 구성한다). 그리고 표현 또한 형식이라고 할 수 없다. 하지만 관여적 특질들과 분리할 수는 없다(이것들이 표현의 질료를 구성한다). 앞으로 좀더 자세히 살펴보겠지만 이것은 전혀 다른 도식인 것이다. 이러한 상황을 미리 떠올려 보려면 유목민 예술의 가장 일반적인 특징을 상기해보는 것만으로도 충분할 것이다. 거기서는 지지대와 장식의 역동적인 연결이 질료-형상의 변증법을 대체하고 있는 것이다. 따라서 예술(art)인 동시에 기술(technique)로도 간주되는 이 유목 과학의 관점에서 보면 분업은 완전한 의미로 존재하고 있으나 그것은 질료-형식이라는 이원성(설령 양자가 일대일 대응 관계를 이루더라도 마찬가지다)을 따르지는 않는다. 오히려 유목 과학의 분업은 질료의 독자성과 표현의 특질들 간의 연결접속들을 따르고 있으며 자연적인 것이건 아니면 강제적인 것이건 이러한 연결접속들에 의존해 있다.[44] 이것은 국가와는 다른 노동의 조직화이며, 노동을 통한 사회적 장의 상이한 조직화이기도 하다.

『티마이오스』에서의 플라톤 식으로 두 과학 모델을 대립시켜야만 할 것이다.[45] 하나는 **공분**(共分 : *Compars*) 모델로, 다른 하나는 **이분**(離分 : *Dispars*) 모델로 부를 수 있을 것이다. <공분>은 왕립 과학이 채택하는 법적 내지는 합법적인 모델이다. 법칙의 추구는 설령 상수가 변수들 간의 관계(방정식)에 불과하더라도 상수를 끌어내는 데 있다. 변수들 간의 불변의 형식, 불변항의 가변적인 질료, 이것이 바로 "질료-형상" 도식의 토대를 이루고 있다. 그러나 유목 과학의 요소인 이분은 "질료-형상" 도식이 아니라 "재료-힘"의 도식과 관련되어 있다. 여기서 문제는 변수로부터 상수를 끌어내는 것이 아니라 변수 자체가 연속적 변주 상태를 유지할 수 있도록 하는 데 있다. 하지만 여기서도 여전히 방정식(équations)이 존재할 수 있다면 그것은 적합식(adéquations) 또는 부등식(inéquations)일 것이며, 미분 방정식이라고 하더라도 대수

44 시몽동은 질료-형식 도식과 이 도식이 요구하는 사회적 전제 조건에 대한 분석과 비판에 크게 기여해왔다("형식이란 명령하는 인간이 스스로 생각해낸 것으로서 실제로 명령할 때는 적극적으로 표현되어야 한다. 따라서 형식은 표현 가능한 것의 질서이기도 하다"). 시몽동은 이 질료-형식 도식에 역동적 도식을, 즉 특이성과 힘을 갖춘 질료 또는 하나의 체계의 에너지적인 조건들을 대립시킨다. 이로부터 과학과 기술의 관계에 대한 전혀 다른 사유 방식이 도출된다. *L'individu et sa genèse physico-biologique*, P.U.F., pp. 42~56.

45 『티마이오스』(28~29)에서 플라톤은 짧은 시간이나마 <되기>는 불가피하게 사본이나 복제된 것의 특징을 띨 뿐만 아니라 자체가 <자기 동일성>과 <동일 형태(Uniforme)>의 모델과 경합할 수 있는 모델일 수도 있다고 생각한다. 물론 당연히 그는 결국 기각하기 위해서만 이러한 가설을 생각해볼 뿐이다. 왜냐하면 만약 되기가 하나의 모델이라면 모델과 사본, 모델과 복제라는 이원성이 사라져 모델과 복제라는 관념 자체가 모든 의미를 잃을 것이기 때문이다.

형식으로는 환원 불가능한, 그리고 변화에 대한 감각적인 직관과 불가분의 관계에 놓여 있는 미분 방정식일 것이다. 이러한 방정식은 일반적 형식을 구성하는 것이 아니라 질료의 독자성을 파악 또는 규정한다. 또한 그것은 질료와 형상에 의해 형성된 "대상"이 아니라 사건 내지 <이것임>을 통해 개체화를 행한다. 모호한 본질이 바로 <이것임>이다. 이 모든 측면에서 볼 때 로고스와 노모스, 법과 노모스는 대립하는 셈이며, 따라서 니체는 법은 "아직 지나치게 도덕적인 뒷맛"이 있다고 말했던 것이다. 그러나 그렇다고 해서 합법적인 모델이 여러 힘들, 힘들의 작용을 알지 못한다는 이야기는 아니다. 공분 모델에 대응하는 등질적 공간을 생각해 보면 이를 충분히 이해할 수 있을 것이다. 등질적 공간은 결코 매끈한 공간에서는 존재할 수 없다. 이와 반대로 이것은 홈이 패인 공간의 형식 그 자체이다. 즉, 기둥들의 공간인 것이다. 이 공간은 물체의 낙하, 중력이 미치는 수직선들, 평행한 절단면으로의 물질의 분배, 박편 또는 층류 모양의 흐름에 의해 홈이 패인다. 이러한 수직의 평행선들이 독립된 일차원을 형성해 전달된 다른 모든 차원에 동일한 형식을 부여하고 공간 전체를 모든 방향을 향해 홈을 판 결과 공간이 등질화된다. 두 점 간의 수직적 거리가 다른 두 점 간의 수평적 거리를 측정하기 위한 방식을 제공해주는 것이다. 만유인력은 두 물체 간의 일대일 대응을 규제하는 법칙이므로 일종의 법 중의 법이라고도 할 수 있다. 그리고 과학은 새로운 영역을 발견할 때마다 중력 법칙의 방식에 따라 이것을 형식화하려고 한다. 심지어 화학조차 중량(poids)이라는 개념을 이론적으로 정교화시킨 이후에야 왕립 과학이 될 수 있었다. 유클리드 공간은 유명한 평행선의 공준(公準)에 의거하고 있으나 이 평행선들은 우선 무엇보다 중력이 작용하는 수직선들이며, 유클리드 공간을 점유하고 있다고 가정된 물체의 모든 요소에 작용하고 있는 중력에 대응한다. 이들 평행한 모든 합력의 작용점은 이러한 힘들의 공통

방향을 바꾸거나 물체를 회전시키더라도 변화하지 않는다(무게중심). 요컨대 중력은 박편 모양으로 홈이 파여 중심을 소유하고 있는 등질적인 공간의 한가운데 존재하는 것처럼 보인다. 바로 이것이 계량적인 또는 나무형 다양체들의 토대를 이루고 있는 것처럼 보이는데, 이 다양체의 크기들은 주위 상황과는 무관하며 단위나 점(한 점에서 다른 점으로의 이동)을 이용해 표현된다. 19세기 과학자들이 종종 모든 힘이 중력에 귀착되는 것이 아니라 오히려 중력에 보편적 가치(모든 변수에서 성립하는 항상적인 관계)를 부여하고, 또한 일대일 대응 관계의 유효성(그때마다 항상 두 물체가 존재했으며, 그 이상은 아니었다)을 부여하는 인력 형식으로 귀착하는 것은 아닌가 하고 자문했던 것은 무슨 형이상학적인 관심에서가 아니라 실제적인 과학적 관심에서였다. 이 인력 형식이야말로 모든 과학의 내부성의 형식인 것이다.

그러나 노모스 또는 이분은 이와 전혀 다르다. 그러나 그렇다고 하여 이처럼 다양한 종류의 힘들이 중력을 거부하거나 인력과 모순을 일으킨다는 이야기는 아니다. 하지만 이처럼 중력이나 인력에 대립하지 않는다는 것도 사실이지만 이러한 힘들이 중력이나 인력에서 유래하거나 종속되어 있지 않는다는 것 또한 사실이다. 오히려 이들은 항상 보충적인 사건 또는 "가변적인 변용태"를 나타낸다. 과학이 새로 어떤 하나의 장을 발견할 때마다 — 이 장이라는 개념이 형식이나 대상이라는 관념보다 훨씬 중요할 경우 — 이것은 인력의 장이나 중력 모델과 모순되지는 않더라도 이 장이나 모델로 환원될 수 없다는 것은 분명하다. 이 장은 "그 이상의 무엇인가", 즉 잉여(surcroît)를 적극적으로 나타내고 이러한 잉여 또는 간격(écart) 속에 확고하게 자리잡는다. 화학이 결정적인 진보를 이룩하게 된 것은 중량에 전혀 다른 유형의 결합, 가령 전기적인 결합을 추가함으로써 화학식의 성질을 변형시켰기 때문이다.[46] 그러나 다음과 같은 점에 주의해야 한다 — 즉 속도에 관한 가장 초보적인 고찰에서조차 이미 수직 낙하 운동과 곡선 운동의 차이, 더 일반적으로는 클리나멘, 즉 최소 간격, 최소 잉여라고 하는 일종의 미분 형식으로서 직선과 곡선간의 차이를 끌어들이게 된다는 사실을 말이다. 매끈한 공간이 바로 이러한 최소 편이의 공간이다. 따라서 이 공간이 갖게 되는 등질성은 무한 근방에 있는 점들 사이에서만 존재하며, 이러한 근방들의 접점은 규정된 길과는 무관하다. 이것은 유클리드적인 홈이 패인 공간처럼 시각적인 공간이라기보다는 촉각적인, 즉 손에 의한 접촉 공간, 미세한 접촉 행위의 공간이다. 매끈한 공간은 수로도 운하도 갖지 않은 하나의 장, 비-등질적인 공간으로서 아주 특수한 유형의 다양체, 비계량적이며 중심이 없는 리좀적 다양체, 즉 공간을 "헤아리지" 않고 차지하는 다양체, "탐색하려면" "계속 앞으로 나가는 것 이외에는 다른 방법이 없는" 다양체와 결합된다. 이러한 유형의 다양체는 외부의 한 점에서야 관찰될 수 있다는 시각적인 조건을 충족시켜 주지 못한다. 가령 유클리드적 공간과 대립하는 음 또는 색채의 체계조차 이러한 유형의 다양체에 속해 있다.

빠름과 느림, <신속함(Celeritas)>과 <중후함(Gravitas)>을 대립시킬 때는 이러한 대립을 양적인 것으로 파악하거나 신화적 구조로 생각해서는 안 된다(비록 뒤메질이 다름 아니라 국가 장치 그리고 이 장치의 태생적인 "중후함"과 관련해 바로 이러한 대립의 신화학적인 중요성을 확인해 주었음에도 말이다). 이것은 오히려 질적인 동시에 과학적인 대립이다.

46 하지만 실제로 사정은 이보다 훨씬 더 복잡하며 중력이 지배적인 모델의 유일한 성격인 것도 아니다. 열이 중력에 첨가되어야 한다(화학에서는 이미 연소가 무게에 통합되고 있다). 그러나 이 점에 대해서조차 '열장(熱場)'이 얼마나 중력의 공간으로부터 벗어나는가, 아니면 반대로 후자에 통합되는가 하는 문제는 그대로 남는다. 몽주의 경우가 전형적인 예를 보여준다. 그는 처음에는 열과 빛과 전기를 '물체의 가변적인 변양'으로 간주하고 그것을 다루는 것이 '특수 물리학'인 반면 '일반 물리학'은 연장과 중력과 이동을 다루는 것이라고 생각했다. 몽주가 이처럼 다양한 장 전체를 '일반 물리학'의 대상으로서 통일한 것은 좀더 시간이 흐른 후의 일이었다(Anne Querrien).

왜냐하면 속도는 단순히 운동 일반의 추상적 성격이 아니라 아무리 미세하더라도 낙하의 수직선, 즉 중력선에서 일탈하며 운동하는 물체 속에서 구체화되기 때문이다. 느린 것이 양적으로 아무리 빨라도, 또 빠른 것이 양적으로 아무리 느려도 느리거나 빠른 것은 운동의 양적 정도가 아니라 질적인 성격을 가진 운동의 두 가지 유형이다. 엄밀히 말해 아래로 떨어지는 물체는 아무리 빠르게 낙하하더라도 본래적인 의미에서 속도를 가졌다고 말할 수는 없다. 오히려 중력의 법칙에 따라 무한히 감소해 가는 "느림"을 가졌다고 말해야 한다. 공간에 홈을 파고 한 점에서 다른 점으로 이동하는 박편 모양의 운동이야말로 중후함이라고 말할 수 있을 것이다. 그러나 속도나 신속함이라고 부를 수 있는 것은 단지 최소 편이에 의해 매끈한 공간을 차지하는 동시에 이러한 공간을 그려내는 소용돌이 운동뿐이다. 이러한 매끈한 공간에서 <흐름-물질>은 평행한 박편 속으로 절단될 수 없으며, 운동들도 점과 점간의 일대일 대응 관계로 한정되지 않는다. 이런 의미에서 중후함-신속함, 무거움-가벼움, 빠름-느림 등의 질적 대립은 계량 가능한 과학적 규정의 역할이 아니라 과학과 외연을 같이하면서 이 두 모델의 분리와 혼합, 즉 양자의 상호 침투, 한쪽에 의한 다른쪽의 지배, 이쪽 아니면 다른쪽이라는 양자택일 관계를 동시에 규정하는 역할을 한다. 이 두 모델간의 혼합이나 조합은 다양하게 존재하나 미셸 세르는 양자택일이라는 관점에서 이러한 관계를 가장 훌륭하게 정식화한 바 있다. 즉 물리학은 언제나 "두 가지 과학으로 즉, 도로와 길에 대한 일반 이론과 물결에 관한 포괄적인 이론으로 환원된다."[47]

과학의 두 가지 유형, 즉 과학적 절차의 두 가지 유형도 구분해야 한다 — 한쪽을 "재생산하기" 절차라고 한다면 다른 한쪽은 "따라가

47 Michel Serres, p. 65.

기" 절차라고 할 수 있다. 전자는 재생산, 즉 조작을 되풀이하고 반복하는 절차이고 후자는 이동 절차로서, 이동적 · 순회적 과학들의 집합이라고 할 수 있다. 이동은 너무 쉽게 기술적 조건, 즉 과학의 응용과 검증 조건으로 환원되어왔으나 실제는 그렇지 않다. 즉 따라가는 것은 결코 재생산하는 것과 동일한 것이 아니다. 재생산하기 위해 따라갈 필요는 전혀 없기 때문이다. 이상적인 재생산(연역이라는 형태를 취하든 귀납이라는 형태를 취하든 관계없다)은 언제 어디서나 왕립 과학의 일부로서, 때와 장소의 차이를 변수로 다루고 그로부터 다름 아니라 상수적 형식을 법칙으로서 도출해내려 한다. 중력의 홈이 패인 공간 속에서 동일한 현상이 반복되려면 동일한 조건이 주어지거나 아니면 다양한 조건과 가변적인 현상들 간에 언제나 동일한 상수적 관계가 성립하기만 해도 충분하기 때문이다. 재생산하는 것은 반드시 재생산되는 것의 외부에 위치하는 고정된 관점의 항상성을 요구하는데, 이것은 마치 물가에서 물의 흐름을 지켜보는 것과 비슷하다. 그러나 따라간다는 것은 재생산의 이상과는 전혀 다른 것이다. 더 낫다고는 할 수 없지만 아무튼 다르다. 형식을 발견하려는 것이 아니라 질료, 즉 재료의 다양한 "독자성"을 탐구하려 할 때, 중력을 피해 신속함의 장으로 들어가려고 할 때, 방향이 한정된 박편 모양의 유속의 흐름을 지켜보는 것을 멈추고 소용돌이치는 흐름에 휩쓸려 가려고 할 때 그리고 변수에서 상수를 도출하는 대신 변수의 연속적 변주 속에 휩쓸리려고 할 때는 직접 따라가지 않으면 안 된다. 그리고 이 두 과학적인 절차에 따라 <대지>의 의미 또한 철저하게 달라지게 된다. 합법적 모델에 따르면 사람은 일련의 불변적인 관계의 총체에 따라 어떤 영역의 어느 한 가지 관점에 끊임없이 재영토화되는 반면 이동적인 모델에서는 바로 탈영토화의 운동이 영토 자체를 구성하고 확대한다. "먼저 너의 최초의 식물이 있는 것으로 가서 빗물이 어떤 형태로 흘러가는지를 주의 깊게 관찰해 보라.

그러면 이미 비가 식물의 종자를 먼 곳까지 실어 날랐음을 확인할 수 있을 것이다. 빗물이 파 놓은 도랑을 따라가보아라. 그러면 흐름의 방향을 알 수 있을 것이다. 그리고 그쪽 방향에서 너의 최초의 식물로부터 가장 멀리 떨어진 곳에서 자라고 있는 식물을 찾을 수 있을 것이다. 이 두 식물 사이에서 자라고 있는 모든 식물은 네 것이다. 나중에 (……) 네 영토를 확장할 수 있게 될 것이다…….”[48] 갖가지 독자성들이 일련의 "우발적 사건들"(문제)로 배분되는 벡터들의 장 속에서 하나의 흐름을 따라가는 것을 본질로 하는 이동적 · 순회적 과학들이 존재한다. 예를 들어 왜 원시적 야금술은 필연적으로 순회 과학으로서, 대장장이들에게 거의 유목민적 성격을 부여하는 것일까? 그러나 이러한 사례들에서도 수로를 통해 한 지점에서 다른 지점으로(설령 그것이 특이점이더라도 마찬가지다) 이동하는 것이 과연 중요한지, 금속의 흐름도 절편으로 절단되지 않는지 하는 반론이 나올 수 있다. 그러나 이러한 반론은 오직 순회적인 절차와 과정이 어쩔 수 없이 홈이 패인 공간과 관련되는 동시에 왕립 과학에 의해 형식화되어 스스로의 모델을 잃어버리고 왕립 과학의 모델에 종속된 결과 "기술" 또는 "응용 과학"으로서밖에 존속할 수 없는 경우로 한정된다. 일반적으로 매끈한 공간, 벡터 장, 비계량적 다양체는 항상 "공분"으로 번역 가능하며, 또 반드시 번역되어야 한다. 이처럼 번역이라는 기본 조작을 통해 반복해서 충분한 차원수를 가진 유클리드 공간의 접선이 매끈한 공간의 각 점에 접하도록 할 수 있으며, 두 벡터간의 평행성을 재도입해 "길찾기를 통한 탐색"을 따라가는 대신 이 비계량적 다양체를 재생산을 가능하게 해주는 등질적인 홈이 패인 공간에 꼭 들어맞는 것으로 만들 수도 있을 것이다.[49] 이는 노모

48 Castaneda, *L'herbe du diable et la petite fumée*, p. 160.

49 로트만(Albert Lautman)은 가령 리만 공간이 어떻게 유클리드적 접합접속을 받아들여 그 결과 근접해 있는 두 백터간의 평행성을 규정할 수 있는지를 아주 명쾌하게 보여주었

스에 대한 로고스 또는 법의 승리이다. 그러나 이러한 번역 조작에 따른 번잡함은 극복해야 할 저항이 결코 만만치 않음을 입증해주고 있다. 순회적 절차와 과정이 본래의 모델로 되돌아갈 때마다 매끈한 공간의 각 점은 모든 일대일 대응 관계를 배제하는 특이점으로서의 위치를 재발견하고, 흐름들은 벡터들 간의 모든 평행성을 배제하는 곡선 또는 소용돌이 모양의 운동을 다시 회복하며, 매끈한 공간은 접촉의 특성을 회복함으로써, 등질적인 홈이 패인 공간이 되는 것을 피할 수 있게 된다. 순회 또는 이동하는 과학이 재생산을 목표로 하는 왕립 과학에 완전히 편입되는 것을 막아주는 과학의 흐름이 항상 존재한다. 또 국가 과학자들이 끊임없이 타파 아니면 통합 내지 제휴하려고 하거나 심지어 과학과 기술의 법적 체계 안에 소수자의 지위를 제공함으로써 안으로 끌어들이려고 하는 순회적인 과학자도 언제나 존재한다.

그렇다고 해서 순회적인 과학들이 왕립 과학보다 비합리적인 절차나 신비, 마법 등에 잔뜩 물들어 있다는 이야기는 아니다. 그렇게 되는 경우는 순회적인 과학의 용도가 다했을 때뿐이다. 그리고 다른 한편으로는 왕립 과학 역시 수많은 사제와 마법 같은 분위기로 둘러싸여 있다. 이 두 모델의 경합으로부터 오히려 순회적 과학, 유목 과학은 성격상 자율적인 권력을 장악할 수 없을 뿐더러 자율적으로 발전하지도 못한다는 것을 확인할 수 있다. 유목 과학은 그러한 수단을 소유하고 있지 못하다. 왜냐하면 모든 조작을 직관과 구축을 위한 감각적 조건, 즉 물질의 흐름을 따라가고 매끈한 공간을 그리고 부합한다는 조건에 종속시키기 때문이다. 모든 것은 현실 자체와 뒤섞이게 되는 유동적인 객관적 지대 속에 들어가 있다. "근접 인식(connaissance approchée)"은 아

다. 따라서 이러한 통합의 결과 [비계량적인 리만] 다양체는 한층 더 진행시키면서 탐구해야 할 것이 아니라 '충분한 수의 차원을 가진 유클리드 공간으로 연장된 것'으로 간주하는 것이 가능하게 되었다. *Les schémas de structure*, Hermann, pp. 23~24, 43~47.

무리 미세하고 엄밀하더라도 감각적이고 민감한 평가에 의존하는데, 이것은 스스로 해결할 수 있는 것보다 훨씬 더 많은 문제를 제기한다. 문제 제기적인 방식으로밖에는 인식을 드러낼 수 없는 것이다. 이와 반대로 왕립 과학과 이 과학에 특유한 정리적 내지 공리적 권력의 특징은 모든 조작을 직관의 조건으로부터 분리시켜 이것을 진정한 내재적 개념, 즉 "범주"로 만드는 데 있다. 탈영토화가 왕립 과학에서는 항상 개념 장치로의 재영토화를 수반하는 것은 바로 이 때문이다. 이 범주적이고 필연적인 개념 장치가 없다면 미분적 조작(=연산)은 현상의 진전을 따라가도록 강요받을 것이다. 게다가 실험은 야외에서 이루어지고 건축은 즉시 지면 위에서 실시되기 때문에 실험이나 건축을 안정된 모델로서 확립해주는 좌표계는 전혀 쓸모가 없게 된다. 이러한 왕립 과학의 요청 사항 중의 일부는 "안전성"이라는 요구로 번역되고 있다. 오를레앙과 보베의 대성당은 12세기말에 붕괴되었는데, 순회 과학의 건축 방법에 안전 관리를 위한 계산을 적용하는 것은 그만큼 곤란한 것이다. 안전성은 기본적으로 국가의 이론적 규범의 일부인 동시에 정치적 이상이기도 하지만 오히려 진짜 문제는 여기에 있지 않다. 순회 과학은 이 과학에 독특한 절차로 인해 이내 계산 가능성을 초월해 재생산을 가능하게 해주는 공간을 초과하는 초과(en-plus) 속에 포함되어버리는 바람에 계산 가능성이라는 관점에서 보면 극복 불가능한 곤란에 봉착하게 된다. 이러한 곤란을 순회 과학은 현장에서의 즉흥적인 대처를 통해 해결할 수도 있지만 그러한 해결은 다양한 조작의 총체에 의해 초래되는 것으로서 자율성을 갖지는 못한다. 이에 반해 개념 장치 또는 (실험 과학을 포함한) 과학의 자율성을 정의할 수 있는 계량적 역량을 소유한 것은 왕립 과학뿐이다. 따라서 순회적 공간들을 등질적 공간과 결합시킬 필요성이 대두하는데, 이러한 등질적 공간이 없다면 물리학 법칙은 공간 안의 특수한 점에 의존하게 되기 때문이다. 그러나 이것은 번역의 문제라기보다는 구성의 문제이다. 즉 순회 과학 자체로서는 이러한 구성을 꿈에도 생각지 못했으며 또 그렇게 할 수 있는 수단도 구비하고 있지 못한 것이다. 이 두 과학의 상호 작용의 장에서 순회 과학은 여러 가지 **문제를 발명하는** 것으로 만족하고 만다. 그리고 이러한 문제들의 해결은 비과학적인 집단적 활동 전체에 의해 초래되는데 비해 **과학적 해결**은 이와 반대로 왕립 과학에 또 이 왕립 과학이 스스로의 정리적인 개념 장치와 노동 조직 속으로 편입해 들임으로써 이 문제를 변형시키는 방법에 의존하고 있다. 이 두 과학의 관계는 베르그송 철학에서의 직관과 지성의 관계와 흡사한데, 베르그송에 따르면 오직 지성만이 직관이 제기하는 문제를 형식적으로 해결할 수 있는 과학적 수단을 소유하고 있고 직관은 그러한 문제의 해결을 물질을 **따라가는** 사람들의 질적인 활동에 맡기는 것으로 만족한다.[50]

문제 2 — 사유를 국가 모델로부터 분리해낼 수 있는 수단이 존재하는가?
명제 4 — 결국 전쟁 기계의 외부성은 사유학에 의해서도 입증된다.

사유의 내용들은 종종 너무 체제 순응적이라는 비판을 받곤 한다. 하지만 정작 중요한 것은 사유의 형식 자체이다. 사유 자체가 이미 국가 장치로부터 빌려온 모델에 순응하고 있기 때문인데, 바로 이 모델이 사유에 목적, 길, 도관, 수로, 기관 등 전체적인 **오르가논**(=논리적 도구)

50 베르그송에 따르면 직관과 지성의 관계는 상당히 복잡하며 끊임없이 상호 작용하고 있다. 이와 관련해 불리강(앞의 책)의 명제도 참조할 수 있을 것이다. '문제'와 '포괄적 종합'이라는 두 가지 수학적 요소의 이원성은 이러한 요소들이 상호 작용의 장에 들어갈 때 비로소 전개되는데, 이러한 작용 속에서 비로소 포괄적 통합이 범주들을 확정하며, 이러한 범주들 없이는 이 문제에 대한 일반적 해답을 얻어낼 수 없다. *Le déclin des absolus mathématico-logiques*.

을 지정해주는 것이다. 따라서 모든 사유를 포괄하는 하나의 사유의 이미지가 존재한다. 그리고 바로 이것이 소위 사유 속에서 전개되는 국가-형식과 같은 것으로 "사유학(noologie)"이 고찰해야 할 특별한 대상이다. 그런데 이 사유의 이미지는 주권의 두 극에 상응하는 두 개의 머리를 갖고 있다. 먼저 참된 사유의 제국(imperium[51]). 이것은 마법적 포획, 장악 내지 속박(lien)에 의해 작동하며, 정초를 놓는다(뮈토스). 그리고 자유로운 정신들의 공화국. 이것은 맹약 내지 계약에 의해 진행되며, 입법 조직과 법률 조직을 만들어내며 근거를 정당화해준다(로고스). 이 두 개의 머리는 고전적인 사유의 이미지에서는 끊임없이 서로 간섭하고 있다 — <지고한 존재>라는 관념을 군주로 하는 자유로운 정신들의 공화국." 단순히 양자 사이에 수많은 중간 단계 내지는 이행 형태가 있어 한쪽이 다른쪽을 준비하고 이용하고 보존해주기 때문만이 아니라 대립하고 보완하면서 서로를 필요로 하기 때문이기도 하다. 그러나 한쪽에서 다른쪽으로 이행하려면 양자 "사이에" 전혀 다른 본성을 가진 사건이, 이러한 사유의 이미지 외부에 숨어 있다가 외부에서 발생하는 사건이 필요하다는 것은 전혀 의문의 여지가 없다.[52] 하지만 사유의 이미지에만 국한시킨다면 진리의 제국과 정신의 공화국이라는 말은 단순한 은유가 아니다. 오히려 그것은 사유를 내부성의 원리 내지

51 [라틴어로 '명령' 또는 '제국'이라는 뜻을 갖고 있다. 로마에서는 군사권과 사법권을 포괄하는 최고 집행권을 가리켰다. 아우구스티누스 치세기와 그 이후 로마 세력이 팽창함에 따라 이 명령권(imperium)은 '제국'이라는 의미도 동시에 갖게 되었다]

52 *Les maîtres de vérité dans la Grèce archaïque*, Maspero에서 드티엔느(Marcel Detienne)는 사유의 이 두 극을 명쾌하게 구분해내고 있는데, 이것은 뒤메질이 제시한 주권의 두 가지 측면에 그대로 대응한다. 즉, 전제군주 또는 '바다의 노인'의 마법적 · 종교적 말과 도시의 대화적인 말이 그것이다. 드티엔느는 그리스적 사유 유형의 주요 등장 인물들(시인, 현자, 자연학자, 철학자, 소피스트 등)을 이러한 두 극과의 관계 속에서 배치하고 있을 뿐만 아니라 양극 사이에 특수 집단, 즉 전사를 끼워넣어 이것이 한 극에서 다른 극으로의 이행 또는 진화를 가져온다고 지적한다.

형식 또는 지층으로서 구성하기 위한 조건이다.

이로부터 사유가 무엇을 얻을 수 있는지는 누구나 쉽게 알 수 있을 것이다. 사유 혼자 힘으로는 결코 가져본 적이 없는 중후함, 그리고 국가를 포함해 모든 것이 사유 자체의 효력 내지는 승인에 의해 존재하는 것처럼 보이게 만들어주는 중심이 그것이다. 그러나 국가도 얻는 것이 있다. 국가-형식은 이런 식으로 사유 속에서 전개됨으로써 뭔가 본질적인 것, 즉 전반적 동의를 획득하는 것이다. 오직 사유만이 국가는 당연히 보편적인 것이라는 허구를, 국가를 합법적인 보편성의 수준으로까지 끌어올려 줄 수 있는 허구를 고안해낼 수 있다. 마치 이 세상에는 단 한 명의 군주만이 존재하다가 그가 전 세계로 확대되어 현실적이든 잠재적이든지 간에 모든 것을 그저 신민들로 취급하게 되는 것처럼 보이도록 만들어주는 것이다. 이미 국가 외부에 존재하는 강력한 세력을 가진 조직들이나 기묘한 패거리 등은 문제가 되지 않으며, 국가는 자연 상태로 내몰린 반항적 신민들과 국가-형식 속으로 자발적으로 귀순하는 협력적인 신민들을 구분하는 유일한 원리가 된다. 사유로서는 국가에 의지하는 것이 유리하듯이 국가 입장에서도 사유 속에서 전개되어 이로부터 유일한 보편 형식으로서 정당성을 인가받는 것이 유리하다. 그리고 각각의 국가의 개별성은 각국의 우연적인 도착성(倒錯性)이나 불완전성과 마찬가지로 그저 [우연한] 사실에 불과할 뿐이다. 왜냐하면 권리상 근대 국가는 "합리적이고 이성적인 공동체 조직"으로 정의되기 때문이다. 이 공동체는 이미 개별성으로는 내부적·정신적 개별성(민족 정신)만을 가질 뿐이며, 동시에 이 공동체 조직을 통해 보편적 조화(절대 정신)에 공헌하기 때문이다. 국가는 사유에 내부성의 형식을 부여하고 다시 사유는 이 내부성에 보편성의 형식을 부여한다. 이리하여 "세계적인 조직의 목적은 각각의 자유로운 국가들 안에서 이성적인 개인들을 만족시키는 데" 있게 된다. 이처럼 국가와 이성 간에는 기묘한 교환이 이루어진다. 하지만 이 교환은 동시에 분석적 명제이기도 한데, 왜냐하면 실현 가능한 이성은 마치 실제의 국가가 이성의 생성이듯이 권리상의 국가와 일치하기 때문이다.[53] 소위 근대 철학과 근대 국가 또는 이성적 국가에서는 모든 것이 입법자와 주체(=신민)를 중심으로 운용된다. 따라서 국가가 입법자와 주체(=신민)를 구별할 때는 사유가 이 양자의 동일성을 사유할 수 있도록 해주는 형식적 조건을 충족시켜야 한다. 항상 복종하라. 복종하면 할수록 너희들은 주인이 될 수 있다. 왜냐하면 너희들은 오직 순수 이성, 즉 너희 자신에게만 복종하고 있기 때문이다. 철학은 토대를 놓는 역할을 자임한 이래 항상 기존 권력을 찬양하고, 국가의 여러 기구의 원리를 국가 권력의 여러 기관들 속으로 전사해왔다. 공통감(sens commun), 즉 <코기토>를 중심으로 한 모든 능력들의 통일은 절대화된 국가의 합의(consensus)인 것이다. 이러한 대 작업은 특히 칸트의 "비판"에 의해 철저하게 수행되고 다시 헤겔주의가 이를 이어받아 발전시킨 바 있다. 칸트는 [능력의] 악용을 끊임없이 비판했으나 그것은 [능력의] 기능을 찬양하기 위해서였다. 따라서 칸트 시대 때부터 철학자가 교수, 즉 국가 공무원이 된 것은 그리 놀랄 만한 일은 아니다. 국가-형식이 사유의 이미지에 영감을 불어넣는 순간 모든 것이 규제되는 것이다. 완벽한 호혜주의인

53 지금 관제 정치 철학에는 우익 헤겔주의가 살아 숨쉬며 국가의 운명과 사유의 운명을 합체시키고 있다. 코제브(*Tyrannie et sagesse*, Gallimard)와 에릭 베일(*Hegel et l'Etat. Philosophie politique*, Vrin)이 이러한 흐름의 최근의 대표자들이다. 헤겔부터 막스 베버에 이르기까지 근대 국가와 이성의 관계를 '기술적 · 합리적'인 동시에 '이성적 · 인간적'인 것으로 바라보려는 사유 방식이 계속 이어져왔다. 이미 고대 제국에서도 존재했던 국가의 이러한 합리성이 지배자들에게는 최적 조건이 아니었겠냐고 반론을 제기한다면 헤겔주의자들은 '합리적 · 이성적'인 것은 모든 사람의 참여 없이는 존재할 수 없다고 대답할 것이다. 따라서 오히려 문제는 이 합리적 · 이성적인 것이라는 형식 자체가 필연적으로 국가로부터 도출되는 것은 아닌지, 즉 이 국가를 필연적으로 정당화시켜주며 국가에게 '이성(=근거)'을 부여해주는 방식으로 도출되는 것은 아닌가 하는 것이다.

셈이다. 게다가 국가 형식의 다양한 변화에 따라 사유의 이미지도 계속 다른 윤곽을 가진다. 따라서 언제나 동일한 사유의 이미지가 철학자를 묘사하고 지시해온 것은 아니며 앞으로도 반드시 그렇다고 볼 수는 없을 것이다. 마법적 기능과 이성적 기능 사이를 왔다갔다하는 경우도 있을 것이다. 고대의 제국적 국가에서는 시인이 사유의 이미지의 조련사 역할을 담당했으며[54] 근대 국가에서는 사회학자들이 철학자의 역할을 대체해왔다(뒤르켐과 그의 제자들이 공화국에 세속적인 사유의 모델을 부여하려고 했던 것을 예로 들 수 있다). 심지어는 오늘날까지도 정신분석이 다시 마법적 회귀 속에서 <법>의 사유로서의 보편적 사유(*Cogitatio universalis*)의 역할을 차지하려고 하고 있다. 이외에도 많은 경쟁자나 후보자가 있다. 사유학은 이데올로기와 혼동되어서는 안 되는 것으로서 다양한 사유의 이미지와 이들의 역사성을 연구하고자 한다. 하지만 이 모든 것은 전혀 중요하지 않으며 사유의 중후함 따위는 어떤 의미에서 그저 웃음거리에 불과하다고 말할 수 있을지도 모르겠다. 하지만 사유는 사유를 진지하게 받아들이지 말 것을 요구한다. 왜냐하면 그러면 그럴수록 사유는 그만큼 더 쉽게 우리를 대신해서 사유하고, 항상 새로운 사유의 공무원을 만들어낼 수 있기 때문이다. 더욱이 사유를 진지하게 생각하지 않을수록 사람들은 그만큼 더 국가가 원하는 쪽으로 순응하여 사유하기 때문이다. 진정 어느 국가의 인간, 즉 정치가가 그처럼 보잘것없지만 불가능한 일, 즉 사유자가 되기를 꿈꾸지 않았겠는가?

그러나 사유학은 다양한 <반(反)-사유>에 봉착한다. 그것은 공적인 교수에 맞선 "사적 사유자"들의 격렬한 사유 행위로서 역사적으로는 단속적으로밖에 등장하지 않지만 역사를 관통해서 동적으로 존재하

54 '주권의 공무원'으로서의 고대 시인의 역할에 대해서는 Dumézil, *Servius et la Fortune*, pp. 64 이하와 드티엔느, 앞의 책 pp. 17 이하를 참조하라.

고 있다. 키에르케고르, 니체 또는 셰스토프 등이 그들이다. 이들의 거처는 항상 스텝이나 사막이며, 이들은 사유의 이미지를 파괴한다. 아마 니체의 『교육자로서의 쇼펜하우어』야말로 사유의 이미지와 이 이미지가 국가와 맺고 있는 관계를 겨냥한 전무후무한 탁월한 비판일 것이다. 그러나 "사적 사유자"라는 표현은 바깥의 사유[55]가 문제인데도 내부성을 강조하는 인상을 주기 때문에 만족할 만한 표현이라고는 할 수 없다. 사유를 바깥과 바깥의 갖가지 힘들과 직접적으로 관련시키는 것, 즉 사유를 전쟁 기계로 만드는 것은 하나의 기묘한 계략으로, 니체를 통해 이 계략에서 사용되는 엄밀한 절차를 연구할 수 있다(가령 잠언[aphorisme]은 격언[maxime]과는 아주 다르다. 격언은 문자(lettres)의 공화국에서 국가의 조직적 행위 또는 주권적 판결이라고 할 수 있는 반면 잠언은 항상 외부의 새로운 힘으로부터, 즉 이 잠언을 정복하거나 복종시키고 또는 이용해야 하는 최신의 힘으로부터 의미를 받아들이기 때문이다). "사적 사유자"는 이와 다른 이유에서도 부적절한 표현이다. 즉 아무리 이러한 <반-사유>가 절대 고독을 증언하고 있더라도 이것은 사막 자체와 마찬가지로 절대적으로 민중적인 고독, 앞으로 도래할 민중과 밀접하게 연결되어 있는 고독, 아직 여기 있지는 않지만 민중 없이는 존재할 수 없기 때문에 민중을 불러오고 민중을 갈망하는 고독이기 때문이다……. "우리를 지탱시켜 줄 수 있는 민중이 결여되어 있기 때문에 마지막 힘이 결여되어 있는 것이다. 우리가 찾고 있는 것은 바로 민중의 지지이다……." 모든 사유는 이미 하나의 부족(部族)으로서 국가와는 정반대의 것이다. 그리고 사유에서 이러한 외부성의 형식은 내부성의 형식과 전혀 대칭 관계에 있지 않다. 엄밀하게 말하자면 대칭은 내부성의 상이한 극들 또는 초점들 사이에 있을 뿐이다. 그러나 사유의

55 모리스 블랑쇼와 사유의 외부성의 형식에 대한 푸코의 분석을 참조. "La pensée du dehors", in *Critique* juin 1966.

외부성의 형식, 즉 항상 자체의 외부에 존재하는 힘 또는 마지막 힘, n번째 역량은 전혀 국가 장치의 영감을 받은 이미지와 대립하는 또 하나의 이미지가 아니다. 이와 반대로 이미지와 이 이미지의 사본들을, 모델과 이 모델의 재생산들을, 즉 사유를 <진리>, <정의>, <법>이라는 모델(데카르트의 진리, 칸트의 정의, 헤겔의 법 등)에 종속시킬 수 있는 모든 가능성을 파괴하는 힘이다. "방법"은 보편적 사유라는 홈이 패인 공간으로서 한 점에서 다른 점으로 이동할 때 반드시 따라야 하는 경로를 묘사한다. 그러나 외부성의 형식은 사유를 매끈한 공간 속에 위치시키며, 사유는 헤아리지 않고 이 공간을 점거해야 한다. 그리고 이 공간에서는 중계와 간주곡, 재출발 말고는 달리 그렇게 할 수 있는 방법이나 재생산 방법을 생각해낼 수가 없다. 이러한 사유는 <흡혈귀>과 비슷하다. 이미지도 갖고 있지 않으며, 모델을 구성하는 일도 복사하는 일도 없다. 선(禪)의 매끈한 공간에서 화살은 한 점에서 다른 점으로 이동하는 것이 아니라 어떤 점에서라도 취해 어떤 점으로라도 보낼 수 있으며, 궁극적으로는 궁수나 표적과 상호 치환된다. 전쟁 기계의 문제는 설령 수단이 궁핍하더라도 어떻게 중계하는가 하는 문제지 모델이나 기념물을 어떻게 건축할 것인가 하는 문제가 아니다. 중계자인 순회적인 민중이지 모델 도시가 아니다. "자연은 철학자를 화살처럼 인류에게 쏘아 보냈다. 목표는 정하지 않고 단지 화살이 어딘가에 꽂히기만을 기원하며. 그러나 이 때문에 자연은 수도 없이 실패를 거듭하고 고배를 마셔야만 했다. …… 예술가와 철학자의 존재는 자연의 목적의 지혜를 보여주는 유력한 증거지만 자연의 수단과 관련해서는 자연의 합목적성에 대한 반대 증거이다. 그들은 모든 사람을 감동시켜야 했지만 항상 소수의 사람들만 감동시킨다. 그리고 이 소수의 사람들조차 예술가나 철학자들이 활을 당기는 힘에 충격을 받은 것은 아니었다…….."[56]

우리는 여기서 특히 사유가 진정 파토스(반-로고스 그리고 반-뮈토스) 속에 들어 있다는 의미에서 파토스적인 두 개의 텍스트를 염두에 두고 있다. 하나는 아르토의 텍스트로, 자크 리비에르(Jacques Rivière)에게 보낸 편지에서 그는 사유는 중심의 붕괴에서 출발해 기능하기 시작하되 형태를 취할 수 없는 것에 의해서만 살아남을 수 있고 재료로부터 단지 다양한 표현의 특질들만을 추출할 수 있을 뿐이며 보편화할 수 없는 독자성과 내면화할 수 없는 상황으로 기능하면서 순수하게 외부성의 환경으로서 주변적으로만 전개될 수 있다고 설명하고 있다. 그리고 다른 하나는 「말하면서 사유를 점진적으로 만들어가는 것에 대해 "Über die allmähliche Verfertigung der Gedanken beim Reden"」라는 클라이스트의 텍스트로서, 이 글에서 클라이스트는 개념은 통제 수단이라고, 즉 말과 언어뿐만 아니라 변용태, 상황, 심지어 우연을 통제하는 수단으로서 중심적인 내부성을 갖고 있다고 비난한다. 그는 이것을 과정과 소송으로서의 사유, 즉 기묘한 반-플라톤적인 대화, 다시 말해 한쪽은 다른쪽이 말하는 것을 파악하기 전에 말하고 다른쪽은 이해하기 전에 말하는 오누이간의 기묘한 반-대화와 구분한다. 그것은 감정(*Gemüt*)의 사유로서, 전쟁 기계에서의 장군처럼 또는 전기로 충전된 몸체, 즉 순수한 강렬함을 가진 몸체처럼 행동한다고 클라이스트는 말한다. "나는 말이 되지 않는 다양한 음을 혼합시켜 연결할 말을 확대하며 또 필요 없는데도 동격을 사용한다." 시간을 벌어라, 그리고 나서 포기할 것인가 아니면 기다릴 것인가. 언어를 관리하지 않고, 모국어 속에서 이방인이 되어 말 자체를 자신에게 꿰어 맞추고는 떼어내 "뭔가 전혀 불가해한 것을 만들" 필요성. 바로 이것이 외부성의 형식, 오누이 관계, 사유자의 여성-되기, 여성의 사유-되기이다. 통제되기를 거부하는 바

56 Nietzsche, *Schopenhauer éducateur*, ß 7.

로 이러한 감정이 전쟁 기계를 형성한다. 이것은 내부의 형식 속에서 수집되는 대신 외부의 다양한 힘들과 싸우고, 이미지를 형성하는 대신 중계에 의해 작용하는 사유, 주체-사유가 아니라 사건-사유, 즉 <이것임>, 본질 또는 정리-사유가 아니라 문제-사유, 관청으로 자임하는 것이 아니라 민중에게 호소하는 사유인 것이다. "사유자"가 이런 식으로 화살을 쏠 때마다 국가의 인간이, 적어도 국가의 인간의 그림자나 이미지 같은 것이 나타나 사유자에게 충고하거나 경고하면서 "목적"을 지정해주려고 하는 것이 과연 우연일까? 리베에르는 주저 않고 아르토에게 이렇게 대답한다. 좀더 노력하라, 계속 열심히 하라. 그러면 만사형통할 것이다. 그러면 마침내 방법을 찾아내 네가 권리상 생각하고 있는 것(보편적 사유)을 표현할 수 있을 것이다. 리비에르는 국가 원수는 아니었지만 문학 공화국의 비밀스런 군주 또는 권리상의 국가의 막후 실력자로 자임하고 있던 『신프랑스평론*Nouvelle Revue Française*』지의 대표자 중의 하나였던 것이다. 렌츠(Jakob Michael Reinhold Lenz)[57]와 클라이스트는 위대한 천재이자 모든 문학자 중 진정한 국가의 인간이었던 괴테와 충돌했다. 그러나 아직 이것이 최악의 사태는 아니었다. 최악의 사태는 클라이스트나 아르토의 문장 자체가 결국 기념비적인 것으로 자리잡아 복제를 부추기는 모델, 다른 모델들보다 훨씬 더 교활

57 [렌츠(1751~1792) : 러시아 태생의 독일 극작가로 질풍노도기의 극작가이다. 19세기 자연주의와 20세기 표현주의 연극의 주요한 선구자로 여겨진다. 쾨니히스베르크 대학에서 신학을 공부하다가 포기하고 스트라스부르에 가서 폰 클라이스트 가의 두 어린 남작의 가정 교사이자 친구가 된다. 이곳에서 괴테 문학회 회원이 되었으며, 기이하면서도 교훈적인 희극 『가정 교사 또는 사교육의 장점』과 그의 가장 뛰어난 연극인 『군인들』로 명성을 얻었다. 그의 연극은 강한 성격을 가진 인물들과 연속적으로 숨가쁘게 일어나는 반대 상황으로 인해 극적·희극적 효과를 자아내는 것으로 알려져 있다. 괴테와 비등해지려는 야심을 품고 괴테의 글쓰는 방식이나 사생활을 그대로 모방해 사람들의 웃음거리가 되었다. 서툰 풍자문으로 대공의 궁에서 추방당한 그는 가난 속에서 사방을 목적 없이 떠돌다가 정신 이상에 걸려 남은 여생을 보냈다]

한 모델이 되어 이 모델에 필적한다고 주장하는 온갖 인위적인 말더듬기와 수도 없는 단순 모방이 쏟아져 나오게 된 것이다.

사유의 고전적인 이미지 그리고 이 이미지가 유도하는 정신적 공간의 홈 파기 방식은 보편성을 주장한다. 실제로 그것은 두 개의 "보편 개념"을 이용해 홈을 파는데, 존재의 궁극적인 근거이자 모든 것을 포괄하는 지평으로서의 <전체>와 존재를 우리를 위한 존재로 전환시켜 주는 원리로서의 <주체>가 그것이다.[58] 제국과 공화국이 그것이다. 이 둘 사이에, 즉 "보편적 방법"의 지휘 아래 존재와 주체라는 이중적 관점에서 홈이 패인 정신적 공간에 온갖 종류의 실재와 진리가 존재하는 것이다. 따라서 이제 이러한 사유의 이미지를 거부하고 다른 방법으로 사유하려는 유목적 사유의 특징을 쉽게 규정할 수 있을 것이다. 즉 유목적 사유는 보편적인 사유 주체를 요청하는 대신 이와 반대로 독자적인 인종을 요청한다. 또 모든 것을 포괄하는 총체성에 근거하기보다는 반대로 스텝, 사막, 바다 같은 매끈한 공간, 지평선 없는 환경 속에서 전개된다. 여기서 "부족"으로 정의된 인종과 "환경"으로 정의되는 매끈한 공간 사이에 성립되는 관계는 주체와 존재 간의 관계와는 전혀 다른 유형의 적합성을 갖고 있다. 즉, 모든 것을 포괄하는 존재의 지평 안에 있는 보편적 주체가 아니라 사막에 있는 하나의 부족인 것이다. 최근 화이트는 부족으로서의 인종(켈트 족 또는 스스로를 켈트 족이라고 여기는 사람들)과 환경으로서의 공간(동양이여, 동양이여, 고비 사막이여……) 간의 이러한 비대칭적 상보성을 강조한 바 있다. 화이트는 켈트와 동양의 결혼이라는 이 기묘한 조합이 영문학을 휩쓴 동시에 미국 문학을 만들어낸 본래적인 의미의 유목적 사유를 어떻게 고취시켰는지를 보여준다.[59] 우리는 즉각 이러한 시도에 따르는 위험 내지는

58 *Descartes*(불역, Alean)라는 제목을 가진 야스퍼스의 기묘한 텍스트는 이러한 관점을 전개하는 동시에 그러한 관점의 함의를 수용하고 있다.

심각한 양가성을 간파할 수 있는데, 마치 모든 창조 노력이나 시도는 자칫 불명예에 빠질지도 모를 위험에 직면해 있는 것처럼 보인다. 그러면 인종이라는 주제가 인종 차별주의, 즉 포괄적인 지배를 목적으로 하는 인종차별주의나 파시즘 또는 더 단순하게는 귀족주의나 당파주의, 복고주의와 같은 미시-파시즘으로 전화되지 않도록 하려면 어떻게 해야 할까? 동양이라는 극이 환상으로 변질되어 온갖 형태의 파시즘, 그리고 요가나 참선, 가라테(空手道) 등의 온갖 민속 현상을 재활성화하는 것을 저지하려면 어떻게 해야 할까? 실제로 동양을 여행해봤다고 해서 판환상을 없앨 수는 없으며, 현실적이건 아니면 신화적이건 과거를 환기시킨다 한들 인종차별주의를 피할 수 있는 것은 아니다. 그러나 여기서도 역시 인종이라는 주제와 인종차별이라는 주제를 구별하는 기준은 아주 간단한데, 설령 때와 장소에 따라 이 두 주제가 혼합되어 기준이 애매하게 되더라도 마찬가지다. 부족으로서의 인종은 억압된 인종으로서만 또는 이들이 감수하는 억압이라는 이름으로만 존재하는 것이다. 인종은 열등 인종, 소수 인종으로서만 존재할 수 있다. 지배적인 인종이라는 것은 존재하지 않는다. 하나의 인종은 순수한 혈통이 아니라 지배 체계가 부여하는 불순함에 의해서 규정된다. 따라서 잡종과 혼혈이야말로 인종의 진정한 이름이다. 이와 관련해 랭보의 이야기는 정곡을 찌르고 있다. 즉 아래와 같이 말하는 사람만이 인종이라는 말을 할 수 있는 권리가 있다. "나는 항상 열등한 인종에 속해 있었다. …… 앞으로도 영원히 열등 인종에 속할 것이다. …… 나는 지금 아르모니카 해변에 있다. …… 나는 짐승, 깜둥이다. …… 나는 오래된 인종에 속해 있다. 나의 선조는 바이킹이다." 인종이 재발견되어야 할 어떤 것이 아니듯이 동양 또한 모방해야 할 어떤 것이 아니다. 동양은 매

59 Kenneth White, *Intellectual Nomadism*. 아직 출간되지 않은 이 책의 2권의 제목은 *Poetry and Tribe*로 되어 있다.

끈한 공간을 구축함으로써만 존재할 수 있듯이 인종 또한 매끈한 공간을 가로지르는 부족을 구성함으로써만 존재할 수 있다. 사유라고 하는 것은 <주체>의 속성이나 <전체>의 표상이 아니라 생성, 게다가 이중 생성이다.

공리 2 — 전쟁 기계는 유목민의 발명품이다(국가 장치의 외부에 존재하며, 군사 제도와 구별되는 한에서). 이러한 의미에서 유목적인 전쟁 기계는 공간-지리적 측면, 산술적 또는 대수적 측면, 변용태적 측면의 세 가지 측면을 가진다.
명제 5 — 유목민의 실존은 필연적으로 전쟁 기계의 조건들을 공간 속에서 실현시킨다.

유목민은 영토를 갖고 있으며 관습적인 궤적을 따라 이동한다. 한 점에서 다른 점으로 이동하는 습성을 갖고 있으므로 물을 얻을 수 있는 지점, 머물 수 있는 지점, 모여야 할 지점 등의 지점을 모르지 않는다. 그러나 유목 생활에서 원칙인 것과 단순한 결과에 지나지 않는 것을 구별하는 것이 문제가 된다. 우선 이들 지점들이 궤적을 규정하기는 하지만 정주민들의 경우와는 반대로 이 지점들은 원래의 궤적에 엄격하게 종속되어 있다. 물을 얻을 수 있는 지점에 도달한 다음에는 이를 버리고 곧장 다른 곳으로 떠나야 하는 것이다. 이처럼 모든 지점은 중계점이며 중계점으로서밖에 존재하지 않는다. 경로는 항상 두 지점 사이에 존재하지만 유목민에게서는 이 둘-사이가 고름을 취해 자율성과 고유한 방향성을 갖게 된다. 유목민의 생활은 일종의 간주곡인 것이다. 거주라는 요소도 이들이 따라 가는 궤적과 관련해 구상되는 것으로서 궤적에 따라 끊임없이 움직인다.[60] 유목민은 이주민과는 전혀 다르다. 왜냐하면 이주민은 기본적으로 어느 한 점에서 다른 점으로, 설령 이 다른 한 점이 불확실하고 전혀 예기치 못하거나 위치를 정하기 어려운 지점이라 할지라도 아무튼 다른 점으로 이동해 가는 반면 유목민이 한 점에서 다른 한 점으로 이동하는 것은 단순한 필요에 따른 결과로서 이들에게 많은 지점은 원칙적으로 하나의 궤적 위에 있는 중계점이기 때문이다. 물론 유목민과 이주민은 다양한 방식으로 뒤섞이며 공통의 집합을 형성할 수도 있으나 각각의 원인과 조건은 분명하게 구분된다(가령 메디나에 있는 마호멧에 합류하려는 사람들은 유목민, 즉 베두인 족임을 맹세할 것인가 아니면 헤지라, 즉 이주민임을 맹세할 것인가 둘 중의 하나를 선택해야 했다[61]).

두번째로 유목민의 궤적은 발자취나 관습적인 길을 따르더라도 정주민들의 도로의 기능을, 즉 인간들에게 닫힌 공간을 배분하고 부분적인 공간을 각자의 몫으로 지정한 다음 이들 부분들 간의 교통을 규제하는 기능을 수행하지 않는다. 그것은 정반대의 기능을 한다. 즉 인간들(또는 짐승들)을 열린 공간 속으로, 무규정적이며 교통하지 않는 공간 속으로 분배한다. 노모스는 지금은 결국 법을 의미하게 되었지만 본래는 분배를, 분배의 양태를 가리키는 말이었다. 그러나 그것은 경계선도, 테두리도 없는 공간에서 부분들로 분할하지 않고 이루어지는 아주 특수한 분배이다. 노모스는 퍼지 집합의 고름이다. 이러한 의미에서 노모스

60 Anny Milovanoff, "La seconde peau du nomade", in *Nouvelles littéraires*, 27(1978년 7월 27일자). "사하라 사막의 알제리 국경에 사는 유목민인 라르바 족은 텐트를 말뚝에 붙들어매는 새끼 끈을 가리키기 위해 통상 도로나 길을 의미하는 트리가(trigâ)라는 말을 사용한다. …… 유목민의 사고로는 주거는 영토가 아니라 여정과 연결되어 있다. 유목민은 자신이 통과하는 공간을 소유하기를 거부하고 양모나 산양 털로 환경을 마련하는데, 이것은 이들이 차지하는 일시적인 장소를 그의 영토로 표시하지는 않는다. …… 이처럼 부드러운 물질인 양털은 유목 생활에 통일성을 부여한다. …… 유목민들은 이들이 가로지르는 공간의 형상이 아니라 여정의 표상 앞에 멈추어 선다. 그리고 공간을 공간에게 맡겨두는 것이다. …… 그리하여 양털같은 다형성이 나타난다."

61 W. M. Watt, *Mahomet à Médine*, Payot, pp. 107, 293.

는 오지나 산록 또는 도시 주변으로 모호하게 퍼져 나가는 것으로서 법, 즉 폴리스와 대립한다("노모스냐 폴리스냐"[62]). 따라서 세번째로 벽, 울타리, 담, 그리고 이 담들을 연결하는 도로들에 의해 홈이 파이는 정주민적 공간과 달리 유목민적 공간은 매끈한 공간으로서 경로와 함께 지워지고 이동해나가는 "특징선"에 의해서만 구분된다. 심지어 사막의 얇은 막들은 상대방 위로 흘러내리면서 도저히 모방할 수 없는 소리를 내기도 한다. 유목민은 매끈한 공간 속에서 자신을 분배하고 이 공간을 차지하고 거주하며 보존한다. 이것이 바로 이들의 영토적 원칙이다. 따라서 유목민을 운동에 의해 규정하는 것은 잘못이다. 이와 반대로 유목민은 오히려 옮겨다니지 않는다고 주장한 토인비가 근본적으로 옳다. 이주민은 거주지가 황폐해지거나 불모지가 되면 환경을 버리고 떠나는 데 반해 유목민들은 떠나지 않으며 떠나기를 원하지 않는 자들로서, 숲이 점점 줄어들고 스텝이나 사막이 증가하면 나타나는 매끈한 공간 속에 있으면서 이러한 도전에 대한 응답으로서 유목을 발명해낸다.[63] 물론 유목민도 움직이지만 그는 실제로는 앉아 있는 것이며, 움

62 Emmanuel Laroche, *Histoire de la racine "Nem" en grec ancien*, Klincksieck. '넴'이라는 어근은 배분이 아니라 분배를 가리킨다. 설령 양자가 묶여 있더라도 말이다. 그러나 목축의 경우 동물의 분배는 무제한의 공간에서 이루어지며 땅의 배분을 함축하지 않는다. "호머 시대에 양치기의 일은 땅의 배분과는 아무런 상관이 없었다. 솔론 시대에 접어들어 농업 문제가 전면에 등장하면서 그것은 이전과는 전혀 다른 어휘로 표현되었다." 풀을 뜯기는 것(nemô)은 배분이 아니라 가축을 여기 저기에 풀어놓아 먹이는 것과 관련되어 있었다. <노모스>가 법과 권력의 원리(Thesmoï와 Dikè)를 가리키고, 더 나아가 법 자체와 동일시되게 된 것은 솔론 이후의 일이다. 이와 달리 전에는 법에 의해 지배되는 도시 즉, 폴리스냐 아니면 노모스의 장소인 교외냐 하는 양자택일이 가능했다. 이와 비슷한 양자택일은 이븐 할둔의 저서에서도, 즉 도시 생활로서의 하다라(Hadara)와 노모스로서의 바디야(Badiya)(이것은 도시가 아니라 도시화되기 이전의 시골, 고원, 스텝, 산, 사막을 가리킨다) 사이에서도 존재하고 있다.

63 Toynbee, *L'Histoire*, pp. 185～210. "그들을 스텝으로 달려갔다. 스텝의 저편으로 가기 위해서가 아니라 이 스텝 위에서 편히 살기 위해."

직이고 있을 때가 가장 진득하게 앉아 있을 때인 것이다(안장 위에 정좌하고서 잰걸음으로 달리는 베두인 족은 "평형 상태의 정수"를 보여준다). 유목민은 기다리는 방법을 알고 있다. 그는 무한한 인내력을 갖고 있다. 부동성과 속도, 긴장감과 돌진, "정지한 과정", 과정으로서의 정지 등 클라이스트에게서 나타나는 이러한 특징은 전형적으로 유목민적인 것들이다. 따라서 속도와 운동을 구별할 필요가 있다. 운동은 아무리 빨라도 그것만으로는 속도가 될 수 없으며, 속도는 아무리 늦어도, 설령 전혀 움직이지 않더라도 여전히 속도인 것이다. 운동은 외연적이며, 속도는 내포적인 것이다. 운동은 "하나"로 간주되는 어떤 물체가 어느 한 지점에서 다른 한 지점으로 이동하는 경우 갖게 되는 상대적 성격을 가리키는 데 반해 속도는 어느 물체의 환원 불가능한 부분들(원자)이 돌연 어떠한 지점에서라도 출현할 수 있는 가능성과 함께 소용돌이를 일으키는 방식으로 매끈한 공간을 차지하거나 채우는 경우 물체가 갖게 되는 절대적 성격을 가리킨다(따라서 상대적 운동이 아니라 특정한 장소에서의 강렬한 체험을 통해 이루어지는 정신적 여행에 대한 이야기가 계속 전해 내려온 것은 전혀 놀랄 만한 일이 아니다. 이러한 여행은 유목의 일부이기 때문이다). 요컨대 단지 유목민만이 절대적 운동, 즉 속도를 갖고 있으며 소용돌이 운동 내지 회전 운동은 본질적으로 전쟁 기계에 속하는 것이다.

이러한 의미에서 실제로는 지점, 궤적, 땅을 갖고 있음에도 불구하고 유목민들은 이것들을 갖고 있지 못하다고 하는 것이다. 유목민이 특히 <탈영토화되었다>고 말할 수 있는 것은 이들에게서 재영토화는 이주민의 경우에서처럼 탈영토화 이후에 이루어지거나 또는 정주민의 경우처럼 다른 어떤 것 위에서 이루어지는 것이 아니기 때문이다(정주민은 소유 제도나 국가 장치와 같은 다른 어떤 것의 매개를 통해 대지와 관계를 맺는다). 이와 반대로 유목민들에게서는 탈영토화가 대지와의 관계 그 자체를 구성하고 있으므로 유목민은 탈영토화 그 자체에 의해 재영토화된다. 즉, 대지 그 자체가 탈영토화된 결과 유목민은 거기서 영토를 발견하는 것이다. 이때 대지는 대지이기를 그치고 단순한 지면 내지는 지지면이 되려고 한다. 또한 대지는 포괄적이고 상대적으로 탈영토화되는 것이 아니라 특수한 지점에서, 즉 숲이 후퇴하고 스텝이나 사막이 전진하는 명확하게 한정된 장소에서 탈영토화된다. 위박이 정확하게 지적하고 있듯이 유목은 전 지구적인 규모의 기후 변화(이것은 오히려 이주와 결합된다)보다는 "국지적 기후 변동"[64]에 의해 설명될 수 있다. 매끈한 공간이 형성되어 사방을 침식해 들어가고 계속 증대하려고 하는 대지 위에는 반드시 유목민이 있다. 유목민은 이러한 장소에 살고, 거기에 머무르며, 이러한 장소를 증대시켜 나간다. 이러한 의미에서 유목민이 사막에 의해 만들어졌듯이 사막 또한 이들에 의해 만들어진다고 할 수 있다. 유목민은 탈영토화의 벡터이다. 유목민을 끊임없이 행로나 방향을 바꾸는 일련의 국지적인 조작을 통해 사막에 사막을, 스텝에 스텝을 첨가시켜 나간다.[65] 사막은 소위 고정점으로서의 오아시스만이 아니라 국지적인 우량에 따라 이동하는 일시적인 리좀적 식물군도 포함하고 있는데, 바로 이것이 유목민들의 행로 변경을 규정한다.[66] 모래 사막을 묘사하기 위한 이러한 용어들은 얼음 사막에도 똑같이 적용할 수 있다. 하늘과 땅을 나누는 어떠한 선이나 중간에 개재하는 거리도, 원근법이나 윤곽도 없다. 시계는 한정되어 있으나 그럼에도 불구하고 여러 지점이나 대상이 아니라 <이것임>들, 즉 온갖 관

64 Pierre Hubac, *Les nomodes*, la Renaissance du livre, pp. 26~29를 참조(위박은 유목민과 이주민을 혼동하는 경향이 있다).

65 바다나 군도의 유목민에 대해 앙프레르(José Emperaire)는 다음과 같이 말한다. "그들은 여정을 전체로서 파악하는 것이 아니라 한 야영지에서 다른 야영지로의 여행을 반복하면서 차례대로 여정을 병치해나가는 방법으로 파편적인 방식으로 파악한다. 이런 식으로 각각의 여정에 대한 소요 시간과 그 사이의 방향의 연속적 변주를 추정한다." p. 225.

66 Thesiger, *Le désert des déserts*, Plon, pp. 155, 171, 225.

계의 다양한 집합(바람, 눈이나 모래의 파동, 모래의 노래, 얼음 깨지는 소리, 모래와 빙원의 촉각적 질)을 기반으로 해서 성립하는 극히 섬세한 위상학이 존재한다. 이것은 시각적이라기보다는 오히려 음향적인 공간으로 촉각적 또는 오히려 "촉지적(haptique)" 공간이다.[67] 방향의 가변성, 다성성은 리좀 유형의 매끈한 공간의 본질적인 특징으로서 이 공간의 지도를 끊임없이 바꾸어 나간다. 유목민과 유목 공간은 국지화되지만 제한되지는 않는다. 오히려 한정하거나 한정되는 것은 **상대적인 포괄성**으로서의 홈이 패인 공간이다. 그것은 부분들에 의해 한정되며, 각 부분은 부분간의 관계에 따라 정해진 일정한 방향을 부여받으며 경계선들에 의해 분할되는 동시에 합성도 가능하다. 그리고 자체 내에 "포함"되는 매끈한 공간과 관계된 이러한 집합이 한정하는 것(**리메스**[68] 또는 성벽이지 이미 경계선은 아니다)으로서 이것이 매끈한 공간의 증대를 억제 또는 저지하거나 또는 매끈한 공간을 제한하거나 외부로 돌려버린다. 이러한 작용의 영향을 받는 경우가 있더라도 유목민은 이러한 상대적 포괄성에 소속되지 않으며, 따라서 어느 지점에서 다른 지점으로, 어느 지역에서 다른 지역으로 이동하는 것은 아니다. 유목민은 오히려 **국지적 절대성**, 즉 국지적으로 표현되고 다양한 방향으로 전개되는 국지적 조작 체계를 통해 생산되는 절대성, 예를 들어 사막, 스텝, 빙원, 바다 같은 국지적 절대성 속에 존재한다.

어떤 장소에 절대성을 출현시키는 것, 이것이 바로 종교의 일반적 성격이 아닌가(특히 이러한 출현의 성질과 그것을 재현하는 이미지의 정당성 여부에 대해서는 항상 논쟁의 여지가 있지만 말이다)? 그러나 종교의

67 Wilfred Thesiger의 모래 사막에 대한 탁월한 묘사와 함께 Edmund Carpenter)(*Eskimo*, Toronto)의 얼음 사막에 대한 탁월한 묘사를 참조하라. 바람과 음향적 · 촉각적 성질, 시각적 자료들의 이차적 성격, 유목민은 특히 왕립 과학으로서의 천문학에 무관심함에도 불구하고 질적 변화와 GMS적을 다루는 소수자 과학이 존재한다.

68 [로마인이 게르만족 등 이민족의 침입에 대비하여 건축한 방호벽]

성스러운 장소는 근본적으로 하나의 중심으로서 어두침침한 노모스를 거절한다. 본질적으로 종교의 절대성이 포괄하는 지평선으로서 특수한 장소에 나타나는 이유 또한 이 포괄적인 것에 견고하고 안정적인 중심을 고정시키기 위해서이다. 일신교에서 사막, 스텝, 대양과 같은 매끈한 공간이 포괄하는 역할을 하고 있다는 것은 종종 지적되어왔다. 요컨대 종교는 절대성을 전환시키고 있는 것이다. 이러한 의미에서 종교는 설령 국가 장치라는 모델을 보편적인 것으로 고양시키고 절대적 제국(Imperium)을 구성할 수 있는 고유한 역량을 갖고 있다고 하더라도 국가 장치의 하나의 부품인 것이다(이것에는 "묶어두기"[lien]와 "계약 내지는 결연"이라는 두 가지 형태가 존재한다). 그런데 유목민에게서 이 물음은 전혀 다른 형태로 제출된다. 즉 성스러운 장소는 제한되지 않으며, 절대성은 성스러운 장소에 출현하는 것이 아니라 한정되지 않은 장소와 결합된다. 양자, 즉 장소와 절대성의 결합은 특정한 중심이나 방향을 가진 포괄화나 보편화 속에서가 아니라 국지적 조작의 무한한 연속 속에서 이루어진다. 이처럼 대립적인 두 가지 관점에 따르자면 당연히 유목민은 종교에 적합한 토양을 제공하지 않으며, 전사(戰士)에게는 항상 사제 내지는 신에 대한 불경이 존재한다는 것을 확인할 수 있을 것이다. 유목민은 모호한, 말 그대로 방랑적(vagabond)인 "일신교"를 갖고 있는데, 이들은 그것에 만족하고 사방을 돌아다니는 불꽃들과 함께 살아왔다. 하지만 그래도 유목민들은 절대성에 대한 감각을 갖고 있는데, 그것은 기묘하게도 무신론적이다. 이러한 점에서 유목민을 다루어야 했던 모든 보편주의 종교는 — 모세, 마호메트, 나아가서 이단인 네스토리우스파 기독교조차 — 항상 문제에 직면하고, 이들이 유목민들의 완고한 불경이라 부르는 것에 봉착해왔다. 이들 종교들은 실제로 견고하고 안정된 방향과 불가분의 관계를 맺고 있었으며, 사실상의 국가가 부재할 때도 아니 특히 그러할 때는 더욱더 권리상의 제국적 국가와 밀접한 관계를 맺어왔다. 따라서 정주를 이상으로 강요하고, 유목적 성분들보다는 정주적 성분들을 더 중시했다. 발생기의 이슬람교도 헤지라,[69] 즉 이주라는 주제를 유목보다 특권화했으며, 몇몇 분열(가령 하리지 파kharidjisme[이슬람 최초의 엄격주의 교파] 운동 등)을 통해서야 비로소 아랍 유목민들이나 베르베르 유목민들을 이슬람교로 개종시킬 수 있었다.[70]

그러나 이런 식으로 종교와 유목에 관한 두 가지 관점을 단순하게 대립시키는 것만으로는 문제가 제대로 해결되지 않는다. 왜냐하면 전 세계에 보편적 또는 정신적 국가를 투사하려는 경향을 가진 일신교적인 종교도 가장 깊은 곳에서는 반드시 양가성이나 이러한 경향을 초과하는 주변적 영역들로부터 완전히 벗어나 있는 것은 아니기 때문이다. 따라서 일신교도 국가, 심지어 제국적 국가의 이념적 한계를 넘어서 좀 더 애매한 지대, 즉 국가의 바깥으로 넘어가 변이나 극히 특수한 적응을 겪을 수도 있기 때문이다. 이것이 바로 전쟁 기계의 한 요소로서의 종교이며, 전쟁 기계의 모터로서의 성전(聖戰)이라는 관념이다. 국가적 인물로서의 왕과 종교적 인물로서의 사제와 달리 예언자가 운동을 지휘하게 되면 종교는 전쟁 기계가 되거나 또는 전쟁 기계 쪽으로 넘어가게 된다. 이슬람교와 예언자 마호메트는 종교의 전쟁 기계로의 이러한 전환을 수행하고 진정한 단결심을 만들어냈다는 말을 종종 들어왔다. 조르주 바타이유의 표현에 따르면 "발생기의 이슬람교는 군사적 계획으로 응축된 사회"이다. 서구는 이슬람교에 대한 반감을 정당화하기 위해 이러한 사실을 환기시켜왔다. 그러나 십자군 또한 분명 기독교에서 유래하는 이러한 유형의 기독교적 모험을 포함하고 있었다. 예언자

69 [마호메트가 메카로부터 메디나로 이주한 것을 가리키며, '성천'[聖遷]이라는 의미를 갖고 있다]

70 E. F. Gautier, *Le passé de l'Afrique de Nord*, Payot, 1952, pp. 267~316.

들은 누구나 유목민적 삶을 비난하려 들었다. 그리고 종교적 전쟁 기계는 당연히 이주 운동과 정주의 이상을 특권화하려고 한다. 일반적으로 종교는 특수한 탈영토화를 정신적 또는 심지어 물질적 재영토화를 통해 보상하려고 하는데, 성전의 경우 이것은 세계의 중심으로서의 성지를 정복하는 형태를 취하게 된다. 그럼에도 불구하고 전쟁 기계화되는 경우 종교는 놀라울 만한 크기의 전하를 가진 유목성, 즉 절대적 탈영토화를 가동시키고 해방시킨다. 그리고 그러한 종교는 그에 수반되는 유목민 이주민을 배가하는데, 이들은 결국 이처럼 막강한 유목민과 함께 잊게 되면서 마침내 유목민이 되어버리며 결국 국가-형식에 맞서 스스로 절대 국가라는 꿈을 되돌려 받는다.[71] 이러한 반전은 이 꿈과 마찬가지로 종교의 "본질"에 속한다. 십자군의 역사는 극히 놀랄 만큼 다채로운 일련의 방향 전환에 의해 특징지어진다. 즉, 도달해야 하는 중심으로서의 성지를 향한 확고한 방향은 단지 그저 구실에 지나지 않는 것처럼 보인다. 그러나 사리사욕이나 경제적·상업적·정치적 요소들이 십자군 운동을 본래의 순수한 경로에서 이탈시켰다고 주장하는 것은 잘못일 것이다. 왜냐하면 십자군의 이념 자체 속에 이미 단절되고 계속 변하는 방향들의 이러한 가변성이 내포되어 있기 때문이다. 그리고 이것이 종교를 전쟁 기계로 변화시키는 동시에 이를 이용해 이에 대응하는 유목을 불러오는 순간부터 즉시 이 모든 요소 내지 변수들이 십자군이라는 관념에 내재적으로 속하게 되기 때문이다.[72] 이상의 서술에

71 이러한 관점에서 인디언의 예언자 제도에 관한 클라스트르의 분석을 얼마든지 일반화시킬 수 있을 것이다. "한쪽에는 추장이 그리고 다른쪽에는 그와 대립하는 예언자가 있다. …… 예언 기계는 완벽하게 작동하는데, 카라이(예언자들)는 놀라울 정도로 많은 인디언들을 복종시킬 수 있기 때문이다. …… 추장들에 대한 예언자들의 반란 행위는 사태의 기묘한 반전을 통해 예언자들에게 추장이 쥐고 있던 것보다 훨씬 강력한 권력을 부여해준다"(*La société contre l'Etat*, p. 185).

72 Paul Alphandéry, *La chrétienté et l'idée de croisade*, Albin Michel의 가장 흥미로운 주제

서도 분명하게 확인할 수 있듯이 정주민, 이주민, 유목민을 엄격하게 구별할 필요가 있다고 해서 실제로 이들이 혼합되는 것을 미리 배제하는 것은 아니다. 이와 반대로 오히려 혼합을 필연적인 것으로 만든다. 따라서 유목민을 섬멸시켜버린 정주화의 일반적 과정을 고찰하려면 반드시 이와 동시에 돌발적으로 나타나 정주민을 몰아내고 이주민의 수를 늘리는 국지적 유목화를 함께 고려해야 한다(특히 종교에 유리한 방향으로 일어난 국지적 유목화).

매끈한 공간 또는 유목 공간은 두 개의 홈이 패인 공간 사이에 있다. 즉, 중력의 수직선을 가진 숲의 홈이 패인 공간과 격자와 일반화된 평행선, 이제는 고립된 수목, 숲으로부터 나무와 목재를 벌채하는 기술을 가진 농업의 홈이 패인 공간 사이에. 이처럼 "사이"에 있다는 것은 한편으로는 이 두 홈이 패인 공간이 매끈한 공간을 양측에서 통제하고 한정시키며, 이 공간의 전개를 저지하고 가능한 한 홈이 패인 공간들간의 교통의 역할에 한정시키려는 동시에 다른 한편으로는 이와 반대로 이 매끈한 공간이 이 양쪽에 맞서 한쪽에서는 숲을 침식하는 동시에 다른 한쪽에서는 경작지를 잠식하고 마치 파먹어 들어가는 "쐐기"처럼 일종의 비교통적인, 즉 어긋나는(écart) 힘을 발휘함으로써 홈이 패인 이

중의 하나는 경로의 전환, 정지, 우회가 오히려 십자군의 핵심적인 부분 중의 하나였다는 주장에서 찾을 수 있다. "우리는 십자군이라는 군대를 루이 14세나 나폴레옹 군대처럼 장교나 참모들의 지시대로 움직이는 절대적으로 수동적인 근대적 군대로 상상하고 있다. 근대적인 군대는 어디로 가는지, 언제 길을 잘못 들어서는지를 알고 있으며, 따라서 의식적으로 움직인다. 하지만 좀더 차이에 민감한 역사라면 십자군에 대해 이보다는 훨씬 더 현실적인 이미지를 받아들이게 될 것이다. 즉 십자군은 자유롭게 움직였으며 때로는 무질서할 정도로 생동감 넘치는 군대였다. …… 이 군대는 복잡하기는 하지만 일관된 연관성에 따라 내부에서부터 동기를 부여받았으며, 어느 것 하나 우연히 일어나는 일은 없었다. 콘스탄티노플 공략도 분명히 다른 십자군의 행동들과 마찬가지로 분명 원인과 필연성, 종교적 성격을 갖고 있었다"(2권, p. 76). 특히 알팡데리는 <이교도들>에 맞선 전투라는 생각이 어떠한 지점에서든 성지 탈환이라는 관념과 더불어 아주 초기부터 나타났음을 보여준다(1권, p. 219).

두 공간에 반격을 가한다는 것을 의미하기도 한다. 유목민은 먼저 숲이나 산의 주민들에게 반격을 가하고, 그런 다음에는 농작민들을 덮친다. 여기서 우리는 국가-형식의 이면 또는 바깥과 비슷한 뭔가를 일별해 볼 수 있다 — 하지만 어떤 의미에서? 포괄적인 동시에 상대적인 공간인 이 형식은 몇몇 성분들을 함축하고 있다. 즉, 숲과 숲의 개간, 농업과 경지 구획, 농업 노동과 정주민의 식량 보급에 종속된 목축, 도시-농촌(폴리스-노모스) 간의 교통과 교역이 그것이다. 역사가들은 서양이 동양에 승리한 주요한 이유로서 통상 아래와 같은 특징을 거론하는데, 일반적으로 여기서는 동양이 불리한 위치에 놓인다. 즉, 개간이 아니라 숲의 벌채. 이 때문에 목재를 획득하는 것이 상당히 어려웠다. 나무와 들판의 경작이 아니라 "논과 밭" 유형의 경작. 목축은 대부분 정주민의 관리로부터 독립되어 있었기 때문에 가축 노동력과 육식이 결여되었다. 도시-농촌 간의 교통량이 적었기 때문에 상업도 훨씬 덜 유연할 수밖에 없었다.[73] 그렇다고 해서 동양에는 국가-형식이 부재했다고 결론내려서는 안 된다. 이와 정반대로 오히려 도주하는 벡터를 따라 분주하게 움직이는 다양한 성분을 보유하고 통합시키려면 서양의 국가-형식 이상으로 가혹한 권력 기관이 필요했다. 국가라고 하는 것은 항상 동일하게 조성된다. 헤겔의 정치 철학에 그래도 한가지 진리가 있다면 그것은 바로 "모든 국가는 내부에 실존의 본질적인 계기를

73 중세부터 시작된 동양 대 서양의 이러한 대결(그것은 왜 하필 다른 곳이 아니라 서양에서 자본주의가 발생했는가?라는 문제와 연결된다)은 근대 역사가들의 탁월한 분석 대상이 되어왔다. 특히 Fernand Braudel, *Civilisation matérielle et capitalisme*, Armand Colin, pp. 108~121. Pierre Chaunu, *L'expansion européenne du XIIIe au XVe siècle*, P.U.F., pp. 334~339("Pourquoi l'Europe? pourquoi pas la Chine"). Maurice Lombard, *Espace et réseaux de haut Moyen Age*, Mouton, 7장(그리고 p. 219. "동양에서 벌채로 불리는 것을 서양에서는 개간이라고 부른다. 따라서 문명의 지배적인 중심지가 동양에서 서양으로 이동한 첫번째의 근본적인 이유는 지리적인 것이었다. <삼림-개간>이 <사막-오아시스>보다 훨씬 더 커다란 잠재력을 갖고 있음이 확인된 것이다")을 보라.

갖고 있다"는 명제일 것이다. 국가는 단순히 인간만이 아니라 숲이나 밭, 논, 가축, 상품 등으로도 구성된다. 모든 국가는 조성의 통일성을 갖고 있지만 모든 국가가 동일한 방식으로 발전하거나 동일한 조직을 갖는 것은 아니다. 동양에서는 이러한 성분들이 서양에서보다 훨씬 더 분리되고 분절되어 있어 이 모든 성분들을 한데 보유하려면 거대한 부동의 형식이 필요했다. 아시아건 아프리카건 이러한 "전제적 구성체들"은 끊임없이 반란이나 분리 운동, 왕조 교체로 인해 흔들려왔으나 형식 자체의 부동성은 영향을 받지 않았다. 이와 반대로 서양에서는 성분들이 서로 혼합되어 있었기 때문에 혁명을 통한 국가-형식의 변형이 가능했다. 혁명이라는 관념 자체가 애매한 것은 사실이다. 혁명이 국가의 변형과 관련되는 한 그것은 서양적 관념이지만 국가의 파괴, 폐지에 관한 한 그것은 동양적 관념이기 때문이다.[74] 동양, 아프리카, 아메리카의 대제국들에서는 광대한 매끈한 공간들이 안으로 침입해 들어와 모든 성분들 간의 간격을 유지함으로써 이 대제국과 대립하고 있었

74 아시아의 전제적 구성체에 관한 마르크스의 고찰은 Max Gluckman, *Custom and Conflict in Africa*, Oxford의 아프리카 분석에 의해 뒷받침되고 있다. 형식의 부동성과 끊임없는 반란이 동시에 나타난다는 것이다. 국가의 '변형'이라는 관념은 실로 서양적인 것처럼 보인다. 이와 다른 관념, 즉 국가의 '파괴'라는 관념은 훨씬 더 동양적인 것으로 유목적 전쟁 기계의 조건과 관계된다. 이 두 관념을 하나의 혁명의 연속적인 두 국면으로 제시하려는 시도가 수없이 있어왔지만 양자는 도저히 화해할 수 없을 정도로 너무 다르다. 이 두 개념은 마치 19세기의 사회주의와 무정부주의라는 두 흐름의 대립을 집약해서 나타내고 있는 듯하다. 서양의 프롤레타리아 자체도 이러한 두 가지 관점에서 고찰할 수 있다. 먼저 권력을 장악해 국가 장치를 변형해야 하는 프롤레타리아트(노동력이라는 관점). 그리고 국가를 파괴하려는, 또 그것을 원하는 프롤레타리아트(유목화의 힘이라는 관점). 심지어 마르크스조차도 프롤레타리아를 소외된 것(노동)으로서뿐만 아니라 탈영토화된 것으로서 규정한다. 이 두번째 관점에 따르면 프롤레타리아는 소위 서구 세계에서 유목민의 후계자처럼 보인다. 그리고 많은 무정부주의자들이 동양에서 유래하는 유목적인 주제를 차용할 뿐만 아니라 19세기의 부르주아는 무엇보다도 프롤레타리아와 유목민을 동일시하면서 파리를 유목민에게 홀린 도시로 보았다(Louis Chevalier, *Classes laborieuses et classes dangereuses*, LGF, pp. 602~604).

다(노모스는 농업화되지 않고, 농촌은 도시와 소통하지 않으며, 대규모 목축은 유목민이 독점하고 있었다). 즉, 동양의 국가는 유목적인 전쟁 기계와 정면으로 대립하고 있다. 이 전쟁 기계가 갑자기 다시 제국으로의 통합의 길을 밟아 반란과 왕조의 교체를 유발할 수도 있다. 하지만 유목민으로서 국가의 폐지라는 꿈을 꿀 수 있게 해주고 또 이를 현실화시킬 수 있도록 해주는 것은 바로 유목민으로서의 이 전쟁 기계이다. 이에 반해 서양의 국가는 스스로의 홈이 패인 공간 속에서 전쟁 기계로부터 철저하게 보호받고 있기 때문에 국가의 성분들을 좀더 확실하게 보유할 수 있는 여유를 갖고 있었다. 또 유목민들과도 아주 간접적으로만, 유목민으로 인해 발생한 이주민 또는 이주민화된 유목민을 매개로 아주 간접적으로만 마주쳐왔다.[75)]

국가의 기본적인 임무 중의 하나는 지배가 미치고 있는 공간에 홈을 파는 것, 즉 매끈한 공간을 홈이 패인 공간을 위한 교통 수단으로 이용하는 데 있다. 단순히 유목민을 정복할 뿐만 아니라 이주를 통제하고, 좀더 일반적으로는 "외부" 전체, 세계 공간을 가로지르는 흐름의 총체에 대해 법이 지배하는 지대가 군림하도록 하는 것은 모든 국가의 사활적인 관심사이다. 왜냐하면 국가는 온갖 종류의 흐름을 즉 인구, 상품 또는 상업, 자금 또는 자본 등의 흐름을 어디서라도 포획하는 과정과 분리될 수 없기 때문이다. 그리고 더 나아가 그렇게 하려면 방향을 분명하게 규정해 나아갈 길을 고정해서 속도를 제한하고, 유통을 규제하고, 운동을 상대화하고, 여러 주체와 객체의 상대적 운동을 세부적인 부분에 이르기까지 가감할 수 있도록 해야 한다. 비릴리오의 명제가 중요한 것은 바로 이 때문인데, 그에 따르면 "국가의 정치 권력은 **폴리스**, 즉 도로 관리"이며, "도시의 성문과 세관은 사람이건 가축이건

75 Lucien Musset, *Les invasions, le second assaut*, P.U.F., 가령 데인 족의 침략의 세 가지 '국면'에 관한 분석을 참조하라(pp. 135~137).

재화건 집단의 유동성이나 침입해 들어오는 무리들의 힘에 대비한 제방이며 필터이다."[76] 중력이나 **중후함**(*gravitas*)은 국가의 본질이다. 하지만 그렇다고 해서 국가가 속도를 모르는 것은 아니다. 그러나 국가는 운동(극히 빠른 운동이더라도 마찬가지다)이 매끈한 공간을 차지하는 동체(動體)의 절대적 상태이기를 멈추고, 홈이 패인 공간 속에서 한 점에서 다른 점으로 이동하는 "움직여지는 것(被動體)"의 상대적 성격을 띨 것을 요구한다. 이러한 의미에서 국가는 끊임없이 운동을 분해해서 재구성하고 변형시킨다. 즉 끊임없이 속도를 규제한다. 이처럼 국가는 도로 관리자, 방향 전환기 또는 인터체인지인 것이다. 이러한 관점에서 볼 때 엔지니어의 역할을 하는 셈이다. 반면 절대 속도나 운동이 법칙을 갖지 않는 것은 아니지만 그것은 **노모스**의 법칙, 즉 노모스를 전개하는 매끈한 공간, 노모스를 서식시키는 전쟁 기계의 법칙이다. 유목민이 전쟁 기계를 형성할 수 있는 것은 이들이 절대 속도를 발명하고 속도와 "동의어"가 되었기 때문이다. 불복종 행위, 봉기, 게릴라전 또는 행동으로서의 혁명이라는 반국가적 움직임이 있을 때마다 전쟁 기계가 부활하고 새로운 유목적인 잠재 세력이 출현해 매끈한 공간이 재구성되거나 또는 마치 매끈한 공간에 있는 것처럼 공간 속에 존재하는 방식이 재구성된다고 할 수 있다(비릴리오는 "가두를 점거하는" 봉기나 혁명이라는 주제의 중요성을 지적하고 있다). 바로 이런 의미에서 국가의 응수를 넘어서려는 모든 위협에 맞서 국가는 공간을 홈 파는 방법으로

76 Paul Virilio, *Vitesse et politique*, Ed. Galilée, pp. 21~22. '도시'는 외부의 흐름들과 분리해서는 생각할 수 없는데, 도시는 이들과 접촉해 유통을 규제할 뿐만 아니라 가령 요새와 같은 건축물은 그러한 흐름을 규제하는 진정한 변형 장치로서 이러한 내부 공간덕분에 외부의 운동을 분석하고 연장하여 재형성할 수 있게 된다. 이러한 사실을 바탕으로 비릴리오는 문제는 감금이 아니라 오히려 공공 도로의 관리, 운동의 관리라는 결론을 내리고 있다. 그러나 푸코도 이미 이러한 방향으로 나가 **해군 병원**을 변형 장치나 여과기로 분석한 바 있다. *Surveiller et punir*, pp. 145~147을 보라.

대응한다. 국가는 전쟁 기계를 전유할 때는 반드시 이 기계에 상대적 운동의 형식을 부여한다. 이러한 운동의 상대화는 가령 운동의 제어 장치로서의 요새와 같은 모델에서도 똑같이 나타난다. 요새는 유목민을 겨냥한 걸림돌로서 소용돌이 모양의 절대 운동이 다가와서 부딪치는 암초이자 방벽이다. 이와 반대로 국가가 자신의 내부 공간 또는 근접 공간을 홈 파는 데 실패할 경우 이 공간을 가로지르는 흐름들은 필연적으로 바로 이 공간을 겨냥한 전쟁 기계의 모습을 취해 이 공간에 적대하는 또는 반항하는 매끈한 공간 속에서 전개된다(다른 국가들이 홈을 파는 데 성공하더라도 마찬가지다). 14세기 말경의 중국은 바로 이것을 경험했다. 상당히 높은 수준의 조선술과 항해술을 갖고 있었음에도 불구하고 중국은 거대한 해양 공간을 소홀히 했기 때문에 해적과 결연해 중국에 반역하는 상업적 흐름을 방치할 수밖에 없었다. 중국은 상업에 대한 대대적인 제한이라는 부동(不動)의 정책말고는 달리 이에 대응할 수 없었다. 하지만 이것은 상업과 전쟁 기계의 관계를 강화시켰을 뿐이다.[77)]

하지만 상황은 이제까지 서술해 온 것보다는 훨씬 더 복잡하다. 바다는 아마 가장 중요한 매끈한 공간이자 뛰어난 수력학적 모델일 것이다. 또한 바다는 모든 매끈한 공간 중에서 가장 먼저 인간이 홈 파기를 시도했던 곳으로, 고정된 항로, 일정한 방향, 상대적 운동, 그리고 수로나 운하 같은 반수력학적인 시도를 통해 육지에 종속시키려고 변형을 시도했던 공간이기도 했다. 서양이 헤게모니를 장악할 수 있었던 이유 중의 하나는 서양의 국가 장치가 북구와 지중해의 항해 기술을 결합시

77 중국과 아랍의 항해술, 이 두 곳에서 항해술이 발달하지 않은 이유 그리고 동양이 아니라 서양에서 자본주의가 발달한 이유와 같은 앞서의 문제와 관련해 항해가 갖는 중요성에 대해서는 브로델의 앞의 책, pp. 305～314와 쇼뉘의 앞의 책, pp. 288～308을 참조하라.

키고 대서양을 합병함으로써 바다를 홈 파기 할 수 있는 역량을 획득한 데 있다. 하지만 이것은 전혀 예기치 못한 결과를 가져왔다. 즉, 홈이 패인 공간에서의 상대적 운동들의 증가와 상대적 속도의 강렬화는 결국 매끈한 공간 또는 절대적 운동의 재구성으로 이어졌던 것이다. 비릴리오가 강조하는 대로 바다는 현존 함대의 장이 되었으며, 이곳에서는 어느 한 점에서 다른 한 점으로 이동하는 것이 아니라 임의의 한 점에서부터 모든 공간을 장악할 수 있게 된 것이다. 공간을 홈 파는 대신 끊임없이 운동하는 탈영토화의 벡터에 의해 공간을 차지하는 것이다. 이러한 현대적 전략은 바다로부터 새로운 매끈한 공간으로서의 하늘로, 뿐만 아니라 사막이나 바다와 같은 <지구> 전체로까지 확대되었다. 자동 변환기이자 포획 장치로서의 국가는 운동을 상대화할 뿐만 아니라 절대적 운동을 재부여한다. 국가는 매끈한 것에서 홈이 패인 것으로 나갈 뿐만 아니라 매끈한 공간을 재구성하고 홈이 패인 공간의 끝에 매끈한 공간을 재부여한다. 그리고 이처럼 새로운 유목은 국가 장치를 초월하는 조직을 가지며 다국적인 에너지 산업, 군산 복합체 속에도 도입되는 세계적 규모의 전쟁 기계를 수반하고 있다. 이것은 다음과 같은 사실을, 즉 매끈한 공간과 외부성의 형식은 결코 그 자체로서는 혁명적 사명을 띠고 있는 것은 아니며 반대로 어떠한 상호 작용의 장에 흡수되는가 그리고 어떠한 구체적인 조건하에서 실행되고 성립되는가에 따라 극히 다양한 의미를 갖게 된다는 것을 시사해준다(가령 총력전이나 인민 전쟁 또는 게릴라전이 서로에게서 어떻게 전쟁 방법을 차용하는가를 보라[78]).

78 현존 함대와 이 함대의 역사적인 변천에 대해서는 비릴리오가 훌륭하게 규정하고 있다 "현존 함대란 때와 장소를 가리지 않고 언제 어디서든 적을 공격할 수 있는 함대가 전혀 어디에 있는지 보이지 않은 채 해상 위에 영구히 현존하고 있다는 것을 의미한다. 이것은 …… 직접 대결로부터 발생하지 않는 새로운 폭력 개념을 보여준다. 즉 오히려 적과 아군의 여러 가지 특성, 그리고 특정한 환경에서 쌍방이 행할 수 있는 운동량을 비

명제 6 — 유목 생활은 필연적으로 전쟁 기계의 수적 요소들을 함축한다.

10, 100, 1,000, 10,000 — 모든 군대가 이러한 십진법에 따른 편성을 채택하고 있기 때문에 이러한 수와 만날 때마다 군대 조직이겠지 하고 추정할 정도가 되었다. 군대는 바로 이런 식으로 병사들을 탈영토화시키는 것이 아닐까? 군대는 소대, 중대, 대대로 나뉘어져 있다. 수는 기능이나 조합을 바꾸어 전혀 다른 다양한 전략에 참여할 수 있지만 수는 항상 이런 식으로 전쟁 기계와 연결되어 있다. 이것은 결코 양이 아니라 조직 또는 편성의 문제이다. 이러한 수적 조직 원리를 이용하지 않고는 어떤 국가도 군대를 편성할 수 없다. 하지만 국가는 전쟁 기계

교하고, 나아가서 쌍방의 역동적 기동성을 끊임없이 검증하는 과정에서 발생하는 폭력인 것이다. 따라서 여기서는 대륙이나 대양을 가로지르거나 한 도시에서 다음 도시로 한 해안에서 다른 해안으로 가로질러 가는 것이 문제가 되지는 않는다. **현존 함대**는 시공 속에서의 목적지 없는 이동이라는 개념을 발명한 것이다. …… 전략 잠수함은 특정한 어디로 갈 필요가 없으며, 그저 바다를 보유하고 있으면서도 모습은 전혀 보이지 않고 가만히 있으면 되는 것이다. 따라서 출발지도 목적지도 갖지 않은 끊임없는 절대적인 원환 여행을 하게 된다. …… 만약에 레닌의 주장대로 전략을 힘을 집중해야 할 지점의 선택이라고 한다면 오늘날 그러한 점은 더 이상 지리상의 거점은 아니게 되었다는 점을 인정하지 않으면 안 된다. 어쨌든 이제 어떤 지점으로부터 다른 어떤 지점으로도 갈 수 있게 되었기 때문이다. …… **지리적 국지화**는 전략적 가치를 잃어버렸으며 반대로 전략적 가치는 끊임없이 운동하는 **벡터의 탈국지화**에 부여되는 것처럼 보인다." *Vitesse et politique*, pp 46~49, 132~133. 이상의 모든 점에서 비릴리오의 텍스트는 아주 중요하며 참으로 독창적이다. 우리가 동의하기 어려운 유일한 점은 우리에게는 상당히 달라 보이는 세 부류의 속도를 그가 동일시하고 있는 점뿐이다 1) 유목적 또는 혁명적 경향을 갖는 속도(폭동, 게릴라전), 2) 국가 장치에 의해 규제, 변환, 전유되는 속도('도로'), 3) 총력전의 전 세계적 조직 또는 (현존 함대부터 핵 전략에까지 이르는) 전 지구적 과잉 군비에 의해 재조직된 속도. 비릴리오는 상호 작용하고 있다는 이유로 이 세 부류의 속도를 동일시하는 경향이 있으며, 아주 일반적으로 속도는 '파시즘적' 성격을 갖고 있다고 비난한다. 그러나 바로 그의 분석이 위의 세 부류의 속도를 구별하는 것을 가능하게 해준다.

를 전유하는 동시에 이러한 원리를 계승한 데 불과하다. 왜냐하면 이처럼 인간을 수에 따라 조직한다는 정말 기묘한 생각은 원래 유목민들의 것이기 때문이다. 이러한 생각을 이집트로 끌어들인 것은 정복 유목민인 힉소스인이었다. 그리고 모세는 이것을 이집트로부터 탈출하던 그의 유대인에게 적용시켰다. 그는 유목민으로 장인이었던 켄 족 출신의 이드로[79]의 충고에 따라 성서의 『민수기(民數記)*Livre des Nombres*』[80] 4권에 묘사되어 있는 대로 전쟁 기계를 구성하려고 했던 것이다. 노모스는 무엇보다 수이고 산술인 것이다. 그리스에서 유래하는 기하학과 인도-아랍에서 유래하는 대수학을 비교해 보면 후자가 로고스에 대비되는 노모스를 내포하고 있다는 것이 분명해질 것이다. 하지만 유목민이 산술이나 대수학을 "만든" 것이어서가 아니라 산술과 대수학이 유목민적인 요소가 농후한 세계에서 출현했기 때문에 그런 것이다.

우리가 지금까지 알고 있는 인간 조직화의 주요한 유형에는 세 가지가 있다 — 즉 **혈통적, 영토적, 수적** 조직화가 그것이다. 혈통 조직은

79 [Reuel, Hobab이라고도 부른다. 『구약 성서』에 나오는 인물로 미디안의 제사장이다. 켄 족속에 속하며, 이집트인을 죽인 모세가 그에게 피신했다가 그의 딸과 결혼했다(「출애굽기」 3 : 1). 이집트 탈출 이후 이드로가 '하느님의 산'에 진을 치고 있는 히브리인들을 찾아갔는데, 모세의 아내와 아이들도 데려갔다. 그는 모세에게 유능한 사람들을 임명하여 그가 백성을 재판하는 일을 돕도록 하고, 그렇게 함으로써 히브리인들이 사법 제도를 세우도록 제안했다(「출애굽기」 18). 몇몇 학자들은 「출애굽기」 18장에 근거해 야훼가 켄 족속의 신이었는데, 이드로가 모세와 이스라엘 사라들에게 야훼를 소개했다고 주장해왔다]

80 [모세의 4번째 책이라고 불리는 『구약성서』 4번째 책으로 영어로는 그냥 *Numbers*로 되어 있다. 영어 제목 *Numbers*는 1~4장에서 이스라엘 각 지파의 사람 수를 가리키는 것을 번역한 것이다. 이 책은 기본적으로 이스라엘 민족이 시나이 산에서 출발해 약속이 땅인 가나안을 차지하기까지 광야에서 유랑하던 때의 거룩한 역사를 기록한 책이다. 이 책에서 이스라엘 백성은 신앙이 없고 하느님의 뜻을 거스르는 사람들로, 하느님은 자기 백성을 돌보고 살려주는 분으로 기술되어 있다. 이 책에는 이스라엘 민족이 가나안 땅에서 살게 되리라는 하느님의 약속 이야기가 들어 있는데, 이 약속은 '여호수아'에 의해 성취된다]

소위 원시 사회를 규정할 수 있도록 해준다. 씨족적인 혈통 관계는 조상이나 임무, 상황에 따라 결합하거나 분열하는 등 본질적으로 활동 중인 절편이다. 물론 수도 혈통의 결정이나 새로운 혈통의 창조에서 분명히 중요한 역할을 하고 있다. 대지도 마찬가지다. 특히 부족의 절편성이 씨족의 절편성을 강화하기 때문에 더욱더 그러하다. 그러나 대지는 무엇보다 위에 혈통이 역동적으로 새겨질 재료이며, 수는 각인 수단이므로 대지 위에 수를 이용해 기입되는 혈통은 일종의 "측지학(géodesie)"을 구성하게 된다. 하지만 국가 사회에서는 사정이 일변한다. 흔히 이러한 사회에서는 영토적 원리가 지배적으로 된다고들 말한다. 그러나 이와 똑같이 탈영토화에 대해서도 똑같이 말할 수 있는데, 대지는 혈통과 결합하는 능동적인 물질적 요소가 아니라 하나의 대상이 되기 때문이다. [토지] 소유는 인간과 대지의 탈영토화된 관계일 뿐이다. 이것이 혈통 공동체에 잔존해 있는 소유와 중첩되는 국유 재산이 되거나 아니면 새로운 공동체를 구성하는 사적 개인의 사유 재산이 되더라도 마찬가지다. 국유건 아니면 사유건 이 두 경우에 모두(국가의 두 극에 따라) 대지의 덧코드화가 측지학을 대체한다. 물론 그래도 혈통은 커다란 중요성을 가지며, 수 역시 중요한 전개를 보여주지만 혈통이나 대지, 수의 모든 절편들이 이들을 덧코드화하는 **천문학적 공간 또는 기하학적 연장**에 포함된다는 의미에서 "영토적" 조직이 전면에 나타나게 된다. 물론 고대의 제국적 국가에서는 분명 근대 국가에서와는 다른 방식으로 이러한 일이 진행된다. 고대 국가들은 정점을 가진 **내포적 공간**(*spatium*), 즉 다양한 깊이와 층위로 분화된 공간을 감싸고 있는 데 반해 (그리스의 도시로부터 시작된) 근대 국가는 내재적 중심, 동등하게 분할 가능한 부분들, 대칭적이며 역전 가능한 관계를 가진 등질적 **연장**(*extensio*)을 펼치고 있기 때문이다. 이들 천문학적 모델과 기하학적 모델은 긴밀하게 뒤섞이고 있을 뿐만 아니라 순수한 상태에 있는 것처럼 보일 때에도 혈통과 수를 이러한 계량적 역량에 종속시키고 있는데, 이 역량은 전자에서는 제국적 내포적 공간(*spatium*)에서, 후자에서는 정치적 연장에서 나타난다.[81] 산술과 수는 국가 장치에서 항상 결정적인 역할을 해왔다. 고대 제국의 관료 기구가 실시했던 인구 조사, 국세 조사, 징세 조사라는 삼위일체의 조작에서부터 이미 그러했다. 더 나아가 근대적 국가-형식은 수학과 사회 공학의 경계에서 출현한 모든 계산 기술(정치 경제학, 인구 통계학, 노동의 조직화 등에 기반한 사회적 계산 전체)을 이용하지 않고는 발달할 수 없었을 것이다. 국가의 이러한 산술적 요소는 일차 원료건 아니면 가공된 이차 원료건 아니면 인간 집단에 의해 구성되는 궁극적 재료건 임의의 원료의 처리에서 독자적인 힘을 발휘한다. 이처럼 수는 항상 원료를 지배하고, 이 원료들의 다양한 변화와 운동을 관리하는데, 즉 이러한 변화와 운동을 국가의 시공간적 틀 — 제국적 내포적 공간이나 근대적 연장 — 에 복속시키는 데 봉사해왔다.[82] 국가는 영토적 원리 또는 탈영토화의 원리를 갖고 있으며, 이것이 수를 (덧코드화를 행하기 위해 점점 더 복잡화시키는 계량 단위에 따라) 계량 단위에 결합시킨다. 국가에게는 수를 발전시킬 수 있는 모든 요소가 갖추어져 있으나

81 그리스의 도시와 등질적인 기하학적 연장 간의 연관에 대해서는 특히 베르낭이 분석하고 있다(*Mythe et pensée chez les Grecs*,I, 3부). 고대 제국이나 그리스 도시 이후의 [사회] 구성체들과 관련해 문제는 어쩔 수 없이 이보다 훨씬 더 복잡해진다. 문제가 되는 공간이 상당히 다르기 때문이다. 그러나 플라톤의 이상 도시-국가와 관련해 베르낭이 지적하고 있듯이 수가 공간에 종속되는 것은 모든 곳에서 동일하다. 피타고라스 학파나 신플라톤 학파의 수 개념은 등질적인 연장과는 다른 유형의 제국적인 천문학적 공간을 내포하고 있으나 공간에 대한 수의 종속은 그대로 유지된다. 이 때문에 <수>는 이상적일 수 있다. 당연히 이것은 엄밀한 의미에서의 <헤아리는 수>일 수가 없다.

82 뒤메질은 정치적 주권의 가장 오래된 형식에서 산술적 요소가 차지했던 역할을 강조한다. 심지어 그는 그것을 주권의 세번째 극으로까지 간주하려 한다. *Servius et la Fortune*, Gallimard와 *Le troisième souverain*, Maisonneuve를 참조하라. 그러나 이 산술적 요소는 오히려 질료를 조직하는 역할을 담당하며, 이렇게 하는 가운데 조직된 질료를 주권의 주요한 두 극의 어느 한쪽에 종속시킨다.

국가 속에 수가 독립하거나 자율적일 수 있는 조건이 존재한다고 생각해서는 안 된다.

헤아리는 수(Nombre nombrant), 즉 자율적인 산술적 조직화라고 해서 더 우월한 추상도나 더 커다란 양을 수반하는 것은 아니다. 단지 그것은 유목이라는 가능성의 조건들과 전쟁 기계인 실현의 조건들과 관련될 뿐이다. 엄청난 양을 다른 질료들과 어떻게 처리해야 하는가 하는 문제는 국가의 군대에서만 제기된다. 하지만 전쟁 기계는 이와 달리 적은 양만을 이용해 활동하는데, 이것을 헤아리는 수를 이용해 처리한다. 이러한 수는 공간을 배분하거나 공간 자체를 분배하는 대신 무엇인가를 공간에 분배하면 즉각 출현한다. 이리하여 수가 주체가 되는 것이다. 공간에 대한 수의 이러한 독립성은 추상 작용의 결과가 아니라 매끈한 공간, 즉 헤아려지지 않고도 차지되는 매끈한 공간의 구체적 본성에서 유래하는 것이다. 수는 이미 계산이나 계량 수단이 아니라 자리바꿈의 수단이다. 수 자체가 매끈한 공간에서 자리를 바꾸는 것이다. 아마 매끈한 공간도 분명 자체에 고유한 기하학을 갖고 있을 테지만 이미 앞에서도 언급한대로 그것은 소수자적 기하학, 조작적 기하학, 특질의 기하학이다. 정확히 말해 공간이 척도로부터 독립할수록 수도 공간으로부터 그만큼 더 독립적으로 된다. 왕립 과학으로서의 기하학은 전쟁 기계에는 그다지 중요하지 않다(이것은 오직 국가의 군대에서만, 게다가 정주민의 축성술에 중요하지만 그것은 또한 전군의 심각한 패배의 원인이 되기도 한다[83]). 수는 매끈한 공간을 점거할 때마다 원리로서 작용하며, 홈이 패인 공간을 계량하는 대신 매끈한 공간의 주체로서 전개된다. 수는 이동적 점거자, 매끈한 공간 속의 동산(動産)으로서 홈이 패인 공간의 부동산의 기하학과 대립한다. 유목민의 수적 단위는 이동하

83 클라우제비츠는 기하학은 전술, 전략 양면에서 부차적인 역할밖에 하지 못함을 강조한다. *De la guerre*, Ed de Minuit, pp. 225～226("L'élément géométrique").

는 불이지 이동하기 곤란한 천막이 아니다. "불이 유르트[맹수 가죽으로 만든 천막]보다 먼저다." <헤아리는 수>는 더 이상 계량적 규정이나 기하학적 차원에 종속되지 않으며, 지리적 방향들과만 역동적 관계를 가질 뿐이다. 그것은 방향을 가진 수로서 차원이나 계량으로부터 해방된 수이다. 유목민 조직은 철저하게 산술적이며 방향적이다. 사방에서 눈에 띄는 10, 100이라는 양, 그리고 좌우라는 방향이 있을 뿐이다. 수의 대장은 또한 방향, 즉 좌우라는 방향의 대장이기도 하다.[84)]<헤아리는 수>는 화음적인 것이 아니라 리듬적이다. 따라서 보조(步調)나 박자와는 무관하다. 보조를 맞춰 행진하는 것은 훈련이나 퍼레이드를 벌이는 국가의 군대에서나 찾아볼 수 있을 뿐이다. 그러나 자율적인 수적 조직은 이와는 다른 곳에서, 즉 스텝이나 사막에서 장소 이동 순서를 정하지 않으면 안 될 경우에만 본래의 의미를 드러내는데, 따라서 이러한 지점에서는 산림을 본래의 장소로 삼는 혈통이나 국가의 형상은 의미를 잃게 된다. "그는 사막의 자연스런 울림에 어울리는 단절적인 리듬을 따라 계속 앞으로 걸어나갔다. 그래서인지 인간이 만들어내는 규칙적인 음을 기다리던 사람을 무색하게 만들 뿐이었다. 그의 씨족의 다른 모든 성원들과 마찬가지로 그도 이러한 걸음걸이에 통달해 있었다. 그러한 발걸음을 너무나 훌륭하게 저절로 몸에 익혔기 때문에 이미 그것을 의식할 필요조차 없었다. 측정하기 어려운 리듬에 맞춰 발이 저절로 움직이는 것 같았다."[85)] 전쟁 기계와 더불어 그리고 유목적 실존에서 수는 더 이상 헤아려진 수이기를 그치고 <암호

84 전쟁 기계에서의 수와 방향 간의 관계와 관련해 가장 심오한 사상을 서술하고 있는 고대 서적 중의 하나는 *Les mémoires historique de Se-ma-Ts'ien*, Ed. Leroux, ch. cx이다(「흉노족의 유목적인 조직에 대해」).

85 Franck Herbert, *Les enfants de dune*, Laffont, p. 223. <헤아리는 수>를 정의하기 위해 크리스테바가 제안하고 있는 특성들, 즉 '배치', '복수적이고 우연적인 배분', '점-무한', '엄밀한 근사'(*Semeiotike*, pp. 293~297)를 참조할 수 있을 것이다.

(Chiffre)>가 된다. 그리고 이러한 <암호>로서의 수는 "단결심"을 구성하고, 비밀과 비밀의 수반물들(전략, 첩보 활동, 계략, 매복, 외교 등)을 발명해 낸다.

이처럼 <헤아리는 수>는 이동적, 자율적, 방향적, 리듬적, 암호적이다. 그리고 전쟁 기계는 유목적 조직의 필연적 귀결이다(모세는 스스로 이것을 체험하고, 이것이 가져오는 모든 결과를 이끌어낸 바 있다). 오늘날 이러한 수적 조직을 너무 성급하게 비판하는 사람들이 적지 않은데, 이들은 이러한 조직을 군국주의 사회 또는 인간을 그저 탈영토화된 "번호"에 지나지 않게 만드는 강제수용소 같은 사회라고 비난한다. 그러나 그것은 틀린 이야기이다. 아무리 무시무시하더라도 인간의 수적 조직은 혈통이나 국가의 조직보다 더 잔혹하다고는 말할 수 없기 때문이다. 인간을 수로 취급하는 것이 반드시 사람들을 벌채해야 할 수목으로 또는 재단해서 모델에 따라 만들어내야 할 기하학적 형상으로 다루는 것보다 더 나쁜 것은 아니다. 게다가 수를 번호나 통계적 요소로 사용하는 것은 <헤아리는 수>가 아니라 국가의 헤아려진 수에 속한다. 또 강제수용소적인 세계는 번호화만큼이나 혈통이나 영토도 이용한다. 따라서 문제는 어느 조직이 좋으냐 나쁘냐가 아니라 각각의 조직의 특수성을 분명하게 하는 데 있다. 수적 조직의 특수성은 유목민적 실존 양식과 전쟁 기계-기능에서 유래한다. <헤아리는 수>는 혈통적 코드와 국가적 덧코드화 모두에 대립된다. 한편으로 산술적 구성은 혈통 조직으로부터 유목과 전쟁 기계에 포함될 요소를 선별, 추출하며 다른 한편으로는 이들 요소를 국가 장치에 대항시키고 전쟁 기계와 [유목적] 실존을 국가 장치에 대립시킴으로써 혈통적 영토성과 국가의 영토 또는 탈영토성을 동시에 가로지르는 탈영토화를 그린다.

유목민 또는 전쟁에 속하는 <헤아리는 수>의 첫번째 특징은 항상 복합적이라는 것, 즉 분절화되어 있는 데서 찾을 수 있다. 그것은 항상 복소수이다. <헤아리는 수>가 국가의 수 또는 헤아려진 수처럼 대규모의 등질화된 양을 압축하지 않고 오히려 그 자체의 세세한 분절에 의해, 즉 자유로운 공간에 다질성을 분배함으로써 커다란 효과를 만들어내는 것은 바로 이 때문이다. 국가의 군대에서조차 커다란 수들을 다룰 때는 이 원리를 포기하지 않는다("기수" 10이 우선시되지만 말이다). 로마의 군단은 다양한 수들의 분절에서 비롯되는 하나의 수로서, 이렇게 된 결과 모든 절편은 이동적이며 이들 절편이 형성하는 기하학적 형상은 가동적이고 변형 가능하게 된다. 그리고 복소수 또는 분절된 수는 단지 인간뿐만 아니라 필연적으로 무기, 짐승, 운송 수단까지도 합한다. 따라서 기본적인 산술 단위는 배치 단위이기도 하다. 가령 스키타이인에게 승리를 안겨준 공식에 따르면 인간-말-활, 즉 1×1×1이다. 그리고 어떤 종류의 "무기"가 점점 더 많은 인간이나 짐승들을 배치하거나 분절해 나감에 따라 이 공식은 더 복잡해진다. 가령 두 마리 말이 끄는 전차에 말을 모는 사람과 창을 던지는 두 사람이 탄 경우 2×1×2=1이라는 공식이 나오며, 또한 그리스의 중장 보병 개혁에서 제시된 유명한 양손잡이 방패의 경우 인간들을 쇠사슬처럼 몇 명이고 긴밀하게 결합할 수 있었다. 아무리 작아도 "단위"는 반드시 분절되어 있다. <헤아리는 수>는 항상 동시에 몇 개의 기본수 위에서 성립된다. 이밖에도 바로 혈통 조직이나 씨족의 성원 중에서 전사가 차지하는 비율이나 인간, 물질, 짐승을 유지하는 데 필요한 비축물이나 저장의 역할을 표현해주는 외재적인 산술적 관계를 고려해야 한다. **병참술**이란 이러한 외재적 관계를 다루는 기술로서 **전략**이 취급하는 내적 관계, 즉 전투와 관계되는 모든 단위의 상호 편성 못지 않게 전쟁 기계의 일부이다. 이 양자가 전쟁에서의 수들의 분절을 다루는 과학을 구성한다. 모든 배치는 이러한 전략적 측면과 병참술적 측면을 갖고 있다.

그러나 <헤아리는 수>는 이보다 좀더 비밀스런 두번째 특성을 갖고 있다. 모든 전쟁 기계는 마치 비대칭적이고 불균등한 두 계열에 작용하고 있는 것처럼 산술적 복제나 이중화라는 기묘한 과정을 보여준다. 왜냐하면 한편으로 혈통이나 씨족은 수적으로 조직되고 개편되며, 수적 편성이 혈통 조직 위에 중첩되어 새로운 원리가 지배적인 것이 된다. 그러나 다른 한편으로 동시에 각각의 혈통에서 추출된 자들에 의해 특수한 수적 몸체가 형성된다. 마치 독자적인 수적 몸체를 구성하지 않으면 혈통-체의 새로운 수적 편성이 성공할 수 없는 것처럼 말이다. 우리 생각으로 이것은 우연한 현상이 아니라 전쟁 기계의 본질적 구성 요소이며, 수의 자율성을 위해 필수적인 조작이다. 즉, 몸체의 수는 수의 몸체를 상관물로 가져야만 하고, 수는 상보적인 두 가지 조작에 따라 이중화되어야 한다. 즉 사회체가 수적으로 조직되려면 수가 특수한 몸체를 형성해야만 하는 것이다. 징기스칸은 스텝을 대규모로 편성할 때 혈통을 수적으로 조직하는 동시에 각 혈통에서 나온 전사들을 숫자와 우두머리(십인대[十人隊]와 십부장[十夫長], 백인대와 백부장, 천인대와 천부장)를 따르도록 했다. 이와 동시에 그는 이처럼 산술화된 각 혈통으로부터 소수를 선발해 개인 친위대, 즉 참모나 감독관, 전령, 외교관 등으로 이루어진 역동적 형성체("맹우단"[盟友團] : antrustions[86])를 구성했다. 이 두 가지 조작은 동시에 이루어졌다. 이것은 이중의 탈영토화라고 할 수 있는데, 후자의 탈영토화 쪽이 전자보다 훨씬 더 강력했다. 야훼보다는 유목민에게서 더 큰 영향을 받은 모세도 사막을 대대적으로 편성할 때 각 씨족의 인구를 조사해 수적으로 조직했다. 하지만 그도 이제부터 각 씨족에서 태어나는 신생아는 권리상 야훼에게 속한다

86 Boris I. Vladimirtsov, *Le régime social des Mongols*, Maisonneuve. 블라지미르초프가 사용하는 '맹우단'이라는 용어는 색슨 왕이 프랑크인들을 발탁해 왕의 측신(側臣)을 편성하던 정치 제도에서 빌려온 것이다[친구를 의미하는 몽골어 '누클'을 블라지미르초프는 '맹우단'으로 번역했다. 본래의 의미는 '주군에 대한 의무의 이행이 자유로운 전사'이다].

는 포고령을 발표했다. 물론 이 신생아들은 분명 아직 너무 어렸기 때문에 <수>에서 이들의 역할은 특수한 씨족[특히 유대 신전에서 제사장을 보좌해 온 씨족으로 알려져 있다]인 레위 족에게 이관되어, 대대로 레위 족에게서 <수>의 몸체, 즉 성궤의 특수 호위대가 출현하게 되었다. 그리고 레위 족의 수는 씨족들 전체의 신생아들보다 적었기 때문에 초과분의 신생아들은 각 씨족이 세금을 내고 되찾아 왔다(이것은 병참술의 기본적인 측면과 관련되어 있다). 이러한 이중적 계열이 없었다면 전쟁 기계는 기능할 수 없었을 것이다. 수적 편성이 혈통적 조직을 대신하는 동시에 국가의 영토적 조직화를 물리쳐야만 하기 때문이다. 이러한 이중적 배열에 따라 전쟁 기계에서의 권력이 정의되는 것이다. 이 권력은 더 이상 절편이나 중심 또는 중심들 간의 잠재적 공명이나 절편들의 덧코드화에 의존하는 것이 아니라 이와 반대로 양으로부터 독립해 있으며 <수>에 내재해 있는 이러한 관계들에 의존한다. 권력을 둘러싼 투쟁이나 긴장 역시 이러한 관계들에서 유래한다. 모세의 경우에는 씨족들과 레위 족 간에, 징기스칸의 경우에는 "노이안스(*noyans*)[귀족 계급을 구성하는 씨족]"와 "맹우단" 간의 관계가 그러했다. 이것은 단순히 이전의 자율성을 회복하려는 혈통 씨족들의 항의나 국가 장치의 통제를 둘러싼 권력 투쟁의 예고가 아니라 전쟁 기계에 고유한 긴장으로서 이 기계에 특수한 권력과 "우두머리"의 권력에 가해지는 특수한 제한에서 유래하는 긴장인 것이다.

이처럼 수적 편성 또는 <헤아리는 수>는 몇 가지 조작을 함축한다. 출발점이 되는 집합(혈통 씨족들)의 산술화, 거기서 추출된 부분 집합들의 통일(십인대, 백인대 등의 구성), 이처럼 통일된 집합에 대응해 다른 집합을 대체하는 방식으로 다른 종류의 집합을 형성하기(특수체). 이 중 마지막 조작이 유목적 실존의 다양성과 독창성을 가장 잘 보여준다. 전쟁 기계가 국가에 의해 전유될 때는 심지어 오늘날의 국가의 군대에서도 이와 똑같은 문제를 발견할 수 있다. 왜냐하면 사회체의 산술화가 그 자체의 산술적인 특수한 몸체의 형성을 상관물로 가진다면 이처럼 특수한 몸체가 편성되는 몇 가지 방법을 생각해 볼 수 있기 때문이다. 1) 특권적 혈통이나 씨족으로 편성하는 방법. 이 경우 이러한 혈통이나 씨족의 지배는 새로운 의미를 띠게 된다(모세와 레위 족의 경우). 2) 모든 혈통들로부터 대표자를 선발해 편성하는 방법. 이 경우 이들은 볼모가 된다(신생아들. 무엇보다 아시아나 징기스칸에게서 이러한 경우를 찾아볼 수 있다). 3) 본래의 사회 외부에 존재하는 전혀 다른 요소들로, 즉 노예, 외국인 또는 이교도로 편성하는 방법(이미 왕이 프랑크족 노예들로 특수한 단체를 편성했던 색슨 왕조 때부터 그러했다. 특히 이슬람의 경우가 그러했는데, 급기야 여기서는 "병사 노예"라는 특수한 사회학적 범주를 만들어내기에 이르렀다. 이집트의 맘루크[Mamelouks][87]는 아주 어렸을 때 술탄에게 팔려간 스텝이나 코카서스 지방 출신의 노예들이었다. 또는 오토만 투르크 제국의 친위대인 야니사리 족[Janissaires]은 기독교 공동체 출신이었다[88]).

"어린이를 유괴하는 유목민"이라는 중요한 주제는 바로 여기서 유

87 [중세 때 이슬람 국가들의 통제권을 장악했던 노예 군단의 병사를 일컫는다. 아이유브 술탄국 때 맘루크 장군들은 자신들의 세력을 이용해 1250~1517년에 이집트와 시리아를 통치한 왕조를 세우기도 했다. 맘루크라는 이름은 노예를 뜻하는 아랍어에서 유래했다. 9세기초에는 군사의 대부분을 맘루크로 충당하는 것이 이슬람 문화의 독특한 특징이었다. 압바스 왕조 칼리프 왕 무타심(833~842)이 바그다드에서 처음 시행한 이후 곧 이슬람 세계 전체로 확산되었다. 노예들은 그들에게 주어진 군사력을 이용해 기존의 합법적인 정부를 무너뜨리고 권력을 장악했는데, 이들은 거의 아무런 제재도 받지 않으면서 칼리프를 쫓아내거나 살해했다. 칼리프 제도는 합법적 권위의 상징으로 계속 존속했지만 실권은 맘루크 장군들이 쥐고 있었다. 이후 13세기가 되자 맘루크는 이집트와 인도에 자신들의 왕조를 세웠다]

88 특히 흥미로운 사례는 투아레그 족 대장장이들의 특수한 단체인데, Enaden('타자들')으로 불리는 이들은 원래는 수단 출신의 노예들이거나 사하라로 이주한 유대인 아니면 성 루이 기사단의 후손들로 알려져 있다. René Pottier, "Les artisans sahariens du métal chez les Touareg", in *Métaux et civilisations*, 1945~1946.

래한 것이 아닐까? 특히 세번째 사례에서 이처럼 특수한 단체가 어떻게 전쟁 기계에서 결정적인 권력 요소로서 확립되는가가 분명하게 드러난다. 전쟁 기계와 유목적 실존은 동시에 두 가지를, 즉 혈통에 기반한 귀족 정치로의 복귀와 제국적 관료제의 형성을 저지해야 하기 때문이다. 하지만 국가 자체가 종종 노예를 고위 관료로 사용하지 않을 수 없는 경우가 있기 때문에 이 문제는 한층 더 복잡해진다. 앞으로 살펴보겠지만 그래야 했던 이유는 경우마다 달랐으며, 또 이 두 가지 흐름이 군대 속에서 수렴된다고 해도 어디까지나 이 두 가지 흐름은 전혀 다른 기원을 갖고 있었다. 왜냐하면 유목민에게서 유래하는 전쟁 기계에서 노예나 외국인, 유괴된 자의 권력은 혈통 조직에서의 귀족의 권력이나 국가 관료의 권력과는 상당히 다른 것이었기 때문이다. 그들은 "특명 관료", 밀사, 외교관, 스파이, 전략가, 병참 담당자, 그리고 때로는 대장장이이기도 했다. 이들의 존재를 "술탄의 변덕"만으로는 다 설명할 수 없다. 이와 정반대로 전쟁의 지휘자가 변덕을 부릴 가능성은 이 특수한 수적 몸체, 즉 노모스에 의해서만 가치를 갖는 이러한 <암호>의 객관적 존재와 필요에 의해 설명된다. 여기서는 본래 전쟁 기계에 속하는 탈영토화와 생성이 동시에 나타난다. 특수 집단, 특히 노예-이교도-이방인은 혈통이나 국가와 관련해서는 탈영토화된 채로 남아 있으면서 병사와 신자가 되는 자들이다. 신자가 되려면 이교도로 태어나야만 하며, 병사가 되려면 노예로 태어나야 한다. 이를 위해 특수한 학교나 제도가 필요한 것이다. 이러한 특수 집단은 전쟁 기계에 고유한 발명이지만 국가 역시 끊임없이 이것을 이용하면서 전적으로 자기 목적에 적합하도록 뜯어고치기 때문에 이것이 전쟁 기계에서 유래한다는 사실을 분간할 수 없게 되던가 아니면 참모부라는 관료주의적인 형태나 특수 집단이라는 기술관료적 형태 또는 국가에 저항하는 만큼이나 봉사하기도 하는 "단결심"이나 국가에 복무하는 만큼이나 국가를 뒷받

침해주는 특명 관료로 모습을 바꾸던가 한다.

유목민들에게 역사가 없는 것은 사실이다. 지리만을 갖고 있을 뿐이다. 그리고 유목민들의 패배는 너무나 철저했기 때문에 역사는 국가의 승리의 역사가 되었다. 그 결과 유목민에 대한 비판이 일반화되면서 유목민은 기술이나 야금술에 관한 것이건 아니면 정치나 형이상학에 관한 것이건 모든 혁신과는 전혀 무관한 것으로 치부되어왔다. 부르주아적이건 소비에트적이건(그루세[Grousset]건 아니면 블라지미르초프[Vladimirtsov]건) 역사가들은 유목민을 아무 것도 이해하지 못하는 인류의 가련한 일부로 간주해왔다. 유목민은 기술에는 무관심했으며, 농업에 대해서도 마찬가지였으며, 도시나 국가도 파괴하거나 정복해버렸을 뿐 아무 것도 이해하지 못했다는 것이다. 그러나 만약 유목민이 강력한 야금술을 갖고 있지 않았다면 어떻게 전쟁에서 승리할 수 있었을까. 유목민이 제국적 국가의 배반자들에게서 고도의 무기나 정치적 조언을 받았다고 생각하기에는 아무래도 무리가 따른다. 게다가 이해하기 어려운 것은 왜 유목민은 도시나 국가를 파괴하려고 했는가 하는 점이다. 이러한 파괴는 유목적 조직과 전쟁 기계가 아니었다면 불가능했으며, 이 두 가지는 무지가 아니라 긍정적 특징과 고유한 공간 그리고 모든 혈통과 단절하고 국가-형식을 제거하는 고유한 편성에 의해 규정된다. 역사 서술은 항상 유목민의 권리를 박탈해왔다. 역사가들은 전쟁 기계에는 본래적인 의미의 군사 제도와 관련된 범주("군사 민주제")를, 유목에는 본래 정주민과 관련된 범주("봉건제")를 적용하려고 시도해왔다. 그러나 이 두 가설은 어떤 형태로든 영토적 원리를 전제하고 있다. 즉, 제국적 국가가 전사에게 관직지를 분배함으로써 전쟁 기계를 전유하든지(클레로이[cleroi : 고대 그리스에서 전사에게 주어진 배분지]와 거짓 봉토) 또는 사적 소유로 바뀐 토지 소유 자체로부터 군대를 구성하는 토지 소유자 간의 종속 관계가 발생하던지(진짜 봉토와 봉신의 신분) 둘 중의 하나이다.[89] 이 두 경우에 모두 수는 “부동산”에 기초한 조세 조직에 종속되며, 이것이 양도 가능하거나 양도된 토지를 구성하는 동시에 토지 이용자 본인이 지불해야 할 세금을 결정한다. 의심할 바 없이 유목 조직과 전쟁 기계 역시 토지와 세제 차원에서 이러한 문제를 재편한다. 유목민 전사들은 역사가들이 뭐라고 하건 토지 분배나 세제와 관련해서는 위대한 혁신자들이었다. 왜냐하면 바로 이들이 발명한 “동산적” 영토성과 세제가 수적 원리의 자율성을 입증해주기 때문이다. 물론 이 두 체계가 혼동되거나 조합될 수도 있지만 토지를 이동시키고 거기서 전개되는 수에 이 토지를 종속시키고 이 수에 내재하는 관계들에 조세를 종속시키는 유목 체계의 고유성은 그대로 유지된다(가령 모세의 경우 조세는 이미 수적 몸체와 수의 특수 단체 간의 관계에 개입하고 있었다). 요컨대 군사 민주제와 봉건제는 유목민들의 수적 편성을 설명하기는커녕 오히려 정주 체제 속에서도 여전히 남아 있는 유목적 편성의 잔존을 증언해주고 있을 뿐이다.

명제 7 — 유목적 삶은 전쟁 기계의 무기를 “변용태”로 갖고 있다.

용도에 따라(즉 인간을 살상하느냐 아니면 재화를 생산하느냐에 따라) 무기와 도구를 구분해볼 수도 있을 것이다. 그러나 이러한 외재적 구별은 하나의 기술적 대상에 대한 이러저러한 이차적 적용은 설명할 수

89 봉건제는 소위 군사 민주제에 결코 뒤지지 않는 군사 체계였다. 그러나 두 체계 모두 군대를 국가 장치에 통합되어 있는 것으로 전제하고 있다(가령 봉건제의 경우 카롤링거 시대의 토지 개혁을 참조하라). 블라지미르초프는 스텝의 유목민을 봉건제로 해석하려는 데 반해 그리아즈노프(Mikhail Griaznovch)는 군사 민주제 쪽으로 기울고 있다(*Sibérie du Sud*, Nagel). 그러나 블라지미르초프의 주요 논지 중의 하나는 유목민 조직은 해체됨에 따라 또는 정복한 제국에 통합될수록 그만큼 더 봉건화된다는 말로 요약될 수 있다. 그리고 몽골인들은 손에 넣은 정주민의 토지를 처음부터 진짜건 가짜건 봉토로 조직한 것은 아니었다고 지적한다.

있을지 몰라도 일반적으로 무기와 도구가 상호 전환될 수 있는 가능성을 배제할 수 없기 때문에 양자의 내재적인 차이를 주장하기가 상당히 어려워진다. [예를 들어] 르루아-구르앙이 규정한 바 있는 타악기 유형들은 양쪽 모두에 속한다. "꽤 오랜 동안 농업 용구와 전쟁 무기는 같은 것이었을 가능성이 크다."[90] 도구와 무기의 구별이 존재하지 않는 "생태계"(이것은 인류사의 기원에서만 찾아볼 수 있는 것이 아니다)를 언급하는 사람들도 있기 때문에 동일한 기계적 문이 양자를 가로지르고 있는 것처럼 보인다. 그러나 내재적인, 즉 논리적이고 개념적인 것은 아니더라도 그리고 심지어 근사적인 것에 불과한 것이라 하더라도 양자간에는 많은 내적인 차이가 있는 것처럼 느껴진다. 우선 무기는 투사(投射 : projection)와 특히 특권적 관계를 갖고 있다. 던지거나 던져지는 것 등은 전부 무기이며, 추진기야말로 무기의 본질적 계기이다. 그리고 무기는 탄도와 관련되어 있다. 이런 점에서 볼 때 "문제"라는 개념 자체가 전쟁 기계와 관련되어 있다는 것을 쉽게 확인할 수 있다. 투사 메커니즘을 포함하고 있으면 있을수록 하나의 도구는 점점 잠재적이건 그저 은유적이건 무기처럼 작용한다. 그러나 도구는 자신이 내포하고 있는 투사 메커니즘을 끊임없이 다른 무엇인가로 대체하거나 또는 다른 목적에 맞게 적응시키려 한다. 엄밀한 의미에서 던지거나 던져지는 식의 투사형 무기는 단순히 수많은 무기 중의 한 종류에 불과하다는 것은 분명하다. 하지만 손 자체를 무기로 사용할 때조차 도구를 이용할 때와는 다른 손과 팔의 용법, 즉 무술을 할 때와 같은 투사적 용법이 요구된다. 이와 달리 도구는 오히려 내향적(introceptif)이고 내사적(內射的)이어서 멀리 떨어져 있는 물질을 균등한 상태로 이끌거나 또는 내부성의 형식에 부합하도록 가공한다. 이러한 원격 작용은 무기

90 J. F. Fuller, *L'influence de l'armement sur l'histoire*, Payot, p. 23.

와 도구 모두에게서 존재하지만 무기의 경우에는 원심적인 반면 도구의 경우에는 구심적이다. 또 도구는 극복 또는 이용해야 할 저항에 직면하는 반면 무기는 반격에 직면해 이를 피하거나 새로운 것을 발명해야 한다고 말할 수 있을지도 모르겠다(반격은 양적인 증대나 방어전에 그치지 않는 경우에는 전쟁 기계를 발견하거나 촉진시키는 발견적 요인이 되기도 한다).

두번째로 무기와 도구가 운동이나 속도와 맺는 관계는 "경향적으로"(근사적으로) 동일하지 않다. 무기와 속도의 다음과 같은 상보성을 강조한 것 역시 비릴리오의 중요한 공헌 중의 하나이다. 즉 무기가 속도를 발명하거나 속도의 발견이 무기를 발명한다는 것이 그것이다(무기의 투사적 성격은 여기서 유래한다). 전쟁 기계는 속도의 고유한 벡터를 출현시키는데, 이것이 너무나 독특하기 때문에 뭔가 특별한 명칭을 부여해야만 할 것 같다. 단순히 파괴력이 아니라 "행위주의(dromocratie)"(=노모스)라는 명칭을 말이다. 이 명칭이 가진 많은 이점 중의 하나는 수렵과 전쟁을 새로운 방식으로 구분할 수 있게 해주는 데서 찾을 수 있다. 왜냐하면 전쟁이 수렵에서부터 파생된 것이 아님이 분명할 뿐만 아니라 수렵 역시 특별히 무기를 발달시키는 것은 아니기 때문이다. 수렵은 무기와 도구가 미분화되고 상호 전환 가능한 차원에서 행해지거나 이미 도구와 구별되어 무기로서 구성되어 있는 것을 자기 나름대로 사용하거나 둘 중의 하나이다. 비릴리오의 말대로 전쟁은 인간에 대해 수렵자와 동물의 관계를 적용할 때가 아니라 반대로 인간이 수렵당한 동물의 힘을 보충해 인간과 전혀 다른 관계, 즉 전쟁 관계(이미 획득물이 아니라 적이다)에 들어갔을 때에야 비로소 출현한다. 따라서 전쟁 기계가 목축 유목민의 발명품이라는 것은 전혀 놀라운 일이 아니다. 목축과 조련은 원시적 수렵이나 정주적 목축과 혼동되어서는 안 되며 오히려 투사적인 그리고 발사적인 체계의 발명품이라고 할 수 있다.

일거에 폭력적으로 작동하거나 "일거에 모든 것을 결정해버리는" 폭력을 구성하는 대신 전쟁 기계는 목축과 조련을 통해 폭력의 경제, 즉 폭력을 지속시키고 심지어 무제한의 것으로 만들 수 있는 수단을 설립한다. "유혈이 낭자하게 하는 것이나 즉시 살해하는 것은 폭력의 무제한적 사용, 즉 폭력의 경제에 위반된다. (……) 폭력의 경제는 목축민 중의 사냥꾼의 경제가 아니라 수렵당한 동물의 경제이다. 승마용 말에서 말의 운동 에너지와 속도는 보존되지만 말의 단백질은 더 이상 보존되지 않는다(모터이지 더 이상 육식용이 아닌 것이다). (……) 이처럼 수렵에서 사냥꾼들은 체계적인 도살을 통해 야수들의 운동을 정지시키는 것을 목적으로 하는 데 반해 목축민들은 야수들의 운동을 보존시킨다. 그리고 조련을 통해 승마자는 이러한 운동에 참여해 거기에 방향을 부여하면서 이를 가속화시키려고 한다." 기계적 모터가 이러한 경향을 한층 더 발달시키게 되지만 아무튼 "승마용 말이 전사의 최초의 투사기이자 최초의 무기 체계였다."[91] 전쟁 기계 속에서의 <동물-되기>는 바로 여기서 유래한다. 그렇다면 전쟁 기계는 승마용 말과 기마병 이전에는 존재하지 않았다는 말인가? 하지만 이것은 초점을 빗나간 질문이다. 문제는 전쟁 기계가 자유로운 또는 독립적인 변수가 되는 <속도> 벡터를 방출하는 데 반해 수렵에서는 이러한 일이 일어나지 않는다는 데 있다. 속도는 일차적으로 사냥당하는 동물과 관련되기 때문이다. 이러

91 Paul Virilio, "Métempsychose du passager", *Traverses* 8호. 그러나 비릴리오는 수렵에서 전쟁으로의 간접적인 이행이 있었다고 이야기한다. 여성이 '운반 동물 또는 짐을 지는 짐승'으로서 복무하는 경우 사냥꾼은 이미 사냥을 넘어서 '동성애적인 결투' 관계에 들어가게 되기 때문이다. 그러나 비릴리오 본인이 투사하는 것이자 투사되는 것으로서의 속도와 교통과 운반으로서의 이동을 구별하도록 유도하는 것처럼 보인다. 전쟁 기계는 속도라는 관점에서 규정되는 데 반해 이동이라는 관점은 공통의 영역과 관련된다. 가령 말은 그저 다시 땅에 내려 전투를 할 사람들을 운반할 뿐 전쟁 기계에 속한다고 할 수는 없다. 전쟁 기계는 설령 운반이 행동에 반작용하더라도 운반이 아니라 행동에 의해 규정되기 때문이다.

한 주행의 벡터는 승마용 말이 아니라 보병대에게서도 발견할 수 있으며, 게다가 승마용 말이라도 자유 벡터와는 무관한 교통이나 운송 수단이 될 수도 있다. 그러나 어떤 경우이건 전사는 동물에게서 획득물이라는 모델이 아니라 모터라는 발상을 빌려온다. 전사는 획득물이라는 모델을 일반화시켜 적에게 적용하는 것이 아니라 모터라는 발상을 끌어내 그것을 자기 자신에게 적용한다.

여기서 즉각 두 가지 반론이 예상된다. 첫번째 반론에 따르면 전쟁 기계는 속도와 똑같은 정도의 무게와 중력을 갖고 있다는 것이다(무거움과 가벼움의 구별, 방어와 공격의 비대칭성, 휴전과 긴장의 대립). 그러나 전쟁에서는 너무나 중요한 현상인 "대기" 또는 정지와 긴장증조차 어떤 경우에는 순수한 속도의 성분과 연결된다는 것은 쉽게 입증될 수 있을 것이다. 그리고 이와 다른 경우에는 국가 장치가 특히 홈이 패인 공간을 마련해 적대적인 힘들이 균형을 이루도록 함으로써 전쟁 기계를 전유하는 조건과 연결된다. 속도가 탄환이나 포탄 등 발사된 것의 특성 속으로 사라져버려 무기 자체와 병사에게 정지를 강요하는 경우도 있을 수 있다(가령 제1차 세계대전 때의 정지 상태[진지전]). 그러나 힘의 균형은 저항에 의한 현상인 반면 반격은 이러한 균형을 깨뜨리는 속도의 변화 내지 가속을 내포한다. 전차는 속도 벡터를 중심으로 작전의 모든 것을 재조직하고, 운동에 매끈한 공간을 재부여해 인간과 무기로 하여금 정지 상태를 포기하도록 강요한다.92)

92 J. F. Fuller, *L'influence de l'armement sur l'histoire*, p. 155ff.. 그는 제1차 세계대전은 원래 포병을 중심으로 한 공격적이고 기동적인 전쟁으로 구상되었음을 보여준다. 그러나 이러한 포병 전술은 정반대의 결과를 초래해 전쟁은 교착 상태에 빠지게 되었다. 그러나 대포 수를 아무리 늘려도 전쟁을 교착 상태로부터 빠져나오도록 할 수는 없었다. 왜냐하면 포탄 구멍이 사방에 산재해 있는 전장에서는 움직이는 것이 정말 쉽지 않았기 때문이다. 영국인들, 특히 풀러 장군이 고안해낸 결정적인 해결책은 전차 형태로 나타났다 — '육지의 배'인 전차는 육상에 일종의 해양 공간, 즉 매끈한 공간을 재구성하고 "육상전에 해전을 도입시켰다." 일반적으로 반격은 결코 같은 차원에서 이루어지지는 않는다 — 탱크는

이와 정반대의 두번째 반론은 이보다 훨씬 더 복잡하다. 속도 역시 무기에 속하는 만큼이나 도구에 속하기도 하며, 따라서 결코 전쟁 기계에만 고유한 것은 아니라는 것이다. 모터의 역사는 단순히 군사적인 역사에만 국한되는 것은 아니다. 그러나 질적인 모델들을 찾기보다는 너무 운동량만을 문제삼는 것은 아닐까. 이상적인 모터 모델에는 노동 모델과 자유로운 행동 모델 두 가지가 있다. 노동이란 저항에 부딪치면서 외부에 작용해 결과를 창출하고 소비 또는 소진되는 동력원으로서 매 순간 끊임없이 갱신되어야 한다. 자유로운 행동 역시 동력원이기는 하지만 극복해야 하는 저항에 부딪치는 일도 없으며, 오직 동체 자체에만 작용하며, 따라서 결과를 창출하기 위해 소진되는 일이 없는 연속적 동력원인 것이다. 노동의 경우 속도의 크기나 정도와 관계없이 속도는 상대적인 반면 자유로운 행동에서는 절대적이다(영구 운동체[*perpetuum mobile*]라는 관념). 노동에서 중요한 것은 "하나"로 간주되는 물체 위에 작용하는 중력의 작용점(무게중심)이며, 이 작용점의 상대적 이동이다. 하지만 자유로운 행동에서 중요한 것은 물체의 성분들이 중력으로부터 탈출해 점을 갖지 않는 공간을 절대적으로 차지하는 방식이다. 무기와 무기 사용법이 자유로운 행동 모델을 따르는 것처럼 보이는 반면 도구는 노동 모델을 따르는 것처럼 보인다. 도구의 상대적 운동은 한 점에서 다른 점으로의 선적인 이동에 의해 구성되는 반면 무기의 절대적 운동은 소용돌이 운동을 통한 공간의 차지에 의해 구성된다. 마치 무기는 움직이고, 자기-운동적인 데 반해 도구는 어디까지나 움직여지는 것처럼 보이는 것이다. 도구와 노동의 이러한 결합은 위에서처럼 노동에 모터적인 정의 또는 실재적인 정의를 부여하지 않는 한 결코 명백하

대포에 대한 반격이었던 것이다. 마치 이러한 탱크에 대한 반격이 미사일 탑재 헬리콥터이듯이 말이다. 이처럼 전쟁 기계의 혁신의 요소는 노동 기계의 기술 혁신과는 아주 다르다.

게 드러나지 않는다. 도구가 노동을 정의하는 것이 아니라 정반대이다. 도구는 노동을 전제한다. 무기 역시 분명히 동력원의 갱신, 결과를 창출하기 위한 소비 내지는 소진, 외적 저항에의 직면, 힘들의 이동 등을 내포한다는 것을 부정할 수는 없다. 무기는 도구의 속박하는 역량과는 정반대되는 마법적 역량을 갖고 있다고 생각해보아도 별 소용이 없다. 무기와 도구는 동일한 법칙을 따르고 있으며, 바로 이것이 이들의 공통의 차원을 정확하게 규정한다. 그러나 모든 기술의 이면에 자리잡고 있는 원칙에 따르면 기술적 요소는 그것이 전제하고 있는 배치물과 관련되지 않는 한 추상적일 뿐이며, 전혀 무규정적인 것으로 그치고 만다. 기술적 요소보다 우선하는 것은 기계이다. 다시 말해 기계라고는 해도 자체가 기술적 요소들의 집합인 기술적 기계(machine technique)가 아니라 사회적 또는 집단적 기계, 즉 특정한 시기에 무엇이 기술적 요소인가, 용도와 내용과 적용 범위는 어떠한가를 규정하는 기계적 배치물이 중요한 것이다.

문(phylum)은 배치물들을 매개로 해서야 비로소 기술적 요소들을 선별하거나 규정하거나 발명할 수 있다. 따라서 무기나 도구에 대해 이야기하려면 반드시 이것들이 전제하고 또 진입하는 구성적 배치물들을 먼저 규정해야 한다. 이러한 의미에서 무기와 도구는 단순히 외재적으로 구별될 뿐만 아니라 동시에 내재적인 변별적 특성도 갖고 있지 않다고 말할 수 있다. 즉, 무기와 도구는 각기 연결되는 배치물들에 따라 (내재적이지는 않은) 내적 특성을 갖게 된다. 따라서 자유로운 행동 모델을 실현시켜 주는 것은 무기 자체나 무기의 단순한 물리적 측면이 아니라 무기의 형식적 원인(形相因)으로서의 "전쟁 기계"라고 하는 배치물이다. 다른 한편 노동 모델을 실현시켜 주는 것은 도구가 아니라 도구의 형식적 원인으로서의 "노동 기계"라고 하는 배치이다. 무기가 속도 벡터와 불가분의 관계에 놓여 있는데 반해 도구는 중력의 조건들에 결합되어 있다고 말하는 것은 단지 두 가지 유형의 배치물들 간의 차이, 즉 도구에 고유한 배치에서는 도구가 추상적으로 훨씬 “더 빠르고” 무기는 추상적으로 “더 무거움”에도 불구하고 여전히 유지되는 차이를 가리키기 위해서이다. 도구는 본질적으로 힘의 발생과 이동, 그리고 소비와 결합되어 있으며 노동의 법칙에 의해 규정되는 반면, 무기는 자유로운 행동에 따라 시간과 공간 속에서 힘을 행사하거나 표출하는 것과 관련되어 있다. 무기는 하늘에서 갑자기 뚝 떨어지는 것이 아니다. 그것은 당연히 생산, 이동, 소비나 저항을 전제한다. 그러나 무기의 이러한 측면은 무기와 도구에서 공통으로 찾아볼 수 있는 차원으로 무기의 특수성과는 관계가 없다. 무기의 특수성은 단지 힘이 자체로 파악되어 수와 운동, 시간과 공간하고만 관계를 맺거나 속도가 이동에 첨가될 때만 드러날 수 있다.[93] 좀더 구체적으로 보자면 무기 자체는 노동> 모델이 아니라 <자유로운 행동> 모델과 관련되어 있다. 설령 노동의 조건이 다른 곳에서 충족된다 하더라도 말이다. 요컨대 힘이라는 관점에서 보면 도구는 중력과 이동, 중량과 고도 체계와 결합되고 무기는 속도와 영구 운동체 체계와 결합되어 있다(이러한 의미에서 속도 자체가 “무기 체계”라고 말할 수 있다).

아주 일반적으로 기계적 · 집단적 배치가 기술적 요소보다 우선하는 것은 도구에 대해서나 무기에 대해서나 똑같이 해당되는 이야기이다. 무기와 도구는 이러한 배치의 결과, 그저 단순한 결과에 지나지 않는다. 종종 지적되어온 대로 무기는 이 무기가 긴밀하게 결합되어 있는 전투 조직과 분리된다면 아무 것도 아니게 된다. 가령 “중장 보병”의 무기는 전쟁 기계의 변이인 [고대 마케도니아의] 밀집 방진(方陣) 덕

93 ‘노동과 자유로운 행동’, ‘소모되는 힘과 보존되는 힘’, ‘실제적 효과와 형식적 효과’ 등 두 가지 모델의 일반적 구별에 대해서는 다음의 글을 참조하라. Martial Guéroult, *Dynamique et métaphysique leibniziennes*, Les Belles Lettres, pp. 55, 119ff., 222~224.

분에 존재할 수 있었다. 당시 유일하게 새로운 무기였던 양손잡이 방패는 바로 이러한 배치에 의해 창조된 것이었다. 다른 무기들도 이전부터 존재하고 있었으나 다른 식으로 조합되었기 때문에 이전과 다른 기능과 본성을 갖게 되었다.[94] 이처럼 어떠한 경우에도 무기 체계를 만들어내는 것은 배치이다. 창과 칼이 청동기 시대부터 등장하게 된 것은 인간-말이라는 배치 덕분으로, 이 배치는 단검과 꼬챙이의 길이를 늘려 보병 최초의 무기였던 망치와 도끼를 쓸모 없는 것으로 만들어 버렸다. 이어 등자가 인간-말이라는 배치에 새로운 형태를 강제하는데, 다시 이것은 새로운 유형의 창이나 새로운 무기 제작을 부추겼다. 그러나 이러한 인간-말-등자의 결합 자체는 가변적인 것으로, 유목 생활의 일반적 조건 속에 편입되는가 아니면 나중에 다시 봉건제라는 정주적 조건에 맞추어 개조되느냐에 따라 다른 효과들을 낳게 된다. 도구도 마찬가지다. 여기서도 역시 모든 것은 노동의 조직과 인간-동물-사물의 가변적인 배치에 따라 달라진다. 가령 바퀴 달린 쟁기[95]가 특수 도구로 존재하게 된 것은 "넓게 펼쳐진 열린 들판"이 많아지면서 말이 소 대신 점차 쟁기 끄는 동물의 역할을 대체하고 토지가 삼포식(三浦式)으로 경작되기 시작하고 촌락 공동체 규모의 경제가 등장하는 등의 조건이 갖추어졌을 때이다. 당연히 이전에도 이러한 쟁기가 존재했을 수도 있지만 단지 다른 배치들의 주변에 놓여 있었기 때문에 특수성

94 Marcel Detienne, "La phalange problèmes et controverses", in *Problèmes de la guerre en Grèce ancienne*, Mouton, p. 134. "기술이라고 하는 것은 어떤 의미에서는 사회적인 것과 심리적인 것에 내재한다"(p. 134).

95 [로마 시대에는 철제 날이 달린 쟁기(소가 끌었다)를 사용했는데, 이것은 지중해 지방의 표토는 갈 수 있었지만 북서 유럽 지방의 단단한 토양에는 사용할 수 없었다. 바퀴 달린 쟁기(처음에는 소가 끌다가 나중에는 말을 사용했다)는 유럽식 농업을 북쪽으로 전파시킨 계기가 되었다. 이후 18세기 보습에 의해 생긴 고랑을 뒤엎는 볏이 쟁기에 추가 장착됨으로써 다시 쟁기가 크게 발전하게 된다]

을 발휘할 수는 없었으며, 바퀴 없는 쟁기와의 변별적 특성도 제대로 탐색될 수 없었다.96)

배치는 정념적이며, 욕망의 편성이다. 욕망은 자연적이고 자발적으로 결정되는 것이 아니라 배치하고 배치되는 것이자 기계적인 것이다. 배치의 합리성이나 효율성은 이러한 배치가 유도하는 정념들 없이는, 또 이러한 배치를 구성하는 동시에 이러한 배치에 의해 구성되는 다양한 욕망들 없이는 존재할 수 없다. 드티엔느(Detienne)의 말대로 그리스의 중장 보병 밀집 부대는 가치들의 철저한 전환과 분리 불가능하며, 더 나아가 욕망과 전쟁 기계의 관계를 근본적으로 바꾸어버린 정념적 변이와 분리시킬 수 없다. 이것은 인간이 말에서 내려옴으로써 인간-말의 관계가 보병이라는 배치물의 인간들 간의 관계로 대체된 사례 중의 하나로서, 바로 이러한 배치가 농민병이나 시민병이 등장할 수 있는 길을 열어주었다. 이와 함께 전쟁의 <에로스> 전체가 변하고, 집단의 동성애적 에로스가 기병의 동물 지향적 에로스를 대체하려고 한다. 전쟁 기계를 전유하려고 할 때마다 국가는 빈틈없이 시민 교육, 노동자 양성 그리고 병사의 조련을 결합시키려 한다. 그러나 모든 배치가 욕망의 배치인 이상 전쟁과 노동의 배치는 원래부터 차원이 다른 정념을 동원하는 것은 아닌가 하는 의문이 제기된다. 정념이란 배치에 따라 달라지는 욕망의 현실화이다. 따라서 배치에 따라 정의(正義), 잔혹함, 연민 등이 달라진다. 노동 체제는 <형식>의 조직화나 발전과 불가분의 관계에 있으며, 주체의 형성도 이에 대응한다. 이것이 "노동자의 형

96 등자나 쟁기에 대해서는 린 화이트(Lynn White Jr), *Technologie médiévale et transformations sociales*, Mouton, 1장과 2장을 참조하라. 이와 마찬가지로 아시아의 건조식 벼농사에 대해서는 땅파는 도구, 즉 호미와 쟁기 등이 얼마나 인구 밀도와 휴경 기간에 따라 다양하게 변화하는 집단적 배치에 의존하는지를 보여줄 수 있을 것이다. 이와 관련해 브로델은 다음과 같은 결론을 내리고 있다. "이러한 이론에 따르면 도구는 결과이지 더 이상 원인이 아니다"(앞의 책, p. 128).

식"으로서의 감정(sentment)의 정념 체제이다. 감정은 물질과 물질의 저항에 대한 평가, 형식과 형식의 발전에 대한 감각(sens), 그리고 힘과 힘의 이동의 경제 등의 모든 엄숙함(gravité)을 내포하고 있다. 그러나 전쟁 기계 체제는 이와 반대로 **변용태** 체제로서 동체 자체의 속도와 요소들 간의 속도의 합성에만 관여한다. 변용태는 정서(émotion)의 급속한 방출이며 반격인 반면, 감정은 항상 이동하고 지연되며 저항하는 정서이다. 변용태는 무기와 마찬가지로 투사되는 것인 데 반해 감정은 도구와 마찬가지로 내향적이다. 무기와의 변용태적인 관계에 대해서는 다양한 신화뿐만 아니라 영웅서사시나 기사도 이야기, 그리고 궁정풍 연애 등이 증언해주고 있다. 무기는 변용태이며 변용태는 무기이다. 이러한 관점에서 보면 절대로 움직이지 않는 것이나 순수한 긴장증도 속도 벡터의 일부로서, 동작의 화석화와 신속한 운동을 통일시키는 이 벡터 안에 존재한다. 기사는 말안장 위에서 잠을 자다가도 갑자기 화살처럼 출발한다. 이처럼 갑작스런 긴장증, 실신, 긴장감을 전쟁 기계의 최고 속도와 가장 훌륭하게 조합시킨 사람이 바로 클라이스트이다. 그는 우리에게 기술적 요소의 무기-되기와 함께 정념적 요소의 변용태-되기(펜테실레이아의 방정식)를 보여준다. 무술은 항상 무기를 속도에, 무엇보다도 정신의 절대적 속도에 종속시켜 왔다. 따라서 이것은 동시에 긴장감과 부동성의 기술이기도 하다. 변용태는 이 양 극단을 주파한다. 따라서 무술은 국가와 관련된 사항처럼 **코드**에 집착하지는 않으며, 변용태의 통로인 **길**을 따를 뿐이다. 이러한 길에서 사람들은 무기를 사용하는 방법을 익히는 동시에 무기를 "사용하지 않는 법"도 배운다. 마치 무기는 일시적인 수단에 불과하고 이러한 배치의 진정한 목적은 변용태의 역량을 육성하는데 있는 것처럼 말이다. 스스로 탈각하는 것, 자기를 비우는 것을 배우는 것이야말로 전쟁 기계에 고유한 속성이다. 이것은 전사의 "무위(無爲)"이며, 주체의 해체인 것이다. 탈코드화의 운동이 전쟁 기계를 가로지르고 있는 반면 덧코드화는 도구를 노동과 국가의 조직화에 유착시키고 있다(인간이 도구를 사용하는 방법을 잊어버릴 수는 없다. 도구가 부재하는 경우에도 다른 것으로 이를 대체한다). 무술이 끊임없이 무게중심과 이러한 중심의 이동 규칙을 환기시키는 것은 사실이다. 길이라고 하는 것이 아직 궁극적인 것이 아니기 때문이다. 아무리 멀리까지 뻗어 있더라도 길은 여전히 <존재>의 영역에 속해 있으며, 다른 본성을 지닌 절대적 운동을 통상적인 공간으로 번역하고 있는 것에 불과하다. 즉, 무가 아니라 <공> 속에서, 이미 아무런 목적도 없이 "맹렬한(à corps perdu)" 공격과 반격과 추락만이 있는 공의 매끄러움 속에서 현실화되는 절대 운동을 말이다.[97]

배치라는 관점에서 보면 도구와 기호 간에는 항상 본질적인 관계가 존재한다. 왜냐하면 도구를 정의하는 노동 모델은 국가 장치에 속해 있기 때문이다. 종종 지적된 대로 원시 사회의 인간들은 설령 이들의 활동이 매우 제약되고 규제되어 있었다 하더라도 엄밀한 의미에서는 노동을 하지 않았다. 당연히 전사도 마찬가지였다(헤라클레스의 "고역[travaux]"은 왕에 대한 복종을 전제로 한 것이었다). 기술적 요소는 영토에서 추출되어 하나의 대상이 된 대지에 적용될 때만 도구가 된다. 하지만 이와 동시에 기호는 몸체에 기입되기를 멈추고 움직이지 않는 객체적인 물질 위에 씌어진다. 노동이 존재하려면 국가 장치에 의한 행동의 포획과 문자(écriture)에 의한 행동의 기호화가 필요하다. 기호-도구, 문자 기호-노동의 조직화라는 배치가 친화성을 갖는 것은 바로 이 때문이다. 그러나 무기에서는 사정이 이와 전혀 다르다. 무기는 보석

97 병법서들이 주장하는 바에 따르면 <길(道)>은 아직 중력에 종속되어 있으므로 <허공> 속으로 극복되지 않으면 안 된다. 클라이스트의 *Théâtre des marionnrttes*는 의문의 여지없이 서양 문학 중에서 가장 자발적인 동양적 텍스트로서 이와 비슷한 극복 운동을 너무나 잘 보여준다. 무게중심의 선적인 이동은 아직 '기계적'이며 뭔가 아주 '신비로운' 것을 가리키는데, 혼과 관련되어 있는 이것은 중력과는 전혀 무관하다.

류와 본질적 관계를 갖고 있기 때문이다. 그러나 이 보석류는 너무나 많은 이차적 적용을 거쳐왔기 때문에 우리는 과연 이것이 무엇인지를 분명하게 이해할 수 없게 되었다. 그러나 금은 세공품이 이전에는 "야만적" 예술, 특히 유목민 예술이었다는 얘기를 듣거나 소수자 예술 속에 들어 있는 이러한 걸작을 접했을 때 우리는 마음 속에서 뭔가 번쩍이는 것을 느낄 수 있을 것이다. 옷의 장식용 고리, 금은 장식판, 수많은 보석들이 이동 가능한 작은 물체에 붙여진다. 이것들은 단순히 운반하기 쉬울 뿐 아니라 오직 뭔가 움직이는 것에 속해 있을 때야 비로소 의미를 가질 수 있게 되어 있다. 이러한 장식품들은 자체가 움직일 수 있고 또 움직이고 있는 것 위에서 순수 속도의 표현의 특질을 구성한다. 그리고 이것들간의 관계는 <형상-질료> 관계가 아니라 <모티프-지지대(motif-support)> 관계로 이루어진다. 따라서 대지는 지표에 지나지 않게 되며, 아니 지지대는 모티프와 마찬가지로 동적이기 때문에 지표조차 존재하지 않게 된다. 이러한 장식품들은 색채에 빛의 속도를 부여하며, 금에는 붉은 빛을 돌게 하고 은은 하얀빛으로 물들인다. 이들은 마구, 칼집, 전사의 갑옷, 무기의 손잡이 등에 부착되며, 심지어 단 한번 쏘아 버리면 그만인 화살촉까지 장식된다. 이러한 장식품을 만들기 위해서 쏟아 부어야 할 노력이나 수고가 어떠한 것이건 이들은 순수하게 움직이는 자유로운 행동에 의해 만들어진 것이지 중력이나, 저항, 소진과 결합된 노동의 결과에서 비롯되는 것은 아니다. 이동하는 대장장이는 금은 세공을 무기와, 또한 반대로 무기를 금은 세공과 결합시킨다. 금과 은은 다른 많은 기능도 갖고 있으나 전쟁 기계가 만들어낸 이러한 유목민적 공헌을 무시하고는 제대로 이해할 수 없다. 이 경우 금은은 물질이 아니라 무기에 적합한 표현의 특질이다(금은 세공품을 통해 종종 전쟁에 관한 신화를 엿볼 수 있을 뿐만 아니라 이러한 신화가 이러한 세공품이 제작된 적극적 요인이기도 하다). 보석들은 무기에 상응하는 변용태로 무기와 동일한 속도 벡터에 휩싸여 있다.

금은 세공품, 보석류, 장식품, 그리고 단순한 장식은 모든 면에서 전혀 문자에 뒤지지 않은 추상 역량을 갖고 있음에도 불구하고 문자 언어를 형성하지는 않는다. 이 추상 역량은 다른 방식으로 배치되는 것이다. 문자의 경우 유목민들은 그것을 만들 필요를 느끼지 못했기 때문에 인접 제국의 정주민으로부터 그것을 빌려왔으며, 언어의 음성 표기법마저 이들에게서 가져왔다.[98] "금은 세공, 선조(線條) 세공 그리고 금은 도금이나 세공은 특히 야만 예술이다. (……) 유목민과 전사의 경제는 이방인들만으로 제한된 교역을 거부하는 동시에 이를 이용하기도 했는데, 이와 결합된 스키타이 예술은 이처럼 화려하고 장식적인 쪽을 집중적으로 발전시켰다. 야만인들은 가령 초보적인 표의적 그림 문자와 같은 명확한 코드를 소유하거나 창조할 필요성을 느끼지 못했다. 독자적인 표음 문자는 더 말할 것도 없었다. 훨씬 발전해 있는 인접 지역의 정주민들이 사용하던 표음 문자와 경합하기보다는 그것을 차용하는 편이 더 간단했기 때문이다. 이처럼 기원전 3, 4세기경에 흑해 연안의 스키타이 예술은 자연스럽게 형태를 선사적(線寫的 : graphique)으로 도식화하는 방향으로 나간 결과 문자 언어의 원형(proto-écriture)보다는 선적인 장식을 만들어내게 되었다."[99] 물론 보석류나 금은 장식품이나 심지어 무기 위에도 문자를 새길 수 있지만 실제로는 이미 앞서 존재하던 기존의 문자를 적용시킬 수 있을 뿐이었다. 고대 북구의 룬 문자의 경우는 이보다 훨씬 까다로운데, 왜냐하면 원래

98 Paul Pelliot, "Les systèmes d'écriture en usage chez les anciens Mongols", *Asia Major* 1925. 몽고인들은 시리아의 자모(字母)를 이용한 위구르 문자를 썼다(티베트인들이 나중에 위구르 문자의 음성 이론을 만들었다). 현재까지 전해지는 *Histoire sécrète des Mongols*, 「1240년경에 편집된 징기스칸의 역사서」의 두 가지 판은 각각 한역본(『원조비사(元朝秘史)』)와 중국어를 이용한 음성 전사본으로 되어 있다.

99 Georges Charirière, *L'art barbare scythe*, Ed. du Cercle d'art, p. 185.

이것은 오직 보석류, 장식용 고리, 금은 세공품, 액세서리 등 언제나 쉽게 떼었다 붙였다 할 수 있는 작은 장식품들하고만 결합되어 있던 것 같기 때문이다. 초기에 룬 문자는 의사 소통 수단으로서는 아주 미미한 가치만을 갖고 있었을 뿐이며 공적인 기능도 아주 제한되어 있었다. 이 문자의 수수께끼 같은 성격은 많은 사람들로 하여금 이 문자를 주술적인 문자로 해석하도록 만들기도 했다. 오히려 이것은 1) 소유자나 제조자를 표시하기 위한 서명, 2) 싸움이나 사랑을 전하기 위한 짧은 메시지를 포함하는 변용태적인 기호 체계로서 문자적이라기보다는 "장식적인" 텍스트를 형성하고 있었다. 즉 "거의 쓸모가 없으며 반쯤은 유산된 발명"으로, 문자의 대용품에 지나지 않았다. 그것은 9세기경에 있었던 덴마크 혁명과 함께 국가나 노동과 관련된 기념비에 비명을 새기기 시작한 제2기에 접어들어서야 비로소 문자로서의 가치를 갖게 된다.100)

도구나 무기, 기호나 보석류는 실제로는 어디서나, 공통된 문화권에서는 어디서나 나타나지 않는가 하는 반론을 제기할지도 모르겠다. 그러나 문제는 거기에 있지 않으며, 각 경우의 기원을 찾는 것도 문제가 되지는 않는다. 오히려 배치를 지정하는 것, 즉 어떤 요소가 형식적으로 이 배치에 속하도록 만드는 **변별적 특질**을 결정하는 것이 문제이다. 또 건축과 요리는 분명히 국가 장치와 친화성을 갖는 반면 음악과 마약은 유목적인 전쟁 기계 쪽에 속할 수 있도록 해주는 변별적 특질을 갖고 있다고도 말할 수 있을 것이다.101) **따라서 이러한 변별적 방법을**

100 Lucien Musset, *Introduction à la runologie*, Aubier.

101 물론 유목적 전쟁 기계에 고유한 요리와 건축 형태들이, 즉 정주민적인 형태와는 전혀 다른 '특질'을 가진 형태들이 존재한다. 유목민의 건축, 가령 에스키모의 이글루나 훈 족의 목조 궁전은 천막에서 유래한 것이다. 이것이 정주민 건축에 끼친 영향은 원형 지붕이나 반(半)-원형 지붕에서, 특히 천막처럼 **상당히 낮은 곳부터 시작하는 공간**의 설정에서 찾아볼 수 있다. 유목민의 요리는 말 그대로 단식을 하지 않는다(dé-jeûner/break-fast)

통해 아래의 다섯 가지 관점에서 바로 무기와 도구를 구별해 볼 수 있을 것이다. 방향(sens)(투사-내향), 벡터(속도-중력), 모델(자유로운 행동-노동), 표현(보석류-기호), 정념이나 욕망의 음조(변용태-감정). 의문의 여지없이 국가 장치는 군대에 규율을 부여하고 노동을 기본 단위로 만듦으로써, 다시 말해 국가 장치에 고유한 특질을 강요함으로써 모든 체제를 획일화하려고 한다. 그러나 무기와 도구가 새로운 변신의 배치에 흡수되면 얼마든지 다른 결연 관계에 접어들 수도 있다. 전사가 농민이나 직공들과 결연하는 경우도 있는데, 특히 노동자(직공이건 농민이건)가 전쟁 기계를 재발명하는 경우도 얼마든지 있을 수 있다. 농민들은 후스[102] 전쟁 동안 포술의 역사에 중요한 공헌을 했는데, 이때 지슈카[103]는 우마차가 끄는 대포들로 움직이는 요새를 만들었다. 직공-병사, 도구-무기, 감정-변용태 간의 친화성이 바로 혁명이나 인민 전쟁의 적시 성을 알려준다. 그 순간이 아무리 짧더라도. 도구에 대한 분열

이다(부활절은 유목민의 전통이다). 바로 이러한 특징 때문에 요리는 전쟁 기계에 속하게 된다. 가령 야니사리 족은 각각의 요리사에게 등급을 매겨 냄비를 중심으로 단결하는 습관이 있었으며, 모자에는 나무 스푼이 꽂혀 있었다.

102 [(Jean Huss)(1372～1415) : 15세기 체크의 종교 개혁가로 중세에서 종교 개혁기로 넘어가는 전환기에 활동했으며, 그의 활동은 루터의 종교 개혁을 1세기 전에 미리 예고하고 있었다. 그는 일생을 서방 교회의 대분열에 휘말렸으며, 콘스탄츠 공의회에서 영국의 위클리프의 교리를 따르는 이단으로 정죄받아 화형당했다]

103 [(Jan Hrabiě Žižka)(1376～1424) : 보헤미아의 군 지휘관으로 민족 영웅이다. 후스파 프로테스탄트 군대를 이끌고 독일 왕 지기스문트와 싸워 승리를 거두었는데, 이때 포대를 이동시키는 전술을 도입함으로써 2세기 후에 일어날 군사 전략상의 혁명적 변화를 앞당겨 보여주었다. 그는 기동성이 좋은 농장 마차에 장갑판을 두르고 위에 대포를 설치함으로써 전술에 일대 혁명을 일으켰다. 그는 보병, 기병, 포병을 하나의 전술 단위로 취급한 최초의 지휘관이었다. 동시에 엄격한 규율과 종교적이고 민족주의적인 열정을 가진 그의 농민 무장 단체는 비규율적인 봉건적 징집 부대보다 훨씬 우세하기도 했다. 그는 1420년에 프라하 근처에서 지기스문트를 패퇴시켰으며, 이후 로마 가톨릭 군대와도 계속 싸웠다. 하지만 그의 이러한 전술은 200년 동안 망각되다가 17세기에 스웨덴 왕 구스타프 2세가 이동 포병대를 다시 도입하면서 비로소 유럽인들이 지슈카의 전술을 채택하게 되었다]

적인 취미라고 볼 수 있는 것이 도구를 노동으로부터 자유로운 행동으로 이행시키고, 무기에 대한 분열적인 취미가 무기를 평화 수단, 평화를 획득하기 위한 수단으로 바꾸어버린다. 반격인 동시에 저항인 것이다. 모든 것은 양의적이다. 그러나 이러한 양가성이 윙거[104]의 다음과 같은 분석을 무효로 만드는 것은 아니다. 즉, 그는 한편으로는 <직공>을, 다른 한편으로는 <병사>를 공통의 도주선 위로 끄집어내서 이 "반항자"를 초역사적인 인물로 그리고 있는데, 이 도주선 위에서 인간은 동시에 "나는 무기를 찾고 있다", "나는 도구를 원한다"고 말할 수 있다. 선을 그리거나 또는 같은 이야기이지만 선을 가로지르고 또는 선을 넘어서 가라. 분리선을 넘지 않고는 선을 그을 수 없기 때문이다.[105] 의문의 여지없이 전사만큼 시대에 뒤떨어진 것도 없을 것이다. 전사는 이미 오래 전에 전혀 다른 인물, 즉 군인으로 변형되어버렸기 때문이다. 게다가 직공 역시 상당히 불운한 운명을 겪어왔다……. 하지만 많은 양가성을 수반함에도 불구하고 전사는 부활한다. 폭력의 무익함을 알면서도 재창조되어야 할 전쟁 기계, 능동적이고 혁명적인 반격 기계에 인접해 있는 사람들이 바로 그들이다. 직공들 역시 부활한다. 노동을 믿지는 않지만 재창조되어야 할 노동 기계, 능동적인 저항

104 [(Ernst Jünger(1895~1999) : 독일의 소설가, 수필가로서 한때는 열렬한 군국주의자이자 허무주의자였으나, 도중에 사고방식이 바뀌어 평화와 유럽 동맹과 개인의 존엄성을 똑같이 열렬히 신봉하게 되었다. 후기 작품 가운데 *Gläserne Bienen*(1957)은 인공벌과 꼭두각시로 상징되는 지나치게 기계화된 세상에 사는 실직한 전직 군인에 대한 심란한 이야기이다. 1974년 실러 기념문학상, 1981년 유럽 문학상을 비롯하여 많은 독일 및 국제적인 문학상을 수상했다.

105 *Traité de rebelle*(Bourgois)에서 윙거는 다른 어느 곳에서보다 분명하게 국가 사회주의[나치즘]에 반대하면서 *Der Arbeiter*에 들어 있는 몇 가지 논점을 발전시키고 있다. 즉 능동적인 도주로서의 '선'에 대해 고민하고 있다. 윙거에 따르면 이 선은 고대의 <병사>와 현대의 <직공>이라는 두 인물 사이를 가로질러 이 양자를 다른 운명으로, 다른 배치로 끌고 간다(하이데거는 <선>에 대한 고찰을 윙거의 공으로 돌리지만 하이데거의 성찰 속에는 전혀 이러한 측면이 남아 있지 않다).

과 기술의 해방을 이룩할 수 있는 기계에 인접해 있는 사람이 바로 이들이다. 전사나 직공 모두 과거의 신화나 고대의 인물들을 부활시키지는 않는다. 그들은 "역사 횡단적인(trans-historique)"(역사적이거나 영원하지 않으며 오히려 비시대적인) 배치의 새로운 인물들, 즉 유목적인 전사와 이동하는 직공인 것이다. 그러나 우울한 희화적 인물들이 이미 이들을 앞서가고 있다. 즉, 용병이나 순회 군사 고문, 테크노크라트나 이동 프로그램 분석가, 즉 CIA와 IBM이 그들이다. 따라서 역사 횡단적인 인물은 과거의 신화들뿐만 아니라 이미 확정되어 기선을 제압하고 있는 왜곡들에 대해서도 저항하지 않으면 안 된다. "신화를 다시 손에 넣으려고 뒤로 후퇴해서는 안 된다. 극단적인 위험으로 시대가 뿌리부터 흔들리고 있을 때 사람들은 새롭게 신화와 만나게 되는 것이다." 무술과 첨단 기술은 새로운 유형의 직공이나 전사 집단을 결합시킬 수 있는 가능성을 창출할 때만 가치를 갖는다. 무기와 도구가 공유하는 도주선. 순수한 가능성, 변이. 지하, 하늘, 해저에서 기술자들이 형성되고 있다. 이들은 모두 정도차는 있지만 세계 질서에 속해 있으며, 잠재적인 지식과 행동을 비자발적으로 발명하고 축적해 나간다. 이것들은 정밀한 것이기는 하지만 쉽게 획득할 수 있는 것으로서 다른 사람들도 얼마든지 새로운 배치의 창조를 위해 쉽게 이를 이용할 수 있다. 게릴라와 군사 장치, 노동과 자유로운 행동은 언제나 서로를 양방향에서 차용해왔다. 따라서 투쟁은 정말 다양한 형태를 취할 수 있다.

문제 3 — 유목민들은 어떻게 그들의 무기를 발명 또는 발견했는가?
명제 8 — 야금술은 필연적으로 유목과 합류하는 하나의 흐름을 구성한다.

스텝 주민들의 정치, 경제, 사회 체제는 공격용이나 방어용 무기,

인간의 편성이나 전략, 기술적 요소(안장, 등자, 편자, 마구 등) 등 전쟁과 관련해 이들이 이루어낸 여러 혁신들보다는 훨씬 덜 알려져 있다. 역사 서술은 언제나 이러한 혁신들이 유목민에게서 유래했다는 것을 논박하려고 해왔지만 유목민의 흔적을 말끔히 지울 수는 없었다. 인간-동물-무기라는 배치, 인간-말-활이라는 배치를 발명해낸 것은 유목민들이었다. 이러한 속도의 배치를 통해 금속기 시대에 다양한 혁신이 이루어졌다. 가령 실린더 모양의 힉소스인들의 청동 도끼(戰斧)나 힛타이트인들의 철검은 소형 핵폭탄의 발명에 필적할 만큼 혁신적인 것이었다. 따라서 스텝 유목민들의 무기의 정밀도를 시대별로 제법 엄밀하게 구분할 수 있으며, 중장비와 경장비(스키타이 형과 사르마티아[106] 형)의 교체와 양자의 혼합 형태도 추적할 수 있을 것이다. 흔히 짧고 휘어 있으며 일부가 잘라진 형태를 갖고 있는 주강제(鑄鋼製) 칼은 칼날로 비스듬히 베는 무기로서 칼끝으로 정면에서 찌르는 단조(鍛造) 철검과는 전혀 다른 역동적 공간을 감싸고 있다. 이 칼은 스키타이인들이 인도와 페르시아로 전파한 다음 다시 아랍인들에게 전해졌다. 그런데 유목민들은 화기, 특히 대포의 등장과 함께 혁신적인 역할을 상실하게 된다("포탄이 이들의 신속함을 능가했다")는 것은 일반적으로 동의되고 있다. 그러나 반드시 유목민들이 화기를 사용할 줄 몰랐기 때문에 그렇게 된 것은 아니었다. 유목민적 전통이 강하게 남아 있던 터키와 같은 나라

106 [BC 6~4세기 중앙 아시아로부터 우랄 산맥 지역으로 이주한 이란 계통의 민족으로 이들과 밀접하게 관련된 스키타이인들과 마찬가지로 뛰어난 기마 민족이자 전사들이었다. 뛰어난 행정 능력과 정치적인 기민함으로 광범위한 영향력을 행사했다. 스키타이인 여성은 주로 집안에서 은둔 생활을 했던 반면 사르마티아인 미혼 여성은 사회가 형성되던 초기에는 남성들과 함께 전쟁에 참여했다. 이들 사르마티아 여성 전사들이 그리스의 아마존 족 신화의 기원이 되었을 가능성도 있다. 사르마티아인의 초기 모계 사회 형태는 남성 족장 사회로 바뀐 뒤 결국 남성 왕권제 사회로 귀결되었는데, 이러한 변화는 금속 등자와 박차의 발명으로 인한 기마 문화와 남성 기병대의 급속한 발달의 결과로 볼 수 있다]

의 군대는 대규모 화력과 그에 상응하는 새로운 공간을 전개했을 뿐만 아니라 더 나아가 경량 대포를 사륜 마차가 만들어내는 동적인 편성이나 해적선 등에 훌륭하게 통합시키기도 했는데, 이것이야말로 유목민적인 특징을 고스란히 보여주는 것이었다. 대포가 유목민의 한계를 보여주는 것은 이와 반대로 대포가 단지 국가 장치만이 감당할 수 있는 경제적 투자를 수반하기 때문이다(상업 도시조차 그러한 대규모 투자를 감당하기가 쉽지 않았을 것이다). 어쨌든 화기가 아닌 단순한 무기, 심지어 대포에서조차 각각의 무기의 기술적 계통의 지평선 위에 항상 유목민의 모습이 떠오르는 것만큼은 변함없는 사실이다.[107]

물론 예를 들어 등자를 둘러싼 대 논쟁이 잘 보여주듯이 각각의 경우에 대한 이론이 끊이지 않고 있다.[108] 일반적으로 유목민 자체로부터 유래하는 것과 이들 유목민들이 교역하고 정복하고 또는 통합되어 들어가는 제국으로부터 수용한 것을 구별하기가 그리 용이하지 않다. 제국의 군대와 유목민의 전쟁 기계 사이에는 경계가 불분명한 영역, 또는 중간적인 형태나 양자의 조합이 수없이 존재하는데, 종종 이런 것 중 많은 것이 제국으로부터 유래하는 것처럼 보일 때가 있기 때문이다. 칼(sabre)이 전형적인 사례를 보여주는데, 이것은 등자의 경우와 달리 아무런 의문의 여지가 없다. 스키타이인들이 칼의 전파자로서 힌두, 페르시아, 아랍인에게 이 칼을 전해준 것만은 사실이지만 동시에 이들은

107 린 화이트(Lynn White Jr.)는 유목민이 커다란 혁신력을 갖고 있다고는 생각하지 않지만 때로는 놀랄 만한 기원을 갖는 광대한 기술적 계통을 분명하게 확인해주고 있다. 예를 들어 열기와 터빈 기술의 기원을 말레이 반도에서 찾고 있다(*Technologie médiévale et transformations sociales*, Mouton, pp. 112~113). "이리하여 근대 초기의 과학과 기술의 몇 가지 두드러진 성취를 통해 중세 말기부터 말레이시아의 정글에 이르기까지 연속적으로 이어져온 기술적 자극의 사슬을 추적할 수 있다. 말레이의 두번째 발명인 피스톤은 아마 공기압과 이 공기압의 응용에 관한 서구의 연구에 큰 영향을 미쳤을 것이다."
108 등자를 둘러싼 특히 복잡한 문제에 대해서는 린 화이트, 앞의 책, 1장을 참조하라.

이 칼의 최초의 희생자들로서 처음으로 칼의 위력에 당했던 것이다. 이 칼을 발명한 것은 주강 또는 도가니 강(鋼) 제련법을 고안한 또는 이를 독점적으로 생산한 중국의 진(秦)과 한(漢) 제국이었다.[109] 이 사례는 현대의 고고학자나 역사가가 어떠한 어려움에 처해 있는가를 잘 보여주고 있다. 심지어 고고학자들조차 유목민에 대한 증오나 경멸에서 벗어나 있지 못하다. 그래서인지 이 칼의 경우 이것이 제국에서 유래한다는 것이 여러 사실에 의해 십분 확인되고 있는데도 최고의 해설자조차 다음과 같은 사실을 부연하는 것이 적절하다고 생각하고 있다. 즉 어쨌든 스키타이인들은 가난한 유목민이었던 만큼 기병도를 발명하는 일 따위는 전혀 불가능했으며, 따라서 주강은 필연적으로 정주민적인 환경에서 유래했다고 말이다. 그러나 제국 군대의 탈영병들이 이 칼의 비밀을 스키타이인들에게 누설했다는 아주 낡아빠진 중국의 공식 견해를 그대로 따라야 할 이유가 있을까? 만약 스키타이인들이 그러한 비밀을 이용할 능력이 없고 또 전혀 이해하지도 못했다면 "비밀 누설"이 무슨 의미가 있단 말인가? 따라서 탈영병을 비난하는 것은 말도 되지 않는 이야기이다. 몰래 전해 받은 비밀로 원자 폭탄을 제조할 수는 없는 노릇이기 때문이다. 이와 마찬가지로 만약 칼을 재생산하고 다른 조건과 통합시키고 다른 배치로 이행시킬 능력이 없다면 칼을 제조하는 것은 불가능하다. 전파나 보급은 분명히 혁신의 선에 속해 있는 것으로, 바로 이 선의 분기점을 나타낸다. 한 가지만 더 덧붙이자면 분명히 대장장이들의 발명품인데도 왜 주강은 필연적으로 정주민이나 제국 주민의 소유라고 하는가? 이 대장장이들은 반드시 국가 장치에 의해 통제된다고 가정되고 있지만 이들 또한 반드시 일정한 기술적 자율성

109 A. Mazaheri, "Le sabre contre l'épée", *Annales*, 1958의 훌륭한 논문을 참조하라. 아래의 논의에서 몇 가지 이의를 제기한다고 해서 이 논문의 중요성이 반감되거나 하는 일은 절대 없을 것이다.

과 사회적 은밀성을 누리고 있으며, 따라서 통제되더라도 이들 자신이 유목민이 아니듯 국가 장치에 속하지도 않은 것이다. 따라서 비밀을 누설한 탈영병 따위는 없었으며, 오히려 이 비밀을 전달하고 이 비밀의 적용과 전파를 가능하게 한 대장장이가 있었을 뿐이다. 정말 전혀 다른 유형의 "배반"인 것이다. 결국(논란의 여지가 많은 등자의 경우건 아니면 거의 이론의 여지가 없는 기병도의 경우건) 이 정도로 논의가 곤란에 빠지게 된 원인은 단순히 유목민에 대한 편견 때문만이 아니라 기술적 계통에 관해 충분히 세련된 개념이 결여되어 있기 때문이기도 하다(즉, **기술적 계통**이나 **기술적 연속체**를 어떻게 정의할 수 있는가? 그리고 관점에 따라 달라지게 되는 다양한 적용 범위는?).

야금술은 항상적 법칙, 가령 언제 어디에서나 타당한 금속의 융해 온도를 발견했기 때문에 하나의 과학이라고 말하는 것도 별다른 도움이 되지는 않는다. 왜냐하면 야금술은 우선 몇 개의 변화선들과 분리할 수 없기 때문이다. 즉, 운석과 천연 금속의 변화, 원광석과 금속의 함유량의 변화, (인공적인 것이건 자연적인 것이건) 합금들의 변화, 금속에 가해지는 공정들의 변화, 특정한 조작을 가능하게 해주는 성질 또는 특정한 조작의 결과로서 발생하는 성질들의 변화(가령 수메르에서는 원산지와 정련도에 따라 구리의 12가지 변종을 구별해 목록으로 만들었다[110]). 이 모든 변수들은 다음과 같은 두 가지 포괄적인 항목들로 유형을 나누어볼 수 있을 것이다. 먼저 다양한 차원을 가진 **시공간적인 특이성**이나 <**이것임**> 그리고 이것들과 결합하는 변형이나 변용 과정으로서의 조작. 두번째로는 이러한 특이성과 조작에 대응하는 다양한 층위의 **변용태적 질**이나 **표현의 특질**(경도, 무게, 색깔 등). 다시 칼 아니 오히려 주강의 예로 돌아가 보기로 하자. 주강은 고온에서의 철의 용해

110 Henri Limet, *Le travail du métal au pays de Sumer au temps de la IIIe dynastie d'Ur*, Les Belles Lettres, pp. 33~40.

라고 하는 첫번째 특이성을 현실화하고, 다음으로 두번째 특이성, 즉 점진적인 탈탄소화에 의해 만들어진다. 반복해서 행해지는 이러한 탈탄소화에 대응해 표현의 특질이 나타난다. 즉 경도, 예리함의 정도, 광택뿐만 아니라 결정화 과정에서 나타나며 주강의 내부 구조로부터 유래하는 물결 모양이나 무늬 역시 표현의 특질이다. 하지만 철검은 이와 전혀 다른 특이성과 관련되어 있다. 왜냐하면 이것은 주조나 주물로 만드는 것이 아니라 단조되는 것이며, 공냉(空冷)이 아니라 수냉(水冷)이며, 대량 생산되는 것이 아니라 하나씩 제조되기 때문이다. 따라서 이것의 표현의 특질들도 칼과는 근본적으로 달라지게 된다. 왜냐하면 이것은 베는 것이 아니라 찌르는 것이며, 측면이 아니라 정면에서 공격하는 것이기 때문이다. 그리고 표현적인 모양도 철검과는 전혀 다른 방식, 즉 상감(象嵌)에 의해 만들어진다.[111] **특이성들의 집합, 즉 몇몇 조작을 통해 연장 가능해지며, 또 이와 함께 하나 또는 몇 개의 지정 가능한 표현의 특질들로 수렴되거나 또는 수렴될 수 있도록 만들어주는 특이성들의 집합을 확인할 수 있다면** 하나의 기계적 문 또는 하나의 기술적 계통에 대해 말할 수 있을 것이다. 만약 특이성 또는 조작이 다른 재료에서건 아니면 같은 재료에서건 분기하는 경우에는 두 개의 서로 다른 문을 구별해야 한다. 가령 단검에서 발달한 검과 단도에서 발달한 칼의 경

111 마자헤리(Mazaheri)는 이와 관련해 칼과 검은 두 개의 서로 다른 기술적 계통에서 유래한다는 점을 분명하게 밝히고 있다. 특히 [강철에 물결 모양 무늬를 넣는] **다마스커스 세공**(*damassage*)은 시리아의 다마스커스라는 지명이 아니라 다이아몬드를 의미하는 그리스어 또는 페르시아어에서 유래하는 것으로, 강철을 다이아몬드처럼 단단하게 주조하는 처리와 이 주강 표면의 삼탄(滲炭 : 탄소를 침투시켜 표면을 단단하게 만드는 것 — 역자) 처리를 통해 생기는 물결 무늬를 가리키는 것이다("진정한 damas, 즉 물결 무늬 모양을 지닌 다마스커스 산 칼은 한 번도 로마의 지배를 받은 적이 없는 주요 도시들에서 만들어졌다"). 그러나 다른 한편으로 damasquinage(「금은상감술」)는 다마스라는 지명에서 유래하며 단순히 금속(또는 원감) 위에 상감하는 것, 말하자면 상감이라는 전혀 다른 수단을 이용해 damassage를 의도적으로 모방하려 했던 것이다.

우가 그렇다. 각각의 문은 독자적인 특이성과 조작, 성질과 특질을 갖고 있으며, 이것이 검이나 칼이라고 하는 기술적 요소와 욕망의 관계를 결정한다(칼"의" 변용태는 검의 변용태와 동일하지 않다).

그러나 한 문에서 다른 문으로 연장 가능한 특이성의 차원들을 설치해 이 두 문을 통일시키는 것은 언제든지 가능하다. 결국 극단적으로 볼 때 유일한 동일 계통 발생의 계통, 관념적으로 연속적인 유일한 기계적 문밖에 존재하지 않는다. 즉, 운동-물질의 흐름, 특이성과 표현의 특질을 짊어지고 연속적으로 변주되는 물질의 흐름 말이다. 이 조작적이고 표현적인 흐름은 자연적인 동시에 인공적이다. 소위 인간과 <자연>의 통일체인 것이다. 그러나 동시에 이 흐름은 나누어짐과 분화 없이는 지금 여기에서 실현될 수 없다. 이 흐름에서 추출되는 집합, 즉 인공적으로 또 자연적으로 수렴되듯이(고름) 선별되고 조직되고 지층화된 특이성과 표현의 특질의 집합을 **배치물**이라고 부르도록 하자. 이러한 의미에서 배치물이야말로 진정한 발명이라고 할 수 있다. 다양한 배치물들은 함께 모여 매우 커다란 집합을 이루며, 심지어 "문화"나 "시대"를 구성하는 경우도 있다. 하지만 이 경우에도 각각의 배치물은 문 또는 흐름을 분화시켜 다양한 차원에서 다양한 종류, 다양한 차원의 문들로 나누어져 운동-물질의 관념적인 연속성 속에 선별적인 불연속성을 도입한다. 즉, 배치물이 문을 상이하게 분화된 선들로 분할하는 동시에 기계적 문은 이 모든 배치들을 관류해 한 배치물을 떠나 다른 배치물로 이동하거나 모든 배치물을 공존시키거나 한다. 문의 밑바닥에 깊게 깔려 있는 특이성, 가령 탄소의 화학은 그것을 선택하고 조직하고 발명하는 하나의 배치물에 의해 표면에 드러나며 문의 전부 또는 일부가 이러저러한 때와 장소에서 이 배치물을 통과한다. 어쨌든 서로 다른 다양한 선들을 구별해야만 한다. 이중 일부 계통 발생적 선들은 여러 시대, 다양한 문화의 배치물들 사이의 먼 거리를 넘나들고 있다(불어서 내쏘는 화살통에서 대포로? [티베트의 라마교도가 독경할 때 돌리는 원통인] 기도륜[祈禱輪]에서 나선으로? 주전자에서 모터로?). 그리고 다른 개체 발생적 선은 배치물의 내부에 있으면서 다양한 요소들을 결합시키거나 또는 한 요소를 동일한 문화나 동일한 시대에 속하지만 본성을 달리하는 배치물로 시간적 간격을 두고 이행시킨다(예를 들어 편자가 농업 배치물에 보급되는 경우). 따라서 문에 대한 배치물의 선별적 작용과 함께 하나의 배치물에서 다른 배치물로 이동하거나 또는 배치에서 벗어나 이를 유도해 외부로 열어주는 지하선으로서의 문의 진화적인 반작용을 고려해야만 한다. **생명의 도약**(Elan vital)? 르루아-구르앙은 생물학적 진화 일반을 기술적 진화의 모델로 삼아 기술적 생명론을 최대한 밀고 나갔다. 그에 따르면 온갖 특이성과 표현의 특질을 가진 **보편적 경향**이 기술적 환경과 내부 환경들을 가로지르고 있으며, 다시 이러한 환경이 제각각 드러내고 선별하고 통일시키고 수용하는 특이성과 표현의 특질에 따라 이 보편적인 경향을 굴절시키거나 분화시킨다.[112] 변화하는 기계적 문은 다양한 배치물들을 발명하는 한편 이들 배치물들은 가변적인 문들을 발명한다. 기술적 계통은 문 위에 그리느냐 아니면 배치물에 새겨 넣느냐에 따라 크게 달라진다. 그러나 양자는 결코 서로 분리될 수 없다.

그러나 배치물들 속에 들어왔다가 나가버리는 이 운동-물질, 에너지-물질, 흐름-물질, 이 변화하는 물질을 과연 어떻게 규정하면 좋을까? 그것은 탈지층화되고 탈영토화된 물질이다. 후설은 계량적이고 형상적인 고정된 본질과 구별되는 **질료적이고 모호한**, 즉 유동적이고 비정확하지만 아주 엄밀한 본질의 영역을 발견함으로써 우리 사유의 결정

112 André Leroir-Gourhan, *Milieu et techniques*, Albin Michel, p. 356ff.. 시몽동은 '기술적 계통의 절대적 기원'이나 '기술적 본질' 문제를 짧은 기간을 대상으로 재검토하고 있다. *Du mode d'existence des objets techniques*, Aubier, p. 41 이후.

적 일보를 내딛었다. 앞에서 살펴본 대로 이들 모호한 본질들은 형식적 본질뿐만 아니라 형식화된 사물과도 구별되며, 퍼지 집합을 구성한다. 또한 이것은 지성적인 형식적 본질, 형식화되고 지각된 감각적 사물성과도 구별되는 **물체성**(질료성)을 끄집어낸다. 이 물체성은 두 가지 성격을 갖고 있다. 한편으로는 상태의 변화로서의 극한화와 분리되지 않으며, 자체가 비정확한 시공에서 발생하는 사건(절삭, 부가, 투사 등)으로서 작용하는 변형 또는 변용 과정과 분리할 수 없다. 다른 한편으로는 가변적인 변용태(저항, 경도, 무게, 색채……)의 방식으로 생산된, 양적으로 변화 가능한 표현적이고 강렬한 질과 분리될 수 없다. 따라서 **변용태-사건**라는 순회하는 짝짓기가 나타나게 되는데, 바로 이것이 모호한 물체적 본질을 구성하고, "고정된 본질과 이러한 본질에서 사물로 흘러가는 특성들", "형식적 본질과 형식화된 사물"이라는 정주민적인 결합과 구분되는 것이다. 물론 후설은 모호한 본질을 본질과 감각적인 것 사이, 사물과 개념 사이에 있는 일종의 중개물, 소위 칸트의 도식과 같은 것을 만들려는 경향을 보이고 있다. 둥근 것은 어쩌면 감각적으로 둥근 것과 원의 개념적 본질 사이의 중개물, 즉 모호한 또는 도식적인 본질이 아닐까? 실제로 둥근 것은 감각적 사물과 평평한 것도 아니고 뾰족한 것도 아닌 문턱-변용태로서, 맷돌, 선반, 바퀴, 물레, 소켓 등 기술적 동인을 가로질러 한계-과정으로서만 존재한다……. 따라서 이 중개물이 자율적이 되고, 우선 **그 자체**가 사물들 사이로, 그리고 사유들 사이로 연장되어 사유와 사물 간에 전혀 새로운 관계, 즉 양자의 **모호한** 동일성을 설정할 때에만 그것은 "중개적"이다.

시몽동이 제시한 몇 가지 구분을 후설의 구분과 비교해 볼 수 있을 것이다. 시몽동은 질료-형상 모델은 고정된 형상과 등질적인 것으로 여겨진 질료를 전제하는 한 기술론의 입장에서 불충분하다는 견해를 제시한다. 이 모델에 일관성을 보장해주는 것은 법칙이라는 관념이다.

질료를 이러저러한 형상에 종속시키고, 역으로 형상으로부터 연역된 어떤 특성을 질료 속에서 실현시키는 것이 바로 법칙이기 때문이다. 그런데 시몽동은 **질료 형상적** 모델은 작용적이고 변용태적인 많은 것을 무시한다는 것을 보여준다. 한편으로 형식화되거나 형식화될 수 있는 질료에 **독자성들이나 <이것임>**들을 갖고 있는 운동 중에 있는 에너지적 질료성을 첨가시켜야만 한다. 이것들은 이미 기하학적이라기보다는 위상학적인 암묵적 형상으로서 다양한 변형 과정과 조합된다. 가령 나무를 켜는 조작이 나무를 유지하고 있는 섬유 조직의 결의 변화나 비틀림의 변화에 맞춰서 행해지듯이 말이다. 다른 한편으로는 형상적 본질에서 질료로 흘러가는 본질적 특성들에 **강렬한 가변적 변용태들**을 첨가해야 한다. 때로는 조작의 결과로서 발생하고 때로는 이와 반대로 조작을 가능하게 하는 변용태들을. 가령 목재의 다공질(多孔質)의 정도나 탄성, 저항력의 정도. 아무튼 여기서 중요한 것은 나무를 따라가는 것으로서, 질료에 형상을 강요하는 대신 다양한 조작과 나무의 물질성을 연결접속하면서 나무 그 자체에 거스르지 않는 것이라고 할 수 있다. 법칙에 종속된 질료보다는 **노모스**를 가진 질료성에, 질료에 특성을 강요하는 형상보다는 다양한 변용태를 구성하는 표현의 물질적 특질에 따라야 하는 것이다. 물론 하나의 모델로부터 벗어나는 것을 바로 그 모델로 "번역하는" 것이 항상 가능하기 때문에 고정된 형상과 항상적인 질료를 강제하는 법칙에 물질성의 변주 역량을 결합시키는 것도 가능하다. 그러나 그로 인해 변수를 연속적 변주 상태로부터 분리하여 거기에서 고정점과 상수적 관계를 추출하는 왜곡을 수반하지 않을 수 없을 것이다. 따라서 변수들을 왜곡하고, 방정식의 본성조차 바꾸게 된다. 그리고 방정식은 이미 운동으로서의 물질에 내재하는 것(부등식, 적합식)이 아니게 된다. 문제는 이러한 번역이 개념적으로 정당한가를 아는 것이 아니라(이것이 정당하다는 것은 틀림없는 사실이기 때문이다) 이 과정에서 어떠한 직관이 사라지느냐를 아는 것이다. 요컨대 시몽동이 질료 형상 모델을 비판하는 이유는 이것이 형상과 질료를 각각 개별적으로 규정할 수 있는 두 항목으로, 어떻게 결합될지 모르는 두 개로 나뉜 체계의 반쪽-사슬의 끝과 같은 것으로, 끊임없이 변화하는 연속적인 변조 과정을 도저히 파악할 수 없는 단순한 주조 관계와 같은 것으로 보기 때문이다.[113] 질료 형상 도식에 대한 비판은 "형상과 질료 사이에 중간적 매개적 차원의 지대가 존재한다", 즉 에너지적, 분자적 지대가 존재한다는 명제에 기반하고 있다. 즉, 질료를 가로질러 물질성을 펼치는 고유한 공간, 형상을 가로질러 표현의 특질을 표현하는 고유한 수가 존재하는 것이다…….

우리는 항상 다음과 같은 규정으로 되돌아오게 된다. 즉 **기계적 문**이란 인공적이거나 아니면 자연적인 물질성이다. 또는 동시에 이 양자로서, 특이성과 표현의 특질을 가지면서 운동하고 흐르고 변화하는 물질이다. 이러한 규정으로부터 당연히 다음과 같은 결론을 유추할 수 있다. 즉 이러한 흐름으로서의 물질에는 그대로 **따르는** 수밖에 없다는 것이다. 물론 이처럼 순종함으로써 이루어지는 조작은 한 장소에서 진행될 수밖에 없다. 가령 대패질하는 장인은 위치를 바꾸는 일이 없이 나무에, 나무의 결에 따른다. 그러나 이러한 식의 순종법은 좀더 일반적인 과정의 특수한 단계에 지나지 않는다. 왜냐하면 노동자는 또 다른 방법으로도 순종할 것을 요구받기, 즉 필요한 섬유를 가진 나무가 있는 데까지 찾아다니도록 강요받고 있기 때문이다. 그렇지 않으면 나무를 가져오도록 시켜야 할 것이다. 이 경우 장인들이 직접 나서지 않

113 거푸집과 변조의 관계, 운동으로서의 물질에 본질적인 변조 조작과 주조가 은닉 또는 단순화되는 과정에 대해서는 시몽동, 앞의 책, pp. 28~50을 참조하라("변조란 연속적으로 변주되도록 거푸집을 바꾸는 것이다", p. 42). 시몽동은 질료 형상 도식의 힘은 기술적 조작이 아니라 이러한 조작을 포함하는 **노동**의 사회적 모델에서 유래한다는 것을 명확하게 보여준다(pp. 47~50).

아도 되는 것은 상인들이 반대 방향에서 필요한 행정의 일부를 떠맡아 주기 때문이다. 그러나 장인들은 동시에 채집가일 때만 완전한 장인일 수 있다. 재료 채집가와 상인과 장인을 분리시키는 조직화는 장인을 불구로 만들어 "노동자"로 만들어버린다. 따라서 직공은 물질의 흐름, 즉 기계적 문에 순종하도록 정해진 자로 규정할 수 있을 것이다. 직공이란 편력자, 방랑자인 것이다. 물질의 흐름을 따라가는 것은 이동하는 것이며 방랑하는 것이다. 이는 행동 중인 직관이다. 물론 물질의 흐름을 탐색하거나 따르는 것이 아니라 시장에 따르는 파생적 이동도 있을 수 있다. 이 흐름은 더 이상 물질의 흐름이 아닐 수도 있지만 이것도 어디까지나 하나의 흐름은 흐름인 것이다. 그리고 특히 이차적 이동으로 간주해야 할 것이 있는데, 설령 필연적이라 할지라도 다른 "조건"에서 파생되는 이동이 있을 수 있는 것이다. 가령 이동 목축민이 그러한데, 농민이건 목축민이건 이들은 토지가 지력(地力)을 잃거나 계절이 변하면 토지를 바꾼다. 그러나 숲이 재생되고, 땅이 지력을 회복하고 계절이 변하면 출발점으로 다시 되돌아오도록 처음부터 정해진 일종의 순환을 그대로 따르기 때문에 이동 목축민이 토지의 흐름에 순종하더라도 그것은 이차적인 것일 수밖에 없다. 이들은 흐름에 순종하는 것이 아니라 회로를 그리고 있는 것이며, 회로(점점 더 확장되는 것이라도 상관이 없다)로 들어오는 흐름의 일부만을 따르고 있을 뿐이다. 따라서 이동 목축민은 불가피하게 이동하고 있는 것에 불과하다. 또는 토지나 목초의 회로가 고갈되거나 회로가 너무 확장된 탓에 회로로부터 흐름이 빠져나갈 때만 진정한 이동민이 될 수 있다. 상인조차도 상품의 다양한 흐름이 출발점과 도착점의 회전(찾으러 간다-갖고 온다, 수입한다-수출한다, 산다-판다)에 종속되어 있는 한 이동 목축민인 것이다. 이처럼 흐름과 회로는 양자가 아무리 서로 밀접하게 얽혀 있다 하더라도 커다란 차이를 보인다. 이주민은 앞에서 살펴본 대로 이와는 전혀 다른 존재이다. 원래 유목민은 불가피하게 그렇게 되는 경우가 있을지라도 규정상으로는 순회자도 아니고 그렇다고 이동 목축민도 또 이주민도 아니다. 왜냐하면 유목민에 대한 기본적인 규정은 매끈한 공간을 점거하고 유지하는 데 있기 때문이다. 바로 이러한 측면이 유목민을 유목민으로서(본질로서) 규정하고 있다. 유목민이 이동 목축민이나 이동민일 수 있는 것은 매끈한 공간의 요청에 따를 때뿐이다. 요컨대 유목과 이동 생활과 이동 목축 간에 어떠한 혼합 형태가 존재하건 기본 개념은 이 세 경우에 동일하지 않다(매끈한 공간, 물질의 흐름, 회전). 그리고 이처럼 명료하게 구분된 개념들에서 출발할 때만이 이러한 혼합 방법에 대해, 즉 언제 어떤 형태로 또 어떤 질서 하에서 이러한 혼합이 발생하는지를 판단할 수 있는 것이다.

그러나 우리는 이제까지의 논의에서 다음과 같은 물음을 회피해왔다. 즉 왜 기계적 문, 다시 말해 물질의 흐름은 본질적으로 금속적인가 또는 야금술과 관련되는 것일까? 여기서도 역시 명료하게 구분된 개념만이 이 물음에 대한 해답을 줄 수 있는데, 이동 생활과 야금술 간에는 특별한 기본적 관계(탈영토화)가 존재한다는 것이 바로 그것이다. 그러나 후설이나 시몽동을 인용하면서 들었던 사례들은 금속뿐만 아니라 나무나 진흙과 관련된 것이기도 했다. 더욱이 풀이나 물, 짐승 무리의 흐름들도 있으며 이것들은 각각의 계통, 즉 운동하는 물질들을 형성하지 않는가? 이제 이러한 물음들에 좀더 쉽게 대답할 수 있을 것이다. 금속과 야금술은 다른 물질이나 조작에서는 감추어지거나 매몰되어 있는 무엇인가에 의식을 부여하고 이를 의식하도록 만드는 것처럼 보이기 때문이다. 즉, 다른 물질들에서는 어떠한 조작도 조작을 위해 준비된 물질을 구성하는 문턱과 구체화해야 할 형상을 구성하는 문턱 사이(가령 진흙과 거푸집)에서 이루어지기 때문이다. 질료-형상 모델이 일반적으로 적용되는 것은 이 때문이다. 조작의 종료를 나타내는 구체화된 형상은 다시 새로운 조작을 위한 질료로 기능하는데, 여기서는 연속적인 문턱을 나타내는 고정된 순서에 따라 그렇게 한다. 그러나 야금술에서 여러 가지 조작들은 항상 다양한 문턱들 사이에 걸쳐 있기 때문에 에너지를 내포한 물질성은 준비된 질료를 표출하고, 질적인 변환이나 변형은 형상을 표출하게 된다.[114] 가령 담금질과 형틀을 넘어서 단조와 연쇄하고 있다. 다른 예를 들자면, 주조 작업에서 대장장이는 어떤 의미에서는 거푸집 안에서 일한다. 나아가 녹여져 주조되는 강철은 나중에 일련의 연속적인 탄소 제거 공정을 거치게 된다. 마지막 예로서, 야금술은 물질에 주괴(鑄塊)-형태를 부여해 물질을 다시 이용해 재사용할 수 있는 가능성을 갖고 있다. 금속의 역사는 이처럼 저장이나 상품과는 전혀 다른 특별한 형식과 불가분의 관계를 맺고 있으며, 화폐 가치는 이로부터 파생된다. 좀더 일반적으로 말해 "환원자(réducteur)"라는 야금술의 관념은 준비된 물질로부터의 물질성의 해방과 구체화할 형상으로부터의 변형의 해방이라는 이중의 해방을 표현하고 있다. 야금술에서보다 형상과 물질이 딱딱하게 고정된 것처럼 보이는 경우도 없을 것이다. 그러나 다양한 형상의 계기들은 연속적으로 전개되는 형상에 의해, 다양한 물질들의 변화는 연속적으로 변주되는 물질에 의해 대체되는 경향이 있다. 야금술이 음악과 본질적 관계를 맺고 있는 것은 단순히 대장장이가 내는 소리 때문이 아니라 이 양자를 관통하는 경향, 즉

114 시몽동은 야금술 문제에 관해서는 특별한 흥미를 보이지 않는다. 왜냐하면 그의 분석은 사실 역사적인 것이 아니라 오히려 전자공학에서 끌어낸 사례들을 검토하는 쪽을 택하기 때문이다. 그러나 역사적으로 볼 때 야금술 없이는 전자공학도 존재할 수 없었다. 바로 여기서 야금술에 대한 시몽동의 찬사가 유래된다 "야금술은 질료 형상 모델을 이용해서는 완전하게 고찰될 수 없다. 야금술의 형틀 뜨기는 눈에 보이는 형태로 일거에 이루어지는 것이 아니라 연속적인 조작을 통해 이루어진다. 형틀 뜨기와 질적인 변용의 순간을 정확하게 구분하는 것은 불가능하다. 주물의 단조(鍛造)는 엄밀한 의미의 형틀 뜨기보다 먼저 이루어지고, 담금질은 나중에 이루어진다. 하지만 단조와 담금질은 모두 대상을 구성하는 작업인 점에서는 같은 것이다"(*L'individu*, p. 59).

서로 분리된 형상들을 초월해 형상의 연속적 전개를 두드러지게 하고, 변화하는 다양한 물질을 초월해 물질의 연속적 변주를 우선시하는 경향 때문이다. 확대된 반음계법이 음악과 야금술을 동시에 움직이게 하고 있다. 음악가로서의 대장장이는 최초의 "변형자(tranforamteur)"[115]였다. 요컨대, 금속과 야금술에 의해 빛을 보게 되는 것은 물질에 물질 특유의 생명, 물질 그 자체의 생명적인 상태로서 설령 어디에나 존재한다고 하더라도 통상 질료 형상 모델에 의해 분리되어 은폐되고 숨겨져 있어 인식되지 않는 물질적인 생명성이 밝게 드러나게 된다. 야금술은 "물질-흐름"의 의식 또는 사유이며, 금속은 이 의식의 상관물이다. 범-금속주의가 표방하는 대로 모든 물질은 금속으로 간주될 수 있으며, 따라서 모든 물질이 야금술의 대상이 될 수 있다. 심지어 물이나 풀이나 나무, 짐승조차 소금이나 광물적인 원소로 가득 차 있다. 모든 것이 금속은 아니지만 금속은 어디에나 존재한다. 금속이 물질 전체를 이끄는 것이다. 기계적 문은 야금술과 관련되며, 적어도 금속의 우두머리, 이동하는 자동유도장치 또는 유도 장치를 갖고 있다. 그리고 사유는 돌보다는 오히려 금속과 더불어 발생한다. 야금술은 인격화된 소수자 과학 자체이며, "모호한" 과학 또는 물질의 현상학이다. 비유기적 생명이라는 경탄할 만한 관념 — 보링거는 이것을 특히 북방 야만족에 고유한 관념으로 여겼다[116] — 은 야금술의 발명품이자 직관이다. 금속

115 단순히 각종 신화뿐만 아니라 실증적인 역사도 함께 고려할 필요가 있다. 가령 음악 형식의 진화에서 '동[금관악기]'이 수행하는 역할이나 전자 음악에서의 '금속성 합성음'의 구성 문제(Richard Pinhas) 등.

116 Wilhelm Borringer에 따르면 고딕 예술은 '원시적'이며 기하학적이기는 하지만 생명으로 넘치는 선에 의해 규정된다. 하지만 이러한 생명성은 고전 예술의 경우에서처럼 유기적이지는 않다. 이 선은 "어떠한 유기적 표현도 포함하고 있지 않음에도 불구하고 완전히 생명으로 충만해 있다. …… 유기체를 느끼게 할 수 있는 어떤 것도 포함하지 않음으로 이러한 생명적인 표현은 유기적인 생명과는 구별되어야 한다. …… 이처럼 생명으로 가득 찬 기하학의 운동 속에 들어 있는 운동의 파토스는 고딕 건축의 활력에 찬

은 물건이 아닐뿐더러 유기체도 아니라 기관 없는 몸체이다. "북방 또는 고딕 선"이란 무엇보다 이 기관 없는 몸체를 둘러싸는 광물적이고 금속적인 선이다. 야금술과 연금술의 관계는 융이 믿었던 대로 금속의 상징적인 가치에, 그리고 이 가치와 유기적인 혼의 대응에 의해 성립되는 것이 아니라 모든 물체에 들어 있는 물체성의 내재적 역량과 이 역량에 수반되는 단결심에 의해 성립되는 것이다.

최초의 가장 중요한 이주자는 장인이었다. 그러나 장인은 수렵인도 농민도 목축민도 아니다. 또한 이차적인 활동에 종사하는 바구니 짜는 사람이나 도공이 아니다. 오히려 순수한 생산성을 지닌 물질-흐름에 순종하는 사람으로서, 따라서 식물이나 동물 형태가 아니라 광물적 형태에 순종하는 사람들이다. 이들은 대지나 토지 위에서 활동하는 사람이 아니라 지하 생활자들이다. 금속은 물질의 순수한 생산성이기 때문에 이 금속에 순종하는 사람들은 사물의 탁월한 생산자라고 할 수 있다. 고든 차일드가 잘 보여주었듯이 대장장이는 최초의 전문화된 장인이었고, 이러한 의미에서 직공으로서 하나의 단체(비밀 결사, 길드, 직공 조합)를 형성한다. 장인으로서의 대장장이는 지하의 물질-흐름에 순종하기 때문에 이동자들이다. 물론 대장장이들은 "타자들", 즉 토지나 대지 또는 하늘과 관계를 맺고 있다. 다시 말해 정주 공동체의 농민들이나 그러한 공동체를 덧코드화하고 있는 제국의 관료들과 관계를 맺는다. 생존을 위해서는 이들이 필요하며, 살아남기 위해서 제국의 저장 농산물에 의존해야 한다.[117] 그러나 일을 통해 숲의 거주자들과 관

대수학의 전주곡으로서 우리의 감수성이 전혀 자연적이지 않은 힘에 휘말리도록 강요한다"(*L'art gothique*, Gallimard, pp. 69~70).

117 이것은 *L'Europe préhistorique*, Payot에 들어 있는 차일드의 핵심 논지 중의 하나이다. 즉 대장장이는 최초의 전문 장인으로서 잉여 농산물이 형성됨으로써 비로소 이들의 생존이 가능해진다. 따라서 대장장이와 농업의 관계는 대장장이가 제조하는 도구뿐만 아니라 그가 징수하거나 수납하게 되는 식량과도 밀접하게 관련되어 있다. 그리올이 여러 이본

계를 맺으며, 부분적으로는 이들에게 의존하고 있다. 그리고 필요한 목탄을 얻기 위해 산림 근처에 작업장을 마련해야 한다. 또 공간적으로는 지하가 매끈한 공간의 지면(sol)을 홈이 패인 공간의 대지와 결합시키고 있기 때문에 대장장이들은 유목민들과 관계를 맺게 된다. 제국의 주민이 된 농작민이 경작하는 평야에는 광맥이 존재하지 않았다. 광맥을 찾으려면 사막을 가로지르고 산맥 쪽으로 다가가야 했다. 그리고 광산 관리에는 항상 유목민이 얽혀 있다. 모든 광맥은 도주선이며, 매끈한 공간과 통해 있다. 현재 석유를 둘러싸고 같은 문제가 야기되고 있다.

고고학과 역사학은 기묘하게도 이러한 광산 관리 문제에 대해 침묵하고 있다. 강력한 야금술 조직은 갖고 있었으면서도 광산은 갖고 있지 못한 제국도 있었다. 근동 지방에는 청동 제조에 필요 불가결한 주석이 없었다. 따라서 대량의 금속이 주괴 형태로 상당히 먼 곳에서부터 운반되어 와야 했다(스페인이나 심지어 영국의 콘월로부터 주석을 운반해오기도 했다). 이처럼 복잡한 상황을 고려해볼 때 제국의 관료제가 강력하게 발달하고 원거리 통상로가 정교하게 조직되었을 뿐만 아니라 광산을 둘러싸고 일대 정치적인 줄다리기가 행해졌음을 짐작할 수 있을 것이다. 이로 인해 국가는 외부와 직면하게 되고, 광산 관리의 다양한 국면(채굴, 목탄, 작업장, 운반)을 관리하기 위해 여러 민족과 대결하거나 타협한 것처럼 보인다. 전쟁이나 광물을 구하기 위한 원정이 행해졌다는 것만으로는 불충분하다. 또 "중국의 해안 지대부터 서구의 해안 지대까지 유목민의 대장간은 유러시아 대륙 전역으로 퍼져나가며 통합되었다"고 주장하고, "유목민들은 선사 시대부터 구대륙의 주요한

을 갖고 분석한 바 있는 도곤 족 신화에는 대장장이가 곡식을 받거나 훔쳐 한 곡물의 종자를 금속 덩어리 속에 숨겼다는 이야기가 들어 있는데, 이것은 바로 이러한 관계를 전형적으로 보여준다.

야금술 중심지와 관계를 맺어왔다"[118]고 언급하는 것만으로도 불충분하다. 유목민들이 이러한 중심지들과 어떤 관계를 맺었는지, 이들이 고용하거나 교섭하고 있던 대장장이들과는 어떤 관계를 맺었는지, 본래 야금을 했던 이웃 주민이나 집단과는 어떤 관계를 맺었는지를 좀더 자세히 알아보는 것이 필요하다. 코카서스나 알타이 산맥 또는 스페인이나 북 아프리카에서 그러한 관계는 어떠한 상황을 만들어냈는가? 광산은 물질의 흐름, 혼합, 도주의 원류로서, 역사상 이에 비할 수 있는 것은 없다. 설령 제국이 광산을 소유해 이를 확실한 관리 하에 두었던 때도(중국이나 로마 제국의 경우) 비합법적 광산 개발은 활발히 벌어졌으며, 광부들은 광산에 침입해 들어오는 유목민이나 야만족, 농민 반란군들과 손을 잡았다. 신화 연구나 대장장이의 지위에 관한 민족지학적 고찰에 몰두하거나 할 때 우리는 위와 같은 정치적 문제들을 외면해버린다. 이 점에서는 신화학이나 민속학도 적절한 방법을 갖고 있지 않기 때문이다. 대장장이들에 대한 다른 사람들의 "반응"에만 신경을 쓴 나머지 감정의 양가성을 둘러싼 진부한 의견에 쉽게 굴복해버리기 때문이다. 즉, 대장장이는 존경과 경외의 대상인 동시에 경멸의 대상이었다는 것이다. 다소간의 차이는 있을지 몰라도 유목민들로부터는 경멸당하고 정주민들로부터는 존경받았다는 것이다.[119] 그러나 이렇게 생각하다 보면 이처럼 양가적인 상황이 발생하는 이유, 대장장이들이 특

118 Maurice Lombard, *Les métaux dans l'ancien monde du Vᵉ au XIᵉ siècle*, Mouton, pp. 75, 255.

119 대장장이가 처하게 되는 사회적 상황은 특히 아프리카와 관련해 상세한 연구 대상이 되어왔다. W. Cline의 고전적 연구서인 "Mining and Metallurgy in Negro Africa"(*General Series in Anthropology*, 1937), 그리고 Pierre Clément "Le forgeron en Afrique noire", *Revue de géographie et d'ethnologie*, 1948을 참조하라. 그러나 이들 연구서들은 별로 설득력이 없다. 왜냐하면 대장장이에 대한 반응은 '경멸', '칭찬', '경외'처럼 원리적으로는 명확하게 구별되지만 클레망의 표에서 볼 수 있듯이 실제의 반응은 애매하며 서로 뒤섞여 있었기 때문이다.

수한 지위를 갖게 되는 이유, 유목민이나 정주민과의 관계가 비대칭적인 이유, 그리고 이들이 발명하는 다양한 유형의 **변용태**(금속적 변용태) 등을 시야에서 놓치게 된다. 대장장이에 대한 다른 사람들의 감정을 연구하기 전에 먼저 대장장이들 자체를 <타자>로 연구해야 하며, 따라서 정주민과 유목민에 대해 다른 변용태적인 관계를 가진 사람들로 평가해야 한다.

대장장이는 유목민도 정주민도 아니며 순회하는 자, 이동하는 자이다. 이와 관련해 특히 중요한 것은 대장장이들이 살아가는 방식이다. 그들이 사는 공간은 정주민들의 홈이 패인 공간도, 그렇다고 유목민들의 매끈한 공간도 아니다. 물론 이들도 천막이나 집을 소유할 수 있다. 하지만 이들은 이곳에 마치 "광상(鑛床)" 속에 들어 있는 광물 자체처럼, 즉 동굴이나 구멍처럼 반지하나 지하 오두막에서 사는 것처럼 이러한 천막이나 집에서 산다. 원래부터 그렇게 사는 것이 아니라 필요와 기술에 의해 이런 식으로 혈거(穴居) 생활을 하는 것이다.[120] 엘리 포르(Elie Faure)의 빼어난 텍스트는 공간에 구멍을 뚫고 이렇게 뚫린 구멍들에 대응하는 경이로운 형태들, 즉 비유기적인 생명의 생기 있는 형태들을 만들어내면서 사방으로 이동하는 인도의 순회 민족들의 모습을 훌륭하게 환기시키고 있다. "그들은 해변이나 산기슭에서 거대한 화강암 벽을 만나면 모두 암벽의 한가운데를 파고 들어간다. 그들은 어둠 속에서 살고 사랑하고 일하고 죽고 태어나며, 3~4세기 후에는 산 전체를 뚫고 지나가 멀리 떨어진 정반대 쪽에서 다시 모습을 드러낸다. 그들이 지나간 자리에는 도려낸 바위들과 사방으로 뻗어나간 갱도, 그리고 무언가가 조각되고 새겨진 벽면, 자연적이거나 인공적인 기둥들,

120 Jules Bloch, *Les Tziganes*, P.U.F., pp. 47~54를 참조하라. 블로흐는 정주민과 유목민의 구별은 혈거 생활과 관련해서는 이차적인 의미밖에 갖지 않는다는 점을 정확히 지적한다.

나아가서 수천 수백 개의 무시무시하고도 매혹적인 형상들이 남겨지게 된다. (……) 인간은 여기서 아무런 저항 없이 인간의 강인함과 무력함을 고스란히 드러낸다. 그는 형태로 하여금 이미 정해진 이상대로 되기를 요구하지 않는다. 바위의 절단된 면들이나 우연한 형태를 이용해 무형태의 요구에 따라 그것으로부터 형태를 만들어내는 것이다."[121] 야금술적인 인도. 산을 기어오르는 것이 아니라 산을 구멍을 뚫고 지나가며, 대지에 홈을 파는 것이 아니라 파고 들어가고, 공간을 매끄럽게 하는 것이 아니라 공간에 구멍을 뚫어 대지를 마치 스위스 치즈처럼 구멍 투성이로 만드는 것이다. [에이젠슈체인의] 영화 『파업*La grève*』에 나오는 한 장면은 마치 지뢰로 폭파된 듯한 구멍 뚫린 장소에서 인간들이 불안한 얼굴로 제각각 자기 구멍에서 나오고 있는 모습을 보여주고 있다. 카인의 표지는 신체적이고 변용태적인 지하의 징후로서, 정주민적인 공간의 홈이 패인 대지와 매끈한 공간의 유목민적인 토지를 동시에 가로지르며 어느 한쪽에서도 정지하지 않는다. 그것은 이동하는 자들의 방랑의 기호이며, 농업과 목축을 동시에 피해간다는 의미에서 대장장이들의 이중의 절도 또는 이중의 배반이기도 하다. 카인의 일족이라는 이름은 역사의 배경에서 출몰하는 이들 야금술적 민족에게만 사용해야 하지 않을까? 선사 시대의 유럽에는 스텝의 유목민에서 떨어져 나온 야금술적 집단인 전투용 도끼를 든 민족들이 사방을 가로질러 다녔다. 그리고 거석 농업 문화에서 떨어져 나온 한 분파로 안달루시아 출신으로 종 모양의 도기로 잘 알려진 종-민족들도 사방을 돌아다녔다.[122] 이처럼 기묘한 사람들은 전자는 장두(長頭)이고, 후자는

121 Elie Faure, *Histoire de l'art médiéval*, Le Livre de poche, p. 38.

122 이 사람들과 이들의 신비로움에 대해서는 차일드의 분석을 참조하라. *L'Europe préhistorique*(7장, "Missionaire, marchands et combattants de l'Europe tempérée")와 *L'aube de la civilisation européenne*, Payot를 보라.

단두(短頭)로서 형질적으로 구별되었으나 서로 뒤섞이면서 유럽 전체로 퍼져 나갔다. 유럽 공간의 곳곳에 구멍을 뚫어 우리의 유럽 공간을 구성하면서 광산을 유지한 것은 바로 이들이 아닐까?

대장장이는 유목민들이 있는 곳에서는 결코 유목민이 될 수 없으며, 정주민들이 있는 곳에서는 정주민이 될 수 없다. 또는 유목민들이 있는 곳에서는 절반 유목민이거나, 정주민들이 있는 곳에서는 절반 정주민이 될 수도 없다. 대장장이와 다른 주민들간의 관계는 이들의 내재적 특질인 이동, 즉 애매한 본질에서 파생되는 것이지 그 역은 아니다. 이들이 정주민과 유목민들(그리고 그 외의 다른 주민들, 가령 계절에 따라 이동하는 숲의 거주자들)과 필연적으로 교류하게 되는 것은 이들의 특수성, 즉 이들이 이동자 또는 구멍 뚫린 공간의 발명자이기 때문이

구멍 뚫린 공간

다. 이들 자체가 이중적인 모습을 갖고 있다. 즉, 잡종이고 합금이며,

쌍생아적인 형성체이다. 그리올의 말대로 도곤 족의 대장장이는 "불순한 자"가 아니라 "혼합된 자"이며, 바로 그렇기 때문에 족내혼을 실천하고, 단순 생식을 행하는 순수 혈통과는 혼인하지 않으며, 오히려 쌍생아적인 생식을 재구성한다.[123] 고든 차일드에 따르면 대장장이는 필연적으로 이중화된다. 즉 두 번 존재한다. 먼저 동양의 제국 장치에 의해 포획되고 키워지는 인물로서. 그리고 이어서 에게 해 속에서는 이보다 훨씬 더 유동적이고 자유롭게 된다. 그러나 이 두 절편을 각자의 특수한 맥락과 결부시켜 분리시켜서는 안 된다. 제국에 속하게 된 대장장이, 즉 노동자는 탐광자로서의 대장장이를 전제하고 있다(설령 이 양자가 아무리 멀리 떨어져 있더라도 마찬가지다). 그리고 이 탐광자는 최초의 대장장이에게 금속을 가져다주는 상인과 결탁하고 있다. 게다가 저마다의 방법으로 금속을 가공하지만 주괴 형태만큼은 이들 모두에게서 공통으로 나타난다. 즉, 양자를 두 개의 절편으로 분리하는 것이 아니라 이동적인 연속 작업장처럼 구멍에서 구멍으로 이어지는 하나의 변이선, 소위 갱도가 만들어진다. 따라서 대장장이가 유목민과 정주민들과 맺는 관계는 이들이 다른 대장장이들과 맺고 있는 관계에도 영향을 미치게 된다.[124] 이러한 잡종적인 대장장이, 무기 제조자와 도구 제조자인 대장이이는 정주민들과 동시에 유목민들과도 교류한다. 구멍투성이 공간 자체가 매끈한 공간과 홈이 패인 공간과 교류하고 있다. 왜냐하면 기계적 문, 즉 금속의 계통선은 모든 배치물을 통과하기 때문이다. "운동으로서의 물질"보다 더 탈영토화되는 것도 없기 때문이다.

123 M. Griaule et G. Dieterlen, *La renard pâle, Institut d'ethnologie*, p. 376.

124 Robert James Forbes, *Metallurgy in Antiquity*, Ed. Brillo는 다양한 시대의 야금술을 분석하고 있을 뿐만 아니라 '광석기(l'âge minerai)'에 존재했던 야금술사의 다양한 유형을 구분하고 있다 — '광부' 즉, 탐광부와 채광부, '용광부', '야금사(*blacksmith*)', '정련사(*whitesmith*)' 등. 이러한 전문화는 철기 시대에 접어들면서 더욱 복잡해지며, 이와 동시에 유목민-이동자-정주민의 관계도 동시에 변화한다.

그러나 이러한 대장장이와 정주민들 간의 교섭이 유목민들과의 교섭과 동일한 방식으로 이루어지는 것은 아니며, 이 두 교섭은 대칭적이지 않다. 보링거는 미학의 영역에서 추상적인 선은 전혀 다른 두 개의 표현을 갖는데, 하나는 고딕의 야만적인 선이며 다른 하나는 고전주의의 유기적인 선이라고 말했다. 이와 관련해 야금술 영역에서 문은 전혀 다른 두 개의 교섭 형태를 동시에 갖고 있다고 말할 수 있을 것이다. 즉 항상 유목 공간에 **연결접속**되는 반면 정주 공간에는 **결합접속**된다. 유목적 배치와 전쟁 기계 쪽에서 그것은 일종의 리좀이 되어 비약하고 우회하고 지하를 통과하고, 또한 공중에 줄기를 뻗어 다양한 출구, 궤적, 구멍을 만든다. 그러나 다른 측면에서는 정주적 배치와 국가 장치가 문을 포획하고 표현의 특질을 형상 또는 코드 속에 도입하여 구멍 전체를 함께 공명시킴으로써 도주선을 틀어막고 기술적 조작을 노동 모델에 종속시켜 다양한 연결접속들에 수목적 결합 체제를 강요한다.

공리 3 — 유목적 전쟁 기계는 소위 표현의 형식이며, 이것과 관련된 내용의 형식이 바로 이동적 야금술이다.

	내용	표현
실체	구멍 뚫린 공간 (기계적 문 또는 물질-흐름)	매끈한 공간
형식	이동적 야금술	유목적 전쟁 기계

명제 9 — 전쟁은 반드시 전투를 목표로 하는 것은 아니며, 특히 전쟁 기계는 무조건 전쟁을 목표로 하고 있는 것은 아니다. (일정한 조건 하

에서) 전투와 전쟁이 어쩔 수 없이 전쟁 기계로부터 유래하더라도 마찬가지다.

우리는 다음과 같은 세 가지 질문에 연속적으로 직면하게 된다. 먼저 전투는 전쟁의 "목적"인가? 두번째로 전쟁은 전쟁 기계의 "목표"인가? 마지막으로 전쟁 기계는 어느 정도까지 국가 장치의 "목표"가 되는가? 처음 두 질문이 애매모호한 것은 분명 **목표**(objet)라는 용어의 애매함 때문인데, 이와 동시에 이것은 이 두 질문이 마지막 질문에 종속되어 있음을 의미하기도 한다. 그러나 이 세 문제는 설령 구체적인 사례를 많이 고려하더라도 하나씩 차례대로 고찰해야만 한다. 실제로 첫번째 질문, 즉 전투 문제는 곧 두 가지 경우를 구별할 것을 요구한다. 즉, 전쟁 기계가 전투를 추구하는 경우와 전투를 본질적으로 피하려고 하는 경우를 말이다. 하지만 이 두 경우가 공격과 방어와 일치하는 것은 결코 아니다. 그러나 게릴라전이 분명히 **비-전투**를 지향하는 반면 (포슈[Ferdinand Foch][125]에 의해 정점에 달하는 전쟁관에 따르면) 본래의 전쟁은 전투를 목적으로 하는 것처럼 보이는 것이 사실이다. 그러나 전쟁이 기동전으로, 그리고 총력전으로 발전하면서 공격이라는 관점에서 보건 아니면 방어라는 관점에서 보건 전투라는 개념 자체가 의문시될 수밖에 없게 되었다. 그리고 비-전투라는 개념은 기습의 속도와 즉각적인 대응의 대항-속도를 표현하는 것처럼 보인다[126]. 하지만 이와 반

125 [포슈(1851~1929년) 제1차 세계대전 종전 무렵 프랑스 육군 원수이자 연합군 사령관으로서 연합군의 승리에 가장 큰 공을 세운 인물로 알려져 있다. '사고'와 '의지'로 요약되는 전략관을 완성시켰으며, 제1차 세계대전 말기에는 러시아 전선에서 승리하고 힘을 배가한 독일군에게 각개 격파 당할 처지에 있던 프연합국을 하나의 전선으로 배치할 수 있는 통일적 전략관을 제시하여 연합국의 승리에 결정적인 기여를 한 것으로 평가되고 있다. 후에 아카데미 프랑세즈 회원과 최고전쟁위원회 위원을 역임했다]

126 (T. E. Lawrence, *Les sept pilliers*, Payot, 33장. 그리고 학"La science de la guérilla",

대로 게릴라전의 발전은 내외의 "거점(據點)"과 접속하면서 실제로 전투를 추구해야만 하는 계기와 형태를 포함하고 있다. 그리고 게릴라전과 본래적인 전쟁은 끊임없이 상대방의 방법을 빌려오며, 이러한 차용은 양방향으로 동등하게 이루어진다(예를 들어 지상의 게릴라전은 해전에서 많은 힌트를 얻어왔음이 지적되어왔다). 따라서 공격-방어라는 구별과도, 심지어는 본래적 의미의 전쟁과 게릴라전의 구별과도 일치하지 않는 기준에 따르자면 전쟁은 전투와 "비-전투" 모두를 목표로 하고 있다고만 말할 수 있을 뿐이다.

일단 첫번째 문제를 논외로 하고 전쟁 자체가 전쟁 기계의 목표가 아닌지를 질문할 수 있는 것은 이 때문이다. 그런데 그것은 아주 자명하게 드러나지가 않는다. 전쟁(전투를 동반하든 그렇지 않든)이 적대 세력의 섬멸이나 항복을 지향하는 한 전쟁 기계는 반드시 전쟁을 목표로 하는 것은 아니기 때문이다(가령 약탈[*razzia*]은 전쟁의 특수한 형태라기보다는 전쟁 기계의 다른 목표라고 할 수 있다). 그러나 일반적으로 말해 이미 언급한 대로 전쟁 기계는 유목민이 발명한 것이다. 왜냐하면 전쟁 기계는 본질상 매끈한 공간의 구성 요소이며, 따라서 이 공간의 점

Encyclopedia Britannica』)는 게릴라전에 관한 가장 중요한 글 중의 하나이다. 그는 '반-포슈'의 입장을 취하며 비전투라는 개념을 정교하게 가다듬었다. 하지만 이 <비-전투>도 단순히 게릴라전에만 의존하지 않는 자체에 고유한 역사를 갖고 있다. 1). 전쟁 이론에서는 전통적으로 '전투'와 '작전 행동'을 구별해왔다. Raymond Aron, *Penser la guerre, Clausewitz*, pp. 122~131을 보라. 2) 기동전이 전투의 역할과 중요성을 다시 묻는 계기가 되었다(이미 작스 원수는 이 사실을 인식하고 있었으며 나폴레옹 전쟁에서도 전투의 역할에 대한 논쟁이 끊이질 않았다). 3) 마지막으로 최근 억제력으로서의 핵군비의 이름으로 행해지는 전투에 대한 비판. 핵무기가 전쟁 억제 역할을 수행함에 따라 재래식 군대는 '시험'이나 '책략(manœuvre)'의 역할밖에 수행하지 못하고 있다(비-전투라는 게릴라전 개념과 함께 Guy Brossollet, *Essai sur la non-bataille*을 참조하라). 특히 최근 <전투> 개념으로 되돌아갈 것이 제창되고 있는 것은 전술 핵무기의 발달과 같은 기술적 요인으로만 설명될 수는 없으며 전쟁에서 전투(또는 비-전투)의 역할을 어떻게 평가할 것인가 하는 정치적 배려와도 관련되어 있다.

거, 이 공간에서의 이동, 또 이 공간에 대응하는 인간 편성의 구성 요소이기 때문이다. 바로 이것이 전쟁 기계의 유일하고 진정한 적극적인 목표다(노모스). 즉, 사막이나 스텝을 늘리되 그것에서 인간이 살 수 없게 만들지는 말아라. 그와 정반대로 하라. 그래도 어쩔 수 없이 전쟁이 초래된다면 그것은 전쟁 기계가 이 기계의 적극적인 목적에 대립하는 (홈을 파는) 세력으로서의 국가나 도시와 충돌하기 때문이다. 일단 이렇게 충돌하고 나면 전쟁 기계는 국가와 도시, 국가적・도시적 현상을 적으로 간주하고 이들의 섬멸을 목표로 삼는다. 이때야 비로소 전쟁 기계는 전쟁이 되어 국가의 힘들을 섬멸시키고 국가-형식을 파괴하려고 한다. 아틸라나 징기스칸의 모험은 적극적 목표로부터 소극적 목표로의 이러한 연속적 전환을 훌륭하게 표현하고 있다. 아리스토텔레스식으로 말하자면 전쟁은 전쟁 기계의 조건도 또 목적도 아니지만 필연적으로 전쟁 기계에 수반되거나 이 기계를 보충한다고 할 수 있다. 또한 데리다 식으로 말하면 전쟁은 전쟁 기계의 "보충물"이라고 할 수 있을 것이다. 이러한 보완성은 점진적으로 고뇌에 가득 찬 과정을 통해 분명하게 드러날 수도 있다. 예를 들어 모세의 모험이 그러했다. 이집트 왕국을 탈출해 사막에 몸을 던지는 그는 유목민이었던 히브리인들의 오래된 과거에서 영감을 얻는 동시에 유목민 출신인 장인의 충고를 받아들여 전쟁 기계를 형성하기 시작한다. 그것은 <정의>(Justes)의 기계로서, 이미 전쟁 기계이지만 아직 전쟁을 목표로 하지는 않는다. 그런데 모세는 차츰 몇 가지 단계를 밟으면서 전쟁이 전쟁 기계의 필연적인 보완물이라는 것을 깨닫게 된다. 전쟁 기계는 도시와 국가를 마주치거나 가로지르지 않으면 안 되며, 또 그곳으로 스파이를 파견하지 않으면 안 되며(무장 정찰), 그리고 다음으로는 극단적인 수단에 호소할 수밖에 없을지도 모르기 때문이다(섬멸전). 따라서 그때 유대인들은 방황했으며 그렇게 할 수 있을 정도로 충분히 강하지는 못하다고 두려워

했지만 모세 역시 방황하면서 전쟁이 전쟁 기계의 보완물이라는 계시를 앞에 두고 망설였다. 그래서 전쟁을 이긴 것은 여호수아(Josué)였지 모세가 아니었다. 마지막으로 칸트 식으로 말하자면 전쟁과 전쟁 기계의 관계는 필연적이지만 "종합적"127)이라고 말할 수 있을 것이다(종합하려면 야훼[Yave]가 필요하다).

이리하여 두번째의 전쟁 문제 역시 배제되어 전쟁 기계와 국가 장치의 관계를 묻는 세번째 질문에 종속되게 된다. 최초로 전쟁을 한 것은 국가들이 아니었다. 물론 전쟁은 어떤 폭력처럼 <자연> 속에서 보편적으로 표출되는 현상이 아니다. 국가도 전쟁을 목표로 하는 것은 아니며 오히려 그 반대이다. 고대 국가들은 심지어 전쟁 기계를 소유하는 것을 생각조차 할 수 없었을 뿐만 아니라 국가의 지배는 전쟁 기계와는 전혀 다른 권력 기구(당연히 경찰과 감옥을 포함한다)를 통해 성립되었기 때문이다. 고대라고는 해도 아주 강력했던 국가들이 홀연히 사라진 신비스런 이유 중의 하나는 다름아니라 외부적인, 즉 유목적인 전쟁 기계가 개입해 이러한 국가들에 반격을 가해 이들을 파괴해버린 데서 찾을 수 있을 것이다. 그러나 국가는 재빨리 이해한다. 따라서 세계사적인 관점에서 제기되는 가장 중요한 질문 중의 하나는 다음과 같다. 즉 국가는 어떻게 전쟁 기계를 **전유할** 수 있었을까? 다시 말해 어떻게 국가 자신의 척도와 지배와 목적에 부합하게 전쟁 기계를 구성할 수 있었을까? 그리고 이 과정에서 어떠한 위험을 무릅쓰는가?(군사 제도나 군대로 불리는 것은 결코 전쟁 기계 그 자체가 아니라 국가가 전쟁 기계를 전유하는 형태에 불과하다). 이러한 시도가 가진 역설적 성격을 파악하려면 가설 전체를 이런 식으로 재요약하지 않으면 안 될 것이다. 1) 유목민의 발명품인 전쟁 기계는 전쟁을 최우선 목표가 아니라 이차

127 [전쟁 기계는 논리적으로 전쟁을 내포[분석적]하는 것이 아니라 양자의 관계에는 매개가 필요하다는 것이다]

적이고 보충적인 또는 종합적인 목표로 한다. 즉 전쟁 기계는 반드시 이 기계와 충돌하는 국가-형식과 도시-형식을 파괴하게 되어 있다. 2) 국가가 전쟁 기계를 전유할 때 이 기계는 반드시 성질과 기능을 달리하게 된다. 국가가 소유한 전쟁 기계는 이제 유목민과 모든 국가 파괴자들을 겨냥하거나 아니면 다른 국가를 파괴하거나 정복하려고 하는 국가들간의 관계를 표현하게 되기 때문이다. 3) 그러나 이런 식으로 국가에게 전유되고 나서야 비로소 전쟁 기계는 전쟁을 직접적이고 일차적인 목표, "분석적" 목적으로 삼는 경향을 보인다(그리고 전쟁은 전투를 목표로 삼는 경향을 지닌다). 요컨대 국가 장치가 전쟁 기계를 전유하는 것과 전쟁 기계가 전쟁을 목표로 하는 것 그리고 전쟁이 국가의 목적에 종속되는 것은 모두 동시에 진행된다.

이러한 전유 문제는 역사적으로 너무나 변화무쌍하게 나타나기 때문에 몇 가지 문제 영역을 분명하게 구별할 필요가 있다. 첫번째 문제는 [이러한 전유라는] 조작 가능성에 관한 것이다. 전쟁 기계는 자기에게 치명적인 결과를 초래함에도 불구하고 주저하고, 역으로 국가 장치가 전쟁에 끼어 들어 전쟁 기계가 다시 유목민을 겨눌 수 있도록 해주는 것은 다름아니라 이처럼 전쟁이 유목적 전쟁 기계의 보충적이고 종합적인 목적이기 때문이다. 유목민들이 얼마나 주저하는지는 이미 전설이 되어 있다. 정복하면서 가로질러온 땅을 어떻게 할 것인가? 사막이나 스텝으로 되돌려 목초지로 만들어버릴까? 아니면 토지를 직접 개간할 수 있는 국가 장치를 존속시킬 것인가? 설령 늦건 빠르건 이 국가 장치에 의존하는 새로운 왕조가 되어버리고 말더라도 말이다. "늦건 빠르건"이라고 말하는 것은 그렇게 되는 시기에는 정도차가 있기 때문이다. 가령 징기스칸과 그의 추종자들은 정복한 여러 제국에 부분적으로 통합되면서도 스텝의 매끈한 공간 전체는 그대로 유지해 제국의 중심을 바로 이 공간에 종속시켰기 때문에 오랜 세월 동안 체제를 유지할 수 있었기 때문이다. 이것이 바로 이들의 천부적인 소질을 발휘한 팍스 몽골리카(*Pax Mongolica*)의 핵심적인 비밀이었다. 어쨌든 유목민이 정복한 제국에 역으로 통합된 것이야말로 국가 장치가 전쟁 기계를 전유할 수 있도록 해준 가장 강력한 요인 중의 하나였다는 것만은 변함이 없다. 이것은 피할 수 없는 위험으로, 유목민들은 이에 희생되어왔다. 그러나 또 다른 위험, 즉 국가가 전쟁 기계를 전유할 때 국가를 위협하는 위험도 있다(모든 국가는 이러한 위험의 무게와 함께 이처럼 전유할 때 감수해야 할 위험을 감지해 왔다). 티무르[128]가 이를 잘 보여주는 극단적인 예로, 그는 징기스칸의 후계자가 아니라 정반대되는 자였다. 즉 유목민에 반격을 가할 수 있는 경탄할 만한 전쟁 기계를 만들어낸 티무르는 이로 인해 이전 어느 때보다도 한층 더 무겁고 비생산적인 국가 장치를 수립해야만 했다. 이 국가는 전쟁 기계를 전유하기 위한 공허한 형식으로서밖에 존재하지 못했기 때문이다.[129] 이처럼 국가에게는 전쟁 기계를 다시 유목민에게 되돌리는 것이 국가를 향해 전쟁 기계를 돌려세우는 유목민들이 무릅쓰는 위험 못지 않게 위험한 것이다.

128 [(Tamerlane)(1336～1405) : Timur Lenk 즉 '절름발이 티무르'라는 별칭을 갖고 있으며(서구인들이 경멸하는 투로 이렇게 불렀는데, 영어로 그를 Tamerlane로 부르는 것은 이 때문이다) 이슬람을 신봉하는 투르크인 정복자로서 중국 이름은 첩목아(帖木兒)였다. 주로 인도에서 러시아를 거쳐 지중해까지 정복하는 과정에서 행한 야만적 행위와 그가 세운 왕조의 문화적 업적으로 널리 알려져 있다. 티무르는 중앙 아시아의 마지막 막강한 정복자로서 중앙 아시아의 초원 거주민들과 유목민의 전통에 뿌리를 둔 정치적·경제적·문화적 유산의 계승자였다. 티무르와 그의 동족들은 칭기즈칸의 군사 기술과 규율로 단련된 기동력 있는 말탄 궁술사와 검술사들로서 정주 농경민들을 경멸했다. 수도인 사마르칸트를 아시아에서 가장 화려한 도시로 만들려고 했으나 이곳을 방문할 때는 단 며칠만 머물고 이 도시 건너편 평원에 설치한 야영 천막으로 되돌아갔다. 전투에서는 이동과 기습의 유연성 있는 유목민적 전략이 주요한 공격 무기였다. 하지만 동시에 티무르 제국의 수도인 사마르칸트는 당대의 학문과 과학의 중심지이기도 했다.

129 티무르와 징기스칸의 근본적 차이에 대해서는 René Grousset, *L'empire des steppes*, Payot, 특히 pp. 495～496을 참조하라.

두번째 유형의 문제는 전쟁 기계의 전유가 이루어지는 구체적 형태에 관한 것이다. 즉, 용병인가 토착 병사인가? 아니면 직업 군인인가 징집 군대인가? 또는 전문 집단인가 아니면 전국적으로 모병된 국민군인가? 이러한 구별은 서로 미묘한 차이를 보일 뿐만 아니라 이들간의 온갖 혼합 형태도 존재한다. 따라서 가장 적절하고, 가장 일반적일 수 있는 구별은 아마 다음과 같을 것이다. 즉 단지 전쟁 기계의 "카스트화(encastement)"일 뿐인가 아니면 본래적 의미에서의 "전유"인가. 실제로 국가 장치에 의한 전쟁 기계의 카스트화는 두 가지 경로로 이루어진다. 즉 전사 집단(외부로부터 올 수도 있고 아니면 내부로부터 등장할 수도 있다)을 카스트화하든지 아니면 역으로 시민 사회 전체에 대응하는 규칙에 따라 전사 집단을 창출하는 두 가지 방식으로 이루어진다. 물론 이 두 가지 경로 사이에는 이행이나 중간 형태들도 존재한다…… 마지막으로 세번째 유형의 문제는 이러한 전유의 수단과 관련되어 있다. 이와 관련해 국가 장치의 기본적 측면, 즉 영토성, 노동이나 공공사업, 세제에 관한 다양한 자료를 검토해야 한다. 군사 제도, 즉 군대의 제도화는 반드시 전쟁 기계의 영토화, 다시 말해 토지의 수여를 수반하는데, 이 토지들은 아주 다양한 형태를 띠기 때문에 "식민지"에 있는가 아니면 국내에 있는가 하는 것은 중요하지 않다. 하지만 동시에 토지를 하사받은 전사의 의무인 봉사와 세금의 성질, 특히 군대를 재정적으로 유지하기 위해 사회 전체 또는 일부가 지불해야 하는 시민세의 종류는 납세 제도에 의해 결정된다. 그리고 동시에 국가의 공공 사업은 "국토 정비"와 관련해 재편성되어야 하는데, 바로 여기서 군대는 요새 건설이나 성곽의 구축뿐만 아니라 전략적 교통로들이나 보급로들, 산업의 하부 구조 등에서 결정적인 역할을 담당한다(이러한 형태의 전유에서 엔지니어가 담당하는 역할과 기능[130]).

그러면 여기서 이러한 가설 전체와 "전쟁은 다른 수단을 통한 정치의 연속"이라는 클라우제비츠의 정식을 대조해 보기로 하자. 주지하는 대로 그의 정식은 이론적이고 실천적인, 또한 역사적이고 초역사적인 인식 전체로부터 도출된 것으로, 각각의 구성 요소는 상호 긴밀하게 관련되어 있다. 즉 1) 전쟁은 절대적이고 무조건적인 것이라는 순수한 전쟁관, 즉 경험에서는 찾아볼 수 없는 <이념>이 전쟁이라는 생각(적이라는 것 외에는 어떠한 규정도 갖지 못한 적을 정치적 · 경제적 · 사회적 고려는 전혀 배제하고 타도해버리는 것 또는 "몰살시켜버리는 것"). 2) 국가의 목적에 종속된 실제의 다양한 전쟁들만이 주어진다. 국가의 목적은 잘하건 못하건 절대 전쟁과의 관계에서는 "지휘자"가 되는 것이며, 어쨌든 경험상 절대 전쟁의 실현을 조건짓는다. 3) 실제 전쟁은 섬멸전과 제한전이라는 양극을 왔다 갔다 하는데, 이 두 극 모두가 국가의 정치에 종속되어 있다. 즉 섬멸전은 (섬멸의 목표에 따라) 총력전으로 상승될 가능성을 갖고 있으며, 극한을 향해 상승해 가다보면 무조건적인 전쟁이라는 절대 전쟁에 근접해 가는 경향이 있는 데 반해 제한전은 가능하면 "전쟁을 하지 않는다"는 의미에서가 아니라 제한적인 조건을 향해 하강적으로 근접하기 때문에 단순한 "무장 감시" 형태를 띨 가능성도 있다.[131]

130 *Armées et fiscalité dans le monde antique*, Ed. du CNRS를 참조하라. 이 콜로퀴움에서는 세제 문제가 중점적으로 토론되었지만 이와 다른 두 측면, 즉 국가 장치의 기본 측면인 영토와 노동 문제도 함께 논의되었다. 병사 또는 병사의 가족에게 토지를 분배하는 문제는 모든 국가에서 제기되는 것으로, 국가에게는 본질적인 문제이다. 이리하여 배당의 한 특수한 형태가 봉건 영지[봉토]와 봉건제의 토대가 되었다. 그러나 세계적인 추세에서 보자면 이것은 이미 '거짓 영토', 특히 고대 그리스 문명에서 볼 수 있는 <클레로스>[병사에게 주어진 분배지]와 <클레르키아>[분배지를 부여받은 병사가 들어가 행하는 일종의 식민지 건설]의 기초가 되었던 것이다. (Clair Préaux, *L'économie royale des Lagides*, Bruxelles, p. 463ff.를 참조하라.

131 Clausewitz, 『전쟁론』, 특히 제8편 '전쟁 계획'과 함께 이 세 가지 명제에 대한 레이몽 아롱의 비판적 논평(*Penser la aguerre*, 특히 "pourquoi les guerre de la deuxième espèce?", p. 139ff.)을 참조하라.

무엇보다 먼저 <이념>으로서의 절대 전쟁과 현실 전쟁 간의 이러한 구분은 상당히 중요해 보이지만 클라우제비츠와는 다른 기준을 적용할 때만 그렇다. 즉, 순수 <이념>은 적의 추상적 섬멸이라는 이념이 아니라 반대로 **전쟁을 목표로 삼지 않으며** 전쟁과는 잠재적이고 보충적이며 종합적인 관계만을 갖는 전쟁 기계의 이념이다. 따라서 유목적인 전쟁 기계는 클라우제비츠가 언급한 바와 같이 많은 현실 전쟁 중의 단순한 한가지 사례처럼 보이지는 않는다. 오히려 그것은 <이념>에 완전하게 적합한 내용으로, <이념>과 이 이념에 고유한 목표와 공간, 즉 노모스 공간과 구성의 발명이다. 그럼에도 불구하고 이것은 여전히 하나의 <이념>이며, 전쟁 기계가 유목민에 의해 현실화되는 것이라 하더라도 이러한 순수 <이념>이라는 개념을 유지하지 않으면 안 된다. 오히려 유목민이야말로 하나의 추상, 하나의 <이념>, 즉 실재적이면서도 현재적(actuel)이지는 않은 무엇이라고 할 수 있다. 그런 이유는 여러 가지가 있는데, 우선 앞에서 살펴본 대로 실제의 유목 생활의 요소들이 이주나 이동이나 순회, 이동 목축의 요소들과 혼합되기 때문이다. 이러한 혼합이 유목민이라는 관념의 순수함에는 영향을 미치지는 않는다 하더라도 항상 이미 혼합되어 있는 대상들을 끌어들이거나 또는 처음부터 전쟁 기계에 반작용하는 다양한 공간이나 구성의 조합을 끌어들인다. 두번째로 유목적인 전쟁 기계는 그 순수한 개념에조차 필연적으로 보완물로서의 전쟁과 맺는 종합적 관계를 현실화하고, 이 관계를 파괴해야 할 국가 형식에 대항하는 것으로서 발견하고 전개하기 때문이다. 그러나 전쟁 기계는 국가 없이는, 즉 국가가 전쟁 기계를 전유할 수 있는 기회와 함께 전쟁을 이제 국가에 의해 전유된 전쟁 기계의 직접적인 목표로 삼기 위한 수단을 발견하지 않고는 이처럼 보충적인 목표나 종합적인 관계를 현실화시킬 수 없다(유목민의 국가로의 통합이 처음부터, 즉 국가에 맞서 처음으로 전쟁을 일으켰을 때부터 유목 생활을 관통하는 벡터가 되는 것은 바로 이 때문이다).

따라서 문제는 전쟁을 어떻게 수행하는가라는 것이라기보다는 국가 장치가 어떻게 전쟁 기계를 전유하는가 하는 것이다. 국가 장치가 전쟁 기계를 전유하고, 이것을 "정치적" 목적에 종속시키고 이 기계에 전쟁을 직접적인 목표로 부여하는 일은 모두 동시에 일어난다. 그리고 전쟁 기계를 카스트화하는 다양한 형태로부터 본래적 의미에서의 전유 형태들로 이행하고, 제한전으로부터 소위 총력전으로 이행하고, 그리고 목적과 목표의 관계를 변형시키는 등 3중의 관점에서 국가가 진화해가는 것 또한 동일한 역사적 경향을 보여준다. 그런데 국가의 전쟁을 총력전으로 만드는 요인들은 자본주의와 밀접하게 결합되어 있다. 즉 전쟁 관련 시설, 산업 그리고 전쟁 경제에 대한 고정 자본의 투자, (전쟁을 수행하는 동시에 희생자가 되는) 육체적 · 정신적 측면에서의 인구라는 가변 자본에 대한 투자와도 밀접하게 결합되어 있는 것이다[132]. 실제로 총력전은 단지 섬멸전일 뿐만 아니라 섬멸의 "중심"이 이미 적군이나 적대국뿐만 아니라 적국의 인구 전체와 경제가 되었을 때에서야 비로소 출현한다. 이러한 이중적 투자는 오직 이에 앞서 제한전이라는 선행조건이 충족되어야만 가능하다는 사실은 자본주의가 어쩔 수 없이 총력전을 발전시키는 저항하기 어려운 성격을 갖고 있음을 잘 보여준다.[133] 따라서 총력전은 국가의 정치적 목적에 종속되어

132 E. Ludendorff, *La guerre totale,* Flammarion는 전쟁에서는 '인민'과 '내정'이 점점 중시되는 쪽으로 나간다고 보는 반면 클라우제비츠는 여전히 군대와 외교 정책을 우선시한다. 이러한 비판은 클라우제비츠의 몇몇 텍스트들이 이를 논박하는 측면이 있지만 큰 줄기에서는 올바르다. 레닌이나 마르크스주의자들도 이와 똑같이 비판했었다(물론 이들은 인민이나 내정에 대해 루덴도르프와는 전혀 다르게 생각했다). 몇몇 저자들은 프롤레타리아는 산업에 의해 생성되는 만큼이나 군사적 기원, 특히 해군적 기원을 갖고 있다는 심오한 통찰을 보여준 바 있다. 예를 들어 비릴리오, *Vitesse et politique,* pp. 50~51, 86~87을 참조하라.

133 네프(J. U. Nef)가 주장하듯이 '총력전'을 규정하게 되는 자본 집중, 축적, 투하 현상

있으며, 단지 국가 장치가 전쟁 기계를 전유하기 위한 모든 조건을 최대한으로 실현하고 있을 뿐이다. 그러나 총력전이 전유된 전쟁 기계의 목표가 되고 이와 동시에 전유 조건 전체가 이와 같은 차원에 놓일 때 목표(objet)와 목적(but)은 새로운 관계에 접어 들어가 양자가 서로 모순되는 것 또한 사실이다. 어떤 때는 총력전은 국가의 정치적 목적에 의해 조건 지워진다고 주장하다가 다른 때는 무조건적인 전쟁이라는 <이념>을 현실화하는 경향이 있다고 주장하는 등 클라우제비츠가 계속 동요하는 것은 바로 이 때문이다. 실제로 목적은 본질적으로 계속 정치적인 것으로 남아 있으며, 국가에 의해 그렇게 규정되지만 목표 자체는 무제한적인 것이 되기 때문이다. 전유가 반전되어버린다고 할까 또는 오히려 국가는 거대한 전쟁 기계를 자유롭게 풀어놓고 재구성하려고 한다고 할까. 이리하여 국가 자체가 이 전쟁 기계의 단순한 한 부분, 즉 대립하거나 병치되는 부분에 지나지 않게 된다고 말이다. 다양한 방식으로 국가로부터 소위 "재출현"하는 이 전 세계적 전쟁 기계는 두 개의 형태를 계속해서 보여준다. 먼저 파시즘. 이것은 전쟁을 전쟁 자체 외에는 다른 목적을 갖지 않은 무제한적 운동으로 만들어버렸다. 그러나 파시즘은 두번째 형태를 위한 어렴풋한 윤곽에 불과했다. 두번째로는 파시즘 이후의 형태. 이것은 <공포>의 평화 또는 <생존>의 평화로서, 평화를 직접적인 목표로 삼는 전쟁 기계이다. 이 전쟁 기계는 지금 지구 전체를 통제하고 이를 둘러싸고 있는 매끈한 공간을 형성하고 있다. 총력전 자체를 초월해 훨씬 더 무시무시한 형태의 평화가 출현하고 있는 것이다. 이 전쟁 기계는 목적, 즉 세계 질서를 스스로 받아들이며, 이제 국가들은 이 새로운 전쟁 기계에 적합한 목표나 수단

이 나타났던 것은 장기간의 '제한전' 시기(1640~1740)였다. *La guerre et la progrès humain*, Ed. Alsatia를 참조하라. 나폴레옹 시대의 군대 조례는 동원, 운송, 투자, 정보 등 총력전의 모든 요소를 가속화시킨 전환점을 명시하고 있다.

밖에 갖고 있지 않게 된다. 바로 이 지점에서 클라우제비츠의 공식은 역전된다. 왜냐하면 정치가 다른 수단에 의한 전쟁의 연속이라고 말할 수 있으려면 마치 어느 쪽으로 읽어도 말이 통할 수 있는 표현처럼 단어들의 앞뒤를 바꾸는 것만으로는 충분하지 않기 때문이다. 오히려 현실 운동을 따르지 않으면 안 된다. 이 운동이 끝날 때 전쟁 기계를 전유하고, 이 기계를 자기 목적에 맞게 변경시킨 국가는 이번에는 스스로를 목적으로 설정하고 국가들을 역으로 전유하고 점점 더 많은 정치적 기능을 수행하게 되는 전쟁 기계를 다시 풀어놓는 것이다.[134)]

의문의 여지없이 현재의 상황은 아주 절망적이다. 앞서 살펴본 대로 우리는 지금 세계적 규모의 전쟁 기계가 마치 공상과학소설에서처럼 점점 강력하게 구성되어 파시즘적 죽음보다 훨씬 더 무시무시한 평화를 자신의 목표로 삼고, 극히 처참한 국지전을 자신의 일부로 유지하거나 유발하는 것을 목격하고 있다. 또 결코 다른 국가나 체제가 아니라 전혀 새로운 유형의 적, 즉 "임의의 적"을 만들어내고 있는 것도 목격할 수 있다. 또 반-게릴라 요원들을 특별 훈련시켜 첫번째는 기습당하더라도 두번째는 반드시 반격을 가할 수 있는 준비를 하고 있는 것이다……. 하지만 그럼에도 불구하고 이처럼 국가적 또는 "전세계"적 전쟁 기계를 가능하게 해주는 조건들, 즉 고정 자본(자원과 물자)과 인적인 가변 자본이야말로 변이적, 소수자적, 민중적, 혁명적 기계들의 특징을 이루는 예상 밖의 반격이나 예기치 못한 주도권을 장악할 수 있는 가능성을 끊임없이 재창조하고 있다. <임의의 적>에 대한 아래와 같은 규정이 이미 이를 입증해주고 있다. 이들은 "다양한 형태를 취하고, 책략을 꾸미고 경제적·반체제적·정치적·도덕적 영역 모두에서 편

134 파시즘과 총력전이 이처럼 '시대에 뒤떨어지게 된 것(dépassement)'과 클라우제비츠 공식의 새로운 역전에 대해서는 *L'insécurité du territoire*에 들어 있는 비릴리오의 분석 전체(특히 1장)를 참조하라.

재하고 있다"는 것이다. "태만의 실천자, 또는 계속해서 모습을 바꾸는 도망자들."[135] 이론적으로 가장 중요한 요소는 전쟁 기계는 정말 다양한 의미를 가진다는 사실이지만 그것은 전쟁 기계가 전쟁 자체와 극히 다양한 관계를 맺기 때문이다. 전쟁 기계는 한 가지 형태로 정의될 수 없으며, 증가하는 힘의 양과는 다른 무엇인가를 포함하고 있다. 우리는 앞에서 전쟁 기계의 양극을 정의해보았다. 한 극에서 그것은 전쟁을 목적으로 하며, 우주 끝까지 연장될 수 있는 파괴선을 형성하고 있다. 하지만 여기서 이 기계가 취하는 온갖 형태, 즉 제한전, 총력전, 세계적 규모의 조직에서도 전쟁 기계는 소위 전쟁 기계의 본질이라고 간주할만한 것은 전혀 제시하지 않으며 이 기계의 위력이 아무리 대단하더라도 그저 국가가 위험을 무릅쓰고 전쟁 기계를 전유하는 조건의 총체를 보여주거나(마지막 단계에서 국가는 전쟁 기계를 세계적 지평으로 투사하기도 한다) 또는 국가 자신도 이미 일부를 구성하고 있는 지배 질서를 보여줄 뿐이다. 다른 한 극은 전쟁 기계의 본질을 나타내는 것처럼 보인다. 여기서의 전쟁 기계는 첫번째 극에 비하면 무한히 작은 "양"을 지니며, 전쟁이 아니라 창조적인 도주선을 그리는 것, 매끈한 공간을 그리고 이 공간 속에서 인간의 운동을 위한 매끈한 공간을 편성하는 것을 목표로 한다. 전쟁 기계는 이 극에서도 전쟁과 부딪치게 되지만 그것은 종합적이고 보충적인 목적으로서 부딪칠 뿐으로, 이 경우 전쟁은 국가에 맞서 그리고 국가들에 의해 표현되는 세계적인 공리계에 맞서 이에 도전하는 것이다.

우리는 유목민이야말로 이러한 전쟁 기계의 발명자라고 생각해왔다. 설령 전쟁 기계가 수많은 양가성을 갖고 있기 때문에 처음부터 또

135 Guy Brossollet, *Essai sur la non-bataille*, pp. 15～16. '임의의 적'이라는 공리(주의)적 개념은 이미 국방, 국제법, 사법 또는 경찰 관계의 공식, 비공식 텍스트들에서 상세히 논의되고 있다.

하나의 극과 타협하거나 처음부터 그쪽으로 치중되도록 만들어졌음에도 불구하고 여전히 이 기계 자체는 유목민들에 의해 발명된 것이라는 것을 증명하려는 역사적 배려에서 그렇게 생각해 본 것이었다. 하지만 이 기계의 본질에 비추어 보자면 비밀을 쥐고 있는 것은 유목민들이 아니다. 예술적, 과학적, "이데올로기적" 운동도 잠재적인 전쟁 기계가 될 수 있는데, 다름아니라 문과 연동되면서 고른판, 창조적 도주선 또는 이동을 위한 매끈한 공간을 그리는 정도에 따라 그러한 기계가 될 수 있는 것이다. 유목민이 이러한 특성의 전체적인 배치를 규정하는 것이 아니라 역으로 이러한 배치가 유목민들을 그리고 동시에 전쟁 기계의 본질을 규정한다. 게릴라전이나 소수자 전쟁, 인민 전쟁이나 혁명 전쟁이 전쟁 기계의 이러한 본질에 합치하는 것은 이들 전쟁이 "보충적인 것"이기 때문에 그만큼 더 필연적인 목표로 받아들이기 때문이다. 설령 새로운 비조직적(=비유기적)인 사회적 관계라고 하더라도 동시에 다른 무엇인가를 창조할 때만이 전쟁을 일으킬 수 있기 때문이다. 이들 양극 사이에는 커다란 차이가 존재하는데, 심지어 또는 특히 죽음의 관점에서 볼 때도 그러하다. 창조하는 도주선이냐 아니면 파괴선으로 전화하는 도주선이냐. 설령 한 조각 한 조각씩이더라도 스스로 구성되어 가는 고른판이냐 아니면 조직과 지배의 판으로 전화해버리는 고른판이냐. 이 두 가지 선 또는 판은 서로 교류하며, 서로 보완하면서 차용한다는 것은 우리가 끊임없이 인식해 온 사실이다. 최악의 세계적인 전쟁 기계조차 지구를 둘러싼 환경을 관리하기 위한 매끈한 공간을 재구성한다. 그러나 지구는 새로운 지구를 향한 길을 개척하면서 앞으로 나갈 수 있는 독자적인 탈영토화 역량과 도주선과 매끈한 공간을 만들어낸다. 중요한 것은 양적인 것이 아니라 양극에 따라 두 종류의 전쟁 기계에서 서로 대결하는 통약 불가능한 질의 성격이다. 전쟁 기계는 이 기계를 전유함으로써 전쟁을 주요 사업과 목표로 만드는 국가 장치에 대항해 구성되어 가며, 포획 장치와 지배 장치들의 대규모 결합접속에 맞서 다양한 연결접속들을 만들어낸다.

포획 장치

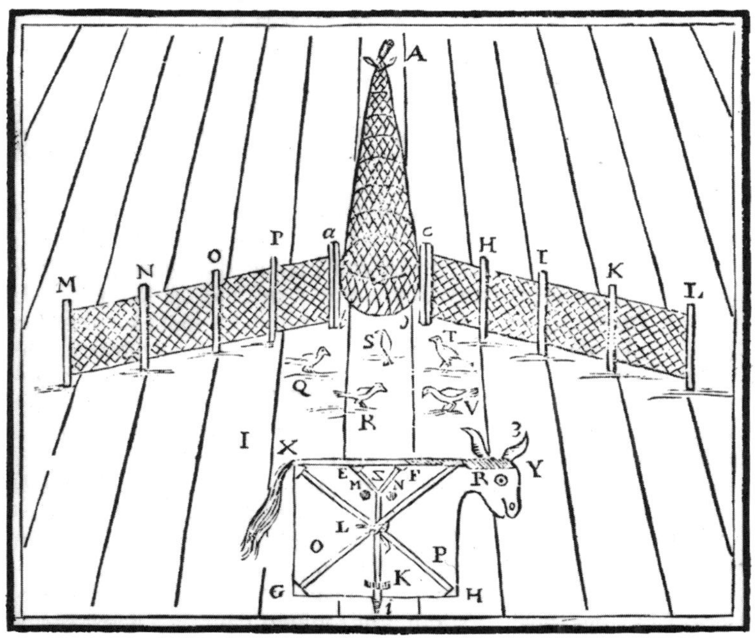

명제 10 — 국가와 국가의 두 극

그러면 여기서 다시 뒤메질의 명제들로 되돌아가자. 1. 정치적 주권은 두 극을 가진다. 즉 포획, 속박, 매듭, 투망을 통해 움직이는 마법사로서의 무시무시한 황제라는 극과 협약, 협정, 계약이라는 절차를 따르는 사제-판관으로서의 왕이라는 두 극을 말이다(많은 신화에서 짝을 이루는 신들, 즉 바루나[1)]-미트라[2)], 오딘[3)]-티르[4)][Oddhin-Tyr], 보탄[5)]-티바

1 [베다 시대의 힌두교 신화에 나오는 최고신으로서 신적 권위를 상징한다. 우주의 법칙과 도덕률을 관장하며 천상계를 다스린다. 바루나에게 기원을 드릴 때는 흔히 미트라의 도움도 청하는데, 미트라가 신들의 통치권 가운데 사법적인 측면, 즉 사람과 사람 사이의 관계를 상징한다면 바루나는 마법적이고 정신적인 측면, 즉 신과 인간의 관계를 상징한다]

2 [힌두교 베다신들 중에서 우주의 지배 원리인 아디티아 부류에 속하는 신. 우정, 정직, 조화와 인간 생활의 질서 유지에 필요한 모든 것을 나타낸다. 흔히 우주 질서를 수호하는 신인 바루나와 짝을 이루며, 인간 세계 질서를 수호하는 자로서 바루나의 능력을 보완하는 역할을 한다]

3 [북유럽 신화의 주요 신 중 하나. 아주 옛날부터 전쟁의 신, 특히 영웅 문학에서는 영웅들을 수호하는 신으로 나온다. 전쟁에서 죽은 전사들은 발할라에서 오딘을 만난다고 한다. 늑대와 갈가마귀가 그에게 바쳐진 동물이었다. 외형적으로는, 키가 크고 수염을 휘날리며 눈이 하나밖에 없는(다른 눈은 지혜와 바꾸었다) 늙은이이다]

4 [게르만 족의 옛 신들 가운데 하나. 다소 불가사의하지만 전쟁의 절차(특히 조약)와 관련되는 것으로 보아 정의와 관련된 신임에 분명하다. 그는 계약의 보증인이자 맹세의 수호자로서의 특징을 갖고 있다. 그는 선한 믿음의 보증인으로서, 신들이 괴물 늑대 펜리르와 장난치는 척하면서 그에게 덫을 놓아 묶는 동안 그 늑대의 두 턱 사이에 손을 넣었다. 속았다는 것을 알게 된 펜리르가 티르의 손을 물었기 때문에 외팔이가 되었다고 한

츠[Wotan-Tiwaz], 우라누스-제우스, 로물루스-누마[6]……). 2. 전쟁 기능은 정치적 주권 외부에 존재하며, 정치적 주권의 두 극 어느 쪽과도 똑같이 구별된다(인드라[7] 또는 토르 또는 툴루스 호스틸리우스[8]……[9]).

1. 이처럼 국가 장치는 기묘한 리듬에 따라 작동하는데, 우선 이것이 커다란 수수께끼이다. 즉 <묶는(束縛) 자로서의 신> 또는 마법사로서의 황제, 즉 한 눈만으로도 멀리 있는 것까지 포획하고 묶을 수 있는 기호를 쏘아대는 <외눈박이 인간>이라는 커다란 수수께끼가 있다. 다른 한편 판관으로서의 왕은 <외팔이 신>으로서, 한쪽 팔만 들어 올려도 그것이 곧 정의(正義)와 기술, 법과 도구의 요소가 된다. <외눈박이>와 <외팔이>는 국가 인간 사이에서는 언제나 연속해서 나타난다. 호라티우스 코클레스와 무키우스 스카이볼라(나아가 드골과 퐁피두?). 그렇다고 해서 한쪽이 오직 기호에 대한 권리만을 독점하는 반면 다른 한쪽은

다]

5 [오딘의 다른 이름이다]

6 [(?-?) : 로마 전설에 따르면 로마 공화정 건립(BC 509년경) 이전의 로마 7왕 가운데 두번째 왕이었다. 종교 제식에 따른 달력을 고안하고, 베스타 신전의 처녀 사제, 그리고 마르스, 주피터, 신격화된 로물루스에게 바치는 제식 등 초기의 종교 관습을 확립했다고 알려진다. 전설에 따르면 호전적이었던 로물루스와는 달리 평화를 사랑했으며 1년간 왕이 없는 공백기간을 거친 뒤 로물루스의 뒤를 이어 왕이 되었다고 한다]

7 [인도의 베다신들 가운데 최고신. 호전적인 이 신은 자신의 적인 무수한 인간들과 악마들을 무찔렀고 태양을 항복시켰으며 계절풍이 지나가지 못하도록 막고 있던 용 브리트라를 죽였다. 그의 무기는 천둥과 번개이다. 몸 전체에 1,000개의 눈과 비슷한 표식이 그려져 있기 때문에 '1,000개의 눈을 가진 자'라고도 불린다]

8 [툴루스 호스틸리우스(?-?) : BC 673～642년에 재위했던 것으로 전해지는 로마의 3번째 왕. 로물루스와 함께 이웃 도시인 피데네아와 베이의 군대에 맞서 싸웠으며, 로마 주민의 수를 2배로 늘리고 군대를 조직했으며 폭풍과 함께 사라졌다고 한다. 알바를 로마에 병합하고 통치자들을 로마 원로원 의원으로 임명하는 정책을 실시했다고 하는데, 이는 로마의 영토 확장 정책이 초기에는 정복보다 합병으로 이루어졌다는 역사적 사실과도 일치한다]

9 이 분야에서 뒤메질의 주저는 *Mitra-Varuna*(이외에도 '외눈박이 신'과 '외팔이 신'에 대한 분석도 찾아볼 수 있다)이다.

도구에 대한 권리만 독점하고 있다는 이야기는 아니다. 무시무시한 황제는 이미 대토목공사의 지휘자이며 현자인 왕은 기호 체제 전체를 재빨리 장악해 자기 것으로 변형시킨다. 즉 이러한 기호-도구들의 조합들이 정치적 주권을 구별할 수 있도록 해주는 미분적 특질들 또는 국가의 보완성을 구성한다.[10]

2. 물론 이 두 국가 인간은 항상 전쟁의 역사에 관여해왔다. 그러나 정확하게 말하자면 마법사-황제는 자기에게 속하지 않는 전사들을 포획한 다음 자기를 위해 싸우도록 하든지 아니면 — 이것이 좀더 중요한데 — 무기의 사용을 금지하고 몸소 전장에 출정해 전사들에게 망을 던지고 외눈만으로도 전사들을 돌연 긴장감에 빠뜨린다. 즉 "싸우지 않고 붙들어 매는(束縛)" 황제. 전쟁 기계를 어떤 틀 내부에 가둬버리는(=포섭하는, encaste) 황제(국가에 의해 이루어지는 이러한 포획을 정복, 포로, 노획품과 같은 전쟁 때의 포획물과 혼동해서는 안 된다[11]). 이와 다른 극에 대해 말하면, 분명 판관-왕은 전쟁의 거대한 조직자이다. 하지만 그는 전쟁에 군율(loi)을 부여하고, 전장을 정비하며, 법률을 고안하고, 군기를 유지하고, 전쟁을 정치적 목적에 종속시킨다. 전쟁 기계를 군사제도화해, 이 기계를 국가 장치에 적합한 것으로 만든다.[12] 그러

10 묶는 자로서의 신과 마법적인 매듭이라는 주제는 모든 신화 연구의 대상이었다. 특히 엘리아데(Mircia Eliade), *Images et symbols*, Gallimard, 3장을 보라. 그러나 이러한 연구들은 혼합주의적(syncrétique)・원형적(archétypale) 방법을 사용하기 때문에 애매한 상태로 끝나고 만다. 뒤메질의 방법은 이와 다르다. 포획 또는 속박이라는 주제를 통해 아주 다양한 재료들을 미분적 특질, 즉 정치적 주권이라는 관점하에 하나로 결합시키고 있는 것이다. 이 두 방법간의 대립에 대해서는 오르티그(Edmond Ortigues), *Le discours et le symbole*, Aubier를 보라.

11 뒤메질, *Mitra-Varuna*, pp. 113~114, 151, 202~203.

12 앞의 책, p. 150. "전쟁 신은 여러 가지 형태로 존재하며 티바츠 신은 전쟁 신, 싸우는 신이라는 형용사로는 전혀 표현되지 않는 존재 형태를 갖고 있다……. 티바츠 신은 이와 전혀 다른 것이다. 즉, 전쟁의 법률가인 동시에 일종의 외교관이기도 하다"(마르스 신도 마찬가지다).

나 그렇다고 해서 너무 성급하게 이 기계가 온건해지고 인간화된다고 말해서는 안 된다. 이와 반대로 이제부터 전쟁 기계는 단 하나의 목표만을, 즉 전쟁 자체만을 유일한 목표로 하게 된다. 물론 폭력은 도처에서 발생하지만 각각의 폭력이 속하는 체제와 경제는 서로 다르다. 마법사로서의 황제의 폭력은 매듭, 망, "일망타진"의 폭력이다. 판관으로서의 왕의 폭력은 항상 목적, 결연과 법률에 주목하면서 매번 다시 고유한 방식으로 반복된다. 모든 것을 고려해볼 때 전쟁 기계의 폭력이 국가 장치의 폭력보다는 온건하고 부드러운 것처럼 보인다. 전쟁을 목표로 하는 것도 아니고, 국가 장치의 두 극에 의해서 포획되어 있는 것도 아니기 때문이다. 외부로부터 온 전사가 언제나 마법사 황제의 속박의 끈을 풀어버리려 하는 것처럼 판관-왕의 결연과 협정에도 항의하는 것은 바로 이 때문이다. 그러므로 전사는 속박을 풀려는 자인 동시에 맹세를 깨는 자이며, 따라서 이중적 배반자이다.[13] 전사는 전혀 다른 경제, 전혀 다른 잔혹성, 또한 전혀 다른 정의(正義)와 동정심을 갖고 있다. 전사는 국가의 기호와 도구에 자신의 무기와 보석을 대립시킨다. 여기서도 역시 어느 쪽이 좋고 어느 쪽이 나쁜지는 말할 수 없다. 전쟁이 사람을 죽이고, 신체를 끔찍하게 훼손시키는 것은 여전히 사실이기 때문이다. 그러나 전쟁 기계가 국가에 전유될수록 전쟁은 그만큼 더 비참한 것이 된다. 특히 국가 장치는 이러한 신체의 훼손과 죽음이 전쟁 이전에 존재하도록 만들려고 한다. 즉 이것들이 미리 존재하도록 만들고 인간이 불구로서 또 좀비(zombie)로 태어나도록 하는 것이다. 따라서 좀비, 즉 살아 있는 죽은 자(=생중사)라는 신화는 노동의 신화이지 결코 전쟁의 신화가 아니다. 불구는 전쟁에서는 결과지만 국가 장치와 노동의 조직화에서는 하나의 조건, 전제 조건이다(노동자만이 아니라

13 앞의 책, pp. 124~132.

외눈과 외팔이라는 국가의 인간 자체의 선천적 불구성은 바로 여기서 유래한다). "보란 듯이 진열해놓은 절단된 사지들을 보고 나는 기절초풍했다. (……) 이것은 필연적으로 점점 완벽하게 되어가는 기술과 그에 대한 도취에서 나타나는 것이 아닐까? 인류가 태초부터 전쟁을 해 왔다지만, 『일리아스』에 관한 기억을 아무리 더듬어보아도 팔과 다리를 없애 버리는 예는 하나도 찾을 수 없었다. 신화에서 신체의 절단에 따른 불구는 탄탈루스나 프로크루스테스라는 괴물이나 반인반수(半人半獸)에게서만 찾아볼 수 있다. (……) 일종의 원근법적 착시(錯視) 때문에 우리는 절단에 의한 이러한 불구를 우연한 사고 탓으로 돌린다. 하지만 실제로 이러한 사고들은 이미 우리들의 세계가 맹아기에 있을 때 발생한 절단의 결과이며, 점점 증가하는 절단 횟수는 해부도의 도덕이 승리하고 있음을 보여주는 징후이기도 하다. 이처럼 상실은 목전에서 정산되기도 전에 이미 일어나고 있었던 것이다……."[14] 사회의 최상층이든 아니면 최하층이든 처음부터 선천적인 신체 장애자, 수족이 절단된 사람, 사산아, 선천적으로 허약한 사람, 외눈과 외팔이 등을 필요로 하는 것은 국가 장치이다.

따라서 아래의 3단계로 이루어진 가설이 가능하게 된다. 즉 전쟁기계는 정치적 주권의 두 극 "사이"에 존재하며, 한 극에서 다른 극으로의 이행을 보장해준다는 것이다. 신화와 역사에서도 사태는 아래의 1~2~3이라는 순서로 진행되는 것처럼 보인다. 예를 들어 뒤메질이 분석한 바 있는 외눈박이와 외팔이 신에 대한 두 가지 사례를 살펴보기로 하자. 1. 먼저 외눈박이인 오딘 신은 전쟁 때 쓰는 늑대를 묶어두고, 마법적 속박 아래에 붙잡아둔다. 2. 그러나 늑대는 경계하면서 늑대에 고유한 외부성의 역량 전체를 그대로 보존해둔다. 3. 티르 신이 늑대

14 Ernst Jünger, *Abeilles de verre*, Bourgois, p. 182.

의 입 속에 한쪽 팔을 넣은 다음 속박에서 벗어날 수 없을 때는 팔을 물어도 좋다고 말함으로써 늑대에게 법적인 담보를 제공해준다. — 1) 외눈박이인 호라티우스 코클레스는 얼굴 표정을 잠깐 찡그려 마법적 역량으로 에트루스카의 지휘관이 로마를 공격하는 것을 막는다. 2) 그러자 이 지휘관은 로마를 포위 공격하기로 결정한다. 3) 무키우스 스카이볼라는 정치적 책략을 동원해 자기 팔을 저당삼아 이 전사에게 포위를 풀고 협정을 맺는 편이 현명하다고 설득한다. 마르셀 드티엔느는 이와 전혀 다른 역사적 맥락에서이긴 하지만 고대 그리스에서도 이와 비슷한 3단계 도식이 나타나는 것을 보여준다. 1. 마법적 통치자, 즉 "진리의 주인"은 전쟁 기계를 자신을 위해 사용할 수는 있지만 의문의 여지없이 이것을 그의 것으로 소유하고 있는 것이 아니며 이 기계는 오히려 제국 안에서 상대적 자율성을 누리고 있다. 2. 이 전사 계급(caste)은 "동권성(同權性)", 등방성(等方性) 공간 그리고 "환경(=중간 : 전리품은 중간[=환경]에 놓이고, 집회에서 발언하는 자도 한가운데에 있게 된다)에 의해 규정되는 고유한 규칙을 갖고 있다. 이것은 포획하고, 높은 곳에서 낮은 곳을 향해 말하는 통치자와는 전혀 다른 규칙을 갖는 공간이다. 3. 처음에는 전사 계급에서 도입된 뒤 나중에는 사회체 전체로 퍼져나가는 중장보병 개혁은 시민병으로 구성된 군대의 형성을 촉진했고, 동시에 주권으로서의 제국적 극의 최후의 잔재는 도시-국가의 법률적 극으로 대체된다(법으로서의 동권성, 공간으로서의 등방성).[15] 이처럼 이 모든 사례에서 전쟁 기계는 국가 장치의 두 극 "사이"에 개입해 한 극으로부터 다른 극으로의 이행을 보장하는 동시에 이를 필연적인 것으로 만드는 것처럼 보인다.

15 Marcel Detienne, *Le maîtres de vérité*……. 그리고 "La phalange, problèmes et controverses"(in *Problèmes de la guerre en Grèce ancienne*, Mouton) 또는 J.-P. Vernant, *Les origines de la pensée grecque*도 참조하라.

하지만 이러한 도식에 인과관계적인 의미를 부여해서는 안 된다(앞에서 인용한 저자들도 그렇게 하고 있지 않다). 무엇보다 먼저 전쟁 기계는 아무 것도 설명해주지 않는다. 왜냐하면 전쟁 기계는 국가의 외부에 있으면서 국가에 대립하고 있든지 아니면 반대로 이미 국가 내부에 있든지, 즉 국가에 의해 카스트화되고(=포섭) 전유되어 있으며 따라서 국가를 전제하고 있든지 둘 중의 어느 한쪽이기 때문이다. 따라서 국가의 진화 과정에 개입하려면 전쟁 기계는 반드시 국가 내부의 다른 요인들과 접합접속되어야 한다. 바로 이것이 두번째 요점이다. 국가가 진화하려면 두번째 극, 즉 진화한 극이 첫번째 극과 공명 관계에 들어가고, 이런저런 방법으로 두번째 극이 첫번째 극을 충전시키지 않으면 안 된다. 즉, 국가의 조직화와 발전 정도가 아무리 다르더라도 국가는 오직 독자적인 내부성의 환경, 즉 **조성의 통일성**을 가져야 한다. 이 두 극을 조직하는 방식이 아무리 다르더라도 모든 국가는 반드시 이 두 극을 국가의 존재를 위한 본질적 계기로 소유하고 있어야 한다. 세번째로, 이러한 국가의 내적 본질 또는 통일성을 "포획"이라고 부른다면 "마법적 포획"이라는 말은 일단 이러한 포획이 언제나 이미 이루어진 것, 자체를 전제하는 것을 나타내기 때문에 국가가 성립하는 사정을 아주 정확하게 표현하고 있다고 할 수 있다. 그러나 이러한 포획이 분명하게 **구별**되는 특정한 원인으로 소급될 수 없는 것이라면 과연 이것을 어떻게 설명해야 할까? 국가의 기원에 관한 이론들이 언제나 동어반복을 면치 못하는 것은 바로 이 때문이다. 때로는 전쟁과 전쟁 기계에 관련된 외생적 요인들이 거론된다. 또 때로는 사유 재산과 화폐 등을 낳는 내생적 요인이 거론되거나 또는 결국 "공적 기능"의 형성을 규정하는 특수한 요인까지도 거론된다. 이 세 가지 명제는 모두 엥겔스에게서 발견되는데, 그는 이 세 가지 명제를 갖고 다양한 통치 형태를 구분한다. 그러나 그는 설명되어야 할 것을 전제하고 있을 뿐이다. 즉 전쟁

이 국가를 낳는다고 해도 최소한 양쪽의 어느 한쪽이 이미 국가로서 존재할 때만 그렇게 할 수 있는 것이다. 그리고 전쟁의 조직화 역시 오직 국가에 속할 때만 국가의 요인이 될 수 있다. 따라서 국가는 전쟁 기계를 갖고 있지 않든가(따라서 병사를 갖기 전에 경찰과 간수들을 가진다) 아니면 군사 제도 또는 공적 기능의 형태로 전쟁 기계를 보유하고 있다.[16] 이와 비슷하게 사유제는 국가에 의한 공적 소유제를 전제하며, 이러한 제도들의 그물코를 지나서 출현한다. 또 화폐는 조세를 전제한다. 하지만 국가의 존재를 함축하고 있는 공적 기능이 국가보다 먼저 존재하는 이유를 이해하기는 훨씬 더 어렵다. 따라서 우리는 언제나 이미 다 성숙된 채로 일거에 출현하는 국가, 어떤 조건에도 제약받지 않는 **원국가**라는 생각으로 되돌아가게 된다.

명제 11 — 어느 쪽이 먼저 발생했는가?

포획의 첫번째 극을 제국적 또는 전제적 극이라고 부르기로 하자. 마르크스가 말하는 아시아적 구성체가 이에 해당된다. 고고학은 종종 망각의 베일에 가려져왔지만 이러한 구성체를 모든 체계 또는 국가의 수평선에서, 즉 아시아만이 아니라 아프리카와 아메리카 그리고 그리스와 로마 등 모든 곳에서 발견하고 있다. 태고의 **원국가**가 석기 시대 이래, 아니 훨씬 이전부터 존재했을 것이다. 마르크스주의에 따르면 국가 장치는 혈연에 의한 토지의 지배라는 코드를 가진 원시 농업 공동체

16 자크 아르망(Jacques Harmand)은 '기원전 1400년경 파라오 페피 1세 시대에 기묘하게도 문관인 우니(Ouni)의 지휘 하에 막강한 인력을 동원해 이루어진 대규모 원정'(*La guerre antique*, P.U.F., p. 28)을 인용하고 있다. 모건이 묘사한 바 있는 군사 민주주의조차도 제국적 유형의 고대 국가를 전제하지 이것을 설명하고 있는 것은 아니다(드티엔느와 베르낭의 저서는 이를 확인해준다). 이 제국적 국가 자체는 전사들보다는 먼저 간수와 경찰을 사용한다. 뒤메질의 앞의 책, pp. 200～204를 보라.

에서 수립되지만 국가 장치는 이 공동체의 코드를 덧코드화하며, 이 공동체를 전제적인 황제의 권력에, 즉 모든 것 위에 군림하는 유일한 공적 소유자, 잉여 또는 비축물의 지배자, 대토목공사(잉여 노동)의 조직자, 공적 기능과 관료기구의 원천이 되는 황제의 권력에 복종시킨다. 이것이 바로 속박, 매듭이라는 패러다임이다. 이처럼 국가의 기호 체제는 덧코드화 또는 <기표> 속에서 성립된다. 바로 이것이 기계적 노예화 체계, 나아가 멈포드의 말을 빌리자면 본래적 의미에서의 최초의 "거대 기계(megamachine)"이다. 일거에 이루어지는 믿기지 않는 대성공. 이 모델과 비교해볼 때 다른 국가 형태들은 그저 미숙아에 지나지 않는다. 황제-전제군주는 왕이나 폭군이 아니다. 왕과 폭군은 이미 사유제가 등장할 때만 오직 이 제도의 하나의 기능(=함수)으로서 존재할 수 있기 때문이다.[17] 그러나 이와 달리 제국 체제 아래서는 모든 것이 공적인 것이 된다. 토지 소유는 공동체적이고, 개인은 오직 공동체의 일원이 될 때만 비로소 토지를 소유할 수 있다. 전제군주의 강력한 소유권은 공동체들이 하나로 통일되어야 비로소 가능해진다. 그리고 관료들조차, 예를 들어 세습제라고 하더라도 이들이 소유하고 있는 토지는 조정의 것이다. 물론 화폐가, 특히 관료들이 전제군주에게 지불해야 하는 조세의 형태로 존재할 수도 있지만 토지가 양도 가능한 상품으로 존재하지 않는 이상 매매를 위해 사용되는 일은 없다. 이것은 *nexum*, 즉 속

17 아시아적인 전제적 구성체라는 생각 자체는 18세기에, 특히 몽테스키외에게서 나타나는데, 물론 이것은 서구의 절대 군주제에 상응하는 발달된 제국 형태를 설명하기 위해 고안된 것이었다. 따라서 이것은 마르크스의 견해와는 전혀 달랐는데, 그는 고대 제국을 규정하기 위한 개념을 새로 만들어냈다. 이와 관련된 가장 중요한 텍스트는 마르크스의 *Grundrisse*, Pléiade II, pp. 312ff.. Wittfogel, *Le despotisme orientale*, Ed. de Minuit(프랑스어 번역본 1판에는 수록되었으나 재판을 찍을 때 비트포겔의 요구로 삭제된 비달 나케의 서문), 퇴케이, *Sur le mode de production asiatique*, Studia historica 1966. C. E. R. M(마르크스 조사연구소) 연구 집단의 연구서인 *Sur le mode de production asiatique*, Ed. Sociales를 참조하라.

박 체제이다. 여기서는 어떤 것을 주거나 빌려주어도 소유권의 양도나 사유화는 동반되지 않는다. 왜냐하면 빌려준 대가로 되돌려주는 것은 처음 준 사람에게 주는 이자나 이윤 형태가 아니라 그에게 발생한 "지대" 형태를 취하며 바로 이것이 사용 임차권이나 또는 수익 공여권과 함께 돌아오기 때문이다.[18)]

역사학자로서의 마르크스와 고고학자인 차일드는 아래와 같은 점에서 의견이 일치하고 있다. 즉 농업 공동체들을 덧코드화한 고대의 제국적 국가는 최소한 이 공동체들이 일정한 생산력을 발달시키고 있을 때에야 비로소 그렇게 할 수 있다는 것이다. 왜냐하면 국가가 비축물을 축적하고, 전문 장인(야금술)을 유지하고, 서서히 공적 기능을 발생시킬 수 있을 정도의 잠재적 잉여가 필요하기 때문이다. 마르크스가 고대 국가를 특정한 "생산양식"과 연결시켰던 것은 바로 이 때문이다. 그러나 이러한 신석기 시대 국가들의 기원은 물론 한층 더 뒤로까지 소급되어 올라간다. 하지만 거의 구석기 시대까지 제국이 존재하는 것으로 상정되는데, 이때 문제가 되는 것은 단순히 시간상의 양적 차이가 아니라 문제의 질 자체가 바뀌게 된다는 점이다. 아나톨리아의 사탈 휘위크(Çatal Hüyük)는 제국의 패러다임을 아주 독특한 방식으로 강화했다. 즉 이 제국은 서로 다른 영토에서 얻어지는 야생의 종자나 비교적 순한 동물의 비축자로서 이종 교배나 자연 도태를 가능하게 해주는데(물론 이러한 일은 처음에는 우연히 이루어졌다), 바로 이로부터 농업과 함께

18 바롱(Varron)은 *nexum*과 *nec sum fit*(사물은 그것을 갖고 있는 자의 소유물이 되지는 않는다)을 가지고 그 유명한 말장난을 하고 있다. 실제로 *nexum*은 고대 로마법의 본질적 형태로서, 이 법에서 구속력을 가지는 것은 계약자 쌍방의 합의가 아니라 종교적이고 마법적인 방법으로 행해지는 대여자나 증여자의 말이었다. 이것은 계약(*macipatio*)이 아니고, (아무리 지불과 납품이 지연되더라도) 매매 관계를 포함하지 않으며 일종의 땅값에 해당되는 것이 있는 것처럼 보임에도 불구하고 이자도 포함하고 있지 않았다. 특히 노아이예(Pierre Noaillers), *Fas et Jus*, Les Belles Lettres와 *nexum*과 마법적 속박 관계를 강조하는 뒤메질의 앞의 책, pp. 118~124를 참조하라.

소규모지만 목축이 발생한다.[19] 따라서 이 문제와 관련된 조건이 현저하게 바뀌게 된다. 즉 비축에 의해 잠재적 잉여가 생겨나는 것이 아니라 정반대이다. 국가가 발전한 농업 공동체나 발전한 생산력을 전제하는 것이 아니라 반대로 국가는 아직 농업 또는 야금술을 갖고 있지 않은 수렵-채집민의 환경에서 직접 등장한다. 이처럼 농업, 목축, 야금술을 창조하는 것은 국가로서, 처음에는 국가에 고유한 지반 위에서 이러한 일을 수행한 후 주변 세계에 이를 강제해나간다. 농촌이 서서히 도시를 만드는 것이 아니라 거꾸로 도시가 농촌을 만드는 것이다. 국가가 일정한 생산양식을 전제하는 것이 아니라 정반대로 국가가 생산을 하나의 "양식"으로 만든다. 이리하여 생산력의 점진적 발전을 상정하지 않으면 안 되는 최후의 이유는 완전히 사라진다. 모든 것은 자루 속의 씨앗들처럼 정말 우연히 서로 뒤섞이면서 시작되었다. 따라서 "국가나 도시 혁명"은 차일드의 생각처럼 신석기 시대가 아니라 구석기 시대에 일어날 수도 있었다.

진화론은 다양한 방식으로 도전받아왔다(지그재그 운동, 여기 저기서 단계를 비약해버리는 단계들, 도저히 환원 불가능한 전면적 절단들). 우리는 특히 피에르 클라스트르가 아래의 두 가지 명제를 통해 어떻게 진화론적인 틀을 깨뜨리려고 했는지 살펴보았다. 1. 소위 원시 사회들은 국가가 일정한 단계에 도달하지 못했다는 의미에서 국가를 갖고 있지 않는 사회가 아니라, 국가 형태를 저지하고 국가 형태의 결정화를 불가

19 멜아트(James Mellaat)의 발굴 조사와 그의 저서인 *Earliest Civilizations in the Near East*와 *Çatal Hüyük*, Londres를 참조하라. 도시 계획학자인 제이콥스(Jane Jacobs)는 이 저작에 기대 '신흑요석'(도구를 만들기 위해 이용된 용암석에서 유래한 이름이다)으로 명명한 한 제국 모델을 추출했는데, 이 모델은 신석기 시대 초기나 심지어 그보다 훨씬 이전 시기까지 거슬러 올라간다. 제이콥스는 농업의 '도시적' 기원과 함께 이처럼 도시에 저장된 종자들 속에서 행해지는 잡종 재배의 역할을 강조한다. 농업이 저장을 전제하지 그 역은 아니다. 한 미발간 연구서에서 장 로베르(Jean Robert)는 멜아트의 명제와 제이콥스의 가설을 분석하면서 이를 새로운 관점에 적용해보고 있다(*Décoloniser l'espace*).

능하게 만드는 메커니즘을 조직하는 등 국가에 대항하는 사회이다. 2. 생산력의 점진적 발달의 결과로 나타나는 것이 아니기 때문에("신석기 혁명"도 경제적 토대에 의해 규정되는 것이 아니다) 국가가 출현할 때 그것은 도저히 환원 불가능한 전면적 절단의 양상으로 나타난다.[20] 하지만 이처럼 명확한 절단을 아무리 강조하더라도 진화론과 결별할 수는 없다. 클라스트르는 말년의 저서에서 국가에 대항하는 사회의 선재성(先在性)과 자족성(autarkie)이라는 생각을 굽히지 않았으며, 이 사회의 메커니즘은 바로 이 사회가 저지하고 있고 따라서 아직 실제로 존재하지는 않는 어떤 것에 대한 아주 신비로운 예감 때문에 작동한다고 생각했다. 그런데 일반적으로 볼 때 [클라스트르를 포함해] 민속학자들이 고고학에 대해 한결같이 보여주고 있는 기묘한 무관심은 놀랍기 짝이 없다. 민속학자들은 각자의 영역에 갇혀 추상적이거나 구조적인 방법으로 서로의 영역을 비교하려고는 하지만 그러한 영역을 민속학의 자율성을 위협할 수도 있는 고고학의 성과와 비교하는 것은 거부하는 것처럼 보인다. 민속학자들은 원시인들의 사진은 찍어도 민속학의 지도와 고고학의 지도가 공존하고 겹칠 수도 있는 가능성은 처음부터 배제해버린다. 그러나 사탈 휘위크[21]의 영향권은 자그마치 3천 km는 넘었

20 클라스트르, 『국가에 맞선 사회』. 우리는 앞에서 클라스트르의 견해에 따르면 원시인들의 전쟁은 소규모의 절편적 집단들의 대립과 분산을 유지함으로써 국가를 저지하기 위한 주요한 메커니즘 중의 하나라는 것을 살펴보았다. 그러나 이러한 관점에서 보더라도, 전쟁을 위한 전문가 집단을 갖고 있는 경우라도 원시인들의 전쟁은 저지 메커니즘에 종속되지 자율적인 기계가 되지는 않는다.

21 [터키 중남부 코니아 근처에 있는 중동 지방의 주요 신석기 유적지로서 영국의 고고학자인 제임스 멜아트가 1961~1965년에 걸쳐 발굴한 결과 이것을 포함하는 아나톨리아 지방이 신석기 시대 선진 문화의 중심지였다는 사실이 밝혀졌다. 식용 곡물과 유료 종자, 견과류를 널리 재배했으며, 가축을 길렀던 흔적도 남아 있다. 종교와 관련된 구역에서는 놀랄 만큼 뛰어난 벽화가 그려진 신전들이 발굴되었으며, 이 신전들은 상부 구석기 시대의 예술과 관련된 점을 갖고 있어 더욱 흥미롭다]

을 것이다. 그러니 원시 사회와 제국 간의 공존 문제(신석기 시대에도 마찬가지였다)처럼 끊임없이 되풀이되는 질문을 어떻게 그대로 남겨둘 수 있단 말인가? 고고학을 통하지 않는 한 민속학과 역사의 관계 문제는 이데올로기적 대립으로 환원되어 역사 없는 사회 또는 역사에 대항하는 사회라는 터무니없는 주장으로부터 헤어날 길이 없게 된다. 모든 것이 국가일 수는 없다. 다름아니라 언제 어디서나 국가는 존재했기 때문이다. 문자(écriture)만이 국가를 전제하는 것이 아니라 말(parole), 즉 언어 활동(langue)이나 언어 체계(langage)도 모두 마찬가지다. 원시 공동체들의 자급자족, 자율성, 독립성, 선재성 등은 단지 민속학자의 꿈일 뿐이다. 이러한 공동체들은 반드시 국가에 의존하는 것이 아니라 복잡한 연결망 속에서 국가와 공존하고 있었기 때문이다. 어쨌든 "처음부터" 원시 사회들은 가까운 이웃들만이 아니라 먼 곳과도 관계를 맺고 있었고, 국가에 의한 포획은 비록 국지적이고 부분적인 것이었지만 그래도 역시 이러한 관계들은 국가를 경유했을 것이다. 말 자체와 언어 활동은 문자와는 무관하게 서로를 이해할 수 있는 폐쇄된 집단들이 아니라 먼저 서로를 이해할 수 없는 집단들간의 관계를 규정한다. 언어(체계)가 존재한다면 그것은 기본적으로는 같은 언어를 사용하지 않는 사람들 사이에 존재한다. 언어(체계)는 이처럼 번역을 위한 것이지 소통을 위한 것이 아니다. 국가의 안이나 밖에서 국가로부터 벗어나거나 아니면 국가에 맞서 스스로를 보호하려 하거나 또는 국가의 발전을 가일층 촉진시키거나 아니면 폐지하려는 경향을 갖는 여러 움직임이 있듯이 원시 사회에서도 국가의 방향으로 움직이는 벡터들만이 아니라 국가를 "추구하는" 경향들이 존재하고 있다. 이처럼 모든 것이 끊임없는 상호작용 속에 공존하고 있다.

경제적 관점에서 볼 때도 진화론은 불가능하다. "채집민-수렵민-목축민-농경민-산업인"이라는 진화론은 아무리 세분해보더라도 믿기가 힘들다. 그렇다고 해서 "유목민-반(半)유목민-정주민"이라는 행동학적 진화론이 더 나은 것도 아니다. "국지적으로 분산된 집단의 자급자족 경제-마을과 소읍-도시-국가"라는 환경론적 진화론이 더 나은 것도 물론 아니다. 이처럼 추상적인 진화론들을 서로 연결시켜보기만 해도 진화론을 붕괴시키기에 충분할 것이다. 예를 들어 도시는 소읍을 경과하지 않고 농업을 창조한다. 또 다른 예를 들자면, 유목민은 정주민보다 먼저 존재하지 않는다. 오히려 유목적 삶은 하나의 운동, 즉 정주민에게 영향을 미치는 하나의 "되기"이며 이와 똑같이 반대쪽에서 보자면 정주 생활은 유목적 삶을 고정시키는 하나의 정지 상태가 된다. 이와 관련해 그리아즈노프는 가장 오래된 유목적 삶의 기원조차도 정확히 말해 대부분 도시에서 이루어지는 정주 생활을 포기하고 최초의 이동 경로를 통해 유목적 삶을 시작한 민족들까지로 거슬러 올라갈 수 있다는 것을 보여주었다.[22] 바로 이러한 조건 아래서 유목민은 유목 공간을 점유하거나 채우는 전쟁 기계, 이 유목 공간을 없애버리려는 경향을 가진 도시나 국가들에 맞설 수 있는 전쟁 기계를 발명했던 것이다. 원시인들이 일찍부터 국가의 형성을 저지할 수 있는 전쟁의 메커니즘을 갖고 있었던 것은 확실하나 이 메커니즘들은 자율적인 것이 되고 나서야 비로소 국가에 맞서 반격을 가할 수 있는 유목적 삶에 고유한 기계 형태로 변하는 것이다. 그러나 그렇다고 해서 원시인들로부터 국가로, 다시 국가로부터 유목민들의 전쟁 기계로 지그재그 식의 진화가 이루어졌다고 유추해서는 안 된다. 적어도 이러한 지그재그 운동은 시간상의 연속적인 계기를 따르는 것이 아니라, 여기에는 원시 사회, 저기에는 국가, 또 다른 곳에는 전쟁 기계를 국지화하는 식으로 위상학

22 그리아즈노프에 따르면 청동기 시대에 스텝 지대에서 유목 생활을 시작한 것은 정주 농민들이었다. 이것은 진화 과정에서 나타나는 지그재그 운동을 잘 보여준다. *Sibérie du Sud*, pp. 99, 133~134를 참조하라.

적인 장소들을 거친다. 그리고 또한 국가가 전쟁 기계를 전유해 다시 이 기계의 본성을 변화시키는 경우에도 전이 또는 전송하는 만큼 진화가 이루어지는 것은 아니다. 유목민들은, 심지어 원시인들도 오직 "되기" 속에서만, 상호 작용 속에서만 존재할 뿐이다. 역사는 그저 다양한 종류의 "되기"의 [공시적] 공존을 연속적으로 번역할 뿐이다. 그리고 집단들은 계절마다 이동하는 사람이기도 하고, 또 반정주민, 정주민 또는 유목민이 되기도 하지만 이러한 형태가 국가의 준비 단계를 이루는 것은 아니다. 국가는 언제나 이미 거기에, 즉 다른 곳 또는 바로 곁에 존재하기 때문이다.

그렇다면 최소한 채집민-수렵민들이 "진정한" 원시인들이며, 국가의 형성 시기를 어느 때로 소급하건 바로 이들이 국가 형성을 위한 기반 또는 최소한의 전제 조건을 이룬다고 말할 수 있을까? 하지만 이러한 관점은 인과율에 대한 아주 부정확한 개념을 고수할 때에만 성립될 수 있다. 오늘날 인간 과학들이(유물론적 경향을 갖건 아니면 진화론적 경향을 띠건 또는 변증법적 도식을 따르건 상관 없다) 물리학이나 심지어 생물학에서 확인되고 있는 인과율의 풍부함과 복잡성보다 한참 뒤쳐져 있다는 것은 부정하기 어렵다. 물리학과 생물학은 합목적성을 갖지 않는 역방향의 인과관계의 존재를, 즉 미래가 현재에, 또 현재가 과거에 작용하는, 따라서 예를 들어 시간의 전도를 의미하고 있는 수렴파(收斂波)나 선취된 잠재능력(potential)이라는 개념과 같은 인과관계를 보여주고 있다. 절단이나 지그재그 운동보다는 이들 전도된 인과율이라는 개념이 진화론을 더 확실하게 깨뜨리는 것이다. 이와 비슷하게 현재의 맥락에서도, 신석기 시대 또는 심지어 구석기 시대에서조차 일단 한번 출현한 국가는 주변의 수렵민-채집민 세계에 반작용을 가한다고 말하는 것만으로는 충분하지 않다. 오히려 국가는 출현하기 전부터 이미 이 원시 사회들이 그 존속을 저지하는 현실적 한계로서 또는 이 사회들이 수렴되어가지만 자기-소멸 없이는 도달할 수 없는 점으로 작용하고 있다. 동시에 이 사회들 속에는 국가를 향하는 벡터들과 국가를 저지하는 메커니즘이 동시에 존재하고, 접근할수록 멀리 물러나고 밖으로 비켜나는 수렴점이 존재하고 있다. 물론 저지한다는 것은 동시에 선취하는 것이기도 하다. 하지만 국가가 실제로 출현하는 방법은 분명 국가가 저지된 한계의 형태로 사전에 존재하던 방식과는 전혀 다르다. 따라서 다른 무엇으로도 환원할 수 없는 우연성이 개입하게 된다. 그러나 아직 존재하지 않는 것에 대한 "예감"이라는 생각에 긍정적인 의미를 부여하려면 아직 존재하지 않는 어떤 것이 실제로 존재하게 될 것과는 다른 형태로 이미 어떻게 작용하고 있는지를 보여주어야 한다. 국가는 일단 출현하면 채집민-수렵민들에게 작용을 가해 경작, 목축, 분업의 확대 등을 강요한다. 즉 원심파 또는 방사파라는 형태로 작용한다. 그러나 출현하기 전부터 이미 국가는 채집-수렵민들에게 수렴파 또는 구심파로서, 즉 다름아니라 기호의 전도 또는 국가의 출현을 초래하는 수렴점에서 말끔히 사라져버리는 소실파(波) 형태로 작용한다(이 원시 사회들의 내적인 또는 기능적인 불안정성은 바로 여기서 비롯된다[23]). 이러한 관점에 따르면 국가 "이전"의 원시인들과 원시인들 "이후"의 국가라는 역방향의 두 가지 운동, 두 가지 방향의 시간의 동시성 또는 공존을 생각할 필요가 있다. 마치 서로 배제하거나 시간적으로 연속되는 것처럼 보이는 이 두 파(波)가 "고고학", 미시정치학, 미시논리학이라는 분자적 장(場)에서는 동시에 전개되는 것처럼 말이다.

중앙 권력의 형성을 저지하는 동시에 예견해주는 집단적 메커니즘

23 '기호와 메시지의 역전'이라는 이러한 견해를 제시한 것은 장 로베르이다. "초기 단계에서 정보는 주로 주변에서 중심으로 흘러 들어오나 어느 일정한 경계점을 넘어서면 도시가 농촌 지대를 향해 점차 강압적인 메시지를 보내게 된다." 도시는 발송자가 되는 것이다(*Décoloniser l'espace*).

들이 있다. 따라서 중앙 권력은 문턱 또는 정도에 따라 성립되는 양상이 달라지는데, 예를 들어 이것을 넘어서면 예견되는 것이 실제로 성립하던지(고름) 아니면 그렇지 되지 않게 되며 또 저지되었던 것은 더 이상 그런 상태를 벗어나 마침내 현실에 도래하게 된다. 이러한 고름 또는 응집(contrainte)의 문턱은 진화의 결과로서 나타나는 것이 아니라 이러한 문턱에 아직 미치지 못하고 있는 것들과 공존하고 있다. 뿐만 아니라 다양한 고름의 문턱들을 구분할 필요가 있다. 도시와 국가는 서로 보충하는 관계에 있더라도 동일한 것이 아니다. "도시 혁명"과 "국가 혁명"은 동시에 일어날 수도 있지만 각각의 양상은 다르다. 두 경우에 모두 중앙 권력이 있지만 동일한 형상을 취하고 있는 것은 아니다. 몇몇 저자들은 궁정 또는 제국 시스템(궁정-사원)과 시민, 도시 시스템을 구분해왔다. 두 경우 모두 도시가 있으나 전자에서 도시는 궁정 또는 사원이 확대된 것인 반면 후자에서 궁정과 사원은 도시가 구체화된 것에 지나지 않는다. 전자에서 도시는 무엇보다도 수도이나 후자에서는 대도시이다. 일찍이 수메르 문명은 이집트의 제국적 해결법과는 정반대되는 도시적 해결책을 보여주었다. 그리고 펠라스기 족, 페니키아인, 그리스인, 카르타고인 등 동방의 제국적 조직들과는 전혀 다른 도시망을 건설한 지중해 세계는 이보다 한층 더 현저하게 이러한 특징을 보여주었다.[24] 여기서도 역시 진화가 아니라 공존하고 있는 두 고름의 문턱이 중요하다. 이러한 차이들은 많은 측면과 관련되어 있다.

도시는 도로의 상관물이다. 도시는 오직 순환과 회로의 기능으로서만 존재한다. 도시를 만들고 또는 도시가 만드는 회로상의 특이점이

24 중국의 도시들과 이들이 제국적 원칙으로 종속된 과정에 대해서는 Etienne Balazs, *La bureaucratie céleste*, Gallimard를 참조하라. 또 브로델의 『물질 문명과 자본주의』, p. 403도 보라. "인도나 중국에서 도시에게는 마치 반항적이며 까다로운 면이 할당되었던 것처럼 사회 구조가 미리 도시를 배제해버렸다. …… 사회가 일종의 환원 불가능한 체계 안에서 사전에 결정화(結晶化)되어 철저하게 응고되었기 때문이다."

바로 도시인 것이다. 도시는 입구와 출구에 의해 규정되며, 따라서 들어가는 것과 나오는 것이 필요하다. 그것은 빈도를 요구한다. 도시는 움직이지 않는 것이건 아니면 생물이건 또는 인간이건 모두 물질을 집중시키는 극화(極化) 작용을 촉발한다. 문, 즉 수평선 위를 따라 다양한 장소를 거쳐 나가는 흐름을 유발하는 것이다. 기본적으로 다른 도시들과 접촉하고 있기 때문에 도시는 **횡단적 고름**(trans-consistance) 현상 또는 **그물망**이다. 도시는 또 탈영토화의 문턱을 나타낸다. 어떤 재료건 이러한 연결망 속으로 들어가 극화 작용을 거치고 도시와 거리에 의한 재코드화의 회로를 둘러싸려면 충분히 탈영토화되어야 하기 때문이다. 최대의 탈영토화는 배후지, 전원 지대에서 벗어나려는 경향을 가진 연안의 상업 도시(아테네, 카르타고, 베니스 등)에서 찾아볼 수 있다. 도시가 갖게 되는 상업적 성격은 자주 강조되어왔지만 상업은 동시에 수도원이나 사원-도시들의 연결망에서처럼 정신적인 것이 될 수도 있다. 도시는 온갖 유형의 점-회로의 조합으로서 수평선 위에서 대위법을 이룬다. 도시들은 완전한 통합을 이루지만 그것은 국지적인 것으로, 즉 도시에서 도시로 통합되어 나간다. 하나 하나의 도시가 중앙 권력을 형성하지만 그것은 극화 작용과 중간에서 이루는 중앙 권력이자 불가피한 조정을 위한 권력이다. 전제정, 민주제, 과두제, 귀족제 등 다양한 형태에도 불구하고 이러한 종류의 도시 권력이 평등하다고 주장하는 것은 바로 이 때문이다. 도시 유형의 권력은 국가의 **관료제**(fonctionnariat)와는 너무나도 다른 관직 제도(magistrature)를 발명했다.[25] 그러나 어느 쪽이 더 큰 시민적 폭력인지는 아무도 알 수 없을

25 이 모든 의미에서 샤틀레(François Châtlet)는 도시-국가라는 고전적 개념에 의문을 제기하면서 폴리스로서의 아테네를 국가와 동일시하는 것을 의문시한다("La Grèce classique, la Raison, l'Etat", in *En marge, l'Occident et ses autres*, Aubier). 이와 비슷한 문제는 이슬람 세계와 11세기 이후의 이탈리아, 독일, 플랑드르 지방에서도 찾아볼 수 있다. 정치 권력은 국가 형식을 필요로 하지 않았던 것이다. 예를 들어 공무원이나 군대, 사법부에 종사

것이다.

그러나 국가는 이와 다른 방법으로 나아간다. 국가는 **내적 고름** 현상이다. 국가는 다양한 점의 집합을, 즉 이미 극화된 도시에 속하는 것이 아니라 아주 특수하며 서열상으로도 아주 다양한 지리적, 인종적, 언어적, 도덕적, 경제적, 기술적 점들을 **공명시킨다**. 도시가 농촌과 공명하도록 만든다. 그리고 성층 작용에 의해 작동한다. 즉 수평적인 선들의 내부를 상하로 가로지르는 계층화된 수직체를 만든다. 국가는 이러한 요소들이 이제는 외부적인 것이 된 다른 요소들과 맺고 있는 관계를 끊어낼 때만 비로소 이처럼 특정한 요소들을 계속 소유할 수 있다. 이러한 관계들은 금지하고, 억제하고, 관리되어지는 것이다. 국가 자체가 하나의 회로를 갖고 있더라도 그것은 우선 공명을 위한 내부 회로일 뿐이다. 그리고 관계를 한층 더 엄격하게 제어해야 하더라도 다른 연결망들과의 관계에서는 독립된 반복의 지대일 뿐이다. 여기서 국가의 요소가 되는 것이 자연적인 것인지 아니면 인공적인 것(국경)인지는 문제가 되지 않는다. 하여간 탈영토화는 일어나기 때문이다. 그러나 여기서 탈영토화는, 영토 자체가 대상이 되어, 영토가 지층 형성과 공명의 재료가 되기 때문에 일어난다는 점이 중요하다. 따라서 국가의 중앙 권력은 계층적이며, 공무(公務) 기구를 형성하게 된다. 하위의 것을 종속시키는 방법을 통해서만 분리시킨 것을 재통합시킬 수 있기 때문에 중심은 한가운데(au milieu)가 아니라 정상에 있게 된다. 물론 도시뿐만 아니라 국가에도 다양성은 있다. 그러나 이 다양성의 유형이 도시와는 다른 것이다. 도시가 도시들이 만드는 수평적 선들의 연결망으

하는 사람이 없는 한자 동맹 자치 도시들이 그러했다. 도시는 항상 도시들의 연결망 속에 위치하지만 정확히 말해 이러한 '도시들의 연결망'은 '국가의 모자이크 구조'와는 양립하지 않는다. 이 모든 점에 대해서는 푸르케와 뮈라르(François Fourquet et Lion Murard), *Généalogie des équipements collectifs*, 10-18, pp. 79~106을 참조하라.

로부터 분리될 수 없는 데 반해 국가는 깊이의 차원에서 하나 하나가 다른 층과 구별되는 종단면의 층의 수만큼이나 많이 존재한다. 모든 국가는 (국지적이 아니라) 전면적인 통합이며 (빈도가 아니라) 공명의 잉여 작용이며, (중간에서의 극화 작용이 아니라) 영토의 성층 작용의 조작이다.

원시 사회들이 어떤 식으로 국가와 도시라는 두 문턱을 저지하는 동시에 선취하는지는 얼마든지 재구성해볼 수 있을 것이다. 레비-스트로스는 동일한 부락을 두 가지 방법으로, 즉 절편화되고 평등한 관계로 이루어진 집단 부락과 포괄적이고 계층화된 부락으로 나누어 기술할 수 있음을 보여준 바 있다. 이것은 두 가지 잠재성과 비슷한데, 하나는 수평인 두 절편에 공통되는 중간점을 선취하고 다른 한 점은 이와 반대로 하나의 직선 외부에 있는 중심점을 선취하고 있다.[26] 원시 사회에서도 권력의 형성이 결여되었던 것은 아니다. 오히려 수많은 권력이 있었다. 그러나 이러한 권력의 형성물들이 상위의 점에서 서로 공명하고 공통점에서 극화되는 것을 저지했던 메커니즘들이 동시에 잠재적인 중심점들이 결정화되고 고름을 얻을 수 없도록 막았던 것이다. 실제로 여기서 원은 동심원이 아니며 두 개의 절편은 서로 소통하려면 세번째 절편을 필요로 한다.[27] 이러한 의미에서 원시 사회들은 도시와 국가가 출현하는 두 문턱보다도 낮은 곳에 있는 것이다.

그런데 이렇게 생각해보면 고름의 두 문턱은 원시 사회의 토지적 코드에 대한 탈영토화를 의미한다는 것을 알 수 있다. 그리고 도시냐 아니면 국가냐, 또는 도시 혁명 아니면 국가 혁명 어느 쪽이 먼저냐 하

26 Lèvi-Strauss, *Anthropologie structurale*, Plon, pp. 167～168.

27 루이 베르트는 아주 세부적인 사례를 갖고 방향이 정해진 회로의 폐쇄를 방지하는 '제3의 부락'의 필요성을 분석하고 있다. "Aînés et cadets, l'alliance et la hiérachie chex les Baduj", pp. 214～215.

는 질문 또한 의미를 잃어버리게 될 것이다. 왜냐하면 이 둘은 서로를 전제하기 때문이다. 공간에 홈을 파기 위해서는 도시에 의한 수평적인 선율적 선과 국가에 의한 화음적 층(層) 두 가지가 함께 필요하기 때문이다. 여기서 제기되는 질문은 단 하나, 즉 이러한 상호 관계에서 역전이 일어날 수 있는 가능성뿐이다. 왜냐하면 고대의 전제 국가는 필연적으로 상당한 규모의 도시들을 갖고 있었지만 이들은 국가가 외부 교역을 독점할수록 그만큼 더 국가에 종속될 수밖에 없었기 때문이다. 그러나 반대로 국가의 덧코드화 자체가 탈코드화된 흐름을 초래할 때 도시들은 이로부터 벗어나려는 경향을 보인다. 탈코드화는 탈영토화와 함께 하나가 되며, 이를 통해 탈영토화를 한층 더 강력한 것으로 만든다. 이때 필연적으로 요청되는 재코드화는 도시의 일정한 자치권 또는 직접적으로는 국가 형식에서 해방된 산업 도시나 동업조합 도시를 통해 이루어지게 된다. 제국간의 교역을 보장해주거나 더 좋게는 다른 도시들과 자유 무역의 연결망을 만드는 까닭에 자체의 토지와는 아무런 관계가 없는 도시들이 출현하는 것은 바로 이 때문이다. 따라서 탈영토화가 가장 강력하게 일어나는 곳, 즉 고대의 에게 해 세계나 중세부터 르네상스기에 걸친 서구 세계에서는 도시에 고유한 모험이 나타나게 된다. 자본주의는 도시의 성과로서, 도시라는 재코드화가 국가의 덧코드화를 대체할 때 나타난다고 말할 수 있지 않을까? 하지만 그렇지는 않다. 도시가 자본주의를 만들어내는 것은 아니다. 생산력을 갖지 않고 또 배후지에도 관심이 없는 은행 도시와 상업 도시는 재코드화할 때 반드시 동시에 탈코드화된 흐름들의 일반적 결합을 금지하기 때문이다. 도시가 자본주의를 선취하는 것이 사실이더라도 동시에 자본주의를 저지하지 않고는 선취할 수 없다. 도시는 자본주의라는 이 새로운 문턱 아래에 있다. 따라서 선취하면서 저지하는 메커니즘이라는 가설의 적용 범위를 확대하지 않으면 안 된다. 이 메커니즘은 원시 사회만이 아니라 도시에서도 국가와 자본주의에 "대항"하여 작용하고 있다. 마지막으로 자본주의는 도시 형태가 아니라 국가 형식을 통해 승리한다. 즉, 서구 국가들이 탈코드화한 흐름들에 대한 공리계의 실현 모델이 되며, 이런 식으로 도시를 다시 복속시킬 때 바로 이러한 일이 일어난다. 브로델에 따르면 항상 "이러한 상승 운동에서는 국가와 도시라는 두 주자가 나타난다" — 즉 탈영토화의 두 가지 형태와 속도가. 이어 그는 "그리고 유럽 어디로 눈을 돌려도 통상 승리하는 것은 국가로서, (……) 국가는 폭력을 사용하건 그렇지 않건 본능적이라고도 말할 수 있는 집요함으로 도시를 규율하고, (……) 국가는 전력을 기울여 질주하는 도시를 따라잡는다"[28]고 말한다. 그러나 역의 논리도 성립된다. 즉 자본주의에 실현 모델을 제공해주는 것이 근대 국가라면 이렇게 해서 실현된 것은 세계적 규모의 독립된 공리계로서, 그것은 유일한 <도시>, 거대 도시 또는 "거대 기계"가 되어 국가는 이것의 일부분, 시의 한 구역에 지나지 않게 된다.

우리는 사회 구성체들을 생산양식이 아니라 기계적 과정들에 의해 규정한다(반대로 생산양식은 이러한 과정들에 의존하고 있다). 이처럼 원시 사회는 저지-선취 메커니즘에 의해, 국가 사회는 포획 장치에 의해, 도시 사회는 극화(極化) 도구들에 의해, 유목 사회들은 전쟁 기계에 의해, 그리고 마지막으로 국제적 또는 전 세계적 조직들은 이질적인 사회 구성체들의 포괄(화)에 의해 규정된다. 그러나 다름아니라 이러한 과정

28 브로델, *Civilisation matérielle et capitalisme*, pp. 391～400(유럽에서의 도시와 국가 사이의 관계에 대하여). 브로델이 지적하는 대로 15세기 이후 국가가 도시에 대해 승리할 수 있었던 원인 중의 하나는 국가만이 충분히 전쟁 기계를 소유할 수 있는 능력을 갖고 있던 데서 찾을 수 있다. 국가는 영토 내에서의 인력의 징용, 물자에 대한 투자, 전쟁의 산업화를 통해 그렇게 할 수 있었다(대량 생산이나 기계적 분업이 발생한 것은 핀 공장보다는 오히려 무기 공장에서였다). 이와 반대로 상업 도시들은 신속한 단기전을 요구했으며, 용병에 의지했기 때문에 일시적으로만 전쟁 기계를 카스트화했을 뿐이다.

들이 공존하는 변수들로서 사회적 위상학의 대상이 되기 때문에 이에 대응하는 다양한 사회 구성체들이 동시에 존재하게 된다. 그러나 두 가지 서로 다른 방식으로, 즉 내재적으로 또 외재적으로 공존한다. 한편으로 원시 사회들은 제국 또는 국가들의 형성을 동시에 선취하지 않으면 그것을 저지할 수 없으며, 나아가 이것들이 원시 사회의 지평의 일부를 형성하며 미리 존재하고 있지 않으면 선취할 수도 없다. 또 포획되는 것들이 원시 사회에서 공존하거나 저항하고, 도시와 전쟁 기계라는 새로운 형태로 도주하지 않는 한 국가에 의한 포획은 일어날 수 없다. 전쟁 기계의 수적 편성은 원시 사회들의 혈연 조직과 서로 겹쳐지는 것이지만 동시에 국가의 기하학적인 조직과 도시의 물리(학)적인 조직에 대항한다. 이러한 외재적 공존 — 상호 작용 — 은 국제적 조직 형태들 속에서 본 모습을 드러낸다. 또한 이 국제적 조직들은 분명히 자본주의의 형성을 기다려 등장하지는 않기 때문이다. 이미 신석기 시대부터, 심지어 구석기 시대에서조차 원격지 교역의 존재를 증언해 주고, 극히 상이한 유형의 사회 구성체들을 동시에 가로지르는 전 세계적 조직(우리는 야금술과 관련하여 이를 살펴보았다)의 흔적이 발견되고 있다. 확산의 문제, 즉 확산성은 확산이 시작되는 중심을 상정해야 하기 때문에 제대로 정식화된 것이라고 할 수는 없다. 확산은 오직 다양한 차원의 잠재성들을 소통시킬 때만 일어날 수 있다. 모든 확산은 리좀 유형으로 "성장"하는 다른 모든 것과 마찬가지로 중간(=환경)에서 일어나며 또 이를 통해 진행된다. 전 세계적인, 국제적 조직은 모든 것을 동질화하기 위해 외부에 자신을 강제하는 제국적인 중심으로부터 시작되지 않는다. 또 동일한 종류의 구성체간의, 예를 들어 국가간의 관계(국제 연맹, 국제 연합)에서 비롯되는 것도 아니다. 반대로 이러한 조직은 서로 공존하는 다양한 차원의 질서를 중개하는 중간(=환경)을 형성한다. 따라서 이러한 조직은 단순히 상업과 경제에 국한되는 것이 아니라 종교적인 것, 예술적인 것 등이 된다. 이러한 관점에서 국가, 도시, 사막, 전쟁 기계, 원시 사회 등 다양한 사회 구성체를 동시에 통과할 수 있는 것은 모두 국제 조직이라고 부를 수 있을 것이다. 역사적으로 볼 때 거대한 상업 구성체들은 단순히 극으로서의 도시뿐만 아니라 원시 사회적, 제국적 그리고 유목적 절편도 함께 갖고 있었으며, 이러한 절편을 통과하면서 때로는 이전과 다른 형태를 취하기도 했던 것이다. 국제 관계와 관련해 경제 이론은, 심지어 오직 경제적인 관계와 관련되는 경우에도 존재하지 않는다는 사미르 아민의 말은 전적으로 옳다. 그것은 다양한 이질적 사회 구성체에 걸쳐 있기 때문이다.[29] 전 세계적인 국제 조직은 하나의 국가에서 발생하는 것이 아니다. 이 국가가 제국인 경우에도 마찬가지다. 오히려 이 제국적 국가도 전 세계적 조직의 일부일 뿐이다. 즉 이 국가에 고유한 질서에 따라 즉, 가능한 것은 무엇이건 포획한다는 국가 고유의 차원에서 이 조직의 일부가 되는 것이다. 전 세계적 조직은 서서히 동질화를 불러일으키거나 총체화를 불러오는 것이 아니라 다양한 것을 그 자체로서 다지고 고름을 부여하는 것이다. 예를 들어 일신교는 보편주의를 표방한다는 점에서 토속 신앙과 구별된다는 주장이 있다. 그러나 이러한 표방은 모든 것을 동질화하는 것을 목표로 하는 것이 아니라 통과하는 것을 통해 비로소 정당화된다. 예를 들어 기독교가 그러한데, 이것은 제국적이고 도시적인 것이 되었을 때에도 그에 고유한 무리, 사막, 전쟁 기계 등을 만들어내지 않을 수 없었다.[30] 예술 운동에 대해서도 똑같이 말할 수 있는데, 각각의 운동에 고유한 도시나 제국 또는 유목민, 무리, 원시인들이 없

29 이것은 종종 사미르 아민에 의해서도 제기되어온 주장이다. "상이한 사회 구성체들간의 관계에 관한 이론은 경제[학]적인 것일 수는 없는 이상 바로 이러한 테두리 안에서 전개되는 국제 관계들을 경제 이론으로 파악할 여지는 없을 것이다"(*Le dévelopment inégal*, Ed. de Minuit, pp. 124ff.).

30 Jacques Lacarrière, *Les hommes ivres de Dieu*, Fayard를 참조하라.

는 예술 운동은 존재하지 않는다.

이에 대해 적어도 자본주의와 함께 국제 경제 관계, 나아가 모든 국제 관계들은 사회 구성체들을 동질화하는 경향을 갖게 되었다는 반론이 가능할 것이다. 원시 사회들의 냉혹하고 계획적인 파괴만이 아니라 최후의 전제적 [사회] 구성체들의 전복 등을 이를 잘 보여주는 예로 들 수 있을 것이다. 예를 들어 오스만 제국은 자본주의의 요구에 대해 너무 강하게 저항하다가 타성을 이기지 못하고 결국 몰락하고 말았다. 그러나 이러한 반론은 오직 부분적으로밖에 정당화될 수 없다. 자본주의가 하나의 공리계(즉, 시장을 위한 생산)를 발전시킴에 따라 모든 국가와 사회 구성체들은 실현 모델이라는 측면에서 동형적인 것이 되는 경향이 있다. 중심에는 단 하나의 세계 시장, 즉 자본주의 시장만이 있고 사회주의라고 불리는 나라들조차 이 시장에 참가하고 있다. 이리하여 세계적 조직은 모든 구성체들의 동형성을 실현하기 때문에 이질적인 구성체들 "사이"를 통과하지는 않게 된다. 그러나 동형성(isomorphisme)을 동질성(homogénéité)과 혼동하는 것은 잘못이다. 우선 동형성은 국가들간의 커다란 이질성을 그대로 잔존시키고, 심지어 요청한다(민주주의 국가, 전체주의 국가 또는 심지어 "사회주의" 국가들은 결코 겉으로만 그러한 차이가 있는 것이 아니다). 다른 한편 국제 자본주의 공리계 또한 실제로는 국내 시장이 발전하고, 확대되는 곳에서만 즉 "중심"에서만 다양한 구성체들간의 동형성을 확보할 수 있다. 그러나 이 공리계가 포화 상태에 이르지 않는 한, 또 활발하게 한계를 그을수록 주변의 다형성을 일정하게 허용하며, 또 요청하기도 한다. 주변에 이형적인 사회 구성체들이 존재하는 것은 이 때문으로, 이러한 사회 구성체들이 초근대적 자본주의 생산을 실현하고 있는 한(석유, 광산, 플랜테이션, 설비재, 철강업, 화학 공업 등) 과거의 잔재나 과도기적 형태를 띠지 않는 것은 분명하나 생산의 다른 측면, 그리고 세계 시장과의 관계에서 볼 때 어쩔 수 없이 나타나는 국내 시장의 부적응 때문에 전(前)-자본주의적이거나 더 나아가 외(外)-자본주의적 형태를 띠게 된다.[31] 따라서 국제 조직이 자본주의 공리계가 되더라도 계속해서 사회 구성체의 이질성을 유지하고, 자체의 "제3세계"를 발생시키고 조직한다.

다양한 구성체들의 외적 공존 이외에도 기계적 과정들의 내재적 공존도 존재한다. 또 각 과정은 자체에 고유한 "역량"과는 다른 "역량" 아래서도 기능하며, 다른 과정에 대응하는 역량에 의해서도 포획될 수 있다. 포획 장치로서의 국가는 **전유 역량**을 갖고 있다. 하지만 이 역량은 문으로 정의된 질료 중 가능한 것 모두를 전부 포획하는 것에 의해서만 성립하는 것은 아니다. 포획 장치는 또 전쟁 기계, 극화를 위한 도구들, 선취-저지 메커니즘도 전유한다. 즉 반대로 선취-저지 메커니즘은 커다란 **전송 역량**을 갖는다. 이러한 메커니즘은 원시 사회들에서만 작용하는 것이 아니라 국가 형식을 저지하는 도시, 자본주의를 저지하는 국가, 스스로의 한계를 저지하거나 배제하는 경우의 자본주의 자체 안에서도 작용한다. 그리고 이 메커니즘은 다른 역량들을 통과하는 것만으로는 만족하지 않으며 자체에 고유한 도시나 국제주의 등을 가진 "무리" 현상과 관련해 살펴보았듯이 새로운 저항과 감염의 초점을 형성한다. 이와 비슷하게 전쟁 기계도 **변신 역량**을 갖는데, 물론 이러한 역량 때문에 국가에 포획되기도 하지만 이와 동시에 그러한 포획에 저항하고, 다른 형태로 즉 전쟁과는 다른 "목표"(혁명?)를 갖고 재등장

31 사미르 아민은 제3세계의 '주변부 구성체들'의 특수성을 분석하면서 두 가지 기본 유형을, 즉 동양적·아프리카적 형과 아메리카적 유형을 구분한다. "두 아메리카, 아시아와 중근동, 블랙 아프리카는 각각 다른 방법으로 변화해왔다. 이들은 중심부 자본주의의 발달 단계가 서로 다른 시기에 세계 체제 속으로 통합되었으며, 따라서 부여받은 기능도 저마다의 발달 단계에 따라 달랐기 때문이다"(앞의 책, pp. 257 이하. 또 *L'accumulation à l'échelle mondiale*, Ed. Anthropos, pp. 373~376도 함께 참조하라). 하지만 우리는 어떤 조건에서는 중심부와 주변부가 성격을 특징을 교환하도록 규정된다는 것을 알 수 있을 것이다.

하기도 한다. 각각의 역량은 다른 역량과 동시에 작용하거나 아니면 경합하는 탈영토화의 힘이다(원시 사회들조차 탈영토화의 벡터들을 갖고 있다). 하나 하나의 과정이 다른 역량을 통과하는 동시에 다른 과정을 자기 역량에 복속시킬 수도 있는 것이다.

명제 12 — 포획

축적물, 노동, 상품과 같은 개념에 전혀 의지하지 않고도 미지의 원시인 집단들간의 "교환"을 생각할 수 있을까? 한계 효용설을 약간 수정하면 하나의 가설을 설정해볼 수도 있을 것 같다. 한계 효용설의 이점은 경제(학) 이론으로서는 극히 빈약하지만 논리적 역량은 아주 뛰어나기 때문이다. 이러한 역량 덕분에 예를 들어 제본스(Jevons)는 경제학의 일종의 루이스 캐롤(Lewis Caroll)이 될 수 있었다. 그러면 추상적인 두 집단을 상정해 보기로 하자. 먼저 집단 A는 종자를 제공하고 도끼를 받는다. 집단 B는 반대로 도끼를 제공하고 종자를 받는다. 교환된 것에 대한 두 집단의 평가는 무엇에 기반해 이루어질까? 상대방에서 받은 또는 오히려 받을 수 있는 마지막 물건이라는 생각에 기반하는 것이다. 이러한 "최후" 또는 "한계"라는 말을 시간적으로 가장 최근이라든가 최종의 것이라는 의미로 이해해서는 안 된다. 오히려 마지막에서 두번째 것, 마지막 직전의 것, 다시 말해 가상의 교환이 교환하는 사람에게 이익을 가져다주지 않게 되는 마지막 교환 또는 교환하는 사람들이 각자의 배치를 변경해 다른 배치로 옮기도록 강요하기 전의 마지막 것이라는 의미로 이해해야 한다. 이렇게 볼 때 도끼를 받는 농경-채집 집단 A는 배치의 변경을 강요하는 도끼의 수에 관한 "관념"을 갖고 있다. 그리고 도끼를 제작하는 집단 B도 배치의 변경을 강요하는 종자의 수에 관한 관념을 갖고 있다. 따라서 이때 종자-도끼 관계는 (집단 A에서의) 최후의 도끼에 대응하는 (집단 B에서의) 최후의 종자의 양에 따라 결정된다고 할 수 있다. 집단적 평가 대상으로서의 마지막 것이 전체 계열의 가치를 결정하는 것이다. 이 최후의 것은 배치가 재개되어야 하는 점, 다음의 활동 또는 주기가 개시되어야 하는 점, 다음 영토에서 자리잡아야 할 점을 정확하게 나타내준다. 따라서 당연히 이 점을 넘어서게 되면 이제까지의 배치는 더 이상 존속할 수 없게 된다. 이것이 바로 마지막에서 바로 앞의 것, 페뉠티엠(pénultième)이다. 그리고 이 마지막 것은 배치가 성격을 바꾸지 않을 수 없도록 만든다. 즉 집단 B는 남은 종자를 심지 않으면 안 되고, 집단 A는 종자를 심는 리듬을 빠르게 해야 하지만 동일한 영토에 머물러 있어야 한다.

이리하여 우리는 이제 "한계"와 "문턱"을 개념적으로 구분할 수 있게 되었다. 즉 "한계"는 필연적인 재개를 가리키는 페눌티엠을 표시하며 "문턱"은 불가피하게 된 변경을 가리키는 마지막 것을 지칭한다. 이는 어떤 기업이라도 알고 있는 경제의 기본 상식으로서 모든 기업은 일단 일정한 경계를 넘어서면 구조를 수정하지 않으면 안 될 한계를 설정해두고 있다. 한계 효용설은 이러한 페뉠티엠의 메커니즘의 주기를 분명히 보여줄 수 있다고 주장한다. 이것은 교환 가능한 마지막 것만이 아니라 생산 가능한 최후의 것 또는 오히려 최후의 생산자 자체, 배치가 변하기 직전의 주변부 생산자 또는 한계상의 생산자들에게도 적용될 수 있다.[32] 이것은 또한 일상 생활의 경제학이기도 하다. 예를 들어 알코올 중독자는 마지막 한 잔을 뭐라고 할까? 그는 자기가 마실

32 Gaetan Pirou, *Economie libérale et économie dirigée*, Ed. Sedes, t. I, p. 117. "한계 노동자의 생산성은 단순히 이 한계 노동자의 임금뿐만 아니라 다른 모든 노동자의 임금도 함께 결정한다. 상품에 대해서도 마찬가지로 마지막 양동이의 물 또는 마지막 보릿자루의 효용은 이 양동이나 보릿자루의 가치뿐만 아니라 다른 모든 양동이나 보릿자루의 가치도 함께 결정한다"(한계 효용설은 배치물을 수량화하려고 하지만 실제로는 온갖 종류의 질적인 요인이 '마지막 것'에 대한 평가에 작용하고 있다).

수 있는 주량을 주관적으로 평가한다. 본인의 평가에 따르면 허용될 수 있는 주량은 정확히 (한숨 돌리고, 잠깐 쉬었다가) 다시 한잔할 수 있는 한계를 가리킨다. 그러나 이 한계를 넘어서면 다시 문턱이 나타나고, 이에 따라 알코올 중독자는 배치를 변경해야 한다. 주종이나 마시는 장소와 시간을 바꾸어야 하는 것이다. 또는 이보다 중증인 경우에는 자살적 배치, 치료를 요하는 입원이라는 배치 등으로 들어가기도 한다. 어느 중독자가 스스로를 속여가면서 마지막 한 잔이라는 주제, "이젠 끊어야지" 하는 상투어를 극히 애매하게 사용하는 것은 그리 중요하지 않다. 중요한 것은 자발적으로 한계라는 기준을 정하고, "한 잔"의 계열 전체의 가치를 자발적으로 한계 효용설에 따라 결정하는 것이다. 이와 마찬가지로 부부 싸움이라는 배치에서도 마지막 한 마디라는 것이 있다. 처음부터 두 사람 모두 다툼을 유리하게 끝낼 수 있도록 해주는 마지막 한 마디를 말하기 위해 목소리의 크기와 강도를 조절한다. 이리하여 이 마지막 한 마디는 배치의 작동 기간이나 주기의 종언을 표시해주며, 이에 따라 모든 것이 새로 반복된다. 두 사람 모두 이 마지막 한 마디를 기준으로 하려는 말과 최후의 한 마디 말에 도달하기까지의 시간을 모호하게나마 가늠한다. 그리고 이 마지막 한 마디(마지막에서 두번째 것)를 넘어가면 다른 말들이, 즉 이전과는 전혀 다른 배치, 예를 들어 이혼으로 두 사람을 이끌게 될 최종적인 말이 나타난다. "경계선"을 넘어섰기 때문이다. 마지막 사랑의 경우도 마찬가지다. 프루스트는 하나의 사랑이 어떻게 그 자체에 고유한 한계에 이르는가를 보여준다. 즉 사랑은 자체에 고유한 종말을 반복하는 것이다. 다음에는 또 새로운 사랑이 이어지고, 따라서 하나 하나의 사랑이 계열을 이루며, 이와 함께 일련의 사랑이 이루어지게 된다. 그러나 여기서도 역시 이것을 "넘어서면" 최후의 것이 나타나고, 바로 여기서 배치가 바뀌어 사랑이라는 배치는 예술이라는 배치에 의해 대체된다. 창작해야 할 <작

품>. 프루스트는 바로 이 문제와 씨름하고 있었다.

교환은 단지 외관에 불과하다. 모든 상대방 또는 집단은 각자가 받아들일 수 있는 최후의 것(한계-대상)의 가치를 평가하며, 이로부터 외관상의 등가성이 생겨난다. 등치는 두 개의 이질적 계열에서 생기고, 교환 또는 소통은 두 가지 독백(*palabre* : 장광설)에서 발생한다. 교환 가치나 사용 가치가 있는 것이 아니라 양쪽에서 이루어지는 최후의 것에 대한 평가(한계를 넘어서는 데 따른 위험의 계산)가 있다. 의식적(儀式的) 성격뿐만 아니라 실리적 성격과 계열적 성격 또 교환적 성격을 모두 동등하게 고려하는 평가-선취 메커니즘이 있는 것이다. 모든 집단에서 처음부터 한계에 대한 평가가 이루어지며, 이것이 이들간의 최초의 "교환"을 규정한다. 물론 암중모색도 이루어지는데, 아무튼 평가는 집단적 모색과 분리될 수 없다. 그러나 이것은 사회적 노동량이 아니라 양측에서 최후의 것이라는 개념을 둘러싸고 이루어진다. 이를 위해 필요한 시간은 다양할 수 있지만 최후의 것에 효과적으로 도달하거나 하나의 조작에서 또 다른 조작으로 옮겨가는 데 필요한 시간보다는 더 빠르다.[33] 이러한 의미에서 평가는 본질적으로 선취되는 것이며, 따라서 한 계열의 최초의 항목 속에 이미 포함되어 있다. 따라서 한계 효용(이것은 양측에서 받아들일 수 있는 마지막 것과 관련되어 있다)은 추상적으로 상정된 축적물과 관련되어 있는 것이 아니라 두 집단의 그때 그때마

33 한계 효용설에서 평가와 감에 따른 평가 이론이 갖는 중요성에 대해서는 자크 프라댕(Jacques Fradin)의 비판적 논의를 참조하라(*Les fondaments logiques de la théorie néoclassique de l'échange*, Maspero). 마르크스주의자들 중에서도 짐작에 의한 평가를 이야기하는 사람들이 있으나 이것은 사회적으로 필요한 노동량만을 대상으로 할 뿐이다. 엥겔스는 다름아니라 이것을 바로 전자본주의 사회라는 맥락에서 서술하고 있다. 엥겔스는 '지그재그 식의 근사적 계산, 수많은 암중모색 과정'에 대해 이야기하는데, 이것은 적든 많든 '각각이 비용에 포함될 필요'에 따라 결정된다(이 인용문의 후반부는 혹시 일종의 한계 효용설적인 기준을 도입하고 있는 것은 아닌지 의아한 생각이 들지도 모르겠다). *Capital* 3권에 붙인 엥겔스의 서문, Ed. Sociales, pp. 32~34.

다의 배치와 관련된다는 것을 알 수 있다. 파레토(Vilfred Pareto)는 한계 효용이 아니라 오히려 "최대 한계(ophélimité)"에 관해 말하면서 바로 이러한 방향으로 나가고 있었다. 이처럼 배치를 구성하는 것으로서의 욕망 가능성이 문제이다. 각 집단의 욕망은 받아들일 수 있는 최후의 것의 가치에 따라 결정되고, 이것을 넘어서면 어김없이 배치를 바꾸도록 강요된다. 그런데 모든 배치는 두 측면, 즉 신체 또는 물체의 기계적 작동이라는 측면과 집단의 언표 행위라는 두 측면을 갖는다. 이 경우 최후의 것에 대한 평가는 집단의 언표 행위가 되고, 대상들의 계열 전체, 즉 배치들의 주기 혹은 활동이 이러한 행위에 대응된다. 이리하여 교환 경제를 가진 원시인 집단들은 계열적 집단처럼 보이게 된다. 이것은 폭력이라는 관점에서 보더라도 특수한 체제이다. 왜냐하면 심지어 폭력마저도 한계의 의식적인 처리에 종속되고, "최후의 폭력"(이를 초월하면 다른 폭력 체제가 시작된다)에 대한 평가를 바탕으로 하여 행해진다. 그리고 이러한 평가가 하나 하나의 폭력으로 이루어지는 폭력의 계열 전체에 침투한다. 우리는 앞에서 원시 사회를 선취-저지 메커니즘의 현존에 따라 규정한 바 있다. 우리는 이제 이 메커니즘의 구성과 분포 방식을 한층 더 분명하게 이해할 수 있게 되었다. 한계로서의 최후의 것에 대한 평가가 선취를 구성하고 이와 동시에 문턱 또는 결국에는 궁극적인 것으로서의 최후의 것(새로운 배치)을 저지하는 것이다.

문턱은 한계의 "후", 마지막으로 받을 수 있는 대상의 "후"에 온다. 이 문턱은 가상의 교환이 아무런 이익도 가져다주지 않는 순간을 가리킨다. 바로 이 순간부터 축적이 시작된다고 할 수 있다. 물론 이 순간 이전에도 교환용 창고, 특별히 교환을 위한 마련해둔 창고가 있을 수 있으나 엄밀한 의미에서의 축적은 존재하지 않았다. 교환은 축적의 선(先)-존재를 전제하지 않으며 그저 일정한 "유연성"만을 전제할 뿐이다. 축적은 일단 양측 모두에게 교환이 이익을 가져다주지 않을 때, 따라서 더 이상 바람직한 것이 아닐 때에만 시작된다. 다만 여기에 다른 또 하나의 전제조건, 즉 이 축적 자체에 고유한 이익, 욕구 가능성을 축적에 제공해줄 수 있는 조건이 필요하다(그렇지 않으면 물건들은 축적되기보다는 오히려 파손되거나 소비되어버리고 말 것이다. 실제로 소비는 원시인 집단들에게서는 축적을 저지하고, 따라서 기존의 배치를 유지하기 위한 수단이었다). 축적 자체는 새로운 유형의 배치에 기반하고 있다. "후", "새롭다", "대체된다" 등의 표현은 당연히 아주 애매하게 들릴 것이다. 문턱은 실제로 이미 거기 있지만 한계 바깥에 있는 것인데, 한계는 문턱과 일정한 간격과 거리를 두는 것으로 만족하기 때문이다. 따라서 이제 질문은 축적에 현실적 이익을 가져다주고, 축적을 바람직한 것으로 만들어주는 이 새로운 배치는 무엇인가 하는 것으로 바뀌게 된다. 축적은 어떤 필연적 상관항을 갖는 것처럼 보인다. 동시에 경작되는 영토들이 공존하던가 그렇지 않으면 동일한 영토들 위에서 연속적으로 경작이 행해지거나 하는 것이다. 바로 여기서 모든 영토가 하나의 <토지>를 형성하고, <토지>가 영토로 바뀐다. 이러한 배치는 필연적으로 축적을 가져오는데, 첫번째 경우에는 조방(粗紡) 농업이 이루어지고, 두번째 경우에는 집약적 경작이 이루어진다(제인 제이콥스[Jane Jacobs]의 패러다임에 따르자면 그렇다). 이리하여 문턱으로서의 축적물과 한계로서의 교환이 어떤 식으로 구분되는지가 분명하게 드러난다. 수렵-채집민의 원시적 배치는 하나의 영토의 이용, 개척을 위한 활동 방식을 가진다. 이러한 법칙은 여기서의 배치가 각각의 활동 기간(이동, 순회)이 끝날 때마다 영토를 바꿀 때만 유지될 수 있기 때문에 시간적 계기의 법칙이 된다. 그리고 하나 하나의 활동에서 "지표"로서의 최후의 것, 영토의 한계 대상 또는 주변을 향하는 반복 또는 시간적 계열도 있다(이러한 반복이 가상의 교환을 규정한다). 반대로 이와 다른 배치, 즉 축적의 배치는 공간적 공존의 법칙으로서 이 법칙은 다양한 영토들의 동시적 경작과 관련된다. 또는 더 나아가 경작이 연속적으로 이루어지는 경우 이러한 활동의 연속성은 동일한 영토에서 이루어진다. 그리고 각각의 활동 또는 경작의 틀 안에서 보자면 대칭, 반영, 전 세계적 비교라는 역량이 계열을 이루는 순회의 힘으로 바뀐다. 따라서 순전히 기술적(記述的)으로만 볼 때 한편으로는 (코드에 의해 작동하는) 계열적, 이동적 또는 영토적 배치들과 다른 한편으로는 (덧코드화에 의해 작동하는) 정주적, 전체적 또는 <토지>적 배치를 대립시켜볼 수 있을 것이다.

추상적 모델에 따라 생각해 볼 때 지대는 동시에 경작되는 상이한 영토들 또는 동일한 영토 위에서의 연속적인 경작들이 비교될 때 비로소 나타난다. 최열등지(또는 최악의 수확)는 지대를 낳지 않지만 이를 통해 다른 토지들은 지대를 갖고 비교를 통해 지대를 "생산하게 된다".[34] 이익을 비교할 수 있게 해주는 것은 축적 기능 중의 하나이다(다른 토지들에서의 동일한 작물의 재배 또는 동일한 토지에서의 서로 다른 작물의 연속적 재배). 여기서 마지막 것이라는 범주는 다시 한번 경제적 중요성을 확인받지만 의미는 완전히 바뀐다. 즉 더 이상 하나의 자족적 운동이 끝나는 종착점을 가리키는 것이 아니라 한편으로는 증가하고 다른 한편으로는 감소하는 두 운동의 대칭성의 중심이 된다. 서수적인 계열의 한계가 아니라 기수적인 집합의 최하위 요소, 이 집합의 문턱, 동시에 경작되는 토지들의 집합에서 가장 척박한 토지를 가리킨다.[35] 지대는

34 Ricardo, *Principes de l'économie politique et de l'impôt*, Flammarion, 2장. 또 '차액 지대'의 두 가지 형태에 대한 마르크스의 분석도 함께 참조하라(*Capital* III, sc. 6).

35 물론 최열등지 또한 이론적으로는 하나의 계열에서 가장 새로운 토지 또는 최후의 토지가 되기도 한다(이 때문에 많은 논평자들은 리카아도가 지대 이에서 한계 효용설을 선취하고 있다고 말해왔다). 그러나 이것을 규칙이라고 볼 수는 없다. 마르크스는 '증가 운동'과 마찬가지로 '감소 운동'도 가능하며 최우등지가 '이전의 최열등지 대신 최하의 위치를 차지할 수도 있다'고 본다(Pléiade, II, pp. 1318~1326을 참조하라).

가장 낮은 생산성과 가장 높은 생산성을 비교해 나오는 과잉분을 토지 소유자와 관련해 연결시킴으로써 상이한 생산 관계들을 등질화하고, 균등화시킨다. (이익을 포함한) 가격은 가장 생산성이 낮은 토지를 기준으로 결정되기 때문에 지대는 그보다 생산성이 높은 토지에서 생겨나는 잉여를 포획한다. 지대는 "동일한 양의 자본과 노동을 이용해 얻은 차이를" 포획한다. 이것이 바로 전형적인 포획 장치로서, 이것은 상대적 탈영토화와 분리 불가능하게 연결되어 있다. 농업의 대상으로서의 토지는 사실 하나의 탈영토화를 함축하고 있는데, 왜냐하면 그렇게 되면 이제 이동하는 영토에 인간이 분배되는 대신 공통의 양적 기준(단위 면적 당 비옥도)에 따라 토지의 각 부분이 인간들에게 배분되기 때문이다. 토지가 기하학, 대칭성, 비교라는 성질에 따라 다른 요소들과 달리 홈 파기의 원칙 그 자체가 되는 것은 바로 이 때문이다. 이와 반대로 다른 요소들, 예를 들어 물, 공기, 바람, 지하라는 요소는 홈을 팔 수 없으며, 바로 이 때문에 이 요소들이 나타나는 장소, 즉 토지의 기능으로서만 지대를 낳을 수 있다.[36] 즉 영토는 탈영토화의 두 가지 잠재성을 갖고 있다. 1) 양이라는 관점에서 볼 때 토지의 질의 차이가 비교 가능한데, 이러한 양에 따라 질의 차이와 경작 가능한 토지의 각 부분이 어떻게 대응하는지를 확인할 수 있다. 2) 이용되는 토지 전체는 외부의 미개간 토지와는 달리 한 사람이건 여러 사람이건 토지 소유자를 결정하는 독점이라는 관점에서 볼 때 전유 가능하다.[37] 그리고 두번째 잠재성이 첫

36 Ricardo, p. 64. "만약 공기, 물, 수증기의 유연성, 대기압 등의 질이 변화하는 것이며, 더 나아가 이들을 전유하는 것이 가능하다면 이 모든 요소는 지대를 발생시키며, 그와는 다른 질을 사용할수록 그것은 커질 것이다."

37 차액 지대의 두 가지 형태는 비교에 근거하고 있다. 그러나 마르크스는 이외에도 또 다른 형태의 지대가 존재한다고 말하는데, 이 지대 형태는 이론가들(리카아도)에게는 알려져 있지 않지만 경제 종사자들에게는 익히 알려져 있다고 한다. 독점이라는 토지 소유의 특별한 성격에 기초한 절대 지대가 바로 그것이다. 실제로 토지는 다른 것과 같은 상품

번째 잠재성을 조건짓는다. 하지만 영토는 토지를 영토화함으로써 이 두 가지 잠재성을 저지했다. 하지만 이제 축적 덕분에 영토를 탈영토화시키는 방법으로 이 두 잠재성이 농업이라는 배치 속에서 실현되는 것이다. 전유되어 비교된 토지는 영토들 속에 영토의 외부에 위치하는 수렴의 중심을 풀어놓는다. 이리하여 토지는 도시의 관념이 된다.

그렇다고 지대가 유일한 포획 장치라는 것은 아니다. 다양한 토지들의 비교와 독점적 전유라는 이중적 관점에서 볼 때 오직 토지만이 축적의 유일한 상관물은 아니기 때문이다. 이외에도 노동을 상관물로 갖고 있는데, 이 노동은 인간 활동의 비교와 노동(잉여노동)의 독점적 전유라는 두 측면을 갖고 있다. 여기서도 역시 "자유로운 행동"과 같은 유형의 행위들은 이러한 축적 덕분에 노동이라 불리는 등질적이고 공통적인 양과 비교되고, 연결되고 종속되어 가는 것이다. 노동은 축적(노동의 구성, 보존, 재구성 또는 이용)에만 관련되는 것이 아니라 노동자가 축적된 "행위항"이듯이 노동 자체가 축적된 인간 활동이다. 뿐만 아니라 심지어 노동이 잉여 노동과 분명하게 구별될 때도 이 두 가지를 서로 무관한 독립적인 것으로 바라보아서는 안 된다. 소위 필요 노동이 있고 바로 그런 연후에 잉여 노동이 있는 것은 아니기 때문이다. 엄

이 아니다. 일정한 집합으로서 재생산할 수 없기 때문이다. 이리하여 토지의 독점은 존재하나 이로 인해 '독점 가격'이 출현하지는 않는다(독점 가격과 결국 이에 대응하는 지대는 전혀 별개의 문제이다). 가장 쉽게 표현해보자면, 차액 지대와 절대 지대는 이런 식으로 구별될 수 있다. 즉 생산물의 가격은 최열등지를 기준으로 산출되기 때문에 최우등 경작지를 가진 기업가는 잉여 이익이 토지 소유자의 차액 지대로 바뀌지 않는 한 잉여 이익을 얻을 수 있다. 그러나 다른 한편으로 농업의 잉여 이익은 산업의 잉여 이익에 정비례해서 커지기 때문에(?) 농업 사업주는 일반적으로 잉여 이익이 토지 소유자의 절대 지대로 바뀌지 않는다면 잉여 이익을 얻을 수 있다. 이처럼 지대는 이익의 균등화, 또는 적정화에 반드시 필요한 요소이다. 농업에서의 이익률(차액 지대)이던가 또는 이 이익률과 공업에서의 이익률의 평균화(절대 지대)이건 상관이 없다. 많은 마르크스주의 경제학자들은 절대 지대에 대해 이와는 전혀 다른 방식으로 설명하고 있으나 마르크스가 행한 이 필연적인 구분만은 그대로 유지하고 있다.

밀히 말해 노동과 잉여 노동은 동일한 것이다. 인간 활동의 양적 비교에서 볼 수 있는 것이 노동이라면 (지주가 아니라) 사업주에 의한 노동의 독점적 전유라는 관점에서 볼 수 있는 것이 잉여 노동일 뿐이다. 이미 앞에서 살펴본 대로 이 두 가지가 구별되고 분리되더라도 잉여 노동을 결과하지 않는 노동은 존재하지 않는다. 잉여 노동은 노동을 초과하는 것이 아니다. 반대로 잉여 노동에서 연역되어지는 것이 노동이며, 따라서 노동은 잉여 노동을 전제한다. 바로 이러한 맥락에서만 노동의 가치나 사회적 노동의 양을 둘러싼 평가에 대해 말할 수 있다. 이에 반해 원시 집단은 자유로운 행동 또는 연속적으로 변주되는 활동 체제 속에 들어가 있었다. 잉여 노동과 잉여 가치에 의존하는 사업주의 이익은 지주의 지대와 마찬가지로 포획 장치를 구성하고 있다. 노동을 포획하는 것은 잉여 노동만이 아니며 토지를 포획하는 것 또한 소유만이 아니다. 뿐만 아니라 토지간의 비교와 토지의 전유가 영토의 포획 장치이듯이 노동과 잉여 노동 또한 인간 활동의 포획 장치인 것이다.[38]

마지막으로 지대와 이윤 이외에도 세번째 포획 장치, 즉 세금이 있다. 이 세번째 형태와 그것의 창조적 힘을 이해하려면 먼저 상품을 생산하는 내적인 관계를 이해하지 않으면 안 된다. 빌(Edourd Will)은 그리스의 폴리스, 특히 코린트의 폭정과 관련해 화폐는 교환이나 상품 또는 상업의 요구가 아니라 세금에서 생겨났음을 보여주었다. 바로 이

38 베르나르 쉬미트(Bernard Schmitt)는 두 가지 형태의 포획 또는 '억류'를 구분하는데, 이 두 형태는 더 나아가 **잠복**과 **추적**이라는 수렵의 두 가지 주요 형태에 대응하고 있다(*Monnaie, salaires et profit*, Ed. Castella, pp. 289~290). 이에 따르면 외부의 힘에 의존하고 전송을 행하는 지대는 잔여적 또는 잠복적 형태의 포획이다. 이에 반해 독자적인 행위에서 발생해 자신의 독자적 힘 또는 하나의 '창조'를 요구하는 이윤은 추적 또는 정복에 의한 포획이라고 할 수 있다. 그러나 이러한 구별은 차액 지대와 관련해서만 타당하다. 마르크스가 지적한 대로 절대 지대는 토지 소유자의 '창조자'적인 측면을 대변한다(Pléiade, II, p. 1366).

세금이 먼저 화폐=재화 또는 서비스 노동 간의 등가 관계의 가능성을 처음으로 도입한 다음 금전을 일반적 등가물로 만들었다는 것이다. 사실 장기간 보존할 수 있는 것이라면 어떤 것이나 화폐가 될 수 있었기 때문에 화폐는 축적의 상관물의 하나, 축적의 하위 집합이 되었다. 예를 들어 코린트에서 금속 화폐는 처음에는 (생산자로서의) "가난한 사람들"에게 분배되었는데, 이들은 토지에 대한 권리를 사기 위해 이것을 사용했다. 이리하여 이 화폐는 다시 부자들의 수중에 들어갔는데, 물론 거기서 멈추지 않는다는 조건, 즉 화폐와 재화 또는 근로 간에 등가 관계가 성립하도록 가난하든 부자이든 모두 세금을, 다시 말해 가난한 자는 재화나 노동 형태로, 부자는 금전 형태로 모두 세금을 낸다는 조건이 따랐다.[39] 역사적으로는 이미 새로운 시대에 속했던 코린트에서 부자와 가난한 자라는 이러한 표현이 무엇을 의미하는지를 나중에 좀더 자세히 살펴보기로 하겠다. 그러나 이러한 사례가 속하는 맥락이나 특수성과는 무관하게 화폐는 언제나 권력 장치에 의해, 재화-서비스-화폐 간에 등가 관계가 성립하도록 보존, 유통, 회전시키는 권력 장치에

39 에두아르 빌(Edouard Will)은 시대를 한참 더 거슬러 올라가지만 전형적인 사례라고 할 수 있는 코린트의 폭군 킵셀로스(Kypselos)의 개혁을 분석하고 있다(*Korinthiaka*, Ed. De Boccard, pp. 470ff.). a) 세습 귀족의 토지 일부가 몰수되어 가난한 농민들에게 분배된다. b) 그러나 동시에 추방자들의 재산에 대한 압류를 통해 금속이 저장된다. c) 이러한 금전 자체는 가난한 자들에게 분배되지만 그것은 손해 배상을 통해 과거의 토지 소유자에게 다시 주어진다. d) 이리하여 과거의 토지 소유자는 이제부터 세금을 금전으로 납부하고, 따라서 이를 통해 화폐의 유통・순환 그리고 재화와 서비스 사이에 등가 관계가 확립된다. 이미 고대 제국에서도 이와 유사한 모스들이 사유제의 문제들을 개입시키지 않은 채 직접적으로 각인되었음을 알 수 수 있다. 가령 직접 경작하건 아니면 임대하건 토지가 관료들에게 배분되었다고 해보자. 이러한 토지로부터 얻은 지대를 노동 또는 현물 형태로 받아들이더라도 관료들은 황제에게는 금전 형태로 세금을 납부해야 한다. 이 때문에 '은행'이 필요하게 되는데, 이것은 아주 복잡한 조건 아래에서 전체 경제 속에서 재화와 화폐의 등가 관계, 변환 관계, 유통 관계를 보증하는 역할을 담당한다. Guillaume Cardascia, "Armée et fiscalité dans la Babylonie archéménide", in *Armée et fiscalité dans la monde antique*, CNRS., 1977.

의해 분배된다. 따라서 먼저 노동 지대가 있었고, 다음에 현물 지대, 그리고 다음에 화폐 지대가 연속적으로 이어졌다고 생각할 수는 없다. 세금이 직접적으로 이 세 가지 형태의 등가 관계와 동시성을 만들어내기 때문이다. 일반적으로 세금이 경제를 화폐화시키며 또 화폐를 창조하며, 이 화폐를 운동, 유통, 순환 속에 집어넣으며, 이처럼 순환하는 흐름 속에서 필연적으로 서비스와 재화에 대응하도록 해준다. 국가는 세금을 대외 무역 수단으로 삼는다. 즉, 대외 교역을 전유할 수 있는 수단으로 삼는다. 그러나 화폐 형태는 교역이 아니라 세금에서 생겨난다.[40] 이처럼 세금에서 발생하는 화폐 형태는 국가가 대외 교역을 독점하는 것(화폐에 의한 교환)을 가능하도록 해준다. 실제로 이러한 교환 체제에서는 모든 것이 변한다. 우리는 이제 더 이상 상대에게서 받을 수 있는 최후의 것들을 등치시키는 방법(수요의 법칙)을 통해 간접적이고 주관적으로 교환을 해야 하는 "원시적" 상황에 있지는 않다. 물론 교환의 원칙, 즉 불평등하다는 기본적 성격은 그대로 유지하며, 그로부터 등치 관계가 생산된다. 그러나 여기서는 직접 비교, 객관적 가격, 화폐에 의한 등가 관계(공급의 법칙)가 중요해진다. 재화와 서비스 노동이 상품과 비슷한 것이 되고, 상품이 금전에 의해 평가되고 등치되는데, 바로 세금을 통해 그렇게 되는 것이다. 심지어 오늘날까지 세금의 의미와 효력이 소위 간접세에서, 즉 시장과 무관하게 또 시장 바깥에서 가격의 일부가 되는 상품 가치에 영향을 미치는 간접세에서 여전히 나

40 빌이나 가브리엘 아르당(Gabriel Ardant)과 같은 저자들은 화폐의 기원은 상업적 기능에서 유래하지 않으며 오히려 '변제', '보수', '과세' 같은 것과 연결되어 있음을 보여주었다. 빌은 특히 그리스나 서양 세계에서 그러했다고 설명하는데, 우리가 보기에는 동방 제국들 경우에도 화폐에 의한 교역의 독점은 화폐에 의한 납세를 전제했던 것 같다. Edoard Will, "Réflexions et hypothèses sur les origines du monnayage", *Revue numismatique* 1955. Gabriel Ardant, *Histoire financière de l'antiquité à nos jours*, Gallimard(pp. 28ff. "세금을 낳는 환경이 동시에 화폐도 만들어낸다").

타나고 있는 것은 바로 이 때문이다.[41] 그렇더라도 간접세는 부가적 요소, 즉 가격에 부가되어 가격을 부풀리는 요소일 뿐이다. 간접세는 이보다 심층적인 곳에서 이루어지는 운동의 하나의 지표 또는 표현일 뿐인데, 이 운동에 따라 세금은 "객관적" 가격의 기층을 만들고, 이 객관적 가격, 화폐라는 초석이 지대, 이익 등 가격을 구성하는 다른 요소들을 동일한 포획 장치 안으로 부가, 부착, 수렴시킨다. 자본가들이 세금이 생산적일 수 있으며, 특히 이익, 더 나아가서는 지대에도 매우 유리할 수 있다는 것을 간파한 것은 자본주의에서는 진정 위대한 것이었다. 다만 간접세와 마찬가지로 이것은 하나의 유리한 조건에 지나지 않았다. 이 때문에 이보다 깊숙한 곳에 자리잡고 있으며, 한참 더 옛날로 거슬러 올라가는 상호 일치(entente), 동일한 포획 장치의 세 측면간의 원리적 수렴, 동일성이 은폐되어서는 안될 것이다. 세 개의 머리를 가진 포획 장치, 마르크스의 정식에서 파생된(물론 이것은 마르크스에게서와 다른 방법으로 배분된다) "삼위일체 정식"은 다음과 같다.

1. 축적은 토지와 종자, 연장, 금전이라는 세 측면을 동시에 갖고 있다. 축적된 영토가 토지가 되며, 축적된 활동이 연장이 되며, 축적된 교환이 금전이 된다. 그러나 축적은 영토, 활동, 교환 어디로부터도 오지 않는다. 축적은 이와 전혀 다른 배치를 가리키며, 바로 이 다른 배치에서 축적이 발생한다.

2. 바로 이 배치가 "거대 기계", 포획 장치 또는 고대 제국이다. 이 배치는 세 가지 양태 아래 기능하며, 이 세 양태는 다시 지대, 이익, 세금이라는 축적의 세 측면과 대응된다. 그리고 이 세 양태는 이러한 배

41 간접세의 이러한 측면에 대해서는 A. Emmanuel, *L'échange inégal*, Maspero, pp. 55~56, 246ff.(무역과 관련해 이것이 어떻게 나타나는지를 보라)를 참조하라. 세금과 상업의 관계와 관련해 역사상 가장 흥미로운 사례는 에릭 알리에(Eric Alliez)가 *Capital et pouvoir*(미출간)에서 분석하고 있는 중상주의라고 할 수 있을 것이다.

	토지(영토와는 구별된다) a) 토지들간의 직접 비교, 차액 지대 b) 토지의 독점적 전유, 절대 지대	지대 토지 소유자
축적	노동(행동과는 구별된다) a) 활동들간의 직접 비교, 노동 b) 노동의 독점적 전유, 잉여 노동	이윤 기업가
	화폐(교환과는 구별된다) a) 교환되는 물건들간의 직접 비교, 상품 b) 비교 수단의 독점적 전유, 화폐 발행	세금 은행가

치에서는 덧코드화(또는 기표)라는 심급에서 수렴되고 일치한다. 대 토지 소유자인 동시에 대토목공사의 사업주, 세금과 가격의 지배자인 전제군주. 이것은 권력의 자본화의 세 가지 형태 또는 "자본"의 세 가지 분절 방식이기도 하다.

3. 이처럼 수렴되는 세 가지 양태의 하나 하나에서 나타나는 두 가지 조작, 즉 직접 비교와 독점적 전유가 바로 포획 장치를 구성한다. 그리고 항상 비교는 전유를 전제한다. 노동은 잉여 노동을, 차액 지대는 절대 지대를, 상업 화폐는 세금을 전제한다. 포획 장치는 일반적인 비교 공간과 전유를 위한 가동적인 중심을 만든다. 앞에서 이미 살펴보았듯이 흰 벽면-검은 구멍 시스템은 전제군주의 **얼굴**을 만든다. 하나의 공명점이 비교 공간의 중심을 순환하고, 계속 순환하면서 이 공간을 그려나간다. 바로 이것이 국가 장치를 원시적 메커니즘들과 구별해 주는데, 이 메커니즘에서 모든 영토는 동시에 존재하지 않고 중심들도 서로 공진하지는 않는다. 국가 또는 포획 장치에 의해 개시되는 것은 원시적 기호계를 덧코드화하는 전체적인 기호론이다. 국가는 기계적

문에 따라 특이점(singularité)을 배분하는 데서 이 문과 합체하는 표현의 특질 대신 이 문을 종속시킬 수 있는 표현의 형식들을 만들어낸다. 즉 문 또는 물질은 여전히 그저 비교되고, 등질화되고, 등치된 내용일 뿐만 아니라 표현은 공명 또는 전유 형식이 된다. 포획 장치, 특히 빼어난 기호론적 조작……(이러한 의미에서 정치 권력을 관념 연합에 기반한 심리 조작에 의해 설명하는 관념 연합론자들이 잘못되지는 않았다).

슈미트(Bernard Schmitt)는 비교와 전유라는 조작을 설명하는 포획 장치 모델을 제시한 바 있다. 당연히 이 모델은 자본주의 경제에서의 화폐의 기능과 관련되어 있다. 그러나 이것은 이러한 한계들을 넘어서는 추상적 원리에 기반하고 있는 것 같다[42] — A. 아직 전유되거나 비교되지 않은 공유 흐름(flux indivis)이, "순수한 사용 가능성"으로서 "소유물도 아니고 재산도 아닌 것"이 출발점을 이룬다. 은행이 화폐를 발행하는 경우 바로 이러한 일이 벌어지지만 더 일반적으로는 축적의 흐름, 공유 흐름이 창조된다 — B. 공유 흐름은 "요인들"로 분배됨에 따라, 또 "요인들" 사이에서 배분되면서 비로소 나누어진다. 이러한 요인들은 직접 생산자라는 한 종류밖에 없다. 이를 "가난한 사람들"이라고 부르고, 이러한 흐름은 가난한 사람들 사이에서 배분된다고 할 수 있다. 그러나 미리 "부유한 사람들"이 있을 수는 없는 이상 이것은 정확한 표현이 아니다. 오히려 여기서 중요한 것은 생산자는 아직 그들에게 분배된 것을 포획하지 않는다는 것, 그들에게 분배되는 것은 아직 재산이 되지 않는 것이다. 보수는 비교도 전유도 또 구매-판매도 전제하지 않으며, 이것은 오히려 넥섬(nexum) 유형의 조작에 가깝다. 집합 A와 집합 B, 배분된 집합과 공유 집합 간에는 오직 동등성밖에 없다. 이처럼 배분된 집합을 명목 임금으로 부를 수도 있을 텐데, 이리하여 이

42 Bernard Schmitt, *Monnaie, salaires et profits*.

임금은 공유 집합 전체의 표현의 형식이 된다("전체의 명목적 표현" 또는 좀더 흔히 사용되는 말을 빌리자면 "국민 수입 전체의 표현"). 바로 여기서 포획 장치는 기호론적인 것이 된다 — C. 이처럼 배분과 보수로 간주되는 임금을 구매라고 말할 수는 없다. 반대로 구매력은 임금에서 파생된다. "생산자에 대한 보수는 구매가 아니라 화폐가 새로운 역량을 발휘하는 두번째 단계에서 구매를 가능하게 해주는 조작이다……" 실제로 집합 B는 배분되고 나서야 비로소 재산이 되어 전혀 다른 어떤 것과 관련해 비교하는 힘을 획득하게 된다. 전혀 다른 어떤 것이 바로 특정한 생산된 재화의 집합으로서, 이처럼 생산되었기 때문에 비로소 구매 가능한 것이 된다. 화폐는 생산된 재화에 대해 처음에는 이질적이지만 나중에는 화폐로 구매할 수 있는 재산과 동질적인 것이 되며, 구매의 실현과 함께 소멸하는 구매력을 가진다. 또는 좀더 일반적으로 말하자면, 배분된 집합 B와 실제 재산의 집합 C라는 두 집합 사이에 하나의 대응, 하나의 비교가 성립된다("획득 역량은 현실적 생산 전체와의 직접적 접합접속에 의해 창조된다") — D. 이때 이러한 일종의 어긋남 사이에 신비 또는 마법이 숨겨져 있다. 비교된 집합, 즉 현실 재산의 집합에 대응하는 집합을 B´로 한다면 이 집합은 필연적으로 분배된 집합보다 작게 된다. 이 집합 B´는 필연적으로 집합 B보다 작다. 구매력은 특정한 기간에 생산된 모든 생산물을 대상으로 한다고 전제해도 분배된 집합이 이용된 또는 비교된 집합보다 크기 마련이며, 이리하여 결국 직접 생산자는 오직 분배된 집합의 일부만을 재산으로 전화시킬 수 있게 된다. 현실 임금은 오직 명목 임금의 일부일 뿐이다. 마찬가지로 "유효" 노동은 노동의 일부일 뿐이며 "이용되는" 토지는 분배된 토지의 일부일 뿐이다. 이익, 잉여 노동 또는 잉여 생산을 구성하는 이러한 차이 또는 과잉을 <포획>이라고 불러도 좋을 것이다 "명목 임금은 모든 것을 포함하고 있지만 임노동자는 상품으로 전환시킬 수 있는 수입 부분만 보존할 수 있으며 기업에 의해 포획된 수입은 잃어버린다." 따라서 분명 모든 것은 "가난한 사람들"에게 분배되었다고 말해야 하리라. 하지만 이 불가사의한 속도의 경쟁에서 변환시키지 못하는 것을 강탈당했다고 느끼는 것도 언제나 가난한 사람들이다. 포획은 분할 가능한 파동 또는 흐름들을 역전시킨다. 바로 이 포획의 조작 방식이 독점적 전유 대상이 된다. 그리고 ("부자들"에 의한) 이러한 전유는 사후적으로 이루어지는 것이 아니다. 그것은 이미 실질 임금이 아니라 명목 임금 속에 포함되어 있다. 전유는 이 두 가지 사이에서 이루어지고 보유를 동반하지 않는 대응 또는 비교에 의한 전환 사이에 투입된다. 포획은 두 집합, 즉 집합 B와 집합 B´ 간의 역량의 차이를 표현한다. 결국 신비로운 것은 하나도 없다. 포획의 메커니즘은 처음부터 포획이 실행되는 집합의 일부를 구성하고 있는 것이다.

슈미트 본인은 이 도식을 이해하기가 아주 어렵다고 말한다. 하지만 이 도식은 조작적인 것이다. 즉 아주 특수한 "근거들의 질서(ordre des raisons)"를 제시함으로써 포획 또는 강탈의 추상 기계를 떠올리게 하는 조작인 것이다. 예를 들어 보수는 자체로서는 구매가 아니다. 보수에서 구매력이 생겨나기 때문이다. 따라서 슈미트의 말대로 훔치는 사람도, 도둑맞는 사람도 없다. 왜냐하면 생산자가 잃어버리는 것은 원래부터 갖고 있지 않은 것, 획득할 기회가 전혀 없는 것일 뿐이기 때문이다. 17세기 철학에서처럼 부정(否定)이 있지 박탈은 없기 때문이다……. 그리고 이 논리적 포획 장치 속에는 모든 것이 공존한다. 그리고 이 모든 연쇄가 논리적으로 이루어진다. 포획 자체는 집합 B와 집합 C 사이에 나타나지만 이것은 집합 A와 B 사이에도, 또 집합 C와 A 사이에도 존재한다. 포획은 이 장치 전체에 침투하고, 국소화할 수 없는 결합 체계로 작용한다. 잉여 노동도 마찬가지다. 노동이 잉여 노동을 전제하는데 이 잉여 노동의 위치를 어디로 국소화시킬 수 있겠는가? 그런데 국가는, 적어도 고대의 제국적 국가는 바로 이러한 장치 자체였다. 국가에 대해 보충적인 설명을 요구하는 것은 언제나 오류이다. 이것은 국가의 배후에 다시 국가라는 식으로 국가를 배후로 무한대로 밀어낼 수밖에 없기 때문이다. 계열 없이 연속되는 원시 사회에도 국가는 점적으로 존재하는 이상 국가는 처음부터 그대로 있었다고 생각하는 것이 더 나을 것이다. 비교와 전유라는 이 점을 현실적으로 차지하는 것만으로도 포획 장치는 기능하기 시작하고, 원시적 코드를 덧코드화해 계열을 집합으로 바꾸고, 기호들의 방향(=의미)을 역전시켜 나간다. 이 점은 필연적으로 차지되고, 실현된다. 이 점은 이미 수렴파 속에, 즉 계열을 이루는 원시 사회들을 가로지르고 한계를 초월한 다음 다시 이 파동 자체가 방향을 바꾸게 되는 문턱으로 이 계열을 이끄는 수렴파 속에 이미 존재하고 있기 때문이다. 원시인들은 언제나 그들을 둘러싼 가역적인 파(탈영토화의 벡터)의 작용을 받으며 생명을 연장하는 형태로만 존재해왔다. 장치가 실제로 움직이기 시작하는 장소만이 외부 환경에 의해 좌우되는데, 바로 이 장소에서 즉 아시아에서 농업적 "생산양식"이 탄생한다. 이러한 의미에서 장치는 추상적이지만 이 장치 자체는 추상적인 반전 가능성뿐만 환원 불가능하고 자율적인 현상으로서의 전도점의 현실적 존재도 함께 나타내고 있다.

이 때문에 국가의 폭력은 아주 특수한 성격을 갖게 된다. 언제나 이미 다 완성된 형태로 나타나기 때문에 이 폭력이 어디서 유래하는지를 확인하기는 아주 어렵다. 생산양식에서 유래한다는 말로는 너무 불충분하다. 마르크스는 자본주의와 관련해 바로 이 점을 지적한 바 있다. 즉 반드시 국가를 경유하는 폭력이 있는데, 자본주의적 생산양식에 선행하고, "본원적 축적"을 구성하는 것으로서, 바로 이 자본주의적 생산양식 자체를 가능하게 해주는 폭력이 그것이라는 것이다. 자본주의적 생산양식 내부에 포섭되어 있는 한 훔치는 자가 누구고 도둑맞는 사람이 누구인지는 물론 어디에 폭력이 있는지를 파악하기는 아주 힘들다. 노동자는 객관적으로 맨몸으로 태어나고, 자본가는 객관적으로 "옷을 입고", 독립적 소유자로서 태어나기 때문이다. 자본주의의 틀 안에 머무르는 한 노동자와 자본가에게 이러한 형태를 부여하는 것이 무엇인지를 알아차릴 수는 없다. 이것은 자본주의 이외의 생산양식에서만 본래의 모습을 드러낼 수 있다. 매일 반복됨에도 불구하고 이 폭력은 이미 완성되어 있는 것처럼 나타난다.[43] 앞에서 이야기한 바도 있지만 여기서 다시 한번 이러한 폭력에 따른 훼손은 사전적인 것, 이미 일어난 것이라고 말하지 않을 수 없다. 그런데 마르크스의 이러한 분석은 확장되어야만 한다. 농업적 생산양식에서 생겨나기는커녕 오히려 그에 선행하는 제국적인 본원적 축적이 존재하기 때문이다. 일반적으로 포획 장치가 수립되고, 여기에 특수한 폭력이 동반될 때는 반드시 본원적 축적이 이루어지는데, 바로 이 폭력이 이것이 겨냥하는 대상을 만들어내거나 만들어내는 데 기여하며 역으로 이것은 당연히 폭력을 전제한

43 마르크스는 종종 다음과 같은 사항을 강조하는데, 특히 본원적 축적에 대한 분석에서 그렇게 한다. 1) 본원적 축적은 생산양식에 선행하며 비로소 그것을 가능하게 해준다. 2) 따라서 국가와 권리에 고유한 작용을 필요로 하게 되는데, 이것들은 폭력과 대립하기는커녕 반대로 이를 촉진시킨다("이러한 방법 중 몇 가지는 야만적인 힘의 행사에 호소한다. 하지만 모든 것은 예외 없이 사회의 응축된 조직적 힘인 국가 권력을 활용한다." Pléiade 1, p. 1213). 3) 권리에 의한 이러한 폭력은 처음에는 있는 모습 그대로 드러나지만 생산양식이 확립됨에 따라 전혀 의식할 수 없는 것이 되어 순수하고 단순한 자연적 사실처럼 보이게 된다("여전히 때때로 구속이라든지 야만적인 힘의 행사 등 경제 외적인 폭력에 호소하기도 하지만 이것들은 예외적인 것일 뿐이다." I, p. 1196). 4) 이처럼 운동은 어떠한 경우에도 결코 절도, 범죄, 불법성 등으로는 환원될 수 없는 이러한 권리의 폭력이 갖는 특수한 성격을 통해 설명될 수 있다(*Notes sur Adolph Wagner*, II, p. 1535). 노동자에게서 빼앗아가는 것은 단순히 살아 있는 피부가 아니다. 거꾸로 자본가는 "탈취하거나 절도할 뿐만 아니라 잉여 가치의 생산을 강요한다. 다시 말해 자본가는 자기가 빼앗아갈 것을 먼저 생산해내는 일에 참여한다. …… 자본가의 노동 없이 창조된 가치 중에는 자본가가 권리상 소유할 수 있는 부분, 즉 상품 교환에 대응하는 권리를 침해하지 않고도 얼마든지 소유할 수 있는 부분이 포함되어 있다."

다.[44] 따라서 다양한 폭력 체제를 구별하는 것이 문제이다. 이러한 관점에서 투쟁, 전쟁, 범죄, 경찰 등 몇몇 폭력 체제를 구별할 수 있다. **투쟁**은 이른바 원시적 폭력 체제이다(여기에는 원시인들의 "전쟁"도 포함된다). 이 폭력은 주먹에는 주먹이라는 식의 폭력이지만 그럼에도 불구하고 하나의 코드를 갖고 있다. 왜냐하면 한방 치는 공격의 가치는 계열들의 법칙에 따라, 즉 마지막으로 한방 먹일 수 있는 주먹 또는 마지막으로 차지해야 할 여자의 가치에 따라 결정되기 때문이다. 따라서 폭력은 일정하게 의식화(儀式化)된다. **전쟁**은, 적어도 전쟁 기계와 연관되는 경우 무엇보다 먼저 또 원칙적으로 국가 장치에 맞서는 폭력의 총동원과 자율화를 의미하기 때문에 원시적 체제와는 다른 체제를 창조한다(이런 의미에서 전쟁 기계는 국가에 맞서기 위한 유목민의 독창적인 발명품이다). **범죄**는 비합법적 폭력, 즉 전혀 아무런 "권리"도 갖고 있지 못한 무언가를 뺏는 것, 포획할 "권리"가 전혀 없는 것을 포획하는 데서 비롯되는 폭력으로서 앞의 두 가지와는 매우 다르다. 그러나 **국가 경찰 또는 법의 폭력**은 다시 이와 매우 다른 체제로서, 포획하고 장악하는 동시에 포획할 수 있는 권리를 제정하는 폭력이다. 체제와 일체가 된 이 구조적 폭력은 모든 종류의 직접적 폭력과 대립한다. 국가는 종종 "폭력의 독점"으로 정의되어왔지만 이러한 정의는 또 다른 하나의 정의, 즉 국가는 "법치국(Rechtsstaat)"이라는 규정에 기반하고 있다. 국가에 의한 덧코드화는 이처럼 법을 규정하는 구조적 폭력, 즉 법을 전투적 폭력이 아니라 "경찰적"[45] 폭력으로 규정하는 폭력이다. 폭력이 폭력 행사의 대상이 되는 것을 창조하는 데 기여할 때마다 또는 마르크

44 이러한 의미에서 로베르(Jean Robert)는 본원적 축적에서는 등질화되고 '식민지화되는' 공간이 폭력적으로 건설된다는 것을 훌륭하게 밝혀내고 있다.

45 [policière : 잘 알려진 대로 police라는 말에는 길들이다, 질서를 잡다라는 뜻이 들어 있으며, 순사나 경찰이라는 말도 마찬가지다]

스의 말대로 포획이 포획하는 것 자체를 만드는 데 기여할 때마다 법의 폭력이 행사된다. 이는 범죄적 폭력과는 매우 다르다. 따라서 법의 폭력과 국가의 폭력은 언제나 원시인들의 폭력과는 반대로 폭력이 현실로 행사되기 전에 이미 존재하기 때문에 스스로를 전제하고 있는 것처럼 보인다. 이 때문에 [국가의] 폭력은 "근원적"인 것, 단순한 자연 현상이라고, 즉 평화를 가져오기 위해 폭력을 휘두르는 자, "범죄자들", 즉 원시인들, 유목민들에 대해서만 휘두르기 때문에 국가는 이러한 폭력에 책임이 없다고 말하는 것이다.

명제 13 — 국가와 국가의 형태들

고대의 제국적 국가, 덧코드화, 포획 장치, 노예화 기계에서 출발해 보기로 하자. 이것은 공동의 토지, 화폐, 노동을 갖고 있다. 이러한 정식은 일거에 완벽한 것으로 나타나지만 "사적인 것"은 무엇 하나 전제하지 않으며 생산양식도 자신이 생산하기 때문에 선행하는 생산양식은 전혀 전제하지 않는 고대의 제국적 국가를 가리킨다. 고고학의 성과에 속하는 이러한 발견은 앞에서의 우리의 분석의 출발점이기도 했다. 따라서 이제 이러한 질문이 제기된다. 즉 일순간에 형성된 채로 출현한 국가는 어떻게 진화해 가는가? 진화 또는 변질의 요소들은 무엇인가? 진화한 국가는 고대의 제국적 국가와 어떤 관계를 갖는가?

어떠한 외적 요소들에 의해 지지받더라도 진화의 이유는 내적인 것이다. 고대 국가는 덧코드화를 행할 때는 반드시 동시에 이로부터 벗어나는 다량의 탈코드화된 흐름을 만들어낸다. "탈코드화"는 각각의 흐름의 코드가 이해된(해독된, 번역된, 동화된) 상태를 의미하는 것이 아니라 좀더 근본적인 의미에서 보자면 흐름의 상태가 그에 고유한 코드에 포함되지 않은 상태, 흐름 자체의 코드에서 벗어나는 것을 의미한다는 사실을 상기할 필요가 있다. 한편으로 원시 공동체들에 의해 상대적으로 코드화되어 있는 흐름들은 원시적 코드가 스스로에게 순응하기를 그치고 더 상위의 심급에 종속되는 경우 이로부터 벗어날 수 있는 기회를 갖게 된다. 그러나 다른 한편으로 고대 국가 자체도 덧코드화를 통해 이것을 벗어나는 새로운 흐름을 가능하게 하고, 발생시킨다. 대토목공사를 일으킬 때마다 국가는 반드시 독립적인 노동의 흐름을 국가의 관료 기구로부터 파생시킨다(특히 광산과 야금술에서 그렇다). 국가가 화폐 형태로 세금을 만들어 낼 때는 반드시 화폐의 흐름에서 벗어나, 다른 역량을 (특히 교역과 은행에서) 지지해주거나 발생시키는 흐름들을 만들어낸다. 그리고 무엇보다 공유(公有) 체계를 만들어낼 때는 반드시 이 체계와 함께 사유(私有) 체계의 흐름이 생겨나 공유 체계의 장악 범위를 흘러나간다. 이 사유 체계 자체는 고대 체계에서 유출되는 것이 아니라 덧코드화의 그물을 통과해 필연적이고도 불가피하게 주변에서 구성된다. 모든 부분에서 사유제를 배제하는 것처럼 보이는 체계를 중심으로 사유제의 기원이라는 문제를 가장 진지하게 고민한 사람은 아마 퇴케이일 것이다. 사유제는 황제-전제군주 쪽에서도 또 자율성이 공동 소유 형태에 묶여 있는 농민 쪽에서도 또 존재와 수입이 이러한 공적인 공공 소유에 기반하고 있는 관료 쪽에서도("이러한 조건 아래에서라면 귀족은 소소한 전제군주는 될 수 있어도 사적 소유자는 될 수 없다") 발생할 수 없기 때문이다. 노예까지 공동체 또는 관료 기구에 소속되어 있다. 따라서 이런 질문이 제기된다. 즉 덧코드화를 일으키는 제국 내에서 형성되지만 필연적으로 배제되고 탈코드화되는 사람들이 실제로 존재할까? 퇴케이는 해방 노예가 그렇다고 대답한다. 이들은 자신만의 장소를 갖고 있지 않다. 중국 제국의 사방에서 이들의 깊은 한숨 소리가 들려온 것은 이 때문이다. 탄식(비가)은 언제나 정치적 요인이 될 수밖에 없었다. 하지만 동시에 이 해방 노예들이 사유제의 최초의 맹아를 형성하고, 교역을 발달시키고, 야금술을 통해 사유 노예제를 만들어 스스로 새로운 주인이 된다.[46] 우리는 이미 앞에서 특수한 전문 단체의 형성에 해당되는 전쟁 기계에서 해방 노예가 어떤 역할을 수행하는지를 살펴보았다. 이번에는 다른 형태로, 완전히 다른 이유에서 해방 노예는 국가 장치를 위해, 이 장치의 발전을 위해 그리고 이번에는 사적 집단의 형성을 위해 아주 중요한 역할을 수행한다. 이 두 가지 측면은 하나로 결합될 수도 있지만 각기 다른 계열에 속해 있다.

따라서 여기서 중요한 것은 해방 노예라는 특수한 사례가 아니라 <배제된 집단(Exclu)>이라는 집단적 형상이다. 덧코드화 장치가 이러저러한 방식으로 독자적으로 탈코드화된 흐름, 즉 화폐, 노동, 소유의 흐름을 발생시키는 것이 중요하다. 이러한 흐름들은 덧코드화 장치의 상관물이다. 그리고 이러한 상관 관계는 사회적인 것으로서 고대 제국에 내재적인 것일 뿐만 아니라 동시에 지리적인 것이기도 하다. 따라서 여기서 서양과 동양의 충돌 문제로 되돌아가지 않을 수 없다. 고든 차일드의 유명한 고고학적 명제에 따르면 고대의 제국적 국가는 축적된 농업의 잉여를 필요로 하고, 이것이 야금술을 전업으로 하는 장인과 전문 상인 단체의 유지를 가능하게 해준다고 한다. 실제로 덧코드화에 고유한 내용으로서 이러한 잉여는 단순히 축적되어야 할 뿐만 아니라 흡수되고, 소비되고, 실현되지 않으면 안 된다. 잉여의 흡수라는 이러한 경제적 요청은 의문의 여지없이 제국적 국가가 전쟁 기계를 전유할

46 Tökei, "Les conditions de la propriété foncière dans la Chine de l'époque Tcheou", *Acta Antiqua*, 1958. 마르크스와 엥겔스는 이미 고대 로마에서는 평민(그중 일부는 공적인 해방 노예 출신이었다)만이 '국가령(ager publicus)을 **소유지로 할 수 있는 권리**'를 갖고 있었다는 점을 지적하고 있다. 물론 평민들은 토지 재산, 상품 자산이나 공예 자산의 사적 소유자가 될 수도 있었으나 '모든 공적 권리에서는 배제된다'는 조건 하에서만 그렇게 될 수 있었다(Marx, *Grundrisse*, Pléiade II, p. 319. Engels, *Origine de la famille*, Ed. Sociales, p. 119).

때 나타나는 중요한 측면 중의 하나이다. 군대라는 제도는 처음부터 잉여를 흡수하기 위한 가장 강력한 수단 중의 하나였다. 그러나 군대와 관료 기구만으로 충분하지 않다면 경작자가 아닌 전문 장인 단체에게 맡길 수밖에 없게 되는데, 이들의 노동이 농업의 정주적 성격을 강화해나간다. 이 모든 조건이 충족되어 국가 장치가 발명된 것은 아프리카-아시아 지방과 오리엔트, 즉 중근동, 이집트와 메소포타미아, 나아가 인더스(그리고 극동)에서였다. 이들 지역에서만 농업 축적, 그리고 이러한 축적의 상관물인 관료 기구, 군대 제도, 연금업, 상업이 형성되었다. 그러나 이러한 제국적 또는 동방적 해결은 진퇴양난에 빠질 위험에 처한다. 즉 국가에 의한 덧코드화는 강력한 관료 기구의 관리 아래 연금술사나 장인, 상인을 좁은 한계 안에 밀어넣고, 외부 교역을 독점적으로 전유해 지배 계급에 봉사하도록 하기 때문에 농민들은 국가의 혁신으로부터 별다른 이익을 얻지 못한다. 이 와중에 국가 형식이 확산되고, 따라서 고고학은 에게 해를 중심으로 한 서구 역사의 지평선 도처에서 이러한 국가 형식을 발견하고 있는 것이다. 그러나 조건들이 동일했던 것은 아니다. 미노스 문명 또는 미케네 문명은 제국의 희화화에 지나지 않았으며, 미케네의 왕 아가멤논은 중국의 황제나 이집트의 파라오가 아니었다. 그리고 이집트인들은 그리스인들에게 아마 이렇게 말할 수 있었을 것이다. "너희는 언제까지나 애들 수준을 벗어날 수 없어." …… 에게 해의 민족들은 동방의 세력권에 빠지기에는 너무 멀리 떨어져 있었을 뿐만 아니라 동시에 자력으로 잉여를 축적하기에는 너무 가난했지만 동방의 시장을 무시하기에는 너무 가까이 있었고 또 어느 정도는 부유하기도 했기 때문이다. 게다가 동방의 덧코드화 자체가 상인들에게 원거리 무역이라는 역할을 지정하기도 했다. 이리하여 에게 해 민족들은 스스로는 축적을 형성하지 않고도 동방의 농업의 축적을 이용할 수 있는 상황에 놓이게 되었다. 가능하면 언제든지 동방의 축적물을 약탈하고, 더 규칙적으로는 중부 유럽과 서유럽에서 가져오는 일차 산물(특히 목재와 금속)과 동방의 축적 일부를 교환했다. 물론 동방은 쉬지 않고 축적을 재생산해야 했다. 물론 논리적으로 동방은 "한번에 결정적으로" 축적하는 데 성공하고, 서방은 축적을 재생산할 필요 없이 그로부터 혜택을 입은 것처럼 보인다. 그 결과 서방의 야금술 장인과 상인들은 국지적 국가 장치에 의해 축적된 잉여에 직접 의존하지 않아도 되기 때문에 동방에서와는 전혀 다른 지위를 갖게 된다. 농민들은 동방에서와 마찬가지로 또는 종종 훨씬 더 가혹한 착취에 시달렸지만 미래에 중간 계급을 형성하게 되는 장인과 상인들은 동방보다 훨씬 더 자유로운 지위와 훨씬 더 다양한 시장을 갖게 되었다. 에게 해 세계로 건너 온 동방의 많은 야금술 장인과 상인들은 이곳에서 훨씬 더 자유롭고 다양하며 안정적인 조건을 발견하게 되었다. 요컨대 새로운 상황, 즉 서로 표리를 이루던지 아니면 상관항이 되는 이처럼 새로운 상황 속에서 **동방에서는 덧코드화되는 동일한 흐름이 유럽에서는 탈코드화되는 경향을 띠게 된다.** 잉여 가치는 코드의 잉여가치(덧코드화)가 아니라 흐름에 대한 잉여 가치가 된다. 마치 동일한 문제에 대해 두 가지 해결책, 즉 동방적 해결책과 서방적 해결책이 있으며 이 후자의 해결책이 동방적 해결책에 접목되어 이 동방적 해결책을 전제하면서도 이를 막다른 골목에서 탈출시키는 것처럼 보인다. 유럽의 또는 유럽화된 야금술 장인과 상인들은 코드화 정도가 훨씬 낮은 국제적 시장, 즉 하나의 왕실이나 지배 계급에 국한되어 있지 않은 시장에 등장한다. 그리고 차일드의 말대로 에게 해와 서구의 국가들은 처음부터 국가를 초월한 경제 체계에 속해 있었다. 이들 국가는 이 체계에 고유한 그물망의 한계에 갇혀 있기보다는 이 체계의 한가운데까지 영향을 미쳤다.[47)]

이리하여 이전과는 전혀 다른 국가의 극이 등장하게 되는데, 이것은 간략하게 아래와 같이 정의할 수 있다. 공공 영역은 소유의 객관적 본성이 아니라 오히려 이제는 사적인 것이 된 공동의 전유 수단을 가리키게 된다. 여기서 우리는 근대 세계의 특징을 이루는 사적인 것과 공적인 것의 혼합 형태로 이행하게 된다. 속박(lien)은 인격적인 것이 된다. 사람과 사람 사이의 상호 의존 관계는 소유자간의 것(계약)인 동시에 소유권과 소유자 사이의 것(협정)으로서 공동체적 또는 기능적 관계들을 뒷받침하거나 대체하게 된다. 노예 제도조차 변해 이것은 이제 더 이상 공동체에 속하는 노동자들의 공적인 사용이 아니라 개별 노동자와 관련된 사적 소유권과 관련된 것을 규정하게 된다.[48] 권리(droit) 전체가 변질되고, 주체적 · 접합접속적 · "화제선별적(topique)"인 것이 된다. 국가 장치가 새로운 임무, 즉 기존의 코드화된 흐름을 덧코드화하기보다는 오히려 자체가 탈코드화된 흐름들의 접합접속을 조직해야 하는 과제에 직면하게 되기 때문이다. 기호 체제는 이런 식으로 변화해왔다. 이 모든 측면에서 제국적 기표에 의한 조작은 주체화 과정으로 대체되어왔다. 기계적 노예화(asservissement)는 사회적 예속(assujetissement) 체제에 의해 대체된다. 그리고 비교적 획일적인 제국적 극과는 반대로 이 두번째 극은 극히 다양한 형태들을 나타낸다. 그러나 사람과 사람의 관계가 아무리 다양하더라도 이러한 상호 관계가 언제나 국지적으로 규정된 접합접속을 나타내는 데는 변함이 없다. 동방에서도 또 서방에서도 무엇보다 진화한 제국이 이처럼 사적인 것에서 비롯되는 새

47 고든 차일드의 2대 주저인 *L'Orient préhistorique*과 특히 *L'Europe préhistorique*을 보라. 특히 고고학적 분석에 따라 차일드는 에게 해 세계에서는 어디서고 동방에 비견될만한 풍부한 부나 물자가 비축되어본 적이 없다는 결론을 내리고 있다(*L'Europe préhistorique*, pp. 107～109).

48 고대 제국의 '전면적 노예제'와 사적 노예제, 즉 봉건적 부역 제도(corvée) 간의 차이에 대해서는 Charles Parain, "Protohistoire méditerranéenne et mode de production asiatique", in C. E. R. M., *Sur le mode de production asiatique*, pp. 170～173을 참조하라

로운 공공 영역을 최초로 만들어내고 있다. 예를 들어 로마 제국의 원로원 자문위원회와 피스쿠스[49] 같은 제도를 통해 그렇게 했다(해방 노예는 바로 이 제도들을 통해 관료들의 권력에 버금가는 정치 권력을 획득할 수 있었다).[50] 하지만 자치 도시, 봉건제도 이러한 공공 영역을 형성했다…… 그리고 이러한 자치 도시와 봉건제가 역시 국가라는 개념에 합치하는가 하는 질문은 먼저 이와 관련된 몇 가지 상관 관계를 고려한 후에나 제대로 정식화할 수 있다. 진화된 제국과 하등 다름없이 자치 도시와 봉건제도 토대로서 고대 국가를 전제했다. 그리고 자체가 진화된 제국과 접촉하면서 이 제국의 작용을 계속 받아들이는 동시에 활발히 새로운 국가 형식을 준비하고 있다(예를 들어 주체적 권리와 봉건적 과정의 정점으로서의 절대 군주제[51]). 이처럼 사람과 사람의 관계는 아주 풍부하지만 막상 중요한 것은 인간들의 변덕이나 다양성이 아니라 사람과 사람의 관계의 견고성(=고름), 착란에까지 이르는 주체성과 권리와 의무의 원천이 되는 규정된 행위 간의 대응 관계이다. 퀴네(Edgar Quinet)도 어떤 멋진 문장에서 "열두 명의 시저의 착란과 로마법의 황금 시대"가 이런 식으로 일치했음을 강조한 바 있다.[52]

49 [피스쿠스는 라틴어로 바구니라는 뜻으로 공공 금고인 아이라리움과 별도로 있던 황제의 금고로 여기서 돈을 바구니에 담아 보관한 데서 이러한 이름이 유래했다. 이 피스쿠스는 주로 황제가 직접 관할하는 속주에서 거두어들인 세금, 몰수한 재산, 소유권 주장자가 없는 토지에서 나는 농산물 등에서 수입을 얻었다. 이후 서서히 아이라리움에서 독립해 제국의 소득을 대부분 관리하면서 육군과 함대, 공무원의 봉급과 우편 보조금에 자금을 공급했다]

50 Gérard Boulvert, *Domestique et fonctionnaire sous le haut-empire romain*, Les Belles Lettres를 참조. 폴 벤느는 이보다 일반적인 틀 속에서 로마 제국에서의 '주관적인 권리'의 등장, 그에 대응하는 제도, 사적인 것의 새로운 공적인 의미를 분석했다. 벤느는 이러한 로마법은 '개념 없는 법'으로서 현대의 '공리적' 법 개념과는 반대로 '국지적'으로 작동되었음을 지적하고 있다. *Le pain et le cirque*, Ed. du Seuil, 3장과 4장 그리고 p. 744를 보라.

51 François Hincker, "La monarchie absolue française", in C. E. R. M., *Sur le féodalisme*, Ed. Sociales.

따라서 주체화, 접합접속, 전유 등의 작용은 탈코드화된 흐름이 계속되고, 나아가 끊임없이 벗어나려고 하는 새로운 흐름을 생성하는 것을 막을 수는 없다(중세의 미시정치학의 차원에서 이러한 사례를 찾아볼 수 있다). 바로 여기에 이 장치들의 모호성이 놓여 있다. 즉 이것들이 기능하려면 반드시 탈코드화된 흐름이 필요하지만 동시에 탈코드화된 흐름이 합류하는 것은 허락하지 않으며, 그물코 또는 재코드화로 기능하는 화제선별적 접합접속을 행하는 것이다. 역사가들이 자본주의는 이런 저런 시기에 중국, 로마, 비잔틴 또는 중세 사회에서 시작될 "수도 있었으며" 이를 위한 전제 조건은 갖추어져 있었지만 막상 실현되지 않았으며, 실현이 가능하지도 않았다고 하는 인상을 갖게 되는 것은 바로 이 때문이다. 흐름들의 압력이 자본주의를 부정적인 모습으로 그려도 자본주의가 현실화되려면 **탈코드화된 흐름의 전체적 적분**(積分)이, 선행하는 장치들을 능가하고 전도시킬 수 있는 **일련의 전체화된 결합 활동**이 필요하기 때문이다. 그리고 자본주의를 규정하는 문제에 부딪히자 마르크스는 규정되지 않는 단 하나의 보편적 <주체>의 등장을 지적하는 것부터 시작해 바로 이것이 모든 주체화 과정과 "모든 활동을 무차별적으로" 자본화한다고 주장했다. 즉, "생산 활동 일반", "부의 유일한 주체적 존재……"를 자본화한다는 것이다. 그리고 이 유일한 "주체"는 이러저러한 질적 상태가 아니라 임의의 <객체> 속에서 표현된다. "부를 창조하는 활동의 추상적 보편성과 함께 부로 규정되는 대상의 보편성, 즉 생산물 일반과 노동 일반이 나타난다. 하지만 이것은 과거의 대상화된 노동에 지나지 않는 것이다."[53] 자본은 순환하는 것에 따라 사회 전체에 적합한 주체로 구성된다. 그러나 이 새로운 사회적 주체는 탈코드화된 흐름들이 이러한 흐름들을 접합접속하는 작용들에

52 Edgar Quinet, *La génie des religions*, Œuvres complètes, Hachette, t. I.

53 Marx, *Introduction générale à la critique de l'économie politique*, Pléiade I, p. 258.

서 넘쳐나와 더 이상 국가 장치가 규제할 수 없는 탈코드화 수준에 이를 때 비로소 구성된다. **한편으로** 노동의 흐름은 이제 더 이상 노예제 또는 농노제에 의해 규정되는 것이 아니라 발가벗고 자유로운 노동이 되어야 한다. 그리고 **다른 한편으로** 부는 더 이상 토지, 상품, 화폐를 통해 규정되어서는 안 되며 오히려 등질적이고 독립적인 순수한 자본이 되어야 한다. 그리고 의문의 여지없이 최소한 이 두 가지 종류의 되기(다른 흐름들도 합류하기 때문에)는 각자의 선 위에 수많은 우연성들과 상이한 요소들을 개입시키게 된다. 그러나 이것들이 갑작스럽게 추상적으로 결합되어 서로에게 보편적 주체와 임의의 객체를 부여할 때 바로 자본주의가 구성된다. 자본주의는 질적으로 아무런 규정도 받지 않는 부의 흐름과 마찬가지로 질적인 한정을 받지 않는 노동의 흐름과 만나 접합될 때 형성된다.[54] 여전히 질적인 한정을 받아 국지적인 것에 머무르던 선행하는 결합 작용이 이를 금지했던 것은 바로 이 때문이다(농촌을 봉건적으로 조직하는 것과 도시를 조합적으로 조직하는 것이 주요한 두 가지 금지 수단이었다). 다시 말해 자본주의는 **탈코드화된 흐름을 위한 일반 공리계**와 함께 형성된다. "자본은 하나의 권리, 좀더 정확히 말하면 하나의 권리로서 나타나는 생산 관계이며, 이러한 점에서 생산 기능으로 등장하는 매 순간마다 자본이 취하게 되는 구체적 형태와는 독립하고 있다."[55] 사적 소유는 더 이상 사람과 사람의 의존 관계가

54 이 두 계열의 역사적인 독립성과 '만남'에 대해서는 발리바르(E. Balibar), in *Lire le Capital*, Maspero, t. II, pp. 286~289를 참조하라.

55 Aghiri Emmanuel, *L'échange inégal*, pp. 68~69(그리고 아래의 스위지의 말도 함께 참조하라. "자본은 단순히 생산 수단과 동의어가 아니라 오히려 질적으로 등질적이고, 양적으로 공약 가능한 가치 자산으로 환원된 생산 수단이다." 이익의 균등화는 여기서 파생된다). 모리스 돕은 자본의 본원적 축적에 대한 분석에서 이것은 생산양식에 기반하고 있는 것이 아니라 특정한 조건에 따라 생산 수단으로 전환될 수 있는 '부에 대한 권리나 자격'에 기반하고 있다는 것을 아주 설득력 있게 보여준다(*La loi de la valeur et le matérialisme historique*, Ed. de Minuit, 4장과 6장).

아니라 유일한 속박(lien)을 구성하는 하나의 <주체>의 독립성을 표현하게 된다. 이것은 사적 소유의 진화에서 나타난 중요한 변화를 보여준다. 즉 사적 소유는 이제 토지, 물건, 사람을 대상으로 하는 법 대신 권리 자체를 대상으로 하게 되는 것이다(여기서 바로 자본주의에서의 지대의 철폐라는 아주 유명한 질문이 제기된다). 탈영토화의 새로운 문턱. 그리고 자본이 이런 식으로 적극적 권리가 될 때 권리의 역사적 양상 전체도 크게 변하게 된다. 권리는 고대 제국에서처럼 관습들에 대한 덧코드화이기를 포기한다. 이것은 또 진화한 국가, 자치 도시, 봉건제에서처럼 다양한 토픽들의 집합이기를 포기한다. 권리는 점점 더 프랑스 민"법전"(civil "code")에서 볼 수 있듯이 공리계의 직접적 형태와 무매개적 성격을 띠게 된다.56)

이러한 흐름들이 탈코드화와 탈영토화의 자본주의적 문턱에 도달할 때(맨몸의 노동력과 독립된 자본) 전유는 직접적으로 경제적인 것이 되기 때문에 전유를 위해 국가가, 또 명확하게 정치와 법에 의한 통치는 필요 없게 되는 것처럼 보인다. 경제는 실제로 세계적인 공리계를, "모든 장벽과 끈을 얽는 보편적인 국제적 에너지"를, "연간 총생산"처럼 변환 가능하고 가동적인 실체를 만들어낸다. 오늘날 우리는 소위 무국적이라고 불리는, 즉 환전을 통해 국경을 넘어서 순환하고 국가에 의한 조절을 벗어나며, 다국적의 세계적 조직을 형성하고, 개별 정부의

56 몇몇 법학자들이 '화제선별적'인 로마법과 민법에서 잘 나타나고 있는 '공리계적'인 현대법을 구분하고 있는 것을 참조하라. 폴 벤느도 이를 그대로 따르고 있다. 민법(le Code civil)을 코드보다는 오히려 공리계에 가깝게 만들어주는 몇 가지 기본적 측면을 다음과 같이 규정할 수 있다. 1) 명령이나 감정적 표현들(비난, 권고, 질책)이 아니라 진술적 형식의 선택. 2) 완전하며 포화된 합리적인 체계라고 자칭하는 것. 3) 그러나 동시에 명제들은 상대적으로 독립되어 있으며, 따라서 공리를 부가하는 것이 가능해지는 것. 이 모든 측면에 대해서는 Jean Ray, *Essai sur la structure logique de code civil français*, Alcan을 참조하라. 잘 알려진 대로 로마법의 체계화는 아주 뒤늦게, 즉 17, 18세기에 접어들면서 이루어졌다.

결정으로는 가둘 수 없는 등 사실상 초국가적 역량을 구성하고 있는 거대한 통화량을 표시할 수 있을 것이다.[57] 그러나 현재의 차원들이나 양이 어떻게 되건 자본주의는 처음부터 국가에 고유한 탈영토화를 무한히 능가하는 탈영토화의 힘을 동원해왔다. 왜냐하면 구석기 시대 또는 신석기 시대 이래 국가는 토지를 가장 높은 통일성의 대상으로 삼고 또 영토들간의 또는 영토와 혈연간의 자유로운 작용 대신 영토를 강제적인 공존의 집합으로 만들 수 있을 정도로 계속해서 탈영토화를 추구해 왔기 때문이다. 하지만 바로 이렇기 때문에 국가는 "영토적"이라고 할 수 있는 것이다. 이에 반해 자본주의는 전혀, 심지어 처음부터도 결코 영토적이었던 적이 없다. 자본주의의 탈영토화 역량은 토지가 아니라 "물질화된 노동" 즉 상품을 대상으로 하여 성립된다. 그리고 사유는 더 이상 토지나 땅의 사유, 또 개개의 생산 수단 자체의 사유가 아니라 변환 가능한 추상적 권리의 사유인 것이다.[58] 따라서 자본주의는 보편 종교와 비슷한 세계적 조직으로 변질되고, 이러한 조직은 자체로서 고름을 획득한다. 이질적인 사회 구성체와 이 구성체들간의 관계에서 유래하는 것이 아니라 전체적으로 볼 때 하나의 세계적인 공리계가 여러 종류의 사회 구성체를 분배하고 이들 구성체들간의 관계를 규정하면서 노동의 국제적 분업을 조직하고 있다. 이 모든 측면은 자본주의는 국가 없이도 운용될 수 있는 경제 질서를 발전시킬 수 있다는 것을 보여준다. 사실 자본주의는 시장의 이름만이 아니라 더 높은 곳에

57 Jean Saint-Geours, *Pouvoir et finance*, Fayard를 참조하라. 생-게우르는 통화 체계만이 아니라 동시에 근대 경제에서의 '사적인 것과 공적인 것'의 혼합 양상에 대한 가장 뛰어난 분석가 중의 하나이다.

58 자본주의에서 지대를 철폐해나가는 경향에 대해서는 Amin et Vergopoulos, *La question paysanne et le capitalisme*, Ed. Anthropos를 참조하라. 아민은 주변 지역에서 [토지] 지대와 광산 지대가 방식은 다르지만 오늘날까지 여전히 의미를 갖는 이유를 분석하고 있다(*La loi de la valeur et le matérialisme historique*, Ed. de Minuit, 4장과 6장).

까지 이르는 탈영토화를 위해 국가에 맞선 투쟁의 목소리를 외치지 않을 수 없다.

하지만 이것은 자본주의의 아주 특수한 한 측면일 뿐이다. "공리계"라는 단어를 단순한 메타포로서 사용하지 않으려면 공리계를 온갖 유형의 코드, 덧코드화, 재코드화와 구분해주는 것이 무엇인지를 분명히 하지 않으면 안 된다. 공리계는 본성을 특정하지 않은 채 아주 다양한 분야에서 동시에 무매개적으로 실현되는 순수하게 기능적인 요소와 관계들을 직접적으로 취급한다. 이와 달리 코드는 각각의 고유한 분야들과 관련되며 규정된 요소들간의 특정한 관계를 표현해주는데, 이것은 초월적으로 또는 간접적으로만 더 높은 형식적 통일성(덧코드화)에 도달할 수 있다. 이러한 의미에서 내재적 공리계는 다양한 분야를 통과할 때마다 다양한 실현 모델을 발견하게 된다. 마찬가지로 권리로서의 자본, 즉 "질적으로는 등질적이고 양적으로는 통약 가능한" 요소로서의 자본은 다양한 생산 부문과 생산 수단 속에서 실현된다고 할 수 있다(이를 "전체 자본"이 "개별 자본" 속에서 실현된다고 말할 수 있을 것이다). 그러나 다양한 생산 부문만이 단독으로 실현 모델이 되는 것은 아니며 국가 또한 그렇게 된다. 국가는 자원, 인구, 부, 산업 설비 등에 따라 여러 생산 부문을 조합하고 결합시키는 것이다. 따라서 자본주의에서 국가는 폐지될 수 없으며 다만 형태를 바꿔 새로운 의미를 띠게 된다. 국가를 초월하는 세계적 공리계의 실현 모델이 되는 것이다. 그러나 초월한다는 것은 결코 국가 없이 이루어진다는 의미가 아니다. 우리는 이미 앞에서 자본주의는 도시 형태보다는 오히려 국가 형식을 통해 실현된다는 것을 살펴보았다. 그리고 마르크스가 서술한 기본 메커니즘(식민지 체제, 공공 부채, 근대적 세제와 간접세, 공업의 보호, 무역 전쟁)은 도시에 의해서도 준비될 수 있지만 이 도시들은 국가에 의해 전유되지 않는 한 축적, 가속, 그리고 집중의 메커니즘으로서 기능할 수 없었다.

최근의 일련의 사건은 다른 각도에서이긴 하지만 이러한 원칙을 다시 한번 확인해준다. 예를 들어 미국의 항공우주국(NASA)은 자본주의가 달까지 벡터를 뻗치려고 하는 듯 거대한 자본을 우주 개발에 투자하는 것처럼 보인다. 그러나 소련이 우주를 오히려 하나의 "대상"으로 간주된 지구를 둘러싼 하나의 띠로 생각하자 미국 정부는 우주 개발 예산을 삭감하고 자본을 전보다 한층 더 중심화된 모델의 방향으로 전환시켰다. 이러한 예가 잘 보여주는 대로 국가에 의한 탈영토화는 그보다 강력한 자본의 탈영토화를 완화시키고 그에 대한 일종의 보상으로서 자본에 재영토화를 초래한다. NASA의 예는 극단적이지만 더 일반적으로 말해 우리는 근대 국가, 즉 국민 국가의 "유물론적" 제한을 고려해야만 한다. 즉 노동과 자본이 자유롭게 순환하는, 즉 자본의 등질성과 경쟁이 원칙적으로는 외부의 아무런 방해도 없이 실현되는 생산자 집단을 말이다. 자본주의는 언제나 그러한 활동을 실현하기 위해 맨몸의 노동의 흐름이라는 수준뿐만 아니라 독립적 자본의 흐름이라는 수준에서 국가의 새로운 힘, 새로운 권리를 필요로 한다.

이처럼 국가는 덧코드화의 초월적 패러다임과는 전혀 무관하며 오히려 탈코드화된 흐름들의 공리계를 위한 내재적인 실현 모델이 된다. 그러면 여기서도 또한 공리계라는 말이 단순한 메타포가 아니라는 것이 다시 한번 확인되는 셈이다. 따라서 말 그대로 공리계 모델이 제기하는 이론적 문제가 그대로 국가에 관해서도 반복되게 된다. 실현 모델이 아무리 다양하더라도 각각의 모델이 실현되는 공리계에 대해서는 동형적이라고 간주되기 때문이다. 그러나 이러한 동형성은 구체적인 변형태를 고려하더라도 극히 다양한 형태적 차이를 받아들인다. 뿐만 아니라 각각의 공리계는 아직 "포화되지" 않아서 또한 포화의 요소이기 때문에라도 다형적 모델을 포섭하기 갖추기 쉬운 것처럼 보인다.[59] 근대 국가를 생각해볼 때 이러한 문제들은 아주 독특하게 정치적인 것이 된다. 1. 모든 근대 국가는 자본주의 공리계와 관련해 동형적이지 않은가? 따라서 민주 국가, 전체주의 국가, 자유주의 국가, 심지어 전제 국가 간의 차이는 그저 구체적인 변수, 경우에 따라 항상 재배치되는 변수들의 세계적인 분배에 좌우된다고 볼 수 있지 않을까. 심지어 소위 사회주의 국가들도 역시 동형적이다. 세계 시장은 오직 하나, 즉 자본주의적인 세계 시장밖에 존재하지 않는다. — 2. 반대로 세계적인 자본주의 공리계는 실제로 하나의 다형성(多形性)을, 심지어 모델의 이형성(異形性)까지 허용하지 않는가. 여기엔 두 가지 이유가 있다. 한편으로 일반적 생산 관계로서의 자본은 자본주의 이외의 구체적인 생산 부문과 생산 수단도 쉽게 통합해낼 수 있다. 그러나 다른 한편으로(그리고 이 점이 결정적이다), 특히 관료적 사회주의 국가는 자체가 다양한 생산 방식을 발달시킬 수 있는데, 이것이 자본주의와 결합할 때만 공리계 자체를 넘어서는 "역량"을 갖는 집합체를 형성할 수 있다(따라서 이러한 역량의 본성을 규정해야만 하다. 왜 우리는 이 역량을 종종 종말론적인 모습으로 떠올리는 것일까? 이 역량은 어떠한 분쟁을 초래하는가? 예를 들어 아무리 불확실한 것이라도 어떤 기회를 우리에게 남겨주는가?……). — 3. 이처럼 근대 국가의 유형학은 메타-경제학과 결합된다. 따라서 모든 국가를 "그 자체로서 충분한 것"으로 다루는 것은 부정확할 것이다(동형성도 그런 결과를 초래하지는 않는다). 그러나 특정한 국가 형식을

59 공리론적인 방법에 대한 입문서격의 책들은 몇 가지 문제를 지적하고 있다. 예를 들어 블랑셰(Robert Blanché)의 탁월한 저서인 *L'axiomatique*, P.U.F.를 보라. 무엇보다 먼저 공리들이 서로 독립되어 있는가 하는 문제, 또 체계가 포화될 것인가 하는 문제가 있다(§§ 14와 15). 둘째로 '실현 모델', 그리고 다질성과 이 모델이 공리계와 관련해 갖게 되는 동형성 문제(§ 12). 다음에는 포화하지 않은 체계 내부뿐만 아니라 포화된 공리계에서도 나타나는 모델들의 다형성의 가능성(§§ 12, 15, 26). 나아가 공리계가 직면하는 '결정 불가능한 명제'라는 문제(§ 20). 마지막으로 설명 불가능한 무한 집합을 공리계로부터 유출해내는 '역량'의 문제가 있다(§ 26과 '연속적인 것의 역량'). 이 모든 측면에서 정치를 공리계와 대비시켜볼 수 있을 것이다.

특권화시키는 것 또한 이에 못지 않게 오류일 것이다(서구 민주주의와 이 제도가 다른 지역에서 만들어내거나 유지하고 있는 식민지주의와 신식민지주의적 압제 간의 관계에서 볼 수 있듯이 다형성이 엄밀한 상보성을 만들어내고 있는 것을 잊어서는 안 된다). 또 관료적 사회주의 국가를 전체주의적인 자본주의 국가와 동일시하는 것도 부정확할 것이다(공리계는 현실적 이형성을 포함하고 있으며, 이로부터 최악의 경우에도 전체로서는 더 높은 역량이 발휘된다는 것을 고려해야 한다).

사람들은 극히 다양한 형태를 가진 것을 모두 국민 국가(Etat-nation)로 특징짓고 있지만 이것은 실제로는 실현 모델로서의 국가일 뿐이다. 실제로 국민들이 탄생하려면 수많은 술책이 필요하다. 이것은 제국적 또는 발달된 시스템들에 맞선, 봉건제에 맞선, 도시에 맞선 활발한 투쟁 속에서 구성되어야 할 뿐만 아니라 동시에 국민에게서 "소수자"를 즉 소수민족 현상을 제거해야 하는데, "민족 자결파(national-itaires)"로 부를 수 있는 이것은 국민의 내면에서 꿈틀거리면서 필요한 경우에는 오래된 코드 속에서 보다 큰 자유를 획득하려고 한다. 국민이 구성되기 위한 전제 조건은 대지와 민중이다. "타고난 것." 하지만 이것은 무조건 타고나는 것은 아니다. 그리고 "민중적인 것(popul-aire)." 하지만 이것은 반드시 그냥 주어지는 것이 아니다. 국민 문제는 민중을 갖지 못한 대지와 대지를 갖지 못한 민중이라는 두 가지 극단적 형태로 첨예화된다. 어떻게 민중과 대지를, 즉 민족을, 리토르넬로를? 여기서는 낭만주의의 고양과 함께 극도로 피비린내 나고 냉혹하기 짝이 없는 수단들이 경합을 벌이게 된다. 공리계는 복합적이며 정념으로부터 자유롭지 않다. 이미 다른 곳에서도 살펴보았듯이 고향과 대지는 영토(공유지, 제국의 속주들, 영주령 등)에서의 일정한 탈영토화를 필요로 하듯이 민중은 인구의 탈영토화를 필요로 한다. 이처럼 탈코드화되고 탈영토화된 흐름들 위에서 국민이 형성되는데, 국민은 그에 대응하는 대지와 민중을 확고하게 해주는 근대 국가와 분리할 수 없는 것이다. 맨몸의 노동의 흐름들이 민중을 만들어내며, 마찬가지로 자본의 흐름이 대지와 이 대지의 장비를 만들어낸다. 간단히 말해 민족은 집단적 주체화의 조작 그 자체로서 근대 국가는 이에 상응하는 예속 과정이라고 할 수 있다. 이러한 형태로, 즉 가능한 아주 큰 다양성을 동반하는 이러한 국민 국가라는 형태로 국가는 자본주의 공리계에 의해 실현 모델이 되어 간다. 하지만 이것은 결코 국민들은 외관상의 것, 이데올로기적 현상이 아니라 정반대로 추상적 자본의 질적 등질성과 양적 경쟁이 최초로 실현되는 생동감 있고 정열적인 형태라는 것을 의미한다.

우리는 **기계적 노예화**와 **사회적 예속**을 서로 다른 개념으로 구별한다. 노예화는 인간 자체가 상위의 통일성의 관리와 지휘 아래 인간들끼리 또는 다른 것(동물이나 도구)과 함께 합류하는 기계의 구성 부품이 되는 경우에 나타난다. 예속은 상위의 통일성이 동물이건 아니면 도구건 또는 기계건 인간을 외부의 것과 연관된 주체로서 구성할 때 나타난다. 이때 인간은 기계의 성분이 아니라 노동자와 사용자가 되어 기계에 의해 노예화되는 것이 아니라 기계에 예속된다. 그렇다고 두번째 체제가 더 인간적이라는 이야기는 아니다. 그러나 첫번째 체제는 특히 무엇보다도 고대의 전제적 사회 구성체와 관련되어 있는 것처럼 보인다. 이 경우 인간은 주체가 아니라 전체를 덧코드화하는 기계의 부품이 된다(이것은 고대의 사유[私有] 노예와 봉건제의 농노와는 구별되는 "전면적 노예제"로 불려왔다). 우리는 고대 제국을 거대 기계라고 부르며, 이러한 규정은 메타포가 아니라고 주장한 멈포드의 견해에 전적으로 동의한다. "륄뢰(Franz Reuleaux)의 고전적 규정에 따라 기계를 특정한 기능을 갖고 인간의 제어 아래 운동의 전달과 작업의 수행을 위해 움직이는 고정적 요소들의 결합이라고 본다면 **인간 기계**야말로 어느 관점에서 보더라도 진짜 기계라고 할 수 있을 것이다."[60] 분명 기계의 승리, 특히 동력 기계의 승리를 가져온 것은 근대 국가와 자본주의였다(이에 비해 고대 국가는 기껏해야 단순 기계밖에 갖고 있지 않았다). 그러나 우리가 지금 이야기하고 있는 것은 외적으로 규정될 수 있는 기술적 기계에 불과하다. 그리고 인간은 기술적 기계에게 노예화되는 것이 아니라 예속된다. 이런 의미에서 기술의 발전과 함께 근대 국가는 점점 강력하게 된 사회적 예속을 통해 기계적 노예화를 대체해온 것처럼 보인다. 이미 고대 노예제와 봉건 농노제는 이러한 예속 과정에 있었다. 자본주의의 자유로운 또는 맨몸의 노동자는 이러한 예속을 가장 철저한 형태로까지 끌고 나가는데, 주체화 과정이 이러한 흐름을 중단시키는 부분적 결합에 들어가는 일조차 없기 때문이다. 사실 자본은 모든 인간을 주체로서 구성하는 주체화의 점으로 작용하지만 여기서 한쪽의 "자본가"는 자본이라는 사적인 주체성을 형성하는 표현 행위의 주체가 되지만 다른 한쪽의 "프롤레타리아"는 불변 자본을 실현하는 기술적 기계에 예속되는 언표의 주체가 된다. 따라서 임노동이라는 체제는 이리하여 인간의 예속을 전대미문의 지점까지 밀고 나가고 독특한 냉혹함을 드러내지만 그럼에도 불구하고 인도주의적인 외침을 부르짖을 필요가 없어지는 것은 아니다. 아니, 인간은 기계가 아니며, 따라서 우리도 인간을 기계처럼 취급하지는 않는다. 가변 자본과 불변 자본을 혼동할 리 있는가……

그러나 자본주의가 세계적 규모로 주체화 기획으로 출현하더라도 그것은 탈코드화된 흐름들의 공리계를 형성할 뿐이다. 이러한 주체화의 상관물로서의 사회적 예속은 공리계 자체보다는 공리계의 실현 모델 속에서 나타난다. 주체화 과정과 그에 상응하는 예속은 바로 국민국가 또는 국민적 주체성이라는 틀 안에서 나타나기 때문이다. 국가를

60 Lewis Mumford, "La première mégamachine", *Diogène*, 1966년 7월호.

실현 모델로 삼은 공리계 자체는 전적으로 새롭게, 즉 이제는 기술적으로 된 새로운 형태로 완벽한 기계적 노예화 체계를 재건하거나 발명한다. 형식적 <통일성>이라는 초월성이 아니라 공리계의 내재성 아래 놓여져 있기 때문에 이는 결코 제국적 기계로의 회귀가 아니다. 하지만 이것은 인간이 기계에 예속되는 노동자나 사용자가 되는 것이 아니라 핵심적인 구성 부품이 되기 때문에 기계의 재발명이라고 할 수 있을 것이다. 동력 기계를 기술적 기계의 2세대로 간주할 수 있을 텐데 사이버네틱스와 컴퓨터는 기술적 기계의 3세대로서 전면적 노예화 체제를 부활시키고 있는 것으로 볼 수 있다. "인간-기계 체계"가 과거의 비가역적이고 비순환적인 과거의 예속 관계를 대체하면서 이 두 요소간의 관계를 가역적이고 순환적으로 것으로 만들고 있다. 여기서 인간과 기계의 관계는 사용이나 활동이 아니라 상호간의 내적인 소통에 기반하고 있다.[61] 자본의 유기적 구성 면에서 보자면 가변 자본이 주로 기업과 공장을 기본틀로 하는 노동자의 예속 체제(인적 잉여 가치)를 규정한다. 그러나 자동화와 함께 불변 자본의 비율이 점점 증가하면서 새로운 노예화 체제가 나타나는 동시에 노동 체제에도 변화가 일어나며 잉여 가치는 기계적인 것이 되고 틀은 사회 전체로 확대된다. 주체화가 조금이라도 진행되면 우리는 기계적 노예화에서 멀어지지만 대폭적으

61 인간 공학(ergonomie)은 '인간-기계' 체계(또는 노동 장소들)와 '모든 인간-모든 기계' 체계(인간이라는 요소와 인간 이외의 것들로 구성된 소통[communication] 집합들)를 구분한다. 이것은 정도차에 불과한 것이 아닐 뿐만 아니라 두번째 관점은 첫번째 관점을 전체적으로 확대한 것도 아니다. "정보[공학]라는 개념은 이미 인간 중심주의적인 측면을 잃어버렸다." 문제는 이미 기계에 대한 인간의 적응이 아니라 경우에 따라 인간적 요소를 선택하느냐 아니면 그외의 요소를 선택하느냐 하는 것이 되었다. Maurice de Montmollin, *Les systèmes hommes-machines*, P.U.F.을 보라. 설령 폭력을 이용하더라도 문제는 이미 적응하는 것이 아니라 국지적으로 배치하는 것(localer)이 되었다. "당신의 장소는 어디인가." 신체 장애자조차 치료해주거나 교체하는 것이 아니라 그대로 사용한다. 농아는 '모든 인간-모든 기계'의 커뮤니케이션 체계에서는 본질적인 것이 될 수도 있다.

로 행해진다면 다시 기계적 노예화로 되돌아가게 된다고 할 수 있을 것이다. 현대의 권력 작용은 "억압이냐 이데올로기냐"라는 고전적인 양자택일로는 도저히 환원될 수 없으며 오히려 언어, 지각, 욕망, 운동 등을 대상으로 하여 미시-배치를 통과하는 표준화, 변조, 모델화, 정보라는 절차를 내포하고 있다는 것이 강조되어왔다. 이 집합이 동시에 예속화와 노예화를 초래하며, 양자는 끊임없이 서로를 강화하고 부양시켜 주는 두 개의 동시적 부분으로서 극단으로까지 밀려간다. 예를 들어 사람들은 언표 주체를 언표 행위의 주체로 잘못 이해하도록 만드는 특수한 상황 속에서 TV를 사용하거나 소비하는 한 TV에 예속되게 된다("시청자 여러분, 프로그램을 만드는 것은 당신입니다…… ."). 기술적 기계는 여기서 언표 주체와 언표 행위의 주체라는 두 주체간의 매개자이다. 그러나 TV 시청자는 사용자나 소비자가 아니며, 또 심지어 텔레비전을 "만든다"고 간주되는 주체가 아니라 생산과 사용 방법이 아닌 기계에 속하는 "입구"와 "출구", 피드백 또는 순환으로서의 내재적인 부품이 되는 한 사람들은 인간 기계로서 TV에 노예화된다. 기계적 노예화에는 변형과 정보 교환밖에 없으며, 이러한 작용 중 일부는 기계적인 것이 되며 다른 일부는 인간적인 것이 된다.[62] 물론 노예화는 국제적 또는 세계적이지만 "예속"은 국민적 측면에 속하는 것으로 국한시켜서는 안 된다. 정보 과학도 인간-기계 체계로서 세워지는 국가의 소유물이기 때문이다. 그리고 이것은 두 가지 측면, 즉 공리계의 측면과 실현 모델이라는 측면이 끊임없이 교차하고 교통하는 정도에 따라 달라지기도 한다. 다만 사회적 예속은 실현 모델에 기울어지고, 기계적

62 기계적 노예화가 예속 과정과 결합되지만 동시에 어떻게 그것을 능가하고 질적인 비약을 통해 예속 과정과 구별되는지를 보여주는 것은 SF 문학의 기본 주제 중의 하나이다. 예를 들어 레이 브래드베리(Ray Bradbury)에게서 볼 수 있듯이 TV는 이미 집 한가운데에 놓여 있는 가구가 아니라 집의 벽을 만드는 요소 중의 하나이다.

노예화는 모델 안에서 실현되는 공리계 속에 퍼져나간다. 우리는 동일한 것, 동일한 사건을 통해 이 두 조작을 동시에 일으킬 수 있는 특권을 갖고 있다. 예속과 노예화는 두 단계라기보다는 공존하는 두 극을 형성하고 있는 것이다.

하나의 보편사라는 관점에서 여기서 다시 한번 다양한 국가 형식을 살펴보기로 하자. 먼저 주요한 세 가지 형태를 구별해보자. 1. 고대의 제국적 국가. 이것은 패러다임으로서 덧코드화를 통해 이미 코드화된 흐름으로 노예화 기계를 만든다(이 국가들은 모든 국가에 적합한 형태적 부동성을 갖고 있기 때문에 다양성이 부족하다). 2. 발달된 제국, 자치 도시, 봉건제, 군주제 등 극히 다양한 국가들. 이 국가들은 주체화(=노예화)와 예속에 의해 작용하고 탈코드화된 흐름들을 국지적으로 또는 특정한 방식으로 결합시킨다. 3. 근대의 국민 국가. 탈코드화를 앞의 경우보다 멀리까지 진행하고 흐름들에 대한 공리계 또는 전면적 결합의 실현 모델로 존재한다(이러한 국가들은 사회적 예속과 새로운 기계적 노예화를 결합시키고 이들의 다양성 자체는 공리계와 관련된 각 모델의 동형성, 다형성, 이형성과 연관된다).

물론 이처럼 다양한 유형의 국가들간에 깊은 절단들을 만드는 온갖 종류의 외적 상황이 있다. 이러한 상황은 무엇보다 고대 제국을 결정적인 망각의 늪에 빠뜨리는데, 오직 고고학만이 이러한 망각의 심연에서 이러한 국가를 건져낼 수 있었다. 한 순간에 파국을 맞이한 듯 이들 제국은 돌연 사라져버렸다. 도리아 문명에 대한 침략에서처럼 전쟁 기계가 대두해 외부에서 작용하면서 기억을 말살해버린 것이다. 그러나 내부에서는 사태가 이와 완전히 다른 양상으로 진행되는데, 국가들은 서로 공명하면서 군대를 전유하기에 이르러 조직과 발달 정도의 차이에도 불구하고 조성상의 통일성을 확보한다. 분명 어떠한 종류의 것이건 탈코드화된 흐름들이 국가를 겨냥한 전쟁 기계를 형성하기 쉽다는 것은 분명하다. 그러나 이러한 흐름들이 전쟁 기계와 연결되는지 그렇지 않으면 반대로 이러한 흐름을 국가가 전유할 수 있도록 이끌어주는 접합접속 또는 전면적 결합 속으로 들어가는지에 따라 모든 것이 변한다. 이러한 관점에서 보자면 근대 국가는 고대 제국과 시공간을 초월한 통일성을 갖고 있다. 1에서 2로의 내적인 상관 관계는 에게 해 세계에 별처럼 흩어져 있는 국가 형식들이 동방의 거대한 제국적 형태를 전제하고 있는 데서 가장 분명하게 드러난다. 이들은 스스로 생산하거나 축적할 수 없던 축적과 농업의 잉여 산물을 동방의 제국에서 구했던 것이다. 그리고 제2기의 국가도 비록 외적 상황 때문에 강요되는 것이더라도 여지없이 축적을 강요당하는 한 — 과연 축적 없이 국가가 성립될 수 있을까 — 그리스 세계건 아니면 로마 세계건 또는 봉건 세계에서건 언제나 발달된 제국적 형태가 활성화하게 된다. 지평선에는 언제나 하나의 제국이, 주체적인 국가에 대해 의미를 부여하고 포괄하는 것의 역할을 하는 제국이 나타나는 것이다. 그리고 2에서 3으로의 사이에도 뚜렷한 상관 관계가 존재한다. 왜냐하면 분명히 산업 혁명이 존재하지만 국지적인 결합과 탈코드화된 흐름의 대대적인 접합 간의 차이는 너무나 미미하기 때문에 자본주의는 역사의 십자로에서 언제나 발생, 소멸, 재생을 반복하는 것처럼 보일 정도다. 그리고 3에서 1로의 사이에도 필연적으로 상관 관계가 나타난다. 제3기의 근대 국가들은 이제 내재적으로 ́된 형태의 새로움과 현대성과는 무관하게 기계적 노예화와 사회적 예속에 따라 기능하는 공리계를 실현하면서 새로운 "거대 기계"로서 가장 절대적인 제국을 부활시킨다. 자본주의는 "원국가"를 부활시키고, 이 국가에 새로운 힘을 부여한다.[63)]

63 Lewis Mumford, *Le mythe de la machine*, Fayard, t. II. pp. 319 ~ 350('고대의 거대 기계'와 현대의 거대 기계의 비교. 기록하는 기술은 있었으나 고대인들은 특히 '의사 소통'에 어려움을 겪었다).

헤겔의 말대로 모든 국가는 "국가로서의 존재의 본질적 계기"를 갖고 있을 뿐만 아니라 힘들의 커플화(couplage)라는 의미에서도 아주 독특한 하나의 계기가 존재한다. 국가의 이러한 계기가 바로 포획, 끈, 그물, 넥섬, 마법적 포획이다. 결연과 계약에 의해 작동하는 두번째 극이라고 할 수 있을까? 아니면 오히려 다른 극, 즉 커플화의 독특한 계기로서의 포획의 극이라고 할까? 왜냐하면 이 두 힘은 탈코드화된 흐름을 덧코드화하고 탈코드화된 흐름들을 처리하기 때문이다. 계약은 이 두번째 측면이 법적으로 표현되는 것이다. 이것은 주체화 과정으로 나타나며, 그 결과가 예속으로 나타난다. 그리고 계약은 끝까지 가야만 한다. 즉 계약은 두 인간간에 이루어지는 것이 아니라 자기와 자기 사이에서, 같은 인간 안에서, 나는 나(Ich=Ich), 예속되는 자이자 주권자로서 이루어지는 것이다. 가장 순수한 그물을 복권시키는 계약이라는 대단한 도착(倒錯). 이리하여 그물, 끈, 포획이 하나의 오랜 역사를 가로지르게 되는 것이다. 우선 제국의 집단적이고 객체적인 끈이 있었다. 다음에는 주체로서의 사람과 사람 간에 나타나는 실로 다양한 형태의 끈이 있었다. 마지막으로 <주체>가 자기 자신을 묶는, 이리하여 가장 마법적인 조작, "유일한 보편성, 유일한 장벽과 끈으로서 자기를 세우기 위해 모든 장벽과 끈을 뒤집는 국제적 에너지"를 갱신시킨다.[64] 예속이라는 것도 국가의 본질적 계기, 즉 시민적 포획 또는 기계적 노예화를 준비하기 위한 중계점일 뿐이다. 의문의 여지없이 국가는 자유의 장이나 강제적 노역과 전쟁의 포획 기구의 대리인은 아니다. 그렇다면 "자발적으로 예속된다"고 해야 할까? 하지만 이것은 "마법적 포획"이라는 표현과 마찬가지로 외관의 신비성만을 강조할 뿐이다. 매번 스스로를 전제하며, 이미 다 완성된 것으로 나타난다고 밖에 말할 수 없는

64 Marx, *Economie et philosophie*, Pléiade II, p. 72.

기계적 노예화가 있다. 따라서 노예화는 "강제되는 것"이 아니듯 "자발적인 것"도 아니다.

명제 14 — 공리계와 현재의 상황

정치학은 결코 명증한 학문이 아니다. 정치학은 실험, 암중모색, 주입, 철회, 전진, 후퇴 등을 통해 진행된다. 그리고 결정과 예견을 위한 요소들은 한정되어 있다. 세계 규모의 초-정부를 상정하고 여기서 최종 결정을 내린다고 생각하는 것은 어처구니없다. 통화 공급량의 증대를 예측하는 것조차 불가능한 상태이다. 이와 마찬가지로 온갖 종류의 불확정성과 예측 불가능성이라는 계수들이 국가에 영향을 미친다. 갈브레이스(John Kenneth Galbraith)와 샤틀레(François Châtelet)는 항상 결정적인 착오를 일으키기 쉽다는 이론을 정식화했는데, 이러한 착오 때문에 드물지만 정치가의 예측대로 사태가 진행되기도 하는가 하면 정치가들이 영광을 누리기도 한다는 것이다. 그러나 이것 역시 정치와 공리론을 접근시킬 수 있는 많은 이유 중의 하나일 뿐이다. 과학에서 공리론은 실험이나 직관과 대립하는 초월적 · 자율적 · 결정적 역량은 아니기 때문이다. 한편으로 공리론에는 이 공리론에 독특한 암중모색, 실험, 직관의 양태가 있다. 각 공리가 서로 독립되어 있다면 공리를 부가할 수 있을까, 그리고 어느 정도까지(포화된 체계)? 공리들을 제거할 수 있을까, 그러면 어느 정도까지("희박"하게 된 체계)? 다른 한편 소위 결정 불가능한 명제들에 직면하거나 제어되지 않으며 필연적으로 우월한 역량들과 대결하는 것이 공리론의 특징이다.[65] 마지막으로 공리론은

65 바로 이것이 공리론의 역사의 두 가지 주요한 문제였다. '결정 불가능한' 명제들과의 만남(모순되는 진술도 다른 명제들과 마찬가지로 증명 불가능하다). 본질적으로 공리계적 처리에서 벗어나는 무한 집합의 역량들과의 만남("가령 공리론을 통해서는 연속[체]의

과학의 첨점이 아니라 정지점으로서 질서를 재편하면서 수학적으로 또 물리적으로 탈코드화된 기호의 흐름이 사방으로 이탈하는 것을 막으려 한다. 위대한 공리론자들은 과학의 정치가들로서 수학에서는 너무 빈번하게 출현하는 도주선을 폐쇄하고, 그저 일시적인 것일 뿐이지만 그래도 새로운 넥섬을 강제로 부과하려 하고, 과학에 대해 국가 정치를 수행한다. 공리론자들은 기하학에서 정리(定理)주의의 후계자들이다. 수학에서 직관주의가 공리론에 맞섰을 때 직관, 구성, 창조라는 이름을 내세웠을 뿐만 아니라 문제의 계산, 문제 설정적 과학이라는 개념도 함께 동원했다. 이 과학관에는 전혀 추상 작용이 존재하지 않았다. 다만 결정 불가능한 것, 도망가는 것 속에서 작용하는 완전히 다른 추상 기계를 동반하는 추상 작용이 존재했던 것이다.[66] 공리론의 현실적 성격을 보고 우리는 자본주의와 오늘날의 상황은 말 그대로 하나의 공리계를 형성하고 있다고 말할 수 있을 것이다. 그러나 어떤 것도 미리 결정되어 있지 않은 것 또한 바로 이 때문이다. 이러한 관점에서 현재의 "여건"을 간략히 정리해 몇 가지 도식으로 정리해보기로 하자.

1. 부가, 제거. 자본주의의 공리들은 분명히 정리적 명제나 이데올로기적 공식이 아니라 <자본>의 기호론적 형태를 만들고 생산, 유통, 소비의 배치의 성분으로 들어가는 조작적인 언표이다. 이것들은 최초의 언표된 것으로서 다른 공리에서 파생되거나 다른 공리에 의존하지

구조적 특수성을 파악할 수 없다. 연속[체]에 부여되는 모든 공리론은 헤아릴 수 있는 모델을 갖고 있기 때문이다." Robert Blanché, *L'axiomatique*, p. 80을 참조하라).

66 수학에서 직관주의(intuitionniste) 학파(브루어[Brower], 헤이팅[Heyting], 그리스[Griss], 불리강[Bouligand] 등)는 수학사에서 상당히 중요하다. 하지만 단순히 직관만이 갖는 환원 불가능한 권리를 입증하거나 또는 매우 참신한 구성주의를 만들어내기 때문만이 아니라 동시에 내재적으로 공리론과 경합하고 전혀 다른 규칙(특히 배제된 중항[中項]과 관련해)에 따라 진행되는 문제나 문제의 계산이라는 개념을 발달시켰기 때문이다.

않는다. 이러한 의미에서 하나의 흐름은 하나 또는 복수의 공리의 대상이 되기 쉽다(공리들의 집합이 흐름들의 접합을 형성한다). 그러나 흐름 하나 하나가 반드시 각자에 고유한 공리를 갖는 것은 아니며, 하나의 흐름에 대한 처리가 다른 복수의 공리들에서 유래하는 경우도 있다. 또 마지막으로 하나의 흐름이 공리의 영향권 바깥에 있고, 아무런 한계 없이 전개되고 체계 내에서 "야생적"인 변화 상태에 방치되는 경우도 있다. 자본주의 안에는 항상 더 많은 공리를 추가하려는 경향이 있다. 제1차 세계대전 후에 세계적 경제 공황과 러시아 혁명의 영향을 통합한 자본주의는 노동자 계급, 고용, 조합 조직, 사회 제도, 국가의 역할, 국외 시장과 국내 시장에 관한 공리를 다양화하고 새롭게 발명해내야 했다. 케인즈 경제학과 뉴딜(New Deal) 정책은 이러한 공리의 실험실이었다. 제2차 세계대전 후에 고안된 새로운 공리의 사례들. 마샬 플랜, 원조와 차관 형태, 통화 체계의 변형. 공리는 팽창기나 회복기에만 증가하는 것이 아니다. 모든 국가와 관련해 공리계에 변화를 초래하는 것은 국외 시장과 국내 시장의 구별과 양자의 관계이다. 특히 국외 시장의 요구에 맞추기 위해 국내 시장을 통일적으로 조직해야 할 때 공리가 가장 두드러지게 증가한다. 젊은이들, 노인, 여성 등에 대한 공리. 극히 개괄적으로 "사회 민주주의"라고 불리는 국가의 극은 투자 영역과 이익의 원천과 관련해 공리를 추가하고, 고안해내려는 이러한 경향에 의해 규정된다. 문제는 자유냐 아니면 제한이냐 또는 중앙 집중이냐 아니면 지방 분권이냐가 아니라 흐름들을 제어하는 방법이다. 사회 민주주의 국가의 극에서 흐름은 지도적 공리의 증가에 의해 제어된다. 자본주의에서는 이와 반대의 경향도 관찰된다. 즉 공리를 제거하고 빼려는 경향이 존재하는 것이다. 지배적인 흐름들을 조정하는 극소수의 공리만으로 제한하고 다른 흐름들에게서는 결과에서 파생된 이차적 위치만을 줄 수도 있는 것이다(그것은 공리들에서 도출되는 "정리"에 의해 결정된다). 또는 야생 상태로 방치되지만 언제 정반대로 국가 권력의 흉폭한 개입을 불러일으킬지 모르는 경우도 있다. 이것이 바로 "전체주의" 국가의 극으로서 공리의 수를 제한하려는 이러한 경향을 체현해 국외 자본에 호소하고, 원료와 식량의 유출에 맞서는 산업을 육성하고, 국내 시장을 붕괴시키는 등 외적 부문만을 중시하는 것을 통해 작동한다. 전체주의 국가는 최대 국가가 아니라 오히려 비릴리오의 공식대로 무정부-자본주의의 **최소 국가**(칠레를 보라)이다. 극단적인 경우 외적 부문의 균형, 비축 수준, 인플레율과 관련된 공리만이 보존되게 된다. 그러면 "인구는 여건이 아니라 결과가 되어버린다." 야생 상태의 전개는 특히 농촌 인구의 대대적인 유출과 도시의 슬럼화 등의 현상에서 볼 수 있듯이 고용 수준의 변화로 나타난다 — 파시즘("국가 사회주의")은 전체주의와 구별된다. 국내 시장을 억지로 없애는 것과 공리의 축소라는 면에서는 전체주의 극과 일치하지만 외적 부문에 대한 중시를 국외 자본에 호소하고 수출 산업을 육성하는 방식으로 충족시키는 것이 아니라 전쟁 경제를 통해, 즉 전체주의에서는 찾아볼 수 없는 국외 침략과 자본의 자율적 형성을 가져오는 경제를 통해 충족시키기 때문이다. 이 경우 국내 시장은 특수한 **보충 물자**(Ersatz)의 특수한 생산을 통해 형성된다. 이것은 파시즘 또한 공리를 증식시키는 경우도 있다는 것을 의미하는데, 흔히 이 경제가 케인즈 경제와 가까운 것으로 간주되어 온 것은 바로 이 때문이다. 다만 파시즘의 경우 공리의 번식은 허구의 것 또는 동어반복적인 것으로서 뺄셈을 통한 배가이며, 파시즘은 이것의 매우 특수한 하나의 사례가 된다.[67]

67 우리 생각으로 나치 경제에 대한 최고의 분석서 중의 하나는 Jean-Pierre Faye, *Langages totalitaire*, pp. 664~676이다. 파예는 다름아니라 최소-국가, 경제에 대한 국가의 모든 통제의 거부, 임금 동결, 대규모 공공 사업에 대한 적대감 때문에 나치즘이 실로 전체주의임을 잘 보여주고 있다. 하지만 동시에 파예에 따르면 나치즘은 국내 자본의 형성, 전략적인 건설 공사, 군수 산업 등을 추진했는데, 이것은 파시즘이 사회주의적 경향을 가진

2. **포화**. 어떤 체계의 포화가 전도점을 나타낸다고 했을 때 과연 한 체계내의 정반대되는 두 경향을 제대로 구별할 수 있을까? 할 수 없을 것이다. 포화 자체가 상대적이기 때문이다. 자본주의의 기능을 하나의 공리계로 설명하는 마르크스의 입장은 특히 잘 알려진 이윤율의 경향적 저하에 관한 장에 들어 있다. 자본주의는 내재적 법칙만을 갖고 있기 때문에 공리적이다. 자본주의는 우주의 한계, 자원과 에너지의 극한적인 한계에 직면하는 듯한 척한다. 그러나 자본주의는 그 자체에 고유한 한계(기존 자본의 주기적인 가치 저하)에 충돌할 뿐이며, 따라서 자본주의는 자체에 고유한 한계만을 되밀치고 이동시킬 뿐이다(이윤율이 더 높은 산업에서의 새로운 자본의 형성). 석유와 원자력의 역사는 이를 잘 보여준다. 또 이 두 가지가 동시에 나타나기도 한다. 즉 자본주의는 자체에 고유한 한계에 충돌하는 동시에 이 한계를 더 멀리 밀고 나가며 이러한 한계를 연장한다. 공리의 수를 제한하려는 전체주의적 경향이 한계와의 대결이라면 한계를 이동시키는 경향은 사회 민주주의적인 것이라고 말할 수 있을 것이다. 그러나 이 두 가지 경향은 다른 한쪽 없이는 진행되지 않는다. 즉 다른 장소에 동시에 공존하거나 또는 긴밀하게 연속적으로 이어지는 계기 속에서 진행된다. 언제나 한쪽이 다른쪽으로 긴밀히 이어지거나 심지어 다른쪽 안에 들어가면서 동일한 공리계를 형성하기도 한다. "전체주의냐 아니면 사회 민주주의냐" 하는 사이에서 애매한 교대를 반복하고 있는 현재의 브라질이 전

경제와 경합하는 또는 흔히는 그와 뒤섞이기도 한 정책을 추진했음을 잘 보여준다("뮈르달이 칭찬한 바 있는 스웨덴의 대규모 공사를 위한 국가 대여와 유사하나 사실은 정반대로 군수 경제와 전쟁 경제를 위한 것이었다." 그리고 이러한 차이는 '공공 토목공사의 사업주'와 '죽음의 상인[le fournisseur de l'armée]'의 차이에서 그대로 나타난다. pp. 668, 674).

형적인 사례를 보여주고 있다. 일반적으로 공리계 내의 한 장소에서 공리가 제거되는 반면 다른 장소에서 부가될 때 한계들은 그만큼 쉽게 이동한다 — 공리 차원의 투쟁을 저버리는 것은 잘못일 것이다. 자본주의 안에서 또는 하나의 자본주의 국가 안에서 모든 공리는 "회수"를 의미한다고 말하는 경우가 종종 있다. 그러나 환멸에 가득한 이 개념은 그다지 좋은 개념이 아니다. 자본주의 공리계의 항상적인 재조정, 즉 부가(새로운 공리의 언표)와 제거(배타적 공리의 창설)는 결코 테크노크라트에게만 국한된 투쟁의 과제가 되어서는 안 되기 때문이다. 사실 어디서나 노동자의 투쟁은 특히 파생적인 명제에서 출발하는 자본주의적 기업이라는 틀을 넘어선다. 이러한 투쟁은 직접 국가의 공적 지출을 좌우하는 공리들과 특수한 국제 조직(예를 들어 다국적 기업은 어느 국가에 있는 공장의 폐쇄를 마음대로 계획할 수 있다)과 관련된 공리들을 대상으로 한다. 이러한 문제를 담당하고 있는 세계 규모의 노동-관료 기구와 테크노크라트들이 가하는 위협은 국지적 투쟁이 국가 차원과 국제 차원의 공리들을 직접 표적으로 삼고 공리가 내재성의 장으로 삽입되는 바로 그 지점에서 일어날 때만 제거될 수 있다(이와 관련해 농촌 지역에서의 투쟁의 잠재성을 주목할 필요가 있다). 생생한 흐름들과 이러한 흐름들을 제어와 결정의 중심에 종속시키고 각각의 흐름에 특정한 절편을 나누어주고 양을 계측하려는 공리들 간에는 언제나 근본적인 차이가 존재한다. 그러나 이처럼 생생한 흐름들이, 또 이 흐름이 제기하고 강제하는 질문들이 가하는 압력은 공리계 내부에서 작용하지 않으면 안 된다. 이를 통해 한편으로는 전체주의적 축소에 맞서 투쟁하고 다른 한편으로는 공리의 부가를 추월하고 가속하며 또 이러한 부가에 방향을 부여하고 테크노크라트들의 착오를 막아야 하는 것이다.

3. **모델, 동형성.** 원칙적으로 모든 국가는 동형적이다. 다시 말해

유일한 같은 외부의 세계 시장에 따르는 자본의 실현 영역이다. 그러나 먼저 이러한 동형성이 국가간의 등질성 또는 등질화를 동반하는지를 질문해야 한다. 사법과 경찰, 도로 교통법, 상품 유통, 생산비 등과 관련해 오늘날의 서구에서 볼 수 있는 대로 답은 "그렇다"이다. 그러나 단 하나의 통합된 국내 시장을 향해 나가는 경향이 존재하는 경우에만 그럴 수 있다. 그렇지 않으며 동형성은 결코 등질성을 가져올 수 없다. 생산양식이 같으면 전체주의 국가와 사회주의 국가 간에도 동형성이 존재할 수 있지만 두 가지가 이질적인 것에는 변함이 없다. 이와 관련된 일반 규칙은 아래와 같다. 고름, 즉 **공리계 집합 또는 통일성**은 "권리" 또는 (시장을 위한) 생산 관계로서의 자본에 의해 규정된다. **공리들의 상대적 독립성**은 결코 이 전체와 모순되지 않으며 오히려 자본주의 생산양식의 분업 또는 부문들에서 유래한다. 부가와 제거를 두 극으로 하는 **모델의 동형성**은 각각의 경우에 국내 시장과 해외 시장이 어떻게 분배되느냐에 따라 달라진다 — 그러나 이것은 자본주의적 생산양식을 갖고 있는 중심의 국가군에만 적용될 수 있는 첫번째 양극성일 뿐이다. 공리계의 중심에는 두번째 양극성이, 즉 서구와 동방, 자본주의 국가와 관료 사회주의 국가라는 양극성이 설치되어 있다. 그리고 이처럼 새로운 구별이 첫번째 구별의 몇몇 특징을 공유하고 있더라도(이때 소위 사회주의 국가들은 전체주의 국가들과 동일시된) 문제는 전혀 다른 방식으로 제출된다. 서구 국가와 동방 국가들 간에는 일정한 등질성이 있다는 것을 보여주려고 한 수많은 "수렴" 이론은 별로 설득력이 없다. 동형성의 개념도 적절하지 않다. 단순히 생산양식이 자본주의적이지 않아서일 뿐만 아니라 동시에 생산 관계가 <자본>(오히려 <계획>이라고 할 수 있다)이 아니기 때문에 현실적으로 이형성이 존재하게 된다. 그럼에도 불구하고 사회주의 국가들이 여전히 자본주의라는 공리계의 실현 모델인 것은 외부에 유일한 세계 시장이 존재하고, 이 시장이 여전히 결정적인 요인으로 심지어 이 시장이 유래한 생산 관계를 초월해 결정적인 요소로 남아 있기 때문이다. 심지어 관료 사회주의의 판이 자본의 판에 대해 기생충적 기능을 하고, "바이러스" 유형의 아주 커다란 창조력을 발휘하는 경우도 있다 — 마지막으로 세번째의 기본적 양극성, 중심-주변(북-남)이라는 양극이 있다. 공리들은 서로 독립하여 있다는 점에 비추어 우리는 아민을 따라 주변의 공리는 중심의 공리와 다르다고 할 수 있다.[68] 그러나 여기서도 역시 공리들간의 차이와 자율성이 공리계 전체의 고름을 침해하는 일은 전혀 일어날 수 없다. 이와 정반대로 자본주의의 중심은 제3세계에 의해 구성되는 주변을 필요로 하는데, 주변에 가장 근대적인 산업의 중요한 부분을 건설하며 이곳에 자본을 투자하는 것으로 만족하지 않고 주변이 중심에 자본을 공급할 것을 요구하기도 한다. 제3세계 국가들이 종속되어 있다는 것은 누가 보아도 분명하다. 하지만 이것이 가장 중요한 문제는 아니다(이것은 과거의 식민주의의 유산이다). 공리들이 서로 독립적이라고 해서 이것이 국가의 독립성을 보장해주는 것이 결코 아니라는 사실은 분명하며 오히려 그것은 국제 분업을 보장해줄 뿐이다. 여기서도 역시 중요한 문제는 세계 규모의 공리계와 관련한 동형성 문제이다. 크게 보아 남미의 유혈 폭정과 미국(또는 프랑스, 영국, 서독과 아프리카의 몇몇 나라들 사이)에서는 동형성을 찾아볼 수 있다. 그러나 중심-주변, 즉 중심부 국가와 제3세계 국가라는 양극성도 앞의 두 양극성에서 나타났던 일부의 변별적 특징을 그대로 드러내지만 이 문제를 회피하면서 다른 문제를 제기한다. 제3세계의 광대한 부분에 걸쳐 일반적 생산 관계는 자본에 의한 것이며, 더 나아가서는 사회주의화된 부문도 이 관계를 이용하고 이에 적응한다는 의미에서 제3세계 전체가 그렇다고 할 수 있다. 그러나 생

68 사미르 아민이 제시하고 있는 주변부라는 공리에 관한 비판적 목록을 참조하라. *L'accumulation à l'échelle mondiale*, pp. 373~376.

산양식까지 반드시 자본주의적인 것은 아닌데, 단순히 전-근대적 또는 과도적 형태뿐만 아니라 가장 생산성이 높은, 가장 공업화된 부문에서도 마찬가지이다. 이것은 세계적 규모의 공리계에 포함되는 세번째 경우, 즉 비자본주의적 생산양식에서 자본이 생산 관계로서 기능하는 경우를 대변한다. 따라서 중심 국가들에 대해 제3세계 국가들은 다형성을 나타낸다고 할 수 있다. 그리고 공리계의 이러한 차원은 앞서의 두 공리계만큼이나 중요하다. 소위 사회주의 국가들의 이형성이 부과되면 자본주의는 이를 어떻게든 최대한도로 소화하는 반면 제3세계의 다형성은 부분적으로는 식민지화를 대체하는 공리로 기능하는 중심에 의해 조직되기 때문에 이보다 훨씬 더 중요하다고 할 수 있다 — 우리는 언제나 말 그대로 세계적 규모의 공리계의 실현 모델에 관한 질문에 부딪히게 된다. 중심 국가들간에는 원칙적으로 모델들의 **동형성**이 있다. 그리고 관료사회주의 국가들에 의해 부과되는 **이형성**과 제3세계 국가들에 의해 조직되는 **다형성**. 여기서도 역시 민중 운동이 이러한 내재성의 장에 침입하는 것은 처음부터 실패할 운명이라고 생각하거나 아니면 한 극에는 민주주의 국가, 사회 민주주의 국가 등 "좋은" 국가와 다른 극에는 사회주의 국가가 존재한다고 생각하거나 아니면 반대로 모든 국가는 같은 것으로서 등질적이라고 생각하는 것은 터무니없다.

4. **역량** — 공리계는 필연적으로 공리계가 처리하는 역량보다 큰, 즉 공리계의 모델이 되는 집합의 역량보다도 큰 역량을 만들어낸다고 가정해보기로 하자. 이 역량은 연속성의 역량과 비슷한 것으로서 공리계와 이어진다 해도 그것을 넘쳐 버린다. 우리는 즉각 이러한 역량을 서로 연속되어 있는 군사, 산업, 금융 등의 테크놀로지 복합체가 체현하고 있는 파괴 역량, 전쟁 역량에서 볼 수 있다. 우선 전쟁은 분명 자본주의와 같은 운동을 행하고 있다. 불변 자본의 비율이 증가함에 따

라 전쟁은 점점 "물자전"이 되며, 따라서 이제 인간은 예속되는 가변 자본의 하나가 아니라 그저 순수한 기계적 노예화의 한 요소가 된다. 다른 한편(이 점이 특히 중요하다) 공리계에서 불변 자본의 비율이 증가함에 따라 기존 자본의 가치 저하와 새로운 자본의 형성은 필연적으로 이러한 복합체에서 체현되는 전쟁 기계에 대응하는 리듬과 규모를 갖게 된다. 전쟁 기계는 해양 자원과 지구 자원의 개발에 필요한 세계의 재분배에 적극적으로 참가하고 있다. 공리계의 "한계"가 이동할 때마다 역량의 연속적인 "문턱"이 나타나게 된다. 전쟁 역량은 항상 시스템의 포화를 과포화시키고, 또 그것을 조건짓는다 — 중심 국가들간의 고전적 분쟁(그리고 주변의 식민지화)에 동-서와 남-북이라는 두 분쟁의 축이 추가되거나 혹은 이 두 축이 이를 대체해왔다. 이 두 축은 서로 교차하면서 하나의 전체를 이루고 있다. 그러나 이 동-서 축의 과잉 군비는 국지전이라는 현실을 조금도 소멸시키지 않을 뿐만 아니라 오히려 여기에 새로운 힘과 의미를 부여하고 있다. 이 과잉 군비는 이 두 거대한 축의 직접 충돌이라는 "종말론적"인 가능성의 토대를 이루고 있다. 뿐만 아니라 전쟁 기계는 추가로 산업, 정치, 법률적 의미를 갖기 시작한 것처럼 보인다. 국가가 역사적으로 전쟁 기계를 끊임없이 전유해온 것은 너무나 분명한 사실이다. 하지만 이와 동시에 전쟁이 즉 전쟁의 준비와 실시가 이 기계의 유일한 대상이 되었는데 정도차는 있더라도 이 전쟁은 "한정된" 전쟁이었다. 또 목적을 보더라도, 언제나 전쟁은 국가의 정치적 목적을 위한 것이었다. 전쟁을 "전면"전으로 만드는 경향을 가진 다양한 요인, 특히 파시즘이라는 요인은 이러한 운동을 역전시킨 첫걸음이 되었다. 마치 오랜 기간 전쟁 기계를 전유해 온 국가들이 서로에게 행해온 전쟁 끝에 이제 자율적인 전쟁 기계를 부활시킨 것처럼 말이다. 그러나 이처럼 자유롭게 된 또는 고삐 풀린 전쟁 기계는 여전히 현실의 전쟁을 즉 이제 전면전과 무제한전으로 된 전쟁을 대상으로 삼게 되었다. 파시스트 경제 전체가 전쟁 경제가 되었지만 전쟁 경제도 대상으로서 전면 전쟁을 필요로 했다. 따라서 파시즘의 전쟁도 변함 없이 클라우제비츠가 말하는 "다른 수단에 의한 정치의 연속"으로서의 전쟁이 되었다. 물론 이 경우 다른 수단이라고 불리는 것은 유일한 수단이 되고, 정치적 목적은 대상과 모순되는 것이었지만 말이다(파시스트 국가는 전체주의 국가라기보다는 "자살적" 국가였다는 비릴리오의 생각은 여기서 비롯된다). 전쟁 기계의 자율화, 자동화가 현실적인 효과를 발휘하기 시작한 것은 제2차 세계대전 이후의 일이다. 전쟁 기계는 이제 새로운 적대 관계가 이 기계에 작용하게 된 결과 전쟁을 유일한 대상으로 하지 않고 오히려 평화, 정치, 세계 질서를 짊어지고 이들을 대상으로 삼기에, 요컨대 목적이었던 것도 하나의 대상으로 삼기에 이른다. 여기서 클라우제비츠의 공식은 뒤집어진다. 즉 정치가 전쟁의 연속이 되는 것이다. 또 평화가 무제한의 물질적 과정을 전면 전쟁으로부터 기술적으로 해방시키는 것이다. 전쟁은 전쟁 기계의 구체화가 아니라 전쟁 기계 그 자체가 구체화된 전쟁이 된다. 이런 의미에서 파시즘은 불필요하게 되었다. 파시스트들은 그저 유아기의 미숙한 전조(前兆)였을 뿐이다. 또 생존을 위한 절대적 평화는 전면전으로는 달성할 수 없었던 것을 완성시켰다. 우리는 이미 제3차 세계대전 중에 있다. 전쟁 기계는 "경제-세계"를 포위하고 있는 연속적인 것의 역량으로서 공리계 전체를 지배하고 세계의 모든 부분을 접촉시키고 있다. 세계는 다시 매끄러운 공간(바다, 하늘, 대기권)이 되었지만 동일한 단 하나의 전쟁 기계가 이 모든 부분을 서로 대립시키면서도 이 공간을 지배하고 있다. 전쟁은 평화의 일부분이 되었다. 이뿐만 아니다. 국가는 전쟁 기계를 전유하는 것이 아니라 국가 자체가 전쟁 기계의 일부분에 지나지 않는 방식으로 이 기계를 재구성하는 것이다 — 이러한 상황 속에서 종말론적 또는 지복천년설적인 견해를 전개한 많은 저자들 중에서도 우리는 폴 비릴리오에 기대 아래와 같은 5가지 엄밀한 사실을 강조할 수 있을 것이다. 공포 또는 억지라는 절대적 평화 속에서 전쟁 기계는 새로운 목표를 찾아낸다. 전쟁 기계는 기술과 과학의 "자본화"를 행한다. 전쟁 기계는 전쟁이 가능할지도 모른다는 협박을 들이대기 때문에 두려운 것이 아니라 반대로 이 전쟁 기계가 강요하고 또 이미 만들어낸 매우 특수하고 현실적인 평화 때문에 두려운 것이다. 이 전쟁 기계는 특정한 적을 필요로 하는 것이 아니라 공리계의 요청에 따라 내부와 외부의 "불특정한 적"(개인, 집단, 계급, 민족, 사건, 세계)을 요구한다. 이러한 상황에서 구체화된 전쟁, 조직된 불안 또는 계획된, 분배된, 분자화된 공황(恐慌)이 새로운 안전 개념으로 등장한다.[69]

5. **포섭된 중항** — 자본주의 공리계는 중심을 필요로 하고 이 중심은 오랜 역사적 과정을 거쳐 북반구에서 형성되었다는 것을 브로델만큼 설득력 있게 보여준 사람도 없었다. "그물코가 매우 촘촘하게 되고 중심 지역이 활기를 띠기에 충분할 정도로 교환이 규칙적인 것이 되고 교환의 양도 크게 되면 반드시 세계-경제가 나타난다."[70] 이러한 관점

69 Paul Virilio, *L'insécurité du territoire*. *Vitesse et politique*. *Défense populaire et luttes écologiques*. 전쟁 기계는 이처럼 바로 파시즘과 전면전을 넘어서 곳에서 핵 억지에 의한 협박으로 가득 찬 평화 속에서 완전한 목표를 발견하게 된다. 바로 이 지점에서 클라우제비츠 공식의 역전은 구체적인 의미를 갖게 된다. 이와 함께 정치 국가는 자체가 해소되는 방향으로 나가는 동시에 전쟁 기계가 가능한 한 최대한의 시민적 기능을 가로채게 된다('시민 사회 전체를 군의 안전 보장 하에 두는 것', '민중들로부터 주민이라는 자격을 박탈함으로서 주거라는 의미를 지구상에서 없애버리는 것', '전시와 평화시라는 구별을 없애는 것.' 이러한 관점에서 미디어의 역할을 보라). 간단한 예로 유럽의 일부 경찰 조직들이 '저격'할 수 있는 권리를 요구하는 것을 예로 들 수 있다. 경찰은 국가 폭력의 톱니바퀴이기를 멈추고 전쟁 기계의 부품이 된다.

70 브로델은 북유럽에서 형성된 이러한 중심이 이미 9, 10세기에 시작되어 북유럽과 남유럽의 공간들을 경합 또는 적대시하도록 만들었던 운동들의 결과임을 밝히고 있다(이 문제들은 도시-형태와 국가-형태 문제와는 전혀 별개의 것이긴 하지만 이 문제와 겹쳐

에서 오늘날에는 남-북의 축, 즉 중심-주변의 축이 동-서 축보다도 중요하며, 원칙적으로는 남-북의 축이 동-서 축을 규정한다고 생각하는 저자들이 많다. 이것은 이제 거의 일반적인 명제가 되었으며, 지스카르 데스탱도 이것을 받아들여 자세히 전개하고 있다. 즉 무엇보다 과잉 군비에 의해 동-서간의 중심에서 균형이 잡힐수록 남-북 축에서는 불균형 또는 "불안정화"가 심화되어, 중심에서의 균형을 불안정하게 만든다는 것이다. 이러한 표현에서 "남"은 추상적인 용어로 제3세계나 주변을 가리키는 것이 분명하지만 당연히 중심 내부에도 수많은 "남"과 제3세계가 있다. 또 이러한 불균형은 우발적인 것이 아니라 자본주의 공리계의 귀결(정리)이라는 것, 특히 자본주의의 기능에 필수불가결한 **불평등 교환**이라는 공리의 귀결이라는 것도 분명하다. 나아가 이 공식은 지금과는 상황이 전혀 달랐을 고대 제국에서 발견되는 아주 오래된 공식의 현대판이기도 하다. 고대 제국은 흐름을 덧코드화하면 할수록 탈코드화된 흐름을 발생시키고, 다시 이 흐름은 고대 제국에 맞서 역류해 제국의 변화를 강제한 바 있다. 오늘날에는 탈코드화된 흐름들이 중심의 공리계 속에 유입되면 될수록 이러한 흐름들은 주변에서 벗어나고(예를 들어 특수한 공리를 주변에 부가해도 마찬가지다) 공리계로서는 제대로 해결하거나 제어할 수 없는 문제를 야기하는 경향을 보이고 있다 — 경제-세계 또는 공리계를 대표하는 사람들을 괴롭히는 네 가지의 주요한 흐름은 에너지-자원의 흐름, 인구의 흐름, 식량의 흐름, 도시화의 흐름이다. 이러한 상황을 해결하기 어려워 보이는 것은 공리계가 끊임없이 이러한 문제의 집합을 만들어내는 동시에 공리들이 아무리 증가하더라도 공리계로부터 이 문제들을 해결할 수 있는 수단을 빼앗고 있기 때문이다(예를 들어 세계 인구를 모두 먹여 살릴 수 있도록

있는 것은 사실이다). "Naissance d'une économie-monde", in *Urbi*, 1979년 9월호를 참조하라.

해줄 수 있는 유통과 분배). 제3세계에 적용된 사회 민주주의조차 가난한 사람 모두를 국내 시장에 통합시킬 것을 제창하고 있는 것은 아니며 겨우 통합 가능한 요소들을 선택하도록 만드는 계급 분열을 한층 더 심화시켰을 뿐이다. 그리고 중심 국가들은 단지 제3세계를, 즉 외부에 제3세계를 갖고 있을 뿐만 아니라 안에서 생겨나 내부로부터 작용하는 내부의 제3세계도 갖고 있다. 몇몇 측면에서 보자면 주변과 중심은 서로 규정 요인들을 교환하고 있다고 말할 수도 있다. 중심의 탈영토화, 즉 중심이 영토와 국가의 집합에서 이탈함에 따라 주변부 구성체들은 진정한 투자의 중심이 되는 반면 중심부 구성체들은 점점 더 주변화된다. 이것은 사미르 아민의 명제를 강화해주는 동시에 상대화시킨다. 세계적 규모의 공리계가 중심에 소위 탈산업주의적 활동이라고 불리는 것(자동화, 전기, 정보 기술, 우주 개발, 군비 확대……)을 확보하면서 주변에 고도 산업과 고도로 산업화된 농업을 설치할수록 동시에 중심에도 저개발의 주변 지대를, 내부의 제3세계를, 내부의 "남"을 설치하게 된다. 이리하여 불안정한 고용(하청, 임시 고용 또는 불법 취업)에 내몰리는 "대중"이 나타나게 되는데, 이들의 생계는 공식적으로는 국가의 사회 보장과 불안정한 급여에 의해 유지된다. 이탈리아의 대표적인 사례에 기반해 네그리 같은 사상가들은 점점 더 학생들을 주변에 동화시켜 나가는 내부의 주변부 이론을 정식화해냈다.[71] 이러한 현상은 새로운

71 트론티(Mario Tronti)의 저서, *Ouvriers et Capital*, Bourgois에서부터 시작된 마르크스주의적 연구 운동. 이 운동은 이후 이탈리아의 아우토노미(Autonomie) 운동과 네그리(Antonio Negri)의 작업으로 이어지는데, 이들은 노동과 노동에 맞선 투쟁의 새로운 형태들을 분석하는 것을 목표로 했다. 이들은 아래의 두 가지 점을 동시에 밝혀내려고 했다. 1) 노동에 맞선 투쟁은 자본주의에 우연적인 것 또는 '주변적인 것'이 아니라 자본의 형성에 본질적인 것이다(불변 자본 비율의 증가). 2) 이 현상은 새로운 종류의 투쟁들을, 즉 노동자들 사이에서만이 아니라 민중들, 그리고 인종적 투쟁만이 아니라 전 세계적인 투쟁을 모든 영역에서 불러일으킨다. 안토니오 네그리의 앞의 책, 특히 *Marx au-delà de Marx*. K. H. Roth, *L'autre mouvement ouvrier en Allemagne*, Bourgois. 그리고 프랑스에서 현재 진행중인

기계적 노예화와 고전적 예속의 차이를 다시 한번 확인해주고 있다. 예속의 중심적 과제는 노동으로서 소유와 노동, 부르주아지와 프롤레타리아라는 양극 체제를 상정하고 있다. 이에 반해 노예화에서는, 즉 불변 자본이 중심을 지배하는 상황에서 노동은 두 방향으로 작렬하는 것처럼 보인다. 즉 노동을 거치지 않는 강도적 잉여 노동이라는 방향과 불안정하고 일시적인 것이 된 외연적 노동의 방향으로. 고용의 공리를 방기하는 전체주의적 경향과 여러 지위를 다양하게 만들어내는 사회 민주주의적 경향은 여기서 결합할 수도 있지만 이것은 언제나 계급 분열을 심화시킬 뿐이다. 이리하여 공리계와 이 공리계가 제어할 수 없는 흐름간의 대립이 점점 더 첨예하게 된다.

6. **소수성** — 우리 시대는 소수자들의 시대가 되고 있다. 이미 앞에서 몇 차례나 살펴보았듯이 이 소수자는 반드시 수의 적음에 의해 규정되는 것이 아니라 되기 또는 변동, 즉 잉여적인 다수자를 형성하는 이러저러한 종류의 공리("율리시즈 또는 현대의 서구의 평균적인 도시인. 또는 물리에[Yann Moulier]가 말하는 "35세 이상의 남자로 이러저러한 자격을 갖춘 국민 노동자")들로부터의 거리에 의해 결정된다. 물론 소수자는 수적으로 소수일 수도 있지만 동시에 수적으로는 다수일 수도 있다. 즉 한정되지 않는 절대 다수를 형성하는 경우도 있다. 이러한 상황에서 소위 좌익이라 불리는 사람들을 포함한 일부 저자들은 자본주의의 거대한 경종을 울리고 있다. 20년 안에 "백인"은 세계 인구의 12%에 지나지 않게 된다……라고. 이런 식으로 다수자가 변할 것이라고 아니 이미 변했다고 말하는 것만으로 만족하지 않고 셀 수 없는 소수자가 증식하고 내부에서 작용하면서 다수(자)라는 개념 자체를, 즉 공리로서

얀 물리에(Yan Moulier), 알랭 길레름과 다니엘 길레름(Alin et Danièle Guillerm), 벤자맹 코리아(Benjamin Coriat)의 작업을 보라.

의 다수자를 파괴할 위험이 있다고 경종을 울리고 있다. 그리고 비(非)백인이라는 불가사의한 개념은 가산 집합을 구성하지 않는다. 따라서 소수자를 규정하는 것은 수가 아니라 수와의 내적인 관계이다. 하나의 소수자는 다수일 수도 있지만 동시에 무수(無數)일 수도 있다. 다수자도 마찬가지이다. 다수자의 경우 수와의 내적인 관계가 무한하건 유한하건 가산 집합을 이루는 반면 소수자의 경우는 아무리 많은 요소를 갖더라도 불가산 집합으로 규정되는 데서 소수자와 다수자의 차이를 찾을 수 있다. 그리고 셀 수 없는 것을 특징짓는 것은 집합도 아니고 그렇다고 요소도 아니다. 오히려 **연결접속**, 요소와 요소 사이, 집합과 집합 사이에서 발생하고 따라서 양자 어디에도 속하지 않으며 그것을 벗어나 도주선을 형성하는 "그리고"이다. 이처럼 공리계는 예를 들어 무한하더라도 요소는 가산 집합만을 다루지만 소수자는 불가산 집합, 공리화될 수 없는 "퍼지" 집합, 요컨대 도주 또는 흐름에서 비롯되는 "군중"이자 다양체를 구성한다 — 주변의 비(非)백인의 무한 집합이건 아니면 바스크인이나 코르시카인들의 제한된 집합이건 우리는 도처에서 세계적 운동이 전개될 수 있는 조건이 무르익고 있는 것을 볼 수 있다. 소수자들은 국민 국가들이 제어하고 질식시켜온 "민중 자결파" 현상을 다시 만들어내고 있다. 말할 것도 없이 관료 사회주의 세계에도 이러한 운동이 존재하지 않는 것은 아니다. 아말리크(Amalric)의 말대로 반-체제파는 소련 안에서 움직이고 있는 다른 소수자들과 분리된다면 아무 것도 아니게 되거나 아니면 국제 정치에서 그저 꼭두각시에 불과하게 될 것이다. 공리계와 시장의 관점에서 보면 소수자가 앞으로 오래갈 수 있는 국가를 형성할 수 없다는 것은 중요하지 않다. 장기적으로 보아 소수자들은 자본주의 경제와 국가 형식을 거치지 않는 조직을 촉진시키기 때문이다. 이에 대해 국가 또는 공리계는 분명히 소수자들에게 지역적 또는 연합적 아니면 명목상의 독립을 주는 식으로, 요컨대 새로운 공리를 부가하는 방식으로 반격한다. 그러나 이것이 문제는 아니다. 이는 소수자를 가산 집합 또는 부분 집합으로 번역하는 것일 수밖에 없는데, 이때 소수자는 요소로서 다수자 속으로 들어가 이 속에서 가산적인 것이 된다. 여성, 젊은이, 임시직 노동자들의 사회적 지위에 대해서도 똑같이 이야기할 수 있다. 위기와 유혈의 끝에 이보다 훨씬 더 근본적인 전도가 일어나 백인 세계가 황색 인종을 중심으로 한 세계의 주변이 되는 경우도 생각해볼 수 있을 것이다. 이 경우 앞의 경우와는 전혀 다른 하나의 공리계가 완성된다. 그러나 우리들이 말하고 싶은 것은 이와 전혀 다른 것, 전혀 그런 식으로 해결되지 않는 어떤 것이다. 소수자로서의, 흐름으로서의 또는 불가산 집합으로서의 여성 즉 남성이 아닌 사람은 다수자의 요소 중의 하나가 되었다고, 셀 수 있는 유한 집합이 되었다고 해서 충분한 표현을 얻는 것은 결코 아니다. 백인이 아닌 사람들은 황인종이건 흑인이건 새로운 다수자, 즉 무한 가산 집합이 된다고 해서 충분한 표현을 얻는 것은 아니다. 소수자의 특성은 예를 들어 소수자가 단 한 사람의 성원으로 구성되더라도 셀 수 없는 것의 역량을 확보하는 데 있다. 이것이 바로 다양체의 공식이다. 보편적 형상으로서의 소수자 또는 모든 사람 되기. 남자건 아니면 여자건 우리는 모두 <여성>이 되어야 한다. 백인이건, 황인종이건 아니면 흑인이건 일종을 불문하고 우리는 모두 비(非)백인이 되어야 한다 — 물론 다시 한번 말하지만 그렇다고 해서 공리 수준에서의 투쟁이 중요하지 않다는 이야기는 아니다. 반대로 그것은 결정적인 의미를 갖는다(여성 참정권, 중절과 고용 평등을 위한 투쟁, 지역 자치를 위한 투쟁, 제3세계의 투쟁, 동방이건 아니면 서구건 세계의 모든 지역에서 전개되고 있는 억압당하는 민중과 소수자들의 투쟁 등 극히 다양한 차원에서 전개되고 있다). 그러나 이러한 투쟁들은 동시에 이와 동시에 전개되고 있는 전혀 다른 투쟁들의 지표임을 보여주는 다른 징후도 존재한다. 아무리

사소한 요구라고 하더라도 항상 공리계가 허용할 수 없는 하나의 점을 갖고 있다. 즉 자기 문제는 본인들이 정식화할 것을 요구하거나 또는 최소한 이전보다 훨씬 더 일반적인 해결책을 찾아낼 수 있는 구체적인 조건을 결정할 것을 요구하는 경우(혁명적 형태로서의 개별적인 것을 고수하는 것)가 그러하다. 우리는 언제나 같은 역사가 반복되는 것에 놀랄 뿐이다. 처음엔 사소한 소수자의 요구가 이와 연관된 극히 사소한 문제마저 해결할 수 없는 공리계의 무능과 결합된다. 간단히 말해 공리를 둘러싼 투쟁은 이것이 두 가지 유형의 명제, 즉 흐름과 관련된 명제와 공리와 관련된 명제들간의 거리를 분명히 드러내고 이를 심화시킬 때 가장 중요해진다. 소수자의 역량은 다수자의 체계 속에 들어가 자기를 주장할 수 있는 역량이나 필연적으로 동어반복적일 수밖에 없는 다수자의 기준을 전복시킬 수 있는 역량이 아니라 아무리 적더라도 불가산 집합의 힘을 무한 가산 집합의 힘에 맞세울 수 있는 힘에 따라 측정된다. 이 집합이 무한하며 전도되고 변경되더라도, 또 새로운 공리, 더 나아가 새로운 공리계를 포함하고 있더라도 마찬가지다. 문제는 결코 무정부냐 질서냐 하는 것과는 상관이 없으며 중앙 집권이냐 아니면 지방 분권이냐도 아니며 오히려 가산 집합의 공리계에 저항하는 불가산 집합들과 관련된 문제들에 대한 평가와 개념 형성이 중요하다. 이러한 평가는 그에 고유한 구성, 조직, 심지어 중앙화까지 동반할 수도 있지만 그럼에도 불구하고 이것은 결코 국가의 길이나 공리계의 과정이 아니라 순수한 소수자-되기를 경유해 나간다.

7. **결정 불가능한 명제** — 공리계는 무한 불가산 집합의 역량 자체를, 구체적으로는 바로 전쟁 기계의 역량을 끌어낸다는 이의를 제기할 수도 있을 것이다. 그러나 전쟁 기계를 소수자에 대한 일반적 "처리"에 동원하게 되면 바로 이 전쟁 기계가 제거한다고 생각되는 절대 전쟁

을 일으키지 않을 수 없는 것처럼 보인다. 따라서 전쟁 기계는 "불특정한 적"(개인, 집단, 민족……)의 본성에 맞춰 그때마다 공격과 반격의 정도를 조절할 수 있게 미니어처화와 적응 등 양적·질적 과정을 조합시킨다는 것을 앞에서 살펴보았다. 그러나 이러한 조건 아래서도 자본주의의 공리계는 전쟁 기계가 절멸시키려고 하는 것을 끊임없이 생산, 재생산한다. 심지어 기아(飢餓) 구제 조직도 굶주리는 사람들을 죽이면서 굶주리는 사람들을 늘려나간다. 경악스럽게도 "사회주의" 권에서 돌출하고 있는 강제 수용소 조직도 권력이 꿈꾸는 근본적 해결책을 제공하지는 못한다. 하나의 소수자를 뿌리뽑아도 바로 이 소수자에서 또 다른 하나의 소수자가 생겨나는 것이다. 대량 학살은 언제나 존재함에도 불구하고 제3세계에서조차 한 민족이나 집단을 완전히 말살하는 것은, 해당 민족이나 집단이 공리계의 요소와 연결된다면 상대적으로 어렵다. 이와 전혀 다른 관점에서 보더라도 새로운 자원(해저 석유, 금속 광상[鑛床], 식량 자원)과 관련해 자본을 재형성하는 것과 관련된 급박한 경제 문제는 세계적 전쟁 기계를 동원해 세계를 재분배할 것을 요구할 뿐만 아니라 이 기계의 각 부분을 새로운 목적에 맞세우게 되리라는 것을 선취해볼 수 있다. 또 문제가 된 지역을 둘러싸고 소수자 집합의 편성과 재편이 일어날 것이다 — 아주 일반적으로 말해, 심지어 공리, 사회적 지위들, 독립 등을 동반하더라도 통합을 통해 소수자 문제가 해결되는 경우는 없다. 물론 소수자의 전술은 필연적으로 이를 통과한다. 그러나 소수자가 혁명적인 것은 세계적 규모의 공리계를 의문시하는 이보다 훨씬 더 심층적인 운동을 하고 있기 때문이다. 소수자의 역량, 즉 독자성(particularité)은 프롤레타리아 속에서 형상과 보편적 의식을 발견한다. 그러나 노동자 계급이 기왕에 획득한 사회적 지위나 심지어 이미 이론적으로 극복한 국가에 의해 규정되는 한 그것은 오직 "자본" 또는 자본의 일부(가변 자본)로서 나타날 뿐 자본의 판(=계획)에서 벗어날 수는 없다. 기껏해야 그러한 계획은 관료적인 것이 될 뿐이다. 반대로 자본의 판에서 벗어나고 항상 그렇게 하고 있을 때에야 비로소 대중은 끊임없이 혁명적으로 되고 가산 집합들간에 성립되는 지배적 균형을 파괴할 수 있다.[72] 아마존-국가, 여성들의 국가, 임시직 노동자들의 국가, (노동 "거부" 국가가 어떨지는 상상하기가 쉽지 않다). 소수자가 문화적 · 정치적 · 경제적으로 지속 가능한 국가를 구성하지 않는 것은 국가-형식도 또 자본의 공리계 또는 이에 대응하는 문화라는 것이 소수자에 적합하지 않기 때문이다. 자본주의가 필요에 따라, 특히 다름아니라 소수자를 분쇄하려는 목적으로 오래 지속되지도 않을 국가를 유지하고 조직하는 예는 자주 볼 수 있다. 하지만 반대로 소수자들에게서 문제는 물론 자본주의를 쓰러뜨리고, 사회주의를 재정의하고, 세계적 규모의 전쟁 기계를 다른 수단을 통해 반격할 수 있는 전쟁 기계를 만들어내는 데 있다 — 절멸 아니면 통합이라는 두 가지 해결책이 거의 불가능해 보이는 것은 자본주의의 깊숙한 곳에 감추어져 있는 법칙 때문이다. 즉 자본주의는 끊임없이 스스로의 한계를 설정한 다음 다시 이것을 더 멀리 밀어내지만 이와 동시에 이 공리계를 벗어나는 온갖 종류의 흐름들을 사방으로 발생시킨다. 자본주의는 실현 모델로서 기능하는 가산 집합 속에서 이러한 모델을 가로지르며, 전도시키는 불가산 집합을 발생시킬 때만 비로소 현실화될 수 있다. 자본주의에 의해 탈코드화되고 탈영토화된 흐름들의 "결합"이 행해질 때는 반드시 이러한 흐름

72 이것은 트론티의 핵심적인 명제 중의 하나로, 그는 '대중-노동자'와 이러한 노동자와 노동의 관계를 새로운 개념으로 정의하고 있다. "자본에 맞서 싸우기 위해 노동자 계급은 자본이기도 한 자신들에게 맞서 싸워야 한다. 이것은 모순이 최고도에 달한 단계를 가리키지만 노동자가 아니라 자본가들에게 그렇다. 바로 이 지점을 첨예화시키기만 해도 충분하다. …… 자본의 계획은 뒤로 돌아가기 시작하는데, 사회의 발달이 아니라 혁명적 과정으로서 그렇게 하는 것이다." 『노동자와 자본』, p. 322. 네그리는 이것을 '계획-국가의 위기'(*Crisi dello Stato-plano*, Feltrinelli)라고 부르고 있다.

들보다 더 멀리 흘러나가고 또 이러한 흐름들을 결합하는 공리계와 이러한 흐름들을 재영토화하는 모델에서 벗어난다. 그리고 새로운 "대지"를 그리고 전쟁 기계를 구성하는 "연결접속" 속에 들어가려 하는데, 이 기계는 절멸을 위한 전쟁 또는 전면적 공포로서의 평화가 아니라 다만 혁명적 운동을 목적으로 한다(흐름들의 연결접속, 불가산 집합들의 조성, 모든 사람의 소수자-되기). 이것은 산개(散開)도 또 단편화도 아니다. 오히려 우리는 여기에 다시 고른판과 자본의 조직 혹은 계획이나 발전의 판의 대립 또는 관료 사회주의적 판의 대립과 마주치게 된다. 구성주의, "도표주의(diagrammatisme)"는 어떤 경우건 문제의 조건들의 결정과 문제들간의 횡단적 결합에 따라 기능한다. 그것은 자본주의 공리계의 자동화와도 또 관료 사회주의의 프로그램화와도 대립한다. 따라서 우리가 "결정 불가능한 명제"라고 부르는 것은 어떤 시스템에도 반드시 존재하는 결과의 불확실성은 아니다. 반대로 체계에 따라 결합되는 것과 그 자체가 연결 가능한 다양한 도주선에 따라서 끊임없이 이 체계에서 벗어나는 것이 동시에 존재하는 것 또는 분리 불가능한 것을 말한다. 이리하여 결정 불가능한 것은 무엇보다도 혁명적 결정인들의 맹아이며 장(場)인 것이다. 세계적 규모의 노예화 체계로서 하이테크(high technologies)가 떠오를지도 모르겠다. 그러나 이러한 기계적 노예화조차, 또는 바로 여기서 결정 불가능한 명제와 운동은 흘러넘치고 있다. 이러한 명제와 운동은 하이테크를 맹종하는 전문가들의 지식에 맡겨져 있는 것은 아니라 "라디오-되기", "전자적인 것-되기", "분자적인 것-되기" 등 세상 모든 사람 되기에 무기를 제공한다.[73] 이 모든 결정 불

73 이것은 현재 상황의 또 다른 측면을 보여준다. 이미 노동이나 노동의 진화로 연결되는 새로운 투쟁이 아니라 모든 분야에서 사람들이 '대안적 실천'이라고 부르는 것과 함께 그러한 실천이 건설되고 있다(자유 라디오를 가장 간단한 예로 들 수 있을 텐데, 이외에도 도시 공동체들간의 네트워크나 정신의료 대안 운동 등을 꼽을 수 있다). 이 모든 점과 이 두 측면간의 연결에 대해서는 Franco Berardi Bifo, *Le ciel est enfin tombé sur la terre*, Ed.

가능한 명제의 한가운데를 통과하지 않는 투쟁, 공리계의 결합에 맞서 혁명적 연결접속을 구축하지 않은 투쟁은 존재하지 않는다.

du Seuil와 *Les Untorelli*, Ed. Recherches를 참조하라.

14 1440년

매끈한 것과 홈이 패인 것

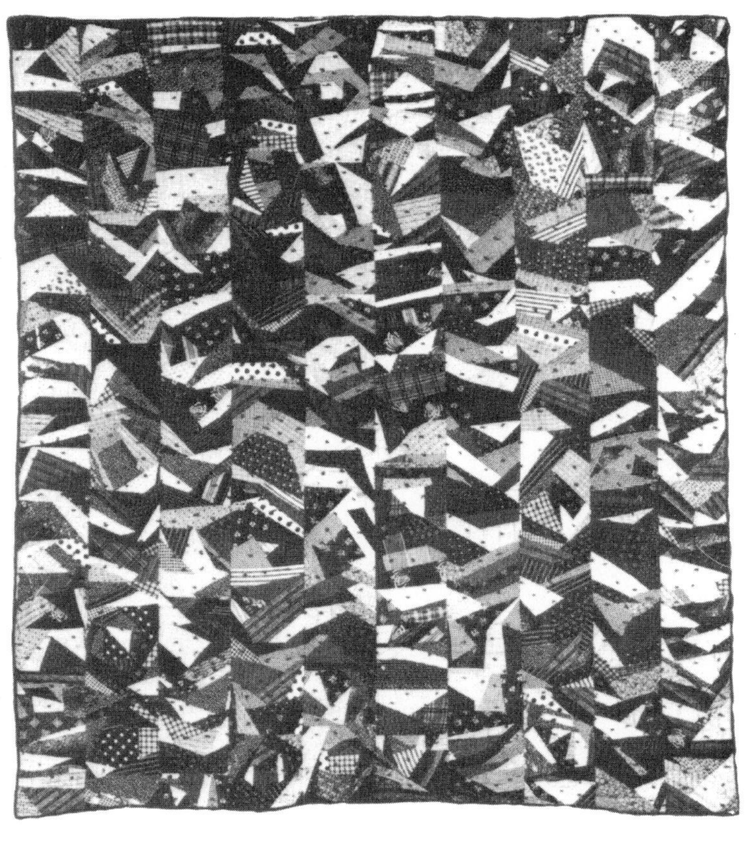

퀼트

매끈한 공간과 홈이 패인 공간, 유목적 공간과 정주적 공간, 전쟁 기계가 전개되는 공간과 국가 장치에 의해 설정되는 공간 — 이 두 공간의 본성은 전혀 다르다. 그런데 우리는 이 두 종류의 공간을 단순하게 대립시킬 수도 있다. 하지만 이보다 훨씬 더 복잡한 차이, 즉 잇달아 나타나게 될 대립항들이 완전히 일치하지 않게 만들어버리는 차이를 확인하는 것이 중요하다. 게다가 이 두 공간은 사실상 서로 혼합된 채로만 존재한다는 것을 상기해야만 한다. 매끈한 공간은 끊임없이 홈이 패인 공간 속으로 번역되고 이 공간을 가로지르는 한편 홈이 패인 공간은 부단히 매끈한 공간으로 반전되고 되돌려 보내진다. 홈이 패인 공간에서는 사막조차 조직화되며 매끈한 공간에서는 사막이 퍼지고 확장되어 나간다. 그리고 이 두 가지가 동시에 진행될 수도 있다. 그러나 사실상 혼합되어 있다고 해서 권리상의 구분, 두 공간의 추상적 구분이 배제되는 것은 아니다. 왜냐하면 두 공간이 결코 같은 방식으로 교통하는 것이 아니기 때문이다. 권리상의 구분이야말로 사실상의 혼합의 형식과 혼합의 방향(=의미)을 결정한다(매끈한 공간이 홈이 패인 공간에게 포획되어 감싸이는가 아니면 홈이 패인 공간이 매끈한 공간 속으로 융해되어 매끈한 공간을 펼치도록 해주는가?). 이리하여 동시에 수많은 질문이 제기된다. 두 공간간의 단순한 대립. 복잡한 차이들. 사실상의 혼합과 한쪽에서 다른쪽으로의 이행. 전혀 다른 운동에 따라 때로는 매끈한 것에서 홈이 패인 것으로 아니면 반대로 홈이 패인 것에서 매끈한 것으로 이행하도록 만드는 전혀 대칭적이지 않은 혼합의 근거들. 따라서 이 두 공간의 다양한 양상과 이 두 공간의 관계를 보여줄 수 있는 몇 가지 모델을 살펴볼 필요가 있다.

기술 모델 — 직물은 원칙적으로 홈이 패인 공간으로 규정될 수 있는 몇 가지 성격을 갖고 있다. 우선 직물은 두 종류의 평행한 요소로 구성된다. 가장 단순한 경우 한쪽은 수직, 다른 한쪽은 수평으로 이루어져 이 두 요소가 교직되고 수직으로 교차한다. 두번째로 이 두 종류의 요소는 서로 다른 기능을 가진다. 한쪽은 고정되고, 유동적인 다른 한쪽은 고정된 쪽의 위아래를 통과한다. 르루아-구르앙은 이 "고정된 것과 유연한 것"이 엮여지는 독특한 형태를 바구니 짜기뿐만 아니라 편물 세공 등 대바늘과 뜨게실, 씨실과 날실을 이용한 짜기에까지 적용해 분석하고 있다.[1] 세번째로 이렇게 해서 홈이 패인 공간은 필연적으로 제한되며, 적어도 한쪽에서 닫힌다. 직물의 길이는 무한하더라도 폭은 날실의 틀에 의해 한정되기 때문이다. 왕복 운동을 하려면 당연히 공간이 닫혀야 하기 때문이다(원형 또는 원통 형태는 그 자체가 닫혀 있다). 마지막으로 이러한 공간은 필연적으로 앞면과 뒷면을 갖고 있다. 날실과 씨실이 완전히 같은 본성, 수, 밀도를 갖고 있더라도 직조는 실의 매듭을 한쪽으로 집중시켜 안쪽을 만들어낸다. 플라톤이 "왕립 과학", 즉 사람들을 통치하고 국가 장치를 운용하기 위한 기술의 패러다임으로서 직조술을 모델로 삼은 것은 이러한 성격들 때문이 아니었을까?

그러나 고정된 것과 유연한 것의 조합에 의해 만들어진 것 중에서

1 André Leroi-Gourhan, *L'homme et la maitière*, Albin Michel, pp. 224ff.(직물과 펠트의 대립에 대해서도 마찬가지이다)를 보라.

도 펠트는 이와 전혀 다른 방법으로 만들어지는데, 이것은 마치 "반-직물(anti-tissu)"처럼 보인다. 펠트에서는 개별적인 실이나 교차를 전혀 찾아볼 수 없으며, 압축에 의해 (예컨대 섬유 블록을 앞뒤로 교대로 굴리는 방식으로) 얻어지는 섬유의 얽힘만이 있을 뿐이다. 즉, 아주 작은 섬유 조각들이 서로 얽히는 것이다. 이런 식으로 서로 뒤엉켜놓은 집합체는 전혀 등질적이지 않다. 하지만 펠트는 매끈하며, 한 점 한 점 모두 직물 공간과 대립하고 있다(권리상으로 그것은 무한하며 모든 방향으로 열려 있어 한계를 갖지 않는다. 앞면과 뒷면도 또 중심도 갖지 않으며, 고정된 것과 유동적인 것의 구별도 없으며 오히려 연속적 변주를 분배한다). 유목민의 기술 혁신력에 대해 가장 회의적인 공예가들조차 적어도 펠트에 대해서는 찬사를 아끼지 않는다. 투르크-몽골 족은 텐트, 의복, 투구와 갑옷의 재료로 훌륭한 단열재를, 천재적인 발명을 해낸 것이다. 물론 이와 달리 아프리카나 마그레브(Maghreb) 지방의 유목민들은 오히려 양모를 직물로 취급하고 있다. 그러나 대립이 달라지는 경우가 있을지 몰라도 적어도 직물과 펠트처럼 직조에 관한 서로 완전히 구별되는 두 가지 생각, 나아가서 실천이 존재한다고 할 수 있지 않을까? 정주민들에게서는 의복-직물과 태피스트리-직물이 신체나 외부 공간을 고정된 집에 병합시키는 경향이 있기 때문이다. 그리고 직물은 신체나 바깥을 닫힌 공간 속에 통합시킨다. 하지만 이와 달리 유목민이 직물을 짤 때는 의복이나 집조차도 바깥 공간에, 즉 신체가 움직이고 있는 열린 매끈한 공간에 맞춘다.

물론 펠트와 직물 사이의 수많은 교착 형태나 혼합 형태를 찾아볼 수 있다. 따라서 이 양자의 대립을 좀더 어긋나게 하는 것은 없을까? 가령 뜨게질에서 바늘은 홈이 패인 공간을 떠나가며, 한쪽 바늘은 날실 역할을, 다른 한쪽 바늘은 씨실 역할을 담당하나 바늘간에 이러한 역할은 상호 교차된다. 이에 반해 코바늘 뜨게질은 짜나가는 공간이 중심을 갖고 있기는 하지만 모든 방향으로 열린 공간을, 즉 모든 방향으로 늘어날 수 있는 열린 공간을 그린다. 그러나 이보다 한층 더 중요한 것은 중심 테마나 모티프를 갖고 있는 자수와 천 조각을 무한히 하나하나 연속적으로 이어가는 **패치워크**(patchwork) 간의 구별일 것이다. 분명히 자수는 변하는 것과 변하지 않는 것, 고정된 것과 유동적인 것을 갖고 놀라울 정도로 복잡한 것을 만들어 낼 수 있다. 패치워크 또한 나름대로 자수에 가까운 테마나 대칭성, 공명을 보여줄 수도 있을 것이다. 하지만 공간이 전혀 다른 방식으로 구성된다는 점에는 변함이 없다. 즉 중심이 없으며 기본 모티프(블록)는 단일한 요소로 구성된다. 이 요소의 회귀는 자수의 화음과는 구별되는 단일한 리듬적 가치를 해방시킨다(특히 크기, 형태, 색상이 서로 다른 천 조각을 이리저리 이어서 하나의 직물의 **짜임**[texture]을 만들어내는 **조각보 패치워크**[crazy patchwork]에서 그러하다). "그녀는 벌써 15년째 그 일에 매달리고 있다. 어디를 가건 가지각색의 자투리 천 조각들을 너덜너덜하고 땟자국이 선명한 찌그러진 가방에 넣고 다닌다. 그것들을 하나의 패턴에 따라 배치한다는 생각은 전혀 떠오르지 않았다. 그래서 마치 퍼즐 조각들처럼 천 조각들을 옮기고 다시 맞춰보고, 다시 가만히 살펴본 다음 떼었다가 붙이기를 반복하면서 인내심을 시험하기라도 하듯 가위를 사용하지 않고 부드러운 손가락으로 천 조각들을 잡아당겨 배치를 바꿔나갔다……."[2) 이처럼 함께 놓이게 되는 무형의 천 조각들을 하나로 연결시키는 방법은 거의 무한대라고 할 수 있다. 패치워크는 말 그대로 하나의 리만 공간이며, 아니 오히려 리만 공간이 바로 패치워크라고 할 수 있다. 패치워크를 만들기 위해 아주 특수한 작업 모임이 만들어지는 것은 이 때문이다(미국에서의 **퀼팅 파티**[quilting party]의 중요성과 함께 여성의 집단성이라는

2 William Faulkner, *Sartoris*, Gallimard, p. 136.

점에서 이러한 모임이 어떠한 역할을 하는지를 생각해 보라). 패치워크의 매끈한 공간은 이 "매끈하다는 것"이 등질적인 것이 아니라 정반대로 무형의(amorphe), 무정형의 공간으로서 옵 아트(op'art)를 예시하고 있다는 것을 것을 분명하게 확인해준다.

이와 관련해 특히 흥미로운 것은 <퀼트(Quilt)>의 역사이다. 퀼트란 작은 천 조각을 이어 붙인 두 개의 보를 하나로 꿰맨 것으로 때로는 사이에 심을 넣기도 한다. 그래서 앞면과 뒷면이 있을 수가 없다. [미국의] 짧은 이민의 역사(신세계를 찾아 유럽을 떠난 이주민들) 속에서 퀼트의 역사를 살펴보면 자수가 지배적이던 양식(소위 "보통" 퀼트)으로부터 패치워크 양식("응용 퀼트"와 특히 "헝겊을 덧댄 퀼트")으로 이행해나가는 것을 알 수 있다. 17세기의 최초의 이주민들은 보통 퀼트, 즉 화려하게 수를 놓은 홈이 패인 공간을 갖고 왔으나 17세기말에 이르러서는 우선 섬유가 부족하고(자투리 천, 헌옷에서 잘라낸 천 조각, "폐물 주머니"에 모아둔 나머지 천 등을 이용했다), 다음으로는 인디언들의 면제품들이 유행하면서 점차 패치워크 기술이 발달하게 되었다. 이것은 마치 홈이 패인 공간에서 매끈한 공간이 떨어져 나와 새로이 출현하게 된 것 같았다. 물론 이 두 공간 간에 상관 관계, 즉 한쪽이 다른쪽의 뒤를 잇거나 다른쪽을 통해 발전하게 되는 관계가 전혀 없지는 않았다. 하지만 복잡한 차이는 여전히 그대로 남는다. 패치워크는 이주의 진행 과정에 따라 또 유목과의 친화성의 정도에 따라 이민이 걸어온 궤적의 이름을 갖게 되었을 뿐만 아니라 이 궤적을 "대표하게" 되고 열린 공간에서의 속도나 운동과 불가분의 관계를 갖게 되었다.[3)]

3 미국의 이주민들에게서 퀼트와 패치워크의 역사가 어떻게 나타나는지에 대해서는 Jonathan Holstein, *Quilts*, Musée des arts décoratifs, 1972(복제품과 관련 서지목록이 첨부되어 있다)를 보라. 홀스타인은 퀼트가 미국 미술의 주요한 원천이라고 주장하지는 않으나 미국 회화의 몇 가지 경향에서 보통 퀼트의 "흰색 위의 흰색(white on white)" 구성과 패치워크-구성이 얼마나 큰 영감과 활력을 부여했는지를 지적하고 있다("우리는 많은 퀼트

음악 모델 — 매끈한 공간과 홈이 패인 공간 간의 단순한 대립과 복잡한 차이들, 더욱이 비대칭적인 상관 관계를 처음으로 전개해 나간 사람은 불레즈였다. 음악 분야에서 이러한 개념과 언어를 창조한 그는 수많은 층위에서 이들을 정의하고 [이들의] 추상적 구별과 구체적 혼합을 설명했다. 우선 가장 단순한 차원에서 불레즈의 이론을 요약하자면 이렇다. 즉 매끈한 시간-공간은 헤아리지 않고 차지할 수 있지만 홈이 패인 시간-공간을 차지하려면 헤아려야 한다는 것이다. 그래서 그는 또 비계량적 다양체와 계량적 다양체, 방향적 공간과 차원적 공간의 차이를 감각하고 지각할 수 있도록 해주었다. 불레즈는 이러한 차이가 음(音)적이고 음악적인 것이 되도록 만들었다. 따라서 당연히 그의 개인적인 작품은 음악적으로 창조, 재창조된 이런 관계들로 만들어진다.[4]

두번째 차원에서 보자면, 공간을 절단하는 방법에는 두 가지가 있다고 할 수 있다. 하나는 기준에 따라 정해지는 반면 다른 하나는 불규칙하고 비규정적인 것으로 임의대로 절단할 수 있다. 하지만 이와 다른 차원에서 보자면 주파수가 음정들에, 즉 절단들 사이에 분배되는 경우와 절단 없이 통계적으로 분배되는 경우 두 가지로 생각할 수 있다. 첫번째 경우 절단들과 음정들의 배분율은 "모듈(modulo)"로 불리는데, 이것이 일정하고 변하지 않을 때(직선적인 홈이 패인 공간)와 규칙적 또는 불규칙적으로 변할 때가 있다(곡선적인 홈이 패인 공간. 모듈이 규칙적으로 변하면 이 공간은 초점을 갖지만 불규칙적으로 변하면 초점을 갖지

작품에서 '옵[op]' 효과, 계열적 이미지들, '총천연색 천'의 사용, 음가적[陰價的] 공간에 대한 실제적 이해, 형식적인 추상과 같은 현상을 볼 수 있다." p. 12).

4 Pierre Boulez, *Penser la musique aujourd'hui*, Médiations, pp. 95ff.. 불레즈의 분석은 다음 단락에서 요약하기로 한다.

않는다). 그러나 모듈이 없어지면 주파수의 배분은 절단을 갖지 않게 된다. 아무리 작은 공간에서라도 주파수의 배분은 "통계적"으로 실행된다. 단 이러한 배분에도 최소한 배분이 균등한 경우(방향을 갖지 않은 매끈한 공간)와 얼마간 밀도가 있거나 아니면 희박해지는 경우(방향을 가진 매끈한 공간)의 두 가지 종류가 있다. 그러면 절단이나 모듈이 없는 매끈한 공간에는 음정이 존재하지 않는다고 말할 수 있을까? 아니면 이와 반대로 모든 것이 음정, 간주곡이 된 것이 아닐까? 홈이 패인 것은 항상 하나의 로고스를, 예를 들어 옥타브 같은 것을 갖는 데 반해 매끈한 것은 하나의 노모스이다. 불레즈는 이 두 가지 공간 간의 교통, 교체와 중첩에 관심을 갖고 있다. 왜 "분명한 방향을 갖고 있는 매끈한 공간은 홈이 패인 공간과 융합되는 경향이 있는가?" 왜 "홈이 패인 공간은 사용된 음 높이의 통계적 배분이 사실상 균등해지면 매끈한 공간과 융합되는 경향을 보이는가?" 왜 옥타브는 나선 원리에 따라 재생산되는 "비-옥타브 형식의 음계"로 교체될 수 있는가? 어떻게 [음의] "짜임"에 영향을 미쳐 고정된 등질적 가치를 잃게 만들어 옵 아트의 변형에 비견할 만한 사운드 아트(son art : 음 예술)의 변형을 지지하면서 시간 한가운데서의 변동과 음정에서의 이동의 버팀목이 될 수 있도록 만들 수 있을까?

다시 처음의 단순한 대립으로 되돌아가 보기로 하자. 홈이 패인 것이란 고정된 것과 가변적인 것을 교차시켜 서로 구별되는 형식들에 질서를 부여하고 연속적으로 이어지게 하는 것, 수평적 선율의 선들과 수직적 화음의 판들을 조직하는 것이다. 매끈한 것이란 연속적 변주, 형식의 연속적 전개, 리듬에 본래적인 독자적 가치를 이끌어내기 위한 화음과 선율의 융합, 수직선과 수평선을 가로지르는 사선의 순수한 줄을 가리킨다.

바다 모델 — 물론 매끈한 공간뿐만 아니라 홈이 패인 공간에도 점, 선, 면은 존재한다(입체도 존재하지만 이 문제에 대해서는 당분간 언급하지 않겠다). 그러나 홈이 패인 공간에서 선이나 궤적은 점에 종속되는 경향이 있다. 즉 한 점에서 또 다른 점으로 나가는 것이다. 하지만 매끈한 공간에서는 정반대로 된다. 즉 점이 궤적에 종속된다. 유목민에게서 의복-텐트-바깥 공간이라는 벡터가 이미 그러했다. 주거는 이동에 종속되고 안쪽 공간은 텐트, 이글루, 배 등 바깥 공간에 순응한다. 물론 매끈한 것이나 홈이 패인 것에서도 모두 정지와 궤적은 존재한다. 그러나 매끈한 공간에서는 궤적이 정지를 유도하며, 여기서도 여전히 간격이 모든 것을 포괄하며 간격이 실체이다(리듬적 가치는 이것에서 생겨난다).[5]

매끈한 공간에서 선은 차원이나 계량적 결정인이 아니라 벡터, 방향이다. 이것은 방향의 변화를 수반하는 국지적 조작을 통해 구성된 공간인 것이다. 이러한 방향의 변화는 열도(列島)의 유목민들에게서 볼 수 있듯이 경로의 본성 자체에서 유래하는 것일 수도 있다("방향을 가진" 매끈한 공간의 경우). 그러나 이보다 국지적이거나 일시적인 식생(植生)을 좇아다니는 사막의 유목민들의 경우처럼 목표 또는 도착점의 가변성에서 유래할 가능성이 더 많다("방향을 갖지 않은" 매끈한 공간). 그러나 방향을 갖건 그렇지 않건, 특히 두번째의 경우 매끈한 공간은 차원성이나 계량성보다는 방향성을 갖게 된다. 매끈한 공간은 형식화되고 지각된 것보다는 사건이나 <이것임>에 의해 점유된다. 그것은 소유의 공간이 아니라 변용태의 공간이다. 그것은 광학적 지각이라기보다 **촉지적**

5 사막의 유목민들에게서 안이 이런 식으로 바깥의 지침이 되는 것에 대해서는 Annie Milovanoff, "La seconde peau du nomade", *Nouvelles littéraires*, no. 2646(1978년 7월 27일)을 보라. 그리고 빙원의 유목민들에서 나타나는 이글루와 외부의 관계에 대해서는 Edmund Carpenter, *Eskimo*를 보라.

(hatique) 지각이다. 홈이 패인 공간에서는 형식들이 하나의 질료를 조직하는 데 반해 매끈한 공간에서는 재료들이 힘들을 지시하든가 아니면 힘들의 징후 노릇을 한다. 이것은 외연적 공간이 아니라 강렬한 공간, 측량의 공간이 아니라 거리의 공간이다. 외연이 아니라 강렬한 내포적 공간(*spatium*)인 것이다. 유기체나 조직이 아니라 기관 없는 몸체인 것이다. 여기서 지각은 측정이나 소유보다는 징후나 평가에 의해 행해진다. 사막, 스텝, 빙원에서처럼 매끈한 공간을 강렬함들, 바람과 소음, 힘이나 촉각적·음향적 질이 차지하고 있는 것은 바로 이 때문이다. 얼음이 깨지는 소리나 모래알들의 노래.[6] 이와 반대로 홈이 패인 공간은 척도로서의 하늘에 의해, 거기서 발생하는 측정 가능한 시각적 질에 의해 뒤덮인다.

여기서 바로 바다라는 아주 특수한 문제가 제기된다. 왜냐하면 바다야말로 특히 빼어난 매끈한 공간이지만 점점 엄격해져만 가는 홈 패임의 요구에 가장 먼저 직면했기 때문이다. 이 문제는 육지와 가까운 곳에서는 제기되지 않는다. 이와 반대로 바다에 홈이 패인 것은 원양 항해 때문이었다. 해양 공간은 천문학과 지리학이라는 두 가지 성과에 기초해 홈이 패였다. 별과 태양의 정확한 관찰을 통해 성립하는 일련의 계산에 의해 얻어낸 점, 그리고 경선과 위선, 경도와 위도를 교차시켜 이미 알려져 있는 지역이나 미지의 지역을 (멘델레예프 주기율표에서처럼) 격자 모양으로 표시해 놓은 지도가 그것이다. 포르투갈인들의 주장대로 1440년경을 최초의 결정적 홈 패임이 일어난 시점이자 대 발견이 가능하게 된 전환점으로 봐야 할까? 우리로서는 오히려 쇼뉘의 주장에 따라 매끈한 것과 홈이 패인 것이 바다 위에서 대립하면서 점진적으로 홈 패임이 장기간에 걸쳐 성립된 것으로 보고 싶다.[7] 왜냐하면

6 빙원 공간과 사막 공간에 대한 이 두 묘사는 서로 수렴되고 있다. E. Carpenter, *Eskimo*와 W. Thesiger, *Le désert des déserts*(두 경우 모두 천문학에는 무관심하다).

경도에 의한 위치 파악은 아주 늦게 등장한 것으로, 이전에는 우선 바다의 바람, 소음, 색깔과 음향 등 경험에 기초한 복잡한 유목적 항해술이 지배적이었기 때문이다. 다음에는 방향성을 갖지만 전(前)-천문학적인 아니면 이미 천문학적인 항해술이 출현하는데, 조작적 기하학에 의지하고 있던 이것은 위도의 조작에만 의지했기 때문에 "배의 위치를 측정할" 수 없었고, "번역 가능한 일반화"를 결여했기에 진정한 지도라고 하기는 힘든 항해도만을 사용했다. 이후 이 원시적 천문 항해술은 인도양의 위도라는 아주 특수한 조건을 배경으로, 또 다음에는 대서양의 타원형 항로를 매개로 진보한다(직선 공간과 곡선 공간).[8] 이리하여 마치 바다는 단순히 모든 매끈한 공간의 원형일 뿐만 아니라 최초로 홈 패임을 경험하는 공간처럼 보인다. 이러한 홈 파기는 점진적으로 확대되면서 모든 장소, 모든 면을 바둑판처럼 나눠 나간다. 상업 도시들이 이러한 홈 파기에 참여해 종종 이를 혁신시키기도 했지만 오직 국가만이 이를 끝까지 밀고 나가 완성시킬 수 있었으며, "과학 정치"라는 세계적 층위로까지 끌어올릴 수 있었다.[9] 차원적인 것이 조금씩 확립되어 가면서 방향적인 것을 종속시키고 그것에 중첩된 것이다.

바다가, 즉 매끈한 공간의 원형인 바다가 동시에 매끈한 공간의 모든 홈 파기의 원형이었던 것은 바로 이 때문이다. 사막의 홈 패임, 하늘의 홈 패임, 성층권의 홈 패임(이 때문에 비릴리오는 방향 전환으로서 "수직적 연안"에 대해 말할 수 있었다). 매끈한 공간이 최초로 순치된 것은 바다에서인데, 홈이 패인 것을 정비하고 강요하는 모델이 여기서 발견되었으며, 나중에 다른 경우에도 그대로 사용된다. 물론 이것은 비릴

7 Pierre Chaunu, *L'expansion européenne du XIII au XVe siècle*, pp. 288~305.

8 특히 Paul Adam, "Navigation primitive et navigation astronomique", in *Colloque d'histoire martime*, V(북극성을 기초로 한 조작적 기하학 참조).

9 Guy Beaujouan, 앞의 책, pp. 61~90

리오의 또 다른 가설과도 모순되지 않는다. 즉 바다는 결국 홈 파기의 끝에서 일종의 매끈한 공간을 재부여한다는 것이다. 그리고 먼저 현존 함대가, 다음으로는 전략 잠수함의 항상적 운동이 이 공간을 차지하는데, 이것은 모든 바둑판 배열을 피해나가며, 홈 파기의 극한에서 전쟁 기계를 재구성하는 국가보다도 한층 더 불길한 전쟁 기계에 봉사하는 새로운 유목을 발명해낸다. 이리하여 바다 그리고 다음에는 하늘과 성층권이 다시 매끈한 공간이 되는데, 이것은 실로 기묘한 전도에 의해 홈이 패인 육지를 좀더 잘 통제하기 위해서이다.[10] 매끈한 것은 홈이 패인 것보다 항상 더 높은 탈영토화 역량을 갖고 있다. 새로운 직업, 심지어 새로운 계급을 검토해보면 반드시 군사 기술자를 언급하지 않을 수 없을 것이다. 밤낮을 가리지 않고 스크린을 감시하고, 현재건 앞으로건 전략 잠수함이나 위성에서 장기적으로 지속하여 살게 되며, 나아가 이미 하나의 물리적 현상과 메뚜기의 비행과 어느 지점에서라도 올 수 있는 "적"의 공격을 거의 구별할 수 없는 이들의 귀와 눈은 어떤 종말론적인 상황을 살아갈 것인가? 이러한 이야기를 하는 이유는 매끈한 것은 자체가 악마적 조직화의 역량들에 끌려가고 점유될 수도 있다는 것을 상기시키기 위해서이다. 그러나 가치 판단의 문제와는 별도로, 이것은 무엇보다 비대칭적인 두 가지 운동이 있다는 것을, 즉 한쪽에는 매끈한 것에 홈을 파는 운동이 있고 다른 한쪽에는 홈이 패인 것에 다시 매끈함을 부여하는 운동이 있다는 것을 보여준다(그리고 세계적 조직이라는 매끈한 공간과 관련해서도 그에 대항하는 형태로 새로운 매끈한 공간 또는 구멍 뚫린 공간이 등장하지 않는가? 비릴리오는 "광상[鑛床]"에서의 지하 주거의 출현을 예로 들고 있는데, 이것은 실로 다양한 가치를 지닐

10 Paul Virilio, *L'insécurité du territoire*. 바다가 "현존 함대"를 통해 어떻게 다시 매끈한 공간을 부여하는지 그리고 수직적인 매끈한 공간이 위로 솟아올라 하늘과 성층권을 지배하게 되는지에 대해서는 특히 4장 「수직적 연안」을 참조하라.

수 있다).

아직 구체적이고 비대칭적인 혼합 형태들을 고려할 수 있는 단계까지는 다다르지 않았기 때문에 여기서는 일단 다시 매끈한 것과 홈이 패인 것의 단순한 대립으로 되돌아가기로 하자. 매끈한 것과 홈이 패인 것은 우선 점과 선의 관계가 서로 정반대라는 점에서 구별된다(홈이 패인 것에서는 두 점 사이에 선이 있지만 매끈한 것에서는 두 선 사이에 점이 있다). 두번째로 선의 본성이 구별된다(매끈한 선은 방향적이기 때문에 간격이 열려 있으나 홈이 패인 선은 차원적이기 때문에 간격이 닫혀 있다). 마지막으로 세번째 차이는 곡면 또는 공간과 관련되어 있다. 홈이 패인 공간에서 곡면은 닫혀 있으며 지정된 절단에 따라, 규정된 간격에 따라 "배분"이 일어나지만, 매끈한 공간에서는 모든 것이 열린 공간 위에서 빈도와 경로의 장단에 따라 "분배"가 일어난다(로고스와 노모스).[11] 그러나 이러한 대립은 아무리 단순해 보이더라도 위치를 지정하기가 쉽지 않다. 유목 목축민의 매끈한 땅과 정주 경작민의 홈이 패인 토지를 직접 대립시킬 수 있는 것은 아니기 때문이다. 정주민이라고는 해도 농민은 바람의 공간이나 음향적·촉각적인 질에 충만하게 참여하고 있는 것은 분명하다. 고대 그리스인들은 노모스라는 열린 공간에 대해 말한다. 그것은 제한되지도 배분되지도 않는다. 그것은 한계도 또 분할도 모르는 도시 이전의 전원, 산록, 고원, 스텝이다. 이들은 열린 공간을 경작에 대립시키는 것이 아니라(오히려 이것은 열린 공간의 일부로 받아들여졌다) 오히려 폴리스, 도시, 마을에 대립시켰다. 이븐 할둔이 말하는 바디야(Badiya), 즉 베두인적 삶에도 유목적 목축민과 더불어 경작민도 포함되어 있었다. 오히려 그는 이것을 하다라(Hadara), 즉 "도시의

11 Emmanuel Laroche는 분배(distribution)와 배분(partage) 간의 차이, 그리고 이와 관련된 두 언어 집단, 두 종류의 공간의 차이, "시골"이라는 극과 "도시"라는 극 간의 차이를 명시하고 있다.

시민적 삶"과 대립시켰다. 이러한 구별은 분명 아주 중요하지만 아직 결정적인 것은 못된다. 왜냐하면 태고적부터, 즉 신석기 시대나 더 나아가서 구석기 시대에서조차 농업을 발명한 것은 바로 도시이기 때문이다. 도시의 작용을 통해서만 농부와 농부의 홈이 패인 공간은 여전히 매끈한 공간 내에 있는 경작민(계절별 이동 경작민, 반정주민 또는 이미 정주한 경작민)에 중첩되었던 것이다. 따라서 이러한 차원에서 우리가 앞에서 의문시하면서 시작한 단순한 대립, 즉 농민과 유목민, 홈이 패인 토지와 매끈한 땅 간의 단순한 대립이 다시 나타나게 된다. 하지만 홈을 파는 힘으로서의 도시를 경유한 후에나 그렇게 될 수 있다. 이리하여 이제 이미 바다, 사막, 스텝, 하늘뿐만 아니라 대지 자체가 매끈한 것과 홈이 패인 것이 도박하는 장소가 되며, 노모스-공간에서 경작이 이루어지느냐 아니면 도시-공간에서 농업이 이루어지냐가 중요해진다. 그렇다면 도시 자체에 대해서도 똑같이 말할 수 있지 않을까? 바다와 반대로 도시는 특히 홈이 패인 공간이다. 그러나 바다가 근본적으로 홈 파기에 열려 있는 매끈한 공간인 것과 마찬가지로, 도시는 홈을 파는 힘으로서 매끈한 공간의 도처에서, 즉 대지와 그밖의 다른 요소들에서, 또 도시의 안팎에서 매끈한 공간을 다시 부여하고 이를 실현시킨다. 따라서 지금 매끈한 공간은 도시를 벗어나고 있다. 그것은 이미 세계적 조직화의 매끈한 공간일 뿐만 아니라 매끈한 것과 구멍 뚫린 것들을 조합시켜 도시를 향해 반격을 해오는 매끈한 공간이기도 하다. 즉 움직이는 거대 빈민가, 임시 거주자, 유목민과 혈거민, 금속과 천 찌꺼기, 패치워크 등. 이것들은 화폐, 노동 또는 주거의 홈 파기와는 전혀 무관하다. 폭발적인 빈곤, 이것은 도시가 분비하는 것이며 "소급적인 매끈하게 하기(lissage rétroactif)"[12]라는 톰의 수학 공식에 꼭 들어맞는

12 톰(René Thom)에게서 이러한 표현을 발견할 수 있는데, 그는 변수가 선행 변수들에 영향을 미치는 연속적 변주와 관련해 이러한 표현을 사용하고 있다. *Modèles mathématiques*

것이다. 응축된 힘, 역습의 잠재력?

이리하여 매번 "매끈한 것-홈패인 것"이라는 단순한 대립은 훨씬 더 어려운 온갖 복합, 교대, 중첩과 같은 것을 불러온다. 그러나 이러한 복합은 우선 양자간의 구별이 존재한다는 것을 확인해준다. 왜냐하면 바로 이러한 복합이 수많은 비대칭적 운동을 불러오기 때문이다. 지금으로서는 우선 단지 점, 선, 공간의 각각의 역할에 의해 구별되는 두 가지 종류의 여행이 있다는 것을 말해두는 것만으로도 충분할 것이다. 괴테 식 여행과 클라이스트 식 여행? 또는 프랑스식 여행과 영국식(또는 미국식) 여행? 나무형 여행과 리좀형 여행? 그러나 이들 어떤 대립항도 완전하게 맞아떨어지지는 않을 뿐만 아니라 모든 것이 혼합되거나 서로 이동한다. 이들간의 차이가 객관적인 것이 아니기 때문이다. 사막이나 스텝, 바다에서도 얼마든지 홈을 파고 살 수 있다. 도시에서조차 매끄럽게 된 채로 살 수 있고, 도시의 유목민이 될 수 있다(예를 들면 클리시나 브룩클린에서의 헨리 밀러의 산책은 매끄러운 공간에서의 유목민적인 이동이다. 밀러는 도시가 하나의 패치워크, 속도의 미분, 지체와 가속, 방향 전환, 연속적 변주를 토해내도록 부추기고 있다고 말한다…… 비트족들은 밀러에게 많은 것을 빚지고 있지만 그들 나름대로 다시 방향을 바꿔 도시 외부 공간의 새로운 사용법을 만들어냈다). 이미 오래 전에 피츠제럴드는 이렇게 말했다. 남쪽 바다를 향해 떠나는 것이 다는 아니라고. 여행을 결정하는 것은 그러한 것이 아니라고. 도시 한가운데서도 낯선 여행이 있을 뿐만 아니라 제자리에서의 여행도 있다고. 물론 여기서 우리는 마약 사용자를 생각하고 있는 것이 아니다. 이들의 경험은 너무나 애매하기 때문이다. 우리는 오히려 진정한 유목민을 생각하고 있다. 토인비가 시사하는 대로 이들 유목민에 대해서는 다음과 같이 말할 수 있다. **그들은 이동하지 않는다**라고. 전혀 이동하지 않음으로써,

de la morphogènese, 10~18, pp. 218~219.

이주하지 않음으로써, 또 하나의 매끈한 공간을 보유한 채 떠나기를 거부하기 때문에, 또 정복하거나 죽을 때야 비로소 그곳을 떠나기 때문에 유목민인 것이다. 제자리에서의 여행, 이것이 모든 강렬함들의 이름이다. 설령 이러한 강렬함들이 오직 외연적으로만 전개되더라도 말이다. 사유하는 것, 그것은 여행하는 것이다. 앞에서 우리는 매끈한 공간과 홈이 패인 공간에 대한 신학-사유학적인 모델을 만들어내려고 시도해 보았다. 즉, 이 두 종류의 여행을 구별해주는 것은 장소의 객관적인 질도, 운동의 측정 가능한 양도 아니고 또 오직 정신 속에만 들어 있는 그 무엇도 아니며 공간화의 양태, 공간 속에서의 존재 방식 또는 공간에 대한 존재 방식이다. 매끈한 것 속에서 여행할 것인가…… 홈이 패인 것 속에서 여행할 것인가를 사고하는 경우도 마찬가지이다…… 그러나 항상 한쪽에서 다른 한쪽으로 이행하거나 한쪽에서 다른 한쪽으로 변하거나 반전이 일어난다. 영화『시간의 흐름 속에서*Au fil du temps*』에서 벤더스(Wim Wenders)는 두 명의 등장 인물의 행로를 교차, 중첩시키는데, 이중 한 명은 모든 점에서 홈이 패인 괴테 식의 교양적·기억적·"교육적" 여행을 하는 반면 다른 한 명은 이미 매끈한 공간을 정복한 채 오직 실험만 하고 독일 "사막"에서 기억 상실 증세를 보이고 있다. 그러나 기묘한 것은 공간을 열고 일종의 소급적인 매끈하게 하기를 실행하는 것은 전자로서 후자에서는 홈이 패인 것이 재형성되어 다시 공간을 닫아버리는 것이다. 매끈한 것 속에서 여행하는 것, 그것은 하나의 생성이며, 그것도 아주 어렵고 불확실한 생성이다. 물론 여기서 전-천문학적인 항해술이나 고대의 유목민으로 회귀하는 것이 중요한 것은 아니다. 오늘날에도 극히 다양한 방향에서 매끈한 것과 홈이 패인 것의 충돌, 이행, 교대, 중첩이 계속되고 있기 때문이다.

수학 모델 — 수학자인 리만이 다양한 것(le multiple)을 술어 상태에서 떼어내 "다양체"라는 실사로 만든 것은 정말 하나의 결정적 사건이었다. 이것은 변증법이 종언을 고하고 다양체의 유형학과 위상학이 시작될 수 있는 길을 열어주었다. 각각의 다양체는 n개의 결정인(détermination)에 의해 정의된다. 이들 결정인들은 어떤 때는 상황으로부터 자유롭기도 하지만 상황에 의존하는 경우도 있다. 가령 두 점 간의 수직선의 크기와 다른 두 점 간의 수평선의 크기를 비교해보기로 하자. 이 경우 다양체는 홈이 파여지고 이 다양체의 결정인들은 크기이므로 계량될 수 있다. 반대로 높이는 같지만 강도는 다른 두 음의 차이와 강도는 같지만 높이는 다른 두 음의 차이를 비교할 수는 없다. 이 경우 두 결정인은 오직 "한쪽이 다른 한쪽의 일부이며 어느 정도라고까지는 말할 수 없지만 어느 쪽이 다른 한쪽보다 작다는 판단으로 만족할 때만"[13] 비교될 수 있다. 이 두번째 종류의 다양체들은 계량적이지 않으며, 간접적 방법에 의해서만 홈이 파지고 측정될 수 있는데 다른 때는 이러한 방법에 항상 저항한다. 이 다양체는 비정확하지만 엄밀하다. 마이농과 러셀은 거리(distance)라는 개념을 채용해 이것을 크기(magnitude)라는 개념과 대립시켰다.[14] 거리란 정확히 말해 분할이 불가능한 것은 아니다. 하나의 결정인이 또 다른 결정인의 일부가 되는 경우 거리는 분할된다. 그러나 크기와는 반대로 거리는 분할될 때마다 반드시 본성이 바뀐다. 가령 하나의 강도는 첨가되고 변형 가능한 크기들로 구성되지는 않는다. 어떤 온도는 그보다 낮은 두 온도의 합계가 아니며 어떤 속도는 그보다 느린 두 속도의 합계가 아니다. 그러나 각각의 강도 자체가

13 리만과 헬름홀츠가 제시하는 다양체에 대해서는 Jules Vuillemin, *Philosophie de l'algèbre*, P.U.F., pp. 409ff.를 보라.

14 Russel, *The Principles of Mathematicsm,* Allen ed., 31장을 보라. 아래의 설명은 러셀의 이론과 일치하지는 않는다. 마이농과 러셀이 말하는 거리와 크기에 대한 뛰어난 분석으로는 Albert Sapier, *La pensée et la quantité*, Alcan에서 찾아볼 수 있다.

하나의 차이이기 때문에 분할의 각 항이 다른 항과 본성상 구분되는 질서에 따라 분할된다. 따라서 거리란 순서가 정해진 차이들의 집합이다. 즉 어떤 차이가 다른 차이에 감싸이는 집합으로서 정확한 크기와는 무관하게 어느 쪽이 더 크고 작은지를 판단할 수 있는 것이다. 가령 운동은 구보, 잰걸음, 느린 걸음으로 나뉠 수 있다. 그러나 이때 분할된 것은 분할의 각 계기마다 본성을 바꾸기는 하지만 그렇다고 해서 이 계기들 중 어느 하나가 다른 하나를 합성하는 요소가 되지는 않는다. 이런 의미에서 "거리"의 다양체들은 연속적 변주 과정과 불가분의 관계에 놓이는 데 반해 "크기"의 다양체들은 상수와 변수를 배분한다.

이러한 점에서 다양체 이론의 발달에서 베르그송은(후설보다도 훨씬 더, 심지어는 마이농이나 러셀보다도 훨씬 더) 커다란 역할을 했다고 할 수 있다. 왜냐하면 『의식의 직접 자료에 관한 시론』 이래 그는 변함없이 지속을 다양체의 한 유형, 계량적 다양체 또는 크기의 다양체와 대립하는 것으로 제시해왔기 때문이다. 즉, 지속이란 결코 분할 불가능한 것이 아니라 오히려 분할할 때마다 분할되는 것은 반드시 본성을 바꾸는 것이다(아킬레우스의 달리기는 걸음들로 나뉘어지지만 크기를 더해 가는 형태로 이들 걸음들을 합치더라도 이러한 달리기 자체를 얻어낼 수는 없다[15]). 이에 반해 등질적인 확장으로서의 다양체에서는 아무리 분할하더라도 대상은 일정하며 어떠한 변화도 겪지 않는다. 또는 크기가 변하더라도 그것에 의해 홈이 패인 공간이 확대되거나 감소하거나 하

15 *Essai sur les données immédiates*의 2장 이후부터 베르그송은 반복해서 "다양체"라는 실사를 사용하고 있으나 그가 이 말을 사용할 때 추가하는 조건에 대해 당연히 주석자들은 주의를 기울여야 한다. 즉 명시되지는 않았지만 이 개념이 리만에게서 유래했다는 것은 의문의 여지가 없어 보인다. 나중에 *Matière et mémoire*에서 베르그송은 아킬레우스의 주행, 걸음 하나 하나가 완전히 "하위의 다양체들"로 분할될 수 있으며, 이것은 이것들이 분할하고 있는 것과는 본성이 전혀 다르다고 설명하고 있다. 거북이의 걸음도 마찬가지이다. "이 두 가지 운동의 경우 모두" 하위의 다양체들은 앞의 두 종류의 걸음과 본성을 달리한다.

는 일만이 일어날 뿐이다. 이런 식으로 베르그송은 "전혀 다른 두 종류의 다양체", 즉 질적이며 융합 가능하며 연속적인 다양체와 수적으로 등질적이고 불연속적인 다양체를 추출해냈다. 물질은 이 두 다양체 사이를 왔다갔다한다는 점을 지적할 필요가 있을 것이다. 이것은 어떤 때는 질적 다양체 속에 이미 감싸여 있거나 아니면 거기서 물질을 추출해내는 계량적 "도식" 속에 이미 펼쳐져 있다. <상대성>의 관점에서 베르그송이 아인슈타인과 대립한 것 또한 이러한 대립을 리만적 다양체의 기본 이론(베르그송은 이 이론을 변형시킨다)이라는 맥락 속에 넣지 않는 한 이해하기 힘들 것이다.

우리는 이미 수차례에 걸쳐 이 두 가지 유형의 다양체 간의 온갖 종류의 차이에 부딪혀왔다. 계량적 다양체와 비계량적 다양체, 외연적 다양체와 질적 다양체, 중앙 집중적 다양체와 탈중심적 다양체, 나무형 다양체와 리좀형 다양체, 셀 수 있는 다양체와 판판한 다양체, 차원의 다양체와 방향의 다양체, 군중의 다양체와 무리의 다양체, 크기의 다양체와 거리의 다양체, 절단의 다양체와 빈도의 다양체, 홈이 패인 다양체와 매끈한 다양체 등. 단순히 분할되면 본성을 바꾸는 다양체(가령 사막의 부족들이 그렇다 — 즉 끊임없이 변화하는 거리, 항상 변신을 거듭하는 무리들)만이 매끈한 공간에 서식하는 것이 아니라 매끈한 공간 자체(사막, 스텝, 바다 또는 빙원)가 바로 이러한 유형의 다양체로서 비계량적이고 중심이 없는 방향적인 것이다. 그런데 <수>는 오직 다른쪽 다양체들에만 속하며, 게다가 비계량적인 다양체들에게는 결여되어 있는 과학적 지위를 부여해준다고 생각할지도 모르겠다. 그러나 그것은 부분적으로만 사실이다. 수가 계량의 상관물이라는 것은 분명하다. 크기는 반드시 수와 관련해서만 공간에 홈을 팔 수 있으며 이와 반대로 수는 점점 복잡해져가는 크기들 간의 관계를 표현해주면서 이를 통해 이상적인 공간을 산출해내지만 이것은 홈 파기를 강화해 물질 전체와 홈 파기를 공-외연적(共-外延的)인 것으로 만든다. 따라서 계량적 다양체들 내부에서는 기하학과 산술, 기하학과 대수 사이에서 다수자 과학을 성립시키는 하나의 상관 관계가 성립된다(이러한 측면에서 좀더 깊은 통찰을 보여준 저자들은 수는 가장 단순한 형태에서조차 기수적인 성격밖에는 갖지 못하며 단위란 본질적으로 분할 가능한 성격을 가졌다는 것을 간파한 사람들이라고 할 수 있다[16]). 이와 반대로 비계량적인 다양체 또는 매끈한 공간의 다양체들은 소수자 기하학이라고 하는 순수하게 조작적이고 질적인 것에만 관여하며, 계산은 필연적으로 매우 한정되기 때문에 여기서 이루어지는 국지적 조작은 일반적인 번역 가능성이나 위치 결정을 위한 등질적인 체계도 갖지 못한다. 그러나 이러한 "열등성"은 표면적인 것에 지나지 않는다. 왜냐하면 이처럼 거의 문맹이라고 할 수 있는 비계량적인 기하학의 자율성이 이미 더 이상 홈이 패인 (또는 홈을 파야 할) 공간에서 크기를 측정하는 기능을 하지 않는 수의 자율성을 가능하게 해주기 때문이다. 수는 스스로 매끈한 공간에 분배되는데, 분할되면 반드시 본성과 단위를 바꾸어버리며, 이 단위 각각은 이미 크기가 아니라 거리를 표상한다. 이처럼 분절된 유목적 방향성의 서수적인 수, 헤아려진 수가 홈이 패인 공간에 관여한다면 헤아리는 수는 매끈한 공간과 관련된다. 따라서 모든 다양체에 대해 다음과 같이, 즉 다양체는 이미 수인 동시에 아직까지는 단위라고 말해야만 할 것이다. 단 이 두 경우에 동일한 수와 단위가 존재하는 것은 아니며, 단위의 분할 방법도 동일하지 않다. 그리고 소수자 과학은 직관, 발자취, 여정, 나아가 물질, 특이성, 변주, 직관주의 기하학, 헤아리는 수에 대한 감각과 취향

16 Bergson, *Essai*, Ed. du Centenaire, p. 56을 보라. 만약 하나의 다양체가 임의의 수를 "자신에게 부가되는 잠정적인 단위로 임의의 수를 처리할 수 있는 가능성을 내포하고 있다면 반대로 단위들은 아무리 큰 것이라 하더라도 진정한 수이지만 이러한 수들은 서로 더하기 위해서는 잠정적으로는 분할 불가능한 것으로 간주된다."

을 다수자 과학에 전달해주어 이 과학을 끊임없이 풍부하게 만들어준다.

그런데 우리가 지금까지 고찰해온 것은 매끈한 또는 비계량적 다양체와 계량적 다양체의 대립에서 나타나는 첫번째 측면에 불과하다. 정확한 크기도, 공통의 단위도, 특정 상황으로부터의 독립성도 없는데 어떻게 하나의 결정인이 다른 결정인의 일부가 되는 상태에 접어들 수 있는 것일까. 이것은 매끈한 공간의 감싸는 동시에 감싸이는 성격을 잘 보여준다. 그러나 정말 중요한 것은 두번째 측면이다. 즉 두 결정인의 상황 자체가 양자간의 비교를 불가능하게 만드는 것이다. 리만 공간 또는 오히려 공간의 리만적 단편들의 경우가 그러하다. "리만 공간은 전혀 등질성을 갖고 있지 않다. 각각의 리만 공간은 무한히 근방에 있는 두 점간의 거리의 제곱이라는 표현의 형식으로 특징지을 수 있다. (……) 따라서 하나의 리만 공간에서 근접해 있는 두 명의 관찰자가 직접 근방에 있는 점들의 위치를 결정하는 것은 가능하더라도 이 공간에서 서로의 위치를 설정하려면 새로운 협약을 맺어야 한다. 즉, 각각의 근방은 유클리드 공간의 작은 조각과 비슷해 보이지만 하나의 근방에서 다음 근방으로의 연결은 규정되지 않으며, 무한한 방식으로 행해질 수 있다. 이리하여 가장 일반적인 리만 공간은 서로 나란히 놓여 있기는 하지만 서로 관계는 맺지 않는 조각들의 무정형의 모임으로 나타나게 된다." 이러한 다양체는 어떤 계량적 체계에도 의존하지 않으며, 빈도 또는 오히려 근방의 집합에 적용되는 축적의 조건에 의해 규정된다. 이 조건들은 계량적 공간과 이 공간들의 절단을 규정하는 조건과는 전혀 다르다(설령 이로 인해 이 두 종류의 공간간에 어쩔 수 없이 상관 관계가 나타나더라도 말이다[17]). 다시 말해 로트만의 이처럼 멋진 묘사에 따르면 리만 공간

17 Albert Lautman, *Les schémas de structure*, Herman, p. 23, 34, 35.

은 순수한 패치워크이다. 그것은 수많은 촉각적인 연결접속이나 관계를 유지한다. 또 이 공간은 계량적 공간으로 번역 가능함에도 불구하고 다른 곳에서는 찾아볼 수 없는 리듬적 가치를 갖고 있다. 다질적이며 연속적 변주 속에 있는 이 공간은 부정형의 비등질적인 것으로서 일종의 매끈한 공간인 것이다. 따라서 우리는 여기서 매끈한 공간 일반의 긍정적인 이중적 성격을 다음과 같이 규정할 수 있을 것이다. 먼저 하나가 다른 하나의 일부를 구성하도록 만들어주는 결정인들이 크기와는 무관하게 감싸인 거리 또는 순서가 정해진 차이를 가리키는 경우. 두번째로는 결정인들이 서로 다른 것의 일부를 이루는 관계가 아니라 계량과 무관하게 빈도 또는 축적 과정과 연결접속될 때. 이것들은 매끈한 공간의 **노모스**가 나타내는 두 가지 측면이기도 하다.

따라서 우리는 항상 매끈한 것에서 홈이 패인 것으로, 또 홈이 패인 것에서 매끈한 것으로 이동해야 할 비대칭적인 필요성에 직면하게 된다. 매끈한 공간의 순회적인 기하학과 유목적인 수가 홈이 패인 공간의 왕립 과학에 끊임없이 영감을 제공하는 것이 사실이라면 반대로 홈이 패인 공간의 계량(**메트론**[metron])은 매끈한 다양체의 수많은 기묘한 여건들을 번역하는 데 필수 불가결하게 될 것이다. 그러나 번역은 결코 단순한 행위가 아니다. 즉 주파한 공간으로 운동을 대체하는 것으로는 충분하지 않다. 일련의 풍부하고 복잡한 조작이 필요한 것이다 (이것을 처음으로 말한 사람은 베르그송이었다). 또한 번역이란 이차적인 행위가 아니다. 이것은 매끈한 공간을 순치시키고 덧코드화해 **계량화하고** 중립화시키는 동시에 바로 이 공간에 증식, 확장, 굴절, 갱신, 돌출의 환경을 제공하는 조작으로서 이러한 환경이 없는 한 매끈한 공간은 스스로 자멸하고 말 것이다. 이것은 마치 가면 같은 것으로서 이것이 없다면 매끈한 공간은 숨을 쉬거나 일반적인 표현의 형식을 얻을 수 없을 것이다. 다수자 과학은 항구적으로 소수자 과학에서 온 영감을 필요로 하지만 소수자 과학도 최고도의 과학적 요구에 직면해 이를 통과하지 않는 한 아무런 의미도 없게 된다. 번역에는 새로운 것을 열 수 있는 단서만큼이나 폐쇄, 정지의 위험도 함께 내포되어 있는데, 이러한 번역의 풍부함과 필요성을 잘 보여주는 사례를 두 가지만 들어보기로 하자. 우선 강도를 외연적인 양으로, 좀더 일반적으로는 거리의 다양체들을 이러한 다양체를 계량하고 홈을 파는 크기의 체계들로 번역하는 방법들의 복잡성(이와 관련해 대수의 역할을 생각해 보라). 두번째(이것이 더 중요하다)는 특히 매끈한 공간의 리만적 조각들이 유클리드적 접합접속을 받아들이는 방법들의 정밀함과 복잡성(미분적 홈 파기에서 벡터의 평행성의 역할[18]). 당연히 리만 공간의 조각들에 고유한 연결접속 방법("축적")과 리만 공간을 유클리드 공간에 접합접속시키는 이러한 방법("평행성")을 혼동해서는 안 된다. 하지만 양자는 서로 결합해 영향을 주고받는다. 어느 것 하나 유한하지 않다. 즉 매끈한 공간이 홈이 파지는 방법뿐만 아니라 홈이 패인 공간이 다시 매끈한 공간이 되는 방법도 물론 매번 가치, 범위, 기호가 달라지게 된다. 아마 모든 진전(progrès)은 홈이 패인 공간에 의해 그리고 이 공간 안에서 이루어지지만 모든 생성은 매끈한 공간 속에서 일어난다고 말해야 할 것이다.

매끈한 공간에 대한 아주 일반적인 수학적 정의는 가능할까? 만델브로트의 "프랙탈"은 이에 아주 적합한 것처럼 보인다. 프랙탈은 차원수가 분수 또는 비정수인 집합 또는 차원수가 정수이면서 방향이 연속적으로 변주되는 집합을 가리킨다. 가령 선분을 3등분해 중앙부를 그 길이를 한 변으로 하는 정삼각형의 두 변으로 바꾼다. 다음에는 이렇게 해서 생긴 4개의 선분에 대해 똑같은 조작을 반복한다. 이와 비슷한 관계를 유지하면서 이를 무한히 반복한다. 이렇게 해서 생긴 선분은

18 유클리드 공간에 고유한 이러한 접합접속에 대해서는(축적 과정과는 완전히 다르다), 로트만, 앞의 책 pp. 45~48을 보라.

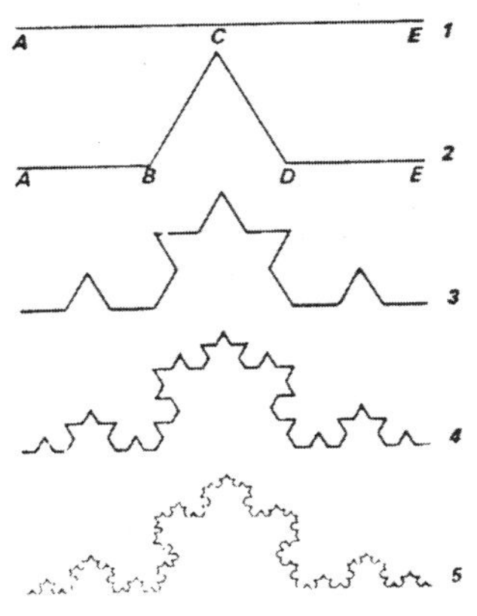

직선 이상이며 평면 이하의 차원 수를 가진 폰 코흐(Von Koch) 곡선!

선분 AE(1)를 3등분해 중앙의 선분을 삼각형 BCD(2)로 바꾼다. (3) AB, BC, CD, DE의 각 선분 위에서 같은 조작을 반복한다. 이로부터 길이가 같은 선분들의 우툴두툴한 해안선이 생긴다. (4) 모든 선분에 대해 다시 한번 (2)와 (3)에서 행한 조작을 반복한다. 이와 동일한 조작을 무한히 반복한다. 이리하여 극한에서는 어떤 점에서도 접선을 갖지 않는 무한수의 각에 의한 "곡선"을 얻을 수 있다. 이 곡선의 길이는 무한하며 차원수가 1이상이다. 그것은 1.261859(정확하게는 log4/log3) 차원인 공간을 표상한다.

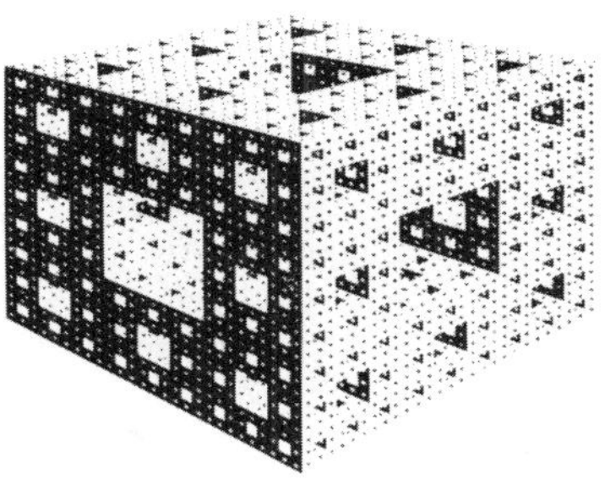

평면 이상이며 입체 이하인 차원 수를 가진 시에르펜스키(Sierpensky)의 스폰지!

이 입방체에 구멍을 뚫는 법칙은 직관적으로 한눈에 파악될 수 있다. 즉 정방형에 파놓은 구멍 하나하나는 한 변의 3분의 1을 한 변으로 하는 정방형 8개에 의해 둘러싸여 있다. 이들 8개의 정방형은 다시 저마다 각각 3분의 1변을 한 변으로 하는 정방형 8개에 둘러싸여 있다. 이러한 작업을 무한히 반복한다. 이 그림에서는 계속되는 조작에 의해 점점 세밀해져 가는 구멍을 표현할 수가 없으므로 조작을 4회까지만 반복한 상태를 나타내고 있다. 그러나 결국 입방체에는 무한수의 구멍이 뚫리게 되며, 체적이 0에 가까워짐과 동시에 파내어진 입방체의 표면적이 무한으로 증가한다는 것을 알 수 있다. 이 "공간"의 차원수는 2.7268이 된다. 이리하여 이 "공간"은 면(2차원)과 입체(3차원) 사이에 "포함"되게 된다. "시에르펜스키의 융단"은 이 입방체의 면 하나로, 구멍은 정방형이며 이것의 "표면"의 차원수는 1.2618이다(이 그림은 Leonard M. Blumenthal & Karl Menger, Studies in Geometry, Freeman and Company, 1970에 들어 있다).

B. 만델브로트의 "프랙탈"

차원수가 1보다 크지만 평면의 차원수(=2)보다는 작은 무한한 선 또는 곡선이 된다. 삼각형의 "꼭지점"을 첨가해나가는 대신 하나의 원에 "개구부"를 만들어 구멍을 뚫어나가도 동일한 결과를 얻을 수 있다. 상사의 원리에 따라 구멍을 뚫은 입방체도 마찬가지로 입체 이하인 동시에 평면 이상의 것이 된다(이것은 자유로운 공간과 구멍 뚫린 공간의 친근성을 수학적으로 표현해주고 있다). 이와 다른 형태를 가진 경우도 있는데, 브라운 운동, 난류(亂流), 천개(天蓋)도 이러한 "프랙탈"이다.[19] 아마 이를 통해 퍼지 집합을 정의할 수 있는 새로운 방법을 찾아낼 수도 있을 것이다. 그러나 무엇보다 중요한 것은 매끈한 공간은 바로 이를 통해 홈이 패인 공간과의 차이와 관계를 동시에 고려한 일반적 규정을 받아들이게 된다는 것이다. 1) 차원수가 정수로서 일정한 방향을 가진 집합은 모두 홈이 패인 또는 계량적 집합이라고 할 수 있다. 2) 비계량적인 매끈한 공간은 1이상의 분수 차원을 가진 선과 2이상의 분수 차원을 갖는 평면의 구성에 의해 성립된다. 3) 차원수가 분수인 것은 본래 방향적인 공간을 가리키는 지표이다(접선을 결정할 수 없으며 방향이 연속적으로 변한다). 4) 따라서 매끈한 공간은 이 공간 속을 주파하는 것 또는 이 공간 안에 새겨지는 것을 보충하는 차원을 갖지 않는 것으로 정의된다. 이런 의미에서 이 공간은 판판한 다양체, 가령 선인 채로 있으면서 면을 충족시키는 선이라고 할 수 있다. 5) 헤아리는 수 또는 비정수라는 비정확하면서도 엄밀한 형태 속에서 공간 자체와 공간을 차지하는 것은 서로 일치하며 동일한 역량을 갖는 경향을 보여준다(헤아리지 않고 차지하는 것). 6) 이러한 부정형의 매끈한 공간은 근방들의 축적에 의해 만들어지는데, 이때 각각의 축적이 "생성"에 고유한 식별 불가능성의 지대를 결정한다(선 이상 평면 이하, 평면 이상 입체 이하).

19 Benoît Mandelbrot, *Les objects fractals*, Flammarion.

물리학 모델 — 지금까지 살펴본 다양한 모델을 종합해보면 홈 파기에 대해 한 가지 사실을 확인할 수 있다. 즉 수직으로 교차하는 두 계열의 평행선 중 수직선 계열은 오히려 고정점 또는 상수의 역할을 맡는 반면 다른 방향의 수평선 계열은 변수의 역할을 담당하고 있다. 대략적으로 보자면 씨실과 날실, 화음과 선율, 경도와 위도의 경우가 그렇다. 이 둘의 교차가 규칙적일수록 홈 파기는 엄밀하게 이루어지며 공간은 점점 더 등질화되는 경향을 띤다. 등질성이 처음부터 매끈한 공간의 성격이 아니라 정반대로 홈 파기의 극단적 결과 또는 모든 부분과 모든 방향에서 홈이 패인 공간의 극한 형태처럼 보이는 것은 바로 이 때문이다. 그리고 매끈한 것이 등질적인 것과 상호 소통하는 것처럼 보이더라도 그것은 단지 홈이 패인 것이 완전한 이상적인 등질성에 도달하려면 반드시 매끈한 것을 부활시켜야 하며, 다시 그렇게 하려면 등질적인 것의 운동에 중첩되면서도 자체로서는 전혀 다른 운동을 따를 수밖에 없기 때문이다. 실제로 어떤 모델에서도 매끈한 것은 근본적인 다질성과 관련되는 것처럼 보인다. 펠트나 패치워크 그리고 비-직물, 리듬적 가치와 비-선율-화음, 리만 공간과 비유클리드 공간 — 상수와 변수의 어떠한 배분도 벗어나는 연속적 변주, 두 점 사이를 통과하지 않는 선의 해방, 평행한 선들과 수직으로 교차하는 선들에 의하지 않는 평면의 도출.

이처럼 등질적인 것과 홈이 패인 것의 결합은 상상적인 기초 물리학 용어를 빌어 이렇게 표현해볼 수 있을 것이다. 1) 우선 서로 평행한 **중력**의 수직선으로 공간에 홈을 파며 시작하자. 2) 이 평행선들 또는 힘들은 공간을 차지하는 물체의 한 점, 즉 **무게중심**에 적용되는 합력이다. 3) 이 평행한 힘들의 방향을 바꿔도, 최초의 방향에 대해 **수직**이 될 때도 이 점의 위치는 변하지 않는다. 4) 이처럼 중력은 만유 **인력**의 특별한 경우의 하나로서 임의의 직선 또는 두 물체간의 일대일 대응 관계에 따른다. 5) 일반적으로 일의 개념은 한 방향으로의 힘-이동 관계에 의해 규정된다. 6) 이처럼 수직과 수평으로뿐만 아니라 모든 방향에서 점에 종속되어 있으며 점점 완벽하게 홈이 패인 공간의 물리학적 토대를 얻을 수 있다 — 물론 여기서 굳이 이처럼 유사 뉴턴 물리학까지 언급할 필요는 없을 것이다. 그리스인은 이미 수직으로, 즉 위에서 아래로 홈이 패인 공간으로부터 대칭적이며 모든 방향으로 반전 가능한 관계를 가진 중심화된 공간으로, 즉 모든 방향에 대해 등질성을 구성하도록 홈이 패인 공간으로 이동한 바 있다. 따라서 이들에게서는 두 개의 국가 장치 모델, 즉 제국이라는 수직적 장치와 도시라는 등방성(等方性) 장치가 있었던 것이다.[20] 기하학은 물리학의 문제와 국가의 일이 만나는 곳에 있었다.

그런데 이렇게 해서 이루어진 홈 파기에도 한계가 있다는 것은 분명하다. 무한대나 무한소를 개입시킬 때뿐만 아니라 두 개 이상의 물체를 고찰할 때도 마찬가지다("세 개의 물체 문제"). 공간이 어떻게 홈 파기의 극한을 피해나가는지를 아주 단순하게 살펴보기로 하자. 한편에는 **편위**(déclinaison)에 의해 즉 최소의 간격, 중력의 수직선과 이 수직선이 접선을 이루는 원호(圓弧) 사이에 있는 무한히 작은 간격에 의해 벗어난다. 다른 한편에는 **나선** 또는 **소용돌이**, 즉 공간의 모든 점을 빈도 또는 축적, 분배의 법칙에 따라 동시에 장악하는 형상을 통해 벗어난다. 이러한 법칙은 평행성들의 홈 파기에 대응하는 소위 "박편적" 배분과는 상반되는 것이다. 여기서 최소의 간격에서 소용돌이에까지 이르는 것이 가져오는 결과는 훌륭하고도 필연적인 것이다. 이 둘 사이에는 매끈한 공간이 펼쳐지는데, 이 공간의 요소는 편위이며, 이 공간에는 나선이 서식한다. 매끈한 공간은 수직선에서 벗어난 최소각과

20 이 두 공간에 대해서는 J.-P. Vernant, *Mythe et pensée chez les Grecs*, t. I, pp. 174~175를 보라.

홈 파기를 초과하는 소용돌이에 의해 구성된다. 미셸 세르의 저작이 지닌 힘은 발생적인 미분적 요소로서의 클리나멘(clinamen)과 생산된 매끈한 공간을 차지하는 것으로서의 소용돌이 또는 난류의 형성 간의 관계를 잘 보여준 데 있다. 그리고 실제로 데모크리토스부터 루크레티우스에까지 이르는 고대 원자론은 언제나 수력학 또는 유출이나 흐름에 대한 일반화된 이론과 불가분의 관계에 놓여 있었다. 고대의 원자설은 흐름과 흐르는 것을 핵심으로 하고 있다는 사실을 간과하면 전혀 이해할 수 없게 된다. 바로 이 원자론이 유클리드의 등질적이고 홈이 패인 공간과는 전혀 다른 아르키메데스 기하학과 고체 물질이나 박층 구조의 물질과는 전혀 다른 데모크리토스의 물리학 사이의 엄밀한 상관 관계가 나타나는 층위이기도 하다.[21] 이러한 일치는 이 집합이 결코 국가 장치가 아니라 전쟁 기계에 결합된다는 것을 의미한다. 전쟁, 전쟁 기술 그리고 전쟁 기계의 기하학, 그를 위한 무리와 난류와 "파국들"과 전염병의 물리학. 세르는 루크레티우스에게서 가장 중요한 목적처럼 보이는 것을 표현해주었다. 즉 마르스(Mars)에서 비너스(Venus)로 이행하고, 전쟁 기계가 평화에 봉사하도록 하는 것이 그것이었다.[22] 그러나 이러한 조작은 국가 장치를 지나가지 않는다. 반대로 이것은 전쟁 기계의 궁극적인 변신을 표현하며, 매끈한 공간 속에서 행해진다.

우리는 앞에서 이미 매끈한 공간에서의 "자유로운 행동"과 홈이 패인 공간에서의 "일"을 구별한 바 있다. 실제로 19세기에 이 개념들은 이중적으로 엄밀화되었다. <일> 개념의 물리적-과학적 정밀화(무게-높이, 힘-이동)와 노동-력 또는 추상적 노동이라는 사회-경제적 개념

21 Michel Serres, *La naissance de la physique dans le texte de Lucrèce*. "물리학은 계량적 공간보다는 훨씬 더 벡터 공간에 입각하고 있다"(p. 79). 수력학 문제에 대해서는 pp. 104~107을 보라.

22 Michel Serres, 앞의 책, pp. 35, 135ff..

의 정밀화(배가나 분화를 통해 모든 노동에 적용될 수 있는 추상적이고 등질적인 양). 이 과정에서 물리학과 사회학 사이에 긴밀한 결합이 이루어졌다. 사회학은 노동의 경제학적인 측정을 제공하고 물리학은 일에 대한 "역학적 화폐(monnaie mécanique)"를 제공했다. 힘들의 역학은 임금 체제의 상관물이었다. 물리학이 이때만큼 사회적인 성격을 띠었던 적도 없었다. 이 두 경우 모두 표준적인 인간이 가능하면 최대한 통일적인 방식으로 행사할 수 있는 인장력(引仗力)의 일정한 평균치를 정하는 것이 문제였기 때문이다. 모든 활동에 <일> 모델을 강요하는 것, 모든 활동을 가능한 또는 잠재적인 노동으로 번역하는 것, 자유로운 행동을 규율하는 것, 또는 (결국은 같은 것이지만) 자유로운 행동을 노동과 관련해서만 존재하는 "여가"로서 간주하는 것. 이리하여 우리는 물리학과 사회학이라는 두 측면에서 <일>-모델이 근본적으로 국가 장치의 일부인 이유를 충분히 이해할 수 있는 것이다. 표준적 인간은 우선 **공공 토목공사**를 위한 인간이었다.[23] 추상적인 노동, 이러한 노동의 효과의 증가, 작업의 분화와 같은 문제는 핀 공장과 관련해 최초로 나타난 것이 아니라 공공 사업 현장과 군대 조직(인간의 훈육뿐만 아니라 무기의 공업적 생산에서도) 등에서 나타났다. 이보다 더 정상적인 것도 없을 것이다. 물론 전쟁 기계 자체가 이러한 정상화를 내포하는 것은 아니다. 18세기와 19세기에 국가 장치는 전쟁 기계를 이런 식으로 전유할 수 있는 새로운 수단을 획득했던 것이다. 무엇보다 먼저 다른 곳에서 느리게 발전하고 있던 건설 현장과 공장의 노동-모델에 전쟁 기계를 복속시킴으로써 그렇게 했다. 이 때문에 아마 전쟁 기계가 처음으로, 홈

23 케리앙(Anne Querrien)은 이런 식으로 노동 개념을 정교하게 가다듬는 데서 교량도로건설기술학교가 얼마나 중요한 역할을 담당했는지를 분명하게 지적하고 있다. 가령 기계공학 엔지니어이자 교수였던 나비에는 1819년에 이렇게 쓰고 있다. "온갖 종류의 제조 과정에 필요한 노동량을 평가하기 위해 역학적 화폐를 설정하지 않으면 안 된다."

이 파이고 효과 면에서는 한층 더 배가시키고 또 작업 속에서는 분화시켜 나갈 수 있는 추상적인 노동 시간을 만들어냈을 것이다. 바로 여기서 매끈한 공간에서 이루어지는 자유로운 행동을 정복해야 했던 것이다. 물리적-사회적 <일> 모델은 두 가지 이유에서 국가 장치의 발명품으로서 이 장치에 속한다고 할 수 있다. 한편으로 일은 잉여의 성립에 의해서만 나타나기 때문에 저장으로서의 일밖에 존재할 수 없다. 실제로 노동이란 (엄밀한 의미에서) 잉여 노동이라고 불리는 것과 더불어서만 시작된다. 다른 한편 노동은 시간-공간의 홈 파기라는 일반화된 조작, 자유로운 행동의 예속, 매끈한 공간들의 소멸 등을 수행하는데, 바로 국가의 핵심적인 기획 즉 전쟁 기계를 정복하려는 기획은 노동의 기원과 수단도 되기 때문이다.

역증명 — 국가 장치와 잉여 노동이 없는 곳에는 노동-모델도 없다. 그러한 곳에는 오히려 말에서 행동으로, 이러한 행동에서 저런 행동으로, 행동에서 노래로, 노래에서 말로, 말에서 계획으로, 이런 식으로 이상한 반음계에 따라 이동하는 자유로운 행동의 연속적 변주가 있다. 거기에는 첨점 또는 노력의 계기들이 있는데, 이것들은 강렬하고 드물게 솟아나긴 하지만 외부의 관찰자는 노동이라는 관점에서 "번역"할 뿐이다. 실제로 흑인들을 두고는 언제나 "그들은 일하지 않으며, 일이 무엇인지도 모른다"는 이야기가 있어왔다. 그래서인지 그들은 추상적인 양에 따르자면 다른 어느 누구보다도 더 많은 일을 하도록 강요받아 왔다. 또한 인디언들도 노동 조직에 대해, 심지어 노예제적인 노동 조직에 대해서도 아무 것도 몰랐으며, 또 여기에 적응할 수 없었다는 것 또한 사실인 것 같다. 미국인들이 그토록 많은 흑인을 끌고 온 것은 차라리 죽는 쪽을 선택했을 인디언들을 더 이상 이용할 수 없었기 때문이다. 이와 관련해 몇몇 뛰어난 민속학자들이 핵심적인 질문을 제기해 왔다. 이들은 문제를 이런 식으로 전환시켜버렸다. 즉 소위 원시 사회들은 노동의 부재로 인해 결핍된 사회 또는 생존의 사회가 아니라 반대로 저장할 필요가 없기 때문에 노동이라는 요인을 필요로 하지 않는 자유로운 행동과 매끈한 공간의 사회라는 것이다.[24] 비록 노동과의 차이가 "게으를 수 있는 권리"라는 형태로 표현될 수는 있지만 이러한 사회는 결코 태만한 사회가 아니다. 또 법과의 차이가 "무정부 상태"라는 모습으로 표현될 수도 있지만 이들 사회는 무법 사회가 아니다. 대신 이들 사회에는 오히려 자체에 고유한 엄격함과 잔혹함을 가지고 활동의 연속적 변주를 규제하는 노모스의 법(노인이건 아이건 데리고 갈 수 없는 것은 버려라)이 존재한다.

그런데 노동이 국가 장치에 대응하는 홈이 패인 시간-공간을 만드는 것은 오히려 전-고대 또는 고대적 형태들에서라고 할 수 있지 않을까? 왜냐하면 잉여 노동이 공물이나 부역 형태로 고립되고 구별되는 것은 바로 이러한 형태들 속에서이기 때문이다. 따라서 바로 여기서 노동 개념은 가장 명확한 형태로, 가령 [고대] 제국의 대토목공사, 도시나 농촌의 급수 공사라는 형태로 나타나며 여기서는 평행한 단편들을 통해 물이 "박편 모양"으로 흘러간다(홈 파기). 하지만 자본주의 체제에서는 이와 반대로 잉여 노동은 점점 노동 "자체"와 구별할 수 없게 되어 완전히 노동 속으로 용해되어버리는 것처럼 보인다. 현대의 공공공사는 [고대] 제국의 대토목공사와 같은 지위를 갖고 있지 않다. 재생산을 위해 필요한 시간과 "착취된" 시간이 시간 속에서 분리되지 않는

24 이것은 기독교 선교사들의 보고서에 들어 있는 상투적인 내용이기도 하다. 즉 노동이라는 범주에 상응하는 것은 아무 것도 없다는 것이다. 힘든 개간 작업이 따르는 이동 농업에서도 마찬가지라는 것이다. 샐린즈(Marshall Sahlins)는 생계 유지와 재생산을 위해 필요한 노동 시간이 짧다는 것을 지적하는 것만으로는 만족하지 않고 질적인 요인들도 함께 강조한다. 즉, 저장을 배제하고 "사물 운반의 용이성"에 기반한 활동, 이동성 또는 운동의 자유 등을 강조하는 연속적 변주를 찾아볼 수 있다는 것이다. "La première société d'abondance", *Les temps modernes*, 1968년 10월호, pp. 654~656, 662~663, 679~673.

데 도대체 어떻게 이 두 가지가 구별될 수 있겠는가? 그러나 이러한 지적은 결코 마르크스의 잉여 가치론에 위배되지 않는다. 왜냐하면 마르크스야말로 자본주의 체제에서는 이러한 잉여 가치의 위치를 더 이상 결정할 수 없다는 것을 분명하게 보여주었기 때문이다. 바로 이것이 마르크스의 결정적인 기여였다. 이 때문에 마르크스는 기계 자체가 잉여 가치를 생산하게 되고, 자본의 유통은 가변 자본과 불변 자본의 구분을 의문시하도록 만든다는 것을 감지할 수 있었다. 물론 이처럼 새로운 조건에서도 모든 노동은 잉여 노동이라는 점은 전혀 변함이 없다. 그러나 잉여 노동은 이미 더 이상 노동조차 필요로 하지 않게 되었다. 이리하여 잉여 노동과 노동의 자본주의적인 조직화 전체는 점점 더 물리적-사회적 일 개념에 일치하는 시간-공간의 홈 파기와는 무관하게 된다. 오히려 잉여 노동 속에서 인간 소외 자체가 일반화된 "기계적 예속"으로 대체되어 가며, 이리하여 전혀 노동하지 않고도 잉여 가치를 제공할 수 있게 된 것처럼 보인다(아이, 퇴직자, 실업자, TV 시청자 등). 이리하여 사용자 자체가 피고용인이 되는 경향이 나타날 뿐만 아니라 자본주의는 노동량에 작용하기보다는 교통 수단, 도시적 모델들, 미디어, 여가 산업, 지각하고 느끼는 방법 등 온갖 기호계를 동원하는 복잡한 질적 과정에 작용하게 되었다. 자본주의가 전례 없을 정도로 완벽하게 밀고 나간 홈 파기의 결과, 유통되는 자본은 인간의 운명을 좌우하게 되는 일종의 매끈한 공간을 필연적으로 재창조하고 재구축하는 것처럼 보인다. 물론 홈 파기는 가장 완벽하고 엄격한 형태를 그대로 유지한다(이것은 단지 수직적일 뿐만 아니라 모든 방향으로 작용한다). 하지만 이러한 홈 파기는 주로 자본주의 국가라는 극, 즉 자본의 조직화에서 현대의 국가 장치가 수행하는 역할과 관련되어 있다. 이와 반대로 통합된(또는 오히려 통합하는) 세계 자본주의의 보완적이고 지배적인 층위에서는 자본이 이미 노동이라는 인간적 성분이 아니라 기계적 성분들에 기초해 "절대" 속도에 도달하도록 해주는 새로운 매끈한 공간이 산출된다. 다국적 기업들은 일종의 탈영토화된 매끈한 공간을 만들어내며, 거기서 교환의 극인 점유 지점은 홈 파기의 고전적 길과는 무관하게 된다. 새로운 것은 언제나 회전의 새로운 형태들이다. 오늘날 점점 가속화되고 있는 자본 유통의 형태들은 불변 자본과 가변 자본의 구별, 심지어 고정 자본과 유동 자본의 구별조차 점점 상대적인 것으로 만들고 있다. 본질적인 것은 오히려 **홈이 패인 자본과 매끈한 자본** 간의 구별이며, 더 나아가 영토와 국가, 심지어 상이한 국가 유형을 조감하는 복합체들을 가로질러 홈이 패인 자본이 매끈한 자본을 생겨나게 하는 방법이다.

미학 모델 : 유목민 예술 — 유목민 예술과 이 예술의 (야만적, 고딕적, 현대적) 계승자를 정의하기 위해 많은 실천적·이론적인 개념들이 고안되어왔다. 우선 원거리 파악과는 구별되는 근거리 파악이 있다. 두번째로 광학적 공간과 구별되는 "촉각적 공간" 또는 오히려 "촉지적 공간"이라는 개념이 있다. 여기서 촉각적이라는 말보다 촉지적이라는 말이 더 적절한 이유는 이 촉지적이라는 말은 두 감각 기관을 대립시키지 않고 오히려 눈 자체가 이러한 광학적 기능 이외의 기능을 가질 수 있다고 여기기 때문이다. 리글은 정말 경이로운 몇몇 문장을 통해 **근거리 파악-촉지적 공간**이라는 쌍에 근본적인 미학적 지위를 부여해주었다. 하지만 일단 여기서는 리글(그리고 다음으로는 보링거, 그리고 최근에는 앙리 말디네)이 제안한 기준은 일단 무시하고 위험을 감수하면서 이러한 개념들을 자유롭게 사용해 보기로 하자.[25] 우리에게는 <매끈한 것>이

25 이를 잘 보여주는 텍스트로는 Aloïs Riegl, *Spätrömische Kunstindustrie*, Vienne. W. Worringer, *Abstraction et Einfülung*, Klincksieck. H. Maldiney, *Regard, parole, espace*. 특히 "L'art et la pouvoir du fond"와 세잔에 대한 말디네의 주석을 참조하라.

야말로 근거리 파악의 특권적인 대상인 동시에 (촉각적일 뿐만 아니라 시각적이고 청각적일 수 있는) 촉지적 공간의 요소처럼 여겨진다. 이와 반대로 <홈이 패인 것>은 오히려 원격 지각, 좀더 광학적인 공간과 관련되어 있다. 눈만이 이러한 능력을 가진 유일한 기관이라고 할 수는 없지만……. 항상 그렇듯이 여기서도 역시 변형 계수를 통한 수정이 필요한데, 이를 통해 매끈한 것과 홈이 패인 것 간의 이행이 필연적인 동시에 불확실하게 되며, 그런 만큼 더더욱 놀랍다. 상대적으로 멀리서 보이는 것이라도 가깝게 만드는 것이 회화의 법칙이다. 사물에서 뒤로 물러설 수는 있지만, 그림을 그리면서도 그림에서 뒤로 물러서는 사람은 훌륭한 화가가 아니다. "사물"도 마찬가지다. 세잔은 밀밭을 보지 말고 밀밭에 아주 가까이 다가가 아무런 좌표 없이 매끈한 공간 속에서 길을 잃으라고 말한다. 홈 파기는 그런 다음에야 탄생할 수 있다. 데생, 지층, 대지, "기하학적이라는 완고함", "세계의 척도", "지질학적 토대", "모든 것이 수직으로 곧바로 떨어진다"……. 그러면 이제 홈이 패인 것이 "파국"으로 사라져 새로운 매끈한 공간이 생기고 또 다른 홈이 패인 공간이 펼쳐진다…….

떨어져서 보더라도 그림은 가까이에서 그려야 한다. 이와 마찬가지로 작곡가도 듣지 않는다고 말할 수 있을 것이다. 그의 음악을 듣는 사람들은 멀리서 듣는 반면 작곡가는 가까이에서 듣는다고 할 수 있다. 또한 독자는 긴 기억을 갖는 반면 작가 자신은 짧은 기억을 갖고 쓴다. 촉지적이고 근거리 파악적인 매끈한 공간의 첫번째 측면은 방향, 좌표, 접속의 연속적 변주에서 찾을 수 있다. 이것은 점점 더 가까이에서 작동한다. 예컨대 사막, 스텝, 빙원 또는 바다 등 순수한 연결접속의 국지적인 공간이 그렇다. 흔히 이야기되는 바와는 달리 이러한 공간에서는 먼 곳을 볼 수 없으며, 또 이 공간을 멀리서 볼 수도 없다. 어떤 "정면"에 있는 것도, 그렇다고 "안"에 있는 것도 아니다(단지 어떤 것 "위에"

있을 뿐이다). 방향들은 일정하지 않으며 식생, 관심사, 일시적인 조급함 등에 따라 변화한다. 좌표들은 이것들을 서로 교환할 수 있게 해주고 이것들을 외부의 부동의 관찰자에게 속할 수 있는 비활성의 부류와 통합시켜 줄 수도 있는 시각적 모델을 갖고 있지 않다. 이 좌표들은 이와 반대로 "단자(monades)"로 부를 수도 있지만 오히려 상호 촉각적인 관계를 가진 유목민(monades)이라고 할 수 있는 수많은 관찰자들과 연결된다. 접속들은 다양체를 흡수하고 거리에 불변성을 부여하는 주변 공간을 내포하지 않으며, 반대로 동일한 거리가 분할되면서 본질적으로 변화되는 질서잡힌 차이에 따라 구성된다.[26] 이러한 방향, 좌표, 접속과 같은 물음들은 가장 유명한 유목민 예술 작품들에서 그대로 나타난다. 몸이 비틀린 동물은 더 이상 대지에 붙어 있지 않다. 공중 곡예에서처럼 땅은 끊임없이 방향을 바꾼다. 발은 머리와 반대 방향을 향하고 몸의 뒷부분도 뒤집혀 있다. "단자론적" 관점은 오직 유목적 공간에만 접속될 수 있다. 전체와 부분들은 그것들을 보고 있는 눈에 광학적인 것이 아닌 촉지적인 기능을 부여하고 있다. 이것은 정신으로 접촉하지 않으면 보이지 않는 동물성으로, 눈에 의지하더라도 정신이 손이 되지 않으면 보이지 않는다(이보다 훨씬 통속적이긴 하지만 만화경도 똑같은 기능을 한다. 눈에 손가락[digitale]의 기능을 부여해주는 것이다). 이와 반대로 홈이 패인 공간은 원거리 파악의 요구들에 의해 규정된다. 방향 설정의 항상성, 부동적인 좌표의 교환을 통해 얻어지는 거리의 불변성, 주위 환경에 젖어듦으로써 얻어지는 접속, 중심 관점(perspective)

26 이 모든 사항은 이미 (유클리드 공간의 통일적인 <주체>와는 대립되는) "단자들"과 본질적인 관계를 갖고 있는 리만 공간으로 이어지는 것이었다. Gilles Chatelet, "Sur une petite phrase de Riemann", *Analytiques*, 3호, 1979년 5월호, 1979 참조. 그러나 "단자들"은 닫혀 있는 것이 아니며 더욱이 가까이에서 직접적인 관계를 유지하고 있는 것으로 간주된다고 하더라도, 순수하게 단자론적인 관점은 불충분하며, 따라서 "유목론"으로 이를 대체해야 한다(홈이 패인 공간의 관념성 대 매끈한 공간의 현실성).

의 구성. 그러나 이처럼 홈이 패인 공간의 창조적인 잠재성을 평가하고 어떻게 홈이 패인 공간이 매끈한 것에서 벗어나는 동시에 사물 전체를 활성화시킬 수 있는가를 평가하는 것은 결코 쉽지가 않다.

홈이 패인 것과 매끈한 것은 단순히 포괄적인 것(le global)과 국지적인 것(le local)으로만 대립하는 것이 아니다. 왜냐하면 홈이 패인 것에서 포괄적인 것은 아직 상대적인 것인 반면 매끈한 것에서 국지적인 것은 이미 절대적인 것이기 때문이다. 가까이에서 파악하면 공간은 이미 시각적이 것이 아니다. 눈 자체가 광학적인 것이 아니라 촉지적인 기능을 갖고 있는 것이다. 대지와 하늘은 어떠한 선에 의해서도 나눠어지지 않는데, 이 둘이 동일한 실체를 갖고 있기 때문이다. 수평선도, 배경도, 원근법도, 한계도, 윤곽이나 형태도, 중심도 없다. 중개적인 거리는 없으며, 오히려 모든 거리가 중개적이다. 에스키모의 공간처럼 말이다.[27] 그런데 아랍 건축은 이와는 전혀 다른 방법, 전혀 다른 맥락 속에서 아주 가깝고 아주 낮은 곳에서 시작되는 공간을 그려나간다. 가벼운 것과 대기적인 것이 아래에 놓이고 반대로 단단한 것이나 무거운 것이 위쪽에 놓인다. 이처럼 중력 법칙이 전도되어 방향의 결여나 입체감의 부정은 구성적인 힘들이 된다. 이처럼 절대적 유목민은 한 부분에서 다른 부분으로 이동하는 국지적 통합으로 존재하며, 접속들과 방향 변화들을 무한대로 연속시키면서 매끈한 공간을 구성한다. 이는 생성 자체 또는 과정과 하등 다를 바 없는 절대성이다. 바로 이것이 이행의 절대성으로서, 유목민 예술에서 이 절대성의 출현과 혼융된다.

27 빙원 공간과 이글루 공간에 대한 Edmund Carpenter, *Eskimo*의 묘사를 보라. "중개를 이루는 거리, 원근법, 윤곽과 같은 것은 전혀 없으며 눈에 와 닿는 것이라곤 연기처럼 피어오르는 무수한 눈뿐이다. (……) 배경이나 주변도 갖지 않는 대지 (……) 무리를 지은 민중의 운동과 함께 살아 있는 미로. 거기서는 고정된 판판한 벽들이 귀와 눈을 사로잡는 것이 아니다. 눈(眼)은 그저 여기를 흘끗 본 다음 다시 다른 곳으로 시선을 돌릴 뿐이다."

여기서 절대적인 것은 장소가 제한되지 않기 때문에 더욱더 국지적이다. 이와 반대로 원거리에서 파악된 공간, 홈이 패인 광학적 공간에 눈을 돌린다면, 이 공간의 특성인 상대적 포괄성 또한 절대적인 것을 요청하지만 당연히 전혀 다른 방법으로 그렇게 한다는 것을 알 수 있을 것이다. 여기서 이 절대적인 것은 수평선 또는 배경, 즉 <모든 것을 포괄하는 것>인데, 이것 없이는 포괄적인 것도 또 포괄되는 것도 있을 수 없다. 바로 이 배경 위에서 상대적 윤곽 또는 형태가 부각된다. 절대적인 것 자체는 <포괄되는 것> 속에서 출현할 수 있지만 오직 중심처럼 분명하게 제한된 특권적인 장소에서만 그렇게 할 수 있으며, 이 장소는 포괄적 통합을 위협하는 모든 것을 한계 밖으로 밀어내는 기능을 한다. 여기서도 매끈한 공간은 여전히 존속되지만 오직 홈이 패인 공간을 산출하기 위해서 그렇게 할 뿐이라는 것을 분명하게 알 수 있다. 사막 또는 하늘 또는 바다, <대양>, <무제한한 것>은 우선 포괄하는 것의 역할을 담당하며 수평선이 되는 경향이 있는 것이다. 이렇게 대지는 우선 둘러싸이고 포괄적인 것이 되며, 대지가 부동의 평형 상태를 유지할 수 있게 해주고 하나의 <형태>를 가능하게 해주는 요소들에 의해 "정초"된다. 따라서 포괄하는 것 자체가 대지의 중심에 나타나는 경우 이것은 이차적인 역할을, 즉 아직 매끈하고 계량되지 않은 채 존속할 수 있는 모든 것을 불쾌하기 짝이 없는 심연 속으로, 사자(死者)들의 나라로 밀어 넣는 역할을 수행한다.[28] 대지에 홈을 파는 것은

28 아낙시만드로스의 공간에 대한 J-P. 베르낭의 분석에는 <모든 것을 포괄하는 것>과 <중심>이라는 이러한 두 가지 양상이 나타나고 있다(*Mythe et pensée chez les Grecs* t. I. 3부). 이와 다른 관점에서 보자면 이것은 또 사막의 역사이기도 하다. 즉 포괄하는 것이 될 가능성과 함께 그것이 거부될 가능성, 즉 마치 운동이 역전되듯이 중심에 의해 그것이 거부될 가능성과 관련되어 있는 것이다. 예를 들어 반 데어 레우(Van der Leeuw)가 주창하고 있는 종교 현상학 같은 것에서는 노모스 자체가 포괄하는 것-한계 또는 배경으로서 나타날 뿐만 아니라 이와 동시에 원심 운동에 의해 거부되고 배제되는 것으로서도 나타난다.

필연적으로 이처럼 매끈한 것의 이중적인 처리를, 즉 한편으로 포괄하는 수평선이라는 절대적 상태까지 도달하거나 환원되는 것과 함께 다른 한편으로는 상대적으로 포괄된 것에서 배제되는 것을 자신의 조건으로서 내포한다. 이 때문에 제국의 대 종교들은 (사막과 같은) 매끈한 공간을 필요로 하는데, 그러나 그것은 단지 매끈한 공간에 하나의 법을, 즉 모든 점에서 노모스에 대립하며 절대적인 것을 전환시키는 하나의 법을 부여하기 위해서일 뿐이다.

리글, 보링거, 말디네의 뛰어난 분석이 애매하게 보이는 것은 아마 이 때문일 것이다. 이들은 촉지적 공간을 제국적인 조건에서 가능했던 이집트 예술을 바탕으로 파악하고 있다. 이들에 따르면 이 공간은 배경-수평선의 현존, 공간의 면으로의 환원(수직과 수평, 높이와 폭), 개체성을 가두어 변화를 제거해버리는 직선적 윤곽에 의해 규정된다. 예를 들어 부동의 사막을 배경으로 어디서 보더라도 평평한 면을 나타내는 피라미드 형태가 바로 그렇다. 이들은 이와 반대로 그리스 예술과 함께(이후에는 비잔틴 예술, 그리고 르네상스에서 계속된다) 배경을 형태에 합류시키고, 다양한 면들을 간섭하게 만들고, 깊이를 획득하고, 체적을 갖는 입체적 연장성을 만들어내며, 깊이 묘사(perspective)를 조직하고, 요철이나 음영, 빛이나 색을 사용하는 광학적 공간이 어떻게 두각을 나타내는가를 밝히고 있다. 하지만 이렇게 볼 때 이들은 처음부터 변이점에서 촉지적인 공간에 직면하는 되는데, 물론 이미 공간에 홈을 파는 역할을 할 수 있다는 조건에서만 그렇다. 광학적 공간은 이러한 홈 파기를 좀더 완전하고 치밀하게 만들기보다는 오히려 다른 방법으로 완전하고 치밀하게 만들어준다(이것은 동일한 "예술 의지"가 아니다). 어쨌든 모든 것은 제국에서 도시 또는 진화된 제국으로 나아가는 홈 파기의 공간에서 일어난다. 리글이 유목민이나 야만족 예술에 고유한 요인들을 제거하는 경향을 보이고 또 보링거가 가장 넓은 의미에서 고딕 예술이라는 관념을 도입하면서도 한편으로는 이것을 북방의 게르만 족이나 켈트 족의 대이동과 그리고 다른 한편으로는 동방의 제국과 연결시키는 것은 우연이 아니다. 그러나 이 양자 사이에는 유목민들이, 즉 이들이 마주친 제국이나 이들이 촉발한 민족 대이동으로 환원될 수 없는 유목민들이 있었다. 고트 족은 자체가 살무트 족[29]이나 훈 족과 함께 스텝 유목민들로서 동방과 북방의 교통의 핵심적인 벡터였지만 이 두 차원 어느 쪽으로도 환원될 수 없는 요인이었다.[30] 한편으로 이집트 제국에는 이미 힉소스 족이, 소아시아에는 히타이트 족[31]이, 중국에는 투르크-몽골 족이 있었으며, 다른 한편으로 히브리인은 하비루 족, 게르만인은 켈트 족, 로마인은 고트 족, 아랍인은 베두인 족을 갖고 있었다. 이처럼 유목민의 특수성이 있지만 사람들은 이를 너무 성급하게 이들이 초래한 결과로 환원시켜버렸다. 즉 유목민들은 제국 또는 이주민의 일부분에 지나지 않는 것으로 간주되어 이 둘 중 어느 한쪽에 속하는 것으로 분류되었으며, 유목민에게 고유한 예술 "의지"는 부정되었다. 또 동방과 북방의 중개자가 절대적 특수성을 갖고 있었고, 이러한 중개자, 간격이 정말 실질적 역할을 했다는 것도 부정되었다. 게다가 이들은 그러한 역할을 "의지"한 것도 아니다. 그것은 오직 되기일

29 [흑해 북안에 살았던 유목 민족으로서 3세기경에 멸망했다]

30 이러한 상호 작용이 어떠한 종류의 것이었건 간에 게르만 민족의 대이동 시기까지 전해져 내려온 "스텝 예술"의 고유성이 있다. 유목민 문화에 대해 여러 가지 유보 조건을 달고는 있지만 그루세(René Grousset)도 *L'empire des steppes*, Payot, pp. 42～62에서 이 점을 강조하고 있다. 즉 스키타이 예술은 아시리아 예술로, 살마트 예술은 페르시아 예술로, 훈 족의 예술은 중국 예술로 환원될 수 없다는 것이다. 따라서 스텝 예술은 차용을 하기보다는 영향을 주는 경우가 많았다고 할 수 있다(특히 오르도스[*Ordos*] 예술과 함께 이 예술이 중국 예술과 맺은 관계를 보라).

31 [BC 2000년이 시작될 무렵 아나톨리아에 등장해 BC 1340년에 근동의 지배 세력이 된 인도-유럽어족. 아나톨리아는 금속, 특히 은과 철이 풍부했고 제국 시대 동안에는 제철술을 발전시켜 철기 시대의 막을 열었다]

뿐으로, 이들은 "예술가-되기"를 발명해냈다.

우리가 매끈한 것과 홈이 패인 것이라는 가장 기본적인 이원성을 환기시키는 것은 "촉지적인 것-광학적인 것", "근거리 파악-원거리 파악"이라는 차이 자체도 이러한 구분에 종속되어 있다는 것을 보여주기 위해서이다. 따라서 부동의 배경, 즉 평면이나 윤곽에 의해 촉지적인 것을 규정할 수는 없다. 왜냐하면 이것은 이미 혼합된 상태, 즉 촉지적인 것이 홈을 파는 데 기여하고 다른 공간을 유도하기 위해서만 그것의 매끈한 성분들을 이용하는 상태이기 때문이다. 촉지적인 기능과 근거리 파악은 우선 매끈한 것, 즉 배경도, 평면도, 윤곽도 갖지 않으며 방향 변화와 국지적 부분들의 접속만 가질 뿐인 매끈한 것을 전제한다. 하지만 이와 반대로 발달된 광학적 기능은 상상적인 보편적 가치와 범위를 부여함으로써 홈 파기를 새로운 완전성의 지점으로 밀고 나가는 것으로만 만족하지 않는다. 이것은 빛을 해방시키고 색을 변조시키며 또 평면들이 서로 간섭하는 제한되지 않은 장소를 구성하는 일종의 대기적인 촉지적 공간을 복원함으로써 매끈한 것을 다시 줄 수도 있다.[32] 요컨대 먼저 매끈한 것과 홈이 패인 것을 그 자체로 규정해야 한다. 촉지적인 것과 광학적인 것, 가까운 것과 먼 것의 상대적 구분은 바로 여기서 파생되는 것이다.

여기서 세번째 쌍이, 즉 ("촉지적-광학적"과 "가깝다-멀다"라는 쌍에 덧붙여) "추상적인 선(ligne abstraite)-구체적인 선(ligne concrète)"이 개입한다. 보링거는 추상적인 선이라는 관념에 근본적인 중요성을 부여하는데, 바로 이 선이 예술이 시작되는 점 자체 또는 예술 의지의 최초의 표현이라는 것이다. 추상적인 기계로서의 예술. 하지만 물론 우리는 앞에서와 마찬가지로 여기서도 이렇게 반론을 제기할 수 있을 것이

32 빛과 색, 특히 비잔틴 예술에서 나타나는 이 문제에 대해서는 Henry Maldiney, pp. 203ff., 239ff.를 참조하라.

다. 즉 보링거에게서 추상적인 선은 무엇보다 기하학적 또는 결정적(結晶的) 형태로, 즉 가능한 한 직선적인 이집트 제국의 형태로 나타나는 것처럼 보인다고 말이다. 그런 다음에야 비로소 이 추상적인 선은 특별한 변신을 거쳐 아주 넓은 의미에서의 "고딕적 또는 북방적 선"을 구성하게 된다.[33] 하지만 우리는 이와 반대로 추상적인 선은 우선 "고딕적" 또는 오히려 유목적인 것이지 직선적인 것은 아니라고 생각한다. 따라서 우리는 추상적인 선이 갖는 미학적 동기나 추상적인 선이 예술의 시작이라는 주장에 대해서도 달리 생각한다. 이집트의 직선적(또는 "규칙적으로" 둥그스름한) 선이 지나가거나 유동하며 변화하는 것에 대한 불안이라는 부정적 동기에서 비롯되고 항상성과 <즉자(En-soi)>의 영원성을 수립하는 데 반해 유목적인 선은 이와 전혀 다른 의미에서 추상적이다. 이 선은 다양한 방향을 갖고, 점이나 형상이나 윤곽 사이를 지나가기 때문이다. 불안감을 몰아내고 매끈한 것을 종속시키기 위한 홈 파기가 아니라 이 선이 그리는 매끈한 공간에 이 선의 긍정적인 동기가 있는 것이다. 추상적인 선이란 매끈한 공간들의 변용태지 홈 파기에 호소하는 불안감이 아니다. 다른 한편 예술이 추상적인 선과 함께 시작되는 것이 사실이더라도 그것은 [보링거가 생각하는 대로] 직선적인 것이 자연의 모방이라는 비미학적 모방과 결별하기 위한 최초의 방식이기 때문은 아니다. "예술 의지"를 결여하고 있는 선사적인 것, 야만적인 것, 유아기적인 것은 여전히 이러한 모방에 의존하고 있지만 이와 반대로 완전히 선사적인 예술이 존재한다면 그것은 직선이 아니라 추상적인 선을 사용했기 때문이었다. "원시 예술은 추상적인

33 리글은 이미 "촉지적-근접적-추상적인 것" 간의 상호 관계를 암시하고 있다. 그러나 추상적인 선이라는 주제를 발전시킨 사람은 보링거였다. 비록 추상적인 선을 본질적으로 이집트적 형태로서 바라보지만 그는 추상적인 것이 비유기적인 것으로 남아 있으면서 강렬한 삶과 표현적 가치를 갖게 되는 두번째 형태를 기술하고 있다. *Abstraction et Einfühlung*, 5장과 특히 *L'art gothique*, pp. 61~80을 보라.

것 또는 전-구상(前-具象)적인 것에서 시작된다. (……) 예술은 처음부터 추상적이며 그 기원에서부터 추상적인 것 이외의 다른 것일 수 없었다."[34] 실제로 문자가 아직 존재하지 않는 경우, 즉 아직 존재하지 않거나 아니면 존재한다고 해도 외부나 변두리에나 존재하는 경우 선은 그만큼 더 추상적이다. 여러 제국에서 그랬듯이 문자가 추상 작용을 담당하게 되면 이미 지위를 강등당한 선은 필연적으로 구체적인, 심지어 구상적인 것으로 되는 경향이 있다. 아이들은 그림을 그리는 방법을 알지 못한다. 그러나 문자가 없을 때 또는 어떤 민족이 (유목민의 경우처럼) 인접해 있는 제국들로부터 문자를 빌려쓸 수 있기 때문에 독자적인 문자를 가질 필요를 느끼지 못할 때 선은 추상적으로 될 수밖에 없으며, 달리 돌파구를 찾을 수 없는 추상 작용의 모든 역량을 필연적으로 발휘하게 된다. 바로 이 때문에 익히 알려져 있는 제국적 선의 상이한 주요 유형들, 즉 이집트의 직선적인 선, 아시리아(또는 그리스)의 유기적 선, 중국의 초-현상적인 포괄적 선 등은 이미 추상적인 선을 변질시키고, 이것을 매끈한 공간에서 떼어내 그것에 구체적인 가치를 부여한 것으로 생각되는 것이다. 하지만 그래도 이러한 제국적 선들은 추상적인 선과 동시에 등장한다고 말할 수도 있을 것이다. 즉 항상 [구상적이라는] 또 하나의 극을 구성할 수 있는 모든 선들에 의해 항상 전제되는 하나의 극인 이상 이 추상적인 선은 "시작점"에서부터 존재했다. 추상적인 선은 선사시대의 연대 확정뿐 아니라 역사적 추상 작용

34 André Leroi-Gourhan, *Le geste et la parole*, Albin Michel, t. I, pp. 263ff.와 t. II, pp. 219ff.(분명한 형상보다 리듬적 징표들이 앞선다). 보링거의 입장은 상당히 애매했다. 왜냐하면 선사 예술을 우선 구상적인 것으로 간주하는 그는 "어린이의 낙서"와 똑같은 이유에서 선사 예술을 <예술>에서 배제하기 때문이다. *Abstraction et Einfühlung*, p. 83~87. 그런 다음 그는 혈거민들은 추상적인 것을 통해 시작된 계열의 "마지막 사람들"이었다는 가설을 암시한다(p. 166). 그러나 이러한 가설은 보링거로 하여금 추상적인 것에 대한 개념을 수정해 그것을 이집트의 기하학적인 것과 동일시하는 것을 멈추게 하고 있지 않은가?

그 자체 때문에 시작점에서부터 존재한다. 따라서 추상적인 선은 정주민 예술의 제국적인 선과 상호 작용, 영향력 행사, 투쟁을 계속하면서도 결코 다른 무엇으로도 환원되지 않는 유목민 예술의 독자성 속에서 나타나게 된다.

추상과 구상이 직접적으로 대립하는 것은 아니다. 구상적인 것 자체는 결코 하나의 "예술 의지"에 속하는 것이 아니다. 따라서 예술에서 구상적인 선을 그렇지 않은 선과 대립시킬 수는 없을 것이다. 구상적인 것 또는 모방, 재현은 하나의 결과, 즉 선이 특정한 형태를 취할 때 갖게 되는 몇 가지 특징에서 유래하는 귀결이다. 따라서 무엇보다 먼저 이러한 특징들을 규정해야 한다. 횡단선은 사선에, 사선은 수평선과 수직선에, 다시 이 수평선과 수직선은 가령 잠재적인 것일지라도 점에 종속되어 있는 체계를 하나 생각해보자. 이러한 직선적 또는 단선적 체계(선의 수가 얼마나 되는가는 상관이 없다)는 하나의 공간이 홈이 파이고 선이 윤곽을 구성하기 위한 형식적 조건들을 표현한다. 이러한 선은 설령 아무 것도 재현하지 않더라도 그 자체가 형식적이고 재현적이다. 하지만 이와 반대로 아무 것도 제한하지 않고 어떠한 윤곽도 그리지 않는 선, 점에서 점으로 이동하는 것이 아니라 점 사이를 지나가는 선, 항상 수평선과 수직선으로부터 비껴 나오며 부단히 방향을 바꾸며 사선에서 벗어나는 선, 즉 바깥도 안도 또 형태도 배경도 또 시작도 끝도 없는 이 변이하는 선, 다시 말해 연속적 변주처럼 생생하게 살아 있는 이 선이야말로 진정 추상적인 선으로서 매끈한 공간을 그리는 것이다. 이 선은 비-표현적이지 않다. 그렇지만 이 선은 점들의 공명이나 선들의 접합접속에 기초한 안정된 대칭적 표현의 형식을 구성하지는 않는다. 그러나 이 선은 이 선과 더불어 이동하며 효과를 조금씩 증가시켜 나가는 표현의 질료적 특질들을 갖고 있다. 고딕적 선(우리에게는 추상 작용을 하는 유목적 선이다)은 형식이 아니라 표현의 역량을 가지며,

형식으로서의 대칭성이 아니라 역량으로서의 반복성을 갖고 있다는 보링거의 말은 바로 이러한 의미로 이해할 수 있다. 실제로 직선적 체계는 대칭성을 통해서 반복을 제한하며, 그리하여 무한의 진전을 막고, 굴절된 또는 별 모양의 형상의 경우에서처럼 중심점과 방사선들에 의한 **유기적** 지배를 유지한다. 그러나 그 효과를 증식시켜 무한한 운동을 계속하는 **기계적** 힘인 반복 역량을 풀어놓는 것은 빗나감, 탈중심화 또는 적어도 주변적 운동을 통해 실행되는 자유로운 행동의 고유함이다. 대칭적인 반(反)-명제(antithétisme)가 아니라 빗나간 다(多)명제(polythétisme).[35] 따라서 매끈한 공간을 그리고 흐름-물질에 연결접속되는 표현의 특질들과, 공간을 변질시켜 물질을 바둑판 모양으로 배열하고 조직하는 표현의 형식으로 만들어버리는 홈들을 혼동해서는 안 된다.

보링거의 글 중에서 가장 빼어난 부분은 추상적인 것과 유기적인

35 보링거는 기계론적 · 증식적이며 고정된 방향은 갖지 않는 반복 역량과 유기적 · 부가적이며 방향과 중심을 가진 대칭성의 힘을 대립시킨다. 그는 이것을 고딕적 장식과 그리스 또는 고전적인 장식 간의 근본적인 차이로 본다. *L'art gothique*, pp. 83~87(「북방적인 선의 무한한 선율」). *Ésthetiques d'Orient et d'Occident*, Alcan이라는 빼어난 책에서 모르겐슈테른(Laure Morgenstern)은 아주 적절한 사례를 제시하면서 사산조 페르시아 예술의 "대칭적 반명제법"과 이란계 유목민(살마트 족) 예술의 "빗나간 반명제법"을 구별하고 있다. 그러나 다른 한편 많은 주석가들이 야만인 또는 유목민 예술에서 대칭적인 또는 중심을 가진 모티프가 존재하고 있음을 강조해왔다. 그러나 보링거는 이미 이러한 문제 제기를 예견하고 있었다. "규칙적이며 전체가 기하학적인 별 모양이나 장미꽃 모양 또는 그 밖의 다른 정지한 형태 대신 북방에서는 회전하는 바퀴나 터빈 또는 소위 해 바퀴 등이 발견된다. 이 모델들은 모두 격렬한 운동을 표현하고 있다. 더 나아가 이것들은 방사형 운동이 아니라 주변적 운동을 한다." 기술의 역사는 유목민의 생활에서 터빈이 얼마나 중요한지를 확인해주고 있다. 이와는 다른, 즉 생물-미학적 맥락에서 타르드(Gabriel Tarde)는 한정되지 않은 역량으로서의 반복과 제한으로서의 대칭성을 대립시키고 있다. 대칭성과 함께 생명은 유기체가 되어 별 형태 또는 굴절되어 접혀진 형태를 취하게 된다(방산충[放散蟲]과 연체 동물). 이를 통해 생명은 외적 재생산(=생식)에 의해 전혀 다른 유형의 반복을 개시하게 된다. *L'opposition universelle*, Alcan을 참조하라.

것을 대립시키는 대목이다. 유기적인 것은 재현된 무엇인가가 아니라 무엇보다 먼저 재현의 형식이며 나아가 재현을 주체에 결합시켜주는 감정(감정이입[*Einfühlung*])을 가리킨다. "예술 작품 안에서 인간 안의 유기적인 자연적 경향에 대응하는 형식적 과정들이 전개된다." 그러나 직선적인 것과 기하학적인 것을 유기적인 것과 이러한 의미에서 대립시킬 수는 없다. 입체나 공간성에 종속되어 있는 그리스의 유기적 선은 입체나 공간성을 평면으로 환원시키는 이집트의 기하학적 선을 계승한 것이다. 대칭성, 윤곽, 안과 밖을 지닌 유기적인 것은 여전히 홈이 패인 공간의 직선적 좌표계와 결합된다. 유기체는 그것을 더 먼 곳에 연결시켜 주는 직선들 속으로 연장된다. 인간이나 얼굴이 우선시되는 것은 이 때문이다. 왜냐하면 이것은 이러한 표현의 형식 자체, 즉 최고의 유기체인 동시에 모든 유기체와 계량적 공간 일반과의 관계이기도 하기 때문이다. 하지만 이와 반대로 추상적인 것은 보링거가 "고딕적" 변신이라고 부른 것에 의해서만 시작된다. 그것은 보링거가 기계론적이며 자유로운 행동의 선이자 소용돌적이라고 말하는 이 유목민적 선이다. 이 선은 비유기적이지만 생생하게 살아 있으며 비유기적이기 때문에 그만큼 더 생생하게 살아 있다. 이것은 기하학적인 것과 유기적인 것 모두와 구분된다. 그것은 "기계론적" 관계들을 직관으로까지 높여준다. 머리(이미 얼굴이 아닌 인간의 머리조차도)는 연속적인 과정 속에서 리본처럼 풀리거나 감긴다. 입은 나선형으로 젖혀진다. 머리카락, 의복……. 리본형으로, 나선형으로, 지그재그로, S자로 변화되는 이 열광적인 선은 인간이 바로잡고 유기체들이 가둬두었지만 지금 물질이 이 물질을 가로지르는 특질, 흐름 또는 도약으로 표현하는 생명의 역량(puissance)을 해방시키고 있다. 모든 것이 생생하게 살아 있는 것은, 모든 것이 유기적이고 조직되어 있기 때문이 아니라 반대로 유기체란 삶의 전도(顚倒)이기 때문이다. 요컨대, 비유기적이며 배아 상태인 강렬한 삶, 기관 없는 강력한 삶, 기관이 없기 때문에 그만큼 더 생명력 있는 <몸체> — 유기체들 사이를 지나가는 모든 것("일단 유기적 활동의 자연스러운 테두리가 무너지면 한계는 사라진다……"). 종종 사람들은 유목민 예술에서 장식적인 추상적인 선과 동물적인 모티프들 간에 일종의 이원성을, 좀더 미묘한 표현을 빌리자면 선이 표현의 특질들을 통합하고 빼앗아 가는 속도와 이렇게 횡단된 동물적 질료의 느림이나 응고 간의 이원성을, 또는 시작도 끝도 없는 도주선과 거의 부동인 자기 선회 간의 이원성을 확인해내려고 해왔다. 하지만 결국 모든 사람이 동일한 의지, 동일한 되기가 중요하다는 데 동의하고 있다.[36] 물론 추상적인 것이 우연히 또는 연상에 의해 유기적 모티프들을 발생시키기 때문에 그러한 것이 아니다. 오히려 엄밀하게 말하자면 순수한 동물성이 여기서는 비유기적 또는 초유기적인 것으로서 체험되었기 때문에 이러한 동물성이 추상 작용과 너무나 잘 결합될 수 있으며, 심지어 어떤 물질의 느림이나 무게를 이미 전적으로 정신적인 것이 되어버린 선의 극단적인 속도와 결합시킬 수 있는 것이다. 이러한 느림은 극단적인 속도와 같은 세계에 속해 있다. 요소들 간의 빠름과 느림의 관계들은 온갖 방식으로 유기적 형태의 운동과 기관들의 한정을 벗어난다. 선이 도주적인 이동성을 통해 기하학에서 벗어나면 이와 동시에 삶도 제자리에서 소용돌이치고 끊임없이 모습을 바꾸면서 유기적인 것에서 몸을 뺀다. <추상 작용>에 고유한 이러한 생명력이 바로 매끈한 공간을 그린다. 유기적인 재현이 홈이 패인 공간을 주재하는 감정이듯이 추상적인 선은 매끈한 공간의 변용태이다. 이리하여 촉지적-광학적, 가까운-먼이

36 이 모든 점에 대해서는 아주 직관적인 Georges Charrière, *L'art barbare*, Ed. du Cercle d'art를 보라. 이 책에는 수많은 도판이 들어 있다. 유목민 예술의 극적(劇的)인 극으로서의 "느림"을 가장 정확하게 강조한 사람은 의문의 여지없이 구르세이다. *L'empire des steppe*, p. 45.

라는 구분은 추상적인 선과 유기적인 선이라는 구분에 종속시켜 [두 유형의] 공간들의 일반적 대립 속에서 구분의 원리를 찾아내야 한다. 그리고 추상적인 선은 기하학적 것과 직선적인 것으로 정의될 수는 없다. 따라서 여기서 그렇다면 현대 예술에서 추상적인 것이란 무엇인가 하는 물음이 제기된다. 어떠한 윤곽도 그리지 않고, 어떠한 형태도 제한하지 않고 계속 방향을 바꾸는 선…….[37)]

모델을 늘리지 말라. 하지만 다른 많은 모델이 있다는 것을 우리는 알고 있다. 1) 놀이 모델에서는 공간의 유형에 따라 서로 다른 놀이들이 서로 대치하며, 놀이 이론들이 같은 원리를 갖지 않게 된다. 가령 바둑의 매끈한 공간과 장기의 홈이 패인 공간이 그렇다. 2) 또는 사유학적 모델에서는 사유의 내용(이데올로기)이 아니라 사유에 대한 일반 이론, 즉 사유에 대한 사유의 이론이라는 관점에서 사유가 그리는 정신적 공간에 따라 사유의 형식, 방식, 양태, 기능을 다룬다. 뿐만 아니라

37 *Abstraktion und Einfühlung*의 불어 번역본 서문에서 바이예(Dora Vallier)는 정확하게 보링거와 칸딘스키는 서로 독립되어 있으며 두 사람은 서로 전혀 다른 문제에 매달리고 있다고 지적하고 있다. 하지만 그녀는 양자간에는 수렴하거나 공명하는 점이 있을 수도 있다고 주장한다. 어떤 의미에서 예술은 모든 추상적이며, 구상적인 것도 이러저러한 유형의 추상 작용에서 발생하는 것이다. 그러나 이와는 전혀 다른 의미에서, 특히 선에는 이집트적인 기학학적 선, 그리스적인 유기적 선, 고딕의 생명적 선 등 아주 다양한 유형의 선이 존재하기 때문에 어느 선이 추상적이며 추상을 추상으로 실현하는지를 결정하는 것이 중요하다. 그것이 기하학적 선인지는 의심스럽다. 이 선은 설령 재현적인 것이 아니라 추상적인 것이라 할지라도 역시 하나의 형상을 그리기 때문이다. 추상적인 선이란 오히려 프리드(Michael Fried)가 폴록의 몇몇 작품과 관련해 규정하고 있는 선과 비슷할 것이다. 즉 다-방향적이며 안과 바깥도, 형태나 배경도 갖지 않은 이 선은 아무 것도 제한하지 않으며, 아무런 윤곽도 그리지 않으며, 얼룩과 점들 사이를 통과해 매끈한 공간을 채우며, 촉지적・근접적인 시각적 질료를 뒤섞고 있을 뿐 "보는 사람의 눈을 끌어당기는 동시에 결코 쉴 장소는 부여하지 않는다"("Trois peintres américains", in *Peindre*, pp. 267ff.). 칸딘스키 본인의 경우 추상 작용은 기하학적인 구조가 아니라 몽골 유목민들의 모티프를 연상시키는 보행이나 주행의 선에 의해 실현되고 있다.

이와 전혀 다른 종류의 공간도 고려할 필요가 있다. 가령 구멍 뚫린 공간, 그리고 이 공간이 매끈한 것과 홈이 패인 것과 상이한 방식으로 소통하는 방법. 그러나 특히 우리의 관심을 끄는 것은 홈 파기와 매끈하게 하기라는 조작에서의 다양한 이행과 조합이다. 즉 어떻게 공간은 그 안에서 행사되는 힘들에 구속되어 있으면서도 끊임없이 홈이 파이는 것일까? 또 어떻게 공간은 이 과정에서 다른 힘들을 발전시켜 이러한 홈 파기를 가로질러 새로운 매끈한 공간들을 출현시키는 것일까? 가장 철저하게 홈이 패인 도시조차도 매끈한 공간을 출현시킨다. 도시에서도 유목민 또는 혈거민으로 거주할 수 있는 것이다. 빠르건 느리건 운동만으로도 종종 다시 매끈한 공간을 만들어내기에 충분하다. 물론 매끈한 공간 자체가 해방적인 것은 아니다. 그러나 바로 매끈한 공간에서 투쟁은 변화하고 이동하며, 삶 또한 새로운 도박을 감행하고 새로운 장애물에 직면해서 새로운 거동을 발명하고 적을 변화시킨다. 우리를 구원하기 위해서 하나의 매끈한 공간만으로도 충분하다고는 절대로 믿지 말아라.

구체적인 규칙들과 추상적인 기계들

컴퓨터로 그린 아인슈타인

S
지층, 성층 작용

3 지층은 대지라는 <몸체> 위에서 빽빽해지는 현상으로, 분자적인 동시에 그램분자적이다. 가령 축적, 응결, 침전, 습곡 같은 것이 그것이다. 지층은 <대(帶)>, <집게> 또는 <분절>이다. 전통적으로 대략 세 가지 지층이 구분된다. 물리-화학적 지층, 유기체 지층, 인간 형태(또는 "이형조성적[異形造成的]")의 지층이 그것이다. 각각의 지층 또는 분절은 코드화된 환경, 형식화된 실체로 구성된다. 형식과 실체, 코드와 환경은 실재적으로 구분되는 것이 아니다. 이것들은 모든 분절의 추상적 성분들이다.

하나의 지층은 확실히 아주 다양한 형식과 실체, 다양한 코드와 환경을 분명하게 보여준다. 따라서 지층은 다양한 형식의 조직화 <유형>과 다양한 실체의 전개 <양태>를 갖고 있으며,

그 결과 지층은 **겉지층과 곁지층**으로 나뉜다. 가령 유기체 지층이 그렇게 나뉜다. 지층의 세부 구분인 겉지층과 곁지층 역시도 지층으로 볼 수 있다(따라서 목록은 결코 완결될 수 없다). 아무리 다양한 조직과 전개를 갖고 있다고 하더라도 모든 지층은 조성의 통일성을 갖고 있다. 이러한 조성의 통일성은 하나의 지층의 모든 형식이나 코드에 공통된 형식적 특질과 관련되어 있으며, 지층의 모든 실체나 환경에 있는 실체적 요소 또는 공통된 재료와도 관련되어 있다.

지층들에는 커다란 유동성이 있다. 하나의 지층은 항상 다른 지층의 **밑지층** 역할을 하거나 다른 층과 충돌할 수 있으며, 진화적 질서와는 무관하다. 또한 특히 두 지층 사이에 또는 지층들이 둘로 나뉠 때 **사이지층** 현상들이, 즉 코드 변환, 환경의 변화, 혼합 등이 나타난다. 리듬은 이 사이지층 운동과 관계가 있는데, 이 운동은 성층 작용의 활동이기도 하다. 성층 작용은 카오스로부터 세계를 창조하는 것과 같으며, 이 창조는 연속적으로 갱신되는 창조이다. 그리고 지층들은 <신의 심판>을 구성한다. 고전적 예술가는 신과 같아 형식들과 실체들, 코드들과 환경들, 그리고 리듬들을 조직해 세계를 만든다.

하나의 층을 구성하는 분절은 항상 이중 분절이다(이중-집게). 실로 그것은 **하나의 내용과 하나의 표현**을 분절한다. 그리고 형식과 실체는 실재적으로 구분되지 않는 반면, 내용과 표현은 실재적으로 구분된다. 그래서 지층들은 옐름슬레우의 격자판에 부합한다. 내용의 분절과 표현의 분절, 내용과 표현은 각각 나름의 형식과 실체를 갖고 있다. 이 둘 사이, 내용과 표현 사이에는 일치 관계도, 원인-결과 관계도, 기표-기의 관계도 없다. 실재적인 구분, 상호 전제, 그리고 동형성이 있을 뿐이다. 그러나 각각의 지층에서 내용과 표현이 구분되더라도 똑같은 방식으로 구분되는 것은 아니다. 전통적인 세 가지 커다란 지층에서 내용과 표현은 동일한 방식으로 배분되는 것이 아니다(가령 유기체 지층에서는 표현의 "선형화"가 있지만, 인간 형태의 지층에서는 "초선형성"이 있다). 이런 이유로 인해 그램분자적인 것과 분자적인 것은 해당 지층에 따라 아주 상이한 조합을 갖게 된다.

3과 그렇다면 어떠한 운동, 어떠한 도약이 층들 밖으로(웃지층)
4 우리를 끌어내는가? 분명 물리-화학적 지층이 물질을 전부 망라
한다고 생각할 이유는 전혀 없다. 형식화되지 않는, 분자보다 작
은 <물질>도 있는 것이다. 마찬가지로 유기체 지층이 <생명>
을 전부 망라하는 것도 아니다. 유기체는 오히려 생명이 스스로
를 제한하기 위해 자기와 대립시키는 존재이며, 생명은 비유기
적일 때 더욱 강렬하고 더 강력한 법이다. 또한 마찬가지로 인간
형태의 지층을 사방으로 넘쳐나는 인간의 비인간적 <생성>도
있다. 그러면 어떻게 하면 이러한 "판"에 도달할 수 있을까? 또
는 어떻게 이 판을 구성할 수 있을까? 또는 우리를 그리로 이끄
는 "선"을 어떻게 하면 그릴 수 있을까? 왜냐하면 지층들 바깥에
서는 또는 지층들 없이는 우리는 더 이상 형식과 실체도, 조직과
발전도, 내용과 표현도 가질 수 없기 때문이다. 우리는 탈구되
며, 심지어 더 이상 리듬에 의해 유지될 수도 없는 것 같다. 어떻
게 하면 형식화되지 않은 질료, 비유기체적 생명, 비인간적 생성
이 그저 순수하고 단순한 카오스와는 다른 것이 될 수 있을까?
따라서 모든 탈지층화의 시도(가령 유기체를 넘어서기, 생성에 몸
을 던지기)는 우선 아주 신중한 구체적 규칙들을 따라야만 한다.
6 너무 갑작스런 탈지층화는 자살적인 것이나 암적인 것이 될 위
험이 크기 때문이다. 즉 카오스, 공허, 파괴에 빠지든지 아니면

점점 더 강하게 경화되어 가는 지층에 다시 갇혀 일정한 다양성, 분화, 유동성마저 잃어버리고 마는 것이다.

A
배치물

11 배치물은 이미 지층과는 완전히 다른 것이다. 물론 배치물들은 지층들 속에서 만들어지지만, 배치물들은 환경이라는 탈코드화 지대에서 작동한다. 배치물은 우선 환경에서 하나의 **영토**를 솎아낸다. 모든 배치물은 일단 영토적이다. 배치물의 첫번째 구체적 규칙은, 배치물들이 감싸고 있는 영토성을 발견하는 것이다. 항상 그런 영토성이 하나 있기 때문이다. 예컨대 베케트의 등장인물들은 쓰레기통이나 벤치에서 하나의 영토를 만들어낸다. 인간이든 동물이든, 누군가의 영토적 배치물을, 즉 "안식처(chez moi)"를 찾아내라. 영토는 온갖 종류의 탈코드화된 단편들로 만들어진다. 이 단편들은 환경에서 차용한 것들이지만, 또한 "고유성(=재산)"의 가치를 갖는다. 여기서는 리듬들조차 새로운 의미를 얻는다(리토르넬로). 영토는 배치물을 만든다. 영토는 유기체와 환경을 한꺼번에 초과하며, 이 둘간의 관계를 초과한다. 그렇기 때문에 배치물은 단순한 "행동양식(comportement)"도 넘어선다(따라서 영토적 동물과 환경적 동물 간의 상대적 구별이 중요해진다).

영토적인 것인 한 배치물은 아직 지층에 속해 있다. 적어도 배치물의 한 측면은 지층에 면해 있다. 그리고 바로 이 측면에서
4 볼 때 모든 배치물에서 내용과 표현이 구분된다. 각각의 배치물에서 내용과 표현을 찾아내고, 그것들간의 실재적 구분, 상호 전

제, 약간씩의 상호 개입을 평가해야 한다. 그러나 배치물이 지층들로 환원되지 않는 것은, 거기에서 표현은 기호 체계, 기호 체제가 되고, 내용은 실천(pragmatique) 체계, 능동작용과 수동작용이 되기 때문이다. 그것은 얼굴-손, 몸짓-말이라는 이중 분절이며, 이 둘간의 상호 전제이다. 바로 이것이 모든 배치물의 일차적 분할이 이루어지는 방식이다. 즉 모든 배치물은 한편으로는 기계적 배치물인 동시에 다른 한편으로는 언표 행위라는 배치물로서, 서로 분리될 수 없다. 따라서 매 경우마다 무엇을 행하는지 그리고 무엇을 말하는지 둘 다 찾아내야만 한다. 그리고 이 둘 사이, 내용과 표현 사이에는 아직 지층들에는 속하지 않는 새로운 관계가 설립된다. 즉 언표나 표현은 몸체나 내용에 그런 것(성질)으로서 "귀속되는" 비물체적 변형을 표현해준다. 지층에서 표현은 아직 기호를 형성하지 않았으며, 내용도 아직 실천(pragmata)을 형성하지 않았다. 그래서 표현에 의해 표현되고 내용에 귀속되는 비물체적 변형의 이런 자율적인 지대는 아직 나타나지 않았다. 물론 기호 체제는 이형조성적 지층이나 인간 형태의 지층(여기엔 영토화된 동물도 포함된다)에서만 전개된다. 하지만 기호 체제는 모든 지층을 가로지르고 또 넘어간다. 내용과 표현의 구분에 종속되어 있는 한 배치물은 여전히 지층에 속한다. 그리고 기호 체제와 실천 체계는 앞에서 살펴본 것과 같은 넓은 의미에서 나름대로 지층을 구성한다고 볼 수 있다. 하지만 내용-표현의 구분은 새로운 모습을 띠기 때문에, 우리는 좁은 의미에서 지층의 요소와는 다른 요소에 직면하게 된다.

그러나 배치물은 또 다른 축에 의해서도 나뉜다. 배치물의 영토성(내용과 표현을 포함하는)은 첫번째 측면에 지나지 않으며, 또 다른 측면은 바로 이 배치물을 가로지르고 탈취하는 탈영토화의 선들로 구성된다. 이 선들은 실로 다양하며, 일부 선들은 영토적 배치물을 다른 배치물들을 향해 개방하거나 그리로 이행시킨다(가령 동물의 영토적 리토르넬로는 궁정이나 집단……의 리토르넬로가 된다). 또 다른 선들은 직접 배치물의 영토성에 작용해, 중심을 벗어난 태고적 또는 미래의 땅 위로 배치물을 개방한다 (가령 가곡에서 또는 더 일반적으로 낭만주의 예술가에서의 영토와
11과 땅의 놀이). 또 다른 선들은 배치물들이 작동시키는 우주적이고
4 추상적인 기계 위로 이 배치물들을 개방한다. 그리고 배치물의 영토성은 환경에 대한 특정한 탈코드화에서 기원했지만, 그에 못지않게 필연적으로 이 탈영토화의 선들로 연장된다. 코드가 탈코드화와 분리될 수 없듯이 영토는 탈영토화와 분리될 수 없다. 나아가 바로 이 선들을 따라 배치물은 이제 서로 구분되는 내용과 표현이 아니라 형식화되지 않은 질료들, 탈지층화된 힘들과 기능들을 보여준다. 따라서 배치물의 구체적 규칙들은 다음 두 축에 따라 작동한다. 한편으로 어떤 것이 배치물의 영토성이며, 어떤 것이 기호 체제와 실천 체계인가? 다른 한편 어떤 것이 탈영토화의 첨점들이며, 어떤 것이 이것들이 작동시키는 추상적인 기계인가? 배치물에는 네 개의 값이 있다. 1) 내용과 표현. 2) 영토성과 탈영토화. 가령 카프카의 배치물과 같은 특권적인 예에서는 이 네 가지 측면이 드러난다.

R
리좀

10 지층뿐 아니라 배치물도 선들의 복합체이다. 선의 첫번째 상태, 첫번째 종류는 다음과 같이 정해질 수 있다. 선은 점에, 사선

은 수평선과 수직선에 종속되어 있다. 선은 구체적이건 아니건
윤곽을 만든다. 선이 그리는 공간은 홈이 패인 공간이다. 선이
구성하는 수많은 다양체는 언제나 우월하거나 보충적인 차원에
서 <하나>에 종속되어 있다. 이런 유형의 선들은 그램분자적이
9와 며, 나무 형태의, 이항적, 원형적, 절편적 체계를 형성한다.

1 선의 두번째 종류는 이와 전혀 다른 것으로, 분자적이며 "리
좀" 유형을 하고 있다. 사선은 해방되거나 끊어지거나 비틀린
다. 이 선은 이제 윤곽을 만들지 않으며, 대신 사물들 사이를, 점
들 사이를 지나간다. 이 선은 매끈한 공간에 속해 있다. 이 선은
자신이 주파하는 차원만을 갖는 하나의 판(=면)을 그린다. 따라
서 이 선이 구성하는 다양체도 이제 <하나>에 종속되지 않으며,
2 그 자체로 고름을 획득한다. 이것은 계급들의 다양체가 아니라
10 군중이나 무리의 다양체이다. 그것은 유목적이고 특이한 다양체
이지 정상적이거나 합법적인 다양체가 아니다. 그것은 생성의
12와 다양체 또는 변형되는 다양체이지 요소들을 셀 수 있고 관계들
14 이 질서 잡힌 다양체가 아니며, 퍼지 집합이지 정확한 집합이 아
니다……. 파토스의 관점에서 이 다양체들은 정신병, 특히 분열
증에 의해 표현된다. 실천의 관점에서 이 다양체들은 마법에서
이용된다. 이론의 관점에서 다양체들의 지위는 공간의 지위와
상호 관련되어 있으며, 그 역도 마찬가지이다. 사막이나 초원이
나 바다 유형을 한 매끈한 공간에는 서식자가 없거나 근절되지
않으며, 오히려 두번째 종류의 다양체가 서식한다(수학과 음악은
이러한 다양체 이론을 정교하게 만드는 일에서 아주 멀리 나아갔다).

그렇다고 해도 <하나>와 여럿의 대립을 다양체의 여러 유형
간의 구분으로 대치시키는 것으로는 충분하지 않다. 이 두 유형
9 을 구분한다고 해도 이 둘은 서로 내재적이며, 각각 나름의 방식

으로 상대방으로부터 "나오기" 때문이다. 나무 형태의 다양체와
그렇지 않은 다양체가 있다기보다는 다양체의 나무화가 있다.
하나의 리좀 안에 배분되어 있는 검은 구멍들이 함께 공명하기
시작할 때 또는 줄기들이 공간을 사방으로 홈을 파서 이 공간을
비교 가능하고 분할 가능하며 등질적인 것으로 만들 때 바로 이
러한 일이 일어난다(특히 <얼굴>의 경우에서 이를 잘 볼 수 있다).
12 또 "군중"의 운동들, 분자적 흐름들이 축적점이나 응고점에서
접합접속되어 이 점들을 절편화하고 정정할 때도 이러한 일이
일어난다. 그러나 이와는 반대로, 그리고 비대칭적으로 리좀의
줄기들은 나무에서 멈추지 않고 빠져나오며, 군중과 흐름은 끊
임없이 벗어나고, 나무에서 나무로 도약하며 뿌리에서 벗어나는
연결접속들을 끊임없이 발명해낸다. 공간은 온통 매끈해져서 이
번엔 홈이 패인 공간에 다시 작용하는 것이다. 심지어 영토조차,
아니 특히 영토야말로 이 깊은 운동들의 작용을 받는다. 또는 언
어에 관해 말하면, 언어의 나무들은 발아와 리좀에 의해 동요된
다. 이런 식으로 리좀의 선들은 사실상 이 선들을 절편화하고 심
지어 지층화하는 나무의 선들과 이 선들을 탈취하는 도주선이나
8과 단절선 사이에서 오간다.

9 따라서 우리는 세 가지 선으로 만들어지지만 각각의 선은 나
름의 위험을 갖고 있다. 우리를 절단하고, 우리에게 등질적인 공
간의 홈 파기를 강요하는 절편적인 선이 있으며, 또 이미 자신의
미세한 검은 구멍들을 운반하는 분자적인 선들이 있고, 끝으로
자신의 창조적인 잠재력을 포기함으로써 죽음의 선으로 돌변해
순수하고 단순한 파괴의 선(파시즘)으로 돌아설 위험을 항상 간
직하고 있는 도주선들 그 자체가 있다.

C
고른판, 기관 없는 몸체

고른판 또는 조성의 판(평면태)은 조직의 판 또는 전개의 판
10 과 대립된다. 조직과 전개는 형식 및 실체와 연관되어 있다. 즉
그것은 형식의 전개와 동시에 실체 또는 주체의 형성과 관련되
어 있는 것이다. 그러나 고른판은 실체나 형식을 알지 못한다.
이 판 위에 새겨지는 <이것임>들은 정확히 말해 형식이나 주체
에 의해 진행되지 않는 개체화의 양태들이다. 이 판은 형식화되
지 않는 요소들 간의 빠름과 느림의 관계 속에, 그리고 그에 상
응하는 강렬한 변용태들의 조성 속에 추상적이지만 실재적으로
존재한다(이 판의 "경도"와 "위도"). 둘째로, 고름은 이질적인 것
들, 이산적인 것들을 구체적으로 고르게 재결합한다. 그것은 퍼
11 지 집합들, 다시 말해 리좀 유형의 다양체들의 다짐(consolidation)
을 확보해준다. 결국 이러한 다짐에 따라 이루어지는 고름은 필
연적으로 중간에서, 중간을 통해 작용하며, 모든 원리의 판이나
합목적성의 판과 대립된다. 스피노자, 횔덜린, 클라이스트, 니체
는 그러한 고른판의 측량사이다. 결코 통일화, 총체화가 아니라
고름이나 다짐을 측량하는.

10 고른판에 새겨지는 것에는 <이것임>, 사건, 그 자체로 파악
되는 비물체적 변형 등이 있다. 또한 모호하지만 엄밀한 **유목적
본질**이, 그리고 **강렬함의 연속체** 또는 상수와 변수를 모두 넘어선
4,6 연속적 변주도 거기에 새겨진다. 또 항도 주체도 없지만 서로를
7,9 근방역이나 비결정성의 지대로 끌고 들어가는 **생성들**이 거기에
새겨진다. 그리고 홈이 패인 공간을 가로질러 구성되는 **매끈한
공간**이 거기에 새겨진다. 매번 우리는 기관 없는 몸체가, 기관

6과 없는 몸체들(고원들)이 작동하고 있다고 말할 수 있을 것이다. <
10 이것임>에 의한 개체화, 영도(零度)에서 출발하는 강렬함의 생산,
변주의 질료, 생성이나 변형의 매체, 공간의 매끈하게 되기 등을
위해서 말이다. 지층들을 벗어나는 강력한 비유기적 생명은 배
14 치물들을 가로지르고, 윤곽 없는 추상적인 선, 유목민 예술의 선,
이동하는 야금술의 선을 그린다.

고른판이 기관 없는 몸체들을 구성하는 것일까, 아니면 기관
없는 몸체들이 이 판을 조성하는 것일까? <기관 없는 몸체>와
<고른판>은 동일한 것일까? 어쨌든 조성하는 것과 조성된 것은
같은 역량을 갖고 있다. 선은 점보다 높은 차원을 갖고 있지 않
으며, 면은 선보다 높은 차원을 갖고 있지 않으며, 입체는 표면
보다 높은 차원을 갖고 있지 않다. 오히려 항상 분수 차원의 수
10과 는 비정확하며, 부분들과 함께 끊임없이 증가하거나 감소한다.
14 판은 가변적인 차원을 가진 다양체들을 선별해낸다. 따라서 문
제는 판의 다양한 부분이 연결접속되는 양태이다. 기관 없는 몸
체들은 과연 어느 정도까지 함께 조성되는 것일까? 강렬함의 연
속체들은 어떻게 연장되는 것일까? 변형들의 계열은 어떤 질서
에 따라 만들어지는가? 항상 중간에서 만들어지며, 증가하거나
감소하는 분수 차원에 따라 조각조각 판을 구성하게 하는 이 비
논리적 연쇄들은 무엇인가? 이 판은 일렬로 늘어서 있는 문들과
같다. 그리고 이 판을 구성하는 구체적 규칙들은 선별적 역할을
수행할 때만 유효하다. 실제로 바로 이 판이, 즉 연결접속 양태
가 기관 없는 몸체에 필적하는 텅 비고 암적인 몸체를 제거할 수
단을 제공해준다. 또 그것은 매끈한 공간을 뒤덮고 있는 등질적
6 인 표면을 처치할 수단을, 도주선의 길을 바꾸는 죽음과 파괴의
선을 중성화할 수단을 제공한다. 나눔이나 조성의 각 층위에서,

따라서 증가하거나 감소하는 질서 차원 속에서 **연결접속의 수를 증대시켜 주는 것**(나뉠 때마다 본성을 바꾸는 것, 조성될 때마다 비교 기준을 바꾸는 것……)만이 유지되고 보존되고, 따라서 창조되고 존속되는 것이다.

D
탈영토화

탈영토화의 기능. D는 "누군가" 영토를 떠나는 운동이다. 그것은 도주선의 작동이다. 그러나 실로 다양한 경우가 제시된다. D는 그것을 상쇄하는 재영토화를 통해 회수되어, 도주선이 차단될 수도 있다. 이러한 의미에서 D는 **부정적**이라고 말할 수 있다. 어떤 것이라도 재영토화의 역할을 할 수 있다. 즉 잃어버린 영토를 "대신할 수" 있다. 실제로 우리는 하나의 존재, 하나의 대상, 한 권의 책, 하나의 장치나 체계…… 위에서 재영토화될 수 있다. 예컨대 국가 장치가 영토적이라는 말은 틀린 말이다. 국가 장치도 D를 행하지만 이것은 즉각 소유, 노동, 화폐 위에서 재영토화를 통해 회수된다(공적 소유건 사적 소유건 토지 소유가 영토적이 것이 아니라 재영토화하는 것이라는 점은 자명하다). 기호 체제들 중에서도 **기표작용적 체제**가 분명 높은 층위의 D에 이른다. 하지만 동시에 그것은 기의 위에서, 기표 그 자체 위에서 재영토화의 체계 전체를 작동시키기 때문에 도주선을 봉쇄하며 부정적 D만을 존속시키는 것이다. 한편 D가 긍정적이 되고, 다시 말해 그저 이차적 역할을 할 뿐인 재영토화를 가로질러 자신을 긍정하고, 그러면서도 **상대적인 것으로** 머물 때 사정은 달라진다. 왜냐하면 그러한 D가 그리는 도주선은 절편화되고, 잇

단 "과정들"로 나뉘며, 검은 구멍들 속으로 빠지거나 심지어 일
반화된 검은 구멍(파국)으로 종결되기 때문이다. 정념적이고 의
식적인 D를 동반하는 주체적 기호 체제의 경우가 그러한데, 그것
은 긍정적이지만 오직 상대적인 의미에서만 그러하다. 여기서
이러한 D의 두 가지 주요 형태는 단순히 진화적인 관계에 있지
않다는 점을 지적할 수 있겠다. 두번째 형태가 첫번째 형태에서
나올 수도 있고, 첫번째 형태로 갈 수도 있는 것이다(특히 경합을
9 벌이는 도주선들의 절편화가 전체의 재영토화를 야기할 때 또는 절
편들 중 하나에 유리하도록 도주선의 운동이 저지되는 경우에 그렇
다는 것을 알 수 있다). D의 아주 다양한 형태에서 빌려온 온갖
종류의 혼합된 모습들이 있는 것이다.

절대적 D가 있을까? 그리고 이 "절대적"이라는 것은 무슨 뜻
일까? 먼저 D, 영토, 재영토화, 대지 사이의 관계를 더 잘 이해해
야 할 것이다. 우선 영토 자체는 내부에서 탈영토화를 작동시키
는 탈영토화의 벡터들과 분리될 수 없다. 이는 영토성이 유연하
9와 고 "여분적"이기 때문에, 다시 말해 순회적이기 때문이거나 아
13 니면 영토적 배치물 자체가 자신을 둘러싼 다른 유형의 배치물
11 들 위로 열려 있기 때문이다. 둘째로 D는 자신과 상관관계에 있
는 재영토화들과 분리될 수 없다. D는 결코 단순하지 않으며,
오히려 항상 다양하며 합성되어 있다. D가 다양한 형태들에 동
시에 참여하고 있기 때문만이 아니라, 또한 특정한 순간에 "탈영
토화된 것"과 "탈영토화하는 것"을 지정해주는 상이한 속도들과
운동들을 D가 한데 교차하게 만들기 때문이기도 하다. 그러나
근원적 작용으로서의 재영토화는 영토로의 회귀를 표현하는 것
7과 이 아니라 D 자체에 내재하는 이러한 미분적 관계들, 도주선에
10 내재하는 이러한 다양체를 표현한다("D의 정리들"을 참조하라).

끝으로 대지는 결코 D의 반대가 아니다. "타고난 것(natal)"의 신
비와 관련해 이미 이 점을 보았다. 거기서 중심을 벗어난 것이건
11 강렬한 것이건 타오르는 화로인 대지는 영토 바깥에 있으며, 오
직 D의 운동 안에만 존재한다. 게다가 대지야말로, 빙원이야말로
3 탁월하게 <탈영토화된 것>이다. 바로 이런 의미에서 대지는 <
우주(Cosmos)>에 속해 있으며, 인간이 우주의 힘들을 포획할 수
있도록 해주는 재료로 제시된다. 탈영토화된 것으로서의 대지는
그 자체로 D의 엄밀한 상관물이라 할 수 있을 것이다. D는 대지
의 창조자라고까지 말할 수 있을 정도이다. 단지 재영토화가 아
니라 새로운 대지, 하나의 우주의 창조자라고.

따라서 "절대"라는 것은 다음과 같은 것을 의미한다. 절대란
결코 초월적인 것이나 미분화된 것을 표현하지 않는다. 또 절대
는 주어진(상대적인) 모든 양을 넘어선 하나의 양을 표현하는 것
도 아니다. 절대는 오직 상대적 운동과 질적으로 구분되는 운동
유형을 표현할 뿐이다. 어떤 운동이 절대적인 때는 운동의 양과
속도가 어떻든 다양하다고 여겨진 "하나의" 몸체를 매끈한 공간
7과 에 관련시킬 때인데, 이때 이 몸체는 이 공간을 소용돌이치는 방
14 식으로 차지한다. 어떤 운동이 상대적인 때는 운동의 양과 속도
가 어떻든 <하나>로 여겨진 몸체를 홈이 패인 공간에 관련시킬
때인데, 이때 이 몸체는 이 공간 안에서 자리를 바꾸고 또 적어
도 잠재적인 것이긴 하지만 아무튼 직선에 따라 이 공간을 측정
한다. D가 이 두번째 경우처럼 작동할 때마다, 즉 도주선들을
차단하는 일차적인 재영토화를 통해 작동하거나 아니면 도주선
들을 절편화하고 좌절시키려 하는 이차적 재영토화와 함께 작동
할 때마다 D는 부정적이거나 상대적(이미 효과를 발휘하고 있더라
도)이다. 첫번째 경우에 따라 D가 새로운 대지를 창조할 때마다,

즉 도주선들을 연결접속하고, 도주선들을 추상적인 생명선의 역
량으로 데려가거나 아니면 고른판을 그릴 때마다 D는 절대적이
다. 하지만 모든 것을 복잡하게 만드는 것은, 이 절대적 D가 반
드시 상대적 D를 통과한다는 점이다. 바로 이 절대적 D는 초월
적이지 않기 때문이다. 또한 역으로 상대적 또는 부정적 D 자신
도 작동하려면 절대적 D를 필요로 한다. 상대적 또는 부정적 D
는 절대적 D를 "총괄적인" D, 총체화하는 D로 만드는 것이다.
그런데 이런 것들은 대지를 덧코드화하며, 그리하여 도주선들을
연결접속시켜 뭔가를 창조해내는 대신 도주선들을 결합시켜 이
것들을 정지시키고 파괴한다(이제까지 우리는 결합과 연결접속을
종종 아주 일반적인 관점에서는 동의어로 취급했지만, 바로 이런 의
미에서 우리는 이것들을 대립시킨다). 따라서 본래적으로 부정적인
9와 또는 심지어 상대적인 D들 안에 이미 끼어들어 있는 제한적인
14 절대가 있는 것이다. 그리고 특히 절대의 바로 이 전환점에서 도
주선들은 차단되거나 절편화될 뿐만 아니라 파괴선이나 죽음의
선으로 전환된다. 이리하여 절대 안에서는 부정과 긍정의 한판
승부가 벌어진다. 사방에서 대지를 에워싸는 장례와 자살적 조직
11 의 대상처럼 띠를 두르고, 총괄되고, 덧코드화되고, 결합된 대지
냐 아니면 수많은 생성으로서 대지를 가로지르는 창조의 선들을
따라 공고화되고, <코스모스>에 연결접속되고, <코스모스>안
에 놓이게 되는 대지냐(니체의 말대로 "대지는 다시 가볍게 되었
다……"). 따라서 적어도 D의 네 가지 형태가 서로 대적하고 조
합되는데, 우리는 그것을 구체적 규칙들에 따라 구분해야 한다.

M

추상적인 기계들(도표와 문)

우선 플라톤의 이데아 같은 초월적이며 보편적이고 영원한 추상적인 기계 또는 추상적인 기계들은 존재하지 않는다. 추상적인 기계들은 구체적 배치물들 속에서 작동한다. 추상적인 기계들은 배치물들의 네번째 측면, 즉 탈코드화와 탈영토화의 첨
11 점들에 의해 정의된다. 추상적인 기계들은 이 첨점들을 그린다. 또한 추상적인 기계들은 영토적 배치물을 다른 사물 위에, 다른 유형의 배치물들 위에, 분자적인 것 위에, 우주적인 것 위에 열어놓으며, 생성들을 구성한다. 따라서 추상적인 기계들은 항상 독자적이며 내재적이다. 지층들에서, 그리고 다른 측면 하에서 고려된 배치물들에서 일어나는 것과는 반대로 추상적인 기계들은 형식들과 실체들을 알지 못한다. 바로 이 점에서 추상적인 기계들은 추상적인데, 또한 이것이 바로 엄밀한 의미에서의 기계 개념이기도 하다. 추상적인 기계들은 모든 기계론적 기계 장치(mécanique)를 초과한다. 추상적인 기계들은 통상적인 의미의 추상적인 것과도 대립한다. 추상적인 기계들은 **형식화되지 않은 질료들과 형식적이지 않은 기능들**로 이루어져 있다. 각각의 추상적
5 인 기계는 질료-기능들의 다져진 집합(계통과 문)이다. 기술의 "판"에서 이것을 잘 볼 수 있다. 기술의 판은 형식화된 실체들(가령 알루미늄, 플라스틱, 전선 등)이나 조직하는 형식들(가령 프로그램, 모델 등)로만 만들어지는 것이 아니라, 강렬함의 정도들(저항, 전도성, 가열, 연장, 가속 또는 지연, 유도, 형질도입……)만을 나타낼 뿐인 형식화되지 않은 질료들과 미분 방정식 또는 더 일반적으로는 "텐서"만을 나타낼 뿐인 도표적 함수들의 집합으로 만

들어진다. 분명 배치물의 여러 차원 안에서 추상적인 기계 또는 추상적인 기계들은 다양한 자유 상태를 갖는 여러 형식들과 실체들 속에서 실현된다. 그러나 동시에 추상적인 기계는 자신을 조성하고 고른판을 조성해야만 했다. 추상적이며, 독자적이고 창조적임, 지금 여기에 있음, 구체적이지는 않지만 실재적임, 실현되지는 않았지만 현실적임. 추상적인 기계들에 날짜와 이름이 붙어 있는 것은 이 때문이다(아인슈타인-추상적인 기계, 베베른-추상적인 기계, 나아가 갈릴레오, 바흐, 베토벤 등-추상적인 기계). 이는 추상적인 기계가 인물이나 실현하는 순간을 가리키기 때문이 아니다. 반대로 이름과 날짜야말로 기계의 독자성과 그것의 실현됨을 가리키기 때문이다.

그러나 추상적인 기계들이 형식과 실체를 알지 못한다면 지
층들 또는 나아가 배치물들의 또 다른 규정인 내용과 표현은 어
3 떻게 되는 것일까? 어떤 의미에서는 이 구분 역시도 추상적인 기
계와의 관계에 의해 적실성을 잃게 된다고 말할 수 있다. 다름아
니라 추상적인 기계는 이러한 구분의 조건이 되는 형식과 실체
를 더 이상 갖고 있지 않기 때문이다. 고른판은 하나의 연속적
변주의 판이며, 각각의 추상적인 기계는 내용과 표현의 변수들
4와 을 연속시켜주는 변주의 "고원"으로 간주될 수 있다. 따라서 내
5 용과 표현은 거기에서 각각 가장 높은 상대성에 이르게 되며,
"하나의 동일한 함수의 기능소"나 하나의 동일한 질료의 재료가 된다. 그러나 이와는 다른 의미에서 이 구분은 **특질**이라는 상태에서 존속하고, 심지어 재창조된다고 말할 수 있다. 내용의 특질들(형식화되지 않은 질료들 또는 강렬함들)과 표현의 특질들(비형식적 기능들 또는 텐서들)이 있다. 여기서 이 구분은 완전히 대체되거나 새롭게 된다. 이제 그러한 구분은 탈영토화의 첨점들과 관

련되기 때문이다. 결과적으로 절대적 탈영토화는 "탈영토화하는
것"과 "탈영토화되는 것"을 동시에 내포한다. 그리고 각 경우마
다 하나는 표현에 다른 하나는 내용에 분배되거나 아니면 반대로
행해지지만 언제나 이 둘 사이에는 상대적 구분이 이루어진다.
그래서 연속적 변주는 필연적으로 내용과 표현을 모두 변용시키
지만, 그에 못지않게 여전히 하나의 동일한 생성의 요소들로서
또는 하나의 동일한 흐름의 양자들로서 두 가지 비대칭적 역할
을 분배한다. 따라서 내용과 표현을 식별 불가능하게 하기 위해
이들 둘을 동시에 취할 수 없을 뿐 아니라 식별 불가능하게 되는
1,2 것의 상대적이고 유동적인 두 극을 결정하기 위해 이들 둘 가운
4,10 데 어느 한쪽을 통해 진행할 수도 없는 연속적 변주는 정의할 수
가 없게 된다. 이 때문에 내용의 특질들이나 강렬함들, 표현의
특질들이나 텐서들을 동시에 정의해야만 한다(부정관사, 고유명,
부정사, 날짜). 이것들은 고른판 위에서 서로 끌고 가면서 교대된
12 다. 요컨대 형식화되지 않는 질료, 즉 문은 결코 죽은, 천연 그대
로의, 등질적인 질료가 아니라 독자성들 또는 <이것임>들, 질들,
그리고 심지어 조작들까지도 포함하는 운동-질료인 것이다(순회
4 하는 기술의 계통). 또한 비형식적 기능, 즉 도표는 비표현적이고
통사법을 결여한 메타-언어가 아니라 언제나 자국어 내의 외국
어, 언어 속의 비언어적 범주들을 포함하고 있는 운동-표현성이
10 다(유목적인 시적 계통). 이리하여 형식화되지 않는 질료라는 실
재의 차원에서 글을 쓰면, 이와 동시에 이 질료는 비형식적인 언
어 전체를 가로지르고 긴장시킨다. 카프카의 생쥐, 호프만슈탈
의 쥐, 모리츠의 송아지에서와 같은 동물-되기? 혁명적인 기계
는 실재적인 만큼 더욱더 추상적이다. 그것은 기표에 의해 진행
되는 것도 아니고 주체적인 것에 의해 진행되는 것도 아닌 하나

의 체제이다.

내재적이며 독자적인 추상적인 기계는 이와 같다. 하지만 "특정한(la)" 추상적인 기계가 매우 특수한 조건에서 초월적인 모델로 기능할 가능성이 완전히 배제되는 것은 아니다. 이 경우 구체적 배치물들은 <기계>에 대한 추상적인 개념과 관련되며, 그것들이 기계를 실현하는 방식에 따라 그것들의 잠재성과 창조성을 고려하는 계수들에 의해 변용된다. 배치물들을 "양화하는" 계수들은 배치물의 가변적 성분들(영토, 탈영토화, 재영토화, 대지, <우주>)과 관련되어 있으며, 또한 배치물의 "지도"를 구성하는
다양하게 얽힌 선들(그램분자적 선, 분자적 선, 도주선)과도 관련되
11 어 있고, 나아가 각각의 배치물과 고른판의 상이한 관계들(계통
과 문)과 관련되어 있다. 예컨대 "풀 한 포기"라는 성분은 아주
근방에 있는 종들의 동물적 배치물들을 가로질러 계수를 바꿀
수 있다. 일반적인 규칙에 의하면, 하나의 배치물은 사물들 사이
4와 를 지나가는 윤곽 없는 선들을 더 많이 제시하면 할수록, 또한
10 기능-질료에 대응하는 변신(변형과 실체 변화)의 역량을 더 많이
발휘하면 할수록 추상적인 기계와 더 친화적이게 된다. 예컨대
『파도』 기계가 있다.

우리는 특히 이형조성적이고 인간 형태의 두 가지 거대한 배
치물인 **전쟁 기계**와 **국가 장치**를 살펴보았다. 본성상 차이가 날
뿐만 아니라 "특정한" 추상적인 기계와 관련해서도 서로 다르게
양화된다는 점에서 이 두 배치물은 문제적이다. 이 둘은 문 및
12와 도표와도 동일한 관계를 맺고 있지 않으며, 또한 동일한 선들,
13 동일한 성분들을 갖고 있지도 않다. 이 두 배치물과 그것들의 계
수들을 분석해보면 **전쟁 기계 자체는 전쟁을 목적으로 하지 않지만**
국가 장치에 의해 전유될 때는 필연적으로 전쟁을 목적으로 한

다는 점이 드러난다. 또한 바로 정확히 이 지점에서 도주선 그리
고 이 선이 실현시키는 추상적인 생명선은 죽음과 파괴의 선으
로 전환한다. 따라서 전쟁 "기계"는 그것의 변신 역량을 잃게 만
드는 국가 장치보다는 추상적인 기계에 더 가까이 있다(여기에서
전쟁 "기계"라는 이름이 나왔다). 글과 음악은 전쟁 기계일 수 있
1,4 다. 배치물은 연결접속들을 더 많이 열어놓고 배가시킬수록, 또
5,9 강렬함들과 다짐을 양화하는 장치들을 가지고 고른판을 더 많이
12와 그릴수록 그만큼 더 살아 있는 추상적인 기계에 가까워진다. 하
14 지만 배치물이 창조적인 연결접속들을, 블록화를 만들어내는 접
합접속들(**공리계들**), 지층을 만들어내는 조직들(**지층 측정기들**),
검은 구멍을 만들어내는 재영토화들(**절편 측정기들**), 죽음의 선들
로의 전환들(**파괴 측정기들**)로 대신할수록 그것은 추상적인 기계
에서 멀어진다. 이처럼 연결접속을 증대시키도록 고른판을 그리
는 능력에 따라 배치물들의 선별이 실행된다. 분열분석은 배치
물과 관련한 추상적인 기계들에 대한 질적 분석일 뿐만 아니라
순수하다고 상정되는 추상적인 기계와 관련한 배치물들에 대한
양적 분석이기도 하다.

아직 마지막 관점, 즉 유형학적 분석이 남아 있다. 왜냐하면
추상적인 기계들의 일반적인 유형들이 있기 때문이다. 고른판의
특정한 추상적인 기계나 추상적인 기계들은 지층들, 나아가 배
치물들을 구성하는 조작들 전체를 소진시키거나 지배하지 못한
3 다. 층들은 고른판 그 자체에 "달라붙어서", 거기에서 다른 판의
축들(형식-실체, 표현-내용)에 따라 조직되고 전개될 조밀화, 응
결, 대(帶)를 형성한다. 하지만 이런 의미에서 각각의 지층은 고
름의 통일성 또는 조성의 통일성을 갖고 있는데, 이 통일성은 우

9 선 실체적 요소들 및 형식적 특질들과 관련되며, 이 다른 판을
주재하는 전적으로 지층적인 추상적인 기계를 증언한다. 그리고
세번째 유형이 있다. 즉 탈영토화를 재영토화로, 그리고 특히 탈
코드화를 덧코드화나 덧코드화의 등가물로 상쇄해주는 추상적
인 기계들이 배치물 특유의 이형조성적 지층들 위에 세워지는
11 것이다. 특히 우리는, 추상적인 기계들이 배치물들을 열어놓는
4,7과 다 해도 추상적인 기계들은 배치물들을 닫아버리기도 한다는 것
8 을 보았다. 명령어 기계는 언어를 덧코드화하고, 얼굴성 기계는
몸체와 심지어 머리를 덧코드화하며, 노예화 기계는 대지를 덧
코드화하거나 공리화한다. 여기서 중요한 것은 결코 환상이 아
니라 실재적인 기계적 효과들이다. 이때 우리는, 배치물들이 고
른판의 추상적인 기계와 얼마나 가까이 또는 멀리 있는지를 양
적인 눈금에 따라 측정할 수는 없다. 서로 끊임없이 작용하고 또
배치물들에 질을 부여하는 추상적인 기계들의 여러 유형이 있
5와 다. 가령 독자적이고 변이를 만들어내며, 다양한 연결접속들을
13 가진 **고름의 추상적인 기계들**, 고른판을 다른 판으로 둘러싸는 **성
층 작용의 추상적인 기계들**, 총체화, 등질화, 폐쇄적 접합접속에
의해 진행하는 **공리계 또는 덧코드화의 추상적인 기계들**. 그래서
모든 추상적인 기계는 다른 추상적인 기계들과 연관되어 있다.
추상적인 기계들이 정치적, 경제적, 과학적, 예술적, 생태학적,
우주적이고 또 감각적, 정서적, 능동적, 사유적, 물리적, 기호적
이기 때문만이 아니라 서로 경합을 벌이면서 자신들의 상이한
유형들을 교차시키기 때문이다. 기계권.

도판 설명

1. Sylvano Bussoti, *Cinq pièces pour piano pour David Tudor*, avec l'aimable autorisation de G. Ricordi, Milano, ⓒ 1970 by G. Ricordi E. C. SPA.

2. Photo Boyer, *Traces de loup sur la neige*, coll. Viollet

3. Photo Boyer, *Homard*, coll. Viollet

4. Fritz Lang, *Le testament du docteur Mabuse*, (effigie du docteur Mabuse percée de balles)

5. *L'arche d'alliance avec la colonne de feu et la nuée,* Musée des arts décoratifs, coll. Viollet

6. M. Griaule et G. Dieterlan, *Le renard pêle*, Institut d'ethnologie, Musée de l'homme(premier Yala de l'œuf d'Amma)

7. Duccio, *Vocation de saint Pierre et saint André*, New York, coll. Bulloz

Visages des rouleaux magiques éthiopiens, d'après les documents de Jacques Mercier

8. R. F. Outeault, *Buster Brown, le petit facteur*, Librairie Hachette

9. Fernand Léger, *Les hommes dans la cité*, 1919. The Solomon R. Guggenheim Museum, New York, photo Robert E. Mates

10. *Loup garou de l'amphore étrusque de Cerveteri*, Museé du Louvre, photo Chuzeville.

Plat étrusque, Musée national étrusque, Rome

11. Paul Klee, Die Zwitschermaschine, 1922, Coll. Museum of Modern Art, New York

12. Dessin du *char de bois* se trouvant au Musée l'Ermitage, Leningrad

Eisenstein, *La grève*, coll. *Cabiers du cinéma*

13. Chomel, *Dictionnaire économique*, 1732, article "Perdrix"

14. *Crazy en bandes*, Vermont 1865, in Jonathan Holstein, *quilts*, Musée des arts décoratifs, Paris, 1972

Compte rendu du livre de Benoit Mandelbrot, par Lancelot Herrisman, in *Science et Vie*, décembre 1977

15. *Einstein à l'ordinateur*

부록 1

해설 : 방법에 대한 주해

우노 쿠니이치(宇野邦一)

1. 『안티-오이디푸스』와의 연속성과 불연속성

이 책의 전편인 『안티-오이디푸스』를 조금만 되돌아보기로 하자. 물론 『천 개의 고원』을 읽기 위해 『안티-오이디푸스』를 꼭 다 읽으란 법은 없다. 이 책에 나오는 대부분의 개념은 충분히 자율적으로 정의되어 있으며, 『안티-오이디푸스』의 물음을 반복하면서도 다른 틀 속에서 독립적으로 물음이 전개되고 있기 때문이다. 그럼에도 『천 개의 고원』은 『안티-오이디푸스』의 발전으로서, 그 가능성과 한계를 엄밀하게 딛고 강렬한 도약력과 가속도를 얻어 씌어진 책이다. 『안티-오이디푸스』에서는 주로 자본주의와 욕망을 둘러싸고 커다란 알 속에서 강렬하게 뒤틀리면서 순환했던 여러 사유들이 이번에는 여러 시공으로 발산되어 온갖 곳에 무지개를 그려냈다고나 할까. 『안티-오이디푸스』의 욕망의 찬가가 어디까지나 역사를 관통하는 생명의 차원에서만 울렸다면, 『천 개의 고원』은 대지나 우주를 관통하여 비생명의 차원에까지 그 찬가를 울려 퍼지게 하고 있는 것이다.

몇 구절의 인용을 통해 『안티-오이디푸스』의 주제를 회상해보자.

"분열분석의 주장은 단순하다. 욕망은 기계이자 모든 기계의 종합이고, 기계적 "배치물"이다 — 즉, 욕망하는 모든 기계이다. 욕망은 생산의 질서에 속하고, 일체의 생산은 욕망하는 생산이자 사회적 생산이다. 따라서 우리는 정신분석이 이 생산의 질서를 파괴하고 표상 속에 가둔 것을 비난한다." "정신분석 전체가 실로 거대한 도착이자 마약이다. 즉 처음부터 실재하는 욕망과의 단절에서 출발한 실재와의 근원적 단절이자 나르시시즘이며 기괴한 자폐증이다. 자본 기계에 고유한 자폐증, 자본 기계의 본질을 이루는 내적 도착, 이러한 것이 정신분석인 것이다. 궁극적으로 말하자면 정신분석은 어떠한 실재와도 공통의 척도를 공유하지 않는다. 어떠한 외부에도 열려 있지 않다. 반대로 정신분석은 자기 자신이 실재의 증거가 될 뿐 아니라 증거의 증인이 되기까지 한다. 그런데 이 실재는 결핍으로서의 실재이고, 여기에는 안도 바깥도, 시작도 끝도 모두 이 결핍으로 다시 끌려온다." "우리는 합리성이 비합리성이 된다는 사실을 믿는 만큼 욕망 자체의 실재를 믿는다. 욕망이 목마름이나 부러움 등의 결핍이어서가 아니라, 욕망을 낳는 생산이자 생산을 낳는 욕망이기 때문이다."

들뢰즈와 가타리는 『안티-오이디푸스』에서 자본주의라는 "엄청난" 기계를 욕망의 원리로 읽어내려 했다. 이 시도는 제목이 나타내주듯이 정신분석에 대한 철저한 비판과 동시에 진행된다. 정신분석이 비판되어야 했던 이유는, 단순히 정신분석이 임상적인 장면이나 인문과학을 뛰어넘어 일상생활에까지 침투하여 옛날의 종교와도 같은 권력을 갖기 시작했기 때문만은 아니다. 사상계에서 프로이트나 라캉의 이름이 마르크스를 대신하게 된 사실은 자본주의에 대한 관점의 이동을 나타내고 있었고, 이 이동 자체가 자본주의의 끊임없는 변화 속에 맞물려 들어가고 있었기 때문이다. 들뢰즈와 가타리의 정신분석 비판은 결국 정신분석을 "자본 기계의 본질을 이루는 내적 도착"으로 포착했기 때문이고, 새로운 『자본』을 쓰려는 시도이기도 했다. 자본주의가 엄청난 체계인 것은 과거의 여러 체계를 파괴하는 동시에 체계에서 벗어나는 여러 요소나 운동을 긴밀하게 결합시켜 성립하는 체계이기 때문이다. 사적인 욕망의 끊임없는 추구라는, 어떻게 보면 체계에 역행하고 거기로부터 벗어나는 운동이 오히려 체계를 지탱하는 힘이 된다는 역설. 정신분석 비판은 자본주의의 이러한 도착을 후벼파는 시도와 함께 진행되는 것이다.

자본주의의 근본적인 경향을 들뢰즈와 가타리는 "분열증"으로 정의했다. 이는 『안티-오이디푸스』의 하나의 극점을 이룬다. 그들은 다른 하나의 극점으로서 모든 욕망의 흐름을 정돈하고 체계 속으로 되흘러가게 하는 "공리계"(파라노이아)를 설정한다. 자본주의는 이렇게 엄청난 양의적(兩義的) 장치가 된다. 하나 하나의 요소들의 여러 운동은 양가적으로 기능하여, 구속과 자유, 폐쇄와 개방, 이탈과 귀속을 동시에 겪게 된다. 그리고 정신분석은 자본주의에 고유한 "도착"을 나눠가지고, 욕망과 몸체에서 진행되는 끊임없는 생산이나 소비나 교환을 은폐하며, "공리계"의 역할로 후퇴하기 때문에 비판된다. 후퇴한다는 것은 정신분석이 욕망 속에서 살아 숨쉬는 현실 그 자체를 사유하지 않고, 신화나 종교나 위상학까지도 모델로 삼으면서 집단적, 사회적 착종체에서 일어나는 여러 사건들이나 작용을 사상의 눈 앞에서 지우고 가족 이미지에 환원시키기 때문이다.

『안티-오이디푸스』는 일관되게 "정신분석"과 "욕망"이 펼치는 사유의 싸움이라는 양상으로 전개된다. "정신분석"은 자본주의에 고유한 도착으로서만 비판되어 있다. "욕망"은 전적으로 사적인 것이 전적으로 공적인 것으로 번역되는 체계를 포착한다는 문제의식 하에서만 비판을 위한 최종적 범주였다. 이 책에서 들뢰즈와 가타리는 어디까지나 리비도와 무의식이라는 정신분석의 용어를 놓치지 않으면서 자본주의의 엄청난 양가성과 대결한다. 자본주의의 공포와 희망이 서로 뒤섞이는 양상을 후벼파고, 결코 정신분석을 해체하지 않으면서 정신분석의 가능성을 극한까지 밀고 나가 열어 젖히는 길을 택했다고 할 수 있다.

그러나 『천 개의 고원』은 이 시도의 한계에서 필연적으로 "욕망"이라는 말을 포기하고 "정신분석"이라는 물음 저편으로 가버렸다. "자본주의와 분열증"이라는 주제는 이 책에서도 명백히 지속되고 있으나 더욱 다양한 문제를 더욱 넓고 깊은 스케일로 묻기 위한 계기에 지나지 않는다. 물음은 훨씬 확장되고 구체화와 추상화의 양방향으로 깊어졌다. 자본주의 고유의 병으로서의 분열증과 함께 어디까지나 분열증적인 자본주의는 여러 배치물이나 기계나 장치를 연결하는 최종적인 형태로서 새로운 조명하에 밝혀지게 되었다.

2. 리좀과 양의성에 대해

『리좀』은 일본에서도 豊崎光一의 번역에 의해 이미 단행본으로 널리 읽혀졌다. 들뢰즈와 가타리는 이 글을 약간 수정하여 『천 개의 고원』의 서문으로 삼았다. 리좀은 계층도 중심도 없고, 초월적인 통일도 또 이항 대립이나 대칭성의 규칙도 없으며, 단지 끝없이 연결되고 도약하여 일탈하는 요소의 연쇄이다. 반대로 나무는 우리가 질서라고 부르는 여러 가시적 특징을 갖고 있다. 토대나 근간이나 중심과, 중심으로부터의 거리에 의해 정해지는 서열과, 중심으로부터 규칙적(대칭적)으로 본떠진 모양의 증식. 리좀을 통해 들뢰즈와 가타리는 질서로는 정의될 수 없는 것들이 결코 단순한 혼돈이나 혼란이 아니라 이질적인 배열이나 연결에 의해 정의되는 다른 질서일 수 있다는 사실을 강렬하게 밝혀냈다. 지금 되돌아보면 불어 원문으로는 70쪽밖에 되지 않는 이 작은 책이 우리들을 흥분으로 떨게 한 까닭은 이 강렬함 때문이었지

않나 싶다.

하나의 질서가 있고 그 바깥에 혼돈이나 혼란이 있을 때, 아무리 그것이 아나키 따위로 불리며 긍정적으로 비춰져도 어쨌든 카오스는 무질서에 지나지 않는다. 즉 무질서는 질서를 활성화시키고 새로운 질서를 낳는 기회가 될 수는 있지만, 결국은 질서의 결핍이고 부정적 상태일 따름이다. 하지만 들뢰즈와 가타리는 그렇지 않다고, 적어도 두 가지 질서가 가능하다고 말하면서, 다른 하나의 질서(리좀)에 특유한 여러 특성이 있다는 사실을 문학이나 사회학이나 역사학을 모델로, 또한 식물이나 뇌나 유전에 대한 앎까지도 동원하여 종횡무진으로 논증해 보였다. 물론 여러 모델이 이미 존재하고 있었기 때문에 이 또 다른 질서는 이 책에서 처음으로 확립된 것일 수는 없다. 오히려 그들이 시도한 것은 여러 영역에서 공통으로 나타나고 있었던 “이질적인 질서”를 가로지르면서 이것을 하나의 연속체로 배열시키고, 비교적 간소한 개념을 변주시켜 가면서 그것을 눈앞에 뚜렷이 보이게 만드는 작업이었다.

분열증과 같이 대책없는 혼란으로 보이는 증상이 자본주의가 내포하는 가장 긍정적인 개방 가능성의 한 극점임을 『안티-오이디푸스』에서 서술했듯이, 『천 개의 고원』에서 들뢰즈와 가타리는 모든 시공을 관통하여 리좀이라고 이름붙인 이질적인 질서를 발견하고, 언뜻 보기에 무질서나 혼란이나 일탈로 보이는 사건에서 긍정적인 사건을 읽어내려 한다. 그러나 그들은 가장 긍정적인 가능성이 내포하는 공포나 파괴나 죽음의 가능성도 동시에 읽어내지 않으면 안 되었다.

예를 들어 중심도 줄기도 토대도 없는 정체불명의 조직, 누가 매복하고 있는지도 모르는 비가시적 장치의 일례로 사람들은 일본의 “천황제”를 생각하거나 한다. 이는 우리가 질서라고 부르지 않았던 것이 내포하는 이질적인 질서의 가능성을 리좀을 통해 실험적으로 사유하는 대신 이미 알고 있는 뭔가를 향해 미지의 개념을 환원시키는 것이다. 이러한 예는 사유가 질서를 회복하는 아주 뻔한 수법이다. 물론 이런 뻔한 수법을 쓸 때 사람들은 들뢰즈와 가타리가 "동양을 리좀과 내재성으로 설명하는 것은 너무 안일한 일이다", "리좀 역시 더 가혹한, 자기 고유의 독재와 위계를 가지고 있다"고 지적한 사실에는 눈을 돌린다. 또한 그들은 리좀과 나무 사이에 또 하나의 모델로 수염뿌리 체계를 삽입하고, 나무보다 "더 포괄적인 비밀스런 통일성"을 노릴 가능성도 지적하고 있다. 하긴 얼핏 보면 낡은 질서를 벗어나 기발하고 경쾌하며 기동적인 몸놀림이 통합적 기능을 부활시키는 사례는 세상에 즐비하다.

"들뢰즈와 가타리는 이항 대립을 부정하면서도 리좀과 나무 같은 이항 대립을 끄집어내는군요." 사람들은 이런 식으로 자주 비꼬지만, 막상 사람들은 「리좀」 속에서 "우리가 모델들의 이원론을 사용한다면, 그것은 모든 모델을 거부하는 과정에 도달하기 위해서일 뿐이다" 같은 구절을 뛰어넘고 읽는다.

이 책은 리좀-나무란 쌍으로 시작하여, 탈영토화-재영토화, 사본-지도, 무리-군중, 분자-그램분자, 소수-다수, 유목성-정주성, 전쟁 기계-국가 장치, 매끈한-홈이 패인 같은 여러 쌍의 변주를 제시한다. 이것들은 뫼비우스의 띠와 같이 안과 바깥이 하나의 면을 이루고 있다. 그런데 인간의 뇌 자체에 하나의 나무가 단단하게 심어져 있으나, 동시에 뇌는 마치 "잡초"와 같은 배치물도 내포하고 있다는 사실이야말로 항상 새로운 사태에 조우하여 새로운 사고를 낳을 수 있게 한다. 언어 또한 촘스키와 같이 나무 모델로 포착할 수 있지만, 하나의 언어 속에 포함되는 여러가지 언어의 교차점에 서 있는 시인과 같이 리좀 상태를 드러내 보일 수도 있는 것이다.

들뢰즈는 「크리스트에서 부르주아지로」라는 최초의 논문에서 이미 “내부성의 외부성”이라는 용어를 사용하기 시작하여 최근의 글까지 이 용어를 반복하고 있다. 마찬가지로 리좀의 나무성이나, 나무의 리좀성도 말할 수 있을 것이다(“리좀에는 나무의 마디가 있고 뿌리에는 리좀의 발아가 있다”). 안과 바깥은 연속이고 끊임없이 서로 침투하며 반전한다. 언제나 리좀 계열 쪽에 창조적이고 긍정적인 가치가 주어진다는 사실은 확실하지만, 들뢰즈와 가타리는 동시에 그에 따른 위험과 공포도 함께 지적하는 일을 잊지 않는다. 하나의 영역이나 질서에서 가장 멀리 일탈하는 일(탈영토화)이 변질된 질서를 가장 잘 지배하는 일(재영토화)로 이어지기도 하기 때문이다. 결국 『천 개의 고원』의 모든 개념과 운동은 양의적이므로, 그러한 양의성(혹은 위상학)에 따라 그때 그때 적용하고 변형시키면서 사고하고 실천할 도리밖에 없다.

3. 15개의 편과 방법론적 관점에서 몇가지 주목할 점

『천 개의 고원』을 형성하는 15개의 편은 주된 개념을 제시하고 전개하면서 대동맥을 형성하는 “메이저”한 편과, 이 개념들을 응용하는 형식으로 여러 가지 구체적 예와 이미지를 제시하면서 개념에 세세한 뉘앙스를 부여하는 비교적 짧은 “마이너”한 편으로 나뉘어진다. 물론 “마이너”한 편이 중요도가 떨어진다거나 하는 것은 아니고, 오히려 “메이저”한 편에서 제시된 추상도가 높은 개념(혹은 추상적인 기계)을 예증하고 정묘하게 살을 붙여, 그리고 채색하거나 작동시켜 테스트한다는 느낌을 준다. 물론 “마이너”한 편은 결코 특정한 “메이저”한 편에 부속하는 형식으로 씌어진 것은 아니다. 오히려 몇몇 개념들의 교차점에서 조금 다른 이질적인 개념을 생성시켜 변주하는 식이랄까. 예컨대 제6편 「기관 없는 몸체는 어떻게 만들어지는가?」는 기관없는 몸체의 다양한 사례를 제시하여 이 책의 주요 개념을 테스트하면서도 방법론의 핵심을 압축적으로 나타내주고 있다. 들뢰즈와 가타리는 처음부터 각 편은 하나 하나 독립적인 고원으로 읽을 수 있다고 딱 잘라 말하고 있다. 특히 2편「늑대는 한 마리인가 여러 마리인가?」, 제6편, 제8편「세 개의 단편소설 또는 "무슨 일이 일어났는가?"」, 제14편「매끈한 것과 홈이 패인 것」과 같은 "마이너"한 편은 확실히 독립적으로 읽을 수 있고, 모두 이 책의 전체와 연관되는 지도를 나타내며, 들뢰즈와 가타리가 만들어낸 새로운 사고의 스타일을 십분 느낄 수 있게 해준다. 그리고 각각 책 한 권의 분량과 맞먹는 "메이저"한 편은 어떤 논리적 순서를 내장시켜 완만하면서도 웅대한 체계를 구성하고 있다.

제3편「도덕의 지질학」은 이 책의 골격을 이루는 개념을 제시하는 편이다. 들뢰즈와 가타리는 우선 지질학적 차원의 이중 분절(퇴적 작용과 습곡 작용)을 생명에서 인간의 차원까지 관통하는 이중 분절로 재정의한다. 이중 분절은 분자 수준과 그램분자 상태, 단백질 섬유의 형성과 접힘 등 생물학이나 화학의 차원에서 내용과 표현이라는 인간적 차원까지를 관통하는 거대한 스케일 속에서 사유되고 있다. 코난 도일의 작품 속의 등장인물인 챌린저 교수의 강연이라는 기묘한 형식으로 진행되는 이 편은, 생물의 분류와 진화를 둘러싼 역사적 논쟁이 인형극 형식으로 삽입되어 챌린저의 강연이 더욱 기묘하게 전개되도록 만들고 있다. 모든 생물종의 형태는 "접힘"에 의해 서로 마음대로 이동할 수 있다는 조프루아의 입장이 있고, 생물학상의 형태는 각각 결코 환원될 수 없는 본질을 갖는다는 퀴비에의 입장이 이에 맞선다. 지층의 형성에서 생물의 발생 및 언어의 출현에 이르기까지를 "이중 분절"로 포착하는 관점에서는, 모든 발생의 장을 지탱하는 단 하나의 실체로 "전(前)생명적인 스프", 단 하나의 "추상적인 동물"을 상정하고, 개체의 형태를 결정하는 기관이 출현하기 이전의 "기관 없는 몸체"가 공통의 재료로 존재한다. 모든 개체가 이 공통의 재료를 갖가지 방식으로 "접어 넣

음"으로써 출현한다고 생각할 수 있다.

언어도 또한 생명과 물질의 갖가지 접어 넣기와 재영토화/탈영토화의 끝에서 출현한다. "인간의 입을 음식물과 소음이 아닌 말로 채우다니, 이 얼마나 기묘한 탈영토화인가". 들뢰즈와 가타리는 "인간"이란 이러한 "말" 속의 특유한 영역으로 출현한다고 말하고, 푸코의『말과 사물』의 저 도발적인 정의("원래 인간은 언어의 두개의 존재 양태 사이의 한 형상에 지나지 않았다")를 염두에 두면서 "인간"을 지질학이나 생물학과 연속되는 지평으로 더 멀리 이끌어간다. 그리고 이 기묘한 "도덕의 지질학"은 푸코의 역사적, 문헌학적 엄밀함과는 대조적으로 어디까지나 황당무계한 사고로서 드라마와 픽션을 섞어가며 제시된다. 이 "지질학"은 어디까지나 인간을 "탈영토화"하는 시도인 셈이다. "사실상 비인간성들만이 존재한다. 인간은 아주 상이한 본성들에 따라, 아주 상이한 속도로 아주 상이한 비인간성들로부터만 만들어진다."

물론『천 개의 고원』에서 펼쳐진 사고는 자본주의라는 엄청난 체계 속에서 사는 우리들의 시공간으로 언제나 되돌아온다. 그렇기 때문에 들뢰즈와 가타리는 지층과 생명으로부터 인간의 몸체와 언어까지를 관통하는 "이중 분절"에 눈을 돌리고, 이 원근법 속에서 인간 문제에 대해 생각하려 한다. 아마도 여러 가지 구속이나 권력이 우리들의 일상 구석구석까지 침투 가능한 것은, "인간적인 가치"라는 이미지로 시야를 덮어버리고 위와 같은 원근법 자체를 내쫓기 때문일 것이다. 그렇기에 이 황당무계한 편은 결국 지질학적 사정거리 안에서 현대를 사는 인간의 "도덕"을 바라보고 있는 것이다.

제4편「언어학의 기본 전제들」, 제5편「몇 가지 기호 체제에 대하여」, 제7편「얼굴성」 등은 언어학이나 기호론의 폐쇄적이고 환원적인 경향을 비판하면서「도덕의 지질학」에 의해 제기된 "표현"의 차원으

로 비집고 들어가는 편들이며, 서로 강한 연관성을 가진다. 언어학의 본질에서 배제되어 사회언어학이나 화행론으로 내쫓긴 "프라그마틱(실천)"의 차원을 들뢰즈와 가타리는 오히려 언어의 유일한 본질로 생각한다. 언어 사용의 상수와 규칙의 체계로부터 언어를 바라보는 것이 아니라 언어를 끊임없이 변화시키고 변형시키는 벡터 그 자체에서 언어의 본질을 찾아내기. 변화하지 않는 것의 부동의 법칙이 아니라 변화하는 것의 변화하는 법칙이라는 관점에서 언어를 보기. 변화는 예외가 아니다. 변화의 연속에서는 전혀 새로운 별도의 규칙이 도출된다(그리고 "연속적 변주" 방법은 『천 개의 고원』 전체를 채색한다). 들뢰즈와 가타리는 "발전이 형식을 종속시킨다"는 베토벤 음악의 존재방식을 그대로 언어 변화에 대한 인식에 개입시켜 일반적으로 스타일이라 불리는 것을 연속적 변주의 과정으로 포착한다. 연속적 변주로서의 스타일은 결코 개인이나 개성에 환원되는 것이 아니라 "언표 행위라는 배치물"로 직결되고 "언어 속에서 다른 언어를 만드는" 시도가 된다. 언어는 끊임없이 하나의 언어 속에 다른 언어를 만들어내는 연속적 변주 과정이며, 이것은 한 개인 속에 다른 개인이나 무리가 삽입되는 과정이기도 해야 한다. 이렇게 해서 언어라는 다양체는 끊임없는 변화와 배치물로 파악되는데, 이것은 들뢰즈와 가타리가 언어 이외의 모든 세상만사에 관해서 예외없이 적용하는 관점이다.

이러한 언어의 프래그마티즘에서 출발하여 들뢰즈와 가타리는 제5편 「몇 가지 기호 체제에 대하여」로 나아간다. 이 편은 가장 대담하고 논리적인 환상으로 가득 찬 편 중의 하나이다(그런 점에서 제11편 「리토르넬로에 대해」와 쌍벽을 이룬다). 들뢰즈와 가타리는 구조주의 언어학에 의해 완성된 기표라는 "기호 체제"가 수많은 기호 체제(기호계) 중의 하나에 지나지 않는다고 지적하고, 이것이 어떻게 "주체적 기호계"라는 기묘한 결합으로 매듭 지워지는지를 설명한다. 다음으로 제7편 「얼굴성」이 이어진다. 얼굴은 인간 몸체의 일부인 머리를 기호의 엄밀한 보완물로 만드는 기묘한 장치이다. 몸체의 일부가 얼굴이 됨과 동시에 인간을 둘러싼 환경은 풍경이 된다. 회화사에서 크리스트의 얼굴이 여러 가지로 변형될 때 풍경 또한 변형되고 심신과 기호의 갖가지 배치물에도 변형이 생긴다. 표현에 대한 들뢰즈와 가타리의 기호론은 이렇게 해서 아직 알려지지 않은 역사학에 대한 가설이 될 지도 모르겠다. 그것은 확실히 기호에 대한 철학적 시도인데, 지금까지의 어떤 기호론, 언어학, 언어철학과도 닮지 않았다. 그 때문일까? 진지하게 이 가설 위에 발을 올려놓고 사색한 예는 아직 나타나지 않은 것 같다.

제9편 「미시정치와 절편성」에 다다르면 이 책은 표현의 지층에서 멀리 떨어져 표현과 내용을 관통하는 차원으로 여행을 시작하여 제13편 「포획 장치」에 이르기까지 여러 시공간을 휘집고 돌아다닌다. 따라서 이처럼 기묘한 사상적 "유목"에 대한 몇 가지 방법론적 주석은 문제제기의 특이성을 건드리는 것에서 그치도록 하자.

우선 들뢰즈와 가타리는 하나의 몸체(혹은 다양체)를 정의하기 위해 스피노자와 중세철학을 원용하면서 두개의 축(경도와 위도)을 마련한다. 경도는 하나의 몸체를 구성하는 여러 가지 미립자의 집합이자 외연적 부분이다. 이 부분은 미립자 사이의 운동과 정지, 빠름과 느림의 관계에 의해 규정된다. 위도 쪽은 하나의 몸체를 촉발하는 여러 가지 강렬함으로 이루어진다. 이러한 촉발(변용태)의 총체가 위도로 불리고 일정의 수용 능력에 대응하는 내포적 부분이다. 왜 몸체(다양체)를 이런 식으로 경도와 위도로, 미립자의 집합과 그것을 채우는 강렬함(변용태)으로 포착해야만 하는가?

들뢰즈와 가타리는 이 책에서 몇 번이나 반복해서 "강도(=강렬함)"를 정의하고 있다. 그것은 들뢰즈가 『차이와 반복』 이래 결코 손에서

놓은 적이 없는 개념이다. 강도란 속도나 온도와 같이 분할할 수 없고, 분할하면 본성을 바꾸는 "정도"라고 들뢰즈와 가타리는 말한다. 그것은 등질적인 단위로 분해할 수 없고 단지 0으로부터의 거리에 의해 잴 수 있을 뿐이다. 다른 갖가지 속도나 온도를 감싸고, 혹은 그것들에 의해 감싸인 정도이다. 강도는 어디까지나 이질적인 것의 집합이자 이미 복합적이고 다질적이지만, 0으로부터의 거리에 의해 계열화되고 지표를 갖는 하나의 질서이다.

경도와 위도, 미립자의 관계와 강도에 의해 포착된 몸체는 고정된 부분(기관)과 기능을 갖지 않는다. 아마도 이 방법은 주체성이나 의미로 나타나는 영역을 해체하여, "인간성"으로 고정된 인간의 표상을 넘어 더욱 미세한 요소의 멈추지 않는 변화와 상호 작용을 포착하기 위해서는 불가결한 방법일 것이다. 이런 식으로 포착된 몸체는 어떤 때는 기관 없는 몸체로, 어떤 때는 매끈한 공간으로, 어떤 때는 리좀으로, 또 유목성이나 전쟁 기계로 위치지워진다.

전쟁 기계가 어떻게 긍정적인 개념일 수 있는가? 확실히 당혹스러운 견해일 것이다. 전쟁이란 국가가 행하는 것으로 경우에 따라서는 정당화되거나, 혹은 정당화될 수 없는 악이자 폭력임에 틀림없기 때문이다. 그렇지만 들뢰즈와 가타리에게 국가 장치와 전쟁 기계는 원리적으로 양극단에 위치하는 두 개의 모델이다. 전쟁은 "집단의 분산성과 절편성을 유지하는" 이상 어디까지나 국가를 쓸어없애는 운동을 나타내기 때문이다. 전쟁이라는 행위는 정주민이 아니라 유목민에게 속하고, 유목민이야말로 무기의 발명자였던 사실을 들뢰즈와 가타리는 주목하고 있다. 물론 이것은 신화나 고고학에서 말하는 전쟁에는 잘 맞는 개념이지만 전쟁은 어느덧 국가의 전쟁이 된다. 전쟁 기계를 자기 장치의 일부로 귀속시키는 일은 모든 국가의 가장 중요한 과제 중 하나이다. 전쟁 기계와 전사에게 특유한 광기, 기묘함, 배반, 비밀성, 폭력, 정념 등이 있다는 사실, 무기를 발명하고 사용하는 자에게 특유한 정서가 있다는 사실 등을 들뢰즈와 가타리는 반복하여 강조하고, 언제나 거기에서 고유의 위험성과 국가에 대항하는 가능성을 찾아낸다.

국가에 대해 생각하면서 들뢰즈와 가타리가 시간의 진행에 따른 "인과율"이라는 견해를 버리고 있다는 사실에 주목해야 한다. 들뢰즈와 가타리는 국가가 경제적 발전 끝에 일정 수준의 생산력과 축적을 전제로 하여 출현한다는 견해를 결코 취하지 않는다. 들뢰즈와 가타리는 오히려 축적을 만들어내는 경제 형태야말로 국가를 전제하고 국가에 의해 태어난다고 말한다. 그런 의미에서 국가는 언제나 도처에서 신출귀몰하는 무언가이다. 특별히 신비로운 작용이라는 것은 아니다. 오히려 국가는 출현에 방해가 되는 무언가가 지속적으로 작용하지 않으면 언제나, 어디에서나 출현하여 모든 것을 한번에 "포획"하고 변질시키고 조직화하는 장치인 것이다. 이러한 포획 작용이야말로 축적이나 잉여노동, 지대나 세금을 만들어낸다고 들뢰즈와 가타리는 생각한다. 국가는 아직 태어나지 않았더라도 쓸어없애 버려야 할 한계점으로서 언제나 존재하는 것이다. 그래서 이것은 나중에 존재하게 될 국가가 마치 그 이전의 "국가 없는 사회"에 작용한다는, 시간을 거슬러 올라가는 인과율을 나타낸다. 이러한 역방향의 인과율에 따른다면 우리들은 일단 걷잡을 수 없이 떡허니 자리잡은 국가 장치를 쓸어버리는 여러 가지 흐름에 다시 한번 합류하여 사유할 수 있게 된다.

지층이나 생명, 국가의 발생으로 거슬러 올라가는 들뢰즈와 가타리의 사유는 언제나 발생을 현재와 같은 시점에 있는 것으로 파악한다. 이미 진화하여 완성된 것처럼 보이는 질서나 형태 곁에서 우리는 항상 기관 없는 몸체, 알과 같이 압축적이고 미분화된 차이의 상태, 여러 가지 형태의 맹아를 포함하는 힘의 스펙트럼을 사유하며 실천할 수 있지 않은가? 들뢰즈와 가타리는 퇴행과는 구분되어야 할 "역행"이라는 개념을 몇 번이고 되풀이한다. "퇴행한다는 것은 덜 분화된 것으로 향해 가는 것이다. 그러나 역행한다는 것은 자신의 고유한 선을 따라, 주어진 여러 항들 '사이에서', 할당 가능한 관계를 맺으면서 전개되는 하나의 블록을 형성하는 일을 가리킨다." 동물-되기, 식물-되기, 유목민-되기 등의 되기(=생성)도 그런 의미에서 결코 퇴행이 아닌 역행이며, 역방향의 인과율을 그 자리에서 실현하는 시도이기도 하다. 들뢰즈와 가타리가 "생성"에 대해 쓴 문장은 언제나 아주 아름답다. "에이허브 선장은 모비 딕과 함께 저항할 수 없는 고래-되기에 말려든다. 하지만 이와 동시에 동물인 모비 딕도 참을 수 없는 순백, 하얗고 눈부신 순수한 성벽이 되어야 했다. 소녀"처럼" 길게 늘어나 유연해지거나, 채찍처럼 뒤틀리거나, 성의 방어벽처럼 서 있는 순수한 은색 실이 되어야 했다."

"어떤 것을 정확하게 그려내기 위해서는 비(比)정확한(anexacte) 표현들이 반드시 필요하다. …… 비정확함은 결코 하나의 근사치가 아니다. 반대로 그것은 일어나는 일이 지나가는 정확한 통로이다." "부정확"이 아니라 "비정확"이라는 용법도 이 책을 시종일관 지탱하고 있다. 아마 이 용법에 대한 감수성에 따라 이 책을 받아들이는 방법도 크게 달라질 것이다. 들뢰즈와 가타리는 후설을 참조하면서 "계량적이고 형상적인 고정된 본질"과 구별되는 "질료적이고 모호한, 즉 유동적이고 비정확하지만 아주 엄밀한 본질의 영역"에 대해 말하고 있다. 감각적으로 둥근 것과 원이라는 관념적 본질의 중간에 "둥근 것"이라는 다른 하나의 본질이 존재한다. 둥근 것은 여러 가지 도구에 의해 감각적인 사물을 둥글게 하는 과정의 극한이자, 매끈한 모습을 원하는 변용태의 극한으로만 존재하며, 어디까지나 사물과 사유의 중간에 존재한다. 후설은 이러한 본질을 칸트의 "도식"으로 끌어갔지만, 들뢰즈와 가타리는 이 중간적인, 비정확한 본질에 사물에도 또 관념에도 환원할 수 없는 독자적인 지위를 부여하려 한다. 우리는 여기서 리좀이라는 "질서가 아닌 것"을 무질서가 아니라 "비질서"로 재정의하여 "비정확"한 본질에 연결시켜야 할지도 모르겠다. 사본이 아니라 지도를 만들어야 한다고 「리좀」에서 들뢰즈와 가타리는 되풀이하지만, 지도는 항상 실천과 실험을 이끌어내는 극한의 개념으로서 사물과 관념의 중간에 실재하는 비정확한 본질이라고 말해야만 한다.

"고른판"은 이러한 비정확한 중간적인 본질이 서로 연결되는 장소임에 틀림없다. "다양체는 말려도 결코 촉촉함을 잃지 않는 말린 꽃 같이 모든 차원을 판판하게 하면서 그 성질을 보존시킬 수 있을까?" 말린 꽃이라는 아름다운 비유로 들뢰즈와 가타리가 여기서 묻고 있는 것은, 위와 같은 방식으로 모든 비질서, 비정확성이 연결되어 무한으로 열려진 하나의 연결을 형성하는 일이 가능할까의 여부이다. 이러한 연결이 일어나기 위해서는 하나의 판 위에 있어야 한다. 어떤 단순함을 갖춘 하나의 판이 모든 비질서와 비정확을 지각할 수 있는 것으로 만들어야 한다. 여기서는 고정된 물질의 형태도, 관념적인 영원의 형태도 아닌 지각할 수 없는 것의 도표만이 지각되고, 중간이자 극한으로서 하나 하나의 실천을 이끄는 것이 지각되는 것이다.

법을 의미하는 노모스란 말은 원래 성문화되지 않은 관습법을 의미했다고 들뢰즈와 가타리는 말한다. 그렇기에 노모스는 노마드(유목)적인 법에 다름아니며, 결코 공간을 계량하면서 차지하는 것이 아니라 단지 근방을 차례로 따라가며 촉각적 공간을 형성하는 법이다. 즉 비정확성과 비질서의 법인 것이다. 고대의 제국은 끊임없이 유목민에 의해 위협받았고, 별로 씌어진 적이 없는 유목민의 흐름과 파도는 항상 제국의 역사 곁에서 세계사를 형성하는 강고한 성벽을 씻어내리고 있었다. 『천 개의 고원』은 때론 극단적인 추상 개념과 아주 구체적인 재료 사이를 왕복하지만, 이 추상과 구체 사이는 항상 노모스에 의해 묶여 있다. 노모스는 언제나 국가 이성으로 존재하려는 철학의 추상화 방법과는 전혀 다른 이질적인 추상화를 나타내고 있다. 이러한 이질적인 추상화로 인해 이 책은 유럽의 사고를 밖으로 향하도록 하며, 섬세하게, 또한 결정적으로 열어 젖히는 일에 성공한 것 같다. 이 "밖"은 더 이상 아시아도 아니며, 아시아와 유럽이라는 분할을 허용하지 않는 판으로서 나타난다. 여기서 그려진 "비질서의 법"은 이 책을 현대 유목민의 책으로 만들고, 미래의 유목민에게 바치도록 할 것이다.

(정밀하고 정확한 결론을 위한 장을 포함한 이 책이 이런 해설을 필요로 하는지는 모르겠다. 이 책이 말하고자 하는 것을 이해시키려는 시도는 이미 몇 번이고 되풀이되어왔다. 들뢰즈와 가타리는 한 권의 책을 이해하는 것이 문제가 아니라 한 사람 한 사람이 사용법을 찾으면 된다고 한다. 그것은 책을 "해석"하자는 입장과 단절하기 위한 도발이기도 했다. 가장 필요한 일은 아마도 이 책의 도식을 이해하는 일도, 그것을 사용하는 일도 아니고, 이 책 속의 사유가 흐르는 선이 만드는 소용돌이 속으로 깊숙이 빠져드는 일일 것이다. 거기서 무엇이 나올지는 모른다. 하지만 그렇게 함으로써 도식적인 이해보다 몇 걸음 더 핵심에 다가설 수 있고, 무언가를 만들어내고 변화시키는 일로 이어질 것임에 틀림없다. 몇 가지 참신한 도식만을 읽어내는 것은 이 책의 "얼굴"을 읽는 일이 될지언정 "몸체"를 읽는 일이 되지는 못할 것이다. 이 만큼의 말을 쌓아 들뢰즈와 가타리가 구축한 하나의 사상적 몸체와 거기에 포함된 갖가지 진동이야말로 새로운 것이니까 말이다.)

* * *

파리 변두리 뱅센느 숲에 둘러싸인, 결국 그 숲 속에서 소멸해 간한 대학에서 들뢰즈가 이 책의 후반부를 이루는 테마를 강의할 무렵 우리의 만남은 시작되었다. 그 강의의 이상한 구심력에 끌려, 또한 豊崎光一이라는 선구자가 이끌어 이 책을 번역하고자 하는 집단이 생겨났다. 어떤 이는 파리에 남았고, 어떤 이는 일본으로 떠났다. 몇몇 멤버의 교체도 있었다. 어느 샌가 10년이 흐르고 말았다. 번역을 기대하고 있던 독자에게는 뭐라고 사죄의 말조차 할 수가 없게 되었다. 단 10년이 지나도 이 책의 매력은 조금도 약해지는 법이 없다는 사실만은, 또한 다시 읽을 때마다 그 사유의 넓이와 민감함, 그리고 쾌활함에 놀랐고, 그렇기에 더디게 더디게 좀처럼 앞으로 나아가지 못해도 이 번역을 완결시키고자 하는 의욕을 잃은 적이 없었다는 사실만은 기록해 놓고 싶다. 저자의 한 사람이자 언제나 번역의 더딘 진행을 놀려대면서도 용기를 북돋아 주었던 펠릭스 가타리, 그리고 이 번역 작업의 리더였던 셈인 豊崎光一는 이미 저 세상으로 사라져 버렸다. 이제 이 책으로 인해 촉발되는 갖가지 파동이 저 세상의 그들까지 전달되는 일을 꿈꾸어 보는 수밖에.

부록 2

주요 용어 대조표

actuel 현실적, 현행적, 현재적
affect 변용태
affecter 변용시키다, 변용하다
affection 변용
agencement 배치물, 배치
agencement machinique 기계적 배치물
agent collectif 집단적 행위자
alliance 결연, 결연 관계
aléatoire 우발적
altitude 위도
analogie 유비
anexact 비(比)정확
anomal 특이한, 특이자
appareil 장치
appareil d'Etat 국가 장치
appareil de capture 포획 장치
appareil œdipien 오이디푸스적 장치
appréhension 파악
arborescence 나무성
archétype 원형
articulation 분절, 마디
asingifiant 탈기표작용적
assujettisement 예속
asubjectif 탈주체적
asémiotique 탈기호계, 탈기호적

asservissement 노예화
attribute 속성, 귀속
atypique 비유형적인
automate 자동장치
axiomatique 공리계

bande 패거리, 밴드
bataille 전투
bi-univoque 일대일 대응
binaire 이항의
bloc 블록
bordure 가장자리

calque 사본, 본뜸
capture 포획
carte 지도
cartographie 지도 제작
chaînon 사슬
choix 선택
chromatisme tempéré 평균율적 반음계
cinématique 운동학(적)
circulation 유통
clandéstin 잠행(의), 은밀한

clarté 명확성
codage 코드화
coefficient 계수
colonie 군체(群體)
combinaison 조합
commandement 지령
communication 소통, 의사소통, 교통
competence 언어능력
complexe 복합체(=콤플렉스), 복합적인
complexe de nombres 복소수(複素數)
complication 복합, 복잡화
composante 성분(成分)
composition 조성, 합성, 편성
composé 합성물, 화합물
comutativité 대치 가능성
concept 개념
conception 착상
concevoir 착상하다
conjonction 접합접속, 접속사
conjugaison 결합
connexion 연결접속
connotation 암시(暗示)
consistance 고름
consolidation 다짐
constant 상수
conte 콩트, 설화
contenu 내용
contre-signifiant 반-기표작용적
copie 사본, 복사
corps 몸체, 몸, 체(體), 단체
corps sans organes 기관 없는 몸체
corpuscule 소립자
corrélat 상관자, 상관물
couple 커플
coupure 절단
courant 흐름
cristalliser 결정화(結晶化)

décodage 탈코드화
dedans 안
de droit 권리상(de jure)
de fait 사실상(de facto)
définition 정의
degré 정도
dehors 바깥
délire 망상
déléomètre 파괴 탐지기
dénotation 외시(外示)
dépersonnalisation 탈개성화
désignation 지칭작용
désir 욕망
dessein 구상
déstratification 탈지층화
détermination 규정, 결정인
déterritorialisation 탈영토화
devenir 되기, 생성
diagonale 사선
diagramme 도표
différenciation 분화(分化)
différentielle 미분적 차이
dimension 차원
dipôle de liaison 연결의 쌍극자
dipôle-unité 통일성-쌍극자
discours indirect 간접 화법
discours 담론
disjonction 분리접속
dispositif 배치
distance 거리
domaine 영역
double 분신(分身)
double articulation 이중 분절
double-bind 이중 구속
double connexion 이중 연결접속
drogue 마약
dualisme 이원론
dur 견고한, 냉혹한
dynamique 역학적, 동역학적, 역동적

ecart 간격
élément 요소
enfance 유년기

enfant 아이
énoncé 언표
énonciation 언표행위
enveloppement 감쌈
envelopper 감싸다, 포함하다
épistrate 곁지층
équivocité 다의성
état intermédiaire 매개 상태
ethologie 행태학, 동물행동학
évolution aparallèle 비평행적 진화
expression 표현
l'exprimé 표현된 것
extériorité 외부성

fabre repliée 접힌 섬유
face 앞얼굴, 안면
facteur 요인
fantasme 환상
figure 형상, 형태, 모습
flux 흐름
fonctif 기능소
fond 바닥
fondation 정초
fondement 토대
formation 구성체, 형성체, 대형(隊形)
formation sociale 사회 구성체
forme 형식, 형태
forme d'expression 표현의 형식
forme de contenu 내용의 형식
fractale 프랙탈
fréquence 주파수, 빈도
fuir 도주하다

gradient 구배(句配)
grille 격자판
géométrie opérative 조작적 기하학
guerre 전쟁

haptique 촉지적
heccéité <이것임>
homogène 등질(等質)적인, 동질적인
hétérogène 다질(多質)적인, 이질적인

icône 도상
idée 관념
immanence 내재성
imperceptible 지각 불가능
inconscient 무의식
indice 지표
indiscernable 식별 불가능
individu 개체, 개인
inhérent 내생(內生)적인, 내재적인
innocence 결백
intensité 강렬함, 강도(强度)
inter-être 사이-존재
intermezzo 간주곡
intermédiaire 매개적
interstrate 사이층
intervalle 음정, 틈
intériorité 내부성
invariant 불변항
involution 역행(逆行)
isomorphisme 동형성

langage 언어
langue 랑그, 언어, 국어
latitude 위도
lien 묶임, 속박
liaison 연결
ligne 선
ligne brisée 파선(破線)
ligne d'articulation 분절선(分節線)
ligne de fuite 도주선
ligne de segmentarité 분할선(分割線)
lignée 혈통, 계통
limitation 제한
limite 한계, 경계, 극한
linéaire 선형(線形)의, 직선의

lisse 매끈한
livre 책
longitude 경도

machine 기계
machine de guerre 전쟁 기계
machinique 기계적
macro-politique 거시-정치
majorité 다수파
manque 결핍, 결여
marqueur 표지, 표시
masochisme마조히즘
masse 군중, 덩어리
matière 질료
matière formée 형식을 부여받은 질료
matériau 재료
méetastrate 웃지층
métallurgie 야금술
meute 무리
micro-politique 미시 정치
milieu 환경, 중간, 매질(媒質)
minorité 소수파
modalité 양상, 선법(旋法)
mode majeur 장조
mode mineur 단조
modification 변양, 수정, 변경
modulation 변조
mole 그램분자, 몰
molécule 분자
mot d'ordre 명령어
motif 모티프
moule 거푸집
mouvement 운동, 움직임
multiplicité 다양체
multiplier 다양화, 다수화
multitude 크기
mur blanc 흰 벽
musique tonale 조성 음악
mutation 변이, 돌연변이
mécanique 기계론적
mémoire 기억

natal 타고난
nature 본성, 자연
niveau 층위
nombre 수
nombre nombrant 헤아리는 수
nombre nombré 헤아려진 수
nom propre 고유명
nomadisme 유목
nomadologie 유목론
noologie 사유학
nouvelle 단편소설, 소식

objet partiel 부분 대상
œcumène 통합태
opération transformationnelle 변형 조작
ordre 질서, 순서, 차원
organisation 조직, 조직화
organisme 유기체

paradigmatique 계열체적
parallèlisme 평행론
parastrate 곁지층
parole 파롤, 발화, 말
partage 배분
participation contre nature 반자연적 관여
particle 미립자
particule 입자
passion 열정, 정념
performance 언어수행
peuplement 서식
phobie 공포증
phylum 문(門)
plan 판, 면, 평면
plan d'extériorité 외부의 판
plan d'immanence 내재성의 판
plan de composition 조성의 판

plan de consistance 고른판
plan de non-consistance 안고른판
plan de transcendance 초월성의 판
plan fixe 고정판
planifier 판짜다
planitude 판으로서의 특성
planomène 평면태
plateau 고원
pli 주름, 접힘
point 점, 지점
pointe 첨점
polyvocité 다성성
population 개체군
post-signifiant 후-기표작용적
pouvoir signifiant 기표작용적 권력
pragmatique 화행론(話行論)
pre-signifiant 전-기표작용적
problème 문제
procès 과정, 소송
procédé 기법
profile 옆얼굴
psychanalyse 정신분석
puissance 역량, 힘, 권력
puissance d'agir 행위 역량
puissance d'réagir 반응 역량
puissance de variation 변화 역량

quadrillage 바둑판 배열
quantum 양자(量子)
question 물음, 질문

rapport constant 상수적 관계
realité 실재, 현실
recodage 재코드화
redondance 잉여
réel 실재적, 실제적, 현실적
régime de signes 기호 체제
repliement 접힘
reproduire 재생산하다, 복제하다
représentant 표상물, 대표자
représentation 표상, 재현
représenter 표상하다, 재현하다, 대표하다
resemblance 유사성, 닮음
résonance 공명
reterritorisation 재영토화
rhizomatique 리좀학
rhizome 리좀
ritournelle 리토르넬로
roman 장편소설
rupture 단절

schème 도식
schizo-analyse 분열분석
secret 비밀
sédentaire 정주(민)
segment 절편
segmentarité 절편성
segmentation 절편화 작용
sélection 선별
sémiologie 기호론
sémiotique 기호계, 기호적
sens commun 공통감 (통념, 상식)
sens 의미, 감각, 방향
sentence de mort 사형 선고(=죽음의 문장)
sequence 시퀀스, 배열, 정보 배열
série 계열
seuil 문턱
signe 기호
signifiance 의미생성
signifiant 기표작용적, 기표
signification 기표작용, 의미
signifié 기의
simulacre 모사물
singularité 독자성, 특이성
socialité 사회성
société 모임, 사회, 결사
souple 유연한
souvenir 회상
strate 지층, 층

stratification 성층 작용, 지층화
strié 홈이 패인
style 스타일, 문체
subjectivation 주체화
subsomption verbale 언어적 포섭
substance 실체
substance d'expression 표현의 실체
substance de contenu 내용의 실체
substantif 실사(實辭)
substrat 기층(基層), 기체(基體)
substrate 밑지층
sui-référence 자기 지시
sujet 주체
surcodage 덧코드화
surlinéalrité 초선형성
symbole 상징
synchroniser (se) 동조(同調)하다
syntagmatique 통합체적
synthétiseur 신시사이저(=음 합성 장치)

tactile 촉각적
tempérament 평균율
tenseur 텐서
terre 지구, 땅, 대지
territoire 영토
territorialisation 영토화
territorialité 영토성, 영지(領地)
traduction 번역
trahison 배반
trait 특질, 특징
trait distinctif 변별적 특질
trait intensif 강렬한 특질
trait non pertinent 비관여적 특질
trame 망상조직, 씨실
transcodage 코드변환
transduction 변환, 형질도입
transformation 변형
transformation incorporelle 비물체적 변형
travaille 일, 노동
tricherie 기만
trou noir 검은 구멍

unconscient 무의식(적)
uniformisation 획일화(=규격화)
unité de composition 조성의 통일성
unité de mesure 측정 단위
unité 단위, 단일, 통일(성/체)
univocité 일의성

variant 변수
variante 변형체
variation 변화, 변주, 변이
variation continue 연속적 변주
verbe à l'infinitif / verbe infinitif 부정법 동사
virtuel 잠재적
visage 얼굴
visagéité 얼굴성
vision rapprochée 근거리 파악
vision éloignée 원거리 파악
voisinage 근방
volume 입체

zone d'indiscernabilité 식별 불가능성의 지대
zone de voisinage 근방역